GERHARD SCHÄFER

DIE EVANGELISCHE LANDESKIRCHE IN WÜRTTEMBERG UND DER NATIONALSOZIALISMUS

EINE DOKUMENTATION

ZUM KIRCHENKAMPF

BAND 2

UM EINE DEUTSCHE REICHSKIRCHE

1933

CALWER VERLAG STUTTGART

 ISBN 3-7668-0351-4

BUCHGESTALTUNG PROF. CARL KEIDEL
DRUCK OFFIZIN CHR. SCHEUFELE STUTTGART
BINDEARBEIT E. RIETHMÜLLER STUTTGART

INHALT

VORWORT

Die Art der Bearbeitung dieser Dokumentation bringt es mit sich, daß schon bald nach Band 1 nun auch der zweite Band vorgelegt werden kann: ein großer Teil des Materials war im Zusammenhang vor der Aufteilung auf einzelne Abschnitte zu sichten.

Die Zeit vom Februar bis zum Sommer 1933 war im ganzen erfüllt von den Bemühungen der nationalsozialistischen Bewegung, die am 30. Januar errungene und durch die Reichstagswahl am 5. März bestätigte Macht im Staat auszubauen, und zwar durch eine »Gleichschaltung« der deutschen Länder und möglichst aller Körperschaften, Organisationen und Vereine; dieselbe Forderung, sich in den neuen Staat einzugliedern, wurde auch an die evang. Kirche gestellt. In Band 1 dieser Dokumentation sind die Diskussionen und die Ereignisse dargestellt, die innerhalb der Württ. Landeskirche bis zum Sommer sich daraus ergeben.

Es war in jenen Monaten noch möglich, in der weltlichen und in der kirchlichen Presse die Fragen von verschiedenen Seiten her zu erörtern. Der NS-Pfarrerbund und die neu entstehende Glaubensbewegung Deutsche Christen suchten zu einer geschlossenen Haltung nach außen zu kommen und ihre Position in der Landeskirche auszubauen. Die Leitung der Landeskirche, an der Spitze Kirchenpräsident D. Wurm, stand diesen Bestrebungen anfangs im ganzen nicht ablehnend gegenüber. Der Versuch, im Mai 1933 über die Bildung von Ausschüssen maßgebenden Einfluß in der Württ. Landeskirche zu gewinnen, scheiterte jedoch an der Haltung des Kirchenpräsidenten; beim Ermächtigungsgesetz für den Kirchenpräsidenten konnten dann aber wiederum Gedanken der nationalsozialistischen Revolution berücksichtigt erscheinen.

Im vorliegenden zweiten Band wird nun, beginnend mit dem Frühjahr 1933, zunächst der Versuch dargestellt, die deutschen evang. Landeskirchen durch die Schaffung einer einheitlichen Deutschen Evang. Reichskirche zusammenzuführen und gleichzuschalten. Der Band handelt im ersten Abschnitt von Ereignissen, die sich vornehmlich auf der Ebene des Reiches abspielen. Diese werden in ihrer Beurteilung durch die württ. Kirche und in ihrer Einwirkung auf Württemberg vorgeführt, während Band 1 solchen Vorgängen gewidmet ist, die zwar durch die nationalsozialistische Revolution im Reich ausgelöst wurden, aber doch fast ausschließlich in Württemberg spielen. Wer also das Gesamtgeschehen der Monate April bis Juli 1933 übersehen will, muß das Chronologische Verzeichnis der Dokumente in beiden Bänden ineinanderfügen.

Die mit der Schaffung der Reichskirche verbundenen Erwartungen auf eine Gleichschaltung der Kirche wurden im Fall der Württ. Landeskirche letzten Endes nicht erfüllt. Die Reichskirche übte aber auf die Entwicklung in Württemberg trotzdem einen starken Einfluß aus. Nur im Anschluß an das Geschehen in der Reichskirche bis zum Sommer 1933 ist die weitere Entwicklung in Württemberg bis zum Anfang des Jahres 1934 zu überschauen und zu verstehen. So wird im vorliegenden Band auch der Widerstand zu zeigen sein, den die versuchte Gleichschaltung in Württemberg auslöste. Im Herbst 1933 erlebte die württ. Glaubensbewegung eine entscheidende Krise; der größte Teil ihrer Mitglieder aus den Reihen der Pfarrer trat in offenen Gegensatz zur Landesleitung und hielt sich zum Landesbischof. Die Bewegung wurde gespalten und konnte sich nur noch auf eine kleine Gruppe stützen. Wurm besaß das Vertrauen der großen Mehrheit der Pfarrer und der Gemeindeglieder seiner Kirche, weil er nicht bereit war, die Kirche bedingungslos dem Nationalsozialismus zu öffnen. Die Voraussetzungen für den erfolgreichen Widerstand gegen den Einbruch des Reichsbischofs in die Württ. Landeskirche im Jahr 1934 waren damit geschaffen.

Band 2 endet mit der ersten Audienz der evang. Kirchenführer bei Hitler, die Ende Januar 1934 stattfand. Trotz vorangegangener Proteste gegen den Reichsbischof ließ auch Wurm sich bei dieser Audienz noch einmal bestimmen, den Reichsbischof anzuerkennen. Die Möglichkeit eines »Kirchenkampfes« war zwar angeklungen, er brach aber noch nicht offen aus; zum Konflikt kam es mit letzter Schärfe erst im Jahr 1934.

Die Nachrichten über die innerkirchlichen Vorgänge fanden im Herbst 1933 noch den Weg in die Presse, wiewohl deutlich wird, daß die zur Landesleitung der Deutschen Christen und damit im Gegensatz zum Landesbischof stehende Gruppe bessere Möglichkeiten erhielt, für ihre Anliegen vor allem im »NS-Kurier« in der Öffentlichkeit zu werben. Die Berichterstattung über kirchliche Ereignisse in der anderen viel beachteten, hier grundsätzlich ausgewerteten württ. Zeitung, im »Schwäbischen Merkur«, tritt zurück; es entsprach nicht der Haltung dieses bürgerlichen Blattes, polemische Artikel gegen die Kirche zu drucken; so mußte es sich auf kurze Nachrichten beschränken. Das Feld, das der offenen Diskussion noch im Frühjahr 1933 eingeräumt war, hatte sich merklich verkleinert.

Die große Anzahl der Dokumente, die für die Thematik von Band 2 trotz der oben genannten Einschränkung heranzuziehen waren, machte es unmöglich, hier schon die Entwicklung auf allen kirchlichen Sondergebieten, z. B. die Eingliederung der Evang. Jugend in die Hitler-Jugend im Winter 1933/1934 zu verfolgen. Maßnahmen der neuen Regierung gegen die Juden, die Verhängung von Schutzhaft über Mißliebige, die Maßregelung von einzelnen Pfarrern, die Zeichen des beginnenden Terrors werden in späteren Bänden der Dokumentation zu behandeln sein. Das soll in der Weise geschehen, daß solche Ereignisse als Vorgeschichte dort eingeschoben werden, wo das im Jahr 1933 in Einzelfällen auftauchende Problem dann wirklich zum allgemeinen, die Geschichte des Dritten Reiches bestimmenden wird.

Die Anordnung der Dokumente in Band 2 folgt den in Band 1 entwickelten Grundsätzen. So gelten die entsprechenden Hinweise im Vorwort von Band 1 auch für diesen Band. Wie dort festgestellt ist, wurde die im Landeskirchlichen Archiv Stuttgart befindliche Materialsammlung von † Pfarrer Richard Fischer eingesehen. Mit der vorliegenden Dokumentation wird jedoch dieses Manuskript nicht im Druck herausgegeben; die weitere Durcharbeitung der Akten und die systematische Durchsicht von Tageszeitungen ergab weiteres Material, das von Richard Fischer noch nicht in diesem Umfang herangezogen werden konnte. Eine Bearbeitung dieses Manuskripts von dritter Hand würde dessen unverwechselbaren Charakter zerstören; es wird neben dieser Dokumentation seinen Wert als ein Zeugnis von der Haltung eines großen Teils der württ. Pfarrer im Kirchenkampf behalten. Eine kurze Charakteristik der ausgewerteten Zeitungen und Zeitschriften ist als Vorbemerkung bei der Chronologischen Übersicht der Dokumente eingeschaltet.

Am Schluß dieser einleitenden Bemerkungen sind wie früher diejenigen zu nennen, die bei der Zusammenstellung und bei der Herstellung des Bandes geholfen haben. Frau Eleonor Ingber, Reutlingen, und Herr Martin Dais, Stuttgart, haben wiederum entscheidend mitgearbeitet; an den Korrekturen und an der Erstellung der Register war † Herr Pfarrer Wilhelm Ludwig, Agenbach, und Herr Pfarrer Friedrich Mauch, Stuttgart, beteiligt. Für Anregungen habe ich Herrn Dr. Carsten Nicolaisen, München, zu danken. Die Deutsche Forschungsgemeinschaft hat das Vorhaben finanziell gefördert. Ihnen allen und den nicht namentlich genannten Mitarbeitern im Oberkirchenrat, die mir zur Seite standen, gilt mein herzlicher Dank.

Dr. Gerhard Schäfer

VERZEICHNIS DER ABKÜRZUNGEN

Abl.	Amtsblatt der Evang. Landeskirche in Württemberg
AG	Arbeitsgemeinschaft
APU	Altpreußische Union
BdM	Bund deutscher Mädchen
BWKG	Blätter für württ. Kirchengeschichte
DC	Deutsche Christen
DEK	Deutsche Evang. Kirche
EKBlW	Evang. Kirchenblatt für Württemberg
EKV	Evang.-kirchliche Vereinigung
EPD	Evang. Pressedienst
GB	Gotthard-Briefe
GBDC, GDC	Glaubensbewegung Deutsche Christen
HJ	Hitlerjugend
hl.	heilig
hrsg.	herausgegeben
JRB, JB	Jungreformatorische Bewegung
KAW	Kirchlicher Anzeiger für Württemberg
KGO	Kirchengemeindeordnung
KJb	Kirchliches Jahrbuch
KTA	Kirchlich-theologische Arbeitsgemeinschaft
LKA	Landeskirchliches Archiv
LKT	Landeskirchentag
m. (u.) E.	meines (unseres) Erachtens
NS	Nationalsozialistisch
NSBO	Nationalsozialistische Betriebsorganisation
NSDAP	Nationalsozialistische Deutsche Arbeiterpartei
OKR	Oberkirchenrat
PA	Personalakten
Pg.	Parteigenosse
RGBl	Reichsgesetzblatt
SA	Sturmabteilung
SS	Schutzstaffel
theol.	theologisch

DAS WERDEN DER DEUTSCHEN EVANGELISCHEN REICHSKIRCHE

Da in diesem ersten Kapitel die Vorgänge, die zur Bildung der Deutschen Evang. Kirche führten, nicht im einzelnen dargestellt, sondern vor allem die Stellungnahmen aus Württemberg zu diesen Vorgängen dokumentiert sind, werden hier die wichtigsten Ereignisse der Monate April bis Juli 1933 in rein chronologischer Folge festgehalten:

3.-5.4.1933	*Erste Reichstagung der GBDC in Berlin; Forderung einer einheitlichen Deutschen Reichskirche*
22.4.1933	*Einsetzung eines Staatskommissars für die Evang.-luth. Landeskirche in Mecklenburg*
23.4.1933	*Aufruf des Präsidenten des Deutschen Evang. Kirchenausschusses, D. Kapler, zur Reform der Kirchenverfassung und Einsetzung des sog. Kapler-Ausschusses für die Beratung einer neuen Kirchenverfassung*
25.-26.4.1933	*Sitzung des Deutschen Evang. Kirchenausschusses in Berlin*
26.4.1933	*Zurückziehung des Staatskommissars in Mecklenburg*
April 1933	*»Kirche und Staat«. Ein Wort der Leitung der Württ. KTA*
6.5.1933	*Zehn Sätze der GBDC zur Verfassung der Reichskirche*
Mitte Mai 1933	*Aufrufe der Jungreformatorischen Bewegung zur Reform der Kirche*
10.5.1933	*Tagung der Staatspolitischen Arbeitsgemeinschaft in Stuttgart. Diskussionen um die Verfassung der kommenden Reichskirche*
13.5.1933	*Verbindungsdienst der GBDC zum Kapler-Ausschuß*
15.5.1933	*Ermächtigungsgesetz für Kirchenpräsident D. Wurm*
16.5.1933	*Neue Richtlinien der GBDC*
16.5.1933	*Wehrkreispfarrer Müller wird Schirmherr der GBDC*

16.-20.5.1933	*Besprechungen des Kapler-Ausschusses mit Wehrkreispfarrer Müller und Prof. D. Fezer in Loccum*
26.-27.5.1933	*Tagung der Bevollmächtigten der Landeskirchen*
27.5.1933	*Wahl Bodelschwinghs zum Reichsbischof* *Beginn des Kampfes um und gegen Bodelschwingh*
6.-8.6.1933	*Tagung der KTA im Rudolf-Sofien-Stift in Stuttgart*
23.-24.6.1933	*Tagung des Deutschen Evang. Kirchenausschusses in Eisenach*
24.6.1933	*Der preußische Kultminister Rust beurlaubt den Leiter der Kirchenabteilung im Preußischen Kultministerium und setzt einen Staatskommissar für alle Landeskirchen der Altpreußischen Union ein, da nach dem Rücktritt von Präsident D. Kapler am 21. Juni die Stelle des Präsidenten des Oberkirchenrats der Altpreußischen Union ohne Rückfrage bei den staatlichen Stellen kommissarisch verwaltet wird.*
24.6.1933	*Rücktritt Bodelschwinghs*
29.6.1933	*Wehrkreispfarrer Müller beruft einen neuen Verfassungsausschuß*
30.6.1933	*Hindenburg schreibt an Hitler wegen der Auseinandersetzungen in der evang. Kirche. Reichsinnenminister Dr. Frick wird mit der Behandlung der Kirchenfragen beauftragt.*
4.7.1933	*Protest der lutherischen Kirchenführer gegen die Eingriffe des Staates in die Kirche*
8.7.1933	*Kirchenpräsident D. Wurm nimmt die Amtsbezeichnung »Landesbischof« an*
10.7.1933	*Fertigstellung des Entwurfs der Reichskirchenverfassung*
14.7.1933	*Verfassung der DEK durch Reichsgesetz anerkannt;* *Anordnung kirchlicher Wahlen auf 23. Juli;* *Zurückziehung der Kirchenkommissare in Preußen.*

DIE ERSTE REICHSTAGUNG DER »GLAUBENSBEWEGUNG DEUTSCHE CHRISTEN« AM 3./5. APRIL 1933 IN BERLIN

Im Frühjahr 1932 wurde in Berlin die »Glaubensbewegung Deutsche Christen« gegründet; sie sollte bei den damals bevorstehenden Kirchenwahlen in der Altpreußischen Union im November 1932 der NSDAP zu größerem Einfluß verhelfen. Es war von Anfang an an eine »Eroberung« der Kirche gedacht, die mit dem lebendigen christlichen Geist der erwachten deutschen Nation *erfüllt werden sollte*[1]. *Am 26.5.1932 gab die Glaubensbewegung sich ihre Richtlinien*[2], *Ziffer 1 und 2 lauten:*

Diese Richtlinien wollen allen gläubigen deutschen Menschen Wege und Ziele zeigen, wie sie zu einer Neuordnung der Kirche kommen. Diese Richtlinien wollen weder ein Glaubensbekenntnis sein oder ersetzen noch an den Bekenntnisgrundlagen der Evangelischen Kirche rütteln. Sie sind ein Lebensbekenntnis. Wir kämpfen für einen Zusammenschluß der im »Deutschen Evangelischen Kirchenbund« zusammengefaßten 29 Kirchen zu einer Evangelischen Reichskirche ...

Dieses Ziel, die Schaffung einer Evangelischen Reichskirche, konnte von der Glaubensbewegung Deutsche Christen nach der Machtübernahme durch Hitler im Frühjahr 1933 konsequent verfolgt werden; die erste Reichstagung der Glaubensbewegung am 3./5.4.1933 in Berlin forderte erneut die Umgestaltung der Kirche im Sinne des Nationalsozialismus und den Zusammenschluß der evangelischen Landeskirchen durch eine neue Reichskirchenverfassung: die Kirche sollte gleichgeschaltet werden. Eine besondere Arbeitsgemeinschaft »Reichskirche« diskutierte diese Pläne während der Reichstagung[3].

[1] Zur Gründung und zur Geschichte der Glaubensbewegung siehe Meier, S. 10 ff., dort der im »Völkischen Beobachter« veröffentlichte Aufruf Kubes vor den preußischen Kirchenwahlen: »Nationalsozialisten, ... erobert euch eure Kirche und erfüllt sie mit dem lebendigen christlichen Geist ...« (Januar 1932). Vgl. GB 138, S. 67.

[2] GB 138, S. 67; KJb, S. 4 ff.; vgl. Meier, S. 14.

[3] GB 138, S. 69 ff.; KJb, S. 13 f.; vgl. Meier, S. 17f.; Hermelink, S. 35ff.; Niemöller, Kampf, S. 24 ff. und S. 35 f.; Pertiet, S. 74 ff.; Dokumente, S. 29 ff. Zur Forderung nach Gleichschaltung der Kirche siehe auch Rehm im »NS-Kurier«, Ausgabe vom 11. 3. 1933: »Die Kirche und das Dritte Reich«: Bd. 1, S. 359 ff. und die Ausführungen Wurms bei der Dekanskonferenz am 12. 5. 1933 (Bd. 1, S. 481 ff.).

Auch in der württembergischen Presse wurde über die Äußerungen dieser Reichstagung berichtet. Der Schwäbische Merkur *bot in einem eigenen Korrespondentenbericht nach Abschluß der Tagung eine Zusammenfassung*[4]*:*

Jetzt hat die »Glaubensbewegung der deutschen Christen«, die am Anfang dieser Woche ihre erste Reichstagung gehalten hat und die unter Führung des Oberpräsidenten der Provinz Brandenburg, des nationalsozialistischen Abgeordneten Kube, steht, eine Reihe von Beschlüssen gefaßt, die richtungweisend für die Zukunft sein dürften. An der Spitze der Tagung stand der Gedankengang einer Reichskirche, der also über die schon lange verlangte Vereinheitlichung der preußisch-evangelischen Landeskirchen hinausgeht. Auch ist der Gedanke einer Gleichschaltung von Kirche und Reich aufgetaucht und ausführlich erörtert worden; es sind, wie man hört, alle Vorbereitungen getroffen, um in Frankfurt a. M. auf einer Kirchenversammlung eine Kirchenverfassung im neuen Sinne einzuführen. Die neue verfassunggebende Kirchenversammlung soll durch Gleichschaltung mit dem Preußischen Landtag zusammengestellt werden, und bis zur Neuordnung der Kirchen soll, wie gefordert wurde, der Staat die Zuschüsse der Kirchen sperren. Demgegenüber wurde aus der Versammlung geltend gemacht, daß auf Grund der Reichstagsrede des Reichskanzlers Hitler die Einsetzung von Staatskommissaren für die Kirche nicht möglich sei, denn man scheint zu beabsichtigen, eine Reihe von jetzt führenden Persönlichkeiten (Dibelius, Burghart, Döring) durch andere zu ersetzen. Von der Verhandlungsleitung wurde erklärt, daß dieser Einwand, der sich auf die Rede Hitlers bezog, nicht stichhaltig sei.

Am 9.4.1933 schrieb Pfarrer Pfisterer ebenfalls im Schwäbischen Merkur:

Um die Freiheit der Kirche

Auf der kürzlich in Berlin veranstalteten ersten Reichstagung der auf nationalsozialistischer Grundlage stehenden Glaubensbewegung deutscher Christen sind Äußerungen über das Verhältnis des neuen Staates

[4] Ausgabe vom 6. 4. 1933: »Kommt eine deutsche Reichskirche?« Vgl. dazu den Bericht in der »Württemberger Zeitung«, Ausgabe vom 4. 4. 1933. Angespielt ist unten auf Hitlers Regierungserklärung vor dem Reichstag am 23. 3. 1933, bei der er versprach, die Selbständigkeit der Kirchen zu respektieren; siehe Domarus I, S. 232 f. und GB 138, S. 68, ferner bei Anmerkung 6, S. 23, zum Zusammen-

zur Kirche gefallen, die nicht nur den Evangelischen Oberkirchenrat in Berlin veranlaßt haben, bei den zuständigen Stellen Schritte zu tun, sondern auch bis in unser Land lebhaftes Aufsehen in evangelisch-kirchlichen Kreisen hervorgerufen haben. Die in diesem Aufsatz beabsichtigte Auseinandersetzung mit solchen Äußerungen, die als Stimmen aus der Aussprache zu werten sind, will keineswegs eine Würdigung der ganzen Reichstagung, noch vollends nicht der ganzen Glaubensbewegung deutscher Christen sein.

...Und über alle Einzelheiten hinaus muß anerkannt werden, daß die Glaubensbewegung für das neuerwachte Fragen nach der christlichen Grundlage der deutschen Volksgemeinschaft eine wichtige Plattform zu bilden berufen scheint und daß der Aufruf zur hingebenden Mitarbeit der Kirchen an der nationalen Wiedergeburt besonders dringlich geworden ist in einem Augenblick, wo die Kirchen samt dem ganzen Volk durch das tatkräftige Zugreifen der Reichsregierung von einem bolschewistischen Blutbad gerettet wurden und wo die Zusammenfassung aller aufbauenden Kräfte geboten ist.

Wenn demnach hier zunächst nur gegen die eingangs berührten Äußerungen Stellung genommen wird, so geschieht dies vor allem in der Sorge um die Freiheit, die die Kirche für ihren Dienst am Volk braucht, und in der Sorge um das Zutrauen zu bindenden Erklärungen der Reichsregierung über das Verhältnis des nationalen Staates zu den Kirchen...

Es geht um die Freiheit der Kirche, wenn ein Referent den auch sonst schon gehörten Vorschlag macht, den Anstoß an der Kirchensteuer dadurch zu beseitigen, daß an ihre Stelle eine staatliche Kultursteuer treten solle, aus deren Ertrag der Staat die Träger der kulturellen Arbeit, vor allem die Kirchen, finanzieren würde. Ganz abgesehen davon, daß die Arbeit der Kirche im Kulturellen nicht aufgehen darf, bedeutet dieser Vorschlag die vorbehaltlose Auslieferung der Kirche an die Staatsgewalt, das Ende der kirchlichen Selbständigkeit. Denn bei dieser Regelung der kirchlichen Finanzfrage ist der Staat jederzeit in der Lage, Maß und Art der kirchlichen Arbeit zu bestimmen. Es ist dabei verkannt, daß der Dienst, den die Kirche der Volksgemeinschaft und dem Staate leistet, gerade dadurch seinen Wert erhält, daß er nicht auf das

hang vgl. auch den Artikel des »NS-Kurier«, Ausgabe vom 21. 4. 1933 (Bd. 1, S. 330 f.) mit der Warnung, das Wort »von der Selbständigkeit der Kirchen ... nicht allzu sehr« zu pressen und umzudeuten. Vgl. ferner »Deutscher Sonntag«, Ausgabe vom 3. 9. 1933.

Kommando des Staats, sondern aus dem an Gottes Wort gebundenen Gewissen geschieht ...

Eine recht bedenkliche Tendenz kann ferner der Vorschlag haben, man solle den Weg zu einer verfassunggebenden Versammlung für die Reichskirche dadurch bahnen, daß die gleichgeschalteten Landtage alle staatlichen Kirchengrundgesetze und damit die staatliche Zustimmung zu den neuen Kirchenverfassungen außer Kraft setzen ... Die Frage ist hiebei, ob der Staat einer kirchlichen Initiative Folge geben oder selber durch Druckmittel die Initiative zu einer kirchlichen Neugestaltung ergreifen soll. Ist das letztere die Meinung, so kann vor der Anwendung staatlicher Druckmittel gegen die evangelischen Landeskirchen nur eindringlichst gewarnt werden ... Die nötigen organisatorischen Formen hiefür zu finden, muß aber den Kirchen selber überlassen werden. Nicht staatlicher Zwang, sondern entschlossenes kirchliches Handeln und somit organisches Wachstum muß dabei die Parole sein.

Auf zweierlei soll noch besonders hingewiesen werden. Das Daseinsrecht der Landeskirchen beruht keineswegs nur auf dem Herkommen, sondern auch auf der engen Verbindung deutschen Kirchentums mit dem Eigenleben der deutschen Stämme, ebenso auf der Eigenprägung, die diese Landeskirchen durch ihre innere Geschichte erhalten haben. Wer auf Blutstum und Stammesverbundenheit so viel Gewicht legt wie die deutsche Glaubensbewegung, muß daraus auch die Folgen für die grundsätzliche Beurteilung des Landeskirchentums ziehen. Landeskirchliche Flurbereinigungen im einzelnen sollen dabei vorbehalten bleiben. Auch die Unterschiede des kirchlichen Bekenntnisses dürfen nicht als überlebte Spitzfindigkeiten angesehen werden, sondern müssen, wie dies auch bei der Reichstagung von einzelnen betont wurde, als religiöse Lebensmächte respektiert werden ...

Eine unmittelbare Erwiderung auf diesen Beitrag bildeten die Ausführungen von Pfarrer Dr. Schairer, der an der Berliner Reichstagung teilgenommen hatte[5]*:*

[5] »Schwäbischer Merkur«, Ausgabe vom 14. 4. 1933. Am 21. 4. 1933 erschien im »Schwäbischen Merkur« eine Entgegnung zu den Ausführungen Schairers: »Aufbau der Kirche, Revolution 1918 und Kirchenverfassung«. Nach einem Rückblick auf die Entwicklung der Verfassung der evang. Kirche in Deutschland stellt der Verfasser fest, die Kirche habe ihre Ordnung auch in der Zeit der Weimarer Republik nicht nach demokratisch-parlamentarischem Muster geschaffen, sondern sei ihre eigenen Wege gegangen. Zum Artikel Schairers vom 14. 4. 1933 vgl. auch den fast gleichzeitigen Aufsatz desselben Verfassers in KAW, Ausgabe vom 13. 4. 1933: »Wir NS-Pfarrer« (Bd. 1, S. 321 ff.).

Revolution in der Kirche?

... Als einer der wenigen süddeutschen Teilnehmer jener Tagung darf ich hier einigen Bescheid geben. Selbst auf die Gefahr hin, daß der Leser beider Äußerungen am Ende feststellt: H. Pfisterer und wir seien eigentlich weithin einig. In der Tat: es mag der einzige tiefgreifende Unterschied darin bestehen, daß die einen in Besorgnis, Furcht und Vorsicht schweben, die anderen dagegen voll Mut, Glauben, Vertrauen dem Kommenden entgegensehen. Aber, da negative und positive Haltung zu einer Erscheinung sich unabmeßbar auszuwirken pflegen, so mögen wohl die Linien recht sehr verschiedene sein. Für alle Fälle war es gut, daß wir Süddeutschen auch zur Stelle waren. Staunend über den herrlichen preußischen Geist der durchdringenden Disziplin, der ungebrochenen Gefolgschaftstreue nahmen wir gerne und willig von diesem uns Schwaben fehlenden Gute alles mögliche auf ... Es war uns sofort klar und erwünscht, daß nach jenen kräftigen Tönen in Berlin die gesamten Kirchen Deutschlands aufhorchen werden. Und es handelte sich da nicht, wie man es zurechtzulegen sucht, um temperamentvolle Einzelentgleisungen, sondern um den in der Tat revolutionären oder – wenn man das lieber hört – umwälzenden Geist der Tagung, hinter dem doch fünf- bis sechshundert entschlossene Männer standen.

Wir treffen nun auf das außerordentlich seltsame Schauspiel, daß das deutsche Volk aufzuatmen und sich seiner inneren Neuordnung zu freuen beginnt, daß aber seine Kirchen zittern und sich winden, wie wenn ihnen Unrecht drohte. Ist das möglich, ist das nötig? Gewiß, man ist bereit, die Kirchenmauern national anzustreichen, selbst kleine Hakenkreuze dekorativ aufzusetzen. Aber innerhalb derselben soll um alles in der Welt nichts verändert werden, wehrt sich die Kirche um ihr Eigenrecht, ihr »Eigenleben«. Dankbar erkennt man dies und jenes an, was durch die nationale Regierung im Volksleben und zum Schutze der Kirchen geschehen; aber was man für sie zu tun gedenkt, darüber schweigt man sich noch weithin aus ... Was steckt denn hinter diesem Gedanken, die Kirche müßte gegenüber dem Staate ihre »Selbständigkeit« wahren? Nun zunächst die große, heilige Selbstverständlichkeit, daß sie niemals eine Einrichtung von Volkes Gnaden, sondern stets »von Gottes Gnaden« bleibt. Aber es ist ein Wahn, daß diese Gnade, dieser höhere Auftrag sie vom Volke weg, irgendwohin abseits führe. Nein, mitten hinein in Schicksal und Leben des Volkes wird sie von ihrem Gotte gestellt, neu und immer neu. Sodann bleibt ebenso wahr und unverrückbar, daß in das innere Heiligtum, die persönliche Frömmigkeit, niemand Zugriff hat als der Heilige Geist ... Ferner reichen etwaige Machtmittel des Staates doch stets nur bis an den Bezirk der äußeren Organisation, der rein menschlich sichtbaren Verfassung. Unrecht ist es, bei solchen Maßregeln zu tun, als gehe es flugs an die Heiligtümer des Gewissens und der innersten Überzeugung. Nun ja, wem der »demokratische Liberalismus« Herzenssache ist, der mag sich getroffen fühlen. Aber wir fragen – vom Evangelium aus: gehört ein derartiger Verfassungsaufbau in der Tat zum Christentum, zu einer Kirche nach Jesu Sinn? Uns will es nicht so scheinen. Bei einem Gebilde, das so klar ein »Haupt« hat wie die Kirche, kann eigentlich von Rechten der Glieder, von einem Aufbau von unten her, von Volkssouveränität am allerwenigsten die Rede sein. Ihr muß eine Ordnung »von oben her«, nach dem Führerprinzip viel mehr angemessen gelten ... Gewiß, wem Frömmigkeit ein kleiner Sonderbezirk in der Seele, eine »Privatsache« ist, der muß und kann auch auf eine »Sonderstellung« der Kirche drängen. Aber wer – vom Evangelium aus – in dem Frommsein eine allumschlingende Gnade, alldurchdringende Fähigkeit erkennt, der sehnt sich nicht nach einem »Eigenleben« der Kirche, sondern nach dem Gegenteil: Daß nämlich die Religion das wichtigste Bindemittel, die Kirche wahrhaft das Herz des Volkskörpers sei und endlich werde ...

Auch wir verlassen uns darauf, daß Adolf Hitler den Kirchen ihre »Selbständigkeit« feierlich zuerkannt hat. Wir wissen, daß er keine Knechtsseelen, keine unselbständigen Gebilde wünscht. Jedoch nehmen wir seine stillschweigende Bedingung: ein jedes kraftvoll in seiner Art, aber treu im Volke geschlossen! bereitwillig an. Und wir würden auch den anderen raten, beizeiten ihre Bedenken in Bereitschaft und Gemeinsinn zu wandeln! Die heutige Lage läßt sich offenbar nicht mit Theorien und Vergleichen von ehemals lösen, sondern nur mit Mut, Glauben und stets neuem Vertrauen. Nicht grundlos nennen und bekennen wir uns: »Glaubensbewegung« Deutscher Christen.

In der Süddeutschen Zeitung *hatte Pfarrer Dr. Hutten schon am 7. 4. 1933 geschrieben:*

Um Geist und Gestalt der deutschen Kirche

Jede echte Revolution ist total. Sie beschränkt sich nicht nur auf das politische und soziale Gebiet, sondern greift auch formend hinein ins Weltanschaulich-Religiöse. Es ist darum begreiflich, daß die nationale

Revolution auch vor der Kirche nicht haltmacht. Wie stark die neuen Kräfte an ihre Tore pochen, das hat die Reichstagung der Glaubensbewegung »Deutscher Christen« bewiesen, die dieser Tage in Berlin stattfand. Will man die dort erhobenen Forderungen und Richtlinien verstehen, dann muß man sich zuvor über das Wesen der Kirche im klaren sein. »Kirche« ist eine einzigartige Wirklichkeit, die sich nicht in ein Schema politischer oder kultureller Begriffe pressen läßt. »Kirche« ist nicht Verein oder Organisation, sondern Stiftung Gottes. Ihre Gesetze sind nicht menschlicher Art, sondern von Gott gegeben. Ihre Autorität liegt nicht auf der gleichen Ebene wie die Volksautorität, sondern sie leitet sich von Gott her. Die Kirche lebt aus dem Gehorsam gegen das »Wort«, das jenseits alles Menschentums und aller Zeitlichkeit gesprochen ist. An diesem Wort läßt sich deshalb auch nichts willkürlich ändern, sondern es ist souverän. Ihm gegenüber gibt es nur ein Horchen und Gehorchen. Wer an ihm rütteln wollte, der vergriffe sich an der Grundlage der Kirche und an der Majestät Gottes. Aber zu dieser Gebundenheit der Kirche an das Wort tritt noch ein Weiteres. Die Kirche steht nicht im luftleeren Raum, sondern in einem Volk mit einer bestimmten Art. Diese Art ist nicht Zufall, sondern Gottes Schöpfung. Indem Gott die Mannigfaltigkeit der Völker und Rassen schuf, forderte er auch die Ehrfurcht vor dieser Mannigfaltigkeit. Jeder Versuch, die Eigenart des Volkstums zu verwässern, ist eine Mißachtung der göttlichen Schöpferordnung. Die Kirche muß sich mit vollem Bewußtsein dienend in das Volk einfügen, in dessen Mitte sie von Gott ins Leben gerufen wurde. Unsere Kirche muß eine deutsche Kirche sein, und darin liegt beschlossen, daß sie sich nicht nur ganz unter die Autorität des Wortes stellt, sondern auch darum ringt, dieses Wort mit der deutschen Seele zu verstehen und aufzunehmen ... Heute ist die deutsche Seele erwacht. In grandioser Weise macht sie sich von allem Fremdwerk frei und besinnt sich auf ihr eigenes Wesen ...

Es wurden eine Fülle von Forderungen laut, die von der Kirche um ihres Dienstes willen gehört werden müssen, Forderungen, die von der deutschen Seele und von einem neuen Verständnis des Evangeliums erhoben wurden ...

Um dieses Dienstes willen können aber einige ernste Sorgen nicht unterdrückt werden. Es wurde von den Rednern öfter die Forderung nach einer Gleichschaltung der Kirche mit dem neuen Staat erhoben. Die Verwendung des Begriffs »Gleichschaltung« für die Kirche ist nicht gerade glücklich. Es läßt sich in Beamtungen und Verwaltungen gleichschalten, aber nicht in Dingen des Glaubens. Aber trotzdem hat diese Forderung einen richtigen Kern. Es ist dies: die Kirche, die den Auftrag hat, das ewige Gotteswort in die konkrete Situation der Menschen hineinzurufen, muß mit Ernst darauf Bedacht nehmen, daß sie mit ihrem Wort den Weg auch zu dem heutigen Menschen des nationalen Deutschland und seiner seelischen Bedingtheit findet. Auf der Tagung verstand man aber unter »Gleichschaltung« auch noch etwas Weitergehendes. Wir denken hier nicht so sehr an die Umgestaltung der kirchlichen Verfassung nach dem Führerprinzip, das sind Dinge der äußeren Ordnung, als an die mehr oder weniger deutliche Absicht, die Kirche in den Staat einzugliedern und sozusagen als religiöses Propagandainstitut dieses Staates zu benützen. Damit wäre nicht nur die Majestät der Kirche geleugnet, sondern ihr auch die Freiheit und die letzte Zielsetzung ihrer Arbeit genommen. Wir denken weiter an Worte, wie sie Dr. Werner sprach: Die Kirche wird »eine eindeutige Haltung zum Alten Testament und allen denjenigen Stellen der Bibel einzunehmen haben, die sich nicht als Offenbarung unseres Heilandes darstellen«. Das heißt wohl Abschaffung des Alten Testaments und kritische Sichtung des Neuen Testaments. Damit aber wird ein Versuch von ungeheurer Tragweite unternommen. Abgesehen von der unlösbaren Frage, welche Bibelstellen nicht als Offenbarung, sondern als menschliche Zutaten zu behandeln sind, muß grundsätzlich gesagt werden, daß ein solcher Eingriff in die Bibel eine Erschütterung der ewigen Grundlage bedeutet, auf der die Kirche ruht. Man braucht keiner Buchstabengläubigkeit zu huldigen, um in dem Versuch, solchermaßen über der Bibel zu Gericht zu sitzen, einen Angriff auf die Substanz der Kirche zu sehen. Man muß die Glaubensbewegung vor einem Beschreiten dieses Wegs warnen . . .

Noch ein Wort zur »Reichskirche«. Sie ist mit Recht ein Hochziel der Glaubensbewegung . . . Keinesfalls wird diese Kirche eine »Einheitskirche« werden . . . Hier handelt es sich um religiöses Leben, das sich nicht einfach durch organisatorische Maßnahmen angleichen läßt. Mit anderen Worten: der Weg zur Reichskirche, wenn man ihn schon gehen will, kann nicht ein politischer, sondern nur ein religiöser und theologischer Weg sein. Gewiß, man kann verfassungstechnisch eine Reichskirche schaffen. Aber sie bleibt Form ohne Inhalt, solange nicht die gewachsenen Kräfte des religiösen Lebens sie erfüllen. Diese Kräfte zu entwikkeln, steht aber nicht mehr in des Menschen Hand. Auch in dieser Beziehung ist Gott der Herr der Kirche.

Über die Forderung nach einer Gleichschaltung der Kirche schrieb der Herausgeber des Evang. Gemeindeblatts für Stuttgart *am 16. 4. 1933:*

Zu der Frage: Nationalsozialismus und Kirche

. . . Auf der Berliner Tagung haben nach den Meldungen der Tageszeitungen auch manche Vertreter der »Deutschen Christen« kräftige Töne angeschlagen, die eine »Gleichschaltung« der evangelischen Kirche mit dem neuen Staat verkündigten. Nicht bloß die alte, auch schon von anderer Seite erhobene Forderung einer »Reichskirche« wurde wieder erhoben. Die »Tägliche Rundschau«[5a] berichtet auch, in einer der Arbeitsgemeinschaften auf der Konferenz sei gesagt worden, der Staat »gebrauche« (?) die Kirche für die Staatserziehung. Die Kirche müsse für diese Aufgabe umorganisiert werden. Eine Reihe führender Persönlichkeiten sei durch andere zu ersetzen. Die gesamte Verfassung der Kirche müsse geändert werden. Die neue Verfassung habe den gesamten kirchlichen Parlamentarismus zu beseitigen. In der Kirche müsse eine »heldische« Frömmigkeit leben. Die Kirche müsse den Grundsatz der Reinerhaltung der Rasse vertreten. Die Kirchensteuer müsse durch eine staatliche Kultursteuer ersetzt werden, aus der die Kirche finanziert werde. Dieser Kirchenreformation müsse durch die Einsetzung von staatlichen Kommissaren »nachgeholfen« werden . . .

Wir haben deshalb die Pflicht der Aufklärung und Kritik. Sie geschieht nicht in Opposition zu dem neuen Staat, dem wir zu hohem Dank verpflichtet sind, weil er das Volk und die Kirche den Polypenarmen des Bolschewismus entrissen hat. Aber die Kirche hat die Pflicht, um ihrer selbst, um des Staats und um des Volks willen bedenklichen Forderungen entgegenzutreten, von welcher Seite sie auch kommen mögen. Da ist es uns zunächst auffallend, daß der evangelischen Kirche mit Zwangsmaßregeln gedroht wird, nachdem der Reichskanzler am 23. März im Reichstag verkündet hat: »Die Regierung wird die zwischen den beiden christlichen Konfessionen und den Ländern abgeschlossenen Verträge respektieren[6].« Da kann man dann doch nicht nach vierzehn Tagen von nationalsozialistischer Seite die Abschaffung dieser Verträge fordern und der evang. Kirche drohen, daß man ihr die Staatszuschüsse sperre, wenn sie sich nicht fügsam erweise. Und wo bleibt die Parität, wenn man der evang. Kirche ihr verbrieftes Recht nehmen will, während man aller Voraussicht nach aus guten Gründen die Verfassung der katholischen Kirche

[5a] Ausgabe vom 5. 4. 1933.

[6] Domarus I, S. 232 f.; vgl. Anmerkung 4, S. 16.

schonen wird? ... Was sodann den Inhalt der Forderungen anbelangt, so weiß man in der evangelischen Kirche, daß neue staatliche Verhältnisse bei der Elastizität unserer evangelischen Kirche in Verfassungsfragen auch in der äußeren Gestaltung der Kirche manche Änderungen herbeiführen werden. So war es nach 1918. So wird es auch im Jahre 1933 wieder sein. Wir wollen dabei über Einzelheiten heute nicht debattieren. Aber man lasse die Kirche selbständig über derartige Änderungen entscheiden, zu denen wir auch die Möglichkeiten einer Entwicklung der evangelischen Kirche zu einer »Reichskirche« rechnen ... Und man vergesse zwei Dinge nicht. Fürs erste, daß die Kirche in erster Linie eine Stiftung Jesu Christi ist, die ein sehr ungeeignetes Objekt für die Verwaltung durch Staatskommissare sein würde ... Die Kirche hat als Stiftung Jesu Christi ihre Verkündigung nicht nach den Wünschen des Staates einzurichten, sondern nach den Grundsätzen des Evangeliums. Von irgendwelcher »Gleichschaltung« mit dem Staat kann darum nicht die Rede sein. Denn der Staat ist Rechtsgemeinschaft, die Kirche in erster Linie Glaubensgemeinschaft. Sie wird sich dabei gerne auch von der völkischen Bewegung sagen lassen, ob sie nicht bisher manche Züge des Evangeliums, etwa gerade den »heldischen«, auf den die völkische Bewegung einen so großen Nachdruck legt, zu wenig betont hat. Aber sie hat daneben bei allem Eifer »hinzuzulernen« auch die Pflicht, ihrerseits mit ihrer Predigt vom Kreuz Christi korrigierend auf diese und jene Anschauungen, die in großen geistigen Bewegungen der Gegenwart und Zukunft ihr entgegentreten, einzuwirken. Sie wird deshalb sich auch nicht unbesehen als ein Werkzeug für die Staatserziehung »gebrauchen« lassen. Jawohl, sie wird den Staat in allen seinen Maßregeln, die auf die Hebung des sittlichen Lebens in den Reihen der Volksgenossen abzielen, kräftig unterstützen. Aber sie wird auch mit derselben Überzeugungstreue dem Staat und Volk entgegenzutreten haben, wenn diese Mächte eine Richtung einschlagen, die mit den ewigen Gottesgeboten nicht übereinstimmt. Und damit hängt ein Zweites zusammen. Der Bekenntnisstand der evang. Kirche darf auch im neuen Staat unter keinen Umständen angetastet werden. Die Glaubensbewegung »Deutscher Christen« hat es auf ihre Fahne geschrieben, daß sie das Bekenntnis der Kirche nicht antasten wolle. Wir freuen uns herzlich darüber. Ob aber die Bewegung diese Linie völlig einhält, wenn Vertreter derselben von der evangelischen Kirche jetzt fordern, daß sie eine eindeutige Haltung zum Alten Testament und allen denjenigen Bibelstellen einnehme, die sich nicht als Offenbarung unseres Heilandes darstellen? ...

Nach einem Überblick über das Werden der Glaubensbewegung Deutsche Christen seit dem Jahr 1932 nahm Pfarrer Theodor Haug am 8. 4. 1933 in der Beilage zum Volksdienst (Evangelium und Kultur) *Stellung zu einzelnen Forderungen der Reichstagung der Glaubensbewegung Deutsche Christen*[7]*:*

... 2. Diese Programmforderungen sollen nach der »Täglichen Rundschau« (5. 4. 1933) auf Grund der Reichstagung deutscher Christen mit Nachdruck durchgeführt werden: »In der Arbeitsgemeinschaft ›Reichskirche‹ ging man von der These aus, daß der Staat die Kirche für die Staatserziehung brauche. Die Kirche müsse für diese Aufgabe umorganisiert werden. Die Kirchensteuer wird abgeschafft, statt dessen wird eine staatliche Kultursteuer eingeführt, aus der auch die Kirche finanziert wird. Da die Kirche diese Reformation nicht von sich aus vornehmen oder nur zu langsam vornehmen werde, sei es notwendig, nachzuhelfen, und zwar durch Einsetzung von Kommissaren durch den Staat. Es solle durch den preußischen Landtag das Staatsgrundgesetz von 1924[7a] aufgehoben und eine neue verfassunggebende Kirchenversammlung daraufhin einberufen werden. Eventuell sollen gar keine Neuwahlen stattfinden, sondern die verfassunggebende Kirchenversammlung durch Gleichschaltung mit dem preußischen Landtag zusammengestellt werden. Bis zur Neuordnung der Kirche habe der Staat sämtliche Zuschüsse zu sperren.« Sollten diese Leitsätze in dieser Form von der Vollversammlung beschlossen und von der Leitung durchgesetzt werden, so entstände für die evangelische Kirche eine außerordentlich ernste Lage ...

Daß die kirchenpolitischen Parteien im alten Sinn der Vergangenheit angehören, unterschreibe ich auch. Für viele junge Pfarrer hat der alte Gegensatz: positiv und liberal seine Wichtigkeit verloren. Sie fühlen sich kirchenpolitisch heimatlos. Da und dort ist innerhalb der bisherigen Gruppen schon ein Neues geworden. Wenn durch die deutschen Christen die früheren Fronten erschüttert werden, kann ich das nicht bedauern. Freilich ist damit nicht gesagt, ob dieser Einbruch von einer politischen

[7] Vgl. dazu auch den Artikel von Theodor Haug in derselben Beilage zum »Volksdienst« vom 24. 4. 1933, wo er einen Überblick über die verschiedenen Bestrebungen um einen Neubau der Kirche gibt (siehe S. 49 ff.).

[7a] Preußisches Staatsgesetz betr. die Kirchenverfassung der evang. Landeskirchen vom 8. 4. 1924 (»Allgemeines Kirchenblatt für das evang. Deutschland« 73/1924, S. 129 ff.); durch dieses Gesetz wurden die Verfassungen der preußischen Landeskirchen vom Staat anerkannt.

Bewegung her dem Wesen der Kirche entspricht. Ich gebe auch zu, daß der heutige kirchliche Parlamentarismus nicht die richtige Form ist, in der das Kirchenvolk wirklich fruchtbare Arbeit leisten kann. Doch darf man nie vergessen, daß nach dem Neuen Testament die Urgemeinde die Geschicke selbständig tätig mitbestimmte, nicht bloß der Führer, der Apostel!

Viele Wähler der neuen Bewegung haben sich wohl kaum klare Gedanken über das Verhältnis von Evangelium und Volkstum gemacht. Sie setzten sich stimmungsmäßig für die neue Liste ein. Auch in maßgebenden Kreisen vermisse ich die volle Klarheit und die neutestamentliche Tiefe. Ich freue mich aufrichtig über das eindeutige Bekenntnis zum reinen Evangelium. Aber andere Worte lassen es doch fraglich erscheinen, ob das Evangelium inmitten der völkischen Gesichtspunkte praktisch zu seinem Recht kommt. Kann »der religiöse Wille eines Volkes etwa aus der Wurzel des deutschen Blutes organisch wachsen«? Kann man so einfach von »dem deutschen Blut und dem heiligen Evangelium als den Wurzeln des deutschen Christentums« reden, als stehen sie beide gleichwertig nebeneinander?[8] Tritt nicht trotz der Berufung auf das Kreuz Jesu der Ernst der Sünde vor der Betonung der Rasse zurück, auch die Sünde der Deutschrassigen? Hier sind wichtige Fragen und ernste Gefahren! Ein ganzes Ja hat die Kirche nur dem Evangelium gegenüber, sonst nirgends. Darum kann sie auch nicht, wie Hossenfelder in einer Predigt es tut, so ohne weiteres das Leiden und Auferstehen des Heilands auf das Leiden und Auferstehen des deutschen Volkes übertragen[9]. Wenn das den Nationalsozialisten und den deutschen Christen mißfällt, so muß sie es tragen. Sie tut ihnen gerade dadurch einen großen Dienst und bewahrt sie vor Verirrungen.

Sehr ernst wird die Lage durch das von den deutschen Christen neuestens geforderte Verhältnis zwischen Staat und Kirche. Es ist verständlich, daß gewisse Kreise die Gleichschaltung auch auf die Kirche ausdehnen möchten. Und doch bedeutet die geplante Regelung einen staatlichen Eingriff in das innerste Wesen der Kirche. Sie soll, statt unabhängige Verkünderin des ewigen Gotteswillens zu sein, Dienerin des Staates werden zur Förderung völkischer Erziehung . . . Wenn die deutschen Christen das fordern, treten sie in schärfsten Gegensatz zu Martin Luther, dessen Erbe sie verwalten wollen. Er hat sein »Ich kann nicht anders« in Worms gegen den Führer des Staates gesprochen. Dieses

[8] »Evangelium im Dritten Reich« 1933, Nr. 14.

[9] »Evangelium im Dritten Reich« 1933, Nr. 14.

Recht darf sich keine Kirche nehmen lassen, auch heute nicht ... Ich kann nicht glauben, daß Reichskanzler Hitler nach seinen feierlichen Erklärungen vor dem Reichstag dem Verlangen der deutschen Christen nachgibt. Er würde damit einen Zwist heraufbeschwören, der seinen eigentlichen Absichten zuwiderläuft. Aber wie die Sache auch ausgehe, die Kirche hat nur eine Aufgabe: Kirche zu bleiben, und wenn sie darum leiden muß ...

Vorsichtig abwägend nahm der Esslinger Dekan Dr. Lempp im Kirchlichen Anzeiger für Württemberg *am 27. 4. 1933 Stellung:*

Gleichschaltung der Kirche?

Das Zauberwort Gleichschaltung hat in den letzten Wochen Wunder gewirkt; durch dies Wort hat die ungeheure Energie der nationalen Regierung die Länder, die Gemeinden, die Beamtenorganisationen, die Bauernschaft, die Industrieverbände, die Reichsbank, die Gewerkschaften, die Presse, die Universitäten, die Lehrerschaft, die Künstler sich zu gefügigen Werkzeugen gemacht und hat nun die Bahn frei zu arbeiten, ohne mehr zu fragen: Was sagt dazu Bayern, was sagt dazu die Industrie, was sagen dazu die Gewerkschaften? Wer Hitlers »Mein Kampf« gelesen und Mussolinis Lebenswerk verfolgt hat, der konnte von einer Übernahme der Macht durch Hitler nichts anderes erwarten; unerwartet war nur das völlige Ausbleiben jedes Widerstands bei dieser Gleichschaltung; es geht sozusagen alles spielend, auf Befehl. Keinem von uns, der in der liberalen Welt der Vorkriegs- und Nachkriegszeit aufgewachsen ist und ihre Güter als selbstverständlich zu betrachten gewohnt war, wird die Umstellung, der Verzicht auf die Freiheit des Redens und Handelns leichtfallen ...

Es wäre nun sehr merkwürdig, wenn diese allgemeine Gleichschaltung vor der Kirche haltmachen würde. Jede Revolution, die mit einem geistigen Umschwung verbunden war, hat versucht, auch die Kirche dem neuen Geist gleichzuschalten ... Es spricht für den realpolitischen Sinn unseres Reichskanzlers, daß er von solchen Eingriffen ins kirchliche Leben nie etwas hat wissen wollen ... Gewiß wird der Staat nicht dulden, daß sich der Marxismus in der Kirche ein Asyl sucht, um seine Ideen weiterzuverbreiten; öffentliche Angriffe der Kirche, der katholischen wie der evangelischen Kirche, gegen die Regierung werden ebenso unmöglich sein, wie sie während des Kriegs unmöglich waren. Das kann im Einzelfall hart an Gewissensbedrückung streifen, und viele Gemeindeglieder werden der Kirche ihr Schweigen verübeln, wie sie das im Krieg getan haben. Aber jeder Einsichtige muß begreifen, daß in Zeiten der Aufhebung der Pressefreiheit und der politischen Redefreiheit nicht der Kirche allein bzw. den einzelnen Geistlichen allein das Recht zugebilligt werden kann, die Regierung öffentlich zu kritisieren. Damit ist noch nicht gesagt, daß die Kirche ihre Pflicht, auch dem Staat das Wort Gottes zu sagen, nicht mehr erfüllen dürfe. Wie im Krieg, so wird auch jetzt eine verantwortungsvolle Kirchenleitung die Staatsleitung aufmerksam machen auf Schäden und auf Unrecht, das geschieht, und ebenso kann für den einzelnen Pfarrer je und je bei örtlichen Anlässen der Augenblick kommen, wo er reden und zeugen muß: Das ist nicht recht. Ob er es öffentlich auf der Kanzel tun muß, ist eine besondere Frage ...

Ist also von Staats wegen ein direkter Eingriff in die Kirche, ein direkter Versuch der Gleichschaltung schwerlich zu befürchten, sondern nur das Verbot öffentlicher Kritik der Regierung, so ist jener Versuch dagegen aus der Mitte der Kirchenglieder, namentlich auch der nationalsozialistischen Pfarrer zweifellos zu erwarten. Darüber braucht nach dem Bericht über die Tagung der Glaubensbewegung »Deutsche Christen« in Berlin nicht viel gesagt zu werden ... Kann man es den begeisterten Anhängern Hitlers verdenken, wenn sie eine so gewaltige Erziehungsmacht wie die Kirche in diese Einheit hereinziehen wollen? Und kann man es grundsätzlich von vornherein als verwerflich bezeichnen und darum unseren Kollegen, die da mittun, vorwerfen, sie verstünden das Wesen der Kirche nicht, wenn doch nach dem Programm der Regierung solche geistige Einheit der Nation auf christlicher Grundlage geschaffen werden soll? Wenn sie zur Förderung der nationalen Einheit die 29 Kirchen in Deutschland zu einer Reichskirche vereinigen, wenn sie den nach ihrer Meinung undeutschen Parlamentarismus auch in der Kirche ausmerzen wollen, so läßt sich zwar über die Schwierigkeiten und die Zweckmäßigkeit solcher Forderungen in gegenwärtiger Stunde viel sagen, man kann auch ernstlich auf die Leidensgeschichte der Unionsversuche hinweisen, aber man wird nicht behaupten können, daß die Erhaltung der 29 Kirchen und des rein demokratischen Aufbaus in der Kirche zum Wesen unserer evangelischen Kirche gehöre und in ihr für alle Ewigkeit gewahrt werden müsse, auch wenn sonst in Deutschland nichts mehr davon zu finden sein sollte ... Solange also jene Forderungen nicht durch einen Staatskommissar der Kirche aufgezwungen, sondern durch eine Bewegung unter ihren Gliedern angestrebt werden, solange ist grundsätzlich nichts einzuwenden ...

Es wird Sache ernstester und rascher Erwägung der an der Spitze der deutschen Kirchen stehenden Männer sein, ob und wie gehandelt werden soll, ob nicht vor allem unverzüglich eine selbständige, mit Vollmacht im Namen aller deutschen Kirchen handelnde und zu raschem Handeln befähigte geistliche Spitze geschaffen werden muß. Solche Beschlüsse müßten selbstverständlich auf unabhängigem Handeln kirchlicher Instanzen beruhen, wenn auch in abgekürztem Verfahren ...

Gemeinde, Zeitumstände und vor allem die theologischen Ansichten des einzelnen Pfarrers finden in der Verkündigung ihren Niederschlag und müssen ihn finden, geben der Verkündigung wandelbaren Charakter und müssen ihn geben, das ist heute nicht anders als zu allen Zeiten. Solche Wandlung der Verkündigung hat sich noch nie auf Kommando vollzogen und kann sich nicht auf Kommando vollziehen. Theologische Ansichten entstehen im Austausch der Meinungen und auf Grund der persönlichen Forschung, wobei der Einfluß starker religiöser und theologischer Führerpersönlichkeiten eine große Rolle spielt. Wir haben also meines Erachtens keinen Anlaß, uns heute über die von der Glaubensbewegung »Deutsche Christen« betreffs die Verkündigung der Kirche ausgesprochenen Ansichten aufzuregen. Wir werden ihre Ansichten am Neuen Testament messen und sind dem Kollegen Schairer dankbar dafür, daß er durch sein neues Buch[10] uns eine zusammenfassende Darstellung und Begründung dieser Ansichten gegeben hat, so daß wir sie auf ihren Inhalt vom Evangelium aus prüfen können ... Feststehen muß nur immer das eine: Die Kirche kann wohl im Gehorsam gegen die Obrigkeit in bedrohten Zeiten sich den allgemeinen Maßnahmen zur äußeren und inneren Geschlossenheit des Volkes fügen, aber sie kann sich niemals den Inhalt ihrer Verkündigung von anderswoher als vom Evangelium vorschreiben lassen ... Wo man versuchen sollte, das Gewissen anzutasten, uns zu hindern, daß wir den Auftrag, den wir als Diener des Evangeliums haben, ausführen, auch wo man Handlungen von der Kirche verlangt, die gegen ihre Ehre gehen, wie die Entlassung hochverdienter Führer und Mitarbeiter, da könnten wir nicht anders als Nein sagen, da wäre zum großen Schaden unseres Volkes der Kampf unvermeidlich. Wir vertrauen auf die Weisheit unserer Reichsleitung und auf ihre straffe Führung, daß solches nicht kommen wird, daß die Gleichschaltung der Kirche mit dem nationalen Staat nicht durch äußeren Zwang geschaffen wird ...

[10] Immanuel Schairer, Volk, Blut, Gott. Berlin 1933. Eine Rezension dieses Buches siehe S. 401 ff.

DIE VORGÄNGE BIS ZUR WAHL BODELSCHWINGHS ZUM REICHSBISCHOF

Verhandlungen im Deutschen Evang. Kirchenausschuß

Im Zusammenhang mit der Reichstagung der Glaubensbewegung Deutsche Christen und der dort zum Programm erhobenen Forderung nach der Schaffung einer Deutschen Reichskirche hatten auch die Leitungen der deutschen evangelischen Landeskirchen sich mit dieser Gleichschaltung der Kirchen zu befassen. An diesen Bemühungen war die Württembergische Landeskirche nicht gleichmäßig stark beteiligt; im folgenden können deshalb Vorgänge, die Württemberg zwar indirekt berühren, aber nicht von Württemberg aus veranlaßt wurden, knapp skizziert werden.

Am 30.3.1933 stellte Wurm in einem Schreiben an den Deutschen Evangelischen Kirchenausschuß die Punkte zusammen, bei denen eine einheitliche Stellung der Landeskirchen erwünscht schien[11]*:*

Die gegenwärtigen politischen Verhältnisse, die auch in die Beziehungen zwischen Staat und Kirche eingreifen, veranlassen uns, auf einige Punkte hinzuweisen, in denen die Landeskirchen zu einer möglichst einhelligen Stellungnahme gelangen sollten.

1. Das württembergische Kultministerium beschäftigt sich auf Veranlassung eines nationalsozialistischen Pfarrers mit der Frage des Verbots der Ernsten Bibelforscher und der Neuapostolischen. Ein Ersuchen um Äußerung hat der Evang. Oberkirchenrat dahin beantwortet[12], daß er sich über die staatliche Seite dieser Frage nicht äußern könne, daß es ihm bedenklich erscheine, wenn der Schein einer durch kirchliches Verlangen herbeigeführten Unterdrückung entstehe und daß er der Meinung sei, das Verbot einer religiösen Gemeinschaft müsse vom Reich her erfolgen, wobei eine Äußerung des Kirchenausschusses in Frage käme.

2. Der Führer der Religiösen Sozialisten, Stadtpfarrer Dr. Schenkel[13], hat in der letzten Zeit vor der Wahl seine politischen Gegner besonders gereizt, so daß seine persönliche Sicherheit und die Ausübung seiner

[11] LKA Stuttgart, D 1, Bd. 119; von Wurm eigenhändig mit der Schreibmaschine hergestellter Entwurf. Zur Regierungserklärung Hitlers vom 23. 3. 1933 siehe Anmerkung 4, S. 16. Zu den gesamten Verhandlungen siehe auch Kater, S. 74 ff.

[12] Nr. A 2227 vom 29. 3. 1933; die Vorgänge sind noch darzustellen.

[13] Die Maßregelung von Pfarrern der Landeskirche wird in einem späteren Band behandelt.

Amtstätigkeit bedroht erschien. Er hat auf Anraten des Oberkirchenrats und des Kirchengemeinderats um einen vierwöchentlichen Urlaub gebeten, der ihm bewilligt wurde. Ein anderer religiös-sozialistischer Pfarrer ist in Schutzhaft genommen und nach einer Erklärung, in der er loyale Stellung zur jetzigen Regierung versprach, wieder entlassen worden[14]. Der Oberkirchenrat hat in einem Schreiben an den Landeskommissar für das Polizeiwesen ersucht, der kirchlichen Behörde wie im Fall Schenkel von einer bedrohlichen Lage vorher Kenntnis zu geben, damit die Verhaftung vermieden werden könne. Da damit zu rechnen ist, daß das Verlangen nach Entfernung »marxistischer« Pfarrer aus dem Kirchendienst erhoben wird, sollte in dieser Hinsicht eine gemeinsame Linie gesucht werden.

3. Betreffend den Gottesdienstbesuch von vaterländischen Verbänden in Uniformen und mit Fahnen werden angesichts der neuen Lage Änderungen der bisherigen Bestimmungen in Betracht kommen[15].

4. Das vom Reichskanzler anerkannte Recht der Kritik wird von den Landes- und Bezirksinstanzen teilweise schroff abgelehnt. Auf die Durchführung der in der Reichstagsrede feierlich verkündeten Grundsätze betr. Selbständigkeit der Kirchen sollte nachdrücklich hingewirkt werden. Eine deutliche Erklärung dahingehend, daß die evangelische Kirche die Zusammenfassung aller politischen, wirtschaftlichen und moralischen Kräfte des deutschen Volkes unter einer straffen Führung im Gegensatz zu dem bisherigen Parteiwirrwarr begrüße und ihre Mitarbeit an der Reinigung und Erneuerung des Volkslebens zur Verfügung stelle, daß sie aber erfolgreich auf die Gesinnung und Haltung des Volkes nur dann einwirken könne, wenn ihr die Freiheit der Kritik an verfehlten Maßregeln und der Betreuung der heute noch politisch abseits stehenden Volksteile eingeräumt werde, dürfte am Platze sein.

Wir möchten die Frage aufwerfen, ob nicht eine außerordentliche Sitzung des Kirchenausschusses zweckmäßig wäre. [Wurm.]

Der Entwurf dieses Schriftstücks wurde vor der Absendung dem Direktor im Oberkirchenrat, Dr. Müller, zugeleitet, der noch am 30.3.1933 vermerkte: Gesehen und einverstanden.

[14] Es handelt sich um Pfarrer Fritz Honnecker, Schwann; vgl. »NS-Kurier«, Ausgabe vom 29. 3. 1933. Pfarrer Honnecker war vom 27. 3. bis 29. 3. 1933 in Schutzhaft in Neuenbürg.

[15] Siehe Bd. 1, S. 436 f.; Erlaß vom 11. 4. 1933. Zur Praxis der früheren Jahre siehe Bd. 1, S. 34 ff. u. 427 f.

Prälat D. Dr. Schoell, der ebenfalls um eine Stellungnahme gebeten wurde, vermerkte auf dem Entwurf: Mit obigen 4 Punkten bin ich einverstanden, gebe nur noch zu erwägen, ob nicht ein grundsätzliches Wort über die Haltung der Kirche gegenüber der Regierung der nationalen Revolution zu sagen wäre, worin ebenso die Bereitwilligkeit der deutschen evang. Kirche zur vaterländischen Mitarbeit innerhalb ihrer Zuständigkeit zu erklären, wie ihre Unabhängigkeit in sacra zu betonen (im Anschluß an Hitlers Erklärung[16]), vielleicht auch die eine oder andere unveräußerliche kirchliche Forderung (z. B. in Hinsicht auf die religiöse Erziehung) zu stellen wäre. Sch[oell].

Ende Juli 1933 vermerkte schließlich Direktor Dr. Müller noch einmal auf dem Entwurf: Das Kirchenbundesamt hat am 24. Juni mitgeteilt, daß es davon ausgehe, daß die verschiedenen Fragen durch die Zeitentwicklung überholt seien und das Schreiben zu den Akten geschrieben werden könne. Ich erkläre mich damit einverstanden.

Im April 1933 nahm der Präsident des Deutschen Evang. Kirchenausschusses, D. Kapler, die Initiative zur Schaffung einer Reichskirche auf. Am 1. 4. 1933 teilte er den Obersten Kirchenbehörden der im Deutschen Evang. Kirchenbund zusammengeschlossenen Landeskirchen *vertraulich* mit[17]:

Die sich überstürzenden politischen Ereignisse haben, wie aus verschiedenen Anfragen und Nachrichten ersichtlich, auch bei den Landeskirchen und anderen kirchlichen Stellen große Unruhe hervorgerufen. Es werden von allen Seiten Fragen laut, wie die allgemeinen evang. Interessen der neuen Reichsregierung gegenüber wahrzunehmen sind. Demgegenüber ist es mir ein Bedürfnis, die obersten Kirchenbehörden kurz über den Stand der Dinge zu informieren, soweit er für mich erkennbar ist.

In den ersten Wochen seit Bildung der neuen Reichsregierung bis zum Zusammentritt des neugewählten Reichstags war eine sachliche Fühlung mit den neuen Männern der Reichsregierung kaum möglich. Die Inanspruchnahme der Reichsminister, Staatssekretäre usw. durch die großen politischen Ereignisse, insbesondere auch durch die Vorbereitungen zur Reichstagswahl, ließ eine nähere Fühlungnahme mit sach-

[16] Siehe Anmerkung 4, S. 16 u. Anmerkung 6, S. 23.
[17] LKA Stuttgart, D 1, Bd. 119.

lichen Erörterungen nicht zu. Trotzdem ist selbstverständlich in den Fragen, die eine sofortige Behandlung mit der Reichsregierung notwendig machten, der Weg schriftlicher und mündlicher Erörterung beschritten worden. Ich nenne in diesem Zusammenhang eine eingehende Eingabe an den Herrn Reichsarbeitsminister vom 13. März des Jahres in Sachen des Freiwilligen Arbeitsdienstes. Wenn auch in diesem Punkte endgültige Beschlüsse der Reichsregierung noch nicht vorliegen, so glaubte ich doch, die Reichsregierung mit allem Ernst darauf hinweisen zu müssen, daß bei der Einführung der Arbeitsdienstpflicht die Erfahrungen und Erfolge der evang. Arbeitsdienstpflege nicht verlorengehen dürfen. Daneben habe ich ausgeführt, daß die Anforderungen an Seelsorge und an eine von christlichem Geist getragene Bildungsarbeit durch die Einführung der Arbeitsdienstpflicht so gesteigert werden, daß sie von den geordneten Ämtern der Kirche allein nicht mehr geleistet werden können. Da das Bedürfnis nach seelsorgerlichem Rat und einer von evang. Geist getragenen Bildung bei der Lagerjugend sehr groß ist, habe ich den Wunsch ausgesprochen, daß die zuständige Reichsstelle in Verbindung mit dem Deutschen Evang. Kirchenausschuß eine geordnete Seelsorge und ein zweckmäßiges Bildungswesen schafft, die die innere Kraft der jungen Menschen stählen, sie zur Freude an der Arbeit und sportlicher Betätigung führen und sie in ihrem deutschen Volksbewußtsein stärken. Ich habe geschlossen mit der Erklärung, daß m. E. der Arbeitsdienst nur dann nach allen Seiten hin segensreich und dem Wohl des Vaterlandes dienen kann, wenn in ihn die ewigen Kräfte des Christentums eingesetzt werden.

Mit Rücksicht auf das, was mir seither über die weiteren Pläne der Reichsregierung hinsichtlich der Jugenderziehung unter der Hand bekanntgeworden ist, soll in diesen Tagen ein zweites ergänzendes Schreiben an den Reichsarbeitsminister und die sonst beteiligten Reichsstellen ergehen, wo neben mündliche Erörterung des Gegenstandes mit dem Herrn Reichsarbeitsminister und anderen beteiligten Reichsstellen vorbehalten bleibt.

Ich habe ferner den Herrn Reichsfinanzminister aufgesucht, mit ihm verschiedene schwerwiegende Finanzfragen – Kirchensteuern, Osthilfe, Sanierung der Inneren Mission – besprochen und ihn persönlich gebeten, als ein evang. Mitglied des Reichskabinetts bei allen Beratungen auch die evang. Interessen mitzuvertreten, wobei ich die Notwendigkeit der Freiheit und Selbständigkeit der kirchlichen Arbeit stark betont habe.

Als die Absichten der Reichsregierung hinsichtlich des inzwischen veröffentlichten Ermächtigungsgesetzes[17a] bekannt wurden, ist im Kirchenbundesamt eingehend erwogen worden, ob eine Ausnahmestellung, die die verfassungsmäßigen Rechte und Garantien der Kirche aufrechterhalten würde, für die Religionsgesellschaften erstrebt werden sollte. Im Einverständnis mit dem Präsidium des Kirchenausschusses hat das Kirchenbundesamt von Anregungen oder kommissarischen Verhandlungen in dieser Hinsicht abgesehen. Sie hätten in der damaligen Lage sicher keinen Erfolg gehabt und zu Mißdeutungen Anlaß gegeben, die auf jeden Fall vermieden werden mußten. Die seitherige Entwicklung hat diesem Standpunkt durchaus recht gegeben, und die Erklärungen der Reichsregierung[17b] lassen klar erkennen, daß sie nicht beabsichtigt, die verfassungsmäßig verankerte Stellung der christlichen Religionsgesellschaften in Reich und Ländern anzutasten. Als mir kurz vor den Verhandlungen des Reichstags über das Ermächtigungsgesetz unter der Hand bekannt wurde, daß Sonderverhandlungen mit dem Zentrum bzw. mit der katholischen Kirche stattfänden und weitere solche Verhandlungen zu erwarten seien, habe ich mich in einem persönlichen Schreiben an den Herrn Reichspräsidenten gewandt mit der Bitte, seine fürsorgliche Aufmerksamkeit dem zuzuwenden, daß bei der etwaigen Erörterung der Wünsche von kath. Seite die paritätische Wahrung der evang. Belange erfolge. Der Herr Reichspräsident hat dieses Schreiben, von dem er nach Mitteilung seines Staatssekretärs mit Interesse Kenntnis genommen hat, an den Reichsminister des Innern weitergegeben.

Die Greuelpropaganda im Ausland, an der sich auch kirchliche amerikanische Kreise beteiligt haben sollen, gab mir Veranlassung, mich in einem dringenden Telegramm vom 27. März des Jahres an den Präsidenten der amerikanischen Gruppe des Ökumenischen Rates für Praktisches Christentum Rev. Cadman in New York zu wenden und seinen Einfluß dafür zu erbitten, daß nicht auf falsche Berichte Kundgebungen gegen Deutschland erfolgten, die schweren Schaden auch der kirchlichen Zusammenarbeit bringen müßten; die Reichsregierung gewährleiste Ordnung und Sicherheit; unparteiische Augenscheineinnahme hiesiger Verhältnisse sei jederzeit möglich und erwünscht. Darauf habe ich am 30. vorigen Monats ein Antworttelegramm erhalten, das in deutscher Übersetzung lautet: »Kapler Kirchenbund Berlin. Beunruhigung amerikanischer Christen auf Grund berichteter deutscher Judenverfolgungen

[17a] Gesetz zur Behebung der Not von Volk und Reich von 24. 3. 1933: RGBl. I 1933, S. 141.

[17b] Siehe Anmerkung 4, S. 16.

bedeutet in keiner Weise Aufgabe der Hochachtung vor dem deutschen Volk und geminderte Liebe für unsere christlichen Brüder. Wir würdigen die Beweise neuer Eintracht und wiederauflebender Hoffnung in Deutschland und sympathisieren warm mit den deutschen Ansprüchen auf Gleichheit in den internationalen Beziehungen. Ausführlicher Bericht folgt per Post. Cadman, Cavert, Leiper. Federal Council of Churches.«

In einem weiteren, gleichfalls am 30. vorigen Monats eingegangenen Telegramm stellt Rev. Cadman den Besuch offizieller Vertreter des Federal Council aus Amerika in Aussicht. Der Telegrammwechsel ist zur Kenntnis der in Frage kommenden Reichsstellen gebracht und der Presse übergeben worden. Wie Fühlungnahme mit dem hiesigen Auswärtigen Amt ergeben hat, wird dort der angekündigte Besuch amerikanischer Kirchenvertreter in Deutschland zustimmend begrüßt.

Nach Erlaß des Ermächtigungsgesetzes ist die seit Januar angebahnte politische Entwicklung in ein zweites Stadium getreten. Nunmehr erschien es an der Zeit, die persönliche Fühlungnahme mit den führenden Männern der Reichsregierung aufzunehmen und die gesamtprotestantischen Interessen auch in sachlichen Erörterungen zu vertreten. Ein möglichst baldiger Besuch von mir bei dem Reichsminister des Innern und bei dem Reichskanzler ist vorgesehen und in die Wege geleitet. (Daß ich vor einigen Tagen bereits Gelegenheit hatte, dem Reichskommissar für das Preußische Ministerium für Wissenschaft, Kunst und Volksbildung bei einem Besuch einige Anliegen der Preußischen Kirchen mündlich vorzutragen, sei hier eingeschaltet.) Daneben hat auch der Direktor des Kirchenbundesamts bereits ausführlich mit dem Staatssekretär des Reichsministeriums des Innern verhandelt und wird in den nächsten Tagen auch von dem Staatssekretär der Reichskanzlei empfangen werden. Bei dem Gespräch mit dem Staatssekretär des Reichsministeriums des Innern wurde insbesondere das Volksbildungswesen erörtert und auf die Bedeutung evang.-christlicher Erziehung unserer Jugend in der Schulzeit und nach der Schulzeit hingewiesen. Hinsichtlich der Frage der Reichsreform erklärte der Staatssekretär, daß im Augenblick Entscheidungen, die für die Kirche von Bedeutung seien, noch nicht zu erwarten seien; die Reichsregierung habe zunächst noch andere Aufgaben zu erfüllen.

Die Wünsche des Direktors des Kirchenbundesamts fanden bei allen Fragen weitgehendes Verständnis. Das Reichsministerium des Innern legt nach der Erklärung seines Staatssekretärs größten Wert darauf, die in dem evang. Volksteil ruhenden Kräfte nach der konfessionellen Seite besonders zu pflegen und sie zum Kampf für das deutsche Volkstum zum wertvollen Bundesgenossen zu machen.

Erhöhte Beachtung habe ich auch dem Vorgehen der kath. Kirche zugewendet. Die Erklärung der Fuldaer Bischofskonferenz[18], verschiedene Anzeichen über vermehrte Tätigkeit zur Erhaltung bzw. Vermehrung des Personalstandes bei Reich und Land und zur Verstärkung des kath. Einflusses lassen den in der programmatischen Erklärung der Reichsregierung erwähnten Ausbau der Beziehungen zum päpstlichen Stuhl in einem besonderen Licht erscheinen. Dem offensichtlichen Bestreben, die kath. Kirche im Reich als einen geschlossenen einheitlichen Machtfaktor einzusetzen, wird notwendigerweise auf evang. Seite im Kirchenbund ein gleichwertiges starkes Gegengewicht gegenübergestellt werden müssen.

Ich bitte die obersten Kirchenbehörden überzeugt zu sein, daß von meiner Seite alles geschieht, was in meinen bei meinem Doppelamt schon vordem stark in Anspruch genommenen Kräften steht, um die nach der Kirchenbundesverfassung dem Kirchenausschuß obliegenden Pflichten zur Wahrung der gesamtprotestantischen Interessen wahrzunehmen. Ich bin für jede Anregung, die ich in dieser Beziehung erhalte, nur dankbar, bitte aber freundlichst in Erwägung zu ziehen, daß die überaus schwierigen Fragen der heutigen Zeit nicht so schnell und eindeutig gelöst werden können, wie es in vieler Beziehung wünschenswert sein könnte. Auch die wenigen Kräfte des Kirchenbundesamts sind in unseren Tagen grundsätzlichen Umschwungs und weittragender Erneuerung übermäßig in Anspruch genommen und können nur für die dringendsten Aufgaben planmäßig angesetzt werden. In vielen Fällen ist auch ein sofortiges Handeln deswegen nicht möglich, weil sich die Sachlage nicht mit der erforderlichen Sicherheit übersehen läßt. Nach meiner Ansicht müssen aber alle Schritte der Evangelischen Kirche in dieser stürmischen Übergangszeit mit besonderer Sorgfalt überlegt und vorbereitet werden. Es gilt, dem nationalen Aufbruch gegenüber die richtige Stellung einzunehmen und die Selbständigkeit der Kirche in ihrem eigengesetzlichen Handeln nicht zu gefährden. Von jedem wichtigen Ereignis auf den dem Kirchenausschuß anbefohlenen Gebieten werde ich selbstverständlich den obersten Kirchenbehörden, sobald es irgend möglich ist,

[18] Erklärung von Kardinal Bertram als Vorsitzender der Fuldaer Bischofskonferenz vom 28. 3. 1933; vgl. Hans Müller, Katholische Kirche und Nationalsozialismus. Dokumente 1933–1935. S. 76 ff.

Mitteilung machen, bitte aber gleichzeitig, mich auch von allen Maßnahmen landeskirchlicher Stellen fortlaufend zu unterrichten.

Der Präsident: Kapler.

Der Präsident des Deutschen Evang. Kirchenausschusses, D. Kapler, lud nach einer Besprechung mit den Führern der größeren Landeskirchen am 7. April zu einer außerordentlichen Sitzung des Kirchenausschusses ein[19]:

Auf die von den verschiedensten Seiten mir mündlich und schriftlich zugegangenen Wünsche und Anregungen lade ich hiermit zu einer außerordentlichen Sitzung des Deutschen Evangelischen Kirchenausschusses auf Dienstag, den 25. April 1933, vormittags 10 Uhr, im Dienstgebäude des Kirchenbundesamts in Berlin-Charlottenburg, Marchstraße 2, ergebenst ein.

Von der Aufstellung einer besonderen Tagesordnung sehe ich für dieses Mal ab. Hauptgegenstand der Verhandlung soll die allgemeine kirchenpolitische Lage bilden. Dabei wird einmal das Verhältnis des Deutschen Evangelischen Kirchenbundes und der Landeskirchen zu Reich und Ländern zu erörtern sein, zum andern aber die Frage geprüft werden müssen, welche organisatorischen Maßnahmen zu treffen sind, um eine straffere Zusammenfassung der gesamtprotestantischen Kräfte im Kirchenbund und eine stärkere Stoßkraft der evangelischen Kirche im öffentlichen Leben zu erreichen. Das Ergebnis der ersten Reichstagung der Glaubensbewegung »Deutsche Christen« darf ich dabei als bekannt voraussetzen. Wenn auch die Möglichkeit geboten sein soll, etwaige Einzelfragen, die mit den vorstehend umrissenen Gegenständen nicht in unmittelbarer Verbindung stehen, zur Erörterung zu stellen, so möchte ich doch anheimgeben, alle weiteren Fragen nach Möglichkeit für die ordentliche Tagung im Juni des Jahres in Eisenach aufzuschieben. Es wird m. E. erreicht werden müssen, daß die außerordentliche Sitzung an einem Tage zu Ende geführt wird.

Der Präsident: D. Dr. Kapler.

Neben der allgemeinen Einladung zur Sitzung des Deutschen Evang. Kirchenausschusses bat D. Kapler am 12. 4. 1933 Landesbischof Marahrens, Hannover, und Kirchenpräsident Wurm zu einer Vorbesprechung am 24. April nach Berlin[20]:

[19] Die Einladung vom 11. 4. 1933 siehe LKA Stuttgart, D 1, Bd. 119. Das Protokoll vom 7. 4. 1933 befindet sich nicht bei den Akten.

[20] LKA Stuttgart, D 1, Bd. 119. Wurm war bei der Abfassung der Kundgebung

Sehr verehrter Herr Kirchenpräsident!

Bei der zwanglosen Vorbesprechung am 7. des Monats über die aus der politischen Umgestaltung Deutschlands sich ergebenden Maßnahmen der Kirchenbundsorgane war zum Ausdruck gekommen, daß sofort ein sogenannter Aktionsausschuß gebildet werden müsse, der die erforderlichen Entscheidungen zu fassen hätte, soweit sie nicht von mir unmittelbar getroffen werden können, und einer demnächst einzuberufenden Sitzung des Kirchenausschusses entsprechende Vorlagen machen sollte. Daß dieser kleine Ausschuß aus möglichst wenigen Personen bestehen sollte, war allgemeine Ansicht. Um so schwieriger ist aber natürlich die Auswahl. Nachdem inzwischen auf vielseitiges Drängen eine außerordentliche Sitzung des Kirchenausschusses auf den 25. April des Jahres anberaumt ist, glaube ich, die endgültige Wahl eines Aktionsausschusses dieser Vollversammlung vorbehalten zu sollen. Um aber eine Vorberatung für die Sitzung zu ermöglichen, möchte ich die dem Kirchenausschuß angehörenden Präsidenten und stellvertretenden Präsidenten der Kirchenbundsorgane sowie die mit den politischen Fragen in der letzten Zeit im Kirchenausschuß besonders beschäftigt gewesenen Herren Landesbischof D. Marahrens und Kirchenpräsident Wurm nochmals vorher sprechen.

Eure Hochwürden erlaube ich mir, deshalb hiermit zu einer Zusammenkunft auf Montag, den 24. April des Jahres, nachmittags 4 Uhr im Sitzungssaal des Kirchenbundesamts in Berlin-Charlottenburg 2, Marchstraße 2, ergebenst einzuladen.

Mit verehrungsvollem Gruß Ihr ergebener D. Dr. Kapler.

Ein nach dem Befund der Akten der Württ. Kirchenleitung unbekannt gebliebenes Telegramm richteten die Führer des NS-Pfarrerbundes und der Glaubensbewegung Deutsche Christen Gau Württemberg am 10. 4. 1933 an Hitler[21]*:*

Betrifft dringend Evangelische Kirche. Wir hören von Besprechungen mit Kirchenausschuß Berlin. Vertrauen zum Führer, daß keinerlei fauler Friede mit bisheriger Kirche erfolgt. Vergessen nicht, wie Kirche

des Deutschen Evang. Kirchenausschusses Anfang März 1933 maßgebend beteiligt; siehe Bd. 1, S. 219 ff.

[21] Bundesarchiv Koblenz R 43 I, 161. Vgl. dazu auch Formulierungen im Aufsatz von Pfarrer Schairer im »Schwäbischen Merkur«, Ausgabe vom 14. 4. 1933 (siehe S. 19 f.

gen (!) SA und gegen ganze Bewegung bis heute verhalten. Billiger nationaler Anstrich der bisherigen Kirchenmauern verhindert nur die notwendige seelische Erneuerung des Volkes endgültig. Kirche darf kein Eigenleben abseits vom Volke führen, soll wohl Selbständigkeit haben, aber nicht bleiben, wie sie ist. Deutsche Christen, die tatkräftig am Gleichrichten sind, erbitten vollen Rückhalt am Führer. Heil Hitler! Für NS-Pfarrerschaft und Glaubensbewegung Gau Württemberg:

Ettwein, Rehm, Schairer.

An der Sitzung des Deutschen Evang. Kirchenausschusses am 25. 4. 1933 nahmen von Württemberg aus Kirchenpräsident D. Wurm und Prälat D. Schoell teil. Auf der Tagesordnung standen Berichte von Landesbischof D. Rendtorff über die Vorgänge in Mecklenburg-Schwerin[22] *und ein Bericht von Präsident D. Kapler über die Entwicklung der kirchlichen Lage seit der letzten Kirchenausschuß-Sitzung*[23]*:*

Aus dem folgenden eingehenden vertraulichen Bericht von Präsident D. Dr. Kapler über die Entwicklung der kirchlichen Lage seit der letzten Kirchenausschuß-Sitzung, die Besprechungen mit den Staatsstellen, den Aufruf D. Zoellners[24], die Tagung der Deutschen Christen Anfang April, die Verhandlungen mit diesen, die Zuspitzung der Lage durch die Einsetzung eines Staatskommissars in Mecklenburg-Schwerin und über den seitens des Kirchenausschusses eingelegten Protest, schließlich den Empfang des Redners durch den Reichskanzler am 25. April mittags sei Folgendes hervorgehoben:

In Übereinstimmung mit Anregungen aus der Konferenz der niedersächsischen lutherischen Landeskirchen habe er die Führer der größeren Landeskirchen auf den 7. April zu einer Besprechung der gesamtkirchlichen Lage eingeladen. Dabei sei einhellig der Wunsch auf Stärkung der Aktionsfähigkeit des Kirchenbundes und auf eine straffere Zusammenfassung der deutschen evangelischen Landeskirchen im Kirchenbund zum Ausdruck gekommen und zu diesem Zwecke die Einsetzung eines Aktionsausschusses befürwortet worden, worüber der Kirchenausschuß Beschluß fassen sollte. Dieser Vorschlag der Einsetzung eines Aktions-

[22] Dazu siehe GB 138, S. 70 ff.; Meier, S. 19; Hermelink, S. 33 f.; Niemöller, Kampf, S. 40 f.

[23] Protokoll der Sitzung: Nr. A 5690.

[24] Den Aufruf D. Zoellners »Zur Sammlung der Lutheraner« vom 13. 4. 1933 siehe GB 138, S. 72.

ausschusses habe sich aber bei näherer Prüfung als nicht zweckmäßig erwiesen, und so habe er, der Präsident, sich entschließen müssen, dem Kirchenausschuß den aus dem Resolutionsentwurf ersichtlichen Weg vorzuschlagen. Dies sei der Stand der Dinge an dem kritischen Sonnabend, dem 22. April, gewesen, an dem die Einsetzung eines Staatskommissars für die Kirche in Mecklenburg-Schwerin bekanntgeworden sei und glaubhafte Gerüchte über die Vorbereitung einer ähnlichen Maßregel für den Kirchenbund und für die preußischen Landeskirchen in Umlauf waren. In dieser Lage sei ihm kein anderer Weg, das Gesetz des Handelns für die Kirche zu erhalten, möglich erschienen, als die Grundgedanken des vorliegenden Resolutionsentwurfs der Presse als Faktum in einer für die Öffentlichkeit wirksam gestalteten Formulierung bekanntzugeben[25]. Der Verantwortung, die er mit diesem Schritt übernommen habe, sei er sich vollkommen bewußt. Er könne aber auf die Fülle von Zustimmungserklärungen aus dem Lande hinweisen, die bereits eingegangen seien, und stelle im übrigen die Entscheidung dem Kirchenausschuß anheim.

Der von Kapler erwähnte Resolutionsentwurf lautet[26]*:*

Der Deutsche Evangelische Kirchenausschuß nimmt mit Dank und Genugtuung von der Zielsetzung seines Präsidenten zur schnellen Herbeiführung einer neuen Verfassung des deutschen Protestantismus Kenntnis und billigt einmütig die getroffenen Maßnahmen. Zahlreiche lutherische Kirchenführer, maßgebende Männer des reformierten Bekenntnisses und eine große Zahl freier Verbände namentlich auch der Jugend haben ihre volle Zustimmung zu der Schaffung einer Evangelische Kirche Deutscher Nation erklärt[27]. So muß das Reformwerk gelingen. Seine Grundlage ist das Bekenntnis, zu dessen Wahrung die entscheidende Mitarbeit der von dem Präsidenten des Deutschen Evangelischen Kirchenausschussses berufenen Vertrauensmänner des lutherischen Landesbischofs D. Marahrens und des reformierten Studiendirektors Pastor D. Hesse freudig begrüßt wird.

Der Deutsche Evangelische Kirchenausschuß bevollmächtigt seinen Präsidenten zu allen durch die Neuordnung des Staatslebens veranlaßten, für das Wohl des deutschen Gesamtprotestantismus erforderlichen Maß-

[25] Den Aufruf Kaplers vom 23. April siehe GB 138, S. 74.

[26] Anlage I zum Protokoll vom 25. 4. 1933.

[27] Die Erklärung einer Versammlung des Reformierten Bundes in Rheydt vom 17. 4. 1933 siehe GB 138, S. 72 ff.; vgl. Hermelink, S. 36 f.

nahmen sowie zu den gebotenen Erklärungen bei den Reichs- und Landesbehörden und anderen Stellen des öffentlichen Lebens. Wird in der Durchführung dieser Aufgabe die Verfassung und Verwaltung der Landeskirchen betroffen, so sind diese baldmöglichst zu verständigen.

Der Deutsche Evangelische Kirchenausschuß richtet die herzliche und dringende Aufforderung an die Landeskirchen, sich in voller Würdigung der Bedeutung der Stunde geschlossen hinter den Präsidenten des Deutschen Evangelischen Kirchenausschusses und die von ihm zur Mitarbeit herbeigezogenen Männer und Frauen zu stellen und tatkräftig mitzuarbeiten an dem bedeutsamen Reformwerk. Die Landeskirchen werden gebeten, ihrerseits je einen Bevollmächtigten zu ernennen, mit dem der Präsident des Deutschen Evangelischen Kirchenausschusses sofort Fühlung nehmen kann.

Im Protokoll heißt es dann weiter[28]*:* Kirchenpräsident D. Wurm empfindet ebenfalls, daß die Kirchenbundesverfassung nicht die ausreichende Möglichkeit entschlossenen Handelns für die Spitze böte, zumal jetzt ein Verhandeln mit einem starken Staat notwendig sei. Aber es handle sich nicht nur darum, jetzt eine aktionsfähige Spitze des Kirchenbundes zu schaffen, sondern um eine innere Stärkung der Kirche als Kirche. Die kirchlichen Kreise warteten auf ein Wort der Selbständigkeit der Kirche. Deshalb sei notwendig die Stärkung des Kirchengedankens.

Nach langer Aussprache wurde das Vorgehen des Präsidenten des Deutschen Evang. Kirchenausschusses und der Resolutionsentwurf gebilligt.

Das Ergebnis der Sitzung vom 25./26. 4. 1933 hinsichtlich der Weiterentwicklung der Reichskirchenverfassung wurde in einem Aufruf zusammengestellt, den der Präsident des Kirchenausschusses am 4. 5. 1933 den Leitungen der Deutschen Landeskirchen zugehen ließ und in dem die Einsetzung einer Dreierkommission für die Beratung der Verfassung mitgeteilt wurde[29]*:*

Nachdem der Deutsche Evangelische Kirchenausschuß meine im Interesse der Evangelischen Kirche getroffenen Maßnahmen gebilligt und mir weitgehende Vollmachten erteilt hat, habe ich zusammen mit Herrn Landesbischof D. Marahrens und Herrn Studiendirektor Pastor D. Hesse

28 Protokoll vom 25. 4. 1933, S. 7.

29 LKA Stuttgart, D 1, Bd. 119.

den anliegenden Aufruf veröffentlicht, den ich zur gefälligen Kenntnisnahme ergebenst übersende. Der Präsident: Kapler.

Der Aufruf lautet:

Am heutigen Tage haben wir auf Grund weitgehender Vollmachten des Deutschen Evangelischen Kirchenausschusses als der gemeinsamen Vertretung sämtlicher evangelischen Kirchen Deutschlands die Neugestaltung des deutschen evangelischen Kirchentums in Angriff genommen. Mit voller Freudigkeit gehen wir entschlossen ans Werk. Eine mächtige nationale Bewegung hat unser deutsches Volk ergriffen und emporgehoben. Eine umfassende Neugestaltung des Reiches in der erwachten deutschen Nation schafft sich Raum. Zu dieser Wende der Geschichte sprechen wir ein dankbares Ja. Gott hat sie uns geschenkt. Ihm sei die Ehre!

In Gottes Wort gebunden, erkennen wir in dem großen Geschehen unserer Tage einen neuen Auftrag unseres Herrn an Seine Kirche. Es geht um die Verkündigung von dem lebendigen Gott, der uns geschaffen hat und der uns noch erhält und regiert, von dem Herrn und Heiland Jesus Christus, der für uns gestorben und auferstanden ist, von dem heiligen Geist, der allein wahren Glauben und rechte Erneuerung schenkt. Es geht um eine gegenwärtig-lebendige Bezeugung der reformatorischen Bekenntnisse. Es geht um die Neuordnung der Kirche aus den unvergänglichen Kräften dieser auf Gottes Wort gegründeten Bekenntnisse. Große und schwere Verantwortung liegt auf uns. Verpflichtet unserer Kirche, verbunden unserem Volk, rufen wir alle auf, in fester Geschlossenheit zu uns zu stehen. Jeder trage unsere Last mit in Fürbitte und Gebet. Gott ist unsere Zuversicht und Stärke.

Berlin, den 25. April 1933.

D. Dr. Kapler, D. Marahrens, D. Hesse.

In die Stellungnahmen der verschiedenen konfessionellen Gruppierungen innerhalb der deutschen Landeskirchen wurde von Württemberg aus nicht unmittelbar eingegriffen; Kirchenpräsident D. Wurm beteiligte sich am Zusammenschluß der Lutherischen Landeskirchen, der als Ergebnis eines Aufrufs von General-Superintendent D. Zoellner am 14. 5. 1933 in Würzburg vollzogen wurde[30]*. Hitler selbst ernannte am 25. 4.*

[30] Den Aufruf D. Zoellners siehe GB 138, S. 72; vgl. GB 138, S. 76, Hermelink, S. 36 f. und »Schwäbischer Merkur«, Ausgabe vom 23. 4. 1933. Am 18. 4. 1933 bekannte sich der Martin-Luther-Bund »dankbar und freudig zu dem von den Führern Deutschlands erstrebten Ziel eines einigen und starken Volkes« und

1933 den Wehrkreispfarrer Müller zu seinem Bevollmächtigten für Fragen der Evang. Kirche[31]*:*

Nachdem sich durch die Ereignisse der letzten Zeit die Notwendigkeit ergeben hat, zu einer Reihe von Fragen, die das Verhältnis des Staates zu den evangelischen Kirchen betreffen, Stellung zu nehmen, ernenne ich zu meinem Bevollmächtigten für die Angelegenheiten der evang. Kirche, soweit sie diese Fragen berühren, Herrn Wehrkreispfarrer Müller, Königsberg. Er hat noch den besonderen Auftrag, alle Arbeiten zur Schaffung einer evangelischen deutschen Reichskirche zu fördern.

Adolf Hitler.

bat, »sich mit allem Nachdruck dafür einzusetzen, daß die evang.-luth. Kirchen Deutschlands sich zu einer evang.-luth. Bekenntniskirche zusammenschließen« (Nr. A 2955). Am 14. 5. 1933 gaben die »versammelten Bischöfe der vereinigten lutherischen Kirchen Deutschlands« in Würzburg eine Erklärung zur Reichskirche ab und forderten einen Reichsbischof lutherischen Bekenntnisses, nachdem sie sich »zur Wahrung und Vertretung ihres gemeinsamen lutherischen Bekenntnisses und zur Förderung der daraus sich ergebenden gemeinsamen Aufgabe« zusammengeschlossen und ein Direktorium gebildet hatten (Nr. A 3796). Am 18. 5. 1933 teilte der Landesbischof diesen Zusammenschluß dem Präsidenten des Württ. Landeskirchentags mit: »Der heute schon in der Presse gemeldete Zusammenschluß der lutherischen Kirchen will in erster Linie zum Ausdruck bringen, daß nicht irgend eine unklare und ungeschichtliche Einheitsreligion, sondern das reformatorische Bekenntnis die Grundlage auch der werdenden Einheitskirche sein muß und daß die Führung der werdenden Kirche eine geistliche lutherischer Prägung sein soll. Der Zusammenschluß enthält keinerlei Spitze weder gegen das Einigungswerk noch gegen die Eigenart der angeschlossenen Landeskirchen, das Organisatorische spielt dabei keine Rolle; die Bekundung einer gemeinsamen inneren Haltung zu den Gegenwartsproblemen ist das Wesentliche. Unter diesen Umständen glaube ich den Anschluß der Württ. Landeskirche verantworten zu können, möchte aber den Herrn Präsidenten um seine Stellungnahme bitten, ehe ich eine formelle Erklärung abgebe. W[urm].« (Von Wurm eigenhändig mit der Schreibmaschine hergestellter Entwurf, Nr. A 3796.) Darauf verfaßte der Präsident des Württ. Landeskirchentags, D. Röker, am 22. 5. 1933 eine zustimmende »Denkschrift zum Zusammenschluß der lutherischen Landeskirchen« (OKR Stuttgart, Registratur, Generalia Bd. 119d). Am 25. 5. 1933 trat die Württ. Landeskirche offiziell diesem Zusammenschluß mit einer Mitteilung an Landesbischof D. Meiser, München, bei: »Die evang.-lutherische Landeskirche in Württemberg tritt dem lutherischen Zweig der deutschen evangelischen Kirche bei. Bevollmächtigter ist der Kirchenpräsident. Der Ständige Ausschuß des Landeskirchentags hat am 15. Mai ein Ermächtigungsgesetz beschlossen. W[urm].« (Von Wurm eigenhändig mit der Schreibmaschine hergestellter Entwurf, Nr. A. 3915.)

[31] Dokumente, S. 43; KJb, S. 14 f.; Hermelink, S. 35 f.; Niemöller, Handbuch, S. 79 f. Den ersten Aufruf erließ Müller am 26. 4. 1933: GB 138, S. 74 f.

Am 4. 5. 1933 fand die erste Fühlungnahme zwischen dem von D. Kapler geleiteten Dreierausschuß und Wehrkreispfarrer Müller statt, über die am 8. 5. 1933 den Kirchenleitungen vom Kirchenbundesamt des Deutschen Evang. Kirchenausschusses berichtet wurde[32]*:*

Den obersten Kirchenbehörden beehre ich mich, die anliegende Abschrift einer Notiz zu übersenden, die ich der Presse am 4. 5. 1933 habe zugehen lassen, die in den Zeitungen aber leider fast durchweg nicht vollständig abgedruckt worden ist. Im Auftrage: D. Hosemann.

Die Pressenotiz lautet:

Im Verlauf der Arbeiten für die Schaffung einer Deutschen Evangelischen Kirche fand heute im Kirchenbundesamt eine Aussprache zwischen Präsident D. Dr. Kapler, Landesbischof D. Marahrens, Studiendirektor Pastor D. Hesse und dem Bevollmächtigten des Reichskanzlers, Wehrkreispfarrer Müller, statt. Die Grundzüge des Verfassungswerks wurden eingehend durchgesprochen. Über Art und Ziel der außerordentlich bedeutsamen Aufgabe ergab sich eine hocherfreuliche Übereinstimmung.

Die evangelische Kirchenreform wird in dem äußeren Aufbau etwas grundlegend Neues schaffen, das schnellstens durchgeführt wird. Von dem Fortschreiten der Arbeit wird die Öffentlichkeit unterrichtet werden. Das Eine wird schon jetzt in aller Offenheit und Deutlichkeit zum Ausdruck gebracht: Innerlich Morsches soll zerbrechen. Alles Lebenswerte bleibt erhalten. Keinesfalls aber soll ein neuer Lappen auf ein altes Kleid geflickt werden. Es geht um alle die in unserem Volk, die den Herrn Jesus lieb haben. Es geht um die vielen Millionen unseres evangelischen Volkes, die das Evangelium und die Kirche nur noch von ferne kennen. Es geht um die großen Kreise, die nur noch äußerlich am kirchlichen Leben teilnehmen, aber die befreiende Botschaft von unserem Herrn und Heiland bisher nicht als Gotteskraft erfahren haben. Es geht um breite Massen, die in offener Feindschaft gegen Gott und seinen Christus stehen.

Der ganze Neubau der Kirche kann aber nur dann vor dem Sehnen unseres Volkes und Vaterlandes Bestand haben, wenn das Gemeinsame der verschiedenen, historisch gewordenen Bekenntnisse grundlegend herausgestellt wird. Von diesem Gemeinsamen aus soll die reformatorische Botschaft in der neuen Wende der Geschichte dem evangelischen deut-

[32] LKA Stuttgart, D 1, Bd. 119.

schen Volk verkündet werden. Dieses Gemeinsame zu suchen und zu finden, muß das Gebetsanliegen der ganzen deutschen evangelischen Christenheit sein.

Über die Arbeiten an der Verfassung einer deutschen Reichskirche schrieb Kirchenpräsident D. Wurm[32a]*:*

Auf dem Weg zur deutsch-evangelischen Kirche

Als auf dem Kirchentag in Wittenberg im September 1848 der mächtige Ruf Wicherns zur Tat der rettenden Liebe Gehör fand, bildete sich der Zentralausschuß für die Innere Mission »der deutsch-evangelischen Kirche«. Das war eine Vorwegnahme dessen, was die spätere Entwicklung bringen sollte. Es gab wohl einen deutschen Protestantismus, aber keine evangelische Kirche deutscher Nation, sondern nur eine Vielheit evangelischer Landeskirchen, die auch erst nach 1848 durch den in Eisenach tagenden Evangelischen Kirchenausschuß in eine lose Berührung traten. Selbst die Gründung des Deutschen Reiches 1870/1871 hat eine wirklich organische Verbindung der Landeskirchen noch nicht gebracht, obgleich auf dem Gebiet der theologischen Wissenschaft und der kirchlichen Praxis die lebendigsten, sachlichen und persönlichen Wechselwirkungen zwischen ihnen bestanden. Es ist bezeichnend für die geringe Kraft und Gabe der Formung, die in der Geschichte des deutschen Volkes und besonders auch des deutschen Protestantismus wahrzunehmen ist, daß es immer des Druckes ganz aufwühlender Ereignisse bedurfte, um die Widerstände gegen einen Fortschritt in der Einrichtung zu hemmen.

Der heutige Kirchenbund ist aus der Revolution vom Jahr 1918 hervorgegangen. Der Sturz des landesherrlichen Regiments, die Notwendigkeit, das Verhältnis der Kirche zur Staatsgewalt in rechtlicher, finanzieller und kultureller Hinsicht neu zu ordnen und das Bedürfnis nach Wahrung der gemeinsamen Belange hat den Kirchenbund geschaffen.

Aus dem Bund der Kirchen soll nun eine bündische Kirche werden, in der die Eigenart des auf Volkstum und auf Stammeseigenart gegründeten innerkirchlichen Lebens erhalten bleibt, die aber durch Reformen in Verfassung und Verwaltung als deutsch-evangelische Kirche mit einer

[32a] »Das Evang. Deutschland«, Nr. 18, 1933.

aktionsfähigen Oberleitung als geschlossene Einheit dasteht. Dies ist das Ergebnis der Beratungen des Deutsch-Evangelischen Kirchenausschusses, wie es in einer Pressenotiz am 25. April der Öffentlichkeit mitgeteilt wurde: »Der deutsche evangelische Kirchenausschuß bekennt sich zur Notwendigkeit einer neuen Verfassung des deutschen Protestantismus mit dem Ziel einer deutsch-evangelischen Kirche auf der Grundlage des vorhandenen Bekenntnisstandes. Er stellt sich hinter die von seinem Präsidenten getroffenen Maßnahmen und billigt insbesondere die Berufung des lutherischen Landesbischofs D. Marahrens (Hannover) und des reformierten Studiendirektors Pastor D. Hesse (Elberfeld) zu entscheidender Mitarbeit, sowie die Hinzuziehung in der kirchlichen Bewegung führender Persönlichkeiten. Der Kirchenausschuß erteilt seinem Präsidenten weitestgehende Vollmacht, für die Gesamtheit des deutschen Protestantismus zu sprechen und zu verhandeln. Er begrüßt es, daß schon die Ankündigung des Reformwerkes ein großes, zustimmendes Echo im Lande gefunden hat.« Es wäre falsch, diesen Schritt lediglich unter dem Gesichtspunkt eines von außen erfolgten Druckes zu betrachten. Gewiß hat das starke Drängen der »Deutschen Christen«, die Tatsache ihrer Unterstützung durch den nationalsozialistischen Organisationsapparat und die lebhafte Erörterung kirchlicher Fragen in der Presse bei allen diesen Schritten mitgewirkt. Vollends die Einsetzung eines Staatskommissars in der mecklenburgischen Landeskirche[32b] machte ein rasches Handeln nötig. Aber die Bewegung, die heute durch weite Kreise der Pfarrerschaft und der kirchlichen Verbände geht, ist längst innerlich vorbereitet. Das Bedürfnis nach einer handlungsfähigen und damit auch verhandlungsfähigen Spitze ist in den Landeskirchen längst empfunden. Daß der 1919 geschaffene Apparat ein schwerfälliger ist und daß der Aufwand an Geld und Zeit, der auf die Kirchentage verwendet werden mußte, nicht im Verhältnis stand zu den praktischen Ergebnissen, war schon 1930 in Nürnberg[32c] vielen deutlich. Vollends seit der politischen Wendung vom 30. Januar und 5. März wurde der Wunsch nach einer starken und beweglichen Führung brennend.

Aber noch wichtiger erscheint es uns, daß in dem heutigen Tempo der kirchlichen Entwicklung auch Anliegen innerkirchlicher Art zu ihrem Recht kommen. Zwar hat das parlamentarische System auf kirchlichem

[32b] Zur Einsetzung des Staatskommissars in Mecklenburg am 22. 4. 1933 siehe GB 138, S. 70 ff. u. Dokumente, S. 37 ff.

[32c] Siehe Anmerkung 64d, S. 89 f.

Boden nicht so verhängnisvoll gewirkt wie auf politischem; die politischen Parteien hatten sich nachgerade lediglich durch wahlpolitische Motive bestimmen lassen und ließen über der Frage ihrer Selbsterhaltung den Staat zugrunde gehen. In den Landeskirchentagen haben weithin die Gruppen verständig untereinander und mit dem Kirchenregiment zusammengearbeitet, so daß das Kirchenwesen in Ordnung blieb. Aber niemand wird leugnen, daß im Laufe der Zeit auch die kirchliche Führung durch ein formalistisches Neutralitätsprinzip gehemmt wurde, sowohl in den innerkirchlichen Fragen als in der Stellung zu den das Volk bewegenden Angelegenheiten des öffentlichen Lebens. Wenn hierin eine Wendung erfolgt, so ist sie durch die ganze theologische Entwicklung der letzten Jahrzehnte innerlich vorbereitet. Ebenso ist es dem heutigen Geschlecht deutlich geworden, daß nicht das selbstherrliche Individuum, das an die Gemeinschaft wohl Ansprüche stellt, aber keine Verpflichtungen ihr gegenüber kennt, sondern der Mensch, der als Glied eines großen Verbandes völkischer oder kultureller Art kämpft und leidet, Grundlage und Voraussetzung bildet für nationale Größe und kirchliche Kraftentfaltung. Hierin treffen sich die Anliegen von der völkischen und kirchlichen Seite her in so überraschender und großartiger Weise, daß für eine Zusammenarbeit die allergünstigsten Bedingungen gegeben erscheinen. Man wird sich dann freilich auf der völkischen Seite, die mit Recht über die Weltfremdheit vieler Glieder der jüngsten Theologen-Generation klagt, darüber klar werden müssen, daß ein seither nationalistischer Idealismus am allerwenigsten imstande sein wird, die Entwicklung heilsam zu beeinflussen; vielmehr gilt es, das Beste, was von Barth, Gogarten u. a. erarbeitet worden ist, aufzunehmen und zu verwerten.

»Die Revolution geht weiter« – so wird uns immer wieder versichert, und wir haben keinen Grund, daran zu zweifeln, sondern richten uns darauf ein. Wie weit sie gehen kann, hat sich im Fall Mecklenburg gezeigt, wo Klagen der Bauern über ein veraltetes Abgabewesen, das Gegenstand der staatlichen Gesetzgebung sein muß, als Vorwand benutzt wurden, um gegenüber einem Landesbischof, dessen positive Stellung zu der heutigen Staatsführung über allem Zweifel steht, einen unverständlichen Angriff zu versuchen. Daß dagegen weite Kreise der »Deutschen Christen« Einspruch erhoben haben, verzeichnen wir mit besonderer Freude. Es gibt aber eine Revolution, die nie weit und nie tief genug gehen kann; die heißt: »Bekehre du mich, Herr, so werde ich bekehrt, hilf du mir, so ist mir geholfen, denn du bist mein Ruhm« (Jer. 17, 14). Davon, daß wir alle, die Alten und die Jungen, die Kirchenführer und die Kirchenglieder, die vorsichtig Zurückhaltenden und die stürmisch vorwärts Drängenden diese Revolution an uns und in uns selbst geschehen lassen, hängt es ab, ob die neue Form, die für die deutsch-evangelische Kirche angestrebt wird, mit neuem Inhalt sich füllt.

Diskussionen in Württemberg

Die Folgerung, die sich aus den Bemühungen des Deutschen Evang. Kirchenausschusses um die Schaffung einer Reichskirche ergab, wurde in einem Artikel im Schwäbischen Merkur *am 25. 4. 1933 von Ministerialdirektor a. D. Dr. v. Bälz formuliert:*

Das von der Glaubensbewegung »Deutsche Christen« bei ihrer neulichen ersten Reichstagung in Berlin ausgegebene Schlagwort »Reichskirche« hat in weiten kirchlich gesinnten Kreisen, besonders auf evangelischer Seite Erregung und Bewegung hervorgerufen. Jedenfalls hat es jetzt schon die eine gute Wirkung gehabt, daß die erfreulicherweise von dem deutschen evangelischen Kirchenausschuß als Vertreter des evangelischen Kirchenbunds geteilte Ansicht immer stärker durchdringt, daß angesichts der Entwicklung im Reich die 28 evangelischen Landeskirchen einer einheitlichen, rechtlich wirksamen Vertretung dem Reich gegenüber bedürfen ... Auch die Stellung der evangelischen Kirche im Vergleich zu der katholischen Kirche verlangt eine einheitliche Spitzenvertretung gegenüber dem Reich.

Hier muß gleich zu Anfang mit allem Nachdruck betont werden, weil sich jetzt schon vielfach eine Vermengung dieser rein organisatorischen Frage mit Glaubensfragen zeigt, die nur Verwirrung anrichten kann, daß dieser Zusammenschluß zu einer Spitzenvertretung, jedenfalls zunächst, eine rein außenkirchliche Angelegenheit ist, die mit den innenkirchlichen Fragen, in erster Linie mit den Glaubenssätzen der einzelnen evangelischen Kirchen und mit ihren äußeren Formen, nichts zu tun hat. Eine solche evangelische Spitzenorganisation wird auch nicht nur gleich gut, sondern noch besser dem Reich gegenüber die zwischen den einzelnen Kirchenregierungen und den Ländern abgeschlossenen Verträge vertreten, deren Respektierung der Reichskanzler in seiner Programmrede im Reichstag am 23. März des Jahres[33] mit dem Bemerken, daß die nationale Regierung in den beiden christlichen Konfessionen wichtige Faktoren der Erhaltung unseres Volkstums sehe, ausdrücklich zugesagt hat.

[33] Domarus I, S. 232 f.

Das einfachste wäre wohl eine entsprechende Erweiterung der Rechte des Deutschen Evang. Kirchenausschusses.

Noch wichtiger ist die Frage der für die Bildung einer deutschen Volksgemeinschaft unerläßlichen Gleichstellung der evangelischen und der katholischen Kirche in ihrem Verhältnis zum Reich ... Für die reichsdeutschen Katholiken kommt selbstverständlich weder eine »Reichskirche« im Sinne einer Zusammenfassung beider Konfessionen noch eine besondere »katholische deutsche Reichskirche« in Frage, weil die katholische Kirche eine Weltkirche ist. Dies hindert aber nicht, daß sie, wie schon oft, auf die besonderen Verhältnisse in Deutschland Rücksicht nimmt und beachtet, daß im Deutschen Reich zwei Drittel seiner Bewohner evangelisch sind. Die deutsche Volksgemeinschaft, die jeder, der es mit unserem Vaterlande gut meint, mit allen Kräften anstreben muß, fordert unbedingt ein friedlich-schiedliches Zusammenleben beider Konfessionen und eine gegenseitige gleichmäßige Rücksichtnahme ...

Der Weg zu dieser Gleichschaltung der beiden Kirchen ist vorgezeichnet. Die Reichsregierung muß beide an einen gemeinsamen Verhandlungstisch mit den Vertretern des Reiches bringen ... Auf diese Weise würde ein großer Schritt in der Richtung zur »deutschen Volksgemeinschaft« erzielt. Beide Kirchen müssen hier mehr als je nach dem Augustin zugeschriebenen Wort handeln: »In notwendigen Dingen Einheit, in zweifelhaften Freiheit, in allem aber liebendes Dulden.«

Unter dem Thema Um den Neubau der Kirche *stellte Pfarrer Theodor Haug in der Beilage zum* Volksdienst (Evangelium und Kultur) *zuerst einen Überblick über die Gruppen her, von denen der Neubau der Kirche in Angriff genommen wurde*[34]*:*

Wenn ich heute am 24. April über die seit der Reichstagung der Deutschen Christen gewordene Lage berichte, tue ich es im Bewußtsein, daß die Verhältnisse sich jeden Tag überraschend ändern können. So sehr sind die Dinge in Fluß gekommen. Doch ist zunächst so viel zu sagen: von drei Stellen wird der Neubau der Kirche in Angriff genommen.

1. Der preußische Oberkirchenrat, der Kirchensenat der Altpreußischen Union und der Deutsche Kirchenbund-Ausschuß haben sich entschlossen, unverzüglich zu handeln ...[35]

[34] Ausgabe vom 24. 4. 1933; vgl. auch oben S. 25 ff. Der Aufsatz geht noch einmal auf die Vorstellungen der ersten Reichstagung der Glaubensbewegung ein.

[35] Siehe GB 138, S. 74 ff.

2. Während es bei der Kirchenregierung um die Änderung der Verfassung und die Vereinheitlichung der Führung geht, versuchen jüngere Theologen und kirchliche Führer vom Bekenntnis her einzugreifen. Führer auf seiten der Lutheraner ist der ehrwürdige ehemalige Generalsuperintendent von Westfalen, D. Zoellner. In seinem Aufruf spricht Zoellner zunächst auch von der Verfassung und von der Einigung der Kirche[36]. Er fährt dann aber fort: »Auch in Führung und Lehre, in Verkündigung und Unterricht hat die Gestaltung des kirchlichen Lebens vom Bekenntnis her zu geschehen.« Er hat nun schon einen Ausschuß berufen, der in dieser Richtung ans Werk geht. Der Altonaer Pastorenkreis, von dem das Altonaer Bekenntnis vom 11. Januar stammt[37], hat sich seiner Führung unterstellt und kämpft für die lutherische Kirche deutscher Nation. Hier sind Männer vereinigt, die klar wissen, was Kirche ist, die »ja keine Nachahmung staatlicher Formen wollen, damit der Fehler des letzten Jahrzehnts nicht noch einmal gemacht wird«. Hier kommt die junge Theologengeneration zu Wort, die zu wirklicher innerer Erneuerung entschlossen ist . . .

3. Als dritte, heute wichtigste Stelle beim Aufbau der Kirche ist die in der letzten Beilage geschilderte Glaubensbewegung »Deutsche Christen« zu nennen. Sie sind nicht zufrieden, wenn von oben her etwas geschieht: »Uns nützt keine Erneuerung der Form, wenn das Innere des Baues nicht von wahrem Leben erfüllt ist.« Auch das Bekenntnis, das sie nicht antasten wollen, steht ihnen nicht im Vordergrund. Sie sehen in dem Versuch Zoellners eine Totgeburt. Entscheidend ist: »Wahres Leben kann die Kirche nur durch die Masse des evangelischen Kirchenvolkes bekommen, die noch der amtlichen Kirche fernsteht« (Bierschwale). Die Glaubensbewegung hat zwar den weitgehenden Forderungen auf der Reichstagung (Kirchenkommissar, Kultursteuer u. ä.) im Plenum nicht stattgegeben. Aber sie sagt in der Schlußkundgebung dieser Tagung: »Der Gläubige hat das Recht zur Revolution gegenüber einer Kirchenbehörde, die den Sieg der nationalen Bewegung nicht restlos anerkennt.« Seither haben wir, soweit ich sehe, innerhalb der Bewegung einen Kampf zwischen denen, die einen Eingriff des Staates in die Kirche wünschen, und denen, die innerhalb der Kirche durch Kampf gegen den Oberkirchenrat und durch Neuwahlen zum Sieg kommen wollen. Der unmittelbare Angriff ist zunächst abgewehrt. Die Glaubensbewegung hat (nach

[36] Den Aufruf Zoellners vom 13. 4. 1933 siehe GB 138, S. 72.
[37] KJb, S. 8 ff.

der »Täglichen Rundschau« vom 22. April) erklärt, daß die Kirchenverträge vom Staat her nicht angetastet werden ...

Schließlich wurden einzelne Forderungen dieser Gruppen besprochen:

... Es wird heute viel von Revolution geredet. Nachdem so angesehene Theologen wie Althaus und Hirsch das Recht einer politischen Revolution im Gegensatz zu Luther bejaht haben, brauchen wir uns nicht zu wundern, daß auch leichthin eine kirchliche Revolution gefordert wird. Aber wenn schon Revolution sein soll, dann mögen sich die Deutschen Christen gerade im Blick auf ihr letztes Ziel, die »wahre Erneuerung der Kirche«, davor hüten, daß sie nicht mit politischen Mitteln und mit Hilfe des Staates arbeiten, sonst verderben sie ihre und unsere Sache und müssen einen augenblicklichen raschen Erfolg mit späteren schweren Hemmungen und ernsten Krisen büßen ...

Die Äußerungen der Deutschen Christen haben etwas ganz Unreflektiertes. Sie kommen aus heißer Liebe zur Sache. Wenn man sie theologisch unter die Lupe nimmt, werden sie vielfach vor strenger Kritik nicht oder nicht ganz bestehen können ... Entgleisungen und Unklarheiten können im Laufe der Zeit zurechtgerückt werden.

... Die Kirche soll jetzt handeln, aber ohne die Nervosität, die sich in den beteiligten Kreisen bemerkbar macht. Es gilt unverzüglich an die Arbeit zu gehen, aber nicht überstürzte Arbeit zu tun. Es kommt gar nicht darauf an, daß in den nächsten Wochen schon etwas geschieht, sondern darauf, daß etwas Gutes, dem Evangelium Entsprechendes geschieht, das nicht bloß die Form, sondern den Inhalt erfaßt, mag das auch viele Monate dauern. Die Kirche kann und darf heute nur handeln, wenn sie die Glaubensbewegung und den Zoellner-Ausschuß an den Verhandlungen vollberechtigt teilnehmen läßt und alle wertvollen Anregungen, die von dorther kommen, aufnimmt.

Schon heute ist deutlich, daß die Reichskirche nicht dieselbe Einheitlichkeit haben kann wie das neue Reich. Wir haben zwei Bekenntnisse, wir haben ausgeprägte Verschiedenheiten in Gottesdienstform und Agende (es wäre z. B. sehr töricht, die preußische Gottesdienstordnung der württembergischen Kirche aufzuzwingen). Aber doch besteht die Möglichkeit wirklich einheitlicher Führung und die schrittweise Angleichung in vielen Einzelgebieten und die Möglichkeit eines einheitlichen Gegenwartsbekenntnisses. Es besteht die Möglichkeit, die Verfassung umzugestalten in bewußter Abkehr vom Parlamentarismus zu der biblischen

Ältesteneinrichtung und die Kirchenzucht in gewissen Grenzen neu zu beleben u. ä.

Die Glaubensbewegung verlangt ein restloses Ja der Kirche zur nationalen Erhebung. Die Kirchenführer haben ein mehr oder weniger freudiges Ja gesagt. Es hat aber, hinter den Ereignissen herkommend, wenig Eindruck gemacht. Nach meiner Meinung bewegen sich die Kirchenführer auf einer falschen Linie, und die Glaubensbewegung fordert etwas Unmögliches. Die Kirche kann nie hundertprozentig Ja sagen zu einem Staat oder zu einer Bewegung, das verbietet ihr der Auftrag, den sie von ihrem Herrn überkommen; wohl aber kann sie hundertprozentig Ja sagen zur Mitarbeit am Staat, zur Mitarbeit an einer Bewegung im Sinne Jeremias: »Suchet der Stadt Bestes[38].« Die hundertprozentige Mitarbeit darf der heutige Staat fordern, und wenn er fordert, hat die Kirche mit einem freudigen Ja zu antworten. Dieser Unterschied kommt in den Kundgebungen der Kirche zur nationalen Erhebung nicht scharf genug heraus; ihn macht die Glaubensbewegung nicht; und doch ist er die Voraussetzung zu fruchtbarer Zusammenarbeit von Staat und Kirche. Damit ist der Staat in keiner Weise herabgesetzt, damit ist aller Fortschritt warm anerkannt. Aber es wird zugleich nach dem Wort Jesu »Gott gegeben, was Gottes ist«[38a] . . .

Ob der Weg der gemeinsamen Arbeit aller aufbauwilligen Kräfte überall versperrt ist? Ich möchte glauben, daß er in Württemberg noch begangen werden könnte. Bei uns ist die Lage viel ruhiger, wir haben viel stetigere, gesündere kirchliche Verhältnisse; es ist noch keine Brücke hinüber und herüber abgeschlagen. Noch hat Kirchenpräsident D. Wurm, der sich als Führer im oben gezeichneten Sinne gezeigt hat, in der Hand, von sich aus die gemeinsame Arbeit in die Wege zu leiten. Möge er es bald und so weitherzig und umfassend tun, wie es die Lage erfordert.

Im Namen einer Anzahl von Mitgliedern des Kirchengemeinderats in Marbach/Neckar schrieb Immanuel Heyd am 2.5.1933 dem Kirchenpräsidenten zur Gleichschaltung der Kirche[39]:

[38] Jer 29, 7.
[38a] Mt 22, 31.
[39] LKA Stuttgart, D 1, Bd. 42. Zur Neuorientierung des Volksbundes siehe Bd. 1, S. 499 ff. Durch ihre Unterschrift erklärten sich Kirchengemeinderäte aus Stuttgart, Denkendorf u. Nellingen/Filder solidarisch mit dem Brief: »Vorstehendem von ganzem Herzen sich anschließend.«

Sehr verehrter, hochwürdiger Herr Kirchenpräsident!

Im Staatsanzeiger für Württemberg vom 29. 4. 1933 Nr. 99 lesen wir auf S. 5 von einer »Neuorientierung des Evang. Volksbundes«. Auch sonst hören wir da und dort Stimmen über »Kirchliche Gleichschaltung« u. ä. Dies beunruhigt uns und gibt uns innerlich die Freiheit, uns direkt an Sie zu wenden mit der herzlichen Bitte, diesen Bestrebungen, die jetzt auf Umwegen das zu erreichen suchen, was wir immer für eine große Gefahr unseres kirchlichen Lebens angesehen haben, nämlich die Politisierung der Kirche, mit der ganzen Verantwortung des höchsten Amtes unserer evang. Landeskirche entgegenzutreten. Auch die Liberalisierung der Kirche droht wieder mehr als je, trotzdem die Zeit des liberalistischen Denkens und Handelns in Politik und Theologie nach all den Erfahrungen des letzten Jahrhunderts endgültig abgetan sein sollte. Wenn es in der Kirche anders werden soll, so muß dies aus ihr selbst kommen. Mit der Welt hat sie sich auseinanderzusetzen, um ihr zu dienen. »Gleichzuschalten« hat sie sich nur mit ihrem Herrn.

Die Kirche muß die Kirche des Worts sein oder sie wird nicht sein. Die Kirche als Kirche darf ausschließlich in der Kraft und Freiheit des Geistes wirken und nie und nimmer durch irgendwelchen äußeren Zwang. Sie kann und soll das Staatsgewissen sein und die Vermittlerin göttlicher Lebenskräfte, die die Träger des Regiments im Staat wie das Volk gleich nötig haben.

Unser Volk braucht nicht neue Einrichtungen und Unternehmungen, vielmehr Menschen Gottes, in deren Herz die Königsherrschaft Gottes in Seinem Sohne festen Boden gewonnen hat, um von da aus auf dem persönlichen Weg weiterzugreifen, und die ihre Gottes- und Brudergemeinschaft in den Riß stellen. Den Glauben daran, daß es so weit komme, wollen wir uns stärken lassen an den Worten in Markus 4, 30–32. Das Reich Gottes eroberte das römische und griechische Weltreich durch einfache Fischer, ungelehrte Leute, die in den Riß traten.

Es ist Gottes Wille,

I. daß die Kirche als das öffentliche Gewissen und wir öffentlich inmitten unseres Volkes wirken.

II. daß wir uns als Christen, wo wir auch mitverantwortlich im zeitlich politischen Geschehen stehen, doch nicht ans Fleisch und an irdische Mächte und Meinungen binden, sondern in der Freiheit der Kinder Gottes, denen die Liebe zum Gebot für diese Welt gemacht ist, für unser Volk in den Riß treten (Gal. 5, 1. 13. 14).

III. daß wir bei Gott für das Volk und die Regierenden und für Gott bei dem Volk und den Regierenden eintreten.

Die Kirche hat mit allen deutschen Christen die Pflicht, diesen Forderungen vom Evangelium her um unseres Volkes willen Gehör zu verschaffen. Stellt sich die »Glaubensbewegung deutscher Christen« in ihren praktischen Forderungen auf diesen Grund, so ist es recht; wenn nicht, so wollen Sie, hochverehrter Herr Kirchenpräsident, ein entschiedenes Veto einlegen. Sie haben dann das bewußte Kirchenvolk hinter sich.

In verehrungsvoller Ergebenheit
Immanuel Heyd, Bezirksnotar, Mitglied des Landeskirchentags.

Im Schwäbischen Merkur *stellte Prälat D. Schoell am 7. 5. 1933 die Grundsätze zusammen, nach denen die kommende Reichskirche zu schaffen war:*

Das Bekenntnis bleibt unangetastet

Es war ein großer Fortschritt, als vor einem Jahrzehnt der Deutsche Evangelische Kirchenbund gegründet wurde[39a]. Langjährige Bemühungen um einen engeren Zusammenschluß der evangelischen Landeskirchen schienen damit zu einem vorläufigen Abschluß gekommen zu sein. Aber schon zeigt sich, daß man auf dem angefangenen Weg einen erheblichen Schritt weitergehen muß. Die Forderung einer tiefgreifenden Umgestaltung des deutschen Kirchenwesens ist angemeldet... Verfassungsmäßig wird eine straffe Zusammenfassung der deutschen Kirchen angestrebt. Zwar eine völlig einheitliche evangelische Reichskirche unter restloser Auflösung der Landeskirchen und Ausmerzung der kirchlichen Sonderart der einzelnen Gebiete kommt ernstlich kaum in Frage, wohl aber eine weitgehende organisatorische Vereinheitlichung. In erster Linie macht die veränderte staatliche Lage eine solche erforderlich... Aber so wichtig Verfassungsfragen sein mögen, entscheidend sind sie vom evangelischen Standpunkt aus nicht. So ist es nicht Zufall, daß man sich mit einem organisatorischen Aufbau nicht begnügen möchte, sondern auch eine innere Umformung der Kirche verlangt... So viel sich übersehen läßt, stehen

[39a] Der Deutsche Evang. Kirchenbund war am 25. 5. 1922 in der Schloßkirche in Wittenberg gegründet worden. Die Verfassung des Bundes wurde vom 2. Deutschen Evang. Kirchentag in Stuttgart im September 1921 einstimmig angenommen; siehe »Allgemeines Kirchenblatt für das Evang. Deutschland« 70/1921, S. 794 ff.

schon jetzt in Hinsicht auf die kommende Kirche drei Grundsätze fest. Der erste: Das Bekenntnis bleibt unangetastet ... Der zweite Grundsatz: Die geschichtlich und stammesmäßig begründete lebensvolle Eigenart der verschiedenen Kirchengebiete muß möglichst gewahrt bleiben. So hat z. B. die württembergische Kirche auch innerhalb der lutherischen Kirchen ihr besonderes bodenständiges Gepräge, das ihr niemand rauben darf und kann; ähnlich liegt es bei anderen Kirchen. Der dritte Grundsatz: Die Kirche muß Kirche bleiben, ein selbständiges Gebilde auch innerhalb von Staat und Volk. Daß sie beiden dient, ist selbstverständlich, aber ihr Auftrag stammt nicht von Staat und Volk, und ihr Dienst wird um so wertvoller, je mehr sie aus dem Ewigen lebt.

Wenn diese drei Grundsätze feststehen, dann wird die Gefahr vermieden, in die Wolken zu bauen. Schwierig bleibt auch dann noch das Bauen ... Auch wird irgendeine synodale (nicht parlamentarische) Vertretung bleiben müssen. Jedenfalls scheint mir das reine Führerprinzip in einer Gemeinschaft, die auf die Freiwilligkeit ihrer Glieder angewiesen ist, nicht durchführbar, nicht einmal wünschenswert zu sein ...

Am 14. 5. 1933 führte das Evang. Gemeindeblatt für Stuttgart *die Diskussion um die Reichskirche weiter durch einen Beitrag von Pfarrer Fritz Hilzinger:*

Um die »Reichskirche«

Wenn man die Gedanken verstehen will, die sich um das drehen, was man üblicherweise mit »Reichskirche« bezeichnet, so muß man zunächst zwei wichtige Tatsachen im Auge behalten. Die eine ist die Beachtung der unterschiedlichen Stellung der Revolution von 1918 und 1933 zu Religion und Kirche. Während die Revolution von 1918 und der daraus gewachsene Staat sich grundsätzlich neutral zur Religion und Kirche verhielt, will die nationale Revolution, in deren Wellen wir heute noch stehen, bewußt die christliche Religion und Kirche einbauen in die Volkserneuerung. Reichskanzler Adolf Hitler hat es oft und deutlich genug ausgesprochen, daß er sich die Volkserneuerung nicht denken könne ohne die Grundlage und Mithilfe der christlichen Kirchen Deutschlands. Der Ruf der Revolution 1918 lautete: los von der Kirche; die nationale Revolution ruft: herein mit der Kirche!

So ist es kein Wunder, daß die Kirche von der neuen Bewegung sehr stark befaßt wird; denn die nationale und soziale Revolution ist sozusagen innerhalb der Kirche aufgebrochen, während die von 1918 sich neben der Kirche, ja teilweise sogar gegen die Kirche entwickelte. Das also ist das Neue: die Kirche wird vom neuen Staat zum Dienst an der Volkserneuerung gerufen; eine lebendige Volkskirche kann sich diesem Ruf nicht versagen.

Die zweite Tatsache, die es zu beachten gilt, ist die ausgesprochene Müdigkeit und der Überdruß an allen parlamentarischen Methoden und der damit Hand in Hand gehende Ruf nach klarer und einheitlicher Führung, das sogenannte »Führerprinzip«, auch in der Kirche . . .

Kein Wunder, wenn auch in der Kirche die Sehnsucht nach klarer Führung aufgebrochen ist. Auch in ihr hat es parlamentarische Umständlichkeit und Bürokratie genug gegeben. Soll die Kirche mit dem Tempo und der Begeisterung der politischen Erweckungsbewegung auch nur annähernd Schritt halten, dann muß diese Umständlichkeit fallen, und unser Herr Kirchenpräsident soll nicht mehr nur an der Spitze einer kirchlichen Behörde stehen, sondern er soll unser Führer sein. Auch hier scheinen wir auf dem besten Wege zu sein[40].

Neben diesen mehr allgemeinen Gründen für die Gedanken der »Reichskirche« stehen noch sehr deutliche Ursachen im einzelnen. Da ist vor allem die schmerzliche Erkenntnis der Zersplitterung des deutschen Protestantismus. Die 28 deutschen Landeskirchen haben leider trotz der Zusammenfassung im Kirchenbund nicht die wünschenswerte Einheitlichkeit erkennen lassen, die heute in der entscheidenden Zeit notwendiger und segensvoller wäre denn je. Gewiß, der Kirchenbund bedeutete einen Fortschritt in der Zusammenfassung der protestantischen Landeskirchen, gewiß hat er, besonders in dem ersten Halbjahrzehnt seines Bestehens, wichtige programmatische Kundgebungen hinausgegeben; nur sind sie leider zu wenig in der Öffentlichkeit beachtet worden . . .

Wir sind eben über Ansätze kaum hinausgekommen, trotzdem viele Konferenzen sich mit diesen Einigungsfragen befaßten. So haben wir es bis heute noch nicht fertiggebracht, daß die Evangelischen in deutschen Landen einen Choral – um nur eines zu nennen neben vielem anderen – ungestreift miteinander singen können. Und heute sitzen noch z. B. auf

[40] Vgl. Bd. 1, S. 446 ff.: Versuche zur Umbildung der Verfassung der Württ. Landeskirche. Vgl. auch folgende Aufsätze: A. Pfahler, Evangelisch sein. Die Kirche und der nationale Aufbruch (»Schwäbischer Merkur«, Ausgabe vom 18. 5. 1933); Faut, Stöcker, Naumann, Hitler (»Schwäbischer Merkur«, Ausgabe vom 18. 6. 1933) sowie den Bericht über eine Versammlung des Evang. Bundes in Esslingen, bei der Dekan Dr. Lempp über die »Evang. Kirche im neuen Staat« sprach (»Schwäbischer Merkur« Ausgabe vom 28. 5. 1933).

engstem mitteldeutschem Raum kleine und kleinste Kirchenkörper mit völlig ausgebauten Konstistorien nebeneinander, ohne sich bis jetzt zu einem Zusammenschluß entschlossen haben zu können.

Da wird es verständlich, daß die große politische Einigungsbewegung die Kümmerlichkeit dieser Einheitlichkeit im deutschen Protestantismus ganz besonders ins Licht hob. Die »Glaubensbewegung deutscher Christen« hat hier ihren Hebel angesetzt und erhebt unüberhörbar in unserem Volk den Ruf nach einer einheitlichen deutschen evangelischen Kirche. Es ist zu begrüßen, daß die Verhandlungen in Berlin im Kirchenausschuß einen guten Fortschritt zu nehmen scheinen . . .

Es ist also angesichts der großen Umwälzungen auf innenpolitischem Gebiet so für unsere Kirche: Wenn sie als die Kirche des Deutschen Volkes überhaupt noch die Rolle in unserem Volk spielen will, die ihr zugedacht ist und die sie als gesunde Volkskirche selbst erstreben muß, dann muß es zu einer einheitlichen evangelischen Kirche deutscher Nation kommen . . .

Es ist klar, daß bei der Schwierigkeit und der Bedeutung der zu lösenden Fragen wie auch bei der Unklarheit mancher geäußerter Meinungen sich mehr oder weniger wichtige Bedenken erhoben haben. Da las man Befürchtungen für die Freiheit der Kirche. Man fürchtet auf gewisser Seite, daß der »totale« neue Staat auch Eingriffe in das innere Leben der Kirche vorhabe; oder man fürchtet, der Staat wolle die Kirche wieder in ihre alten früheren Fesseln schlagen. Man beruft sich dabei auf mehr oder weniger private Äußerungen, die namentlich auf der ersten Reichstagung der deutschen Christen gefallen sind und durch reichlich ungeschickte Presseberichterstattung aufgebauscht wurden.

Dazu wäre zu bemerken, daß es freilich bedenklich wäre, wenn der Staat die Kirche zu seiner Magd erniedrigen wollte. Es wäre weiter zu bemerken, daß es freilich nicht Sache des Staates ist, etwa in die Bekenntnis- und Verkündigungsgrundlage der Kirche einzugreifen. Um nur ein Beispiel zu nennen: es wäre nicht Sache des Staates, zu erklären, ob etwa das Alte Testament Vorläufer oder Anhängsel des Neuen Testaments oder überhaupt überflüssig sei. Dagegen kann man sich mit vollem Recht darüber aussprechen, ob in dem Lehrplan für Religionsunterricht das Alte Testament nicht noch etwas mehr zugunsten des Neuen oder der deutschen Kirchengeschichte beschnitten werden könnte.

Aber alle diese Befürchtungen scheinen mir mehr einer übertriebenen Ängstlichkeit als den Tatsachen zu entspringen. Wir haben allen Grund, aufs ernsteste zu prüfen und zu unterscheiden, ob es bei den gegenwärtigen Reformvorschlägen nur um mehr äußerliche Dinge geht, etwa um Verfassungsänderungen, oder ob sie an den Bestand des Evangeliums greifen. Aber es ist für mich zum Beispiel keine Frage, die an den Bestand des Evangeliums rührt, ob unser Führer »Kirchenpräsident« oder »Landesbischof« heißt, wie es auch nicht notwendig gegen das Evangelium sein muß, ob unsere Kirchenverfassung episkopal oder synodal geordnet ist. Jedenfalls haben wir Grund genug, auch unsere synodale Verfassung einmal daraufhin unter die Lupe zu nehmen, wie weit sie wirklich aus der Grundlage unseres Evangeliums kommt oder wie weit sie irgend welchen politischen Angleichungen ihre Entstehung verdankt ... Selbstverständlich soll nicht an die Grundlage unserer Bekenntnisse gerührt werden. Es hat ja auch im Ernst ein maßgebender Mann den Gedanken einer neuen »Einheitsreligion« nirgends vertreten.

Es ist hier nicht der Raum, auf alle Bedenken, die sonst noch bestehen, einzugehen. Aber eines sollte deutlich geworden sein: Die gegenwärtige Gestaltung der evangelischen Kirche kann nur aus einem lebendigen Glauben kommen. Wir brauchen Führer, Männer und Frauen, die in dieser Zeit mit festem Glaubensherzen stehen und sich nicht verkaufen an den schwächlichen Geist ängstlicher Bedenklichkeit. Es muß doch zu denken geben, daß Gott unser Volk so dicht vor dem Abgrund noch einmal bewahrt hat vor schlimmen und schlimmsten Dingen. Wer diese Tatsache mit Augen des Glaubens betrachtet, der empfindet etwas davon, daß Gott mit unserem Volk und damit auch mit seiner Kirche noch etwas zu reden hat. Wir haben eine politische Erneuerungsbewegung von ungeahnter Kraft erlebt. Soll diese nicht versacken in all dem Kleinkram von politischen, wirtschaftlichen und Verwaltungsmaßnahmen, die jetzt zu treffen sind, soll sie Bewegung bleiben und reifen zum Segen ihres Volkes, dann muß Hand in Hand mit ihr eine religiöse Erweckungsbewegung gehen. Das können wir Menschen von uns allein freilich nicht schaffen; aber notwendig ist sie, wenn Kirche und Volk nicht schwersten Schaden leiden soll. Das ist auch die Sorge so vieler ernster Christen im neuen Lager, daß die Kirche und ihre Führer nicht meinen mögen, es könne jetzt alles im alten Tempo und mit den alten Methoden weitergehen. Soll das so weitergehen, so wird die Kirche allermindest nicht mehr Volkskirche bleiben können, sondern notwendig in die Rolle einer kleinen, einflußlosen Freikirche gedrängt werden. Der Staat ruft nach einer lebendigen Kirche des deutschen Volkes, und Gott ruft nach einer lebendigen Kirche Christi; wir aber wollen horchen und unser

Werk mit Freuden und im Glauben angreifen und nicht mit hemmender Bedenklichkeit. Nur wo Glaube ist, ist auch Kraft und Leben. Nicht daß unser Volk eine Kirche habe, die nur den Namen Christi trägt, sondern daß es eine lebendige Kirche habe, die mit ihm von Christus her aufs innigste verbunden ist, das ist für Volk, Staat und Kirche gegenwärtig eine Frage auf Leben und Tod.

Die Tagung der Staatspolitischen Arbeitsgemeinschaft

Unter dem Vorsitz von Rechtsanwalt Dr. Löffler befaßte sich am 10. 5. 1933 die Staatspolitische Arbeitsgemeinschaft in Stuttgart ebenfalls mit der Frage der Reichskirche. Das Hauptreferat hielt Prälat D. Schoell, der an den Beratungen des Kirchenausschusses am 25./26. 4. 1933 in Berlin teilgenommen hatte. Das Evang. Gemeindeblatt für Stuttgart *berichtete in der Ausgabe vom 21. 5. 1933:*

Um Kirche und Volk

... In der ihm eigenen unübertrefflichen Klarheit stellte der Redner die Probleme heraus, die in dieser Frage enthalten liegen und einer Lösung in diesen inhaltschweren Monaten wenigstens nach der kirchenpolitischen Seite harren. Er führte aus, wie die Zentralisation des Reichs auch nach einer Zentralisation der evangelischen Kirche rufe, und wie auch vom kirchlichen Standpunkt aus eine straffere Zusammenfassung des Kirchenwesens in mancher Beziehung erwünscht sei. Drei kirchliche Lebenswerte müssen bei der Vereinheitlichung der deutschen evangelischen Kirche geschützt werden: das Bekenntnis der verschiedenen Glieder der Reichskirche, wertvolles Sondergut der einzelnen Landeskirchen ... und die Aufrechterhaltung des Eigencharakters der Kirche als Kirche, weshalb der Redner mit Recht gegen die sog. »Kultursteuer«, aus der nach der Forderung mancher Kreise der »Deutschen Christen« neben andern Kulturbedürfnissen auch der kirchliche Bedarf gedeckt werden soll, schwerwiegende Bedenken hat. Der Redner konnte mitteilen, daß der Reichskanzler nach wie vor unentwegt zu seiner Proklamierung der Selbständigkeit der Kirchen gegenüber dem Staat steht ...[41] Auch dem synodalen Element muß in der zukünftigen Gestaltung der Kirche seiner Ansicht nach eine Stelle eingeräumt werden. Als zwei besonders drin-

[41] Siehe Anmerkung 4, S. 16; vgl. GB 138, S. 72: Am 25. 4. 1933 gab Hitler dem Präsidenten des Deutschen Evang. Kirchenausschusses gegenüber eine entsprechende Versicherung ab.

gende Aufgaben der neugestalteten Kirche bezeichnete der Redner die der Kirche schon lange am Herzen liegende Gewinnung der Industriearbeiterschaft für das Christentum, die nach Wegfall des marxistischen Terrors vor der Kirche als neue aussichtsreiche Aufgabe liege, und die Einreihung der Intellektuellen in die Kirche ... Entscheidend sei allewege nicht die Form der Verfassung, sondern der Inhalt, der Geist des Evangeliums, das auf jede neue Struktur der Zeit neu angewendet werden müsse.

Die Besprechung schien in vieler Beziehung stark von den Auffassungen des Vortragenden abzuführen, enthüllte aber, wenn man von einzelnen Zuspitzungen absieht, doch auch recht viel Gemeinsames.

Sehr erfreulich war der Wille zur Kirche, der aus den Reihen der »Jungen«, die sämtlich der »Glaubensbewegung deutscher Christen« nahezustehen schienen, uns überall entgegenhallte. Aus den verschiedenen Äußerungen sei folgendes hervorgehoben:

Der Redner hatte es als Utopie bezeichnet, wenn man sich die künftige deutsche Reichskirche als eine für Protestanten und Katholiken gemeinsame Kirche vorstelle. Aus der Versammlung wurde diesem Bedenken scharf widersprochen. Der Protestantismus müsse die Hoffnung nähren, daß aus den neuen Verhältnissen heraus eine gemeinsame deutsche christliche Kirche erwachse. Der Vortragende konnte sich auch in seinem Schlußwort für diesen Gedanken nicht erwärmen. Auch wir möchten vor der Weiterverfolgung solcher Gedanken warnen ... Ferner wurde, wie man das immer wieder hört, auch in dieser Versammlung gegen das »Dogmenchristentum« Sturm gelaufen. Der Vortragende wies demgegenüber darauf hin, daß auch für ihn das evangelische Christentum auf einige wenige sehr einfache, aber Himmel und Erde umspannende Grundwahrheiten hinauslaufe ...

Noch viel mehr trat schließlich der Gedanke hervor, daß jetzt der Augenblick gekommen sei, daß unsere Kirche eine wahre Volkskirche werde ... Von diesen Gedanken schien es uns nicht gar so weit abzuliegen, wenn Stadtpfarrer Dr. Schairer in der Besprechung betonte, die Kirche müsse die Seele des Volkes sein, oder wenn Stadtpfarrer Ettwein sagte, solange ein Unterschied zwischen evangelischen Christen und Volk gemacht werde, habe man den Nationalsozialismus nicht verstanden. Wenn sich die Kirche vom Volk distanziere, so sinke sie zur Sekte herab. Es ist gar keine Rede davon, daß die Kirche, wie der Redner fürchtet, ein Sammelpunkt von Reaktion und Marxismus werden will. Auch für die Rassenfrage wird die Kirche Verständnis haben. Nur dürfen in dieser Frage unveräußerliche Anliegen des Evangeliums, wie sie im ersten Teil des Epheserbriefs geschildert werden, nicht verletzt werden. Kirche und Staat können in dieser Frage nicht einfach »gleichgeschaltet« werden. Aber das letztere ist eine Einzelfrage. Die Hauptsache ist die Tatsache, daß nach der gemeinsamen Auffassung von Prälat Schoell und den Diskussionsrednern der Kirche jetzt ein anders beeinflußtes Volk gegenübersteht, als das Volk war, das unter dem Bann des freidenkerischen Marxismus und des individualistischen Liberalismus stand. Adolf Hitler und seine Regierung haben den christlichen Staat proklamiert ... Wir sehen in dieser andersartigen Einstellung der Führung des Volkes einen Ruf Gottes an die Kirche. Sie hat schon immer die Fühlung mit dem Volk im großen angestrebt. Jetzt ist ihr die Möglichkeit gegeben, auf das Volk im großen zu wirken ... Zugleich aber muß die Kirche, wie auch Stadtpfarrer Ettwein in der Besprechung es aussprach, das Gewissen des Volkes sein. Gewiß in aller Demut, der eigenen Fehler sich bewußt. Aber auch mit aller Entschiedenheit als Sendbotin des Herrn der Kirche ... Und es ist selbstverständlich, daß die Kirche nach wie vor auch die kleineren Kreise in den Gemeinden pflegt, die ihren Dienst begehren und eine Anleitung zur Vertiefung ihres Christenlebens und ihrer christlichen Erkenntnis von ihr begehren ...

Am 12. 5. 1933 berichtete der Schwäbische Merkur *über diese Tagung:*

Auf dem Weg zur Reichskirche

... Prälat D. Schoell definierte zunächst das, was man unter Reichskirche verstehen kann, und stellte dabei drei verschiedene Begriffe fest. Zunächst eine Einheitskirche deutscher Nation, die Katholiken und Protestanten umfaßt. Weiter eine in das staatliche Leben eingegliederte Staatskirche und dann zuletzt eine alle evang. Landeskirchen zu einer möglichst straffen Einheit zusammenfassende Kirche. Für den Vortragenden handelt es sich im Augenblick nur um eine Verwirklichung des dritten Gedankens ... Als die wichtigste aller Feststellungen sei angeführt: Bei der kommenden straffen Zusammenfassung der Kirchen bleibt das Bekenntnis unangetastet[41a]. Auch die Eigenart der Kirchen soll nach Möglichkeit geschont werden. Freilich ohne Opfer wird es nicht gehen. Aber die geschichtlich gewordene Art soll nicht nivelliert werden, da

[41a] Vgl. den im »Schwäbischen Merkur«, Ausgabe vom 7. 5. 1933, abgedruckten Aufsatz von Schoell unter dieser Überschrift S. 54 f.

die Bodenständigkeit eines Kirchenwesens von allergrößter Bedeutung ist. Weiter, die Kirche muß Kirche bleiben ... Wer soll an der Spitze einer Kirche stehen? Ein Jurist als Präsident oder ein Bischof? Schoell ist für das letztere, weil die Kirchen nicht nur Verwaltungsgemeinschaft, sondern vor allem eine Glaubensgemeinschaft seien ... Aber es handelt sich heute für die Kirche nicht bloß um Fragen für die Verfassung, sondern noch mehr um eine innere Umgestaltung. Sie muß an der Eingliederung der Abseitsstehenden arbeiten ...

Der württ. Führer der Glaubensbewegung Deutscher Christen, Stadtpfarrer Dr. Schairer, ergriff in der Aussprache als erster das Wort und stellte u. a. fest: eine Reichskirche wollen wir nur dann, wenn feststeht, daß auf diesem Wege das Evangelium unserem Volke am tiefsten gegeben werden kann. Wir sind überzeugt, daß das Drängen nach Totalität der Sinn der Gegenwart und Zukunft ist. Darum steht unter unserem Zielpunkt der Zustand, daß das deutsche Volk ein einiger Staat und eine Gemeinde sei. Staat und Kirche stehen im gleichen Verhältnis wie Körper und Seele[42] ... Wir glauben daran, daß eine einheitliche christliche deutsche Kirche möglich sei. Wir vertrauen darauf, daß, wenn es eine solche Kirche gibt, diese protestantisch sei. Der gegenwärtige Umsturz ist doch nichts anderes als ein tiefes Eintauchen in das Luthertum. Was sind dann die Güter der heutigen Revolution anderes als Güter der Reformation. Wir wollen eine Una Sancta Evangelica[42a]. Es ist keine Kirchenpolitik, was wir treiben ... Auf die verfassungsmäßigen Umgestaltungen geben wir gar nichts. Religion muß im Herzen des Volkes sitzen, sie ist Verbundenheitskraft ...

Ebenfalls am 12. 5. 1933 brachte der NS-Kurier *eine Zuschrift der Glaubensbewegung Deutsche Christen*[43]*:*

»Auf dem Weg zur Reichskirche«

Dieses Motto, das die Staatspolitische Arbeitsgemeinschaft für ihre bereits gestern besprochene Veranstaltung ausgegeben hatte, übte eine überraschend starke Anziehungskraft aus. An zweihundert der geistig

[42] Vgl. den Aufsatz Schairers »Ein Volk und sein Glaube« im »Schwäbischen Merkur«, Ausgabe vom 25. 5. 1933, Bd. 1, S. 405 ff.

[42a] Vgl. den im »Schwäbischen Merkur«, Ausgabe vom 16. 5. 1933, abgedruckten Aufsatz Schairers unter dieser Überschrift, siehe S. 64 ff.

[43] Vgl. auch den vorläufigen Bericht im »NS-Kurier«, Ausgabe vom 11. 5. 1933; vgl. ferner die Angriffe auf Prälat D. Schoell im Herbst 1933, S. 797 ff.

führenden Männer und Frauen Stuttgarts aus den Kreisen des erfahrenen Alters und der wagemutigen Jugend füllten den Raum im Hospiz Viktoria. Zuerst nahm man dankbar den Vortrag des Prälaten D. Dr. Schoell entgegen. In seiner altverdienten, sachlichen und erfahrenen Art legte er die bisherigen geschichtlichen Versuche in Richtung einer deutschen Kircheneinheit dar ... Was der Redner von den geschichtlichen Versuchen und den heute noch bestehenden weithin unverständlichen Vielerleiheiten schilderte, erweckte in den meisten Hörern keine Beruhigung, sondern nährte deutlich den Wunsch, daß da etwas, und zwar ganze Arbeit geschehen müßte, um dem geeinten deutschen Volke auch seine Glaubenseinheit zu bescheren und nicht aus Eigenbrötelei zu erschweren. Bekanntlich haben nach dem energischen Vorstoß der Glaubensbewegung Deutsche Christen nunmehr rasch die Landeskirchenregierungen ihrerseits Absichten an den Tag gelegt, um jenes Gerippe einer Reichskirche zunächst auf juristischem, organisatorischem Wege zu schaffen ... Zuletzt erkannte er voll an, daß allerdings erst der Geist, der in dies Gebäude einer solchen Reichskirche einziehe, über ihre Art entscheiden werde.

Besonders lebhaft und wertvoll wurde der Abend dadurch, daß nun auch erstmals die Vertreter der NS-Pfarrerschaft und der Glaubensbewegung zum Worte kamen. Der Führer der letzteren in Württemberg, Herr Pfarrer Dr. Schairer, ließ darüber keinen Zweifel, daß seine Sorge nicht sowohl der Existenz der Kirche, sondern für jetzt ganz der deutschen Volksgemeinschaft gelte ... Wenn auch jene ersterwähnte Einheitskirche deutscher Nation nicht zu den unmittelbaren Zielen der Glaubensbewegung gehöre, so sei es doch nicht wohlgetan, einen klaren Satz unseres grundlegenden Glaubensbekenntnisses: »Ich glaube an eine heilige christliche Kirche ...« einfach als »Utopie« abzutun. Mit einer solchen gedanklich »rechnen« können wir natürlich nicht, aber sie zu glauben sei dem Christen erlaubt und geboten. Er forderte den deutschen Protestantismus doch zu mehr Gott- und Selbstvertrauen auf. Denn Deutschland sei jetzt, selbst unter einem katholischen Reichskanzler, so »protestantisch« wie noch nie geschlossen. Die Dämme der Konfessionen seien, wie der 1. Mai beweise[44], bereits durchbrochen. Es müßte denn die Hauptarbeit der Kirchen darin bestehen, sie jetzt wieder künstlich zu bauen!

[44] Zur Feier des 1. Mai vgl. GB 128, S. 93 f. und die für das Jahr 1933 in Württemberg vorgesehenen Gottesdienste an diesem Tag: Bd. 1, S. 437 f.

Es war nun ein Erlebnis starker Art, wie die übrigen Redner (Löffler, Maisch, Pfarrer Ettwein, Pfarrer Rehm u. a.) ihrerseits dieses Bekenntnis eines glaubensmächtigen Vorwärtseilens zur religiösen Einigung aufnahmen und unterstützten ... Wer soll diese mit dem neuen Gottes- und Volksgeist füllen? ... Wer seine Hauptkunst darin sah, das Eigenleben der Kirche gegenüber der Reichsregierung zu retten, wird kaum imstande sein, das neue Band zwischen Kirche und geeintem Volke zu schlingen. So wurde auch sehr beanstandet, daß der Hauptredner mit besonderer Genugtuung unterstrichen habe, was alles in der Kirche bei jener Kaplerschen Regiekunst »unangetastet« bleiben werde, dagegen kaum angedeutet habe, was etwa anders, neu, grundsätzlich neu werden solle. Das sind keine später zu erledigenden »Einzelfragen«, sondern geradezu die eine Hauptsache, die freilich nicht durch formale Verhandlungen, sondern durch glaubensstarken neuen Geist zu lösen sein werden. Es wurde scharf ausgesprochen und gebeten, daß die durch ganz Deutschland nun flutende »Glaubensbewegung« sich um keinen Preis zu einer halben oder Scheinlösung hergeben, sondern viel eher noch ihr Ziel und ihren Schwung mutig ins Volk hineintragen solle. Der Unterbau, von dem aus das geschehen kann, ist auch in Württemberg vorhanden.

Diesem Eindruck konnte sich bestimmt keiner der Teilnehmer, ob gern oder ungern entziehen. Auch wenn der Hauptredner im Schlußwort seine Bedenken nochmals anmeldete. Daß die Stunde heilig, die Verantwortung ungeheuer, aber der Glaube auch die bergeversetzende Kraft ist, muß jeder als persönliches Erleben in sich tragen!

Am 16. 5. 1933 nahm Pfarrer Dr. Schairer im Schwäbischen Merkur *schließlich selbst noch einmal Stellung zu dem Vortrag von Prälat D. Schoell:*

Una sancta evangelica

Als kürzlich ein hochangesehener Redner die Möglichkeit einer einheitlichen deutschen Kirchengemeinde, jeden Volksgenossen umspannend, für eine »Utopie« erklärte, sah ich mich als Vertreter einer Bewegung, die mit ihrem »Glauben« steht und fällt, fast wider Willen veranlaßt, ein anderes, ein Glaubensurteil auszusprechen. Ausblicke und Grundlagen, die wir als Christen in unserem heiligsten Glaubensbekenntnis täglich vor Gott bringen, können wohl von einem gewissen Standpunkt aus als Utopien bezeichnet werden; es muß dennoch erlaubt sein, sie auch anders zu werten. Zu diesen Sätzen gehört das Bekenntnis zu »einer heiligen christlichen Kirche«, die wir als Gottesgeschenk nicht nur über ein Volk, nein, über die ganze Gottesschöpfung sich ausbreitend »glauben«.

Denn »Glaube« ist eine Macht, die nun einmal, soweit auf Gottes Zusage gegründet, keine Einengung und Flügelbeschneidung erträgt. Zu ihm gehört – im Blick auf eine sündhaft zersetzte, grauenvoll friedlose Welt – auch die letzte Zuversicht: »Eine Herde und Ein Hirte«[44a] unausrottbar. Oder wird diese auch »Utopie« genannt? Nun wohl, dann besteht die insgesamte Verheißungswelt des Neuen Testaments aus Utopien. Und doch leben und sterben Jahrtausende und Millionen eben aus diesen und für diese Utopien und schöpfen ihre letzte Kraft aus ihnen.

Nie ist es schwerer, nie aber auch nötiger, »recht nüchtern« zu bleiben als in Zeiten der Umwälzung und der Erfüllung, wie sie heute durch uns ziehen. Darum stelle ich fest: Glaubensdinge lassen sich niemals »organisieren«; man kann mit ihnen nicht »rechnen«; man kann sich »das nicht denken«, in der Tat. Sie machen zu wollen, zumal mit den untauglichsten Mitteln menschlichen Erzwingens, das wäre Schwärmerei. Darum wird auch eine verfaßte Bewegung niemals sie in ihr »Programm« aufnehmen können noch wollen, soweit sie gesund ist. Auch ein solches Ziel einer einheitlichen Gemeinschaft des Geistes über einem Volke wird niemals in irgendeinen Satzungsparagraphen wandern dürfen. Sie aber zu »glauben«, d. h. Gott zuzutrauen – bedeutet nicht Schwärmen, sondern – nun eben: glauben.

Und doch gibt es auch einige recht nüchterne Tatsachen, die in diese Richtung weisen. Etwa das wunderbare Ereignis der deutschen Volkseinigkeit, wie sie am 21. März, am 1. Mai hervorbrach[44b]? Nein; trotz alles Dankes dafür täuschen wir uns über sie nicht und vermischen sie nicht mit den göttlichen Dingen. Aber etwas anderes steht da: nämlich die Störung dieser Gemeinschaft eben durch die konfessionellen und religiösen Unterschiede. Der Tag von Potsdam stellte den erhebendsten Ausdruck der Volkszusammengehörigkeit, auch vor Gott, dar. Und doch, an einem Punkte teilten sich die Züge und die Herzen: als man getrennt in die Kirchen sich begab. Ja, Adolf Hitler sah keinen andern Weg, um diesen Konflikt zu vermeiden, als an die Gräber seiner gefallenen Kameraden zu gehen. Keine der bestehenden »christlichen« Kirchen bot seiner

[44a] Joh 10, 16.

[44b] Zur Feier des 1. Mai siehe Anmerkung 44, S. 63; zum »Tag von Potsdam« (21. 3. 1933) siehe Bd. 1, S. 276 ff.

Seele eine Heimat! Man heiße das Hindeuten auf diese betrübliche Seite nicht Sentimentalität. Nein, eine harte Pflicht, eine unerbittliche Schuldigkeit erwächst daraus für jeden Deutschen, mitten in der Zeiten Wucht die erschütternde Not durchzudenken, daß, was erst recht einigen sollte, heute trennt: die Grundüberzeugung, der Glaube, der Geist. Da liegt nicht nur ein »Schönheitsfehler«, sondern ein wahrer Jammer vor ... Die weitere nackte Tatsache ist, daß das so weiterzugehen droht. Überall hat der Sturm der Gegenwart Spreu vom Weizen gesondert, hat Wesentliches auftauchen, Unwesentliches versinken lassen. Aber auf dem Gebiete der Religion hat er kaum noch reinigend gewirkt. Ja, sie, die »Verbundenheitskraft« bedeutet und ist, droht fernerhin das Tal der Zerspaltenheit inmitten der Höhen zu bleiben ...

Die weitere nackte Tatsache ist die katholische Kirche. Wir kennen sie auch genau und denken am allerletzten schwärmerisch über ihre Möglichkeit ... Aber das sei deutlich: wenn sie uns verwehren will, eine »una sancta evangelica«, eine heilige evangelische Kirche zu glauben, was tut sie selbst? Gehört es nicht auch dort, gerade dort zu den Glaubenssätzen, daß ganz Deutschland, ja die ganze Welt einst katholisch sein werde und also in einer Kirche geeint? Ganz bestimmt! Und es ist sogar sehr zu vermuten, daß dieser Ausblick dort nicht nur wie bei uns zu den Glaubensdingen gehöre, sondern recht sehr ins »Programm«, in die Verfassungsziele. Wir wehren das nicht; aber wir verlangen dann, daß man uns Evangelischen dies Recht des Glaubens auch zugestehe: daß dereinst die ganze Welt ihr Heil am reinen biblischen Evangelium von Jesus Christus finden, sich also in einer christlichen Kirche sammeln werde. Nein, was jenen zu planen erlaubt ist, sei uns wenigstens zu »glauben« gestattet! ...

Ist nicht in der nationalen Erhebung doch auch ein gut Stück von der Sieghaftigkeit des Evangeliums und Luthertums losgebrochen? In dem Bußwillen, dem Gehorsamsgeist, dem Opfersinn, dem Verinnerlichungsdrang, der Willensmacht, der Gemeinschaftswucht des deutschen Volksaufstandes erkennen wir deutlich Nachkömmlinge der Reformation, gereift in einer allerhärtesten Blut- und Leidenszeit, die je ein Volk ertragen. Ohne Martin Luther ist doch Adolf Hitler und sein Werk undenkbar ... Alle Kirchen und frommen Gruppen, die jetzt so sehr um sich selbst sorgen, täten recht wohl, immer und immer wieder von folgendem Ausgangspunkte aus sich zurechtzufinden: wie leicht könnten wir, falls wir noch lebten, auf den Trümmern jedes kirchlichen Lebens sitzen und vor wahren Ruinen stehen! Durch die Schwaden des drohenden Untergangs hindurch sehen sich doch manche »Bedenken« anders an als von der jetzt vermeintlichen Sicherheit aus. Gott hat immer noch Mittel und Wege, alles Eigenleben, auch das fromme, zu zerschlagen. Und sollten die Christen die ihnen geschenkte Geduldspause nur zu neuen Zerwürfnissen benützen, so wird er es auch tun!

Einstweilen »glauben« wir unentwegt, nicht was wir mögen, sondern was unser Bekenntnis uns gebietet, ganz nüchtern und ohne jede Schwärmerei . . .

Die Kirchlich-theologischen Arbeitskreise, der Freudenstädter Kreis und andere nicht deutsch-christliche Gruppen in Württemberg

Schon lange vor dem Beginn des Dritten Reiches hatte sich in Württemberg eine Anzahl von Pfarrern in Verbindung mit der Neubearbeitung des Kirchenbuches I (Gebete für den Gottesdienst) zusammengefunden, denen es um eine Erneuerung der Kirche ging. Theodor Dipper berichtet darüber[45]*:*

Als der Kirchenkampf begann, hatte sich in unserer Württembergischen Landeskirche bereits ein Kreis von Pfarrern zusammengefunden, dem die Erneuerung der Kirche vom Worte Gottes her und damit auch die Abwehr jeder Überfremdung der Kirche am Herzen lag. Sie gehörten vor allem der damals jungen Theologengeneration an, die es von Karl Barth und anderen neu gelernt hatte, in dem Christuszeugnis der Schrift die Quelle und Richtschnur für den ganzen Dienst der Kirche, für ihre Verkündigung und ihre Ordnung zu sehen. Diese junge Generation war darüber erschüttert, daß der Kirche wesensnotwendige Dinge verlorengegangen waren, ohne die das Amt der Kirche nicht sinnvoll ausgerichtet werden kann.

Die erste Tagung dieses lockeren Kreises fand im Oktober 1930 in Stuttgart statt. Man beriet über die Bildung einer kirchlich-theologischen Arbeitsgemeinschaft; sie sollte kein Verein sein, sondern eine verbindliche theologische Erkenntnis und Weiterbildung als Zurüstung für den Beruf des Pfarrers in der Verkündigung ermöglichen. Schon im Jahre 1931 kamen die Vertreter dieser Arbeitsgemeinschaft wieder zusammen und machten Vorschläge für die Arbeit in den Kirchenbezirken[46].

[45] Dipper, S. 17 ff. und Hermelink, BWKG, S. 127 f. und S. 130 f.

[46] Dipper, S. 19 ff. Ein Rundschreiben vom September 1931 zur Vorbereitung des Treffens siehe LKA Stuttgart, D 1, Bd. 40.

Seit dem Jahr 1927 traf sich regelmäßig ein weiterer Kreis, der sog. Freudenstädter Kreis, *dessen Ziel es ebenfalls war, der Kirche zur eigentlichen Kirchwerdung zu verhelfen*[47].

Der Versuch einer Gleichschaltung der Kirche stieß in diesen Gruppen auf Widerstand[48]*:*

Dies rief den grundsätzlichen Widerspruch der in den Kirchlich-theologischen Arbeitsgemeinschaften gesammelten Kreise hervor, die dann auch weiterhin, soweit es sich um die Pfarrerschaft handelte, die tragenden Kräfte des Widerstands blieben. Nach ihrer Erkenntnis war die Kirche ausschließlich Geschöpf und Werkzeug des Wortes Gottes, von ihrem Herrn zu seinem Eigentum gemacht für sein kommendes Reich. Einer Überfremdung der Kirche durch die Gewalt eines anderen Herrn galt als unbedingt zu widerstehen. Dieser Ansatzpunkt des Widerstandes schloß zwar die Anerkennung des Totalitätsanspruchs des Staates aus und bewahrte vor den damals üblichen emphatischen Treuekundgebungen. Er bedeutete aber nicht einen grundsätzlichen politischen Widerspruch und schloß es nicht aus, auch diesem Staat zu geben, was des Staates ist, d. h. innerhalb der vielen Erscheinungsformen weltlicher Obrigkeit auch eine so fragwürdige Regierung als Obrigkeit anzuerkennen.

Dipper betont anschließend, daß es damals nicht grundsätzlich um eine Ablehnung des Nationalsozialismus ging.

Bei der Tagung des Württ. Pfarrvereins am 19. 4. 1933 in Stuttgart sprach der Kirchenpräsident von der Besorgnis, die Gleichschaltung der Kirche könnte ein allzu rasches Tempo anschlagen[48a]. *Im Anschluß an diese Erklärung schrieb Pfarrer Metzger, Bronnweiler, noch im April an den Kirchenpräsidenten*[48b]*:*

Hochverehrter Herr Kirchenpräsident!

Am letzten Mittwoch habe ich mit herzlichem Dank aus Ihrem Munde die Zurückweisung der aus Berlin angemeldeten Ansprüche der DC auf die Kirche gehört. Ich habe auch mit Freude festgestellt, daß sich in den Reihen des NS-Pfarrerbundes selber die Einsicht regt, daß die Kirche

[47] Dipper, S. 21 ff.

[48] Dipper, S. 25; vgl. dazu die Erklärung »Kirche und Staat«, S. 70 ff.

[48a] Siehe Bd. 1, S. 327 f.

[48b] LKA Stuttgart, D 1, Bd. 42; Brief ohne Datum.

nicht einfach in dem Sinne »gleichgeschaltet« werden kann, wie es den Nurpolitikern unter den Pfarrern vorzuschweben scheint.

Worauf ich aber all die Tage her – mit vielen andern zusammen – warte, ist, daß auch wir in Württemberg uns an der positiven Arbeit beteiligen, um all die berechtigten Anliegen der Deutschen Christen kirchlicherseits aufzufangen, so wie es D. Zoellner in seinem trefflichen Aufruf für Preußen unternommen hat[48c]. Und wenn Gott uns darüber hinaus – über die bloß verfassungsrechtlichen Dinge »Reichskirche«, »Führerkirche«, hinaus – eine Reformation vom Worte schenken wollte, so sollten wir das Unsre doch auch irgendwie dazu tun. Bleibt hier alles privater Initiative – und das heißt hier seither offensichtlich: Nicht-Initiative – überlassen, oder dürfen wir auf einen Ruf von unsren kirchlichen Führern warten? Wird der Landeskirchentag noch einmal in Funktion treten, oder wird man den besseren Weg in einem andern zusammenzurufenden Gremium finden? Ich habe das Gefühl, daß unsre Kirche eben damit am schönsten ihren Willen zum neuen Staat bekunden kann, daß sie sich ganz energisch auf ihr eigenes Wesen besinnt; wir gehen sonst daran zugrunde, wenn uns statt von unsrem Wesen her wieder – wie 1919 von Weimar her – ein fremder Gesichtspunkt die Richtlinien und das Bauen vorschreibt. Auch wir Pfarrer werden uns dann am besten in den kommenden Ständestaat eingliedern, wenn wir das, was wir sein sollen, recht und treu sind: eben Pfarrer. Darum sehne ich mich darnach, daß die Kirche ihre Freiheit nicht bloß betont, sondern in eigenem Handeln bestätigt. Ich weiß, mit mir schauen viele andre darnach aus, daß wir in Württemberg nicht in den Bahnen eines politisch wie theologisch verflossenen Liberalismus durch Diktatur unsre Gesetze in der Kirche bekommen, sondern daß wir, wie wir uns als Volk durch Gottes Gnade wieder auf unser Wesen besinnen dürfen, so auch als Kirche einen Schritt vorwärts zu tun ins Wort hinein, das unser Wesen als Kirche bestimmt. Dürfen wir, verehrter Herr Kirchenpräsident, auf einen Ruf warten? Oder bleibt die Tat den wenigen regsamen Pfarrerpolitikern überlassen?

Nehmen Sie, verehrter Herr Kirchenpräsident, meinen Brief als das, was er ist und sein will: als eine Frage. Ob und wie Sie darauf antworten wollen vermöge der Umschau, die Sie von Ihrem Ort aus haben, das steht bei Ihnen. [Metzger]

[48c] Zum Aufruf Zoellners vom 13. 4. 1933 siehe Anmerkung 24, S. 39.

Im April 1933 wurde eine von der Leitung der Kirchlich-theologischen Arbeitskreise entworfene Erklärung an die württembergischen Pfarrer versandt[49]*:*

Kirche und Staat

Ein Wort württembergischer Pfarrer zur kirchlichen Gleichschaltung

Gehorsam dem in der Schrift uns geoffenbarten Worte Gottes sind wir freudig gewillt, den Staat deutscher Nation als unsere Obrigkeit anzuerkennen. Darum fühlen wir uns in der Verantwortung gegen unser Amt gedrungen, ein Wort zur kirchlichen Lage zu sagen. Während auf dem Boden des Staates in heißem und zähem Ringen der Kanzler des Reiches um die legale Macht kämpfte und dem Geiste der vergangenen Zeit leidenschaftlichen Kampf ansagte, hat die junge Generation der kirchlich Verantwortlichen gleichfalls einen geistigen Kampf begonnen, um das Leben der Kirche allein nach dem Worte Gottes zu ordnen und das Zeitalter des religiösen Individualismus, des liberalistischen Denkens, der Traditionslosigkeit, des kirchlichen Parlamentarismus zu überwinden.

Auf dem Boden des Staates ist die Machtergreifung durch die Kräfte des Aufbaus erfolgt. Auf dem Boden der Kirche aber ist durch unwesenhaftes Denken all das gefährdet, was in den letzten Jahren Hoffnung auf eine Erneuerung der Kirche aus dem Evangelium heraus gab. Dieses kirchenfremde Denken verbirgt sich vielfach unter dem unklaren Schlagwort von der »kirchlichen Gleichschaltung«. Den Sinn dieses Wortes klarzustellen, lehren wir im Glauben an unsern Herrn und Meister, was zu sagen unsere Zugehörigkeit zur Gemeinde und Kirche Jesu Christi und unsere innerste Verbundenheit mit unserm deutschen Volke uns nötigt.

1. Von der Gleichschaltung im Staate

Wir bekennen uns zum Staate als der von Gott gesetzten Ordnung für diese irdische Welt, der wir unsere natürliche Existenz verdanken. Auch unser Staat deutscher Nation ist, so glauben wir, nach Gottes Willen dazu berufen, als weltliche Ordnung unserem deutschen Volke zu dienen und hat das Recht und die Pflicht, zur Erfüllung dieser Aufgabe die im deutschen Volke vorhandenen Kräfte aus dem Durcheinander und

[49] LKA Stuttgart, D 1, Bd. 42; vgl. Dipper, S. 26 ff. Zum Zusammenhang vgl. auch den Brief vom 26. 4. 1933 von Mitgliedern der KTA an Wurm (Bd. 1, S. 454 ff.).

Gegeneinander zur Ordnung des Miteinander und Füreinander zu führen. Der deutsche Staat vollzieht diese Gleichschaltung seiner Kräfte in der Besinnung auf sein eigenes Wesen, Staat des deutschen Volkes zu sein. Er knüpft dabei an die großen Kräfte seiner Vergangenheit an und greift über das letzte Jahrhundert zurück auf den Geist von Potsdam. Er sucht den Einfluß volksfremder Ideen aus der Französischen Revolution als Untreue gegen das eigene Wesen aufzudecken und demgegenüber deutsche Art aus deutscher Geschichte wieder lauter und rein zu erfassen. Des weiteren setzt dann der deutsche Staat seine ihm anvertrauten Machtmittel ein, um die artfremden Einflüsse auszuschalten, die widerstrebenden Kräfte zu beseitigen und einen falsch verstandenen Freiheitswillen des einzelnen zu begrenzen. So verstanden bedeutet die Gleichschaltung im Staate die Ausschaltung des nicht wesensmäßig Deutschen. Endlich sucht der deutsche Staat mit den ihm gegebenen Mitteln das als unsrer deutschen Art eigen Erkannte zu stärken, das unsrem Volk von seinem Schöpfer durch die Geschichte mitgegebene Wesensgesetz zu erfüllen und alle echten Kräfte unsrer Nation einzubauen in eine neue Volksgemeinschaft. Damit wird das Streben nach Gleichschaltung zum Willen, das Wesenhafte einzuschalten.

Bei all dem geht der staatsbildende, gleichschaltende Wille aus von den zur Führung im Staate Berufenen, die mit dem Recht zu befehlen zugleich die Verantwortung vor dem Gott tragen, der ihnen als weltlicher Obrigkeit das Volk zur Führung anvertraute. Bei all dem ist aber der staatlichen Führung nur die Herrschaft über den irdischen Lebensbereich eingeräumt; sie vermag als weltliche Obrigkeit nicht über letzte Bindungen zu entscheiden. Sie kann den Unwilligen zertreten und aus ihrem Dienst entlassen, auch den Willigen belohnen; aber sie kann das Widerstreben des Herzens nicht brechen und ihren Dienst nur mit Hilfe natürlicher und rechtlicher Gesetze versehen.

Darum ist es ein großes Anliegen für die auf Gleichschaltung aller deutschen Kräfte bedachte weltliche Obrigkeit, zugleich mit der Ausübung der Macht um die freie Zustimmung der von ihr Geführten zu werben; der Einfluß ihrer Propaganda hat seine Grenze an der inneren Bindung des einzelnen an die höhere Macht Gottes. Darum ist es uns als deutschen Christen ein Gewissensanliegen, daß unser deutscher Staat in seiner Propaganda und seiner Erziehung wie in seiner positiven Leistung die freie Zustimmung aller derer zu gewinnen vermöge, die sich in ihrem Gewissen an die höhere Macht Gottes gebunden wissen, wie sie von der Kirche geglaubt und verkündigt wird. Wir wissen uns in unserem Teil als Stand des neuen Reiches dafür mitverantwortlich, daß die Gleichschaltung aller deutschen Kräfte mit dem übereinstimme, was Gottes Wort als Gerechtigkeit und Wahrheit an allen Gewissen bezeugt.

2. Von der Gleichschaltung in der Kirche

Wir bekennen uns zur Kirche als der durch Gottes Wort geschaffenen Gemeinschaft am kommenden Gottesreiche. Auch unsere deutsche Christenheit ist, so glauben wir, als die Kirche Jesu Christi nach Gottes Willen dazu berufen, Gott und nur dem in Christus geoffenbarten Gott zu dienen. Sie hat als die durchs Evangelium aufgerufene Schar das Recht und die Pflicht, zur Erfüllung ihrer Aufgabe die in der Gemeinde Jesu Christi vorhandenen Kräfte aus dem Durcheinander und Gegeneinander zur Ordnung des Miteinander und Füreinander zu führen. Die christliche Kirche vollzieht diese Gleichschaltung der Kräfte in der Besinnung auf ihr eigenes Wesen, Gemeinschaft des Glaubens an das Evangelium zu sein. Sie knüpft dabei als evangelische Kirche an das Zeugnis Gottes in ihrer Geschichte, also an die Bibel Alten und Neuen Testamentes und an die Bekenntnisse der Reformationszeit an und greift dabei über das letzte Jahrhundert zurück auf die Tat von Wittenberg. Sie sucht den Einfluß kirchenfremder, und das heißt bibelfremder Ideen gleichviel welcher Herkunft als Untreue gegen das eigene Wesen aufzudecken und demgegenüber ihre allein und nur vom Evangelium her bestimmte und immer neu zu bestimmende Art wieder lauter und rein zu erfassen. Des weiteren kämpft die christliche Kirche aus der Kraft des ihr verheißenen und geschenkten Geistes darum, die ihrer evangelischen Art fremden Einflüsse auszuschalten, die widerstrebenden Kräfte zu beseitigen und einen falsch verstandenen Freiheitswillen des einzelnen zu begrenzen. So verstanden bedeutet die Gleichschaltung in der Kirche die Ausschaltung des nicht wesensmäßigen Evangelischen. Endlich sucht die christliche Kirche mit den ihr gegebenen Mitteln das als ihrer Art eigen Erkannte zu stärken, das ihr durch die Offenbarung gegebene und erkannte Gesetz zu erfüllen und alle echten aus dem Glauben kommenden Kräfte einzubauen in eine neue Gemeinschaft des Geistes. Damit wird das Streben nach Gleichschaltung zum Willen, das Wesenhafte einzuschalten.

Bei all dem geht der kirchenbildende, gleichschaltende Wille aus von den zur Führung in der Kirche Berufenen, die mit dem Recht zu regieren zugleich die Verantwortung vor dem Gott tragen, der ihnen als geistlicher Obrigkeit die Kirche zur Führung anvertraute. Bei all dem ist aber der kirchlichen Führung nur die Sorge für das Heil der Seelen anbefohlen; sie vermag als geistliche Obrigkeit den irdischen Lebensbereich nicht durch Gesetze zu regieren; ihr Dienst kann nur in der Freiheit geschehen. Sie kann die Gewissen durch ihre Verkündigung in die Gemeinschaft mit Gott rufen und die Nichtglaubenden ihrem geistlichen Verderben preisgeben und vom Amt der Verkündigung ausschließen. Aber sie hat und will keine Macht, um die Gewissen mit äußeren Mitteln zu nötigen; sie weiß, daß es Gott selber in seiner unantastbaren Majestät sich vorbehielt, zum lebendigen Glauben zu führen.

Darum ist es ein großes Anliegen für die auf Gleichschaltung aller evangelischen Kräfte bedachte geistliche Obrigkeit, zugleich mit der Berufung zum Glauben ihre Glieder auch in den Gehorsam der irdischen Bindungen zu führen; der Einfluß dieser ihrer Mission aber endet unweigerlich an der äußeren Unterstellung der einzelnen unter die Macht des weltlichen Staates, wie sie von seiner Obrigkeit vertreten wird. Darum ist es uns als Christen, die zugleich Deutsche sind, ein Gewissensanliegen, daß unsere deutsche Kirche in ihrer Verkündigung und Erziehung wie in ihrer praktischen Leistung die Zustimmung aller derer zu gewinnen vermöge, die sich in ihrem Gewissen an das Evangelium vom Gekreuzigten und Auferstandenen gebunden wissen, wie es von der Kirche geglaubt und verkündigt wird. Wir wissen uns darum in erster Linie mitverantwortlich, daß die Gleichschaltung aller christlichen Kräfte mit dem übereinstimme, was Gottes Wort als Gericht und Gnade an allen Glaubenden bezeugt.

3. Von Staat und Kirche, Kirche und Staat

Weil so der Staat die von Gott gesetzte Ordnung für diese vergehende Welt, die Kirche die von Gott geschaffene Gemeinschaft am kommenden Gottesreich ist, kann es sich nicht um eine Gleichschaltung von Staat und Kirche, von Kirche und Staat handeln. Nur zu ihrem beiderseitigen Schaden und nur zum Unglück für unser deutsches christliches Volk würden die hier vom Wesen her gezogenen Grenzen überschritten.

Der Staat als die von Gott gesetzte Ordnung dieser vergehenden Welt hat seine Kräfte mit dem ihm von Gott gegebenen Gesetz gleichzuschalten. Wollen seine Führer zugleich christlich sein, so werden sie in Übereinstimmung mit der Verkündigung der Kirche ihre Kraft und ihr Ansehen, aber keine Machtmittel dafür einsetzen, daß die Gemeinschaft der Kirche dem Evangelium gemäß die natürlichen und geschichtlichen Aufgaben des deutschen Volkes erfülle. Die Kirche dagegen als die von

Gott geschaffene Gemeinschaft am kommenden Gottesreiche wird ihr Leben mit dem ihr in Christus gegebenen Worte gleichschalten müssen. Wo dies Wort gehört und geglaubt wird, da schafft es auch einen nicht durch Furcht, sondern durch die Freiheit des Gewissens bedingten willigen Gehorsam gegen die Gesetze des Staates.

Der Staat würde seine Grenze mißachten, wollte er der Kirche ihr Bekenntnis und ihre Lehre, ihren Gottesdienst und ihre Verfassung vorschreiben; er hat die Kirche nicht an seinem eigenen Gesetze zu messen, sondern das ihr selber eignende Evangelium als ihre alleinige Richtschnur zu achten. Wo der Staat sein von Gott ihm gegebenes Amt recht ausrichten will, wird er der Kirche ihre Freiheit lassen. Umgekehrt würde die Kirche ihre Grenze überschreiten, wollte sie dem Staat den Aufbau seines Gefüges vorschreiben und seine gesetzgebende, regierende und richterliche Tätigkeit meistern; sie hat den Staat nicht nach dem Evangelium zu messen, sondern kann ihn nur an sein eigenes, ihm von Gott gegebenes Gesetz erinnern. Ohne den Staat nötigen zu können, wird sie mit diesem Dienst das wache Gewissen des Staates sein und ihm eben dadurch den allergrößten Dienst leisten.

Wollte der Staat diese seine Grenze nicht beachten, so hat die Kirche als einzige Waffe das Leiden und das Gebet. Der äußeren Gewalt gegenüber wehrlos wie ihr Meister vor Pilatus würde sie ihre innere Freiheit in geistlichen Dingen behaupten müssen, indem sie das Kreuz auf sich nimmt und ihrem Herrn nachfolgt[49a].

Umgekehrt wird die Kirche, wenn sie ihr von Gott gegebenes Amt recht ausrichten will, den Staat als Ordnung des Gesetzes anerkennen. Wie seit den Tagen der Apostel, so wird sie jedem Staat gegenüber ihr Wort sagen, das Obrigkeit und Untertanen an ihre gemeinsame Bindung an Gottes Ordnung erinnert, und sie wird nicht müde werden, Fürbitte zu tun für alle Menschen, besonders aber für die Obrigkeit[49b]. Sie wird die Aufgaben des Staates nicht verklären, sondern den Staat allezeit daran erinnern, daß er ein Werkzeug Gottes in der gefallenen Schöpfung ist. Es käme einer Mißachtung gegenüber dem Staate gleich, wenn die Kirche ihr Wächteramt freiwillig preisgebe. Sich selbst aber würde die Kirche aufgeben, wenn sie irgendeiner Irrlehre Raum in sich verstattete. Wir wissen uns in beider Hinsicht mit unserer ganzen Kirche vielfach schuldig und erbitten als Christen eine neue Reformation der gegen-

[49a] Mt 16, 24.
[49b] 1 Tim 2, 1 f.

wärtigen Kirche aus dem Geiste Jesu Christi. Wir empfinden es als ein Geschenk Gottes, wenn er durch die politische Erneuerung unsres Staatslebens auch unsere Kirche vor die Frage stellt, ob sie sich nicht eine Erneuerung vom Evangelium her schenken lassen wolle. Wir wissen aber, daß eine solche Erneuerung nur auf dem Wege von innen nach außen, nicht von außen nach innen kommen kann. So gewiß wir es von Herzen begrüßen, wenn die Unzulänglichkeiten des bisherigen kirchlichen Parlamentarismus und die Hemmungen des bisherigen Zusammenschlusses der deutschen Kirchen im Kirchenbunde überwunden werden, so wenig erwarten wir doch von dort her einen Gewinn für das Evangelium, wenn nicht diese Reformen selber schon aus dem Geiste des Evangeliums fließen.

Dazu aber bedarf es in der Kirche einer klaren Führung in den Dingen der Lehre, die ihr Recht an der biblischen Offenbarung ausweist. Darum erhoffen wir eine neue, innerliche Zuordnung der Fakultäten zur verfaßten Kirche. Darum erstreben wir eine theologisch ausgerichtete Arbeit in Fachkreisen, die gemeinsam geschieht und der Kirche in steter Selbstkritik die Bausteine für ihren Aufbau liefern. Dazu bedarf es aber weiter eines neuen, aus dem Geiste Christi fließenden Lebens, das unsre Gemeinden von dem Fluche einer bloßen äußeren Kirchlichkeit befreit und uns Pfarrer zu einer brüderlichen Verbundenheit in den letzten Fragen unseres Amtes führt. Wir wissen, daß wir mit all dem nur die Bitte um den heiligen Geist Gottes aussprechen.

In den letzten Apriltagen 1933.

Hermann Diem, Göppingen; Heinrich Fausel, Heimsheim; Wilhelm Gohl, Marbach/Neckar; Dr. Martin Haug, Urach; Heinrich Lang, Reutlingen; Wolfgang Metzger, Bronnweiler; Paul Schempp, Stuttgart.

Dieses Wort zur kirchlichen Gleichschaltung *wurde den Pfarrern der Landeskirche mit folgendem Rundschreiben übersandt*[50]*:*

Lieber Herr Amtsbruder!

Vor 2½ Jahren haben wir zu unsern Kirchlich-theologischen Arbeitskreisen aufgerufen, um aus der Schrift heraus Weisung für unsere gegenwärtigen Aufgaben als Pfarrer zu gewinnen. Auf Grund dieser im Evangelium selber liegenden Gemeinschaft wenden wir uns heute an

[50] LKA Stuttgart, D 1, Bd. 42; Rundschreiben ohne Datum, zwischen Ende April und 6. Mai; das im 1. Abschnitt erwähnte Formular befindet sich nicht bei den Akten.

Sie mit der Bitte, beiliegende Erklärung zu unterzeichnen. Dringlich bedarf unsere Kirche heute einer kirchlichen (d. h. aber nicht politisch, sondern biblisch bestimmten) einheitlichen Willensbildung, und wir fordern Sie auf, umgehend Ihre Zustimmung zu geben und unten stehendes Formular einzusenden an Pfarrer Metzger, Bronnweiler.

Unsere Bitte geht aber noch einen Schritt weiter. Es finden in den nächsten Tagen überall Diözesanvereine [statt], in welchen die schwebenden Fragen zur Verhandlung kommen. Wir bitten Sie, beiliegende Erklärung dort zur Verlesung zu bringen, und, sofern Sie selber ihr Ihre Zustimmung geben könnten, um weitere Zustimmungserklärung unter den Amtsbrüdern zu werben. Weitere Vervielfältigungen können durch Pfarrer Gohl, Marbach/Neckar, bezogen werden. Unsere Zusendung erfolgt mit einer gewissen Zufälligkeit an eine Anzahl von Kollegen, die wir für unser Anliegen offen glauben; darum sind wir auf persönliche Werbung angewiesen. Endlich bitten wir Sie, uns mitzuteilen, ob Sie sich beteiligen würden, wenn, etwa nach Pfingsten, eine brüderliche theologische Aussprache stattfinden würde im Geiste unserer Arbeitskreise; zu einer solchen würde dann durch den »Kirchlichen Anzeiger« eingeladen.

In der Gewißheit, daß unsrer Kirche das Evangelium, und zwar nur das biblische Evangelium aufgetragen ist, mit Ihnen verbunden grüßen wir Sie mit der nochmaligen Bitte um umgehende Antwort:

Heinrich Fausel, Heimsheim; Wilhelm Gohl, Marbach/Neckar; Dr. Martin Haug, Urach; Heinrich Lang, Reutlingen; Wolfgang Metzger, Bronnweiler; Paul Schempp, Stuttgart.

Die Aufnahme dieses Wortes in der württembergischen Pfarrerschaft war nicht einheitlich, immerhin unterzeichneten es 220 Pfarrer[51]. *Am 6. 5. 1933 übersandte Pfarrer Wolfgang Metzger die Erklärung an Pfarrer Pressel*[52]*:*

Lieber Pressel!

Unsre »Erklärung« ist Dir wohl von Gohl her zugegangen, und ich hoffe, daß Du sachlich ganz damit einverstanden bist mit dem, was dort von Luther und vom Neuen Testament her gesagt wird. Wir erwarten ja

[51] Dipper, S. 29.

[52] LKA Stuttgart, D 1, Bd. 42. Dieses Schreiben erging kurz nach der Ende April 1933 erfolgten »Herzlichen Einigung« zwischen der Gruppe Pressel mit Ettwein, Schairer, Rehm im NS-Pfarrerbund, siehe Bd. 1, S. 334 ff.

gewiß Deine Unterschrift nicht; wir wollen aber auch darüber Dich im klaren sehen, daß das nicht eine »Kontra-Aktion« gegen irgendeine andre Gruppe ist, sondern daß wir als rein kirchlicher Stoßtrupp mit Euch zusammen in derselben Front um das Evangelium im Dritten Reiche kämpfen gegen alle Bedrohung dieses Evangeliums von seiten liberalistischer oder klerikalistischer Gedankenmächte. Es wäre ein Jammer, wenn all das Verheißungsvolle, was die letzten Jahre brachten an wirklich kirchlichem Aufbau vom Evangelium her, nunmehr als »Störungsaktion« bezeichnet würde und damit zur Ausschaltung käme statt eben erst recht zur Einschaltung. Was die nationalsozialistische Bewegung auf staatlichem Gebiet zustande brachte, das müßten wir an dem lauteren und reinen biblischen Evangelium Interessierten auf kirchlichem Gebiet anstreben; mit einer bloßen Umorganisation der deutschen Kirche ist noch nichts getan, und mit einer Einschaltung unbiblischen Denkens ist sogar alles verloren, auch wenn die Kirche äußerlich glänzend dastünde.

Ich lege Dir einen Brief an D. Fezer[53] bei im Durchschlag zu Deiner persönlichen Information und ich bitte Dich, die Kampfgenossenschaft hüben und drüben zu achten.

Herzlichst grüßend Dein Wolfgang Metzger.

Zum Verhältnis von Kirche und Staat äußerte sich am 15. 5. 1933 die Evang.-Kirchliche Vereinigung grundsätzlich[54]*:*

An die Mitglieder der Evang.-Kirchlichen Vereinigung

Wir stehen alle unter dem Eindruck, daß in dem Umbruch unsrer Zeit Gott der Herr zu unsrem Volke und zu seiner Kirche reden will. Da wir noch mitten im Fluß des Geschehens stehen, ist es schwer, ein abschließendes Wort zu sagen; und doch halten wir uns für verpflichtet, angesichts der großen Unsicherheit ein klärendes Wort zu sagen.

Wir danken Gott, daß er die vaterländische Freiheitsbewegung dazu benützt hat, unser Volk vor dem Versinken im Abgrund des Bolschewismus zu retten und ihm einen Neuanfang seines staatlichen Lebens zu schenken. Besonders dankbar empfinden wir, daß der Führer und Kanz-

[53] Den Brief vom 6. 5. 1933 siehe S. 81 f.

[54] EKBlW, Ausgabe vom 31. 5. 1933; der Aufruf wurde auch als gedrucktes Flugblatt versandt (LKA Stuttgart, D 1, Bd. 42). Zur Evang.-Kirchlichen Vereinigung siehe LKA Stuttgart, A 26, Bd. 327.

ler des Reichs die Bedeutung der Kräfte des christlichen Glaubens als wichtig für den nationalen Aufbau erkannt und ausgesprochen hat. Gerade als deutsche Christen, als Glieder unsrer Kirche und unsres Volkes, stehen wir nicht unfroh und nörgelnd neben dem großen Geschehen der Gegenwart, sondern wissen uns zu freudiger Mithilfe am begonnenen Werk gerufen. Wir leisten unsrem Volk unsern Dienst, indem wir in unsrem Teile, im Gewissen gebunden an Gottes Wort (Röm. 13), uns unsrer Obrigkeit unterstellen und in unsrem Stand und Beruf unsern Platz in Treue ausfüllen. Wir wissen uns zugleich verpflichtet zum Dienst der Fürbitte für Volk und Obrigkeit. Wir haben endlich auch uns und unsrem Volke das Wort unsres Gottes als Gesetz und Evangelium zu bezeugen, damit Gehorsam und Glaube daraus erwachse.

Wir danken Gott aber auch, daß er heute auch unsre Kirche vor die Frage stellt, ob sie sich nicht aus den Kräften des Evangeliums einen Neubau schenken lassen will. Wir begrüßen es, wenn an die Stelle des kirchlichen Parlamentarismus eine auf Auswahl beruhende Vertretung des Kirchenvolks tritt; wir freuen uns, wenn der Zersplitterung im deutschen Kirchenwesen Einhalt geboten wird durch Errichtung einer auf dem Bekenntnis stehenden Reichskirche, in welcher unsre Landeskirche ihre Gaben zu fruchtbarem Dienst verwenden darf. Wir ersehnen eine noch mehr auf persönliche Führung abgestellte Leitung der Kirche an Stelle eines unpersönlichen behördlichen Kirchenregiments. Wir haben dabei die Aufgabe, darüber zu wachen, daß dabei keine kirchenfremden Zielsetzungen sich einschleichen, sondern der Neubau der Kirche im Geist der Schrift und des Bekenntnisses erfolge. Insbesondere lehnen wir ab eine Verkürzung der Schrift durch Minderbewertung alttestamentlichen Gutes.

Wir erkennen, daß unsre gemeinsame Verpflichtung unsrer Kirche gegenüber in erster Linie zum Dienst in unserer Ortsgemeinde führt; wir wissen weiter, daß wir unsrer Kirche, ihren Führern und Gliedern unsre Fürbitte schuldig sind; und wir wollen in unsrem Teile mithelfen, daß Wort und Tat der Kirche zu einem lebendigen Zeugnis für das Evangelium werde.

Im Namen des Ausschusses der Evang.-Kirchlichen Vereinigung:

Gümbel.

In Württemberg hatten sich damit diejenigen Gruppen zusammengefunden, die zunächst mit der Jungreformatorischen Bewegung in Verbindung standen und später in der Bekenntnisgemeinschaft und in der Theo-

logischen Sozietät den Kern des Widerstands der Pfarrerschaft gegen die nationalsozialistische Kirchenpolitik bildeten.

Am 10. 6. 1933 schrieb der aus Württemberg stammende Pfarrer Otto Riethmüller, Vorsitzender des Evang. Reichsverbandes weiblicher Jugend, Vertraulich und persönlich *an Kirchenpräsident D. Wurm zur Gleichschaltung der Kirche*[55]*:*

Verehrter, lieber Freund Wurm!

Es ist mir ein sehr schmerzliches Vermissen, daß ich zur Zeit nicht eine mündliche Aussprache mit Dir über die kirchliche Lage haben kann. Es wäre mir vor allem daran gelegen zu wissen, ob Ihr in Württemberg darüber im Bilde seid, welche Pläne die radikale Führung der »Deutschen Christen« hat und schon vor der Benennung Bodelschwinghs gehabt hat. Ich will als typisches Beispiel dafür nur eines anführen. D. Knak von der Berliner Mission, der bei der Reichstagung der »Deutschen Christen« mit jubelnder Zustimmung angehört worden war, schreibt in den Berliner Missionsbriefen Nr. 6, Juni 1933, nachdem er das Berechtigte in der Bewegung der Deutschen Christen angeführt hat, als letzten Punkt folgendes: »Ich vermag endlich die Mittel nicht zu billigen, mit denen die leitenden Männer (bei den »Deutschen Christen«) diesen Kampf zu führen unternehmen. In dieser letzten Überzeugung bestärkt mich ein eben erhaltener Brief, in dem mir einer der Provinzialleiter der Deutschen Christen ankündigt, daß man beharrlich eine andere Führung der Missionsgesellschaften fordern werde, wenn die Führung nicht mit den Deutschen Christen gehe. Dieser Hinweis bedeutet einen Appell an die Furcht derer, die in den Missionsgesellschaften in der Führung stehen. Ich kann das weder für deutsch noch für christlich halten.« Es handelt sich hier nicht um eine einzelne Entgleisung. Ich habe für meine Person auf andere Weise dasselbe gehört, und an allen Ecken und Enden wird von den schon fertigen entsprechenden Listen geredet.

Da ich vom Dreimännerkollegium[56] gleich am Anfang in den ersten kleinen Kreis, der sich mit den »Deutschen Christen« auseinandersetzte, berufen war und dann dazu bestimmt war, die Jugendkommission für

[55] LKA Stuttgart, D 1, Bd. 134, 1; die Antwort Wurms befindet sich nicht bei den Akten.

[56] Der vom Präsidenten des Deutschen Evang. Kirchenausschusses berufene Ausschuß zur Beratung der Verfassung der Reichskirche; siehe S. 41 f.

den Einbau in die kommende Kirche zu leiten, hatte ich von Anfang an einen Einblick in die Dinge, wie sie liefen, und ich muß sagen, daß mir nach dieser Erkenntnis die Reden eines Mannes wie Fezer[57] zur Zeit zum unbegreiflichen Rätsel werden. Es kann einen das Grauen packen, wenn man sich überlegt, was aus der Kirche wird, wenn Leute wie Hossenfelder den Hebel zum Umschalten in die Hand bekommen. Seht Ihr das in Württemberg nicht? Wenn wir jetzt nicht für eine Kirche des lauteren und unverkürzten Evangeliums kämpfen, die allein zu einem wirklich von Gott gesegneten Dienst an unserem Volk befähigt sein kann, dann haben wir den klaren Ruf Gottes, der an die deutsche Christenheit in dieser geschichtlichen Stunde ergeht, nicht gehört und dürfen uns nicht wundern, wenn in Deutschland der Leuchter des lutherischen Evangeliums von der Stelle gestoßen wird. So muß ich nach meinem Einblick die Dinge sehen, und deshalb ist es mir so schmerzlich, daß ich nicht in mündlicher Aussprache Deine Meinung zur ganzen Lage hören kann.

Es ist aber ein anderer praktischer Grund, warum ich heute schreibe. D. Rendtorff, der längst zu unserer 40. Jahrestagung, Reichsführerrüstzeit in Swinemünde, zugesagt hatte, hat nun abgesagt und uns damit in größte Not gebracht. Ich wage es nun zu fragen, ob Du uns und dem ganzen Verband nicht den Dienst tun könntest, einen der Vorträge zu übernehmen, nämlich den zweiten: »Die Forderung des Evangeliums stellt uns vor die Entscheidung«? Wir würden uns in der Zeit selbstverständlich nach Dir richten, und ich brauche die verschiedenen Gründe nicht anzuführen, warum es uns ein außerordentlicher, mit großem Dank zu begrüßender Dienst wäre, wenn Du dazu kommen könntest. Ich weiß, die Zeit ist jetzt knapp. Aber es ist ja nicht meine Schuld, daß wir in diese Not kamen. Ich bin Dir für baldige Antwort sehr dankbar und verbleibe in herzlicher und verehrungsvoller Verbundenheit

Dein getreuer O. Riethmüller.

Die neuen Richtlinien der Deutschen Christen und das Loccumer Manifest

Für die kommenden Beratungen über die Reichskirche überreichte am 6. 5. 1933 der Reichsleiter der Glaubensbewegung Deutsche Christen, Hossenfelder, dem Präsidenten des Deutschen Kirchenbundes

[57] Siehe S. 110 ff.

10 Grundsätze, in denen eine Reichskirche lutherischer Prägung gefordert wurde, die die Hoheit des Staates »aus Glauben« anerkennt und das Evangelium im Dritten Reich verkündet und die Kirche der Christen arischer Rasse sein will[58].

Am 27. 4. 1933 wurde der Ephorus des Tübinger Stifts Prof. D. Karl Fezer vom Deutschen Fakultätentag zum Vertrauensmann bestellt[59]. *An ihn schrieb Pfarrer Metzger, Bronnweiler, am 6. 5. 1933*[60]:

Verehrter, lieber Herr Professor!

Die Zeitung bringt heute Hossenfelders 10 Sätze an D. Kapler. Wie froh macht es mich da, Sie bei diesen Verhandlungen zu wissen und damit einen, der nicht für die oder jene Gruppe, sondern für das Evangelium eintreten will! Reichsbischof – gut! Aber es muß auch gesagt werden, daß dieser kein Potentat, sondern der Primus inter pares ist, der die ganze Bibel und allein die Bibel zur Richtschnur zu nehmen hat. In Hossenfelders Richtlinien findet weder die Schrift noch das Bekenntnis eine Vertretung; ein solches Schweigen aber ist kaum zufällig, wenn man die ganz unbiblischen Forderungen einer Rassekirche ansieht; mit solchen Sätzen wie dem dritten ist die Arbeit des Apostel Paulus annulliert und nicht nur das Alte Testament, sondern auch der Epheserbrief und noch manch anderes Stück des Neuen Testamentes eliminiert! Da erhoffe ich von Ihrer tatkräftigen Mitwirkung das unerschrockene Geltendmachen der biblischen Wahrheit.

Sie sollen sich, verehrter Herr Professor, bei diesem Ihrem Kampfe, den Sie dort führen, nicht allein wissen. Betrachten Sie den Sturmtrupp, der hinter unsrer »Erklärung zum Fragenkreis ›Kirche und Staat‹« steht und sich sammelt (ich nehme an, daß Ihnen von Gohl, Marbach, unsere Sätze zukamen), als eine Schar, die in allen vor einer biblischen Theologie zu rechtfertigenden Dingen so gut hinter Ihnen steht wie diejenigen Kollegen, die, sachlich mit uns einig, äußerlich ihren Anschluß beim »Pfarrerbund« suchten. Nichts liegt uns ferner als eine Sonderaktion;

[58] Siehe GB 138, S. 77; Meier, S. 19; Niemöller, Kampf, S. 38; KAW, 11. 5. 1933.

[59] Vgl. dazu GB 138, S. 77 und »Deutsches Pfarrerblatt« 1934, S. 149. Über die Tätigkeit von Prof. Fezer bei der Bearbeitung der neuen Richtlinien der DC und beim Zustandekommen der Verfassung der DEK existieren noch Akten, die nicht vom LKA Stuttgart verwaltet werden und z. Zt. für eine Auswertung nicht zugänglich sind.

[60] LKA Stuttgart, D 1, Bd. 42. Zu den »10 Sätzen« vgl. GB 138, S. 77.

darum stehen wir in Fühlung mit unserem Herrn Kirchenpräsidenten, und darum begehren wir eine sachliche, durch keine Konjunkturgesichtspunkte getrübte Behandlung der kirchlichen Fragen innerhalb unserer württ. Pfarrerschaft. Wer in der Kirche für das Evangelium eintritt, der steht niemals in einer Sonderaktion; das wissen wir von uns und wissen wir von Ihnen, auch wenn Sie selber einer besonderen Gruppe sich anschlossen.

So grüßen wir Sie in einer Gemeinsamkeit des Kampfes, die über alle Zäune hinweg diejenigen zusammenschließt, denen das biblische Evangelium das Herz abgewann und denen nichts wohler täte, als wenn die Zeit des großen Umschwungs dazu benützt würde, um in der Kirche einen endgültigen Verrat am Romanismus oder Liberalismus herbeizuführen.

Mit ergebenem Gruß bin ich Ihr Metzger.

Unter der Mitwirkung von Prof. D. Fezer entstanden die neuen Richtlinien der Deutschen Christen vom 16. 5. 1933[61]. *Über diese Richtlinien schrieb das* Evang. Kirchenblatt für Württemberg *am 31. 5. 1933:*

... Ihre Richtlinien sind allerorts bekannt. Ein stärkeres Abrücken von völkisch-heidnischer Religiosität hätte man gewünscht. Dieser Wunsch wird einem unterstrichen durch ein Flugblatt zu den neulichen Wahlen zur märkischen Provinzialsynode (Liste Hossenfelder, Kube), wo es heißt: »Auch andere kirchenpolitische Gruppen betonen ihre Bereitwilligkeit, für Volk und Vaterland einzutreten. Aber sie folgen meist dem Zug der Zeit. Ein jungreformatorisches Flugblatt will sogar eine Reichskirche einschließlich der getauften Juden schaffen. Also Vorsicht! Es ist nicht alles völkisch, was vaterländisch redet. Die Reichskirche darf nur im Geiste des Volkes sein. Aus Glauben heraus betonen wir, daß Gott Art und Rasse den Völkern schuf und daß wir der deutschen Rasse verpflichtet sind. Alle nichtarischen Christen gehören in ausländische Kirchen oder in besondere Missionsgemeinden Deutschlands. Sie bleiben uns Mitchristen im Sinne des Neuen Testaments, sind aber keine deutschen Christen.«

Aus den Richtlinien sei noch angefügt die Zielangabe: Es sieht so aus, als wollte das deutsche Volk in der Besinnung auf die tiefsten Quel-

[61] GB 138, S. 79 ff.; Meier, S. 21; Hermelink, S. 37 f.; Niemöller, Kampf, S. 41. Die alten Richtlinien der GBDC (KJb, S. 4 ff.) wurden im »Schwäbischen Merkur« in der Ausgabe vom 14. 5. 1933 noch einmal abgedruckt.

len seines Lebens und seiner Kraft auch wieder den Weg zur Kirche finden. Die deutschen Kirchen haben darum alles zu tun, daß dies geschehen könne. Denn eine deutsche Kirche neben dem deutschen Volke ist nichts als eine leere Institution. Christliche Kirche im deutschen Volk ist sie nur, wenn sie Kirche für das deutsche Volk ist, wenn sie dem deutschen Volk in selbstlosem Dienst dazu hilft, daß es den von Gott ihm aufgetragenen Beruf erkennen und erfüllen kann . . . Der neue Staat will die Kirche. Nicht um an ihr ein gefügiges Werkzeug zu haben, sondern weil er weiß, wo eines Volkes Fundamente liegen. Mit den Aufgaben des Staates sind darum die Aufgaben der Kirche ins Ungeheure gewachsen. In der Gestalt, die die deutschen Kirchen heute haben, sind sie zur Erfüllung dieser Aufgabe nicht imstande. Den deutschen Kirchen eine Gestalt zu geben, die sie fähig macht, dem deutschen Volke den Dienst zu tun, der ihnen durch das Evangelium von Jesus Christus gerade für ihr Volk aufgetragen ist, das ist das Ziel der Glaubensbewegung »Deutsche Christen«.

Von der Sicht der Basler Mission aus schrieb Missionsdirektor Karl Hartenstein am 18. 5. 1933 über diese Richtlinien dem Kirchenpräsidenten[62]*:*

Hochverehrter, lieber Herr Kirchenpräsident,

Sie werden verstehen, daß ich als Leiter der mit unsrer Schwäbischen Heimatkirche eng verbundenen Basler Mission die Vorgänge in Deutschland und das Ringen um eine neue lebendige Kirche in angespannter Aufmerksamkeit und innerster Beteiligung miterlebe. Ich habe zu dem Schritt Professor Fezers zu den Deutschen Christen und zu dem von ihm mitunterzeichneten Aufruf freudig Ja sagen können und hoffe, daß diese Gruppe zusammen mit der Jungreformatorischen Bewegung und dem Kreis um das Dreimänner-Kollegium bald die Wege zum Neubau unserer Kirche findet. Daß mir als Leiter einer Deutsch-Schweizerischen Mission Zurückhaltung auferlegt ist, werden Sie verstehen. Die Führung, die darin liegt, muß täglich bejaht werden, vor Gott, und von dem Gedanken aus, daß Mission, die Bekenntnistat der Kirche in der Welt, diese Haltung von mir fordert. Daß ich aber mit ganz leidenschaftlicher

[62] LKA Stuttgart, D 1, Bd. 42. Die Anfrage wurde vom Kirchenpräsidenten an Oberkirchenrat Schaal mit der Bitte um eine Äußerung gegeben, eine Antwort befindet sich aber nicht bei den Akten. Mit dem »Aufruf« von Prof. D. Fezer dürften die neuen Richtlinien der GBDC gemeint sein, siehe GB 138, S. 77 ff.

Liebe mit allen, die in unserm Werk deutscher Herkunft sind, in unserem Volke verwurzelt bleibe und innerlichst am Neubau der Kirche teilnehme, dürfen Sie gewiß sein.

Der deutsch-evangelische Missionsausschuß, dem ich angehöre, tritt nächste Woche für einige Tage in Berlin zusammen, um mit den führenden Männern über die Frage in Fühlung zu treten, welchen Ort die Heidenmission im Raum der neuen evangelischen Kirche haben wird. Ich werde mir erlauben, Sie darüber in Kenntnis zu halten. Darf ich heute persönlich noch ein Zweites hinzufügen. Ich höre mit großer Freude von dem kommenden Ermächtigungsgesetz[63], das Ihnen die nötige Vollmacht gibt, um die Kräfte der Kirche für die entscheidende Stunde der Aufgabe zu entbinden. Darf ich in diesem Zusammenhang die herzliche und dringende Bitte aussprechen, daß Sie, verehrter Herr Kirchenpräsident, auch mir mitteilen möchten, wie Sie sich die Zusammenarbeit von Kirche und Mission in der Zukunft denken, vor allem, was Sie auch an der mit unserer Kirche verbundenen Basler Mission anders wünschten, damit sie ihren Dienst in Zukunft könnte noch besser tun. Ich nehme diese Stunde, die uns alle zu so gewaltiger Verantwortlichkeit aufruft, vor allem als große Frage vom lebendigen Gott, was wir besser und anders machen müssen, um dem Dienst zu genügen, den der Herr heute von uns erwartet. Wenn ich von Ihnen vor dem Feste ein Wort erwarten dürfte, wäre ich Ihnen außerordentlich dankbar verbunden; denn es liegt mir alles daran, daß die tiefsten, nun in unsrer Kirche aufbrechenden Kräfte auch für die innere und äußere Gestaltung der Mission fruchtbar gemacht werden können.

In aufrichtiger, dankbarer Ergebenheit Karl Hartenstein.

Von seiner Arbeit als Geschäftsführer des Evang. Volksbunds aus schrieb Pfarrer Pfisterer am 23. 5. 1933 über die neuen Richtlinien der Deutschen Christen an Prof. D. Fezer[64]*:*

[63] Das Gesetz zur Ermächtigung des Kirchenpräsidenten vom 15. 5. 1933 siehe Bd. 1, S. 485.

[64] Beilage zu Nr. A 5911. Zum Evang. Volksbund siehe Bd. 1, besonders S. 499 ff.; zur Umbildung der Verfassung der Landeskirche siehe Bd. 1, S. 446 ff.; zur Deutschkirche siehe vorläufig S. 850 ff. und Bd. 1, Sachregister »Völkische Religion«; zum Parteiprogramm der NSDAP siehe Bd. 1, Sachregister NSDAP. Zur politischen Beaufsichtigung der Pfarrer durch DC-Kollegen siehe den Briefwechsel zwischen Pfarrer Ettwein und Dekan Roos, Bd. 1, S. 279 ff. Die Rassenfrage wird in einem späteren Band behandelt.

Sehr verehrter Herr Professor!

In der »Täglichen Rundschau« vom 17. des Monats lese ich die neuen Leitsätze der »Deutschen Christen«, die unter Ihrer maßgebenden Mitwirkung aufgestellt sind. Für eine sachliche Auseinandersetzung mit dem Evang. Volksbund, die nach all den vielfach auf unwahre Behauptungen gestützten politischen Presseangriffen ja doch endlich einmal kommen muß, sind diese Leitsätze von großer Bedeutung, aber auch für unser kirchliches Leben überhaupt.

Mit dem Grundzug der Leitsätze kann ich mich freudig einverstanden erklären und möchte, gewiß im Namen vieler, Ihnen meinen aufrichtigen Dank aussprechen für die von Ihnen aufgewandte viele Mühe, die zu diesem wichtigen Fortschritt geführt hat. Ich finde, daß sich namentlich in den 7 Punkten, für die die Leitsätze eintreten, von Punkt 4–7 und sodann insbesondere am Schluß in den Ausführungen über Verpflichtung und Dienst vieles findet, was der Evang. Volksbund von Anfang an betrieben oder doch erstrebt hat, oder was wie Punkt 3 eine letzte Folge seiner Arbeit sein muß. In Zusammenhang hiemit bringe ich auch Punkt 1 der Verfassungsziele: Organe kirchlichen Lebens nach der Eignung im Dienst an der Gemeinde. Unsere Vertrauensleute haben sich mehr und mehr durch ihren Dienst als die geeigneten Reserven zum Ersatz der abgehenden Kirchengemeinderäte erwiesen.

Auch der grundsätzlichen Beurteilung der neuen Lage in den beiden ersten Absätzen kann ich gerne zustimmen. Ich muß allerdings zu dem Satz »eine deutsche Kirche neben dem deutschen Volk ist nichts als eine leere Institution« grundsätzlich bemerken, daß ich mir neben einer anders gesinnten Volksmehrheit sehr wohl eine evangelische Minderheitskirche denken kann, die etwas ganz anderes ist als eine leere Institution, etwa die französische evangelische Kirche, auf die Sie dieses Urteil sicher nicht angewandt wissen wollen. Entscheidend ist nicht die Größe, sondern die innere Orientierung einer Kirche auf den Dienst am Volk. Als für mich und ebenso auch für Sie selbstverständliche Voraussetzung darf ich noch hinzufügen, daß in der geschichtlichen Aufgabe, die der deutschen evangelischen Kirche im Dienst an unserm Volk zugewiesen ist, die Ewigkeitsaufgabe enthalten sein muß, die in der Gewinnung der einzelnen Menschen für Christus liegt. Gerade einer Volksbewegung gegenüber muß diese Aufgabe besonders hervorgehoben werden. In der Missionsgeschichte ist die Erfahrung oft genug gemacht worden, daß Volksbewegungen versanden, wenn nicht die Arbeit am einzelnen Menschen planmäßig betrieben wird. Als eine weitere Voraussetzung darf ich die rückhaltlose Anerkennung der Majestät Gottes und seines Evangeliums nennen, des Gottes, der selbstherrlich bestimmt, was einem Volk heilsam und was eines Volkes Beruf und Rolle in der Geschichte ist.

Für den Bischof, der die kirchliche Spitze der Kirche ist, statt des Präsidenten, der an die Staatsverwaltung erinnert, bin ich schon immer gewesen. In Wirklichkeit hat der württembergische Kirchenpräsident eine derartig weitgehende Amtsvollmacht, daß der Name Bischof dem den richtigeren Ausdruck geben würde. Der Titel würde nur das Neue bringen, daß das Oberhaupt Theologe sein muß.

Daß der Bekenntnisstand der Reformation gewahrt werden soll, ist heute sehr wichtig. Der Forderung einer Weiterbildung stimme ich zu und gehe dabei noch ein wesentliches Stück weiter. Die neuen Bekenntnisbestimmungen dürfen nicht nur eine Anerkennung, sondern müssen auch die Grenzen der neuen Bewegung vom Evangelium her enthalten, um ihren Dienst an ihr und der Kirche vollauf zu leisten.

Ich halte es daher für unbedingt nötig, daß auch zur Rassefrage bekenntnismäßig Stellung genommen wird. In positivem Sinn geschieht das in Punkt 2 über die Heidenmission. Aber eine Stellungnahme in abgrenzendem Sinn ist ebenso nötig. Denkt man an Erscheinungen wie Deutschkirche mit ihrem völkisch verbrämten Liberalismus, an die nötigen Auseinandersetzungen mit Rosenberg, Wirth u. a., ferner an die nicht selten anzutreffende Mißdeutung des Punkt 24 des nationalsozialistischen Programms, so ist es unbedingt geboten, in Übereinstimmung mit der Erklärung des 3. Artikels im Kleinen Katechismus Luthers »nicht aus eigener Vernunft noch Kraft« deutlich auszusprechen, daß kein Rassegefühl sich zum Richter über das Evangelium von Christus aufwerfen darf.

Dies nachdrücklich zu betonen, liegt um so mehr Anlaß vor, als z. B. nach dem »Rundfunk-Hörer« Nr. 21, Berlin 19. des Monats, Schulrat Dr. Kurt Freitag über die Stellung der Glaubensbewegung zu Schule und Religionsunterricht neben Anerkennenswertem sehr befremdliche Dinge vorgetragen hat. »Rücksichtslos müssen wir auch mit dem Brauch brechen, auf der Grundstufe, wo die Empfänglichkeit der kindlichen Gemüter am größten ist, die jüdischen Erzväter als die sittlich hochstehenden Beispiele behandeln zu lassen. An ihre Stelle treten die Propheten der Deutschen. Männer wie Luther, Böhme, Eckhart (!). Der Hauptwert wird dabei auf die deutsche (!) Jesusgestalt gelegt. Erst auf der Oberstufe soll dann das Judentum (!) im Zusammenhang mit dem Jesuiten- und Freimaurertum behandelt werden.« Daß derartige Auslassungen, die durchaus in liberalistischem Fahrwasser segeln, im schroffsten Widerspruch mit der angestrebten Wahrung des Bekenntnisstandes stehen, liegt auf der Hand. Sie schaffen in kirchlichen Kreisen Mißtrauen gegen die Glaubensbewegung, um so mehr als bisher Dr. Freitag eine sehr bedeutsame Rolle in der Glaubensbewegung gespielt hat. Inwiefern ist er berechtigt, im Namen derselben an so hervorragender Stelle wie im Deutschlandsender zu reden? Jedenfalls ein weiterer dringender Grund, mit aller Deutlichkeit die Stellung der Kirche zum Alten Testament zum Casus Confessionis zu machen. Das ist auch aus praktischen Gründen zwingend nötig. Es mehren sich in den Schulen die Fälle, in denen sich Schüler weigern, am Unterricht über alttestamentliche Stoffe teilzunehmen.

Nötig ist aber bei der Weiterbildung des Bekenntnisses auch ein deutliches Wort über das Verhältnis von Staat und Kirche im Sinn der Reformation und in Anwendung auf heutige Fragen. Darüber sagt der einleitende Teil der Leitsätze einiges Wichtige, aber das kann – und soll ja auch – nicht genügen. Die Unklarheit über diesen Punkt ist gerade auch bei manchen württembergischen Vertretern der Glaubensbewegung erschreckend gefährlich. Eine Kirche, die dem Volk dient und aufrichtig mit dem Staat zusammenarbeitet, ist »sozusagen Staatskirche« (NS-Kurier vom 12. des Monats). Wer von der Freiheit der Kirche spricht, und wenn er noch so deutlich die Freiheit zum Dienst am Volk betont, der im Namen Christi, nicht des Staates, geschehen muß, wird im »NS-Kurier« von Kollegen politisch verdächtigt (12. des Monats[64a]). Auch das Bild von Staat und Kirche als Leib und Seele des Volkes, obwohl schon von Zwingli gebraucht, kann zu Mißverständnissen verleiten und leistet der Schwärmerei von der einen überkonfessionellen deutschen Kirche Vorschub. Es muß deutlich werden, daß vom evangelisch-reformatorischen Standpunkt der autoritäre Staat zu fordern, der totale Staat, der folgerichtig auch die Kirche zum Staatsdepartement macht, abzulehnen ist. Die Abgrenzung ist einem religionslosen Staat gegenüber einfacher, gegenüber einem Staat, der erfreulicherweise die Kirche will, aber nicht minder nötig, um der Kirche und um des Staates und um der gesunden Zusammenarbeit beider willen. Wie ungeheuer wichtig die bekenntnismäßige Klärung über den Unterschied von Staat und Kirche ist, zeigt

[64a] Den Bericht des »NS-Kurier« über die Tagung des Württ. Pfarrervereins im Frühjahr 1933 siehe in der Ausgabe vom 12. 5. 1933, Bd. 1, S. 376 ff.

sich u. a. auch in dem heute so oft wiederholten Satz: »Die Kirchen beider Konfessionen sind der einzige Ort, an dem sich die oppositionelle Kraft so versammeln kann, daß sie dem Auge des Staates entzogen ist. Wir Deutsche Christen haben deshalb die Aufgabe, die kirchengeschichtliche Entwicklung so zu lenken, daß das vom Staat als unantastbar erklärte Kreuz des Erlösers nicht zu einem Symbol wird, hinter dem sich die Parteianschauungen und Willensrichtungen einer überlebten Epoche konservieren können, um im gegebenen Augenblick wieder hervorzutreten.« (Leitsätze Peter über kirchlichen Glauben und Staatsgewalt des Dritten Reichs[64b].) Derselbe Gedanke wird im »NS-Kurier« von den württembergischen Leitern der Glaubensbewegung immer wieder betont. Und wie hat man in Württemberg bisher diese Aufgabe der Deutschen Christen zu erfüllen gesucht? Statt wirkungsfähiger Bezeugung des reinen Evangeliums wurde die politische Verdächtigung des Evang. Volksbundes, der Kirchenleitung und des Pfarrvereins beliebt, ja bereits zeigen sich Anzeichen einer Art von politischer Beaufsichtigung der Pfarrer durch Kollegen. Eine erschütternde Verwechslung kirchlicher und politischer Methoden, eine Verwechslung, die ans Mark der Kirche, an das gegenseitige Vertrauen im Pfarrstand geht!

Daß neben die bekenntnismäßige Stellungnahme zu Rasse und Staat auch die zu Volksgemeinschaft und Volkstum gehört, nur nebenbei. Der Mangel an klarer Unterscheidung zwischen Rasse als Naturtatsache, Volk und Volkstum als Geschichtsergebnis und Nation als staatlichem Begriff erschwert nicht selten auch die religiöse und kirchliche Klärung.

Sehr gefreut habe ich mich über das Eintreten für die Heidenmission und habe dem nichts hinzuzufügen, als daß damit zugleich auch die Ökumenizität der deutschen evangelischen Kirche grundsätzlich anerkannt ist. Diese Anerkennung liegt ohnehin in der geforderten Wahrung des Bekenntnisstandes, denn auch Luthers Kleiner Katechismus redet im 3. Artikel unzweideutig von »der ganzen Christenheit auf Erden«. Es scheint mir übrigens nötig, auch diesen Punkt bekenntnismäßig noch näher zu klären. Man hört nicht selten, daß Kirchgänger sich bereits beunruhigt fühlen durch das einleitende Wort zum Vaterunser: »Wir beten mit der ganzen Christenheit auf Erden.«

Eine Anregung, die mir längst am Herzen liegt: Nun, nach dem Zusammenschluß der lutherischen Kirchen Deutschlands, wäre es ratsam,

[64b] Gemeint ist wohl das Referat Peters bei der 1. Reichstagung der GBDC am 3./5. 4. 1933 in Berlin; siehe GB 138, S. 69 ff.

statt des württembergischen Konfirmandenbüchleins[64c], das mehr und mehr Bestandteile des Luther-Katechismus aufgenommen hat, diesen selber einzuführen, und zwar nicht den Brenz-Luther, sondern den echten Luther. Das wäre eine wohlberechtigte »Gleichschaltung«, entsprechend den Festreden für den Katechismus im Jahr 1929 und dem früheren Brauch unserer fränkischen Landesteile. Für eine Neubearbeitung des Konfirmationsbüchleins, so viel ehrliche Mühe darauf verwandt wird, kann ich mich nicht erwärmen. Der Zeitpunkt wäre jetzt da, wo wir aus der Trias Katechismus, Konfirmationsbüchlein, Christenlehre, die keines von allen zu vollem Recht kommen ließ, am besten herauskämen zu Gunsten des Büchleins, das offizielles Bekenntnisbuch der lutherischen Kirchen und klassisch schlichte und tiefe Darlegung reformatorischen Glaubens ist.

Zu Punkt 3 wäre zu fragen, wie die Kirchengenossen zur Erfüllung ihrer kirchenordnungsmäßigen Pflichten zu bringen sind. Ein Stück Kirchenzucht kann unsere Volkskirche wahrhaftig brauchen, wenn sie ihr Ansehen und ihren Zusammenhalt wieder gewinnen will, und der neuerwachte Sinn für Disziplin bietet Hilfen dafür. Aber, wie ich aus der Missionskunde weiß, evangelisch zu übende Kirchenzucht ist eine Meisterprobe evangelischer Gemeindeleitung und individueller wie kollektiver Seelsorge, unmöglich, wenn der Pfarrer allein sie durchführen soll, durchführbar und heilsam nur, wenn eine lebendige evangelische Gemeinde dahinter steht, eine ganz große Aufgabe der praktischen Theologie.

Zu Punkt 4 weise ich hin auf die christliche Familienhilfe und den Mütterdienst, wie sie in Norddeutschland die Evang. Frauenhilfe, in Württemberg die Frauenabteilung des Evang. Volksbundes je im Rahmen der Gemeinde leisten. Wichtig sind für die Volksgemeinschaft auch die Bestrebungen christlicher Standespflege, z. B. Evang. Bauernschule, evang. Arbeiter- und Arbeiterinnenvereine, und die neuen Aufgaben, die sich durch die ständische Gliederung des Volkes der Kirche stellen.

Zu Punkt 6 Christliche Schule: Hier scheint mir eine Klärung besonders nötig. Einesteils muß der Deutsche Evang. Kirchenbund sein Stuttgarter Schulprogramm[64d], das die evang. Bekenntnisschule zum Mittel-

[64c] Zum württ. Konfirmandenbüchlein siehe Hermelink, Geschichte der evang. Kirche in Württemberg von der Reformation bis zur Gegenwart. Tübingen 1949, S. 422 f. Es wurde im Jahr 1907 neu gestaltet, ab 1939 entstanden Neufassungen.

[64d] Zum Schulprogramm des Deutschen Evang. Kirchenbundes siehe den Bericht

punkt hat, für die neuen Verhältnisse durcharbeiten. Aber andererseits wekken die Ausführungen Dr. Freitags im »Rundfunkhörer« sehr ernste Fragen und Bedenken. Arbeitsgemeinschaften zwischen Pfarrern und Lehrern für Religionsunterricht halte ich für zwar sehr wichtig, aber gegen den Verzicht auf Einsichtnahme durch die Kirchen schaffen Dr. Freitags eigene, seltsame Ausführungen über das Alte Testament gewichtige Bedenken. Sicher ist auf alle Fälle, daß die katholische Kirche nach dem Kanonischen Rechtsbuch auf katholische Bekenntnisschulen da, wo sie bestehen, keinesfalls verzichten darf. Man mag die verschiedene Struktur der Kirchen und der beiderseitigen Bekenntnisschulen noch so hoch bewerten, aber die Erziehungswerte der evangelischen Bekenntnisschule dürfen nicht preisgegeben werden. Es ist verdächtig, mit welchem Eifer liberale Lehrerkreise sich das nationalsozialistische Schulziel angeeignet haben. Hier wird es noch harte Nüsse zu knacken geben.

Ich hoffe, Sie fassen diese Bemerkungen nicht als unfreundliche Kritik auf, sie sind durchaus aufbauend gemeint. Ich weiß natürlich, daß man in kurzen Leitsätzen unmöglich alles sagen kann, aber die Leitsätze werden ja wohl noch eine programmatische Erklärung bekommen, in denen noch manche Ergänzung Platz hat. Darüber hinaus wird Ihnen ja überhaupt die Aussprache mit andern kirchlichen Kreisen von Wert sein.

Nochmals aber möchte ich dankbar anerkennen, daß die neuen Leitsätze eine Tat und einen gemeinsamen Boden bedeuten.

Mit den besten Wünschen für Ihre fernere Wirksamkeit

Ihr Pfisterer.

Schon am 13. 5. 1933 hatte die Glaubensbewegung Deutsche Christen einen Verbindungsdienst zum Kapler-Ausschuß eingerichtet[65], *so daß sie bei den weiteren Verhandlungen über die Bildung einer Reichskirche voll eingeschaltet war.*

Vom 16. bis 20. 5. 1933 tagte in Kloster Loccum bei Hannover der Kapler-Ausschuß; der Schirmherr der Deutschen Christen und der Bevollmächtigte des Reichskanzlers, Ludwig Müller, nahm an den Bera-

über die Beratungen des Schulausschusses: Verhandlungen des 3. Deutschen Evang. Kirchentages Nürnberg 1930. Berlin o. J., S. 329 ff. und »Allgemeines Kirchenblatt für das evang. Deutschland«, 70/1921, S. 352 ff. (Kundgebung zur Schulfrage) u. S. 781 ff. (Verhandlungen).

[65] GB 138, S. 77.

tungen teil[66]. *Von diesem Kreis wurde am 26. 5. 1933 das sog. Loccumer Manifest*[67] *erlassen, das die Verfassung der Deutschen Reichskirche in Umrissen festhielt.*

Die Jungreformatorische Bewegung

Noch vor den Beratungen in Loccum hatte sich die Jungreformatorische Bewegung in die Auseinandersetzungen um die Reichskirche eingeschaltet und am 10. 5. 1933 einen Aufruf zum Neubau der Evangelischen Kirche erlassen[68]*:*

Aufruf zur Sammlung

Der uns von Gott geschenkte neue Tag der deutschen Nation ruft unsere evangelische Kirche zu neuer Gestaltung. Wir als Glieder der Jungreformatorischen Bewegung stellen uns hinter den Aufruf der bevollmächtigten Kirchenführer D. Kapler, D. Marahrens, D. Hesse und des Vertrauensmannes des Herrn Reichskanzlers, Pfarrer Müller. Zur augenblicklichen Lage stellen wir vorläufig folgende Forderungen:

1. Wir fordern, daß bei den kommenden Entscheidungen einzig und allein aus dem Wesen der Kirche heraus gehandelt wird.
2. Wir fordern, daß der Neubau der evangelischen Kirche deutscher Nation so schnell wie möglich durchgeführt wird. Leitung und Körperschaften der Kirche sind ausschließlich der neuen Verfassung gemäß zu bilden. Urwahlen lehnen wir als überwundenen demokratischen Irrtum ab.
3. Die Ernennung eines Reichsbischofs hat umgehend, und zwar durch das bestehende Direktorium zu erfolgen.
4. Wir wollen eine mit Vollmacht handelnde geistliche Kirchenleitung. Diese schließt die Mitarbeit der Gemeinden nicht aus, sondern ein. Lebendige Anteilnahme am Gottesdienst und an der Arbeit der Gemeinde bildet den Gesichtspunkt der Auslese für die kirchlichen Körperschaften.

[66] GB 138, S. 78; Meier, S. 21.

[67] GB 138, S. 76; KJb., S. 15 f.; Niemöller, Handbuch, S. 85 f.; Niemöller, Kampf, S. 38 f.

[68] LKA Stuttgart, D 1, Bd. 42. Der Aufruf war auch von Prof. D. Heim, Tübingen, unterzeichnet. Vgl. GB 138, S. 77 ff.; Hermelink, BWKG, S. 128; Niemöller, Handbuch, S. 82 f.; Meier, S. 29; Pertiet, S. 81 ff.; Kater, S. 65 ff. und ganz besonders die Arbeit von Neumann.

5. Wir wollen eine bessere Ausbildung der zur Wortverkündigung Berufenen. Die Willkür der Verkündigung muß durch feste Lehrautorität aufgehoben werden.
6. Wir wünschen, daß die Vergreisung in Ämtern und Körperschaften durch stärkere Heranziehung jüngerer Kräfte, besonders aus der Frontgeneration, beseitigt wird.
7. Wir bekennen uns zu dem Glauben an den Heiligen Geist und lehnen deshalb grundsätzlich die Ausschließung von Nichtariern aus der Kirche ab; denn sie beruht auf einer Verwechslung von Staat und Kirche. Der Staat hat zu richten, die Kirche hat zu retten.
8. Auf Grund der bestehenden Einzelbekenntnisse hat die Kirche den Menschen von heute die Antwort des Evangeliums auf die Frage nach Rasse, Volk und Staat zu geben. Hieraus wird das neue Bekenntnis erwachsen, das die evangelische Kirche deutscher Nation nötig hat, wenn sie mehr sein soll als ein Zweckverband.
9. Wir bekämpfen die Versuche einer erstorbenen liberalistischen Theologie, sich von neuem in die Kirche einzudrängen.
10. Wir fordern vom Staat, daß der Kirche in Presse und Rundfunk der Einfluß gegeben wird, der ihrer Aufgabe für den inneren Aufbau des Volkes entspricht.
11. Wir fordern, daß die evangelische Kirche in freudigem Ja zum neuen deutschen Staat den ihr von Gott gegebenen Auftrag in voller Freiheit von aller politischen Beeinflussung erfüllt und sich zugleich in unlöslichem Dienst an das deutsche Volk bindet.
12. So wichtig uns die Verfassungsreform der Kirche ist, so bekennen wir doch, daß das Leben des Volkes vor Gott seinen Mittelpunkt im Gebet und in der Arbeit der Gemeinde hat.

Wir rufen alle, die des gleichen Willens und des gleichen Glaubens sind, auf, sich mit uns zusammenzuschließen. Alle Pfarrer und Laien, die diesen Grundsätzen zustimmen, wollen ihr Einverständnis mitteilen an Privatdozent Lic. Dr. Künneth, Berlin-Dahlem, Zietenstraße 24.

Darüber schrieb das Evang. Kirchenblatt für Württemberg *am 31. 5. 1933:*

. . . Die Jungreformatorische Bewegung. Der Ruf zur Sammlung hat die Junglutheraner (den Kreis um D. Stange), die Sydower Bruderschaft, die Berneuchener, die Männerkampfbünde Müller-Schwefes erfaßt, dazu viele einzelne aus Kirche und Theologie. Auch die Altonaer Pastoren stehen der Bewegung nahe. Der Zustrom von Unterschriften an die Unterzeichner (u. a. Dr. Lilje, D. Ritter und Staehlin, Pfr. Riethmüller, die Prof. Schreiner und Wendland) nimmt zu. Vertrauensmann für Württemberg ist Studienrat Dr. Haug-Urach, Führer der Bewegung für Deutschland Lic. Künneth-Berlin-Dahlem, Zietenstr. 24. Im folgenden sei der »Aufruf zur Sammlung« vom 10. Mai wiedergegeben, die m. E. entscheidenden Thesen, mit denen sich die Bewegung hinter den Aufruf der bevollmächtigten Kirchenführer (D. Kapler, D. Marahrens, D. Hesse mit Pfr. Müller) stellte ...[69] Die Jungreformatorische Bewegung steht in Verhandlungen mit der Reichsleitung »Deutscher Christen«. Dem Wehrkreispfarrer Müller bringt sie Vertrauen entgegen, sie hofft, daß der durch ihn eingeleitete Klärungsprozeß sich allseitig und gründlich gegen innere Politisierung der Kirche durchsetzt.

Die Gedanken der junglutherischen Bewegung in Württemberg gehen aus vom vorstehenden Zwölf-Thesen-Flugblatt. Man wird zumal in Württemberg gut tun, vorerst bei diesen ersten Thesen zu bleiben, in denen einfach und klar vom Wesen der Kirche aus gesehen wird und gebaut werden will. Wenn von sog. christlicher Laienseite übereilte Sorge vor Erstarken des kirchlichen »Bewußtseins« etwa aus These 8 herausgelesen wird, so ist zu entgegnen, daß die Ausarbeitung nach der inneren Seite auf Grund des Wortes nicht schon im Augenblick der Fundamentierung geschehen kann, sondern kommendem Zeitpunkt vorbehalten bleiben muß. Einigermaßen guter Wille muß zugeben, daß z. B. Thesen 5, 7 und 8 allerlei Fußangeln für später aus dem Weg räumen. Die Grunderkenntnis und das Hauptanliegen der junglutherischen Bewegung ist, daß die evangelische Kirche ihre lebenskräftige Existenz und Aufgabe nicht anders wahren kann als durch eine aufs Wort begründete und das Wort geltendmachende Theologie. Die Erfahrung beweist, daß z. B. der alte schwäbische Pietismus nur dann lebendiges und mittragendes Glied der Kirche bleibt, wenn sie die klaren Richtlinien der heil. Schrift und der Bekenntnisse überall geltend macht bzw. durchspüren läßt. Andernfalls freilich könnte das für Kirche, nein letztlich fürs Volk Verhängnisvolle geschehen, daß innerhalb aktivierter deutschen Kirche sich Gläubige, Beter, priesterliche Christen ganz auf ihre Kreise und Lieblingslehrstücke zurückziehen. Von der Verantwortung der Kirche auf des Herrn Zukunft zunächst gar nicht zu reden!

[69] Hier folgt der Aufruf vom 10. 5. 1933. Zu den württ. Gruppen der oben genannten Zusammenschlüsse siehe Hermelink, BWKG, S. 127 ff.

Die Wahl Bodelschwinghs zum Reichsbischof

Von der Jungreformatorischen Bewegung wurde Bodelschwingh als Reichsbischof vorgeschlagen. Da die Deutschen Christen ihren Schirmherrn Ludwig Müller ebenfalls nominiert hatten[70]*, mußte es zu einer Kampfabstimmung kommen.*

Über die weiteren Vorgänge berichtete der Deutsche Evang. Kirchenausschuß den Kirchenleitungen am 2. 6. 1933[71]*:*

Mit Rücksicht auf die in der Presse, unter den Pfarrern und den Kirchengliedern der deutschen evangelischen Landeskirchen im Umlauf befindlichen verschiedenen Darstellungen über die Vorgänge zur Reichsbischofsfrage ist eine von den drei Bevollmächtigten des Kirchenbundes genehmigte Darstellung des Sachverhalts fertiggestellt worden, die ich anliegend zur gefälligen Kenntnisnahme ergebenst übersende. Ich bitte, davon den geeigneten Gebrauch zu machen, damit Vorwürfen und falschen Darstellungen sofort entgegengetreten werden kann. Auf Wunsch stehen weitere Stücke gern zur Verfügung.

Für den Präsidenten: D. Hosemann.

Die Darstellung hat folgenden Wortlaut:

In Loccum war man sich darüber einig, daß an der Spitze der Deutschen Evangelischen Kirche ein Reichsbischof lutherischen Bekenntnisses stehen müsse. Dies ist auch in der veröffentlichten Kundgebung[71a] klar zum Ausdruck gebracht. Kirchlicherseits wurde die Frage aufgeworfen, ob man zur Behebung der allerseits bestehenden Unruhe nicht möglichst schnell die Person des künftigen Reichsbischofs herausstellen und sich zu diesem Zweck in einer Aussprache mit den verschiedenen Bewegungen zusammenfinden solle.

Der Bevollmächtigte des Herrn Reichskanzlers, Wehrkreispfarrer Müller, äußerte dagegen Bedenken. Er bat, zunächst den von ihm für die ersten Tage der Himmelfahrtswoche in Aussicht gestellten Besuch beim Reichskanzler abzuwarten. Gelegentlich dieses Besuches sollte von den kirchlichen Bevollmächtigten über die bisherigen Verhandlungsergebnisse und die beschlossene Kundgebung Mitteilung gemacht werden. Der Bevollmächtigte des Reichskanzlers erklärte dabei ausdrücklich, daß sich der Kanzler völlig neutral verhalten werde und keine Personen-

[70] Vgl. GB 139, S. 81; KJb, S. 16; Wurm, Erinnerungen, S. 86 f.
[71] LKA Stuttgart, D 1, Bd. 119; vgl. auch GB 138, S. 80.
[71a] Zum Loccumer Manifest siehe Anmerkung 67, S. 91.

vorschläge zu machen beabsichtige. Die Frage von Wehrkreispfarrer Müller, ob nicht eine Mitwirkung oder gar Zustimmung des Reiches bei dem Reichsbischof in Betracht komme, wurde von den kirchlichen Vertretern mit Entschiedenheit verneint. Der Art. 137 der Reichsverfassung[72] gewähre den Religionsgesellschaften des öffentlichen Rechts die Freiheit in der Besetzung ihrer Ämter unter ausdrücklicher Hervorhebung, daß eine Mitwirkung des Staates oder der bürgerlichen Gemeinden bei der Verleihung nicht in Frage komme. Der Hinweis auf die durch Staatsverträge geschaffene sogenannte politische Klausel wurde damit zurückgewiesen, daß es sich bei dieser um eine vertragliche Vereinbarung als Gegenleistung für anderweitige Zusagen handle. Solange eine solche vertragliche Regelung mit dem Deutschen Evangelischen Kirchenbund nicht vorliege, gelte für diesen der Artikel 137 der Reichsverfassung uneingeschränkt. Der Bevollmächtigte des Reichskanzlers erkannte diesen Rechtsstandpunkt an. Es ist daher völlig unzutreffend, wenn in der Öffentlichkeit behauptet wird, die Wahl des Reichsbischofs sei von der Zustimmung des Reiches abhängig gemacht worden.

Nach Rückkehr von Loccum teilte der Bevollmächtigte des Reichskanzlers mit, daß der verabredete Empfang bei letzterem am Mittwoch, den 24. 5. 1933, nachmittags 6 Uhr, stattfinden solle. Am Dienstag, den 23. 5. 1933, wurde vertraulich bekannt, daß der Bevollmächtigte des Reichskanzlers an diesem Tage mit der Glaubensbewegung »Deutsche Christen« in Berlin eine Besprechung halte. Es wurde davon gesprochen, daß hierbei die Wahl eines Reichsbischofs erfolgen solle. Am Mittwoch, den 24. Mai, wurde weiter bekannt, daß in der vorerwähnten Besprechung der Bevollmächtigte des Reichskanzlers zum Schirmherrn der »Deutschen Christen« erhoben und eine volle Einigung auf ihn als den künftigen Reichsbischof erfolgt sei. Es wurden Nachrichten laut, daß seine Proklamation als Reichsbischof sofort erfolgen sollte. Noch im Laufe des Vormittags erschienen die Vertreter der Reichsleitung der »Deutschen Christen« und machten dem Präsidenten des Kirchenausschusses davon Mitteilung, daß die Tagung am Vorabend beschlossen habe: Der Reichsbischof müsse der Glaubensbewegung der »Deutschen Christen« angehören, er müsse das Vertrauen des Reichskanzlers besitzen, und er müsse binnen 3 oder 4 Wochen den Beweis erbringen, daß er die Mehrheit des Kirchenvolkes hinter sich habe.

[72] In § 137 der Reichsverfassung (RGBl. I, 1919, S. 1383 ff.) ist festgestellt, daß es keine Staatskirche gibt und daß die Religionsgesellschaften ihre Verhältnisse selbständig im Rahmen des für alle geltenden Gesetzes regeln.

Entsprechend den gefaßten Beschlüssen, so sagten sie weiter, sei Wehrkreispfarrer Müller einstimmig als Kandidat für den Reichsbischof gewählt worden. Die Vertreter der Reichsleitung erklärten, daß sie aus Loyalität die Ergebnisse der Sitzung persönlich mitteilen wollten, ehe sie diese in die Zeitung gäben. Der Präsident des Kirchenausschusses nahm die Mitteilung zur Kenntnis und erklärte seinerseits, daß sich die Kirchen in der Personenfrage bereits einig seien.

Inzwischen war von Herrn Wehrkreispfarrer Müller die telefonische Mitteilung eingegangen, daß der Reichskanzler aus außenpolitischen Gründen alle für Mittwoch Nachmittag vorgesehenen Empfänge habe absagen müssen. Herr Wehrkreispfarrer Müller machte sodann auch Mitteilung von der Konferenz mit den Gauleitern der »Deutschen Christen« am Vortage und gab auch seinerseits die drei oben angeführten Beschlüsse zur Reichsbischofswahl bekannt. Der Präsident des Kirchenausschusses erklärte, daß ihm dies bereits von der Reichsleitung der Glaubensbewegung »Deutsche Christen« mitgeteilt sei und daß ihm von dieser weiter mitgeteilt worden sei, daß Herr Wehrkreispfarrer Müller zum Reichsbischof designiert worden sei. Er habe sich darüber gewundert, weil Herr Wehrkreispfarrer Müller ja in Loccum den Standpunkt vertreten habe, daß von der Herausstellung einer bestimmten Person bis zum Empfang beim Reichskanzler abgesehen werden solle. Wehrkreispfarrer Müller erwiderte, die Reichsleitung der Glaubensbewegung »Deutsche Christen« sei zu der Mitteilung seiner Wahl nicht befugt gewesen. Es handle sich im übrigen um einen Wunsch der »Deutschen Christen«, wie ja auch andere Gruppen und Bewegungen Personalwünsche geäußert hätten. Er werde dafür sorgen, daß über die Personenfrage nichts in die Zeitung komme. Der Präsident äußerte sofort seine Zweifel, ob dies möglich sei, und bemerkte auch Wehrkreispfarrer Müller gegenüber, daß die Kirchen in der Personenfrage bereits einig seien. Unmittelbar darauf verständigten sich die Bevollmächtigten des Kirchenbundes darüber, daß man in dieser Richtung eine Notiz in die Presse geben müsse, ohne einen Namen zu nennen. Diese Notiz hat dann auch am Mittwoch Abend in den Zeitungen gestanden[73].

Im Verlauf des Mittwochnachmittag wurde weiter mitgeteilt, daß die von der Gauleitertagung zurückgekehrten Vertreter der Glaubensbewegung »Deutsche Christen«, besonders im Westen, von der Tatsache der Wahl des Wehrkreispfarrers Müller zum Reichsbischof ausgiebigen Ge-

[73] Zur Zeitungsnotiz vom 24. 5. 1933 siehe GB 138, S. 80.

brauch machten, so daß eine große Beunruhigung in der Bevölkerung darüber entstanden sei, ob es sich um eine endgültige kirchliche Nominierung handle. Durch Anfragen von Zeitungen wurde dann weiter bekannt, daß Wolfs Telegraphen-Büro (Conti) eine Nachricht verbreite, die Bevollmächtigten des Kirchenbundes hätten der Wahl des Wehrkreispfarrers Müller zum Reichsbischof zugestimmt und auch der in Berlin anwesende Landesbischof D. Meiser, München, habe sie gebilligt. Diese Nachricht zeigte mit klarer Deutlichkeit, daß der Wunsch des Bevollmächtigten des Reichskanzlers, keinen Namen zu nennen, sich nicht hatte durchführen lassen und daß die Namensnennung in einer Weise erfolgte, die über den Vorschlag einer einzelnen Bewegung weit hinaus ging.

Die Bevollmächtigten des Kirchenbundes sahen sich deshalb genötigt, ihrerseits den Namen des von ihnen zum Reichsbischof ausersehenen Mannes bekannt zu geben, um den falschen Pressemeldungen über die Wahl des Wehrkreispfarrers Müller zum Reichsbischof durch die kirchliche Instanz rechtzeitig entgegenzutreten. Sie glaubten dies um so unbedenklicher tun zu können, als der Bevollmächtigte des Reichskanzlers einem der Bevollmächtigten des Kirchenbundes erklärt hatte, daß ein neuer Termin über den Empfang beim Reichskanzler noch nicht angegeben werden könne, daß der Reichskanzler vielmehr die Äußerung getan habe, er wolle auch in der Personenfrage jeden Anschein einer Beeinflussung vermeiden und die Bevollmächtigten des Kirchenbundes erst empfangen, wenn man sich kirchlicherseits geeinigt hätte. Nach diesen Mitteilungen wurde die Nachricht, daß Pastor D. von Bodelschwingh kirchlicherseits als künftiger Reichsbischof ausersehen sei, in die Presse gegeben.

In Loccum war zwischen den Bevollmächtigten des Kirchenbundes und des Reichskanzlers darüber gesprochen worden, in welchen einzelnen Schritten man das kirchliche Verfassungswerk vorwärtsbringen wolle. Über das Ergebnis dieser Besprechung war nachträglich eine kurze punktmäßige Aufzeichnung erfolgt, die von den 4 Beteiligten unterschrieben wurde. In der Aufzeichnung war vorgesehen, daß nach Anhörung der verschiedenen Bewegungen in der evangelischen Kirche über die besprochenen Grundzüge der kirchlichen Neugestaltung und nach Entgegennahme etwaiger Personalwünsche hinsichtlich des Reichsbischofs eine Besprechung mit den Vertretern der Landeskirchen über den Grundplan der Verfassung stattfinden und dabei eine Einigung über die Person des künftigen Reichsbischofs herbeigeführt werden sollte. Alsdann sollte der Empfang der 3 kirchlichen Bevollmächtigten durch den Reichskanzler in die Wege geleitet werden. Diesem sollte von dem bisherigen Verhandlungsergebnis und von der Person des künftigen Reichsbischofs Mitteilung gemacht werden. Nachträglich hatte der Bevollmächtigte des Reichskanzlers den Wunsch ausgesprochen, einen Besuch beim Reichskanzler vor der kirchlichen Einigung über die Person des Reichsbischofs stattfinden zu lassen. Es wurde dies ausdrücklich als ein Höflichkeitsakt bezeichnet, dem die Bevollmächtigten des Kirchenbundes gern zustimmten, nachdem festgestellt war, daß eine politische Beeinflussung der allein kirchlicherseits vorzunehmenden Wahl nicht stattfinden sollte. Daß dieser für den Zeitpunkt vor dem Zusammentritt der landeskirchlichen Vertreter vereinbarte Empfang beim Reichskanzler aus außenpolitischen Gründen nicht stattfinden konnte, ist oben dargelegt. Die Mitteilung der Willensäußerung des Reichskanzlers, daß man sich zuvor kirchlicherseits einigen müsse, ließ außerdem klar erkennen, daß der Reichskanzler vor der Einigung der kirchlichen Stellen über die Person des Reichsbischofs einen Empfang nicht wünsche. So war in diesem Punkt die Vereinbarung ohne jedes Zutun der kirchlichen Bevollmächtigten überholt.

Wenn in der Öffentlichkeit von einem Bruch der Loccumer Vereinbarung gesprochen wird, so fehlt dieser Behauptung jede Berechtigung. Das Gleiche trifft auch zu für die Behauptung, es sei vereinbart worden, die Wahl des Reichsbischofs dem Kirchenvolk zu unterbreiten. In dem sogenannten »modus procedendi« steht kein Wort davon. Es war an eine gottesdienstliche Feier gedacht, in der die betende Gemeinde sich feierlich zu der »Deutschen Evangelischen Kirche« und zu den Grundzügen ihrer Verfassung, wie sie in Loccum festgestellt worden sind, bekennen sollte. Die Personenfrage war dabei völlig ausgeschieden, weil sie nach der Vereinbarung schon vorher ihre Erledigung finden sollte. In wiederholten Aussprachen war man sich darüber einig, daß eine allgemeine Wahl über die Person des Reichsbischofs nicht stattfinden könne, zumal hierdurch ein Rückfall in das allseits bekämpfte demokratisch-parlamentarische System erblickt werden müßte. So ist auch in dieser Hinsicht ein Verstoß der kirchlichen Bevollmächtigten gegen die Vereinbarung von Loccum nicht erfolgt.

Die Bevollmächtigten der Deutschen Landeskirchen traten schließlich am 26./27. 5. 1933 in Eisenach zusammen und billigten den Ent-

wurf einer Verfassung für die Deutsche Reichskirche. Nach schwierigen Abstimmungen wurde am 27. 5. 1933 gegen die Voten von Württemberg, Mecklenburg-Schwerin, Hamburg und nachträglich auch noch von Bayern die Benennung Bodelschwinghs als künftigem Reichsbischof gebilligt[74]. *Über die Wahl selbst teilte der Deutsche Evang. Kirchenausschuß am 6. 6. 1933 den Kirchenleitungen mit*[75]*:*

Im Lande werden von unverantwortlicher Seite fortwährend unzutreffende Gerüchte über die Abstimmung im Kreise der Bevollmächtigten der Landeskirchen zur Reichsbischofsfrage am 26./27. Mai verbreitet. Ich bin von landeskirchlicher Seite gebeten worden, die tatsächlichen Abstimmungsergebnisse mitzuteilen. Nach den hiesigen protokollarischen Aufzeichnungen wurde in dem Kreise der Bevollmächtigten der Landeskirchen am Abend des 26. Mai zunächst ein Antrag Landesbischof D. Rendtorff und Genossen folgenden Inhalts zur Abstimmung gestellt: »Die Bevollmächtigten der evangelischen Landeskirchen erklären Wehrkreispfarrer Müller für denjenigen, dem sie das Amt des Reichsbischofs übertragen sehen möchten.«

Von vornherein und vor der ersten Abstimmung war als allein möglicher Maßstab der Abstimmung der im Kirchenbundesrat gültige Abstimmungsmodus vereinbart worden. Nach Maßgabe dieses Abstimmungsmodus stimmten gegen den vorbezeichneten Antrag D. Rendtorff und Genossen 55 Stimmen; für den Antrag 31 Stimmen. Nach Kirchen gezählt ergab sich eine Mehrheit von 13 Stimmen gegen den Antrag, eine Minderheit von 11 Stimmen für den Antrag. Hierauf wurde folgender Antrag einstimmig angenommen: »Die Versammlung billigt die von den Bevollmächtigten unternommenen Schritte und erklärt sich damit einverstanden, daß mit den begonnenen Arbeiten fortgefahren wird.«

Nach dieser Abstimmung wurden die Verhandlungen ausgesetzt und D. von Bodelschwingh von dem Ergebnis Mitteilung gemacht. Nach Wiedereintritt in die Verhandlungen wurde folgender Antrag zur Abstimmung gestellt:

1. »Die Versammlung beschließt die Billigung der Maßnahmen der Bevollmächtigten, spricht ihnen ihr weiteres Vertrauen aus und bekennt sich erneut zu der erteilten Vollmacht.«

[74] GB 138, S. 80; KJb., S. 16; Meier, S. 22 f.; Hermelink, S. 39; Niemöller, Kampf, S. 42 f.

[75] OKR Stuttgart, Registratur, Generalia Bd. 115b.

2. »Die Versammlung erkennt in dem für das Amt des Reichsbischofs ausersehenen Pastor D. von Bodelschwingh die gewiesene Persönlichkeit und beschließt, ihm das Amt anzutragen.«

Die Abstimmung zu Absatz 1 ergab Einstimmigkeit; bei Absatz 2 stimmten 52 Stimmen dafür und 28 dagegen (11 Kirchen dafür, 8 Kirchen dagegen).

Am Sonnabend, den 27. Mai, wurde nach nochmaligen ausführlichen Beratungen folgender Antrag zur Abstimmung gestellt:

1. »Die Vertreter der Landeskirchen billigen die von den Bevollmächtigten des Deutschen Evangelischen Kirchenbundes unternommenen Schritte, insbesondere auch hinsichtlich der Nominierung des Pastors D. von Bodelschwingh als künftigen Reichsbischof.«

2. »Es ist sofort das Einverständnis des Pastors D. von Bodelschwingh zur Nominierung einzuholen.«

3. »Das Verfassungswerk ist unter Beteiligung des designierten Reichsbischofs und in Fühlungnahme mit dem Bevollmächtigten des Reichskanzlers, Wehrkreispfarrer Müller, schleunigst zu Ende zu führen und es sind die zum Inkrafttreten der Verfassung nötigen Schritte zu tun.«

Der Antrag zu Abs. 1 wurde mit überwältigender Mehrheit angenommen. Nur 3 Landeskirchen mit 8 Stimmen stimmten ausdrücklich dagegen. (Im Deutschen Evangelischen Kirchenbundesrat ist die Gesamtstimmenzahl aller Landeskirchen geschäftsordnungsmäßig auf 91 festgesetzt). Gegen Abs. 2 und 3 erhob sich kein Widerspruch. Gegen Mitteilung dieser Ergebnisse in der Öffentlichkeit oder an einen größeren Personenkreis (z. B. Pfarrer) bestehen hier keine Bedenken mehr, nachdem die verschiedensten Zahlen unter Bruch der Vertraulichkeit der Verhandlung bereits in die Presse gebracht worden sind.

Der Präsident: Kapler.

Für die Kollegialmitglieder des Evang. Oberkirchenrats Stuttgart gab Direktor Dr. Müller am 27. 5. 1933 folgende Darstellung der besprochenen Verfassung einer Reichskirche[76]*:*

[76] OKR Stuttgart, Registratur, Generalia Bd. 115 b. Die Sitzung, über die hier berichtet wird, fand also vor der Sitzung der Bevollmächtigten der Landeskirchen am 26./27. Mai statt.

Der Entwurf der neuen Verfassung der Deutschen Evang. Kirche

I. Allgemeines

In der Sitzung des Kirchenbundesrats und Kirchenausschusses in Eisenach am 24. 5. 1933 gab Professor Dr. Heckel von Bonn unter Ergänzung von Studiendirektor Hesse, Oberkonsistorialrat Dr. Hosemann und Geheimrat Dr. Karnatz nähere Mitteilung über den Entwurf der Verfassung einer neuen Deutschen Evang. Kirche. Ausgangspunkt des Entwurfs seien die Loccumer Beschlüsse, wie sie in der Kundgebung von Loccum enthalten seien. Proteste gegen die dort enthaltenen Richtlinien der neuen Verfassung seien nicht erhoben worden, vielmehr haben diese allgemeine Anerkennung gefunden. Die Deutsche Evang. Kirche bezeichne sich dort als Bund gleichberechtigter Bekenntnisse. Der bisherige Kirchenbund soll im Weg einer größeren Konzentration zu einer Deutschen Evang. Kirche umgestaltet werden. Aus dem Sozietätsverhältnis soll eine Korporation werden, mit der Maßgabe, daß die Landeskirchen künftig keine volle Selbständigkeit, auch kein Sezessionsrecht mehr besitzen. Die Frage sei, ob die Deutsche Evang. Kirche eine föderative Gestaltung behalten oder ob man gegenüber dem bisherigen Kirchenbund etwas völlig Neues schaffen solle. Der Entwurf entscheide sich zunächst für das erstere. Es erhebe sich die Frage, ob die Landeskirchen zu »Kirchenprovinzen« werden sollen, insbesondere ob die Altpreußische Union in Provinzen aufgelöst werden soll, wie dies die Glaubensbewegung Deutscher Christen fordere. Der Entwurf nehme die Auflösung der Altpreußischen Union nicht als Sofortprogramm auf, weil sich dabei nicht nur innerkirchliche Schwierigkeiten, sondern auch Schwierigkeiten gegenüber dem Staat (vgl. z. B. die Verpflichtungen aus den Kirchenverträgen) ergeben würden. Das geschichtlich Gewordene solle man pflegsam behandeln und nicht ohne zwingende Gründe zerschneiden. Der räumlichen Zersplitterung des deutschen Protestantismus in eine große Anzahl von Landeskirchen muß aber entgegengetreten werden. Der Zusammenschluß der nicht lebenskräftigen Kirchen soll auf dem Weg der Vereinbarung geschehen; eventuell müßte durch Druck seitens der Deutschen Evang. Kirche nachgeholfen werden. In die Deutsche Evang. Kirche sollen auch bekenntnisverwandte Religionsgemeinschaften zugelassen werden können.

Unangreifbar für die Verfassung der Deutschen Evang. Kirche seien das Bekenntnis und der Kultus der Landeskirchen. Die Deutsche Evang. Kirche werde sich aber gewisse Direktiven im Sinn einer einheitlicheren

Gestaltung vorbehalten müssen. Auch in Fragen der Verfassung bleibe die Aufstellung von Richtlinien vorbehältlich der Ausgestaltung im einzelnen durch die Landeskirchen vorbehalten (z. B. in der Frage des Wahlrechts). Auf dem Gebiet der Verwaltung und der rechtlichen Gestaltung solle allmählich eine Vereinheitlichung erzielt werden, aber nur in der Form, daß die Landeskirchen die Aufgabe bekommen, die rechtliche Einheit zu fördern. Die Landeskirchen müssen aber verpflichtet werden, der Deutschen Evang. Kirche Gefolgschaft zu leisten. Um das symbolisch zum Ausdruck zu bringen, müsse für die Wahl der obersten Amtsträger der Landeskirchen die Bestimmung getroffen werden, daß vor Ernennung der obersten Amtsträger (Bischöfe) eine vertrauliche Fühlungnahme mit der obersten Leitung der Deutschen Evang. Kirche, dem Reichsbischof, erfolgt. Alle kirchlichen Amtsträger, ebenso aber auch die Mitglieder der Synoden müssen auf die Verfassung der Deutschen Evang. Kirche verpflichtet werden.

II. Aufgaben der Deutschen Evang. Kirche

Zu dem Aufgabenkreis der Deutschen Evang. Kirche sollen folgende Angelegenheiten gehören:

1. Die rechtliche Regulierung der Gesamtkirche, ihr Verhältnis zum Staat, ihre Stellung zu anderen Religionsgesellschaften.

2. Die pflegliche Behandlung verschiedener Angelegenheiten im Wege der Fürsorge: Förderung des christlichen Volkstums, der freien Kirchenarbeit (Innere und Äußere Mission), die Beziehungen zu den Deutschen im Ausland und zu außerdeutschen Kirchen.

III. Die Organisation der Deutschen Evang. Kirche

1. An der Spitze der Deutschen Evang. Kirche steht der Reichsbischof. Ihm sollen zur Seite treten das Geistliche Ministerium, beratende Kammern und die Nationalsynode.

a) Der Reichsbischof soll die Kirche in rechtlicher Beziehung vertreten und der Repräsentant der Einheit der deutschen evangelischen Christenheit sein. Er leitet die Gesamtkirche zusammen mit dem Geistlichen Ministerium und trifft die zur Sicherung der Verfassung notwendigen Maßnahmen. Er ist der Vorsitzende des Geistlichen Ministeriums. Dieses soll aber nicht im Sinne des Kollegialsystems ausgebaut werden, vielmehr soll der Reichsbischof Führer des Geistlichen Ministeriums sein.

Er weist das Geistliche Ministerium in sein Amt ein. Der Reichsbischof soll mit den Leitern der Landeskirchen in regelmäßige Beratung eintreten (sog. Bischofsrat), wobei übrigens nicht per majora entschieden wird, sondern die endgültige Entscheidung dem Reichsbischof zukommt. Der Reichsbischof vollzieht auch die Ernennung der Beamten der Deutschen Evang. Kirche. Er hat das Recht, Ansprachen und Kundgebungen an das deutsche evangelische Kirchenvolk zu richten; er kann außerordentliche Fest- und Bußgottesdienste anordnen und nach Verständigung mit den Landeskirchen in dem Gebiet der Landeskirchen Gottesdienste halten. Letzteres gehöre wohl zum geistlichen Existenzminimum. Außerdem brauche aber der Reichsbischof einen Sprengel, wofür für Reichsbischof Bodelschwingh Bethel in Betracht käme; im übrigen aber habe er seinen Amtssitz in Berlin. Wenn der Reichsbischof zur Wahrung des Bekenntnisses tätig zu werden habe, werden seine Befugnisse durch das dem betreffenden Bekenntnis angehörige Mitglied des Geistlichen Ministeriums wahrgenommen. Hinsichtlich der Bischofswahl sei vorgesehen, daß die kirchlichen Führer der Landeskirchen in Verbindung mit dem Geistlichen Ministerium einen Vorschlag für die Bischofswahl machen. Dieser Vorschlag gehe dann an die Nationalsynode, die den Mann in sein Amt berufe. Die Nationalsynode sei an den Vorschlag der kirchlichen Führer gebunden, habe aber das Recht, den Vorschlag zurückzugeben (sog. exclusives Beschlußrecht). Das Einzelne könne nicht in der Verfassung geregelt werden, müsse vielmehr einem Gesetz vorbehalten werden.

b) Das Geistliche Ministerium stellt die Grundsätze für die Arbeit der Kirchen auf, wirkt bei der kirchlichen Gesetzgebung und bei der Bestellung des Reichsbischofs mit. Es setzt sich zusammen aus 3 Theologen und einem Juristen und steht unter Führung des Reichsbischofs. Die Aufgabe der Theologen werde es sein, das geistliche Band der Deutschen Evang. Kirche zu den Landeskirchen zu pflegen, die Gemeinschaft gleicher Landeskirchen zu fördern und ein Vertrauensverhältnis zu den übrigen Landeskirchen zu erhalten. Aufgabe des Juristen sei, die Vorstandschaft der Deutschen Evang. Kirchen-Kanzlei, einer erweiterten und modernisierten Form des Kirchenbundesamts, auszuüben. Die Theologen im Geistlichen Ministerium werden von den Führern ihres Bekenntnisses dem Reichsbischof zu nominieren sein. Bei dem rechtskundigen Mitglied ist vorgesehen eine Personal-Union zwischen ihm und dem obersten rechtskundigen Mitglied der Kirchenbehörde der Altpreußischen Union. Dieses Mitglied würde dann im Einvernehmen mit dem verfassungsmäßigen Vorgang der Altpreußischen Union vom Reichsbischof zu bestimmen sein.

In der Frage, ob die Mitglieder des Geistlichen Ministeriums hauptamtlich oder nebenamtlich angestellt werden sollen, wird sich bald zeigen, daß nur hauptamtliche Mitglieder die Aufgabe voll erfüllen können. Das reformierte Mitglied würde Geistlicher einer Kirche von einer noch zu gründenden Gemeinde in Berlin sein.

c) Die Nationalsynode soll aus etwa 60 Mitgliedern zusammengesetzt sein, wovon zwei Drittel aus den Synoden der Landeskirchen gewählt werden, ein Drittel aus den im Kirchendienst hervorragend bewährten Kräften berufen wird. Die Wahldauer beträgt 6 Jahre, jedoch soll nach 3 Jahren die Hälfte ausscheiden und ihre Wiederwahl in der Regel nicht vorgenommen werden. Die Nationalsynode wird vom Reichsbischof durch Gottesdienst eröffnet, der sie auch leitet, bis sie einen Präses ihrerseits gewählt hat. Die Aufgabe der Nationalsynode, die jährlich einmal zusammentritt, wird wesentlich die Festsetzung der Gesetze und die Aufstellung des Haushaltsplans sein. Die Gesetze werden im Zusammenwirken zwischen Geistlichem Ministerium und Nationalsynode gemacht. Dabei bleibt vorbehalten, im Weg der Notverordnung Gesetze zu erlassen. Verfassungsänderungen könnten durch Gesetz vorgenommen werden, wobei eine qualifizierte Mehrheit von zwei Dritteln der Anwesenden zustimmen muß. Der Gesetzgebung entzogen ist die Frage des Bekenntnisses.

d) Die sogenannten beratenden Kammern werden vom Geistlichen Ministerium berufen zu fortlaufender beratender Arbeit. Ihre Aufgabe wäre die Abgabe von »ratsamen« Gutachten für die Aufgaben des Reichsbischofs und des Geistlichen Ministeriums. In die Kammern wären zu berufen Personen von Sachkunde und entschlossener Hingabe. Die Arbeit der Kammern wäre eine Fortsetzung der Tätigkeit einer Reihe von Ausschüssen, die im Kirchenbund mit Erfolg sich betätigt haben. Die Ernennung der Mitglieder der beratenden Kammern hätte durch den Reichsbischof zu geschehen.

e) Hinsichtlich des Finanzwesens wäre vorzusehen, daß für einen kürzeren Zeitraum als 3 Jahre ein Haushaltsplan aufgestellt wird. Der Haushaltsplan wäre durch die Nationalsynode zu genehmigen, die ihrerseits auch etwaige Kreditgesetze zu erlassen hat. Auch diese wären in Gesetzesform zu erlassen. Die Rechnungsprüfung würde geschehen durch den Haushaltsausschuß der Nationalsynode.

Bei der Frage der Aufbringung des Finanzbedarfs handelt es sich um die zwei Möglichkeiten, der Aufbringung im Weg der Umlage oder der eigenen Kirchensteuererhebung. Die Entscheidung zwischen den beiden Möglichkeiten hängt wesentlich auch davon ab, wie die Lage der staatlichen Gesetzgebung sich gestaltet. In der Verfassung der Deutschen Evang. Kirche wäre vorzusehen, daß vorläufig die bisherige Form der Aufbringung des Finanzbedarfs im Weg der Umlage geschieht. Es soll aber die Möglichkeit eröffnet werden, ohne Verfassungsänderung auch den Weg der Steuererhebung durch die Deutsche Evang. Kirche zu beschreiten.

IV. Präambel

Der Verfassung der Deutschen Evang. Kirche würde vorausgehen eine zusammenfassende Regelung der Bekenntnisfrage etwa im Sinn der Loccumer Kundgebung[76a]. Bei der Aufstellung der Bekenntnissätze handelt es sich nicht um ein neues unioniertes Bekenntnis, sondern um Hervorhebung der Substanz der Kirche, des Gemeinsamen, das die Kirchen verbindet. In der Verfassung soll auch nicht eine Bestimmung darüber getroffen werden, inwieweit eine gemeinsame Zulassung zum Abendmahl erfolgen kann. Es gibt wohl ein lutherisches und reformiertes Bekenntnis, dagegen ein formuliertes Unionsbekenntnis gibt es nicht. Trotzdem soll verhütet werden, daß die Kirche der Tummelplatz von Privatmeinungen ist. Es geht um die Wahrheitsfrage, um die Erkennung und Bekämpfung der Häresie, und darum müssen die bisherigen Bekenntnisse die feste Grundlage der Verfassung der Deutschen Evang. Kirche bilden.

V. Die Einführung der neuen Verfassung der Deutschen Evang. Kirche

Die Deutsche Evang. Kirche ist gedacht als eine Fortsetzung des Kirchenbundes, sie muß daher auf dem verfassungsmäßigen Wege vom Kirchenbund in die neue Deutsche Evang. Kirche übergeleitet werden. Schon wegen der Erhaltung der Körperschafts- und Vermögensrechte ist es notwendig, daß eine solche Überleitung stattfindet. Es wird aber nicht zweckmäßig sein, den Kirchentag zur Mitwirkung bei der Überleitung vom Kirchenbund in die Deutsche Evang. Kirche zusammenzuberufen.

[76a] Siehe Anmerkung 67, S. 91.

Das Einführungsgesetz zur Verfassung muß die Bestimmung treffen, wer die Organe der Deutschen Evang. Kirche zum ersten Mal zu bilden hat. Dafür werden weniger rechtliche, als kirchenpolitische Gesichtspunkte maßgebend sein.

Wann die Deutsche Evang. Kirche in Kraft treten soll, kann noch nicht gesagt werden. Neben vorherigen Besprechungen innerhalb der Evangelischen Kirche werden auch noch Verhandlungen mit dem Reich darüber notwendig sein.

Die Ausführungen von Dr. Heckel, Studiendirektor Hesse und Oberkonsistorialrat Hosemann wurden dann noch ergänzt durch Ausführungen von Geheimrat Dr. Karnatz, der darauf hinwies, daß die Deutsche Evang. Kirche auch etwaige Konkordatsverhandlungen mit dem Reich zu führen hätte. Er bemerkt auch, daß die Änderung der Zuständigkeit der Deutschen Evang. Kirche gegenüber den Organen des Kirchenbunds wesentlich auch darin liege, daß die Deutsche Evang. Kirche auch rechtliche Akte vornehmen kann, die hineinwirken in die Landeskirchen.

Zu der Frage der weiteren Behandlung bemerkt Dr. Heckel, daß die Kirchen noch zu der Verfassung der Deutschen Evang. Kirche ausreichend gehört werden sollen. Zunächst soll mit dem Staat verhandelt werden, ehe den Landeskirchen ein formulierter Entwurf vorgelegt werde. In der Verfassung der Deutschen Evang. Kirche können Richtlinien für die Verfassung der Landeskirchen nicht gegeben werden.

Vorstehende Ausführungen wurden als streng vertraulich bezeichnet.

Müller.

Am 30. 5. 1933 teilte der Evang. Oberkirchenrat den Dekanatämtern einen von Wurm entworfenen Bericht mit[77]*:*

Die Wahl des Reichsbischofs

1. Vorgeschichte

Es bestand nicht die Absicht, die Wahl des Reichsbischofs vorzunehmen, ehe in der neuen Kirchenverfassung der Wahlkörper und die Befugnisse seines Amts festgelegt waren. Den Bevollmächtigten der Landeskirchen liegt noch keinerlei Entwurf vor außer den allgemeinen Richtlinien in der Loccumer Kundgebung. Die Aufmerksamkeit der Öffentlichkeit auf die Personenfrage hinzulenken, war der sog. Jungreformatorischen Gruppe vorbehalten, die in der Mitte der vorletzten

[77] Nr. A 4060: »An sämtliche Dekanatämter zur Kenntnisnahme und vertraulichen Information der Geistlichen«.

Woche in einer Kundgebung den Namen Bodelschwingh nannte. Dieser Vorstoß, über den in der Sitzung der Bevollmächtigten sehr scharf geurteilt wurde, hatte die vorauszusehende Folge, daß er den radikalen Elementen in der Glaubensbewegung deutscher Christen neuen Auftrieb gab und die erfreuliche Entwicklung, die durch die Bemühungen des Wehrkreispfarrers Müller, der Professoren Fezer und Hirsch und anderer eingeleitet war, hemmte. Am folgenden Dienstag (24. Mai) wurde in einer Versammlung der Gauleiter gegen den Rat und Willen der Genannten die Kandidatur Müller öffentlich proklamiert. Nun sahen sich die drei Bevollmächtigten des Kirchenausschusses (Kapler, Marahrens, Hesse) zu einer öffentlichen Erklärung veranlaßt, worin es hieß, daß die Kirchen sich über die Person des künftigen Reichsbischofs einig seien. Gemeint war Bodelschwingh. Man kann sich fragen, ob es nicht sachlich richtiger gewesen wäre, wenn sie erklärt hätten, daß der Stand des Verfassungswerks eine Bischofswahl im jetzigen Augenblick nicht zulasse. Doch ist in der Sitzung der Bevollmächtigten der Landeskirchen am Freitag, 26. Mai, auf diese Frage nicht zurückgegriffen, sondern anerkannt worden, daß in jenem Augenblick irgendeine Erklärung, die eine bestimmte Stellungnahme der führenden Persönlichkeiten enthielt, nicht zu vermeiden war.

2. Der Verlauf der Wahlhandlung

Die Ereignisse hatten eine Zwangslage geschaffen, die von allen Beteiligten als sehr peinlich empfunden wurde. Hatte man bisher an Namen wie Marahrens oder Althaus oder Rendtorff oder andere in der Theologie oder Kirchenführung hervorgetretene Persönlichkeiten gedacht, so war man nun auf die Wahl zwischen zwei Persönlichkeiten angewiesen, die zwar in ihrem bisherigen Berufskreise als wohlbewährt gelten durften, deren Eignung für das oberste Amt der gesamtdeutschen evangelischen Kirche jedoch nicht als so einwandfrei erwiesen galt, wie es bei einem der vorhin genannten der Fall gewesen wäre. Die Erörterung und Abstimmung ließ deshalb auch das Persönliche völlig auf der Seite, sondern war lediglich durch das Grundsätzliche bestimmt. Für die Anhänger der Kandidatur Bodelschwingh war die Kandidatur Müller um seines Verhältnisses zum Reichskanzler und zur Glaubensbewegung willen eine politische Kandidatur, die sie um des Anscheins willen, daß dadurch die Kirche unter staatliche Bevormundung komme, ablehnten. Insbesondere zweifelten sie daran, daß es dem Wehrkreispfarrer Müller als Reichsbischof möglich sein werde, die kirchliche Linie in der Glaubensbewegung durchzusetzen. Auch der Eindruck einer Bestellung eines Militärgeistlichen zum obersten Leiter der evangelischen Kirche auf das Ausland wurde als Gegengrund angeführt.

Die andere Seite machte geltend, daß dieser Kandidat, wie ja immer anerkannt worden sei, im Unterschied von anderen Vertretern der deutschen Christen eine ganz ernstzunehmende, bewußt auf dem Boden vollen evangelischen Glaubens stehende Persönlichkeit sei und daß es ihm, wenn ihm das oberste Amt der Kirche anvertraut werde, viel eher möglich sein werde, eine gesunde Entwicklung in diesem Lager fortzuführen, als wenn er abgelehnt werde. Sein seelsorgerlicher Einfluß auf den Reichskanzler dürfe nicht als Belastung, sondern müsse als positiver Faktor gewertet werden. Auch das kirchliche Kernvolk werde Verständnis dafür haben, wenn die Kirche in dieser Stunde einen Akt des Vertrauens und der Liebe begehe gegenüber einer Bewegung, die neue volksmissionarische Möglichkeiten eröffne und der die Bewahrung vor dem bolschewistischen Umsturz zu danken sei.

Am Freitag fand abends gegen 10 Uhr eine Abstimmung statt, bei der wie in den Sitzungen des Kirchenbundesrats nicht nach der Zahl der Anwesenden, sondern nach der Größe der Landeskirchen in der ihnen gesetzlich zukommenden Stimmenzahl entschieden wurde. Außer der hannoverschen Landeskirche, die ja durch ihren Landesbischof gebunden war, stimmten sämtliche größeren und mittleren lutherischen Landeskirchen für Müller; auf der anderen Seite standen die Altpreußische Union und die unierten Kirchen im Südwesten. Von dem Ergebnis dieser Abstimmung wurde D. v. Bodelschwingh sofort benachrichtigt; eine bestimmte Erklärung der Annahme oder Ablehnung erfolgte nicht, sondern es ergab sich die Notwendigkeit, am folgenden Tag noch einmal Stellung zu nehmen. Zunächst wurde die Frage beraten, ob nicht doch mit Berufung auf die fehlenden verfassungsrechtlichen Voraussetzungen die Wahl verschoben werden sollte. Dieser Vorschlag drang jedoch nicht durch unter Berufung auf die gespannte Erwartung und die Tatsache, daß infolge der Erklärung des Dreimännerkollegiums schon an Himmelfahrt vielfach die Wahl Bodelschwinghs den Gemeinden mitgeteilt worden war. Der nun folgenden Abstimmung wurde zugrunde gelegt, daß es sich um die Zustimmung der Bevollmächtigten zu der Designierung Bodelschwinghs bis zur Fertigstellung der Verfassung handle, wobei aber allerdings eine sofortige vorläufige Übernahme des Amts angekündigt wurde. Eine Reihe der Landeskirchen, die am Tag zuvor sich für Müller erklärt hatten, ließen sich durch die Erwägung, daß zur Erhaltung der kirchlichen Einheit ein Ergebnis erzielt werden müsse und daß eine Annahme der Wahl dem Kandidaten nur durch eine größere Mehrheit ermöglicht werde, bestimmen, ihre Stimme für Bodelschwingh abzugeben, der nun die Wahl auch annahm.

3. Die jetzige Lage

Es war zu erwarten, daß die Wahl Bodelschwinghs eine Kampfansage der deutschen Christen hervorrufen werde. Man hatte gehofft, daß dies sich durch Aufnahme Müllers in das zu bildende Kirchenministerium, das dem Reichsbischof zur Seite stehen solle, vermeiden lasse. Ich bin nicht darüber unterrichtet, ob ein Versuch in dieser Richtung tatsächlich gemacht und ob er formell abgelehnt worden ist. Ich betrachte es als selbstverständlich, daß die Landeskirchen, auch wenn ihre Bevollmächtigten aus triftigen Gründen gegen Bodelschwingh stimmen zu müssen glaubten, sich zu dem neuen Reichsbischof völlig loyal verhalten; ich hoffe aber auch, daß meine Abstimmung für Müller dazu beitragen wird, daß in Württemberg der Kampf, den die Glaubensbewegung angesagt hat, unterbleibt oder jedenfalls in milderen Formen und nicht gegen das heimische Kirchenregiment geführt wird. Eine möglichst baldige Schaffung verfassungsrechtlicher Grundlagen für das Amt des Reichsbischofs ist dringend erwünscht; irgend eine Bestätigung des unter so schwierigen Umständen zu Stande gekommenen jetzigen Wahlakts scheint mir zur Entspannung unvermeidlich zu sein. Es muß als eine tragische Entwicklung angesehen werden, daß in dem Augenblick, wo eine organisatorische Einigung des deutschen Protestantismus zu Stande kommen sollte, ein so tiefer Riß durch die evangelische Bevölkerung geht, und es wird der stärksten Bemühungen von allen Seiten bedürfen, um ihn zu heilen. Wurm.

Obwohl dieser Bericht zur vertraulichen Information der Pfarrer bestimmt war, sah eine Bemerkung auf dem Entwurf vor, daß die Darstellung auch Schriftleitungen der kirchlichen Blätter und Vorständen von Vereinigungen, die nicht mehr genannt sind, zugänglich gemacht werden könne.

Mißverständnissen, die sich an diesen Bericht knüpften, suchte der Kirchenpräsident durch eine Erklärung zu begegnen, die im Kirchlichen Anzeiger für Württemberg *am 8. 6. 1933 veröffentlicht wurde:*

Wie ich höre, wird eine Wendung in meinem Bericht über die Vorgänge bei der Bischofswahl von Anhängern und Gegnern der Jungreformatorischen Bewegung so gedeutet, als ob ich damit eine Verurteilung dieser Bewegung überhaupt hätte aussprechen wollen. Nichts kann mir ferner liegen, da ich das Streben dieser Bewegung nach Vertiefung unserer Verkündigung und insbesondere auch ihr Ringen um das rechte Verhältnis unsrer Verkündigung zu Volkstum und Gegenwartsstaat nur billigen und unterstützen kann. Wenn die »deutschen Christen« von der Kirche verlangen, daß sie zum Volke hingewendet sei, und zwar zum Volk im ganzen, nicht bloß zu dem, was wir »Kirchenvolk« im besonderen Sinn des Wortes nennen, so haben sie damit ebenso recht wie die »Jungreformatorischen«, wenn sie fordern, daß die Kirche diese Arbeit am Volk vom Evangelium her, nicht aus »artfremdem« Denken heraus vollziehe. Die Arbeit und Zielsetzung der beiden Gruppen gleicht m. E. der Aufgabe der Ingenieure, die einen Berg von zwei verschiedenen Ausgangspunkten her anbohren und in der Mitte zusammentreffen müssen. Das ist auf dem Papier leichter als in der Wirklichkeit. Erschwert wird die Lösung der Aufgabe durch Vorwürfe wie die, daß das Bemühen der einen Seite durch politische Abneigung gegen Hitler, das der anderen Seite durch ein völlig unzureichendes Verständnis der neutestamentlichen Botschaft bestimmt sei. Was bei einzelnen Persönlichkeiten zutreffen mag, darf nicht für die grundsätzliche Beurteilung maßgebend sein. Man kann jede Entscheidung, die einer trifft, dadurch entwerten, daß man auf die oder jene Gesellschaft hinweist, in der er sich befinde. Die gute schwäbische Tradition, daß wir die andere Seite wirklich ernst nehmen, wollen wir uns auch in diesen schweren Gegenwartsfragen nicht rauben lassen. Daß die vorzeitige Aufwerfung der Personenfrage durch die norddeutschen Leiter der Jungreformatorischen Bewegung eine verhängnisvolle Wirkung gehabt hat – am 19. Mai wurde Bodelschwingh proklamiert, am 23. Mai Müller –, das kann ich freilich nicht zurücknehmen; denn darin waren sich in den Beratungen der Bevollmächtigten der Landeskirchen alle, die hiezu das Wort ergriffen, einig.

Am 7. 6. 1933 gab schließlich Prof. D. Fezer einen Bericht über die Vorgänge aus seiner Sicht[78]*:*

[78] LKA Stuttgart, D 1, Bd. 42; Referat von Prof. Fezer bei einer vom Evang. Volksbund veranstalteten Versammlung im Neuen Vereinshaus in Stuttgart, Furtbachstraße. Vgl. dazu »NS-Kurier«, Ausgabe vom 8. 6. 1933, »Schwäbischer Merkur«, Ausgabe vom 9. 6. 1933 und Mitteilung des EPD vom 8. 6. 1933 (LKA Stuttgart, D 1, Bd. 42).

Hochverehrter Herr Kirchenpräsident!
Verehrte evangelische Glaubensgenossen!

Schon Ihr Besuch beweist mir, wie wenig wohlgetan es war, den Weg zu gehen, den man in Berlin tatsächlich gegangen ist. Eine deutsche evangelische Kirche, die kann nicht wirklich neu gebaut werden ohne wirkliche und eingehende Beteiligung des Kirchenvolkes. Das muß keine Wahl sein. Aber ehe man die entscheidenden Schritte tut, muß man sich als Kirche miteinander klar werden: das ist die Lage und das fordert die Lage von uns, und darum ist es jetzt richtig und evangelisch, so zu handeln. Man hat in Berlin zu schnell gehandelt, hat sich hineintreiben lassen in nervöse Hast, bei der kein Ergebnis herausgekommen ist, das vom ganzen evangelischen Kirchenvolk Deutschlands mit Freude und Dank hätte aufgenommen und bejaht werden können. Und so hätte es doch eigentlich sein müssen.

Was ist in Berlin geschehen? Darf ich nun einfach versuchen, ein möglichst getreues Bild der Vorgänge zu geben, ohne mein eigenes Urteil vorzeitig einzumischen. Nicht mein Urteil sollen Sie haben und annehmen, selbst sollen Sie urteilen können. Freilich wird es Ihnen fast ausnahmslos so gegangen sein: das, was in den Zeitungen stand, war kein tragfähiger Grund für ein sicheres und klares Urteil in der für uns so wichtigen Frage. Ja ich meine sogar, es aussprechen zu müssen: gewisse Berichte in den Zeitungen haben die Arbeit in Berlin ganz erheblich gestört, haben in Gemeinsames-den-Weg-suchen und In-Frieden-sich-vereinigen-wollen Mißtrauen hineingetragen, ohne daß das so hätte sein müssen. Das Bild der Vorgänge wird Ihnen wohl am besten deutlich, wenn ich – wie ich's vor den Tübinger Theologen versucht habe – drei Fragen jetzt beantworte:

1. Was ist die durch die Stunde gestellte kirchliche Aufgabe?
2. Was hat man bisher in Berlin zu ihrer Lösung getan?
3. Welches ist nun der Weg weiter?

I

Was ist die durch die Stunde den deutschen Landeskirchen gestellte Aufgabe? Ist es tatsächlich die Gleichschaltung der Kirche mit dem Staat? Jawohl und nein! Nein, wenn mit solcher Auffassung, mit solcher Gleichschaltung gemeint wäre: Jetzt wird der Staat zum Herrn der Kirche und die Kirche ihrerseits zur hörigen Dienerin seiner Interessen.

Was von jetzt ab gepredigt werden soll in den deutschen Kirchen, das würde fortan nicht mehr bestimmt durch das Wort Gottes, das der Prediger in seinem Gewissen aus der Bibel vernimmt und das er vor der Gemeinde ohne Menschenfurcht und Menschengefälligkeit zu bezeugen hat, sondern das wäre von jetzt ab bestimmt von den Zwecken des Staates, die dieser in seiner Politik nach innen und außen zu verwirklichen trachtet, und nicht der Mensch Gottes wäre nunmehr das Ziel eines kirchlichen Handelns mit dem einzelnen, der Mensch Gottes, der in seiner Familie, in seinem Volk, in diesem irdischen Leben Gottes Willen tun soll, und nicht mehr die Gemeinde Gottes wäre das Ziel des kirchlichen Handelns im ganzen Volk, die Gemeinde Gottes, die deswegen am treuesten zum irdischen Verband des Volkes und des Vaterlandes sich hält, weil sie den Schöpfer und Erlöser und Vollender kennt, der seinem Schöpfungswillen Geltung verschaffen wird, so daß alles Menschliche davon abfällt. Gerade weil sie eine ewige Heimat weiß, ist diese Gemeinde in der treusten Verbundenheit mit ihrem Volk und Vaterland. Aber das wäre ja dann alles nicht mehr, sondern es wäre das Ziel des kirchlichen Handelns: der dem Staatszweck und dem Staatswillen sich unterwerfende Bürger und das der Staatsmacht blind gefügige Volk.

Verehrte evangelische Damen und Männer! Zu einer solchen Gleichschaltung müßte ein Christ und erst recht ein Theologe Nein sagen, und koste es ihn, was es wolle. Und ich hoffe, Sie trauen mir das zu, daß ich das in Berlin gesagt habe und daß ich das in Berlin auch weiterhin sagen werde, wenn die Zeitungen auch vielleicht anders über mich geschrieben haben oder schreiben werden. Und zwar müßte dieses radikale Nein erfolgen einmal um Gottes willen; denn Gott ist größer als der Staat und niemals Diener des Staates, sondern vielmehr ist der letzte Sinn des Staates der: Diener Gottes zu sein, daß der Schöpfungswille Gottes in einem Volk Gestalt gewinnen könne.

Aber ebenso müßte das Nein erfolgen um des Volkes und des Staates willen; denn eine sich zu solchem charakterlosen Helferdienst erniedrigende Kirche erzeugte eine unerträgliche Heuchelei, an der Staat und Volk zugrunde gingen. Aber das ist meine Frage: Gibt es denn nicht noch eine dritte Möglichkeit für das Verhältnis von Staat und Kirche? Gibt's nur die beiden: daß entweder der Staat sich die Kirche unterwirft und dann freilich die Kirche vernichtet, die Stätte in seinem Herrschaftsbereich, in der Gottes Wahrheit erkannt und gepredigt wird, und damit seine eigene Wurzel antastet, oder die andere Möglichkeit, daß die Kirche sich dem Staat unterwirft und dadurch dann das gleiche

Verderben heraufbeschwört; denn dann stirbt der Staat, und wo der Staat in einem Volk stirbt, da stirbt die Kirche mit. Der Gang der Kirchengeschichte lehrt dies alles klar. Ich frage: Gibt es nicht eine dritte Möglichkeit, die Möglichkeit, daß beide, Staat und Kirche einem Dritten, Größeren sich unterwerfen, daß beide Gott sich unterstellen, daß beide wissen, daß sie nicht aus sich selbst und für sich selbst sind, sondern daß sie ihren Beruf von einem Größeren haben und daß dieser Beruf ist, daß sie an ihrem Teil und mit ihren Mitteln dazu helfen, daß Gottes Wille Wirklichkeit werde im einzelnen wie im Volk.

Allerdings: solch tiefere Erfassung der Aufgabe des Staates ist möglich nur dann, wenn der Staat einen einheitlichen, geschlossenen, in der Spitze einer Führerpersönlichkeit ganz lebendig wirklich werdenden Willen hat. Und das meine ich, sei das große Geschenk Gottes an das deutsche Volk, daß die Lenkung der Politik des deutschen Reiches ein Mann in die Hand genommen hat, der es nicht nur einmal erklärt hat, seine Überzeugung sei das: gegen den Willen Gottes könne er auch nicht das Mindeste erzwingen. Letztlich sah er seine Aufgabe als der Lenker der Geschicke des deutschen Volkes darin, dem deutschen Volk zu helfen, daß es den von Gott ihm in der Geschichte aufgetragenen Beruf erkenne und daß es diesen Beruf erfülle.

Nicht wahr, die Frage ist sofort da: Ja, was ist denn dann die Aufgabe der Kirche im deutschen Volk? Lassen Sie mich einmal so fragen: Wenn es den deutschen Kirchen mit ihrer Arbeit am deutschen Volk gelänge, daß das deutsche Volk den ihm in der Geschichte von Gott aufgetragenen Beruf erkennen würde und diesen Beruf im Gehorsam erfüllen würde, müßten wir dann nicht sagen, die deutsche Volkskirche hätte ihre Aufgabe am deutschen Volk getan? Wie kommt denn jetzt hier Gleichschaltung zustande? Nicht durch Gewalt, sondern durch Einigung im Willen, dadurch, daß nun eben auf einmal neben der Kirche noch ein zweiter dasteht, der Führer des Staates, daß der Wille der Kirche und der Wille des verantwortlichen Staatsführers beide sich beugen vor Gott und daß in diesem innersten Punkt der Zusammenschluß, die Zusammenschaltung erfolge. Und ich frage zunächst nicht: Kann ein Staat, der seine Aufgabe so tief sieht, kann der es zulassen, daß eine Kirche einfach bloß kritisch beiseite steht?, sondern ich frage: Ist es recht vor einem evangelischen Gewissen, ist es recht vor dem Gewissen einer evangelischen Kirche, wenn sie meint, diesem Staat gegenüber, diesem Führer gegenüber sei es getan mit Formeln wie: »Wir begrüßen es auf das freudigste, daß diese gewaltige Bewegung im Volk aufgebrochen ist und daß der Reichskanzler diese Erfolge errungen hat.« Diesem Führer gegenüber, der das so klar ausgesprochen hat, was der letzte Grund ist, aus dem heraus er handelt, und der das in seinem Handeln auch hat erkennbar werden lassen, diesem Führer gegenüber gibt es nur Eines: Wir reichen die Hand und wir arbeiten mit, nicht: Wir begrüßen es, sondern: Wir arbeiten mit. Die Frage, verehrte Frauen und Männer, ist der Kirche gestellt: Sündigst du nicht, wenn du sagst: Wir begrüßen es, aber du hältst dich getrennt? Wir arbeiten zusammen; zu diesem Staatswillen sagen wir Ja, und Jasagen zu diesem Staatswillen heißt mitarbeiten. Gleichgeschaltet werden wir also durch den Willen Gottes, den wir bejahen, und der auch vom Reichskanzler, vom Führer des deutschen Staats bejaht wird. Und nicht gleichgeschaltet werden wir durch die Staatsmacht, und nicht einer im ganzen deutschen Volk und noch viel weniger einer draußen hat das Recht, diese Erklärung des Führers, was er als das Letzte ansehe, aus dem heraus er handle, auch nur einen Augenblick in Zweifel zu ziehen.

Aber ich stelle nun doch die Frage, der Fall könnte eintreten, daß die Kirche nicht sieht, was das Gebot der Stunde ist, und daß die Staatsführung es sieht, was zu tun ist, und daß dann eben der Staat sich durchsetzen müßte, weil der Führer des Staats vor seinem Gewissen es nicht mehr verantworten könnte, wenn er diesen klar erkannten Willen nicht in die Wirklichkeit umsetzte. Wollen wir nun in Klagen ausbrechen: Der totale Staat schlägt uns die Kirche in Trümmer? Wollen wir nicht vielmehr dankbar sein, daß Gott einem Menschen die Augen darüber geöffnet hat, daß der Staat nicht eine Provinz im Volk ist, sondern daß der Staat das Volk ist und daß ich das Volk nicht habe, wenn ich seine Seele nicht habe, und daß den Staat die Seele des Volkes angeht und daß er darum sorgen muß – viel mehr als daß er gegen Milch- und Weinpanschungen vorgeht –, daß die Seele des Volkes nicht vergiftet werden kann und daß darum der Staat, wenn er seine von Gott übertragene Aufgabe ernst nimmt, fragen muß: Was tun die Kirchen?, und sollten die Kirchen nichts tun, daß er dann – ich scheue mich nicht zu sagen –, daß er dann befehlen muß aus seinem in Gott gebundenen Gewissen heraus. Das ist eine ganz unerbittliche Logik; da machen wir mit dogmatischer Theologie gar nichts. Diese Dinge werden nicht geklärt durch theoretische Erörterungen über das Verhältnis von Kirche und Staat, wobei Staat und Kirche je betrachtet werden als Gebilde sozusagen im luftleeren Raum. Wir haben es nicht mit einem Staat an sich, mit einem Staat überhaupt zu tun, sondern wir haben es mit diesem Staat zu tun, für den Adolf Hitler nun der Führer geworden ist, und die Frage hat sich für uns so zugespitzt: Was meint die evangelische Kirche zu diesem Führer des deutschen Volkes mit diesem klar ausgesprochenen Willen? (gegen einen bestimmten Zuhörer gewendet: Das machen wir durch Lachen nicht anders). Mit diesem klar ausgesprochenen Willen haben wir zu rechnen, und es ist richtig, wenn einfach ein Sturm der Empörung sich erhebt, wenn auch nur zunächst sich der Zweifel hervorwagt, ob das diesem Führer Ernst ist. Das lassen wir einfach nicht zu! Und mit diesem Willen haben wir zu rechnen.

Und nun frage ich noch einmal: Ist es vor dem Gewissen einer evangelischen Kirche zu verantworten, wenn sie von diesem Willen sachte sich entfernt hält und die Trennungsgräben zieht und die Hand, die der Führer des Staates bietet, nicht nimmt? Es ist in Berlin immer wieder entgegnet worden: Wenn sich aber die Staatsführung ändert? Wir müssen doch jetzt, da wir die Kirche neu bauen, das Verhältnis von Kirche und Staat so gestalten, daß es nicht nur für diesen einen Mann und seinen Staat zugeschnitten ist, sondern daß es richtig ist, auch für spätere Zeiten! Ich meine, ein Doppeltes muß darauf geantwortet werden: einmal, wir hätten lernen können, wie gefährlich es ist, für spätere Zeiten zu sorgen (ich muß mich da selber schuldig bekennen). Hat 1930 das deutsche Volk als ganzes zu hoffen gewagt, daß diesem Mann gelingen würde, was heute als sein Werk dasteht? Wir haben die Zukunft nicht in der Hand, aber für die Gegenwart sind wir verantwortlich, und darum ist das zweite, was ich entgegnen muß, das: Ist es recht, etwas, was für den Augenblick das einzig Notwendige ist, zu unterlassen, weil es für die Zukunft, die wir nicht kennen, vielleicht nicht mehr richtig sein könnte? Ich glaube, die Theologen unter uns werden mir recht geben müssen, wenn ich sage: Solches um einer Sicherung der Zukunft willen die Gegenwart Versäumen, das versteht die Bibel unter Unglaube. Und so können Sie es verstehen, wenn im Nationalsozialismus das Wort Glaube eine ganz grundlegende Rolle spielt. Es heißt: Das mutige Vertrauen, das mutige Vertrauen darauf, im rechten Handeln für die Gegenwart – so folgenschwer und dunkel dieses Handeln dann auch scheinen mag – auch für die Zukunft, die nicht in unserer Hand ist, das Rechte getan zu haben. Das gab diesen Männern den Mut, der so stark war, daß sie das erreichen konnten, was sie erreichten.

So ist also die Aufgabe der Kirche in dieser Stunde, neben den Staat und seinen in dem Führer verkörperten Willen einen Willen zu setzen, der zusammen mit dem Staatswillen gehen kann. Das können – ich darf es aussprechen – die Kirchenregierungen der 28 Landeskirchen nicht, sondern auch das kirchliche Wollen muß, wie das staatliche, so geformt werden, daß ein einheitlicher Wille möglich ist, muß münden in einen einzigen zwar treulich und gründlich beratenen, aber in seinen Entscheidungen kraft seinem an Gott gebundenen Gewissen verantwortlichen Führer, d. h. die Kirche muß ihre Spitze finden, die deutsche Volkskirche muß ihre Spitze finden in einem Reichsbischof. Ist es nun gar so verwunderlich, wenn von der Glaubensbewegung deutscher Christen die Forderung erhoben worden ist, dieser erste Reichsbischof muß aus diesen Reihen stammen? Haben sie dazu nicht einfach das natürliche Recht? Und ist es so unverständlich, daß die zweite Forderung ausgesprochen worden ist: dieser Mann muß einer sein, der das Vertrauen des Reichskanzlers, der – Sie dürfen sich ja nur die Vorgänge ins Gedächtnis rufen –, der das Vertrauen des Führers des Staats (Zuruf: des Reichspräsidenten! Zwischenbemerkung des Redners: studieren Sie doch das Ermächtigungsgesetz[78a] und schaffen Sie hier keinen Gegensatz zwischen diesen zwei Männern!), es muß einer sein, der das Vertrauen des Staatsführers nicht erst erwerben muß, sondern es bereits besitzt.

Denn das erste, was diese zwei Männer miteinander zu tun haben, sind so schwierige Fragen, daß diese Fragen und ihre Lösung nicht geeignet sind, Vertrauen entstehen zu lassen, wenn's noch nicht da ist, sondern so, daß das Vertrauen auf die Probe gestellt wird. Nun ist einer da, der nicht aus irgendeiner Absicht heraus, sondern der so, wie sich die Wege dieses Mannes gefügt haben, vor 6 ½ Jahren Adolf Hitler in den Weg getreten ist und mit dem er immer wieder lange und eingehend über Dinge des Glaubens, über Fragen auch der evang. Kirche gesprochen hat. Und dieser Mann ist der Wehrkreispfarrer Ludwig Müller. Ist es so unverständlich, so frage ich noch einmal, wenn schließlich das der Glaubensbewegung deutscher Christen sich als eine fast von selbst ergebende Lösung ergibt? Die Frage ist keineswegs bloß eine organisatorische, denn der Wille zur Einheit darf nicht von oben her einfach aufgezwungen werden, sondern muß von innen heraus im Volk aufbrechen. Dadurch wächst der Wille zur Einheit und zum Zusammenschluß: durch das unermüdliche Predigen des Führers und durch den treuen Zusammenschluß des Volkes. Dadurch wächst der Wille zur Einheit, daß die Kirche predigt und daß sie handelt, daß man in der Kirche etwas spürt von dem treuen Zusammenschluß derer, die als Glie-

[78a] Gesetz zur Behebung der Not von Volk und Reich vom 24. 3. 1933, RGBl. I, S. 141.

der nebeneinander stehen. Und darum steht auf dem Programm der deutschen Christen nicht nur die Bischofsfrage, sondern vor allem auch Neuordnung der Berufsausbildung der Diener der evangelischen Kirche, daß sie ihren Gemeinden noch in besserer Weise dienen können als bisher, Ausbildung überhaupt derer, die die evangelischen Gemeinden führen sollen. Das, verehrte Frauen und Männer, sind die Aufgaben, die vor der evangelischen Kirche in dieser Stunde stehen.

II

Was ist nun in Berlin geschehen zur Lösung dieser Aufgabe? Ich kann das, was bisher versucht worden ist, in drei Abschnitte zerlegen: eine vorläufige Besprechung, dienend zur Klärung der Fronten, einen zweiten Abschnitt gewidmet gemeinsamen Beratungen und den Frieden suchend. Leider folgt ein dritter Abschnitt: getrenntes Handeln.

Den ersten Abschnitt mache ich am besten deutlich, wenn ich schildere den Verlauf der Verhandlungen im Kirchenbundesamt, zu der die Glaubensbewegung deutscher Christen und Führer von verschiedenen kirchlichen Bewegungen eingeladen waren und an der außerdem noch die 3 Männer beteiligt waren, die der Kirchenausschuß stellte: D. Kapler, Vorsitzender des Deutschen Kirchenausschußes, D. Marahrens, Landesbischof von Hannover, und Studiendirektor D. Hesse in Barmen für die reformierte Kirche und ich als Vertrauensmann der Fakultät. Zugrund lagen die 10 Sätze, die die Glaubensbewegung deutscher Christen herausgegeben hatte für die Reichsbischofswahl, für den Bau der neuen Kirche[79]. Die Besprechung konzentrierte sich sofort um 2 Punkte, um das Verhältnis von Staat und Kirche und um den dritten Satz in jenen 10 Leitsätzen: um die Bedeutung der Arierfrage in der deutschen Kirche. Diese zwei Fragen ließen sich sehr schnell erledigen. Der dritte Satz dieser 10 Leitsätze lautet: »Die evang. Reichskirche ist die Kirche der Deutschen Christen, d. h. der Christen arischer Rasse. Insofern ist sie auch mit den Deutschen Christen des Auslandes verbunden. Die Verkündigung des Evangeliums unter den Fremdstämmigen ist eine Angelegenheit der Äußeren Mission.« Der Satz wird mindestens nicht vorsichtig genug gefaßt sein. Das zeigt die Anfrage, die ich an seinen Verfasser richtete: »Gesetzt den Fall, es bäte mich ein Nichtarier, ich möchte ihm die Beichte hören und das Sakrament reichen. Meiner Auf-

[79] Vgl. S. 80 f.

fassung nach gebe es nur den einen Weg: hingehen, die Beichte hören, das Sakrament ihm reichen.« Und auch das andere mußte ich ihm sagen: In einen Gottesdienst einer deutschen evangelischen Kirche hat ein solcher Mensch Zutritt, so oft er will. Und damit wurde auch von ihm die Änderung dieser Richtlinien anerkannt. Und darum ist diese Frage für die Kirche praktisch gar nicht mehr im Vordergrund. Denn das wird auch deutlich sein: in der heutigen Zeit wird in einer evangelischen Gemeinde im deutschen Volk einer, der jüdischen Blutes ist, nicht evangelischer Pfarrer werden wollen. Das wird ihm sein eigenes Taktgefühl sagen, daß er das nicht soll. So brauchen hier gar keine besonderen Richtsätze aufgestellt werden. Es wird sich praktisch von selbst regeln.

Viel schwieriger ist die Frage über das Verhältnis von Kirche und Staat. Man kam darüber nicht zu einer Einigung. Die Fronten traten auseinander. Die Jungreformatorische Bewegung meinte, es müsse gehandelt werden in Abwehr gegen die Gefahr, die vom »totalen Staat« droht. Die Glaubensbewegung Deutsche Christen meinte, daß ein Ja gewagt werden könne zum Nationalsozialismus; diese Stunde dürfe nicht versäumt werden. Immerhin bot die Besprechung noch Aussicht auf ein Sichverstehenkönnen, und darum wurde von Präsident D. Kapler eine weitere Besprechung auf 15. Mai anberaumt. Ich ging aber schon früher nach Berlin, weil ich wußte: solche Dinge können nicht einfach in einer Versammlung behandelt werden, sondern es müssen vorher persönliche Gespräche stattfinden. Während ich hinfuhr, ging ein Brief nach Tübingen: »Ich brauche nicht mehr zu kommen, die Versammlung finde nicht statt.«

Die Fronten hatten sich versteift. Trotzdem überschreibe ich den 2. Abschnitt: Versuche, sich zu verstehen und eine gemeinsame Linie zu finden und 2 Punkte herauszuheben. Der Versuch von seiten der Glaubensbewegung Deutsche Christen, durch Aufstellung neuer Richtlinien das herauszuheben, was das eigentlich Erstrebte war, und der Versuch der 3 Männer des Kirchen-Ausschußes, mit dem Wehrkreispfarrer Müller als Bevollmächtigten des Reichskanzlers in Loccum zu einem Gemeinsamen zu kommen, wurde unternommen. Die neue Fassung der Richtlinien bewegte den Wehrkreispfarrer Müller und mich am Samstag 20. Mai, Sonntag 21. Mai und Montag, 22. Mai. Vormittags hatten wir eine Fassung fertig, von der wir denken konnten, wir können sie vorlegen und sie werde vom deutschen evangelischen Kirchenvolk verstanden. Dem Wehrkreispfarrer Müller lag viel daran, was der Führer selbst dazu sagen würde. Es war am Montag vor dem Mittwoch, an dem Adolf Hitler die große Reichstagsrede[80] zu halten hatte. Es war für uns einfach ergreifend, als der Wehrkreispfarrer Müller anfragte in der Reichskanzlei, am Montag abend. Da hat dieser vielbeschäftigte Mann den Empfang zugesagt und hat diese Richtlinien mit dem Wehrkreispfarrer Müller durchgesprochen und hat sein Ja dazu gesprochen, und Sie erlauben mir vielleicht doch, einen Satz aus diesen Richtlinien herauszuheben: »Christliche Kirche im deutschen Volk ist sie nur, wenn sie Kirche für das deutsche Volk ist, wenn sie dem deutschen Volk in selbstlosem Dienst dazu hilft, daß es den von Gott ihm aufgetragenen Beruf in der Geschichte erkennen und erfüllen kann.« Dies ist nach den wiederholten Äußerungen des Herrn Reichskanzlers das letzte Ziel auch für die heutige Staatsleitung. Ich sage, der Herr Reichskanzler hat diese Sätze gelesen, hat sie anerkannt und hat, um eine klare Marschrichtung zu gewinnen, dem Wehrkreispfarrer Müller die Oberleitung über die Glaubensbewegung »Deutsche Christen« übertragen. Das war am Dienstag zwischen 11 und 12 Uhr. Am Mittwoch um ½ 1 Uhr sollten die 3 Männer und der Wehrkreispfarrer Müller in Loccum zusammenkommen, um ihrerseits den Weg zur Einigung zu finden. Loccum wurde vorgeschlagen, um aus dem störenden Berlin wegzukommen. Der Wehrkreispfarrer Müller wollte die Fragen gründlich noch einmal, auch von der theologischen Seite, durchberaten haben. So bat er mich, ob ich mit ihm nach Hannover gehen würde zur Weiterberatung. Es wurde noch Professor Hirsch in Göttingen und, damit auch die Reformierten vertreten seien, Prof. Goeters aus Bonn zugezogen. Wir saßen in Hannover vom Dienstag auf Mittwoch und sprachen zunächst die neuen Richtlinien durch. Sowohl Hirsch wie Peters konnten sie unterschreiben. Wir suchten dann noch gemeinsam über das uns auszusprechen, was dem deutschen evangelischen Volk heute das Notwendige wäre. Wir sprachen

80 Zu den von Fezer genannten Daten: Die Reichstagsrede Hitlers war am 17. 5. 1933 (Domarus I, S. 270 ff.); demnach handelt es sich nicht um Samstag bis Montag, 20. bis 22. Mai, die Ereignisse liegen vielmehr eine Woche früher vom 13. bis 15. Mai. Danach gelten folgende Termine: Besprechung Hitler-Müller: Montag, 15. Mai; Neue Richtlinien der DC fertig, Beginn der Besprechungen mit dem Kapler-Ausschuß: Mittwoch, 17. Mai; Presseempfang der Jungreformatorischen Bewegung: Freitag, 19. Mai; Besprechung Fezer mit Vertretern der Jungreformatorischen Bewegung: Sonntag, 21. Mai; Tagung der Leiter der GBDC: Dienstag, 23. Mai; Besprechung Kaplers mit den Vertretern der GBDC: Mittwoch, 24. Mai; Himmelfahrtsfest: Donnerstag, 25. Mai; Wahl des Reichsbischofs: ab Freitag, 26. Mai. Vgl. auch GB 139, S. 81.

die Fragen gründlich durch; es gelang uns aber nicht, eine Fassung zu finden, von der wir denken konnten, sie ist brauchbar. Am Morgen des Mittwoch sagte der Wehrkreispfarrer Müller – ich erzähle das, daß Sie ein Bild von diesem Mann bekommen –: »Jeder von uns geht jetzt auf sein Zimmer in die Stille, und da soll er horchen, was ihm geschenkt wird.« Es mochte noch nicht eine Stunde vergangen sein, da bat der Wehrkreispfarrer mich zu sich. Er legte mir etwas vor und sagte: »Können Sie das unterschreiben?« Ich antwortete: »Vom ersten bis zum letzten Wort.« »Wollen Sie das zu Professor Hirsch bringen?« Prof. Hirsch sagte auf die Frage, ob er es unterschreiben könne, Ja vom ersten bis zum letzten Wort, ebenso Goeters. Um ½ 1 Uhr kamen die 3 Herren von der Kirchenregierung. Und nun besprachen sie einmal die Grundlinien der Verfassung der neuen Kirche durch. Dann zweitens: ein gemeinsames Glaubensbekenntnis, aber nicht so, daß dasselbe an die Stelle des bisherigen treten solle, sondern als Signal der Sammlung des evangelischen Kirchenvolkes in Deutschland, und endlich den sogenannten Modus procedendi, die Verfahrensweise für die jetzt kommende Bischofswahl. In sämtlichen 3 Punkten wurde man einig. Zudem hatten auch die 3 Männer des Kirchenausschusses die neuen Richtlinien der Glaubensbewegung anerkannt, und dieses dritte Schriftstück, den Modus procedendi unterschrieben, als die bindende Verpflichtung, für die Art und Weise, wie man weiterhin vorgehen könne. Es sind im ganzen 8 Punkte in diesem Schriftstück. Der 1. Punkt besagt: Es soll, bevor eine letzte Entscheidung getroffen wird, die kirchliche Bewegung gehört werden über den Neubau der Kirche und bezüglich ihrer Wünsche für die Person des Reichsbischofs. Der dritte Punkt besagt: Wenn die Kirchenregierungen einig seien darüber, wer der künftige Reichsbischof sein soll, so soll man um einen Empfang beim Reichskanzler nachsuchen, um ihm vom Ergebnis der bisherigen Arbeit Mitteilung zu machen und um ihm die Person des künftigen Reichsbischofs mitzuteilen. An jenem Mittwoch Abend ist nun durch einen unverantwortlichen Mann großer Schaden verursacht worden. Es läßt sich nicht aufhellen, wer der erste Urheber des auf einmal auftauchenden Gerüchtes war, daß Landesbischof Rendtorff gewählt sei zum Reichsbischof und daß die Sache gleich durch den Rundfunk bekannt gemacht werden solle. Es wurde dies den Kirchenregierungen mitgeteilt, Präsident D. Kapler teilte es amtlich dem Bevollmächtigten des Reichskanzlers mit. Er schritt zunächst gegen Landesbischof Rendtorff ein, soweit er konnte. Ich muß es deutlich sagen: es handelte sich da um die Aufnahme in die Nationalsozialistische Partei[80a]. Es hat sich herausgestellt, daß Rendtorff keinen Hauch von der Sache wußte, sondern daß einfach eine Pressenotiz durchging. Selbstverständlich hat Rendtorff, der um dieses Gerüchtes willen seiner Kirche gegenüber in die schwierigste Lage gekommen war, sich rechtfertigen können und selbstverständlich hat Wehrkreispfarrer Müller sein Telegramm widerrufen, so daß Rendtorff wieder aufgenommen wurde und das Verhältnis zu seiner Kirche wieder hergestellt wurde. Das ist nicht das erste Mal, daß die Verhandlungen durch solche Unverantwortlichen gestört wurden. Das mag auch die Männer auf der Kirchenseite nervös gemacht haben.

Der zweite Schritt, der von den sachlichen Verhandlungen die Sachzustände auf die persönliche, auf die Bischofsfrage hinüberschob, war eine Besprechung, ein sog. Presseempfang der Jungreformatorischen Bewegung im Haus der Deutschen Presse in Berlin. Es wurde hier zunächst dargelegt, warum die Jungreformatorische Bewegung den Grundsatz vertrete, man müsse dem nationalsozialistischen Staat gegenüber vorsichtig sein. Das zweite war, daß sie nun von sich heraus zum ersten Mal den Namen Bodelschwingh nannte als den Mann, der der kommende Reichsbischof sein solle. Trotz dieser Schwierigkeiten waren dann sowohl zwischen dem Wehrkreispfarrer Müller und namhaften Vertretern der Jungreformatorischen Bewegung, vor allem 2 ihrer Führer, weitere Besprechungen. Es waren zwischen diesen beiden, dem Wehrkreispfarrer und mir lange Besprechungen im Gange, ob man sich nicht einigen könne darüber, daß die Forderung der Stunde ein Ja der Kirche sei zu diesem Staat. Und es schien auch noch am Sonntag, an dem ich 3 Stunden mit einem Führer der Jungreformatorischen Bewegung über diese Frage sprach, als ob man zusammenkommen könnte. Vielleicht hat dann am Dienstag die Lage noch einmal einen schweren Stoß erfahren. Auf Dienstag waren die Leiter der Glaubensbewegung nach Berlin gerufen. Das erste war eine Besprechung der neuen Richtlinien, und so einfach war es nicht, diese neuen Richtlinien durchzusetzen. Wehrkreispfarrer Müller hielt eine Rede, in der er seine Auffassung darlegte, was er als die Aufgabe der Stunde ansehe und warum er diese Richtlinien so vertrete, wie sie jetzt lauteten. Der Erfolg war, daß der bisherige Leiter der Glaubensbewegung durch Handschlag in die Hand des Wehrkreispfarrers sich verpflichtete, die neuen Richtlinien strikte zu halten. Es ist also nicht daran zu zweifeln: diese Richtlinien sind der Marschbefehl;

[80a] GB 138, S. 72: der Eintritt Rendtorffs in die NSDAP wurde abgelehnt; vgl. Dokumente, S. 38.

darnach handeln die Deutschen Christen. Und darnach bitte ich Sie auch zu urteilen, nicht nach irgend welchen einzelnen Pressenotizen. Das ist der Marschbefehl und der muß bezüglich des Urteils zugrunde gelegt werden.

Das zweite war, daß die Deutschen Christen nun auch ihrerseits zur Frage des Reichsbischofs Stellung nahmen. Es war ihr gutes Recht, nachdem die Jungreformatorische Bewegung sich geäußert hatte, zu erwarten, daß der Reichsbischof der Glaubensbewegung angehört, daß er das Vertrauen des Führers besitzt, 3. daß er in 4 Wochen zeigen kann, daß das Kirchenvolk hinter ihm steht. Und auch diese 3. Forderung werden Sie mindestens verständlich finden. Es wurde ausdrücklich gesagt: Name soll öffentlich keiner gesagt werden, aber man war sich eins: Müller, das ist der Name, der hier richtig ist. Der Leiter der Glaubensbewegung erstattete mit zwei Freunden dem Präsidenten Kapler Bericht. Offenbar war die Aussprache nicht sehr freundlich, denn die 3 Männer gingen über die Weisung hinaus, die sie hatten, und sprachen dem Präsidenten Kapler gegenüber, die Glaubensbewegung Deutsche Christen hätte sich für Müller entschieden. Darauf antwortete Kapler: Die Kirchenregierungen, die 3 Männer, die seitens der Kirche zu handeln hätten, seien sich einig über die Person des Reichsbischofs. Irgendeine Mitteilung darüber, wer der sei, ließen die 3 Männer dem Wehrkreispfarrer, als dem Beauftragten des Reichskanzlers, nicht zukommen. Diese 3 Männer haben am Mittwoch Nachmittag sich noch lange unterhalten, um die Frage zu klären, ohne auch nur ein Wort zu sagen, daß im Schrein ihres Herzens der und der Mann bereits genannt sei. Abends wurde dann der Name durchgegeben. Um 10 Uhr abends erfuhren wir davon. Wehrkreispfarrer Müller war eben von einer Besprechung gekommen, mit Marahrens und Goeters. Das Ergebnis derselben war eigentlich so, daß er dachte, die Lage habe sich noch gar nicht so zugespitzt. Wir hörten, der Name sei bereits durch den Rundfunk durchgegeben worden. Professor Hirsch und ich baten um eine Unterredung mit den beiden Führern. Das erste war, daß wir fragten: Herr Landesbischof, ist es eine Zeitungsente oder ist es wahr, daß der Name Bodelschwingh bereits durch die Presse geht? Antwort: Ja, das ist wahr. »Und Sie bringen es fertig, mit dem Bevollmächtigten des Reichskanzlers zu sprechen, ohne ihm Mitteilung darüber zu machen?« – »Ja, warum haben Sie nicht selbst nach dem Namen gefragt?« – Antwort: »Einen Namen, der mir mit Fug und Recht mitzuteilen ist, erfrage ich nicht.«

Wir haben bis zum Morgen des Himmelfahrtsfestes uns bemüht, den beiden Männern klar zu machen, welch verhängnisvoller Schritt dadurch geschehen ist. Das Himmelfahrtsfest verging mit persönlichen Besprechungen mit den Männern, die an der Sache beteiligt waren. Inzwischen hatten sich auch die Leiter der lutherischen Kirchen in Berlin zusammengefunden. Man versuchte allerlei Zwischenlösungen, die vielleicht möglich gewesen wären, aber die eben nicht eine wirkliche Antwort auf die Frage der Stunde gewesen wären, nämlich ein Ja zum Nationalsozialismus, – ich muß es genauer sagen – ein Ja zu dem im Grund des Nationalsozialismus lebenden Ernst des Glaubens.

Der Freitag kam, und damit der Tag der Wahl. Es zeigte sich, daß keine Wahl ohne Hindernis vorgenommen werden konnte, weder die Müllers noch die Bodelschwinghs. Es wurde sogar dem Wehrkreispfarrer gestattet, im Kirchenbundesamt seine Gedanken zur Lage vor den versammelten Führern der deutschen evangelischen Kirchen auszusprechen. Und dann wurde die Wahl vorgenommen. Sie ergab mit Hilfe der 17 preußischen Stimmen – diese waren durch Kapler vertreten –, die ja bereits gebunden waren, eine Mehrheit für Bodelschwingh. Und nun wurde das Ergebnis sofort durch Rundfunk und Presse bekannt gegeben, ohne der Reichsregierung vorher Mitteilung gemacht zu haben. Die Reichsregierung ist dadurch in eine peinliche Lage versetzt worden, denn sie konnte sich zu dieser Sache theoretisch nicht äußern. Muß es als möglich zugegeben werden, es könnten von seiten der Reichsregierung politische Bedenken gegen den Mann der Wahl bestehen, dann ist es das Richtige, die Kirche zieht einen solchen Mann in aller Stille zurück. Nun ist das nicht mehr möglich; dadurch ist die Situation ganz ohne Not ungeheuer erschwert. Auf der andern Seite kann die Reichsregierung noch nicht Bedenken über den Mann äußern und dann sich zufrieden geben, wenn auf Grund dieser Bedenken nichts geschieht. So bleibt ihr nichts anderes übrig, als den gewählten Reichsbischof nicht zu empfangen[81], keine Notiz davon zu nehmen von dem, was da vorgegangen ist. Und ich frage: Ist es für einen Reichsbischof der deutschen evangelischen Kirche auf die Dauer erträglich, sein Amt zu führen, ohne daß von seiten des Reichs offiziell Kenntnis davon genommen wird? Man darf da nicht den Artikel 137 der Reichsverfassung[81a] ins

81 Vgl. dazu den Brief Müllers an den Kapler-Ausschuß vom 15. 6. 1933 (GB 139, S. 82): »Er (Hitler) lehnt auch den Empfang des Herrn Pastor D. v. Bodelschwingh ab.« Vgl. ferner Dokumente, S. 55 ff.

81a Siehe Anmerkung 72, S. 95.

Feld führen. Dieser Artikel ließ frei die Bestellung der kirchlichen Ämter und sicherte die Kirche vor jeder Einmischung des Staats. Ich frage: Wenn der Papst von Rom, der doch eine andere Macht repräsentiert als die deutsche Volkskirche, wenn der es für geboten erachtet, bei Besetzung eines Bischofsstuhls, ehe der Name veröffentlicht wird, bei der betreffenden Staatsregierung feststellen zu lassen, ob politisch nichts gegen diesen Mann einzuwenden ist, wieviel weniger hätten es die deutschen evangelischen Kirchen dieser Regierung, der jetzigen Reichsregierung gegenüber versäumen dürfen, das Gleiche zu tun, auch wenn sie nicht durch einen ausführlichen Paragraphen oder Artikel der Verfassung gebunden waren? Aus der Wirklichkeit, nicht aus der Theorie heraus handeln. Denn wo muß diese Kirche leben? Im deutschen Volk, im deutschen Staat. Es wäre das Richtige gewesen, mit der Reichsregierung sich zu verständigen, und diese Unterlassung ist einfach festzustellen und zu bedauern.

III

Und darum kann mein dritter Abschnitt sehr kurz sein: Was ist nun zu tun? Nichts anderes als eben zu sagen: Seht, so ist es gewesen! Dann wird vielleicht die Frage herausspringen: Ist es nicht vielleicht das Richtige, wenn dieser ernannte Bischof, der doch einer ist, dem eigentlich die Hände gebunden sind, sein ihm übertragenes Amt in die Hände derer zurücklegt, von denen er es empfangen hat und die ihm zugleich die Hände gebunden haben dadurch, daß sie vorzeitig seinen Namen veröffentlichten.

DER STREIT UM DEN REICHSBISCHOF UND DIE VERFASSUNG DER DEUTSCHEN EVANGELISCHEN KIRCHE

Gutachten zur Wahl Bodelschwinghs

Unmittelbar nach der Benennung Bodelschwinghs zum Reichsbischof setzten die Versuche ein, diese Entscheidung wieder rückgängig zu machen. Am 27. Mai erklärte Ludwig Müller im Rundfunk: Die Kirchenregierungen haben den Ruf der Stunde nicht gehört[82].

[82] GB 138, S. 80.

Das Evang. Gemeindeblatt für Stuttgart *berichtete am 4. 6. 1933:*

Am 27. Mai wurde von der Mehrheit der Vertreter der deutschen Landeskirchen Pastor D. Friedrich v. Bodelschwingh, der Sohn des berühmten Pastors v. Bodelschwingh und hoch verdiente Leiter der Betheler Anstalten, zum Reichsbischof gewählt. Eine Minderheit, darunter der württ. Kirchenpräsident D. Wurm, erklärte sich für Wehrkreispfarrer Müller, den Vertrauensmann Adolf Hitlers in der Reichskirchenkommission. Wie aus einem Bericht des württ. evang. Preßverbands hervorgeht, wurde, durch voreilige Nennung von Namen in der Öffentlichkeit veranlaßt, die Wahl sehr rasch vollzogen. Die »Glaubensbewegung deutscher Christen« hat sofort nach der Ernennung für die endgültige Entscheidung eine Volksabstimmung auf 31. Oktober beantragt. In der Reichsbischofsfrage stehen sich zwei Richtungen gegenüber. Die einen bemühen sich, mit allem Nachdruck die Unabhängigkeit der Kirche vom Staat zum Ausdruck zu bringen, und wollen diese Absicht auch dadurch zur Geltung bringen, daß sie einen Reichsbischof wünschen, der nicht Nationalsozialist im betonten Sinne des Wortes ist. Die andere Richtung will gleichfalls ernstlich die kirchliche Unabhängigkeit wahren, legt aber zugleich Wert darauf, daß der oberste Träger der Kirchenhoheit das volle Verständnis für den neuen Staat hat und das volle Vertrauen der den neuen Staat tragenden Volksgruppen genießt. Wir wünschen von Herzen, daß die Reichsbischofsfrage recht bald eine dem Wohl der Kirche und des Volks günstige Erledigung finden möchte. Wir unsererseits sind der Überzeugung, daß es der Lage von Volk und Kirche besser entsprochen hätte, wenn der Bodelschwingh an Bedeutung nicht nachstehende Wehrkreispfarrer Müller gewählt worden wäre.

Ein Rechtsgutachten aus dem Büro von Ludwig Müller druckte der NS-Kurier *in seiner Ausgabe vom 7. 6. 1933 ab:*

Die Wahl des Reichsbischofs

Eine Klärung der Rechtsgrundlagen

Die kirchenpolitischen Auseinandersetzungen um die Stellung des evangelischen Reichsbischofs haben uns Veranlassung gegeben, uns an führende Persönlichkeiten des evangelisch-kirchlichen Lebens mit der Bitte zu wenden, ihre Stellungnahme zu den schwebenden kirchenpolitischen Streitfragen zu äußern. Wir geben nachstehend die Meinung einer im hohen kirchlichen Leben angesehenen Persönlichkeit wieder, die im wesentlichen rechtliche Fragen streift[83].

»Das sogenannte Dreimännerkollegium, bestehend aus dem Präsidenten D. Kapler, dem Landesbischof von Hannover D. Marahrens und dem Studiendirektor D. Hesse, hat vor einigen Tagen den Pastor D. von Bodelschwingh zum Reichsbischof bestimmt[84] und sich anschließend, wie mitgeteilt wird, hierzu der Zustimmung einer bisher noch umstrittenen Mehrheit der Kirchenregierungen der deutschen evangelischen Landeskirchen vergewissert. Dies ist geschehen, ohne daß die Glaubensbewegung »Deutsche Christen« an der Bestimmung der Person des Reichsbischofs irgendwie beteiligt gewesen oder daß ihren für die Person des Reichsbischofs aufgestellten Forderungen Rechnung getragen wäre.

Auf welche Rechtsgrundlagen sich die in dieser Form erfolgte Einsetzung des Reichsbischofs stützen soll, ist bisher nicht bekannt geworden. In der Tat erscheint es ausgeschlossen, eine solche Rechtsgrundlage zu finden, denn die Einsetzung steht in klarem Widerspruch zu der geltenden Verfassung des Deutschen Evang. Kirchenbundes vom 25. 5. 1922[85]. Hätte man unter Wahrung dieser Verfassung zur Schaffung eines Reichsbischofs kommen wollen, so hätte man entsprechend § 20[86] der Bundesverfassung zunächst ein verfassungsänderndes Bundesgesetz beschließen müssen, zu dessen gültigem Zustandekommen eine entsprechend qualifizierte Mehrheit im Kirchenbundesrat und im Kirchentag, den beiden Gesetzgebungsorganen des Deutschen Evang. Kirchenbundes, erforderlich gewesen wäre. Diesen »legalen« Weg der kirchlichen Verfassungsänderung hat man nicht gewählt. Auch die Vollmacht, die Herr Präsident D. Kapler für seine Person vom Deutschen Evang. Kirchenausschuß zur Vorbereitung einer kirchlichen Verfassungsreform erhalten hat, schließt um so weniger das Recht zur Durchführung einer Verfassungsänderung in sich, als der Machtgeber dieser Vollmacht, der Kirchenausschuß, auch für sich ein solches Recht gar nicht besitzt.

Das Dreimännerkollegium hat danach offenbar geglaubt, aus revolutionären Befugnissen und Rechten zur Einsetzung eines rechtmäßigen

[83] Vgl. GB 139, S. 82 (zum 8. 6. 1933); Hermelink, S. 39 f. Zum Zusammenhang vgl. Kater, S. 81 ff.

[84] Siehe dazu GB 138, S. 80 (zum 24. 5. 1933).

[85] Siehe Anmerkung 39 a, S. 54.

[86] Nach diesem Paragraphen können Änderungen der Kirchenbundesverfassung nur herbeigeführt werden, wenn Kirchenbundesrat und Kirchentag mit je zwei Dritteln der abgegebenen Stimmen dies beschließen; siehe »Allgemeines Kirchenblatt für das Evang. Deutschland«, 70/1921, S. 804.

Reichsbischofs gelangen zu können. Es wäre jedoch ein Irrtum, anzunehmen, daß jedes Verlassen der Legalität schon Revolution sei und daß schon durch die bloße Anwendung revolutionärer Mittel und Methoden wirkliches und gültiges Recht geschaffen werden könne. Daß allerdings eine Revolution neues Recht hervorbringen kann, wird niemand leugnen; aber was diesem revolutionären Recht den Makel der Illegalität nimmt und ihm Verbindlichkeit verschafft, ist gewiß nicht schon die Tatsache an sich, daß es illegal ist. Erst der Sieg der revolutionären Kräfte und die Durchsetzung des eigentlichen revolutionären Zieles gibt einem revolutionären Akt und einer daraus hervorgegangenen Verfassungsschöpfung die erforderliche Legitimität. Woher will aber das Dreimännerkollegium, woher will jene ›Stimmen‹-Mehrheit der Kirchenregierungen die Legitimation nehmen, die das ganze deutsche evangelische Kirchenvolk und den Staat zur unbedingten Anerkennung des durch jene jetzt angewandten Methoden hervorgebrachten Ergebnisses zwingen könnte.

Jeder weiß, daß es die »Deutschen Christen« waren, die die Einigung des deutschen evangelischen Kirchenvolks in einer Evang. Reichskirche gefordert und den Ruf nach einem Evang. Reichsbischof erhoben haben. Sie haben das Ziel gesetzt, von ihnen stammt der Ruf und die Kraft, die Einheit des deutschen Kirchenvolkes in der von einem Reichsbischof geführten Reichskirche zu verwirklichen. Die Einsetzung eines Reichsbischofs ohne ihre Beteiligung und gegen ihren Willen ist nur ein scheinbarer und mißbräuchlicher Einsatz revolutionärer Mittel, weil sie nicht die Erfüllung eines revolutionären Auftrags darstellt, sondern gerade diesen Auftrag in der Form und im Inhalt verneint.

Eine solche Verfassungsneuschöpfung ist weder im strengen Sinne verfassungsmäßig noch im echten Sinne revolutionär, ist weder legal noch legitim. Nicht nur das evangelische Kirchenvolk, sondern auch der Staat wird vielleicht von diesem Tatbestand ausgehen müssen, denn der Staat vermag kraft seiner Kirchenhoheit nur eine solche kirchenverfassungsrechtliche Um- und Neubildung anzuerkennen, die auf gutem Recht beruht, d. h. die den in ihm selbst wirkenden unverfälschten Vorstellungen von Legalität und revolutionärer Legitimität im Wesen entspricht.«

Der vorstehende kirchenpolitische Artikel wurde uns, als von hoher kirchlicher Stelle stammend, von verantwortlicher Stelle mit der Bitte um Veröffentlichung zugesandt. Wir kommen dieser Bitte nach, ohne von uns aus zu dem Inhalt des Artikels Stellung zu nehmen, und geben ihn lediglich als Material zu den schwebenden kirchenpolitischen Streitfragen wieder.

Aus dem Büro Bodelschwinghs erschien am 14. 6. 1933 die erste Folge eines Kirchlichen Aufklärungsdienstes[87]. *Dort wurde auf ein kirchliches* Weißbuch *hingewiesen, auf eine amtliche Darstellung der Vorgänge bei der Wahl des Reichsbischofs, das von den drei Bevollmächtigten des Kirchenbundes gefertigt worden war. Weiterhin wurde die Ausarbeitung* Zur Geschichte des Streits um den Reichsbischof *im Auszug wiedergegeben, die von Prof. D. E. Hirsch zusammengestellt war*[88]*:*

... Unmittelbar nach Erscheinen des oben genannten »Weißbuches« hat Universitätsprofessor D. E. Hirsch, Mitglied der Glaubensbewegung

[87] OKR Stuttgart, Registratur, Generalia Bd. 115 b I: Das Beischreiben lautet: »Der kirchliche Aufklärungsdienst will dem Verlangen des Kirchenvolkes entgegenkommen, das von dem Reichsbischof Friedrich v. Bodelschwingh die Führung beim Neubau und der inneren Ausgestaltung der deutsch-evangelischen Kirche erwartet: Er will in schlichtem Dienst über die Dinge, Verhältnisse und Aufgaben berichten, die heute unsere Gemeinden so tief bewegen. Foertsch, Konsistorialrat.«

[88] Vgl. dazu GB 139, S. 82 (zum 8. 6. 1933) und einen Teilabdruck im »Schwäbischen Merkur«, Ausgabe vom 7. 6. 1933; in dieser Ausgabe wurde auch auf die Darstellung des Kirchenbundesamts hingewiesen. Zu Prof. D. Hirsch vgl. weiterhin dessen Beitrag im »Schwäbischen Merkur«, Ausgabe vom 9. 7. 1933: »Freier Dienst am Evangelium!«. Am Schluß heißt es dort: »Die Freiheit der Kirche ist nicht vom nationalsozialistischen Staate in Gefahr gebracht worden, sondern von denen, die die gegenwärtige Stunde nicht erkannt hatten und den Staat zur Notwehr gegen drohende Zerspaltung der Bewegung gezwungen haben. Die Freiheit der Kirche wird sich darum in kürzester Frist wieder vor aller Augen sichtbar herstellen. Freilich nicht in dem falschen Sinne, daß die Kirche frei würde von dem Ja zur gegenwärtigen Stunde, von dem Hingegebensein an das sich verjüngende deutsche Volk und sein Schicksal. Wohl aber in dem Sinne, daß die Kirche frei sein wird dazu, ohne staatlichen Befehl und staatlichen Eingriff dem Evangelium am deutschen Volke zu dienen. Alle diejenigen, die von der gegenwärtigen Krise bedrängt und verwirrt werden, sind herzlich um Gottes willen gebeten, sich selber zu prüfen. Meinen sie, wenn sie von der Freiheit der Kirche sprechen, die Freiheit von dem Ja zur neuen Gestalt unserer Volksart und unserer Geschichte? Wenn es das wäre, so dürften sie sich nicht auf das Evangelium berufen. Meinen sie aber die Freiheit, das nationalsozialistische deutsche Volk zum Gehorsam unter das Evangelium zu rufen, so dürfen sie wissen: diese Freiheit ist nicht in Gefahr. Für diese Freiheit wird in den gegenwärtigen Wochen gerade der natürliche Boden der Lebensverbundenheit von Kirche und Volk bereitet. Anders kann und darf ein sein Volk liebender evangelischer Christ die Kirchengeschichte dieser Wochen nicht auffassen.«

»Deutsche Christen«, eine Darstellung »Zur Geschichte des Streits um den Reichsbischof« gegeben, die in vollem Wortlaut in der »Kirchenfrage« (Evangelischer Presseverband für Deutschland) sowie im »Evangelium im dritten Reich« (Nr. 24) erschienen ist. Die zahlreichen Unrichtigkeiten und Schiefheiten dieser von Professor Hirsch gegebenen Darstellung bedürfen dringend der Richtigstellung.

Professor Hirsch geht zunächst auf den Modus procedendi (Art des Vorgehens) ein, der in Loccum zwischen den drei Bevollmächtigten und Wehrkreispfarrer Müller vereinbart wurde. Er schreibt: »Außerdem war ein feierlicher Akt der Zustimmung des ganzen Kirchenvolks zu dem geplanten Verfassungswerk vorgesehen, nachdem die Person des Reichsbischofs bestimmt und vom Staate anerkannt worden wäre.« Der betreffende Absatz des Modus procedendi lautet wörtlich: »Vorbereitung einer entsprechenden gottesdienstlichen Feier an ein und demselben Tag im ganzen Reich durch den Präsidenten des Kirchenausschusses. Keine Abstimmung. Etwaige widersprechende Erklärungen können im Anschluß an die Feier bei der kirchlicherseits zu bestimmenden örtlichen Stelle verlautbart werden.« Aus dieser auch von Wehrkreispfarrer Müller unterschriebenen Abmachung geht klar hervor, daß eine Abstimmung überhaupt nicht in Erwägung gezogen, geschweige denn anerkannt worden ist. Die »Zustimmung des ganzen Kirchenvolks« war lediglich als Feier-Gottesdienst der Gemeinden gedacht.

Die Notwendigkeit der Anerkennung des Reichsbischofs durch den Staat, von der Professor Hirsch schreibt, ist von Seiten der kirchlichen Vertreter mit Entschiedenheit verneint worden[89]. In Ergänzung der hier geltend gemachten Gründe ist noch auf folgendes hinzuweisen: Der Herr Reichskanzler hat Wehrkreispfarrer Müller bevollmächtigt für die Angelegenheiten der evangelischen Kirche, soweit sie die Fragen, die das Verhältnis des Staates zu den evangelischen Kirchen betreffen, berühren. Er hat ihm noch den besonderen Auftrag erteilt, alle Arbeiten zur Schaffung einer Evangelischen Deutschen Reichskirche zu fördern. Die verfassungsmäßige Begründung einer Deutschen Evangelischen Kirche mit einem Reichsbischof an der Spitze ist eine solche Frage, in der der Bevollmächtigte des Reichskanzlers mit den Bevollmächtigten des Kirchenbundes einmütig zusammengearbeitet hat. Bei dieser Gelegenheit (in Loccum) ist auch die Personenfrage berührt worden. Es wurde Einmütigkeit darüber erzielt, daß eine Mitwirkung des Staats hierbei

[89] Weißbuch, Absatz 4.

nicht in Frage kommt. Artikel 137 der Reichsverfassung bestimmt ausdrücklich[90], daß jede Religionsgesellschaft ihre Ämter ohne Mitwirkung des Staats oder der bürgerlichen Gemeinde verleiht. Eine vertragliche Vereinbarung (politische Klausel) besteht zwischen dem Deutschen Evangelischen Kirchenbund und dem Reich nicht. Die Kirchenverträge der Länder finden keine Anwendung, da der Kirchenbund eine Körperschaft des Reichs ist und bei diesen Staatsverträgen nicht mitgewirkt hat. So bestand auch keine rechtliche Notwendigkeit, mit dem Bevollmächtigten des Reichskanzlers in der Personenfrage Fühlung zu nehmen. Trotzdem hat man selbstverständlich, da man ja in vollem Vertrauen zusammenarbeitete, die Personenfrage mit ihm besprochen. Hierbei ist auch wiederholt der Name von Bodelschwingh genannt worden, ohne daß er dazu ablehnend Stellung genommen hätte.

Professor Hirsch schreibt in seiner Darstellung weiter: »Durch eine Kette von Ereignissen ist dieser ganze Plan (gemeint ist der Modus procedendi von Loccum) von anderer Seite über den Haufen geworfen worden.« Dieser Satz ist eine ungeheuerliche Übertreibung. Der Plan ist im wesentlichen durchgeführt worden. Da aber die Vorbereitungen des Verfassungswerkes und die Lösung der Bischofsfrage nicht im luftleeren Raum geschehen, sondern in sturmbewegter Zeit, mußten notwendigerweise einige Änderungen eintreten. An diesem Punkt seiner Darstellung verschweigt Professor Hirsch völlig die ausschlaggebenden Ereignisse, die sich am Dienstag vor Himmelfahrt innerhalb der Glaubensbewegung der Deutschen Christen vollzogen. (Es sei auf die entsprechenden Abschnitte des »Weißbuches« verwiesen.) An diesem Tage traten in Berlin die Gauleiter der Glaubensbewegung der Deutschen Christen aus dem ganzen Reich zusammen. Bereits am Dienstag Abend wurde vertraulich bekannt, daß auf dieser Tagung die Nominierung des Reichsbischofs erfolgt sei. Am Mittwoch Morgen gegen 11 Uhr erschien dann (vgl. Kirchliches Weißbuch) Pfarrer Hossenfelder bei dem Präsidenten Kapler, übermittelte ihm die bekannten Forderungen der Reichsleitung der Deutschen Christen zur Bischofsfrage und teilte ihm auch den Namen von Wehrkreispfarrer Müller mit. Die Vertreter der Reichsleitung erklärten weiter, daß sie aus Loyalität diese Forderungen vorher persönlich mitteilen wollten, bevor sie diese in die Presse gäben. So bestand also bei der Reichsleitung der Deutschen Christen der Plan, innerhalb der nächsten Stunden Wehrkreispfarrer Müller als den von den

[90] Siehe Anmerkung 72, S. 95.

Deutschen Christen benannten Reichsbischof der Öffentlichkeit bekannt zu geben. Im Kirchlichen Weißbuch ist näher dargestellt worden, wie durch diese Vorgänge die drei Bevollmächtigten in die Zwangslage versetzt wurden, nunmehr, um falschen Gerüchten rechtzeitig entgegenzutreten, den Namen Bodelschwinghs bekannt zu geben.

Professor Hirsch macht den drei Bevollmächtigten und ihren Mitarbeitern den Vorwurf der Rücksichtslosigkeit und der Treueverletzung gegenüber dem Bevollmächtigten des Herrn Reichskanzlers, weil sie nicht mehr über die Personenfrage mit ihm gesprochen hätten. Demgegenüber ist auf folgendes hinzuweisen: Hinsichtlich der Personenfrage war die Stellungnahme zu dem Bevollmächtigten des Reichskanzlers aber nunmehr dadurch völlig verändert, daß er am Dienstag von den »Deutschen Christen«, deren Schirmherr er ist, einmütig zum Reichsbischof ausersehen war und er diese Benennung offenbar seinerseits nicht abgewiesen hat. Damit war der Bevollmächtigte des Reichskanzlers gleichzeitig Gegenkandidat gegen die Person geworden, auf die sich die kirchlichen Bevollmächtigten geeinigt hatten. Welchen Zweck sollte es da noch gehabt haben, mit ihm über die Personenfrage zu verhandeln! Er hätte ja die Bewegung, der er angehört und deren Schirmherr er ist, im Stiche lassen müssen, wenn er der Kandidatur der kirchlichen Sachverständigen zugestimmt hätte. Das war ihm nicht zuzumuten. Als Bevollmächtigter des Reichskanzlers aber kam seine Zustimmung aus den oben dargelegten rechtlichen Gründen nicht in Frage. So entsprach es der Rechtslage und der tatsächlichen Lage, wenn er zu der Personenfrage nicht mehr hinzugezogen wurde. Trotzdem wurde ihm gern Gelegenheit gegeben, im Kreise der Vertreter aller deutschen Landeskirchen vor deren Abstimmung zur Personenfrage eingehend seine Stellung darzulegen.

Wenn Professor Hirsch weiterhin behauptet: »Durch die Ereignisse des Mittwoch sind die Deutschen Christen gezwungen worden, am Freitag früh in der Öffentlichkeit den Namen ihres Kandidaten bekannt zu geben«, so ist das nachweisbar unrichtig. Wie schon oben dargelegt, ist bereits am Mittwoch in der Öffentlichkeit bekannt geworden, daß die Deutschen Christen Wehrkreispfarrer Müller als Kandidaten für das Amt des Reichsbischofs benannt und an D. Kapler die oben erwähnte ultimative Forderung gestellt hatten. Auf die irreführende Darstellung von Professor Hirsch über die Abstimmung in der Sitzung der Kirchenregierungen werden wir noch in größerem Zusammenhang zurückkommen.

Zum Schluß fordert D. Hirsch Urabstimmung des deutschen evangelischen Kirchenvolks über das Verfassungswerk und die Person des Reichsbischofs, eine Forderung, die jeder überzeugte Nationalsozialist aus seiner zielsicheren Feindschaft gegen Demokratie und Parlamentarismus und Wahlunfug ebenso verabscheuen muß wie jeder innerliche Kirchenchrist, der bei Fragen kirchlicher und innerlichster Art eine Entscheidung durch Massenagitation, Massenpsychose und Massenabstimmung als völlige Unmöglichkeit ansieht.

Die Darstellung von Professor Hirsch ist im »Reichsboten« mit der aus dem Kreise um Hirsch stammenden Vorbemerkung erschienen, daß er als wissenschaftlicher Beirat des Wehrkreispfarrers Müller an den entscheidenden Verhandlungen persönlich teilgenommen habe. Durch diese irreführende Formulierung ist weithin das Mißverständnis entstanden, als ob Hirsch an den Beratungen des Wehrkreispfarrers Müller mit den kirchlichen Bevollmächtigten beteiligt gewesen sei. Wie wir hierzu von zuständiger Seite erfahren, hat Hirsch an diesen letztgenannten Verhandlungen überhaupt nicht teilgenommen.

Universitätsprofessor D. Fezer hat in Stuttgart und anderwärts Vorträge »Um den Reichsbischof« gehalten, dessen Schiefheiten im wesentlichen durch obige Ausführungen klar gestellt sind.

Zu den Darstellungen von Prof. D. E. Hirsch bemerkte Wurm handschriftlich am Rande des Schriftstücks:

In den amtlichen Darstellungen, auch im »Weißbuch« wird hartnäckig verschwiegen, daß die Wahl Bodelschwinghs schon am 19. Mai proklamiert wurde. Warum haben sie nicht einfach erklärt, daß der Stand des Verfassungswerks eine Festlegung auf eine Person noch nicht zulasse? Eine Besprechung wäre trotzdem angezeigt gewesen, um den Schein einer Illegalität zu vermeiden.

Zu der Ausarbeitung von Prof. D. E. Hirsch veröffentlichte Gottfried Traub, der Herausgeber der Wochenschrift Eiserne Blätter, *in seiner Zeitschrift einen* Offenen Brief, *den der* Schwäbische Merkur *am 11. 6. 1933 auszugsweise abdruckte:*

Heute müßte man einen Mann in Deutschland begrüßen, der das Allerselbstverständlichste sagte; nämlich: die evangelische Kirche ist die Kirche Christi und der Reformatoren, aber nicht die der Nationalsozialistischen Arbeiterpartei Deutschlands. Wir sind überzeugt, daß wir damit auch die Überzeugung des Reichskanzlers selbst vollständig wiedergeben. Heute müßten die sämtlichen theologischen Fakultäten Deutschlands hinter den einmal bestellten Reichsbischof von Bodelschwingh treten! Das wäre eine Tat! Für jedes kirchliche Empfinden ist es ein unerträgliches Schauspiel, daß das evangelische Kirchenvolk auch weiterhin verwirrt werden soll! Ich verstehe schlechterdings nicht, wie Sie, hochgeehrter Herr Professor, dazu kommen können, nun eine »Urabstimmung in den einzelnen Kirchengemeinden« zu verlangen, um das Kirchenvolk zur Entscheidung aufzurufen. Von Ihren konservativen Voraussetzungen aus darf Masse nicht aufgerufen werden. Ich verlange: Lassen Sie einem Mann wie Bodelschwingh – denn er ist ein Mann – Zeit, zu zeigen, was er kann. Gönnen Sie ihm doch auch einen Vierjahresplan! Ich bin gewiß, daß nach vier Jahren die wirklichen kirchlichen Kreise – denn über Kirche haben nur die kirchlichen Kreise zu entscheiden – gar keine Wahl mehr verlangen, sondern mit dem frommen Reichsbischof Gott gemeinsam Dank sagen werden, daß die evangelische Kirche in aller Schwachheit nach wie vor Männern und Frauen Trost und Kraft für Leben und Sterben gibt.

Freilich ist es mir zuletzt nicht um einen solchen Vierjahresplan zu tun, sondern um den ernsten Willen, die Verwirrung in der Kirche keinen einzigen Tag mehr zu vermehren. Schon heute hat der Vatikan in Rom seine ungeheure Freude an diesem Zerfall. Die evangelische Kirche hat lange Zeit nötig, um sich von einem solchen Stoß zu erholen. Wenn Nationalsozialisten in der Friedenauer Kirche, als Bodelschwinghs Worte verlesen werden sollten, während des Gottesdienstes erklären: »Im Namen der nationalsozialistischen Partei erheben wir Einspruch«, so ist das nicht damit abzutun, daß es ein bedauerlicher Zwischenfall sei – das ist ein furchtbares Zeichen dieser Zeit[90a]! Wer heute sich noch evangelisch nennt, hat keine andere Pflicht, als dafür zu sorgen, daß der Mann, der nun an der Spitze steht, Ruhe für seine Arbeit bekommt und die Evangelischen auch das nötige Richtmaß dafür wieder erhalten, daß nicht die Verfassungen in der Kirche die Hauptsache sind, sondern das Wort Gottes!

Am 7. 6. 1933 teilte der Deutsche Evang. Kirchenausschuß den Leitungen der Deutschen Evang. Landeskirchen mit[91]:

Im Anschluß an meine Mitteilungen über die Arbeiten an der werdenden Deutschen Evang. Kirche und mit Bezug auf das Rundschreiben

[90a] Siehe Anm. 149, S. 194. [91] OKR Stuttgart, Registratur, Generalia Bd. 115 b.

vom 2. Juni[92] des Jahres lasse ich den obersten Kirchenbehörden die von den Bevollmächtigten des Deutschen Evang. Kirchenbundes und dem Bevollmächtigten des Herrn Reichskanzlers in gemeinsamer Beratung einmütig festgestellte Kundgebung zur Gründung der Deutschen Evang. Kirche zur Kenntnisnahme zugehen. Die Kundgebung ist unter Zustimmung der Vertreter der Landeskirchen in der Sitzung vom 26./27. Mai des Jahres der Öffentlichkeit übergeben worden. Ob die Kundgebung dazu benutzt werden soll, in einer gottesdienstlichen Feier das Kirchenvolk aufzufordern, sich zu dem Werk der Deutschen Evang. Kirche zu bekennen, bleibt späterer Erwägung vorbehalten.

In Ausführung der in der Kundgebung in Aussicht genommenen Maßnahmen ist durch Entschließung der drei Bevollmächtigten des Deutschen Evang. Kirchenbundes unter Zustimmung der Vertreter der Landeskirchen der hochverdiente Leiter der weltbekannten Betheler Wohlfahrtsanstalten, Pastor D. Friedrich von Bodelschwingh, als Reichsbischof der künftigen Deutschen Evang. Kirche bestimmt worden. D. von Bodelschwingh hat sich zur Übernahme des Amtes bereiterklärt und seine Tätigkeit sofort aufgenommen. Damit ist ein wichtiger Markstein in der neuen kirchlichen Entwicklung erreicht und ein erster Baustein für die neue Deutsche Evang. Kirche gelegt. Eine rechtlich genaue Abgrenzung der Zuständigkeiten des Reichsbischofs der künftigen Deutschen Evangelischen Kirche läßt sich naturgemäß im Augenblick noch nicht geben, doch werden die Arbeiten an der neuen Verfassung mit größter Beschleunigung betrieben, so daß ich hoffe, bald weitere Nachricht folgen lassen zu können. Nachdem sich die überwältigende Mehrheit der landeskirchlichen Vertreter bei der Schlußabstimmung in der genannten Sitzung für D. v. Bodelschwingh als den ersten Reichsbischof der kommenden Deutschen Evang. Kirche entschieden hat, hat er die verantwortungsvolle Aufgabe, in dieser Eigenschaft in die Öffentlichkeit zu treten und das noch nicht geeinte Kirchenvolk zu der neuen Deutschen Evang. Kirche und dem sie leitenden Reichsbischof hinzuführen. Daneben bleibt selbstverständlich die rechtliche Organisation des Deutschen Evang. Kirchenbundes in vollem Umfange erhalten, damit der Rechtsboden nicht verlassen, die Rechtssicherheit nicht gestört und die Rechtskontinuität zwischen dem Kirchenbund und der kommenden Reichskirche nicht gefährdet wird.

Der Präsident: Kapler.

[92] Siehe S. 94 ff.

Diese Mitteilung wurde von Wurm erneut Direktor Dr. Müller und Oberkirchenrat Dallinger zur Kenntnisnahme zugeschrieben mit der Bemerkung bei Absatz 2[93]*:* Die Rechtslage ist doch recht undurchsichtig. Der Rest des Satzes hebt m. E. die Voraussetzungen für eine tatsächliche Amtsausübung des designierten Reichsbischofs wieder auf.

Direktor Dr. Müller bemerkte dazu: Durch das vorstehende Schreiben des Kirchenausschusses ist wenigstens eine Klärung nach der Richtung erfolgt, daß der nominierte Reichsbischof zur Zeit lediglich eine die Deutsche Evang. Kirche vorbereitende Tätigkeit ausüben kann und im übrigen die verfassungsmäßigen Organe des Kirchenbundes weiterbestehen.

Dr. Dallinger bemerkte: Da der einstweilige Reichsbischof weder eine verfassungsrechtlich abgegrenzte Zuständigkeit hat noch auf einer verfassungsrechtlichen Grundlage berufen worden ist, wird nach Fertigstellung der Verfassung eine förmliche (Neu) Wahl vorzunehmen sein, deren Ergebnis von der einstweiligen Berufung D. v. Bodelschwinghs rechtlich unabhängig sein muß.

Die Kundgebung zur Gründung der Deutschen Evang. Kirche *wurde am 8. 6. 1933 im* Kirchlichen Anzeiger für Württemberg *abgedruckt:*

Unser heißgeliebtes deutsches Vaterland hat durch Gottes Fügung eine gewaltige Erhebung erlebt. In dieser Wende der Geschichte hören wir als evangelische Christen im Glauben den Ruf Gottes zur Einkehr und Umkehr, den Ruf auch zu einer einigen Deutschen Evangelischen Kirche. Diese Deutsche Evang. Kirche, vereinigt in einem feierlichen Bund gleichberechtigter Bekenntnisse, ist berufen, das im Deutschen Evang. Kirchenbund erst begonnene Werk der Verfassung des deutschen Gesamtprotestantismus zu Ende zu führen.

Das Bekenntnis ist ihre unantastbare Grundlage. Der Dienst an ihm bestimmt und begrenzt die Vollmachten, deren die Kirche für ihre Sendung an diese Welt, vornehmlich an das deutsche Volk im Inland und Ausland bedarf. Die räumliche Zersplitterung des deutschen Protestantismus wird sie beseitigen, aber lebenskräftige Landeskirchen sind ihr willkommene Helfer.

[93] Bemerkung zur folgenden Stelle des Protokolls: »D. Bodelschwingh ..., als Reichsbischof bestimmt ..., hat ... seine Tätigkeit sofort aufgenommen« (siehe S. 134).

Ein Reichsbischof lutherischen Bekenntnisses steht an ihrer Spitze. Ihm tritt ein Geistliches Ministerium zur Seite. Dessen Mitglieder haben in Gemeinschaft mit dem Reichsbischof und, wo es die Wahrung und Pflege eines anderen als des von ihm vertretenen Bekenntnisses erfordert, an seiner Stelle die Kirche zu leiten. Einer deutschen Nationalsynode liegt ob die Mitwirkung bei der Gesetzgebung und der Bestellung der Kirchenleitung. Die Synode wird durch Wahl und Berufung eines Kreises von Persönlichkeiten gebildet, die sich im kirchlichen Leben hervorragend bewährt haben. Beratende Kammern verbürgen den im deutschen evangelischen Volkstum lebendigen Kräften die freie schöpferische Mitarbeit im Dienst der Kirche an Volk und Reich.

Unter Zustimmung zu diesen Grundzügen der Verfassung der Deutschen Evangelischen Kirche bezeugen die in ihr vereinten Christen von dem Gemeinsamen, das sie auf Grund des Wortes Gottes und der reformatorischen Bekenntnisse verbindet: Unser ganzes Vertrauen setzen wir auf den allmächtigen Gott, unsern Vater im Himmel. Ihm und seinem Gebot sind wir jeden Augenblick und überall verantwortlich. Wir bekennen, daß wir vor Gott mit unserer bösen und verkehrten Art verloren sind. In fester Zuversicht blicken wir aber auf unsern Herrn Jesus Christus, den Sohn Gottes, der für uns auf Erden gekämpft und gelitten hat, gestorben und auferstanden ist. In ihm haben wir Vergebung und Freiheit, Leben und Seligkeit. Gottes Heiliger Geist ist der Geist der Wahrheit und der Kraft. Er treibt uns als Glieder der Kirche Jesu Christi, durch Wort und Wandel allerorten Bekenner und Streiter unseres Heilandes zu sein, vor allem in Familie und Beruf, in Volk und Vaterland. Unter den Sorgen und Nöten des irdischen Lebens warten wir in Vertrauen und Verantwortung. Christus kommt wieder und bringt eine ewige Vollendung im Reiche seiner Herrlichkeit!

Eine abschließende Stellungnahme enthielt die Einladung zur Sitzung des Deutschen Evang. Kirchenausschusses am 23. 6. 1933 in Eisenach, die den Leitungen der Deutschen Evang. Landeskirchen am 19. 6. 1933 zuging[94]*:*

Die Bevollmächtigten des Kirchenbundes geben zur Bischofsfrage folgende Erklärung ab: Der Präsident des Deutschen Evang. Kirchenausschusses ist am 27. April unter Zustimmung des Kirchenbundesrats

[94] Nr. A 4595; die folgende Erklärung wurde auch in der Presse veröffentlicht.

einmütig bevollmächtigt worden, eine neue Verfassung des Deutschen Protestantismus herbeizuführen. Demgemäß ist er zu allen durch die Neuordnung des Staatswesens veranlaßten, für das Wohl des deutschen Gesamtprotestantismus erforderlichen Maßnahmen, sowie zu den gebotenen Erklärungen bei den Reichs- und Landesbehörden und anderen Stellen des öffentlichen Lebens beauftragt. Die Rechtsgültigkeit seiner Vollmacht steht danach einwandfrei fest. Im Rahmen dieser Vollmacht hat der Präsident des Kirchenausschusses zunächst den Landesbischof D. Marahrens und den Studiendirektor D. Hesse an seine Seite gerufen. Im Rahmen der Vollmacht sind ferner in Loccum Grundzüge einer künftigen Verfassung der Deutschen Evang. Kirche entworfen worden. Sie haben allgemeine Zustimmung gefunden. Die Grundzüge stellen fest, daß die künftige Verfassung der Deutschen Evang. Kirche das Amt eines Reichsbischofs vorsieht.

Die kirchenpolitischen Ereignisse der letzten Wochen geboten es, den künftigen ersten Amtsträger schon jetzt zu bestimmen und seine Mitwirkung bei dem Ausbau der Verfassung zu gewinnen. Durch die Nominierung des Pastors D. von Bodelschwingh zum Reichsbischof der werdenden Deutschen Evang. Kirche ist dieser Schritt getan worden. Die dadurch bezweckte Förderung des Verfassungswerkes hielt sich vollkommen im Rahmen des dem Präsidenten des Kirchenausschusses erteilten Auftrages. Mit überwältigender Mehrheit haben die Bevollmächtigten der Landeskirchen nachträglich dazu ihre Zustimmung gegeben. Sie haben sich damit, soweit es im Stadium der schwebenden Verfassungslage möglich ist, auf die Person des ersten Reichsbischofs mit bindender Wirkung geeinigt. D. von Bodelschwingh hat demgemäß die ausdrückliche Aufgabe erhalten, seine Tätigkeit sofort aufzunehmen, die bis zur Neuverfassung nicht in rechtlichen Kompetenzen, sondern in autoritärem Wirken in der Öffentlichkeit besteht.

Eine Verfassungsänderung des Kirchenbundes ist damit natürlich noch nicht vollzogen. Alle Erörterungen, ob die Vollmacht des Präsidenten des Kirchenausschusses das Recht zu Verfassungsänderungen in sich schließt, sind deshalb abwegig, aber ebenso zweifellos ist, daß der zum Reichsbischof der werdenden Deutschen Evang. Kirche bestimmte Theologe berechtigt und, da er die Nominierung zu jenem Amt seinerseits angenommen hat, auch gehalten ist, seine ganze Kraft für die Erfüllung der ihm übertragenen Aufgaben, insbesondere für die Durchführung des Verfassungswerkes einzusetzen. Aus demselben Grunde sind der Präsident des Kirchenausschusses und seine Mitarbeiter berechtigt und verpflichtet, ihm bei der Durchführung ihres Auftrages jede mögliche Mitwirkung einzuräumen.

Mit dieser Klarstellung sehen die kirchlichen Amtsstellen die Erörterung über die Rechtslage in der Bischofsfrage ihrerseits als abgeschlossen an.

Ebenfalls am 19. 6. 1933 wurden die Kirchenleitungen zu einer am 24. 6. 1933 ebenfalls in Eisenach stattfindenden Sitzung des Deutschen Evang. Kirchenbundesrats eingeladen, die sich u. a. mit der Neuwahl des Präsidenten[95] *und des stellvertretenden Präsidenten des Kirchenbundesrates und mit dem kirchlichen Verfassungswerk beschäftigen sollte.*

Vorschläge zur Klärung der Rechtslage

Unter den Landeskirchen, die auf eine Klärung der rechtlichen Verhältnisse drängten, war auch die württembergische. Am 30. 5. 1933 telegraphierte Wurm an den Präsidenten des Deutschen Evang. Kirchenausschusses[96]*:*

Württ. Kirchenpräsident und Oberkirchenrat bitten nach Entgegennahme des Berichts über die augenblickliche Kirchenlage[97] dringend 1) daß die neue Verfassung der deutschen evangelischen Kirche alsbald fertiggestellt und darüber in der Form eines Notgesetzes des Kirchenbundes Beschluß gefaßt; 2) daß erst nach Annahme der Verfassung die endgültige Wahl des Reichsbischofs vollzogen wird. [Wurm.]

Am 1. 6. 1933 wurde nach einer Kollegialsitzung des Oberkirchenrats dem Deutschen Evang. Kirchenausschuß mitgeteilt[98]*:*

Unterm 30. vorigen Monats haben wir an den Herrn Präsidenten des Deutschen Evang. Kirchenausschusses telegraphisch die Bitte ge-

[95] Der Präsident des Deutschen Evang. Kirchenausschusses D. Kapler hatte schon im April sein Abschiedsgesuch eingereicht; dieses aber wurde vom Senat der Altpreußischen Union zurückgestellt, bis der von D. Kapler noch durchzuführende Teil der Kirchenreform beendet sei (GB 82, S. 139; Niemöller, Kampf, S. 47). Im übrigen trat Frhr. v. Pechmann aus dem Kirchenbund aus (vgl. dazu die Dokumentation von Kantzenbach).

[96] LKA Stuttgart, D 1, Bd. 42.

[97] Siehe die Besprechung über die Verfassung der kommenden Reichskirche bei der Kollegialsitzung des OKR am 27. 5. 1933, S. 100 ff.

[98] Nr. A 4168; das von Direktor Dr. Müller entworfene Schreiben wurde Landesbischof D. Meiser, München, zur Kenntnisnahme mitgeteilt.

richtet, die neue Verfassung der Deutschen Evang. Kirche möchte alsbald fertiggestellt und darüber in der Form eines Notgesetzes des Kirchenbundes Beschluß gefaßt und die endgültige Wahl des Reichsbischofs nach Annahme der Verfassung vollzogen werden. Bei dieser Bitte leitete uns der Wunsch, es möchte möglichst bald ein verfassungsmäßiger Zustand auf kirchlichem Gebiet herbeigeführt, der Kirchenbund auf verfassungsmäßigem Weg in die Deutsche Evang. Kirche übergeleitet und der Reichsbischof durch ein verfassungsmäßiges Organ endgültig gewählt bzw. bestätigt werden. Dabei sind wir davon ausgegangen, daß die Verfassung der Deutschen Evang. Kirche und die Überleitung des Kirchenbundes in diese Kirche durch Notgesetz nach § 15 Abs. 4 der Kirchenbundesverfassung[99] verordnet werden könnte. Ebenso könnte aber auch in Betracht kommen, daß die im Kirchenbund vereinigten Landeskirchen ihren Zusammenschluß zur Deutschen Evang. Kirche auf Grund einer vorliegenden Verfassung vertragsmäßig erklären und daß dann etwa das Aufgehen des Kirchenbundes in die Deutsche Evang. Kirche durch Notgesetz des Kirchenbundes verfügt würde. In Bezug auf den formellen Weg möchten wir jedoch der Entschließung des Herrn Präsidenten des Deutschen Evang. Kirchenausschusses nicht vorgreifen. Nur scheint uns nach dem, wie sich die Dinge entwickelt haben, ein möglichst rascher Abschluß des in Angriff genommenen Verfassungswerks wünschenswert.

Was die Wahl des Reichsbischofs betrifft, so schiene es uns richtig, daß nach Feststellung der Verfassung der Deutschen Evang. Kirche noch ein formeller Wahl- bzw. Bestätigungsakt stattfindet. Dabei möchten wir für jetzt die Frage offenlassen, ob etwa in einer Übergangsbestimmung für den ersten Wahlakt ein von dem verfassungsmäßigen verschiedener Wahlkörper bestimmt, oder die Wahl nach den in der Verfassung festzulegenden Bestimmungen vollzogen bzw. bestätigt werden soll.

Auf Grund der in der Presse veröffentlichten Kundgebung der Bevollmächtigten des Kirchenbundes[100] zur Gründung der Deutschen

[99] Der Paragraph lautet: »Zur Verhütung unwiederbringlichen Schadens kann, wenn der Kirchentag nicht versammelt ist, der Kirchenausschuß mit Zustimmung des Kirchenbundesrats und, falls diese nicht rechtzeitig eingeholt werden kann, selbständig Bundesverordnungen mit der Kraft von Bundesgesetzen erlassen«; siehe »Allgemeines Kirchenblatt für das Evang. Deutschland« 70/1921, S. 802.

[100] Siehe S. 135 f. und GB 138, S. 80.

Evang. Kirche haben wir anliegende Sätze zur Verfassungsfrage aufgestellt, die wir dem Herrn Präsidenten des Deutschen Evang. Kirchenausschusses zur tunlichsten Berücksichtigung mit der Erklärung vorlegen, daß wir auch weiterhin zur Mitarbeit bei dem Verfassungswerk gerne bereit sind. Mü[ller.]

Dem Schreiben des Oberkirchenrats an den Kirchenausschuß lagen folgende Gedanken Zur Verfassung der Deutschen Evang. Kirche *bei*[101]*:*

1. Die Leitung der Evang. Landeskirche in Württemberg begrüßt das Werden einer »Deutschen Evang. Kirche, vereinigt in einem feierlichen Bund gleichberechtigter Bekenntnisse« (vgl. die Kundgebung der Bevollmächtigten des Kirchenbundes zur Gründung der Deutschen Evang. Kirche) und die Anerkennung des Bekenntnisses als »unantastbare Grundlage« dieser Kirche.

2. Sie kann dem nur zustimmen, daß »die räumliche Zersplitterung des deutschen Protestantismus beseitigt«, aber »lebenskräftige Landeskirchen« erhalten werden sollen, und sieht die letztere Voraussetzung bei der Württ. Landeskirche als gegeben an. Das Fortbestehen der lebenskräftigen Landeskirchen sollte in der Verfassung der Deutschen Evang. Kirche ausdrücklich bestimmt werden. Dort müßte aber auch die Rechtsgrundlage dafür geschaffen werden, daß kleine und kleinste Landeskirchen in einem größeren Ganzen aufgehen. Hinsichtlich der fortbestehenden Landeskirchen ist davon auszugehen, daß jedenfalls für die lutherischen Landeskirchen eine bischöfliche Verfassung, wobei die Wahl des Bischofs durch landeskirchliche Organe stattfindet, das Gegebene ist.

3. Durch die Beschlüsse der Kirchenvertreter vom 27. Mai ist anerkannt, daß an die Spitze der Deutschen Evang. Kirche ein Reichsbischof lutherischen Bekenntnisses treten soll. Diesem sollte die geistliche Leitung der Deutschen Evang. Kirche unter eigener Verantwortung zukommen und ein Geistliches Ministerium insoweit an die Seite treten, als es für die Beratung des Reichsbischofs oder zu seiner Vertretung bei Wahrung und Pflege des von ihm nicht vertretenen Bekenntnisses erforderlich ist. Daneben müßte für die eigentliche Verwaltungsarbeit unter dem Reichsbischof eine kirchliche Behörde mit gewissen selbständigen Befugnissen gebildet werden.

[101] Nr. A 4168: Entwurf mit handschriftlichen Korrekturen von Direktor Dr. Müller.

4. Dem Gedanken einer Deutschen Nationalsynode wird, vorbehältlich näherer Kenntnis über die Ausgestaltung dieser Einrichtung, zugestimmt. Eine solche Nationalsynode müßte aber, um handlungsfähig zu sein, eine wesentlich kleinere Mitgliederzahl haben, als sie bisher der Deutsche Evang. Kirchentag gehabt hat. Statt dessen würde es sich wohl mehr empfehlen, neben der Nationalsynode als wesentlich repräsentativer Körperschaft, ein kleineres etwa aus Vertretern der Landeskirchen und der Nationalsynode gebildetes Organ zu schaffen, dem die Mitwirkung bei den laufenden Aufgaben der Gesetzgebung und bei Bestellung der Kirchenleitung zukäme.

5. Die Bildung von beratenden Kammern (z. B. für Finanz-, Rechts- und soziale Fragen, für Fragen des Religionsunterrichts u. a. kirchliche Fragen) scheint zweckmäßig.

6. Sowohl vom Standpunkt der Gesamtkirche, der dadurch wesentliche Kräfte für ihre Arbeit zugeführt würden, als der Landeskirchen ist es notwendig, daß die Kirchenleitungen der Landeskirchen in einem Organ der Deutschen Evang. Kirche vertreten und in der Lage sind, ihre Stimme in maßgebender Weise zur Geltung zu bringen.

7. Für den Übergang in die Zuständigkeit der Deutschen Evang. Kirche würden folgende Gegenstände in Betracht kommen:

a) Auf dem Gebiet der Verwaltung außer den bisherigen Aufgaben des Kirchenbundes: die Vertretung der Landeskirchen gegenüber den Ländern, soweit mehrere Länder als beteiligt in Betracht kommen, die Schaffung eigener Einrichtungen der Deutschen Evang. Kirche, die Förderung und Aufsicht gegenüber den deutschen Gesamtverbänden kirchlicher Arbeitsorganisationen, die Aufsicht über die Einhaltung der von den Organen der Deutschen Evang. Kirche erlassenen Bestimmungen in den Landeskirchen, die Sorge für eine einheitliche Stellungnahme der Landeskirchen gegenüber Freikirchen und Sekten, in der Frage der Mischehen und der Gewährung des kirchlichen Geläutes, die Entscheidung von Streitigkeiten zwischen einzelnen Landeskirchen;

b) auf dem Gebiet der Gesetzgebung: aa) die Aufstellung allgemeiner Grundsätze für den Aufbau und den Dienst der Landeskirchen, so über die verfassungsmäßige Ordnung der Landeskirchen, über die kirchliche Lebensordnung, über die Vorbildung der Geistlichen und die Erfordernisse zur Anstellung im geistlichen Amt, über die dienstrechtlichen Verhältnisse der Geistlichen (die Aufstellung von Grundsätzen über die Besoldungsverhältnisse der Geistlichen setzt die Feststellung der Staatsleistungen an die Kirchen voraus), über die Kirchensteuer.

bb) die Vereinheitlichung der Bestimmungen – soweit ein Bedürfnis dafür besteht – über die Einführung und Abschaffung kirchlicher Feiertage, Einführung und Änderung der Gesang- und Choralbücher, Perikopenordnung, Kirchenmitgliedschaft.

Eine mögliche Abgrenzung der Zuständigkeiten der Deutschen Evang. Kirche und der Landeskirchen in der Verfassung ist wünschenswert.

8. Es darf angenommen werden, daß das kirchliche Finanzwesen wie bisher den Landeskirchen verbleibt.

Gegen seinen Übergang von den Landeskirchen an die Deutsche Evang. Kirche bestünden entschiedene Bedenken, da die tatsächlichen Voraussetzungen dafür in jeder Hinsicht fehlen. Deshalb müßten wie bisher die Kosten der Deutschen Evang. Kirche im Weg der Umlage auf die Landeskirchen aufgebracht werden. Gegen die Einführung einer Kulturabgabe durch das Reich an Stelle der Kirchensteuern sind bereits in einem eingehenden Schreiben[101a] an den Deutschen Evang. Kirchenausschuß von hier aus Einwendungen erhoben worden.

Als Antwort auf das Schreiben vom 1. Juni ging erst nach der Sitzung des Kirchenausschusses und Kirchenbundesrats in Eisenach am 23./24. 6. 1933 am 7. 7. 1933 ein vom 27. Juni stammendes Schreiben des Deutschen Evang. Kirchenausschusses in Stuttgart ein[102]*:*

Dem Evang. Oberkirchenrat danke ich verbindlichst für die mit dem gefälligen Schreiben vom 1. 6. 1933 gegebenen wertvollen Anregungen für die Gestaltung der Verfassung der Deutschen Evang. Kirche und für die freundlichst ausgesprochene Bereitwilligkeit zur weiteren Mitarbeit bei dem Verfassungswerk. Wie auch bei der Kirchenbundesratssitzung am 24. 6. 1933 mitgeteilt worden ist, wird die Arbeit an der neuen Verfassung fortgesetzt und der Frage ihrer Inkraftsetzung die erforderliche Beachtung geschenkt. Die Vorschläge des gefälligen Schreibens vom 1. 6. 1933 habe ich den an der Bearbeitung der Verfassung beteiligten Herren zur Kenntnis gebracht.

Für den Präsidenten: Gisevius.

[101a] Zu diesen bei der Reichstagung der DC vorgebrachten Gedanken siehe S. 16 ff.; das Schreiben des Oberkirchenrats war nicht zu finden, nach den Tagebüchern der Registratur kann es sich um die nicht vorhandene Nr. A 3431 handeln.

[102] LKA Stuttgart, D 1, Bd. 42.

Die Vorstellungen der Leitung der Württ. Landeskirche über die Klärung der Rechtsverhältnisse der werdenden Reichskirche gehen auch aus einem Bericht des Evang. Dekanatamts Öhringen vom 19. 6. 1933 hervor[103]*:*

Der Kirchenbezirkstag Öhringen nimmt heute auf Grund eines Vortrags von Herrn Stadtpfarrer Pressel Stellung zu der Wahl des Reichsbischofs, deren voreilige Vornahme allgemein bedauert wird und die nach Auffassung des Kirchenbezirkstags rückgängig gemacht werden sollte, da für sie die gesetzlichen Voraussetzungen noch fehlen. Der Kirchenbezirkstag hält sich nun aber nicht für befugt, sich in der Sache unmittelbar an Herrn von Bodelschwingh zu wenden und ihn um freiwilligen Rücktritt zu bitten. Vielmehr wird der Dekan beauftragt, aus dem vollen Vertrauen heraus, das der Kirchenbezirkstag dem Herrn Kirchenpräsident entgegenbringt, diesen von der Auffassung des Bezirks Öhringen in Kenntnis zu setzen und an ihn die ehrerbietigste Bitte zu richten, wie schon bisher, so auch künftig sich um die Klärung der Lage zu bemühen, deren Verworrenheit mit jedem Tag weiteren Schaden anrichtet. Der Kirchenbezirkstag begrüßt aus vollem Herzen und einstimmig den ihm vertraulich mitgeteilten Plan des Herrn Kirchenpräsident, wornach Herr von Bodelschwingh zurücktreten, Herr Wehrkreispfarrer Müller seine Kandidatur vorläufig zurückziehen, die Verfassung der Reichskirche erst festgelegt, die dann erfolgende Wahl, zu der sich die bisherigen Bewerber wieder stellen können, von beiden Parteien anerkannt, der unterliegende Kandidat zum unmittelbaren Mitarbeiter des Reichsbischofs bestimmt und bis dorthin aller Streit zurückgestellt werden soll. Wenn der Herr Kirchenpräsident für die Verwirklichung dieses Planes, der einen für alle Teile gangbaren Ausweg zeigt und bei dem es nach echt evangelischem Empfinden weder Sieger noch Besiegte gibt, mit allem Nachdruck eintritt, darf er nach der Auffassung des Kirchenbezirkstags der Zustimmung und der Fürbitte aller Glieder der Kirche sicher sein. Faber.

Am 31. 5. 1933 erließ Der Evang. Reichsbischof *ein Grußwort an die Gemeinden zum Pfingstfest an die Kirchenleitungen*[104]. *Am 1. 6. 1933 schrieb Wurm die Mitteilung Direktor Dr. Müller und Oberkirchenrat Schaal*[105] zur Kenntnisnahme und Äußerung *zu:* Telefonische

[103] LKA Stuttgart, D 1, Bd. 42.

[104] Nr. A 4159; vgl. GB 139, S. 82; Niemöller, Kampf, S. 44.

[105] OKR Schaal zeichnete das Stück ohne Bemerkung ab.

Erkundigung in München ergab, daß das bayrische Landeskirchenamt diese Bitte nicht weitergibt. Ich hätte es für möglich gehalten, daß wir sie den Pfarrämtern mit der ausdrücklichen Feststellung, daß wir angesichts der ungeklärten Lage von einer Anordnung absehen, zur Kenntnis geben. Es wird sich aber nun doch fragen, ob wir nicht mit der bayrischen Landeskirche auf einer Linie bleiben sollen. W[urm].

Dr. Müller bemerkte am 2. 6. 1933: Damit der Gedanke der Reichskirche nicht von vorneherein sabotiert wird, hielte ich es für richtig, daß die jetzt gedruckt vorliegende Kundgebung den Pfarrämtern mit dem Anheimgeben mitgeteilt wird, die Ansprache im Pfingstgottesdienst zu verlesen oder in sonst geeigneter Weise der Gemeinde bekanntzugeben und das Gebet in das allgemeine Kirchengebet aufzunehmen. Auch wenn wir den Reichsbischof nur als vorläufig gewählt ansehen, steht m. E. doch nichts im Wege, der Bitte insoweit zu entsprechen, soweit die Ansprache durchaus religiös gehalten ist. Mü[ller].

Wurm schrieb am 29. 6. 1933 das Stück zu den Akten: Mit Rücksicht auf die Rechtslage und die Haltung der Bayrischen Landeskirche ist von einer Übermittlung der Pfingstbotschaft an die Pfarrämter abgesehen worden. W[urm].

Von einzelnen Pfarrern wurde das auch in der Presse veröffentlichte Grußwort des Reichsbischofs verlesen, obwohl keine unmittelbare Anweisung der Württ. Kirchenleitung vorlag. Pfarrer Fausel, Heimsheim, berichtete am 5. 6. 1933 dem Oberkirchenrat[106]:

Dem Evang. Oberkirchenrat möchte ich mitteilen, daß ich die den Zeitungen entnommene Pfingstbotschaft des Herrn Reichsbischofs von Bodelschwingh heute am Pfingstmontag im Gottesdienst von der Kanzel verlesen habe. Da ich mich damit vermutlich einer Abweichung von dem sonst innerhalb der Württ. Landeskirche üblichen Verhalten schuldig gemacht habe, halte ich mich für verpflichtet, dies dem Evang. Oberkirchenrat zur Kenntnis zu bringen.

Stadtpfarrer Fausel.

Am 8. 6. 1933 fertigte Wurm den Entwurf für eine Antwort an das zuständige Evang. Dekanatamt Leonberg:

106 Nr. A 4289.

Da die Kirchenleitung mit anderen Landeskirchen die Auffassung hat, daß bis jetzt nur eine Nominierung des Herrn Pastor D. von Bodelschwingh erfolgt ist, die der Bestätigung durch eine auf Grund der noch nicht fertiggestellten neuen Verfassung vollzogene Wahl bedarf, so konnte eine Anordnung[107] zur Verlesung der von dem designierten Reichsbischof erlassenen Pfingstbotschaft nicht in Betracht kommen. Eine Hinausgabe der Botschaft mit dem Anheimgeben[108], von ihr Gebrauch zu machen, war Gegenstand der Erwägung, wurde aber unterlassen, um nicht auf den einzelnen Geistlichen die Verantwortung zu legen. Wenn aber einzelne Geistliche sich gedrungen fühlten, auch ohne landeskirchliche Anordnung die Botschaft zu verlesen, so wird dagegen nachträglich nichts erinnert.

W[urm].

Der Kampf gegen Bodelschwingh

Den Kampf gegen die Wahl Bodelschwinghs zum Reichsbischof nahm Schairer am 30. 5. 1933 durch einen Artikel im NS-Kurier *auf*[108a]*:*

Die Reichsbischofsfrage

Seitens der Glaubensbewegung Deutsche Christen, Gau Württemberg, wird uns mitgeteilt: Adolf Hitler hat in großzügiger Korrektheit den Kirchen Deutschlands angeboten, ihre Neuordnungen nach ihren eigenen Gesetzen zu vollziehen. Nun verdanken die Kirchen heute nächst Gott offen gesagt niemandem Größeres als Adolf Hitler, was ihren äußeren und inneren Bestand betrifft. So hätte es uns erfreut, wenn sie Ehre mit Ehre vergolten, Anstand gegen Anstand gesetzt und sich bemüht hätten, in ihrem Neuverfassungswerk den Sinn des Reichskanzlers ohne Zwang, aber freiwillig zu erfüllen. Sie haben das Gegenteil gewählt! Als die Reichsleitung der Glaubensbewegung den Kirchenvertretern ihren Schirmherrn, den Vertrauten Adolf Hitlers, den Wehrkreispfarrer Müller, als ersten Anwärter für das hohe Amt eines Reichsbischofs nahelegte, haben jene rasch dem Drängen anderer, dem national erwachten Volk völlig fernstehender Kreise nachgegeben und einen Gegenkandidaten, Herrn Pfarrer Bodelschwingh, nicht nur aufgestellt,

107 Anordnung: im Entwurf von Wurm handschriftlich unterstrichen.

108 anheimgegeben: im Entwurf von Wurm handschriftlich unterstrichen.

108a Der Kampf gegen die Wahl Bodelschwinghs wurde vor allem im »NS-Kurier« geführt; fast täglich erschienen in dieser Zeitung Artikel oder Notizen, die hier nicht alle ausgewertet werden konnten.

sondern flugs sogar »gewählt«, ein sehr vereinfachtes Verfahren, das hoffentlich nicht die Anerkennung der Reichsregierung finden wird.

Nun wohl, uns kann dieses Vorgehen recht sein. Enthüllen doch dadurch die Kirchen ihre wahre Gesinnung gegenüber dem Volkskanzler und seinen geeinten Scharen: geben sie doch durch dies Verhalten eben gerade unserem längst angesagten Kampfe gegen falsche Christlichkeit, gegen träge Kirchlichkeit, gegen eine volksfremde Theologie recht. Dieser Kampf wird durchs ganze Reich im Namen Gottes und des Volkes, für Luther, für Hitler, für unseren Kirchenführer, Pfarrer Müller, weitergehen. Es war nicht anders zu erwarten; wir ahnten längst, daß die seit dem 5. März[109] mancherorts zur Schau getragene »bejahende« Stellung und »Einschaltung« in die nationale Regierung erst noch der Probe bedürfe. Diese Probe ist jetzt gegeben. Begrüßen wir diese Klarheit, die nun auch dem Volke zeigen wird, wo es dran ist. »Christenvolk, erwache!« so wird nun der Kampfruf lauten.

Was die Verhältnisse in Württemberg betrifft, so können wir seitens der Glaubensbewegung Deutsche Christen mit großem Danke aussprechen, daß wir bei dem verantwortlichen Leiter der Landeskirche volles Verständnis für unsere Ziele, auch betreffend unser Eintreten für unseren Führer Pfarrer Müller gefunden haben. Das erleichtert unsere Lage hier sehr und ermöglicht neben allem kompromißlosen Kampfe doch schon daneben hergehend eine positive Aufbauarbeit im engen Einvernehmen mit der dermaligen Kirchenleitung. So bleibt hoffentlich unsere liebe Heimat vor allzu heftigen Kämpfen in Glaubensdingen geschont und darf ungehemmt sich seiner Kirche freuen. Niemandem ist das lieber als uns. Trotzdem: keinen faulen Frieden! Der Kampf geht weiter. Denn an der »Lösung« mit Herrn Bodelschwingh (ohne gegen den Herrn etwas einzuwenden) sind wir nationalen Kämpfer völlig »uninteressiert«. Sie dient auch weder unserer geliebten Kirche noch dem Volke, bringt beide nicht zusammen, sondern auseinander. Sie nützt schließlich nur denjenigen, deren Herzenswunsch heißt: es solle möglichst alles beim alten bleiben, und was schon notgedrungen erneuert werden müsse, solle für ihre träge Ruhe unschädlich sein. Wir sagen: Nein, so geht es nicht!

Unter dem Datum vom 30. 5. 1933 schrieb Römer dazu in der zweiten Maiausgabe des Evang. Kirchenblatts für Württemberg: Was Stadt-

[109] Vgl. Bd. 1, S. 261 ff. (Wahl des neuen Reichstags).

pfarrer Dr. Schairer in der heutigen Tagespresse zur Wahl des Reichsbischofs zum Ausdruck bringt, zeigt leider einen Gebrauch der Worte Gott, Volk, Evangelium, Geist, durch den nicht bloß eine von ihm behauptete Reaktion in der Kirche, sondern das Neue Testament betroffen wird.

Am 31. 5. 1933 erschien im Schwäbischen Merkur *eine Unterredung mit Pfarrer Dr. Schairer unter der Überschrift*

Ohne jeden Kompromiß

Rascher als man gedacht, hat die evangelische Kirche Deutschlands ein geistliches Oberhaupt erhalten und damit den Anfang einer Umorganisation gemacht. Das geschichtliche Verdienst, den kraftvollen Schwung und Anstoß hiezu gegeben zu haben, besitzt die »Glaubensbewegung Deutsche Christen«, eine auf dem Boden der völkischen Bewegung stehende innerkirchliche Kampftruppe. Wir hatten Gelegenheit, mit dem Landesleiter für den Gau Württemberg, Stadtpfarrer Dr. Schairer, der persönlich in letzter Woche an den bewegten Verhandlungen in Berlin teilgenommen hat, die Lage zu besprechen und geben nachstehend seine Äußerungen wieder, um in dieser Frage, deren Lösung uns am Herzen liegt, unsere Leser rückhaltlos offen über die Lage zu unterrichten, wie sie ein Führer der »Deutschen Christen« ansieht.

Frage: Sind Sie seitens der Glaubensbewegung mit der jetzigen Lösung (Bodelschwingh) zufrieden?

Es konnte uns eigentlich alles willkommen sein, was geschah. Wenn die Kirchen die dargebotene Hand Adolf Hitlers angenommen hätten, so wären wir gerne rasch und ohne Zögern an die Arbeit, an den Kampf innerhalb unserer Kirche gegangen, um sie für das national erwachte Volk neu einzurichten. – Erwünscht an der jetzigen Maßnahme ist uns der »Erfolg«, daß die Kirchen Deutschlands nun klar und unzweideutig gezeigt haben, wie sie zu Adolf Hitler und seiner Bewegung stehen. Auch dies buchen wir, die Glaubensbewegung, zu unseren Gunsten, da es unserem Kampfe in Vergangenheit und Zukunft sein Recht gibt.

Frage: Ist denn nicht seit dem 30. Januar eine wirkliche Wendung in der Einstellung der Kirchen, der Behörden, der Pfarrer zu Hitler eingetreten?

Dem Scheine nach haben Sie recht; wie wenig tief aber das Umlernen und Neubedenken der Lage geht, beweist schlagend der jetzige Ausgang.

Frage: Ist die von Ihrer Bewegung angestrebte Gleichschaltung der Kirche mit dem neuen Staate nun vollzogen?

Wir haben nie eine schematische, formale Angleichung der Kirche angestrebt, also keinerlei »Gleichschaltung« nur der Verfassung oder der Führung. Aber allerdings das, was jetzt geschehen ist und auf Grund dieser Wendung geschehen wird, wird ungefähr das Gegenteil jeder »Gleichschaltung« sein.

Frage: Wem kommt denn die jetzige Lösung zugute? Hat sie Anhänger?

O, unzählige. Alle diejenigen, denen schon von je die nationale Bewegung quer kam, die unter dem alten System sich wohler fühlten, die heute noch – als Pfarrer! – sagen: die Revolution von 1918 sei viel besser gewesen als die von 1933. Blicken Sie nicht so erstaunt! Das gibt es heute noch. Sodann begrüßen diese Lösung alle die »stillen« Seelen, die das Leben ohne Kampf wünschen, die nur möglichst rasch wieder zu einer Ruhe kommen wollen. Die bisherige Art der kirchlichen Verkündigung hat diese Stimmung ja weithin gezüchtet und das Heldische, Einsatzbereite unterdrückt. Siehe die letzten Kampfjahre! Da liegen Fehler und Versäumnisse, die sich jetzt auswirken werden. Zuletzt leben natürlich auch noch eine große Reihe von Persönlichkeiten, die allen Grund haben, einen klaren Kurswechsel in der Kirche zu fürchten. Es ist immer dasselbe.

Frage: Wie kamen Sie zu der Gegenkandidatur Müller?

Bitte, Bodelschwingh ist der »Gegenkandidat«. Die Benennung unseres Führers und Schirmherrn für das Amt des Reichsbischofs erfolgte bereits am Dienstag den 23. Mai abends und wurde den Vertretern der Kirchen schon am Mittwoch früh 10 Uhr überbracht, ehe noch irgend jemand in der Öffentlichkeit andere Pläne wußte. Erst am Mittwoch abend wurde dann Herr Bodelschwingh als »Gegenkandidat« öffentlich bekannt.

Frage: Herr Müller hat doch, wie man las, in gutem Einvernehmen mit jenem Dreimännerkollegium wochenlang gearbeitet?

Gewiß, man holte seinen Rat, suchte seine Unterstützung. Aber alles nur »bis zu einer gewissen Grenze«, Sie verstehen! Diese Grenze ist jetzt sichtbar geworden: am Persönlichen.

Frage: Was schätzen Sie an Wehrkreispfarrer Müller?

Wenn ich Ihnen nur den wunderbar klaren, ruhigen Eindruck dieser Seemannsaugen, diese unerschütterliche Ruhe eines Sturmerprobten, diese schlichte Mannhaftigkeit schildern könnte! Dann spürten wir ihm an, daß er, was die Kirche betrifft, in keinerlei Illusionen lebt. Er weiß, wie es im Herzen des Volkes aussieht. Daß Evangelium, reines Evangelium dem treuen deutschen Volke gepredigt werde, nicht Theologie, das ist seine Hauptsorge. Kurz und gut, ein führender Deutscher Christ, wie wir ihn brauchen.

Frage: Er sei der Vertraute Hitlers?

Was er uns von diesen herzlichen Beziehungen vertraulich schilderte, hat mir ihn und Adolf Hitler noch nähergebracht. Ich darf aber darüber nicht reden.

Frage: Wenn man Müller gewählt hätte, wäre das nicht ein Hereinspielen der Politik in die Kirche gewesen?

Ich weise den Mißbrauch des Wortes »Politik«, der immer noch getrieben wird, zurück. Was Politik! Es ging und geht um Sein oder Nichtsein unseres Volkes. Und wenn eine Kirche daran sich uninteressiert erklären wollte, nun, dann hätte sie allerdings die Politik draußen, aber auch das Volk! Hitler ist doch kein »Politiker«. Ihm verdankt nächst Gott die Kirche heute am allermeisten für ihren äußern und inneren Bestand. Er hat sich gegen die Kirche außerordentlich korrekt, edel, »hochanständig« benommen. Was hätte es der Kirche geschadet, wenn sie auch als Antwort Edelmut, Rücksicht gezeigt und die von ihm sich bietende Hand ergriffen hätte! Ich bedaure tief, daß die Vertreter der Kirchen nicht wenigstens soviel »Bildung« – verzeihen Sie das Wort! – bewiesen haben. Wenn sie sich versteiften, »nach ihren eigenen Gesetzen« zu handeln und diese Gesetze so klar eine Ablehnung Hitlers und seines Bevollmächtigten vorschreiben, so soll ihr Schicksal auch nach diesem »Gesetze« geschehen.

Frage: Was wenden Sie gegen Bodelschwingh ein?

Gar nichts. Er ist sicher ein prächtiger Mann und wertvoller Charakter. Wenn die Kirche nun versuchen will, ohne die Glaubensbewegung, ohne das national erwachte Volk, ohne die Fühlung mit Adolf Hitler eine Art Neubildung vorzunehmen, so tut sie gut, ihren besten Mann an die Spitze zu stellen. Trotzdem, es wird ihr nicht gelingen! Es wird nur der Ertrag erreicht werden, den insgeheim viele volks- und lebensfremde Kirchenmänner noch wünschen: daß im wesentlichen »alles beim alten bleibt«.

Frage: Wie beurteilen Sie die kommende Lage?

Außerordentlich zuversichtlich. Schon von je war es mir klar, daß eine Neuprägung des Verhältnisses zwischen Kirche und Volk ja nicht auf verfassungstechnischem Wege erzielt werden könne. Sondern, wie um das Volk, so muß nun auch um die Kirche gerungen werden, von innen her, mit geistigen Waffen, mit Anspannung aller, aller Glaubenskräfte, die wir von Gott her haben können. Voll Liebe und Begeisterung werden wir kämpfen, unserem Luther, unserem Hitler, unserem Volk zu lieb. Dann wird sich zeigen, daß die heutige Lage nur eine Zwischenlösung ist, kaum das.

Frage: Fühlt die Kirche sich sicher?

Nun, wenn sie es tut, so kennt sie (was sehr zu vermuten) die Kampfenergie, die Lebenskraft, die Opferbereitschaft – kurz: die Dynamik der völkischen Bewegung, mit der wir im Bunde stehen, nicht. So ganz glaube ich an die Siegesgewißheit der Kirchen nicht. Denn sie hätten die Unterstützung der nationalen Kreise natürlich ganz gerne mit unter Dach gebracht, waren aber nicht bereit, deren Hand anzunehmen. So geht es nicht!

Frage: Was werden die Folgen für Württemberg sein?

In diesem Punkte kann ich Ihnen ganz besonders zuversichtlich antworten. Denn es ist uns eine tiefe Freude, bei der Leitung unserer Landeskirche volles Verständnis unserer Ziele, auch unseres vorbehaltlosen Eintretens für unseren Führer Müller zu finden. Wir hoffen, daß dadurch wenigstens unserem Heimatlande ein gefährlicher Kurs und ein sonst unvermeidlicher Konflikt mit der Staatsleitung erspart bleibt. Unter solchen Vorzeichen gehen wir – ohne jeden Kompromiß – ans Werk, werden nicht unterlassen, den großdeutschen Kampf für eine wirkliche Neuschöpfung der Kirche aus Gottes Wort und des Volkes Willen heraus mitzutragen, aber dürfen daneben schon an eine positive Aufbauarbeit in unserem Lande gehen. Wir danken Gott für diese Stunde.

Damit waren die Auseinandersetzungen in die Öffentlichkeit getragen. Am 3. 6. 1933 schrieb Wilhelm Simpfendörfer, der Vorsitzende des Christlich-Sozialen Volksdienstes, in seiner Zeitschrift[110]*:*

Im Ringen um die neue Kirche

Ein offenes Wort zur Wahl des Reichsbischofs

Der Volksdienst als politische Gruppe hat mit gutem Grunde sich bisher vom Kampf um die Neugestaltung der Kirche ferngehalten. In diesem Kampf darf es nur um die innersten Anliegen der Kirche gehen,

[110] »Christlicher Volksdienst«, Ausgabe vom 3. 6. 1933.

und es muß auch der Schein vermieden werden, daß parteipolitische Gesichtspunkte und Zielsetzungen dabei eine Rolle spielten. Wenn ich deshalb im nachfolgenden zur Wahl des Reichsbischofs Stellung nehme, so geschieht es nur in persönlicher Verantwortung.

Dabei möchte ich ein doppeltes vorausschicken. Einmal richten sich meine Ausführungen auch nicht im entferntesten gegen die Person des jetzigen Herrn Reichsbischofs. Niemand kann dessen Arbeit in Bethel höher schätzen – auch für die Kirche selbst – als wir im Volksdienst dies tun. Zum anderen handelt es sich hier nicht um eine grundsätzliche Auseinandersetzung mit der Gruppe der »Deutschen Christen«. Vielmehr geht es mir nur darum, in aller Offenheit das auszusprechen, was nach meiner Überzeugung angesichts des Ernstes der Stunde gesagt werden muß. Und das ist:

1. In der heutigen Bewegung zum völkischen Staat als Gottesordnung muß der elementare Schrei nach Gott und nach der Kirche ohne jegliche Voreingenommenheit von den Führern der Kirche gehört werden. Die Antwort auf diesen Ruf darf nur aus Glauben und Gehorsam gegen das Gebot der Stunde erfolgen. Sie muß diktiert sein von der Kühnheit des Glaubens und getragen von einer mächtigen Welle des Vertrauens.

2. Deshalb muß auch der Schein vermieden werden, als wollte auch nur im entferntesten die Kirche ein Ort äußerster Distanzierung oder gar eines irgend wie gearteten politischen Widerstandes gegen den nationalen und sozialen Umbruch der Gegenwart sein.

3. In dem Auftreten und den Erklärungen des Wehrkreispfarrers Müller, dem besonderen Vertrauensmann des Reichskanzlers, haben viele von uns mit großer innerer Dankbarkeit eine Stimme vernommen, auf die wir längst auf der anderen Seite gewartet haben. Er hat in einer Weise von der Kirche und vom Dienst dieser Kirche gesprochen, daß wir weithin mit innerer Zustimmung auf den von ihm gezeigten Boden treten konnten. Und wir waren besonders dankbar, daß gerade ein solcher Mann der besondere kirchliche Vertrauensmann des Reichskanzlers Hitler geworden ist. Wehrkreispfarrer Müller, der Vertrauensmann Hitlers und der nationalsozialistischen evangelischen Christen, war auf Grund seiner innersten Einstellung der Mann, der sich innerhalb der »Deutschen Christen« durchsetzen und der auch das Vertrauen der außerhalb der Gruppe der »Deutschen Christen« stehenden evangelischen Christen gewinnen konnte.

4. Von hier aus gesehen erscheint mir die jetzige Wahl des Reichsbischofs als eine Entscheidung, die der Not der Stunde nicht gerecht wird.

Sie erscheint mir als eine Verlegenheitslösung, der die Kühnheit des Glaubens und der Mut des Vertrauens fehlt.

5. Vor allem aber hat man durch diese Entscheidung die Grundlage der Diskussion, um die es heute innerhalb und außerhalb der »Deutschen Christen«, in der Kirche, in allererster Linie gehen muß, verschoben: Anstatt daß der Kampf auf breitester Grundlage, auch mit Wehrkreispfarrer Müller zusammen, um das ungekürzte biblische Evangelium geführt werden könnte, entbrennt der Streit um die Institution des Bischofs. Eine unglückselige Wendung!

Wie sollen wir aus dieser verhängnisvollen Lage der Kirche herauskommen? Nicht anders als durch Buße und durch eine Tat des Glaubens und des Vertrauens. Das Ringen in der Kirche darf nur um Christus und sein unverkürztes Evangelium, nach dem unser Volk schreit, gehen.

Kirchenpräsident Wurm hat, wie wir hören, in Berlin mit der Minderheit für Wehrkreispfarrer Müller gestimmt.

Der NS-Pfarrerbund, Gau Württemberg, richtete am 1. 6. 1933 folgendes Rundschreiben An die Vertrauensmänner des NS-Pfarrerbundes und der Glaubensbewegung »Deutsche Christen«, Gau Württemberg[111]:

Liebe Freunde!

Bei der letzten Tagung der NS-Pfarrer haben wir für jeden Bezirk einen bzw. 2 Vertrauensmänner bestimmt, die die Aufgabe haben, in dem Kreise ihrer Kollegen für den NS-Pfarrerbund und die Glaubensbewegung (für letztere auch in weitester Öffentlichkeit) zu werben. In der Anlage folgen Leitsätze, von Freund Schairer aufgestellt, die als Grundlage für theologische Auseinandersetzungen, insbesondere mit Anhängern der Barthschen Richtung dienen können.

Alle Aufnahmen weiterer Mitglieder haben künftighin durch den Vertrauensmann zu erfolgen. Der Vertrauensmann führt ein Verzeichnis der Mitglieder seines Bezirks und hält die Kollegen auf dem laufenden. Außer Rundschreiben, die von uns aus ergehen, empfehlen wir den Reichspressedienst der Glaubensbewegung »Deutsche Christen« zu bestellen. Bezugspreis monatlich RM 1,50, Adresse: Max Grevemeyer, Berlin-Charlottenburg 4, Wilmersdorfer Str. 95, Postscheckkonto Berlin Nr. 214 26. Jedes Mitglied hat vorerst zur Deckung der Unkosten RM 3,– Beitrag im Vierteljahr zu bezahlen. Wir bitten die Kollegen,

111 LKA Stuttgart, D 1, Bd. 42; vervielfältigtes Rundschreiben. Zur Organisation der GBDC vgl. auch S. 447 ff. Die Anlage befindet sich nicht mehr bei den Akten.

von jedem Mitglied diesen Betrag einzuziehen und an Pfarrer Weber, Evang. Volksbund, Stuttgart, Tübinger Str. 16 auf Girokonto 27910 bei der Städt. Girokasse Stuttgart zu überweisen. Pfarrer Weber hat zugleich die besondere Aufgabe übernommen, Sammelstelle für Angabe über volkszersetzende, sektiererische Umtriebe zu sein. Ich bitte also dorthin etwaige Mitteilungen zu senden.

Wir werden das Material zur Orientierung der Regierung verwenden. Was die Reichsbischofswahl betrifft, so war ja das wichtigste aus den Zeitungen zu ersehen. Unsere Kirchen haben wieder einmal gezeigt, daß sie die Zeichen der Zeit nicht erkannt haben, sonst hätten sie es nicht fertig gebracht, den Vertrauten Adolf Hitlers, den Wehrkreispfarrer Müller, zu übergehen. Pfarrer Bodelschwingh ist gegen den Willen der Glaubensbewegung zum Reichsbischof »gewählt« worden, d. h. er ist von einem evang. Konklave gekürt worden, das nicht das evangelische Kirchenvolk darstellt. Die Glaubensbewegung nimmt den Kampf auf und wird mit der Parole »Christenvolk erwache« sich an das deutsche Kirchenvolk wenden. Wir freuen uns, daß unser württembergischer Kirchenpräsident D. Wurm sich nicht hat einfangen lassen, sondern fest und treu mit der Glaubensbewegung zusammengestanden ist. An den Verhandlungen in Berlin war ja auch unser Freund Professor D. Fezer, Tübingen, stark beteiligt. Wir hoffen, ihn bei der nächsten Tagung in Stuttgart zu einem Referat gewinnen zu können[112].

Heil Hitler! Euer Ettwein.

Als Echo aus dem Lager der Deutschen Christen auf die Bischofsernennung *schrieb Fritz Veigel am 8. 6. 1933 im* NS-Kurier:

Ein Reichsbischof – kein Reichsbischof

Ja, wir haben unsre Sorgen, jetzt erst recht, da der Reichsbischof ernannt ist. Wer wollte etwas sagen gegen den Ernannten? Die Kirche soll gewiß nicht renommieren wollen, aber – die Bodelschwinghs hat man schon manchmal zu den evangelischen »Heiligen« gerechnet. Wer wie der Ernannte, Bodelschwingh, »Vater der Waisen und Krüppel«, väterlicher Fürsorger für Arbeitslose und Heimatlose war, der steht schon um verschiedene Haupteslängen über uns allen und auch über den vielen ehrlich hinaufgedienten Kirchenmännern, die ihn gekürt haben. Und doch: Wir stehen beiseite, wir von der Bewegung der Deutschen

[112] Vgl. den Bericht über den Vortrag Fezers in Stuttgart am 7. 6. 1933, S. 110 ff.

Christen! Wenn wir Partei wären, in der politischen Arena, dann müßten wir entschlossen den rücksichtslosen Kampf aufnehmen. Nun wir Kirche sind und nicht wider die Liebe können, ist es ein ebenso entschlossenes, gläubiges Beiseitetreten; das kann nicht wahr sein und die letzte Entscheidung bleiben; und wollte ein Engel vom Himmel uns anders belehren, könnten wir immer noch nicht glauben, daß die aus Angst und Verlegenheit, aus weltfremden theologischen Postulaten und Zukunftsblindheit herausgeborene Lösung der Wille Gottes in der großen geschichtlichen Stunde ist, in die wir unsere Kirche gestellt sehen.

Wir wollen versuchen, nur das Klarste und Beste zunächst auch an dieser Lösung zu sehen. Ein Mann der dienenden Liebe ist gewählt: ein Stephanus und Diakon soll der Führer der Kirche werden.

Wir fragen: Ist dieser Rückzug auf das von allen Kirchenteilen gleich unbestrittene Existenzminimum, auf das, was in »Gottes Namen« auch seither sogar von Kirchengegnern anerkannt worden ist, ist das gläubiger, ins Große greifender Mut? Soll aus der Not der Kirche, daraus, daß seither vor allem ihr Dienst am Kranken, Schwachen, Kleinen, und nicht ihre Notwendigkeit zum gesunden Leben eines Volkes sichtbar war, eine Tugend, ein Gesetz für die Zukunft gemacht werden?

Soll die Kirche in einer Zeit, da der Individualismus stirbt und das kleinbürgerliche Welt- und Werkverständnis verlischt, die Grenzarbeit der Wohltätigkeit zu ihrem Herzstück machen und die Kirche der Kranken und Sterbenden bleiben, nicht die der Lebenden und Kämpfenden sein?

Aber das wäre ja noch etwas Großes, der Hüter der christlichen Wohltätigkeit an der Spitze der Kirche. Haben es die Kirchenvertreter so gemeint, als sie ihn wählten? Leider nicht; sie haben sorgsam konservativ, sehr ängstlich daran gedacht, daß es Reformierte und Lutheraner und Unierte und noch manches dergleichen gibt, und haben es für die Pflicht der Treue gehalten, lieber Toren zu sein, als das Erbe der Vergangenheit zu opfern, und haben vergessen, daß die Kirchen nicht durch, sondern trotz dieser Engheiten und religiös sanktionierten Menschlichkeiten so eine Segensquelle in der Geschichte unseres Volkes gewesen sind. Wir aber würden, selbst wenn die alten Väter der Orthodoxie unter uns von den Toten aufstünden, um sich für ihr Werk zu verwehren, ihnen sagen müssen: Es ist schad, daß ihr aus eurem frommen Gewissen heraus euch zum Irrtum, zur Schädigung der Lebenskraft unseres Volkes verpflichtet fühlt; das kann aber für uns nicht verbindlich sein.

Es gab eine Zeit – das ist wenige Wochen vorbei –, da die Kirchen und ihre Glieder so tief in der Ratlosigkeit steckten, daß sie in der Not der Neutralität einerseits sich schier aufrieben und andererseits immer mehr zum blassen, unbedeutenden Schemen zu werden drohten.

Wer hat diesen elenden Zustand beendet? Die Weisheit der Kirchenmänner?

O, kein Spott: daß sie es nicht waren, das war bittere Not, keiner wußte zu raten und zu handeln. Das war nicht Schuld und Bosheit, sondern das, daß wir als Christen und als Kirche keine Ausnahme bildeten, sondern mit besonderer Tiefe die Verzagtheit und Hilflosigkeit einer allzumenschlichen Zeit erlebten. Wem wäre heute nicht diese Mutlosigkeit und unentschiedene hilflose Neutralität leid? Aber der den Kirchen geholfen hat, ist Adolf Hitler mit seinem Werk allein gewesen, und dieses Anstoßes von außen hat es bei den Kirchen bedurft.

Zur Wahl Bodelschwinghs erließ die Württ. Studentenschaft eine Kundgebung, die der NS-Kurier *am 6. 6. 1933 veröffentlichte:*

Proteste gegen Bodelschwingh

Die Württ. Studentenschaft hält die jetzige Besetzung des Reichsbischofsamtes bei aller Achtung vor der Persönlichkeit von Bodelschwingh für nicht tragbar, da nun alles darauf ankommt, ein echtes Vertrauensverhältnis zwischen dem neuen nationalsozialistischen Staat und einer neu werdenden evang. Kirche zu schaffen. Die Württ. Studentenschaft stellt sich voll und ganz hinter den Wehrkreispfarrer Müller, den Vertrauensmann des deutschen Führers, Adolf Hitler.

In seinen Sonntagsgedanken *schrieb Pfarrer Rehm am 10. 6. 1933 im* NS-Kurier[113]:

Meisterhaft hat Jesus mit diesem Wort das Prinzip der geschichtlichen Entwicklung gekennzeichnet. So ist es noch heute auf allen Gebieten des menschlichen Lebens. Neue, fortschreitende Strömungen und Bewegungen lassen sich niemals in alte Formen einspannen, sondern schaffen mit gebieterischer Kraft auch die Formen neu, in denen sich ihre gestaltende Kraft auswirkt. Darum führte der Christenglaube zwangsläufig aus der Synagoge heraus und schuf die christliche Kirche. Genau so zeitigte die reformatorische Bewegung eine neue Kirche. Aber auch unsere Generation erlebte es, daß es unmöglich war, die Bewegung des Nationalsozia-

113 Der Betrachtung liegt der Text Mk 2,2 zugrunde: »Niemand faßt Most in alte Schläuche.«

lismus in die abgewirtschafteten Formen einer verflossenen Geisteswelt einzuspannen, wie man das im letzten Sommer und Herbst versuchte. Mit unwiderstehlicher Wucht hat sie diese Versuche zerschlagen und solange gekämpft, bis sie selbst in die Lage versetzt war, aus eigener Kraft und aus eigenem Willen die deutschen Verhältnisse zu gestalten. Wer glaubt, gegen dieses geschichtliche Entwicklungsprinzip kämpfen zu können, wird immer unterliegen ...

Diese Erkenntnis hätten wir nationalsozialistischen Christen auch den verantwortlichen Führern der deutschen Christenheit gewünscht, welche in den letzten Tagen in verdächtiger Eile eine Neugestaltung der kirchlichen Verhältnisse zum Abschluß bringen wollten. Sie haben den offenbaren Gottesruf dieser Tage nicht vernommen, sonst hätten sie nicht glauben können, dem erwachten, christlichen, deutschen Volk eine Neugestaltung der kirchlichen Verhältnisse bringen zu dürfen, die im wesentlichen und fast ausschließlich von Männern geschaffen war, deren Blick nur nach rückwärts orientiert ist und welche darum dem großen seelischen Umbruch, der sich in diesen Tagen in unserem Volk vollzieht, innerlich fremd gegenüberstehen. Es konnte darum auch kein Segen auf diesem Beginnen liegen, das keine vereinigende, sondern eine zerspaltende Wirkung hatte ...

Bei solcher Lage der Dinge ist es darum unmöglich, einfach seitens der Kirchen der nationalsozialistischen Geistesströmung, in der wir auch ein Wirken des göttlichen Geistes sehen, ein Halt entgegenzusetzen oder die Meinung zu vertreten, man könnte das religiöse Erwachen des Volkes einfach in die Formen der Kirche eines liberalen Zeitalters hereinspannen. »Niemand faßt Most in alte Schläuche.« Je schneller mit solchen Versuchen gebrochen wird, um so besser wird es für Volk und Kirche sein. Kirche und Volk würden sonst widereinandergestellt werden und der offenkundige Ruf Gottes würde nicht erfüllt, daß Kirche und Volk, beide als göttliche Schöpfungen und Stiftungen, zusammenstehen müssen im Kampf um ein gottgeordnetes Volksleben wider die Mächte eines anonymen Kapitalismus und atheistischen Bolschewismus, welche geflissentlich jedes gedeihliche Volksleben zerstören.

Das religiös erwachte Volk steht heute fragend vor der Kirche. Möge sie den Gottesruf dieser Stunde erkennen und bei ihrer Neugestaltung nicht nur nach rückwärts blicken, sondern das Erneuerungswerk einem Mann in die Hand geben, welcher in den Reihen derer gekämpft hat, denen nun einmal die Rettung unseres Volkes zu verdanken ist, und der das Vertrauen unseres Führers und damit auch das Vertrauen von Millionen Deutschen besitzt, welche zunächst vielleicht nur in dunklem Drange ahnen, daß allein, wenn sie wieder zur Kirche werden, ihr Leben und ihr Kampf Ewigkeitswert bekommt und hat. Dann wird dieses Ahnen von Millionen zum Vertrauen werden und die Kirche wird das Herz der Nation, das Evangelium aber die Lebenskraft des Volkes sein.

Dafür kämpfen wir nationalsozialistischen Christen im Gehorsam unter unserem ewigen Herrn, der uns in dieses weltgeschichtliche Geschehen hineingestellt hat. Wir wissen uns in diesem Kampf einig mit Jesus Christus, der nicht bloß der größte Bahnbrecher aller Zeiten, sondern unser Bahnbrecher zur Ewigkeit ist und der auch für die gegenwärtige Situation der deutschen Christenheit das Wort gesprochen hat: »Niemand faßt Most in alte Schläuche, sondern man soll Most in neue Schläuche fassen!«

Schon am 12. 6. 1933 erschien ein weiterer Artikel von Pfarrer Rehm im NS-Kurier:

Klare Fronten im Protestantismus

Die Gaupressestelle der Glaubensbewegung »Deutsche Christen« schreibt zur augenblicklichen Lage im deutschen Protestantismus:

Durch die mit sehr befremdenden Methoden durchgeführte Wahl des Pastors D. Bodelschwingh seitens der Mehrzahl der Bevollmächtigten der deutschen Landeskirchen ist die Lage des deutschen Protestantismus blitzartig beleuchtet worden.

Es geht dabei nicht um die Person Bodelschwinghs, dem jeder Nationalsozialist ob des großen Betheler Liebeswerks alle Hochachtung entgegenbringt, sondern um die Frage, wer in Zukunft die maßgebenden Führer des deutschen Protestantismus sind.

Schon jetzt ist festzustellen, daß hinter Bodelschwingh keineswegs die Massen des erwachten und lebendigen deutschen Protestantismus stehen, sondern lediglich die Vertreter einer volksfremden Kirchenbürokratie und die Vertreter der sogenannten Barthianischen Theologie, der angeblich »Jungreformatorische Kreis«. Beide Gruppen sind sich darin einig, daß sie für die im deutschen Volk angebrochene gewaltige Geisteswende keinerlei Verständnis aufbringen. Die Vertreter der Kirchenbürokratie, welche hauptsächlich in den preußischen Landeskirchen noch herrschen, leben ganz in den Gedankengängen der Vorkriegszeit. Sie haben deshalb kein anderes Ziel, als dem Einfluß nationalsozialistischen Denkens an den Kirchenmauern ein Halt entgegenzusetzen. Sie haben kein Verständnis für den Ruf Gottes, der durch Hitler und sein Werk an unser Volk ergeht . . .

Die andere Gruppe, welche Bodelschwingh auf den Schild gehoben hat, sind Vertreter der theologischen Richtung des Schweizers[114] Karl Barth. Ungemein stark hat diese Theologie in den letzten Jahren hauptsächlich in den Kreisen des jüngeren Theologengeschlechts um sich gegriffen. Allenthalben beginnen die Gemeinden die Vertreter dieser theologischen Richtung mehr und mehr abzulehnen, weil sie fühlen, daß diese Theologie nichts anderes ist, denn eine laut klappernde Mühle, welche aber kein Mehl gibt. Von hochwissenschaftlichen, theoretischen Erörterungen, deren Sinn ein gewöhnlicher Sterblicher oft kaum versteht, wird kein um seine Freiheit in großer Not kämpfendes Volk satt, zumal wenn die einseitigen Vertreter dieser Theologie grundsätzlich alles, was Volkstum, Volk und Freiheit heißt, als widergöttliche Sünde ansehen und sich darum prinzipiell seit Jahren am Schicksalskampf unseres Volkes desinteressiert erklären. Diese Theologie des Schweizers Karl Barth, welcher für das deutsche Schicksal überhaupt kein Verständnis hat, konnte begreiflicherweise nur in einer Zeit allgemeiner geistiger Zersetzung und Degeneration Boden gewinnen. Die deutsche Jugend will heute keine blut-, kraft- und saftlose Theologie hören, die den deutschen Menschen unter angeblicher Berufung auf Gottes Wort aus dem Schicksalszusammenhang seines Volkes herausreißt, sondern will aus Gottes Wort Weisung und Kraft finden, daß man seine Pflichten gegenüber der Nation, in die einen Gott schöpfungsmäßig hereinstellte, erfüllen kann. Darum protestiert die nationalsozialistische Christenheit, daß ausgerechnet diese Kreise, welche bisher den Freiheitskampf unseres Volkes ignorierten, sich anmaßen, dem Christenvolk des Dritten Reichs einen Reichsbischof zu setzen.

In der Glaubensbewegung »Deutsche Christen« steht der Teil des deutschen Christenvolkes, welcher in mannhafter Weise in den letzten Jahren gegen das antichristliche System in unserem Volksleben kämpfte und die Kirche vor dem Bolschewismus gerettet hat. Darum verlangen

114 Schweizer: im »NS-Kurier« gesperrt gedruckt. Zur Auseinandersetzung um Karl Barth vgl. auch die beiden gegen Barth gerichteten Artikel von Seeberg u. Wobbermin in »Das evang. Deutschland«, Ausgabe vom 30. 7. 1933, die Besprechung des wichtigen ersten Heftes von »Theologische Existenz heute« in KAW, Ausgabe vom 20. 7. 1933, 23. 11. 1933 u. 21. 12. 1933, ferner die verschiedenen Äußerungen bei der Sitzung des Württ. Landeskirchentags im September 1933, S. 363.

wir, daß der kommende Reichsbischof auf alle Fälle im Einvernehmen mit uns und keinesfalls wider uns gewählt werden darf.

Wir kämpfen unerbittlich dagegen, daß dieses Bündnis zwischen kirchlicher Bürokratie und volksfremder, ja volksfeindlicher Theologie, das sich jetzt gegen das erwachte Volk zusammengefunden hat, die Führung des deutschen Protestantismus sich anmaßt . . .

Unser Reichsbischof, Wehrkreispfarrer Ludwig Müller, ist ein schlichter, wahrer, deutscher Christ und lebt ein gleich inniges, kindlich-frommes und tapferes, mutiges Christentum, wie es einem Luther oder Ernst Moritz Arndt zu eigen war. Er allein hat darum auch das Vertrauen unseres Führers Adolf Hitler und ist in der Lage, dem deutschen Christenvolk den Weg zu zeigen, auf dem es seine gottgegebenen Aufgaben an unserem, um seine Freiheit ringenden Volk erfüllen kann. Die Vorwürfe unserer Gegner, Pfarrer Müller sei in erster Linie Politiker und kein lebendiger Christ, sind eine Niedertracht sondersgleichen. Sie lieben ihn allerdings nicht, weil er ein Mann der Kraft ist, welcher diese individualistischen, egoistischen und liberalistischen kirchlichen Kreise unter sich zwingen wird. Seine Kraft aber ist das unerschütterliche Gottvertrauen, das Gott den Glaubenden schenkt. Wenn jeder Christ und Kirchenführer diesen starken, mannhaften, lebendigen Glauben in den letzten Jahren gehabt hätte, wäre unser Volk nicht ein Raub des Marxismus und Liberalismus geworden. Darum ist Pfarrer Müller heute der Mann, den das deutsche Christenvolk braucht.

Die württembergische Christenheit hat es schon lange satt, sich von den verknöcherten preußischen kirchlichen Bürokraten das Gesetz des Handelns vorschreiben zu lassen. Weil unsere Kirchenleitung, welche wahrhaftig weiß, was Kirche Jesu Christi ist, dem Volk viel näher steht und volksverbunden ist, hat sie auch gegen dieses bürokratische Manöver der Bodelschwinghwahl Stellung genommen. Dafür dankt ihr das erwachte Christenvolk und wird sie in diesem Kampf weiter unterstützen in engster Bundesgenossenschaft mit den norddeutschen Volksgenossen, welche sich nach einer neuen, volksverbundenen Kirche sehnen. Der Sturm, der jetzt durch Deutschland geht, wird alles kirchliche Bürokratentum und alle volksfremde Theologie wegfegen. Dann wird die Kirche Jesu Christi zur Heimat des Volkes und das Evangelium des Neuen Testaments zur Kraftquelle der Nation werden. Dafür kämpfen wir »Deutschen Christen« und erheben auf unseren Schild den Reichsbischof Ludwig Müller.

Nach der Benennung des Reichsbischofs *schrieb Pfarrer Theodor Haug im* Christlichen Volksdienst *am 10. 6. 1933 über die Wahl von Bodelschwinghs und den Widerstand der Deutschen Christen:*

... Zur Beurteilung möchte ich nur folgendes sagen. Es gilt unabhängig von den etwa in der Woche noch kommenden Ereignissen.

1. An sich war es wünschenswert, daß der Reichsbischof schon am Neubau der Verfassung maßgebend beteiligt wurde. Aber nach Lage der Dinge hätte die frühe Wahl vermieden werden sollen, da vorauszusehen war, daß heftige Kämpfe drüber entstehen, die Monate später in größerer Ruhe hätten ausgetragen werden können.

2. Diese Erwägungen sind jetzt überholt. Es hat keinen Wert, sich zu überlegen, wie es gewesen wäre, wenn ... Nachdem der Reichsbischof bestellt ist, erscheint mir ein grundsätzlicher Kampf gegen ihn sich nicht zu rechtfertigen. Die Deutschen Christen verlangten Führung. Nun hat die Kirchenleitung gehandelt und einen Führer gewählt. Es ist eine Verzerrung des Führergedankens, die heute weit verbreitet ist und ihre verhängnisvollen Wirkungen wohl noch haben wird, zwar die Führung zu bejahen, aber sofort hinzuzufügen: es muß ein Führer unseres Vertrauens, unserer Richtung sein, sonst gehorchen wir nicht. Wenn jetzt rechtliche Bedenken gegen Bodelschwingh gemacht werden, so kann ich das bei Männern, die ein neues Recht schaffen wollen, nicht ganz verstehen ...

4. Die Deutschen Christen sagen, Bodelschwingh habe das Vertrauen des Reichskanzlers und des Volkes nicht. Dem ist zu entgegnen, daß es ganz vom Verhalten der Deutschen Christen abhängt, ob beide Vertrauen haben. Weder der Reichskanzler noch das Volk haben grundsätzlich etwas gegen Bodelschwingh; die Abneigung wird erst geschaffen. Sie läßt sich also bei gutem Willen beseitigen.

5. Wenn die Deutschen Christen Bodelschwingh anerkennen würden, handelten sie wahrhaft christlich. Sie würden vor aller Welt kundtun: »Es geht uns nur um die Sache, nur um den Dienst. Wir haben nicht nur den politischen Methoden, sondern auch der Kirchenpolitik alten Stils den Abschied gegeben.« Damit wäre Großes geschaffen.

6. Sie können den in Aussicht genommenen Bischof umso leichter anerkennen, als sie ihn selbst als den besten Mann der Kirche bezeichnen ...

7. Gewiß sind die Kämpfe nicht erledigt, wenn Bodelschwingh anerkannt wird. Aber da er den Deutschen Christen die Hand reicht, könnten die Auseinandersetzungen wie auf dem Apostelkonzil in Jerusalem

(Apgesch. 15) so geführt werden, daß die Parteien sich an einen Tisch setzen und so lange ringen, auch im Gebet, bis der Heilige Geist ihnen den Weg gemeinsamen Handelns zeigt.

8. Wenn Bodelschwingh sich nicht zu den nötigen Reformen entschließt, dann haben die Deutschen Christen das Recht, seinen Rücktritt zu fordern, damit sie durchgeführt werden können.

Der Herausgeber des Evang. Gemeindeblattes für Stuttgart *veröffentlichte am 11. 6. 1933 folgende Überlegungen*[115]*:*

Kirche, Staat und Reichsbischofswahl

Es liegt in der Natur der Sache, daß im nationalsozialistischen Staat der neue Reichsbischof ein Mann sein muß, der nächst der kirchlichen Eignung für die höchste Würde in unserer evangelischen Kirche auch in ausreichender Weise das Vertrauen der nationalsozialistischen Kreise in unserem Volke genießt. Denn diese Kreise haben die Kirche in ihrem äußeren Bestand gerettet. Und diese Kreise, voran Adolf Hitler, rufen die Kirche zur Mitarbeit an dem Wiederaufbau unseres Volkslebens auf. Es sind Volksfragen, die heutzutage im Mittelpunkt des allgemeinen, auch des allgemeinen kirchlichen Interesses liegen. Und die Lösung dieser Volksfragen, wie sie dem Dritten Reich vorschwebt, steht ihrem Wesen nach nicht im Widerspruch mit dem Evangelium. Es ist deshalb selbstverständlich, daß ein Mann an der Spitze der evangelischen Kirche stehen sollte, dem die führende Gruppe des Volks, auf deren Schultern die Hauptverantwortung für die Zukunft desselben ruht, das Vertrauen entgegenbringt, daß er rückhaltlos und unbeeinflußt von andern Zielrichtungen mit ihr am Neubau des Volkes zusammenarbeiten wird. Diesem Gedankengang wird aber von anderer Seite die Behauptung entgegengehalten, daß die Kreise, die die Wahl eines vom Vertrauen des Nationalsozialismus getragenen Reichsbischofs betreiben, wieder ein Staatskirchentum aufrichten wollen. Wir möchten auf diese Behauptung antworten.

[115] Vgl. dazu Friedrich Hilzinger im »Evang. Gemeindeblatt für Stuttgart«, Ausgabe vom 28. 5. 1933: »Reichskanzler Adolf Hitler hat es oft und deutlich genug ausgesprochen, daß er sich die Volkserneuerung nicht denken könne ohne die Grundlage und Mithilfe der christlichen Kirchen Deutschlands. Der Ruf der Revolution 1918 lautete: Los von der Kirche; die nationale Revolution ruft: Herein mit der Kirche! . . . Das also ist das Neue: Die Kirche wird vom neuen Staat zum Dienst an der Volkserneuerung gerufen; eine lebendige Volkskirche kann sich diesem Ruf nicht versagen.«

Das Staatskirchentum der kaiserlichen Zeit bestand darin, daß die evangelischen Landeskirchen Deutschlands in einem staats- und vermögensrechtlichen Abhängigkeitsverhältnis vom Staat standen. ... Im Staat von Weimar blieb es in den meisten deutschen Ländern bei der finanziellen Abhängigkeit vom Staat. ... In staatsrechtlicher Beziehung gelten [sie] jetzt nicht mehr als Abteilungen des Staatsorganismus, sondern als sogenannte Korporationen des öffentlichen Rechts. ... Freiheit besteht vor allem darin, daß die Kirchen abgesehen von einzelnen Einschränkungen, wie wir solche vorher erwähnten, ihre inneren Angelegenheiten selbständig ohne staatlichen Eingriff ordnen.

Im Dritten Reich stellt sich die Sache so dar. Adolf Hitlers Programmrede vom 23. März hat den Satz geprägt[116]: »Die Regierung wird die zwischen den beiden christlichen Konfessionen und den Ländern abgeschlossenen Verträge respektieren.« ... Die durch die »Glaubensbewegung Deutsche Christen« veranlaßte Gründung einer deutschen Reichskirche und die Veröffentlichung der Grundlinien ihrer Verfassung ist ohne jede Einmischung durch staatliche Faktoren vollzogen worden. Ob die Wahl des Reichsbischofs der Bestätigung durch staatliche Faktoren bedarf, ist eine offene Frage. ... Insgesamt ist zu sagen, daß die Regierung des Dritten Reichs die vom Staat von Weimar geschaffene staatsrechtliche Lage der Kirche in keiner Weise nach der Seite einer Rückwärtsbewegung zu den Verhältnissen der kaiserlichen Zeit zu verschieben suchte. Und wir haben gar keinen Grund zu befürchten, daß der jetzige Staat inskünftig das gegebene Hitlerwort nicht einlösen könnte. Die staatsrechtliche Selbständigkeit der Kirche ist gesichert ...

Ausschlaggebend ist in der Tat die Frage: Verkauft sich die Kirche mit einer Rücksichtnahme auf die führenden Kreise im Staat speziell in der Reichsbischofsfrage nicht von neuem an den Staat, jetzt nicht mehr in staatsrechtlicher, sondern in moralischer Hinsicht? ... Denken wir nur etwa an die Judenfrage oder an manche sittlichen Fragen, die mit dem wirtschaftlichen Neubau des Volkes zusammenhängen! Aber wir wollen uns nicht verhehlen, daß der nationalsozialistische Staat Schritt für Schritt sein völkisches und sein sozialistisches Programm durchführen wird, ob unsere Kirche mit ihrem Reichsbischof ihm freundlicher oder kritischer gegenüberstehen wird. Und wir haben die ganz bestimmte Überzeugung, daß der Kirche ein viel weitergehender Einfluß sowohl in der Rassenfrage als auch in der Frage des gesellschaftlichen

116 Domarus I, S. 229 ff.

Aufbaus der Nation und in andern brennenden Volksfragen eingeräumt werden wird, wenn ihre Leitung von vornherein von dem Vertrauen der Volkskreise getragen ist, die den bestimmenden Einfluß auf den Gang der Ereignisse in unserem deutschen Volke haben werden, als unter der Leitung eines Reichsbischofs, den Kreise auf den Schild erhoben haben, die zum Teil dem neuen Staat mit geteiltem Herzen gegenüberstehen, und dessen Eignung für das Amt gerade in der gegenwärtigen Zeitlage bestritten werden kann. Gewiß würde die Kirche ihren Beruf in unserem Volke versäumen, wenn sie nicht mit ihrem im Evangelium wurzelnden Gewissen sich bemühen würde, das Gewissen der Nation zu sein. Aber sie wird es in wirksamerer, fruchtbarerer Weise sein können, wenn ihr Reichsbischof von vornherein vom Vertrauen der Mehrheit der Nation und der in ihr maßgebenden Kreise getragen ist. Wenn wir deshalb für die Wahl eines vom Vertrauen der jetzigen Staatsleitung getragenen Reichsbischofs eintreten, so richten wir damit kein neues, wenn auch nur verstecktes Staatskirchentum auf, sondern wir folgen nur dem Ruf des neuen Staates an die Kirche, bei seinem Neuaufbau ihm mit den ihr wesenseigenen Kräften zu dienen, und treffen Vorsorge, daß dieser Dienst von der Kirche neben ihrem innersten Beruf der Seelsorge im weitesten Sinne des Wortes so wirksam als möglich geübt werden kann. ... Wir wollen keine Staatskirche, aber eine vertrauensvoll mit dem Staat, der sie zur Mitarbeit rief, zusammenarbeitende Kirche.

Über den von Seiten der Reichsleitung der Glaubensbewegung Deutsche Christen begonnenen Kampf gegen Bodelschwingh informierte die Erste Folge des Kirchlichen Aufklärungsdienstes *vom 14. 6. 1933*[117]. *Dieser Aufklärungsdienst brachte u. a. die* Mitteilung f 1, die einen Ausschnitt aus einem Rundschreiben der Reichsleitung der Deutschen Christen (Propaganda-Abteilung) enthält und einen Einblick gibt in die Art und Weise, wie von der Seite der Reichsleitung der Deutschen Christen der Kampf geführt wird: Die schon gerüchtweise bekannt gewordene Tatsache, daß die Deutschen Christen für ihren Kampf gegen den

[117] Siehe S. 128 ff.; den Text des Rundschreibens der Reichsleitung der GBDC siehe GB 139, S. 83 f. Vgl. dazu den Bericht im »NS-Kurier«, Ausgabe vom 21. 6. 1933, über die Veranstaltung der Deutschen Christen in Berlin, ferner den Bericht im »NS-Kurier«, Ausgabe vom 23. 6. 1933: »Wehrkreispfarrer Müller zu seinem 50. Geburtstag« mit Bild: Eine Würdigung des Werdegangs von Müller bis zum ersten Gespräch mit Hitler im Jahr 1926.

Reichsbischof den Apparat der nationalsozialistischen Bewegung einsetzen, wird hier eindeutig und dokumentarisch festgelegt. Nicht oft genug kann auf diese Kampfesweise hingewiesen werden. Die Methode dieses Kampfes hat bereits bei vielen Gruppen der Deutschen Christen stürmische Entrüstung und starke Gegnerschaft gegen die Berliner Reichsleitung hervorgerufen. Wie man hört, haben u. a. die Deutschen Christen Ostpreußens sich geweigert, die Anweisungen dieses Rundschreibens in ihrem Bezirk durchzuführen.

In dem Rundschreiben der Reichsleitung der Deutschen Christen wurde die Absendung von Protesttelegrammen gegen die Wahl Bodelschwinghs und eine Versammlungswelle stärkster Art bis ins kleinste Kirchspiel hinein *gefordert. Diese Anordnungen wurden in einem Rundschreiben der Landesleitung Württemberg der Glaubensbewegung Deutsche Christen am 15.6.1933 an sämtliche Bezirksleiter weitergegeben*[118]*:*

Liebe Freunde!

Laut Anordnung der Reichsleitung und des Führers Adolf Hitler führt die Glaubensbewegung einen vierwöchigen Kampf, um die letzten Bastionen der Reaktion auch in den Kirchen zu brechen. Demzufolge wird auch für alle Bezirke unsres Landes die Aufnahme des Kampfes angeordnet, der sofort einzusetzen hat. Die Bezirksleiter melden umgehend, was sie in ihren Bezirken zu tun gedenken. Nach den Anordnungen der Reichsleitung müssen Bezirksleiter, die untätig bleiben, gebeten werden, ihr Amt in andere Hände zu legen.

Für den Kampf werden folgende bindende Richtlinien ausgegeben:

1. Der Kampf wird geführt durch Versammlungen, die von der Glaubensbewegung im Einvernehmen mit der politischen Parteileitung überall anzuberaumen sind. Als Themata für Versammlungen werden vorgeschlagen: »Durchbruch des Volks zur Kirche«; »Begegnung zwischen NS-Revolution und evang. Kirche«; »Christenvolk erwache!«; »Für eine volksverbundene Kirche Christi«; »Deutsches Volk wahre deine heiligsten Güter!«

2. Überall muß die Bezirkspresse bearbeitet werden durch häufige Versorgung mit dem Material des Reichspressedienstes der Glaubensbewegung, den die Bezirksleiter zu halten verpflichtet sind (zu bestellen

118 LKA Stuttgart, D 1, Bd. 42; vervielfältigtes Rundschreiben. Von einer Anordnung »des Führers« war im Rundschreiben der Reichsleitung nicht die Rede gewesen.

bei Verlag Max Grevemeyer, Berlin-Charlottenburg 4, Wilmersdorfer Straße 95).

3. In dem Kampf ist die Person Bodelschwinghs nicht zu berühren, vielmehr müssen die Gegner der Glaubensbewegung, deutschnationale verknöcherte Bürokraten und die Jungreformatorische Bewegung, behandelt werden, ohne sich dabei aber auf den Boden theologischer Streitigkeiten verschieben zu lassen, welche Taktik die Jungreformatorische Bewegung zur Verschleierung der eigenen schwachen Position schlau benützt.

4. Die Wahl Bodelschwinghs ist nichts anderes als eine Mißtrauenskundgebung gegen Adolf Hitler persönlich und eine Absage an das nationalsozialistische Wollen. Darum ist die einzige Lösung, die erstrebt werden muß: Reichsbischof Wehrkreispfarrer Müller, der das Vertrauen Hitlers besitzt und ein tiefgläubiger Mann ist. Besonders ist die Frage zu behandeln, daß Müller nicht in erster Linie Politiker, sondern Deutscher Christ ist. Er allein bringt die heute nötige Kraft der Führung und nicht nur des diakonischen Dienstes auf. Die Kirche Christi darf nicht nur in der Inneren Mission und im Almosengeben aufgehen, sondern muß kraftvoll führend und gestaltend in dem sich an seine gottgeschenkte Kraft besinnenden Volksganzen drinnestehen.

5. Überall muß betont werden, daß sich die württembergische Kirchenleitung eindeutig zu den Zielen der Glaubensbewegung bekannt hat und für die Wahl Ludwig Müllers eingetreten ist, weshalb der angesagte Kampf nicht gegen, sondern mit und für Kirchenpräsident Wurm geführt wird.

6. Überall sind Zellen und Ortsgruppen der Glaubensbewegung zu errichten. Diese Organisation richtet sich nach der Gleichschaltung des Evang. Volksbundes[118a] nicht mehr gegen denselben, sondern es ist zu erwarten, daß in absehbarer Zeit eine Vereinigung beider Organisationen möglich sein wird.

7. Voraussichtlich wird nächstdem ein eigenes württembergisches Sonntagsblatt der Glaubensbewegung »Deutscher Sonntag«, Wochenblatt für Kirche und Volk, erscheinen[119], dessen Verbreitung allen Amtswaltern der Glaubensbewegung zur ernsten Pflicht gemacht wird. Weitere Anweisung dazu wird ergehen. Das »Evangelium im 3. Reich« ist amtliches Führerorgan, und deshalb besteht für alle Amtswalter Pflichtbezug (durch die Post).

118a Vgl. Bd. 1, S. 499 ff.

119 Siehe S. 411 ff.

8. Die beiliegenden Abschriften sind den Pfarrern der Glaubensbewegung Ihres Bezirks sofort zu übersenden.

9. Zugleich bitten wir, für pünktliche Einzahlung der Beiträge (pro Monat 1,– Mk) an den NS-Pfarrerbund, Pfarrer Weber, Städt. Girokasse Stuttgart, Girokonto Nr. 27 910, besorgt zu sein.

Heil Hitler!

Landesleitung der Glaubensbewegung Deutsche Christen: Schairer, Rehm.

In Telegrammen wandten sich die Deutschen Christen und der NS-Pfarrerbund an Müller und Bodelschwingh; der NS-Kurier *veröffentlichte am 16. 6. 1933 die Meldung des* Evang. Pressedienstes:

Um den Reichsbischof

Die Landesleitung der Glaubensbewegung »Deutsche Christen« sandte an Wehrkreispfarrer Müller ein Telegramm, in dem sie ihm im Namen des württ. Kirchenvolkes, »soweit es sich in der Glaubensbewegung erfaßt, das wärmste Vertrauen« ausspricht. Die Führung der NS-Pfarrerschaft Württembergs bittet in einem Telegramm v. Bodelschwingh, den Weg zur Neuordnung der Kirche freizugeben. Nur so lasse sich der bittere Kampf vermeiden, der für Kirche und Volk unabsehbare Folgen haben könne.

Unter Bezugnahme auf das Rundschreiben der Deutschen Christen vom 15. 6. 1933 teilte Wurm am 17. 6. 1933 sämtlichen Dekanatämtern mit[120]*:*

In einem Schreiben der württ. Gruppe der Glaubensbewegung deutscher Christen an ihre Bezirksleiter wird zur öffentlichen Werbung für die Kandidatur Müller mit Hilfe der politischen Organisationen der NSDAP aufgefordert. Das Schreiben beruft sich ausdrücklich auf die Stellungnahme des Herrn Kirchenpräsidenten. Zur Vermeidung von Mißverständnissen muß bemerkt werden, daß der Kirchenpräsident einen politischen[121] Kampf um die Reichsbischofswahl vermieden wissen möchte und daß er im Verein mit dem bayrischen Landesbischof unausgesetzt für eine Verständigung innerhalb der kirchlichen Organe und Gruppen in Bezug auf eine verfassungsrechtlich einwandfreie Lösung tätig ist. Auch die Beurteilung der Beweggründe der Jungreformatori-

120 Nr. A 4508; von Wurm selbst mit der Schreibmaschine hergestellter Entwurf.

121 politisch: im Original unterstrichen.

schen Gruppe in diesem Rundschreiben kann er, wie auch aus seiner letzten Kundgebung im »Kirchlichen Anzeiger[122]« hervorgeht, nicht billigen. Er hofft vielmehr bei einer demnächst unter seiner Leitung stattfindenden Aussprache zwischen den Deutschen Christen und der Jungreformatorischen Gruppe das Verständnis für die beiderseitigen Anliegen fördern und die in beiden Gruppen tätigen wertvollen Kräfte zu gemeinsamer Arbeit am Neubau der Kirche zusammenführen zu können.

Wurm.

Wegen der Verwirrung, die durch die beiden Schreiben vom 15. 6. 1933 und 17. 6. 1933 entstehen konnte, bat das Evang. Dekanatamt Weinsberg am 23. 6. 1933 um Aufklärung[123]:

Herr Pfarrer Müller, Eberstadt, der Vertrauensmann des NS-Pfarrersbunds, teilt mir mit, daß der Gauführer der Glaubensbewegung die Abhaltung von Versammlungen zur Reichsbischofsfrage in allen Gemeinden erneut angeordnet habe. Der Erlaß vom 17. Juni ist an die Pfarrämter hinausgegangen und muß auch in der Hand der NS-Pfarrer sein. Bei einer Besprechung am letzten Montag riet Herr Stadtpfarrer Pressel, der Vertrauensmann solle auf die Jahreszeit hinweisen, die der Abhaltung von Versammlungen in einem ländlichen Bezirk entgegensteht. Er sagte mir auch vertraulich, daß der Herr Kirchenpräsident Herrn Stadtpfarrer Schairer einen deutlichen Brief in dieser Sache geschrieben habe[123a]. So bedeutet die erneute Anweisung der Glaubensbewegung eine starke Überraschung.

Wahrscheinlich werden Pfarrer aus dem Bezirk anfragen, was nun gelte, der Erlaß des Herrn Kirchenpräsidenten oder die Anweisung des Gauleiters. Ich habe bisher das kirchliche Führerprinzip vertreten und die Anordnung des Herrn Kirchenpräsidenten für maßgebend erklärt. Kann ich auf Anfragen antworten, daß der Herr Kirchenpräsident am Erlaß vom 17. Juni festhält und keine Versammlungen mit dem Thema Reichsbischofswahl wünscht? Kann ich die NS-Pfarrer kommen lassen und ihnen sagen, daß sie von der Veranstaltung solcher Versammlungen absehen sollen? Oder habe ich die angeordnete Aktion der Glaubensbewegung widerspruchslos geschehen zu lassen? Wenn ich dazu schweige,

122 KAW, Ausgabe vom 8. 6. 1933, siehe S. 109 f.

123 OKR Stuttgart Registratur, Generalia Bd. 115 b I. Wurm bemerkte am 30. Juni handschriftlich auf dem Rand des Stückes: »Durch mündliche Aussprache erledigt.«

123a Der Brief war bei den Akten nicht zu finden.

so entsteht der Eindruck, der Herr Kirchenpräsident habe gegenüber dem Gauleiter der Glaubensbewegung den Rückzug angetreten.

Falls der Plan des Gauleiters durchgeführt wird, so wird in jeder Gemeinde des Weinsberger Bezirks in den nächsten 4 Wochen eine Versammlung mit einem Vortrag über die Reichsbischofswahl und einer Vorführung des Potsdamfilms[123b] stattfinden. Die 5 NS-Pfarrer (Müller, Kumpf, Mayer, Schlierer, Häcker) haben bei ihrer gestrigen Besprechung den Bezirk bereits unter sich aufgeteilt. Ich bezweifle, daß alle Pfarrer des Bezirks damit einverstanden sein werden. Einige werden bestenfalls schweigend, unter Druck, weichen. Das bringt in die Pfarrerschaft des Bezirks, die bisher in einem Verhältnis offener Aussprache stand, einen Zwiespalt und eine nicht ernst genug zu nehmende Störung des Vertrauens. In den Jahren meines hiesigen Amtes habe ich mich um die Pflege des Vertrauens und die Überwindung von Spannungen ernstlich gemüht. Ein Verfahren, wie es die Glaubensbewegung anzuwenden sich anschickt, muß mein Bemühen schwer gefährden. Die württembergische Kirche braucht jetzt eine einige Pfarrerschaft und erträgt Quertreibereien nicht.

Das Vorgehen der Glaubensbewegung muß auch auf die Gemeinden ihre Auswirkungen haben. Viele zuverlässige Gemeindeglieder sind mit Bethel innerlich verbunden und gehen unter allen Umständen mit v. Bodelschwingh. Sie werden es nicht verstehen, wenn der Ortspfarrer oder ein Nachbarpfarrer sich gegen v. Bodelschwingh in einer öffentlichen Versammlung einsetzt. Wenn der Ortspfarrer sich zurückhält, so wird er ausgefragt oder wird über ihn kombiniert, was nicht besser ist. Die Saat von Mißtrauen, die bei der öffentlichen Erörterung der Reichsbischofswahl ausgestreut wird, wird noch lange Zeit zu spüren sein. Auch wird zwischen den Gemeindegliedern Gegnerschaft entstehen. Die politischen Gesichtspunkte werden vorherrschen. Und eine Verwirrung der Gemüter und eine Zerstörung brüderlicher Gemeinschaft wird die Folge sein. Nachdem der Herr Kirchenpräsident durch seine Abstimmung für Wehrkreispfarrer Müller den Wünschen der Glaubensbewegung entgegengekommen ist, sollte den württembergischen Gemeinden ein Kampf erspart werden.

In der gleichen Lage wie der Weinsberger Bezirk befinden sich die andern Kirchenbezirke und ihre Dekane: Darum erbitte ich eine Anweisung nicht bloß für mich selber. Zeller.

[123b] Staatsakt in der Garnisonskirche in Potsdam am 21. 3. 1933 zur Eröffnung des neuen Reichstags.

Noch am 15. 6. 1933 veröffentlichte der NS-Kurier *einen Artikel von Rehm:*

Reichsregierung und Bodelschwingh

Der Gaupressereferent der Glaubensbewegung »Deutsche Christen« schreibt uns: Von der aus parteipolitischen Gesichtspunkten an Bodelschwingh interessierten Presse wird in diesen Tagen die deutsche Öffentlichkeit zielbewußt mit Meldungen beunruhigt, die erweisen sollen, daß die Mehrheit der deutschen Pfarrerschaft hinter Bodelschwingh stehe und daß durch eine Unterredung Bodelschwingh–Frick[124] die Anerkennung Bodelschwinghs durch die Reichsregierung als bevorstehend gelten dürfe. Wenn die Lage der Bodelschwinghfront so günstig wäre, dann hätte sie es nicht nötig, eine solche Stimmungsmache für Bodelschwingh zu entfalten.

Die Unterredung des Reichsinnenministers Frick mit Bodelschwingh hatte nach unseren Informationen den Zweck, Bodelschwingh über die Schwierigkeiten zu orientieren, die einer Anerkennung seiner rechtlich ungültigen Wahl seitens der Reichsregierung entgegenstehen. Es konnte von seiten der Hintermänner Bodelschwinghs immer noch nicht entkräftet werden, daß Bodelschwingh unter Bruch der Abmachungen mit dem Bevollmächtigten des Reichskanzlers, Wehrkreispfarrer Müller, zum Reichsbischof gemacht wurde. Diese Wahl ist darum eine offene Brüskierung Adolf Hitlers und als solche eine Kampfansage gegen den Nationalsozialismus und das Dritte Reich. Ein solch schnödes Verhalten läßt sich die Bewegung Adolf Hitlers um der Ehre des Führers willen nie gefallen: darüber mögen alle Bodelschwinghinteressenten, die Adolf Hitler mit Mißtrauen entgegenstehen, sich im klaren sein.

Das nationalsozialistische Christenvolk, das die Kirche vor dem Bolschewismus gerettet hat, scheut den Kampf nicht, wenn er ihm durch die beispiellose Renitenz reaktionärer Kreise und volksfremder Theologen aufgezwungen wird. Es hat die Kirche nicht deshalb vor dem Bolschewismus gerettet, damit gewisse Kreise ihr altes Kirchentum in Ruhe weiterpflegen können, nachdem sie sich nie um den Kampf des Nationalsozialismus bekümmert hatten, sondern es verlangt, daß die Kirche von Männern neugestaltet wird, die in den Reihen derer mitkämpften, welche die Kirche gerettet haben. Darum gibt es nur eine Lösung der unglückseligen Spannung, an der die Hintermänner Bodelschwinghs allein

[124] Zur Unterredung Frick–Bodelschwingh am 10. 6. 1933 siehe GB 139, S. 82.

schuld sind: Rücktritt Bodelschwinghs und Neueinsetzung eines Ausschusses zur Kirchenreform, der volksverbunden ist und das Vertrauen der breitesten christlichen Volkskreise besitzt. Die Kirche des Dritten Reichs darf keine Behördenkirche sein, sondern muß nach dem Willen Jesu eine Kirche für das Volk sein.

Darum steht auch das nationalsozialistische württembergische Kirchenvolk geschlossen hinter dem Vertrauensmann Adolf Hitlers, unserem Reichsbischof Wehrkreispfarrer Müller.

Über eine Kundgebung, die am 17. Juni in Tübingen stattfand[125], *berichtete der* NS-Kurier *am 19. 6. 1933:*

Der Streit um den Reichsbischof

Professor Dr. Rückert über die Grundlagen der Glaubensbewegung Deutscher Christen

Am Samstag früh sprach im Einvernehmen mit dem Amt für politische Bildung der Ordinarius für Kirchengeschichte, Prof. Dr. Rückert, im Festsaal der Universität über die Grundlagen der Glaubensbewegung Deutscher Christen. Unter den Anwesenden bemerkte man den Kommissar Prof. Dr. Bebermeyer.

Als evangelische Menschen wollen wir wissen, was wir tun. Man verbaut sich den Weg zur Bewegung der Deutschen Christen, wenn man den politischen Sinn der Bewegung gegen den religiösen abhebt: sie ist vielmehr untrennbar eines. Es ist die Schicksalsgemeinschaft des deutschen Volks und seiner Kirche. Keiner, der die völkischen Ziele bejaht, kann und darf gleichgültig stehen zu Christentum und Kirche. Die Deutschen Christen wollen werben um das Vertrauen des Volks zum Christentum und zur Kirche. Es wird der Hoheit des Evangeliums nichts vergeben, wenn man auf seine völkische Aufbaukraft hinwies. Man kann das Volk nicht innerlich erneuern, wenn nicht gleichzeitig eine religiöse Erneuerung eintritt.

Der Kirche gegenüber entsteht die zweite Aufgabe der Deutschen Christen. Sie müssen mit beiden Füßen in der Kirche stehen und sie müssen um Vertrauen werben für die Ziele des Nationalsozialismus. Bisher hat sich der Staat an der Kirche desinteressiert erklärt, und die

125 Die Kundgebung war im »NS-Kurier« in der Ausgabe vom 17. 6. 1933 angekündigt worden. Vgl. dazu die Notiz im »Schwäbischer Merkur«, Ausgabe vom 8. 6. 1933: »Studentenschaft und Reichsbischof«; ferner »Schwäbischer Merkur«, Ausgabe vom 21. 6. 1933.

Kirche war abgeschnitten von unmittelbarer Wirkung auf die Wirklichkeit. Durch diese Isolierung hat die Kirche Gelegenheit gehabt, sich auf sich selbst zu besinnen. Jetzt aber sind die Mauern eingestürzt. Staat und Volk wollen etwas von der Kirche, und sie dürfen nicht als Eindringlinge angesehen werden, sondern als Hilfesuchende. Das Volk hat in dieser Notzeit das Recht, Hilfe zu fordern. Und die Kirche hat die Pflicht, alle Opfer zu bringen, außer dem des Evangeliums. Sie soll nicht fragen, was sie verliert, sondern was sie gewinnt. Sie kann heute zur Volkskirche werden. Und sie soll glauben, daß Gott es ist, der heute dem Volk diese Wege einer völkischen Erneuerung weist.

Daraus, daß das Wohl von Volk und Kirche eins und dasselbe ist, erklären sich alle Bekenntnispunkte der Glaubensbewegung Deutscher Christen, die der Redner im folgenden näher erklärte[126]. . .

Zu unserem tiefsten Schmerz sind die Zeiten des Kampfs, eben überwunden, durch den Reichsbischofsstreit neu entfacht worden. Die Deutschen Christen wissen sich daran unschuldig. Sie haben schweigend erwartet, daß der Name ihres Führers zuerst genannt werden würde und daß ein Reichsbischof ernannt werden würde, der das Vertrauen des Reichskanzlers besäße. Man hat ihnen einen Kampf aufgezwungen, und sie sind entschlossen, ihn mit allen Mitteln zu führen. Sie sind nicht gegen die achtenswerte Gestalt Bodelschwinghs, aber sie kämpfen gegen die Mächte, die seine Ernennung erreichten, gegen den Geist der Diplomatie, der rechnete, statt zu wagen. Sie kämpfen für Wehrkreispfarrer Müller nicht, um von einer Machtposition aus die Kirche zu beherrschen, sondern weil sie in ihm das Symbol sehen der Einheit von Kirche und Staat.

Anschließend fand im Ehrenhof eine Vertrauenskundgebung der Studentenschaft für Wehrkreispfarrer Müller statt, bei der die SA Aufstellung nahm. Hier sprach der Landesleiter der Deutschen Christen Württembergs, Stadtpfarrer Schairer, über die Gottesstunde des deutschen Volkes, in der endlich ein organisches Gebilde, das deutsche Volk, geworden sei, eine Stunde, wie sie in tausend Jahren nur einmal komme. Zu nochmaligem Kampf müsse aufgerufen werden, nicht zu einem kirchenpolitischen, aber zu einem kirchlichen und politischen. Der unbekannte deutsche Christ wird es schaffen, nicht Juristen und Politiker. Diese können kein Gebilde schaffen, das dem Geiste Gottes Heimat bietet. Diese Kundgebung soll nicht für den, gegen jenen sein, sondern sie

[126] Erläutert werden die Richtlinien der DC vom 16. 5. 1933; siehe S. 82 ff.

soll werben für die gewaltige Dynamik des großen Geschehens rings um uns. Mit dem Gesang des Deutschlandliedes schloß die Feier.

Über eine Kundgebung der Ortsgruppe Marbach der NSDAP berichtete der NS-Kurier *am 21. 6. 1933:*

Die Kirche im neuen Staat

... Als Thema stand auf der Tagesordnung »Die Kirche im neuen Staat«. Nach einigen geschäftlichen Mitteilungen erteilte Ortsgruppenleiter Pg. Bolch dem Pg. Pfarrer Breining, Kleinaspach, das Wort zu seinem Vortrag. In Dankbarkeit gedachte der Redner eingangs des Geschehens seit dem 30. Januar des Jahres durch unseren Führer Adolf Hitler. In der Zwischenzeit habe es aber Funken gegeben. Eigentlich sollte man meinen, daß all das Kleine dahinten bleibe ob all dem Großen, was wir erleben durften ... Gerade die Kirche genieße davon am meisten, denn unter den bis zum 30. Januar herrschenden chaotischen Zuständen wäre sie da und dort zerbrochen. Und doch haben ihre leitenden Männer in der Mehrzahl die Zeichen der Zeit leider noch nicht begriffen. Jetzt heißt das Thema: Die Kirche in der neuen Zeit.

Dabei ist folgendes festzustellen: der Zug in die Tiefe. Unglaublich ist es, was an Gerüchten umgeht. Aber da ist der erste Satz: die Bibel bleibt ... Neben dem Hakenkreuz stehen wir anbetend zum Christuskreuz ... Die neue Kirche bedeutet eine Gehorsamsbewegung. Wir brauchen in der Kirche Kämpfer und Tröster. Die Kirche braucht Männer aus Stahl und Eisen. Das war Jesus Christus. Die kommende Kirche muß sein eine Kirche des Willens, der Tat und des Opfers. Dem brutalen und dämonischen Leben müssen wir die Kraft des Glaubens entgegenstellen. Die Kirche muß dem heutigen Staat gegenüber ein klares Ja aussprechen.

Pg. Pfarrer Breining äußerte sich dann zur Reichsbischofswahl. Die Sache ist viel zu schnell entschieden worden. Dabei ist vieles unklar, ja unwahrhaftig. Es wurde von den bewußten Kreisen deshalb so rasch gehandelt, weil sie zu unserem Führer kein Vertrauen haben ... Die Beiseiteschiebung von Wehrkreispfarrer Müller bedeutet eine Kränkung des Führers. Die deutschen Christen bleiben in der Kirche und kämpfen hier um die kommende Kirche.

Stehend und mit erhobener Hand gelobten die Anwesenden dem Redner, den Kampf um die kommende Kirche mitzuführen. Dann sang die Gemeinde: »Eine feste Burg ist unser Gott!« Reicher Beifall lohnte den Redner für seine verantwortungsbewußten, ernsten Ausführungen.

In einer weiteren Kundgebung in Ludwigsburg sprach Pfarrer Breining nach einem Bericht des NS-Kurier *vom 24. Juni über dasselbe Thema wie in Marbach.*

Das Wollen der Deutschen Christen in der Frage des Reichsbischofs wurde durch einen Artikel Rehms im NS-Kurier *vom 21. 6. 1933 verdeutlicht:*

Die Bodelschwingh-Front gegen Hitler

Der Gaupressereferent der Glaubensbewegung »Deutsche Christen« schreibt uns zur augenblicklichen, kirchlichen Lage:

Wie zu erwarten war, haben die Reichsregierung und Reichspräsident von Hindenburg die rechtlich ungültige Wahl Bodelschwinghs zum Reichsbischof nicht anerkannt[127], zumal die Art dieser Wahl eine offene Beleidigung Adolf Hitlers darstellt. Dieselben preußischen Kirchenregierungen, welche der antichristlichen Regierung Braun-Severing-Grzesinski[127a] die Zusicherung gaben, keinen höheren kirchlichen Würdenträger ohne Einvernehmen mit der Staatsregierung zu ernennen, haben die Reichsbischofswahl gemacht, ohne vorher dem Kanzler über die Person des in Aussicht Genommenen Mitteilung zu machen[128]; Adolf Hitler hat von diesem Schritt erst durch den Rundfunk erfahren. Kein Wunder, daß die gegenwärtige, christliche Regierung Adolf Hitlers sich eine solche schnöde Behandlung nicht gefallen läßt. Trotz allem halten die deutschnationalen und jungreformatorischen Hintermänner, welche Bodelschwingh an diese böse Sache hingehetzt haben, an Bodelschwingh fest und erklären der Regierung damit den offenen Kampf. Diese Kreise sind in der Tat von allen guten Geistern verlassen! Nun wird ein Kampf, den wir »Deutschen Christen« um der Kirche und des Volkes willen immer vermeiden wollten, unumgänglich sein. Diese Kirchenbürokraten, welche bislang nie »führend« hervorgetreten sind, maßen sich plötzlich an, »Führer« des erwachten Christenvolkes sein zu wollen. Woher nehmen sie dieses Recht in Anspruch, besonders wenn sie das Volk gegen

127 Vgl. das Schreiben Müllers vom 15. 6. 1933 an den Deutschen Evang. Kirchenausschuß mit der Mitteilung, daß Hitler einen Empfang Bodelschwinghs abgelehnt habe und ein Empfang bei Hindenburg nicht möglich sei: GB 139, S. 82.; vgl. ferner Dokumente, S. 55 ff.

127a Vertrag der Evang. Landeskirchen mit dem Freistaat Preußen vom 11. 5. 1931: »Allgemeines Kirchenblatt für das Evang. Deutschland«, 80/1931, S. 193 ff.

128 Siehe das Rechtsgutachten aus dem Büro Müllers in der Ausgabe des »NS-Kurier« vom 7. 6. 1933.

Hitler führen wollen? Jetzt muß das erwachte Volk selbst dafür sorgen, daß die evangelische Kirche nicht ein Hindernis für Adolf Hitlers Aufbauwerk wird und bleibt, sondern eine Hilfe. Es ist schmählich, in welcher Weise diese »Kirchenführer« ihren »Dank« an Hitler dafür abstatten, daß er die Kirche vom Bolschewismus gerettet hat.

Ein Sturm muß jetzt durch die nationalsozialistische Christenheit gehen: Rücktritt Bodelschwinghs! Diesem Sturm muß die Reaktion weichen; sie muß auch aus ihren letzten Stellungen vollends vertrieben werden, damit sich Volk und Kirche zusammenfinden.

Ein weiteres Wort der Glaubensbewegung Deutsche Christen zur kirchlichen Lage *erschien am 23. 6. 1933 im* NS-Kurier:

Und die evangelische Kirche?

Wir stehen mitten drin in der Revolution, die mit der Berufung Adolf Hitlers um die Führung des Reiches eingesetzt hat. Echte Revolution hat das an sich, daß sie schlechthin alles erfaßt . . . Auch die evangelische Kirche ist hineingezogen in das große Wandlungsgeschehen, ja gerade sie ganz besonders . . . Es wäre nur ein Zeichen für volksfremde Unlebendigkeit unserer Kirche, wenn sie nicht durch die nationalsozialistische Revolution aufs tiefste bewegt würde. Wehe einer Kirche, die im falschen Sinn »zeitlos« sein wollte und auf die »Zeitlosigkeit« ihrer Botschaft sich beriefe, wo es gilt, die Gegenwart zu meistern und Stellung zu nehmen gegenüber den Fragen, die ein ganzes Volk umtreiben. Die Kirche hat sich zu entscheiden. Gegenüber einer totalen Revolution gibt es keine Neutralität, keine Haltung des unbeteiligten Zuschauers. Hier ist das klare Ja oder Nein gefordert. Ein Weg, der an dieser eindeutigen Entscheidung vorbeiführen würde, wäre ein Weg am Volk vorbei. Und an seinem Ende stünde unweigerlich das Herabsinken der Volkskirche zur Sekte. Allzu viele im kirchlichen Lager haben den Entscheidungscharakter der heutigen Stunde noch nicht begriffen. Wie ist denn die Lage? Eine Revolution ist geschehen. Die nationalsozialistische Freiheitsbewegung hat den größten Teil unseres Volkes, vor allem die Jugend, gepackt. Für einen nicht geringen Teil ist der Umbruch nicht bloß ein politischer Vorgang geblieben, sondern ist tiefer gegangen und zum Anfang eines Umbruches der ganzen geistigen Haltung geworden. Für den, der nicht nur die Oberfläche schaut, ist kein Zweifel: Ein neues Fragen nach Gott, Evangelium und Kirche hat angehoben, nicht so laut und vordringlich, wie die nach der politischen Gestaltung der deutschen Zukunft, manchmal noch verzerrt und belastet mit schiefen Vorstellungen, oft noch mehr unbewußtes Ahnen ... Das junge Deutschland steht vor den Toren der Kirche, daß sie ihm helfe, das schwere, deutsche Schicksal zu deuten und ihm gehorsam zu werden.

Wir erleben heute eine Revolution, die nach der Kirche und ihrer Botschaft strebt. Das ist ein Vorgang von höchster Bedeutung ... Wir wollen davon schweigen, was so rasch vergessen wird, daß nämlich der Nationalsozialismus auch die Kirche vor dem Abgrund des Bolschewismus bewahrt hat, und dies unter großen Blutopfern. Wir wollen nicht einmal das sagen, was die Regierung Adolf Hitlers im Kampf gegen jede Unsauberkeit des öffentlichen Lebens und der öffentlichen Verwaltung getan hat und noch tut. Auch das sei zunächst hintangestellt, daß dank dieser Bewegung Worte wie Treue, Ehre, Zucht, Opfer, Einsatz anfangen, wieder Klang zu bekommen und Wirklichkeit zu werden, daß jene im Grund kirchenfeindliche Atmosphäre des Staates von 1918, der so viele erlegen sind, nunmehr abgetan ist. Auch wenn man all das Angeführte beiseite lassen wollte, müßte nicht eine evangelische Kirche, die wirklich Volkskirche sein will, die Stunde segnen, in der es zu einer Wandlung kam, die zur Welt des christlichen Glaubens eine bejahende Haltung findet? ... Wäre eine Kirche dazu geschickt, die zwar Ja sagte zu dem Neuen, dieses Ja aber durch 100 Zusätze und Vorbehalte zum größten Teil abschwächte? Und darf eine Kirche, die sich so einstellte, sich wundern, wenn die deutsche Freiheitsbewegung nun ihrerseits zwar Ja sagt zur Kirche, aber nun eben ein Ja mit so und so vielen Vorbehalten? Es wäre nicht nur schnöde Undankbarkeit – das Gebot des Apostels »seid einig in allen Dingen[128a]!« gilt auch einer Kirche! – sondern auch verhängnisvolle Kurzsichtigkeit, wollte man übersehen, daß die Stunde der deutschen Nation durch Gottes Fügung auch zur Stunde der Kirche werden soll. Nicht als ob man mit mühelos zu erringenden Massenbekehrungen rechnen dürfte! Das wäre Schwärmerei! Aber wir wagen von einer Stunde der Kirche zu sprechen in der Vollmacht des Glaubens, der das Feld reif sieht zur Ernte.

Man höre doch auf, die heutige Führung des Staates zu verdächtigen, als wolle sie die Kirche zum Werkzeug staatlicher Gewalt erniedrigen! Man freue sich vielmehr darüber, daß wir eine Regierung haben, welche die Kirche nicht als quantité négligeable, als eine Art Luxus ansieht, sondern wirklich ihrer sich annehmen will ... Weil wir wollen, daß

[128a] Vgl. Eph 4,3.

deutsche Religion und evangelische Kirche einander nicht nur begegnen, sondern sich finden, darum wünschen wir zum Führer der kommenden deutschen evangelischen Kirche einen Mann, der jenes Ja spricht, das der Kirche und ihrer Botschaft auch in jenes Lager die Tür öffnet, in dem das Geschlecht der deutschen Revolution steht. Weil wir uns besonders dem jungen Deutschland mit dem Evangelium verpflichtet wissen, darum wollen wir nicht eine ängstlich zuwartende Kirche, die ängstlich um ihre eigene Selbständigkeit sich sorgt! Wir wollen eine wagende und bekennende Kirche, deren Ruf in den Reihen der deutschen Revolution gehört wird, weil er von einer Kirche stammt, die aus einer innersten Verbundenheit mit dem deutschen Schicksal dem deutschen Menschen vom Jahr 1933 das Evangelium sagt ...

Schließlich sind freilich alle Fragen der äußeren Organisation zweiten Ranges. Wir halten daran fest, daß vordringlicher als alle Verfassungssorgen die innere Erneuerung unserer Kirche ist ... Darum geht es letztlich den »Deutschen Christen« um mehr als nur um die Reichsbischofsfrage. Es geht ihnen über alle noch so wichtigen Reformen hinaus um eine Erneuerung der Kirche, um eine Reformation, in der das Volk zur Kirche und die Kirche zum Volk durchbricht. Damit stehen wir allerdings an der Grenze dessen, was menschlichem Bemühen möglich ist. Reformation wird geschenkt, nicht gemacht. Aber Gott schenkt sie nur da, wo Menschen dafür wach und reif geworden sind. Deshalb ist es das tiefste Anliegen der »Deutschen Christen«, den evangelischen Teil unseres Volkes durch das Wort des Evangeliums wachzurufen, damit Gott die deutsche Revolution vom Jahr 1933 dadurch segne und erfülle, daß er uns Reformation der Kirche gibt.

Die Bitte, der Reichsbischof möge von seinem Amt zurücktreten, wurde nicht nur in der Presse, sondern auch aus dem Kreis deutscher Theologieprofessoren ausgesprochen. Prof. D. Kittel, Tübingen, schrieb in diesem Zusammenhang am 17. 6. 1933 an Bodelschwingh[129]:

Hochverehrter Herr von Bodelschwingh!

Ich habe gestern einen Brief unterschrieben, der von einigen Theologieprofessoren Ihnen überreicht werden soll und in dem Sie gebeten

[129] LKA Stuttgart, D 1, Bd. 42; Durchschlag des maschinenschriftlichen Briefes ohne Unterschrift. Der von Kittel erwähnte Brief der Professoren befindet sich nicht bei den Akten.

werden zurückzutreten. Es ist mir ein Bedürfnis, diese Unterschrift mit einem persönlichen Wort an Sie zu begleiten.

Ich glaube, daß ich von mir sagen darf, daß ich Bethel mehr verbunden bin und mit heißerer Liebe und Verehrung an Ihrem Werk hänge als manche derjenigen Kollegen und Kircheninstanzen, die Ihnen jetzt Ihre Ergebenheit ausdrücken. Ich werde nie die Zeit mit der blauen Schürze in Bethel verleugnen. Und ich habe zu allen Zeiten mit der überwiegenden Mehrzahl meiner Kollegen in den Fakultäten und auf den Fakultätentagen in scharfem Kampf gestanden, weil ich immer weitgehende Anerkennung der Bethelsemester forderte. Ich habe immer gesagt, daß ein Semester in der Bethelluft dem Studenten soviel mitgibt, daß das Manko der Universitätsluft aufgewogen wird. In einer Denkschrift der Greifswalder Fakultät zur Reform des theologischen Studiums aus dem Jahr 1925 ist diese meine Stellung auch öffentlich und gedruckt als Widerspruch zu meiner damaligen Fakultät niedergelegt[130]. »Bethel« ist ein Symbol der deutschen evangelischen Christenheit, und Ihr Name ist ebenfalls ein Symbol, und zwar eines der größten Symbole, welche wir überhaupt haben. Ich werde niemals aufhören, dies zu sagen.

Und dennoch sind Sie nicht der Reichsbischof, den die deutsche evangelische Christenheit heute braucht; und dennoch muß ich mich denen anschließen, die Sie heute bitten, durch Ihren Rücktritt die Bahn für eine neue, bessere Regelung freizumachen. Vielleicht kann ich, was ich meine, am besten durch folgendes deutlich machen. Vor vierzehn Jahren wäre Ihre Bestellung zum Führer der deutschen evangelischen Christenheit eine gewaltige geschichtliche Tat gewesen. Heute gilt von ihr das Wort, das der Kanzler neulich im Reichstag sagte, diesmal an die Kirchen gewendet: Ihr kommt in allem zu spät[131]! Heute ist Ihre Ernennung nicht die Tat, welche die heutige Stunde fordert. Vor vierzehn Jahren hätte die Kirche dem anstürmenden Marxismus in Ihrer Person sagen können als in einem großen Symbol: Hier ist unser Sozialismus; hier ist das soziale Werk der evangelischen Kirche, größer als alles, was ihr an Sozialismus vermögt, deshalb, weil geboren aus der Kraft des alleinigen Evangeliums, und ohne dieses Evangelium ist auch all euer sozialistisches Gerede leeres Gewäsch! Heute ist die Symbolik Bethels und Ihres Namens gewiß nicht kleiner geworden als vor vierzehn Jahren. Aber wenn der Unterschied des Protestantismus vom Katholizismus

130 Vgl. dazu »Greifswalder Reformgedanken zum theol. Studium«. München 1922. Die Äußerung Kittels konnte bibliographisch nicht ermittelt werden.

131 Angespielt ist auf Hitlers Reichstagsrede vom 17. 5. 1933: Domarus I, S. 270 ff.

der ist, daß wir keine einzige Institution, auch nicht die größte, als ewige und zeitlose neben das eine ewige Evangelium stellen; daß wir vielmehr mitten hinein in die Bewegtheiten der Zeit und unseres Volkes gestellt sind und unsere Aufgabe ist, das Evangelium jeden Tag neu in die Beziehung zu setzen zu dem, was Tag und Stunde fordern, dann bedeutet dies, daß die Stunde der Kirche und der Ruf an die Kirche heute ein anderer ist als vor vierzehn Jahren. Die Schlacht geht immer um das Evangelium der Christenbotschaft und die Seele unseres Volkes. Die Schlacht geht in breiter Front, und jeder von uns steht irgendwo in der Front dieser Schlacht. Aber diejenige Stelle, an der der Entscheidungskampf gefochten wird, ist heute immer eine andere als gestern. In der einen Stunde der Schlacht wird die Kavallerie zum Angriff eingesetzt, in der zweiten liegt das Gewicht auf der Artillerie, in der dritten muß die Infanterie die Entscheidung bringen. Das heißt niemals, daß die andere Truppe unnötig oder nichts wert sei, aber daß die Führung auf die Stunde lauscht, die rechte Truppe an der rechten Stelle in der rechten Stunde einzusetzen. Heute aber brennt die Schlacht nicht mehr wie vor vierzehn Jahren am heißesten an der Stelle, wo Sie und Bethel als Flügelmann stehen, sondern heute ist das Feuer längst weitergerast an eine andere Stelle.

Die Kirche steht immer am Abgrund. Niemand kann von mir sagen, daß ich die Dinge optimistisch oder rosig sehe. Der Abgrund, an dem wir heute stehen, heißt: völkisches und rassisches Heidentum. Ich weiß nicht, ob viele der maßgebenden Herren der Kirche ahnen, wie nahe dieser Abgrund gähnt! Darum aber ist heute derjenige, der den Kampf führen und das Banner tragen muß, nicht mehr der »soziale Pastor«, sondern der »deutsche Christ«. Es soll Sie gewiß nicht kränken, wenn ich es auf diese zwei Schlagworte bringe. Es soll das gewiß nicht heißen, daß nicht auch Wehrkreispfarrer Müller ein »sozialer« und daß nicht auch Sie ein »deutscher« Mann seien. Aber das Schwergewicht der Symbolik des einen Namens ist ein anderes als das des anderen Namens; und die geschichtliche Sendung des einen Mannes ist eine andere als die des anderen Mannes. Ich darf das gerade darum sagen, weil ich so restlos von der Deutschheit Ihrer Gesinnung überzeugt bin und weil ich ebenso bestimmt von Müller weiß (ich habe ihm im Jahre 1918 meine Marinegemeinde übergeben[132]), ein wie frommer, gläubiger und betender Mann er ist. Wenn in den Kampf irgendwo Machtfragen hereinspielen, dann

132 Kittel war neben seinem Amt als Privatdozent für Neues Testament in Kiel ab 1913 und in Leipzig ab 1917 von 1914 bis 1918 Marinepfarrer.

weiß ich, es darf nicht darum gehen, wer die Macht hat, sondern wer unser Volk für Christus gewinnen kann und soll. Aber ebenso bestimmt weiß ich, daß auch alle, die nichts von der Stunde verstanden haben, sich heute hinter Sie verstecken, um irgend etwas »zu retten«. Genau so war es vor vierzehn Jahren, daß man ängstlich »bewahrte«, »damit es nicht so schlimm würde«. So machen es unsre evangelischen Kirchen immer: wenn ein Sturm durch das Volk braust und die Wellen hoch gehen, dann ist die Hauptsorge, daß nicht die Wellen über die stille Insel der Kirche hinweggehen. Die wagende Kirche fragt nicht, ob etwas, das zerbrechen könnte, bewahrt und geschont werden müßte, sondern sie fährt hinaus auf die Höhe, wo der Strudel am wildesten tobt; sie pflanzt ihr Banner an der heißesten Stelle der Schlacht auf. Der Kampf, um den es heute geht, heißt konkret: ob die völkische Bewegung und ob der völkische Staat ihr Leben aus den Kräften des Evangeliums oder ohne und gegen sie haben werden; das heißt, ob wir von dem Taumel derer um Rosenberg, Reventlow, Ludendorff, Bergmann usw. verschlungen werden oder nicht. Ich weiß nicht, ob alle Verantwortlichen wissen, daß diese Gefahr ernster ist als alle Gottlosenorganisationen des Bolschewismus es waren! Ich weiß und glaube und lasse mir diesen Glauben auch durch die Ereignisse dieser Wochen nicht rauben, daß es auch hier Gottes Weg ist, den wir geführt werden, und daß Er allein es weiß und uns führt, ob wir nun durch diesen Abgrund hindurchsollen oder ob dies unserem Volk erspart bleiben darf. Aber ich darf und soll den Bau überschlagen, wie er am besten und – menschlich gesprochen – am sichersten zu bauen ist; dazu hat mich Gott in eine Geschichte hineingestellt und mir sehende Augen gegeben, daß ich an dieser Geschichte versuchen darf, Seinen Weg zu sehen. Tue ich dies, so wird mir deutlich, daß zum Führer der Kirche in diesem[133] Kampf nicht der aus der besten christlichen sozialen Bewegung Kommende berufen ist, sondern der aus der völkischen Bewegung Erwachsene und der von dem Vertrauen dieser[134] Bewegung und ihres Führers Getragene. Dieses, daß wir die jetzt schon tobende und immer furchtbarer hereinbrechende Schlacht mit dem völkischen Heidentum für unser Volk bestehen, ist die geschichtliche Frage des Heute! Und alle Entscheidungen der evangelischen Kirche, so wahr wir nicht zeitlose Institutionen zu verewigen haben, sondern das Evangelium neben die Forderung der Stunde zu stellen haben, müssen dem einen und einzigen dienen: daß wir uns für diesen Kampf so stark

133 diesem: in der Kopie unterstrichen.
134 dieser: in der Kopie unterstrichen.

machen wie nur möglich. Für diesen Kampf braucht es zuerst Glauben und Gebet. Wäre dies bei einem der Kandidaten zweifelhaft, so würde ich ihn ausstreichen, wo immer er sonst hin gehörte. Weiß ich aber von Ihnen und von Müller, daß Sie beide glaubende und betende Männer sind, die, was sie beginnen, im Namen Jesu Christi beginnen, dann stelle ich in der heutigen Stunde Müller vor Sie, weil er für den besonderen Kampf des Heute gewappneter ist als Sie. Wenn es gilt, dem völkischen Heidentum Halt zu gebieten, dann kann er die Autorität der völkischen Bewegung selbst und ihres Führers in die Waagschale werfen; und das können Sie nicht. Das ist der entscheidende Grund, weshalb auch ich Sie bitte, den Weg freizugeben, sozusagen für eine Umgruppierung der Kräfte angesichts des Feindes.

Alle anderen Fragen scheinen mir demgegenüber völlig sekundär, auch die Frage, wer in den Tagen vor Ihrer Wahl an dem gegenseitigen Mißverstehen »Schuld« gewesen ist. Diese Dinge sind für mich höchstens insofern von Bedeutung, als sie wieder einmal zeigen, wie der Satan herumgeht wie ein brüllender Löwe[134a]; wie er nichts so fürchtet, als daß die evangelische Christenheit einig sein könnte, den drohenden Gefahren zu begegnen; und wie er deshalb es besonders dringlich hatte mit dem Ausstreuen seines Unkrautsamens und dem Anrichten seiner Verwirrung. Daß die Dinge in jener Woche nicht so gegangen sind, wie sie hätten gehen können und sollen, das darf wohl auch der außenstehende Zuschauer als Urteil aussprechen. Und darum darf er auch unter diesem Gesichtspunkt an Sie die Bitte richten, daß Sie Gelegenheit geben, jenes überstürzte Verfahren noch einmal in Ruhe zu erneuern.

Ich bitte Sie, hochverehrter Herr von Bodelschwingh, diesen Brief nicht als Unehrerbietigkeit aufzufassen, sondern überzeugt zu sein, daß er aus heißer Liebe zu Kirche und Volk und in brennender Sorge um beide geschrieben ist.

In Verehrung Ihr sehr ergebener [Kittel].

Die Jungreformatorische Bewegung in den Auseinandersetzungen um Bodelschwingh

Zu dem Interview mit Pfarrer Schairer, das am 31. 5. 1933 im Schwäbischen Merkur *erschienen war, nahm Pfarrer Wolfgang Metzger,*

[134a] 1 Petr 5,8.

Bronnweiler, als Glied der Jungreformatorischen Bewegung wiederum im Schwäbischen Merkur *am 13. 6. 1933 Stellung*[135]*:*

Die Front des Evangeliums

Eine Äußerung der Jungreformatorischen Bewegung

Lange hat die Jungreformatorische Bewegung in Württemberg geschwiegen ... Ein nicht geringer Teil des Kirchenvolks steht darum unter dem Banne der Vorstellung, es handle sich bei den gegenwärtigen kirchlichen Auseinandersetzungen um das Widereinander von zwei Lagern. Hie das konservative Element der Kirchenleitungen, die nur zögernd und widerwillig den Forderungen der Stunde genugtun wollen; dort der völkisch-revolutionäre Angriff der »Glaubensbewegung Deutsche Christen«. Es muß gesagt werden, daß diese Sicht die Dinge unrichtig sieht. Zwischen den Kirchenregierungen hier, der Kirchenrevolution dort steht eine andere Front, die sich gegen beide Seiten wendet. Das ist die Front des Evangeliums, d. h. der Kreis derer, die wissen, daß die Kirche eine Reformation aus Gottes Wort braucht. Diesem Kreise genügt es nicht, daß die Bekenntnisse »unangetastet«, sozusagen in einem goldenen Reliquienschrein bleiben, sondern sie wollen[, daß] alles, was in der Kirche geschieht, von Schrift und Bekenntnis aus wirklich gestaltet werde. Sie stehen daher in einer starken inneren und verantwortlichen Opposition zur bestehenden Kirche, da diese den Anforderungen an eine evang. Kirche in weiten Stücken nicht genügt; ebenso aber sehen sie sich in einen Gegensatz versetzt zu den Stürmern, die die Kirche, wie wir es sehen, von außerkirchlichen Interessen her bestimmen wollen ...

In mannigfachen Flußbetten und Rinnsalen sind in den letzten zehn Jahren diese kirchlichen Reformbewegungen geflossen. Ihre Vertreter haben miteinander gerungen um die Erkenntnis dessen, was die Kirche

135 Die Schriftleitung des »Schwäbischen Merkur« stellte diesem Artikel folgende Vorbemerkung voran: »Auf die Veröffentlichung unserer Unterredung mit dem Führer der DC in Württemberg, Stadtpfarrer Dr. Schairer, im ›Schwäbischen Merkur‹ Nr. 125 vom 31. Mai sendet uns im Auftrag der Führung der Jungreformatorischen Bewegung in Württemberg Pfarrer Metzger, Bronnweiler, nachfolgende Ausführungen, die wir unseren Lesern als Stimmung aus der Jungreformatorischen Bewegung übermitteln. Um sich ein richtiges Bild von der Lage der Kirche in Württemberg machen zu können, ist es aber von Wert zu wissen, daß Kirchenpräsident D. Wurm bei der Frage der Reichsbischofswahl sich mit der Minderheit für Wehrkreispfarrer Müller, den Schirmherrn der Glaubensbewegung Deutscher Christen, eingesetzt hat.« Zu den Jungreformatoren siehe auch S. 91 ff., ferner Niemöller, Handbuch, S. 82 ff., Pertiet, S. 81 ff. und den Erlaß vom 15. 6. 1933 S. ...

zur Kirche macht, und sie wissen heute die Zeit gekommen, diese Erkenntnisse zur Gestaltung der Kirche zu verwenden. Wie die »Glaubensbewegung Deutsche Christen« kämpfen auch sie um eine Neugestaltung der Kirche für die heutige Zeit; aber sie gehen davon aus, daß alle Reform vergeblich ist, wenn dabei das Wesen der Kirche verleugnet wird. Was nämlich kirchlich ist, wird ja nicht bestimmt von den Wünschen, die wir, etwa als deutsches Volk, an die Kirche zu richten pflegen. Unsere menschlichen Bedürfnisse können nur die Form bestimmen, in welcher das, was die Kirche zu vertreten hat, dargeboten werden muß, nicht aber den Inhalt. Denn was zu sagen und zu tun sei, das hat sich die Kirche nicht und das Volk nicht selber auszudenken, sondern das ist ihr von allem Anfang an mitgegeben; die Kirche ist Stiftung; sie hat ihren Herrn; sie wählt ihn sich nicht erst. Sie ist, mit einem Wort gesagt, Gemeinde Jesu Christi; und das heißt, mit dem wundervollen neutestamentlichen Bild gesprochen, Leib Christi.

Darum will die Jungreformatorische Bewegung, daß bei allem, dem Großen und dem Kleinen, was die Kirche tut, nach dem gefragt werde, was aus dem Wesen der Kirche sich ergibt, und was die Botschaft besagt, die der Kirche aufgetragen ist. Das bedeutet aber keineswegs eine Gleichgültigkeit gegen die Adresse, an welche diese Botschaft auszurichten ist. Soll eine Botschaft ihren Zweck erfüllen, so muß sie in der Sprache derer gesprochen sein, an die sie geht. So wenig die Botschaft der Kirche etwas ist, was wir uns etwa aus dem Wesen unseres deutschen Volkstums ableiten und damit selber sagen könnten, so sicher ist doch, daß sie unter allen Umständen eben diesem unsrem Volk auszurichten ist. So wenig die Kirche das sagen darf, wonach aller Welt die Ohren jucken[135a], so sehr muß sie darauf bedacht sein, daß die Entscheidungsforderung, die sie sich selber und der Welt zu stellen hat, wirklich dem ganzen Volk vorgelegt werde. Wenn die derzeitige Form und Gestalt der Kirche hiefür ein Hindernis bildet, so muß sie um des Evangeliums willen neu werden.

Die Jungreformatorische Bewegung hat seither die Schwachheit ihrer Kirche mitgetragen. Sie litt in den vergangenen Zeiten unter der auch heute noch nicht behobenen Not, daß die Verkündigung der Kirche vielfach ins persönliche Belieben des einzelnen Pfarrers gestellt zu sein schien; sie rief darum die Pfarrer zur gemeinschaftlichen Besinnung über den Auftrag der Kirche zusammen in Arbeitsgemeinschaften aller

[135a] 2 Tim 4,3.

Art. Sie litt darunter, daß die Sorge vor einer geistigen Uniformierung und Nivellierung die Pfarrerschaft in einem tieferen Sinne disziplinlos werden ließ und dadurch lähmte; sie begann daher da und dort mit der Bildung von straff geleiteten bruderschaftsmäßigen Zusammenschlüssen. Sie litt unter der Intellektualisierung der Gottesdienste und begehrte ein gottesdienstliches Leben aus dem Geiste heraus; neue wertvolle kultische Formen entstanden durch sie da und dort. Sie litt unter der vielfach noch vorhandenen Entmündigung der kirchlichen Gemeinde und erstrebte ein kraftvolles Gemeindeleben, in dem die Gaben der einzelnen im Füreinander und Zueinander dem Ganzen zugute kamen. Sie litt unter der Geistlosigkeit demokratischer Mehrheitsbeschlüsse in der Kirche und verwarf das demokratische Wahlsystem. Sie vermißte schmerzlich eine wirklich geistliche Leitung der Kirche und stand in unausgesetztem Kampfe mit allem Bloß-Bürokratischen. Um all diese Anliegen rangen die verschiedenen Zweige der Jungreformatorischen Bewegung; im Ausgangspunkt vielfach verschieden, im Ziele schließlich eins. Wenn ihrem Wollen ein in die Augen fallender großer Erfolg seither versagt blieb, so hängt das nicht zuletzt damit zusammen, daß die Überwindung all dieser Nöte nur aus einer Neuerweckung geistlichen Lebens kommen könnte. Hier konnte zwar Vorarbeit geleistet werden; ob und wie weit sie aber zum Erfolg führt, steht nicht in Menschenmacht.

Was so in der Kirche an Reformwillen schon lebendig war, brauchte 1933 nicht umzulernen; im Gegenteil, es gilt nun das als richtig Erkannte nur anzuwenden. Der Gegensatz, in welchen dieses jungreformatorische Wollen zur »Glaubensbewegung« gedrängt worden ist, rührt einerseits davon her, daß all diese zentralen Anliegen der seitherigen kirchlichen Reformbewegung im Wollen der »Deutschen Christen« völlig zurückgedrängt sind; andererseits davon, daß die »Deutschen Christen« die kirchliche Neugestaltung an einem kirchlich völlig unmöglichen Einsatzpunkt in Angriff nehmen: bei der Masse, statt bei der Gemeinde. Christi Auftrag an seine Jünger ging auf die Völker, die zu Jüngern zu machen seien; das ist das, was Glaubensbewegung und Jungreformatorische Bewegung gemeinsam sehen, und sie wollen darum dem deutschen Volk, dem Dritten Reiche, das Evangelium bringen. Was aber nun zweitens auch gesehen werden müßte, ist, daß mit diesem Auftrag Christi eine den Auftrag ausführende Schar, die Gemeinde also, vorausgesetzt ist, und daß das Versagen der Kirche hier liegt, wie auch der Neueinsatz hier zu erfolgen hat, nicht irgendwo anders.

Wenn nun die Kirchenleitungen für Bodelschwingh sich entschieden haben, so entschieden sie sich dafür, die Neugestaltung der Kirche in die Hände nicht der Revolution, sondern der Reformation zu legen. Aufgabe der Jungreformatorischen Bewegung wird es jetzt sein, ihre Vorarbeit und Erfahrung in den Dienst des Aufbaus zu stellen, in dem heißen Willen, eben dadurch unserem ganzen völkischen Aufbruch nicht »eine« Kirche, sondern die Kirche Jesu Christi darzustellen, damit wirklich das Evangelium im Dritten Reiche gepredigt werde, dessen Grundzug auch heute noch heißt: Tut Buße, denn das Reich Gottes ist nahe herbeigekommen[135b].

Im NS-Kurier *wandte Pfarrer Rehm sich am 20. 6. 1933 gegen diesen Artikel von Pfarrer Metzger im* Schwäbischen Merkur:

Gegen die Reaktion in den Kirchen

Der Gaupressereferent der Glaubensbewegung »Deutsche Christen« schreibt uns: Das nationalsozialistische Christenvolk darf nicht mehr länger still zusehen, wie allenthalben reaktionäre Kreise versuchen, es im kirchlichen Leben um die Früchte seines Kampfes zu bringen und die deutschen evangelischen Kirchen zu einem Widerstandszentrum getarnter Art gegen das Deutschland Adolf Hitlers zu machen. Die Bodelschwingh-Wahl, welche man nachgerade als eine reaktionäre Schiebung bezeichnen muß, hat klar gezeigt, um was es geht. In der darauffolgenden Auseinandersetzung der Geister ist vollends deutlich geworden, wie stark die Reaktion noch in den, besonders preußischen, Kirchen herrschend ist; aber auch in Württemberg erholen sich diese Kreise allmählich von ihrem ersten Schrecken wieder und maßen sich eine Sprache an, die durchaus unzeitgemäß und für den inneren Frieden unserer Kirche untragbar ist.

In Frankfurt tagten Ende Mai die christlichen Demokraten – es gibt noch einige! –, welche keine größere Irreführung der Öffentlichkeit begehen konnten, als daß sie sich den Namen »Bund des entschiedenen Protestantismus« beilegten. Die von ihnen gefaßte Entschließung enthält selbstverständlich ein Treuegelöbnis für Bodelschwingh, aber ebenso selbstverständlich kein Dankeswort an Adolf Hitler und kein Versprechen, Hitler bei seinem Aufbauwerk zu unterstützen. Dagegen fordern sie vom Staat volle Freiheit für die Kirche[136]. Diese Forderung stellt

[135b] Mt 3,2.

[136] Erklärung der am 30. Mai in Frankfurt versammelten Führer und Vertreter

nach den feierlichen Erklärungen des Kanzlers zu dieser Frage eine offene Beleidigung Adolf Hitlers dar und ist zudem eine widerliche Heuchelei. Die Freiheit und Existenzmöglichkeit der Kirche als irdischer Organisation ist durch Adolf Hitler erkämpft worden, während diese, jetzt plötzlich »entschiedenen« Demokraten, geflissentlich in den letzten Jahren durch ihre Handlangerdienste für den Marxismus die Freiheit der Kirche in die allergrößte Gefahr brachten . . . Das nationalsozialistische Christenvolk wird sich dagegen zu wehren wissen, daß diese kirchlichen Demokraten unter dem Deckmantel kirchlicher oder religiöser Organisationen Sammelbecken der Unzufriedenen aller Art und Sprechsäle der Nörgler am Dritten Reich schaffen, während sie dem erwachten Christenvolk die Türen verschließen.

Eine ganz unnatürliche Ehe mit diesen liberalen Demokraten hat um der Durchsetzung Bodelschwinghs willen die angeblich »Jungreformatorische Bewegung« geschlossen. Diese Bewegung stand ursprünglich im schärfsten Gegensatz zu diesen liberalistischen, christlichen Kreisen und bekämpfte sie aufs heftigste. Jetzt, wo es gegen den Nationalsozialismus geht, wurden beide miteinander Freunde. Dadurch wird am besten klar, was der Hintergrund der Bodelschwingh-Wahl ist: Die Kampfansage gegen Adolf Hitler.

Der württembergische Vertreter dieser Bewegung veröffentlichte kürzlich im »Schwäbischen Merkur« einen Artikel, von dem sich selbst diese Zeitung distanzierte, was am besten beweist, wie es um diese soge-

des Deutschen Bundes des entschiedenen Protestantismus zur kirchlichen Lage (»Die Volkskirche«, Juni 1933): »1. Wir begrüßen es, daß die verantwortlichen Führer des deutschen Protestantismus das kirchliche Einigungswerk entschlossen in die Hand genommen haben. 2. Wir bringen dem zum deutschen Bischof berufenen Pastor von Bodelschwingh das Vertrauen entgegen, daß er sein Amt im evang. Geist führen wird. 3. Wir erwarten, daß der Staat der evang. Kirche für die Gestaltung ihres Lebens und ihrer Verfassung und für ihren Dienst am deutschen Menschen und am deutschen Volke volle Freiheit gewährt. 4. Wir sind entschlossen, am Aufbau und Ausbau lebendiger Gemeinden mitzuwirken in der Überzeugung, daß lebendige Gemeinden die unerläßliche Grundlage einer wahrhaft evang. Kirche sind. 5. Wir fordern, daß in der Verfassung der DEK die tätige Mitarbeit aller verantwortungsbewußten Glieder unserer Gemeinden gesichert wird. 6. Wir treten dafür ein, daß in der DEK alle Evangelischen, die durch die Taufe in die evang. Kirche aufgenommen sind, volles Heimatrecht haben. 7. Wir wollen, daß der Bau der Kirche nicht in unprotestantischer Lehrbindung, sondern im Vertrauen auf den lebendigen Geist Jesu Christi errichtet wird.« – Zu Hitlers Reichstagserklärung vom 23. 3. 1933 siehe Anmerkung 4, S. 16.

nannte »Jungreformatorische Bewegung« steht, welche mit der Volksverbundenheit Martin Luthers gar nichts gemein hat. In selbstgerechter Pharisäerhaftigkeit nennt sich diese Bewegung die »Front des Evangeliums« und predigt die Buße immer nur den anderen. Der Glaubensbewegung »Deutsche Christen«, welche die Kirche zur Heimat der großen Scharen innerlich und äußerlich verarmter deutscher Volksgenossen machen will, wirft diese Bewegung vor, die »deutschen Christen« nehmen den Ansatzpunkt für die kirchliche Neugestaltung »bei der Masse«. Zugleich erklären diese Vertreter in aller Selbstgerechtigkeit, daß sie 1933 hätten nicht umlernen müssen. Damit sind die letzten Ziele dieser »Jungreformatorischen Bewegung« klar.

Die nationalsozialistische Christenheit weist mit aller Entschiedenheit die Machtansprüche dieser Bewegung auf die Kirche zurück. Wer sich heute mit dem abgewirtschafteten Liberalismus noch zu verbinden wagt, ist für uns vornweg erledigt und beweist damit, daß er nicht das mindeste Recht für sich hat, sich »Front des Evangeliums« zu heißen. Wo war denn diese »Front des Evangeliums« in den letzten Jahren, als es gegen den Bolschewismus zu kämpfen galt? Da standen diese Vertreter der volksfremden Barthschen Theologie fernab von unserem Kampf; erst kürzlich brachte es einer ihrer Vertreter fertig, auf ihrer Stuttgarter Tagung zu erklären, daß vom Standpunkt des christlichen Glaubens aus zwischen einem nationalsozialistischen und bolschewistischen Staat grundsätzlich kein Unterschied bestehe[137].

Das ist der Dank dieser Herren dafür, daß Adolf Hitler sie davor bewahrte, in bolschewistischen Tschekakellern ein fürchterliches Ende zu finden. Da rühmt man sich noch, daß man 1933 nicht hätte umlernen müssen! Sie haben das gut sagen, nachdem die nationalsozialistische Revolution mit solchen Herren so milde und glimpflich verfuhr, daß sie es heute schon wieder wagen, in echt reaktionärer Weise die Scharen des erwachten, deutschbewußten Volkes, das wieder in sich einig werden will und sich für die höchsten Lebenswerte innerlich aufzuschließen beginnt, einfach als »Masse« abzutun. Das ganze aber heißt sich »Front des Evangeliums«!

Wir »Deutschen Christen« erklären demgegenüber offen: Wer 1933 nicht einmal umgelernt hat, ja, wer sich dessen heute noch zu rühmen wagt, dem bestreiten wir jedes innere Recht, gestaltend in dem Neuaufbau der Kirche des Dritten Reiches mitzuwirken. Eine Bewegung, welche

[137] Siehe S. 220 ff.

Leute bei sich duldet, die den nationalsozialistischen und bolschewistischen Staat auf eine Stufe stellen, darf in der neuen Kirche keinen Einfluß haben. Wer die Millionen heute innerlich hungernder und dürstender Volksgenossen, deren wir »Deutsche Christen« uns annehmen wollen, einfach als »Masse« abtut, der ist vom Geist Jesu weit entfernt, sondern bewegt sich in den Gedanken der jüdischen Pharisäer und Schriftgelehrten. Für uns gilt als Nationalsozialisten und als Christen demgegenüber das Bibelwort: »Da Jesus das Volk sah, jammerte ihn desselben«[138]. Darum haben wir uns zum Kampf um die Seele unseres unter die Mörder gefallenen Volkes aufgemacht, haben uns Tag und Nacht gemüht, es aus den Fesseln der Finsternis zu befreien, während diese sich »Front des Evangeliums« heißenden Kreise unseren Kampf verdammten, weil diese »Masse« ihnen anscheinend nicht wichtig und nicht aufs Herz gebunden war.

Wo die Dinge so liegen, geht es um klare Entscheidungen. Die Kirche darf nicht diesem Bündnis von Liberalismus[139] und volksfremder, pharisäerhafter Theologie ausgeliefert werden, das sich hinter Bodelschwingh zusammengefunden hat und diesen edlen Mann zur Tarnung der eigenen Absichten vor dem Volk benützt. Die Front des Evangeliums steht heute nicht bei diesen Kreisen, welche das Vertrauen, das ihnen Hitler entgegenbrachte, in solch' unevangelischer Weise mißbrauchten, daß sie hinter dem Rücken des Bevollmächtigten Adolf Hitlers die Bodelschwinghwahl machten. Die Front des Evangeliums steht heute bei dem nationalsozialistischen Christenvolk, das dem Bolschewismus einen Damm entgegensetzte und sich der Massen des armen, verirrten Volkes annahm, um diese heimatlosen Volksgenossen wieder zu Volk und Kirche zurückzuführen und ihrem Leben damit wieder Ewigkeitswert und Ewigkeitssinn zu geben . . .

Nationalsozialistisches Christenvolk, kämpfe um deine Freiheit, aber auch um deine Kirche. Unter viel Opfern und mit edlem Sinn haben deine Vorfahren dir allerorts die herrlichen Dome und Münster erbaut, damit nachfolgende Geschlechter sich darin weihen ließen, zu einem heldenmütigen Leben und opferbereiten Kämpfen unter dem Kreuz des Erlösers. Dort hast du Heimatrecht, du deutscher Kämpfer von 1933! Laß dir dieses Heimatrecht nicht von der Reaktion rauben!

138 Mt 9,36; vgl. auch die Betrachtung Schairers in Nr. 1 des »Deutschen Sonntags«, S. 415 f.

139 Zur Auseinandersetzung mit dem theol. Liberalismus vgl. auch die Diskussionen im Landeskirchentag S. 365 f. und das Sachregister.

Am 29. 6. 1933 erwiderte Pfarrer Weber, Stuttgart, im Schwäbischen Merkur *auf den Artikel von Pfarrer Metzger vom 13. 6. 1933:*

»Front des Evangeliums« oder Evangelium in Front?

Es ist dankenswert, daß die württembergische Jungreformatorische Bewegung auch in der Öffentlichkeit zum Wollen der »Glaubensbewegung Deutsche Christen« Stellung nimmt, besonders wenn es, wie in dem Artikel von Pfarrer Metzger in Nr. 135 des »Schwäbischen Merkur« in grundsätzlicher Weise geschieht, unter Hintanstellung der durch die Reichsbischofswahl aufgeworfenen Personenfragen. Nach wie vor geht es den »Deutschen Christen« über alle noch so wichtigen Verfassungsfragen hinaus um die Sache, d. h. um eine lebendige, aus den Kräften des Evangeliums sich speisende deutsche Volkskirche. Das ist unser Anliegen, in dem die deutsche Revolution vom Jahr 1933 und die evangelische Kirche einander nicht nur begegnen, sondern sich finden. In diesem unserem eigentlichen Wollen fühlen wir uns durch die Ausführungen von Pfarrer Metzger verkannt. Das Bild der Glaubensbewegung, das er entwirft, bedarf in wesentlichen Punkten der Korrektur. Er unterscheidet im Blick auf die kirchliche Lage drei Fronten. Auf der einen Seite das Lager der Beharrung, verkörpert in den Kirchenleitungen; auf der anderen Seite die revolutionäre Masse der »Deutschen Christen«; und in der Mitte, den Zwei-Fronten-Krieg führend, »die Front des Evangeliums«, dargestellt u. a. im jungreformatorischen Kreis . . .

Im Wesentlichen werden zwei große Mängel der Glaubensbewegung bescheinigt. Einmal: sie weiß nicht, was Kirche ist. Zum andern: weil sie das nicht weiß, trägt sie in das Ringen um kirchliche Neugestaltung außerkirchliche, d. h. weltlich-politische Gesichtspunkte ein . . . Sie verrät Christus an Cäsar.

Es sei gerne anerkannt, mit welchem Eifer der Kreis der Jungreformatoren um die Erfassung dessen ringt, was Kirche und Aufgabe der Kirche ist. Es hat eine Zeit gegeben, wo gegenüber allerlei Mißverständnissen, als sei die Kirche Kulturorganisation, Pflegestätte christlicher Humanität und dergleichen, eine unmißverständliche Abhebung der Kirche vom Reich des Weltlich-Humanen not war. Aber heute scheinen uns andere Aufgaben noch dringlicher . . .

Heute lautet die Frage nicht: Wie bekommen wir eine saubere Begriffsbestimmung dessen, was Kirche ist? Wie grenzen wir ab, wie sichern wir uns? Das Gebot ist: Vorstoß der Kirche in das aufgewühlte, neu erwachte deutsche Volk. Eine Politik der theologischen Sicherheitspakte ist nicht aus dem Glauben und vermag nicht das Wort zu sagen, auf welches das deutsche Volk wartet. Eine Kirche, die in ständiger Angst, in lauter Sicherungsbedürfnis gegenüber Gefahren von seiten des Staates lebt, ist untauglich für die großen Aufgaben, die durch die nationalsozialistische Revolution vom Jahr 1933 uns gestellt sind. Eine solche Kirche verfiele dem Gericht des Wortes: »Wer sein Leben erhalten will, der wird es verlieren, wer es aber verliert um meinetwillen, der wird es gewinnen[140]«. Wir sehen in der Haltung der Jungreformatoren zu viel Vorbehalt, Unsicherheit, Ressentiment und zu wenig freudiges gottvertrauendes Wagen, als daß wir hier die »Front des Evangeliums« zu erblicken vermöchten . . .

Und damit kommen wir zum zweiten Vorwurf, der uns gemacht wird, daß wir nämlich außerkirchliche Gesichtspunkte in einen kirchlichen Vorgang eintrügen und die Substanz der Kirche an den Staat preisgäben. Es klingt ja auch in den Zeilen des angeführten Artikels immer wieder die heimliche Sorge durch, ob nicht der totale Staat, der im Werden ist, die Kirche in sich aufsaugt und also zur Staatskirche macht. Zunächst darf dazu an die eindeutige Haltung der Reichsregierung erinnert werden[140a]. . . Man verzeichnet uns, wenn man uns Preisgabe des Glaubens an die Politik unterschiebt. Es geht um etwas ganz anderes. Es geht darum, das Vertrauen dieses Staates zu erringen. Nicht nur, weil er der Kirche Vertrauen entgegenbringt, nicht nur, weil er so vieles getan und zu so vielem sich bekannt hat, was evangelische Christen nur dankbar bejahen können – das Gebot »seid dankbar in allen Dingen[141]« gilt auch einer Kirche! –, sondern weil dieser Staat der Staat des deutschen Volkes ist und weil die Kirche am deutschen Volk vorbeilebt, wenn sie an diesem Staat vorbeilebt. Darum lehnen wir die Theologie des »sich hinter dem Stacheldraht Verschanzens« ab. Nicht weltliche Gesichtspunkte leiten uns also, sondern die durch und durch evangelische Frage: Wie stoßen wir mit dem Evangelium in unser deutsches Volk vor? . . . Nach dem Gesagten kann keine Rede davon sein, daß die »Deutschen Christen« mit ihren Reformplänen etwa bei der »Masse« einsetzen, statt bei der Gemeinde. Die neuen Richtlinien der »Deutschen Christen«[141a] sollten einen solchen Vorwurf unmöglich machen. Denn sie setzen Satz

[140] Mt 16,25.
[140a] Auslassungszeichen im Originaltext.
[141] 1 Thess 5,18.
[141a] Siehe S. 82 ff.

für Satz das Dasein der Gemeinde voraus und appellieren ganz deutlich an die verantwortungsbewußte christliche Gemeinde . . .

Wollen wir etwa nun Revolution in der Kirche, wie man uns vorwirft? Nein! Wir wollen Revolution der Kirche vom Evangelium aus und deshalb zum Volk hin. Geht es darum, daß wir fälschlicherweise aus dem Wert des Volkstums heraus bestimmen, was Kirche ist? Nein! Aber darum, daß wir aus dem Evangelium unsere unlösliche Zuordnung zum deutschen Menschen vom Jahr 1933 erkennen. Wir müssen es ablehnen, wenn man die Fronten so aufzeigt: Hie Bodelschwingh – die Jungreformatoren – Front des Evangeliums – Reformation; dort Wehrkreispfarrer Müller – die Deutschen Christen – Front des Politischen – Revolution. Diese Verteilung der Rollen ist zu einfach, als daß sie wahr sein könnte. Durchbruch der Kirche zum Volk und des Volkes zur Kirche, das ist die große Entscheidung, die aufgeworfen ist. Daß es dazu komme, soweit Menschen das möglich ist, dafür setzen sich die »Deutschen Christen« ein.

Bei der Gruppensitzung der Jungreformatorischen Bewegung am 15. 6. 1933 in Stuttgart hielt Pfarrer Metzger folgendes Referat[142]*:*

Wenn das Schlagwort Jungreformatorische Bewegung vor Ihnen auftaucht, so entsteht damit leicht der Eindruck, als trete hier irgendeine neue (Bewegung) Organisation auf, die nun von außen her um Ihre Zustimmung werbe. Dem ist aber nicht so. Die Jungreformatorische Bewegung ist vielmehr die um Schrift und Bekenntnis gescharte Bewegung, die in der heutigen Lage dasselbe zentrale Anliegen vertritt, das die Gruppen der Bekenntnisfreunde hin und her in den deutschen Landeskirchen immer wieder vertreten wollten. Die Väter unserer Gruppe I in der Landessynode, in der Landeskirchenversammlung, im Landeskirchentag[142a] sehen ihre Aufgabe darin, eine Schutzwehr zu bilden gegen ein liberales Denken, welches das Wesen der Kirche bedrohte. Das Merkmal dieses Denkens war, daß der Mensch bestimmen wollte, was Evangelium sei, anstatt es sich von Gottes Wort sagen zu lassen. Gottes Wort nennt

[142] LKA Stuttgart, D 1, Bd. 42; maschinenschriftlich vervielfältigter Text. Vgl. dazu die Ausführungen Schairers in KAW, Ausgabe vom 20. 7. 1933, S. . . . und im »Schwäbischen Merkur«, Ausgabe vom 7. 6. 1933, Bd. 1, S. 412.

[142a] Zu Gruppe I und II im Württ. Landeskirchentag vgl. Hermelink, »Geschichte der Evang. Kirche in Württemberg von der Reformation bis zur Gegenwart«. Tübingen 1949, S. 462 ff.

1. den Menschen einen erlösungsbedürftigen Sünder, der nur durch Gottes süße Wundertat in dem gekreuzigten und auferstandenen Heiland gerettet werden könne, wenn er im Glauben sich an diesen Heiland halte. Die liberale Anschauung dagegen ging aus von dem Satze, daß der Mensch gut sei, und machte dementsprechend aus dem Heiland einen idealen Führer, ein Vorbild, einen Märtyrer für seine und unsre gute Sache. Gottes Wort bezeugt 2., daß die Welt von Gott geschaffen sei, aber durch den Sündenfall ganz verderbt wurde. Die liberale Anschauung dagegen bestritt das Dasein einer Erbsünde und wußte unter Berufung auf den Ersten Artikel von dem guten Kern in jedem Menschen zu schwärmen. Gottes Wort gibt 3. dem Menschen eine Hoffnung auf ein Neuwerden der Welt durch ein völliges Todesgericht hindurch; die liberale Anschauung dagegen verlegte den Schwerpunkt des Geschehens in die innerweltliche Entwicklung der Menschheit und wußte nichts mehr zu sagen von einer Auferstehung der Toten. Gegen diese liberale Anschauung kämpften unsre Väter für die Geltung von Schrift und Bekenntnis; Schrift und Bekenntnis waren ihnen nicht unangetastete Reliquien im heiligen Schrein, sondern Wehr und Waffen zur Entfernung des Feindes und zur Überwindung der Irrlehre. Sie ließen sich auch nicht durch den Gedanken beeinflussen und beeindrucken, daß die Kirche auf viel größeren Beifall rechnen dürfe, wenn sie das Evangelium den Zeitanschauungen anpasse, und sie hielten sich fern von allem Mittun bei Bewegungen, die nicht von vornherein der Prüfung an Schrift und Bekenntnis standhielten. Unsere Väter haben ihre Aufgabe (gewiß nicht in allem, aber im Wichtigsten) gelöst; sie haben Schrift und Bekenntnis hindurchgerettet durch eine lange Reihe von liberalistischen Jahrzehnten, und so viele ihrer noch leben, freuen sie sich schon seit Jahren, daß der Liberalismus, gegen den sie kämpften, durch eine neue reformatorisch ausgerichtete Theologie, eine Theologie des Wortes, d. h. des Christus, der Schrift und des Bekenntnisses abgetan wurde.

Heute nun ist eine neue Lage entstanden, und sie zu klären ist Gegenstand unseres jetzigen gemeinsamen Bemühens. Im Zusammenhang mit der uns von Gott geschenkten nationalen Erhebung unseres Volkes hat sich eine neue Front in unserer Kirche gebildet: all die Kräfte, die auf dem politischen Gebiet so Erstaunliches haben leisten dürfen, drängen, so weit sie kirchlich interessiert sind, nun auch in der Kirche zur Macht. Und viele Christen, ernste Christen, sind, beeindruckt von der Größe des nationalen Geschehens, nunmehr auch auf dem Gebiet der Kirche in einer persönlichen Gleichschaltung der beiden Gebiete zu dieser neuen

Gruppe gegangen, die dem deutschen Volk eine neue deutsche Kirche geben will, zur Glaubensbewegung »Deutsche Christen«. Es ist die große Frage, ob diese Christen recht getan haben oder ob sie nicht vielmehr in berechtigtem missionarischem Drang doch einen ganz gefährlichen Boden betreten haben. Die Glaubensbewegung hat ja das unbestrittene Verdienst, die Frage der kirchlichen Reform in geradezu revolutionärer Weise gestellt zu haben. Die Freunde einer stillen Reformarbeit in der Kirche können an sich dafür nur dankbar sein. Was aber zu fragen ist, ist das: Gehen im Sturm dieser revolutionären Bewegung nicht eben die tiefsten und entscheidenden Anliegen unter? Die Glaubensbewegung »Deutsche Christen« ist ja ein völlig uneinheitliches Gebilde. Neben den bekenntnisgebundenen und schriftgehorsamen wenigen, die bisher keineswegs den Ton zu bestimmen vermochten, stehen weite Gruppen, die direkt vom alten Liberalismus her dort beitraten. Und neben diesen doch immerhin noch kirchlich gefärbten Kräften drängen andere ans Licht empor, die eine völkisch bestimmte, dem Nationalsozialismus stracks entgegengesetzte Religion erstreben. Die Deutschen Christen haben sich z. B. noch nicht ein einziges Mal gegen den Tannenbergbund[143] und die andere zwei Dutzend neuheidnische Religionen und Religiönchen abgegrenzt, nicht als ob diese auch bei der Bewegung wären, aber es sind einfach vielfach gemeinsame Linien vorhanden.

Es gilt darum hier scharf zu sehen. Was ich im folgenden sage, trifft diejenigen Brüder und Freunde nicht, die in die Bewegung eintraten, um ihr Dienste zu leisten, freilich ist solches Hineingehen die Art und Weise unserer Väter nicht gewesen. Was in der Bewegung Deutsche Christen zentral ans Licht drängt, das ist, ich zitiere auch damit eine Äußerung unseres verehrten Herrn Kirchenpräsidenten, durchaus liberal gedacht. Nur ist es ein neuer Liberalismus; und darum sind vielen Gläubigen die Augen noch nicht aufgegangen, weil sie den alten Gegner in seiner neuen Verkleidung, oder, wie man heute sagt, Tarnung noch nicht erkennen. Die Frage ist nämlich nicht die, daß wir als Kirche wahrhaftig unserem ganzen deutschen Volk das Evangelium schuldig sind, nicht zuletzt auch seinem großen Führer; darüber gibt es keine Differenz. Sondern die Frage ist, ob wir uns als Kirche von der politischen Bewegung bestimmen lassen wollen, die auf dem Gebiete der Kirche nun eben irgendwie den Charakter einer neuen Religion anzunehmen bereit ist. Diese neue liberale Religion, die hier lauert, verherr-

143 Zum Tannenbergbund siehe Bd. 1, Sachregister.

licht freilich nicht mehr den einzelnen. Das ist heute ein überwundener Standpunkt. Sondern sie verherrlicht das Volksganze. Gottes Wort nennt erstens die Völker allesamt dem Gericht verfallen, wenn sie nicht den Christus Jesus als ihren Heiland ergreifen. Der neue Liberalismus dagegen spricht: Das Volk ist gut und bestimmt sich, in welcher Weise es mit dem nichtarischen Alten Testament, mit den jüdischen Aposteln und dem Zimmermannssohn von Nazareth für unser deutsches Volk zurechtkommen soll. Gottes Wort bezeugt zweitens, daß die Welt gefallene Schöpfung sei und bleibe, solange das Fleisch lebe. Der neue Liberalismus spricht – ich führe ein Wort seines württ. Führers an –: »Ein willentlich christlicher Staat und ein Volk von Getauften, christlich Unterwiesenen sind nicht gefallene Schöpfung, sondern stehen als Gnadenwerk einer solchen gegenüber[143a].« Man braucht also nur das deutsche Volk in seinen Restbeständen nachzutaufen, die Kinder in den Religionsunterricht zu schicken, und man hat dann das deutsche Volk als Gemeinschaft der Heiligen vor sich. »Zwischen Volksgenossen und Glaubensgenossen ist hier dem Christen zu unterscheiden nicht erlaubt.« Gottes Wort stellt uns drittens in die Erwartung des Gottesreichs, dessen Kommen das Ende der alten Welt und all ihrer Reiche bringt; der neue Liberalismus dagegen lehrt, das Reich Gottes sei die »unerschöpfliche Quelle aller Gemeinschaft jenseits alles je Bestehenden. Es hebt die irdische Gemeinschaft nicht auf, speist sie vielmehr in jedem Augenblick.« Die Gewißheit des »darnach aber das Gericht[144]« spielt keine Rolle mehr.

Nun versichert man uns, man wolle Schrift und Bekenntnis wahrlich nicht antasten. Gewiß, man ist bereit, diese ehrwürdigen Dokumente dort stehen zu lassen, wo sie sind. Aber zu sagen haben sie nichts mehr. Sonst müßte z.B. gleich der Artikel II der Augsburger Konfession[145] von der Erbsünde oder Artikel IV von der Rechtfertigung aus dem Glauben oder Artikel VII von der Kirche als der Versammlung aller Gläubigen, bei welchen das Evangelium rein gepredigt und die heiligen Sakramente laut des Evangelii gereicht werden, usw. gestrichen werden, oder aber durften die Dinge nicht mehr gesagt werden, die heute gesagt werden.

Aber, wenn Sie mir sagen, die vortrefflichen Richtlinien der Deutschen Christen[145a], die unter Mitwirkung von Prof. D. Fezer zustande kamen? Sie sind gut. Aber sie schweigen dort, wo sie reden müßten. Sie

[143a] Vgl. S. 187, 197 und 239 f. [144] Hebr 9,27.

[145] Die Bekenntnisschriften der evang.-luth. Kirche. 4. Aufl. Göttingen 1959, S. 50 ff.

[145a] Siehe S. 82 ff.

lassen die Fragen, um die heute der Streit geht, unberührt. Sie schweigen vom Alten Testament. Sie schweigen von der Frage, für die ein Apostel Paulus sein heißestes Ringen eingesetzt hat: von der Gleichberechtigung jedes Christen in jeder christlichen Gemeinde, also auch des jüdischen Christen. Sie schweigen von der Abwehr der Irrlehre der völkischen Religiosität. Sie widerrufen keinen einzigen der früheren scharfen Sätze. Sie sind auch nicht an deren Stelle getreten. In einem vertraulichen Rundschreiben der Reichsleitung der Deutschen Christen heißt es[146]: »Es ist vielfach die Auffassung entstanden, als ob durch die später veröffentlichten Richtlinien die alten außer Kraft gesetzt seien. Hierzu sei festgestellt, daß die alten Richtlinien vollinhaltlich in Kraft bleiben und die neuen lediglich eine weitergehende Interpretation des alten Gedankenguts darstellen, das sich bewährt und gerade durch seine Eigenart uns eine große Anzahl von Freunden zugeführt hat.« Somit ist leider die Lage in der Glaubensbewegung durch den Eintritt der wirklich Evangelischen unverändert geblieben. Das, was die letzten Wochen zeigten, hat das ja in schmerzlicher Weise unter Beweis gestellt. Aufs neue wird die Kirche der Masse propagiert (Bierschwale[147]); unbegreiflicherweise setzt sich ein Mann wie Prof. Hirsch für demokratische Urwahlen ein[148]; der Rundfunk und die Presse werden bearbeitet; nicht einmal gottesdienstliche Störungen lassen sich ganz vermeiden[149]. Alles, weil der Wunsch, Müller gewählt zu sehen, nicht in Erfüllung ging. Ich gehe auf die Reichsbischofsfrage nicht ein; Schuldfragen sind hier besonders schwer zu beantworten, und Fehler sind wohl auf allen Seiten genug gemacht worden. Ich frage mich nur immer: wenn Müller gewählt worden wäre, hätte man auch derartige kniffliche juristische Untersuchungen angestellt, hätte man nicht einfach gesagt: wir haben in dieser außerordentlichen Zeit nun auch außerordentliche Wege eingeschlagen?

146 Siehe »Evangelium im Dritten Reich« Nr. 24/25; GB 139, S. 81.

147 Bierschwale als Reichskulturreferent der DC siehe GB 138, S. 80.

148 Vgl. das Gutachten von Prof. Hirsch »Zur Geschichte des Streits um den Reichsbischof«, S. 128 ff. Zur Frage der Urwahlen vgl. die Forderung der Deutschen Christen am 13. 4. 1933, GB 138, S. 73, und die 10 Sätze an Kapler vom 6. 5. 1933, KAW, Ausgabe vom 11. 5. 1933, siehe S. 81.

149 Vgl. z. B. die Übertragung des Gottesdienstes im Rundfunk, den Müller und Hossenfelder am Pfingstfest 1933 hielten, während ein Gottesdienst, den Reichsbischof D. von Bodelschwingh zur selben Zeit in Berlin hielt, nicht vom Rundfunk übernommen wurde; siehe GB 138, S. 80. Zur Störung der Gottesdienste in der Friedenauer Kirche zum Guten Hirten: als das Grußwort Bodelschwinghs verlesen wurde, protestierte ein Teil der Zuhörer (»Schwäbischer Merkur«, Ausgabe vom 7. 6. 1933), vgl. S. 133.

Wenn man nun einfach an Schrift und Bekenntnis festhält und es auch im Geiste des Handelns der Kirche angewandt sehen will, dann ist es einem großen Teil der schriftgläubigen Theologie, Männern wie Prof. Heim z. B., innerlich nicht möglich, sich der Glaubensbewegung anzuschließen. Sie haben sich zur Jungreformatorischen Bewegung zusammengeschlossen. Sie möchten auch eine gründliche Reform der Kirche an Haupt und Gliedern, viel gründlicher noch als bloß im Neubau einer Kirchenverfassung, so gewiß ein solcher nicht unwichtig ist. Sie möchten eine wirklich geistliche Lehrzucht. Sie möchten eine geistliche Bruderschaft der Pfarrer. Sie möchten ein kraftvolles Gemeindeleben und eine Wiederherstellung der Vielzahl der kirchlichen Ämter statt des einen Pfarramtes. Sie möchten eine wirkliche geistliche Führung der Kirche durch verantwortliche Einzelpersönlichkeiten von oben bis unten. Sie möchten aber vor allem grundsätzlich eines: das ganze Handeln der Kirche von der Schrift her gestaltet sehen. Sie möchten nicht erst einmal wagemutig etwas hinsetzen und dann nachher fragen, ob es denn auch theologisch vom Neuen Testament her sich rechtfertigen lasse. Sie möchten vielmehr diese ständige Besinnung auf Gottes Wort und Christi Auftrag an den Anfang stellen bei jeder Entscheidung, die die Kirche fällt. Sie kann darum auch nicht ihr Zutrauen setzen auf die kirchliche Propaganda. Sondern sie kann ihre Arbeit nur ganz im stillen tun, und, wenn sie an die Öffentlichkeit tritt, ernstlich darum ringen, daß die Haltung gewahrt bleibe, die der Kirche Christi geziemt: »Ihr aber stellt euch nicht dieser Welt gleich[150].«

Es geht zur Zeit ein harter kirchenpolitischer Kampf. Er hat die Aufgabe, das Echte und das Unechte ans Licht zu bringen und zu scheiden. Die Jungreformatorische Bewegung möchte hierbei ihren Dienst auch leisten. Was die augenblicklichen Kampfziele sind, spricht ein Flugblatt mit Kampfthesen folgendermaßen aus:

1. Kampfprogramm der Jungreformatorischen Bewegung[151]: »Wir fordern« heißt es hier. So kann man nur reden gegenüber von Menschen, die anderes fordern. Vor Gott aber und im tiefsten verwandeln sich all diese Forderungen in Bitten, letztlich in eine Bitte: »Nun bitten wir den heiligen Geist um den rechten Glauben allermeist.«

---

[150] Röm 12,2.

[151] »Was fordert das Kampfprogramm der Jungreformatorischen Bewegung?« (gedrucktes Flugblatt): LKA Stuttgart, D 1, Bd. 141.

Im Juni 1933 setzten die Versuche ein, eine klärende Aussprache zwischen den Deutschen Christen und den Mitgliedern der Jungreformatorischen Bewegung herbeizuführen. Im Kirchlichen Anzeiger für Württemberg *veröffentlichte Pfarrer Schairer* Grundlagen für die Aussprache der Deutschen Christen mit der Jungreformatorischen Richtung[152]:

I.

Wir Deutschen Christen erkennen voll und vorbehaltlos an: 1. daß fernab von jeder liberalen Ideologie, von jeder Verwechselung mit etwelchem Neuheidentum, von jeder Kulturreligion, von jeder blutmystischen Religiosität und Mythologie das klare neutestamentliche Evangelium, in ihm die Kreuzestat des Gottessohnes als einzige »Wirklichkeit« in einer Welt des Irrtums und des Scheins Maßstab, Grundlage und Lebensbasis sein soll; 2. daß die Offenbarung der unbedingten Gottesgnade in Christo auch den Zug des Gerichts über alles ihr Widerstrebende, alles von ihr Abgekehrte in sich schließt; daß diese Wirklichkeit alle andere Scheinwelt in den Schatten stellt nicht nur, sondern tötet und überwindet; 3. daß auch ein Volk in bloßer Blutsgemeinschaft keinesfalls bestehen kann, sondern ohne die Gemeinschaftskraft des Heiligen Geistes stets in Gefahr der Sünde, der Materialisierung schwebt, ja unrettbar darin fallen muß; 4. daß auch das edelste deutsche Blut der Erlösung durch Jesus Christus ebenso bedürftig wie fähig ist; 5. daß alles völkische Sein nicht »die köstliche Perle[152a]« ist, sondern daß selbige nur in der Gotteskindschaft besteht, welch letztere aber Volksverbundenheit nicht auflöst, sondern erfüllen will; 6. daß all unser Tun und Schaffen – wie Nicht-Schaffen! – auch in Buch, Schrift, Verkündigung als sündig vor dem Evangelium nicht bestehen kann, sondern nur unter immerwährender Vergebungsgnade tragbar ist, unter ihr allein geschehen kann.

II.

Unter diesen Voraussetzungen fragen wir: Seid ihr bereit anzuerkennen: 1. betr. Heiliger Schrift: daß rein nur das Neue Testament wesentliche Heilsbedeutung hat, das Alte dagegen nur hindeutende, vorbereitende Art?, daß die kritische Kraft dieses Evangeliums rein nur in der rettenden, schöpferischen, erlösenden Kraft eingeschlossen ist?, daß wir

[152] KAW, Ausgabe vom 20. 7. 1933.
[152a] Mt 13,46.

auch Sünde und Gericht also rein nur vom Neuen Testament, von der Gnade in Christo aus evangelisch sehen können, nicht vom Alten, von dem Gesetze aus? Also daß nicht der Zorn und das Gesetz den Sünder macht, sondern rein nur die Gewalt der Gnade?

2. Bekenntnis: Der Weg Luthers zum sola fide, der Weg der Reformatoren zum Bekenntnis führte damals aus dem Katholischsein zum Evangelium. Haltet ihr diesen Weg für verbindlich? Das heißt: muß jeder zunächst den Weg durch die Werke, das Gesetz und die Angst nehmen, also katholisch werden, um dann zum Ergreifen und Bekennen der Gnade zu gelangen? Erkennet ihr an, daß die Gnade rein durch nichts im menschlichen Verhalten, auch nicht durch den »Glauben« an sie bedingt ist? Daß sie nur eine »Bedingung« hat: das stellvertretende Leiden Christi am Kreuz? Daß jede andere Lehre, jeder abweichende Schein katholisch, jüdisch genannt werden muß?

3. Volk: Erkennet ihr an, daß eine Scharung von auf Christus Getauften, christlich Unterwiesenen nicht als massa perditionis menschlich von einer »erwählten Gemeinde« gesondert werden darf, ohne daß letztere in Sünde der Überhebung, Lieblosigkeit und Selbstgerechtigkeit fällt? Daß also jeder solche Volksgenosse, falls er seinen auch irrenden, schwachen, sündigen Willen der Kirche und dem in ihr verkündeten Heil zukehrt, voll als Mitchrist zu gelten hat?

4. Staat: Erkennet ihr an, daß ein rein naturhafter, heidnischer Staat auch vor Gott »anders« steht als einer, der (ohne es freilich selbst irgend schaffen zu können) sich vor Gott stellen, das Christentum anerkennen und schützen, wie auch von ihm sich schützen lassen will? Ist auch ein solcher Staat »das Tier aus dem Abgrund[152b]« (Barth)?

Erkennet ihr an, daß ein solcher Staat nicht selbst Unheilsraum, sondern eine Gnadenzuordnung Gottes im Unheilsraum darstellt? Insonderheit: daß der durch Adolf Hitler angebahnte Umbruch der Zeiten, die Wendung weg vom Ungeist des Marxismus hin in Richtung des Geistes, des Gotteswillens, der Ordnung und der Wahrheit nicht eine rein menschliche, sündige Unheilstatsache ist, soviel Unreines ihr ankleben mag? Erkennet ihr an, daß eine solche Wendung selbst in den Anfängen nicht ohne Wiedererwachen reformatorischer Gehorsamskräfte und Glaubensgüter geschehen konnte? Ja, noch mehr: daß sie ohne die heilsame Auswirkung der durch Christus am Kreuz vollgültig auch für unser Volk geschehenen Erlösung unmöglich hätte kommen, unmöglich ohne

[152b] Offb 11,7.

sie möchte bestehen können? Daß also dies Werk, das vor Augen liegt, nicht nur eine blasse Schöpfungsgnade Gottes sei, sondern daß wirklich heilige Erlösungskräfte Christi, auch ohne unser Zutun, daran arbeiten und dafür unentbehrlich sind? Daß also nicht nur äußerliche, fleischliche Unterordnung der Christen unter eine solche Ordnung, sondern innerlichste Anteilnahme und Einsatz dafür gottgeboten, unentbehrlich für beide Teile sei?

5. Kirche und kirchliche Gemeinschaft: Erkennet ihr an, daß sonach nicht »Herauslösung« weder des einzelnen Christen noch seiner Gemeinschaften (Kirche), sondern Hineinbau und Einsatz dieser Mächte dafür von Gott her Pflicht und Dienst am Worte sei? Daß also nicht etwa nur aus taktischen Gründen, sondern nach dem klaren Willen Gottes ein Zubekenntnis zu solchem Staatswerke kirchliche Pflicht sei, nicht Willkür- und Wahlsache des einzelnen? Daß also Kirche und Gemeinschaft des Wortes wohl ein – im Dienen – überragendes, freies, aber keinesfalls ein gesondertes Dasein suchen dürfe? Daß nur eine so gewillte Kirche im Dienen die thetische, konstruktive, rettende, gemeinschaftsbildende Kraft des Wortes – an der uns vor allem liegen muß – wird verwalten können? Daß nur eine solche Kirche hernach auch der kritischen Kraft des Wortes wird im Volksleben Raum schaffen dürfen?

Dem Herrn Kirchenpräsidenten zur Kenntnisnahme *legte Pfarrer Pressel ebenfalls im Juni 1933 folgenden Entwurf* für die Aussprache zwischen Glaubensbewegung und Jungreformatoren *vor*[153]*:*

Thema: Kirche und Staat

I. Grundsätzliches: »Kirche und Staat«

1. Wesen und Aufgabe der Kirche: Sie ist die Gemeinschaft derer, die von Gottes jetzt in Christus geschehendem Wort zusammengerufen und in der äußeren Kirche verfaßt sind. Ihr Grund, ihre Mitte, ihr Ziel ist Christus in seinem Reich. Ihre Kraft ist Wort und Geist. Ihr Auftrag: kaerygma und das Tatzeugnis des in der Liebe tätigen Glaubens mit dem Telos: koinonia.

2. Wesen und Aufgabe des Staates: Er ist eine Ordnung Gottes in der gefallenen Welt. In ihm ist das Volk verfaßt, das durch Blut, Geist und Geschichte geworden ist. Seine Aufgabe ist, die menschliche Existenz zu erhalten, das Böse zu bannen, das Volkstum zu pflegen und tüchtig zu

[153] LKA Stuttgart, D 1, Bd. 42.

machen zur Entfaltung seiner Gaben und zur Erfüllung seines geschichtlichen Berufs.

II. Praktisches: Die Stellung der Kirche im heutigen Volksstaat

A. 1. Der Führer des heutigen Staats weiß um seine letzte Verantwortung vor Gott. Wir haben wieder eine Obrigkeit, die vor Gott steht.

2. Der heutige Staat bejaht und fordert das Christentum. Er sieht in ihm »das unerschütterliche Fundament des sittlichen und moralischen Lebens unseres Volkes[154]«. Er will die Kirche. Er ist gewillt, ihre Rechte nicht anzutasten, er erwartet aber von den Kirchen positive Mitarbeit an der Erneuerung des Deutschen Volkes.

B. 1. Die Kirche ist durch das große Geschehen gerufen zu Dank und Buße. Sie kann zu diesem Staat ein freudiges Ja sagen in williger Mitarbeit bei aller Wahrung ihrer Selbständigkeit und Freiheit.

2. Sie muß Volkskirche werden, Kirche, die, göttlichen Auftrags, im Volke wurzelnd, in erster Linie dem ganzen Deutschen Volk zu dienen hat. Ihre Sorge darf nicht zuerst die sein, Sicherung ihres Besitzstandes, sondern hat dem zu gelten: daß sie diese Stunde im Gehorsam nütze, daß es zu einer Begegnung mit Christus komme und unser Volk wieder den Weg zur Kirche finde.

3. Dazu ist die Kirche in ihrer jetzigen Gestalt nicht fähig. Sie bedarf eines neuen Bekenntnisses, einer neuen Verfassung, einer gegenwartsmäßigen Verkündigung und Unterweisung.

4. Voraussetzung für die Verlebendigung der Kirche ist die geistgewirkte innere Erneuerung, über die wir nicht verfügen. Das darf uns aber nicht hindern, gehorsam und entschlossen das anzufassen in Volk und Kirche, was wir als die uns heute durch Gottes besondere Führung verordnete Aufgabe erkennen.

Von Wurm selbst stammt folgender Entwurf für eine Einigung auf der Ebene des Reichs[155]:

Im Gehorsam gegen den Herrn der Kirche, der uns die Sorge um die Einigkeit seiner Gemeinde aufs Herz gelegt hat, und aus tiefer Verpflichtung gegen Staat und Volk heraus, die um die Befreiung von wirtschaftlicher Not und außenpolitischem Druck schwer zu ringen haben, fühlen wir uns gedrungen, dem gegenwärtig das evangelische Kirchen-

[154] Hitler vor dem Reichstag am 23. 3. 1933: Domarus I, S. 232 f.

[155] LKA Stuttgart, D 1, Bd. 119; der Entwurf stammt vom 20. 6. 1933, er ist am Schluß zur Unterschrift durch die verschiedenen Gruppen vorgesehen.

volk beunruhigenden Streit um die Reichsbischofswahl ein Ende zu machen. Wir erklären daher in Übereinstimmung mit Herrn D. von Bodelschwingh: Die beiden kirchlichen Gruppen, die zur Personenfrage Stellung genommen und dadurch die Bevollmächtigten der Kirchen zu einer vorzeitigen Nominierung gedrängt[156] haben, hatten das Beste von Kirche und Staat im Auge. Den einen stand die Volksverbundenheit der Kirche, den anderen die Reinheit ihrer Verkündigung im Vordergrund, ohne daß das Anliegen der anderen Seite in seinem Recht und seiner Bedeutung geleugnet werden wollte.

Nachdem es sich aber gezeigt hat, daß die Zweifel an der Rechtmäßigkeit des zur bisherigen Nominierung führenden Verfahrens die Anerkennung des Ergebnisses der Abstimmung erschweren oder ganz unmöglich machen, wird folgendes beschlossen:

1. Die beiden Kandidaturen werden zurückgezogen, bis die Verfassung, die den Wahlkörper, das Wahlverfahren und die Befugnisse des Reichsbischofsamts festsetzt, angenommen ist.

2. Beide Gruppen können zu der verfassungsmäßig erfolgenden Wahl diese Kandidaturen wieder aufstellen oder sich auf einen Dritten einigen. Jede Gruppe erklärt sich von vornherein bereit, das Ergebnis der künftigen Abstimmung anzuerkennen; jede Gruppe hat aber auch einen Anspruch darauf, daß ihr Kandidat oder eine andere von ihr zu benennende Persönlichkeit in das künftige Kirchenministerium berufen wird.

3. Die Propaganda für die bisherigen oder einen neuen Kandidaten in Presse, Rundfunk und Versammlungen wird bis zu einem durch Übereinkommen festzusetzenden Zeitpunkt abgestellt.

Für die Glaubensbewegung »Deutsche Christen«
Für die Jungreformatorische Gruppe
Für die Bevollmächtigten der Kirchen

Am 25. 6. 1933 erließ die Jungreformatorische Bewegung folgende Kundgebung[157]*:*

Die Jungreformatorische Bewegung in Württemberg bedauert aufs tiefste die Zerreißung unserer Deutschen Kirchen durch den Kampf um den Reichsbischof. Heute, da eine Stunde der Kirche fürs ganze deutsche Volk angebrochen ist, geht es uns weder um Verteidigung theologischer Schulmeinungen noch um Personen, sondern darum, daß die Kir-

[156] gedrängt: handschriftlich (nicht von Wurm) abgeändert in »veranlaßt«.
[157] LKA Stuttgart, D 1, Bd. 42. Zur Frage der Urwahlen siehe S. 194.

che den Auftrag Christi lauter und rein ausrichte und darlebe. Ihr Wesen und ihren Aufbau, ihr Leben und ihren Dienst muß die Kirche ganz und gar bestimmen lassen von dem Befehl und Verheißungswort ihres Herrn. Sie darf sich nicht gestalten lassen nach Gesetzen, die ihr fremd sind, sie muß vielmehr sich um einen wirklich geistlichen Neubau des Kirchenlebens mühen. Die Verkündigung der Kirche wie auch ihre äußere und innere Verfassung müssen ein klares Zeugnis geben von ihrer Sendung durch Christus; sie bedarf einer Reinigung und Reformation in Lehre und Leben vom Worte der Heiligen Schrift her. Schon seit Jahren ringen wir um solch neuen Gehorsam der Kirche gegen ihren Auftrag; denn nur so kann es zum Aufbau lebendiger Gemeinden kommen, die unserem Volke zum Dienste bereit stehen, und nur so kann eine geistliche Führung in der Kirche werden, da Hilfe zum Dienst nicht Ausübung von Macht ist.

Nun ist heute der Kampf um zwei Männer entbrannt, die als Persönlichkeiten keinem Einwand begegnen. Es bedeutet eine Verschleierung der sachlichen Gegensätze, wenn der Kampf innerhalb der Kirche um Personen geführt wird. Es geht vielmehr um die Frage, ob die liberalistische Theologie eine neue Auferstehung feiern soll oder ob eine am Neuen Testament und an Luther ausgerichtete Theologie Wesen und Gestalt der Kirche bestimmen darf. Nachdem der Kampf nun leidiger Weise ein Kampf um Personen geworden ist, bleibt uns nur übrig, ihn in der Zucht des Geistes Gottes auszufechten und auch unsern Streit im Gehorsam gegen Christus zu führen. Die Jungreformatorische Bewegung Württembergs kann darum die Formen, die dieser Kampf anzunehmen begonnen hat, unter keinen Umständen gutheißen. So gewiß das Anliegen der »Glaubensbewegung Deutscher Christen« zurecht besteht: unserem ganzen Volk die Kirche zu öffnen, und so gewiß wir dieses Ziel bejahen, so gewiß lehnen wir doch jede Entleerung der kirchlichen Verkündigung und insbesondere auch die völlig unkirchlichen Kampfmethoden ab. Kirchliche Fragen dürfen nicht unter dem Druck politischer Machtfaktoren entschieden werden; soll die Entscheidung gar noch in Form demokratischer Urwahlen erfolgen, so wäre das ein Rückfall in schlimmste Zeiten eines überwundenen Parlamentarismus. Wir wehren uns gegen eine Entfesselung von Agitation und Demagogie auf dem Gebiete der Kirche; man kann die neue Kirche nicht bauen, indem man die Gemeinden zerstört.

Gebaut werden kann Christi Kirche in unserem deutschen Volk nur durch Entbindung der Kräfte des Glaubens, der Liebe und der Hoffnung.

Wer in der Kirche um die Macht kämpft, vergeht sich gegen die ausdrückliche Weisung unseres Herrn (Matth. 20, 25 ff.). Wir folgen darum nicht, wenn man [im] Namen einer Glaubensbewegung den Kampf in die politische Arena verlegen will. Wir ehren und lieben in Adolf Hitler den Führer des neuen deutschen Reiches und geben ihm willig den Dank und den Gehorsam, den wir ihm schuldig sind, wir lehnen deshalb die kränkenden Versuche ab, unseren kirchlichen Weg politisch zu verdächtigen. Um der Sache Christi willen bitten wir alle Freunde der Kirche, um brüderliche Verständigung zu ringen; weil die Erneuerung von innen heraus geschehen muß, darf sie nicht mit äußeren Mitteln erzwungen werden. Nicht für eine Sondergruppe, nicht für eine eigene Sache kämpfen wir; sondern dafür, daß die Kirche erbaut werde auf dem Grunde, der gelegt ist[157a]. Die heutige Not der Kirche darf nicht beendet werden durch den Sieg der Gewalt, der im Reiche Gottes nur eine Niederlage heißen kann. Darum ist es unsere herzliche Bitte an unsere Volks- und Gemeindegenossen: Stellt euch, in welchem Lager ihr auch seid, in die Front der wahren Kirche, die nicht nach dem Triumph der Macht, sondern nach dem Sieg der Liebe ausschaut. Es geht nicht um die Ehre und Macht von uns Menschen; was von uns gefordert ist, ist Buße, Glaube, Opfer, Bereitschaft zum Bekenntnis, treue Dienstwilligkeit gegenüber dem Volk und Vaterland. Sondern es geht um die Ehre und Macht dessen, dem sie allein gebührt, weil er unser Herr ist von Ewigkeit.

Gegeben am 25. 6. 1933. Namens der Jungreformatorischen Bewegung in Württemberg: Pfarrer Wolfgang Metzger, Bronnweiler; Pfarrer Theodor Dipper, Würtingen; Pfarrer Heinrich Fausel, Heimsheim; Pfarrer Wilhelm Gohl, Marbach/Neckar; Studienrat Dr. Martin Haug, Urach.

Grundsätzliches zur Wahl des Reichsbischofs und zur Jungreformatorischen Bewegung schrieb der Herausgeber des Evang. Kirchenblatts für Württemberg, *Pfarrer Römer, am 15. 6. 1933*[157b]*:*

Seit der Reichsbischofswahl

Die Kenntnis der für keine Seite rühmlichen Vorgänge um die Wahl des Reichsbischofs darf ich voraussetzen. Sie sind unter verschiedenarti-

[157a] 1 Kor 3,11.

[157b] Vgl. auch den Artikel in EKBlW, Ausgabe vom 30. 6. 1933, S. 215 ff.

gen Beleuchtungen beschrieben und vor dem Kirchenvolk besprochen worden. Eine völlig sachliche, leidenschaftslose Beurteilung scheint selbst unmittelbaren Teilnehmern erst aus späterem größerem Zeitabstand möglich zu werden. Die unweigerliche Aufgabe der Kirche bis zur angekündigten Bekanntgabe der Grundlinien einer Verfassung wird sein, daß man allerseits einkehre in das eigentliche Heiligtum der Kirche, in Buße und Glauben vor dem Zurechtbringer Jesus Christus, der auch das gegebene öffentliche Ärgernis gnädig heilen wolle und uns weiter als Kirche der begnadigten Sünder tragen und verwenden wolle.

Über die Jungreformatorische Bewegung ist zu voriger Nummer des Kirchenblatts[158] weiter zu sagen: Sie zeigt immer deutlicher, daß sie keineswegs, wie manche zur Beruhigung eigener Unsicherheit glaubhaft machen wollten, eine um ihrer Übertreibungen willen nicht ernst zu nehmende Dialektikergruppe ist, sondern, wie schon die Unterschriften unter ihrem Aufruf zeigen, eine Sammlung von Mitgliedern längst vorher vorhandener Kreise, die, jeder unter Betonung ihrer besonderen Aufgabe, doch alle die Forderung nach Erneuerung der Kirche aus dem Evangelium und Bekenntnis erheben. Auch die wohlfeile andere Behauptung sollte jetzt zum Schweigen kommen, die Jungreformatorische Bewegung sei ein Nest , [in] dem sich kirchlicher Konservatismus und Reaktion verschanze. Nein, die Zielangaben dieser kirchlich regsamen Pfarrer der jüngeren Theologie, die diese Bewegung pflegen und in Gang und Leben erhalten, zeigen so starkes Drängen auf grundgemäße Erneuerung der Kirche, daß man jetzt nur mit Bedauern das Unglück feststellen kann, daß die Deutschen Christen nicht sofort ins Gespräch mit ihnen getreten sind. Man erinnert sich ja doch, wie einst, wenn auch nicht immer geschickt in der Form, dieselben Pfarrer seit Jahren den Kampf um eine Reform der Kirche aus dem Wort des Evangeliums betrieben, wie von ihnen der Kampf scharf und klar aufgenommen wurde, den z. B. von langem her auch die Evang.-kirchliche Vereinigung[158a] gegen die liberale Loslösung von Gottes autoritativer Offenbarung gefochten hat. Wollen die »Deutschen Christen« sich einen Gegner ernennen, der Ursache ihrer Nöte wäre, so mögen sie Kampfstellung mit solchen suchen, welche heute noch Pfleger des demokratischen Geistes und Formen unserer Kirche sind. Sollten diese aber bereits zum Schweigen gekommen sein oder umgesteckt haben, so mögen die »Deutschen Christen« doch jedenfalls nach dem Rat des württ. Kirchenpräsidenten tun und das

[158] EKBlW, Ausgabe vom 31. 5. 1933, S. 82 f.

[158a] Siehe S. 77 f.

Streben der Jungreformatorischen Bewegung[158b] anerkennen, »das Streben nach Vertiefung unsrer Verkündigung und insbesondere durch ihr Ringen um das rechte Verhältnis unserer Verkündigung zu Volkstum und Gegenwartsstaat«. Im übrigen nicht zu vergessen, daß die ungeheure Front, die in den Zustimmungen zur Wahl des Bischofs nun heraustritt – eine Front, die sich keineswegs mit der Jungreformatorischen Bewegung deckt – seit jenem ersten Augenblick sich zu bilden anfing, da die Reichstagung Deutsche Christen in Berlin die unevangelische Sprache des politischen Kampfes in die Kirche hereintrug . . .

Dadurch wurde dann auch das primäre Anliegen der Jungreformatorischen Bewegung, die wesentlichen innerkirchlichen Anliegen ins Kirchenpolitische hinübergedrängt . . .

Endgültig unmöglich wird eine segensreiche Durchdringung der deutschchristlichen und der Jungreformatorischen Bestrebungen, wenn man den unverantwortlichen Ruf nach einer Urabstimmung[158c] betreibt. Dann erstickt für uns alle Hoffnung auf Neuerweckung geistlichen Lebens . . .

Die jetzigen Befürworter einer Volksabstimmung, auch einer solchen der kirchlichen Akklamation . . . würden plötzlich hellhörig werden, wenn sie im Verlauf der Wahlvorbereitung noch mehr solche Rufe hören müßten wie etwa den: »Gott will heute im Hintergrunde bleiben. Nicht der beste Christ und erste Diakon paßt für diesen rauhen Zeitgenossen, sondern der erste Held und totgetreue Führer. Deshalb kann unsre Zeit Christus überhaupt nur als ethischen Helden oder religiösen Führer begreifen. Die einzig mögliche Form der Religion ist heute der Glaube an Führer . . . Die verantwortlichen Staatsführer aber sollen auch in kirchlichen Fragen so sicher und entschieden handeln, wie in politischen. Die Entscheidung liegt heute bei ihnen« . . .

Wir möchten uns von niemand übertreffen lassen in der Treue zur Erfüllung von Hitlers Anliegen einer Untermauerung des Staates durch die inneren Kräfte der Kirche. Aber dazu bedarf's des besonderen Klangs der viva vox evangelii, nicht des Gleichklangs mit der Glocke des Staats. Darum werde ich nicht fertig mit dem Ansatzpunkt von D. Fezers Vorträgen, daß »beide, Staat und Kirche, sich einem Größeren unterwerfen sollen, auf daß beide ja mit ihren Mitteln dazu helfen sollen, daß Gottes Wille Wirklichkeit wird«[159]. Aber es ist wohl gut, daß diese Wochen uns

158b Vgl. S. 91 ff.
158c Siehe Anmerkung 148, S. 194.
159 Siehe den Vortrag von Prof. D. Fezer am 7. 6. 1933 in Stuttgart, S. 110 ff.

an schmerzlichen Beispielen zeigen, wie groß die Gefahr ist, daß die umzugestaltende Kirche nicht wirklich Kirche des Evangeliums sei . . .

Nach den Wahlen in der Deutschen Evang. Kirche im Juli 1933 zog sich die Jungreformatorische Bewegung von der Kirchenpolitik zurück; dies wurde in einem Rundschreiben der Reichsleitung am 24. 7. 1933 mitgeteilt[160].

Die Kirchlich-theologischen Arbeitskreise im Sommer 1933

Mitten in den Auseinandersetzungen um den Reichsbischof hielten die Kirchlich-theologischen Arbeitskreise in Württemberg vom 6. bis 8. 6. 1933 im Rudolf-Sofien-Stift in Stuttgart eine Tagung ab. Das Einladungsschreiben an die Pfarrer der Landeskirche lautete[161]*:*

Lieber Herr Amtsbruder!

Sie haben uns durch Ihre Unterschrift die Zustimmung zum wesentlichen Inhalt unsrer Erklärung über »Kirche und Staat«[162] gegeben und sich damit auf den Boden einer sachlichen, und das heißt hier biblisch-reformatorisch orientierten Arbeit an den kirchlichen Aufgaben der Gegenwart gestellt. Wir laden Sie nunmehr zu der angekündigten Aussprache ein, die in der Pfingstwoche, am 7. und 8. Juni, im Rudolf-Sofien-Stift, Stuttgart-Wildpark, stattfinden soll.

Unsere »Erklärung zur kirchlichen Gleichschaltung« ist seinerzeit entstanden unter dem Eindruck, daß bei dem Ringen zwischen den alten kirchlichen Instanzen und der neuen deutsch-christlichen Glaubensbewegung von beiden Seiten gerade das Entscheidende bedroht sei: die Aus-

160 Siehe das Flugblatt »Die neuen Aufgaben der JRB« (LKA Stuttgart, D 1, Bd. 119), unterzeichnet von Künneth, Lilje und Niemöller.
Ziffer 3 lautet: »Die eigentliche und entscheidende Aufgabe der Jungreformatorischen Bewegung – die Arbeit an der inneren Sammlung der Kirche durch Einsatz aller ihrer Kräfte in Theologie und Gemeinde – bleibt nicht nur bestehen, sondern ist gerade jetzt als die entscheidende Aufgabe anzusehen und in vollem Umfange zu betreiben. Damit greift die Jungreformatorische Bewegung ihre ursprüngliche Linie wieder auf; wir hoffen, gerade durch diesen Verzicht für die innerkirchliche, theologische und gemeindliche Arbeit wieder in vollem Umfange frei zu werden.«

161 LKA Stuttgart, D 1, Bd. 40; vervielfältigtes Rundschreiben ohne Datum. Vgl. auch S. 67 ff.

162 Siehe S. 70 ff.

richtung der Kirche an ihrem eigentlichen, an ihrem einzigen Auftrag, Kirche des Evangeliums von Christus Jesus zu sein. Niemand zuliebe und niemand zuleide wollten wir die Sammlung derer in die Wege leiten, denen der Gehorsam gegen Gottes Wort auch in der neuen Lage als das Ausschlaggebende erscheint. Man hat uns das als Eigenmächtigkeit ausgelegt, aber wir wissen uns um unsres durchaus kirchlichen Ausgangspunktes willen – vor 2½ Jahren schon haben wir zur Sammlung um kirchlich-theologische Arbeit aufgerufen – auf dem Boden der Kirche als durchaus legitime Bewegung, und die vielen Zustimmungserklärungen, die bald das zweite Hundert erreicht haben, zeigen uns, daß man uns weithin verstanden hat. Mittlerweile hat sich auch im Reiche das gleiche Wollen, das uns leitete, seinen sichtbaren Ausdruck verschafft in der »Jungreformatorischen Bewegung«, die sich hinter Künneths Aufruf – wir legen ihn bei[163] – sammelt; nach den letzten Nachrichten hat der Vertrauensmann des Kanzlers, Wehrkreispfarrer Müller, diese Bewegung einzuschalten verheißen. So dürfen wir auch in Württemberg hoffen, daß es zu gewinnbringender Aussprache mit der Kirchenleitung einerseits, der Glaubensbewegung »Deutsche Christen« andrerseits kommen wird. Sie ist nach beiden Seiten hin schon angebahnt, sowohl in den z. T. recht fruchtbaren Aussprachen auf einzelnen Diözesanvereinen, als auch zwischen den Führern.

Um die Arbeit an den kommenden Aufgaben vorzubereiten und uns zugleich Ihrer persönlichen Mitarbeit zu versichern, wollen wir nun unsre Arbeitstagung nach Pfingsten zu intensiver Aussprache benützen. Wir erhoffen eine wirkliche Klärung, die der Sache der ganzen Kirche dient. Haben wir bei unsrem ersten Schreiben das, was das Amt der Kirche von dem des Staates unterscheidet, in den Vordergrund stellen müssen, so wollen wir nunmehr von der Personalunion der beiden Ordnungen im »Volk« ausgehen und nach den grundsätzlichen Erwägungen die konkrete Gestaltung ins Auge fassen. Wir wissen ja und betätigen es täglich, daß jene Unterscheidung keine Trennung bedeutet und nichts zu tun hat mit einem inneren Abstandnehmen von den Anliegen unsres deutschen Staates. Wir erachten es freilich andrerseits für unumgänglich, von aller falschen Vermengung genau so abzurücken und Kirche und Staat um ihrer selbst willen in ihrer grundlegenden Wesensverschiedenheit zu belassen. Erfreulicherweise hat der Herr Kirchenpräsident sein Erscheinen in Aussicht gestellt. Wir bitten nun auch Sie um

[163] Siehe S. 91 f.

Ihr Kommen und um Ihr Eintreten in einen Rahmen disziplinierter Aussprache. Wir möchten nichts anderes sein als ein Kreis von Pfarrern, die sich unter der Führung des Evangeliums neu ausrüsten lassen zum gemeinsamen und verantwortlichen Dienst in ihrem Amte.

Wir übersenden Ihnen beiliegend einen Anmeldebogen, den wir sorgfältig auszufüllen und an die Verwaltung des Rudolf-Sofien-Stiftes umgehend, allerspätestens bis Samstag vor Pfingsten zu schicken bitten. Des weiteren legen wir Ihnen einen vorläufigen Tagungsplan bei. Unsere Einladung zur Pfingsttagung gilt ganz unabhängig davon, wie die kirchliche Lage sich unterdessen weiter entwickelt. Unsre gemeinsame Arbeit wird auf alle Fälle notwendig sein.

I. A. Wolfgang Metzger, Bronnweiler.

Über die Tagung im Rudolf-Sofien-Stift in Stuttgart schrieb Dipper[164]*:*

Die Tagung bedeutete praktisch die Sammlung und die Organisation der Kräfte des Widerstandes. Dabei war es sehr schmerzlich, daß die Kirchenleitung sich der Kirchlich-theologischen Arbeitsgemeinschaft gegenüber zurückhielt, während bei der gleichzeitig stattfindenden Landestagung der Deutschen Christen der Landesbischof persönlich erschien[165]. Auch die politische Denunziation eines Diskussionsredners durch einen Tagungsteilnehmer warf ein bezeichnendes Licht auf die Lage.

Bei der Tagung wurden folgende Referate gehalten[166]*: Wolfgang Metzger: Volk, das nach der Kirche ruft; Theodor Dipper: Gottes Ruf an die Kirche in dem heutigen völkischen Geschehen; Martin Haug: Gemeindeaufbau und Kirchenverfassung im Neuen Testament; Heinrich Fausel: Die Ordnung der Kirche in der Reformation.*

Das Ergebnis der Tagung faßte Wolfgang Metzger in einem Tagungsbericht zusammen[167]*:*

164 Dipper, S. 30; denunziert wurde Paul Schempp, siehe S. 220 ff.

165 Siehe S. 427 ff.; vgl. dazu den Bericht des »NS-Kurier«, Ausgabe vom 16. 6. 1933 über die Tagung der KTA: »Kirchenpräsident D. Wurm entbot der Tagung durch ein von Stadtpfarrer Pressel überbrachtes Handschreiben seine Grüße.«

166 Vgl. Dipper, S. 29 f. Den Wortlaut des Referats siehe »Kirche und Volk«, Stuttgart 1933; der Vortrag Haugs erschien im EKBlW, Ausgabe vom 15. 6. 1933; Teil 1 des Vortrags von Dipper in EKBlW, Ausgabe vom 30. 6. 1933, Teil 2 in KAW, Ausgabe vom 30. 6. 1933. Ein Kurzbericht von Metzger erschien außerdem in KAW, Ausgabe vom 6. 7. 1933.

167 LKA Stuttgart, D 1, Bd. 42, als Sonderdruck des KAW veröffentlicht.

Tagung der Kirchlich-theologischen Arbeitskreise Württembergs im Rudolf-Sofien-Stift in Stuttgart-Wildpark vom 6.–8. 6. 1933

Tagungsbericht

Was in dem schönen Haus an der Wildparkstation in den zweimal 24 Stunden des 6. bis 8. Juni geschah, läßt sich so leicht nicht in dürre Worte fassen. Die wenigen kurzen Referate werden im Druck erscheinen und den 90 Teilnehmern zugehen; sie sind auch allen andern damit zugänglich, die sich für sie interessieren. Das eigentliche Ergebnis der Tagung aber lag viel stärker noch als in dem sachlich Erarbeiteten in dem Daß und Wie dieser Gespräche; und das läßt sich schwer sagen. Einige kurze, mehr zufällige Querschnitte mögen hier gegeben werden.

Die Basis der Tagung

Als Pfarrer waren wir zusammengekommen, und als Pfarrer wollten wir uns gegenseitig ansprechen. Über alle menschlichen und theologischen Verschiedenheiten hinweg war damit von vornherein eine gemeinsame Grundlage unserer Arbeit festgestellt. Wir sahen uns als mit einem Amt in der Kirche Christi Betraute an, und das hieß: wir waren uns einig darüber, daß wir nur die uns aufgetragene Botschaft, nichts anderes, auszurichten hätten. Wie dieser Auftrag für unsere heutige Gegenwart, in innerstem Beteiligtsein an dem großen völkischen Geschehen, von uns als lebendigen Gliedern unseres Volkes richtig ausgerichtet werden könne, diese Frage stand als das zentrale Anliegen über unserer Besinnung. Denn daß diese Botschaft des Evangeliums nicht in einen luftleeren Raum hinein zu sprechen sei, sondern an das lebendige Du unseres Volkes vom lebendigen Ich unserer Kirche, darüber waren wir uns klar.

Die Stellung zur Jungreformatorischen Bewegung

Mit dem Gesagten ist schon festgestellt, daß unsere Tagung, wie unsere ganze seitherige, zweieinhalbjährige Arbeit durchaus eigenständig, in der Kirche legitim ist. Was der ganzen Kirche, was insbesondere der ganzen Pfarrerschaft aufgetragen ist, das wollten wir schon von Anfang unserer Arbeit an so lange als ein Teil des Ganzen miteinander treiben, bis diese Sonderarbeit dadurch überflüssig geworden sei, daß alle gemeinsam, von Kirche wegen und Amtes halber die Aufgabe anerkannt und in Angriff genommen hätten. Dieses Ziel ist folgerichtig nicht erst im Jahr 1933 durch den politischen Umschwung und die neuen kirchenpolitischen Fragestellungen vor unsere Augen getreten; wir konnten darum unser umfassendes Wollen nicht einfach um einer kirchenpolitischen Augenblicksaufgabe willen zurückstellen. Darum sind wir als Korporation der Kirchlich-theologischen Arbeitskreise der Jungreformatorischen Bewegung nicht beigetreten, sondern haben Beitritt oder Nichtbeitritt den einzelnen ins Gewissen geschoben; Listen über die Zugehörigkeit zur Jungreformatorischen Bewegung werden also von uns nicht geführt. Das schließt nicht aus, sondern im Gegenteil ein, daß wir der Jungreformatorischen Bewegung die allergrößte Aufmerksamkeit widmen, weil wir uns in vielem einfach mit ihr solidarisch fühlen. Wir sehen in der Jungreformatorischen Bewegung den unbedingt notwendigen und hocherfreulichen Zusammenschluß gesinnungsverwandter Gruppen zu kirchenpolitischer Aktion. Sowenig wir uns darum einfach als württembergische Filiale von Berlin betrachten und sowenig wir vergessen, daß die Jungreformatorische Bewegung im Unterschied von den Kirchlich-theologischen Arbeitskreisen auch eine Laienbewegung sein will, so gerne lassen wir es uns doch gefallen, als bodenständiges württembergisches Gewächs in innerer Nähe zu diesen norddeutschen Bundesgenossen zu erscheinen.

Kirchenpolitische Fragen

Da unser Ziel die innerkirchliche Aufbauarbeit ist, die aus dem Wesen der Kirche heraus auch Gestalt und Leben der Kirche bestimmt sehen möchte, widerfährt es uns nur sehr gegen unseren Willen, wenn wir als kirchenpolitische Gruppe da und dort angesprochen werden. Denn wie unsere Kirchlich-theologischen Arbeitskreise, wenn sie sich recht verstehen, grundsätzlich für jeden Amtsbruder offen bleiben, so sind wir auch nicht gewillt, zwei Lager anzuerkennen, in die sich die Pfarrerschaft Württembergs verteilen dürfte. Wir reklamieren vielmehr jeden Amtsbruder für seinen in der Ordination übernommenen Dienstauftrag, der ihn eindeutig für die Verkündigung des biblischen Evangeliums verpflichtet. Auf unserer Tagung fand diese Haltung darin ihren Ausdruck, daß auch Mitglieder des NS-Pfarrerbundes und der »Glaubensbewegung Deutsche Christen« teilnahmen. Daß zur Zeit freilich ein unerwünschtes Hüben und Drüben vorhanden ist, das macht so etwas wie die kirchenpolitische Aktion der Jungreformatorischen Bewegung nötig. Leidig ist es, daß der rein kirchlich bedingte Widerspruch zu manchem, was von der Seite der »Glaubensbewegung« her geschieht und gesprochen wird, immer wieder dem Vorurteil begegnet, als handle es sich um das räsonierende Besserwissen volksfremder Theologen und um das säuerliche

Abstandnehmen vom nationalen Geschehen unserer Tage. Wir haben es bei unserer Tagung zu hörbarem Ausdruck gebracht, daß wir kein Verständnis haben für das mäkelnde und krittelige Sich-Distanzieren vom neuen Staat und seinem Führer. Wer zu uns kam in der Hoffnung, irgend ein politisches Ressentiment hier loswerden zu können, der mußte sich getäuscht sehen. Unser Gegensatz zu den »Deutschen Christen« erwächst also aus einer kirchlichen Wurzel. Es wird dort zwar der individualistische Liberalismus, als Glaube an die autonome Persönlichkeit, mit erfreulichem Elan bekriegt; aber ist er nicht im Begriff, in einer kirchlich nicht weniger bedenklichen Vermummung als kollektiver Liberalismus, als Glaube an ein ebenso autonomes Volkstum, wiederzukehren? Daß zur Befürchtung, es möchte damit ein kirchenfremdes Denken die Gestalt der Kirche bestimmen wollen, Anlaß vorliegt, wird niemand bestreiten.

Der völkische Bußruf

Was es heiße, in einem Volke zu stehen, diese Frage beschäftigte unsere Aussprache nicht wenig. Daß man von Volk nur immer reden könne »Wir Volk«, diese Grundthese des ersten Referates wurde in der Diskussion über den neuen Volksstaat mannigfach vergessen, so daß sich das Gespräch zeitweise aus dem Juni 1933 und vom deutschen Boden weg in eine zeitlose und begriffliche Sphäre und auf eine abstrakte Ebene verziehen wollte. Solch alte Theologenunarten legt man eben nicht so rasch ab. Ausschlaggebend mußte gerade von daher uns allen die Einsicht werden, daß wir nicht konkret genug aus dem Volk heraus und ins Volk hinein denken, reden und handeln können. Hier bedeutet das Geschehen von 1933 einen nicht zu überhörenden Bußruf. Wenn der Kirche auch nicht allein die Verkündigung des ersten Artikels aufgetragen ist, so ist es doch eine wichtige Hilfe und notwendige Folge ihrer Verkündigung, daß die Schöpfungsordnungen gesehen werden. Das, was die Wirklichkeit »Volk« ausmacht: Heimatverwurzelung und Blutsgemeinschaft und Standesordnung und Prägung der seelischen Art und Bindung durch die Sitte und Staatsformung muß als der geschichtliche Ort und die Aufgabe, in der uns der Ruf des Evangeliums trifft und für die er uns verpflichtet, anerkannt sein.

Das Gespräch mit den Deutschen Christen

Ein besonderes Geschenk für unsere Tagung war die Art und Weise, in der uns das Gespräch mit den Anliegen der deutschen Christen möglich wurde. Missionsdirektor Hartenstein, Basel, legte uns, ohne selbst zu den deutschen Christen zu gehören, doch die missionarischen Anliegen, die in dieser gärenden Bewegung lebendig sind, eindringlich ans Herz. Vom Blickpunkt des Auslandsdeutschen her, der im Dienste der Mission steht, beurteilte er (wie wir alle) die gegenwärtige Lage in Deutschland als eine einzigartig offene Türe für die Verkündigung des Evangeliums. Das Hauptproblem der Mission aber sei das der Anknüpfung: man müsse die Sprache des anderen reden, damit das Wort Gehör finde; man müsse, ähnlich wie es im »Heliand« für jene Zeit geschah, so heute das Christusbild für unser Geschlecht übersetzen; man dürfe dabei nicht mit der Kreuzesbotschaft einsetzen, so gewiß an diesem Punkte auch heute die letzte Entscheidung falle; man habe nicht abstrakte Auseinandersetzungen über Kirche und Staat zu tätigen, sondern von der gemeinsam gegebenen Unterstellung von Kirche und Staat unter Gott auszugehen. So sehr wie möglich müsse man dazu sich auf die Basis des Hörers stellen, um dann mit werbendem heißen Herzen das werdende Neue und den gestaltenden Führer für die Gemeinde Gottes zu gewinnen. Die Aussprache führte rasch zu den entscheidenden Fragen: Tut man dem »andern« eine Liebe, wenn man ihm die enge Pforte[167a] zunächst nicht zeigt? Beispiele aus der Mission von der gewiß »anknüpfenden« Rede des Paulus Actorum 17 an, wie Erinnerungen aus der Zeit der eigenen humanistischen Erziehung schienen dagegen zu sprechen. Ist das das Inkognito des Christus, daß er sich hinter einem völkisch-religiösen Reden heute, wie vor dem Krieg hinter einem individualistischen Idealismus verbirgt? Hat das Evangelium allein mit der gegebenen individuellen und völkischen Wirklichkeit, oder hat es nicht viel mehr mit der Wirklichkeit des Menschen und des Volks unter dem Gericht und der Verheißung Gottes zu tun? Ist es geraten, unter so gänzlich veränderten Voraussetzungen zu der von Luther überwundenen mittelalterlichen Lehre vom corpus christianum zurückzukehren? Darf der auf göttlicher Erwählung beruhende Charakter der Gemeinde und Kirche Jesu Christi aufgegeben werden zugunsten einer »Volkskirche«, bei der zwischen Glaubensgenossen und Volksgenossen dem Glaubenden einen Unterschied zu machen nicht mehr erlaubt ist? Liegt der gewaltige Erfolg der nationalsozialistischen Idee nicht eben darin begründet, daß dort grundsätzlich jede Anknüpfung verschmäht, vielmehr im ersten Augenblick vor die entscheidende Frage gestellt wurde? Und wenn man heute nach der

[167a] Mt 7,13.

Kirche ruft, hat da nicht die Kirche als erstes die Pflicht, zu sagen: das Evangelium sagt nicht einfach ja zu Eurem Wollen, sondern sagt zunächst einmal nein; es stellt in die Buße, freilich um dann um so kräftiger aus dem Ja zu Christus heraus den Menschen in sein Heute und Hier in Volk und Staat zurückzuführen? Daß diese Frage herüber und hinüber ernsthafte Fragen waren, spürten wir alle. Keiner, der sich nicht angesprochen gefühlt hätte von dem Rufe, wirklich anzuknüpfen; keiner aber, Hartenstein eingeschlossen, dem nicht die Sorge das Herz bedrängte: daß wirklich nicht bei der Anknüpfung stehen geblieben werde, sondern das volle biblische Evangelium gesagt werde. Wer wirklich aus innerem Ergriffensein von der völkischen Bewegung diesen Weg der Anknüpfung gehen zu müssen glaubt, wird jedenfalls um die Verantwortung wissen müssen, dafür, daß ihm die Anknüpfung als solche nicht zur Hemmung werde für die Verkündigung des Evangeliums.

Die Lehraufgabe der Kirche

An dem von der Kirche zu erwartenden Gehorsam gegenüber dem Befehlsworte Christi gemessen bleibt nun freilich die Kirche – so führte es das 2. Referat aus – weit zurück. Wenn auch manche einzelne vor ihren Entscheidungen nach dem Worte Gottes fragen, die Kirche als Ganzes versäumt es. Sie verschiebt die Besinnung über Gottes Wort auf nachher; sie baut ein Haus, ohne zu fragen, ob sie damit auch wirklich dem Geiste Christi Wohnung mache. Verfassungsfragen können von hier aus nicht mehr als Nebensächlichkeiten angesehen werden; sind sie auch Interim, so doch nicht Adiaphora. Die Bekenntnisfrage, die Behandlung von Irrlehren und Irrlehrern, das Verhältnis von Kirche und Fakultät, all das sind Punkte, an welchen die Not der Kirche aufbricht. Die Kirche spricht heute ein Ja zum Antiliberalismus des Staates; um aber dazu ein Recht zu haben, müßte sie selber allen Liberalismus an Haupt und Gliedern in den Tod geben, indem sie ihr eigenes Leben wirklich nach dem Worte ordnet. Im Neuen Testament (3. Referat) ist das alles tragende Fundament der Kirche das Amt der Apostel; nicht auf Grund persönlicher Führerqualitäten, sondern als von Christus selber berufene Zeugen führen sie die Völker zu Christus. Die Reformation (4. Referat) stellte darum folgerichtig den ganzen Bau der Kirche auf diese, für alle Zeiten maßgebende Verkündigung. Von dorther muß sich darum alles legitimieren, was in der Kirche geschieht; jede Glaubensbewegung und jedes Führertum in der Kirche sind darum, wenn sie nicht zu Christus hinführen, auf falschem Wege. Der Neubau der Kirche muß deshalb auf diesem Grunde aufgeführt werden, nicht neben ihm. Eine auf die Schrift gesammelte Theologie hat hier die Weisungen zu geben und Wächterdienste zu tun, damit das Handeln der Kirche in der Lehre begründet sei, wie umgekehrt auch allein die richtig handelnde Kirche Wurzelgrund echten neuen Bekenntnisses zu werden vermag.

Bruderschaft in der Kirche

Dem Liberalismus des Lehrens entspricht in der Kirche, wie sie ist, durchaus ein solcher des Lebens. Das Evangelium stellt uns in die Gemeinde hinein, daß jeder mit seinen Gaben diene. Wir aber, und hier war wieder vor allem die Rede von den Erstverantwortlichen, von uns Pfarrern, weichen der bleibenden Verbundenheit und gegenseitigen Verantwortlichkeit aus, obwohl sie doch in der Kirche einfach befohlen ist. Nicht aus dem privaten Bedürfnis nach Erbaulichkeit erwächst die hier zu fordernde und zu erwartende Gemeinschaft, sondern aus der mit der Berufung zur Gemeinde gegebenen verpflichtenden Gabe. Also Bruderschaft in der Kirche! Nicht als selbstsüchtiges Konventikelwesen, sondern als der Kern der dienstbereiten Laien und Pfarrer. Nur wenn Bruderschaft da ist, ist auch geistliche Führung der Kirche möglich. Erst wenn Bereitschaft da ist, alles Einzelne in den Dienst des Ganzen zu stellen, erst dann kann Führung geistlicher Art Platz greifen, wie das Neue Testament sie uns zeigt. Das Amt der Leitung, das Lehramt, das Amt der Zucht, das politische Amt der Kirche, wie soll es recht ausgerichtet werden, ohne daß ein Sturmtrupp die Entscheidungen des Führers verantwortlich mitträgt und sie dann auch durchzusetzen hilft? (2. Referat). An diesem Punkte setzte auf unserer Tagung eine besonders lebhafte, keineswegs theoretische Auseinandersetzung ein. Ist Bruderschaft begründet in gemeinsamer Theologie oder wenigstens theologischer Bemühung? Ja, antworteten wohl die meisten, sofern nicht begriffliche Übereinstimmung, sondern gemeinsames Wissen um gemeinsame, im Evangelium gegebene Grundwahrheiten gemeint ist. Aber ist sie selber nicht mehr als ein mit dem Amtsgelübde uns aufgetragenes wissenschaftliches Zusammenarbeiten? Hier waren die einen geneigt, rundweg zu verneinen; weil Gemeinschaft in der Kirche nur unter dem Wort entstehen könne, könne diese Gemeinschaft nur durch das Arbeiten am und unterm Wort entstehen; jedes Glied der Kirche sei grundsätzlich als Bruder zu betrachten. Die andern dagegen machten darüber hinaus geltend, es müsse zu einer gewissen Verfestigung bestimmter Dienst- und Arbeitsgruppen kommen (»Bruderschaften«), von denen aus die Kirche selber den Anstoß zur Erneuerung als Bruderschaft bekommen kann. Diese Aussprache gehörte sicherlich zum Fruchtbarsten unserer Tagung, um so mehr, als wir ja gar nicht bloß in abstracto über Bruderschaft verhandeln konnten, sondern sie innerhalb unseres Tagungsrahmens zu verwirklichen hatten, und auch in manchem Stück verwirklichen durften. Daß hier nichts gemacht werden könne, daß hier vielmehr noch mehr als sonst alles auf die einsatzbereite Arbeit jedes einzelnen ankomme, darüber waren wir uns klar. Unsere Kirchlich-theologischen Arbeitskreise sind bisher z. T. stark, z. T. weniger stark einseitige Lehr- und Lerngemeinschaften gewesen; das werden sie unter allen Umständen bleiben müssen. Aber dazu müssen sie viel stärker als bisher ihre Arbeit verstehen lernen als Gemeinschaftsarbeit von Bruder zu Bruder in der Erkenntnis, daß nur so das Wort, unter das man sich stellt, die rechte Anwendung finde. Die heillose Trennung in eine reine Lehre einerseits, um die man sich gemeinsam müht, und in ein Leben andererseits, das man dem privaten Amtseifer des einzelnen überläßt, müßte in der Kirche Christi überwunden werden.

Gemeindearbeit

Wie dem Pfarrstand, so fehlt es auch der Gemeinde an der geistlichen Geschlossenheit zu einmütigem Handeln. Das Neue Testament zeigt uns eine lebendig gegliederte Schar, bei der aus der Gruppe der »Jüngeren« durch Bewährung im Gemeindedienst die Gruppe der »Älteren« herauswuchs, aus welchen dann kraft der bisher erwiesenen Befähigung unschwer die Träger der mannigfachen Ämter gewonnen werden konnten. Auch die Reformation zeigt uns in Genf das großartig durchdachte, auf wirklich geistliche Gemeindebildung angelegte System einer kirchlichen Ordnung, wobei zugleich freilich auch wieder die Gefahr des gesetzlichen Verständnisses in der Nähe war. Ebenso wird beim lutherischen Gemeindeaufbau deutlich, daß hier die Gestalt der unsichtbaren Kirche in die sichtbare hineingewirkt hat: im Aufbau des Gottesdienstes, in der Selbständigkeit der Amtseinsetzung der Pfarrer, und in der fürsorgenden Liebe der Gemeindeglieder untereinander. Daß es heute gelte, das »Volk in der Kirche« ganz anders als bisher zur eigentlich kirchlichen Aktivität zu bringen, das leuchtete ein. Die Verarmung unseres Gemeindelebens zugunsten des Vereinsegoismus weist ja den erschütternden Parallelismus zwischen Entziehung von Aufgaben und Verfettung im vorhandenen Bestand auf. Es bedarf einer organisierten, durch Führung geschaffenen Gelegenheit zum Dienst in der Gemeinde; gerade die heute so brennend gewordene Jugendfrage steht und fällt damit, daß der Jugend Arbeit in der Kirche gegeben wird. Und nicht bloß bei der Jugend ist es so; erinnert sei nur an die Aufgabe, unsere Kirchengemeinderäte als solche über die bloße Verwaltungstätigkeit hinaus wieder einer Verpflichtung der Gemeinde gegenüber, d. h. einem persönlichen Dienste an den Menschen zuzuführen. Hier die praktischen Wege im einzelnen zu suchen und zu weisen, wird das unerschöpfliche Thema einer späteren Tagung sein. Wenn man, wie wir es taten, von dem Gedanken abrückt, als könne man die Kirche mit der Masse (Bierschwale) oder – auch nur in der Frage des Reichsbischofs – mit dem durch Urwahlen zu mobilisierenden demos (Hirsch) bauen, wenn man vielmehr weiß, daß der »Herr und seine Gemeinde« zusammengehören, dann wird man die Aufgaben der Gegenwart hier und nur hier anpacken können und darum ringen, daß die Gemeinde Christi ein taugliches Werkzeug werde zu der großen Aufgabe an unserem deutschen Volk, zu der sie occasione data berufen ist.

Nur kurze Randbemerkungen zu einigen der auf der Tagung behandelten Gebiete sind hier gegeben. Was über die Sehnsucht unseres Volkes nach Kirche, über unsere tatsächlichen Erfahrungen hin und her, über die Aufgaben der Kirche auf dem eigenen Gebiete des Staates, über den Schutz der kirchlichen Ordnung durch den Staat u. a. m. gesprochen wurde, darüber ist nun nicht berichtet worden. Die Teilnehmer werden sich die Erinnerung gerne auffrischen lassen, und wenn den Nichtteilnehmern der Eindruck entsteht, es müsse sich wohl gelohnt haben, so sind sie für das nächste Mal, wenn Gott uns ein solches nächstes Mal schenkt, freundlich eingeladen. Wer etwa, als zufälliger Leser dieses Berichtes, mit uns in Verbindung treten wollte unter den Amtsbrüdern im Lande, der hat dazu jederzeit die Möglichkeit, wenn er nur Ja sagt zu dem Herrn, zu welchem auch wir täglich neu Ja sagen wollen.

Sonnwend 1933. I. A.: Wolfgang Metzger, Bronnweiler.

Nach einem Hinweis auf die Broschüre, die den Wortlaut der gesamten Vorträge brachte, ging Pfarrer Römer im Evang. Kirchenblatt für Württemberg *am 30. 6. 1933 auf die Verbindung der leitenden Männer der Kirchlich-theologischen Arbeitskreise zur Jungreformatorischen Bewegung ein und schrieb:*

Ich möchte meinerseits die dringende Bitte an die Leser aussprechen, sie möchten um der Sache Christi und ihrer selbst willen sich doch von

Vorurteilen lösen und freihalten, mit denen fortgesetzt versucht wird, die Arbeit der Kirchlich-theologischen Arbeitskreise abzutun. Nimmt man Anstoß an dem allzu gravitätischen Namen der »Jungreformatorischen Bewegung«, so beachte man, daß ihre württembergischen Vertreter denselben nicht auf ihre Arbeit zu übertragen pflegen, sondern immer wieder durch ihre Ausdrucksweise deutlich zu erkennen geben, daß sie eben die wesentlichen Punkte dieser Bewegung auch in ihrer kirchlich-theologischen Arbeit vertreten sehen. Aber einige weitere Feststellungen sind notwendig:

Unausgesetzt (bis heute, 29. des Monats) wird in den Tageszeitungen, mit Vorliebe im »Schwäbischen Merkur«[167b] versucht, diese Bewegung politisch zu verdächtigen, als sei sie reaktionäre Verschanzung hinter der autonomen Gestalt der Kirche, als sei sie sogar eine Kriegserklärung gegen die jetzige Gedankenwelt und nationale Willensbewegung, vor allem eine Kampfansage gegen die Deutschen Christen. Konsequent verschweigt man, daß der Gegensatz anläßlich unsrer Abwehr kirchenpolitischer Kampfformen entstanden ist, – durch die uns all unser Bemühen um brüderliche Verständigung aussichtslos gemacht wurde. Wenn eine solche nicht zustande kam, so ist es die Schuld derer, die jede aus dem Wesen der Kirche kommende Frage sofort vor breitester Öffentlichkeit abwiesen, ehe innerhalb der Kirche selbst darüber Verständigung gesucht worden ist.

Ferner: Man trifft nicht nur die sich keineswegs sakrosankt fühlende Jungreformatorische Bewegung, sondern das Wesen der christlichen Kirche, wenn man ihr vorwirft, sie lebe am deutschen Volk und Staat vorbei, die Kirche, die es als konstitutiven Bestand ihrer aus den drei christlichen Glaubensartikeln erwachsenden Arbeit erkennt, daß diese in einzigartiger Weise der Nation zugute kommen muß, ja gerade dem die Nation zusammenfassenden Staat Adolf Hitlers. Wendet man dagegen ein: »aber leider nur mittelbar«, so sei festgestellt, daß diejenigen, die immer wieder dieses bedauernde »nur mittelbar« aussprechen, damit doch nur meinen können den Christus, ohne dessen vergebende und erneuernde Gnade es kein Evangelium gibt. Nennt man das nun aber Dogmatismus, so wage ich's – lediglich um der Kürze willen und auf die Gefahr des (katholischen) Mißverständnisses hin – zu fragen: Warum man nicht von Hitler lernen, den Grundsatz lernen will, einige wenige, ganz große und wesentliche Gesichtspunkte dem Volk klar zu machen

[167b] Vgl. S. 181 ff. und 239 ff.

und einzubrennen und aus der rein metaphysischen Gedankenwelt klar umgrenzten Glauben zu formen[168]?

Wehrt man sich gegen klare Begründungen und Folgerungen und läßt man nur noch der »Aktion« das Recht, so verfällt man über kurz oder lang der Tragik des alten kirchlichen Liberalismus, der die Nation dadurch schädigen half, daß er hinsichtlich der Lehre vom Staat einzelne zusammenhanglose und nicht selten einander widersprechende Erkenntnisse nebeneinandersetzte. Endlich, man sollte es in der Kirche nicht zu einem Streit treiben lassen, der letztlich auf die Frage hinausgeht: ob die bindende Verpflichtung zur erkannten Wahrheit zeitweilig hinter einem bestimmten Zweck zurücktreten dürfe? Ein solcher Streit ist unvermeidlich, wenn Männer der Kirche ganz dem Zweck die Oberhand geben, »das Vertrauen des Staates zu erringen«. Beim vollkommensten und gewissenhaftest geleiteten Staat geht das nicht ab ohne Risiko für die kirchliche Substanz, die in der Wahrheit besteht, welche Gott in Christus, dem König der Wahrheit, der Welt vorgestellt hat. Die Kirche muß diese Wahrheit deutlich und eindeutig zur Nation sagen können, und zwar um dieser selbst willen. Oder wird man uns das wieder als »halbes Nein zur neuen Nation« mißdeuten, als eine Gefährdung des zu erringenden Vertrauens? Nebenbei bezweifle ich, ob wir damit das Vertrauen eines Mannes gewönnen, der sagt: »Unser Denken und Handeln soll keineswegs von Beifall oder Ablehnung unsrer Zeit bestimmt werden, sondern von der bindenden Verpflichtung an eine Wahrheit, die wir erkannten[169]«. Trotz allem aber bleibt als Grenze für die Kirche, was Matth. 16, 26 steht[169a].

Nach der Tagung im Rudolf-Sofien-Stift teilte Pfarrer Metzger im Ersten Rundschreiben der Kirchlich-theologischen Arbeitskreise *am 3.7. 1933 den Pfarrern mit*[170]*:*

Lieber Herr Amtsbruder!

Wenn wir Ihnen heute unsere Broschüre »Kirche im Volk« mit den Vorträgen unserer Pfingsttagung und den Sonderdruck aus dem »Kirchlichen Anzeiger« mit dem Tagungsbericht zugehen lassen, so möchten wir dies nicht tun, ohne ein weiteres Wort zu diesen bereits historischen Dokumenten hinzuzufügen.

168 Hitler, Mein Kampf, S. 416 f. 169 Hitler, Mein Kampf, S. 435.

169a »Du bist Christus, des lebendigen Gottes Sohn.«

170 LKA Stuttgart, D 1, Bd. 41,2.

1. Die kirchliche Lage ist heute noch unklarer denn je. Sicher ist, daß der kirchliche Kampf in der Öffentlichkeit auf der ganzen Front zunächst gestoppt ist. Wir unsererseits haben die Arena der Agitation und Massenwerbung nicht betreten, sondern haben in einer Kundgebung[171] öffentlich erklärt, warum wir uns solcher Methoden im kirchlichen Kampfe nicht bedienen wollen. Die Kundgebung ist leider nur von wenigen Zeitungen aus der EPD-Korrespondenz entnommen und abgedruckt worden. Da wir nicht wissen, ob Sie von ihr erreicht worden sind, legen wir sie Ihnen bei. Dazu gleich unsere erste Bitte: Greifen Sie auf diese Kundgebung bei Gelegenheit zurück; sie hat schon manchen, die an der Kirche innerlich verzagten, wieder ein wenig Mut gemacht. Wir wissen, daß die kirchenentfremdeten Massen nur durch volksmissionarische Arbeit, nicht durch kirchenpolitische Agitation zum Kirchenvolk gesammelt werden können.

2. Die von den radikalen Führern des kirchlichen Kampfes auf der Seite der »Glaubensbewegung« gebrauchten Mittel haben bei den kirchlichen Kreisen der »Glaubensbewegung« selber so großen Anstoß erregt, daß man hoffen möchte, es werden die liberalen Wortführer bald das Wort nimmer führen. Mit den »gemäßigten« Amtsbrüdern wird ein Gespräch dann vielleicht auch Hoffnung auf Erfolg haben dürfen. Das schon seit Pfingsten in Aussicht genommene Gespräch, das auf unserer Tagung einen so verheißungsvollen Anfang nahm, hat seither aus technischen Gründen nicht stattfinden können. Es soll aber noch stattfinden. Wir möchten die Debatte im Schatten der Vergebung führen; d. h. aber nicht mit der endlosen Aufrollung der Schuldfrage, sondern mit dem Willen, den nächsten Schritt für unsere Kirche richtig zu tun. Das ist unsere zweite Bitte auch an Sie, die Sie gewiß schon selber vielerlei solcher Diskurse gehabt haben in Ihrem Kreise: daß wir das Gespräch so führen möchten, daß wir vergessen, was dahinten liegt, uns aber strecken nach dem, das da vorne liegt[171a].

3. Um den nächsten Schritt richtig zu tun, brauchen wir die immer erneute Besinnung auf unsern biblischen Auftrag, brauchen eine gemeinsam von allen Amtsbrüdern getragene Verkündigung für die Gegenwart, brauchen eine gemeinsam-verantwortliche Verwaltung unseres Amtes. Nicht in tönenden Programmreden, sondern in der Bildung solider Arbeitsgemeinschaften innerhalb der Bezirke wird der richtige Weg liegen. Und hierin liegt unsere dritte Bitte an Sie begründet: Bitte, hel-

[171] Die Kundgebung der Jungreformatoren vom 25. 6. 1933 siehe S. 200 ff.
[171a] Phil 3,13.

fen Sie mit dazu, daß solche Arbeit getan wird, Arbeit vor der aufgeschlagenen Bibel und zugleich Arbeit für die kirchliche Gegenwart. Es ist die einzige kirchliche Möglichkeit, die es gibt: die Fragen von dorther in Angriff zu nehmen; und es wird keine bloße Erkenntnistätigkeit sein, sondern auch eine wirkliche Gemeinschaft der Amtsbrüder draus erwachsen, die sich dran beteiligen. Beginnen Sie, auch wenn es nur zwei oder drei sind; es wird keine vergebliche Arbeit sein.

4. Wichtig aber ist, daß wir diese Arbeit so tun, daß sie jedermann offen steht. Wir bilden kein Konventikel, sondern Arbeitsgruppen, die in den ganzen Bezirk hinein wirken wollen. Dabei wird unsere Arbeit so zu tun sein, daß sie sich vor jedermanns Gewissen bewähren kann. Das ist denn nun auch unsere vierte Bitte: helfen Sie mit dazu, daß wir für einander offen bleiben. Wir dürfen die Gräblein, die kurzsichtigerweise gezogen werden, nicht anerkennen, sondern haben den Amtsbruder für unsere gemeinsame brüderliche Aufgabe zu beanspruchen. Wir zerreißen unsre Bezirke nicht in zwei Gruppen, etwa in eine deutsch-christliche und eine jungreformatorische, sondern wir bleiben, trotz aller unsrer Sym- und Antipathien, von vornherein eingeschlossen und geeint in dem uns allen gemeinsam von Christus erteilten Auftrag, auf den hin wir einander anreden.

5. Damit verbunden bleibt aber das andre: solche Arbeit braucht tragende Leute, braucht einen Stamm solcher, die die Verantwortung dafür übernehmen. Und hier möchten wir Sie fünftens bitten: Konsolidieren Sie sich in Ihrem Bezirk so, daß Sie uns mitteilen können: Besteht eine Kirchlich-theologische Arbeitsgemeinschaft? Wer leitet sie? Und wer ist regelmäßiger Mitarbeiter dabei? Wenn uns so etwas wie Bruderschaft soll geschenkt werden, wird es in solch kleinem tragenden Kreise natürlich zuerst wachsen müssen. Nicht die Organisation kann hier etwas erreichen, sondern nur der lebendige und treue Einsatz der einzelnen. Schreiben Sie uns, bitte, ob wir Sie zu diesem engeren Kreise der Tragenden zählen dürfen!

6. Wenn Bezirke da sind, die sich in solcher Weise zu einer Kirchlich-theologischen Arbeitsgemeinschaft zusammengefunden haben, wird auch eine weitere Frage leichter lösbar sein, die uns augenblicklich öfters bedrängt. Es kommen immer wieder die Rufe nach Landeszusammenkünften. Wenn wir auch sehen, daß die Form, die unsere Pfingsttagung hatte, sicherlich eine Verheißung hat, und wir diese Form der gründlichen Aussprache auch in Zukunft pflegen wollen, so scheuen wir doch vor einem Zu-Oft solchen Zusammenkommens schon aus rein äußerlichen

Gründen zurück. Diese Frage wird dann aber leichter zu lösen sein, wenn Sie uns, und das ist unsre sechste Bitte, Ihren Bezirksvertreter nennen, der dann dem ganzen Bezirk Bericht geben kann von dem, was auf einem Vertretertag verhandelt wurde.

7. Noch eine letzte siebte Bitte richten wir an Sie. Daß wir unsere Broschüre an sämtliche Pfarrämter senden, um alle törichten Meinungen über uns durch den schlichten Tatbeweis zu zerstreuen, ist ein großes finanzielles Wagnis. Wir bitten Sie, es tragen zu helfen. Auch wenn wir künftig etwa häufiger Rundschreiben ergehen lassen wollen, brauchen wir Mittel dazu. Überweisen Sie also, bitte, einmal auf das Konto »Geschäftsstelle der Kirchlich-theologischen Arbeitskreise Württembergs« Nr. 1197 bei der Oberamtssparkasse Reutlingen einen Beitrag für Broschüre, Rundbrief, Kundgebung und Tagungsbericht und teilen Sie uns dann mit den schon oben erbetenen Nachrichten auch mit, ob Sie zu regelmäßiger finanzieller Unterstützung bereit wären. Unsre Arbeit ist seither, soweit sie Arbeit für das Ganze der Kirche ist, mit großen Opfern getan worden; mit Ihrem Votum entscheiden Sie mit darüber, ob sie es wert ist, weiter getan zu werden.

Mit amtsbrüderlichem Gruß i. A. Metzger.

Bei der Tagung im Rudolf-Sofien-Stift wurde der Stuttgarter Religionslehrer Pfarrer Paul Schempp wegen einer Äußerung während der Diskussion denunziert. Am 15.7.1933 berichtete er der Ministerialabteilung für die Höheren Schulen in Stuttgart über den Vorfall[172]*:*

Zu der mir zur Last gelegten Aussage: »Für mich bestünde zwischen kommunistischem und nationalsozialistischem Staat vom Evangelium her gesehen kein Unterschied« habe ich folgendes zu erklären:

Die Tagung der Kirchlich-theologischen Arbeitskreise Württembergs – es war keine Tagung der sogenannten »Jungreformatorischen Bewegung«, der ich selber nicht angehöre, – liegt schon sechs Wochen zurück und da ich dabei keinen Vortrag gehalten, sondern nur in den Aussprachen und dies wohl mehr als ein Dutzendmal immer ohne Konzept gesprochen habe, so ist es mir unmöglich, einen genauen Wortlaut dessen

[172] Das Schreiben wurde von der Ministerialabteilung am 20.7.1933 dem Evang. Oberkirchenrat mit der Bitte um Stellungnahme zugeleitet: Nr. A 5491. Vgl. zum ganzen Zusammenhang: Ernst Bizer, »Ein Kampf um die Kirche. Der Fall Schempp nach den Akten erzählt.« Tübingen 1966. Dazu die Rezension von Richard Fischer BWKG 1966/1967, S. 319 ff.

anzugeben, was in obigem Sinne mißverstanden wurde. Nur das kann ich mit Bestimmtheit sagen, daß ein Satz wie der angeführte während der ganzen Tagung nicht ausgesprochen worden ist. Schon als ich vor Wochen jenen Satz in einem Artikel von Herrn Rehm im »NS-Kurier«[172a] las, war ich voller Entrüstung über eine solche Entstellung der Tatsachen und jeder Teilnehmer der Tagung, den ich darüber befragte, bestätigte mir, daß so etwas dort nicht gesagt worden ist.

Da das, worauf der Gewährsmann von Herrn Rehm seine Behauptung stützt, mehrmals und in verschiedenem Zusammenhang und zwar als etwas wegen seiner in dieser Versammlung voraussetzbaren Selbstverständlichkeit ohne besondere Betonung gesagt wurde, so ist es mir nicht möglich, den Zusammenhang zu wiederholen, in dem ich das sagte, was zu dieser Entstellung Anlaß gab. Der Sinn meiner und der ihr entsprechenden von anderer Seite gemachten Aussage war der: Das Wort von der offenen Tür für das Evangelium ist nachgerade zum Schlagwort geworden, aber Gott allein öffnet dem Evangelium Türen, weil der Glaube ausschließlich Geschenk ist, dessen Wirklichwerden von keiner Staatsform abhängig ist. In der Verfolgung durch den kommunistischen Staat kann das Evangelium genau so und, wenn es Gottes Wille ist, noch mehr durch Gottes Geist zeugniskräftig werden wie im Schutz des heutigen Staates. Das beweist das Urchristentum und die ganze Kirchengeschichte. So ist z. B. in der evangelischen Kirchengeschichtsschreibung ein allgemein anerkannter Satz, daß »das Christentum der alten Welt kaum die Haut geritzt hat«, d. h. das Staatskirchentum Konstantins kam einer umfassenden Aufnahme des Heidentums in der Kirche gleich. In der allen heutigen Theologen bekannten Kirchengeschichte von K. Müller heißt es sogar: »Das Heidentum hat sich zum Teil durch Abgabe seiner schlechtesten Elemente an die Kirche förmlich gereinigt.« Der Hinweis darauf, daß durch die sogenannte »offene Tür« auch heute wieder gerade so gut heidnische Elemente in die Kirche einströmen können, wie die christliche Verkündigung durch sie wieder das Volk erreichen kann, dieser Hinweis war mit den der Entstellung zugrunde liegenden Sätzen gemeint. Man kann nicht zugleich mit Feierlichkeit in der Kirche betonen, »das Blut der Märtyrer ist der Same der Kirche«, wenn man nicht zugibt, daß echte Kirche gerade so gut unter staatlicher Verfolgung wie im Schutz des Staates entstehen kann. Wenn der angegebene Satz also sinnvoll sein sollte, so muß es heißen: »Für die Wirksamkeit des

[172a] Siehe S. 186.

Evangeliums besteht zwischen dem kommunistischen und dem nationalsozialistischen Staat kein Unterschied.« Eben weil Gott allein diese Wirksamkeit schafft, so kann er sich als Mittel dazu jeder Staatsform bedienen. Das bedeutet aber auf keinen Fall, daß dem Christen die Staatsform als solche gleichgültig wäre. Um des Volkes willen wirkt er, soweit es in seinem Beruf und seiner Kraft liegt, mit allem Nachdruck dahin, daß eine das Volk einigende und fördernde Regierung entstehen und bestehen kann, aber das Evangelium selbst enthält keine Weisung über eine bestimmte politische Haltung, und wer die Theologie der Politik dienstbar machen will, der vergeht sich an ihr und rechtfertigt damit zugleich auch die Haltung des Zentrums. Die Kirche hat das Evangelium nicht im Geiste des Dritten Reichs zu verkündigen, sondern im Geiste Gottes, und wer Nationalsozialismus und Christentum einfach gleichsetzt, deshalb weil der Nationalsozialismus eine religiöse Bewegung sei oder ist, der weiß nicht, was Christentum ist und verwechselt Religiosität und christlichen Glauben. Ein Christ wird die Verfolgung keineswegs herbeiwünschen, denn er betet ja: »Führe uns nicht in Versuchung!«, sondern er wird für die Freiheit der Verkündigung des Evangeliums dankbar sein – also von einer Gleichsetzung von Kommunismus und Nationalsozialismus ist gar keine Rede –, aber er wird gerade jetzt für die Freiheit dieser Verkündigung mit Ernst eintreten, damit nicht aus dem Evangelium von Gottes Reich unter der Hand ein solches vom Dritten Reich wird, das nach Gottes Wort den Untergang von Kirche und Staat nach sich ziehen müßte. Diese Gefahr sehe ich in der »Glaubensbewegung Deutsche Christen«. Weil unsre Tagung eine theologische war, so durfte und mußte angenommen werden, daß der Satz von der Unabhängigkeit der Wirksamkeit des Evangeliums von der heutigen Staatsform oder auch von der jeweils herrschenden Weltanschauung eines Volkes auch theologisch unmißverständlich war. Das zeigte sich auch darin, daß sich gegen derartige – wie gesagt mehrmals beiläufig geäußerte – Sätze von keiner Seite irgend ein öffentlicher Widerspruch erhoben hat. Ich hatte keinen Anlaß, auf einer Theologenversammlung mit theologischer Ignoranz zu rechnen, und kann nicht umhin, die mir zur Last gelegte Aussage als eine böswillige Entstellung eines unmißverständlichen Sachverhalts zurückzuweisen.

Es dürfte allgemein bekannt sein, daß Luther für eine strenge Unterscheidung von Kirche und Staat gekämpft hat, und diese Theologie suche ich mir mit allen Kräften in Befolgung meiner Dienstanweisung zu eigen zu machen. Ich habe noch nie, und so auch nicht auf jener Tagung, über deren wesentlichen Inhalt ich einen gedruckten Bericht beilege, mit Theologie Politik getrieben. Sollte allerdings die mir eigene sogenannte »Barth'sche Theologie« heute entgegen ihren eigenen Äußerungen als politisch verdächtig gelten, so will ich, so nahe dies läge, trotzdem meine Theologie nicht durch ein politisches Glaubensbekenntnis zu stützen suchen, weil dies gerade meiner Theologie und letztlich auch der Haltung Jesu widerspräche. Nach dem Hauptgebot der Schrift, dem Gebot der Nächstenliebe, bemühe ich mich, so national und so sozial als immer möglich, und das von Herzen zu sein, und nach der Lehre der Schrift halte ich die Staatsordnung für Gottes Ordnung, die auch nur im kleinsten zu stören nicht bloß zeitliche Strafe, sondern Gottes Zorn einbringt, die aber auch eine Begrenzung hat, und das ist Gottes eigenes Wort, dem schriftgemäß zu dienen ich von der Kirche im Einverständnis mit dem Staat berufen bin. Paul Schempp.

Oberkirchenrat Pressel bemerkte zu diesen Anschuldigungen[173]*:*

Zu der Äußerung von Herrn Studienassessor Schempp erlaube ich mir, folgende Bemerkungen zu machen: Ich habe seinerzeit an der Veranstaltung der Kirchlich-theologischen Arbeitskreise Württembergs, die sich heute von den sogenannten Jungreformatoren absetzen, in Vertretung des Herrn Landesbischofs teilgenommen, wenigstens eine zeitlang. In der Debatte über eine ins Politische hineinführende theologische Frage fielen aus dem Munde von Herrn Studienassessor Schempp Äußerungen und Formulierungen, die zwar nicht politisch gemeint waren, aber in ihrem Doktrinismus und in ihrer zugespitzten Form leicht zu naheliegenden Mißverständnissen Anlaß geben konnten. Herr Schempp wurde daraufhin von der Leitung jener Arbeitsgemeinschaft, dem Herrn Pfarrer Dr. theol. Metzger in Bronnweiler und dem Herrn Studienrat Dr. theol. M. Haug in Urach, sofort zurechtgewiesen. Als kurz darauf die Politische Polizei (Herr Dr. Mattheis), die ebenfalls von Schempps mißverständlichen Äußerungen Kenntnis bekommen hatte, mich zum Bericht darüber aufforderte, habe ich sofort dorthin berichtet unter Angabe der dort gefallenen, von der Politischen Polizei beanstandeten Sätze des Herrn Studienassessors Schempp, soweit ich mich damals an den Wortlaut noch erinnerte. Die Politische Polizei hat sich meines Wissens mit meinen Erklärungen begnügt und soviel mir bekannt, keinen Anlaß genommen, gegen Herrn Schempp einzuschreiten. P[ressel].

173 Nr. A 5491. Der Bericht Pressels an die Politische Polizei befindet sich nicht bei den Akten.

Daraufhin beantwortete der Oberkirchenrat das Schreiben der Ministerialabteilung am 29. 7. 1933[174]*:*

Vom 6. bis 8. Juni des Jahres war im Rudolf-Sophien-Stift eine Tagung der Kirchlich-theologischen Arbeitskreise Württembergs, die mit der sog. Jung-Reformatorischen Bewegung nicht gleichzusetzen sind. Bei der Aussprache über eine in das Politische hineinführende theologische Frage fielen nach unserer Kenntnis aus dem Mund des Herrn Studienassessors Schempp Äußerungen und Formulierungen, die nicht politisch gemeint waren, aber in ihrer zugespitzten Form zu naheliegenden Mißverständnissen leicht Anlaß geben konnten. Deswegen wurde auch Herr Schempp von der Leitung jener Arbeitsgemeinschaft, den Herren Pfarrer Metzger in Bronnweiler und Studienrat Dr. Haug in Urach sofort auf das Mißverständliche seiner Äußerungen aufmerksam gemacht. Offenbar wollte Herr Schempp, der eine sichere Erinnerung an die einzelnen bei der Tagung gefallenen Äußerungen nicht mehr zu haben scheint, nur zum Ausdruck bringen, daß für die innere Wirksamkeit des Evangeliums – man denke an die Hugenotten in Frankreich – staatlicher Druck und staatliche Verfolgung ein Segen sein können, während sich die Beschützung von seiten des Staates für das innere Leben der Kirche auch als Hemmung und Schädigung auswirken kann. Wenn seine Äußerungen auch für einen geschlossenen Kreis von Theologen bestimmt waren, die ihren Sinn ohne weiteres verstehen konnten, so ist zu verstehen, daß sich bei der zugespitzten und scharfen Art, mit der Schempp seine Meinung häufig zum Ausdruck bringt, anders eingestellte Teilnehmer der Tagung an diesen Äußerungen stießen. Doch dürfte aus dieser Erklärung, wie auch aus seinen eigenen Erklärungen hervorgehen, daß seine Äußerung auf jener Tagung, wie auch immer sie im einzelnen gelautet haben mag, nicht politisch, sondern theologisch, d. h. vom Evangelium aus verstanden werden muß. I. V. M[üller].

Trotz dieses beschwichtigenden Briefes wurde durch Anordnung des württ. Kultministeriums vom 5. 9. 1933 Paul Schempp der Lehrauftrag entzogen[175].

Ende 1933 fand wegen dieser Denunziation noch einmal ein Schriftwechsel zwischen dem mit Pfarrer Schempp befreundeten Pfarrer Hein-

[174] Nr. A 5491.

[175] Dem Evang. Oberkirchenrat am 13. 9. 1933 mitgeteilt: Nr. A 6994.

rich Fausel, Heimsheim, und Oberkirchenrat Frohnmeyer statt. Am 17. 1. 1934 schrieb Fausel an Frohnmeyer[176]*:*

Sehr geehrter Herr Oberkirchenrat!

Für Ihr Schreiben vom 29. 12. 1933 in Sachen meines Freundes Schempp möchte ich Ihnen bestens danken. Ich darf mir nun heute noch erlauben, zum Tatsächlichen jener Vorgänge, die zur Entlassung Schempps aus dem Staatsdienst geführt haben, noch einige Bemerkungen zu machen.

Der Charakter jener beanstandeten Äußerungen ist in der beiliegenden Erklärung von Pfarrer Schlaich, Stetten, geschildert. Es geht daraus eindeutig hervor, daß es sich auch bei den Äußerungen Schempps um theologische Sätze gehandelt hat. Er selber hat seine Aussagen auch nie anders als theologische verstanden und hat vor allem auf dem Kultministerium unmißverständlich erklärt, daß seine Äußerungen nicht auf politischem Feld, sondern auf der Ebene der Theologie sich befänden. Daß vom Kultministerium keine Einsicht in diese theologische Fragestellung erwartet werden kann, habe ich in meinem Schreiben an den Herrn Landesbischof bereits betont; ein kirchliches Urteil dürfte damit jedoch wohl noch nicht gefällt sein. Jener andre Fall im Rahmen der Schulordnung[176a] war, wie Schempp mir mitteilte, ausdrücklich erledigt und abgeschlossen, konnte also für die Beurteilung der Entlassung höchstens mittelbar und nachwirkend in Frage kommen. Ich glaube nicht, daß dieser Fall allein zu einer Entlassung geführt hätte.

Für die Mitteilung, daß Iptingen im Februar ausgeschrieben werden soll, bin ich Ihnen sehr dankbar, um so mehr, als ich darin vielleicht den Wunsch der Oberkirchenbehörde erkennen darf, Schempp auch um seiner wissenschaftlichen Qualitäten willen wieder einen festen Boden unter die Füße geben zu wollen.

Mit besten Grüßen und in Erwiderung Ihrer freundlichen Wünsche für 1934 Ihr ergebener Stadtpfarrer Fausel.

[176] OKR Stuttgart Registratur, PA Schempp, Paul. Der vorausgehende Schriftwechsel bis Ende 1933 liegt nicht bei den Akten. Schempp wurde nach diesen Vorfällen die Pfarrstelle in Iptingen übertragen.

[176a] Am 24. 5. 1933 beschwerte sich das Rektorat des Königin-Charlotten-Gymnasiums in Stuttgart, wo Schempp als Religionslehrer tätig war, über angebliche Unordnung im Unterricht Schempps; vgl. OKR Stuttgart, Registratur, PA Schempp, Paul.

Die im Brief von Pfarrer Fausel genannte Darstellung der Vorgänge im Rudolf-Sofien-Stift von Pfarrer Schlaich, Stetten, lautet[177]*:*

Zum Beweis dessen, daß die bei der Tagung der Kirchlich-theologischen Arbeitskreise im Rudolf-Sophien-Stift gefallene Äußerung von Paul Schempp über Nationalsozialismus und Kommunismus theologisch und nicht politisch gemeint war, erkläre ich folgendes: 1. Jene Äußerung war das Ergebnis der Besprechung der Gruppe, die bei der damaligen Tagung unter meiner Leitung stand. Ich habe daher auch als erster in der allgemeinen Besprechung als Referent für meine Gruppe ähnliche Äußerungen getan. Ich habe aber eben damals vor meinen Ausführungen ausdrücklich betont, daß ich »nicht als Staatsbürger«, sondern als Theologe zu sprechen habe und daß ich unser staatsbürgerliches Urteil eindeutig für den Nationalsozialismus und gegen den Kommunismus ausspreche.

2. Als am Morgen des zweiten Verhandlungstages von dem Leiter der Verhandlung, Pfarrer Metzger, Bronnweiler, mitgeteilt wurde, daß jene Äußerungen politisch mißverstanden worden seien, habe ich im Namen unserer Gruppe dagegen protestiert. Ich habe dabei u. a. ausdrücklich festgestellt, daß ich mich nicht nur zum neuen Staat, sondern auch zur NSDAP aufs ganze gesehen positiv einstelle und habe meine Verwunderung darüber ausgesprochen, daß jene Sätze überhaupt politisch mißverstanden worden wären, nachdem ich mich und die Besprechungsgruppe im Namen der Gruppe gegen ein derartiges Mißverständnis ausdrücklich gesichert zu haben glaubte. Ich habe weiterhin erklärt, wie jene Sätze allein zu verstehen gewesen wären, nämlich so, daß es dafür, ob die Verkündigung des Evangeliums Glauben findet, ohne Bedeutung sei, welche Verfassung der Staat habe, in dem das Evangelium verkündigt wird, daß die Kirchengeschichte sogar lehre, daß unter Umständen in Verfolgungszeiten das Evangelium mehr wirklichen Glauben findet, als in solchen Zeiten, in denen die Kirche vom Staat gefördert wird, ja daß gerade solche Zeiten der Förderung des Evangeliums durch den Staat besondere Versuchungen für die Kirche in sich schließen, daß sie nämlich allzu sicher wird und sich durch den äußeren Schein über den Glauben ihrer Glieder täuschen läßt. Ich habe dabei aber auch für unsere Gruppe in Anspruch genommen, daß wir sehr wohl wissen, was wir tun, wenn wir die 6. Bitte des Vaterunsers sprechen, daß wir darum auch dankbar seien, daß wir alle von den Verfolgungen verschont ge-

177 OKR Stuttgart Registratur, PA Schempp, Paul.

blieben sind, die der Kommunismus über uns gebracht hätte, da ja keiner für sich behaupten könne, ob er in solchen Zeiten der Versuchung nicht auch in seinem Glauben zu Fall gekommen wäre. Schlaich.

Am 23. 1. 1934 antwortete Oberkirchenrat Frohnmeyer an Pfarrer Fausel[178]*:*

Ich danke Ihnen für Ihr Schreiben vom 17. des Monats und für die Mitteilung des Aufschriebs von Herrn Pfarrer Schlaich in Stetten. Selbstverständlich hat der Oberkirchenrat, soweit er sich mit der Sache befaßt hat, die Äußerungen von Herrn Schempp im Rudolf-Sofien-Stift theologisch verstanden, namentlich nachdem sich Herr Schempp über den Zusammenhang geäußert hatte. Daß die Äußerung aber nicht glücklich formuliert war, geht daraus hervor, daß mir gleich nach jener Tagung ein Theologe mit Besorgnis, fast Schrecken von der Äußerung Mitteilung machte, die gefallen sei. In der schärfsten Mißbilligung der Tatsachen, daß diese Äußerung Schempps an die staatlichen Stellen weitergegeben wurde, werden wir ja alle einig sein.

Was nun aber die Entlassung aus dem Schuldienst anlangt, so weiß ich darüber nur soviel, daß man offenbar im Zusammenhang mit der Sache im Rudolf-Sophien-Stift im Kultministerium auf den früheren Vorgang im Charlottengymnasium aufmerksam wurde und daß der Herr Kultminister diesen früheren Vorgang besonders schwer genommen zu haben scheint. Ich kann das verstehen, so leid es mir tat, daß Schempp von seiner Stelle wegkam, denn ich schätze ihn aufrichtig, nicht bloß als Theologen, und hoffe, daß bald eine befriedigende Regelung seiner persönlichen Verhältnisse möglich sein wird, vorausgesetzt, daß er nicht wieder angesichts des Evang. Gemeindedienstes[178a] in neue innere Schwierigkeiten kommt.

Mit freundlichen Grüßen Ihr Frohnmeyer.

Auseinandersetzungen mit der Deutschen Glaubensbewegung

Die Bemühungen um eine einheitliche Deutsche Reichskirche, die alle Gruppen des deutschen Protestantismus umschließen sollte, schien für Jakob Wilhelm Hauer die Möglichkeit für die Gründung einer Deutschen Reichskirche protestantischer Grundhaltung zu bieten, in der auch die von ihm geleiteten oder beeinflußten deutschgläubigen Kreise ein

178 LKA Stuttgart, D 1, Bd. 87. Eine Abschrift dieses Briefes ging Pfarrer Metzger, Bronnweiler, zur Kenntnisnahme zu.

178a Vgl. Bd. 1, S. 571 ff.

Heimatrecht hätten[179]. *Hauer erhielt von keiner Seite eine Antwort auf seine Angebote, gerade die Glaubensbewegung Deutsche Christen mußte Wert auf eine Abgrenzung gegenüber Hauers deutscher Religiosität legen. So schrieb Pressel am 5. 7. 1933 im* NS-Kurier:

Eine Reichskirche protestantischer Haltung?

... Was uns mit Professor Hauer und der von ihm sogenannten (leicht zu Mißverständnissen Anlaß gebenden) »Deutschen Glaubensbewegung« eint: das ist die Grundüberzeugung, daß all' das gewaltige Geschehen, dessen Zeugen und Mitkämpfer wir sind, aus letzten Tiefen des Lebens kommt. Ferner: daß der Neubau von Staat, Wirtschaft und Gesellschaft nur aus letzten Gründen heraus erfolgen kann, d. h. aus Glauben geschehen muß ... Wir sind ferner mit ihm einig in dem Protest gegen jene liberalistische Auffassung, die immer noch weit verbreitet ist (auch in unseren Reihen), als ob »Glaube« »nur« eine Sache der Innerlichkeit sei. ... Nein: Glaube hat immer ein doppeltes Gesicht: eins, das nach der Ewigkeit schaut, eins, das dem Leben, dem Volk, dem Staat zugekehrt ist. Echter Glaube schöpft aus den tiefsten Gründen, und dann strömen seine Wasser hinein in den Alltag, da wird das Leben schöpferisch. (Liegt nicht hier das Geheimnis Adolf Hitlers?) Darum hat es echter Glaube

[179] Siehe den Brief Hauers an die DC in »Junge Kirche« 10, 1933, S. 114 ff. Hauer schrieb an den Deutschen Evang. Kirchenausschuß und an die GBDC einen Offenen Brief; vgl. Buchheim, S. 165. Hauer sprach am 21. 6. 1933 in Stuttgart über das Thema »Neue Wege zu einer religiösen Arbeitsgemeinschaft deutscher Nation«. Nach dem Bericht des »NS-Kurier« in der Ausgabe vom 23. 6. 1933 sagte er u. a.: »Das nationalsozialistische Bekenntnis zum positiven Christentum darf nicht gepreßt werden. Es war zunächst ein Versuch, die Bewegung gegen die glaubenslose Haltung abzugrenzen. Aber der Ursinn dieses Programmworts stehe in Wahrheit der Deutschen Glaubensbewegung näher als irgend einer andern, die sich an ein unantastbares Bekenntnis bindet. Heute gehe die Sehnsucht aller gläubigen Deutschen auf eine große deutsche Kirche, welche die Zusammenfassung aller Glaubenskräfte im Volk ist. Dieses Ideal wird sich einmal erfüllen, denn es ist der Sinn der deutschen Revolution.« Vgl. dazu »Evang. Gemeindeblatt für Stuttgart«, Ausgabe vom 30. 7. 1933. Zum Zusammenhang vgl. ferner »NS-Kurier«, Ausgabe vom 24. 6. 1933: Drewitz, »Germanische Lebenshaltung als Glaube?«; EKBlW, Ausgabe vom 6. 8. 1933; Weber, »Eine völkische Kirche?« (»Evang. Gemeindeblatt für Stuttgart«, Ausgabe vom 5. 11. 1933). Zum Verhältnis Hauer – Ludendorff siehe »Evang. Gemeindeblatt für Stuttgart«, Ausgabe vom 13. 9. 1933, und »Schwäbischer Merkur«, Ausgabe vom 17. 12. 1933. Den vorausgegangenen Briefwechsel zwischen Hauer und Wurm vom 24. 2. und 27. 2. 1933, in dem Hauer um einen geistlichen Kampf bat, siehe LKA Stuttgart, D 1, Bd. 42.

auch immer zugleich mit Staat, Volk und Politik zu tun. Wir sind einig mit Herrn Professor Hauer: Volkstum und Rasse haben ihre besondere Größe und Würde; da tritt uns ein Stück Wirklichkeit entgegen, dem wir ehrfürchtig gegenüberstehen und Verantwortung tragen müssen; da sind heute tiefe Kräfte aufgebrochen, lang verschüttete, die nun wieder zum Zug kommen. Wir sind einig mit Professor Hauer in der Feststellung, daß eine starke Welle religiöser Sehnsucht und ein Verlangen nach einer großen, starken Kirche durch unser Volk geht, daß viele im deutschen Volk ihre religiöse Heimat nicht (nicht mehr? noch nicht?) im christlichen Glauben haben, sondern anderswo den Durst ihrer Seele stillen, so gewiß dem zugleich im christlichen Lager ein neues Erwachen kraftvollen, urchristlichen und reformatorischen Glaubens parallel geht! . . .

Aber, und hier trennen wir uns von Professor Hauer und müssen uns von ihm trennen, aus Glauben! Zunächst einmal müssen wir doch Verschiedenes richtigstellen, um Mißverständnissen, die da und dort entstanden sein könnten, zu begegnen: Professor Hauer nimmt Adolf Hitlers Bekenntnis zum positiven Christentum überraschenderweise für sich und seine (der christlichen Glaubensüberzeugung entgegengesetzte) Glaubenshaltung in Anspruch. Er meint, Adolf Hitler wolle mit dem »positiven Christentum« nur sagen, die Gestaltung des Lebens, der Politik, der Wirtschaft müsse aus Glauben heraus erfolgen. Nein: so unbestimmt, alle Deutungen offen lassend, pflegt Adolf Hitler sich nicht auszudrücken. Im übrigen dürfte nach Punkt 24 des Parteiprogramms und vollends seit der programmatischen Erklärung Adolf Hitlers vom 23. März des Jahres[180] darüber kein Zweifel mehr bestehen, daß darunter das geschichtlich gewordene Christentum zu verstehen ist, soweit es positiv aufbaut. Wir müssen uns weiter dagegen verwahren, wenn Professor Hauer u. a. als Kronzeugen für seine germanische Glaubenshaltung neben der Edda und den deutschen Mystikern auch Martin Luther in Anspruch nimmt. Der ist gewiß ein echter Deutscher und echter gläubiger Mann gewesen! Aber sein Gewissen, auf dem er stand, war nicht das sogenannte freie protestantische Gewissen, sondern sein »in Gottes Wort gefangenes und gebundenes« Gewissen. . . . Weiter: Die Glaubensbewegung Deutscher Christen ist gewiß ergriffen von der Wirklichkeit Volk und Rasse, die auch ihr ganz neu aufgegangen, aber sie ist christliche Glaubensbewegung. . . . Wir wollen, daß unsere evangelische Kirche

[180] Domarus I, S. 229 ff.

Kirche für das deutsche Volk werde. Aber diese Kirche ist für uns nicht die Zusammenfassung aller Glaubenskräfte (z. B. auch der nichtchristlichen des deutschen Volkes), sondern die Kirche, die nur einen Mittelpunkt hat, Christus den Herrn und Führer. ... Wir sind bereit zur religiösen Aussprache. Es wäre auch eine religiöse Arbeitsgemeinschaft denkbar, soweit diese der gegenseitigen Klärung und Achtung dienen soll. ... »Kirche« ist etwas völlig anderes als eine religiöse Arbeitsgemeinschaft, die doch allzu leicht zu einem Sprechsaal religiöser Meinungen werden könnte. »Kirche« entsteht nicht durch Summierung von verschiedenen und verschiedenartigen Bestandteilen, sie ist ja nicht ein religiöser Verein! Kirche ist Stiftung, sie ist die Schar derer, die durch Gottes klares und deutliches Reden zusammengerufen sind, die von derselben Macht ergriffen sind, sie ist Kirche, weil sie einen Herrn hat, Jesus Christus. Solche Kirche muß etwas gemeinsam haben, das alle bindet und verpflichtet. Dieses Gemeinsame muß irgendwie gegenüber anderen Glaubenshaltungen so klar als möglich ausgesprochen werden können, soll nicht alles in unbestimmten Gefühlen, vielleicht recht gegensätzlicher Art, verschwimmen. Darum braucht die Kirche ein Bekenntnis, das gegenüber Freund und Feind so deutlich als möglich sagt, was an dieser Gemeinschaft geglaubt und verkündigt wird, und das von der geschehenen und immer wieder geschehenden göttlichen Offenbarung her Antwort gibt auf die Fragen, Nöte, Anliegen der Zeit. Dazu brauchen wir heute ein neues Bekenntnis, das den alten Glauben als Gottes Wort an unsre Zeit bekennt. ... Die evangelische Kirche würde aber sich selbst aufgeben, wenn sie, wie Professor Hauer zu fordern scheint, auf ihr reformatorisches Bekenntnis und die Bindung an das Alte und das Neue Testament verzichten würde, eine Zumutung, die wir selbstverständlich radikal ablehnen müssen, nicht aus Rechthaberei und nicht aus Engherzigkeit, sondern aus Glauben, aus dem Wesen der christlichen Kirche heraus. Wir wollen keinen christlichen Synkretismus, keine Religionsvermischung. Wir dürfen bei aller gegenseitigen Achtung und Willigkeit zur Aussprache die vorhandenen, bis ins Letzte gehenden Gegensätze nicht leugnen und nicht vertuschen, die sofort herauskommen würden, sobald von Prof. Hauer noch deutlicher und klarer, als es in dem Vortrag geschah, ausgesprochen würde, was er denn inhaltlich mit seinem »Glauben« meint! ... Der grundlegende Unterschied zwischen der Glaubensbewegung Deutscher Christen und Professor Hauers Deutscher Glaubensbewegung ist trotz mannigfacher Berührungen eben doch der: Wir glauben an das göttliche Du, das zum Menschen gesprochen hat und spricht, wann und wo es Ihm gefällt. ... Prof. Hauer glaubt an das göttliche Wesen im Menschen. ... Professor Hauer hat ein von unserem grundverschiedenes Verständnis vom Menschen und vom Sein: Im christlichen Glauben steht im Mittelpunkt der Gott, der sich zu dem Menschen, den er geschaffen hat, neigt, um ihn in der Gemeinschaft zu retten und ihn zu vollenden – bei Prof. Hauer steht im Mittelpunkt der Mensch, der aus seiner eigenen göttlichen Kraft über sich selbst hinauswachsen kann. – Es handelt sich um zwei grundverschiedene Religionen: hier der Glaube an den Gott, der Mensch wird, dort der Glaube an den Menschen, der Gott wird. Nie können diese beiden Glaubenshaltungen sich vereinen in einer Deutschen Reichskirche, wie Prof. Hauer sie sich denkt! ...

Der Deutsche Sonntag *schrieb am 27. 8. 1933:*

Es ergeht heute Klarstellung gegenüber etlichen Fronten, die uns dadurch, daß sie gegen uns stehen, weniger schaden, als dadurch, daß wir mit ihnen dauernd verwechselt werden. Wir wollen sie möglichst nicht bekämpfen, solange sie nicht den Angriff eröffnen; aber deutliche Unterscheidung ist nötig.

1. Die »Deutsche Glaubensbewegung«. Ihr Führer ist Professor Hauer, Tübingen, um ihn der sogenannte Köngener Kreis mit der Zeitschrift »Kommende Gemeinde«. Es ist verständlich, daß in einer Zeit solch gewaltiger Erhebung eines Volkes auch die Sehnsucht besteht, die Religion in Einklang mit dem Volkstum zu bringen. Dies Ziel bejahen wir vollkommen. Aber die Religion, die wir bringen und meinen, ist das Christentum. Nicht ein irgendwie verwaschenes, sondern ein echtes, in Christus und seinem Heil begründetes. Nur so sind wir unserem Führer zu Dienst und Willen, der seine ganze Bewegung, auch das Dritte Reich, auf den Boden des »positiven Christentums«, nicht irgend einer Umdeutung gestellt sehen will. Hauer und Genossen aber lassen das »christlich« mit Absicht weg und nennen sich nur »Deutsche Glaubensbewegung«. Sie meinen, aus dem Wesen des Germanischen, des rein Völkischen auch eine Religion, eine bessere, herausschöpfen zu können. Deren »Substanz« wird, wie es im Programm heißt, »aus dem religiösen Erbgut unseres eigenen Volkes entnommen«. Hauer will drei berechtigte Gruppen: Evangelische, Katholische und Germanisch-deutsche Glaubensbewegung. Dadurch aber, daß er sich neuerdings mit einem bisher erklärten Christusgegner, dem freidenkerischen Professor Artur Drews, verbündet hat, wird die Absage an Christus in jener Bewegung klar.

Dieser hat bekanntlich die Existenz Christi »wissenschaftlich« geleugnet. Also Vorsicht! Mindestens verwechsle man die Glaubensbewegung Deutsche Christen nicht mit der irreführenden Bezeichnung »Deutsche Glaubensbewegung«! Man rechne uns die Christuslosigkeit dieser nicht zu.

2. Eine andere Bewegung gibt auch vor, »Deutsches Christentum« zu vertreten. Wir haben zumal aus der Heilbronner Gegend schon viel Anstand deswegen bekommen und Verwechslungen erlebt. Es ist das die längst schon bestehende, vor dem Kriege schon vorhandene »Deutschkirche«. Auch hier lag und liegt das ernste Bestreben vor: dem deutschen Volke eine ihm angepaßte Kirche zu geben. Aber wir machen die dort grundsätzlich geübte Verwerfung des Alten Testaments als einer durchaus schädlichen Geschichtswelt nicht mit. Auch sonst stehen wir auf dem Standpunkt: heute in dieser ganz neuen völkischen Lage kann nicht eine ältere Sache das Richtige treffen. Es ist uns nicht Genüge getan mit einer bloßen »Germanisierung« des Christentums in den Formen. Wenn wir auch vieles Gute dort anerkennen und einen ehrlichen Willen nicht absprechen wollen, wir müssen und werden unsere eigenen Wege gehen müssen, wie sie uns Christus für uns Deutsche auf neue Weise offenbart. Also auch hier keine Verwechselungen, wobei wir freilich zugeben: es wird für den unkundigen Leser und Hörer in der nächsten Zeit nicht leicht sein, die Unterschiede immer klar zu entdecken. Wie oft betont: wir wollen kein neues deutsches Christentum, sondern nur neue deutsche Christen!

Nachdem ein Anschluß der deutschgläubigen Kreise an die Reichskirche nicht mehr in Frage kam, bildete sich unter dem Vorsitz von Hauer am 29./30. 7. 1933 in Eisenach eine Arbeitsgemeinschaft der arteigenen deutschen Glaubensbewegung. *Dem Reichskanzler wurde folgende Entschließung übersandt*[181]*:*

Die in Eisenach am 29./30. Juli versammelten deutschgläubigen Männer und Frauen stehen mit dem Führer auf dem Boden des Dritten Reiches und wenden sich in ernster Gewissensnot an ihn. Wir stehen in einem deutschen Glauben, der seine Richtkräfte aus dem religiösen Erbgut des deutschen Volkes nimmt, dessen Wesen und schöpferischer Gehalt seit mehr als einem Jahrtausend lebendig geblieben sind. Wir haben nur einen einzigen Glauben, nämlich den, daß wir uns aus Gott geboren wis-

[181] KAW, Ausgabe vom 31. 8. 1933; »Evang. Gemeindeblatt für Stuttgart«, Ausgabe 6. 8. 1933 und 27. 8. 1933.

sen und aus diesem deutschen Ursprung eine Pflicht und Verantwortung vor Gott und Volk, vor Gegenwart und Zukunft übernommen haben. Wir bringen die Hoffnung zum Führer, daß er uns als den Bekennern des lebendigen, germanisch-religiösen Erbgutes die öffentlich-rechtliche Anerkennung unserer deutschen Glaubensgerechtsame, das ist die freie Ausübung dieses deutschen Glaubens und die selbständige Glaubensunterweisung unserer Kinder im germanischen Vorbild verspricht.

An dieser neuen Arbeitsgemeinschaft betätigte sich der unter der Leitung Ludendorffs stehende Tannenbergbund nicht. Die Auseinandersetzungen traten erst später in ein entscheidendes Stadium[182].

Damit war die Frage einer Dritten Kirche *angeschnitten. Unter diesem Titel schrieb Pfarrer Weber am 13. 8. 1933 im* Evang. Gemeindeblatt für Stuttgart:

... Bekanntlich stehen neben den beiden Großkirchen eine bedeutende Zahl gleichfalls christlicher Religionsgemeinschaften (Freikirchen und Sekten). Außerdem aber haben wir seit Jahren eine wachsende Fülle von außerchristlichen, gegenkirchlichen germanisch-völkischen Bestrebungen, deren bekannteste der Tannenbergbund, deren jüngste die kürzlich in Stuttgart öffentlich hervorgetretene »Deutsche Glaubensbewegung« des Tübinger Professors Hauer ist (letztere nicht zu verwechseln mit der völlig anders gearteten, kirchlich eingestellten »Glaubensbewegung Deutsche Christen«). ... Von seiten der gegenkirchlichen völkischen Religionsbünde wird die positive Einstellung des heutigen Staates zu Christentum und Kirche mit steigender Sorge verfolgt. Man redet dort bereits von einer drohenden Rückkehr zu mittelalterlichen Gewaltmethoden gegen Andersgläubige. Aus dieser Lage heraus ist es zu erklären, wenn die politische Revolution im Lager der germanischen Religionsbünde ähnlich wie innerhalb des Protestantismus zu einer starken Einheitsbewegung geführt hat mit dem Ziel, sich zu gemeinsamer Wahrung der eigenen Interessen zusammenzutun, um im nationalsozialistischen Staat gegenüber dem Christentum den eigenen Standpunkt zur Geltung zu bringen. Es scheint, als ob hier eine neue große antichristliche Front die verschwundene des Freidenkertums ablöse. Wir haben Grund, diese Entwicklung aufmerksam zu verfolgen. ...

Selbstverständlich ist gegen den geplanten Zusammenschluß rein nichts zu sagen, solange er auf dem Boden der bestehenden Gesetze sich

182 Vgl. »Evang. Gemeindeblatt für Stuttgart«, Ausgabe vom 31. 10. 1933 und Anmerkung 179, S. 228.

bewegt. Aber der Gedanke, neben evangelischer und katholischer Kirche eine dritte, die »Deutsche Nationalkirche«, zu bilden, ist reichlich utopisch. Es sei hier nicht die Rede von der Unklarheit der Formel »Glaube an einen ewigen, alles umfassenden Urgrund jeglichen Seins«, worunter sich jeder alles und nichts vorstellen kann. . . . Das Dogma, das man aus der Nationalkirche ausschließen möchte, will nichts anderem als der sauberen Abgrenzung gegen andere Geister dienen. Dogma entsteht nicht, wie das jene Völkischen so gerne hinstellen, aus den Herrschaftsgelüsten machthungriger Priester, sondern immer aus einem geistigen Reinlichkeitsgefühl, das bei aller Achtung fremder Überzeugung den eigenen Glauben scharf abhebt von allem, was anderwärts geglaubt und verkündigt wird. . . . Einheit entsteht nur auf Grund eines einheitlichen, wirklich verpflichtenden Bekenntnisses. Solange man letzteres nicht will, wird die außerchristliche »Deutsche Nationalkirche« auf alle Fälle ein Traum bleiben . . . Der Wille zur Überwindung aller Zersplitterung, den die Revolution geboren hat, greift auch ins Lager der germanischen Glaubensbünde über, die seither, ganz im Gegensatz zur ständigen Betonung ihrer volkhaften Einstellung Horte der Eigenbrötelei waren. Ob es je zu einer auch nur äußerlichen Einigung kommen wird? Fast möchte man es bezweifeln. Vorerst warten wir ab. Die geistige Auseinandersetzung mit den Ideen des völkischen Antichristentums wird so oder so kommen.

Am 22. 12. 1933 ergab sich ein Gespräch zwischen Hauer und Hutten, über das folgende Notiz vorliegt[183]*:*

Gespräch mit Professor Dr. Hauer

Anläßlich einer Aussprache bei der württ. politischen Polizei am 22. Dezember, auf der Vertreter der Kirchenleitung und der verschiedenen kirchlichen Gruppen geladen waren und an der auch Prof. Dr. Hauer als Führer der Arbeitsgemeinschaft der Deutschen Glaubensbewegung teilnahm, kam ich in ein Gespräch mit ihm, das im Blick auf den Standort Hauers im gegenwärtigen religiösen Kampf nicht ohne Interesse sein dürfte. Hauer drückte mir zuerst seine Freude aus, daß ich die öffentliche Auseinandersetzung mit ihm bisher in so sachlicher und grundsätzlicher Weise geführt habe. Ich erwiderte ihm, daß leider nicht bloß auf christlicher Seite, sondern auch bei der Arbeitsgemein-

[183] LKA Stuttgart, D 1, Bd. 45.

schaft der Deutschen Glaubensbewegung oft mit ungeeigneten und verbitternden Mitteln gekämpft werde. Hauer bestätigte dies, wobei er besonders den Namen Bergmann nannte. Er greife überall ein, wo Entgleisungen in der Arbeitsgemeinschaft der Deutschen Glaubensbewegung vorkommen, und suche mit aller Kraft den Weg für eine saubere und sachliche Auseinandersetzung zu bahnen. Ich: Ich freue mich, daß die Arbeitsgemeinschaft der Deutschen Glaubensbewegung Sie zum Führer gewählt hat. Aber glauben Sie, daß Sie sich werden halten können? Nach den Gesetzen, die in allen in sich selbst noch ungeklärten geistigen Bewegungen wirksam sind, wird im Lauf der Entwicklung wohl auch in der Arbeitsgemeinschaft der Deutschen Glaubensbewegung die radikale Gruppe die Vorherrschaft erlangen. Das würden Sie wohl nicht mehr für tragbar halten. Hauer: Diese Gefahrenmöglichkeit besteht wohl, und ich sehe sie. Es haben ja von vornherein einige kleinere und auch größere Gruppen (besonders der Tannenbergbund) den von mir vertretenen Kurs abgelehnt und sich deshalb der Arbeitsgemeinschaft der Deutschen Glaubensbewegung nicht angeschlossen. Ich werde mich jedenfalls mit aller Kraft mühen, meine Linie zu wahren. Ich: Soviel ich sehe, streiten sich in der Arbeitsgemeinschaft der Deutschen Glaubensbewegung zwei Richtungen. Sie lassen sich dadurch kennzeichnen, daß die eine die Gleichberechtigung neben den christlichen Kirchen, die andere ihre ausschließliche Gültigkeit und die Vernichtung des Christentums erstrebt. Hauer: Dieser Gegensatz ist richtig. Wenn der Radikalismus das Übergewicht bekommt, werde ich mein Amt als Führer niederlegen. Ich werde es nur so lange führen, als ich die Möglichkeit habe, meine Richtung zu vertreten. Ich: Dann sind Sie also nicht der Meinung, daß die völkische Religion die Religion des deutschen Volkes sei und daß daher das Christentum keine Existenzberechtigung in Deutschland habe? Hauer: Das ist nicht richtig. Ich behaupte allen Ernstes, daß die völkische Religion die deutsche Religion ist. Aber damit ist noch nicht gesagt, daß ich das Recht des Christentums auf das deutsche Volk leugne. Ich: Wie läßt sich das zusammenreimen? Hauer: Ich glaube an einen religiösen Urwillen des Volkes, der sich in der völkisch-religiösen Bewegung unserer Tage eine Gestalt schafft. Diese völkische Religion ist, weil sie dem Urwillen entspricht, die Religion des deutschen Volkes. Ich behaupte weiter, daß in dieser Religion volle Heilserfüllung gegeben ist, daß sie also keiner Ergänzung oder Überhöhung bedarf. Und doch ist damit das Christentum in seinem Recht nicht bestritten. Es ist dem deutschen Volk nötig als das radikal Andere, das aus einer ganz anderen Welt kommt mit seiner Botschaft, die bestehenden Religionen immer wieder in Frage stellend, beunruhigend und auflockernd. Nur in diesem radikalen Anderssein ist das innere Recht des Christentums und sein Anspruch auf das deutsche Volk begründet. Deshalb muß ich alle Versuche aufs schärfste ablehnen, das Evangelium einzudeutschen und einen artgemäßen christlichen Glauben zu verkündigen. Dieser Versuch, der hauptsächlich von der Glaubensbewegung Deutsche Christen begangen wird, ist ein Vergehen gegen das Christentum selbst. Die Botschaft des Evangeliums darf nicht Leib werden im Volk. Sondern sie muß in ihrer Andersheit und Entgegensetzung bestehen bleiben. Ich fasse das ganze Verhältnis von Christentum und völkischer Religion als eine polare Spannung auf, die unser Volk braucht, um fruchtbar zu sein. Die völkische Religion bedarf des Evangeliums, um immer wieder aus einer andern Welt aufgerufen zu werden und nicht in dumpfer Menschlichkeit zu versinken. Das Evangelium bedarf der völkischen Religion, um sich in der Auseinandersetzung zu entfalten und durch den Kampf mit der blutnahen Wirklichkeit vor der Gefahr bewahrt zu werden, sich in weltferner Übergeistigkeit aufzulösen. Ich: Wenn Sie so reden, dann stehen Sie doch eigentlich »über den Parteien«: Sie bejahen nicht das Christentum und nicht die völkisch-religiöse Bewegung als solche, sondern Sie bejahen die Spannung. Damit machen Sie sich doch irgendwie auch zum Anwalt des Christentums! Hauer bejaht dies, erklärt aber, er dürfe natürlich von diesen Dingen in der Arbeitsgemeinschaft der Deutschen Glaubensbewegung jetzt noch nicht reden. Man würde ihn nicht verstehen. Außerdem gelte es jetzt vor allem, der Arbeitsgemeinschaft der Deutschen Glaubensbewegung erst ein äußeres und inneres Fundament zu schaffen. Aber in 10 Jahren sei vielleicht die Stunde gekommen, wo er seine Bewegung reif gemacht habe für dieses Verständnis vom Verhältnis der völkischen Religion zum Christentum. Ich: Darf ich Ihnen eine Frage vorlegen, die Ihnen vielleicht recht kühn oder sonderbar erscheint und die Sie deshalb auch nicht zu beantworten brauchen: Sind Sie im tiefsten Grunde nicht Christ? Ich habe auch aus Ihren Schriften immer wieder den Eindruck, wie stark Ihre Anschauungen von christlichen Elementen durchsetzt sind. Hauer besinnt sich eine Weile und erwidert dann: Ich habe schon öfter über diese Frage nachgedacht. Zu einer schlüssigen Antwort bin ich noch nicht gekommen, weil sich das alles noch nicht genügend in mir selbst geklärt hat. Ich weiß nur dies: es gibt da einen Punkt in mir, wo sich die beiden Linien – Evangelium und völkische Religion – treffen und kreuzen. Aber ich weiß nicht, wo dieser Punkt ist. In der nachfolgenden Pressebesprechung erklärte Hauer, er habe Anweisung gegeben, daß innerhalb der Arbeitsgemeinschaft der Deutschen Glaubensbewegung die Polemik gegen das Christentum sofort eingestellt werden müsse. Nunmehr soll der Nachdruck auf den positiven Aufbau des Glaubensguts und Glaubenslebens der Arbeitsgemeinschaft der Deutschen Glaubensbewegung gelegt werden. Natürlich läßt sich nicht vermeiden, daß positive Aussagen über einzelne Inhalte des deutschen Glaubens durch sich selbst polemisch auf die Gegenseite wirken.

Allgemeine Diskussionen um die Haltung der Kirche in Württemberg

Die Haltung der Glieder der Landeskirche in den Auseinandersetzungen um Glaubensbewegung Deutsche Christen, Jungreformatorische Bewegung, um die Reichskirche und um die Stellung zur Staatspartei wurde in Aufsätzen in verschiedenen Zeitungen und Zeitschriften im Sommer 1933 weiter diskutiert[184]. *Der Herausgeber des* Evang. Kirchenblatts für Württemberg *schrieb am 15.5.1933 in seiner Zeitschrift einen offenen Brief* An ein unpolitisches Gemeindeglied:

Lieber Herr N . . .

Während Sie in Ihrem Familienkreis mancherlei zu entscheiden und zu verkraften haben, ist die ganz andersartige Frage an Sie gestellt worden, ob Sie sich nicht entschließen könnten, wie die andern Personen Ihres Beamtenkörpers der NSDAP beizutreten. Sie erzählten mir früher, daß Sie den politischen Vorgängen von jeher fern gestanden sind, und empfinden nun die an Sie ergangene Aufforderung als Zumutung, ja als Gewissensbelastung. Nun wollen Sie von mir Antwort, ob Sie mit einem solchen Eintritt in die jetzt staatsführende Partei nicht jenes »Malzei-

184 Vgl. dazu auch Bendel, »Volk und Kirche. Eine Zeitbetrachtung« (»Evang. Gemeindeblatt für Stuttgart«, Ausgabe vom 4. 6. 1933) und den Bericht über die 4. Pfarrkriegerfreizeit, 13. bis 15. 6. 1933 in Münsingen, an der auch Wurm teilnahm (EKBlW, Ausgabe vom 31. 8. 1933; »NS-Kurier«, Ausgabe vom 24. 6. 1933; »Schwäbischer Merkur«, Ausgabe vom 27. 6. 1933). Bei dieser Freizeit referierte Oberkirchenrat Schaal über »Unser Standort im neuen Reich«, Kirchenrat Dölker über »Jugendführung im neuen Reich«, Pfarrer Hilzinger über »Kriegsnot und Gotterleben«. Vgl. ferner den Artikel von Dipper »Volksverbunden« (EKBlW, Ausgabe vom 31. 8. 1933) und die Ausführungen von Prof. Dr. Faut im »Schwäbischen Merkur«, Ausgabe vom 10. 6. 1933, zu dem Artikel Schairers am 7. 6. 1933 in derselben Zeitung. – Im folgenden Stück aus KAW fehlt dort der Name des Adressaten.

chen der Weltmacht[184a]« annehmen, vor dem die Gläubigen in der Heiligen Schrift gewarnt werden, und weisen hin auf die Zentralisation, die auf allen Gebieten bis ins Privatleben hinein vorgenommen wird, möchten also »lieber nicht gleichgeschaltet werden, sondern freibleiben, damit ich mich nicht wider Gott setze«.

Ihre letzte Entscheidung werden Sie selber zu treffen haben. Doch bedarf Ihre Begründung von der Schrift aus der Richtigstellung. Vor allem: Wider Gott setzt sich nicht erst die Menschheit dieser oder der allerletzten Weltzeit. Es ist die Grundsünde jedes Menschen, der ins Fleisch geboren wird, daß er in stolzer Selbstbehauptung sein Ich dem Willen Gottes nicht unterordnet. Allein, haben Sie sich noch nie darüber Rechenschaft abgelegt, ob nicht auch in Ihre christliche Selbstbewahrung etwas Fremdes, eine Ich-Orientierung hineingekommen sein könnte? In früherer Zeit, da ich vielmals mit jungen Christen zu reden hatte, ist mir immer wieder dieselbe Verwechslung des Freiheitsbegriffs entgegengetreten: Viele wehrten sich gegen alles, was ihnen von fremdgesetzlicher Instanz zugemutet wurde, wollten auch in ihrem verordneten Kreis wählende und sichtende Individualitäten bleiben; sie merkten nicht, daß ihr eigenliebiges Herz ihnen statt der »Freiheit in Christus« den Wechselbalg des liberal-humanistischen Freiheitsbegriffs untergeschoben hatte, jene um Gott und Menschen unbekümmerte »Freiheit«, die unsrem Volk so verhängnisvoll geworden ist. ... Und nun kann man wohl am Nationalsozialismus vorbeigehen wollen, nicht aber an Gott, dem Schöpfer und Herrn der Menschheit, der uns jetzt unausweichlich durch Hitler mit der Frage nach unsrem Nächsten, nach Volk und Vaterland sich in den eigenwilligen Weg stellt ... Aber Ihre Sorge vor dem »Malzeichen der Weltmacht«: Sie haben übersehen, daß es sich in der betreffenden Weissagung tatsächlich um eine internationale Macht, also um Stalinismus handelt ... Gott will, daß Sie für den Reichskanzler anhaltend einstehen und also anfangen nach 1. Tim. 2 zu tun. Beten Sie für sich und alle Deutschen Gesangbuch 234,2[185]. Gewissensnöte werden so oder so nicht ausbleiben, Not und Schuld des Vaterlands findet sich mit unsrer eigenen zusammen, der Staub und das Geräusch vom großen

[184a] Offb 13,17; 14,9.

[185] »Gib in unser Herz und Sinnen Weisheit, Rat, Verstand und Zucht, daß wir anders nichts beginnen, als was nur dein Wille sucht. Dein' Erkenntnis werde groß und mach' uns vom Irrtum los« (Gesangbuch für die Evang. Landeskirche in Württemberg. Stuttgart 1912. Pfingstlied von Heinrich Held »Komm, o komm, du Geist des Lebens ...«, Strophe 2).

vaterländischen Hausputz kann uns Gott vernebeln. Ohne Jesu Christi zurechtbringende und reinigende Gnade kommen wir nie auf Erden durch. Fassen Sie auf sein Risiko Ihre Entscheidung!

Mit herzlichem Gruß Ihr F. Römer.

Am 7. 6. 1933 schrieb Pfarrer Schairer im Schwäbischen Merkur *über die* Ziele der Deutschen Christen[185a]:

Wir stehen in der Kirche für das Volk, im Volke für die Kirche, beides mit gleichem, wenn auch nicht gleichartigem Ernste. Nicht, daß wir beides für gleichzustellende irdische Größen ansähen. Aber wir wollen in jedem Umkreis Achtung und Gehör für den anderen erwecken, pflegen, fordern.

Also I. Achtung für die evangelische Kirche und ihre durchaus geistgeborene, nicht bluterzeugte Botschaft. Das national erwachte Volk darf den Protestantismus nicht gering achten! ... Wir sagen: so herrlich, opfer- und siegkräftig der Nationalsozialismus ist – er braucht zu seinem Bestande unbedingt eine klare evangelische, wenn es sein muß auch protestantische Innenmacht ... Jetzt nur keine »geistige Verlotterung«! Jetzt nur Klarheit, daß den Geist nur Gott gibt, daß Glaube und Kirche nie »aus dem Blute« allein, sondern nur aus dem »Worte«, aus der reinen Botschaft und Verkündigung kommen können ... Dieser Glaube ist kein Selbstvertrauen, sondern rein nur die Zuversicht, daß das Evangelium doch in seiner reinen Gestalt die einzige Lebensbotschaft auch für unser Volk ist. Für sie fordern wir Achtung auf der Seite der nationalen Regierung. Theoretisch haben wir sie; niemand in der Welt wird uns hindern, reines Evangelium zu treiben, rein vom Worte Gottes zu handeln und Kirche zu bauen. Sei nur das unsere Sorge, daß wir nicht selbst dem Evangelium im Wege stehen, daß wir es wirklich »rein« erfassen und bezeugen. Und da setzt nun ein Stück unserer Hauptarbeit ein. Daß nicht ein halbjüdisches, halbkatholisches Pseudoevangelium auftrete, sondern wirklich das reine; die klare Botschaft von Christi Leben und Sterben, Auferstehen und Vollenden im Heiligen Geist. Hier steht ein gigantischer theologischer Kampf, besser: ein Umlernen vor uns. ...

II. Achtung fordern wir für das deutsche Volk. »Gebet dem Volke, was des Volkes ist« – diesen Anspruch müssen wir gegen ungeheure, offene und schleichende Widerstände auf christlicher Seite durchsetzen. ... Wem der Himmel, das Jenseits, die Seligkeit nach dem Tode das

[185a] Vgl. dazu S. 193 und 196 ff.

allein wichtige ist, wie sollte der des Irdischen noch besonders achten? Wer in seinem Heiland ein und alles findet, dem kann kein menschlicher Führer etwas bieten. Dann gibt es zumal im Luthertum eine Richtung, die recht wohl auf Erden zu dienen und zu leiden weiß, aber weit davon entfernt ist, gestaltend, verantwortlich, regierend in die Ordnungen dieser Welt einzugreifen. In einer altgewohnten Gelassenheit überläßt man dies Werk irgendwem; selbst tut man nur in dem gesteckten Rahmen seine Pflicht, mit Freuden oder mit Seufzen. So kam es, daß aus dem Kirchen- und Christentum keine Gegenmacht, keine genügende Abwehr gegen den allzersetzenden Zerfall erstand. ... In eben derselben Gelassenheit versäumte man und vergißt heute noch den vollbereiten Einsatz für Volk und Staat. ... Volk um uns besteht nur und nur, wenn »Volk« in uns ist, wenn unsere Seele gemeinschaftsbereit. Und diese Eigenschaft geht nicht neben der Frömmigkeit her, sondern ist ihr eigentliches Wesen. Eines der schlimmsten Wahngebilde frommer Art ist die Meinung: alles, was Volk und Staat und irdische Ordnung sei, bestehe gar nur aus Sünden, sei unwert und unter dem Fluch; also sei am besten, die Finger davonzulassen. Erstmals in der Weltgeschichte sieht jetzt sich das Christentum einem geschlossenen gesunden Volkstum gegenüber, das aus dem Tode zum Leben hindurch gedrungen ist und wirklich ein Volk sein will, nicht nur ein Staatengebilde. Es geht nun nicht an, die Maßstäbe aus alten Zeiten nur daran zu legen. ... Wir lassen nicht alles – und uns mit – in einen Topf des Verderbens werfen. ... Wir lassen uns dasselbe nicht einfach als »fleischlich Ding« abtun, wie es immer wieder geschieht. All diese »christliche« Zurückhaltung, Verdächtigung schwächt nur und lähmt den vollen Einsatz für die Volkwerdung Deutschlands. Und wahrhaftig, die Aufgabe ist so groß, daß unser Volk alle, alle Kräfte braucht, auch die des Evangeliums. Wer hindert, tötet und stirbt.

Auf den Artikel Schairers vom 7. 6. 1933 bezog sich ein Offener Brief *von Pfarrer Gaus, Erkenbrechtsweiler, der am 18. 6. 1933 im* Schwäbischen Merkur *veröffentlicht wurde:*

Neutestamentliches und deutsches Christentum

... Es geht vor dem Kreuz ... um den zwar auch völkisch, in erster Linie aber durch seine sündhafte Auflehnung gegen Gott bestimmten Menschen. Daß auch der völkische Mensch als solcher vor dem Kreuz Jesu Christi nicht anders enthüllt wird als der Jude, der Jesus gekreuzigt hat, beweist schon Frau Ludendorff. Für diesen Menschen bedeutet das

Kreuz Gericht und Gnade, Tod und Leben, dann, wenn er sich richten und töten läßt. Wie sich dann das Verhältnis des Gerichteten und Begnadigten, Getöteten und Lebendiggemachten zum Volkstum gestaltet, ist eine weitere Frage. Er wird seinem Volk ein Segen sein, wenn er von dem Heil, das ihm widerfahren ist, zeugt, aber nicht, wenn er seinem Volk das Kreuz durch eine völkische Umbiegung verhüllt. Ihre Charakteristik des auf das Ende und »Jenseits« ausschauenden Glaubens ist eine völlige Verkehrung. Sie konstruieren sich einen Popanz, um ihn dann mit überlegener Geste abzutun. Nur der auf das Jenseits und das Ende Ausschauende ist in vollem Umfang fähig und tüchtig, mit ganzem Einsatz seinem Volk zu dienen und den Platz im Volke, der ihm angewiesen ist, auszufüllen. Eben dieser Blick auf die Ewigkeit macht frei zur vollen Hingabe an den gottbefohlenen Dienst. Ihre Unterscheidung zwischen Dienst = Leiden und verantwortlichem, gestaltendem, regierendem Eingreifen in die Ordnungen dieser Welt zeigt, wie weit Ihre Haltung von der christlichen, im neutestamentlichen Sinne entfernt ist. Geschieht das letztere nicht als sich leidend aufopfernder Dienst, so ist es eine dämonische, satanische Anmaßung. . . . Die Not der Kirche ist nicht die, daß sie ihren Dienst am Volke versäumte aus falscher Gebundenheit an das Alte und Neue Testament, sondern die, daß eine solche im Grund liberalistische Theologie in ihr Raum hat, sich für »christlich« ausgeben darf. Nur dann wird sie ihren Dienst recht ausrichten können zum Heil des Volkes, wenn sie das Evangelium lauter und unverfälscht verkündigt. . . .

Am 23.6.1933 erwiderte Pfarrer Schairer ebenfalls im Schwäbischen Merkur:

Gegen das theologische Gericht

Die Glaubensbewegung Deutsche Christen wünscht zwar durchaus nicht, unser Volk mit theologischen Debatten zu bedienen zu einer Zeit, da durchaus andersartige Aufgaben brennen. Dennoch, wenn ihre Glaubenshaltung als »Liberalismus« gebrandmarkt wird, so weist sie das entschieden zurück. Um von einer heute noch sich »maßgeblich« fühlenden Theologie gegen diesen Vorwurf gesichert zu sein, müßte man zuallererst etwa folgende Anschauung anerkennen: damit Gott Gott bleibe, muß der Mensch Mensch bleiben, und dann darf vor Gott zwischen einem SA-Mann und einem Schieber – mag der erstere noch so wacker, der zweite noch so ruchlos sein – nicht der geringste Unterschied gelten. Und zwar sind nicht nur beide gleich, sondern beide gleich minderwert, verdorben, sündig. ... Soll das nun menschliches Urteil oder Glaubensaussage unter dem Vorzeichen der Gnade Gottes, der klaren Verkündigung seines Erbarmens, also »evangelisch« sein? Darauf kommt es an.

Was Volk und Staat betrifft, so wissen wir uns keineswegs kulturselig oder so optimistisch wie Gegner uns ansinnen. Bestünde nicht die durch Jesus Christus geschehene Erlösung als Heilstatsache, so möchte ich keinen Finger für dies Volk rühren. Hätten wir nicht für uns persönlich und für das Ganze tägliche Vergebung, so wollten wir kein Wort für unser Volk wagen. Davon, daß wir »das Evangelium aushöhlen«, kann keine Rede sein; wir stellen nur alles, auch Sünde und Gericht, Verworfenheit und Verderbnis unter die Scheinwerfer des göttlichen Erbarmens und sehen außer diesem Lichte kein Licht, aber auch keinen Schatten. Damit genug des persönlichen Bekenntnisses innerhalb einer Zeitungsdebatte; wer fernerhin uns als »liberal« brandmarken will, möge es tun ...

Was das einmarschbereite Neuheidentum betrifft, so wird sich erweisen, daß wir an der rechten Stelle stehen, um ihm den Zugang zu wehren. Wenn wo im völkischen Lager »sündhafte Auflehnung gegen Gott« herrscht, so werden nur die, die brüderlich sich zu solchen »Sündern« bekennen, ihnen den Weg der Wahrheit weisen dürfen, nicht die, die in richtender Geste ihnen nur Hemmung bereiten. Es gibt nämlich auch »Ärgernis«, das nicht vom Kreuze Christi stammt, sondern wo ganz anders her! Ich empfehle täglich das Wort Christi ins Herz zu fassen: »Ihr richtet nach dem Fleisch; Ich richte niemand« (Johannes 8, 15).

Bei der Jahresversammlung der Vereinigung evang. Religionslehrer an den Höheren Schulen Württembergs am 28. 6. 1933 hielt Studienrat Sautter einen Vortrag über das Thema Das Gedankengut der völkischen Bewegung im evang. Religionsunterricht. *Nach dem Bericht des* NS-Kurier *am 6. 7. 1933 sagte Sautter am Schluß seines Referats:*

... Der straff disziplinierte, dem Ganzen eingeordnete Wehrwille, der Gedanke der Volksgemeinschaft, der leidenschaftliche Vorstoß zur Totalität eines wahrhaften Staates: das alles steht als feste Weltanschauung und religiöse Verpflichtung vor uns. Darum wird der Religionsunterricht in erster Linie Religionsunterricht bleiben müssen. Männer, die wissen, was sie wollen, haben das Steuer des Staates ergriffen – tue jetzt ein jeder im festen Rahmen dieses Ganzen seine besondere Pflicht. Sie besteht für uns darin, der deutschen Jugend, die so vieles erlitten hat und nun in einer so frohen Begeisterung auflodert, die ewigen Werte zu zeigen und die Kräfte zu vermitteln, die ihr zum künftigen Kampfe nötig sind. Dabei wird das Alte Testament, das aus einem schollentreuen, biologisch jungen Bauernvolk stammt, in rassischer, völkischer und familiärer Hinsicht wichtige Grundsätze darbieten: wenn die Juden rassisch nicht so streng gewesen wären, würden sie gar nicht mehr bestehen. Das Neue Testament aber geht in die Tiefe und zeigt das wahre Wesen der Menschenseele. Wie der Staat wahrhaftig das Böse kennt, mit dem er sich im Kampfe weiß, so können auch wir die Sünde nicht leugnen, die uns anhaftet und daran hindert, daß Christus Gestalt in uns gewinne[185b]. Es ist ein Beweis für die Gesundheit der völkischen Bewegung in Deutschland, daß ihren Führern diese Beugung vor Gott nicht fremd ist und daß sie den Dienst der Kirche und des Religionsunterrichts in voller Freiheit erhalten, weil diese nur so ihre Funktion im Volk ausfüllen können . . .

Über die Frage Neues Glaubensbekenntnis? *schrieb Pressel im* Evang. Gemeindeblatt für Stuttgart *am 16. 7. 1933:*

Man hört soviel davon in der letzten Zeit. In all dem Ringen um die neue Deutsche Evangelische Kirche ist es für viele Losung und Feldgeschrei geworden; viele andere erfüllt dieser Ruf mit steigender Sorge. Sie sehen »den Glauben« in Gefahr; wieder andere fürchten, man wolle mit einem neuen Bekenntnis den Geist und die Gewissensfreiheit in der Kirche knebeln. . . . Um es nun gleich vorwegzunehmen: Keine der wirklich verantwortlichen Stellen und Persönlichkeiten denkt daran, der Kirche in ihre geistlichen Aufgaben hineinzureden. Die Reichsregierung wie die preußische Staatsregierung haben sich in den letzten Wochen trotz der steigenden, die Volksgemeinschaft bedrohenden Spannungen in der preußischen Kirche bis an die Grenze des Möglichen zurückgehalten, um auch nur den Anschein staatlicher Einmischung in die kirchlichen Verhältnisse zu vermeiden. Aber der Notstand wurde so groß und ernst, daß der Staat sich zu jenem, gewiß uns alle beschämenden, aber notwendigen Eingreifen gezwungen sah[186]. Ausdrücklich hat aber inzwischen der preußische Kultminister eine Erklärung abgegeben des Inhalts: »Das Eigenleben und die Eigengesetzlichkeit der Kirche, des Glaubens, des Bekenntnisses, wird durch das Eingreifen des preußischen Kultministers

185b Gal 4,19.

186 Die Einsetzung von Staatskommissaren in der Evang. Kirche, besonders in der Altpreußischen Union; vgl. S. 248. Zur Erklärung des preußischen Kultministers Rust vom 29. 6. 1933 siehe GB 139, S. 86.

in keiner Weise berührt; auch eine sogenannte Staatskirche wird in jeder Form abgelehnt.« Es ist also gar kein Grund vorhanden zu einer Panik. Aber freilich: Eins erwartet und verlangt der heutige Staat von der Kirche, nämlich, daß sie der Obrigkeit mit ihrem geistlichen Amt zur Seite stehe und vertrauensvoll mitarbeite. – Dazu wird aber die Kirche nur imstande sein, wenn auch sie sich eine Erneuerung schenken läßt, aus der Tiefe des Evangeliums. ... Es ist also nötig, daß die Kirche dieser Zeit wieder klar und gültig sagt, was denn ihr Glaube sei? was denn in der Kirche verkündigt werden soll? was also in der Kirche Platz hat und was nicht? was die besondere Versuchung unserer Tage sei? was von der Kirche aus gesehen Unglaube oder fremder Glaube ist? Das soll sie bekennen und damit zugleich Antwort geben auf die drängenden Fragen unserer Zeit ... Wir aber müssen uns heute, ob wir wollen oder nicht, auseinandersetzen mit den Fragen unserer Zeit, also mit der Geschlechterfrage, mit den Fragen nach den natürlichen Ordnungen (Ehe, Familie, Stand, Volk, Staat), usw.; wir müssen uns auseinandersetzen mit einer Fülle anderer Religionen usw. Und zugleich wissen wir: in jeder Zeit, in jedem Volk will und soll Christus neue Gestalt[186a] gewinnen ...

Wir übersehen zwar nicht die Gefahr, die in der Forderung nach einem neuen Bekenntnis liegt. Wir überhören nicht die Sirenengesänge, die uns heute von allen Seiten umwerben: Verzichtet doch auf eure Dogmen! Da gilt es nach wie vor zu bezeugen: 1. Korinther 3, V. 11[187]. Nein: wir wollen den alten Glauben nicht abschaffen, wir wollen keinen neuen Glauben erfinden. Wir wollen die alten Bekenntnisse nicht verbessern nach dem, »wornach uns gerade die Ohren jücken[187a]«. Das Zeugnis des Neuen Testaments von Jesus Christus ist und bleibt die unveränderliche Grundlage in jeder Kirche, die christliche Kirche sein will. Es gilt daher für unser aller Verkündigung, was in 2. Korinther 4, V. 5[188] geschrieben steht. Aber wir dürfen dabei nicht übersehen, und darum geht es heute: Jedes Dogma will und soll nichts anderes sein als Gottes Wort an eine bestimmte Zeit, wie es die Kirche damals verstand. Jeder Zeit ist eine bestimmte Erkenntnis Christi geschenkt. ... Jede Zeit hat ihre besonderen Nöte, Schwierigkeiten, Anfechtungen, Kämpfe. Darauf muß vom

186a Gal 4,19.

187 »Einen andren Grund kann niemand legen außer dem, der gelegt ist, welcher ist Jesus Christus.«

187a 2 Tim 4,3.

188 »Wir predigen nicht uns selbst, sondern Jesum Christum ...«

Evangelium her Antwort gegeben werden. Jeder Zeit muß in der Sprache dieser Zeit und in Auseinandersetzung mit den besonderen Anfechtungen dieser Zeit gesagt werden, was denn eigentlich evangelischer Glaube sei. ... Was die Gottesferne, die Versuchung unserer Tage ist, das müssen wir heute aufspüren und uns dagegen abgrenzen, sollen wir nicht Schaden nehmen an unserer Seele, sollen wir unserer Zeit den Dienst tun, den unser Volk und unsere Zeit vom Evangelium her braucht. ... Wir haben es heute vor allem wieder zu tun mit dem Glauben an die Selbstherrlichkeit des Menschen, der da meint, er könne sich selbst und die Welt erlösen, »der da sein will wie Gott und weiß, was gut und böse ist[189]«. Darauf muß vom Glauben her Antwort gegeben, Stellung genommen werden. Es muß bezeugt werden, was evangelischer Glaube ist, was von da über Gott und Mensch gesagt wird, was Sünde, was Erlösung, was Gnade und Wiedergeburt ist, was es ist mit den natürlichen Dingen und Ordnungen (Leib, Liebe, Ehe, Volk, Staat), mit den irdischen Reichen und dem ewigen Reich, alles in offenem klarem Bekenntnis und in deutlicher Abgrenzung gegen andere Glaubensweisen.

In seinem Übersichtsbericht für den Kirchenbezirkstag in Calw stellte Dekan Hermann, Calw, fest[190]:

... Aber nun ist die evangelische Kirche Deutschlands in den letzten Wochen von heftigen Kämpfen erschüttert worden. Wie kam das? Wir können die Einzelheiten dieses Kampfes z. B. um die Person des Reichsbischofs übergehen, denn sie sind nicht das Wesentliche. Zwei Dinge sind es, so viel ich sehe, um die jetzt in der evangelischen Kirche gerungen werden muß. Zum ersten verliert sich die Kirche selbst, wenn sie sich der nationalen Bewegung und staatlichen Führung einfach überläßt. Sie wäre gewiß Gott untreu geworden, wenn sie nicht das Schicksal ihres Volkes und Reiches und seiner Führer auf Herz und Gewissen genommen hätte und wenn ihr nicht der Gehorsam gegen die Obrigkeit ein Gebot Gottes wäre. ... Zum zweiten kann die Kirche nicht ein Evangelium verkündigen, das national zurechtgemacht ist in irgendeinem Stück. Es ist uns wahrhaftig eine Entdeckung, wieviel auch für die Kirche und unser ganzes Christentum darin liegt, daß wir deutsch sind. Art und Wesen eines Volkes wird durch Christus nicht unterdrückt, sondern geheiligt. Daß in Luther der Knecht Jesu Christi und der deutsche Mann eins sind, ist wieder vor aller Augen. Und es tut der frohen Botschaft in

[189] 1 Mos 3,5.
[190] EKBlW, Ausgabe vom 31. 7. 1933.

Kirche und Schule gut, wenn sie es überall fühlen läßt, daß sie zu uns deutsch reden will, aus unsrer deutschen Lage heraus. Allein, wir hätten Entscheidendes verloren, wenn wir uns aus angeblich nationalen Gründen z. B. das Alte Testament verleiden oder aus dem biblischen Christus einen heldisch übermalten deutschen Christus machen oder die Gemeinde Christi nach arischen Grundsätzen säubern ließen. Das Wort Gottes ist das Wort Gottes, da läßt sich nichts zurechtschnitzen, damit es sich besser einfüge, sondern es streitet nach wie vor auch gegen unsre deutsche Unart und unser deutsches Unrecht und redet auch mit dem Deutschen von seiner Sünde und von Christi Erlösung und fordert eine Gemeinde, die ihm gehorcht . . .

Zur Frage der Volksgemeinschaft als christliche Gemeinschaft nahm Paul Schempp Stellung[191]*:*

. . . Die Reichskirche die Seele des deutschen Volkes? Weiß man denn, was man da sagt? Die Kirche glaubt an den heiligen Geist und bittet um ihn im Vertrauen auf Gottes Verheißung; alles, was sie ohne ihn und nicht durch ihn ist, soll sie als ihr Fleisch kreuzigen lassen und in den Tod geben. Die glaubende Kirche des Geistes und die Reichskirche sind aber nicht dasselbe, und der heilige Geist ist nicht gebunden, in der Reichskirche Wohnung zu nehmen und in ihr seine Kirche zu bauen. Dieser Geist ist keine Naturausrüstung der Kirchen Deutschlands. Keine einzige Gemeinde hat ihn so natürlich wie der Mensch die Seele, sondern nur durch ein Wunder, nur durch die Vergebung der Sünden und die Auferstehung von den Toten. Eine Reichskirche, die den Geist Gottes als Eigenschaft, als Charakter, als kirchliche Gesinnung, als Seele zu besitzen vorgäbe, wäre katholische Kirche so wie ein Christ, der in der Harmonie von natürlichen und übernatürlichen Gaben sein Christsein pflegt, eben schlecht und recht ein katholischer Christ ist. Eine Reichskirche vom Geist Gottes »beseelt«, das hieße die Gleichsetzung von Kirche und Gottes Reich.

Und diese Kirche sollte nun noch die Seele unseres Volkes sein: das deutsche Volk durchflutet, beseelt, geleitet von Gottes Geist! Merkt man denn nicht, daß das die Gleichsetzung von Gottes Reich und dem Dritten Reich wäre? Wo ist denn dann »die Welt«, die Christus und die Seinen nicht kennt? Jenseits der Grenzpfähle? Das deutsche Volk »gesinnet wie

[191] »Blätter zur kirchlichen Lage«, hrsg. von Ernst Bizer, Heft I, 1933, S. 26 ff. Vgl. dazu auch den Beitrag von Prof. Adolf Faut im »Schwäbischen Merkur«, Ausgabe vom 27. 8. 1933: »Das deutsche Freiheitsideal«.

Jesus Christus auch war« »gehorsam bis zum Tode?[191a]« Ist die Bergpredigt unserem Volk zur Natur geworden, oder schickt sie sich an, es zu werden? . . .

Aber sollte die Forderung nicht wenigstens aufrecht erhalten bleiben, die Forderung, daß das deutsche Volk ein Christenvolk werde? Ja, gewiß: »Land, Land, Land höre des Herrn Wort![192]« Aber man muß doch sehen, daß das etwas ganz anderes ist als die Forderung nach einem von der Kirche beseelten Volk. Wer wäre denn da Leib und wer Seele? Die Kirche aber ist der Leib Christi. Und vollends die organisierte Reichskirche, die, wie sich doch einigermaßen deutlich erwiesen haben sollte, etliche sehr verschiedene Seelen in sich trägt, sie soll die deutsche Volksseele werden? »Der natürliche Mensch vernimmt nichts vom Geist Gottes; es ist ihm eine Torheit[193]«; dann aber doch wohl auch nicht das natürliche Kollektiv einer Volksseele. War die Einigung der Kirche ein Akt der Buße, dem nun die Buße der deutschen Volksseele folgen muß? Oder hat das Volk Buße getan und sich in Christus geeinigt, und will nun die Kirche nachfolgen? Oder predigen beide einander Buße? »Alle Bewegungen der Kirche, wenn sie nur auf dem Boden des Nationalsozialismus stehen, . . . sollen sich in gemeinsamer Arbeit finden.« Ist also der Nationalsozialismus der Boden der Kirche? Daß die Kirche heute, wo die weltliche Obrigkeit nationalsozialistisch ist, »auf dem Boden« des Nationalsozialismus, d. h. in weltlichen Dingen dieser Obrigkeit gehorcht, steht, sollte in einer rechten Kirche selbstverständlich sein. Aber darum ist der Nationalsozialismus nicht der Boden der Kirche. Können wir eins sein im Weltlichen und vielgestaltig in den geistlichen Bewegungen? Wer ist da eigentlich Seele, wer regiert da die Glieder des Leibes? Bedarf der Boden des Politischen der Buße nicht mehr? . . .

Entweder ist die deutsche Volksseele schon wahrhaft christlich, dann ist die Stimme des wirklichen Volkes Gottes Stimme, dann ist aber auch der heutige Staat die Kirche, und eine deutsche Reichskirche ist völlig entbehrlich. Oder die deutsche Seele ist noch nicht christlich, dann muß ihr die Kirche das Wort der Buße predigen, das schärfer ist als ein zweischneidiges Schwert[194], und sie damit gerade aus dem Frieden ihrer Seele aufscheuchen; dann kämpft die Kirche um diese Volksseele, aber wahrhaftig gegen sie wie eben Gottes Wort um den Menschen ganz und gar

[191a] Phil 2,5 u. 8.
[192] Jer 22,29.
[193] 1 Kor 2,14.
[194] Hebr 4,12.

gegen ihn kämpft. Oder man will ganz unmerklich und friedlich die deutsche Volksseele unter die Leitung des heiligen Geistes bringen, dann glaubt man an den göttlichen Urgrund der deutschen Seele und ist katholischer Mystiker. Oder man will die äußere Christianisierung durch Forderung der christlichen Sitte, dann will man durch Gesetz und Werk Christentum schaffen und ist katholisch. Es wäre doch an der Zeit, sich einmal klar zu machen, was man in der Kirche denn nun eigentlich zu tun gedenkt, um »Volksseele zu werden«...

Der Rücktritt Bodelschwinghs und die Verfassung der Deutschen Evang. Reichskirche vom Juli 1933

Am 24. 6. 1933 griff der Staat in die kirchlichen Auseinandersetzungen um den Reichsbischof ein, indem er für den Bereich sämtlicher preußischer Landeskirchen einen Staatskommissar einsetzte. Der Preußische Kultusminister teilte dies den Vertretern der Altpreußischen Union mit, die auf der Tagung des Deutschen Evang. Kirchenausschusses in Eisenach am 23./24. 6. 1933 über den in seinen Grundsätzen fertigen Verfassungsentwurf berieten. Die Verhandlungen waren gesprengt, Bodelschwingh gab dem Deutschen Evang. Kirchenbund seinen Auftrag zurück[195].

Unter der Überschrift Bodelschwingh tritt freiwillig ab *brachte der* NS-Kurier *am 26. 6. 1933 die Nachricht vom Rücktritt Bodelschwinghs ohne Kommentar:*

Wie von der Kanzlei von Bodelschwinghs mitgeteilt wird, hat der nominierte Reichsbischof am Samstag abend in einer Sitzung des Deutschen Evangelischen Kirchenausschusses in Eisenach folgende Erklärung abgegeben: »Durch die Einsetzung eines Staatskommissars für den Bereich sämtlicher evangelischer Landeskirchen Preußens ist mir die Möglichkeit genommen, die mir übertragene Aufgabe durchzuführen. Das nötigt mich, den mir vom Deutschen Evangelischen Kirchenbund erteilten Auftrag zurückzugeben.«

Am 27. 6. 1933 erschien im NS-Kurier *folgender Artikel:*

Bahn frei in der Kirche

Die Landesleitung der Glaubensbewegung »Deutsche Christen« schreibt uns zur neuen, kirchlichen Lage: Durch das rettende Eingreifen

195 Siehe dazu GB 139, S. 84 ff.; Niemöller, Kampf, S. 52 ff.; Meier, S. 24 ff.; den Bericht Wurms vom 30. 6. 1933, S. 256 ff., und ganz besonders das Werk von Kater, ferner Dokumente, S. 67 ff.

des Staates Adolf Hitlers ist die Kirche vor einer verhängnisvollen Fehlentwicklung bewahrt geblieben. Die Bahn zu einer gesunden, volksverbundenen Kirche ist nun wieder frei. Der staatliche Eingriff der preußischen Regierung bedeutet selbstverständlich keinerlei Antastung der Substanz der Kirche, der reinen Verkündigung des Evangeliums, des Glaubens und der Frömmigkeit. Nur die offensichtliche Mißachtung und Verletzung grundlegender Vertragsabmachungen zwischen Staat und Kirche seitens des preußischen Kirchenregiments haben diese Maßnahmen nötig gemacht. Dadurch ist der Einfluß jener reaktionären und volksfremden Kreise, die Bodelschwingh vorgeschoben haben, um eine Begegnung zwischen nationalsozialistischer Revolution und Evang. Kirche zu verhindern, beseitigt worden. Das nationalsozialistische Kirchenvolk hat damit die erste Etappe seines Kampfes um eine volksverbundene Kirche, die das Aufbauwerk Adolf Hitlers nicht hemmt, sondern mit ihren geistigen Kräften unterstützt, gewonnen. Indessen ist der Kampf noch nicht beendigt. Allen zu erwartenden Versuchen dieser Kreise, der neuen Entwicklung der Dinge Widerstand zu leisten, muß auf das entschiedenste entgegengetreten werden. Die Glaubensbewegung »deutsche Christen«, mit ihrer starken Verpflichtung gegen Gott und ihrer heißen Liebe zum Volk muß und wird nun das Aufbauwerk der deutschen Reichskirche in Angriff nehmen. Sie wird dem deutschen, evangelischen Christenvolk eine Kirche geben, in der es seine wahre geistliche Heimat findet. Sie wird, auf dem von Adolf Hitler gesäuberten Boden unseres Volkstums stehend, durch die Verkündigung der reinen, ungekürzten göttlichen Offenbarungswahrheit unserem Volk die Kraftquellen der Ewigkeit zur Erringung einer neuen Zukunft reichen. In Treue geschart um unseren Schirmherrn, den Wehrkreispfarrer Ludwig Müller, kämpfen wir unsern Kampf weiter.

Zum Eingriff des Staates in die Verhältnisse der Kirche schrieb das Evang. Gemeindeblatt für Stuttgart *am 2. 7. 1933:*

Sie sind, lieber Freund, mit mir über die neuesten Ereignisse im Verhältnis von Kirche und Staat tief bewegt. Sie haben es gelesen, daß der von dem bekannten Dreimänner-Kollegium zum Reichsbischof gewählte, aber von der Reichsregierung nicht anerkannte Pastor D. v. Bodelschwingh sein Amt als Reichsbischof niedergelegt hat. Sie wissen auch, daß über die gesamte preußische Kirche, nicht bloß die Kirchenprovinzen der preußischen Union, Staatskommissare gesetzt worden sind. ... Sie und ich verehren den Leiter von Bethel aufrichtig. Aber es war mir und Ihnen nicht begreiflich, daß das Dreimännerkollegium diesen verehrten Namen in die Öffentlichkeit hinausgeben und die Vertreter der deutschen Landeskirchen in ihrer Mehrzahl den Träger dieses Namens zum Reichsbischof wählen konnten, ohne vorher mit der Staatsgewalt Fühlung zu nehmen, wie dies von katholischer Seite immer zu geschehen pflegte, ehe ein kirchlicher Würdenträger ernannt wurde. Es ist ganz richtig, daß es im vorliegenden Fall kein Gesetzesparagraph vorschrieb. Aber wer konnte glauben, daß eine die Staatsgewalt so wuchtig zur Geltung bringende Regierung wie die Hitlerregierung ein Kirchenoberhaupt anerkennen werde, vor dessen Ernennung nicht Fühlung mit ihr genommen wurde? Ganz ähnlich beurteile ich auch die Frage der Kirchenkommissare in Preußen, die übrigens nicht willkürlich nur nach ihrer Parteistellung ausgewählt, sondern entweder Pfarrer oder kirchlich interessierte Männer sind. Ich bedaure mit Ihnen, daß es schließlich zu einem solchen Eingriff des Staates in die preußische Kirchenleitung gekommen ist. Die preußische Kirchenleitung glaubte offenbar in der strittigen Frage keine Anzeige an die Staatsregierung machen zu müssen. Aber mußte sie nicht voraussehen, daß die Hitlerregierung vollends angesichts des schon vorher angehäuften Konfliktsstoffs die vom Preußischen Oberkirchenrat getroffene Maßnahme als eine Umgehung der gesetzlichen Bestimmungen über Anzeigepflicht ansehen und deshalb zu den schärfsten Gegenmaßregeln schreiten werde? Auch wir Kirchenleute müssen uns daran gewöhnen, mit den Verhältnissen, wie sie jetzt sind, zu rechnen. Manche Kreise wollen für die Kirche eine Freiheit, die ihr der neue Staat nie geben wird. Die Folge aber ist eine viel stärkere Geltendmachung der Staatsgewalt, als sie von vornherein beabsichtigt war. Daß ich meinerseits freilich die Fragen der Reichsbischofswahl und der Anzeigepflicht nicht bloß vom Klugheitsstandpunkt dem neuen Staat gegenüber beurteilt wissen möchte, brauche ich Ihnen nicht erst zu sagen. Der neue Staat hat den äußeren Bestand der Kirche gerettet und sie zur Mitarbeit an seinem sich z. T. eng mit dem kirchlichen berührenden Wirken aufgerufen, ohne ihre staatsrechtliche Stellung zu erschüttern. Und es handelt sich für die Kirche darum, den Ideen des Nationalsozialismus, soweit sie einen sittlichen Fortschritt bedeuten, auch in der Kirche Eingang zu verschaffen. Sollte es darum nicht der Kirche ein Anliegen sein, dem Staat entgegenzukommen, ohne deshalb ihren Anspruch, das Gewissen des Volkes zu sein, zu gefährden? Ich hoffe mit Ihnen, daß das normale Verhältnis von Kirche und Staat bald wieder gefunden sein wird.

Zunächst ist festzustellen, daß auch beim jetzigen Stand die Freiheit der Verkündigung des Evangeliums ausdrücklich verbürgt ist . . .

Zur Haltung Wurms in der Reichsbischofsfrage schrieb Johannes Kübel, der Leiter der Frankfurter Landeskirche, am 28. 6. 1933 an Wurm[196]*:*

Hochverehrter Herr Kirchenpräsident!

Unter den lutherischen Bischöfen, über deren Stellung gegen Bodelschwingh die evangelische Kircheneinheit zerbrochen ist, sind Sie der einzige, dem ich nahe genug zu stehen glaube, um mir eine Diskussion über das Geschehene zu erbitten, auch der einzige, dessen Bruderhand ich innerlich imstande wäre anzunehmen. Auch gilt für Sie der Erlaß des preußischen Ministerpräsidenten vom 27. des Monats[197] nicht, wonach das Unterlassen einer Denunziation als betonte Solidaritätserklärung mit dem Delinquenten zu betrachten ist. Daß ich aber nicht mehr auf die kirchenbehördliche Kollegialität Anspruch erheben kann, sondern nur als Parochus rudior schreibe – die Einsetzung des Staatskommissars für meine Landeskirche hat mir keine andere Möglichkeit als die Niederlegung meines Amtes gelassen; auch nur den Besuch des Staatskommissars entgegenzunehmen, hätte seine prinzipielle Anerkennung durch mich und meine Behörde bedeutet –, wird Sie gewiß nicht abhalten, meinen Brief mit zu durchdenken.

Seit dem Sturz Bodelschwinghs hat sich klar gezeigt, daß der Kampf um Bodelschwingh nur eine Episode war; dadurch wird die Schuld gemindert, die nach meiner Überzeugung die lutherischen Bischöfe auf sich geladen haben. Es geht einfach um die Aufsaugung der Kirche durch den totalen Staat, so wie Hinderer am 1. oder 2. März[198] in Berlin vor tauben Ohren prophezeit hat; ich meinerseits war der einzige unter den Kirchenführern, der ihm beigetreten ist. Das haben – nur so kann ich mir ihr Verhalten erklären – die Gegner der Bodelschwinghschen Wahl nicht gesehen, sie haben vielmehr geglaubt, einen neuen Staatsbegriff theologisch fundieren zu sollen und dabei gehofft, daß in diesem neuen Staat die Kirche Recht und Freiheit durch geschickte Anpassung be-

196 LKA Stuttgart, D 1, Bd. 42. Eine Antwort Wurms war nicht zu finden.

197 Vgl. GB 139, S. 87.

198 Im Zusammenhang mit den Besprechungen des Deutschen Evang. Kirchenausschusses; siehe Bd. 1, S. 248 ff.

haupten könne. Die Einsetzung des Staatskommissars für die preußischen Landeskirchen zeigt den weiteren Weg mit aller Deutlichkeit. Der Grund, mit dem der Staat die Einsetzung eines Kommissars für Altpreußen zu rechtfertigen sucht, besteht nicht einmal vor dem Wortlaut, geschweige vor dem Sinn des Kirchenvertrags. Gegen die übrigen preußischen Kirchen hat der Staat sogar auf den Versuch einer rechtlichen Begründung verzichtet, es sei denn, daß Sie das Wiederaufleben des Gedankens des Summus Episkopus als einen solchen betrachten wollten. Mit den altpreußischen Kirchen ist aber auch der Kirchenausschuß zerstört, seine preußischen Mitglieder würden ja vom Staatskommissar ernannt. Vielleicht tut das der Staat; dann haben Sie die Freude, unter Herrn Hossenfelder zu tagen, dem jetzigen obersten Geistlichen des evangelischen Deutschlands, und werden von ihm vielleicht auch begrüßt wie wir in Frankfurt: »Es ist in keinem andern – Heil!« Im übrigen versteht sich von selbst, daß die preußischen Staatskommissare nur dann haltbar sind und daß der behauptete Zweck, dadurch die Schaffung der einen deutschen evangelischen Kirche herbeizuführen, nur dann erreicht wird, wenn auch die nicht preußischen evangelischen Kirchen Staatskommissare erhalten. Das alles war, wie gesagt, vorauszusehen, ohne daß es durch den Kampf um Bodelschwingh erst veranlaßt worden wäre. Aber das ist nach meiner Überzeugung die Schuld der lutherischen Bischöfe – eine intellektuelle, nicht eine moralische Schuld –, daß sie es nicht vorausgesehen haben; statt dessen haben Sie und Ihre Mitbischöfe die Entwicklung noch gefördert und durch die andauernde Ablehnung Bodelschwinghs den Kampf der Deutschen Christen und des Staates gegen die Unabhängigkeit der Kirche noch unterstützt. Zum Sterben war diese Unabhängigkeit verdammt, seitdem der Nationalsozialismus die Alleinherrschaft angetreten hat; aber wir hätten würdiger sterben können, wenn wir es einmütig getan hätten. Wie weit die Knebelung der Kirche bereits geht, hat seinen erschütternden Ausdruck darin gefunden, daß der Presse die Diskussion über den Rücktritt Bodelschwinghs verboten ist. Es werden sich genug Kirchenmänner finden, die auch dieses Verbot aus der Schöpfungsordnung Gottes heraus zu begründen wissen werden. Schon beruhigt man ja sich und uns damit, daß die Maßnahmen des preußischen Staates nur die irdische Gestalt der Kirche treffen. Wie gütig, daß man auf Eingriffe in ihre himmlische Gestalt vorläufig noch verzichtet! Zum Schluß: die Herrn lutherischen Bischöfe glaubten, um des Staates willen einen Bodelschwingh ablehnen zu sollen, und kriegen nun für die Kirche einen Hossenfelder und damit den ganzen, plattesten und ödesten, nationalistisch verbrämten Nationalsozialismus in unsere Kirchen; die unierten und die liberalen Kirchenleute haben diese Entwicklung aufzuhalten versucht, es war umsonst!

Natürlich weiß ich, daß Ihnen und vielleicht auch manchem anderen in Ihrem Lager vor dieser Entwicklung nicht weniger graut als mir. Aber Sie haben sie mit heraufgeführt und damit, ohne es zu ahnen, die Rolle mit übernommen, die in Rußland eine Zeit lang die, so nannte sie sich wohl, lebende Kirche gespielt hat. Nur eine Zeit lang; denn der Bolschewismus ist über sie hinweggegangen, wie der Nationalsozialismus über die lutherischen Bischöfe hinweggehen wird. Die Regierung Müller – Hossenfelder, die Losung Peters »Jesus Christus unser Heiland und Adolf Hitler unser Führer«, die Verhöhnung des Taufsakraments durch die Bildung judenchristlicher Gemeinden und alles, alles andere wird kommen. Dann werden Sie und andere freilich protestieren und kämpfen, aber der Protest wird von vornherein gelähmt sein, denn Sie haben das »Principiis obsta!« mißachtet und sind denen, die es in letzter Stunde damit versucht haben, in den Rücken gefallen. Ich meinerseits habe das Bewußtsein, nicht bloß vorher an meinem bescheidenen Teil gegen diesen Untergang der evangelischen Freiheit gekämpft zu haben; ich habe meinem Protest auch noch durch meine Amtsniederlegung Ausdruck gegeben. Diese ist dadurch nötig geworden, daß meine Kollegen im Landeskirchenrat glaubten, erst einmal die Tätigkeit des Staatskommissars abwarten und, je nachdem er sich anraucht, zu ihm Stellung zu nehmen. Damit war der Staatskommissar grundsätzlich anerkannt, so mußte ich denen, die dazu bereit waren, die Verantwortung überlassen. Und nun, Finis ecclesiae! Gottlob habe ich, der als »liberal« ja stets nur für halbvoll in kirchlicher Hinsicht gegolten hat, das Bewußtsein, meiner Kirche und meinem Amtseid die Treue gehalten zu haben, bis es die höhere Gewalt verhindert hat. Die Fortsetzung wird folgen; denn daß es denen, die die Kirche nicht an den Staat ausliefern wollten, im weitern Lauf auch an das Pfarramt gehen wird, ist mir nicht zweifelhaft. In Gottes Namen! Ich will, um mit Luther zu reden, lieber mit dem Herrn Christus fallen als mit Hossenfelder und Genossen stehen.

Verzeihen Sie die Offenheit, mit der ich geschrieben habe; ich mußte aber gegen einen aus dem Kreis, die nach meiner Überzeugung die unheilvolle Entwicklung mit verschuldet haben, mein Herz ausschütten. Gottlob, daß es wenigstens noch das Luthertum eines Marahrens gibt; sonst wäre ich ganz irre an dem heutigen Luthertum. Begegnen werden wir uns vermutlich nicht mehr. Wenn Sie meiner je noch gedenken sollten, so hoffe ich zu Gott, daß Sie meiner als eines Mannes gedenken, der seine evangelische Kirche über alles lieb gehabt hat und im Kampf für sie gefallen, aber in Ehren gefallen ist.

Ihr schmerzlich ergebener J. Kübel.

An demselben Tag, am 28.6.1933, schrieb Schairer namens der Glaubensbewegung Deutsche Christen, Gau Württemberg, an Wurm[199]*:*

Eine heutige Führertagung der Glaubensbewegung Deutsche Christen fühlt sich in vollster Einmütigkeit gedrungen, Ihnen den warmen Dank und die vollste Hochachtung für Ihre mannhafte, klare und eindeutige Haltung in den schwebenden kirchlichen Fragen auszudrücken, und hofft, daß diese Haltung sich lösend und verpflichtend über ganz Deutschland auswirken wird zum Heile unserer teuren Kirche und ihrer großen Aufgabe an unserem geliebten Volke. Wir tragen mit Ihnen tapfer die etwaigen Schwierigkeiten, die sich aus solcher Stellungnahme ergeben könnten, und stehen voll zu Ihnen als unserem Landesbischof und zu unserer werten evang. Landeskirche.

In aufrichtiger Verehrung mit deutschem Gruße Heil Hitler! Für die Glaubensbewegung Deutsche Christen Württemberg: die Landesleitung J. B. Schairer.

Zur Verfassung der Reichskirche schrieb Prof. D. Wilhelm Stählin am 30. 6. 1933 im NS-Kurier *unter der Überschrift* Eine heilige allgemeine christliche Kirche *einen Artikel, in dem die konkrete geschichtliche Kirche und damit deren äußere Ordnung mit der »unsichtbaren« Kirche verbunden wird; er gab damit eine Begründung für die harten Auseinandersetzungen um die Ordnung der Kirche in Deutschland*[200]*:*

199 LKA Stuttgart, D 1, Bd. 42.

200 Der Beitrag erschien in der Ausgabe vom Pfingstsamstag. Vgl. dazu Prof. Gerber bei der Haller Konferenz, Vortrag über »Deutscher Staat und deutsche Kirche«: »... Die Kirche ist durch die neue Kirchenverfassung fundamental verändert worden. Man darf sich nicht daran stoßen, daß die Erneuerung ihren Anstoß von außen erhalten hat, daß die Reform der Kirche von außen aufgenötigt wurde. Das innere Wesen der Kirche ist dadurch nicht verletzt worden. Wie die Erneuerung der Kirchenverfassung ein wichtiger und wesentlicher Teil der deutschen Revolution ist, so ist sie ihrem Sinngehalt nach und ihrer praktischen Zielsetzung nach nur aus dem Grundgedanken der allgemeinen politischen Bewegung zu verstehen ...« (KAW, Ausgabe vom 9. 11. 1933).

»Ich glaube an eine heilige christliche Kirche.« Was ist das? So fragen wir in der Stunde, da uns eine Erneuerung der Kirche aufgetragen ist, ernster und leidenschaftlicher als je und geben uns an Pfingsten, an dem Fest des Heiligen Geistes, selber die Antwort: Gott hat, als die Zeit erfüllt war, durch die geschichtliche Erscheinung Jesu Christi, durch sein Leben und seinen Tod eine Schar von Menschen gesammelt, die diesem Christus als ihrem Herrn unbedingt gehören. Gott hat, wie er von Anbeginn den Menschen durch den Einhauch seines Odems zum Menschen gemacht hat, durch die »Ausgießung« seines heiligen Geistes die Kirche als den Keim und Anbruch einer neuen Menschheit erschaffen. Die Kirche lebt davon, daß Gott auch heute als der »Heilige Geist« in den Herzen der Menschen redet, an den Menschen handelt und sie zur Gemeinschaft sammelt. Darum ist die Kirche ein immer neues Ereignis, das sich aus der Schöpferkraft des göttlichen Geistes erneut . . .

Wovon reden wir, wenn wir das alles von der »Kirche« sagen? Wir reden nicht von einer bloßen Idee, von einer »unsichtbaren« Kirche. Wir meinen wirklich unsere konkreten geschichtlichen Kirchenkörper, unsere Landeskirchen mit ihren Gemeinden und ihren Pfarrern, ihren Gottesdiensten und ihrer Lehre, mit ihren Verfassungen und ihren Konsistorien. Wer an dieser konkreten Gestalt der Kirche vorbeisehen will, sieht auch nicht irgendwo anders »die« Kirche. Denn die Kirche ist ja das fortdauernde Zeugnis von der Fleischwerdung Gottes in Jesus Christus. Daß Gott im Fleisch erschienen ist, ist das Wunder, das die Kirche bekennt und anbetet und in ihren Liedern besingt. Aber Kirche ist das Zeugnis von der Fleischwerdung nur darum, weil sie selbst der Ort ist, an dem fortdauernd in der Geschichte Gott als der Schöpfer Geist eingeht in die konkrete leibhafte Gestalt seiner Kirche. Was der Unterschied sei zwischen evangelischer und katholischer Rede von der Kirche, kann man gewiß nicht so bestimmen, daß der Katholik seine sichtbare Kirche liebe und an sie glaube, der Protestant aber eine rein innerliche Christlichkeit gelten lasse, alle äußeren Formen beiseite setze. Mag es hundertfach so empfunden und gesagt werden, mit der bequemen Ausflucht in die Idee einer unsichtbaren Kirche der reinen Innerlichkeit würde der Glaube mit seiner Kirche auch sich selber preisgeben.

Aber wir fragen weiter: Wie kann man an eine »Kirche«, deren Schäden und Unkraft wir schmerzlich und beschämt sehen, deren Neubau wir so heiß ersehnen, als an die »heilige« christliche Kirche glauben? Wir antworten: Gerade an sie und nur an sie kann man als an die heilige, christliche Kirche glauben. Denn was besagt dieses wichtige Wort

»heilig«? Es redet nicht von besonderen Leistungen oder Erfahrungen, nicht von Einsiedelei oder Visionen oder asketischen Werken; es redet nicht von einer besonderen Tüchtigkeit oder Würdigkeit; sondern es besagt allein, aber in großer Entschiedenheit dieses, daß Gott diese Schar von sehr kümmerlichen, sündigen und fehlsamen Menschen berufen und erwählt und ihr einen Auftrag und eine Vollmacht gegeben hat, der nichts sonst in der ganzen Welt zu vergleichen ist. Die Kirche ist heilig, nicht weil ihre Glieder besser, frömmer, edler wären als die anderen Menschen, sondern weil Gott dieser Kirche sein Evangelium anvertraut hat . . .

Weil die Kirche wirklich in die Geschichte der Völker eingegangen ist, darum hat sie auch, wohin sie gedrungen ist, eine tiefe und lebendige Verbindung gewonnen mit der Seele des einzelnen Volkes; die Kirche kann und will auf dem Boden eines jeden Volkes die Wirklichkeit Christi ebenso erfassen und bezeugen, wie es diesem Volk aus seiner ihm verliehenen Art zukommt. Auch die erwachenden Völker Asiens und Afrikas ringen um eine ihnen gemäße Gestalt des Christentums. Und das Ringen um die Wahrheit hat die Kirche in verschiedene neben- und gegeneinander stehende »Konfessionen« auseinander brechen lassen, und keine Einheitshoffnung kann den heißen Willen und die ernste Verpflichtung, nach der Wahrheit zu fragen, einer innerlich unwahren Einigung aufopfern. Aber eine jede Kirche ist christliche Kirche nur als ein Glied an der einen und »allgemeinen« christlichen Kirche. Das Gottesvolk des neuen Bundes ist nicht an eine Rasse oder ein Volkstum gebunden; eine Kirche, die aufhören wollte, ökumenisch zu denken, d. h. sich auch ganz praktisch zur Einheit der einen und allgemeinen christlichen Kirche zu bekennen, hätte aufgehört, christliche Kirche zu sein . . .

In der Kollegialsitzung des Oberkirchenrats am 30. 6. 1933 berichtete Wurm über den Stand der Kirchenfrage[201]:

Am 27. Mai haben sich die Bevollmächtigten der Landeskirchen dafür entschieden, die von Präsident Kapler im Einvernehmen mit seinen Beratern vollzogene Designierung des Pastors D. v. Bodelschwingh zum Reichsbischof der künftigen deutschen evang. Kirche gutzuheißen. Während die politische und kirchliche Presse kurzweg von einer Wahl Bodelschwinghs sprach, nahmen mehrere Kirchenregierungen, darunter auch

[201] Nr. A 5106; von Wurm eigenhändig mit der Schreibmaschine hergestellter Entwurf, der am 10. 7. 1933 den Dekanatämtern »Zur Kenntnisnahme und vertraulichen Information der Pfarrer« mitgeteilt wurde.

die württembergische, den Standpunkt ein, daß der Designierung ein Wahl- oder Bestätigungsakt zu folgen habe, der nach Fertigstellung der neuen kirchlichen Verfassung durch den dort vorgesehenen Wahlkörper zu erfolgen habe. Die Bevollmächtigten, das Kirchenbundesamt, Bodelschwingh selbst und seine Freunde ließen diese Auffassung nicht gelten; der Streit wurde immer schärfer und beunruhigte nachgerade Kirchenvolk und Pfarrerschaft in bedenklicher Weise. Von Seiten der lutherischen Kirchen, insbesondere des Landesbischofs Meiser wurden vergebliche Versuche gemacht, zu einem kirchlichen Stillhalteabkommen zu gelangen. Bei der lutherischen Bischofskonferenz am 22. Juni[201a] wurde einmütig, auch unter Zustimmung von Hannover, Lübeck und Reuß, beschlossen, durch Landesbischof Marahrens, Mitglied des Dreimännerkollegiums, Bodelschwingh nahe legen zu lassen, eine Erklärung abzugeben, daß er seine Designation als befristet ansehen und sich im gegebenen Zeitpunkt zur Wahl stellen wolle. Marahrens hat dann allerdings diesen Auftrag nicht sinngemäß ausgeführt, sofern er lediglich von sich aus Bodelschwingh einen derartigen Gedanken nahelegte, ohne die Stellungnahme der lutherischen Kirchen zu erwähnen. Hätte am Donnerstag, 22. Juni abends, Mahrarens den Auftrag so ausgerichtet, wie er von uns gemeint war und hätte Bodelschwingh eine Zusage gegeben, so wäre die weitere Verschärfung der Lage vielleicht vermieden worden. Jedenfalls ist noch folgendes zu erwähnen: Am Freitag, 23. Juni, hat Geheimrat Titius auf Grund eigener Orientierung über die Auffassung der Dinge im Kreis des Reichspräsidenten und der Plenarberatung des Kirchenausschusses, der Bodelschwingh anwohnte, diesen Weg ebenfalls empfohlen, und auch der frühere Reichsgerichtspräsident Simons, Mitglied des Kirchenausschusses, ist der Rechtsauffassung der dissentierenden Kirchenregierungen beigetreten. Am Samstag, 24. Juni vormittags, wurde ein kleinerer Ausschuß gebildet, der zu dem einmütigen Ergebnis kam, die Designierung als vorläufig anzusehen und Bodelschwingh eine entsprechende Erklärung nahezulegen. Zu der Anhörung des Berichts dieses Unterausschusses und einer Beschlußfassung des Plenums kam es nicht mehr; denn am Samstag Nachmittag traf die Nachricht von der Einsetzung eines Kirchenkommissars für die altpreußische Kirche ein. Daraufhin gab nach längerer Beratung in einem engeren Kreis Bodelschwingh die Erklärung ab, daß er seinen Auftrag zurückgebe.

[201a] Die Zusammenkunft fand also unmittelbar vor der Tagung des Kirchenausschusses in Eisenach (23./24. 6. 1933) statt; bei den Akten befindet sich kein Protokoll.

Zu der Verschärfung der Lage in Berlin hat der Umstand beigetragen, daß der preußische Evang. Oberkirchenrat beschlossen hatte, den erledigten Posten des Präsidenten nicht definitiv, sondern kommissarisch zu besetzen durch den Generalsuperintendenten Stoltenhoff, ohne sich vorher mit dem Minister Rust darüber zu verständigen[202]. Dies hätte umsomehr nahegelegen, als die kommissarische Besetzung, die nach dem Staatsvertrag von 1931[202a] einer Zustimmung der Staatsregierung nicht bedarf, wie eine absichtliche Umgehung des Staates gedeutet werden konnte. Nur dem Ministerialdirektor Trendelenburg war vorher Mitteilung gemacht worden. Als der Minister von der vollzogenen kommissarischen Besetzung erfuhr, beurlaubte er den Ministerialdirektor, weil er ihn nicht unterrichtet habe, und telegrafierte den Vertretern des Evang. Oberkirchenrats in Eisenach, daß sie den Rechtsboden verlassen hätten und deshalb rechtsgültige Handlungen nicht vornehmen könnten. Der Evang. Oberkirchenrat hat eine Klage bei dem Staatsgerichtshof eingereicht, und es mag wohl sein, daß juristisch gesehen er die bessere Position hat; zu bedauern ist es aber doch, daß er bei der gespannten Lage nicht größere Vorsicht walten ließ. Wie in der ganzen Lage, so scheint mir auch hier die Fehlerquelle in einer Verkennung der Art und Dynamik der nationalsozialistischen Bewegung zu liegen. Insbesondere hat man sich von einer schematischen, Kirche und Staat nicht aus der konkreten Situation, sondern aus abstrakten Prinzipien betrachtenden Auffassung noch nicht frei gemacht. Nichts erbittert die Nationalsozialisten so sehr, als wenn man den Staat von Weimar und den Staat Adolf Hitlers als auf einer Linie stehend von der Kirche aus ansieht. Wie in Preußen üblich, hat man nun auch auf der andern Seite übers Ziel geschossen und insbesondere durch die Berufung Hossenfelders[202b], eines 35jährigen, nicht durch ein besonderes Maß theologischer Bildung oder kirchlicher Praxis ausgewiesenen Mannes schweren Anstoß erregt. Unter dem Eindruck dieser letzten Schritte veranlaßte Prof. Fezer die Einladung der lutherischen Kirchenführer zu einer Konferenz mit Wehrkreispfarrer Müller, die am letzten Dienstag[203] stattfand. Die Folge dieser Besprechung ist, daß Pfarrer Hossenfelder in schonender Form von dem ihm übertragenen Posten zurückgezogen worden ist und daß ein Telegramm, wonach

[202] Vgl. GB 139, S. 84 ff.

[202a] Siehe Anmerkung 127a, S. 173.

[202b] Hossenfelder wurde kommissarischer geistlicher Vizepräsident des Evang. Oberkirchenrats in Berlin; siehe GB 139, S. 87.

[203] 27. 6. 1933; vgl. die Verordnung vom 28. 6. 1933: GB 139, S. 87.

sämtliche Landesverbände der Inneren Mission den mit der Leitung des Zentralausschusses für Innere Mission bevollmächtigten Kommissaren Themel und Schirnacher sich zu unterstellen hätten, für die außerpreußischen Länder zurückgenommen worden ist. Außerdem ist von dem Staatskommissar für die preußischen Landeskirchen zugesagt worden, daß für die außerpreußischen Landeskirchen keine Kommissariate vorgesehen seien und daß auch diese nicht in die regelmäßigen Geschäfte einzugreifen, sondern nur die Neuordnung der kirchlichen Vertretungen durchzuführen hätten. Auch das ist nachdrücklich betont worden, daß wir dringend ersuchen müßten, daß die Oberleitung der Glaubensbewegung deutscher Christen unbedingt bei dem Wehrkreispfarrer Müller bleiben und nicht auf Hossenfelder oder einen anderen radikalen Führer übergehen dürfte, weil wir sonst keine Gewähr dafür hätten, daß nicht doch trotz gegenteiliger Versicherungen der Inhalt der kirchlichen Verkündigung angegriffen werde.

Inzwischen sind zwei weitere Schritte erfolgt, deren Bedeutung niemand verkennen kann. Der eine ist ein Erlaß des Kirchenkommissars Jäger über den Modus der Neuordnung der kirchlichen Vertretungen[204], der von einer Gleichschaltung in der Art der politischen Körperschaften auf Grund politischer Wahlergebnisse absieht, aber die kirchliche Qualifikation bei der durch die Kommissare zu vollziehenden Auslese nicht so nachdrücklich in den Vordergrund stellt, wie es notwendig ist. Hierin wird, wie Prof. Fezer mitteilt, noch eine Ergänzung erfolgen. Einen tiefen Eingriff in die bestehenden Einrichtungen bedeutet es, daß Wehrkreispfarrer Müller nun die Führung des ganzen Kirchenbundes übernommen und den Direktor des Kirchenbundesamts beurlaubt hat[205]. Dieser Schritt, gegen den selbstverständlich schwere grundsätzliche und rechtliche Bedenken geltend gemacht werden können, ist nur dann zu rechtfertigen, wenn er die Fertigstellung des Verfassungswerks und damit die Beilegung des innerkirchlichen Streits möglichst beschleunigt; ohne Zweifel ist das die Absicht. Nach dem Ausscheiden Kaplers und der Lahmlegung des preußischen Evang. Oberkirchenrats ist die Lage so, daß man sich die Weiterführung des Verfassungswerks gar nicht denken kann ohne einen außerordentlichen Schritt. Wir befinden uns zweifellos in einer sehr ernsten Lage, zumal Bodelschwingh eine weitere Werbearbeit und Organisation einzuleiten scheint. Wenn nun aber die ver-

[204] Erlaß vom 25. 6. 1933: GB 139, S. 87.

[205] Vgl. GB 139, S. 87 und S. 90: Müller bildete einen neuen Verfassungsausschuß, siehe S. 266 ff. und 280.

fahrene Lage den Landeskirchen in die Schuhe geschoben wird, die sich trotz aller persönlicher Anerkennung Bodelschwinghs nicht für seine Kandidatur erwärmen konnten und nach der Abstimmung vom 27. Mai, gleichviel ob sie sich schließlich zur Zustimmung entschlossen hatten oder an der Ablehnung festgehalten hatten, sich für eine gütliche Lösung des entstandenen Konflikts ausgesprochen hatten, so kommt mir das vor, wie wenn man denen, die vor falscher Weichenstellung gewarnt haben, einen Vorwurf daraus macht, daß sie nicht auch in den verunglückten Zug eingestiegen sind. Wer sich auch nur einigermaßen in das Wesen des neuen Staates und in die Psyche seiner Vorkämpfer hineingefühlt hat, der muß sich doch sagen, daß ein geschlossenes Votum der Kirchen für Bodelschwingh den Widerstand noch gesteigert und den Eingriff noch früher und allgemeiner herbeigeführt hätte. Es kann sein, daß die revolutionären Kräfte den Staat noch weiter treiben als jetzt und daß eine Lage entsteht, in der auch die lutherischen Kirchen erklären müssen: Wir kommen nicht mehr mit, wir können die Verantwortung für das, was in vermeintlichem Staats- und Volksinteresse geschieht, nicht mehr übernehmen. Zunächst aber stehen wir auf dem Standpunkt, daß ein Staat, der die Kirche ruft, der den Terror des Marxismus auch in religiöser Beziehung gebrochen hat, der den Fäulniserscheinungen im öffentlichen Leben so tatkräftig und so erfolgreich zu Leibe geht, der dem sozialen Frieden und der sozialen Gerechtigkeit nachjagt, Vertrauen verdient, auch wenn wir gegen manche seiner Methoden Bedenken haben, und daß angesichts der stürmischen Anfangszeiten einer nachgreifenden Entwicklung eine gewisse Zurückhaltung geboten ist.

Da Bodelschwingh nach seinem Rücktritt sich nicht aller Äußerungen in der Öffentlichkeit enthielt[206]*, griff ihn Rehm im* NS-Kurier *am 30. 6. 1933 unmittelbar an:*

Bodelschwingh rebelliert

In unerhörter und herausfordernder Weise ist Bodelschwingh jetzt zum Angriff gegen den nationalsozialistischen Staat vorgegangen. Der Mann, welcher immer nichts anderes zu sein vorgab, als ein »Diakon« seines Volkes, bringt es nun fertig, das evangelische Kirchenvolk in

[206] Zur Pfingstbotschaft Bodelschwinghs siehe GB 139, S. 82 und das Schreiben Bodelschwinghs an den kommissarischen Präsidenten des Evang. Oberkirchenrats Berlin vom 30. 6. 1933, GB 139, S. 88.

einem Aufruf, der gegenwärtig durchs Land geschickt wird, zum Widerstand gegen die Maßnahmen der preußischen Regierung aufzurufen. Er hat zwar formell sein Reichsbischofsamt zurückgegeben, aber er erklärt nun, daß er nicht daran denke, seine ihm übertragenen Aufgaben aufzugeben, sondern »er werde weiter für eine freie Kirche kämpfen«. Er ruft dazu auf, überall Kreise zu sammeln, die diesen Kampf mit ihm führen. Auch vor dem »Märtyrertum« schrecke er nicht zurück und sei bereit, in diesem Kampf zu leiden. Dieser Aufruf Bodelschwinghs stellt eine offene Kampfansage gegen den nationalsozialistischen Staat dar und offenbart ganz deutlich, daß es Bodelschwingh und den hinter ihm stehenden reaktionären, volksfremden Kreisen nicht um einen Dienst an der Nation geht, sondern um die Befriedigung persönlicher Herrschaftsgelüste in einer Kirche, die ein Sonderdasein neben dem Volk führen soll. Außerdem bedeutet dieser Aufruf eine empörende Irreführung der Öffentlichkeit, die ihresgleichen sucht.

Durch das Eingreifen der preußischen Staatsregierung wurde die innere Freiheit der Kirche, Glaube und Evangelium, Predigt und Seelsorge in keiner Weise angetastet. Die Freiheit der Kirche wird nicht durch den nationalsozialistischen Staat in Gefahr gebracht, sondern durch diese Reaktionäre, welche durch ihre Kirchenpolitik alles tun, um dem Staat Adolf Hitlers die größten Schwierigkeiten zu bereiten. Es ist eine Schande sondergleichen, daß ausgerechnet kirchliche Kreise, die ihre äußere Existenz allein Hitler verdanken, diejenigen sind, die Hitler in seinem Wiederaufbauwerk der Nation die heftigsten Widerstände leisten. Herr Bodelschwingh hat kein Recht, das Wort »Märtyrer« überhaupt in den Mund zu nehmen. Die Märtyrer sind heute nicht in seiner Front, sondern in der Front der braunen Armee Adolf Hitlers. Der Staat Adolf Hitlers wird keinen Christen um seines Glaubens willen zum Märtyrer machen; wenn also Bodelschwingh glaubt, Märtyrer sein oder werden zu müssen, so ist daran nicht der Staat, sondern allein Bodelschwinghs Eigensinn und Geltungsbedürfnis schuld. Solches Märtyrertum ist aber nicht gottgewollt. Würde Bodelschwingh wirklich ein Diakon, ein Diener des Volkes sein, so dürfte er heute keine andere Aufgabe kennen, als dem gottgesandten Führer unseres Volkes Adolf Hitler an seinem Aufbauwerk mitzudienen.

Der Staat Adolf Hitlers, der sich ausdrücklich zu einem lebendigen Christentum bekannt hat, kann es sich nicht bieten lassen, daß diese anmaßenden und verbohrten kirchlichen Bodelschwingh-Kreise ihm Schwierigkeiten bereiten, die sie den vorhergegangenen antichristlichen

Regierungen nie bereitet haben. Wenn Bodelschwingh in diesem Aufruf zu wirklichen Separationen ermuntert, so mögen sich alle seine Hintermänner im klaren sein, daß für solche Separationen in dem Augenblick, wo das Volk sich politisch einigt, wo Parteien auf ihr Sonderdasein verzichten, kein Raum ist. Wer diesem Aufruf Bodelschwinghs Folge leistet, der versündigt sich an der großen Gottesstunde, die durch Adolf Hitler unserem Volk angebrochen ist.

Die Glaubensbewegung »Deutsche Christen« war entschlossen, jetzt den alten Bischofsstreit nicht mehr aufzurollen. Uns geht der Friede in der Kirche und im Volk über alles. So gebietet es uns unser Führer Adolf Hitler. Nachdem aber Herr Bodelschwingh durch seinen Aufruf zur offenen Rebellion des Kirchenvolks gegen den Staat aufruft, vermögen wir nicht zu schweigen und können nicht widerspruchslos es hinnehmen, daß die Bevölkerung über das ehrliche, aufrichtige Wollen des Staates, der nichts anderes will, als der Kirche zu Frieden und Eintracht zu verhelfen, geflissentlich von denen irregeführt wird, welche für den ausgebrochenen Streit die alleinige Verantwortung tragen. Mit diesem Aufruf hat sich Bodelschwingh, dem wir bisher trotz aller Gegensätzlichkeit alle persönliche Hochachtung zollten, selbst gerichtet. Wer heute das Christenvolk Deutschlands mit Berufung auf Glauben, Gottvertrauen, gottgewolltes Märtyrertum zum getarnten geistigen Widerstand gegen den Staat Adolf Hitlers aufruft, der versündigt sich an Volk und Kirche. Der nationalsozialistische Staat will die Kirche nicht vergewaltigen, unterdrücken und die Grundlagen der Kirche nicht zerstören, sondern ihr helfen, daß sie bereit wird zum Dienst an unserem Volk, ihm die Kräfte der Ewigkeit zuzuführen. Das wäre eigentlich Aufgabe der kirchlichen Führer selbst; wenn diese aber offenkundig versagen und mit Blindheit geschlagen sind, so ist es Pflicht einer verantwortungsbewußten christlichen Obrigkeit – und das ist der Staat Adolf Hitlers –, das zu tun und zu ermöglichen, wozu die kirchlichen Führer unfähig und unwillig sind, weil sie der Reaktion noch eine letzte Stellung innerhalb der Kirche erhalten wollen. So ist heute die christliche Obrigkeit Adolf Hitlers ein besseres Werkzeug in der Hand Gottes als jene volksfremde Kirchenbürokratie unter der Führung Bodelschwinghs und Kaplers.

Wenn Bodelschwingh den Kampf will, so scheuen wir uns nicht, ihn aufzunehmen. Wir lieben diesen Kampf nicht und wünschten ihn vermieden zu sehen; wenn er uns aber aufgedrängt wird, so werden wir ihn führen mit gutem Gewissen und vollem Vertrauen auf den Gott, der aus Gnade unser Volk durch Adolf Hitler gerettet hat und nicht billigt, daß dieses Rettungswerk durch ausgerechnet christliche Kreise sabotiert wird.

Diesen Zeitungsartikel legte Pfarrer Pressel am 1.7.1933 dem Kirchenpräsidenten mit folgender Aktennotiz vor[207]*:*

Dem Herrn Kirchenpräsidenten übermittle ich einen Zeitungsausschnitt vom »NS-Kurier« von gestern Abend mit einem Artikel von Pfarrer Rehm. Dieser wurde zwar von Rehm dem Kollegen Schairer und Weber vorgelegt. Beide haben dringend gebeten, davon Abstand zu nehmen mit Rücksicht auf die gesamtkirchliche Lage und mit Rücksicht auf Sie. Rehm beharrte aber eigensinnig darauf. Als mir Weber davon Mitteilung machte und sich auch Schairer über seinen Eigensinn beschwerte, bat ich ihn telegrafisch (nach Simmersfeld) um Zurückziehung seines Artikels. In einem nachgesandten Eilbrief legte ich ihm dar, daß die kirchliche Lage so zugespitzt sei, daß sie keinerlei Belastungen mehr ertrage. Ich wies ihn ferner hin auf die Krisis in der Württembergischen Glaubensbewegung (eine ganze Anzahl Kollegen wollen wegen des Kurses Schairer–Rehm nicht mehr mittun), ich wies ihn hin auf Ihre Absicht und Ihren gestern geäußerten ernsten Willen, künftig Pfarrer zur Disziplin zu rufen, die nicht parieren oder Extratouren reiten, die dem Ansehen der Kirche nach außen schaden und unsere Gemeinde zerreißen. Anscheinend war es schon zu spät, denn der Artikel erschien bereits gestern Abend. Es wäre nun in Erwägung zu ziehen, ob nicht dem Kollegen Rehm vom Herrn Kirchenpräsidenten für die nächsten 4 Wochen das Schreiben von Zeitungsartikeln überhaupt verboten oder ihm wenigstens die Auflage gemacht werden soll, daß er innerhalb der nächsten 4 Wochen jeden Artikel dem Herrn Kirchenpräsidenten vor Drucklegung zur Genehmigung vorlegen muß. Ich halte in der jetzigen Lage derartige Artikel für schädlich! Pressel.

Daraufhin schrieb Rehm am 1.7.1933 an Wurm[208]*:*

Sehr verehrter Herr Kirchenpräsident!

Wie ich hörte, sind Sie durch meinen Artikel im NS-Kurier »Bodelschwingh rebelliert« befremdet worden. Ich möchte mir daher erlauben, Ihnen die Gründe darzulegen, die zu diesem Artikel führten. Zuvor er-

207 LKA Stuttgart, D 1, Bd. 42: Entwurf ohne Datum, von Direktor Dr. Müller handschriftlich korrigiert.

208 LKA Stuttgart, D 1, Bd. 43.

kenne ich voller Dank an, daß wir in Württemberg durch Ihre weitschauende Führung und Ihr freundliches Eingehen auf viele Wünsche des NS-Pfarrerbundes und der Glaubensbewegung vor einem Kirchenkonflikt, wie er jetzt in Preußen ausgebrochen ist, bewahrt geblieben sind, weshalb wir uns auch immer gehütet haben, die Kampfmethoden Preußens auf unsere württ. Verhältnisse zu übertragen. Ich bin deshalb auch immer dafür eingetreten, daß in Württemberg die Neugestaltung der kirchlichen Verhältnisse auch nicht unter dem Schein eines staatlichen Drucks vollzogen werden soll, sondern Maß und Tempo dieser Neugestaltung allein dem Herrn Kirchenpräsidenten zu überlassen sei. Es ist demzufolge in manchen Veröffentlichungen unsererseits in letzter Zeit ausdrücklich betont worden, daß unsere Kritik und Stellungnahme nicht gegen den Herrn württ. Kirchenpräsidenten gerichtet sei, und ich hätte das in diesem Artikel wieder getan, wenn Sie nicht den Wunsch geäußert hätten, daß Ihre Persönlichkeit in der Öffentlichkeit nicht mehr in die Debatte eingezogen werden soll, einen Wunsch, den wir durchaus verstehen[209].

Obiger Artikel ist von mir nicht leichter Hand geschrieben worden, weil ich mir der Tragweite der Sache bewußt war. Ich verstehe, daß Sie vom Kirchenstandpunkt aus den Artikel mißbilligen im Blick auf unsere württ. Verhältnisse. Nachdem aber Bodelschwinghs Aufruf nach Württemberg herein gekommen war und die speziell preußische Frage sich durch die ganze Entwicklung der Dinge zu einer Reichsfrage zugespitzt hatte, konnte unsererseits dieser Bodelschwingh-Aufruf nicht unwidersprochen bleiben. Wir können nicht schweigen, wenn kirchliche Kreise es fertig bringen, den Staatsgerichtshof gegen Hermann Göring anzurufen[210] und dadurch schon allein den Staat Adolf Hitlers moralisch vor dem Volk diskreditieren. Das ist unerhört, nachdem selbst ein Braun und Severing einst ihre Staatsgerichtshofklage[210a] zurückgezogen haben. Diese preußischen Herren haben den traurigen Ruhm, die ersten zu sein, welche nach dem 21. März und 1. Mai gegen den Staat Adolf Hitlers klagen. Wir können ferner nicht schweigen, wenn Bodelschwingh es fertig

209 Vgl. den Erlaß Wurms vom 17. 6. 1933: siehe S. 166 f.

210 Klage des beurlaubten preußischen Evang. Oberkirchenrats beim Staatsgerichtshof, nachdem Göring am 28. Juni das Vorgehen des Preußischen Kultministers (Einsetzung der Staatskommissare) gebilligt hatte: GB 139, S. 84 und S. 86, ferner Dokumente, S. 67 ff.

210a Staatsstreich von Papens im Juli 1932: die durch die Landtagswahlen am 24. 4. 1932 der parlamentarischen Mehrheit beraubte Regierung Braun wurde ihres Amtes enthoben.

bringt, das Christenvolk unter Berufung auf Glaube, Gottvertrauen und gottgewolltes Märtyrertum zu einem getarnten geistigen Widerstand gegen den Staat Adolf Hitlers aufzurufen und dabei dem Volk noch irreführende Vorstellungen über die Absichten des Staates einzuflößen. Hier geht es uns alten Nationalsozialisten um die Ehre unseres Führers. Die Verantwortung für den dadurch heraufbeschworenen Kampf trägt allein Bodelschwingh. Hätte ein anderer Mann in Deutschland etwas Ähnliches gemacht, säße er heute in Schutzhaft. Das hat Adolf Hitler nicht verdient, daß man seitens dieser Kreise sich so gegen ihn aufführt. Daß sich das nationalsozialistische Volk dagegen empört, ist selbstverständlich; daß die Kirche darunter leiden muß, erfüllt uns gerade als NS-Pfarrer mit tiefem Schmerz. Ich darf versichern, daß ich schon längst gerne keinen einzigen Kampfartikel mehr geschrieben hätte und es wäre auch keiner mehr gekommen, wenn dieser Bodelschwinghaufruf nicht erschienen wäre. Es war genug Heu unten; Bodelschwingh hätte jetzt schweigen sollen und nicht allem vollends durch seinen Aufruf den Boden ausschlagen sollen.

Ich bitte Sie, Herr Kirchenpräsident, deshalb gütigst verstehen zu wollen, daß es mir mit diesem Artikel nicht darum zu tun war, Öl unnötig ins Feuer zu gießen und die Kampfesleidenschaften anzublasen, sondern daß es mir dabei um eine höchst notwendige Abwehr der Bodelschwingh'schen Irreführung und eine Verteidigung der Absichten und Maßnahmen der Regierung ging. Wenn nun seit heute, wie es den Anschein hat, Gewähr dafür besteht, daß durch das Eingreifen Hindenburgs[211] die andere Front zur Raison gezwungen wird und eine friedliche Lösung des Konflikts möglich erscheint, so werden selbstverständlich in der Presse keine Artikel mehr erscheinen, damit der ruhige Fortgang des Neubaus der Kirche nicht dadurch gestört wird. Ich bitte Sie, Herr Kirchenpräsident, davon überzeugt sein zu wollen, daß wir alte Nationalsozialisten mit der gleichen Treue, mit der wir bisher hinter Adolf Hitler in seinem schweren Durchbruchskampf standen, auch hinter dem Neubau der Kirche stehen und aus dieser Verantwortung heraus alles vermeiden werden, was diesen Neubau stören könnte. Bevor aber mit diesem Neubau begonnen werden konnte, mußte erst einmal das Terrain gesäubert werden. Das geschah durch die Rede von Kultminister Rust[211a], mit der mein Artikel inhaltlich ganz übereinstimmte, ohne daß ich vor-

[211] Vgl. den Briefwechsel Hindenburg – Hitler vom 30. 6. 1933: GB 139, S. 88.

[211a] Zur Rede Rusts auf einer Kundgebung der Deutschen Christen am 29. 6. 1933 in Berlin siehe GB 139, S. 86.

her von dieser Rede Kenntnis hatte. Hier ging es um die Wahrheit, und diese Wahrheit mußte diesen Kreisen einmal klipp und klar gesagt werden. Von Herzen hoffe und wünsche ich, daß nun die Epoche des Kampfes vorbei ist und die Zeit zu positiver Aufbauarbeit anbricht. Zugleich verbinde ich die Bitte, daß durch diesen letzten Kampfartikel nicht das bisherige Vertrauen des Herrn Kirchenpräsidenten gestört sein möchte, das er uns entgegenbrachte.

In Verehrung und Hochachtung Ihr ergebener W. Rehm.

Nach dem Rücktritt von Bodelschwinghs wurde die Verfassung der Reichskirche weiter beraten. Das Evang. Gemeindeblatt für Stuttgart *berichtete darüber*[212]*:*

... Diese Verfassung wurde nun unter Fühlungnahme mit dem Reichsinnenminister Dr. Frick weiter beraten von den vorher beteiligten D. Marahrens, Dr. Hesse, einem Kirchenvertreter aus Sachsen, D. Seetzen, der an D. Kaplers Stelle in den Ausschuß getreten war, dem gleichfalls von Anfang an als Rechtsberater beigezogenen Bonner Kirchenrechtslehrer Dr. Heckel, dem Wehrkreispfarrer Müller, dem bayrischen Landesbischof D. Meiser und dem Vertreter der theologischen Fakultäten, Prof. D. Fezer, Tübingen. Es ist Aufgabe der späteren Geschichtsschreibung, die Fäden in dem Bild der letzten bewegten Wochen zu entwirren, Recht und Unrecht voneinander zu scheiden. Wir wollen froh sein, daß das große Gesetzgebungswerk über die Reichskirche jetzt fertig vor uns liegt. Auch die Reichsregierung hat keine Einwendungen dagegen gemacht ...

Die einzelnen Phasen dieser Beratung wurden in der »Neuen Zürcher Zeitung« *dargestellt*[213]*:*

... Noch am 24. Juni ernannte er den Leiter der Kirchenabteilung im preußischen Kultusministerium, Landgerichtsrat Jäger, zum staatlichen Kommissar für den Bereich sämtlicher evangelischer Landeskirchen Preußens. Am 25. Juni ernannte der Kommissar Jäger für jede preußische Kirchenprovinz einen besonderen Kommissar ...

Bestand für das Eingreifen des Ministers Rust am 24. Juni eine rechtliche Grundlage? Hat die Kirche den Staatsvertrag gebrochen? Davon

212 Ausgabe vom 23. 7. 1933; vgl. Hermelink, S. 44.

213 Ausgabe vom 16. 7. 1933: »Zur Rechtslage des deutschen Protestantismus«. Die Ernennung Jägers erfolgte durch den preußischen Kultminister Rust.

kann keine Rede sein. Die altpreußische Kirche hat loyal und offen gehandelt. Wohl steht in dem Konkordat, das die römisch-katholische Kirche mit dem preußischen Staat vereinbart hat, daß auch im Falle einer Vakanzverwaltung der Staat zu befragen sei, aber ein solcher Artikel fehlt in dem Konkordat zwischen Preußen und der evangelischen Kirche[214]. Man hatte diesen Artikel bei der Abfassung des Konkordats nicht vergessen; vielmehr geht aus den Verhandlungsakten hervor, daß der Staat darauf verzichtet hat. Wäre aber die vorübergehende Einsetzung Dr. Stoltenhoffs wirklich eine Rechtsverletzung gewesen, so hätte der Staat nach Artikel 12 des Staatsvertrages die Pflicht gehabt, diese Meinungsverschiedenheit »freundschaftlich« zu bereinigen. Der Leiter der Kirchenabteilung im Kultusministerium, Ministerialdirektor Dr. Trendelenburg, war der gleichen Ansicht wie die Kirchenleitung; er wurde darum sofort beurlaubt. Die von Minister Rust angeführten Gründe sind in Wirklichkeit für ihn nur Vorwand gewesen; es scheint auch, daß er bald auf seine Argumente verzichtet hat, erklärte er doch am 29. Juni, er berufe sich nicht auf das Recht des Staatsgerichtshofs, sondern auf ein höheres Recht, das Recht vor der Geschichte! Der Staatseingriff vom 24. Juni gehörte in den Zusammenhang der zweiten Welle der nationalsozialistischen Revolution. Die preußische Staatsleitung suchte in Verbindung mit dem radikalen Flügel der »Deutschen Christen«, die Kirche auf einen Schlag »gleichzuschalten«[215].

Das Vorgehen Rusts rief ungeheure Verwirrung und schwerste Besorgnis in allen Teilen der evangelischen Bevölkerung in Deutschland hervor, so daß sich Reichspräsident von Hindenburg zum Eingreifen veranlaßt sah. Hindenburg hatte am Abend des 29. Juni in Neudeck eine Unterredung mit dem Reichskanzler, in der er diesem seine Sorge um die durch einen Streit zerrissene evangelische Kirche darlegte. In einem zwei Tage später in allen größeren Zeitungen (außer im »Völkischen Beobachter«) erschienenen Brief an Hitler[216] teilte der Reichspräsident öffentlich den Grund seines Eingreifens mit und sprach die Bitte aus, es möchten zwischen den Vertretern der preußischen Landeskirche und den Organen des preußischen Staates Einigungsverhandlungen aufgenom-

[214] Reichskonkordat vom 20. 7. 1933: RGBl. I, S. 679 ff.; vgl. ferner Dokumente, S. 101 ff. u. S. 190 ff. Zum Preußischen Konkordat vom 11. 5. 1931 siehe Anmerkung 127a, S. 173.

[215] Zur Rede Rusts auf einer Kundgebung der Deutschen Christen am 29. 6. 1933 in Berlin siehe GB 139, S. 86 und Dokumente, S. 77.

[216] Brief Hindenburgs vom 30. 6. 1933 an Hitler: Dokumente, S. 83.

men werden. Hitler, der bisher nur von einer Seite (nämlich von der Seite Rusts und des hinter diesem stehenden radikalen Flügels der Deutschen Christen) informiert worden war, gab den vom Reichspräsidenten empfangenen Auftrag sofort an den Reichsinnenminister Dr. Frick weiter, der wie die Mehrheit der führenden Mitglieder des Reichskabinetts von Anfang an gegen die preußische Staatsexekution gewesen war. Frick beauftragte seinerseits den Wehrkreispfarrer Müller, der der »Glaubensbewegung Deutscher Christen«, aber nicht deren radikalem Flügel angehört, eine Verständigung im Sinne Hindenburgs herbeizuführen[217]. Müller, der die heikle Frage der Staatsexekution nicht anrühren wollte, suchte die Einigung der Kirche auf dem Wege zu erreichen, daß er die Schaffung einer Reichskirchenverfassung noch einmal in Angriff nahm. Das Werk des Dreimännerkollegiums war ja infolge des Staatseingriffs wieder zusammengebrochen. Bodelschwingh war am Abend des 24. Juni von seinem Bischofsamt wieder zurückgetreten. Die Reichskirche mußte von neuem gebaut werden, aber diesmal – so wünschte es Müller – von einem größeren Kollegium, in dem die Deutschen Christen maßgebend vertreten waren. Zu diesem von Müller eigenmächtig einberufenen neuen Verfassungsausschuß gehörten vier für Müller eintretende lutherische, aber wie sich bald zeigte, den Staatseingriff ablehnende Bischöfe, der preußische Staatskommissar, vier weitere Vertreter der Deutschen Christen, aber nur ein Vertreter der altpreußischen Kirche und nur ein Vertreter der jungreformatorischen (hinter Bodelschwingh stehenden) Bewegung.

Die erste Sitzung brachte das Programm des Bonner Kirchenrechtlers, Professor Heckel, der an die in Loccum getroffenen Vereinbarungen anknüpfte. Der Führer der jungreformatorischen Bewegung forderte die Beiziehung eines Vertrauensmanns der altpreußischen Generalsuperintendenten. Dazu wurde der Theologe Professor Eger in Halle bestimmt. Die eigentlichen Schwierigkeiten kamen aber erst nach der ersten Sitzung zur Sprache. Da gab nämlich der westfälische Generalsuperintendent an den Vorsitzenden die Erklärung ab, daß es ihm unmöglich sei, an der Arbeit des Verfassungsausschusses teilzunehmen, während zu gleicher Zeit in seinem Sprengel, wie in ganz Preußen, die Pfarrer von den Inhabern der Polizeigewalt bedroht und durch die Kommissare vom Gehorsam gegenüber ihren Oberen entbunden würden. Jedenfalls könne diese Arbeit des Verfassungsausschusses nicht weiter-

[217] Brief Fricks an Müller vom 30. 6. 1933: Dokumente, S. 83 f.

geführt werden, bevor nicht in Preußen ein erträglicher Zustand geschaffen sei. Eine gleiche Erklärung wurde nach dieser Sitzung von den hinter Müller als eventuellem späteren Reichsbischof stehenden lutherischen Kirchenführern von Bayern, Württemberg, Thüringen, Hamburg und Mecklenburg an Reichsinnenminister Frick geschickt[217a]; auch diese Erklärung bezeichnete die Wiederherstellung eines normalen rechtlichen Zustandes in Preußen als die Vorbedingung weiterer gemeinsamer Arbeit. Müllers Rechnung, als er meinte, er könne die Kirchenführer durch die Mitarbeit an der Reichskirchenverfassung von der Staatsexekution ablenken, hatte also einen Fehler. Die Kirchenleiter dachten nicht im geringsten daran, sich in bezug auf das eigentliche Ärgernis, den Staatseingriff Rusts, beschwichtigen zu lassen. Es war ja auch in der Tat ein unglaublicher Zustand, daß während der Session des unter Müller tagenden Einigungs- und Verfassungsausschusses der Staatskommissar Jäger und seine Bevollmächtigten in den Provinzen planmäßig weiter mit Beurlaubung von Konsistorialräten, Superintendenten und Pfarrern arbeiteten und sich bemühten, alle maßgebenden Stellen mit radikalen Deutschen Christen zu besetzen! An diesen Dingen drohte das Verfassungswerk zuerst zu scheitern. Die Tatsache, daß es nicht gescheitert, sondern am 11. Juli unter Dach gebracht ist, läßt den Rückschluß zu, daß den zuerst frondierenden Ausschußmitgliedern beruhigende Zusagen hinsichtlich des staatlichen Eingriffs gemacht worden sind. Es wird ihnen die Zurücknahme der Staatskommissare versprochen worden sein. Dafür sprechen außerdem verschiedene Umstände, die sich bei der Verkündigung der Verfassung abgespielt haben. Einmal: Zur Unterschrift sind nicht die Staatskommissare, sondern die »beurlaubten« Kirchenleitungen aufgefordert worden! Diese entscheidende Wendung ist den lutherischen Bischöfen, die im Verfassungsausschuß die Schlüsselstellung besaßen, zu verdanken. Sodann: Die Verkündigung der Verfassung im Innenministerium geschah nicht durch den Mund eines staatlichen Vertreters, sondern durch den des hannoverschen Landesbischofs Marahrens, der schon zu dem Dreierausschuß von Loccum gehörte, der das ursprüngliche Verfassungswerk mitschuf und der Bodelschwingh mitgewählt hat! Daß nicht dem Reichsinnenminister oder dem preußischen Staatskommissar, sondern einem Führer der altpreußischen Kirche der wichtige Akt der erstmaligen Verkündigung der reichskirchlichen Verfassung übertragen wurde, betrachten wir als einen Schritt

[217a] Siehe S. 270 f.

zurück zur alten Rechtslage. Es scheint, daß die Tage des Staatskommissars gezählt sind und daß der Staat seinen Kampf gegen die Kirche nicht bis zum letzten führen will! ...

Schon am 30. 6. 1933 hatte Wurm durch Eilbrief die Vorstände der Süddeutschen Landeskirchen zu einer Besprechung am 3. 7. 1933 im Stuttgarter Oberkirchenrat eingeladen, an der auch Pfarrer Pressel und Oberkirchenrat Dallinger teilnehmen sollten[218]. *Ein Protokoll der Besprechung liegt nicht vor.*

Am 4. 7. 1933 erklärten die lutherischen Kirchenführer in Berlin[219]*:*

1. Wir beklagen es tief, daß die überstürzte Designation des Pastors D. von Bodelschwingh am 24. Mai den Streit um die Person des künftigen Reichsbischofs in die Gemeinden hineingetragen hat, ehe das Amt und der verfassungsmäßige Wahlkörper geschaffen war.

2. Wir haben uns aus ernsten kirchlichen Erwägungen heraus am 26. Mai für die Kandidatur Müller entschieden. Gleichwohl waren wir um des kirchlichen Friedens willen am 27. Mai einmütig entschlossen, die Designation Bodelschwinghs anzuerkennen, falls das Dreimännerkollegium die ganze Verantwortung zu übernehmen bereit war.

3. Da jedoch dieses sich weigerte, auf eine Gutheißung seines Entschlusses durch die Bevollmächtigten der Landeskirchen zu verzichten, fiel die Entscheidung auf diese zurück. Das hat einige von uns veranlaßt, ihre ursprüngliche Stimmabgabe für Müller aufrechtzuerhalten; andere haben zwar für Bodelschwingh gestimmt, aber in der Eingrenzung, die das Wort »Designation« in sich schließt.

4. In den folgenden Wochen haben wir unausgesetzt eine friedliche Lösung angestrebt durch den Vorschlag, Bodelschwingh möge seine Designation als befristet ansehen und sich einer endgültigen auf Grund der neuen Verfassung zu vollziehenden Wahl stellen.

5. Bei der Tagung des Kirchenausschusses in Eisenach bestand am Samstag, dem 24. Juni, begründete Aussicht, daß der Kirchenausschuß sich dieser Auffassung anschließen würde. Um so mehr beklagen wir es, daß er zu einem Beschluß in dieser Richtung nicht mehr kam, weil die am selben Tag erfolgte Einsetzung eines Staatskommissars für die Kirchen des preußischen Staatsgebietes den Beratungen ein vorzeitiges Ende bereitete.

[218] Nr. A 4807.

[219] LKA Stuttgart, D 1, Bd. 42.

6. Ohne auf die in der letzten Zeit entstandenen Rechtskonflikte zwischen Staat und Kirche in Preußen im einzelnen einzugehen, anerkennen wir, daß den Staatsnotwendigkeiten auch von der Kirche Rechnung getragen werden muß. Jedoch haben die Auswirkungen der vom Staat getroffenen Maßnahmen, insonderheit der Umstand, daß durch die vorgenommenen Beurlaubungen auch hochverdiente Kirchenmänner und unersetzliche Sachkenner in kirchlichen Verbänden betroffen worden sind, sowie die in einzelnen Fällen erfolgte Entbindung der Pfarrerschaft vom Gehorsam gegen ihre kirchliche Obrigkeit eine Lage geschaffen, die wir nicht nur vom Standpunkt der Kirche aus, sondern vor allem auch im Blick auf Staat und Volk als überaus ernst bezeichnen müssen. Wir bitten deshalb die Reichsregierung ehrerbietig und dringend, dem durch die letzten Maßnahmen noch viel größer gewordenen und täglich wachsenden Notstand in Staat und Kirche durch Wiederherstellung der kirchlichen Handlungsfreiheit und Selbstverantwortlichkeit so bald als möglich ein Ende zu machen.

Wurm, Meiser, Reichardt, Schoeffel, Rendtorff.

Am 10. Juli konnten die Beratungen um die Verfassung der Deutschen Evang. Kirche abgeschlossen werden, am 11. Juli kamen die Vertreter der Landeskirchen im Reichsinnenministerium zusammen, dabei verkündete Landesbischof Marahrens die Vollendung des kirchlichen Verfassungswerkes, das von den Landeskirchen angenommen wurde[220]. *Die Verfassung selbst wurde mit einem sie bestätigenden Reichsgesetz am 14. 7. 1933 veröffentlicht*[221]*; die Staatskommissare, die in den Kirchen der Altpreußischen Union eingesetzt waren, wurden zurückgezogen*[222].

220 Vgl. GB 139, S. 92 und den Empfang von Marahrens und Meiser durch Hitler am 22. 7. 1933 (GB 139, S. 94; Hermelink, S. 46 f.), ferner Anmerkung 40, S. 318.

221 RGBl. I, 1919, S. 1383 ff.; KJb., S. 17 ff.; GB 139, S. 69 ff. und S. 92; Niemöller, Handbuch, S. 105; Niemöller, Kampf, S. 53 ff.; Kater, S. 93 ff.; Hermelink, S. 44; Dokumente, S. 107 ff. u. S. 185 ff. Vgl. dazu Hans Meinzolt, »Die neue Reichskirche, Wesen und Verfassung der DEK«. München, Heiser-Verlag 1933. Den Text der Verfassung siehe Dokumente, S. 185 ff.

222 Vgl. GB 139, S. 92; Hitler dankte am 12. 7. 1933 Müller telegrafisch und am 19. 7. 1933 brieflich für die Vollendung des Verfassungswerks; vgl. GB 139, S. 94; Bundesarchiv Koblenz R 43 II, 161; Dokumente, S. 88 f.

Der Oberkirchenrat veröffentlichte am 18. 7. 1933 folgende Bekanntmachung über die Deutsche Evang. Kirche[223]:

Am 11. Juli 1933 ist in einmütigem Zusammenwirken sämtlicher Deutscher evangelischer Landeskirchen die Deutsche Evangelische Kirche gegründet und ihre Verfassung geschaffen worden. Damit ist ein bedeutsames Werk zustande gekommen. Die deutschen evangelischen Kirchen sind jetzt nicht mehr nur in einem Kirchenbund vereinigt, sondern sind als Gesamtkirche zu einem großen Ganzen zusammengeschlossen. Unsere Landeskirchen sollen zwar wie bisher fortbestehen, aber sie ordnen sich der Deutschen Evangelischen Kirche ein, die in gemeinsamen Fragen die nötigen Anordnungen trifft. Gott segne die neue Deutsche Evangelische Kirche und ihre Arbeit an unserem Volk!

Im folgenden ist die Verfassung der Deutschen Evangelischen Kirche (Anlage 1), eine Verordnung zu ihrer Einführung (Anlage 2) und das Reichsgesetz über die Verfassung der Deutschen Evangelischen Kirche abgedruckt. Wurm.

Die Präambel und Artikel 1 der als Anlage 1 zur Bekanntmachung des Oberkirchenrats vom 18. 7. 1933 veröffentlichten Verfassung der Deutschen Evang. Kirche *lautet:*

In der Stunde, da Gott unser deutsches Volk eine große geschichtliche Wende erleben läßt, verbinden sich die deutschen evangelischen Kirchen in Fortführung und Vollendung der durch den Deutschen Evangelischen Kirchenbund eingeleiteten Einigung zu einer einigen Deutschen Evangelischen Kirche. Sie vereinigt die aus der Reformation erwachsenen gleichberechtigt nebeneinanderstehenden Bekenntnisse in einem feierlichen Bunde und bezeugt dadurch: »Ein Leib und ein Geist, ein Herr, ein Glaube, eine Taufe, ein Gott und Vater unser aller, der da ist über allen und durch alle und in allen[223a].«

Die Deutsche Evangelische Kirche gibt sich nachstehende Verfassung:

Abschnitt I

Artikel 1

Die unantastbare Grundlage der Deutschen Evangelischen Kirche ist das Evangelium von Jesus Christus, wie es uns in der Heiligen Schrift bezeugt und in den Bekenntnissen der Reformation neu ans Licht ge-

[223] Nr. A 5343: Abl. 26, S. 145 ff.; handschriftlicher Entwurf von Direktor Dr. Müller: OKR Stuttgart, Registratur, Generalia 115 b I.

[223a] Eph 4,4–6.

treten ist. Hierdurch werden die Vollmachten, deren die Kirche für ihre Sendung bedarf, bestimmt und begrenzt[224].

Als Anlage 2 zur Bekanntmachung vom 18. 7. 1933 wurde das Gesetz über die Verfassung der Deutschen Evang. Kirche *vom 14. 7. 1933 abgedruckt:*

Die Reichsregierung hat das folgende Gesetz beschlossen, das hiermit verkündet wird:

Artikel 1

Der Deutschen Evangelischen Kirche ist am 11. 7. 1933 eine Verfassung gegeben, die nebst der Einführungsverordnung von Reichs wegen anerkannt und in der Anlage veröffentlicht wird.

Artikel 2

1. Die Deutsche Evangelische Kirche ist Körperschaft des öffentlichen Rechts des Reichs.

2. Die Rechte und Pflichten des Deutschen Evangelischen Kirchenbundes gehen auf die Deutsche Evangelische Kirche über.

Artikel 3

Weigern sich die zuständigen Organe einer Landeskirche, Umlagen der Deutschen Evangelischen Kirche auf den Haushalt zu bringen, so hat auf Ersuchen der Reichsregierung die zuständige Landesregierung die Eintragung der Leistungen in den Haushalt zu veranlassen.

Artikel 4

Im förmlichen Disziplinarverfahren gegen kirchliche Amtsträger sind 1. die kirchlichen Disziplinarbehörden berechtigt, Zeugen und Sach-

224 Vgl. zu diesem Artikel 1 den Kommissionsentwurf für eine neue Verfassung der Württ. Landeskirche vom 27. 11. 1848, der, vom Konsistorium in Stuttgart am 7. 12. 1848 zur Veröffentlichung freigegeben, im Jahr 1849 in einer Broschüre erschienen war: »Entwurf einer neuen Ordnung für die Evang. Kirche in Württemberg« (Stuttgart, Cotta 1849): »Die evang. Kirche in Württemberg bleibt auf dem Grunde der Heiligen Schrift und im Einverständnis mit den ursprünglichen Bekenntnissen der deutschen Reformation, vornehmlich der Augsburgischen Confession« (LKA Stuttgart, A 26, Bd. 207,3). Dieser Entwurf erlangte im Zusammenhang mit den Ereignissen nach 1848 keine Rechtskraft, bildete dann aber die Grundlage für § 1 der Verfassung der Württ. Evang. Landeskirche vom Jahr 1919; aus dieser württ. Kirchenverfassung dürfte der Text durch Prof. D. Fezer in die Verfassung der DEK übergangen sein.

verständige zu vereidigen, 2. die Amtsgerichte verpflichtet, dem Rechtshilfeersuchen der kirchlichen Disziplinarbehörden stattzugeben.

Artikel 5

1. Die in der Deutschen Evangelischen Kirche zusammengeschlossenen Landeskirchen führen am 23. 7. 1933 Neuwahlen für diejenigen kirchlichen Organe durch, die nach geltendem Landeskirchenrecht durch unmittelbare Wahl der kirchlichen Gemeindeglieder gebildet werden.

2. Soweit nach Landeskirchenrecht weitere Organe durch mittelbare Wahlen zu bilden sind, finden diese Wahlen bis zum 31. 8. 1933 statt.

3. Die obersten Verwaltungsbehörden der Landeskirchen sind ermächtigt, die zur Durchführung der Neuwahlen erforderlichen Bestimmungen im Wege der Verwaltungsanordnung zu erlassen. Dabei wird den von ihrer Ortskirche abwesenden Wahlberechtigten eine Stimmabgabe durch Bevollmächtigte ermöglicht. Soweit es zu diesem Zwecke oder zur Einhaltung der in diesem Artikel vorgeschriebenen Fristen notwendig ist, kann von den Vorschriften der Kirchengesetze und Kirchenverfassungen über den äußeren Gang des Wahlverfahrens abgewichen werden.

4. Ein Bevollmächtigter des Reichsministers des Innern überwacht die unparteiische Durchführung der Bestimmungen dieses Artikels.

Artikel 6

Der Reichsminister des Innern wird mit der Ausführung dieses Gesetzes beauftragt.

Artikel 7

Dieses Gesetz tritt mit dem Tage seiner Verkündung in Kraft.

Der Reichskanzler: Adolf Hitler.

Der Reichsminister des Innern: Frick.

Zum 16. 7. 1933 erließ Wurm zum Abschluß des Verfassungswerks der Deutschen Evang. Kirche folgende Kanzelansprache[225]*:*

»Christus ist unser Friede[225a]«, unter diesem Zeichen darf ich heute vor euch treten. Das gnädige Walten des Herrn der Kirche hat es gefügt, daß in dieser Woche ein Einigungswerk vollbracht worden ist, an dessen Gelingen man noch vor kurzer Zeit zweifeln konnte. In voller Einmütigkeit haben die Bevollmächtigten sämtlicher deutscher evangelischer Lan-

[225] LKA Stuttgart, D 1, Bd. 43; Abl. 26, S. 129 f. Zur Annahme des Bischofstitels durch Wurm siehe Bd. 1, S. 488 ff.

[225a] Eph 2,14.

deskirchen die Gründung einer einigen Deutschen Evangelischen Kirche beschlossen, die auf dem Boden des alten unantastbaren Evangeliums und des reformatorischen Glaubens steht; die mit ganzer Hingabe den Aufgaben sich widmen will, die ihr Gott selbst durch den Gang der Geschichte in unserem Volk gestellt hat, und die bei aller Geschlossenheit nach außen doch den einzelnen Landeskirchen ihre im Bekenntnis und kirchlichen Leben ausgeprägte Eigenart läßt. Es muß besonders hervorgehoben werden, daß dieses Einigungswerk im Einvernehmen mit der Reichsregierung aus freier Entschließung der Kirchenleitungen zustande gekommen ist; die jetzt beschlossene Verfassung entspricht in ihren Grundlinien vollständig dem Entwurf, der aus den Beratungen der Bevollmächtigten des bisherigen evangelischen Kirchenbundes hervorgegangen ist.

Nur mit tiefer Bewegung und mit gebeugtem Herzen können wir des schmerzlichen Risses gedenken, der in den letzten Wochen durch die deutsche evangelische Christenheit ging, weil über Personen und Einrichtungen und das ganze Verhältnis von Staat und Kirche ein Streit entbrannt war. Umso inniger steigt unser Dank empor zu dem, der Sünde vergibt und Gebrechen heilt[226] und den Seinen das köstliche Vermächtnis hinterlassen hat, daß sie eines seien, wie der Vater und der Sohn eines sind[227]. In ihm vereint wollen wir neu glauben lernen an den, der die Geschicke der Menschen und der Völker lenkt, dem es ein Kleines ist, durch viel oder wenig zu helfen[228]. Seine Gnade allein kann unser Volk und Reich bewahren vor den Anschlägen einer feindlich gesinnten Welt; sein Segen ist nötig, wenn das riesenhafte Unternehmen der Beseitigung der Arbeitslosigkeit und der sozialen Neugestaltung gelingen soll. Ebenso wollen wir bereit sein zu neuer Liebe, zu freudigem Dienst an Volk und Staat, zu neuer Verkündigung seines Namens auch unter denen, die bisher der Kirche und ihrer Botschaft fremd gegenüber gestanden sind. Zu solchem Dienst darf ich euch heute mit besonderem Nachdruck aufrufen. Der Ständige Ausschuß des Landeskirchentags hat mich einmütig gebeten, von jetzt an die Amtsbezeichnung eines Landesbischofs anzunehmen. Er wollte damit zum Ausdruck bringen, daß nicht die kirchliche Verwaltung, sondern die geistliche Führung, besonders in der gegenwärtigen Zeit, das Hauptanliegen des Kirchenpräsidenten sein solle. Indem ich mir dieses Anliegen zu eigen mache, befehle ich euch

226 Ps 103,3.
227 Joh 10,30.
228 1 Sam 14,6.

und mich dem obersten Hirten und Bischof unserer Seelen. Er wolle uns vollbereiten, stärken, kräftigen, gründen; ihm sei Ehre und Macht von Ewigkeit zu Ewigkeit[228a]! Amen.

Über die neue Verfassung der Reichskirche schrieb der Herausgeber des Evang. Gemeindeblatts für Stuttgart *nach einer Übersicht über die einzelnen Bestimmungen*[229]*:*

... Das ist in seinen Grundzügen das Verfassungsgesetz der Deutschen Evang. Kirche. Die Leser werden den Eindruck gewonnen haben, daß dasselbe in umfassender Weise das in der deutschen evangelischen Kirche flutende Leben zur Darstellung bringt und, soweit es einheitlich zu regeln ist, straff zusammenfaßt. Der Charakter der Kirche als einer Kirche Christi ist völlig gewahrt, auch für das Verhalten der Deutschen Evangelischen Kirche zu den evangelischen Christen anderer Rassen keine Vorschrift gegeben. Wir freuen uns, daß in der Verfassung unsere Mitchristen aus den Juden unter kein Ausnahmerecht gestellt sind. Im Reichsbischofsamt kommt das Führerprinzip zu energischer Geltung. Aber die Nationalsynode und die evang. Volkskammern mildern dasselbe im Geiste des Neuen Testaments und der Reformation durch die Geltendmachung des Gemeindeprinzips. Die Mannigfaltigkeit im Leben der deutschen evang. Kirchen bekommt ihr Recht durch die Proklamierung der Selbständigkeit der Landeskirchen in Bekenntnis und Kultus. Die in dieser Beziehung anfangs laut gewordenen Sorgen sind zerstreut. Der Nationalsozialismus hat die evang. Kirche energisch dazu aufgerufen, noch mehr als bisher sich um die großen Volksfragen zu kümmern. ... Die Kirchenverfassung trägt auch diesem Wunsche Rechnung, indem sie von einer einheitlichen Haltung der Kirche in Ziel und Arbeit redet. Wir hoffen, daß unter einer weitschauenden einheitlichen Führung der Deutschen Evang. Kirche deren Öffentlichkeitswille kräftig zur Geltung kommt. Daneben aber darf die Pflege des Lebens der Einzelgemeinden und der einzelnen Seelen nicht zu kurz kommen. Die Kirche, zum mindesten unsere württembergische, hat das in den letzten 15 Jahren noch mehr geübt, als es vorher der Fall gewesen ist. Sie wird auch dieses Erbe zu wahren wissen und den Schatz, den sie da gesammelt hat, nicht wieder preisgeben, sondern mehren. Der Blick ins Weite muß sich im Leben der Kirche einen mit der Pflege des Kleinen und vor der Welt Unschein-

[228a] 1 Petr 2,25; 1 Petr 5,10; 1 Tim 1,17.
[229] »Evang. Gemeindeblatt für Stuttgart«, Ausgabe vom 23. 7. 1933.

baren. Alles aber muß durchdrungen sein von den erlösenden und läuternden Kräften des Geistes Jesu. Um diese Gabe, die durch kein Wirken ins Große und ins Kleine errungen werden kann, bitten wir täglich. Vielleicht schenkt sie uns Gott bald in noch reicherem Maße als bisher, nachdem er uns für den äußeren Bestand von Volk und Kirche einen so gewaltigen Erretter gesandt hat.

Der Kirchliche Anzeiger für Württemberg *würdigte am 3. 8. 1933* Die neue Kirchenverfassung:

Das große Werk der verfassungsmäßigen Einigung des deutschen Protestantismus, an dem Generationen seit den Tagen der deutschen Reformation gearbeitet haben, ist durch das Inkrafttreten der Kirchenverfassung nunmehr den entscheidenden Schritt vorwärts gebracht worden. Die Deutsche Evangelische Kirche ist da! Hoch über allem kirchenpolitischen Streit und Hader, von dem das Zustandekommen der Verfassung begleitet war, steht die kirchengeschichtliche Bedeutung dieses Werkes, das eine neue Ära in der Geschichte der evangelischen Kirchen einleitet. Der Fortschritt, den die neue Verfassung bringt, wird besonders deutlich, wenn man ihr den Verfassungsbau des alten Kirchenbundes gegenüberstellt. Der Kirchenbund war bisher ein loser Zusammenschluß der deutschen Kirchen, der die Zersplitterung des evangelischen Kirchentums in eine Unzahl kleiner und großer Kirchengebilde bestehen ließ . . . Es mußte erst der stürmische Wille des Kirchenvolks aufbrechen und von den Deutschen Christen der Ruf nach einer »Reichskirche« unüberhörbar laut erhoben werden, damit die Bahn für einen völligen Verfassungsneubau des deutschen Protestantismus frei wurde.

An dem Werk, das jetzt vollendet dasteht, ist die verfassungsmäßige Form neu. Unverändert dagegen blieb und mußte bleiben die Bekenntnisgrundlage, die die neue Kirche mit der deutschen Reformation und über sie zurück mit der urchristlichen Gemeinde des Neuen Testaments verbindet . . . Die Verfassung läßt, wo es sich nicht um das Bekenntnis, sondern um die verfassungsmäßigen Formen handelt, überall den Zug zu einer straffen Zusammenfassung der Kräfte erkennen. Das zeigt sich besonders deutlich in den Aufgaben der Gesamtkirche gegenüber den Landeskirchen. Das bisherige Nebeneinander verschiedenartiger Verfassungen wird abgelöst durch eine einheitliche Verfassungsordnung in allen Landeskirchen . . . Noch stärker ist der Fortschritt gegenüber dem bisherigen Zustand dort zu spüren, wo die Kirche dem Staat und der Öffentlichkeit gegenübertritt. Gegenüber dem bisherigen Zustand macht die Verfassung die Bahn frei für eine einheitliche Führung der Kirche in den entscheidenden Fragen des öffentlichen Lebens ... Der große Rahmen für eine einige Kirche der Deutschen Evangelischen Christenheit ist da. Es wird die Aufgabe der nächsten Zeit sein, dieses Rahmenwerk lebendig auszufüllen.

Im Schwäbischen Merkur *gab D. Hickmann einen Überblick über das Werden der deutschen Reichskirche und stellte dann fest*[230]*:*

... Die neue deutsche evangelische Kirche ist keine Staatskirche. Die Eigenständigkeit der reformatorischen Bekenntnisse ist verfassungsmäßig gesichert. Die Ablehnung des Staatskirchentums ist besonders wichtig für die Beziehung der deutschen evangelischen Kirche zu den deutschen evangelischen Gemeinden jenseits der Reichsgrenzen. Der in dem bisherigen Kirchenbund verwirklichte Grundsatz, daß Staatsgrenzen keine Kirchengrenzen sind, ist beibehalten und damit die Pflege der bisherigen engen kirchlichen Beziehungen zwischen dem Mutterlande der deutschen Reformation und den Gemeinden aller Welt gewahrt. Gegen die Gefahr der Politisierung soll die neue Kirche durch einen Reichsvertrag geschützt werden, der nach dem Schlußprotokoll des Reichskonkordats[231] parteipolitische Betätigung von Pfarrern ausschließt.

Da die neue deutsche evangelische Kirche keine Staatskirche ist, enthält die neue kirchliche Verfassung keinen Arierparagraphen. Sie ist nur durch evangelische Notwendigkeiten bestimmt. Hierzu bemerkt der evangelische Pressedienst: »Das schließt nicht die Abwehr artfremder Einflüsse, besonders innerhalb der kirchlichen Führung aus. Aber diese Abwehr betrifft den theologischen Führernachwuchs, jedoch nicht die Gliedschaft der Gemeinde Christi. Sakramentsgemeinschaft, gemeinsame Teilnahme am Gottesdienst sind in einer christlichen Kirche selbstverständlich. Die Frage der Artgemäßheit der kirchlichen Führung wird nicht durch die Verfassung bestimmt, sondern durch die Regelung des theologischen Nachwuchses«.

Die neue Verfassung ist ein Rahmenwerk, das durch die Arbeit der nächsten Monate noch ausgefüllt werden muß ...

---

230 Ausgabe vom 4. 8. 1933: »Kirche im nationalen Aufbruch«.

231 Reichskonkordat vom 20. 7. 1933: RGBl. I, S. 679 ff.; vgl. Dokumente, S. 101 ff. und S. 190 ff.

Am 24. 7. 1933 erließ Wurm ein Schreiben An die Geistlichen der Evang. Landeskirche in Württemberg [232/236]:

Aus Anlaß der vom Ständigen Ausschuß des Landeskirchentags beantragten Annahme der Amtsbezeichnung »Landesbischof« sind mir aus den Reihen der Amtsbrüder so viele freundliche Zuschriften zugekommen, daß ich bitten muß, den herzlichsten Dank für solche Kundgebungen des Vertrauens auf diesem Wege entgegennehmen zu wollen[237]. Auch auf Zuschriften anderer Art, die ernste Sorge um die weitere kirchliche Entwicklung zum Ausdruck bringen, vermag ich im einzelnen nicht einzugehen, da ich nach Monaten aufreibendster Arbeit und beständigen Hin- und Herreisens eine Atempause brauche. Die Herren dürfen überzeugt sein, daß ihre Sorge um die Wahrung der Substanz der Kirche und ihrer Verkündigung auch die meinige ist, daß ich aber nicht über jeden Schritt oder jede vermeintliche Unterlassung Rechenschaft geben kann. Ich darf bitten, törichten, unverantwortlichen Gerüchten kein Gehör zu schenken und zu bedenken, daß die Dinge dort, wo um die Entscheidung gerungen werden muß, oft weit schwieriger aussehen und mehr Geduld und Gelassenheit erfordern, als es manchen besorgten und ungestümen Kritikern aus der Ferne erscheinen mag. Elementare Bewegungen darf man nicht nach den oft unerfreulichen Formen und Handlungen einzelner Vertreter beurteilen, sondern nach ihrem inneren Recht und nach der geschichtlichen Stunde, in der sie auftreten. Die Aufstellung der Kandidatur Bodelschwingh bedeutete in dem damaligen Augenblick eine Verkennung dieser Stunde; hätten die lutherischen Kirchenführer sich nicht gegen eine solche Tendenz gestemmt, so wäre über die ganze deutsche Kirche das gekommen, was die preußische Union durchzumachen hat. Und wenn jetzt der preußische Oberkirchenrat sich entschlossen hat, zwei der ihm seinerzeit kommissarisch aufgenötigten Mitglieder zu ordentlichen Mitgliedern zu machen, so muß man doch sagen, daß sehr viel geringere Zugeständnisse in einem früheren Zeitpunkt uns viele Schwierigkeiten erspart hätten. Ich darf auch darauf hinweisen, daß sogar ein Artikel der »Neuen Züricher Zeitung«, der aus sehr gut informierter Seite stammt, das Wirken der lutherischen Bischöfe für die Beseitigung der anormalen Zustände in den Kirchen des preußischen Staatsgebiets vollauf würdigt[238].

232/236 Nr. A. 5609 wurde vom 26. Juli den Dekanatämtern zur Kenntnisnahme und zur Weitergabe an die Pfarrämter mitgeteilt. 237 Siehe dazu Bd. 1, S. 492 ff.

238 Siehe den Artikel der »Neuen Zürcher Zeitung« in der Ausgabe vom 16. 7. 1933: S. 266 ff.

Im Anschluß an mein Schreiben vom 10. 7. 1933[239] möchte ich wie früher in vertraulicher Weise über die Vorgänge der letzten Wochen Bericht geben. Schon vor dem Ausbruch des preußischen Konflikts war von den Bevollmächtigten des Kirchenbundes unter wesentlicher Mitwirkung des Kirchenrechtslehrers Heckel in Bonn der Entwurf einer Verfassung der deutschen evangelischen Kirche nahezu fertiggestellt worden. Dem vereinten Bemühen des Wehrkreispfarrers Müller, der Professoren Fezer und Schumann, der lutherischen Bischöfe und der Bevollmächtigten des Kirchenbundes gelang es, mit tatkräftiger Unterstützung des Reichsinnenministers Frick, in der Woche vom 2. bis 9. Juli das Verfassungswerk so zu fördern, daß der Entwurf am 11. Juli den Bevollmächtigten der Landeskirchen vorgelegt werden konnte. Er wurde mit wenig Änderungen genehmigt. Nach einstimmiger Annahme begaben sie sich ins Reichsinnenministerium, wo nach einer überaus würdigen Erklärung des Landesbischofs D. Marahrens der Reichsinnenminister seiner Freude über das Gelingen des Werks Ausdruck gab und die Zurückziehung der Staatskommissariate in Preußen ankündigte. Um so erstaunter war man, als am folgenden Freitag, den 14. Juli, in einer vom Reichsinnenminister einberufenen und von Staatssekretär Pfundtner geleiteten Sitzung ein Reichsgesetz über die sofortige Abhaltung von Kirchenwahlen vorgelegt wurde. Bayern, Württemberg und Baden protestierten aufs schärfste gegen diese Zumutung und die Rechtsauffassung, die ihr zugrunde lag. In der nachfolgenden Debatte zeigte es sich jedoch, daß die altpreußische Union bereits ihr Einverständnis mit dieser Maßnahme erklärt hatte, deren letzte Gründe schwerlich auf kirchlichem Gebiet zu suchen sind. Es scheint, daß die glatte Zurückziehung der Kommissariate, wie sie Frick angekündigt hatte, am Widerspruch der preußischen Regierung gescheitert war; jedenfalls suchten uns die preußischen kirchlichen Vertreter die Wahlen dadurch schmackhaft zu machen, daß sie diese als ein Opfer bezeichneten, das die süddeutschen Kirchen für die Wiederherstellung normaler Zustände in Norddeutschland zu bringen hätten.

Nach meiner Rückkehr am 15. Juli früh wurde im Oberkirchenrat sofort das Gesetz über die Neuwahlen beraten und hinausgegeben[240] sowie die Verhandlungen mit den Führern der kirchlichen Gruppen aufgenommen. Die in das Wahlgesetz vom 4. 11. 1929 § 13[241] aufgenom-

239 Nr. A 5106; Vortrag Wurms in der Kollegialsitzung vom 30. 6. 1933, der Text wurde am 10. 7. 1933 den Pfarrämtern mitgeteilt, siehe S. 256 ff.

240 Siehe S. 296 ff.

241 Abl. 24, S. 9 ff.; vgl. S. 296.

mene und im Gesetz vom 15. Juli auf Stuttgart ausgedehnte Bestimmung, wonach in Bezirken, in denen nur ein Wahlvorschlag vorliegt, die Abstimmung unterbleibt, bot die Handhabe, um durch Aufstellung einer Einheitsliste Wahl und Wahlkampf und ein völliges Überstimmtwerden der beiden bisherigen Gruppen in den einzelnen Bezirken zu vermeiden. Die angestrebte Vereinbarung kam am Dienstag, 17. Juli, zustande, wobei es nicht ohne schmerzliche Verzichte auf allen Seiten abging. Auch die Kirchenleitung bedauert aufs lebhafteste das Ausscheiden verdienter Abgeordneter, begrüßt aber auch das Hereinkommen jüngerer Kräfte. Leider ließ das Gesetz dasselbe Verfahren bei der Kirchengemeinderatswahl nicht zu; hier war die Abstimmung nicht zu umgehen. Daß bei der Kürze der Zeit mancherlei Unregelmäßigkeiten vorkamen, daß insbesondere die durch das Reichsgesetz geforderte Bestimmung über die Vollmacht zur Stimmabgabe für Ortsabwesende zu allerlei Mißverständnissen und Übergriffen führen werde, ließ sich voraussehen, aber beim besten Willen nicht verhindern.

Die Verfassung der geeinten deutschen evangelischen Kirche ist am 15. Juli in Kraft getreten; von diesem Tage an haben Kirchenbund, Kirchenausschuß und Kirchenbundesrat aufgehört zu existieren. Es war nun aber notwendig, in Fortführung der den Herren Kapler bzw. Seetzen, Marahrens und Hesse erteilten Bevollmächtigung für die einstweilige Führung der Geschäfte bis zum Zusammentritt der Nationalsynode und der Wahl des Reichsbischofs Sorge zu tragen. Die Bevollmächtigten der Landeskirchen haben sich am 20. Juli dahin geeinigt, ein Direktorium zu wählen, das aus den Herren Fezer, Koopmann (Jurist, Präsident der reformierten Kirche in Hannover), Müller (Wehrkreispfarrer), Schöffel (Landesbischof von Hamburg) und Schumann (Professor in Halle) besteht. Der Vorsitz in diesem Direktorium wechselt ab; es wurde also von der Ernennung eines provisorischen Reichsbischofs abgesehen. Die Vorbereitung des Staatsvertrags mit der evangelischen Kirche, der dem Konkordat mit der katholischen Kirche[242] sobald als möglich folgen soll, wird die nächste Aufgabe dieses Kollegiums sein, dem der bewährte Kirchenjurist Heckel, Bonn, auch in dieser Sache zur Seite stehen wird. Dieser Vertrag wird u. a. auch auf dem Gebiet der Schule, der evang. Liebestätigkeit, des Jugendwerks, des Sonntagschutzes der Kirche zu geben haben, was der Kirche ist und damit manche Anstände beseitigen, die uns gegenwärtig zu schaffen machen.

[242] Reichskonkordat vom 20. 7. 1933: RGBl. I, S. 679 ff.

Sind auch, wie wir hoffen dürfen, die schwersten Erschütterungen überstanden, so bedarf doch die Lage unsrer Kirche der größten Wachsamkeit, der dringendsten Fürbitte, der ernstesten Pflichterfüllung und der unbedingten kirchlichen Disziplin im dienstlichen und besonders im öffentlichen Auftreten auf allen Seiten. Möchte Gottes Gnade uns durch die noch vorhandenen Schwierigkeiten hindurchführen und möchte es uns durch weises und verständnisvolles Zusammenwirken aller kirchlichen Gruppen möglich werden, das, was doch Sinn und Ziel der verfassungsmäßigen Neuordnung ist, nämlich eine Neubelebung der kirchlichen Arbeit im Sinne einer umfassenden Volksmission im nächsten Winter in Angriff zu nehmen! Wurm.

In Ausführung der Verfassung der Reichskirche verfügte der Oberkirchenrat am 28. 7. 1933 die Verpflichtung aller kirchlichen Amtsträger auf die Verfassung der Reichskirche[243]*:*

Die am 15. des Monats in Kraft getretene Verfassung der Deutschen Evangelischen Kirche bestimmt in Artikel 2 Absatz 6[244], daß alle kirchlichen Amtskörper beim Amtsantritt auf die Verfassung der Deutschen Evangelischen Kirche zu verpflichten sind. Diese Vorschrift gilt auch für die neugewählten Mitglieder der Kirchengemeinderäte. Wenn auch der Wortlaut des nach § 21 Kirchengemeindeordnung[245] von den Kirchengemeinderäten abzulegenden Amtsgelübdes zunächst nicht geändert werden soll, werden die Pfarrämter doch ersucht, in der ersten Sitzung des Kirchengemeinderats die Kirchengemeinderatsmitglieder ausdrücklich darauf hinzuweisen, daß zu den kirchlichen Ordnungen, zu deren Beachtung sie sich in ihrem Amtsgelübde verpflichtet haben, auch die Verfassung der Deutschen Evang. Kirche gehöre. I. V. Müller.

Die Bekanntmachung Über das Gesetzblatt der Deutschen Evang. Kirche, *das von allen kirchlichen Behörden zu beziehen war, erschien am 12. 10. 1933 im Amtsblatt*[246].

---

243 Nr. A 5670; der Erlaß erging nach den kirchlichen Wahlen vom 23. Juli; vgl. auch die ergänzende Mitteilung an die Reichskirchenregierung vom 9. 11. 1933, Nr. A 8514.

244 Die Vorschrift dieses Absatzes siehe in dem folgenden Halbsatz.

245 Kirchengemeindeordnung vom 18. 12. 1924, § 21: Verpflichtung der neueintretenden Mitglieder des Kirchengemeinderats (Abl. 21, S. 222).

246 Nr. A 6670 vom 11. 9. 1933: Abl. 26, S. 169 f.

In einem weiteren Rundschreiben an alle Pfarrer vom 30.8.1933 gab Wurm aus größerem Abstand noch einmal einen Rückblick auf die Kämpfe um die Verfassung der Reichskirche und die Lage der Kirche[247]*:*

Seit meinem letzten Schreiben haben sich die kirchlichen Verhältnisse ruhiger entwickelt als in den vorangegangenen Wochen und Monaten. Das von den Bevollmächtigten der Landeskirchen eingesetzte Direktorium hat seine Tätigkeit aufgenommen. Es ist heute schon möglich, Fragen, die plötzlich innerhalb einer einzelnen Landeskirche auftauchen und doch einer die ganze Kirche angehenden gleichartigen Lösung bedürfen, dieser einstweiligen Leitung der deutschen evang. Kirche zu übergeben. Sie übernimmt die Verhandlungen mit den staatlichen Stellen. Zu diesen Fragen gehören vor allem die der Eingliederung evangelischer Organisationen in die neugeschaffenen Arbeits- und Berufsgruppen des ständischen Staates. Hievon werden vor allem die Jugendverbände, aber auch die Pfarrvereine, die Anstalten der männlichen und weiblichen Diakonie, die Gemeinschaften berührt. Es ist ganz selbstverständlich, daß eine solche Entwicklung, wenn sie allzu stürmisch vor sich geht und wenn sie von unberufenen, nicht mit dem innersten Wesen der Sache vertrauten Persönlichkeiten in die Hand genommen wird, schwere Gefahren mit sich bringt. Es kann viel freudige Initiative, die aus der Gemeinde heraus diesen Werken sich zugewandt hat, verloren gehen. Andererseits darf man sich aber nicht verhehlen, daß auch viel Zeit und Kraft im Nebeneinander ähnlicher Organisationen vergeudet worden ist und daß eine straffere Zusammenfassung dem deutschen Volk auch auf dem Gebiet der kirchlichen und charitativen Vereinigungen not tut. Es geht eben heute ganz einfach um die Frage, ob das deutsche Volk, das sich durch eine übermäßige Züchtung des Individualismus so oft in der Geschichte um die größten Errungenschaften gebracht hat, aus der ungeheuren politischen, wirtschaftlichen und geistigen Not, in die es versunken ist, das eine lernen will, sich in seinem Reden und Handeln vor der Welt die Selbstzucht aufzuerlegen, die andere große Völker als eine Selbstverständlichkeit üben. Das Unglück des Krieges und das noch größere Unglück des Zusammenbruchs wäre nicht über uns gekommen, wenn der Deutsche nicht auf allen Lebensgebieten vom groben Sinnengenuß bis zur feinsten Denkarbeit sich gerne einer Maßlosigkeit überließe, die aus Vernunft Unsinn, aus Wohltat Plage werden läßt[247a]. Der neue Staat hat in dieser Hinsicht ein Erziehungswerk begonnen, das zu

[247] LKA Stuttgart, D 1, Bd. 119.
[247a] Mephistopheles zum Schüler in Goethes Faust I.

unterstützen auch die Kirche allen Anlaß hat. Denn auch die Verwirklichung eines wahrhaft evangelischen Kirchengedankens ist durch dieselben Eigenschaften gehemmt, die der Entfaltung des Staatsgedankens von jeher im Wege standen, und die allzugroße Neigung, immer das Kritische, das Verneinende für besonders wertvoll und geistvoll zu halten, hat doch den zersetzenden Einflüssen aller negativen Denksysteme und aller den christlichen Glauben unterhöhlenden Literatur Tür und Tor geöffnet.

Es ist richtig, daß auch die Organe, deren der heutige Staat sich bedient, um das deutsche Volk zu einer großen lebendigen Einheit umzuschaffen, nicht immer die Fähigkeit besitzen, den Punkt zu erkennen, bis zu dem ein Gedankengang oder eine Entwicklung vorgetrieben werden darf und muß. Auf dem wirtschaftlichen Gebiet hat deswegen die Staatsführung ein deutliches Halt gesetzt. Auf dem kulturellen und auch auf dem kirchlichen Gebiet sind die Grenzen noch nicht so deutlich abgesteckt, und in dem Hin und Her der sich bekämpfenden Strömungen fällt manches Wort, das von der Gegenseite als verletzend empfunden wird. Wenn aber über so mancherlei ungerechtfertigten Eingriffen in den Gang des kirchlichen Lebens ein Gefühl der Niedergeschlagenheit oder der Besorgnis um sich greifen sollte, so möchte ich doch herzlich und dringend bitten, über solchen Erlebnissen und Erfahrungen nicht den Mut und die Freudigkeit eines tatkräftigen Wirkens und einer die Herzen erhebenden Verkündigung zu verlieren.

In diesen letzten Augusttagen schweift unser Blick unwillkürlich in die Zeit vor 19 Jahren, wo die ersten Siegesnachrichten uns erhoben, aber auch die ersten Verlustlisten uns erzittern machten und tiefe Trauer in die Gemeinden und Pfarrhäuser trugen. Mitten im Frieden sah sich ein arbeitsames Volk von einer ungeheuren Übermacht überfallen; seine Gegenwehr gegen den Angreifer Rußland und die notgedrungene Abwehr seiner Bundesgenossen wurde von der längst aufgehetzten Weltöffentlichkeit in einen Angriff auf die menschliche Zivilisation umgelogen. Die Unterlegenheit an Menschen und an Material machte sich bald geltend und ließ keinen siegreichen Anlauf ganz ans Ziel gelangen. Eine Macht um die andere, auch solche, mit denen unser Volk stets in tiefstem Frieden gelebt hatte, ließ sich zum Eintritt in die Raubgenossenschaft bereit finden, und schließlich fiel unser geschwächtes und ausgehungertes Volk dem Wahn zum Opfer, es könnte durch Niederlegung der Waffen und Sturz seiner Regierung sich einen anständigen Frieden erkaufen. Nichts von all den listig genährten Hoffnungen erfüllte sich;

der Friede glich der Aburteilung eines Verbrechers und war ja auch so gemeint. Diejenigen aber, die im Augenblick der furchtbarsten Niederlage uns einzureden suchten, es werden jetzt Tage ungeahnter Wohlfahrt kommen, verhinderten ein Erwachen des deutschen Volkes aus dem Zustand der Erschlaffung dadurch, daß sie ihm zuerst durch die Inflation, später durch die ausländischen Kredite einen Schein von Wohlhabenheit vorspiegelten, der beidemal in einer furchtbaren Krisis endete. Auch ein Hindenburg konnte einer Politik, die das Schiff treiben ließ bis an die Klippen des Bolschewismus, kein Hindernis entgegensetzen. Das war ihm erst möglich geworden, als er dem in vierzehnjährigem Kampf um die deutsche Volksseele erprobten Führer der nationalsozialistischen Bewegung die Macht übergab. Nun wurde der Arbeitslosigkeit mit allen Mitteln der Kampf angesagt mit dem Erfolg, daß die Zahl der Arbeitslosen wesentlich gesunken ist. Nun wurde nicht bloß der politischen, sondern auch der sittlichen Brunnenvergiftung der Krieg erklärt mit dem Erfolg, daß Läden und Straßen der Großstadt und der kleineren Städte gesäubert sind wie noch nie auch in der Vorkriegszeit; nun wurde der Gottlosenpropaganda und dem Terror der Kirchenfeinde gewehrt mit dem Erfolg, daß die Zahl der Wiedereintrittserklärungen die der Austrittserklärungen weit übersteigt. Ganz besonders muß es jeden, der es früher schmerzlich empfunden hat, daß die Vorkämpfer des nationalen Gedankens den sozialen Erfordernissen, die Vorkämpfer des sozialen Gedankens den nationalen Lebensbedingungen nicht gerecht zu werden vermochten, mit Freude und Genugtuung erfüllen, daß allen Volksteilen und insbesondere den wirtschaftlich besser gestellten Schichten ihre Verantwortung gegen das Ganze vor Augen gestellt und von ihnen Opfer zu Gunsten der Benachteiligten verlangt werden. Ist es nicht etwas Großes, daß jüngst der ostpreußische Großgrundbesitz sich zu freiwilliger Landabtretung für Siedlungszwecke bereit erklärt hat! Vor 40 Jahren predigte Naumann vergeblich: Bauerngut an Bauerngut bis zur russischen Grenze! Er dachte dabei vor allem an die von zahlreicher polnischer Bevölkerung bewohnten Gebiete, die inzwischen verloren gegangen sind, auch aus dem Grund, weil sowohl die industriellen als die großagrarischen Interessen eine nationale Bevölkerungspolitik in der Vorkriegszeit verhindert haben. Heute sind wir soweit, daß solche Einsichten durchdringen! Wäre es nicht Undankbarkeit gegen Gott und Menschen, wenn wir nicht offen wären für das Gebot der Stunde und über dem Menschlichen und Allzumenschlichen, das jeder geschichtlichen Bewegung anhaftet, die dem Volk und der Kirche widerfahrene Rettung aus schwerster Gefahr vergessen würden? Wir lehnen es ab, das Merkmal einer wahrhaft staatstreuen Gesinnung in einer übertriebenen Verherrlichung des Erreichten zu sehen; wir müssen aber eine nörgelnde Kritik, die an allem nur das Unzulängliche aufsucht und hervorhebt, mit derselben Entschiedenheit ablehnen. Es stehen genug Verärgerte und Verdrossene bei Seite; wir dürfen uns nicht zu ihnen gesellen, wenn nicht alles wieder verloren gehen soll. Wir müssen dem Führer und dem Volk die Treue halten, so gut wir das im Weltkrieg getan haben, wo wir auch nicht zu allem Ja sagen konnten, was von oben angeordnet wurde, wo aber der ungeheure Ernst der Stunde uns jeden Augenblick vor der Seele stand.

Der größte Dienst, den wir Volk und Staat erweisen können, besteht selbstverständlich nicht in irgend einer politischen Hilfstätigkeit, sondern in einer unverkürzten, gegenwartsmäßigen Verkündigung der frohen Botschaft von dem in Christus uns geschenkten Heil und in einer treuen Gemeindearbeit. Es ist heute so, wie es immer war: daß diese Verkündigung sich durch unvollkommenes Verständnis derer, denen sie aufgetragen ist, manche Entstellung gefallen lassen muß. Maßgebend aber bleibt in einer Kirche, die auf biblisch reformatorischem Grunde ruht, allein das Evangelium, wie es die Verkündigung des Neuen Testaments uns darbietet. Die Gefahr ist heute nicht gering, daß eine dem völkischen Hochgefühl angepaßte Religion, die an dem Ärgernis des Kreuzes vorübergeht, der Jugend und der Bildungsschicht nahegebracht werden soll, Gedankengänge, die durch die theologische Entwicklung der letzten Jahrzehnte überwunden schienen, tauchen wieder auf in neuem glänzenderen Gewand. Gegen modernes Heidentum und völkischen Synkretismus zu kämpfen, ist die Aufgabe aller Gruppen und Richtungen in unserer heutigen Lage; unsere Kirche würde nicht bloß sich, sondern auch unser Volk aufgeben, wenn sie diese Aufgabe nicht sehen würde. Aber nicht durch Polemik, sondern durch positive Darbietung ist in diesem Kampf der Sieg zu gewinnen; deshalb können wir nicht genugsam von einander lernen, wie wir unsre Verkündigung ebenso biblisch inhaltsreich wie gegenwartsnah und allgemeinverständlich gestalten können. Statt uns zu beargwöhnen, ob wir politisch oder kirchlich linientreu sind, sollten wir wetteifern in dem Ringen um das rechte Verständnis und die rechte Ausrichtung der kirchlichen Botschaft. Es war ein Vorzug der württembergischen Kirche und der schwäbischen Pfarrerschaft, um den wir einst beneidet worden sind, daß man sich auch in den Zeiten heftigster kirchenpolitischer Kämpfe und scharfer theologischer Auseinandersetzungen nie von einander abgesperrt hat, sondern auf dem Boden offener sachlicher Aussprache und persönlichen Vertrauens sich zusammengefunden und dadurch einander gefördert hat. Sollte es nicht auch heute möglich sein, in Arbeitsgemeinschaften zusammenzukommen und das durch manche Vorgänge erschütterte amtsbrüderliche Vertrauensverhältnis wieder zu festigen? Wir werden nur zwei Irrtümer zu vermeiden haben, um den Weg zu einander zu finden: der eine ist die Meinung, daß wir, weil wir bisher nach bestem Wissen und Gewissen unsre Pflicht getan haben, nichts zuzulernen hätten; der andere die Auffassung, es habe die Arbeit der Kirche bisher überhaupt nichts getaugt und es komme erst jetzt eine Bewegung in die trägen Geister.

In den nächsten Wochen wird sich die Konstituierung der Deutschen Evang. Kirche durch die Einberufung der Nationalsynode, die Wahl des Reichsbischofs und die endgültige Bildung des Geistlichen Ministeriums vollziehen. Es wird unser aller Anliegen sein, daß diese Ereignisse sich friedlich und würdig vollziehen und daß uns dann Raum, Zeit und Möglichkeit zu tatkräftiger Durchführung der großen neuen Aufgaben und zu treuer Pflege des bisher Gepflanzten gegeben werde. Wurm.

Fast gleichzeitig mit dem Werden der Verfassung der Deutschen Evang. Kirche wurde am 20. 7. 1933 zwischen dem Reich und der katholischen Kirche das Reichskonkordat geschlossen[248]*. Darüber schrieb Prälat D. Schoell im* Evang. Gemeindeblatt für Stuttgart *am 6. 8. 1933:*

Das Reichskonkordat

Am 20. Juli dieses Jahres haben der deutsche Bevollmächtigte von Papen und der Staatssekretär des Papstes, Kardinal Pacelli, die feierliche Übereinkunft unterzeichnet, die »das Verhältnis zwischen der katholischen Kirche und dem Staat für den Gesamtbereich des Deutschen Reiches in einer für beide Teile befriedigenden Weise dauernd zu regeln« bestimmt ist. Die Verhandlungen, die zu diesem Abschluß geführt haben, sind überraschend schnell verlaufen ... Von der Tragweite dieses Vertrags bekommt man noch kein Bild, wenn man einige Paragraphen und dazu einige Zeitungsbetrachtungen liest; nur wer das Ganze auf sich wirken läßt und dabei imstande ist, Gesetzestexte recht zu lesen, was ja gar nicht so leicht ist, bekommt einen tiefen Eindruck von der gerade-

[248] Siehe Anmerkung 214, S. 267.

zu unermeßlichen Bedeutung dessen, was hier geschehen ist. Die Auswirkungen auch nach der evangelischen Seite hin, erfreuliche und weniger erfreuliche, werden nicht klein sein ... Überblickt man das Ganze, so ergibt sich, daß die katholische Kirche allen Grund hat, mit dem Reichskonkordat zufrieden zu sein. Sie hat nicht bloß nichts preisgegeben, jedenfalls nichts, was stärker ins Gewicht fiele, sondern sich sogar wichtige Positionen, die sie allerdings teilweise in einzelnen Ländern schon hatte, nunmehr für das ganze Reichsgebiet gesichert. Der seltsame Traum von der allumfassenden deutschen Einheitskirche ist ausgeträumt; auch die deutsche Einheitsschule, für die sich viele begeisterten, wird nicht kommen. Rechtlich für das ganze Reichsgebiet gesichert wie niemals zuvor, hat die katholische Kirche die Hände frei für eine großzügige katholische Aktion nach innen und außen. Und die evangelische?

Auf evangelischer Seite erwartete man den Abschluß eines konkordatähnlichen Vertrages zwischen der Deutschen Evang. Kirche und dem Reich, der aber nicht zustande kam[249].

Bei der Sitzung des Württ. Landeskirchentags am 12.9.1933 ging Pfarrer Rehm auf das Reichskonkordat ein; das Mehr an Freiheit, das damit die Katholische Kirche gegenüber dem Staat erhalte, erschien ihm als ein Ruf an die Evangelische Kirche: Wir wollen froh und dankbar sein, daß auf der einen Seite an uns der Ruf ergeht, vorbehaltlos das Herz der deutschen Nation und die Seele unseres Volkes zu sein. *Wurm erwiderte darauf am 13. September mit dem Hinweis, es entspreche der Auffassung der alten liberalen, von den Deutschen Christen bekämpften Theologie, ein Aufgehen der Kirche in den Staat zu fordern; insofern trat er selber für ein nicht aufzulösendes Gegenüber von Kirche und Staat ein*[250].

Ende August hatte Wurm auf dem Leinfelderhof bei Vaihingen/Enz eine Unterredung mit dem Reichsaußenminister Freiherr von Neurath. Am 26.8.1933 dankte Wurm noch einmal für diese Unterredung[251]*:*

249 Vgl. ein Gutachten ohne Datum zur Gestaltung des erwarteten Vertrags, das, den Bestimmungen des Konkordats folgend, die Wünsche der evangelischen Seite präzisierte: LKA Stuttgart, D 1, Bd. 43.

250 Sitzungsprotokoll des Württ. Landeskirchentags: LKA Stuttgart, D 1, Bd. 43.

251 LKA Stuttgart, D 1, Bd. 43: vom Wurm selbst mit der Schreibmaschine geschriebener Brief.

Euer Exzellenz übersende ich die vorgestern besprochenen Sätze mit dem wärmsten Dank für die Unterredung, die Sie mir gewährten und die mich in der festen und freudigen Weiterverfolgung der bisherigen Linie bestärkt hat. Von Professor D. Dr. Fezer, der mich heute besuchte, habe ich zu meiner Freude gehört, daß das interimistische Kollegium, das zur Zeit die deutsche evang. Kirche leitet, ganz ausgezeichnet zusammenarbeitet und daß insbesondere auch der Landesbischof Müller im Fall Rendtorff[252] und bei anderen Anlässen mit Tatkraft vorgeht. Allerdings hat man auch in diesem Kreis immer wieder die Vorstöße nimmersatter Revolutionäre abzuwehren. Der neueste Stoß richtet sich gegen unsre gut landeskirchlichen pietistischen Gemeinschaften, deren Führer sich heute an mich um Schutz und Rat gewendet haben[253]. Indem ich der Hoffnung Ausdruck gebe, daß Euer Exzellenz gütige Mitwirkung zur Behebung der noch bestehenden Schwierigkeiten im Verhältnis der Kirche zum Staat beitragen wird, verbleibe ich

Euer Exzellenz ergebenster Landesbischof D. Wurm.

Bei der Besprechung trug Wurm folgende Anliegen der evangelischen Kirche im Blick auf die heutige Lage *vor*[254]*:*

1. Wie der Sieg der vaterländischen Freiheitsbewegung weithin gerade dem evangelischen Volksteil und der Haltung seiner führenden Persönlichkeiten zu danken war, so haben sich auch die evangelischen Kirchenleitungen von Anfang an freudig und vorbehaltlos auf den Boden des durch die Reichstagswahl vom 5. März geschaffenen Staates gestellt. Insbesondere sind die Bestrebungen des neuen Staates eine wahre Volksgemeinschaft herzustellen und seine tatkräftige Bekämpfung wirtschaftlicher und sozialer Notstände von der evangelischen Kirche freudig begrüßt worden und werden von ihr mitgetragen und gefördert.

2. Trotzdem hat sich bis heute das Verhältnis der evangelischen Kirche zum nationalsozialistischen Staat nicht so entwickelt und gestaltet, wie es jeder evangelische deutsche Christ wünschen muß. Die Ursachen dieser bedauerlichen Tatsache sind mancherlei. Auf der einen Seite hat man auf evangelischer Seite nicht allgemein genug und bald genug erkannt, daß die durch die liberalistische Periode und den Parteienstaat von Weimar notwendig gewordene Abgrenzung der Kirche und aller

252 Siehe GB 138, S. 71 f.

253 Wird in einem späteren Band dargestellt.

254 LKA Stuttgart, D 1, Bd. 43: von Wurm selbst mit der Schreibmaschine hergestellter Entwurf. Zu den kirchlichen Wahlen siehe S. 294 ff.

ihrer Organisationen vom staatlichen Handeln nicht mehr in demselben Maß nötig und berechtigt ist in einem Staat, der bewußt die Kräfte des Christentums für seine Ziele einzusetzen wünscht und deshalb der kirchlichen Verkündigung nicht mit neutraler kühler Haltung, sondern mit wirklicher Zustimmung und Förderung gegenübersteht. Auf der andern Seite ist die auf preußischem Boden entstandene Glaubensbewegung Deutsche Christen in der Kritik an Äußerungen einzelner kirchlicher Führer und an der Gesamthaltung der Kirche zum nationalen Freiheitskampf in der Periode von 1919 bis 1933 über das Ziel hinausgeschossen und hat durch leidenschaftliche und unbedachte Äußerungen einzelner auch in national ganz zuverlässigen kirchlichen Kreisen die Furcht erweckt, es könnte mit Hilfe der Staatsgewalt der Kirche eine Führung und eine Verkündigung aufgedrängt werden, die mit dem biblisch reformatorischen Bekenntnis nicht mehr in vollem Einklang steht.

3. Aus dem Ringen dieser verschiedenen Strömungen innerhalb der evangelischen Kirche sind die Kämpfe hervorgegangen, die um die Verfassung der Kirche und um die Besetzung der führenden Posten geführt worden sind bzw. noch geführt werden. Besonders schroff traten sich die verschiedenen Auffassungen bei der Aufstellung der Kandidatur Bodelschwingh für das Amt des Reichsbischofs gegenüber. Die Mehrzahl der lutherischen Kirchen haben bei aller Würdigung der Person des Kandidaten es doch bedauert, daß durch die Art, wie diese Kandidatur zu Stande kam, der Schein eines politischen Gegenzugs gegen die Reichsleitung erweckt wurde, und suchten auf eine friedliche Lösung des Konflikts hinzuarbeiten.

4. Eine außerordentliche Verschlimmerung der Lage trat ein durch die plötzliche Einsetzung von Staatskommissaren für die Kirchen des preußischen Staatsgebiets, der ein ähnliches Vorgehen im Land Sachsen[254a] folgte. Zwar ist dadurch dem Streit um die Kandidatur Bodelschwingh ein Ende gemacht worden; aber der Staatseingriff, der durch die vorläufige Berufung des Generalsuperintendenten Stoltenhoff zum kommissarischen Präsidenten des preußischen Oberkirchenrats doch nicht genügend begründet erschien, und seine Begleiterscheinungen wie die Beurlaubung hervorragender Kirchenführer und Verbandsleiter und die Veranstaltung eines besonderen Dankgottesdienstes[254b] in einem Augenblick, wo weite kirchliche Kreise verwirrt und vor den Kopf gestoßen

[254a] Zu den Verfügungen des preußischen Staatskommissars und des Bevollmächtigten für die Provinz Sachsen siehe GB 139, S. 89; Dokumente, S. 98 f.

[254b] Zum Buß- bzw. Dankgottesdienst am 2. 7. 1933 siehe GB 139, S. 91.

waren, konnte das Zutrauen großer Teile des evangelischen Kirchenvolkes zu den Absichten der Staatsregierung auf kirchlichem Gebiet nicht stärken.

5. Dem Zusammenwirken des Vertrauensmanns des Reichskanzlers, Wehrkreispfarrer Müller, mit den Führern der lutherischen Kirchen und dem verständnisvollen, durch die Kundgebung des Reichspräsidenten und des Reichskanzlers herbeigeführten Eingreifen des Reichsinnenministers gelang es, eine Befriedigung herbeizuführen dadurch, daß das Verfassungswerk zum Abschluß gebracht und gleichzeitig die Zurückziehung der Kommissariate angekündigt wurde.

6. Zum großen Schmerz aller Kirchenführer wurde der Friede sofort wieder gestört durch die Anordnung von kirchlichen Wahlen durch Reichsgesetz[254c]. Die Kirchen hätten sich in der Erwägung, daß ein Teil der Nationalsynode aus gewählten Abgeordneten der synodalen Körperschaften der Landeskirchen bestehen muß, sicherlich von sich aus oder jedenfalls einem Ersuchen der Reichsregierung entsprechend zur Anordnung von Neuwahlen der kirchlichen Körperschaften entschlossen. Die Anordnung dieser Wahlen durch staatliches Gesetz mußte als Verletzung des nicht aufgehobenen § 137 der Reichsverfassung[255] empfunden werden.

7. Aber noch schlimmer war die Art, wie der nun entbrennende Wahlkampf vor sich ging. Zwar in den süddeutschen und mitteldeutschen Kirchen einigten sich die verschiedenen kirchlichen Gruppen auf eine Einheitsliste, die von vornherein den deutschen Christen eine mehr oder weniger große Mehrheit einräumte; die besonders im preußischen Westen hochgehende Erregung über die Ereignisse der vorangegangenen Zeit ließ eine solche Einigung dort nicht zu. Die Zusicherung, daß der Wahlkampf ungehindert vor sich gehen dürfe, wurde nicht eingehalten; vielfach ist von Parteiinstanzen sehr scharf eingegriffen und sogar die Zurückziehung der gegnerischen Liste erzwungen worden. Durch die Rundfunkrede des Reichskanzlers am Vorabend der Wahl[255a] ist der Meinung, als ob ein bewußter Nationalsozialist unbedingt zum Anschluß an die deutschen Christen genötigt sei und keiner anderen kirchlichen Gruppe beitreten dürfe, weiterer Vorschub geleistet worden.

[254c] Vgl. das Schreiben Wurms vom 24. 7. 1933, S. 279 ff., und Wurm, Erinnerungen, S. 87.

[255] Siehe Anmerkung 72, S. 95.

[255a] Siehe Anmerkung 40, S. 318.

8. Alle diese Ereignisse und Erfahrungen haben eine für Staat und Kirche gleich gefährliche Lage geschaffen. Die Freudigkeit der Pfarrer, in ihrer Verkündigung das Große und Positive der staatlichen Umbildung und nationalen Erneuerung hervorzuheben, hat nachgelassen, das Vertrauen des Kirchenvolkes zu seinen kirchlichen Führern, denen vielfach allzugroße Nachgiebigkeit gegen politische Gewalten vorgeworfen wird, ist gesunken. Wie ich schon mündlich in Anwesenheit des preußischen Kirchenkommissars dargelegt habe, ist eine gedemütigte Kirche nicht fähig, dem Staat die Hilfe zu leisten, die er erwartet. In der Erkenntnis dieser Stimmung gerät die NSDAP in die Gefahr, nervös zu werden und jede Kritik an der Glaubensbewegung, auch wenn sie lediglich die theologische und kirchliche Seite im Auge hat, als einen Angriff gegen Hitler und den neuen Staat anzusehen und sich völlig mit den Führern dieser Gruppe zu identifizieren, wie es im Fall Rendtorff in krasser Weise zu Tage getreten ist. Auch an Vorstößen gegen kirchliche Verbände und Persönlichkeiten fehlt es nicht, so ist von Partei wegen soeben ein Vorgehen gegen die evang. Pfarrvereine angeordnet worden[255b].

9. Um des Staates und der Kirche willen muß die evangelische Kirche darum bitten, daß nun, wo die Konstituierung der neuen Kirche und die Wahl des Vertrauensmanns des Reichskanzlers oder eines ganz auf demselben Boden stehenden Mannes zum Reichsbischof unmittelbar bevorsteht, ihr endlich Ruhe gelassen wird zur Erfüllung ihrer eigentlichen Aufgaben. Die Kirchenbehörden sind mit Freuden bereit, in Verbindung mit den »Deutschen Christen« eine großzügige, den vaterländischen und sozialen Gesichtspunkten gerecht werdende Volksmission[256] zu organisieren und die neuen Möglichkeiten, an alle Volkskreise heranzukommen, aufs beste auszunützen; aber die unaufhörlichen Reibungen und Beunruhigungen, wie sie in den letzten Monaten stattgefunden haben, haben das Maß von Zeit und Sammlung, das die Voraussetzung eines solchen Unternehmens ist, nicht übrig gelassen.

10. Als besonders mißlich wird es empfunden, daß da und dort in der Glaubensbewegung deutscher Christen gerade solche Persönlichkeiten führend sind, die als Seelsorger und Theologen kein großes Ansehen genießen, um so mehr aber geneigt sind, ihre politische Stellung zur Ausübung einer kirchlichen Nebenregierung auszunützen. Es sollte darauf hingewirkt werden, daß die obersten Führer sich nicht bloß von

[255b] Siehe S. 728 ff.

[256] Siehe S. 758 ff.

diesen Persönlichkeiten, sondern auch von den verantwortlichen Führern der Landeskirchen informieren lassen.

Im Anschluß an seine früheren Bemühungen um einen Zusammenschluß der lutherischen Kirchen lud Generalsuperintendent Zoellner am 25. 7. 1933 zu einer Zusammenkunft in Frankfurt/M. auf Anfang August ein; an Wurm schrieb er[257]*:*

Hochverehrter Herr Kirchenpräsident!

Nachdem nun der beklagenswerte Kirchenstreit zwischen den Deutschen Christen und den Jungreformatoren ausgetragen ist, scheint es mir an der Zeit, daß wir wieder an die sachliche Arbeit auf Grund der beschlossenen neuen Verfassung gehen. Diese Verfassung weist zum Teil die Linie auf, die ich für den Einbau der altpreußischen Union als die Richtige erkannt und in den beifolgenden Sätzen kurz umrissen habe. Ich habe den Eindruck, daß diese Auffassung an allerlei Stellen jetzt etwas geneigtere Ohren findet. Es scheint mir nun notwendig, daß nicht öffentlich, aber im Stillen ein kleiner Kreis von führenden Leuten auf der lutherischen Seite dafür eintritt. Ich meine nicht ein öffentliches Eintreten, sondern ein Eintreten an Stellen, wo die Ausfüllung des beschlossenen Rahmengesetzes beraten wird. Wie mir mitgeteilt wurde, sind die Reformierten in gleichem Sinn schon eifrig an der Arbeit. Für uns wird es sich im wesentlichen um die Art handeln, wie die Kirche der altpreußischen Union in den bestehenden Rahmen eingeordnet werden soll. Einige Grundgedanken des Rahmens scheinen mir schon in die Linie zu weisen, die ich von Anfang an betont habe. Mir liegt nun sehr viel daran, daß Sie mittun. Ich habe an Frankfurt am Main als Besprechungsort gedacht, weil es am günstigsten liegt und ich Berlin unbedingt vermeiden möchte. Ich denke, daß wir dort im kleinen Kreis führender Kirchenmänner aus den lutherischen Landeskirchen und einiger Leute von den Lutheranern aus der Union zusammenkommen. Den Termin kann ich noch nicht bestimmt angeben, doch hoffe ich, daß ich ihn bis Ende der Woche genau weiß. Es wird sich um den 3., 4. oder 5. August handeln, und ich darf Sie wohl jetzt schon bitten, sich diese Tage möglichst freizuhalten beziehungsweise mir mitzuteilen, an welchem dieser Tage Sie können.

In herzlicher Verehrung bin ich Ihr sehr ergebener Zoellner.

[257] LKA Stuttgart, D 1, Bd. 119; aus den Akten ist es nicht ersichtlich, ob Wurm darauf einging. Die von Zoellner genannten Sätze befinden sich nicht bei den Akten. Vgl. auch Anmerkung 24, S. 39 und Anmerkung 30, S. 42.

KIRCHENWAHLEN. LANDESKIRCHENTAG. NATIONALSYNODE

DIE KIRCHLICHEN WAHLEN IM JULI 1933 IN WÜRTTEMBERG

Im Reichsgesetz über die Verfassung der Deutschen Evang. Kirche vom 14. 7. 1933 waren in Artikel 5[1] *Neuwahlen für die kirchlichen Organe angeordnet worden; die in unmittelbarer Wahl zu bildenden Organe waren am 23. Juli, die in mittelbarer Wahl am 31. August zu wählen. Danach fanden in Württemberg Wahlen nur am 23. Juli statt.*

Schon am 13. Juli wurde im Oberkirchenrat über die kurzfristig angesetzten Wahlen beraten[2]*:*

Zu der durch Reichsgesetz angeordneten landeskirchlichen Neuwahl habe ich heute Abend noch eine kurze Aussprache mit den anwesenden Mitgliedern des Kollegiums gehalten, und wir sind dabei zu etwa folgendem Ergebnis gelangt:

1. Es wird davon ausgegangen, daß es sich zunächst nur um die Neuwahl der Kirchengemeindevertretung handeln kann. Da die landeskirchliche Vertretung voraussichtlich aus der Orts- oder Bezirksvertretung hervorgehen wird, dürfte eine Neuwahl der landeskirchlichen Vertretung zur Zeit nicht in Betracht kommen[3].

2. Schon aus technischen Gründen ist es völlig ausgeschlossen, und es entspricht auch nicht dem Zug der Zeit, daß die Erneuerung der kirchlichen Vertretung auf dem Wege der Urwahl stattfindet.

[1] Siehe S. 274; zu den Kirchenwahlen siehe auch GB 139, S. 92 ff.; KJb., S. 20 ff.; Hermelink, S. 46 f.; Dipper, S. 31 ff.; Meier, S. 23 f.; Niemöller, Kampf, S. 54 ff.; Niemöller, Handbuch, S. 105 ff.; Kater, S. 90 ff.; Dokumente, S. 111 ff. Vgl. auch das Schreiben Wurms vom 24. 7. 1933, S. 279 ff. u. Wurms Unterredung mit Reichsaußenminister v. Neurath Ende August 1933, S. 288 ff.

[2] LKA Stuttgart, D 1, Bd. 43. Nach einem handschriftlichen Zusatz von Direktor Dr. Müller dem »Herrn Landesbischof für die weiteren Verhandlungen« zugeschrieben.

[3] Die Verfassung der Württ. Evang. Landeskirche vom 24. 6. 1920 (Abl. 19, S. 199 ff.) schreibt aber in § 4 eine direkte Abstimmung auch für die Wahl zum Landeskirchentag vor.

3. Über die Form, wie eine Neubildung stattfinden könnte, wurden verschiedene Ansichten ausgesprochen: Es kam der schon von mir früher erörterte Gedanke zur Sprache, daß die Hälfte der bisherigen Mitglieder des Kirchengemeinderats (die dem Lebensalter nach älteren) ausscheiden, die übrigen die Ersatzmänner für die Ausscheidenden wählen und dann eine Bestätigung der Neuwahl durch eine Bezirksinstanz stattfindet, die insbesondere ihr Augenmerk darauf zu richten hat, ob die Glaubensbewegung Deutscher Christen, sofern sie am betreffenden Ort vertreten ist, eine angemessene Berücksichtigung gefunden hat. Weiterhin tauchte der Gedanke auf, es könnten drei Männer vom bisherigen Kirchengemeinderat bestimmt werden, die einen Vorschlag über die Neubildung des Kirchengemeinderats zu machen und dann dem Kirchenbezirksausschuß zur Bestätigung vorzulegen hätten. Der Bezirksausschuß hätte vorher Fühlung zu nehmen mit dem Bezirksvertreter der Glaubensbewegung Deutscher Christen und dann je nachdem seine Bestätigung zu erteilen oder abzulehnen. Gegen den Bestätigungsbeschluß müßte wohl ein Beschwerderecht an den Oberkirchenrat eingeräumt werden. Daneben wurde auch erörtert, ob dieser Wahlausschuß nicht etwa so zusammenzusetzen wäre, daß neben dem Pfarrer und einem vom bisherigen Kirchengemeinderat bestimmten Kirchengemeinderatsmitglied noch ein der Glaubensbewegung angehöriger, vom Kirchengemeinderat bestimmter Kirchengemeindegenosse mitzuwählen habe. Gegen letzteren Modus wurde allerdings eingewendet, es wäre wohl richtiger, wenn dieser der Glaubensbewegung angehörige Kirchengenosse nicht dem Wahlkollegium angehören würde, sondern von dem Wahlausschuß vor der Vornahme der Wahl gehört würde.

4. Als dringend erwünscht wurde es von uns angesehen, daß nicht im Weg des Reichsgesetzes oder der Reichsverordnung die Einzelheiten über die Neubildung der Kirchengemeindevertretung festgelegt werden, sondern daß, wenn möglich, die Kirchen sich im wesentlichen einigen darüber, wie sie die Neubildung kirchlich[4] regeln wollen. Dabei wäre es erwünscht, wenn eine gewisse Bewegungsfreiheit gelassen würde, so daß von den unter Ziffer 3 angeführten oder etwaigen andern Gedanken der zweckmäßigste von uns noch bestimmt werden könnte.

5. Von einem Kollegialmitglied wurde mit großer Entschiedenheit verlangt, daß die Kirchen sich gegen diese neuen staatlichen Maßnahmen mit größtem Nachdruck wehren und ihre Aufhebung verlangen, wo-

[4] Kirchlich: in der Vorlage unterstrichen.

gegen von anderer Seite darauf hingewiesen wurde, daß die Verhältnisse in Preußen[4a] es eben notwendig machen, daß, wenn die Staatskommissare jetzt aufhoben werden, die Neubildung der Kirchengemeindevertretungen in zweckmäßiger Weise durchgeführt werde. Wenn die Aufhebung des Reichsgesetzes erreicht werden könnte, wäre es natürlich erwünscht.

6. Der Termin 23. Juli ist außerordentlich knapp. Allein er wird vielleicht dazu beitragen, daß eine weitere Wahlagitation vermieden wird.

Müller.

In einem Erlaß vom 15.7.1933 An sämtliche Dekanatämter und Pfarrämter *wurden die Wahlen ausgeschrieben*[5]*:*

Im Zusammenhang mit den Vorgängen in Preußen ist von der Reichsregierung durch Reichsgesetz angeordnet worden, daß am Sonntag, dem 23. des Monats für die Kirchenvertretungen in allen Landeskirchen Neuwahlen stattzufinden haben. Für Württemberg bedeutet dies, daß an diesem Tag gleichzeitig die Kirchengemeinderäte und die Abgeordneten zum Landeskirchentag zu wählen sind. So schwierig die Durchführung einer so kurzfristigen Wahl für alle Beteiligten ist, so muß doch gemäß der Anordnung der Reichsregierung verfahren werden. Durch das beiliegende Gesetz, das nebst dem Reichsgesetz in nächster Woche im Amtsblatt erscheinen wird, sind die nötigen kirchlichen Bestimmungen getroffen worden, soweit dies in der Kürze der Zeit möglich war. Die Pfarrämter und Dekanatämter werden ersucht, die Vorbereitung für die Wahlen alsbald einzuleiten und so sorgfältig als möglich durchzuführen. Es ist dringend erwünscht, daß die Dekane und, soweit für sie keine ausreichende Vertretung besteht, auch die Pfarrer alsbald aus dem Urlaub zurückkehren und für ordnungsmäßige Durchführung der Wahl Sorge tragen.

Wurm.

Die notwendigen Bestimmungen traf das Gesetz über Neuwahlen zum Kirchengemeinderat und Landeskirchentag *vom 15.7.1933*[6]*:*

[4a] Zur Einsetzung eines Staatskommissars für die preußischen Landeskirchen am 24. 6. 1933 siehe S. 248.

[5] Nr. A 5272.

[6] Abl. 26, S. 133; vgl. auch das speziell für Stuttgart geltende Gesetz vom 17. 7. 1933 (Abl. 26, S. 137) und das Kirchliche Wahlgesetz vom 4. 11. 1929 (Abl. 24, S. 99 ff.). Da § 26 des Wahlgesetzes vom 4. 11. 1929 für Stuttgart eine Verhältniswahl vorsah, verfügte Wurm auf Grund des Ermächtigungsgesetzes, daß in Stuttgart nur 4 weltliche und 2 geistliche Bewerber vorzuschlagen waren; damit war auch für Stuttgart eine Einheitsliste gesichert und die Wahl vermieden.

Auf Grund des vorläufigen kirchlichen Gesetzes zur Ermächtigung des Kirchenpräsidenten vom 15. 5. 1933 wird verordnet, was folgt:

Neuwahlen zum Kirchengemeinderat und Landeskirchentag

§ 1.

Nachdem durch Reichsgesetz vom 14. 7. 1933 für Sonntag, den 23. 7. 1933, Neuwahlen für diejenigen kirchlichen Organe angeordnet sind, die nach geltendem Landeskirchenrecht durch unmittelbare Wahl der kirchlichen Gemeindeglieder gebildet werden, werden die bisherigen Kirchengemeinderäte und der Landeskirchentag aufgelöst, und sind Neuwahlen am genannten Tage vorzunehmen.

§ 2. Wählerliste

1. Für die Wahlen ist die Wählerliste von 1931 zu verwenden und soweit noch möglich vor der Vornahme der Wahl zu ergänzen und richtigzustellen. Ein förmlicher Abschluß der Wählerliste ist nicht erforderlich.

2. Die Wählerliste ist am Donnerstag, den 20. Juli, zu jedermanns Einsicht aufzulegen. Über Einsprachen gegen den Inhalt der Wählerliste ist spätestens bis 21. Juli Beschluß zu fassen; die Entscheidung ist endgültig.

3. Nicht eingetragene Wähler werden zur Wahl zugelassen, wenn sie sich in ausreichender Weise über ihre Persönlichkeit und Wahlberechtigung ausweisen. Soweit nach dem Reichsgesetz eine Stimmabgabe durch Bevollmächtigte zulässig ist, ist eine öffentlich beglaubigte Vollmacht bei der Abstimmung vorzulegen, zu prüfen und der Niederschrift anzuschließen.

§ 3. Öffentliche Verkündigung der bevorstehenden Wahl

Sofern die Wahl nicht mehr am Sonntag, den 16. Juli, im öffentlichen Gottesdienst verkündigt werden kann, ist sie durch die Tagespresse, durch öffentlichen Anschlag oder in sonstiger Weise bekanntzugeben (vgl. auch § 12 Satz 2 der Vollzugsverfügung zur Kirchengemeindeordnung und § 15 Abs. 1 Satz 2 Vollzugsverordnung zum Wahlgesetz Abl. 21 S. 238 und 24 S. 110)[7].

[7] Vollzugsverfügung zu KGO vom 18. 12. 1924, § 12, Satz 2 (Abl. 21, S. 242): »Bei der Bekanntgabe von der Kanzel sind die Wähler darauf hinzuweisen, daß sie bei der Wahl ihr Augenmerk auf Gemeindeglieder von gutem Ruf und bewährtem kirchlichen Sinn zu richten haben.« Eine ähnliche Bestimmung in

§ 4. Vorbereitung der Wahl

Die Kirchengemeinderäte haben alsbald über die Bildung der Abstimmungsbezirke und über Ortswahlausschüsse, über Ort und Zeit der Wahl und sonstige Maßnahmen zur Vorbereitung der Wahl Beschluß zu fassen und das Nötige einzuleiten.

§ 5. Kirchengemeinderatswahlen

1. Die Wahlen zum Kirchengemeinderat sind, soweit nicht in diesem Gesetz anders bestimmt ist, nach den für die Kirchengemeinderatswahlen geltenden Vorschriften vorzunehmen (vgl. §§ 14 ff. Kirchengemeindeordnung in Verbindung mit den §§ 5 Abs. 2, 6–17 der Vollzugsverfügung zur Kirchengemeindeordnung in der Fassung des § 46 der Vollzugsverordnung zum Wahlgesetz vom 4. 11. 1929)[8].

2. Die Neuwahl erstreckt sich auf sämtliche zu wählende Mitglieder des Kirchengemeinderats. Zu wählen ist die gleiche Zahl von Kirchengemeinderatsmitgliedern, wie bei der letzten Wahl, sofern nicht inzwischen vom Oberkirchenrat die Zahl abgeändert worden ist.

Landeskirchentagswahlen

§ 6

1. Bei der Wahl zum Landeskirchentag am 23. Juli ist für die einzelnen Bezirke die in Ziff. II des Erlasses vom 12. 1. 1931 (Abl. 25, S. 1) bestimmte Verteilung und Zahl von weltlichen und geistlichen Abgeordneten[8a] maßgebend.

2. Ersatzabgeordnete werden nicht gewählt. Etwa freiwerdende Sitze bleiben bis zur nächsten Wahl unbesetzt.

§ 7

1. Die Wahlen zum Landeskirchentag sind, soweit nicht in die-

der Verordnung zum Vollzug des Wahlgesetzes vom 4. 11. 1929, § 15, Abs. 1, 2 (Abl. 24, S. 116): Die Gemeindeglieder werden aufgefordert, »in den Wahlvorschlägen Persönlichkeiten von kirchlichem Sinn und christlichem Wandel zu benennen«.

[8] KGO vom 16. 12. 1924 (Abl. 21, S. 219 ff.): Wahl der Kirchengemeinderäte. Vollzugsverordnung zum Wahlgesetz vom 4. 11. 1929 (Abl. 24, S. 110 ff.): Mitglieder der Wahlausschüsse, Wählerlisten, Wahlberechtigung, Wahlvorschläge.

[8a] Danach hatten 30 Bezirke nur je 1 weltlichen Abgeordneten zu wählen, 12 Bezirke nur je 1 geistlichen Abgeordneten, 6 Bezirke je 1 weltlichen und je 1 geistlichen Abgeordneten. In Stuttgart-Stadt waren 4 weltliche und 2 geistliche Abgeordnete zu wählen.

sem Gesetz anderes bestimmt ist, nach den Bestimmungen des Wahlgesetzes vom 4. 11. 1929 (Abl. 24, S. 99) und der Vollzugsverordnung zum Wahlgesetz vom 4. 11. 1929[8b] vorzunehmen.

2. Die Wahlvorschläge sind bis spätestens Donnerstag, den 20. Juli, abends 8 Uhr beim Vorsitzenden des Bezirkswahlausschusses (Dekanatamt) einzureichen und spätestens am 22. Juli öffentlich bekanntzugeben.

3. Ist in einem Kirchenbezirk nur ein gültiger Wahlvorschlag eingereicht worden, so findet keine Abstimmung statt, sondern es gelten die im Wahlvorschlag genannten Bewerber als gewählt.

§ 8. Feststellung des Wahlergebnisses. Einsprachen

1. Das Wahlergebnis in den Kirchengemeinden wird unmittelbar nach Schluß der Wahlhandlung festgestellt. Die Feststellung des Gesamtergebnisses ist so zu beschleunigen, daß es spätestens am 25. Juli bekanntgegeben werden kann. Am Sonntag, den 30. Juli, ist das Ergebnis der Wahlen zum Kirchengemeinderat und Landeskirchentag im Gottesdienst der Gemeinde mitzuteilen.

2. Einsprachen gegen eine Wahl sind spätestens bis zum 28. 7. 1933 einzureichen. Nichteinhaltung von Förmlichkeiten, Fristen und Terminen rechtfertigt einen Einspruch nur, wenn das Wahlergebnis dadurch offensichtlich beeinflußt ist.

3. Über Einsprachen gegen die Wahl zum Landeskirchentag entscheidet der Ständige Ausschuß des Landeskirchentags. Für die Entscheidung über Einsprachen gegen eine Wahl zum Kirchengemeinderat ist § 17 Vollzugsverfügung zur Kirchengemeindeordnung[9] maßgebend.

§ 9. Einführung der Kirchengemeinderäte

1. Die Einführung der gewählten Mitglieder des Kirchengemeinderats soll tunlichst am Sonntag nach der Wahl stattfinden. Bis zur Einführung der neugewählten Kirchengemeinderatsmitglieder versehen die bisherigen Mitglieder ihr Amt weiter.

2. Vom Vollzug der Wahl und der vollzogenen Amtseinführung der neugewählten Mitglieder hat der Vorsitzende des Kirchengemeinderats dem Dekanatamt Bericht zu erstatten, das seinerseits dem Oberkirchenrat zu berichten hat.

[8b] Vollzugsverordnung zum Wahlgesetz vom 4. 11. 1929 (Abl. 24, S. 110 ff.).

[9] Vollzugsverfügung zur KGO vom 18. 12. 1924, § 17 (Abl. 21, S. 238 ff.): Entscheidung der Kirchengemeinderäte über Wahleinsprache.

§ 10. Wahlen zum Kirchenbezirkstag

Spätestens bis 31. August des Jahres hat der Kirchengemeinderat die weltlichen Abgeordneten zum Kirchenbezirkstag und ihre Ersatzleute nach den §§ 4 und 5 der Kirchenbezirksordnung neu zu wählen[10].

§ 11. Schlußbestimmung

Dieses Gesetz tritt mit dem heutigen Tag in Kraft.

Landesbischof: Wurm.

Erläuternde Mitteilungen zu den Wahlen ergingen am 19. 7. 1933 und wurden mit dem Vermerk Eilt sehr *dem Evang. Preßverband und dem Südfunk Stuttgart mit der Bitte um Bekanntgabe übersandt*[11]:

Kirchenwahlen

Die Mitteilungen in Presse und Rundfunk über die preußischen Bestimmungen über die Kirchenwahlen haben vielfach Anlaß zu Mißverständnissen über die bei uns geltenden Wahlbestimmungen gegeben. Nach den teilweise von den preußischen abweichenden württembergischen Wahlvorschriften gilt Folgendes:

1. Wählen können alle männlichen und weiblichen Kirchengemeindegenossen, die am Wahltag das 25. Lebensjahr vollendet haben und in die Wählerliste ihrer Gemeinde eingetragen sind.

2. Die Wählerliste wird am Donnerstag, den 20. Juli, zu jedermanns Einsicht aufgelegt.

3. Nicht eingetragene Wähler werden zur Wahl zugelassen, wenn sie sich in ausreichender Weise über ihre Persönlichkeit und Wahlberechtigung ausweisen.

4. Die von ihrer Ortskirchengemeinde abwesenden Wahlberechtigten können ihre Stimme durch ein mit öffentlich beglaubigter Vollmacht versehenes, wahlberechtigtes Glied ihrer Ortskirchengemeinde abgeben lassen. Die öffentliche Beglaubigung der Vollmacht geschieht durch Bürgermeister, Ratsschreiber, Notar oder Pfarrer.

5. Für die Landeskirchentagswahl sind Wahlvorschläge bis 20. Juli abends 8 Uhr beim Dekanatamt einzureichen. Als Abgeordnete können nur die in einem öffentlich bekannt gemachten Wahlvorschlag genannten

10 Kirchenbezirksordnung vom 16. 12. 1924, § 4 und 5 (Abl. 21, S. 253 ff.): Wahl eines Ersatzabgeordneten für jeden weltlichen Abgeordneten auf 6 Jahre.

11 Nr. A 5364.

Personen gewählt werden. Ist in einem Kirchenbezirk nur 1 gültiger Wahlvorschlag eingereicht worden, so findet keine Abstimmung statt, sondern es gelten die im Wahlvorschlag genannten Bewerber als gewählt.

6. Für die Kirchengemeinderatswahlen sind keine Wahlvorschläge einzureichen. Hier ist also unter allen Umständen eine Abstimmung vorzunehmen.

7. Die Wahl findet am Sonntag, den 23. Juli, vom Schluß des Vormittagsgottesdienstes ab bis nachmittags statt. Der Schluß der Wahlzeit ist örtlich verschieden und wird von den Ortskirchengemeinden bekannt gegeben.

Müller.

Die Mitglieder und Vertrauensleute der Gruppe I des bisherigen Landeskirchentags, die Mitglieder der Gruppe II und Vertreter der Deutschen Christen berieten die Wahlen am 18. Juli. Gruppe I hatte am 15. Juli zu einer Vorbesprechung eingeladen[12]*:*

Die Mitglieder und Vertrauensleute der Gruppe I werden hiermit zu einer Zusammenkunft am Dienstag, den 18. Juli 1933, nachmittags 2 Uhr, in Stuttgart, Vereinshaus, Furtbachstr. 6, Braun-Saal, eingeladen.

Tagesordnung: Stellungnahme zu den am 23. Juli des Jahres stattfindenden Wahlen zum Landeskirchentag und Kirchengemeinderat.

Nach dem von der Reichsregierung verabschiedeten Gesetz über die Verfassung der Deutschen Evang. Kirche finden am 23. 7. 1933 auch in Württemberg Neuwahlen zum Landeskirchentag und zum Kirchengemeinderat statt. Bemühungen, die Württ. Landeskirche und andere Kirchen von diesen Neuwahlen auszunehmen, sind leider ohne Erfolg geblieben. Die Wahlen zum Landeskirchentag finden auf Grund von Wahlvorschlägen statt. Die einzelnen Bezirke wählen in gleicher Weise geistliche bzw. weltliche Abgeordnete wie bei der letzten Wahl; ein Wechsel zwischen geistlichen und weltlichen Abgeordneten findet hiernach nicht statt. Wenn in einem Bezirk nur ein Wahlvorschlag eingereicht wird, findet eine Abstimmung nicht statt.

Da die Zeitlage es nicht zuläßt, daß öffentliche Auseinandersetzungen aus Anlaß der kirchlichen Wahlen stattfinden, sind Verhandlungen zwischen den einzelnen Gruppen eingeleitet, um in sämtlichen Bezirken zu Einheitsvorschlägen zu kommen. Diese Verhandlungen haben bis jetzt

[12] LKA Stuttgart, D 1, Bd. 43. Zu den Gruppen im alten Württ. Landeskirchentag siehe Hermelink, »Geschichte der evang. Kirche in Württemberg von der Reformation bis zur Gegenwart«. Tübingen 1949, S. 466 f.

einen befriedigenden Verlauf genommen. Näheres wird bei der Zusammenkunft mitgeteilt werden. Die näheren Vorschriften über die Wahl werden von der Kirchenleitung am Montag veröffentlicht werden; das Wichtigste hievon werde ich nächste Woche noch mitteilen bzw. in der Zusammenkunft bekanntgeben. Ersatzabgeordnete werden nicht gewählt werden.

Die neuen Wahlen werden nicht auf die Dauer von 6 Jahren erfolgen, sondern nur vorübergehende Bedeutung bis zum Inkrafttreten der in Vorbereitung befindlichen neuen Kirchenverfassung haben.

Was die Kirchengemeinderatswahlen betrifft, so werden diese am einfachsten verlaufen, wenn die derzeitigen Kirchengemeinderatsmitglieder wiedergewählt werden oder Einheitsvorschläge ausgegeben werden.

Sollte Ihnen die Teilnahme an der Zusammenkunft nicht möglich sein, so bitten wir Sie, dafür zu sorgen, daß Ihr Kirchenbezirk auf alle Fälle bei der Zusammenkunft vertreten ist. Außer Ihnen ist aus Ihrem Kirchenbezirk noch eingeladen: . . .

Unsere Kirche durchlebt eine ernste Zeit. Lassen Sie uns in treuer Fürbitte zusammenstehen, damit Psalm 46, 5[12a] auch künftig von unserer Kirche gelte!

Mit freundlichem Gruß! Im Auftrag: Otto Seiz.

Das Ergebnis der Beratung vom 18. 7. 1933 wurde noch an demselben Tage den Mitgliedern und Vertrauensleuten von Gruppe I mitgeteilt[13]*:*
Verehrte Herren, liebe Freunde!

Im Anschluß an die heutige Zusammenkunft mit ihrem ernsten Ringen übersende ich Ihnen mitfolgend die Liste der Wahlbewerber, die von Gruppe I, Gruppe II und der Glaubensbewegung der Deutschen Christen je für ihren Teil für die bevorstehende Landeskirchentagswahl in Vorschlag gebracht worden sind. Wie Sie aus der Liste ersehen, ist es in der an unsere Zusammenkunft sich anschließenden Schlußverhandlung mit den Vertretern der andern Gruppen gelungen, für Heilbronn Herrn Landgerichtsrat Dr. Widmann durchzusetzen, den übrigen von uns vorgebrachten Wünschen blieb ein Erfolg leider versagt. Bei Nagold mußten wir auf unsern Freund Bauer doch noch verzichten; die während unserer Zusammenkunft eingegangene Nachricht von seiner Aufstellung als Wahlbewerber erwies sich als verfrüht. Die Glaubensbewegung der Deutschen Christen, deren Mitglieder sich, was die kirchliche Richtung

[12a] ». . . da die heiligen Wohnungen des Höchsten sind.«

[13] LKA Stuttgart, D 1, Bd. 43.

betrifft, auf die Gruppen I und II verteilen, hat 36 Wahlbewerber für den neuen Landeskirchentag benannt; die Gruppe I behält von ihren bisherigen 41 Sitzen 22, die Gruppe II von 24 Sitzen 9. Von unseren bisherigen Abgeordneten werden die Freunde Braun, D. Fezer, Gänßlen, Gruner, Hähnle, Haug (Eßlingen), Heyd, Jehle, Klein, Krauß (Ebingen), Lutz, Palm, Rieger, Römer, Saur, Sauter, Schrenk, Seiz, Stiefel, Vöhringer, Dr. Widmann und Zeller dem neuen Landeskirchentag angehören, von Gruppe II sind es die Abgeordneten Elsenhans, Dr. Fraas, Gaub, Lempp, Mürdel, Dr. Rau, Schnaufer, dazu neu Präsident Dr. Aichele (Zuwahl). Die für die Zuwahl in Aussicht genommenen 6 Mitglieder, zu denen auch Herr Professor D. Fezer gehören wird, sind in der mitfolgenden Liste nicht aufgeführt[14].

Die Vorsitzenden der Bezirkswahlausschüsse (Dekanatämter) werden morgen früh durch das mitfolgende Schreiben von der getroffenen Vereinbarung in Kenntnis gesetzt mit der Bitte, wegen der Einreichung der Wahlvorschläge das weitere veranlassen zu wollen. Die Wahlbewerber aus unseren Reihen bitten wir, soweit noch nicht geschehen, dem Vorsitzenden des Bezirksausschusses eine Erklärung folgenden Inhalts zu übersenden: »Ich erkläre hiemit meine Zustimmung zur Aufnahme in den Wahlvorschlag für die Wahl zum Landeskirchentag im Kirchenbezirk . . .«

Trotz der heute aus der Presse ersichtlichen, im Zeitpunkt unserer Zusammenkunft noch nicht zu unserer Kenntnis gelangten Bekanntmachung des Bevollmächtigten des Reichsministers des Innern, die die Durchführung einer freien Wahl gewährleistet[15], ist die zwischen den Gruppen getroffene Vereinbarung in dem Sinn verbindlich, daß jede Gruppe es ablehnt, weitere als die von ihr vorgeschlagenen Wahlbewerber aufzustellen oder einem von anderer Seite eingereichten Wahlvorschlag ihre Unterstützung angedeihen zu lassen. Wir bitten unsere Freunde, mit Rücksicht auf die Gesamtbelange unserer Landeskirche sich an diese Vereinbarung zu halten. Daß die Opfer, die wir mit dem Verzicht auf Aufstellung weiterer Wahlbewerber in der Person bewährter bisheriger Abgeordneter bringen mußten, uns nicht leicht geworden

14 Die Zuwahlen kamen nicht zustande, siehe unten S. 358. Die genannten Listen befinden sich nicht bei den Akten.

15 Bekanntmachung des Bevollmächtigten des Reichsinnenministeriums, Staatssekretär Pfundtner: »Die freie Wahl des Kirchenvolkes ist nach den Worten des Reichskanzlers gemäß dem Reichsgesetz vom 14. 7. 1933 gewährleistet« (GB 139, S. 92).

sind, kam in der heutigen Zusammenkunft zum Ausdruck. Diesen Opfern steht jedoch gegenüber die tiefe Dankbarkeit für die große Wende in der Geschichte unseres Vaterlandes, die auch unserer Kirche neue große Aufgaben und Wirkungsmöglichkeiten gebracht hat. Daß aller Dienst für Volk, Staat und Kirche stets im Licht des Wortes Joh. 6,27 stehe, sei unser aller Sorge und tägliches Anliegen.

Es tat mir leid, daß ich bei der heutigen Zusammenkunft im Gedränge der Arbeit so manchen lieben Freund nur flüchtig grüßen konnte. Wir bleiben, ich schreibe das auch im Sinn des Führers unserer Gruppe[15a], unbekümmert um die Form, in der die bisherige Gruppe I im neuen Landeskirchentag ihren Dienst tun wird, als Gesinnungs- und Arbeitsgemeinschaft auch in Zukunft verbunden, wir wollen Fühlung miteinander behalten und in Liebe und Treue unserer evang. Kirche allezeit zugetan sein!

Mit herzlichem Gruß! Otto Seiz.

Die Vereinbarung, die bei der Besprechung am 18. Juli zwischen den kirchlichen Gruppen erzielt wurde und der Wurm sich angeschlossen hatte, wurde ebenfalls noch am 18. Juli den Herren Vorsitzenden der Bezirkswahlausschüsse *mitgeteilt*[16]*:*

I. Um dem Kirchenvolk bei der Landeskirchentagswahl eine Abstimmung mit den damit verbundenen unerfreulichen Begleiterscheinungen zu ersparen, haben die Landesleitung der Glaubensbewegung Deutsche Christen und die Gruppen I und II des bisherigen Landeskirchentags eine Vereinbarung über die Aufstellung einer Einheitsliste getroffen (s. Beilage). Hiebei mußten von allen Seiten Opfer gebracht und Sonderwünsche zurückgestellt werden. In Anbetracht der Kürze der Zeit müssen die unterzeichneten verantwortlichen Stellen darauf bestehen, daß diese Vereinbarung eingehalten und durchgeführt wird. Der Herr Landesbischof hat sein Einverständnis mit den Vorschlägen erklärt und bittet, diese Vereinbarung einzuhalten. Wir bitten, dafür Sorge zu tragen, daß in Ihrem Bezirk rechtzeitig ein entsprechender Wahlvorschlag eingereicht wird. Liegen bereits anderslautende Wahlvorschläge von irgend einer Seite vor oder werden solche noch eingereicht, so mögen sie unverzüglich zurückgezogen werden.

II. Kirchengemeinderatswahlen können auf Grund des Reichsgesetzes nicht vermieden werden, jedoch sind auch hiebei örtliche Übereinkommen

[15a] Gemeint ist Dekan Vöhringer.

[16] LKA Stuttgart, D 1, Bd. 43.

und eine Einheitsliste möglich. Es ist der ausdrückliche Wunsch des Herrn Landesbischofs, daß auch hiefür das obige Übereinkommen richtunggebend sei. Der Herr Landesbischof hofft, daß damit auch für die Kirchengemeinderatswahl ein friedlicher Verlauf gesichert ist.

Stuttgart, den 18. 7. 1933.

Die Beauftragten der

Glaubensbewegung Deutsche Christen: Stadtpfarrer Dr. Schairer	Gruppe I: Dekan Vöhringer	Gruppe II: Staatsrat Dr. Rau

Im Blick auf die ernste Lage unsrer Kirche habe ich mich mit obiger Vereinbarung einverstanden erklärt. Der Landesbischof: D. Wurm.

Zusammenstellung der Wahlbewerber für die Wahl zum Landeskirchentag am 23. 7. 1933, vorgeschlagen von der Glaubensbewegung Deutsche Christen, Gruppe I und Gruppe II:

Kirchenbezirk

1. Aalen: Seiz, Oberrechnungsrat, Stuttgart
2. Backnang: Heyd, Bezirksnotar, Nellingen bei Eßlingen
3. Balingen: Maute, Stadtrat, Tailfingen[17]
   Krauß, Stadtpfarrer, Ebingen
4. Besigheim: Wird von der Glaubensbewegung noch benannt[18]
5. Biberach/Riß: Elsenhans, Inspektor, Altshausen
6. Blaubeuren: Gaub, Ephorus, Blaubeuren
7. Blaufelden: Mürdel, Pfarrer, Unterregenbach
8. Böblingen: Schmid, Schulrat, Böblingen
9. Brackenheim: Hähnle, Schulrat, Lauffen/Neckar
10. Calw: Römer, Stadtpfarrer, Stuttgart
11. Cannstatt: Schall, Fabrikant, Hedelfingen
    Schnaufer, Pfarrer, Schmiden
12. Crailsheim: Rehm, Pfarrer, Simmersfeld bei Nagold
13. Eßlingen: Haug, Malermeister, Eßlingen
    Dr. Lempp, Dekan, Eßlingen
14. Freudenstadt: Braun, Bürgermeister u. Landwirt, Schopfloch
15. Gaildorf: Stiefel, Oberamtssparkassendirektor, Gaildorf
16. Geislingen/Steige: Brügel, Dekan, Geislingen/Steige

[17] Anstelle von Stadtrat Maute wurde endgültig benannt: Gottlieb Jeuter, Zuschneider. Truchtelfingen.

[18] Benannt wurde endgültig Kreisleiter Gustav Glaser, Kaufmann, Bönnigheim.

17. Göppingen: Dr. Maier, Studiendirektor, Göppingen[19]
18. Hall: Dr. med. Kibler, Arzt, Schwäb. Hall, Diakonissenhaus
19. Heidenheim: Saur, Fabrikant, Heidenheim/Brenz
20. Heilbronn: Dr. Widmann, Landgerichtsrat, Heilbronn
Hilzinger, Stadtpfarrer, Stuttgart
21. Herrenberg: Dr. med. Lechler, Arzt, Herrenberg
22. Kirchheim/Teck: Klein, Christoph, Landwirt, Owen
23. Knittlingen: Rieger, Stadtpfarrer, Mühlacker
24. Künzelsau: Arnold, Landesbauernführer, Gutsbesitzer
25. Langenburg: Schmidt, Friedrich Gottlob, Hauptlehrer, stellvertretender Gauleiter der NSDAP, Wiesenbach
26. Leonberg: Jehle, Missionssekretär, Stuttgart
27. Ludwigsburg: Metzger, Handwerkskammersyndikus, Ludwigsburg
Zeller, Stadtpfarrer, Zuffenhausen
28. Marbach: Wird von der Glaubensbewegung benannt[20]
29. Münsingen: Palm, Kaufmann, Laichingen
30. Nagold: Metzger, Bürgermeister, Simmersfeld
31. Neuenbürg: Fick, Oberlehrer, Höfen/Enz
32. Neuenstadt: Hahn, Pfarrer, Kirchensall
33. Nürtingen: Hettler, Pfarrer, Unterboihingen
34. Öhringen: Wird von der Glaubensbewegung benannt[21]
35. Plieningen: Fritz, Max, Angestellter, Ruit
36. Ravensburg: Dr. Steger, Stadtpfarrer, Friedrichshafen
37. Reutlingen: Dr. Fromann, Rektor, Reutlingen
38. Schorndorf: Vöhringer, Dekan, Ulm/Donau
39. Stuttgart: Dr. Dill, Ministerialdirektor, Stuttgart
Kroll, Stadtrat, Stuttgart
Lutz, Inspektor, Fellbach
Dr. Rau, Staatsrat, Stuttgart
Dr. Schairer, Stadtpfarrer, Hedelfingen
Schrenk, Prälat, Stuttgart
40. Sulz/Neckar: Krauß, Pfarrer, Bondorf bei Herrenberg
41. Tübingen: Luz, Bezirksnotar, Tübingen
42. Tuttlingen: Grimm, Steueramtmann, Tuttlingen

[19] Vgl. dazu die Mitteilung des Evang. Dekanatamts Göppingen vom 20. 7. 1933, S. 310 f.; Mitglied des Landeskirchentags wurde darnach Dr. Werner Landerer, Göppingen.

[20] Benannt wurde Stadtrat Otto Thumm, Marbach; vgl. S. 329 ff.

[21] Benannt wurde Gustav Löscher, Bürgermeister und Landwirt, Kirchensall.

43. Ulm: Weltlicher Abgeordneter wird von der Glaubensbewegung noch benannt[22]

Sauter, Stadtpfarrer, Ulm/Donau

44. Urach: Gänßlen, Studienrat, Metzingen

45. Vaihingen/Enz: Dr. Fraas, Veterinärrat, Vaihingen/Enz

46. Waiblingen: Gruner, Pfarrer, Lustnau bei Tübingen

47. Weikersheim: Dr. med. Haug, Arzt, Bad Mergentheim[23]

48. Weinsberg: Zeller, Dekan, Weinsberg

49. Welzheim: Lohß, Volksmissionar, Fellbach

Dazu kam noch als Vertreter der Evang.-theol. Fakultät der Universität Tübingen Prof. D. Volz. 32 Abgeordnete zählten zur Glaubensbewegung Deutsche Christen, 21 zur früheren Gruppe I, 7 zur früheren Gruppe II[24].

Gemäß dem in der Besprechung am 18.7.1933 erzielten Ergebnis wurden in allen Wahlbezirken der Württ. Landeskirche für die Wahl zum Landeskirchentag Einheitslisten aufgestellt, so daß keine Wahl zum Landeskirchentag stattfand. Die Kirchengemeinderäte wurden in den Kirchengemeinden gewählt[25].

Die Gauleitung Württemberg der NSDAP teilte im Rundschreiben Nr. 20/33 am 18.7.1933 mit[26]*:*

Am nächsten Sonntag, den 23. Juli, finden in sämtlichen Evang. Kirchengemeinden des Landes Kirchengemeinderatswahlen statt. Nach den

[22] Benannt wurde Apotheker Rudolf Lechler, Ulm.

[23] Anstelle von Dr. Haug wurde endgültig benannt: Dr. med. Friedrich Gottlob Förstner, Medizinalrat, Bad Mergentheim.

[24] Vgl. auch die Zusammenstellung der Abgeordneten von Gruppe I und II im Brief von Seiz vom 18.7.1933, siehe S. 303. Die Kirchlich-theol. Arbeitskreise verzichteten darauf, ihre Stimme in diesem von ihnen »nicht als legitim anerkannten Landeskirchentag zu Gehör zu bringen« (Dipper, S. 32). Nach EKBlW, Ausgabe vom 15.9.1933, traten 2 Abgeordnete von Gruppe I zu den DC über.

[25] Artikel zur Wahl und zur Einheitsliste erschienen im »NS-Kurier« am 19. Juli, 20. Juli, 21. Juli, 22. Juli. Der »Schwäbische Merkur« berichtete über die Vorbereitungen zur Wahl am 18. Juli, 20. Juli, 22. Juli; auf die Zuwahlen wurde am 25.7.1933 hingewiesen. Am 19.7.1933 erschien im »Schwäbischen Merkur« ferner ein Artikel von Hossenfelder, »Kameraden auch in der Kirche«; am 22.7. eine Betrachtung »Heroische Religion. Zu den kirchlichen Wahlen« (ohne Angabe des Verfassers).

[26] LKA Stuttgart, D 1, Bd. 43,1.

vielfachen bisherigen Erfahrungen ist es dringend nötig, daß auch in den evang. Kirchengemeinderäten der Geist des Nationalsozialismus einzieht. Alle Ortsgruppenleiter werden deshalb angewiesen, die evang. Parteigenossenschaft über die Wichtigkeit dieser Wahl zu belehren und zur Erfüllung der Wahlpflicht aufzufordern. Wer persönlich an der Ausübung der Wahl verhindert ist, kann sich durch einen schriftlich Bevollmächtigten in seiner Gemeinde vertreten lassen. So kann z. B. ein evang. wahlberechtigter Ortsgruppenleiter sich von allen evang. wahlberechtigten Parteigenossen bevollmächtigen lassen oder eine andere geeignete Persönlichkeit zu diesem Zweck aufstellen. Die Bevollmächtigung muß durch den Pfarrer oder den Bürgermeister beglaubigt sein. In jeder Gemeinde muß dafür Sorge getragen werden, daß 70 % nationalsozialistischer Christen im zukünftigen Kirchengemeinderat vertreten sind. Dies kann entweder erreicht werden durch Aufstellung eines besonderen Wahlzettels unter der Überschrift „Glaubensbewegung Deutscher Christen", oder aber sind durch örtliche persönliche Vereinbarung mit dem Pfarramt und dem bisherigen Kirchengemeinderat die nötigen Plätze für Nationalsozialisten im neuen Kirchengemeinderat durch eine Einheitsliste zu sichern. Nur wo dies ohne Kompromisse zu schließen möglich ist, kann die Aufstellung einer besonderen Liste unterbleiben. Sämtliche Ortsgruppenleiter melden nach der Wahl, wieviel Nationalsozialisten sich im evang. Kirchengemeinderat ihrer Gemeinde befinden. Die Reichsparteileitung hat den Parteistellen und der Parteipresse die Unterstützung der „Glaubensbewegung Deutscher Christen" in diesem Wahlkampf zur Pflicht gemacht. Die Wahlvorschläge müssen bis spätestens Donnerstagabend 6 Uhr beim Vorsitzenden des Kirchengemeinderats eingereicht sein. Später eingereichte Wahlvorschläge sind ungültig.

Heil Hitler! gez. Schmidt, stellvertretender Gauleiter.

Eine dringende Anfrage wegen der Wahl legte das Evang. Pfarramt Neckarsulm am 19. 7. 1933 dem Oberkirchenrat vor[27]*:*

Von nationalsozialistischer Seite wird in der hiesigen Pfarrei die Behauptung aufgestellt, die Gauleitung der NSDAP Neuenstadt[28] habe an die örtlichen Leiter der Partei die Weisung gegeben: Es sei verfügt, daß mindestens 70 % (eingeschriebene) Nationalsozialisten auf einen Wahlvorschlag gesetzt werden müssen. Bei Ausgabe eines anderen Wahlvor-

[27] Nr. A 5375.

[28] Es kann nur die Kreisleitung der NSDAP gemeint sein.

schlags, der dieser Bedingung nicht entspreche, seien Gegenmaßnahmen zu ergreifen und die Wahl anzufechten.

Ist diese Anweisung der Gauleitung Neuenstadt/Kocher angängig oder handelt es sich hier wieder einmal um Kompetenzüberschreitung untergeordneter Stellen? Im letzteren Fall darf an den Oberkirchenrat ergebenst die Bitte ausgesprochen werden, den Fall bei den leitenden Stellen vorzulegen und um Abhilfe nachzusuchen. Darf ich zur klaren Regelung der hiesigen Verhältnisse im Lauf des morgigen Tages um telefonische Antwort bitten[29] (Neckarsulm 477)? Um der Dringlichkeit der Sache habe ich mir erlaubt, mich direkt nach Stuttgart zu wenden.

Kern, Stadtpfarrverweser.

Aus Geislingen/Steige berichtete das 2. Evang. Pfarramt am 20. 7. 1933 dem Oberkirchenrat[30]*:*

In der Anlage übersende ich dem Oberkirchenrat ein Antwortschreiben an die Kreisleitung der NSDAP hier auf ein mündliches Vorbringen, es möchte von Seiten des Pfarramts für die NSDAP hier eine Kollektiv-Vollmacht ausgestellt werden, damit ein Parteigenosse am Sonntag für sämtliche anderen die Wahl vollziehe. In der mündlichen Unterredung ließ der Beauftragte durchblicken, daß dieses Ansinnen den Zweck habe, mit Hilfe des auf diese Weise ausgeübten Fraktionszwangs die Kandidaten der NSDAP durchzubringen. Von Vorstehendem ausgehend und auf ein Schreiben verweisend, das angeblich von Parteiseite durchgegeben werde und die Anregung einer Kollektiv-Vollmachtserwirkung enthalte, bitte ich den Oberkirchenrat, da ein gewisser Verdacht besteht, daß Ähnliches im ganzen Land versucht wird, sofort Gegenmaßnahmen einzuleiten. Josenhans.

Vom Evang. Dekanatamt in Geislingen wurde dieses Schreiben mit folgender Bemerkung weitergeleitet: Vorgelegt mit dem Bemerken, daß ich mich der Auffassung des 2. Stadtpfarramtes anschließe. Evang. Dekanat: Brügel.

Direktor Dr. Müller leitete das Schreiben am 21. 7. 1933 Pfarrer Pressel zu mit der Bitte, sich in diesem Sinn an die Gauleitung der NSDAP zu wenden. Nach dem Reichsgesetz ist eine Stimmabgabe durch Bevollmächtigte nur den von der Ortskirche (d. h. Ortskirchengemeinde)

[29] Auf dem Entwurf von Pressel am 21. 7. 1933 handschriftlich vermerkt: »Telefonisch erledigt«.

[30] Nr. A 5439.

abwesenden Wahlberechtigten ermöglicht. Dies ist also nur eine Ausnahmebestimmung.

Pressel bemerkte schließlich auf dem Schriftstück: Die Gauleitung ist benachrichtigt.

Die Antwort des 2. Evang. Pfarramts Geislingen auf die Anfrage der Kreisleitung der NSDAP Geislingen vom 20. 7. 1933 lautete:

Zurückkommend auf die Unterredung, die heute Nachmittag Herr Dauser in Ihrem Auftrag mit mir hatte, teile ich Ihnen folgendes mit: Eine Kollektiv-Vollmacht für die NSDAP hier zur Vornahme der Kirchengemeinderatswahlen auszustellen, ist nicht gestattet, weil dies dem Sinn der Wahlen, die nach dem Willen des Herrn Reichskanzlers in völliger Freiheit des einzelnen Wählers sich vollziehen sollen, ganz eindeutig widerspricht. Vorstehendes ist mit Herrn Dekan Brügel durchgesprochen worden und hat seine vollständige Bestätigung gefunden. Diese Entscheidung ist endgültig.

Mit deutschem Gruß! 2. Evang. Stadtpfarramt.

Über die Verhandlungen zur Aufstellung einer Einheitsliste berichtete das Evang. Dekanatamt Göppingen am 20. 7. 1933 dem Oberkirchenrat[31]*:*

Die dem Dekanatamt am gestrigen Morgen zugegangene Einheitsliste für die Wahl zum Landeskirchentag zeigt für den Kirchenbezirk Göppingen den Namen: Studiendirektor Maier. Bei einer ersten Fühlungnahme ergab sich, daß führende Mitglieder der Gemeinschaftskreise diesen Namen als für sie untragbar erklärten. Bei einem Festhalten dieses Namens mußte mit Sicherheit die Einreichung eines Gegenvorschlags erwartet und damit eine regelrechte Wahl in Aussicht genommen werden. Bei dieser Lage der Dinge hat Herr Studiendirektor Maier gebeten, von seiner Person Abstand zu nehmen. Mit Zustimmung des Kreisleiters der Glaubensbewegung Deutsche Christen wurde dann anstelle von Herrn Studiendirektor Maier Herr Dr. phil. Werner Landerer, Leiter der Ökonomie der hiesigen Heilanstalt, aufgestellt. Mit einer Einheitskandidatur Landerer hatten sich die Gemeinschaftskreise ausdrücklich einverstanden erklärt. Ebenso hat die NSDAP hier, die von Stuttgart aus aufgefordert worden war, 3 ihr genehme Kandidaten für die Landeskirchentagswahl anzugeben, an dritter Stelle Herrn Dr. Landerer genannt. Es

[31] Nr. A 5424.

darf also angenommen werden, daß es im hiesigen Bezirk zu einer Wahl zum Landeskirchentag nicht kommen und daß ein Gegenvorschlag nicht gemacht werden wird.

Stahl.

Ein ähnlicher Bericht ging vom Evang. Dekanatamt Sulz/Neckar am 21. 7. 1933 an den Oberkirchenrat:[32]

Hiemit wird berichtet, daß in einer Versammlung der Pfarrer des Kirchenbezirks, in der der Kreisleiter für die evangelischen Kirchenwahlen im Dekanatsbezirk Sulz, Oberlehrer Müller von Oberndorf, teilnahm, versucht worden ist, statt des für Sulz vorgeschlagenen Pfarrers Krauss in Bondorf einen Bezirksgeistlichen zum Vorschlag zu bringen. An Stadtpfarrer Schairer, Hedelfingen, wurden telefonisch 3 Namen von Geistlichen, die der Glaubensbewegung angehören und die im Bezirk bekannt sind, genannt mit der dringenden Bitte, daß einer von diesen drei Pfarrern des Kirchenbezirks an die Stelle von Pfarrer Krauss gesetzt werde. Nach dem Erlaß vom 18. 7. 1933 wurde der Widerstand gegen die Kandidatur des Pfarrers Krauss aufgegeben. Ich kann jedoch nicht unterlassen zu berichten, daß der Ablauf der Dinge hinsichtlich der Kirchentagswahl von vielen bitter empfunden wurde. Der Widerstand richtete sich nicht gegen die Glaubensbewegung deutscher Christen, sondern gegen die Zwangslage, einen Kandidaten wählen zu sollen, der den einen unbekannt war und von den andern nicht gewünscht wurde. Der Plan, den bisherigen geistlichen Vertreter des Kirchenbezirks Sulz wieder aufzustellen, wurde aus Loyalitätsgründen fallen gelassen[33].

Findeisen.

An die Verehrten Mitglieder des 2. Evangelischen Landeskirchentags *schrieb dessen Präsident am 19. 7. 1933*[34]*:*

Der 2. Evangelische Landeskirchentag ist aufgelöst. Wenig mehr als zwei Jahre Bestand ist ihm beschieden gewesen[35]. Eine Neuwahl ist angeordnet. Die verhältnismäßig wenigen Sitzungstage, zu denen der 2. Landeskirchentag versammelt war, haben trotz der Kürze der Zeit

[32] Nr. A 5483.

[33] Geistlicher Abgeordneter zum Württ. Landeskirchentag für den Bezirk Sulz seit 1931 war Pfarrer Karl Baur, Dornhan (Nr. A 2375 vom 31. 3. 1931).

[34] LKA Stuttgart, D 1, Bd. 43.

[35] Der 2. Württ. Landeskirchentag war am 8. 3. 1931 gewählt worden (Abl. 25, S. 1); er trat am 19. 5. 1931 zum ersten Mal zusammen (Abl. 25, S. 40).

unter den Mitgliedern den aussichtsreichen Keim einer Arbeitsgemeinschaft entstehen lassen, der für die zukünftigen Aufgaben die Erwartung eines fruchtbaren gemeinsamen Dienstes für unsere Landeskirche gerechtfertigt hat. Es ist anders gefügt worden, als wir gehofft haben. Den verehrten Mitgliedern des zu Ende gegangenen Landeskirchentags herzlichen Dank für ihre hingebende Mitarbeit, wie auch für das mir geschenkte Vertrauen auszusprechen, ist mir aufrichtiges Bedürfnis. Es ist mir Freude und Ehre gewesen, die Verhandlungen auch des 2. Landeskirchentags leiten zu dürfen.

Mit Ihnen allen vereinige ich mich in dem Wunsche, daß Gott der Herr, der auch im Drange der Zeit die Geschicke der Kirche nach seiner Weisheit lenkt, unsere württembergische evangelische Kirche und in ihr auch die Arbeit des kommenden neuen Landeskirchentags mit seinem Segen begleiten möge. Gott behüte Sie! Präsident D. Röcker.

Die Kirchlich-theologischen Arbeitskreise Württembergs wandten sich am 18. 7. 1933 mit Rundschreiben Nr. 2 an die württembergischen Pfarrer[36]*:*

Lieber Herr Amtsbruder!

Die der Kirche vom Staate vorgeschriebenen, durch die Situation in Preußen bedingten, unserer württ. Kirche aber nur aufgenötigten Wahlen machen ein wegeweisendes Wort nötig. Wir beschränken uns dabei auf das Nötigste.

1. Der neue Landeskirchentag wird als erste Aufgabe die Wahl der beiden Abgeordneten zur Nationalsynode und die Verabschiedung eines neuen Kirchenverfassungsgesetzes vorzunehmen haben. Über die Wahl haben Vertreter der Gruppen des alten Landeskirchentags, wie wir hören, unter sich und mit Vertretern der »Glaubensbewegung« verhandelt, um nach Kräften einen unguten kirchlichen Wahlkampf zu vermeiden, ja, um womöglich sich in den einzelnen Bezirken durch Einigung auf Einen Kandidaten die Vornahme der Wahl überhaupt zu ersparen. Weitere Verhandlungen, die dasselbe Ziel für die Kirchengemeinderatswahl erstreben, sind, dem Vernehmen nach, im Gange.

2. Die Gesichtspunkte für die Wahl der Kirchengemeinderäte werden nach örtlicher Vereinbarung festzulegen sein. Die Wahl für den Landes-

[36] LKA Stuttgart, D 1, Bd. 41,2; weitere Wahlaufrufe nicht württembergischer Stellen siehe GB 139, S. 92 ff.; KJb., S. 21 ff.; Hermelink, S. 46 f.; »Evang. Gemeindeblatt für Stuttgart«, Ausgabe vom 24. 9. 1933.

kirchentag aber wird durchaus unter den alten Aspekten von Gruppe I und II vorgenommen werden. Die »Glaubensbewegung« wird sich dabei wohl die Mehrheit durch eine kalte Gleichschaltung innerhalb der Gruppen sichern wollen. Die Jungreformatorische Bewegung, der es auch diesmal vorbehalten zu sein scheint, den Sündenbock für die Tatsache der reichsgesetzlich angeordneten Wahl abzugeben, wurde vom Ergebnis der Verhandlungen in Kenntnis gesetzt und ihr eine Anzahl von Sitzen (4 unter 60) angetragen. Sie hat es aber als die Gruppe des Bekenntnisses abgelehnt, sich auf solchem Wege unter Übergehung der sachlichen Fragen mit einigen Sitzen beschenken zu lassen.

3. Maßgebend ist nämlich für uns bei der Wahl zum Landeskirchentag auch in der sogenannten »neuen« Kirche im neuen Staat nicht die Zugehörigkeit zu einer alten oder neuen Gruppe, sondern die kirchliche Eignung der Kandidaten, und wir bitten, in den einzelnen Bezirken allein darauf zu achten. (Daß die Person des Abgeordneten auch staatlich zuverlässig sein muß, versteht sich von selbst.) Ein Gegenkandidat wäre also nur dort aufzustellen, wo die Einheitskandidatur gewissensmäßigen kirchlichen Bedenken — also Bedenken von Schrift und Bekenntnis, Amt und Gemeinde her — unterliegt; diese Opposition hätte also nicht um einer Gruppe willen, sondern der Kirche halber zu erfolgen.

4. Bei den Wahlen zum Kirchengemeinderat wird derselbe Gesichtspunkt den Ausschlag zu geben haben. Ist auch die neue Wahlperiode des Kirchengemeinderats vielleicht von kurzer Dauer (diese wird von den Bestimmungen des zu erwartenden neuen württ. Kirchenverfassungsgesetzes abhängig sein), so hat doch die Umbildung schon diesmal darauf hinzuwirken, daß a) möglichst nur solche Kandidaten aufgestellt werden, die kirchlich lebendig sind, d. h. sich zur Gemeinde und zu ihrem Gottesdienst bekennen und b) den Gemeindeämtern (Religionslehrer, Kirchenmusiker, Jugendarbeiter, Armenpfleger, Gemeinschaftsleiter, Vertreter der bürgerlichen Gemeinde) und den verschiedenen Ständen der Gemeinde, Sitz und Stimme in der Kirchengemeindevertretung ermöglicht wird.

5. Wie auch die Wahlen ausfallen mögen, wir werden als Kirchlich-theologische Arbeitskreise unsere Bemühung nach wie vor der inneren Erneuerung der Kirche zuwenden wollen. Das bedeutet: Wir haben uns gegenseitig dazu zu helfen, daß wir bei den kirchlichen Entscheidungen in Einzelgemeinde, Bezirk und Landeskirche wirklich von der Sache der Kirche her urteilen, reden, schreiben und handeln. Unsere Arbeit wird eine stille und verantwortliche sein, vielleicht auch bei der heutigen Kon-

junktur für Kirchenpolitik eine kleine und verachtete werden; das wird uns nur in der Gewißheit bestärken, daß sie unbeirrt und in neuer Treue getan werden muß, ohne Schielen nach einem blendenden Erfolg. Wir sind von einer Erneuerung der Kirche so weit weg wie nur je einmal; wir können bei vielem, was heute in der Kirche geschieht, eine Mitverantwortung nicht übernehmen. Wenn aber unsere Kirchlich-theologischen Arbeitskreise uns dazu helfen, unseren Auftrag richtiger zu erkennen und unser Amt treuer zu verwalten, mit einem Wort: bessere Zeugen Christi zu werden, so werden sie nicht bloß für die einzelnen Beteiligten, sondern auch für die ganze Kirche die Verheißung Gottes für sich haben. I. A. Metzger.

Im NS-Kurier *veröffentlichte die Glaubensbewegung Deutsche Christen am 20. 7. 1933 einen* Aufruf zu den evangelischen Kirchenwahlen am 23. Juli:

Das Evangelische Kirchenvolk ist zu Kirchenwahlen aufgerufen. Wir Deutsche Christen wollten die Wahl nicht, da wir auch ohne sie bestimmt zum Siege kämen. Darum fürchten wir sie aber auch nicht, sondern führen sie mit der bei uns selbstverständlichen, in vielen Kämpfen erprobten Schlagkraft durch.

Für die Wahlen zum Landeskirchentag ist eine Einheitsliste zustandegekommen, die der Glaubensbewegung entscheidenden Einfluß sichert und ihr den Weg zum vollen Dienste frei macht. Dadurch ist gewährleistet, daß auch bei uns der neue Landeskirchentag eine mit dem Staate Adolf Hitlers in ehrlichstem Bunde stehende Kirche schaffen wird.

Die Wahlen zu den örtlichen Kirchengemeinderäten aber, die nach den gesetzlichen Bestimmungen durchgeführt werden müssen, haben auch größte Bedeutung. Mannigfache Erfahrungen aus dem ganzen Lande beweisen, daß auch in diese Kollegien ein neuer, aufbauwilliger Geist einziehen muß. Nur so ist die Einheitlichkeit des Wollens zwischen der Reichskirche gewährleistet. Es haben jetzt alle bisherigen Vertreter liberalistischen Geistes abzutreten, insbesondere solche Kirchengemeinderäte, die nachgewiesenermaßen in den letzten Kampfjahren unserem Führer Adolf Hitler und seiner Bewegung bitteres Unrecht getan haben. Für sie ist kein Platz mehr in einer öffentlichen Körperschaft des neuen Deutschland. In allen muß der entscheidende Einfluß der Glaubensbewegung Deutsche Christen, zu der sich unser Führer Adolf Hitler eben wieder aufs neue bekannt hat[37], gesichert sein. Junge, verantwortungs-

[37] Am 19. 7. 1933 dankte Hitler brieflich Müller für den Abschluß des kirchlichen

freudige, tatkräftige Kämpfer für ein lebendiges Christentum und starkes deutsches Volkstum müssen ihren Einzug halten.

Zur Erreichung dieses Ziels werden folgende Anweisungen gegeben: Die Kreise des erwachten Christenvolks, die sich für eine erneuerte Kirche positiv einzusetzen gewillt sind, sammeln sich rasch. Sie suchen um des Friedens willen mit dem zuständigen Pfarramt zur Aufstellung einer Einheitsliste zu kommen. Auf dieselben können bisherige verdiente Kirchengemeinderäte kommen, die voll und vorbehaltlos auf dem Boden des nationalen Staates stehen. Solche werden ohne weiteres bereit sein, eine entsprechende Erklärung unzweideutig abzugeben. Persönlichkeiten, die in diesem Punkte nicht einwandfrei dastehen (siehe oben!), werden abgelehnt. An ihrer Stelle werden nationalsozialistische Christen vorgeschlagen, und zwar in einer Zahl, die ihren entscheidenden Einfluß sicherstellt. Geht das örtliche Wahlkomitee darauf nicht ein, so muß zur Aufstellung einer eigenen Liste geschritten werden (Liste »Deutsche Christen«), für deren Durchsetzung unsere Mitkämpfer restlos einzutreten haben. Falsche Kompromisse werden nirgends geschlossen.

Diese ganze Wahl ist als kirchliche Handlung durchaus Gesinnungssache. Persönliche und politische Gesichtspunkte scheiden völlig aus; es geht allein um die Erreichung unseres großen Zieles: zum Dank für sein gewaltiges Opfer soll Adolf Hitler in seinem neuen Staate eine erneuerte, gereinigte und geeinigte Kirche haben! Dazu helfe uns Gott! Darum: »Die Fahne hoch! Die Reihen dicht geschlossen!«

Glaubensbewegung Deutsche Christen, Gau Württemberg.

In seinen Sonntagsgedanken *zum 23. Juli schrieb Pfarrer Rehm am 22. 7. 1933 im* NS-Kurier[38]:

Dieser Sonntag bringt für ganz Deutschland die Wahlen zu den Vertretungskörperschaften der Evang. Kirche. Kaum selten ist seit den Tagen der Reformation eine solch' starke innerliche Bewegung durch das deutsche Volk gegangen, wie in diesen Tagen. Diese Bewegung ist vielen

Einigungswerks: »Ihnen und den Deutschen Christen wird trotz aller Anfeindungen die Geschichte einmal das Zeugnis ausstellen, eine der entscheidensten Taten der religiösen Gestaltung des Lebens unseres Volkes gewollt, gefördert und am Ende mit vollbracht zu haben. Ich möchte daher Ihnen und den Deutschen Christen danken und Sie auch für alle Zukunft meines besonderen Vertrauens versichern.« (GB 139, S. 94). Vgl. auch den Wahlaufruf im »Völkischen Beobachter« vom 19. 7. 1933 (GB 139, S. 92).

[38] Der Betrachtung liegt der Text Mt 6,24 zugrunde.

Leuten unangenehm, welche nichts lieber als Ruhe sehen und haben, aber in dieser gewaltigen inneren Bewegung wird deutlich, mit welchem großen Interesse die breitesten Schichten des Volkes wieder der Kirche gegenüberstehen. Diese Kirchenwahl wird eine Volkswahl sein; das erwachte, nationalsozialistische Christenvolk steht vor den Toren der Kirche und begehrt Einlaß, um dem mächtigen Ruf der deutschen Freiheitsbewegung auch in den Kirchen Raum zu schaffen und zurückzukehren zu den Heiligtümern der Nation, die in der Not unseres Volkes uns ewigen Trost und Halt vermitteln und in der Stunde der Freude unser unverlierbares Gut sind . . .

Millionen von Volksgenossen, welche der Kirche und dem Evangelium entfremdet waren und von der Herrschaft des Materialismus und Mammonismus aufs furchtbarste betrogen wurden, finden den Weg zur Rückkehr unter den ewigen, lebendigen Gott. Sie sehnen sich wieder nach einer Heimat für ihre Seele, nach einer Verankerung ihrer Persönlichkeit in dem Ewigkeitsgrund des Wortes Gottes, um einen letzten und höchsten Zweck für ihr Leben und Wirken wieder zu finden und zu haben . . .

Aber auch christliche Kreise unseres Volkes haben erkannt, daß es beim Glauben und Frommsein nicht bloß auf Gewohnheit und Sitte ankommt, wobei man sein Herz vielleicht doch einem anderen denn dem wahren Gott insgeheim verschrieben hat, sondern daß alles Frommsein sich auswirken muß in der Tat; dazu ist die andere Erkenntnis aufgebrochen, daß nicht bloß das Volk an die Kirche, sondern auch die Kirche an das Volk nach göttlichem Willen gewiesen ist. Volk und Kirche sind göttliche Stiftungen und als solche sind sie füreinander gegenseitig da. So entspricht es der göttlichen Ordnung der Dinge . . .

Die entscheidende Bedeutung dieser Kirchenwahlen ist, daß durch sie die Voraussetzung zu diesem neuen Bund zwischen Volk und Kirche und darüber hinaus zum neuen Bund zwischen Volk und Gott geschaffen wird. Eine heilige Stunde ist dadurch angebrochen. Darum tut es not, alle eigenen Gedanken, selbstsüchtige, machtlüsterne Bestrebungen, eigensinnige Rechthabereien, veraltete Vorurteile und Standesdünkel, was alles unter der Herrschaft des Selbstsuchtteufels gedeiht, endlich fahren zu lassen und sich gehorsam unter das Gebot dieser großen Gottesstunde zu stellen. Das ist der offenkundige Wille Gottes, der sich im Geschichtsgeschehen dieser Tage offenbart, daß Volk und Kirche zusammenkommen im gleichen Gehorsam unter ihren gemeinsamen Stifter . . .

Diese Wahl soll keine Wahl im Sinn der üblichen Wahlen sein, sondern die bejahende Antwort des deutschen evangelischen Volks aller Gruppen und Stände auf die offenkundige Forderung Gottes ...

Gott will, daß wir nicht bloß Christen, sondern »deutsche Christen« sind, die ihre deutsche Art, die ihnen von Gott gegeben und anvertraut ist, heilig halten ...

Baut die neue Kirche Christi im neuen Staat Adolf Hitlers! Baut sie im neuen Geist und auf dem Grund des alten, unverbrüchlichen Evangeliums. Schließt die Reihen und gebt allen falschen Götzen, allem eigenen Ich, allen verflossenen menschlichen Autoritäten eines abgewirtschafteten Zeitalters den Abschied und tretet unter Gott selbst, der eine so gewaltige Sprache heute mit unserem Volk redet.

Im Evang. Gemeindeblatt für Stuttgart *schrieb dessen Herausgeber in der auf 23. 7. 1933 bestimmten Nummer:*

Was gibt es Neues?

Man möchte fast sagen: wie ein Blitz aus heiterem Himmel kam die Verordnung der Vornahme von Neuwahlen am 23. Juli zu den kirchlichen Körperschaften, die bisher durch Urwahlen gebildet wurden. Für die preußischen und manche andern deutschen Kirchen bedeutet das nur Neuwahlen für die Kollegien der Einzelgemeinden. Wir in Württemberg dagegen haben neben den Kirchengemeinderatskollegien auch den Landeskirchentag neu zu wählen. Um die Aufregung einer Kirchenwahl zu mildern, wurden für den letzteren im ganzen Land sogenannte Einheitslisten aufgestellt. Die Gruppen I und II haben sich mit der rasch angeschwollenen Glaubensbewegung »Deutsche Christen« für die Landeskirchentagswahl zur Aufstellung solcher Einheitslisten zusammengeschlossen. Die beiden Gruppen verzichten auf die Wiederaufstellung einer Anzahl ihrer bisherigen Abgeordneten, an deren Stelle ausgesprochene Vertreter der Glaubensbewegung Deutsche Christen treten. Es ist auch von der Glaubensbewegung Deutsche Christen Vorsorge getroffen, daß sowohl für den Landeskirchentag als für die Kirchengemeinderäte nur solche Bewerber aufgestellt werden, die dem kirchlichen Leben nahe stehen. Wir sind den drei Gruppen herzlich dankbar, daß sie in weiser Mäßigung die bisherigen Verhältnisse berücksichtigen und daneben den neuen Verhältnissen Rechnung tragen. Eine Wahl zum Landeskirchentag wird durch die Aufstellung dieser Einheitsliste vermieden werden. Dagegen ist eine Neuwahl der Kirchengemeinderäte nicht zu umgehen ... Das Mißbehagen, das man empfindet, weil nicht die Kirche, sondern das

Reich diese Neuwahlen angeordnet hat, wird dadurch gemildert, daß in der vorigen Woche die preußischen Kirchen der Verwaltung durch staatliche Kommissare enthoben wurden[39]. Die Glaubensbewegung Deutsche Christen steht der staatlichen Anordnung von Neuwahlen fern . . .

Am Vorabend der Wahl sprach Hitler von Bayreuth aus über alle deutschen Sender[40].

Auf die Bedeutung der kirchlichen »Wahlen« wurde in einem Artikel im Schwäbischen Merkur *am 30. 7. 1933 hingewiesen:*

Volk in der Kirche

Kameradschaft zwischen Staat und Kirche

Über die Bedeutung der Kirchenwahlen für Kirche und Volk wird dem Evangelischen Pressedienst von unterrichteter Seite geschrieben:

Der eigentliche Erfolg der Kirchenwahlen liegt nicht in dem äußerlich greifbaren Stimmverhältnis, sondern in dem inneren und äußeren Aufbruch der Wählermassen, die sich an der Wahl beteiligten. Wenn es noch eines Beweises bedurft hätte, daß das Kirchenvolk bereit ist, sich wieder in der Kirche eine Heimat zu suchen und durch seine Stimme aktiv das Schicksal der Kirche mitgestalten zu helfen, so ist er durch die überwältigend große Beteiligung an dieser Wahl erbracht worden. Volk in der Kirche – das ist der beherrschende Eindruck dieser Wahl. . . . Jeder muß nun erkennen, wo wir stehen und wird auch einsehen, daß er irgendwie positiv zur Lage Stellung nehmen muß, — wenn er nicht Emigrant des Geistes werden will. Diesen inneren Zwang der Entscheidung haben die Kirchenwahlen im evangelischen Deutschland gebracht. Das ist ihre ungeheure psychologische Bedeutung.

Daneben steht eine andere Wirkung. Die alten kirchenpolitischen Gegensätze von positiv und liberal sind eindeutig überholt. . . . Die Führung liegt nun eindeutig bei den Deutschen Christen. . . . Die Auswirkung der Kirchenwahlen ist darüber hinaus von grundsätzlicher staatspolitischer Bedeutung, und zwar deshalb, weil das Kirchenvolk neues

39 Zurückziehung der Staatskommissare für die preußischen Landeskirchen am 14. 7. 1933: GB 139, S. 92.

40 Siehe GB 139, S. 94; KJb., S. 21 f.; Hermelink, S. 46 f.; Niemöller, Kampf, S. 56 f. und Domarus I, S. 290 f. Die Rede wurde im »Evang. Gemeindeblatt für Stuttgart« in der Ausgabe vom 30. 7. 1933 wiedergegeben.

kirchliches Bewußtsein erlebt — nun aber eben als neue Kameradschaft zwischen Staat und Kirche, zwischen Kirche und Volk. ... Gegen die Gefahr einer falschen Trennung von Staat und Kirche und damit für die Kameradschaft zwischen beiden haben die Wahlen eine nicht mehr rückgängig zu machende Entscheidung gebracht...

Rückblickend auf die »Wahlen« und vor allem auf die Rede Hitlers am Vorabend der Wahl schrieb der Herausgeber des Evang. Gemeindeblattes für Stuttgart *am 6. 8. 1933:*

Bedeutsam war die Kundgebung Adolf Hitlers zu den Wahlen am Abend des 22. Juli. Es ist wohl das erste Mal, daß bei Kirchenwahlen der führende Staatsmann in Deutschland unmittelbar das Wort ergriffen hat. ... Aus Hitlers Kundgebung heben wir ein Doppeltes hervor, die Empfehlung der »Glaubensbewegung Deutsche Christen« und die Bedeutung einer gegenseitigen Unterstützung von nationalsozialistischem Staat und evangelischer Kirche. Hitler hat sich ausdrücklich zu der »Glaubensbewegung Deutsche Christen« bekannt und wünschte, daß die neuen Kirchenwahlen in ihrem Ergebnis unsere neue Volks- und Staatspolitik unterstützen. Seine Kundgebung widerlegt die oft ausgesprochene Behauptung, daß der neue Staat nichts dagegen einzuwenden gehabt hätte, wenn die Kirche ihm gegenüber eine ähnlich neutrale Stellung wie gegenüber dem Staat von Weimar einnehmen würde und daß nur die »Deutschen Christen« es gewesen seien, die die Forderung einer engeren Zusammenarbeit zwischen Staat und Kirche in die Öffentlichkeit geworfen haben. Der neue Staat selbst will in Gestalt seines Führers eine solche Zusammenarbeit haben. Hitlers Gedankengang ist dabei der, daß der nationalsozialistische Staat die Kirchen in Schutz nehme und daß demgemäß auch die Kirchen dem Staat ihre Unterstützung angedeihen lassen müssen ...

Im Evang. Kirchenblatt für Württemberg *schrieb dessen Herausgeber, Pfarrer Römer, am 31. 7. 1933:*

... Bei Aufstellung der Einheitsliste war leitende Absicht, der Kirche zum Eingehen ins Volk zu verhelfen. ... Zusammenfassung zur Einheit wäre in der Kirche nur möglich durch persönliche Eingründung aller bei Jesus Christus, in welchem Gott sich ins Menschen- und Volksleben hereingibt. Wo solche Vertreter beisammen sind, finden sie sich aus Zwiespältigkeiten immer aufs neue zu gemeinsamem Ordnen, Dienen und Beschließen zusammen. Ist es ganz undenkbar, daß diejenigen, die aus längerer und lebhafter nationaler Betätigung kommen, sich darin mit den andern zusammenfinden: Das Volksethos darf nicht zum voraus gestaltende Macht der Kirche sein, wenn doch jetzt alles drauf ankommt, daß dieses Volksethos von der Kirche her Reinigung, Regulativ und fortschreitende Erneuerung empfangen müsse. Durch Christus! Allein, warum man bei den »Deutschen Christen« mit starken Sätzen von Christus redet und nun nicht restloses Zutrauen zu denen hat, die mit gläubiger Zuversicht den Artikel vom Versöhner und Erlöser zum ausschließlichen Grund der Kirche machen, die Gott ins Volk hereinverordnet hat? Hat man eben doch die Sorge, die Kirche des gekreuzigten Heilands könnte eine Kritik am Volksethos werden müssen? . . . Die Majoritätsforderung, die von den »Deutschen Christen« stark geltend gemacht worden ist . . ., schien keineswegs berechtigt bei Aufstellung der Personen zum Landeskirchentag, nachdem jeder auf seine staatsbejahende Einstellung geprüft worden war. Hat man nun den Landeskirchentag u. a. von allen Männern gesiebt, bei denen auch nur von ferne und von früher her ein Verdacht vorhanden sein könnte, als ob sie eine bloß-neutrale Stellung zum heutigen Staat einnähmen, so möge man nicht noch einmal sichern, indem man Beschlüsse majorisiert. Dann wäre wahrhaftig das Wesen der Kirche aufs stärkste gefährdet, auch wäre sie von ihrer göttlichen Begründung im Volk weggedrängt. Man sollte jetzt aufhören, immer mit den Verzeichnungen zu arbeiten, als ob die vielen, die aus irgend welchem Grunde nicht den Deutschen Christen zugehören, alte Neutrale seien, die dem Staat gegenüber Vorbehalte pflegen . . .

Am 4. 8. 1933 faßte die Landesleitung der Glaubensbewegung Deutsche Christen das Wahlergebnis in ihrem Rundschreiben Nr. 7 zusammen[41]*:*

An alle Kreis- und Ortsgruppenleiter der Glaubensbewegung!

Liebe Freunde!

1. Die kirchlichen Wahlen vom 23. Juli haben der Glaubensbewegung »Deutsche Christen« überall große Erfolge gebracht. Auch in Württemberg besitzen wir im Landeskirchentag die absolute Mehrheit; die Kirchengemeinderatswahlen im Land sind vielfach noch besser ausgefallen. Wir haben damit auch in Württemberg den ersten Kampfabschnitt siegreich erreicht. Indessen ist noch nicht zu erwarten, daß die Exponenten

[41] LKA Stuttgart, D 1, Bd. 43; den ganzen Wortlaut dieses Rundschreibens siehe S. 452 ff.

des individualistischen Liberalismus auf Grund dieser Wahlergebnisse freiwillig ihre kirchlichen Machtpositionen aufgeben; sie gedenken vielmehr, trotz des Willens des Kirchenvolks weiterhin im Kirchenregiment zu bleiben. Solange das der Fall ist, gibt es keine „Neue Kirche im Neuen Reich" und wird alles sabotiert, was zur Erneuerung der Kirche von uns erarbeitet oder gewünscht wird. Darum steht die Glaubensbewegung auch in Württemberg für den Herbst und Winter vor dem entscheidenden Durchbruchskampf. Außerdem kann die Reichsbischofsfrage mit Leichtigkeit noch schwere Kämpfe auslösen ...

2. Die Hast, in der die Vorbereitungen zu den Wahlen getroffen werden mußten, hat es zwangsläufig mit sich gebracht, daß nicht alle Einzelinteressen und Wünsche einzelner Wahlbezirke restlos befriedigt werden konnten. Dies liegt in der Natur der Sache. Die da und dort entstandene Mißstimmung ist deshalb vollkommen ungerecht. Die „Kampfgruppe Deutsche Christen" im neuen Landeskirchentag wird beweisen, daß sie ihres Auftrags würdig ist und mit Recht das Vertrauen der nationalsozialistischen christlichen Kreise besitzen darf.

3. An etlichen Orten des Landes haben sich anläßlich der Wahlen Komplikationen ergeben. Wo diese örtlich nicht zu unserer Zufriedenheit geregelt werden können, ist dem Kreisleiter und darüber hinaus dem Organisationsleiter zu berichten. In größeren, schwerwiegenden Fällen ist allein die Landesleitung zuständig, wie sich auch die Landesleitung die Entscheidung aller Fälle vorbehält. Die Amtswalter der Glaubensbewegung Deutsche Christen haften dafür, daß nirgends ein fauler Friede oder Kompromiß geschlossen, sondern die Ehre der Glaubensbewegung Deutsche Christen voll und ganz gewahrt wird. Unsere Gegner müssen endlich Achtung und Respekt vor unserer Bewegung bekommen: das sind wir unserem Führer Adolf Hitler schuldig.

4. Es ist insbesondere dafür Sorge zu tragen, daß in allen Gemeinden unsere Kirchengemeinderatsmitglieder sich zu Zellen zusammenschließen und an ihren Orten den Grund zu einer Ortsgruppe Glaubensbewegung Deutsche Christen bilden ...

In der Nürtinger Zeitung *erschien am 22.7.1933 ein* Aufruf *der Ortsgruppe Nürtingen der Glaubensbewegung Deutsche Christen zur Kirchengemeinderatswahl:*

Wie aus den Tageszeitungen bekannt ist, sind infolge des getroffenen Abkommens Wahlen zum Landeskirchentag nicht notwendig. Dagegen muß zum Kirchengemeinderat gewählt werden. Wahlrecht bedeutet für den evang. Christen Wahlpflicht. Es gelang in Nürtingen eine Einheitsliste zu schaffen; auf ihr stehen als Kandidaten der Glaubensbewegung Deutscher Christen folgende Herren:

Haußmann Karl, Bildhauermeister, bisher Kirchengemeinderat
Baur Matthäus, Stadtschultheiß i. R., bisher Kirchengemeinderat
Ganzhorn Erich, Gewerbeschulrat
Schweizer Hermann, Schlosser, Braike [Stadtteil von Nürtingen]
Blind Paul, Oberlehrer
Seybold Wilhelm, Landwirt
Schwarz Robert, Kaufmann
Stark Karl, Stadtpflegediener
Bühner Emil, Obersekretär
Weiß Gottlob, Friseurmeister
Schorr Fritz, Kaufmann.

Wahlzettel liegen im Wahllokal aus. Dort ist auch den Wählern in besonderem Raum Gelegenheit zur Streichung einzelner Namen gegeben.

Wir wollen sein ein einiges evangelisches Volk! Wir freuen uns, daß die deutsche evangelische Reichskirche geschaffen ist. Wir sind dankbar, daß die Volkwerdung der Deutschen auch Millionen von Christen wachgerüttelt hat. Die Führung der evangelischen Kirche ist in Händen von Männern, die in ihrem Tun sich Gott und Volk in höchstem Maße verantwortlich wissen. Die Liebe zum deutschen Volk in allen seinen Gliedern gründet sich auf den Glauben an des deutschen Volkes Sendung, an seine Unvergänglichkeit. Aus diesen beiden unerschöpflichen Quellen hat der Nationalsozialismus die Kraft für seinen Kampf geschöpft und die zuversichtliche Hoffnung auf den Sieg des Guten. Glaube, Liebe und Hoffnung sind auch die Fundamente des christlichen Wollens, Denkens und Fühlens. Wir wollen das Gewissen und das Verantwortungsbewußtsein jedes Deutschen wieder feinnerviger und empfänglicher machen für die ewigen religiösen Werte. Die deutsche evangelische Kirche hat an der Erziehung des deutschen Menschen eine bedeutsame Aufgabe mitzuerfüllen. Deutscher Christ, tue deine Pflicht! Auf Gott wollen wir vertrauen und ihn bitten, daß er über der Kirche und den Männern der deutschen Regierung segnend seine Hände halte.

Noch vor der Veröffentlichung hatte sich Dekan Mack, Nürtingen, am 20.7.1933 an Pfarrer Maysenhölder gewandt und gebeten, von einer besonderen Werbung für die Kandidaten der Deutschen Christen abzusehen[42]*:*

Lieber Herr Kollege!

Sie teilten mir heute mit, daß Sie im morgigen Blatt veröffentlichen werden, welche von den im Wahlzettel aufgeführten 17 Namen der NS-Partei oder der »Glaubensbewegung« angehören. Ich habe Sie gebeten, dies lieber nicht zu tun, und möchte meine Bitte wiederholen. Es wäre ja die öffentliche Besiegelung dessen, daß eine kirchliche Wahl nicht nach kirchlichen Gesichtspunkten geschehen soll, sondern nach politischen und staatlichen, also in letzter Linie, daß das Wesen der Kirche nicht vom Evangelium her und seiner Wirkung an den Menschen durch den heiligen Geist, sondern von Richtlinien aus bestimmt wird, die anderswoher genommen sind.

Wenn schon aber, dann, bitte, veröffentlichen Sie auch eine Aufforderung, alle die Namen zu streichen, deren Träger ihre Zugehörigkeit zu der Partei (in weitestem Sinn genommen) noch nicht öffentlich dokumentiert haben, auch wenn sie tatsächlich die besten Glieder der Kirche und die wertvollsten Mitglieder ihrer Vertretung sind, nebenbei auch vielleicht die kräftigsten Träger unseres jetzigen Staatswesens. Die Parole, diese zu streichen, kann natürlich auch unter der Hand gegeben werden, nachdem sie durch die Bezeichnung in der Zeitung angedeutet ist. Wenn aber schon dieser Gesichtspunkt, dann aber konsequent! Dann könnte auch das Ziel erreicht werden, einen hundertprozentig »tadellos nationalen« Kirchengemeinderat zu haben, falls Herr Vogel den erwähnten Beitritt erklärt.

Es ist kein Wort darüber zu verlieren, daß auch mit einem solchen Kollegium die Geschäfte des Kirchengemeinderats geführt werden können und daß ich persönlich durchaus nichts dagegen habe, mit solchen Männern zusammenzuarbeiten, es auch gegebenenfalls gerne und für ihre Unterstützung dankbar tun werde. Aber die Sache der Kirche und die Ehre unseres Herrn hat dann trotzdem Schaden gelitten, wenn Männer zu »Ältesten und Bischöfen« gemacht werden durch das befohlene Aufgebot vieler, die sich um die Kirche – ich schweige vom »Evangelium« – herzlich wenig gekümmert haben und es zu einem großen Teil sicherlich auch in Zukunft nicht tun werden.

In Ihrer Hand liegt es, etwas zu tun oder zu lassen, was sich nach meiner und wohl aller, die unsere Kirche ernstlich liebhaben, Überzeu-

[42] Beilage zu Nr. A 5500.

gung rächen muß. Nur bitte ich, das Wörtlein »rächen« nicht in äußerlichem, sondern im tiefsten Sinn zu verstehen.

Mit freundlichem Gruß Ihr K. Mack.

Am 22. 7. 1933 beantragte Pfarrer Maysenhölder, Nürtingen, beim Oberkirchenrat ein Disziplinarverfahren gegen sich selber, da er entgegen dem Wunsch von Dekan Mack den Aufruf veröffentlichte. Diesem Antrag schloß Dekan Mack einen Beibericht *an*[43]*:*

Die Bitte von Stadtpfarrer Maysenhölder »um Einleitung eines Disziplinarverfahrens« lege ich seinem Verlangen entsprechend vor, obwohl ich ihm in der Unterredung darüber sagte, meiner Ansicht nach liege kein zureichender Grund für eine derartige Maßnahme vor. Dem Tatbestand nach kann es sich eher um eine Beschwerde gegen mich als Schreiber des in der Beilage angefügten Briefes handeln.

Über die Veranlassung zu diesem Brief darf ich folgendes bemerken. Auch hier wurde, wie die Eingabe ausführt, über eine Einheitsliste zur Kirchengemeinderatswahl verhandelt. So ganz leicht und einfach waren die Verhandlungen darüber, an denen ich persönlich nicht teilnahm, doch nicht. Es erfüllte die seitherigen Mitglieder des Kirchengemeinderats, die den Herrn Kirchenpfleger Schuh gebeten hatten, mit der »andern Seite« zu verhandeln, mit ernster Sorge, ob nicht für die Kirche wertvolle Männer ausscheiden müßten oder nicht in Frage kommen könnten, infolge des Verlangens von 70 % Angehöriger der NSDAP oder der »Glaubensbewegung«. Mir war es u. a. um die Erhaltung von Oberstudiendirektor Geiges zu tun, der uns sehr viel war. Bei einer strikten Befolgung der Parole der NSDAP könnte er vielleicht ausscheiden müssen. Die Liste, die dann nach den Verhandlungen auch zu meiner Kenntnis kam, enthält 17 Namen in einer verabredeten Reihenfolge; 12 sind zu wählen. Es wäre wohl besser gewesen, wenn der Zettel auch nur 12 Namen gehabt hätte, doch wollte man irgendwie die Möglichkeit des »Wählens« geben. Alle Genannten sind, soviel ich sie kenne, vom Standpunkt der Kirche aus »einwandfreie« Männer, wenn auch z. T. seltene Kirchenbesucher. Vor dem Maßstab »von bewährtem kirchlichem Sinn« würden wohl nicht alle bestehen, aber immerhin, es ist kein der Kirche nicht wohlwollend Gesinnter darunter. Daß kein Gemeinschaftsmann ankommen konnte, bleibt bedauerlich.

Nun teilte mir Herr Stadtpfarrer Maysenhölder mit, daß er, wenn die Liste (wie ich annehmen mußte, von denen, die sie aufgestellt hatten)

[43] Beilage zu Nr. A 5500.

im Blatt veröffentlicht werden sollte zur Kenntnisnahme der Wählerschaft, diejenigen bezeichnen wolle, die Mitglieder der NSDAP oder der Glaubensbewegung seien. Ich riet davon dringend ab, weil das einer Aufforderung gleichkommen konnte, die andern zu streichen. Damit wäre aber doch in der Öffentlichkeit dokumentiert worden, daß im Grund nicht die kirchliche Eignung, sondern andere Rücksichten der bestimmende Gesichtspunkt seien. Da auf meine Bitte nur die ungefähre Antwort kam: »Es sei doch wohl nichts anderes zu machen«, ließ mir die Sache keine Ruhe, denn ich befürchtete auch für die Gemeinde von dieser Art der Veröffentlichung keine Förderung des Friedens. Deshalb fühlte ich mich gedrungen, den in Abschrift beigelegten Brief zu schreiben, der meine Auffassung nochmals darlegen wollte. Daß der Brief nicht von mir in meiner Eigenschaft als Dekan geschrieben ist und als Weisung des Vorgesetzten aufzufassen war, hat ja Herr Stadtpfarrer Maysenhölder selbst empfunden. Es ist aber bei seiner durchaus »militärischen« Einstellung wohl verständlich, daß ihm auch das Urteil seines »Vorgesetzten« großes Gewicht hat, und er den amtsbrüderlichen Ton aus einer solchen »Bitte« weniger leicht heraushörte. Ebenso ist ihm wohl nicht klar bewußt worden, daß meine Auffassung von »Wahl« eben von einer andern Einstellung zu Kirche und Evangelium herrührt und daß ich ihm als Theologe die Konsequenzen einer nicht in letzter Linie bei allem vom Reich Gottes aus bestimmten Auffassung mit möglichster Deutlichkeit dartun wollte. Wie sich das in der Praxis dahin auswirken kann, daß kirchlich wertvolle Männer nicht in die Vertretung der Gemeinde gelangen können (um doch in letzter Linie politischer Gesichtspunkte willen), daß darüber die Entscheidung bei Leuten liegt, die von politischen Führern dazu kommandiert werden und die sich sonst nie um die Kirche bekümmert haben und zum großen Teil voraussichtlich auch nicht kümmern werden, und daß das eigentlich mit der Ehre unsrer Kirche nichts zu tun hat, sondern irgendwie sich »rächen« muß: das wollte ich in meinem Schreiben dem Kollegen zeigen. Ich glaube dazu auch als Amtsbruder ein inneres Recht zu haben.

Nun könnte man das in Rede und Gegenrede vielleicht mit Schärfe, aber doch brüderlich miteinander besprechen. Daß daraus für Stadtpfarrer Maysenhölder ein Gewissenskonflikt entstanden ist, rührt von der Frage der Veröffentlichung der Namen mit Parteibezeichnung her. Sie war ihm von der Leitung der »Glaubensbewegung« (Pfarrer Hettler) befohlen, von mir widerraten. Merkwürdigerweise hat er den betreffenden Artikel gar nicht selber verfaßt; er ist nur »mit seinem Einverständnis« in die Presse gekommen. Es ehrt gewiß seine Gewissenhaftigkeit, daß er schon aus dem innerlichen Bekenntnis dazu glaubt, Konsequenzen ziehen zu müssen, wie ich ihn überhaupt um seiner Lauterkeit und Geradheit willen aufrichtig schätze, auch wenn ich in vielen Dingen anderer Meinung bin wie er. Die überspitzten Sätze am Schluß seiner Darlegungen, die den Antrag auf Disziplinarverfahren motivieren wollen, scheinen mir aber doch eine gewollte und gewaltsame Absichtlichkeit zu haben und sind wohl nicht frei von Übertreibung bei aller »Gewissenhaftigkeit«. Daß in ihm zwei Dinge ernstlich miteinander ringen, der absolute Gehorsam gegen seine Vorgesetzten von NS-Seite und der Gedanke an die Verpflichtung im übernommenen Dienst der Kirche, geht aus allem hervor und wird wohl auch seinen ferneren Weg nicht frei von Konflikten lassen.

Zur Wahlsache selbst wäre noch zu bemerken, daß zum großen Staunen der Gemeindegenossen der Wahlvorschlag mit den vereinbarten 17 Namen im hiesigen Blatt überhaupt nicht veröffentlicht wurde. Das wurde allgemein von Herrn Stadtpfarrer Maysenhölder als sozusagen dem Treuhänder der Verhandlungen vorausgesetzt, und auch ich sah es als seine Pflicht an. Ich habe davon am Freitag telefonisch mit ihm gesprochen, als die Namen nicht im Blatt kamen, und es wenigstens am Samstag bestimmt erwartet. Statt dessen kamen nur die Kandidaten der NSDAP und Glaubensbewegung, so daß die Gemeinde völlig in Unkenntnis über den eigentlichen Wahlvorschlag blieb, was zu allerhand Gerede Anlaß gab und recht böses Blut machte. Wie das zu erklären ist, weiß ich nicht.

Schließlich wäre ich dankbar, wenn von Herrn Stadtpfarrer Maysenhölder auch der 2. Brief[44], den ich an ihn schrieb und den er erwähnt, zur Beurteilung der Sache, soweit sie mich persönlich angeht, im Original oder in Abschrift einverlangt würde. K. Mack, Dekan.

Der Oberkirchenrat lehnte am 27.7.1933 in einem Erlaß an das Dekanatamt Nürtingen die Eröffnung eines Verfahrens gegen Pfarrer Maysenhölder ab[45]*:*

Stadtpfarrer Maysenhölder in Nürtingen hat dem Oberkirchenrat die Bitte vorgelegt, gegen ihn ein Disziplinarverfahren einleiten zu wollen, weil er als Ortsgruppenleiter der Glaubensbewegung Deutsche Christen entgegen dem mehrfach ausgesprochenen Wunsch des Dekans eine Ver-

[44] Dieser Brief wurde nicht angefordert und liegt nicht bei den Akten.
[45] Nr. A 5500.

öffentlichung der der Glaubensbewegung angehörigen Kandidaten für die Kirchengemeinderatswahl mitveranlaßt habe.

Daß, wie Dekan Mack es getan hat, vom Standpunkt der christlichen Gemeinde aus ernste[46] Bedenken gegen eine solche Veröffentlichung erhoben werden konnten, zumal nachdem sich die beteiligten Kreise auf einen einheitlichen Wahlvorschlag geeinigt hatten, unterliegt keinem Zweifel. Solche Bedenken haben, soviel dem Oberkirchenrat bekannt, auch bei andern Geistlichen mannigfach bestanden und haben dazu geführt, daß an anderen Orten eine solche Veröffentlichung unterblieben ist. Allein die Frage, ob solche Bedenken berechtigt waren, kann nicht im Wege eines Disziplinarverfahrens entschieden werden[47]. Der Oberkirchenrat hat deshalb davon abgesehen, dem Antrag des Stadtpfarrers Maysenhölder auf Einleitung des Disziplinarverfahrens zu entsprechen, um so mehr, als der Rat, den Dekan Mack dem Stadtpfarrer Maysenhölder gegeben hat, keine amtliche Weisung war und die Form der Veröffentlichung an sich keinen Anlaß zu einer Beanstandung gab.

Dies ist Herrn Stadtpfarrer Maysenhölder zu eröffnen. Wurm.

Zu diesen Vorgängen[48] *schrieb Pfarrer Rehm am 26. 7. 1933 an den Landesbischof*[49]*:*

Sehr verehrter Herr Landesbischof!

Die kirchlichen Wahlen des letzten Sonntag sind Dank des gegenseitigen Entgegenkommens der beteiligten Gruppen im wesentlichen ohne allzugroße Spannungen verlaufen, was wir von der Glaubensbewegung aus besonders begrüßen. Nur in einzelnen wenigen Fällen haben sich Komplikationen ereignet, von denen wohl die schwerste der Fall des Herrn Dekan Mack, Nürtingen, und sein Verhalten gegen unsere Amtswalter Pfarrer Hettler, Unterboihingen, und Maysenhölder, Nürtingen,

46 ernste: im Entwurf handschriftlich gestrichen.

47 Auf Vorschlag von Oberkirchenrat Pressel sollte an dieser Stelle eingefügt werden: »Außerdem bestreitet der Evang. Oberkirchenrat der Ortsgruppe Nürtingen der Glaubensbewegung nicht das Recht, anläßlich der Kirchengemeinderatswahl die Namen der ihr nahestehenden Kandidaten zu veröffentlichen. Auch muß die gute Absicht dieses Vorgehens, zumal wenn dies in so würdiger und erfreulicher Weise erfolgt, anerkannt werden.« Es kann nicht festgestellt werden, ob die Ausfertigung des Erlasses diesen Zusatz trägt.

48 Zu den Vorwürfen gegen Dekan Mack, Nürtingen, siehe auch den Artikel Rehms im »NS-Kurier« in der Ausgabe vom 3. 10. 1933, S. 555.

49 LKA Stuttgart, D 1, Bd. 43.

ist. Ich nehme an, daß der Herr Landesbischof durch dekanatamtlichen Bericht und das von Pfarrer Maysenhölder gegen sich selbst beantragte Disziplinarverfahren von den Vorfällen schon Kenntnis bekommen hat. Die Vorwürfe bzw. Werturteile, welche Herr Dekan Mack gegen das nationalsozialistische Christenvolk gerichtet hat, sind derartig horrend, daß wir auf eine Zurücknahme dieser Vorwürfe und Werturteile drängen müssen. Ich hoffe, daß von diesen Werturteilen nichts in die nationalsozialistische Öffentlichkeit dringt, da sonst hierdurch schwerste Erbitterung nationalsozialistischer christlicher Kreise gegen die Kirche entstehen könnte. Ich habe als Gaupressereferent und Landesorganisationsleiter dem Herrn Landesbischof die Zusicherung gegeben, daß hinfort derartige Vorfälle durch uns nicht mehr in der Tagespresse behandelt werden sollen, und wir sind gewillt, uns schon im Blick auf den Konkordatsabschluß mit Rom[49a] auch fernerhin fest an diese Zusicherung zu halten, um evang. Kirche und Protestantismus nicht durch öffentliche Behandlung solcher Dinge zu belasten. Es ist unser Wunsch, daß diese und ähnliche Fälle intra muros ecclesiae geregelt werden. Darum richte ich an den Herrn Landesbischof die ergebenste Bitte, dafür eintreten zu wollen — sofern die Prüfung des Tatbestandes es erlaubt —, daß die Amtsehre unserer beiden obengenannten Amtswalter der Glaubensbewegung Deutsche Christen wieder hergestellt wird und daß auch in Zukunft endlich die Glaubensbewegung und das nationalsozialistische Christenvolk vor der Diffamierung geschützt ist, als ob es christlich minderwertig sei. Wenn diese Diffamierung seitens jungreformatorischer und anderer Pfarrerkreise weiter geht, so können sich daraus mit der Zeit die schwersten Komplikationen ergeben, denn das nationalsozialistische Christenvolk wird sich auf die Dauer solche Werturteile seitens gewisser Kollegen nicht gefallen lassen.

Ich bitte den Herrn Landesbischof, dieses Schreiben nicht als einen »Eingriff« in ein schwebendes Verfahren oder als unberechtigte Einmischung auffassen zu wollen, als was es nicht gemeint ist. Dieses Schreiben entspricht lediglich der bisherigen vertrauensvollen Zusammenarbeit zwischen dem Herrn Landesbischof und der Glaubensbewegung »Deutsche Christen«, welches Verhältnis wir unsererseits auch für die Zukunft erhalten wollen.

Mit ehrerbietigem Gruß Ihr Ihnen sehr ergebener W. Rehm.

N. B. Die Landesleitung hat zum Schutz unserer beiden Amtswalter sich genötigt gesehen, Herrn Dekan Mack um eine Stellungnahme zu

[49a] Reichskonkordat vom 20. 7. 1933: RGBl. I, S. 679 ff.

der Angelegenheit zu ersuchen. Von dem Ausfall seiner Stellungnahme werden unsere weiteren Entschlüsse abhängig sein.

Der Aktenvermerk Pressels auf diesem Schriftstück lautet: Ich würde dem Kollegen Rehm zur Antwort geben, daß der Oberkirchenrat die bedauerliche Angelegenheit bereits in befriedigender Weise in einem Erlaß an das Dekanatamt und an Stadtpfarrer M[aysenhölder] erledigt hat und weitere Maßnahmen nicht beabsichtigt, daß Pfarrer Rehm aber seinerseits weitere Schritte unterlassen möge, da die Behandlung dieser Meinungsverschiedenheiten in erster Linie eine amtliche Angelegenheit des Oberkirchenrats sei. Pr[essel].

Am 27. 7. 1933 erhob das Evang. Pfarramt Rielingshausen in einem Schreiben an den Oberkirchenrat Einspruch gegen die Landeskirchentagswahl im Kirchenbezirk Marbach[50]*:*

Gegen die »Wahl« von Herrn Stadtrat O. Thumm in Marbach wird Einsprache erhoben. In erster Linie richtet sich diese gegen den Wahlvorgang als solchen. Es war allerdings der Kirchenleitung unmöglich gemacht durch Reichsgesetz, einen verfassungsmäßigen Verlauf zu sichern. Jedoch, nachdem die Reichsregierung erklärt hat, die Wahl solle eine unbeeinflußte Kundgebung der Wahlberechtigten sein, durfte nicht »um des Friedens willen« ein Wahlkampf vermieden werden, sondern es mußte dem Kirchenvolk Gelegenheit zur Auseinandersetzung mit der neuen »Glaubensbewegung deutscher Christen« gegeben werden. Wenn auch sonst die Wahlberechtigten, auch wenn sie keiner der Gruppen I oder II angehörten, stillschweigend ihr Übereinkommen billigten, so kannte man diese Gruppen und hatte bei Nichtzustimmung Zeit, Stellung zu nehmen. Das war diesmal nicht der Fall. Die Kirchenverfassung in Gesetz 24. 6. 20 § 4, 2[51] und Wahlgesetz 18. 10. 22 § 1, 2[52] bestimmen (und so wurde es mit Überlegung gegenüber anderen Vorschlägen geregelt!): »Die Wahlen erfolgen in der Form der einfachen Mehrheits-

[50] Nr. A 5689.

[51] Verfassung der Württ. Landeskirche vom 24. 6. 1920 (Abl. 19, S. 199 ff.). § 4,2 schreibt vor, daß der Landeskirchentag sich aus 60 Abgeordneten zusammensetzt, die in allgemeiner, gleicher, unmittelbarer und geheimer Wahl gewählt werden.

[52] Kirchengesetz über die Wahl zum Landeskirchentag vom 18. 10. 1922, § 1,2 (Abl. 20, S. 133 ff.).

wahl.« Der unzweideutige Sinn ist, daß die Gesinnung der Wähler durch sie kund werden soll. In diesem Fall, wo eine Bewegung zum erstenmal auftrat und Anspruch auf entscheidende Macht in der Kirche erhob, war es unumgänglich, die Wähler zur eigenen Stellungnahme zu veranlassen. Jede Gruppenvereinbarung war an sich verfassungswidrig. Für den die württembergische Landeskirche leitenden Bischof war wohl eine schwere Lage gegeben, aber durch das Gelöbnis[53] (Vollzugsverordn. zum Kirch. Verf. Ges. 13. 2. 24 Abl. XXI, S. 20), nachdem er Verfassung und Gesetze der Kirche zu wahren hat, war der Weg vorgezeichnet und ihm die Verantwortung nicht allein aufgebürdet. Demgemäß mußten alle Erwägungen auf etwaige Folgen, die in höherer Hand stehen, zurücktreten vor der Pflicht, mindestens zu protestieren gegen den aufoktroyierten verfassungswidrigen Wahlvorgang, der es zu gar keiner Willensäußerung des Kirchenvolks kommen ließ. Verschärft wird dieses Abweichen von der vorgezeichneten Linie noch durch die Bitte, es bei der verfassungswidrigen Gruppenvereinbarung, um Schwierigkeiten zu ersparen, zu belassen! Damit sind wesentliche kirchliche Belange, wie sie sich aus dem neutestamentlichen Gemeindeprinzip ergeben, also eine evangelische Grundstellung preisgegeben. Wäre eine Willenskundgebung der Wähler im Bezirk Marbach möglich gewesen, kaum ist anzunehmen, daß sie zu Gunsten der neuen Bewegung ausgefallen wäre, so bald nur wirklich ihre Methode als unchristlich und ungeistlich, Fleisch und Geist vermengend, Welt und Gottesreich in ihren Grenzen verwischend gekennzeichnet werden konnte und ferner über ihre tatsächliche Stellung zum biblisch-reformatorischen Bekenntnis (Altes Testament, Erbsünde, Unvereinbarkeit des Reiches Christi, das »nicht von dieser Welt« ist, mit politischer Machtpolitik; Frage, ob sich aus dem »schmalen Weg, den wenige finden[53a]«, im Handumdrehen ein breiter Weg, auf dem ein ganzes Volk wandelt, machen läßt!) Klarheit geschaffen werden konnte. Hier um des Friedens willen den Wahlkampf vermeiden, war Ungehorsam gegen den Herrn der Kirche, der nicht gekommen ist, »Frieden zu bringen, sondern das Schwert«[54]. Der Einwurf, es stand ja immerhin frei, einen Gegenkandidaten aufzustellen, ist darum nicht stichhaltig, weil die unerwartete Vereinbarung der 3 Gruppen, nach der Marbach ohne

[53] Gelübde des Kirchenpräsidenten nach der Vollzugsverordnung zur Kirchenverfassung vom 13. 2. 1924 (Abl. 21, S. 19 ff.); § 3 enthält das Gelübde des Kirchenpräsidenten.

[53a] Mt 7,13.

[54] Mt 10,34.

weiteres der neuen Bewegung zugeteilt wurde, erst in einer vom Dekanatamt auf 19. Juli nachmittags einberufenen Versammlung bekannt wurde, also bis 20. Juli abends (dem Termin) nicht viel mehr als ein Tag zur Verfügung stand.

Dazu kommt der Anstoß in der Person des Herrn Stadtrat Otto Thumm, der seitens der Glaubensbewegung Deutsche Christen präsentiert wurde. Es wurde seitens des Vertreters der Bewegung, Herrn Pfarrer Breining, Kleinaspach, die bisherige Unkirchlichkeit oder das kirchliche Desinteressement des Benannten zugegeben, aber in Aussicht gestellt, daß dies künftig besser werde, wie auch in der öffentlichen Kundgebung des Herrn Thumm in der »Marbacher Zeitung« beruhigende Töne zu hören sind. Allerdings schließt sie meinem Empfinden nach unpassend in Danksagung für kirchliche Wahl mit »Heil Hitler!«. Selbstverständlich scheidet für die Einsprache jedes Charakterurteil aus. Es ist Erfahrung, daß Kirchlichkeit nicht guten Charakter verbürgt, Unkirchlichkeit nicht ausschließt. Es kann auch voll und ganz zugegeben werden, daß der Nationalsozialismus von dem höchsten Lenker der Geschicke unsres Volkes gebraucht wurde, es vor dem Abgrund des Bolschewismus zu bewahren, daß er für Sittlichkeit und Ordnung in unsrem Volksleben wesentliche Besserung gebracht hat. Aber wenn es von der Wahl in den Kirchengemeinderat heißt[54a]: »Die Wähler haben ihr Augenmerk auf Gemeindeglieder von gutem Ruf und bewährt kirchlichem Sinn zu richten«, so gilt dies doch gewiß verstärkt von dem kirchlich noch bedeutsameren Amt eines Abgeordneten zum Landeskirchentag, zumal bei einer Wahl von offenbar so schwerwiegender Bedeutung für die künftige Gestaltung der Kirche, wie es diese ist! Für Unsinn würde man den Gedanken erklären, einen ABC-Schützen wegen guter Gaben in Hoffnung seiner künftigen Ausbildung zum Lehrer zu machen. Ähnlich verhält sich's, wenn ein Mann wegen politischer Leistungen in Hoffnung, daß das kirchliche Interesse kommen werde (bisher soll Thumm kaum die Kirche besucht haben!) oder weil er solches verspricht, zum Vertreter kirchlicher Belange gemacht wird! Welch ein Gegensatz zur biblischen Linie solcher Nominierung zu kirchlichen Ämtern, Apg. 6, 3. Die Forderung kirchlicher Gesinnung ist doch wenigstens eine Annäherung an die, daß es Männer voll heiligen Geistes sein sollen! Sollten schon Vertreter der Glaubensbewegung für Marbach nominiert werden (was, wie oben ausgeführt, gänzlich verfassungswidrig war), dann mußte von dieser Gruppe

[54a] Vollzugsverfügung zur Kirchengemeindeordnung vom 18. 12. 1924, § 12 (Abl. 21, S. 242).

ein Mann von in kirchlicher Beziehung anderer Vergangenheit präsentiert werden! Wird also nicht in der Tat Gelegenheit zur Willenskundgebung der Berechtigten gegeben, so kann von »Wahl« keine Rede sein, nur von Aufnötigung. Es muß dies aber dann klar ausgesprochen werden! Um des Gewissens willen wird in entscheidungsvoller Stunde dies hier ausgesprochen. Mit der Bezeichnung »gewählt« wird den Kirchengenossen des Bezirks Verantwortung zugeschoben. Diese muß für die fernere Entwicklung völlig abgelehnt werden. Luther sagt: »Es ist nicht geraten, etwas wider das Gewissen zu tun!« Wider das Gewissen würde ich handeln, wenn ich die Einsprache wider das Wahlverfahren an sich und die »Wahl« des Herrn Thumm im besonderen unterlassen würde!

Pfarrer Christoph Schulz.

Dieses Schreiben wurde von Direktor Dr. Müller am 28. 7. 1933 dem Evang. Dekanatamt Marbach zugeleitet zur Einsichtnahme und Äußerung, soweit die Einsprache Tatsachen in bezug auf die Vorgänge vor der Wahl und die Person des gewählten Abgeordneten anführt. Müller.

Ebenfalls am 27. 7. 1933 teilte das Evang. Dekanatamt Marbach dem Oberkirchenrat mit[55]*:*

Dem kürzlich abgesandten Bericht über die Landeskirchenwahl im Kirchenbezirk Marbach habe ich noch Folgendes beizufügen: Zur Aussprache über die Kirchenwahlen habe ich auf Mittwoch, den 19. Juli, nachmittags 3 Uhr, hieher die Pfarrer des Bezirks zu einer Versammlung einberufen, zu der sie möglichst auch 2 oder 1 Mitglied des Kirchengemeinderats mitbringen sollten. Der Einladung, die bei der Kürze der Zeit durchweg fernmündlich erfolgen mußte, konnte fast aus allen Gemeinden Folge geleistet werden.

Einleitend wies ich darauf hin, daß die Kirchenwahlen durch Reichsgesetz und durch das kirchliche Gesetz vom 15. Juli vorgeschrieben seien und im Zusammenhang einerseits mit den preußischen Verhältnissen[55a], andererseits mit dem längst angestrebten und nun erreichten Einigungswerk der Deutschen Evang. Kirche ständen. Die große Eile und die dadurch bedingte Nichtachtung der sonst gesetzlich vorgeschriebenen Fristen müsse daher hingenommen werden. Sodann trug ich die Vereinbarung über die Landeskirchenwahl vor, die durch die Kirchenleitung am 18./19. Juli den Dekanatämtern samt einer Empfehlung des Herrn

[55] Nr. A 5704.

[55a] Siehe S. 248.

Landesbischofs bekanntgegeben war. Dabei betonte ich, daß die Vereinbarung nicht als rechtsverbindlich anzusehen sei, daß aber der Hinweis auf die ernste Lage der Kirche unbedingt erwogen werden müsse.

Aus der Mitte der Versammlung wurden lebhafte Bedenken dagegen geäußert, daß die Vereinbarung über die Landeskirchenwahl sich ganz in der Art eines veralteten Parlamentarismus vollzogen habe, statt daß der Gedanke des Dienstes an der Kirche zugrunde gelegt worden wäre. Besonders schmerzlich wurde es von den Vertretern der Gruppe I empfunden, daß der Kirchenbezirk Marbach, der stets einen Vertreter dieser Gruppe in den Landeskirchentag entsandt hatte, auf Grund einer in Stuttgart getroffenen Verabredung über den Kopf der Wählerschaft hinweg der Glaubensbewegung Deutscher Christen, die kaum erst im Bezirk Fuß gefaßt hat, übergeben werden solle. Diese Bedenken wurden dadurch eher noch verstärkt, daß der Bezirksvertreter der Glaubensbewegung als ihren Wahlbewerber Herrn Stadtrat und Kaufmann Thumm aus Marbach benannte. Gegen den Vorgeschlagenen wurde angeführt, daß er sich am kirchlichen Leben bisher nur sehr wenig beteiligt habe. Das wurde auch von dem Bezirksvertreter, Pfarrer Breining, nicht bestritten, aber er machte geltend, der Vorgeschlagene habe ein warmes Herz für die Kirche und sei nur durch den politischen Kampf, der ja doch auch der Rettung der Kirche gegolten habe, sonntags wie werktags in Anspruch genommen worden. Einige der Pfarrer und Ortsvorsteher setzten sich entschieden für den Vorgeschlagenen ein. Da sich aber die geäußerten Bedenken viel mehr noch als gegen die Person des Vorgeschlagenen gegen das ganze Verfahren richteten, da ferner zur Aufstellung eines andern Wahlbewerbers die Zeit nicht mehr reichte, da endlich die Einheitsliste durch den Herrn Landesbischof empfohlen war und derselbe somit die entscheidende Verantwortung übernommen hatte, sahen die Versammlungsteilnehmer aus Gründen vor allem der kirchlichen Disziplin von der Aufstellung eines andern Wahlbewerbers ab, ohne darüber einen förmlichen Beschluß zu fassen. Wohl aber wurde auf einen Antrag aus der Mitte der Versammlung durch einstimmigen Beschluß der Dekan beauftragt, in einem Bericht an die Kirchenleitung die schweren Bedenken zum Ausdruck zu bringen, die die Versammlung hege nicht nur im Blick auf die Überstürzung, mit der diese Wahlen durchgeführt werden müßten, sondern auch und noch viel mehr gegenüber der in Stuttgart getroffenen Vereinbarung über die Verteilung der Sitze an die verschiedenen Gruppen im Landeskirchentag. Eine Wiederholung eines derartigen Verfahrens sei unbedingt nicht tragbar. Es widerspreche durchaus dem Sinn des kirchlichen Wahlgesetzes, wenn über die Köpfe der Wähler im Bezirk hinweg in Stuttgart festgesetzt werde, aus welcher kirchlichen Gruppe dem Bezirk ein Vertreter zu bestimmen sei.

Mit meiner persönlichen Meinung habe ich, weil erst vor 14 Tagen in den Bezirk gekommen[56], bei dieser Besprechung mich ganz zurückgehalten, bemerke aber hier, daß ich die ausgesprochenen Bedenken grundsätzlich durchaus teile. Als Willensmeinung der kirchlichen Wählerschaft im Bezirk kann ich diese Wahl nicht bewerten, sondern nur als Ausweg in einer Zwangslage, die die Vermeidung eines Wahlkampfes geraten erscheinen ließ. Möge der neue Landeskirchentag diese Tatsache ebenso gewissenhaft bei seinen Entschließungen würdigen, wie dies zweifellos die Kirchenleitung tun wird. Dekan Pfisterer.

Der zuständige Prälat Gauß von Heilbronn legte das Schreiben am 28.7.1933 dem Oberkirchenrat vor: Noch aus zwei anderen Bezirken des Sprengels sind mir Äußerungen über den Zwang bekannt geworden, den die letzte Wahl bedeute. Ich habe von mir aus gesagt, daß meines Wissens eine Zwangslage, die in Preußen ihre Heimat habe, auf das ganze Reich sich ausgedehnt habe, ohne daß eine Änderung möglich gewesen sei. Prälat Gauß.

Als Stellungnahme zum Protest des Evang. Pfarramts Rielingshausen schrieb das Evang. Dekanatamt Marbach am 31.7.1933 an den Oberkirchenrat[57]:

Von der Einsprache des Herrn Pfarrer Schulz aus Rielingshausen gegen die Wahl des Kaufmanns Otto Thumm zum Abgeordneten des Kirchenbezirks Marbach habe ich Kenntnis genommen und habe dazu Folgendes zu berichten:

1. Vorgänge: Über die Absicht des Bezirksvertreters der »Deutschen Christen«, Herrn Thumm als Wahlbewerber aufzustellen, erfuhr ich erstmals etwas am Dienstag, dem 18. Juli, durch ein Ferngespräch mit Herrn Pfarrer Breining selber. Am Nachmittag jenes Tages fanden in Stuttgart die entscheidenden Besprechungen zwischen den Vertretungen der kirchlichen Gruppen statt. An der Besprechung der Gruppe I nahm als deren Bezirksvertreter Herr Pfarrer Berner aus Affalterbach teil. Er

[56] Pfisterer wurde am 6. 6. 1933 zum Dekan in Marbach ernannt (Nr. O. 5070); vgl. Bd. 1, S. 539.

[57] Nr. A 5758.

berichtete mir noch am selben Abend, daß in der Vertreterversammlung vorgeschlagen worden sei, den Bezirk Marbach der »Glaubensbewegung Deutsche Christen« zu überlassen, die freilich erst ganz vor kurzem hier Fuß gefaßt habe, während der Bezirk bisher sicherer Besitz der Gruppe I gewesen war. Es seien jedoch gegen die Person des Herrn Thumm unter kirchlichem Gesichtspunkt ernste Bedenken erhoben worden, so daß dieser Punkt bei seinem Weggang noch unentschieden war. Diese Bedenken äußerte Herr Pfarrer Berner dann auch in der Gegenwart des inzwischen ebenfalls bei mir eingetroffenen Herrn Pfarrer Breining, ohne daß es indessen zu einer Einigung gekommen wäre. Am Mittwoch traf sodann mit der Morgenpost die Einheitsliste für den Landeskirchentag ein samt der Empfehlung des Herrn Landesbischofs. Auf derselben ist zwar Marbach der Glaubensbewegung zugeteilt, aber der Name des Wahlbewerbers noch offen gelassen, so daß also für den Vorschlag Thumm der Herr Landesbischof keinerlei Verantwortung übernommen hat. Dennoch wurde von Herrn Pfarrer Breining an diesem Vorschlag festgehalten.

Am Mittwoch, dem 19. Juli nachmittags, fand hier eine von mir amtlich einberufene Versammlung der Pfarrer des Bezirks, die von je einem oder zwei Kirchengemeinderäten begleitet waren und fast vollzählig erschienen, zur Besprechung der Wahlen statt. Dabei teilte ich die Einheitsliste in der mir mitgeteilten Form der Versammlung mit, also zum frühesten möglichen Termin. Herr Pfarrer Breining teilte den Namen des Herrn Thumm als des Wahlbewerbers der Glaubensbewegung Deutsche Christen mit. Er gab dabei zu, daß Herr Thumm sich in den letzten Jahren wenig am kirchlichen Leben beteiligt habe, erklärte das aber aus der außerordentlichen Beanspruchung des Herrn Thumm durch den politischen Kampf, der sehr oft gerade an den Sonntagen ausgefochten werden mußte und doch auch der Rettung der Kirche vor der drohenden bolschewistischen Gefahr gegolten habe. Herr Thumm habe aber ein warmes Herz für die Kirche und ihre Belange. So habe er sich sehr lebhaft für die Glaubensbewegung interessiert und trete entschieden für ein Zusammengehen der Hitlerjugend mit der Kirche ein. Auch sein Kampf für die Entfernung eines kommunistischen Lehrers aus der Marbacher Volksschule sei mit durch die Sorge um die christliche Erziehung seiner eigenen Kinder bedingt gewesen. Einige Ortsvorsteher und ein oder zwei Pfarrer traten sodann noch für Herrn Thumm ein. Gegen dessen allgemeinen Ruf und Charakter waren Bedenken nicht vorhanden, nur, wie gesagt, gegen seine seitherige kirchliche Haltung. Daß Herr Pfarrer Breining von einem kirchlichen Desinteressement des Herrn

Thumm gesprochen habe, beruht offenbar auf einem Mißverständnis des Herrn Pfarrer Schulz, dessen Einsprache übrigens nach meinem Eindruck aus wirklicher Gewissensnot hervorgeht.

In meinem Bericht über die Versammlung, den ich am 27. Juli über die Prälatur Heilbronn an die Oberkirchenbehörde gerichtet habe, sind auftragsgemäß die Bedenken zum Ausdruck gekommen, die die Versammlung ohne Unterschied der Richtung gegenüber dem diesmal freilich kaum zu vermeidenden Verfahren der Einheitsliste empfand. Wichtig für die Beurteilung der Vorgänge ist endlich noch die Tatsache, daß bei der Kirchengemeinderatswahl am 23. Juli Herr Thumm als achter unter 10 Wahlbewerbern mit 617 von 845 Stimmen in den Marbacher Kirchengemeinderat gewählt wurde. Vor ihm kommen unter den Gewählten 5 seitherige und 2 neue, nach ihm 1 seitheriger und 1 neuer; 4 seitherige hatten auf eine Wiederwahl verzichtet. Dieser Wahlausfall in Marbach ist somit als günstig für Herrn Thumm zu bezeichnen.

2. Die Person des Gewählten. Hierüber möchte ich es unterlassen dürfen, ein eigenes Urteil abzugeben, einmal weil ich erst seit 3 Wochen hier bin und mit Herrn Thumm kaum erst persönlich bekanntgeworden bin, wobei er mir übrigens als Mensch einen guten Eindruck gemacht hat; sodann weil Herr Thumm gegen meine Ernennung bei dem Herrn Landesbischof Bedenken erhoben hat und ich wohl deshalb nicht als völlig unbefangen gelten könnte[58]. Besseren Aufschluß als ich könnte nötigenfalls mein Amtsvorgänger, Herr Dekan Mildenberger in Leonberg, geben. Dekan Pfisterer.

Am 1. 8. 1933 schrieb Pfarrer Rehm unmittelbar an Pfarrer Schulz, Rielingshausen:

Sie haben geglaubt, gegen die Aufstellung des Kreisleiters Thumm, Marbach, als Abgeordneten zum Landeskirchentag Einspruch erheben zu sollen. Das ist selbstverständlich Ihr gutes Recht, aber die Begründung, die Sie für Ihre Einsprache geben, zwingt uns, Ihnen ein deutliches Wort zu sagen.

1. Über Ihre Beurteilung des Herrn Thumm und seine Eignung zum Landeskirchentag wird sich derselbe noch mit Ihnen persönlich auseinandersetzen. Wir weisen Sie aber jetzt schon darauf hin, daß es zum mindesten von einem Pfarrer unverantwortlich ist, einen Christen, der

[58] Siehe die Vorgänge bei der Neuorganisation des Evang. Volksbundes, Bd. 1, S. 539 ff.

jahrelang in vorderster Front gegen den Bolschewismus kämpfte, als Christen zweiter Klasse zu diffamieren, weil er nicht oder nur wenig in die Kirche ging. Herr Thumm hat durch seinen Kampf gegen den Bolschewismus mehr kirchlichen Sinn bewiesen als mancher sogenannte Kirchenchrist, der als ehemaliger Volksdienstler oder Demokrat mit dem Marxismus paktierte. Diese Ihrerseits geübte Diffamierung nationalsozialistischer Vorkämpfer ist eine Undankbarkeit und Unverantwortlichkeit sondersgleichen.

2. Sie schreiben: »Es wurde seitens des verantwortlichen jetzigen Herrn Bischofs nicht gemäß dem Gelöbnis gehandelt«. Dieser horrende Vorwurf gegen Landesbischof Wurm stellt einen Akt dar, der, im Dritten Reich gegen führende Persönlichkeiten gerichtet, als vollkommen untragbar bezeichnet werden muß. Wir sind nicht gewillt, diesen Vorwurf und diese Verleumdung des Herrn Landesbischofs stillschweigend hinzunehmen, der besser als Sie weiß, was seinem Gelöbnis entspricht.

3. Ihre Diffamierung der Glaubensbewegung »Deutsche Christen« als »unchristlich«, »ungeistlich« etc. werden Sie wieder zurücknehmen, wenn Sie weiteren Komplikationen entgehen wollen. Derartige gegen die Glaubensbewegung gerichtete unwahre Verleumdungen sind ein feindlicher Akt gegen eine Bewegung Adolf Hitlers, die der Führer erneut und nachdrücklich zur Kirchenerneuerung berufen hat. Über die Zwecklosigkeit Ihrer Beschwerde wird Sie wohl der Evang. Oberkirchenrat dahin belehren, daß es ja bei Ihnen gestanden wäre, einen Wahlvorschlag einzureichen. Nachdem kein anderer eingereicht wurde, ist die Wahl rechtskräftig. Über Ihre in Ihrer Beschwerdebegründung enthaltenen Verleumdungen und Werturteile wollen Sie sich in Ihrem eigenen Interesse bis spätestens Donnerstag, den 3. August, äußern, widrigenfalls wir keine Verantwortung für die aus Ihrem Schritt entstehenden Folgen übernehmen können. Rehm, Landesorganisationsleiter.

Den Brief Rehms vom 1. August teilte Pfarrer Schulz dem Oberkirchenrat mit[59]*:*

Eine Einsprache gegen »die Wahl« von Herrn Stadtrat Thumm, Marbach, als Abgeordneter zum Landeskirchentag habe ich in voriger Woche dem Oberkirchenrat zugeleitet und Herrn Stadtrat Thumm selbst davon Mitteilung gemacht. Heute ging mir beigelegtes Schreiben der Landesleitung Württemberg der Glaubensbewegung »Deutsche Christen« zu.

[59] Nr. A 5911. Die Schreiben von Schulz an Rehm sind z. T. nicht bei den Akten.

Ich bin mir nicht bewußt, dieser Organisation zu unterstehen, und sende daher das Schreiben mit der Bitte der Weiterbehandlung zu. Zunächst besteht für mich kein Anlaß, sachlich der Landesleitung »Deutscher Christen« gegenüber darauf einzugehen. Pfarrer Schulz.

Die Schriftstücke vom 1. und 2. August wurden vom Evang. Dekanatamt Marbach am 3. 8. 1933 dem Oberkirchenrat vorgelegt[60]*:*

Pfarrer Schulz aus Rielingshausen hat mir beiliegendes Schreiben des Pfarrers Rehm zur Weiterleitung an den Oberkirchenrat zugesandt. Das Schreiben von Pfarrer Rehm scheint dadurch veranlaßt zu sein, daß Pfarrer Schulz eine Abschrift seiner Wahleinsprache, um offen vorzugehen, an Herrn Stadtrat Thumm hier gesandt und dieser anscheinend die Abschrift an Pfarrer Rehm weitergegeben hat. Zu den Ausführungen von Pfarrer Rehm bemerke ich folgendes:

1. Pfarrer Schulz hat seine Kritik an der kirchlichen Haltung von Stadtrat Thumm auf die Aussagen des Bezirksleiters der Glaubensbewegung, Herrn Pfarrer Breining aus Kleinaspach, gestützt. Inwieweit ihm dabei ein Mißverständnis mit unterlaufen ist, dürfte aus meinem Bericht zu seiner Einsprache hervorgehen. Ausdrücklich hat aber Pfarrer Schulz in seiner Einsprache erklärt, den Charakter des Herrn Thumm nicht zu beanstanden. Daraus ergibt sich wohl, wie über den Vorwurf der »Diffamierung« zu denken ist.

2. Zu den Ausführungen von Pfarrer Rehm über das in der Wahleinsprache von Pfarrer Schulz berührte Gelöbnis des Herrn Kirchenpräsidenten berichte ich, daß ich mich Pfarrer Schulz gegenüber gegen diese Stelle in seiner Wahleinsprache gewendet habe. Er erklärte mir, daß er einzig den objektiven Gegensatz, der nach seiner Auffassung zwischen der dem Sinn des kirchlichen Wahlgesetzes widersprechenden, aber von dem Herrn Landesbischof empfohlenen Einheitsliste und der Verpflichtung des Herrn Landesbischofs, die kirchlichen Gesetze zu wahren bestehe, habe zum Ausdruck bringen wollen, daß es ihm aber völlig ferngelegen habe, dem Herrn Landesbischof ein bewußtes Handeln wider eine übernommene Verpflichtung zu unterstellen. Das inzwischen an die Pfarrerschaft gerichtete Schreiben des Herrn Landesbischofs[61] habe ihm eine große innere Erleichterung gebracht, wenn es auch seine Bedenken in Betreff der Einheitsliste nicht beseitigt habe. Dem darf ich hinzufügen, daß Pfarrer Schulz nicht aus irgendeiner beleidigenden Absicht gegen-

[60] Nr. A 5911.

[61] Das Schreiben Wurms vom 24. 7. 1933 siehe S. 279 ff.

über dem Herrn Landesbischof gehandelt hat, sondern aus einer Gewissensbedrängnis, die ja auch in dem Protest der süddeutschen Landeskirchen gegen die Wahlen auf andere Art zum Ausdruck kommt.

Daß sich gerade Pfarrer Rehm berufen fühlt, in eine zwischen dem Oberkirchenrat und Pfarrer Schulz schwebende Angelegenheit in einer nach Drohungen klingenden Weise sich einzumischen, ist insofern besonders überraschend, als von der Glaubensbewegung, deren Pressereferent er mindestens zeitweise gewesen ist, am 11. März des Jahres sowie am 12. April im »NS-Kurier«[61a] öffentlich die Kirchenleitung und im zweiten dieser Aufsätze insbesondere auch der Herr Kirchenpräsident in unerhörter Weise öffentlich angegriffen und politisch verdächtigt wurde.

3. Pfarrer Rehm fordert den Pfarrer Schulz auf, die in dessen Wahleinsprache angeblich ausgeübte Diffamierung und Verleumdung der Glaubensbewegung bis 3. August zurückzunehmen, und fügt dieser Aufforderung, da diese Bewegung eine Bewegung Hitlers sei, unverhüllte Drohungen bei. Gegen dieses Auftreten muß ich im Interesse des gesamten Pfarrstandes und der Kirche aufs bestimmteste Verwahrung einlegen. Zunächst ist es seltsam, die von Pfarrer Schulz in einem an den Oberkirchenrat gerichteten Schreiben an der Glaubensbewegung in allgemeinen Ausdrücken geübte Kritik als Verleumdung zu bezeichnen. Pfarrer Schulz hat gegenüber einer Instanz, deren Urteilsfähigkeit ihm vollauf bekannt ist, seinen Bedenken gegen eine öffentliche kirchliche Bewegung Ausdruck gegeben. Das muß einem Pfarrer noch erlaubt sein, ohne daß er deshalb von einem Kollegen in dieser Weise bedroht wird. Sodann muß gerade diese Art des Auftretens die religiösen Bedenken, die Pfarrer Schulz geäußert hat, noch weiter nähren. Er hat besonders an dem Satz Anstoß genommen, wonach der der katholischen Konfession angehörige Reichskanzler die Glaubensbewegung zur Reform, zur Erneuerung der evangelischen Kirche berufen haben soll. Ohne die verallgemeinernde Kritik von Pfarrer Schulz und seine einzelnen Ausdrücke, die ich jetzt nicht mehr genau weiß, zu unterschreiben, muß ich anerkennen, daß er gewisse Gefahren der Bewegung richtig sieht. Hat doch ein bekannter Führer der Bewegung in der Presse unseres Landes vielbeachtete Äußerungen getan, die die Substanz der reformatorischen Sündenerkenntnis und das protestantische Bewußtsein gefährden. Insbesondere aber wird das Bemühen, ein sachliches und fruchtbares Gespräch zwi-

[61a] »NS-Kurier«, Ausgabe vom 11. 3. 1933: »Die Kirche und das Dritte Reich« (siehe Bd. 1, S. 359 ff.) und »NS-Kurier«, Ausgabe vom 12. 4. 1933: »Nationale Revolution und die Kirche« (Bd. 1, S. 376 ff.).

schen den verschiedenen kirchlichen Richtungen herbeizuführen, hoffnungslos vereitelt, so lange verantwortliche Führer der einen Seite so, wie es hier geschieht, den Anschein erwecken, als sei jede Kritik an ihrer Bewegung eine Kränkung Hitlers und eine »Feindliche Aktion« gegen den neuen Staat, die eine staatliche Bestrafung nach sich ziehen müßte. Ein solches Gebaren kann der Glaubensbewegung nur schaden und auf der anderen Seite teils Erbitterung, teils den Verdacht hervorrufen, es fehle dort an der Fähigkeit, sich mit einem Gesprächspartner geistig auseinanderzusetzen. Hier droht sich ein unheilbarer innerer Zwiespalt im Pfarrstand aufzutun. Wenn solche Gewaltmethoden in der kirchlichen Auseinandersetzung sich einbürgern dürfen, kann ich die mir bei meiner Amtsverpflichtung von der Behörde besonders anempfohlene Pflicht, das mutuum colloquium fratrum im Pfarrstand zu schützen und zu fördern, unmöglich erfüllen.

Aus den dargelegten Gründen sehe ich mich zu der ergebenen Bitte veranlaßt, die Kirchenleitung wolle den Herrn Pfarrer Rehm auf das Ungeeignete seines Schreibens an Pfarrer Schulz hinweisen und ihm die ihm gezogenen Schranken zum Bewußtsein bringen.

Dekan Pfisterer.

Hiezu Nachgang vom 4. August über meine persönliche Stellung zur Glaubensbewegung[62].

Am 5. 8. 1933 gab der Oberkirchenrat dem Evang. Dekanatamt Marbach folgenden Zwischenbescheid[63]*:* Von dem Schreiben, das der Landesorganisationsleiter der Glaubensbewegung Deutsche Christen, Landesleitung Württemberg, an Pfarrer Schulz in Rielingshausen mit Bezug auf seine Einsprache gegen die Landeskirchentagswahl gerichtet hat, hat der Oberkirchenrat Einsicht genommen und wird die Angelegenheit nach Rückkehr des Herrn Landesbischofs aus dem Urlaub weiter behandeln.

Am 3. 8. 1933 wandte sich Pfarrer Rehm noch einmal an Pfarrer Schulz[64]*:*

[62] »Um jeden Anschein zu vermeiden, als stellten die in meinem Beibericht zu dem Schreiben von Pfarrer Rehm an Pfarrer Schulz enthaltenen kritischen Bemerkungen ... meine ganze Beurteilung dieser Bewegung dar«, übersandte Dekan Pfisterer am 4. 8. 1933 dem Oberkirchenrat und Pfarrer Schulz eine Abschrift seines Briefes an Prof. D. Fezer vom 23. 5. 1933; siehe Seite 84 ff.

[63] Nr. A 5911; dieser Zwischenbescheid wurde in Abschrift auch Pfarrer Rehm mitgeteilt.

[64] Nr. A 6093.

Ich bestätige den Eingang Ihrer Karte vom 2. August. Die Glaubensbewegung »Deutsche Christen« hat es glücklicherweise nicht nötig, den Weg disziplinärer Juristdiktion gegen ihre Bekämpfer zu beschreiten, da wir dieselben vor ein anderes Forum fordern können. Da wir dies aber, wenn nicht ganz zwingende Gründe und Notwendigkeiten vorliegen, möglichst um des Ansehens unserer Kirche vermeiden wollen, haben wir uns entschlossen, zunächst mit Ihnen selbst zwecks weiterer Klärung der Angelegenheit uns in Verbindung zu setzen, was also durchaus in Ihrem Interesse liegt. Daß wir Ihre, über eine Bewegung Adolf Hitlers ausgesprochenen Werturteile nicht stillschweigend passieren lassen, dürfte Ihnen verständlich sein. Voraussetzung für eine sachliche Auseinandersetzung, zu der Sie Ihre Bereitwilligkeit erklären, ist allerdings die Zurücknahme der Vorwürfe, daß die Glaubensbewegung sich unchristlicher und ungeistlicher Methoden bediene und zum biblisch-reformatorischen Bekenntnis im Gegensatz stehe. Wir sehen also zunächst einmal Ihrer weiteren Äußerung entgegen.

Rehm, Landesorganisationsleiter.

Am 9. 8. 1933 teilte Pfarrer Schulz das 2. Schreiben von Pfarrer Rehm dem Oberkirchenrat mit[65]*:*

Ein Schreiben von Pfarrer Rehm als Landesorganisators der »Glaubensbewegung deutscher Christen« wegen meiner gegen »Wahl« Kreisleiters Thumm in Landeskirchentag erhobenen Einsprache wurde nach dort gesandt mit Bitte, es in Behandlung zu nehmen. Die Mitteilung dieses meines Schrittes auf einer Karte war meine Antwort an Rehm. Das daraufhin erhaltene 2. Schreiben erlaube ich mir, als zur Sache gehörig, ebenfalls hiemit zuzusenden. Pfarrer Chr. Schulz.

Beide Schreiben vom 3. August und 9. August wurden vom Evang. Dekanatamt Marbach wiederum am 9. 8. 1933 dem Oberkirchenrat vorgelegt[66]*:*

Pfarrer Schulz hat mir im Nachgang zu dem am 3. August des Jahres übersandten Schreiben, das ihm Pfarrer Rehm als Landesorganisator der Glaubensbewegung übersandte, beiliegendes weitere Schreiben desselben zur Weitergabe zugeleitet. Dieses Schreiben vom 3. August ist eine Antwort auf eine Karte von Pfarrer Schulz an Pfarrer Rehm.

[65] Nr. A 6093.
[66] Nr. A 6093.

Zu diesem 2. Schreiben von Pfarrer Rehm habe ich zu bemerken, daß es nur aufs neue bestätigt, wie notwendig es ist, daß Pfarrer Rehm von der Oberkirchenbehörde in seine Schranken gewiesen wird. Zwar hat Pfarrer Rehm in diesem 2. Schreiben einen etwas anständigeren Ton angeschlagen und wenigstens auf die Stellung eines Termins verzichtet. Aber er droht noch immer, die Bekämpfer der Glaubensbewegung vor »ein anderes Forum fordern zu können«, und will auf diese Maßnahme im gegebenen Fall auch keineswegs verzichten, wenn er sich so gestaltet[!], daß »ganz zwingende Gründe vorliegen«, d. h. wenn Pfarrer Schulz nicht bereits vor Beginn des sachlichen Gesprächs die gegen die Glaubensbewegung erhobenen Vorwürfe zurücknimmt. Das ist freilich eine sehr bequeme Art, mit kirchlichen Gegnern fertig zu werden. Es war aber bisher der römischen Kurie vorbehalten, vor jeder sachlichen Erörterung einen Widerruf zu fordern. In der evangelischen Kirche darf eine solche Art, kirchliche Auseinandersetzungen zu führen bzw. ihnen auszuweichen, nicht geduldet werden. Daß ähnliche Bedenken, wie sie Pfarrer Schulz geäußert hat, auch sonst in der evangelischen Kirche verbreitet sind, geht z. B. aus der Nummer des Stuttgarter Evang. Sonntagsblattes 32 vom 6. August S. 250, 1. Spalte, Anmerkung[67] hervor, wo der Herausgeber geradezu sein Erschrecken über gewisse Methoden und Kundgebungen der Glaubensbewegung ausspricht. Das Verlangen, daß Pfarrer Schulz vor aller sachlichen Erörterung kapitulieren solle, ist somit als unbillig und unevangelisch zu bewerten.

Dieses Verlangen erhält aber dadurch allgemeine Bedeutung und wird dadurch zu einer kirchlichen Gefahr, daß für den Fall seiner Nichterfüllung mit jener anderen Instanz, mit jenem anderen Forum gedroht wird, vor das der Herr Landesorganisator der Glaubensbewegung glaubt, sämtliche Bekämpfer derselben fordern zu können, weil sie sich gegen »eine Bewegung Hitlers« wenden. Dieses geheimnisvolle andere Forum kann doch sinngemäß nur irgendeine Parteiinstanz sein, die den Pfarrer an seiner Stelle unmöglich machen soll, wie etwa Parteipresse oder eine Instanz der Parteiorganisation. Wie dem auch sein möge, jedenfalls wird hier damit gedroht, eine kirchliche Frage mit außerkirchlichen Machtmitteln zum Austrag zu bringen.

Mit welchem Recht sich die Glaubensbewegung eine Bewegung Adolf Hitlers nennen darf, soll hier nicht erörtert werden. Daß der Herr Reichskanzler als katholischer Christ Mitglied einer Bewegung sein soll,

[67] Dieser Jahrgang der Zeitschrift ist nicht mehr greifbar.

die der evangelischen Kirche angehört, ist kaum anzunehmen; daß er als leitender Staatsmann am 23. April versprochen hat[68], die Rechte der Kirchen zu achten, ist dagegen bekannt. Daher scheint es nicht glaubhaft, daß er die Glaubensbewegung zur Erneuerung der evangelischen Kirche soll berufen und damit in deren innersten Angelegenheiten eingegriffen haben. Wenn die Glaubensbewegung in irgend einem Sinn sich eine Bewegung Hitlers nennen darf, so würde daraus noch nicht folgen, daß jede gegen sie gerichtete Kritik vor jenes andere Forum gezogen werden darf, sondern nur, daß sie eine verschärfte Verantwortung dafür trägt, sich keinerlei irgendwie berechtigter Kritik auszusetzen.

Ob das Auftreten, das Pfarrer Rehm auch in diesem 2. Schreiben für richtig hält, etwa als Mißbrauch der nationalsozialistischen Bewegung zu kirchenpolitischen Zwecken zu beurteilen ist, mögen Zuständige entscheiden, jedenfalls ist es vom kirchlichen Standpunkt durchaus untragbar. Die Art, wie die nach den Mitteilungen des Herrn Landesbischofs den süddeutschen Kirchen aufgedrängten Wahlen wohl oder übel durchgeführt werden mußten, war für die kirchlichen Kreise schon eine schwere Belastung. Um so nötiger ist es, daß jetzt eine wirkliche, sachliche und darum freie Auseinandersetzung der verschiedenen kirchlichen Richtungen miteinander stattfinden kann. Wenn es nicht mehr möglich ist, daß innerhalb unserer Kirche die einen die anderen darüber zur Rede stellen, inwiefern ihr Lehren und ihr Auftreten dem Worte Gottes entspricht, wenn jeder dabei fallende scharfe Ausdruck von dem einen Gesprächspartner in der Weise, wie es von Pfarrer Rehm erneut geschehen ist, bedroht wird und werden darf, dann zerbricht die innere Gemeinschaft der Kirche und des Pfarrstandes, dann erlahmt das evangelische Gewissen, dann verlieren wir das Recht, uns eine Kirche der Reformation zu nennen.

Aus dieser Besorgnis heraus habe ich mir erlaubt, den Oberkirchenrat zu bitten, daß er sofort den ersten Versuch des Pfarrers Rehm, den evangelischen Pfarrstand Württembergs zu tyrannisieren, um der grundsätzlichen Bedeutung der Sache willen aufs bestimmteste zurückweist. Das 2. Schreiben von Pfarrer Rehm an Pfarrer Schulz kann mich nur in dieser Bitte bestärken.

Dekan Pfisterer.

Am 18. 8. 1933 wandte sich Pfarrer Rehm noch einmal an Pfarrer Schulz, Rielingshausen[69]*:*

68 Rede Hitlers am 22. 4. 1933 bei einer Führertagung der NSDAP in München: Domarus I, S. 256 f.

69 Nr. A 6408.

Ich bestätige den Eingang Ihrer Karte vom 9. August. Die Anfechtung der Wahl und Ihre Werturteile über das Verhalten des Herr Landesbischofs ist Gegenstand der Auseinandersetzung zwischen dem Oberkirchenrat und Ihnen. Ihre Diffamierung des Kreisleiters Thumm aber betrifft allein die Glaubensbewegung »Deutsche Christen«, und es ist nun allmählich allerhöchste Zeit, daß Sie sich dazu äußern. Ich erwarte Ihre Äußerung bis spätestens 25. August, widrigenfalls die Angelegenheit unsererseits nach eigenem Ermessen weiter behandelt wird.

Rehm, Landesorganisationsleiter.

Dieses dritte Schreiben von Pfarrer Rehm wurde vom Evang. Dekanatamt Marbach am 21. 8. 1933 wiederum dem Oberkirchenrat übersandt[70]*:*

Pfarrer Rehm hat sich nochmals, am 18. August, an Pfarrer Schulz mit einem Schreiben gewendet, das mir wie die seitherigen von Pfarrer Schulz zur Weitergabe an den Oberkirchenrat zugeleitet worden ist.

Ich gestatte mir, hiezu Folgendes zu bemerken: Pfarrer Rehm scheint die Verhandlungslage nicht zu verstehen. Seine Kenntnis von dem Wahleinspruch verdankt er einzig der Tatsache, daß Pfarrer Schulz, um in völliger Loyalität und Offenheit zu handeln, an Herrn Thumm eine Abschrift seines Wahleinspruches sandte. Pfarrer Schulz hat dadurch mit vollem Bewußtsein Herrn Thumm in die Lage versetzt, sich seinerseits der Oberkirchenbehörde gegenüber zu der Angelegenheit zu äußern. Dieses durchaus anständige Verfahren erwidert Pfarrer Rehm damit, daß er versucht, unter allerhand dunklen Drohungen von Pfarrer Schulz einen Widerruf zu erzwingen, der von vornherein den Wahleinspruch entkräften müßte. In jenen Drohungen, die sich auf eine angebliche besondere Sanktion der Glaubensbewegung [!], die sie vor Kritik aus kirchlichen Gesichtspunkten in besonderer Weise schützen soll, ist eine Form des Verkehrs zwischen Pfarrern unserer Kirche eingeführt, die aus bereits dargelegten Gründen auf evangelischem Boden durchaus untragbar ist. In der Ankündigung eines Vorgehens nach eigenem Ermessen vom 25. August ab ist je nach dem Ergebnis dieses Ermessens eine vorgreifliche Einmischung in ein bei der Oberkirchenbehörde anhängig gemachtes Verfahren, das bisher kein öffentliches Verfahren war, zu sehen. Auch dieses Schreiben bestätigt aufs neue, daß Pfarrer Rehm einer Belehrung seitens der Behörde über die Art kirchlicher Behandlung solcher Dinge bedarf.

Dekan Pfisterer.

[70] Nr. A 6408.

Pfarrer Schulz beantwortete das Schreiben Rehms vom 18. August am 22. 8. 1933[71]*:*

Auf Ihr erneutes Schreiben vom 18. August, das ich ebenfalls dem Evang. Oberkirchenrat zugeleitet habe, weise ich Sie auf folgenden Sachverhalt hin: Von meinem Wahleinspruch habe ich Herrn Kreisleiter O. Thumm, um offen vorzugehen, durch Abschrift Kenntnis gegeben. Ich habe ihn dadurch in die Lage versetzt, beim Oberkirchenrat seinerseits sich zu der Sache zu äußern, und habe selbstverständlich dagegen nichts einzuwenden, daß er von meinem Schreiben der »Glaubensbewegung« Kenntnis gegeben hat. Von einer »Diffamierung« des Herrn Thumm kann selbstverständlich nicht die Rede sein. Was ich gegen seine Eignung als kirchlicher Abgeordneter eingewendet habe, stützt sich auf Darlegungen, die Herr Pfarrer Breining, Kleinaspach, in einer kirchlichen Wahlversammlung in Marbach am 19. Juli gegeben hat. Die persönliche Ehrenhaftigkeit des Herrn Thumm ist von mir in keiner Weise angetastet worden und wird von mir ebenso wie sein politischer Kampf gegen den Bolschewismus gerne anerkannt. Daß ich ihn mit meiner Einsprache als Christen zweiter Klasse ansehe, auch davon ist natürlich keine Rede. Aber genau wie zum Landesbauernführer nur ein sachverständiger Bauer geeignet erscheint, so doch wohl auch zur Führung in kirchlichen Dingen ein in ihnen Sachverständiger. Was meine Beurteilung der Methoden der »Glaubensbewegung« als »ungeistlich« betrifft, so wurde mir von juristischer Seite gesagt: niemals könne das als »Verleumdung« bezeichnet werden, da es sich bei solcher um bewußte Anhängung eines üblen Rufes an andre handle. Zu einer sachlichen Auseinandersetzung über Ihre Bewegung bin ich in dem Augenblick bereit, wo Sie auf die mir gegenüber geäußerten Drohungen unzweideutig verzichten.

Pfarrer Schulz.

Am 7. 10. 1933 vermerkte Direktor Dr. Müller auf der Vorlage des Evang. Dekanatamts Marbach vom 21. 8. 1933 die Erledigung der Angelegenheit durch den Landesbischof:

Angesichts der jetzigen Entwicklung der Verhältnisse hat sich der Landesbischof dahin entschieden:

1. von einer Auseinandersetzung mit Pfarrer Rehm über die Schreiben abzusehen, andererseits aber auch
2. von einer Verfügung gegen Pfarrer Schulz wegen der ausfälligen Bemerkung gegenüber dem Landesbischof in der Wahleinsprache Abstand zu nehmen.

Mü[ller].

[71] Nr. A 6408.

DIE SITZUNG DES 3. WÜRTT. LANDESKIRCHENTAGES IM SEPTEMBER 1933

Der am 23.7.1933 über die Einheitsliste ohne allgemeine Abstimmung gebildete Dritte Württ. Landeskirchentag, in dem die Deutschen Christen die absolute Mehrheit hatten[72], *wurde durch Verordnung des Landesbischofs vom 29.8.1933 auf 12.9.1933 nach Stuttgart einberufen*[73].

Nachdem es der Gruppe mit Pfarrer Rehm und Ettwein nicht gelungen war, im Mai 1933 eine Umbildung des Oberkirchenrats zu erreichen, trat Rehm vor der Sitzung des Landeskirchentags am 1.9.1933 an den Landesbischof heran[73a]: Die »Kampfgruppe Deutsche Christen« im Württ. Landeskirchentag beschließt, den Herrn Landesbischof zu bitten, den Evang. Oberkirchenrat entsprechend der Zusammensetzung des neuen Landeskirchentags umzubilden. Rehm.

Noch im August 1933 trafen sich die Abgeordneten der Glaubensbewegung Deutsche Christen in Stuttgart[74]:

Zum Führer der »Kampfgruppe Deutsche Christen« im Landeskirchentag wurde der Landesleiter Stadtpfarrer Dr. Schairer verordnet, zum Schrift- und Geschäftsführer Pfarrer Rehm bestellt. Der Landesleiter drückte den Dank der Bewegung dafür aus, daß diese Männer zu ihrer sonstigen Arbeitslast auch noch den Dienst an der Erneuerung der Kirche

[72] Die Zusammensetzung siehe S. 305 ff.

[73] Nr. A 6568; Abl. 26, S. 164; vgl. dazu Wurm, Erinnerungen, S. 88.

[73a] LKA Stuttgart, D 1, Bd. 43: Protokollauszug einer Besprechung vom 31.7.1933. Zur Bildung von Ausschüssen beim Evang. Oberkirchenrat siehe Bd. 1, S. 446 ff. Vgl. auch »Schwäbischer Merkur«, Ausgabe vom 4.8.1933 nach einer Meldung des EPD: »Forderung der Deutschen Christen. Durchgreifendes persönliches Revirement in allen Landeskirchen. Nachdem die Kirchenwahlen den Deutschen Christen eine eindeutige und klare Mehrheit in den Gemeindekörperschaften gebracht haben, eine Mehrheit, die auch durch die bevorstehenden Wahlen zu den Provinzialsynoden eindeutig bestätigt werden wird, erhebt sich die Frage, welche Folgerungen hinsichtlich der kirchlichen Führung aus dieser veränderten Lage zu ziehen sind. Zu dieser Frage nimmt der Reichspropagandaleiter der Glaubensbewegung Deutsche Christen, Pfarrer Fritz Kessel, Stellung, indem er für ein durchgreifendes und möglichst freiwilliges persönliches Revirement in allen Landeskirchen eintritt ...«

[74] »Deutscher Sonntag«, Ausgabe vom 13.8.1933; die besondere Verpflichtung der Abgeordneten der GBDC entsprach nicht der Verfassung der Landeskirche.

zu übernehmen gewillt sind. Manchem ist dieser Auftrag ungewohnt; aber um so mehr schätzen wir es, wenn einer nach manchen Enttäuschungen mit neuem Mut der Kirche des Evangeliums sich entschlossen zukehrt, für sie zu kämpfen bereit ist. Die Männer, die den Auftrag angenommen, haben damit positiven kirchlichen Sinn bewiesen. Uns zu dessen voller Bewahrung und Ausmünzung desselben zusammenzuschließen, das ist unsere hohe Aufgabe, zu der wir uns von dem Herrn unseres Volks und unserer Kirche berufen wissen. Es folgte dann noch ein Überblick über die Mischung der verschiedenen Stände und Berufsarten innerhalb unserer Kampffront; darüber wird ein andermal berichtet. Ebenso über die Skizze des Arbeitsplanes, die der Landesleiter in großen Umrissen gab.

Für den Augenblick war dringlicher eine Umschau über mancherlei Vorkommnisse bei den Wahlen landauf, landab. Der Landesorganisationsleiter schilderte die Einzelheiten, über die auch zum Teil mit dem Evang. Oberkirchenrat Fühlung genommen werden wird. Da und dort trat heftiger oder versteckter Widerstand auf gegen die Aufstellung von Kandidaten aus dem nationalsozialistischen Kirchenvolk, ja sogar gegen dessen Beteiligung am Wählen. Wir lassen es aber nicht zu, daß unsere nationalsozialistischen Kirchenmitglieder als Christen zweiter Klasse beiseite geschoben werden, und werden die nötigen Gegenmaßnahmen ergreifen! Jedoch ist davon abgesehen zu spüren, daß von den Herren Geistlichen und bisherigen Kirchengemeinderatsmitgliedern weithin der Ruf der Stunde, der Sinn dieser Wahl erkannt und entsprechend gehandelt wurde. Den kraftvollen Einsatz der christlichen Parteigenossen in allen Landesteilen erkennen wir besonders an. Hat es jetzt auch der letzte Nationalsozialist »kapiert«, daß der Kampf der Glaubensbewegung von Gott aus gesehen ein Kampf um die lebendige Liebe Christi in unserem Volke, vom Volke aus aber durchaus ein Einsatz für das Werk Adolf Hitlers ist, und daß zwischen beiden: der religiösen und der völkischen Seite des Kampfes keinerlei Unterschied besteht?

In reger Aussprache brachten die einzelnen Abgeordneten ihre Überzeugungen und Anfragen zum Ausdruck. Einmütig wurde festgestellt, daß nur ein entschlossener Kurs, ein klarer Einsatz, kein Kompromiß, keinerlei ängstliches Zaudern stattfinden könne. Die Gefahr, durch allerlei gute und andere Gründe der Gegner sich einschüchtern zu lassen, muß überwunden werden. Ernsthaft wurde über die tiefsten Grundlagen der Glaubensbewegung gesprochen und unbedingt festgelegt, daß nur das heilige und ewige Evangelium vom Kreuz Jesu Christi als Hort des

Heils[74a] für Volk, Kirche und Einzelseele uns maßgebend sein könne. Denn irgend ein »anderes« Evangelium[74b] wäre ja gar keines.

Es folgt nun noch der Wortlaut der feierlichen Verpflichtung, die der Landesleiter und dann die anderen Mitglieder in seine Hand ablegten: »Wir wollen als Deutsche Christen allein zur Ehre Gottes, zum Wohl unseres Volkes, zum Heil unserer Kirche handeln und nichts Eigenes suchen. Wir kämpfen auf dem Kampfplatz Martin Luthers unter den Fahnen Adolf Hitlers, geloben ihm sowie dem Schirmherrn der GBDC Ludwig Müller und der Reichsleitung die Treue und werden ihren Sinn und Willen nach bestem Können ausführen. Könnte einer diese Treue nicht halten, so würde er aus der Kampffront »Deutsche Christen« auszuscheiden haben. Wir alle aber wollen mit ganzer Kraft und Liebe eine wahre deutsche Volkskirche auf dem Grunde des ewigen Evangeliums bauen helfen, damit unser geliebtes Volk aus der währenden Not zu neuem Leben und Frieden gelange und auch unsere teure Kirche der Reformation zu frischem Segen gedeihe. Dazu helfe uns der über alles gnädige Gott!«

Am 8.9.1933 fand eine Besprechung von Vertretern aller drei im neuen Landeskirchentag vertretenen Gruppen statt. Oberrechnungsrat Seiz von der Gruppe I berichtete am 9.9.1933 über diese Besprechung[75]*:*

Lieber Freund!

Gestern, Freitag Abend, hatte ich mit Dr. Schairer und Schnaufer von 4½ bis 8 Uhr im Herzog Christoph[76] eine Besprechung wegen des bevorstehenden Zusammentritts des Landeskirchentags. Dr. Schairer hatte mich dazu bitten lassen. Neben einigen grundsätzlichen Fragen wurden hauptsächlich die Wahlen besprochen.

Der Präsidentenposten wird von der Gruppe III (Glaubensbewegung) beansprucht. Nachdem Ministerialdirektor Dr. Dill und Erster Staatsanwalt Dr. Bacmeister die Berufung auf diesen Posten abgelehnt haben, wird jetzt Landrat Dr. Bertsch, Welzheim, ein Sohn des bekannten Ludwigsburger Zuchthauspfarrers, bis vor kurzem hier noch beim Wirtschaftsministerium tätig, in Vorschlag gebracht. Er bekennt sich voll und

[74a] Offb 14,6.

[74b] Gal 1,6 f.

[75] LKA Stuttgart, D 1, Bd. 43; der Brief ist an Dekan Vöhringer, Ulm, gerichtet. Zur Zuwahl der Abgeordneten siehe die Verfassung der Landeskirche vom 24. 6. 1929, § 4 (Abl. 19, S. 200).

[76] Hospiz Herzog Christoph in Stuttgart.

ganz zu den Deutschen Christen und sprach seine Ansicht dahin aus, daß im praktischen Leben der Kirche die Zustimmung zum nationalsozialistischen Staat noch viel deutlicher als bisher zum Ausdruck kommen müsse. Nach seiner Wahrnehmung hätten wir noch sehr viele Pfarrer, die eine sehr kritische Haltung zum Staat einnehmen, dem dürfe nicht länger zugesehen werden. Ich habe bemerkt, daß hinsichtlich der nationalen Einstellung zwischen Gruppe I und der Glaubensbewegung kaum ein Unterschied bestehen dürfte; unser Anliegen sei, daß der Aufbau der Kirche ihrem Wesen und ihrem Auftrag entsprechend gestaltet werde und der Gehorsam gegen das Evangelium eingehalten werde. Soweit dieses Anliegen auch von den Deutschen Christen sich zu eigen gemacht werde, bestehe kein grundsätzlicher Gegensatz zwischen Gruppe I und der Glaubensbewegung. Ich persönlich hätte mich bis jetzt hauptsächlich deshalb der Glaubensbewegung nicht angeschlossen, weil ich nicht an Berliner Weisungen gebunden sein möchte und mir meine innere Freiheit gewahrt wissen möchte. Dr. Schairer erwiderte hierauf, daß das gesamtdeutsche evangelische Interesse, insbesondere die Gründung der deutschen evangelischen Kirche, es verlange, daß wir von Berlin Weisungen annehmen; er traf aber damit nicht den Kern der Sache, denn am Verhältnis der deutschen evangelischen Kirche zu den Landeskirchen, wie sie durch die Verfassung der ersteren geschaffen worden ist, habe ich nichts zu beanstanden, ich hatte lediglich die Unterstellung unter die Führung der Glaubensbewegung im Reich im Auge. Was sonst noch an Grundsätzlichem besprochen wurde, darüber werde ich am Montag in der Gruppenzusammenkunft berichten. Bei der Aussprache ist mir wieder deutlich geworden, daß die Glaubensbewegung in Dr. Schairer einen sehr wenig geeigneten Führer hat, da ihm nicht die Gabe verliehen ist, die Anliegen Dritter klar zu erfassen. Seine Geschäftsführung scheint mir auch etwas weitschweifig zu sein; außerdem scheint er mir als »Führer« wenig selbständig zu sagen zu haben; ich hatte den Eindruck, daß er von seinen Leuten sehr abhängig ist. Gegen Dr. Bertsch wurde nur das Bedenken seiner Jugend ausgesprochen, er ist erst 33 Jahre alt. Mir scheint dieses Bedenken nicht ausschlaggebend zu sein. Ich glaubte erklären zu können, daß von unserer Gruppe seiner Person wohl einstimmig zugestimmt wird, es wäre denn, daß am Montag von irgend einer Seite grundsätzliche Bedenken erhoben werden.

Der Posten des 1. Vizepräsidenten soll der Gruppe I, der des 2. Vizepräsidenten der Gruppe II überlassen werden. Zum 1. Vizepräsidenten würde die Glaubensbewegung Dich gerne wählen.

Den Abgeordneten zur Nationalsynode will die Glaubensbewegung für sich beanspruchen. Dr. Schairer sagte mir, daß er noch im Briefwechsel mit Berlin bezüglich der zu entsendenden Persönlichkeit stehe. Mir scheint nicht ausgeschlossen zu sein, daß Dr. Schairer in Vorschlag gebracht wird.

Den Posten des 3. Mitglieds im Landeskirchenausschuß, den die Glaubensbewegung auch gerne hätte, habe ich für die Gruppe I angemeldet. Im Ständigen Ausschuß wünscht die Glaubensbewegung die Mehrheit. Mehr als 2 Sitze von den 7 wird die Gruppe I nicht verlangen können. Die Gruppe II soll einen Sitz erhalten, Schnaufer meldete aber 2 Sitze an. Für das kirchliche Disziplinargericht sind 2 geistliche und 2 weltliche Mitglieder zu wählen; Gruppe I und II werden wohl je ein Mitglied zu entsenden haben.

Unklar ist noch, ob die Geschäftsausschüsse in der bisherigen Stärke belassen werden oder ob die Mitgliederzahl herabgesetzt wird. Das wird am Montag möglichst bald geklärt werden müssen. Bleiben Lehre und Kultus, Recht und Wirtschaft mit 15 Sitzen besetzt, so wird Gruppe I je 4 bis 5 Mitglieder in jeden Ausschuß zu entsenden haben. Schnaufer und ich haben den Wunsch ausgesprochen, daß die Ausschüsse möglichst unter dem Gesichtspunkt der Eignung und Sachkenntnis besetzt werden und daß der Gruppengesichtspunkt hier zurückgestellt wird. Es ist ja fraglich, ob während der Geltung des Ermächtigungsgesetzes für den Herrn Landesbischof[76a] die synodalen Organe überhaupt noch in größerem Umfang tätig werden; auf alle Fälle müssen sie aber bestellt sein.

Zum Schluß sprach Dr. Schairer noch aus, daß die Glaubensbewegung die Bildung eines Ausschusses für nationale und personelle Fragen beantragen werde, der sich in der Hauptsache mit den Beziehungen der Pfarrer und sonstigen Kirchenbediensteten zum nationalen Staat befassen soll, insbesondere in Tätigkeit treten soll in den Fällen, in denen Beanstandungen erhoben werden, weil ein Pfarrer sich in das Verhältnis zum nationalen Staat noch nicht recht eingefunden hat. Er würde also eine Art Vorstufe zum Disziplinargericht bilden. Der Ausschuß soll aus Vertretern aller Gruppen zusammengesetzt sein. Ich habe ausgesprochen, daß die Gruppe I wohl mit einem solchen Antrag einig gehen werde. Dagegen wies ich Dr. Schairer darauf hin, daß ein solcher Ausschuß rechtlich eine andere Stellung haben müsse als die Geschäftsausschüsse des Landeskirchentags. Ein solcher Ausschuß würde etwa dem Ober-

[76a] Siehe Bd. 1, S. 458 ff.

kirchenrat anzugliedern sein, ähnlich wie in der Staatsverwaltung die Prüfungsstelle beim Staatsministerium eingerichtet worden ist. Es wird auch darüber noch zu reden sein, ob ein solcher Ausschuß vom Landeskirchentag allein bestellt werden soll oder ob der Oberkirchenrat an der Bestellung mitbeteiligt werden soll. Hierzu wird sich vor allem der Oberkirchenrat noch äußern müssen.

Zum Rechenschaftsbericht des Ständigen Ausschusses wird im Plenum bei einigen Punkten eine Aussprache einsetzen. Dr. Schairer bemerkte z. B., daß »das Ermächtigungsgesetz zur Zeit von einem Juristen geprüft werde« und daß dazu im Plenum gesprochen werde. Die Glaubensbewegung wird auch mit einigen selbständigen Anträgen kommen. Anscheinend prüft sie zur Zeit die von ihren Freunden in der preußischen Generalsynode gestellten Anträge daraufhin durch, wie weit sie sich für Württemberg eignen. Wenn solche Anträge kommen, kommen sie jedenfalls in wesentlich milderer Form, diesen Eindruck habe ich wenigstens von Dr. Schairer bekommen. Nicht vorherzusehen ist aber, was die ganze Gruppe der Glaubensbewegung, wenn sie am Montag beisammen ist, beschließt. Ich hoffe, daß die »gemäßigteren« sich durchsetzen. Unlieb wäre es der Glaubensbewegung, wenn es etwa auch bei uns zu einem Exodus käme, das möchte sie vermieden wissen. Ich habe darauf hingewiesen, daß es sehr zweckmäßig ist, wenn bei heiklen Fragen Gelegenheit gegeben wird, sie in kleinerem Kreis von Vertretern aller Gruppen durchzusprechen. Außerdem haben Schnaufer und ich darum gebeten, daß etwaige Anträge rechtzeitig den andern Gruppen mitgeteilt werden. Der Glaubensbewegung gegenüber werden wir auch darauf aufmerksam machen müssen, daß wir keinen Anlaß haben, die Rechte unserer evangelischen Kirche durch Beschlüsse des Landeskirchentags einzuengen, nachdem die katholische Kirche im neuen Konkordat sich ihr Selbstverwaltungsrecht weithin gesichert hat. Was den Arierparagraph betrifft, so wäre es meines Erachtens glücklicher gewesen, der Staat hätte bestimmt, daß nichtarische Pfarrer zum Religionsunterricht an öffentlichen Schulen und zu sonstigen staatlichen Funktionen nicht zugelassen werden. Dann hätte sich die Kirche mit dieser Gesetzgebung nicht befassen müssen und das damit verbundene Odium wäre ihr erspart geblieben.

Noch habe ich übersehen, von der Zuwahl zu berichten. Ich habe mich für Dr. Haug und Metzger, Bronnweiler, eingesetzt und hoffe, daß wir wenigstens einen Sitz noch bekommen. Wir müssen uns dann entscheiden, welchen der beiden Freunde wir zuwählen. Schnaufer hat, da Dr.

Landerer, Göppingen, nicht als Mann der Gruppe II betrachtet wird, einen Ausgleich für den Verlust des Göppinger Sitzes beantragt und möchte der Gruppe II für die Zuwahl 2 Sitze sichern. Ich habe ausgesprochen, daß ich einen solchen Ausgleich für begründet erachten würde. Zunächst hat die Glaubensbewegung als ihre Kandidaten benannt: Dr. Bertsch, Ettwein, D. Dr. Fezer, Metzger (Stadtrat Stuttgart) und Waldmann (Staatssekretär). Ich glaube aber, daß sie den einen oder andern Namen noch fallen läßt.

Ein Zusammentritt unseres Gruppenausschusses am Montagvormittag vor der Gruppenzusammenkunft scheint mir nicht mehr nötig zu sein. Wenn Du aber vor der Zusammenkunft mit mir noch einiges besprechen wolltest, darf ich Dich bitten, mir vielleicht nach Deiner Ankunft aufs Kultministerium[77] anzurufen (21057); ich stehe dann zur Verfügung.

Mit herzlichem Gruß von Haus zu Haus [Seiz].

Im Zusammenhang mit Überlegungen, wie sich die Kampfgruppe Deutsche Christen im Landeskirchentag zum Ermächtigungsgesetz stellen würde, schrieb Schairer am 8. 9. 1933 an Pressel[77a]*:*

Lieber Freund Pressel!

1. Der Tatbestand mit Herrn Neundorf bzw. meine Beziehungen zu ihm entsprechen genau dem von mir am Mittwoch kurz Vorgetragenen. Von der Bestellung in Berlin erfuhr ich erstmals durch dich, wußte auch durchaus nicht, daß etwas der Art im Werke sei, bin auch von niemand darüber gefragt worden, habe kein Urteil weder pro noch contra abgegeben, kurz, war über die Angelegenheit ebensowenig orientiert wie du. Ich bin mit ihm nicht zum Statthalter gegangen, weder diesmal noch früher, wie ich überhaupt mit Statthalter Murr noch nie, mit Murr als Gauleiter vielleicht zweimal gesprochen habe; weder telefonisch noch schriftlich noch mündlich hatte ich mit ihm seit dem 30. Januar die geringste Berührung. Ich habe Neundorf auch nicht ermächtigt, für sämtliche Gemeinschaften die Landesleitung zu übernehmen. Was ich getan habe, geschah schon im Mai etwa. Damals gab ich ihm die Ermächtigung, in seinem Kreise für die Glaubensbewegung tätig zu sein (nicht, wie er

[77] Seiz war dort als Oberrechnungsrat tätig.

[77a] LKA Stuttgart, D 1, Bd. 43. Zur Rolle von Ministerialsekretär Neundorf, einem Vertrauensmann der Gemeinschaftskreise, siehe Rüppel, S. 115; die Rolle Neundorfs konnte nicht geklärt werden, eine Anfrage Pressels liegt nicht vor.

damals wollte, in sämtlichen Gemeinschaften). Neundorf »wollte« einmal so etwas wie »Kommissar« werden; es wurde auch von anderer Seite mit Murr scheint's kurz darüber gesprochen, aber abgelehnt und so geregelt, wie ich es eben schildere, er könne für die Glaubensbewegung Deutsche Christen innerhalb seines Kreises die Vertretung übernehmen. Also eine höchst harmlose Angelegenheit! Er hat nun einmal irgendwo scheint's von der Tatsache, daß mit Murr über seine Tätigkeit gesprochen wurde, Gebrauch gemacht. Das habe ich ihm aber sofort untersagt, da dies durchaus nichts Amtliches war. Daß er in Verbindung mit Lohß arbeiten soll, ist ihm bereits telefonisch gesagt. Zu einer Aussprache hatte ich noch keine Zeit.

2. Was deine Erregung und deinen Verdacht betreffend Landeskirchentag angeht, so ist dazu gar kein Grund. Es ist genau so, wie wir am Mittwoch uns hielten. Ob der Landeskirchentag zu der Erklärung des Herrn Landesbischofs zum Ermächtigungsgesetz usw. Stellung nehmen wird und welche, das wird sich erst am Montag bei unserer Gruppenbesprechung zeigen, auch von sonstigen zwischenliegenden Besprechungen mit den anderen Gruppen usw. abhängen.

Was den Vertreter zur Nationalsynode betrifft, so habe ich darüber noch Bescheid von Berlin abzuwarten, wie ich sagte. Zumal liegt mir daran, noch vorher zu erfahren, ob Württemberg durch Berufung durch die Einstweilige Kirchenleitung noch einen dritten Posten haben kann oder wird. Das ist noch nicht alles entschieden, wird sich aber bis Montag entscheiden müssen.

Ob und welche Anträge gestellt werden werden, etwa Pensionsalter, ob Beamtengesetz, ob überhaupt, ob für Württemberg, ob nur Beauftragung darüber des Vertreters an die Nationalsynode, das kann ich dir wirklich noch nicht sagen. »Geplant und vorgesehen« ist für den Landeskirchentag nur, daß wir pflichtmäßig über alle diese Dinge, natürlich auch über die Vorgänge in Preußen und unser eigenes Verhalten sprechen müssen[77b]. Das zu tun und darüber auch die pflichtmäßige Notiz in das Ausschreiben an unsere Gruppenmitglieder betreffend Geschäftsordnung dieses Zusammenkommens zu machen, das wirst du mir weder als Oberkirchenrat noch als Mitglied des Führerrats verwehren wollen. Auch ich könnte über dein mangelndes Vertrauen »mehr wie erstaunt« sein.

Mit deutschem Gruße! Dein J. B. Schairer.

[77b] Randbemerkung von Pressel an dieser Stelle: »Also doch!«

Die Predigt zur Eröffnung des Württ. Landeskirchentags hielt Landesbischof D. Wurm am 11. 9. 1933 in der Stiftskirche in Stuttgart[78]. *Wurm sagte unter anderem:*

. . . Darf man da noch etwas hoffen für die Kirche und von der Kirche? Es fehlt bekanntlich auch innerhalb der nationalen Erhebung nicht an Stimmen, die zwar aus Klugheit der Erhaltung ihres Bestandes das Wort reden, aber doch im Grunde nichts mehr von ihr erwarten. Sollen wir dagegen entrüstet Protest erheben? Es ist nicht nötig. Proteste ändern an Tatsachen nichts. Tatsache aber ist, daß die Kirche nicht lebt von den äußeren Einrichtungen und Formen, die sie im Lauf der Zeit hervorgebracht hat und die alle das Merkmal irdischer Unzulänglichkeit tragen; daß sie auch nicht lebt von den Menschen, die ihr angehören und die sie leiten, sondern daß sie nur besteht, solange es Gott gefällt, die Botschaft von seinem in Christus der Menschheit geschenkten Heil uns verkündigen zu lassen. Will er diesen Leuchter in unserer Mitte stehen lassen, so wirft ihn keine Macht der Welt um; will er ihn wegnehmen, so vermag keine Kirchenreform das zu verhindern . . .

Und nun haben wir es erlebt, wie auf politischem Gebiet ein Mann, der sich mit der Niederlage seines Volkes und der Demoralisierung der Nation nicht abgefunden hat, in zähem, opferreichem Kampf ein Neues zu schaffen imstande war. Aus diesem Vorgang sind besonders in den Gebieten, wo das kirchliche Leben völlig darniederliegt, neue Hoffnungen erwachsen . . . So empfanden wir in den letzten Monaten, so glaubten wir den Ruf des Herrn an Volk und Kirche zu hören, und darum öffnen wir die Tore unseres Herzens und die Türen unserer Kirchen weit für alle, die das Brot des Lebens begehren. In dieser Haltung macht uns auch nicht irre die Tatsache, daß vieles geschieht, was den Maßstab des göttlichen Wortes nicht ertragen kann, daß auch im neuen Reich die Menschen vielfach die alten sind, daß wie immer und überall auch dem höchsten Streben Unedles sich beimischt . . . Aber das wissen, das glauben wir: Unser Volk hat die Organe, die Aufnahmefähigkeit für die ewigen Wahrheiten, für den Ruf Jesu zu Buße und Glaube, zu Liebe und Hoffnung, zu Reinheit und Opfersinn noch nicht verloren, sondern es ist ihm das Auge für die Größe dieser Güter, für das Echte und Wahre neu geöffnet worden. Darum hören wir aus den Ereignissen der Gegenwart heraus den Ruf Gottes: Gläubig werden . . .

[78] Die Predigt erschien als Broschüre im Quell-Verlag der Evang. Gesellschaft, Stuttgart: »Gläubig werden, aber nüchtern bleiben«; ihr lag der Text Lk 13, 18–24 zugrunde.

Wenige — Viele: das ist eines der großen Themata, die im Gang der biblischen Heilsgeschichte immer wieder angeschlagen werden. Die Vielen sind das Ziel des göttlichen Handelns, aber die Wenigen sind seine Werkzeuge ... Wie der Heiland, der die Kranken heilt und die Hungernden speist, umlagert ist von Tausenden; wie aber der Mann, der den Hochmut seines Volkes straft und seine rohen Triebe nicht befriedigt, abgelehnt und ans Kreuz geschlagen wird, so nimmt der natürliche Mensch die Verheißungen der göttlichen Hilfe gerne an, aber dem Bußernst des Wortes, der Forderung nach Sinnesänderung verschließt er sich, und aus der Nichterfüllung seiner an Gott gestellten Forderungen zieht er den Schluß, daß er mit Gott und seinem Wort und mit der Kirche, die ihm solche harte Rede bringt, nichts anfangen könne ... Seit der Aufklärung hat man sich immer wieder bemüht, an der engen Pforte vorbeizukommen, dem Menschen die Selbstdemütigung vor dem Kreuz, die Anerkennung der Gerechtigkeit Gottes, den Verzicht auf die eigene Gerechtigkeit, den Losspruch durch den Heiland zu ersparen. Es ging nicht; es zeigte sich immer wieder, daß ein für die Bedürfnisse dessen, der das Leben und den Tod nicht wirklich ernst nimmt, zurechtgestutztes Christentum erst recht nicht anziehend wirkt, daß die Kirchen am leersten sind, wo von der Herrlichkeit des Menschen gefabelt wird, statt die Herrlichkeit Gottes zu preisen. Deshalb wäre es eine beispiellose Ironie, wenn gerade in einer Zeit, die mit den Überbleibseln einer vergangenen geistesgeschichtlichen Periode aufräumt, wieder in bezug auf die biblische Wahrheit und die evangelische Verkündigung die Neigung aufkäme, dem Menschen das Bittere, das Unangenehme, das Außerordentliche, das über seinen Gesichtskreis hinausgehende Wunderbare und Geheimnisvolle zu unterschlagen ... Ja, entfernen wir nur das Ärgernis, aber nicht das, das im Evangelium ist, sondern das, das sich bei uns selbst findet, das Ärgernis einer unwürdigen Vertretung des Würdigen, eines unehrenhaften Kampfes für Ehre und Größe, einer selbstsüchtigen Arbeit für selbstlose Ziele. Suchen wir nur die Vielen zu gewinnen und spotten wir nicht wie Nietzsche über die Vielzuvielen, aber suchen wir ihre Seele und nicht ihre Bewunderung, ihr Heil und nicht ihren Beifall. Wenn wir ihnen wirklich etwas bringen, bleibt ihr Dank nicht aus. Lasset uns Achtung bezeugen vor dem Volk, aber nicht uns richten nach der Masse, wenn Gewissen und Vernunft einen anderen Weg weist ...

Gläubig sollen wir werden im Blick auf die Größe des göttlichen Waltens; nüchtern sollen wir bleiben im Blick auf die Grenzen, die überall auch dem besten menschlichen Wollen gesteckt sind. Und wenn wir miteinander zu kämpfen haben, so sei es ein Wettkampf um die beste Bewährung des Glaubens der Kirche und um den vollkommensten Dienst der Liebe an unserem Volk! Amen.

Bei der Eröffnungssitzung des Landeskirchentags am 12. 9. 1933 sagte Landesbischof D. Wurm in seiner Ansprache[79]*:*

... Es ist mit die Aufgabe der Kirche, eine Rückentwicklung des von Adolf Hitler begonnenen Werkes zu verhindern. Die Kirche begrüßt es mit ganzem Herzen, daß der Staat sich nicht auf Unterdrückungsmaßnahmen gegen schädliche Bestrebungen beschränkt, sondern der wirtschaftlichen und sozialen Not durch aufbauende Maßnahmen auf den Leib rückt. Alte evangelisch-soziale und nationalsoziale Gedankengänge und Forderungen aus der Zeit Stöckers und Naumanns erleben im Nationalsozialismus, im nationalsozialistischen Staat ihre Rechtfertigung und Auferstehung ...

Sollte man nicht meinen, daß zwischen einem solchen Staat und der evangelischen Kirche das innigste Vertrauensverhältnis herrschen sollte ... Da dieser totale Staat ausdrücklich und feierlich erklärt hat, daß er in Bekenntnis und Verkündigung der Kirche sich nicht einmische, sondern nur verlange, daß sie mit ihren Mitteln seine großen volkserzieherischen Ziele fördere, so scheint auch von dieser Seite ein Gegensatz ausgeschlossen. Warum ist er dann trotzdem in die Erscheinung getreten?

Wenn ich recht sehe, so ist zweierlei festzustellen. Man hat auf kirchlicher Seite auch in führenden kirchlichen Stellen teilweise zu spät erkannt, daß es sich bei der politischen Wendung am 30. Januar und 5. März nicht um dasselbe handle wie bisher, nämlich um den Übergang der Regierung von einer Parteihand in die andere, sondern um eine großangelegte Staatsumwälzung in dem oben angedeuteten Sinn ... Infolgedessen hielt man es für geboten, dieselbe reservierte Haltung, die im Parteienstaat selbstverständlich war, auch jetzt einzuhalten. Das hat den starken und begreiflichen Widerspruch einer kirchlichen Gruppe hervorgerufen, die ... sich die enge Verbindung evangelischen Christentums

[79] Diese Ansprache und die weiteren Reden im Landeskirchentag werden nach den Protokollen wiedergegeben: LKA Stuttgart, D 1, Bd. 43; die Rede des Landesbischofs siehe KAW, Ausgabe vom 28. 9. 1933; zur Sitzung des Landeskirchentags siehe die Berichte im »Evang. Gemeindeblatt für Stuttgart«, Ausgabe vom 17. 9. und 24. 9. 1933; »NS-Kurier«, Ausgabe vom 13. 9. und 14. 9. 1933; »Basler Nachrichten«, Ausgabe vom 21. 9. 1933; vgl. ferner GB 144, S. 177.

mit nationalsozialistischem Denken zur Aufgabe gemacht hat. Ich kann in diesem Versuch nichts finden, was irgendwie vom Wort Gottes aus beanstandet werden könnte . . .

Wenn man die Motive und Ziele einer Bewegung billigt, so ist man deshalb noch nicht verpflichtet, auch ihre Taktik immer für glücklich zu halten. Der Vorstoß, den die Bewegung gegen die bisherige Kirchenführung auf jener Versammlung Anfang April in Berlin machte[79a], war so heftig, daß er starke Gegenstöße hervorrufen mußte. Vor allem aber fühlten sich ernste kirchliche Kreise dadurch beunruhigt, daß manche Kundgebungen führender Persönlichkeiten Zweifel erweckten, ob sie über die unentbehrliche Substanz der Kirche und der kirchlichen Verkündigung ganz im klaren seien . . . Fast ein Wunder ist es zu nennen, daß inmitten dieser Wirren, vor allem auch durch das Eingreifen des Reichspräsidenten und des Reichskanzlers und das Zusammenwirken des Wehrkreispfarrers Müller mit den lutherischen Bischöfen die Fertigstellung und Annahme der neuen Kirchenverfassung gelang. Es muß der Glaubensbewegung als Verdienst angerechnet werden, daß sie die Forderung nach einer einheitlichen deutschen evangelischen Kirche zuerst mit Nachdruck erhoben hat; aber es muß auch betont werden, daß die Kirchenregierungen sofort positiv auf diese Forderung eingegangen sind . . .

Es bleibt mir nur noch übrig, so kurz wie möglich die Haltung der württ. Kirchenleitung in all diesen Wirren und Auseinandersetzungen zu skizzieren. Zweierlei erschien mir vom ersten Augenblick an, wo die Angriffe auf die Kirchenführung erfolgten, als Pflicht: so gut wie möglich einen Konflikt mit der Staatsregierung zu vermeiden und die positiven Ziele der neuen Bewegung zu fördern. Das erste ist mir nicht schwer gemacht worden; die Regierung ist nie mit irgendwelchen Forderungen an die Kirchenleitung herangetreten. Das zweite war schwieriger; denn die unaufhörlichen Besprechungen und Beratungen teils hier, teils in Berlin über Einzelfälle und über grundsätzliche Fragen und der ganze kirchenpolitische Kampf ließen den Plan, im Zusammenhang mit Vertretern der Bewegung ein Programm für die kirchliche Arbeit im Dritten Reich auszuarbeiten, nicht zur Ausführung gelangen. Als ganz unerwarteter Weise durch's Reichsgesetz kirchliche Wahlen ausgeschrieben wurden, habe ich mich für verpflichtet gehalten, eine Verständigung unter den verschiedenen Gruppen zustande zu bringen, die eine Abstimmung der Wählerschaft zum Landeskirchentag überflüssig machte. Ich weiß,

[79a] Siehe S. 15 ff.

daß das nicht allerseits gebilligt worden ist, daß manche einen offenen Austrag der bestehenden Gegensätze gewünscht hätten. Wer aber aus eigener Erfahrung weiß, wie die früheren Wahlkämpfe zwischen den Gruppen in manchen Kirchenbezirken die kirchliche Gemeinschaft schwer erschüttert haben, der konnte sich von Wahlen, die naturgemäß unter vorwiegend politischen Gesichtspunkten ausgefochten worden wären, auch nichts Gutes versprechen . . .

Ich halte es für meine Pflicht, unter Bezugnahme auf die Ereignisse in Preußen den außerordentlichen Ernst der innerkirchlichen Lage zu betonen und die Vertreter der Glaubensbewegung darauf aufmerksam zu machen, daß von ihrer Haltung in der nächsten Zeit das künftige Schicksal des deutschen Protestantismus und der evangelischen Kirche abhängen kann . . .

Zum Präsidenten des 3. Württ. Landeskirchentags wurde Pfarrer Dr. Steger, Friedrichshafen, von der Kampfgruppe Deutsche Christen gewählt. Den 1. Stellvertreter des Präsidenten stellte Gruppe I in Dr. Widmann, den 2. Stellvertreter Gruppe II in Dr. Rau. In den Landeskirchenausschuß, dem der Landesbischof und der Präsident des Landeskirchentags kraft Amts angehörten, wurde als 3. Mitglied Ministerialdirektor Dr. Dill von der Kampfgruppe Deutsche Christen gewählt. Der von der Gruppe I vorgeschlagene Abgeordnete Saur, der als Gegengewicht gegen die absolute Mehrheit der Kampfgruppe Deutsche Christen im Plenum des Landeskirchentags in den Landeskirchenausschuß eintreten sollte, konnte nicht durchkommen[80].

Ein Streit brach aus, als die Zuwahl von Prof. D. Fezer, Tübingen, zum Landeskirchentag nicht zustande kam[81].

Zur Deutschen Nationalsynode wurde Landesbischof D. Wurm als Vertreter der Kirchenleitung und Pfarrer Dr. Schairer als Beauftragter des Landeskirchentags entsandt. Nach seiner Nominierung nahm Schairer das Wort[82]*:*

80 Vgl. OKR Stuttgart, Registratur, Generalia, Bd. 249; zur Sitzung des Landeskirchentags vgl. Dipper, S. 33 f.

81 Zur Frage der Zuwahl siehe auch die Briefe von Seiz vom 9. September, 13. September und 20. Oktober, S. 348 ff., 365 ff. und 370 ff.

82 Schairer erhielt 32 Stimmen, Prälat Schrenk, Stuttgart, 19 Stimmen, Dr. Dill 3 Stimmen und Dr. Steger 1 Stimme.

... Es ist kaum je eine kirchliche Bewegung durch ein solches Fegfeuer gegangen als die Glaubensbewegung Deutsche Christen. Sie hat bis heute alle diese Anfechtungen bestanden und wird auch weitere bestehen. Verdient hat sie es nicht, daß man sie zum Teil wie eine Gottlosenbewegung behandelt und ansieht. Es ist ja heute schon ausgesprochen worden, daß wir des guten Willens voll sind, des tatkräftigen Einsatzes und der hingebungsvollen Treue zur Kirche. Es herrscht auf unserer Seite in gar keiner Weise die Überzeugung von Fehlerlosigkeit. Wir wissen, daß wir arme und irrende Menschen sind. Aber wir haben, was uns nicht versagt werden kann, die Tatkraft eines Glaubens, der nicht aus dem Selbst stammt, sondern von Gott. Dieser Glaube trägt die Verpflichtung für unseren Führer Adolf Hitler in sich, auf jedem Boden, wo wir kämpfen und stehen, zu dienen, solange wir leben, und das Nötige zu tun. Wir sind schon oft gefragt worden, ob wir das reine Evangelium zu vertreten gedenken. Meine Herren! Wenn der Nationalsozialismus einen Menschen ergiffen hat, dann vergeht ihm der Wahn, es sei mit einem Ideen- oder Gefühlschristentum irgend etwas auszurichten. Von Woche zu Woche, von Monat zu Monat wird ihm das eindringlich und vielfältig vor Augen geführt, daß er im Nationalsozialismus auf einer Plattform ringen und kämpfen muß, die ihm immer aufs neue in die Echtheit des Evangeliums hineinwachsen läßt.

... Wir haben das, was schon lange besteht, zu vollziehen, nämlich das innige Bündnis zwischen Nationalsozialismus und Christentum, zwischen echtem Nationalsozialismus und echtem Christentum. Ich sage: dieses Bündnis besteht; der Nationalsozialismus ist nicht Ausgeburt lediglich machtpolitischer Bestrebungen. Je mehr wir ihn kennenlernen, je mehr sehen wir ihn leben nicht nur aus dem, was das deutsche Volk in seiner rein völkischen Art besitzt, sondern aus den Erbstücken und Reichtümern reformatorischer Frömmigkeit und Gottgebundenheit, die trotz aller scheinbaren Kirchenentfremdung und Gottlosigkeit in unserem Volke eben nicht ausgestorben war. Wir sind der Überzeugung, daß im Nationalsozialismus und in der durch ihn eingeleiteten Rettung unseres Volkes rein christliche Kräfte am Werke sind, ob verdeckt oder unverdeckt, aber in der Grundhaltung immer wieder spürbar. Die Aufgabe ist, sich die Hand zu reichen und nicht sich zu bekämpfen ... Wir sind auch davon durchdrungen, daß die Kirche Gelegenheit haben muß, Kirche zu sein, und leugnen in gar keiner Weise das, was heute einmal schon programmatisch ausgesprochen wurde, die »Eigengesetzlichkeit der Kirche«, die nur von Gott her ihre Direktiven erhält. Aber die Direktive des Wortes Gottes lautet: »Nicht daß ich mir dienen lasse, sondern daß ich diene[82a].« Wo ich mich nun einsetzen kann, das sagt mir im einzelnen nicht das »Wort Gottes« allein, sondern das sagt uns der Blick in der Zeiten Not hinein, das sagt uns der Blick auf den Nächsten, der am Wege liegt, der Blick in die Leiden des Volkes, das aus tiefstem Elend heraus mit Gottes Hilfe zur Höhe geführt werden muß ...

Prof. D. Fezer wurde danach auch nicht zur Nationalsynode gewählt, der Synode wurde nur die Berufung Fezers empfohlen[82b].

Grundsätzlich zur kirchlichen Lage sprach Prof. D. Volz, der Vertreter der Evang.-theol. Fakultät Tübingen:

... Aber nicht wahr, die Bewegung ging vom Staat aus. Es ist nicht wie bei der Reformation, daß es zunächst eine kirchliche und religiöse Bewegung war, sondern es ist jetzt im Vordergrund eine nationale Bewegung, und diese nationale Bewegung reißt die Kirche mit. Und damit ist die Gefahr gegeben, daß nun staatliche Gesichtspunkte, staatliche Methoden hineinvermengt werden in diese kirchlichen Lebensentwicklungen, und wir wissen ja alle, und es ist genugsam ausgesprochen worden, daß das unsere Aufgabe ist, diese Gefahr zu sehen. Und wenn nun diese Massen von Neulingen in die Kirche hereinströmen, zunächst vielleicht aus ganz anderen Gründen, ist es unsere Aufgabe, daß wir sie in diesem Garten Gottes, in dem sie nun sind, bewahren und bewachen und sie in den Geist dieses Gartens eingewöhnen. Das ist die große Aufgabe, an der auch wir hier mitzuarbeiten haben ...

Auf die Ausführungen von Prof. D. Volz hin meldete sich Pfarrer Rehm zu Wort:

Deutsche Volksgenossen! Ich möchte mir erlauben, den Antrag[83], den die Kampfgruppe Deutsche Christen vorhin gestellt hat, im Zusammenhang mit den Ausführungen meines sehr verehrten Lehrers, des Herrn D. Volz, noch etwas zu begründen und zu beleuchten. Zunächst das eine: Sehen Sie es nicht bloß als eine sture, selbstsüchtige, egoistische Machtpolitik an, wenn wir Wert darauf legen, als Vertreter zur Nationalsynode einen »Deutschen Christen« zu entsenden. Wir glauben, daß wir ein inneres moralisches Recht dazu haben, gerade von unserer Gruppe aus

[82a] Mt 20,28.

[82b] Gemäß § 8,1 der Verfassung der DEK, siehe S. 1072 ff.

[83] Es handelt sich um den Antrag, Dr. Schairer und den Landesbischof zur Nationalsynode zu wählen.

diesen Posten für uns in Anspruch zu nehmen, sintemal doch die Glaubensbewegung Deutsche Christen diejenige gewesen ist, die das unbestreitbare Verdienst hat, die ganze Frage der Reichskirche, des Zusammenschlusses des deutschen Protestantismus aufgeworfen zu haben und zugleich diese Frage, über die man in früheren Jahren oft sehr unfruchtbar diskutiert hat und angesichts der man über weitestgehende Probleme nie hinausgekommen war, mit einem so mächtigen Schwung, mit einer solch mächtigen Glaubenskraft anzupacken, daß wir es buchstäblich heute vielleicht noch kaum fassen können, daß endlich einmal so viel Eigenbrötelei und so viel engstirnige Beurteilung dieses ganzen Fragenkomplexes verschwunden ist und daß durch diese ganze Bewegung die Sehnsucht des deutschen Protestantismus, endlich einmal zu einer kraftvollen, mächtigen, geschlossenen Einheit in Deutschland zu kommen, in Erfüllung gegangen ist . . .

Ich habe in diesem Zusammenhang Veranlassung, zu einem Punkt der Ausführungen des Herrn Prof. D. Volz, die wir eben gehört haben, eine kleine Bemerkung anzubringen. Er hat davon gesprochen, daß es ihn freue, daß nun neben der früheren Gruppe I auch eine Gruppe in den Landeskirchentag eingezogen sei, die einen etwas freieren Standpunkt hier vertrete, und es werde wohl damit zu rechnen sein, daß man bald auch im württ. Landeskirchentag wieder zwei Gruppen habe, wobei der Herr Professor die Hoffnung hat, daß wir dann zu der Seite gehen werden, die bisher im württ. Landeskirchentag diesen freieren Standpunkt eingenommen hat. Es tut mir leid, Herr Professor, da etwas Wasser in Ihren Wein hineingießen zu müssen. Es ist eines vom Grundlegendsten, was wir Deutsche Christen auf unsere Kampffahne geschrieben haben, daß wir den Liberalismus in jeder Form, wo er sich zeigt, rücksichtslos und bedenkenlos bekämpfen werden. (Bravo!) . . .

In der 1. Sitzung des Landeskirchentags wurde von der Kampfgruppe Deutsche Christen ein dringlicher Antrag zur Bildung eines neuen Ausschusses eingebracht:

»Der Landeskirchentag wolle beschließen: Es wird zur sachgemäßen Behandlung der Beziehungen zwischen Kirche und nationalsozialistischem Staat nach der personellen Seite ein Ausschuß mit 7 Mitgliedern gebildet als Ausschuß für nationale und personelle Fragen.« Dem Antrag ist dann außerdem eine Begründung beigegeben: »Der Beziehungen zwischen den kirchlichen Organen und den eigenen Ordnungen und Bewegungen des nationalsozialistischen Staates sind vielerlei. Mißverständnisse, Mißbrauch und Unliebsamkeiten sind nach beiden Seiten möglich. Bisher wurden derartige Differenzen willkürlich, bald von der, bald von jener Stelle behandelt. Es soll ein nichtbehördliches, aber geordnetes Organ geschaffen werden, das derartige personelle Fragen und Klagen vorberät, um entweder dem Landeskirchentag oder dem Oberkirchenrat darüber Vortrag zu halten oder bei Unerheblichkeit unmittelbar durch Verhandlung und Vermittlung zu erledigen. Wir legen Wert darauf, daß sowohl von den anderen Gruppen als namentlich von der Regierung und der Gauleitung der NSDAP verantwortliche Vertreter diesem Ausschuß angehören.« Unterzeichnet ist dieser Antrag von Dr. Schairer und außerdem noch 11 Mitgliedern der Glaubensbewegung Deutsche Christen.

Der Antrag wurde schließlich an den Rechtsausschuß des Landeskirchentags verwiesen[84].

In der 2. Sitzung des Landeskirchentags am 13. 9. 1933 erstattete der Ständige Ausschuß den Rechenschaftsbericht. In diesem Bericht war auch über das Ermächtigungs-Gesetz für den Landesbischof zu berichten. Wurm betonte noch einmal, daß es sich dabei um eine Kann-Vorschrift, nicht aber um Soll- und Muß-Vorschrift handle. Für die Kampfgruppe Deutsche Christen erklärte der Abgeordnete Schmid[85]*:*

... Die Glaubensbewegung Deutsche Christen hat sich sehr eingehend und eindringlich mit dem Ermächtigungsgesetz beschäftigt und die Frage der Neubestätigung ernstlich überlegt und erwogen. Nach den Ausführungen des Herrn Landesbischofs sind wir in der Lage, dieses Ermächtigungsgesetz zu bestätigen. Wir sehen in den Ausführungen des Herrn Landesbischofs zu unserer Freude die Absicht, mit dem neuen Landeskirchentag, vor allem mit der Mehrheit des Landeskirchentags und mit der Glaubensbewegung Deutsche Christen gemeinschaftlich die eben in seiner großen Rede aufgezeigten Probleme anzugreifen und zu lösen. Durch diese Erklärungen ist die Möglichkeit einer Vertrauensbasis geschaffen zu der Glaubensbewegung Deutsche Christen und den hinter ihr stehenden Volkskreisen; es ist unser Wille und unsere Absicht, das Vertrauen zu rechtfertigen. Wir bitten, in diesem Sinn auch bei einschränkenden, aus dem Gewissen entspringenden Feststellungen der Glaubensbewegung Deutsche Christen die Möglichkeit bei der Neuschaffung des Kirchenwerks einzuräumen, die uns kraft unserer völkischen

84 Der Antrag wurde nicht weiter behandelt.

85 Siehe dazu auch den Bericht von Pfarrer Breining im »NS-Kurier«, Ausgabe vom 14. 9. 1933.

und vielleicht auch religiösen Sendung zukommt. In diesem Sinne bittet die Glaubensbewegung Deutsche Christen, die Bestätigung des Ermächtigungsgesetzes aufzufassen (Bravo!) . . .

Auf die Rede des Landesbischofs erwiderte Pfarrer Rehm unter anderem:

. . . Man unterstellte uns ferner die Meinung, die Kirche solle nicht mehr als besondere Gruppe im neuen Staate in Erscheinung treten. Wenn so meine Ausführungen aufgefaßt worden sind, so bedauere ich das, denn das war durchaus nicht der Sinn meiner Ausführungen. Wir wissen — das hat auch unser Führer Adolf Hitler klipp und klar erklärt —, daß die Kirche ihren ureigensten Auftrag innerhalb des gesamten Organismus des deutschen Volkes hat und daß deshalb dieser Kirche auch durchaus ihre besondere Stellung gegeben werden soll, wozu alle Voraussetzungen auch seitens des Staates geschaffen und gewährleistet werden sollen . . .

In diesem Zusammenhang muß ich hier im Blick auf die Kirche ein sehr ernstes Wort sprechen. Die ganzen Spannungen wären lange nicht so stark geworden, wenn wir nicht die tieftraurige Tatsache zu beklagen hätten, daß weiteste Kreise unserer jungen Theologenschaft unter den geistigen Einfluß eines Mannes, Karl Barth, gekommen wären, der weitesten Kreisen dieser Theologen das Rückgrat abgeschlagen hat, da er selbst kein Deutscher ist, sondern ein Schweizer. (Sehr richtig!) Ich glaube, daß wir gerade von dieser Stelle und von diesem Hause aus einmal offen dazu Stellung nehmen müssen. Des weiteren werden auch in den Ausschüssen des Landeskirchentags alle diese Zusammenhänge noch behandelt werden müssen, da hier eine Änderung eintreten muß . . .

Auf die Rede von Pfarrer Rehm erwiderte wiederum Pfarrer Römer:

Werte Herren! Der Herr Abgeordnete Rehm hat sich zur Barthschen Theologie geäußert, und er hat mit dem, was er darüber gesagt hat, nicht bloß Widerspruch bei mir erregt. Aber ich bin genötigt, einer bereits fortgeschrittenen Legendenbildung einmal ganz energisch entgegenzutreten. Es wird so gesprochen, als ob in den Kreisen der sogenannten Kirchlich-theologischen Arbeitsgemeinschaft, einer überaus selbständigen Form der sogenannten Jungreformatorischen Bewegung, das Wort der Distanztheologie Karl Barths führend geltend wäre. Es sind ganz wenige Männer, die sich dort gelegentlich im Sinne dieser Theologie äußern. Und, wie es dann zu gehen pflegt, geraten eben solche Worte schließlich in die Presse. Aber neben jenen wenigen — ich möchte die Zahl jener Leute fast an die Finger meiner Hände bringen — steht eine ganz gewaltige Zahl, ich sage nicht zuviel, wenn ich sage 300 oder mehr, also mehr als ein Drittel oder ein Viertel der württ. Pfarrerschaft, zum Teil mit diesen Kreisen lose verbunden, zum Teil als treibende Männer in dieser Arbeit, die eine Theologie pflegen, welcher gegenwärtig das allertiefste Anliegen dies ist: die Grundgesetze menschlichen Gemeinschaftslebens auf Grund des neutestamentlichen Wortes, speziell des Wortes von der Rechtfertigung (um deutlicher zu sprechen, vom »guten Hirten«, der sich um die Sünder annimmt), zu pflegen. Ich wiederhole, deren tiefstes Anliegen ist, die Grundgesetze des Gemeinschaftslebens herauszustellen, also etwas, was Sie in der Barthschen Theologie nicht finden, von der mit Recht in Ihren Kreisen und in Ihrem Schrifttum gesagt worden ist, daß sie eine aufspaltende Wirkung übe. Und so erfüllen sie von dort aus die Verpflichtung fürs ganze Volk . . .

Das Ermächtigungsgesetz für den Kirchenpräsidenten wurde dann vom Landeskirchentag angenommen, ebenso die Gesetze im Zusammenhang mit den Kirchenwahlen vom Juli 1933[86].

Die Kampfgruppe Deutsche Christen legte dem Landeskirchentag schließlich zwei weitere Anträge vor:

Der Landeskirchentag wolle beschließen: Den Herrn Landesbischof zu ersuchen, dem Landeskirchentag bald einen Gesetzentwurf betr. die Einführung der Dienstaltersgrenze für die in dem Dienst der Landeskirche stehenden Geistlichen und Beamten einzubringen.

Ich schließe die Ziffer 2 gleich an: Der Landeskirchentag wolle beschließen: Den Herrn Landesbischof zu ersuchen, beim Landeskirchentag in tunlichster Bälde einen Gesetzentwurf betr. die sinnvolle Anwendung des Gesetzes zur Wiederherstellung des Berufsbeamtentums auf die kirchliche Verwaltung einzubringen, und zwar mit dem Beifügen, daß rassischen Gesichtspunkten keine rückwirkende Bedeutung zukommt.

Nach kurzer Aussprache wurden beide Anträge an die Ausschüsse verwiesen[87].

86 Gesetz vom 15. 7. 1933 und 17. 7. 1933; siehe S. 296 ff. Zur Annahme des Ermächtigungsgesetzes vom 15. 5. 1933 siehe Bd. 1, S. 485 und den Bericht Wurms vom 16. 11. 1933, S. 700 ff.

87 Auch diese Anträge wurden nicht weiter behandelt, der Arierparagraph wurde in der württ. Landeskirche also nicht eingeführt. Gesetz zur Wiederherstellung des Beamtentums vom 7. 4. 1933: RGBl. 1933 I, S. 175.

Schließlich legte die Evang.-Kirchliche Arbeitsgemeinschaft (Gruppe I) einen weiteren Antrag vor:

Der Landeskirchentag ersucht die Kirchenleitung, sie wolle im Blick auf die der Kirche in der Gegenwart erwachsenen Aufgaben 1. ihr Augenmerk darauf richten, daß die Kräfte der Kirche noch mehr als bisher einer gegenwartsnahen Verkündigung des Evangeliums nach reformatorischem Verständnis dienstbar gemacht werden und die hiezu dienlichen Einrichtungen getroffen werden (Arbeitsgemeinschaften, Pfarrversammlungen, Ferienkurse u. a.); 2. der durch die Umgestaltung des Evang. Volksbundes eingeleiteten Schaffung eines evang. Gemeindedienstes jede Förderung angedeihen lassen und bei Geistlichen und Gemeindegliedern die innere Verpflichtung zu willigem Einsatz für den Dienst am Nächsten wachhalten; 3. die dringend notwendige Aufgabe einer evangelischen Volksmission auch ihrerseits in Angriff nehmen und den Gemeinden und Pfarrern für diese Aufgabe Anleitung geben und gangbare Wege zeigen, um die Verbundenheit unseres Volkes mit seiner Kirche zu erhalten und wiederherzustellen.

Am 13. 9. 1933 wurde der Landeskirchentag durch Verordnung des Landesbischofs vertagt[88].

Nach Abschluß der Sitzung schrieb noch am 13. 9. 1933 Oberrechnungsrat Seiz von der Gruppe I des Landeskirchentags an Pfarrer Ettwein[89]*:*

Sehr verehrter Herr Stadtpfarrer!

Nachdem der Landeskirchentag heute seine Arbeit beendet hat, ist es mir Bedürfnis, Ihnen als dem an der Wahlvereinbarung Mitbeteiligten mitzuteilen, daß die »Evang.-kirchliche Arbeitsgemeinschaft« (bisher Gruppe I) lebhaft bedauert, daß die Zuwahlen nicht mehr vorgenommen worden sind. Die Evang.-kirchliche Arbeitsgemeinschaft lehnt angesichts des Verlaufs der Dinge eine Verantwortung hiefür ab. Sie hat der Kampfgruppe »Deutsche Christen« wiederholt und eindringlich die Bitte vorgetragen, in Abänderung der getroffenen Vereinbarung (zumal 2 bisherige Mitglieder der Gruppe I sich der Kampfgruppe Deutsche Christen anschlossen) von den 6 Zuwahlsitzen der Gruppe I wenigstens 1 Sitz für

[88] Nr. A 6915.

[89] LKA Stuttgart, D 1, Bd. 43.

die Zuwahl des Herrn Studienrat Dr. Haug in Urach zu überlassen. Auf diese Zuwahl mußten wir im allgemeinen landeskirchlichen Interesse Wert legen, nachdem sich Dr. Haug zur Mitarbeit bereit erklärt hatte. Die erste Antwort auf unsere Bitte lautete, die Gruppe I möge eine Änderung des Kirchenverfassungsgesetzes beantragen, wonach die Zahl der zuzuwählenden Mitglieder von 6 auf 7 erhöht werde. Der zweite und letzte Bescheid lautete: »Die Erörterung der Zuwahl Dr. Haug kommt erst in Frage, wenn Gruppe I die Erklärung abgibt, daß sie einem zweiten Zuwahlsitz für Gruppe II nicht zustimmt.«

Diese Behandlung ihrer Bitte mußte die Gruppe I — zumal auch angesichts ihrer durchaus nationalen Haltung seit ihrer Gründung und ihres rückhaltlosen Bekenntnisses zum Staate Adolf Hitlers — als entehrend empfinden. Eine Verfassungsänderung zu beantragen lehnte sie ab. Wenn die Kampfgruppe Deutsche Christen an ihrer Forderung von 5 Zuwahlsitzen festhielt, die Gruppe II ihren Sitz erhalten sollte, so blieb der Gruppe I nur folgender Beschluß übrig: »Die Zuwahlen sollen in der Weise vorgenommen werden, daß jede Gruppe ihre Kandidaten benennt und daß es den einzelnen Mitgliedern der Gruppe I freigestellt sein soll, welchen Kandidaten sie ihre Stimme geben wollen. Sämtliche Gruppenmitglieder verpflichten sich, Herrn Landrat Dr. Bertsch zu wählen, wenn sich die Kampfgruppe Deutsche Christen verpflichtet, geschlossen für Herrn Dr. Haug einzutreten.« Von diesem Beschluß habe ich Herrn Dr. Schairer am Montagabend gegen ³/₄6 Uhr Mitteilung gemacht, zusammen mit den beiden anderen Beschlüssen der Gruppe, dem Ermächtigungsgesetz ohne Änderungsantrag zuzustimmen, als Abgeordneten zur Nationalsynode in erster Linie Herrn Professor D. Dr. Fezer (seinem eigenen Wunsche entsprechend), für den Fall der Ablehnung dieses Vorschlags Herrn Dr. Bertsch zu wählen, in letzterem Fall unter Berücksichtigung des Umstands, daß der Präsident des Landeskirchentags schon bisher württ. Vertreter im Deutschen Kirchentag war.

Nach Mitteilung dieses Beschlusses an Herrn Dr. Schairer wurde anläßlich einer Besprechung mit Gruppe II von einem engeren Ausschuß der Gruppe I nochmals zur Frage der Zuwahl Stellung genommen mit dem Ergebnis, der Kampfgruppe Deutsche Christen erneut den Vorschlag zu machen, sich mit 4 Zuwahlsitzen zu begnügen und der Gruppe I und II je 1 Zuwahlsitz zuzubilligen. Diesen Beschluß habe ich noch am Abend in der Stiftskirche unmittelbar nach Schluß des Gottesdienstes Herrn Pfarrer Rehm mitgeteilt mit dem ausdrücklichen Bemerken, daß die Zuwahlen ohne Anstand vor sich gehen würden, wenn die Kampfgruppe Deutsche Christen auf diesen Vorschlag eingehe. Außerdem konnte ich in der Stiftskirche kurz vor Beginn des Gottesdienstes um 8 Uhr Herrn Stadtpfarrer Dr. Schairer sagen, daß über die Zuwahl nochmals gesprochen werden müsse. Es ist mir und anderen unverständlich, wie angesichts dieser Mitteilungen Herr Dr. Schairer nachts 10 3/4 Uhr an Herrn Professor D. Dr. Fezer in Berlin ein Telegramm abgehen lassen konnte des Inhalts, daß seine Zuwahl an der Haltung der Gruppe I gescheitert sei. Es bleibt der Gruppe I keine andere Erklärung als die, daß ihr Vorschlag, Herrn D. Dr. Fezer oder Herrn Dr. Bertsch als Vertreter des Landeskirchentags in die Nationalsynode zu entsenden, den Beschluß der Kampfgruppe Deutsche Christen herbeiführte, die Vornahme der Zuwahlen zu verschieben. Wäre dem nicht so, so hätte die Kampfgruppe Deutsche Christen im Plenum des Landeskirchentags dem zugleich als Ehrung für Herrn D. Dr. Fezer gedachten Antrag auf seine Zuwahl wohl zustimmen können.

Zum Schluß darf ich noch bemerken, daß Ihre beabsichtigte Zuwahl in den Landeskirchentag durch die Gruppe I in keinem Zeitpunkt gefährdet war. Wohl haben etwa 5 bis 6 Mitglieder der Gruppe I erklärt, daß es ihnen wegen einzelner Teile Ihres in der »Schulwarte« (1933 Heft 6) abgedruckten Vortrags über »Rasse und Religion« gewissenshalber nicht möglich sei, Ihnen ihre Stimme zu geben. Es stand aber fest, daß 13 bis 14 Mitglieder durchaus gewillt waren, Sie zu wählen, so daß Ihre Zuwahl durchaus gesichert gewesen wäre.

Ich darf Sie bitten, von dieser Darlegung des Sachverhalts freundlich Kenntnis nehmen zu wollen.

Mit deutschem Gruß und Heil Hitler! Ihr ergebener Otto Seiz.

Im Rundschreiben Nr. 8 vom 15. 9. 1933 stellte die Glaubensbewegung Deutsche Christen ihre Haltung dar[90]*:*

An alle Kreisleiter der Glaubensbewegung und Abgeordnete der Kampfgruppe! Liebe Freunde und Kampfgenossen!

I

Die Haltung der Kampfgruppe Deutsche Christen bei den Verhandlungen des Landeskirchentags wird von interessierter, gegnerischer Seite dazu benützt, um die Glaubensbewegung und ihre Führung zu verdächtigen und bekämpfen. Diese Verdächtigungen und Angriffe sind alle

90 LKA Stuttgart, D 1, Bd. 43; die am Schluß erwähnte Beilage befindet sich nicht bei den Akten.

unberechtigt und müssen, wo immer sie auftreten, entschieden zurückgewiesen werden. Im einzelnen wird dazu folgendes bemerkt:

1. Die Zuwahl Professor Fezers in den Landeskirchentag und die Nationalsynode wurde durch Gruppe I verhindert, welche sich nicht an die bindend getroffenen Vereinbarungen über die zuzuwählenden Kandidaten gehalten hat und erklärte, sie könne nur Landrat Bertsch mit allen ihren Stimmen wählen. Sie lehnte also auch das geschlossene Eintreten für Professor Fezer, der als erster Kandidat auf der ursprünglich verabredeten Zuwahlliste stand, ab; dadurch erscheint auch der im Plenum von Gruppe I nachträglich eingebrachte Antrag auf die Wahl Professor Fezers in mehr als eigentümlichem Licht, nachdem Gruppe I erklärt hatte, daß sie nur für Landrat Bertsch geschlossen hätte eintreten können. Es war unsererseits nicht möglich, die Zuwahlen unter diesen Bedingungen zuzulassen, da es sehr fraglich gewesen wäre, ob bei Einstellung der Gruppe I Professor Fezer überhaupt gewählt worden wäre, da zwei Drittel Mehrheit notwendig war. Der Gefahr, nicht zugewählt zu werden, durfte Professor Fezer nicht ausgesetzt werden. Darum wurden die Zuwahlen vertagt, bis durch neue Vereinbarungen unter den Gruppen die Wahl Fezers gesichert ist. Ein nachträglicher Versuch der Gruppe I zum Entgegenkommen an uns war zwecklos, da inzwischen unsere für die Zuwahl vorgesehenen Kandidaten bereits von der Nichtvornahme der Zuwahl benachrichtigt und darum meistenteils ortsabwesend waren. Die Schuld für die Nichtzuwahl Professor Fezers liegt allein bei dem durch Gruppe I vorgenommenen Bruch der Vereinbarungen, wogegen unsere Gruppe beantragte, daß Professor Fezer durch die Einstweilige Leitung der Reichskirche selbst unter den 20 zur Nationalsynode zu Berufenden einberufen werden solle. Unter den gegebenen Verhältnissen hat so die Kampfgruppe Deutsche Christen alles getan, um die Teilnahme Professor Fezers an der Nationalsynode sicher zu stellen.

2. Von verantwortungsloser Seite wird ausgestreut, daß unsere Gruppe den Herrn Landesbischof habe stürzen wollen. Es ist unwahr und eine grenzenlose Verleumdung, diese Behauptung auszusprechen. Kein Mensch der Gruppe dachte daran, Landesbischof Wurm stürzen zu wollen, wie denn auch in allen diesbezüglichen Erklärungen der Gruppe zum Ausdruck kam, daß die Gruppe hinter Landesbischof Wurm steht. Obiger Verleumdung ist mit allen Mitteln entgegenzutreten.

3. Es wird ferner behauptet, der neuprojektierte Evang. Gemeindedienst sei von unserer Gruppe abgelehnt oder bekämpft worden. Dies entspricht nicht den Tatsachen. Es wurde lediglich beantragt, einen dies-

bezüglichen Antrag der Gruppe I zu vertagen, bis das Verhältnis dieses Evang. Gemeindedienstes zu anderen karitativen Gruppen besser geklärt sei; im übrigen wurde ausdrücklich von unserer Gruppe betont, daß sie durchaus für eine Aktivisierung des evang. Gemeindelebens sei[91].

4. Die Vorwürfe, als hätte unsere Gruppe mit unfairen Methoden gekämpft, entbehren jeder Berechtigung. Wir sind unseren Weg zielbewußt, offen und klar gegangen, und es ist auch von den anderen Gruppen anerkannt worden, daß durch das Verhalten unserer Gruppe die kirchliche Würde des Landeskirchentags in keiner Weise verletzt wurde. (Vgl. auch die diesbezüglichen anerkennenden Ausführungen im »Schwäbischen Merkur« vom 16. September, Nr. 217). Wenn mit den anderen Gruppen kein 100 % Vertrauensverhältnis bestand, so lag das in der Natur der Sache und der besonderen Sendung der Glaubensbewegung, besonders aber darin, daß die Gruppe I von vornherein eine bindend abgeschlossene Vereinbarung brach.

5. Man macht uns zum Vorwurf, wir hätten keine aufbauenden Gesetzentwürfe eingebracht und hätten uns durch eine Erklärung unsererseits um eine programmatische Darlegung unseres Wollens gedrückt. Auch dieser Vorwurf ist falsch. Die programmatischen Forderungen der Glaubensbewegung wurden dem Oberkirchenrat und den Führern der anderen Gruppen bereits auf einer am 5. Mai stattgefundenen gemeinsamen Besprechung auf dem Oberkirchenrat vorgetragen[92]. Außerdem war im Rahmen der Tagesordnung ein solcher Punkt gar nicht vorgesehen. Wir werden zu gegebener Zeit unsere Anträge und Gesetzesvorschläge einreichen.

Die Kampfgruppe kann mit Befriedigung auf die letzte Sitzungsperiode des Landeskirchentags zurücksehen. Wir haben erreicht, was wir wollten. Unser maßgebender Einfluß ist gesichert. Daß dies vielen Leuten nicht gefällt und daß sie nun mit unwahren Behauptungen gegen uns kämpfen, ist selbstverständlich, berührt uns aber nicht. Die Kampfgruppe stand im Landeskirchentag geschlossen wie ein Mann und hat durch ihre geschlossene Haltung starken Eindruck gemacht. Besonders klar ist dabei hervorgetreten, daß es uns nicht um die Erringung der Macht ging, sondern um die Bereitmachung der Kirche zur Erfüllung ihrer großen Sendung im Dritten Reich. Mancherlei Widerstände sind hier noch zu überwinden. Wir müssen die erreichten Erfolge weiter aus-

[91] Es ging um die Neuordnung des Evang. Volksbundes bzw. dessen Überführung in den neu zu gründenden Evang. Gemeindedienst; siehe Bd. 1, S. 499 ff.

[92] Siehe Bd. 1, S. 455 ff.

bauen und im Zusammenhang damit dafür kämpfen, daß unsere nationalsozialistischen Brüder sich wieder heimatberechtigt in der Kirche fühlen können. Die Kirche muß wieder das Herz der Nation werden. Das ist und bleibt das einzige, aber auch große Ziel der Glaubensbewegung.

II

Demzufolge wird angeordnet:

1. Innerhalb 14 Tagen beruft jeder Kreisleiter die Amtswalter seines Kreises zu einer Versammlung ein, in der er sie über die Tagung des Landeskirchentags und die allgemeine Lage der Glaubensbewegung Deutsche Christen orientiert. Die Anwesenheit eines unserer Abgeordneten ist dabei dringend erwünscht.

2. Die Kreisleiter haften dafür, daß in allen Kreisen die Glaubensbewegung Deutsche Christen streng nach dem Führerprinzip aufgebaut wird. Die Verantwortung für die Glaubensbewegung trägt allein der Reichsleiter Pfarrer Hossenfelder und in alleiniger Verantwortung gegen ihn die Landesleitung für den Gau Württemberg.

3. Vor Weihnachten muß in jeder Gemeinde eine Gruppe oder Zelle der Glaubensbewegung Deutsche Christen stehen. Außerdem müssen im Lauf dieses Jahres in allen Gemeinden Versammlungen stattfinden. Nähere Anweisungen für die Winterarbeit ergehen noch. Die Werbung für den »Deutschen Sonntag« wird erneut zur ernsten Pflicht gemacht[93].

4. Die Beiträge der Pfarrbrüder wollen in Zukunft nicht mehr auf das Konto des Volksbunds, sondern auf folgende zwei Konten, entweder Städt. Girokasse Stuttgart 29602, Name: Glaubensbewegung Deutsche Christen, Gau Württemberg, oder Postscheck Stuttgart 4040, Name des Kontos: Dr. Schairer, Stuttgart-Hedelfingen, Zusatz »für Glaubensbewegung«, überwiesen werden.

5. Flugblätter werden in Zukunft von unserer Expedition Frl. Beha, Stuttgart, Militärstr. 91, angefordert.

6. Die Beilagen sind sofort den Amtswaltern des Kreises zuzustellen.

Dr. Schairer. Rehm.

Zum Rundschreiben Nr. 8 der Glaubensbewegung Deutsche Christen erklärte die Evang.-Kirchliche Arbeitsgemeinschaft (Gruppe I) des Landeskirchentages am 20. 10. 1933[94]*:*

[93] Siehe S. 411 ff.

[94] LKA Stuttgart, D 1, Bd. 44.

An die Herren Mitglieder des 3. Evang. Landeskirchentags!

Verehrte Herren!

Im Rundschreiben Nr. 8/1933 der Glaubensbewegung »Deutsche Christen« Gau Württemberg – Kampfgruppe »Deutsche Christen« im Württ. Landeskirchentag — vom 15. 9. 1933 an alle Kreisleiter der Glaubensbewegung und Abgeordnete der Kampfgruppe ist u. a. ausgeführt: »Die Zuwahl Prof. Fezers in den Landeskirchentag und die Nationalsynode wurde durch Gruppe I verhindert, welche sich nicht an die bindend getroffenen Vereinbarungen über die zuzuwählenden Kandidaten gehalten hat und erklärte, sie könne nur Landrat Bertsch mit allen ihren Stimmen wählen. Sie lehnte also auch das geschlossene Eintreten für Prof. Fezer, der als erster Kandidat auf der ursprünglich verabredeten Zuwahlliste stand, ab; dadurch erscheint auch der im Plenum von Gruppe I nachträglich eingebrachte Antrag auf die Wahl Prof. Fezers in mehr als eigentümlichem Licht, nachdem Gruppe I erklärt hatte, daß sie nur für Landrat Bertsch geschlossen hätte eintreten können. ... Die Schuld für die Nichtzuwahl Prof. Fezers liegt allein bei dem durch Gruppe I vorgenommenen Bruch der Vereinbarungen, wogegen unsere Gruppe beantragte, daß Prof. Fezer durch die Einstweilige Leitung der Reichskirche selbst unter den 20 zur Nationalsynode zu Berufenden einberufen werden solle.«

Hierzu hat die Evang.-Kirchliche Arbeitsgemeinschaft des Evang. Landeskirchentags (bisher Gruppe I) folgendes zu erklären: Die am 18. Juli des Jahres unter dem Vorsitz des Herrn Landesbischof im Evang. Oberkirchenrat zwischen den Vertretern der beteiligten Gruppen abgeschlossene Vereinbarung über die Wahlen zum Landeskirchentag konnte nur — das wurde bei Abschluß der Vereinbarung deutlich ausgesprochen — insoweit bindend sein, daß die Vertreter der einzelnen Gruppen sich verpflichteten, sich innerhalb ihrer Gruppen dafür einzusetzen, daß die Vereinbarung gehalten werde. Eine Gewähr dafür, daß auch die wahlberechtigten Kirchengenossen in den Kirchenbezirken sich an die Vereinbarung halten, konnte nicht übernommen werden. In gleicher Weise konnte ganz selbstverständlich auch eine Gewähr dafür nicht übernommen werden, daß die Mitglieder des neuen Landeskirchentags, die das Zuwahlrecht nach § 4 Absatz 4 des Kirchenverfassungs-Gesetzes[95] in durchaus freier Weise ausüben können, sich hinsichtlich der Zuwahl an die Vereinbarung binden. Schon hieraus ergibt sich, daß der schwere

[95] Kirchenverfassungsgesetz vom 24. 6. 1920 (Abl. 19, S. 199 ff.).

Vorwurf des Wortbruchs gegenüber der Evang.-Kirchl. Arbeitsgemeinschaft jeder Grundlage entbehrt.

Sodann liegt es im Wesen jeder Vereinbarung, daß sie im Einverständnis mit allen Beteiligten jederzeit ergänzt und erweitert werden kann. Auf Grund der Vereinbarung sollte die Gruppe I 21 Sitze im neuen Landeskirchentag erhalten. Hiervon war zunächst 1 Sitz für die Zuwahl in Aussicht genommen, die Kampfgruppe Deutsche Christen forderte aber diesen Sitz für sich als Ausgleich dafür, daß sie der Gruppe I den Sitz des weltlichen Abgeordneten von Heilbronn überließ. Bei den Verhandlungen über die Vereinbarung haben die Vertreter der Kampfgruppe »Deutsche Christen« von Anfang an erklärt, daß sie Wert darauf legen, daß 4 Vertreter der sogenannten Jungreformatorischen Bewegung, die mit Namen genannt wurden, dem neuen Landeskirchentag angehören. Beim Abschluß der Vereinbarung konnten nur 2 dieser Personen in die Einheitsliste aufgenommen werden, bei den weiteren 2 der Kirchlich-theologischen Arbeitsgemeinschaft angehörenden Mitgliedern stand die Bereitwilligkeit zur Mitarbeit im neuen Landeskirchentag zunächst noch nicht fest. Nun war es aber der Gruppe I geglückt, die in der Kirchlich-theologischen Arbeitsgemeinschaft zusammengeschlossenen Kreise zur Mitarbeit im Landeskirchentag zu gewinnen. Infolgedessen hat die Gruppe I vor Zusammentritt des Landeskirchentags der Kampfgruppe »Deutsche Christen« wiederholt und eindringlich und unter Hinweis auf das vorliegende allgemeine landeskirchliche Interesse die Bitte vorgetragen, in Abänderung der getroffenen Vereinbarung von den 6 Zuwahlsitzen wenigstens einen Sitz der Gruppe I für die Zuwahl eines Vertreters der Kirchlich-theologischen Arbeitsgemeinschaft (Herrn Studienrat Dr. Haug in Urach) zu überlassen. Diese Bitte war umso berechtigter, als sich beim Zusammentritt des Landeskirchentags ergab, daß 2 Mitglieder der Gruppe I sich der Kampfgruppe »Deutsche Christen« anschlossen, so daß Gruppe I nur noch 19 Mitglieder zählte. Für diesen Verlust durfte unsere Gruppe mit gutem Gewissen auf Grund der Vereinbarung einen Ausgleich fordern.

Die erste Antwort der Vertreter der Kampfgruppe auf die Bitte der Gruppe I lautete, es bleibe der Gruppe I überlassen, eine Änderung des Kirchenverfassungsgesetzes zu beantragen, wonach die Zahl der zuzuwählenden Mitglieder von 6 auf 7 erhöht werde. Der zweite und letzte Bescheid, der dem Vertreter der Gruppe I am Montag, den 11. September, etwa mittags 1 Uhr gegeben wurde, lautete: »Die Erörterung der Zuwahl Dr. Haug kommt erst in Frage, wenn Gruppe I die Erklärung abgibt, daß sie einem zweiten Zuwahlsitz für Gruppe II nicht zustimmt.« (Gruppe II hatte um einen zweiten Zuwahlsitz gebeten mit Rücksicht auf die im Bezirk Göppingen eingetretene Abweichung von der Vereinbarung.) Eine bestimmte Zusage, daß Dr. Haug zugewählt werde, ist also der Gruppe I in keinem Zeitpunkt gemacht worden.

Die der Gruppe I zuteil gewordene Behandlung ihrer Bitte mußte die Gruppe — zumal auch angesichts ihrer durchaus nationalen Haltung seit ihrer Gründung und ihres rückhaltlosen Bekenntnisses zum Staate Adolf Hitlers — als unbillig, ja ungerecht empfinden. Eine Verfassungsänderung um einer einmaligen Lage willen zu beantragen, lehnte sie ab. Wenn die Kampfgruppe »Deutsche Christen« an ihrer Forderung von 5 Zuwahlsitzen festhielt, die Gruppe II ihren Sitz erhalten sollte, so blieb der Gruppe I nur folgender Beschluß übrig: »Die Zuwahlen sollen in der Weise vorgenommen werden, daß jede Gruppe ihre Kandidaten benennt und daß es den einzelnen Mitgliedern der Gruppe I freigestellt sein soll, welchen Kandidaten sie ihre Stimme geben wollen. Sämtliche Gruppenmitglieder verpflichteten sich, Herrn Landrat Dr. Bertsch zu wählen, wenn sich die Kampfgruppe »Deutsche Christen« verpflichtet, geschlossen für Herrn Dr. Haug einzutreten.«

Im Zusammenhang mit diesem Beschluß faßte die Gruppe I die weiteren Beschlüsse, der Kampfgruppe »Deutsche Christen« mitzuteilen, daß dem Ermächtigungsgesetz für den Herrn Landesbischof ohne Änderung zugestimmt werden und daß als Abgeordneter zur Nationalsynode in erster Linie Herr Professor D. Dr. Fezer (seinem eigenen Wunsche entsprechend), für den Fall der Ablehnung dieses Vorschlags Herr Dr. Bertsch als in Aussicht genommener Präsident des Landeskirchentags gewählt werden soll. Von diesen Beschlüssen wurde dem Herrn Abgeordneten Dr. Schairer am Montag, 11. September, abends gegen $5^3/_4$ Uhr Mitteilung gemacht.

Diese Beschlüsse tun eindeutig dar, daß die Gruppe I, indem sie Herrn Prof. D. Dr. Fezer als Vertreter zur Nationalsynode vorschlug, gewillt und verpflichtet war, Herrn Prof. D. Dr. Fezer einstimmig in den Landeskirchentag zuzuwählen und daß sie die ausdrückliche Bindung ihrer Mitglieder an die Zuwahl von Herrn Dr. Bertsch lediglich deshalb erwähnte, um bei der Kampfgruppe »Deutsche Christen« eine Bereitwilligkeit zu erzielen, sich für die Zuwahl von Herrn Dr. Haug einzusetzen.

Anzufügen ist noch, daß nach der Mitteilung der genannten Beschlüsse an Herrn Abgeordneten Dr. Schairer anläßlich einer Besprechung mit Gruppe II von einem engeren Ausschuß der Gruppe I nochmals zur Frage der Zuwahl Stellung genommen wurde mit dem Ergebnis, der Kampfgruppe »Deutsche Christen« erneut den früheren Vorschlag zu unterbreiten, sich mit 4 Zuwahlsitzen zu begnügen und der Gruppe I und II je 1 Zuwahlsitz zuzubilligen. Dieser Beschluß wurde noch am Abend in der Stiftskirche unmittelbar nach Schluß des Gottesdienstes dem Herrn Abgeordneten Rehm mitgeteilt mit dem ausdrücklichen Bemerken, daß die Zuwahlen ohne Anstand vor sich gehen würden, wenn die Kampfgruppe »Deutsche Christen« auf diesen Vorschlag eingehe. Außerdem konnte in der Stiftskirche vor Beginn des Gottesdienstes um 8 Uhr dem Herrn Abgeordneten Dr. Schairer gesagt werden, daß über die Zuwahl nochmals gesprochen werden müsse. Es ist der Evang.-Kirchl. Arbeitsgemeinschaft nicht verständlich, wie angesichts dieser Mitteilungen nachts 10³/₄ Uhr an Herrn Prof. D. Dr. Fezer in Berlin ein Telegramm abgesandt werden konnte, des Inhalts, daß seine Zuwahl an der Haltung der Gruppe I gescheitert sei.

Die Evang.-Kirchl. Arbeitsgemeinschaft ist jederzeit gerne bereit, vor jedwedem Forum über ihre Haltung Rechenschaft zu geben. Sie hält es mit dem Apostelwort: »Wir können nichts wider die Wahrheit, sondern für die Wahrheit (2. Kor. 13, 8).« Sie muß deshalb in brüderlicher Gesinnung, aber mit allem Ernst und mit allem Nachdruck den Vorwurf des Wortbruchs und der Unehrlichkeit in der Zuwahlfrage D. Dr. Fezer zurückweisen.

Mit hochachtungsvoller Begrüßung! Evang.-Kirchliche Arbeitsgemeinschaft: Namens derselben: Widmann, Seiz.

Am 22.9.193 hatte Pfarrer Pfeiffer, Stuttgart, an Prof. Fezer geschrieben[96]*:*

Sehr geehrter Herr Professor!

Nehmen Sie es einem Manne, der in dem von Ihnen bisher in der Kirche eingehaltenen Kurs Ihnen mit freudiger Zustimmung und vollem Vertrauen folgte, nun aber plötzlich vor ein überaus schmerzliches Nichtverstehen gestellt ist, nicht übel, wenn er aus dieser seiner inneren Not heraus sich an Sie wendet und um einige Augenblicke Ihrer kostbaren Zeit bittet. Ich gehöre zu denen, die über das seltsame Verhalten der Kampfgemeinschaft Deutsche Christen bei der Frage der Zuwahl zum

[96] LKA Stuttgart, D 1, Bd. 43; zu dem »Vorgehen« der Gruppe Pressel siehe unten S. 499 ff.

Landeskirchentag, bzw. der Wahl des Abgeordneten zur Reichssynode aufs äußerste betroffen und darüber empört waren, daß Ihrem Wunsch, von Ihrer Heimatkirche als Abgeordneter in die Reichssynode entsandt zu werden, von der Kampfgruppe Deutsche Christen nicht entsprochen und statt dessen der Antrag gestellt wurde, die Landeskirche möge Ihre Zuwahl in Berlin betreiben. Ich sah darin nicht nur schnöden Undank, sondern auch ein Hervortreten von Gesichtspunkten, die nicht aus der Sorge für die Kirche und aus dem Verständnis des Wesens der Kirche kommen konnten. Unter diesem quälenden Eindruck, der allerdings schon seit einiger Zeit, wie bei vielen anderen Amtsbrüdern, so auch bei mir im Blick auf die Leitung der Glaubensbewegung Deutsche Christen sich regte, wurde es mir klar, daß ich entweder nicht mehr länger Mitglied der Glaubensbewegung Deutsche Christen sein könne, oder aber gegen die in der Glaubensbewegung Deutscher Christen maßgebenden Einflüsse Front machen müsse. So trat ich dem Vorgehen von Pressel, Weber und Hutten bei, das aus dem Gefühl der Ohnmacht gegen übermächtige, von außen her kommende Einflüsse, als ein letzter Versuch, ich möchte fast sagen der Verzweiflung anzusehen ist, durch den Appell an unsere Freunde in der Glaubensbewegung eine Entscheidung herbeizuführen. Wir glaubten dabei die Stellung unseres Herrn Landesbischofs zu stärken, glaubten für Sie und Ihr Recht zu kämpfen, glaubten Ihr volles Einverständnis zu besitzen. In den schweren Tagen des ausgebrochenen Kampfes[96a] haben wir Sie und Ihr klärendes Wort oft mit Sehnsucht herbeigewünscht. Darum war es uns eine so große Freude zu hören, daß Sie trotz Ihrer Arbeitsfülle doch am Mittwoch nach Stuttgart kommen würden,[97] und wir versprachen uns von Ihrer Gegenwart eine Stärkung unserer Sache. Denn es geht uns wahrhaftig nicht um unsere Person, — wer auf seine Person bedacht ist, der tut besser daran gegenwärtig, nicht in Gegensatz zu Leuten zu kommen, hinter denen die ganze Fülle staatlicher Macht zu stehen scheint. Nun aber mußten wir die bittere Enttäuschung erleben, daß Sie vielmehr, wie mir Kollege Hilzinger berichtet hat, Herrn Pfarrer Rehm, der durch seine gewalttätige Handhabung der Leitung in der Vormittagsversammlung den Auszug der 150 Kollegen, die inzwischen auf 180 angewachsen sind, veranlaßt hat, in seinem Vorgehen gegen Pressel, Weber und Hutten recht gaben. Das ist eine Enttäuschung, die mich und viele andere bis ins Innerste hinein getroffen hat und uns die Frage nahe legte, wozu kämpfen wir überhaupt noch den

[96a] Siehe S. 509 ff.

[97] Siehe unten S. 519 ff.

Kampf um eine Glaubensbewegung, welche aus dem Evangelium heraus an die Erneuerung von Volk und Kirche herangeht. Ich habe den Eindruck daß, wenn die 150 oder 180 Pfarrer, welche in mannhafter Entschließung ihr Nein dem bisherigen Kurs der Bewegung in Württemberg entgegen gestellt haben, mit ihrem Gewissensanliegen nicht durchdringen, daß sie dann für die Glaubensbewegung und vielleicht noch für manches andere verloren sind.

Darum ist es uns ein tiefes Anliegen, von Ihnen zu hören, daß der Eindruck, den wir bei Ihrem letzten Hiersein erhielten, eine Täuschung ist. Sprechen Sie das Wort, das lösende Wort, das uns in unserem wahrlich nicht leichten Kampfe stärkt und uns in unserem bisherigen Vertrauen bestätigt, in Ihnen unseren Führer in der Glaubensbewegung sehen zu dürfen.

Mit deutsch-evang. Gruße Ihr ergebener [Pfeiffer].

Am 24.9.1933 veröffentlichte der Deutsche Sonntag *die Rede, die Pfarrer Rehm beim Landeskirchentag anläßlich der Wahl des Vertreters zur Nationalsynode gehalten hatte. Über die gesamte Sitzung des Landeskirchentags schrieb der* Deutsche Sonntag:

In unserem Heimatlande war die »Lage« von der Einberufung des Landeskirchentags beherrscht. Um es gleich zu sagen: daß derselbe überhaupt arbeitsfähig war und bis zuletzt geblieben ist, kann sich keiner der Beteiligten als Verdienst zuschreiben; das war Gnade. Hätte der Feind der Eintracht soviel Gewalt bekommen, wie es zuerst schien, so wäre heute eine große Verwirrung da. Wir als Kampfgruppe »Deutsche Christen« sind froh, daß wir einmütig unsere große Linie durchhalten durften, und dürfen sagen, daß wir an einem ganz wesentlichen Punkte zur Erhaltung des Friedens beigetragen haben. Wir haben das Ermächtigungsgesetz des Herrn Landesbischofs ohne Rückhalt anerkannt. Die anderthalb Tage vergingen rasch. Was war aber zuvor an Arbeit und Einsatz nötig, um in wenig Tagen sich auf das ungewohnte Verhandeln in einem »Parlament« einzurichten? Wenn ich sage, daß wir am späten Abend des Vortags infolge einer Maßnahme einer anderen Gruppe unseren vorgesehenen Herrn Präsidenten verabschieden und nach einem neuen Leiter der wichtigen Verhandlungen suchen mußten, so ist das nur ein kleiner Beleg für die abgründigen Schwierigkeiten, die entstanden. Dennoch ging alles »wie am Schnürchen«. Gerade dieser in letzter Stunde gewonnene Präsident, unser Mitarbeiter Stadtpfarrer Dr. Steger aus Friedrichshafen, waltete mit solcher Ruhe, Umsicht, Gewandtheit, daß wir nur Hochachtung empfinden konnten. Entscheidend war auch das unentwegte offene Auge unseres Landesorganisationsleiters Rehm, dessen Energie sich wieder einmal bewährte und auch dem Gegenspieler Achtung abzwang. Vor allem hat unsere ganze Fraktion, 33 Mann, sich wunderbar gehalten. Obwohl einander unbekannt, obwohl dem parlamentarischen Wesen mit all seinen Tücken ausgesetzt, wurden wir doch wie durch eiserne Ketten zusammengehalten: durch die Liebe zu unserem Führer Adolf Hitler, durch den Wunsch, in der Kirchenerneuerung nicht nachzulassen, durch die Selbstverständlichkeit der Treue. So verlief alles mit einem oft atemraubenden Ernste, mit einer zähen Beharrlichkeit, mit einem starken Glauben. Ja, der Parlamentarismus ist etwas Gefährliches, auch in der Kirche, das merkten unsere Mitkämpfer und wir alle. Selbst wenn man dem Gegner keinerlei bösen Willen zutrauen und zuschreiben will, ja selbst wenn man ihn als guten Freund kennt und achtet, plötzlich steht man doch vor Lagen, da einem alles wankt. Man hat uns Böses zugetraut: unterschlagene Telegramme, nicht gehaltene Versprechungen, rücksichtslose Machtgelüste usw., von dem allem war gar keine Rede, wir haben über den ganzen Hergang ein gutes Gewissen.

Schwer zu fassen war natürlich und – das erkennen wir voll an – für die anderen Richtungen kaum erträglich, daß unserer Bewegung nun ein starker Raum zufiel. Auch der Herr Landesbischof sprach schon in seiner Eröffnungspredigt und auch in seinen mehrmaligen großangelegten Reden von schweren Sorgen, die ihn bedrücken. Wir bedauern das ehrlich; wir möchten ihm sicherlich keine Last, sondern eine Hilfe sein. Auch handelt es sich für uns keineswegs darum, Macht, Titel, Einkommen, Posten zu erhalten. Wir sind von unserem Führer und durch unseren Heiland gleichermaßen selbstlosestes Dienen gelehrt. Aber das erbitten wir – um der Kirche willen –, daß es nicht mehr lange auf dem Wege der Uneinigkeit, der Zurückhaltung, der Angst weitergeht. Sonst ist alles verloren. Die Kirche muß den Weg des Glaubens, Hoffens, Liebens mitten drin im nationalen Volke finden!

Wir Führer begründeten das immer wieder aus ehrlichen Herzen heraus. Besonders die zwei großen Reden des Pg. Rehm machten großen Eindruck[97a].

Am schwerwiegendsten war natürlich der Punkt der Wahl eines Abgeordneten zur Nationalsynode. Seit Wochen hatten wir denselben ins Auge gefaßt, mit der Reichsleitung in Berlin eingehend besprochen und

[97a] Die Reden Rehms wurden im »NS-Kurier«, Ausgaben vom 19. 9. 1933 und 22. 9. 1933, veröffentlicht.

von dort her auch die Genehmigung zu unserem Plane erhalten: es sollten drei Männer aus Württemberg, der Herr Landesbischof, der theologische Lehrer Professor D. Fezer und der Landesleiter persönlich Württemberg und unsere Bewegung in Berlin vertreten. Der Plan war so wohl überlegt, aussichtsreich und gerecht, daß wir trotz aller Einmischungen und Forderungen, ja Drohungen von anderen Seiten bis in die letzte Stunde hinein ihn nicht mehr umstoßen konnten. Wir sind auch voll davon durchdrungen, daß unser Württemberg im Blick auf die Vielgestaltigkeit der Zeitschwierigkeiten auf diese Weise am besten vertreten ist.

Der Herausgeber des Evang. Kirchenblatts für Württemberg *schrieb am 15.9.1933:*

Die Mitgliederzahl der Gruppe I, nun als »Evang.-kirchliche Arbeitsgemeinschaft« (Vorsitzender Landgerichtsrat Dr. Widmann, Heilbronn) zusammengeschlossen, wurde zu Beginn durch Hinübertritt zweier ihrer bisherigen Mitglieder zu den Deutschen Christen weiter geschwächt. Damit war der nun gegebene Tatbestand besiegelt, daß jede Abstimmung nur noch eine Formsache, eine auf kirchlichem Gebiet wenig würdige Geste sein werde. Mit Gruppe II, nunmehr »Volkskirchliche Gruppe«, war in Dingen der Geschäftsordnung manche Übereinkunft möglich, allerdings nicht in wesentlichen Dingen, wie z. B. bei der Abstimmung über den Abgeordneten zur Nationalsynode. Gegen den Kandidaten der Kampfgruppe Dr. Schairer zur Nationalsynode wurde eine deutliche Ablehnung ausgesprochen. Die Evang.-kirchliche Arbeitsgemeinschaft gab die Erklärung ab, »daß sie für den Anspruch der Kampfgruppe Deutsche Christen auf den Vertreter in der Nationalsynode volles Verständnis hat. Sie hätte es deshalb begrüßt, wenn Prof. D. Fezer seinem eigenen Wunsch entsprechend von seinen württ. Landsleuten in die Nationalsynode entsandt worden wäre. Aus uns unbekannten Gründen ist dies nicht geschehen. Wir stimmen Ziffer 1 und 2 des Antrags bei, können aber aus Gewissensgründen dem von der Kampfgruppe Deutsche Christen vorgeschlagenen Vertreter nicht die Stimme geben.« Unsre Gruppe schlug als Vertreter den Abgeordneten Schrenk vor. Die Volkskirchliche Gruppe konnte sich nicht zur Stimme für den von uns aufgestellten Namen Schrenk entschließen. Der Name Schairer ging mit 32 gegen 19 Stimmen für Schrenk durch. Die Stimmen der Volkskirchlichen Gruppe fielen auf andre Namen. Zu bemerken ist zu dieser Wahl: Wenn die kirchlichen Synoden mit ihrer majorisierenden Behandlung kirchlicher Dinge einst ihr Urteil vor der Geschichte empfangen werden, so wird man nicht übersehen, daß die Wahl D. Fezers in seinem Heimatland unterblieb und der Name »Schrenk« in einem Zeitpunkt abgelehnt wurde, da man über geplanter neuer Kirche, neuem Charisma der Pfarrer und Volksmission große Verheißungen unters Volk geworfen hatte ...

Die robusten Anwürfe und den handfesten theologischen Begriffsgebrauch des Abgeordneten Pfarrer Rehm hat man zwar anfangs um seiner Überzeugungstreue willen noch ertragen. Im weiteren Verlauf aber wurde mir fraglich, ob eine Kampfesweise, die an das ausgehende Zeitalter der altlutherischen Orthodoxie erinnerte, auf die Dauer Rehms Sache, der Kirche, dem Volk und dem Staat Förderung bringen könne? Neben solchem Ton und Taktik nahmen sich die wiederholten Versicherungen aus der Kampfgruppe, daß es ihr nicht daran liege, in der Kirche Machtposition zu gewinnen, sehr befremdlich aus. Die Freudigkeit des Sturmlaufs ging soweit, daß gelegentlich unversehens solche Erkenntnisse und Einsichten aufs neue wie trennende Wahrheiten behandelt wurden, die im württ. Pfarrstand nie bestritten oder längst allgemein anerkannt sind. ...

Im Kirchlichen Anzeiger für Württemberg *schrieb Pfarrer Hilzinger, Stuttgart, am 12. 10. 1933 über die Sitzung des Landeskirchentags:*

Abgesehen von ganz bestimmten Anträgen und Vorschlägen bewegte sich das Gespräch im großen ganzen um die Glaubensbewegung. Wie wird sie sich entwickeln? Wie wird ihr Verhältnis zur Kirchenleitung und umgekehrt? Wie wird das Problem Staat und Kirche, Staatsgehorsam und evangelische Gewissensfreiheit sich lösen? Es fehlte nicht an Befürchtungen und Sorgen, an Vorwürfen und Rechtfertigungen. Der Abgeordnete Rehm, der als Redner der Kampfgruppe immer mehr in den Vordergrund trat, führte seine Verteidigung geschickt und sachlich durch. Was aber diesem Landeskirchentag sein unglückliches Gepräge gab, das war das ungeheure Mißtrauen, das Schritt für Schritt bei allen Verhandlungen zum Vorschein kam und sie gewaltig erschwerte. Es ist völlig müßig zu streiten, wer die größere Schuld an diesem Mißtrauen trägt. Es gehört offenbar unlöslich zum parlamentarischen Betrieb. Ich will hier versuchen, nach bestem Wissen und Gewissen zu berichten, wie dieses Mißtrauen immer wieder Brücken zerbrach, die mühsam geschlagen worden waren. Die erste Bombe in die Verhandlungen der Kampfgruppe Deutsche Christen fiel durch die Absage der Gruppe I an Vereinbarungen hinsichtlich der Männer, die nach den bisherigen Verhandlungen zwischen den Führern dieser beiden Gruppen zugewählt werden sollten. Dadurch wurde die Kampfgruppe Deutsche Christen veranlaßt, von einer Zuwahl überhaupt abzusehen. So wurde Dr. Steger Präsident des Landeskirchentags. Versuche von Seiten der Gruppe I, deren Aufrichtigkeit ich nicht bestreiten will, den alten Stand wieder herzustellen, fruchteten nichts mehr. So wurde – gegen die ursprünglichen Pläne – niemand zugewählt. Auch Prof. Fezer nicht, der ursprünglich auf der Zuwahlliste gestanden hat. Das zweite Mißtrauen, das viel Unheil gestiftet hatte, war das böse Gerücht, die Kampfgruppe Deutsche Christen wolle den Herrn Landesbischof »stürzen«. Schon einige Tage vor dem Landeskirchentag waren Leute bei mir, die von einem »Ultimatum« wissen wollten, Befürchtungen, die ich schon in persönlichen Besprechungen als unheilvolle Verleumdung abgewiesen hatte. Es sei auch hier in aller Form festgestellt, daß solche »Pläne« niemals in der Kampfgruppe Deutsche Christen erörtert wurden. Lediglich die Frage, ob das Ermächtigungsgesetz bis zu dem vorgesehenen Termin zugestanden werden kann, hat innerhalb der Gruppe eine Debatte hervorgerufen, die aber bald in positivem Sinn entschieden wurde.

Eine weitere schwierige Frage war die Wahl des Vertreters zur Nationalsynode. Die Kampfgruppe Deutsche Christen sah sich in der nicht leichten Wahl, gleichzeitig ein Telegramm der Reichsleitung der Glaubensbewegung zu befriedigen, das den Landesleiter Dr. Schairer forderte, und einen telephonisch übermittelten Wunsch von Prof. Fezer, der um die Wahl in die Nationalsynode bat. Die Kampfgruppe hat dieses Dilemma, in dem sie damit stand, nicht ohne Kämpfe in der Gruppe auf die bekannte Weise zu lösen versucht, daß Schairer für die Zuwahl für den Landeskirchentag vorgeschlagen, während Prof. Fezer als Vertreter des Geistlichen Ministeriums gewünscht wurde. Ein Mißtrauen gegen diesen hochverehrten Kämpfer um die Reichskirche bedeutet das nicht. Das wurde in verschiedenen Vertrauenserklärungen der Kampfgruppe zum Ausdruck gebracht.

Auch hinter dem Antrag der Kampfgruppe zur Bildung eines Ausschusses für nationale und personelle Fragen witterte dieses Mißtrauen allerlei Gefahren, während es den Antragstellern mit diesem Ausschuß lediglich um eine Unterstützung des Oberkirchenrats und um die Ordnung der zur Zeit sich häufenden politischen Beschwerdefälle zu tun ist. Immerhin wurde trotz dieser gespannten Atmosphäre ein Antrag der Kampfgruppe angenommen, der den Herrn Landesbischof bat, dem Landeskirchentag in Bälde einen Gesetzentwurf vorzulegen, der eine sinnvolle Anwendung des Gesetzes zur Wiederherstellung des Berufsbeamtentums auch auf die kirchliche Verwaltung vorsieht, das heißt, die Einführung der Altersgrenze für im Dienst befindliche Geistliche und die Anwendung des Arierparagraphen, aber ohne rückwirkende Kraft . . .

Es steht für unser Volk und unsere Kirche gegenwärtig ungemein viel auf dem Spiel. Mit gegenseitigen Vorwürfen, etwa des Machtstrebens, kommen wir jetzt nicht mehr weiter; denn Machtstreben ist nicht nur dort, wo es deutlich offenbar wird, sondern auch dort, wo man die Macht besitzt und dem die Ehre nicht gibt, dem sie gebührt. Aber zu einem sollten wir die Kraft haben: einem Amtsbruder die Achtung nicht zu versagen, auch wenn er anders denkt als wir. Und über eines sollten wir uns nicht hinwegsetzen: daß unser Volk sehr bedenklich den Kopf zu schütteln beginnt über die, die Verträglichkeit predigen und ein Vorbild darin sein sollten, und die doch miteinander im Streite liegen . . .

DIE DEUTSCHE NATIONALSYNODE IM SEPTEMBER 1933

Am 4. 8. 1933 wurde Wehrkreispfarrer Müller vom Kirchensenat der Altpreußischen Union zum Präsidenten des Oberkirchenrats mit der Bezeichnung Landesbischof gewählt. Vom neugebildeten Senat der Altpreußischen Union wurde am 6. 9. 1933 Pfarrer Hossenfelder, der Reichsleiter der Deutschen Christen, zum Bischof von Brandenburg gewählt. Damit hatten die Deutschen Christen in den Kirchen der Altpreußischen Union die entscheidenden Positionen inne[98].

Auf Grund der Verfassung der Deutschen Evang. Kirche vom Juli 1933 wurde eine Einstweilige Leitung der Deutschen Evang. Kirche *gebildet*[99]. *Am 7. 9. 1933 wandte sich diese Einstweilige Leitung an den Kirchensenat der Evang. Kirche der Altpreußischen Union wegen der Berufung Hossenfelders zum Bischof von Brandenburg und teilte dieses*

[98] GB 140, S. 98 ff.

[99] In dieser Einstweiligen Leitung war auch Prof. D. Fezer tätig, der im Juli 1933 einen Ruf an die Universität Berlin erhalten hatte; vgl. dazu »NS-Kurier«, Ausgabe vom 15. 7. 1933. Die Einstweilige Leitung ordnete z. B. an, daß bestehende evang. Vereine und Verbände, also auch Jugendvereine, sich nicht selbst auflösen sollten (siehe KAW, Ausgabe vom 31. 8. 1933); in Bezug auf diese Anordnung konnte der Oberkirchenrat mit Nr. A 6629 am 5. 9. 1933 die Erhaltung der kirchlichen Chöre sichern. Vgl. im übrigen Kater, S. 130 ff. und Wurms Schreiben vom 24. 7. 1933, S. 279 ff.

Schreiben in Abschrift den Obersten Behörden der Deutschen Evang. Landeskirchen *zur Kenntnisnahme mit*[100]*:*

Pressemeldungen zufolge ist in der Sitzung des Kirchensenats der Evang. Kirche der Altpreußischen Union vom 6. 9. 1933 unter Vorsitz von Präses Dr. Werner der Pfarrer Joachim Hossenfelder zum Bischof von Brandenburg berufen und damit zugleich zum geistlichen Vizepräsidenten des Evang. Oberkirchenrats und ständigen Vertreter des Landesbischofs der Evangelischen Kirche der Altpreußischen Union bestellt worden. Die Einstweilige Leitung der Deutschen Evangelischen Kirche stellt fest, daß in dieser Angelegenheit eine Fühlungnahme mit ihr nicht stattgefunden hat. Es unterliegt gegenwärtiger Prüfung, ob durch den erwähnten Beschluß des Kirchensenats nicht Art. 2 Abs. 5 der Verfassung der Deutschen Evang. Kirche[101] verletzt worden ist. Die Berufung des Pfarrers Hossenfelder in diese Ämter kann deshalb seitens der Einstweiligen Leitung der Deutschen Evang. Kirche bis zur Klärung dieser Frage nicht als rechtswirksam anerkannt werden.

Am 9. 9. 1933 vermerkte Landesbischof D. Wurm auf dem Einlauf: Herrn Direktor Dr. Müller nach Rückkehr vorzulegen. In einem Privatbrief an Herrn Professor Fezer[101a] habe ich meiner Freude über diese Stellungnahme Ausdruck gegeben. Das Kollegium hat in der Sitzung von diesem Schreiben Kenntnis erhalten. W[urm].

Der Entwurf zum Antwortschreiben an die Einstweilige Leitung vom 9. 9. 1933 lautet[102]*:*

Von der Stellungnahme der Einstweiligen Leitung der Deutschen Evang. Kirche zu der Wahl des Pfarrers Hossenfelder zum Bischof von Brandenburg und geistlichen Vizepräsidenten des Evang. Oberkirchenrats der Altpreußischen Union haben wir mit einem Gefühl der Erleichterung und mit großem Dank Kenntnis genommen. Auch in den Kreisen des NS-Pfarrerbundes und der Glaubensbewegung Deutsche Christen herrscht Bestürzung darüber, daß in der größten deutschen Landeskirche Ernennungen und Dienstentlassungen erfolgen, die dem Ansehen der evangelischen Kirche im In- und Ausland schaden müssen. Es ist unsere Auffassung, daß ohne Rückgängigmachung solcher Maß-

[100] Nr. A 6819.

[101] Den Text der Verfassung siehe Dokumente, S. 185 ff.

[101a] Dieser Brief war in den Akten nicht zu finden.

[102] Nr. A 6819; von Wurm selbst mit der Schreibmaschine hergestellter Entwurf ohne Handzeichen.

nahmen ein gedeihliches Zusammenarbeiten in der geeinten Kirche nicht möglich ist und daß die führenden Staatsmänner sobald als möglich darüber unterrichtet werden sollten, daß die Art, wie die mit Hilfe politischer Kraft zur Macht gelangte Gruppe in der preußischen Landeskirche diese Macht ausnützt, nicht bloß der Kirche, sondern auch der Festigung des neuen Staates große Hindernisse bereitet. [Wurm.]

Die Namen der württ. Abgeordneten zur Deutschen Nationalsynode, die nach Artikel 8 der Verfassung der Deutschen Evang. Kirche vom Juli 1933[103] *zu bilden war und den Reichsbischof zu wählen hatte, wurden auf Grund der Beratungen des Württ. Landeskirchentags am 12. 9. 1933 der Einstweiligen Leitung der Deutschen Evang. Kirche mitgeteilt*[104]*:*

Von der Evangelischen Landeskirche in Württemberg werden in die erste deutsche Nationalsynode als Mitglieder entsandt: Landesbischof D. Wurm, Stuttgart; Stadtpfarrer Dr. Schairer, Stuttgart-Hedelfingen. Bei der Beratung über die Wahlen zur Nationalsynode ist uns vom Landeskirchentag der einstimmige Wunsch ausgesprochen worden, an die Einstweilige Leitung der Deutschen Evang. Kirche die Bitte zu richten, sie möchte den um das kirchliche Leben hochverdienten, um das Zustandekommen der Verfassung der Deutschen Evang. Kirche wesentlich beteiligten Universitätsprofessor D. Dr. Fezer von Tübingen in die Nationalsynode berufen. Wir geben diesen Wunsch, den auch wir dringend befürworten, an die Leitung der Deutschen Evang. Kirche weiter.

Müller.

Zur Frage der Entsendung von Vertretern zur Nationalsynode und zur Neugestaltung der evang. Kirche schrieb Pfarrer Rehm am 19. 9. 1933 im NS-Kurier:

Nationalsozialismus und Evang. Kirche

Es ist keine selbstsüchtige Machtpolitik, wenn wir Wert darauf legen, als Vertreter zur Nationalsynode einen »Deutschen Christen« zu entsenden. Wir glauben, daß wir ein moralisches Recht dazu haben, gerade von unserer Gruppe aus diesen Posten für uns in Anspruch zu nehmen, zumal

[103] Den Text der Verfassung siehe Dokumente, S. 185 ff.

[104] Nr. A 6914. In die Nationalsynode wurde von der Reichskirchenleitung berufen der Abgeordnete des Württ. Landeskirchentags Dr. Kibler, Schwäb. Hall.

es die Glaubensbewegung Deutsche Christen gewesen ist, die die ganze Frage der Reichskirche, des Zusammenschlusses des deutschen Protestantismus aufgeworfen und zugleich diese Frage mit einer starken Glaubenskraft in Angriff genommen hat, daß endlich einmal all die Eigenbrötelei und die engstirnige Beurteilung dieses ganzen Fragenkomplexes verschwunden und daß die Sehnsucht des deutschen Protestantismus, endlich zu einer kraftvollen, mächtigen, geschlossenen Einheit in Deutschland zu kommen, in Erfüllung gegangen ist. Gerade von diesem Gesichtspunkt müssen wir den Vertreter zur Nationalsynode, die doch dazu berufen ist, die Reichskirche zu bauen, entsenden . . . Die Glaubensbewegung Deutsche Christen wird nach Lage der Dinge berufen sein, in erster Linie die tragende Grundlage für den Bau der neuen Reichskirche, wenigstens nach ihrer empirischen Seite hin, zu sein. Wir wissen alle: »Jesus Christus gestern und heute und in alle Ewigkeit[104a]!« Er ist der alleinige, ewige Grund der Kirche, und dieser Grund wird bestehen . . .

Der totale Staat des Nationalsozialismus stellt an die Kirche Forderungen. Nicht weil er die Kirche ihres Wesens berauben will, nicht weil er sich einmischen will in die tiefsten religiösesten, innerlichen Angelegenheiten der Kirche, sondern weil er weiß, daß das Dritte Reich nur dann bestehen bleiben wird, nur dann zur Vollendung gebracht werden kann, wenn die Kirche wieder das Herz der Nation und die Seele des Volkes geworden ist . . . Wenn man glaubt, daß die Deutschen Christen dazu berufen seien, die Massenbewegung derer, die wieder einen Lebenszweck und einen höheren Lebenswert für ihr Leben gefunden haben, in den Garten der Kirche einzugewöhnen[104b], so muß mit aller Deutlichkeit erklärt werden, daß wir so unsere Aufgabe nicht auffassen. Wir bieten nicht die Hand dazu, diesen Volksteil in eine Kirche hereinzugewöhnen, die selbst die alte bleiben möchte. So würde und müßte unsere ganze Arbeit von vornherein mit einem Mißerfolg enden . . .

Weil der National-Sozialismus nun den Willen hat, daß die Kirche zu ihrer historischen Mission – es ist vielleicht die größte Mission, die seit den Tagen der Reformation dem deutschen Protestantismus und dem deutschen Volk widerfahren ist – bereit wird und den Ernst der Stunde erkennt, deshalb hat auch der Staat ein Interesse an der Kirche. Deshalb sah sich der Staat auch genötigt, einzugreifen und Hemmungen zu beseitigen, die die ganze Entwicklung des deutschen Protestantismus in ein verhängnisvolles Fahrwasser hineingetrieben hätten . . . Die »Deutschen

[104a] Hebr 13,8.
[104b] Siehe S. 360.

Christen« kämpfen vielleicht tiefer als manch anderer um das, um was es heute in unserem deutschen Volke geht. Aus dem lebendigen Glauben heraus, daß Gott allein die Welt regiert, stehen sie zum deutschen Volk wie zur deutschen evangelischen Kirche mit dem festen Willen und Entschluß, Kirche und Volk so zu gestalten, daß eines am andern den Mitkämpfer sieht.

Bevor Landesbischof D. Wurm zur Nationalsynode fuhr, schrieb ihm Pfarrer Metzger, Bronnweiler, am 16. 9. 1933[105]*:*

Verehrter Herr Landesbischof!

Ehe Sie nach Berlin reisen, um in der Nationalsynode Ihre Stimme abzugeben und den Schlußstein einer leider wenig glorreichen Entwicklung vollends einfügen zu helfen, möchte ich Ihnen danken für die Worte, die Sie nach dem Berichte unsres Reutlinger Tagblattes auf dem Landeskirchentag gesprochen haben. Es hat mir und sicherlich Unzähligen, die ein wenig etwas von der Lage verstehen, wohlgetan, Ihre ernsten, jeder Schönfärberei abholden Worte zu lesen und zu erkennen, daß die peinliche Inanspruchnahme Ihres Namens für die Gewalttaten der Glaubensbewegung nunmehr nicht mehr möglich sein dürfte. Indem ich Ihnen für Ihre Aufgaben in Berlin und Stuttgart die rechte Kraft wünsche, verbleibe ich mit ergebenem Gruß [Metzger].

Am 18. 9. 1933 wurde Hitler zur Teilnahme an der Deutschen Nationalsynode von der Einstweiligen Leitung der Deutschen Evang. Kirche eingeladen.

Der Staatssekretär in der Reichskanzlei teilte am 23. 9. 1933 der Einstweiligen Leitung der Deutschen Evang. Kirche die Verhinderung Hitlers mit[106]*.*

Am 21. 9. 1933 wandte die Einstweilige Leitung der Deutschen Evang. Kirche sich an Konsistorialrat Hage, Wittenberg, der die Eingangsliturgie für den Eröffnungsgottesdienst übernommen hatte; sie teilte gleichzeitig mit, daß Landesbischof D. Wurm für die Predigt zugesagt habe, und übersandte eine Abschrift des Schreibens an Konsistorialrat Hage auch an Landesbischof D. Wurm[107]*:*

105 LKA Stuttgart, D 1, Bd. 40. Die Nationalsynode fand in Wittenberg statt.
106 Bundesarchiv Koblenz, R 43 II, 161.
107 LKA Stuttgart, D 1, Bd. 119; vgl. dazu Wurm, Erinnerungen, S. 89.

Euer Hochwürden bitten wir, im Eröffnungsgottesdienst der Deutschen Evangelischen Nationalsynode in der Wittenberger Schloßkirche am 27. des Monats, vormittags 9 1/2 Uhr, freundlichst die Eingangsliturgie übernehmen zu wollen. Die Predigt wird Herr Landesbischof D. Wurm, Stuttgart, die Schlußliturgie Herr Landesbischof Müller halten. Für die Dauer des Gottesdienstes ist eine Stunde vorgesehen. Wir würden dankbar sein, wenn Sie Herrn Landesbischof D. Wurm einen Vorschlag für die Gottesdienstordnung möglichst umgehend vorlegen wollten. Wir hoffen, daß sich die musikalische Ausgestaltung des Gottesdienstes durch den dortigen Kirchenchor noch wird ermöglichen lassen. Die festgesetzte Zeit des Gottesdienstes dürfte freilich nicht überschritten werden.

Der Zusatz auf dem an Wurm übersandten Durchschlag lautete: Abschrift beehren wir uns, Euer Hochwürden mit Bezug auf die heutigen Telephongespräche mit den Herren Landesbischof D. Dr. Schöffel und Oberkonsistorialrat Dr. Gisevius zur gefälligen Kenntnisnahme ergebenst zu übersenden. Wir dürfen bitten, den Entwurf der Gottesdienstordnung uns freundlichst sobald als möglich zugehen lassen zu wollen, so daß der Druck derselben noch rechtzeitig veranlaßt werden kann.

Koopmann.

Zur Eröffnung der Ersten Deutschen Nationalsynode am 27. 9. 1933 in der Schloßkirche zu Wittenberg hielt Landesbischof D. Wurm die Eröffnungspredigt über den Text Mt 22, 2–14 unter dem Thema Auftrag, Not und Ziel der Kirche. *Wurm sagte u. a.*[108]*:*

Wieder stehen die Vertreter und Führer des deutschen evangelischen Kirchenvolkes an der Stätte, die durch die großen Erinnerungen des 16. Jahrhunderts und durch die Gräber der Reformatoren geweiht ist ... Heute danken wir an dieser Stelle dem Herrn unserm Gott, daß er dieses Äußerste und Schwerste abgewendet hat, indem er uns einen Führer gab, der sein Bestes daran setzt, alle Kräfte des Volkes zusammenzufassen, alle Unsauberkeit aus Verwaltung und öffentlichem Leben zu entfernen und den Kampf mit den wirtschaftlichen Nöten aufzunehmen ... Heute kann sie die Verbindung herstellen zwischen den Trägern der Überlieferung und den Pionieren der Zukunft, ohne nach der einen oder anderen Seite verdächtigt zu werden, und sie hofft solchen Dienst um so besser leisten zu können, als sie nun am Ziele der durch so viele Jahrzehnte

108 Als Broschüre erschienen im Quell-Verlag der Evang. Gesellschaft, Stuttgart.

hindurchgehenden Einigungsbestrebungen steht. Daß der Weg zu dieser Einigung schwerer und dorniger war, als wir zuerst dachten, das dürfen wir in einer Stunde, wo wir uns vor das Angesicht des heiligen Gottes stellen, nicht verschweigen; um so heißer muß unser Wunsch sein, die verfassungsmäßige Einigung zu einer wahrhaft inneren Einigung werden zu lassen, und den Dienst, den Volk und Staat heute von uns begehrt, aus der Besinnung auf das innerste Wesen der Kirche heraus zu leisten. Laßt uns deshalb im Anschluß an das verlesene Gleichnis des Herrn reden von dem Auftrag, der Not und dem Ziel der Kirche.

I

Zwei Gefahren haben der Kirche Jesu Christi immer wieder gedroht: die eine, daß ihr das Daseinsrecht als einer völlig überholten, ja schädlichen Einrichtung und Geisteshaltung abgestritten wurde; die andere, daß ihre Botschaft ganz sachte und unvermerkt umgebildet werden sollte, bis sie irgendeinem Zeitdenken, irgendeiner irdischen Macht dienstbar wurde . . . Heute aber ist die Erkenntnis durchgebrochen – und die Theologie war damit im Einklang mit der Geisteswende, ja eilte ihr voraus –, daß wir nicht Herren sind des Glaubens der Gemeinde, sondern Knechte, die den Auftrag des wirklichen Herrn auszuführen haben; daß die Kirche nicht ein Verein ist, der sich eines Tags eine andere Satzung geben kann, sondern eine Stiftung, deren Wesen und Aufgabe vom Stifter festgelegt ist . . . Mit Recht fordert man heute eine gegenwartsnahe, dem deutschen Menschen verständliche Verkündigung. An dieser Stätte können wir am allerwenigsten vergessen, daß die Reformation eine Verdeutschung und Vergegenwärtigung des Evangeliums bedeutete und daß jede Kirche, die auf dem Boden dieser Reformation steht, diese Aufgabe für ihre Zeit neu anfassen muß. Wenn aber daraus nicht ein oberflächliches Popularisieren werden soll oder gar eine Verkürzung der neutestamentlichen Heilsbotschaft, sondern ein Wort, das die Gemüter packt und ins Innerste dringt, wie es je und je den gesegneten Erweckungspredigern vergangener Zeiten geschenkt war, so muß darum mit heißem Anliegen gerungen werden . . .

II

. . . Das ist die Not der Kirche, daß ihre Botschaft innerlich arme, verlangende Menschen voraussetzt und daß hervorragende Begabung und Lebensstellung so oft dieses Verlangen nicht aufkommen läßt. . . . Und nun fragt es sich: Stehen wir wieder an einem solchen Wendepunkt, wie ihn unser Gleichnis andeutet? Ist der Augenblick gekommen, wo die Knechte von neuem hinausgesandt werden und wo die Eingeladenen in Scharen folgen? Manche unter uns, von persönlichen Erfahrungen ausgehend, jubeln, als wäre schon alles erreicht; andere, ihren Gesichtskreis überblickend, fragen: Was ist anders geworden? Aber einig sind wir alle in der Überzeugung, daß die große Mühe um die Einigung der Kirche, ihre straffere Führung und ihre bessere Organisation Recht und Sinn hat nur dann, wenn die Botschaft mit neuer Freudigkeit zu allen hinausgeht: Kommet, es ist alles bereit! Einig sind wir in der Bitte zu dem Herrn, er möge der Not der Kirche ein Ende machen, indem er sein Wort ausrichten läßt, wozu er es sendet.

III

Der Auftrag der Kirche ist allumfassend; er schließt niemanden aus. Eindringlich mahnt uns dies Gleichnis: haltet euch nicht auf an dem Menschlichen und Allzumenschlichen, das allen weltgeschichtlichen Bewegungen anhaftet; messet die Menschen, die ihr jetzt hereinrufet, nicht an dem Maße der bürgerlichen und kirchlichen Korrektheit, die euch anerzogen ist; stellt keine höheren Ansprüche als der, der sein Gnadenwort der Kirche anvertraut hat ... Die Sammlung des Volkes, das bisher abseits stand, ist notwendig, aber das Ziel heißt: Reinigung und Erneuerung! Kirchliche Arbeit soll immer Qualitätsarbeit sein.

Darauf deutet der Schluß dieses Gleichnisses mit seinem tiefernsten Ausgang. So manche biblische Geschichte möchten wir freundlicher, lieblicher enden sehen; aber die Verhüllung des tiefen Ernstes der Entscheidung, die Gott von uns fordert, wäre auch eine Verhüllung der frohen Botschaft. Ganz deutlich will dieser Schluß mit dem hochzeitlichen Kleid sagen, daß nicht bloß stumpfe Gleichgültigkeit, sondern auch unreine Begehrlichkeit sich am Himmelreich versündigt: daß nicht bloß der, der die Einladung ausschlägt, sondern auch der, der sie für selbstsüchtige Zwecke mißbraucht, sich selbst ausschließt. Darauf zielt die ganze Arbeit der Kirche, daß wir dort bestehen, wo kein menschliches Fest- und Ehrenkleid unsere Blöße deckt, sondern nur Gottes Erbarmen und Christi Gerechtigkeit. Das zu erreichen, steht freilich außerhalb des menschlichen Vermögens, auch des größten kirchlichen Eifers, und die Beugung unter den unerforschlichen Ratschluß dessen, der viele beruft, aber wenige auserwählt, muß all unsern Dienst begleiten. Steht uns das vor Augen, so verlernen wir es, einander vorzurechnen, was der eine erreicht und der andere falsch gemacht hat; vielmehr bleiben wir einig in der Bitte: Hie bin ich, sende mich[108a]! Amen.

Die Mitglieder der Deutschen Nationalsynode gaben sich für ihre erste Tagung eine Geschäftsordnung, nach der folgendes Gelöbnis abzulegen war[109]:

Gelobt Ihr vor Gott, daß Ihr Eure Obliegenheiten als Mitglieder der Nationalsynode sorgfältig und treu, dem Worte Gottes und der Verfassung der Deutschen Evangelischen Kirche gemäß erfüllen und danach trachten wollt, daß die Kirche in allen Stücken wachse an dem, der das Haupt ist, Christus[109a]? Die Mitglieder antworteten gemeinsam: Wir geloben es vor Gott.

Von der Deutschen Nationalsynode wurde Ludwig Müller einstimmig zum Reichsbischof berufen. Danach bildete er das Geistliche Ministerium[110].

Nach Abschluß der Synode erließ der Reichsbischof folgende Proklamation[111]:

Der heutige Tag ist für die Geschichte der evangelischen Kirche und für die Geschichte des deutschen Volkes von größter Bedeutung. Ein alter Traum Dr. Martin Luthers, eine alte tiefe Sehnsucht auch des evangeli-

108a Jes 6,8.

109 LKA Stuttgart, D 1, Bd. 119. Um der Tagung ein »besonders feierliches Gepräge« zu geben, war als Tagungsordnung der Nationalsynode nur vorgesehen, den Tätigkeitsbericht der Einstweiligen Kirchenleitung zu hören, dann aber den Präses zu wählen und den Reichsbischof und das Geistliche Ministerium zu berufen (Mitteilung der Einstweiligen Leitung vom 21. 9. 1933; LKA Stuttgart, D 1, Bd. 119). Zur Deutschen Nationalsynode und vor allem zur Auseinandersetzung und zu den Gutachten über die Anwendung des Arierparagraphen in der Kirche siehe GB 140, S. 104 ff. KJb., S. 25 ff.; Meier, S. 27; Hermelink, S. 49 ff.; Niemöller, Kampf, S. 63 ff.

109a Eph 4,15.

110 Den Protest der 10 Kirchenführer gegen die Zusammensetzung des Geistlichen Ministeriums siehe GB 140; das Telegramm, das Müller nach seiner Wahl an Hitler sandte, siehe »Evang. Deutschland«, Ausgabe vom 8. 10. 1933 (Bundesarchiv Koblenz R 43 II 161). Zu Ludwig Müller siehe auch »Evang. Gemeindeblatt für Stuttgart«, Ausgabe vom 12. 11. 1933.

111 »Evang. Gemeindeblatt für Stuttgart«, Ausgabe vom 8. 10. 1933; vgl. auch »NS-Kurier«, Ausgabe vom 27. 9. und 28. 9. 1933 (Proklamation des Reichsbischofs und Bericht über den Verlauf der Synode).

schen Hoffens geht in Erfüllung. Nicht weil die Erfüllung aus der Sehnsucht kommt, sondern weil aus Traum und Sehnsucht ein Ziel geworden ist, das Ziel einer kämpferischen Bewegung, nicht romantisch erschwärmt, sondern erkämpft und erstritten mitten in den großen Lebensentscheidungen der Nation und in unserer Verbindung mit ihr. Die evangelische Kirche ist insofern ein Spiegelbild deutschen Charakters, als unsere Kirche – im Gegensatz zu der Geschlossenheit der römischen – von Anfang an unter heilloser Zersplitterung litt . . . Mit dem heutigen Tage beginnt nun ein neuer Geschichtsabschnitt . . . Der ewige Herr der Kirche hat uns als seine Streiter ins Feld gerufen. Darum sei es hier klar und ehrlich bekannt: in der neuen geeinten Deutschen Evangelischen Kirche hat nur einer die Rechte der Leitung und Führung: Jesus Christus, gestern, und heute und derselbe auch in Ewigkeit[111a].

Unser Volk sehnt sich danach, daß ihm Gottes ewige Wahrheit, wie wir sie in Christus, dem Gekreuzigten und Auferstandenen haben, in einer Art und in einer Sprache gebracht wird, die der einzelne versteht, die er innerlich begreift, die ihn innerlich packt . . . Gerade der Ewigkeitsauftrag der Kirche verlangt, daß wir die gegenwärtige Stunde erkennen. Ein neues Reich ist im Werden. Der neue Mensch im neuen Reich will auch werden. Da darf die Kirche nicht warten, bis die Menschen zu ihr kommen, sondern die Kirche muß die Menschen suchen, und zwar die Menschen, wie sie heute nun einmal da sind: den SA- und SS-Mann, den Mann des Arbeitsdienstes, den Mann am Pflug, am Schraubstock, in der Studierstube, die heranwachsende Jugend und ganz besonders die deutsche Frau und Mutter, daß sie in die Seele des heranwachsenden Geschlechts pflanze: lebendigen Glauben, ehrfürchtiges Gottvertrauen und fröhlich-starkes Verantwortungsbewußtsein. So heißt der Auftrag der Kirche: heran an das deutsche Volk mit ihrer befreienden, helfenden, fröhlichen Botschaft von Christus, dem Kämpfer, dem Heiland, dem Herrn.

Die Bekenntnisse unserer Väter sind uns heiliges Erbgut, das wir behüten und schützen; wir wollen auch darüber wachen, daß die Bekenntnisse in ihrer doppelten Gestalt unangetastet bleiben und zwar so, daß wir daraus gerade den Auftrag Gottes erkennen, heute, in unserer Lage, eine bekennende Kirche zu sein und zu werden. Das gemeinsame Kleinod aller Kirchen der Reformation ist und bleibt die Rechtfertigung aus dem Glauben.

[111a] Hebr 13,8.

So haben wir die große Aufgabe, dieses Evangelium unserem Volk in seiner Sprache und Art zu bringen. Aus dieser Verpflichtung ist den meisten von uns das Begehren entstanden, die Verkünder des Evangeliums und die Verwalter der Kirche müßten auf deutschem Boden deutschen Volkes sein. Wir sind als Glieder der Kirche zugleich Glieder unseres Volkes und Staates. Es ist für uns eine Selbstverständlichkeit, daß wir als deutsche evangelische Christen mit der Gestaltung unserer Volksgemeinschaft fest und unzertrennbar verbunden sind; diese Volksverbundenheit empfinden wir verantwortlich als eine gottgewollte. Wir denken dabei nicht daran, die Einheit der Kirche Christi, die Gemeinschaft an Wort und Sakrament auch mit den Angehörigen anderer Nationen und Rassen zerreißen zu wollen. Aber die Gleichheit vor Gott schließt nicht die Ungleichheit der Menschen untereinander aus, die doch auch auf Gottes Willen zurückgeht. Der Artikel von der Schöpfung wird durch den dritten Glaubensartikel nicht aufgehoben, sondern gerade bejaht und bestätigt. Viele meinen, uns hier widersprechen zu sollen. Aber stammt solcher Widerspruch wirklich aus der Bibel und aus der Reformation — oder aus der Denkweise eines wirklichkeitsfremden Liberalismus? Zudem wird es sich als Selbstverständlichkeit erweisen, daß die Träger öffentlicher Ämter in Deutschland unserer Art und Abstammung sein müssen, so daß auch das Pfarramt dem Zuge dieser Rechtsentwicklung folgt und eine Sonderregelung von kirchlicher Seite sich sehr bald erübrigen wird.

Aus allen bisherigen Erörterungen dürfte klar geworden sein, daß die Deutsche Evang. Kirche keine gleichgültigen Neutralitäten dem Staat gegenüber kennt. Solche Auffassung gehört in das Denken einer abgelaufenen Zeit und hat mit evangelischen Lehren gar nichts zu tun. Wir wollen aber andererseits auch nicht Staatskirche sein. Was wir aber als gewaltige Aufgaben erkennen, das ist Verantwortung gegen den Staat. Es ist ganz klar und eindeutig: der Staat ist nicht Herr der Kirche; aber die deutsche Kirche lebt im deutschen Staat. Dieser Staat wird den evangelischen Einfluß auf die heranwachsende Jugend nicht hemmen, sondern mit Verständnis und Fürsorge behandeln. Er wird die große Aufgabe der kirchlichen Liebestätigkeit als Mithilfe an der Bildung der neuen Volksgemeinschaft begrüßen, weil er den atheistischen und artfremden Scheinsozialismus des Marxismus vernichtet und diesen neuen wahren nationalen Sozialismus an seine Stelle gesetzt hat. Er verneint gewiß mit vollem Recht jede liberale Gewissensfreiheit, die in Wirklichkeit nur zur Auflösung aller Ordnung führen muß. Aber die Gewissensfreiheit, wie sie unsere Reformatoren um des Auftrages der Kirche willen forderten und wie sie die Kirche braucht, wird er nicht hindern, sondern gerade anerkennen.

Eine Sorge liegt uns besonders am Herzen: es ist die Sorge um den Neuaufbau des Pfarrerstandes und die neuen Aufgaben der Gemeindearbeit . . .

Das Grußwort des Reichsbischofs an die Gemeinden wurde vom Oberkirchenrat zusammen mit einer Bekanntmachung über die Berufung des Reichsbischofs und des Geistlichen Ministeriums im Amtsblatt veröffentlicht[112]*:*

Die Deutsche Evangelische Nationalsynode hat in ihrer ersten Tagung am 27. September des Jahres in der Lutherstadt Wittenberg den Landesbischof der Evangelischen Kirche der altpreußischen Union, Ludwig Müller, zum Reichsbischof berufen. Der Reichsbischof hat am 27. September des Jahres zu Mitgliedern des Geistlichen Ministeriums ernannt: D. Dr. Schöffel, Landesbischof, Hamburg; Hossenfelder, Bischof, geistlicher Vizepräsident, Berlin; Weber, Direktor der Theologischen Schule in Elberfeld; Dr. Werner, Präsident des Evang. Oberkirchenrats, Berlin.

Anläßlich seiner Berufung auf sein verantwortungsvolles Amt hat der Reichsbischof das nachstehende Grußwort an die deutschen evangelischen Gemeinden gerichtet. Dieses ist mit dem anliegenden Schlußwort am nächsten Sonntag von der Kanzel den Gemeinden bekanntzugeben.

Wurm.

Grußwort des Reichsbischofs an die deutschen evangelischen Gemeinden. Vom 3. 10. 1933

Alle evangelischen Gemeinden in ihren Gliedern und Ämtern grüße ich mit herzlichen Segenswünschen. Der Kampf um die Einigung der Kirche war nicht leicht – um so dankbarer müssen wir sein, daß die erste Deutsche Evang. Nationalsynode zu einem einmütigen Beschluß kam. So wurde der Tag von Wittenberg groß und entscheidend.

Wir stehen jetzt vor der Aufgabe, die Kirche so volksverbunden zu gestalten, wie es lebensnotwendig für Volk und Kirche ist. Diese Aufgabe kann nur erfüllt werden durch gemeinsame Arbeit aller Beteiligten. Grundlegend ist dazu zu sagen, daß die Kirche in erster Linie der Gemeinde gehört; sie gehört nicht etwa den Pastoren und Bischöfen. »Füh-

112 Abl. 26, S. 173 f.; Nr. A 7771 vom 9. 10. 1933; vgl. auch »Evang. Gemeindeblatt für Stuttgart«, Ausgabe vom 15. 10. 1933.

rung der Kirche« heißt nicht: herrschen in der Kirche, sondern der Gemeinde und ihren Gliedern dienen und helfen. Die Aufgabe der Kirche ist mithin Kampf für Gott und sein Evangelium, Kampf gegen alles unchristliche Wesen. Solcher Kampf ist nur von Erfolg gekrönt, wenn er von Kämpfern geführt wird, die in ihrem eigenen Leben immer wieder durch Kampf zur Freiheit kommen; wir brauchen begeisterte, opferfreudige Bekenner und Helfer, wie unsere Väter es waren, die um ihres Glaubens willen lieber alle äußeren Lebensgüter im Stich ließen, als daß sie ihren Glauben verraten hätten.

Ihr lieben evangelischen Glaubensgenossen: Ich rufe euch auf zu Kampf und Arbeit, für Christus und sein Evangelium, für unsere geeinte Deutsche Evangelische Kirche, für unser geliebtes Volk und Vaterland.

Ludwig Müller.

Unsere württembergische Landeskirche erwidert diesen Gruß in Ehrerbietung und Treue. Sie steht mit gesammelter Kraft zum Dienst bereit. Sie weiß sich dabei eng verbunden mit der ganzen deutschen evangelischen Kirche. Sie bittet den Herrn der Kirche, er selber möge seine Kirche regieren und sie ausrichten lassen, wozu er sie berufen hat. Das walte Gott!

Über den Verlauf der Nationalsynode berichtete Pfarrer Dr. Schairer im Deutschen Sonntag *am 8. 10. 1933*[112a]*:*

Der Himmel droben hatte sein schönstes Gewand angelegt; ungetrübte Klarheit über Wittenberg. Auch die alte deutsche Christenstadt strahlte im Flaggenschmuck, das Hakenkreuz flatterte neben der Kirchenfahne von den beiden hohen Türmen der Stadtkirche. Über das zum Teil holprige Steinpflaster schieben sich zahllose Autos. An den Portalen und Fenstern der paar größeren Hotels drängen sich Reporter aus aller Welt und horchen einen aus; stehen ruhig Abteilungen von SA und SS und grüßen mit erhobener Hand. An den Straßenecken sind eine Menge von Kurbelkasten postiert, die alle das denkwürdige Ereignis der ersten evangelischen Nationalsynode einfangen wollen. Das sind aber nur Äußerlichkeiten, an denen hängen zu bleiben niemand Zeit hat. Über allem schwebt eine heilige Verpflichtung, mahnendes Gotteswort, Frage und Ruf aus einer »ganz anderen« Welt.

Hier in Wittenberg gibt es Lutherhallen, Lutherkeller, Lutherapotheken, Lutherkugeln, Lutherlebkuchen, Luthergassen, Lutherandenken —

[112a] Vgl. dazu den Bericht im »Schwäbischen Merkur«, Ausgaben vom 27. 9. 1933 u. 29. 9. 1933.

eine ganze Lutherindustrie! Ob es auch noch Luthergeist gebe, darüber soll die Nationalsynode Rechenschaft erstatten. Wir sind von Gott gefragt, ob wir in die von Hitler dargereichte Hand vertrauensvoll einschlagen oder ob wir in ängstlicher Sorge sie zurückweisen wollen. Ja, was steckt doch an Angst, Unsicherheit, Unglaube in der unablässigen Rede von der »Selbständigkeit der Kirche«! Ach, es kommt einem hier klar zum Bewußtsein: Könnte Luther heute vom Grabe erstehen und sähe er das durch Hitler zur Einheit geformte deutsche Volk und Land, mit welch riesengroßer Freude würde er diesen ihm seinerzeit versagten Boden betreten; mit welch frischer Kraft würde er aufs neue an sein steckengebliebenes Werk gehen: diesem einigen deutschen Volke nun das einige reine göttliche Evangelium zu entbieten im Namen des heiligen Gottes!

Die Verantwortung lag und liegt auf uns Deutschen Christen, die wir hier zahlreich vertreten waren. Das spürte man in jedem Augenblick; aber hart daneben auch eine tragende Kraft, eine sieghafte Entschlossenheit, die einem Rückgrat und Freudigkeit gab, jene Last ohne Sorge zu übernehmen. Zumal unsere Reichsführer, voran unser Bischof Hossenfelder, sind trotz der über alles Maß gehenden Anfeindungen fest und stark im Bewußtsein ihres Auftrags und unserer Sendung. Um des Gewissens willen, jawohl: um des an Gottes Wort und Christi Lehre gebundenen Gewissens willen können wir keinen Schritt von dem gewiesenen Wege abweichen. Die Nationalsynode ist vom Braunhemd beherrscht; auch die Lutherröcke, die Talare und Gehröcke darunter können den Eindruck nicht verwischen, daß hier eine Bewegung Christi und Adolf Hitlers zugleich marschiert. Als »Sturm« formiert treten wir zu den Fraktionsbesprechungen und den Sitzungen der Synode an. An der Spitze unseren Schirmherrn Ludwig Müller, der uns mit seinen strahlenden Augen überblickt und grüßt. Wir spüren: er hat eine Freude an uns und wir an ihm! Wir sind sein Stoßtrupp und bleiben es, tragen auch seine schwere Verantwortung einer in sich noch uneinigen Theologenschaft gegenüber mit. Es beirrt uns auch nicht, daß »Gegner« in letzter Stunde noch Flugblätter verbreiten[112b]; sie duldeten nicht, daß diese Nationalsynode das unwahre Bild einer geeinten deutschen Kirche böte!! Wenn sie dem Spaltdämon huldigen, wir haben ihm abgesagt.

Nach mehreren ernsten Beratungen der Vortage zieht schimmernd der 27. September herauf. Ein langer Zug bildet sich und zieht durch die

[112b] Über die Eingaben an die Deutsche Nationalsynode und über die Proteste, vor allem gegen die Einführung des Arierparagraphen siehe Anm. 109, S. 389.

»Thesentüre« in die Schloßkirche ein. Lutherlieder erbrausen. Unser Landesbischof D. Wurm hält die Eröffnungspredigt! Er spricht von den Knechten, die ausgesandt sind, zur Hochzeit des Königs zu laden. Die Gäste wollen nicht; aber die Schuld dafür fällt nicht den Boten, nicht der Kirche zu, sondern dem Widerstreben des Zeitgeistes. Jetzt ziehen wir neu zur Botschaft aus. »Hie bin ich, sende mich!« klingt die Predigt in kraftvoller Bereitschaft aus. Landesbischof Ludwig Müller schließt mit einem tiefbewegten freien Gebete und der Bitte um den Segen von oben. Der Zug geht durch ein liebliches Spalier von Tausenden, Kinder, Studenten, SA-Leuten zum Marktplatz. An der festlich geschmückten Rathauspforte hält der Oberbürgermeister Pg. Dr. Faber von Wittenberg eine markige Ansprache, die die Hoffnungen und Bitten des nationalsozialistischen Christenvolks an die Kirche und ihre Botschaft deutlich anmeldete. Ludwig Müller dankt und schließt mit einem Siegheil auf den Führer Adolf Hitler, ein wirklich »historischer« Augenblick.

Jetzt, um 11.30 Uhr, die erste Sitzung der Nationalsynode in der Stadtkirche, Verpflichtung der Synodalen, Rechenschaftsbericht der bisher unter viel Schwierigkeiten tätigen »Einstweiligen Leitung«. Ein kurzes Dankwort unseres Pg. Rechtsanwalt Dr. Werner, Berlin, namens der Deutschen Christen. Damit ist die »Einstweiligkeit« erledigt, und es geht der endgültigen Lösung entgegen. Auf 6 Uhr abends ist die hierfür wichtige Sitzung in der Stadtkirche anberaumt. Nachmittags haben noch vorbereitende Zusammenkünfte der Landesbischöfe und Kirchenführer stattgefunden. Die tatsächlich vorliegenden Spannungen, genährt durch allerlei »theologische Gutachten«, die den Synodalen auf Schritt und Tritt in die Hand gedrückt werden, werden hinter verschlossenen Türen ihren Austrag gefunden haben. Was an Mißtrauen künstlich gesät, muß »der Glaube« überwinden, wenn er Kraft von oben ist. Unter der Kanzel, da Luther so machtvoll gepredigt, versammelt sich das Kirchenvolk, eine zunächst wimmelnde Menge. Es wird rasch feierliche Ruhe, als nach Orgelspiel Ludwig Müller eröffnet und an Professor Dr. Fezer den Vorsitz übergibt. Man spürt diesem Manne die tiefinnere Bewegung der Stunde deutlich an. Es ist lautlose Stille, als er den Vorschlag der Person des Reichsbischofs ausspricht: »Ludwig Müller«. Das Echo in den Herzen geht weit über Neugier oder gar Sensationslust hinaus. Heiße Gebete sind es, wozu sich die innere Spannung formt. Zumal wir »Deutschen Christen« empfinden, wie schwer diese Tatsache erkämpft werden mußte, wie hart sie wird verteidigt werden müssen, wie sie mehr Verpflichtung als »Erfolg« darstellt. Als der Name »Müller«

genannt war, fiel ein Chor von der Orgel mit der Bitte um den Segen des Himmels ein. Professor Fezer richtete die Frage an die Synodalen, ob sie mit diesem Vorschlag einig seien. Ein machtvolles »Ja« schallte durch die Hallen. Die Gegenprobe (»Wer es nicht so will, der möge die Hand erheben!«) ergab keine Störung der Einmütigkeit. Der Reichsbischof gilt nun als durch die Zustimmung der Synode »berufen« (die Bezeichnung »gewählt« ist vermieden). Als der neue Reichsbischof um seine Bereitschaft zur Übernahme des Amtes angeredet wurde, antwortete er: »Ja, ich will es, mit Gottes Hilfe!« und fuhr dann in ergreifendem Gebete fort, das Amt, seine Person, Volk und Kirche dem Walten des Höchsten zu befehlen. Der erste Akt des Reichsbischofs war die Berufung der Mitglieder des »Geistlichen Ministeriums«. Ihm gehören nun an Bischof D. Schöffel, Hamburg, Dr. Otto Weber, Münster/Westfalen, Pg. Bischof Hossenfelder (unser Reichsleiter), Rechtsanwalt Pg. Dr. Werner, Berlin. Hossenfelder redete im Namen der Berufenen den Reichsbischof mit dem Gelöbnis der Treue herzlich und mannhaft an. Dann aber folgte der Höhepunkt des Abends: die Bekenntnis-Proklamation des neuen Reichsbischofs, die als Geistes- und Zeitdokument hervorragende und bleibende Bedeutung gewinnen wird. Nur kurz das Zeugnis von dem machtvollen Eindruck auf uns alle: das ist echter Christusgeist, voll mit frohem Gottvertrauen; das ist echter Volksgeist, bahnbrechend, vorwärts weisend, allumspannend und doch ohne jede ängstliche Halbheit. Diese Worte waren Luthers würdig und klangen ebenso echt zum Führer Adolf Hitler hin, als dessen Vertreter der Reichsbischof selbst zu uns redete.

Möchten doch nun endlich all die ärmlichen und zum Teil erbärmlichen Anfeindungen dieses Mannes Ludwig Müller schweigen und möchte das mit durchdringender Schärfe von ihm gesprochene Wort »der kirchenpolitische Kampf ist vorbei!« in seinem ganzen Ernste verstanden werden! Auch bei uns im Süden. Wahrhaftig, wer jetzt nicht endlich auch in der Kirche vom »Reichsgedanken« ergriffen ist, wer in Angst oder in Selbstbindung noch Zurückhaltung übt, der ist dieser Zeit und ihrer Gnade nicht wert. Und verschmähte Gnade wandelt sich in Gericht!

Sicher ist das Lutherlied »Ein feste Burg« schon oft in diesen Hallen der Wittenberger Stadtkirche erklungen; doch am Tage der ersten Nationalsynode mit besonderem, anbetendem und sieghaftem Ton. Abends zog die SA Wittenbergs und ein Theologischer Studentensturm zu einem Fackelzug auf. Der Marktplatz füllte sich mit Licht. Und der Reichsbischof redete nun zu seinen Parteigenossen, zum nationalsozialistischen Kirchenvolk in echtem Glaubens- und Gemeinschaftsgeist. »Endlich mal einer von der Kirche, der uns versteht, uns traut, uns hilft!« so gaben die jungen Freunde ihren Eindruck wieder. Ja, es möge nun in des großen Gottes Namen weitergehen zur Ehre seines Namens, zum Heil unserer Kirche, zum Wohl unseres Volks!

Die Leitung der Reichskirche versuchte in der Folgezeit, für die Bewältigung ihrer Aufgaben auch Mitarbeiter aus der Württ. Landeskirche zu gewinnen. Am 21.10.1933 schrieb das Mitglied des Geistlichen Ministeriums, Landesbischof D. Dr. Schöffel, Hamburg, an Landesbischof D. Wurm[113]*:*

Hochverehrter Herr Kollege!

Mit einer großen Bitte komme ich heute zu Ihnen; um es kurz zu sagen: Ich bitte Sie und die Württ. Kirchenbehörde, mir einen geeigneten Theologen nach Berlin zu senden, der imstande wäre, das Problem »Die Freikirchen, Sekten, Gemeinschaften und Bruderschaften« zu behandeln. Was mich zu dieser Bitte veranlaßt, ist folgendes: Die Frage nach der Eingliederung der freien kirchlichen Vereinigungen brennt. Von manchen Seiten, so insbesondere von den Deutschen Christen, sind Vorarbeiten gemacht; alle möglichen Vorschläge liegen vor; unbedingt nötig aber ist, daß mir in der Bearbeitung dieser Fragen eine Persönlichkeit zur Seite steht, die den nötigen theologischen Durchblick besitzt und andererseits über die Fähigkeiten verfügt, verhandeln zu können.

Nicht verschweigen will ich, daß ich auf Wunsch des Herrn Reichsbischofs Herrn Pfarrer Jakubski, einen Gemeinschaftsmann, für dieses Referat bereits übernommen habe, und zwar soll Jakubski, wie er hofft und wie geplant ist, diese Stelle als hauptamtliche inne haben. Nun kann vielleicht Herr Jakubski die Frage der Gemeinschaften und eventuell dieser oder jener Sekten bearbeiten; aber ich möchte unter allen Umständen auch einen Referenten an der Seite haben, der diese Fragen ganz vom lutherischen Standpunkt aus beurteilt, wenn auch aufgeschlossen für die Gemeinschaft. Dieser zweite Theologe müßte auch noch Fragen behandeln wie etwa die der Berneuchner; diese wünschen zum Beispiel

[113] Nr. A 8311. Wurm leitete das Schreiben den Oberkirchenräten Schaal und Frohnmeyer zur Kenntnisnahme zu: »Wenn möglich, sollten wir um der Sache willen der Bitte entsprechen. Ich bitte um Vorschläge.« – Schöffel als lutherischer Kirchenminister hatte die Angelegenheiten der Württ. Landeskirche mit zu bearbeiten.

die Anerkennung ihrer Bruderschaft durch die Reichskirche. Zu solchen Verhandlungen, in die vielleicht auch andere, wie die Sydower oder neu auftauchende einbezogen werden müßten, ist Jakubski nicht imstande. Ich bin aber überzeugt, daß es in Württemberg Theologen gibt, die diese Arbeit nicht nur zu leisten imstande sind, sondern sie auch gern übernehmen würden, da sie ja unmittelbar in Theologie und Leben hineinführt und gleichzeitig an einer wichtigen Ecke unserer Kirche gestaltet.

Deshalb eben meine Bitte an Sie, mir einen solchen Theologen, am besten einen nicht zu alten, etwa um die Dreißig herum, zur Verfügung zu stellen. Bezahlen können wir ihn zur Zeit nicht, da die Kirche kein Geld hat; er müßte also sein Gehalt von Württemberg aus weiter beziehen; aber er würde vielleicht eine kleine Zulage in Berlin erhalten können. Ob aus dieser Stelle einmal eine hauptamtliche wird, ist nicht zu sagen; zunächst muß man damit rechnen, daß es sich nur um eine kommissarische Arbeit handelt, aber um eine solche, die sehr wichtig ist, und das nicht nur für die Reichskirche, sondern vielleicht gerade auch für Württemberg, das Land der Gemeinschaften. Ich würde meine Bitte übrigens gar nicht auszusprechen wagen, wenn ich nicht wüßte, daß andere Landeskirchen bereits solche Entschlüsse gefaßt haben und meinen Minister-Kollegen solche Hilfskräfte zur Verfügung stellen. Der betreffende Geistliche würde ja auch persönlich von dieser Arbeit einen großen Gewinn haben. Also haben Sie die Güte, mir einen geeigneten Theologen und zwar möglichst bald nach Berlin senden zu wollen. Ich wäre Ihnen persönlich, wie für das Luthertum, das ich vertreten soll, ganz außerordentlich dankbar.

Eben hatte ich eine Unterredung mit Professor D. Schlunk über die Missionsfrage; ich bin ja auch Referent für die Äußere Mission, und so habe ich Schlunk hier empfangen, damit er mir über eine Konferenz berichtet, die die Vertreter der Äußeren Mission in Barmen hatten[113a]. Bei dieser Gelegenheit frug ich ihn, ob er mir nicht einen Theologen nennen könnte, der mir das Referat für die Äußere Mission bearbeitet. Er nannte mir den Repetenten Dr. Otto Kübler, Tübingen, der ja theologisch bereits die Missionsfrage durchleuchtet und weite Reisen in fremde Länder hinter sich hat, wenn er diese auch nicht als Missionar gemacht hat. Ich werde sofort an Dr. Kübler schreiben und ihn fragen, ob er bereit wäre, dieses Referat bei mir zu übernehmen, und habe ihm auch die Möglichkeit eröffnet, zunächst nur kommissarisch das Amt anzutreten. In diesem

[113a] Vgl. dazu den Brief Hartensteins vom 30. 10. 1933 an Wurm, S. 665 f.

Falle müßte er ja Urlaub von Württemberg haben, und ich würde, falls Dr. Kübler ja sagen würde, natürlich darum einkommen. Ich halte mich nur für verpflichtet, Ihnen sofort von meinem Briefe an Dr. Kübler Kenntnis zu geben. Ich nehme an, daß ein Gehalt für Dr. Kübler von Berlin aus bezahlt würde; hoffe also, daß daraus keine finanzielle Belastung für Württemberg entstehen würde. Es würde sich hier nur darum handeln, daß Sie Dr. Kübler abgeben. Sobald ich Antwort von ihm habe, werde ich mich mit Ihnen in Verbindung setzen und das Weitere von Ihnen erbitten.

In Hochachtung und Verehrung ergebenst D. Dr. Schöffel.

Am 30. 10. 1933 antwortete der Oberkirchenrat[114]*:*

Gerne komme ich Ihrem Wunsche nach, Ihnen einen jüngeren württ. Theologen als Hilfsarbeiter für das Referat »Gemeinschaften, Bruderschaften, Freikirchen, Sekten« zur Verfügung zu stellen. Ich denke hiebei in erster Linie an Pfarrer Werner Schuler in Nußdorf, Oberamt Vaihingen/Enz, der seinerseits hiezu bereit ist. Pfarrer Schuler, geboren 4. 8. 1904, ist seit 3 Jahren Gemeindepfarrer; er verfügt über gutes theologisches Urteil, ist umgänglich und hat sich auf den in Frage stehenden Gebieten bereits umgesehen. Pfarrer Schuler wird von uns unter Weitergewährung seines Pfarrgehalts beurlaubt. Da er gehaltlich noch in der Anfängerstufe steht, wird er für den Aufenthalt in Berlin für eine Zulage dankbar sein. Die genauere Zeit seines Dienstantritts wird fernmündlich festgelegt werden.

Wegen der Abgabe des Repetenten Dr. Kübler für das Referat »Äußere Mission« warte ich zunächst weiteren Bescheid von Ihnen ab.

Müller.

Zu den gleichzeitigen Vorgängen in Württemberg und zur beginnenden Arbeit der deutschen Reichskirche schrieb Pfarrer Gauger, Elberfeld, der Herausgeber der Zeitschrift Licht und Leben, *am 24. 9. 1933 an Landesbischof Wurm*[115]*:*

Lieber Freund!

Laß Dir danken für die Zustellung Deiner Predigt. Ich habe mich darüber gefreut und habe vor, sie (vielleicht mit kleinen Abkürzungen) in »Licht und Leben» aufzunehmen. Hoffentlich hast weder Du noch der

114 Nr. A 8311; handschriftlicher Entwurf von Direktor Dr. Müller.

115 LKA Stuttgart, D 1, Bd. 119.

Verlag etwas dagegen einzuwenden. Ich kann ja darauf hinweisen, daß auch ein Sonderdruck erschienen sei. Damit wird der Verlag ohne Zweifel einverstanden sein. Solltest Du oder der Verlag nicht einverstanden sein, dann müßte ich Dich bitten, daß Du auf der beifolgenden Karte an die Schriftleitung von »Licht und Leben« in Elberfeld dies mitteilst. Wenn kein Einspruch erfolgt, dann lasse ich am Mittwoch oder Donnerstag das Stück setzen und am nächsten Montag drucken.

Als ich hörte, daß Du alle württembergischen Pfarrer zusammengerufen habest[116], habe ich das für wirklich klug gehalten. Du mußt Deiner Sache sicher sein, um gegen die Angriffe aus Berlin gewappnet zu sein. Sehr gefreut hat es mich, daß Du das erreicht hast. Du habest, wie ich höre, ein geradezu überwältigendes Vertrauenszeugnis bekommen, und die fanatischen »Deutschen Christen« haben sich nur als ein ganz kleines Häuflein gezeigt. Das ist hocherfreulich, und für uns, sogar in dem Rheinland, das sich auf seine Unabhängigkeit bisher so viel zugut getan hat, ist diese Eure Haltung eine große Hilfe. Auch die Haltung der Reformierten ist für mich eine rechte Stärkung.

Ich vermute, daß auch Du an der Nationalsynode teilnimmst, die, wie es scheint, am Mittwoch tagt. Ich selber werde auch am Mittwoch in Berlin sein müssen, weil da eine außerordentliche Gnadauer Vorstandssitzung stattfinden wird. Ich wohne im Michaelshospiz, Wilhelmstr. 34.

Die Reichsleitung der »Deutschen Christen« hat zum »Obersten« über die Gemeinschaftssache bestellt einen »Gemeinschaftsmann«, den Berliner Pfarrer Jakubski. Dieser Mann will nun alles gleichschalten, d. h. verstören. Es ist ein einziger großer Jammer. Du hast ja das Wort geprägt, daß Du nicht sähest, was an den Grundsätzen und Zielen der »Deutschen Christen« zu beanstanden sei. Nur über die Taktik könne man verschiedener Meinung sein. Dieses Wort kann ich leider nicht unterschreiben. Natürlich ist die Taktik so grob und brutal als nur möglich, und es ist eine Schande, daß man sich in geistigen Dingen auf die gepanzerte Faust des Staates stützen will; aber auch die Grundsätze und Ziele der »Deutschen Christen« halte ich für verhängnisvoll.

Laß Dir von ganzem Herzen Gottes Segen wünschen, auch Kraft und Weisheit für Deine überaus wichtige Aufgabe. Auch ich von der Ferne bin froh, daß Du die Hand fest am Steuer hast. Ich glaube, wir in Preußen müssen dankbar sein für Eure Haltung in Süddeutschland.

Mit herzlichem Gruße Dein Gauger.

[116] Siehe S. 499 f.

DIE KRISE IN DER WÜRTT. GLAUBENSBEWEGUNG IM HERBST 1933

DIE GLAUBENSBEWEGUNG DEUTSCHE CHRISTEN GAU WÜRTTEMBERG

Bis zum Frühjahr 1933 war die Glaubensbewegung Deutsche Christen in Württemberg zwar in Verbindung mit dem NS-Pfarrerbund durch einige Aufrufe an die Öffentlichkeit getreten, sie scheint aber im ganzen Lande noch zu keiner festen organisatorischen Form gefunden zu haben. Das ergab die Notwendigkeit, eine auf die Gemeinden bezogene Arbeit aufzubauen und sich grundsätzlich bekannt zu machen. Der Führer der Glaubensbewegung Deutsche Christen Gau Württemberg war Pfarrer Dr. Schairer, Stuttgart.

Publizistische Arbeit

Anfang 1933 erschien im Verlag Martin Warneck, Berlin, ein neues Buch von Pfarrer Dr. Schairer: Volk – Blut – Gott. Ein Gruß des Evangeliums an die Deutsche Freiheitsbewegung. *In einer Rezension schrieb Pfarrer Dr. Keller, Grab, am 30. 3. 1933 im* Kirchlichen Anzeiger für Württemberg *über dieses Buch*[1]*:*

... Für das Zukunftsschicksal der deutschen Kultur ist es von besonderer Wichtigkeit, daß die große nationalsozialistische Volksbewegung und das Christentum sich nicht bloß äußerlich begegnen, sondern daß sie sich wechselseitig verbinden und durchdringen. An dieser Aufgabe mitzuarbeiten ist wohl der tiefste Zweck des Buches; und daß er in vorbildlicher Weise erreicht ist, kann kein verständnisvoller Leser bestreiten. Von vornherein bringt der Verfasser alle notwendigen Voraussetzungen dazu mit; denn einerseits steht er als ein Vorkämpfer mitten unter der Schar derer, die tatkräftig für die Idee Adolf Hitlers eintreten, und andererseits ist er mit einer überaus gediegenen theologischen Bildung aus-

[1] Vgl. die weitere Rezension dieses Buches von Pfarrer Brügel, Gingen/Fils im EKBlW, Ausgabe vom 31. 5. 1933, außerdem eine Rezension im »Evang. Gemeindeblatt für Stuttgart«, Ausgabe vom 28. 5. 1933.

gerüstet, der er seinen weiten, umfassenden Blick verdankt. So konnte er ein wahrhaft positives Werk schreiben, positiv nicht im Sinne einer kirchenpolitischen Richtung, sondern einer geistigen Grundhaltung . . .

Die ganze Gedankenmasse gliedert Schairer in 4 Kapiteln. Im 1. Kapitel, das mehr einführenden Charakter hat, gibt der Verfasser einen kurzen Querschnitt durch die geistig-politische Lage der Gegenwart. Hier redet er vom Lebenswillen unseres Volkes, der in unserer heutigen feuerflüssigen Zeit so unerhört gewaltig zum Durchbruch gelangt; von den Verpflichtungen, die uns das Blutopfer unserer Gefallenen auferlegt; von dem Führer, der sich gegen eine Welt von Widerständen durchgerungen hat. Er zeigt uns die »Gespenster ringsum«, die alle organischen Bindungen zersetzenden Mächte des Materialismus, Marxismus und Bolschewismus, des Liberalismus, Kapitalismus und Internationalismus, und wie diese volksfremden »Ismen« alle heißen mögen. Er weist uns schließlich hin auf die »Fülle des Aufsteigenden«: auf den neuerwachten Glauben an die Zukunft der Nation, das neue Verständnis der Geschichte, die Wertung der Persönlichkeit, die frisch gewonnene Einsicht in die biologischen Voraussetzungen gesunden Volks- und Geschlechtslebens, den stetig wachsenden Sinn für die Geheimnisse des Blutes, des naturhaft Gewordenen, den neuen Gemeinschaftsgeist als unerläßliche Bedingung eines wirklichkeitsnahen Sozialismus. Diese »Fülle des Aufsteigenden« findet ihre kraftvolle Verkörperung in der Deutschen Freiheitsbewegung.

Das 2. Kapitel sodann erörtert in grundsätzlicher Weise das Verhältnis von evangelischem Christentum und deutschem Volkstum. Gerade um ihrer eigentlichen Aufgabe genügen zu können, muß die Freiheitsbewegung das Christentum in sich aufnehmen. Denn ein Volk kann auf die Dauer ohne Religion nicht existieren . . .

Mit dem 3. und 4. Kapitel, die übrigens auch den weitaus größten Teil des ganzen Buches ausfüllen, treten wir nunmehr an das eigentliche Zentrum der Gedankenführung Schairers heran. In ihnen entwickelt er an Hand tiefeindringender Untersuchungen die Grundzüge einer »Theologia deutsch«, einer Theologie also, die einerseits zwar wohl weiß um den überzeitlichen und damit auch übervölkischen Ewigkeitsgehalt der christlichen Wahrheit, die aber andererseits tief davon durchdrungen ist, daß echte Frömmigkeit nur emporblühen kann aus den lebensvollen Kräften des Blutes und des Volkstums. Was ihm dabei vorschwebt, ist die Erfüllung der bekannten programmatischen Forderung eines »positiven Christentums«. Sein Gegenstück, dem gegenüber es sich im Zustand der Abwehr befindet, bildet nun aber nicht etwa das »liberale«, sondern das, was Schairer mit feiner Charakterisierungskunst als »negatives« Christentum bezeichnet. Darum versagen ihm gegenüber die bisher üblichen Maßstäbe theologischer Abstempelung. Seine eigenen Ergebnisse gewinnt er teilweise in eingehender Auseinandersetzung mit Rosenbergs »Mythus des 20. Jahrhunderts«. Dieses Buch, bei aller Einseitigkeit zweifellos eines der geistvollsten, die in den letzten Jahren erschienen sind, verdient es wirklich, so ernst genommen zu werden, wie Schairer es tatsächlich nimmt. Dieser wahrt kräftig die unveräußerlichen Rechte und Ansprüche des Christentums gegenüber der völkischen Kritik, aber der Ton ist ein wesentlich anderer, als man ihn sonst in ähnlichem Zusammenhang gewohnt ist. Vor allem fehlt ihm völlig jene unfrei anmutende, oft auf innerer Unsicherheit beruhende Gereiztheit, die der christlichen Apologetik so leicht anhaftet. ... Immer wieder stoßen wir auf eine überbetont eschatologisch orientierte Frömmigkeit, die mit ihrem steten Verweilen im Jenseitigen den praktischen Aufgaben des Lebens gegenüber untüchtig macht. Viel Versagen in sozialen Dingen hat hier seine Wurzeln, viel geistlicher Quietismus, dem tapferes Wirken an sich schon verdächtig ist. ... Die trefflichen Ausführungen Schairers über die Stellung des Christentums zum Judentum und Alten Testament, über die persönliche Größe des Apostels Paulus und die Zeitbedingtheit seiner Verkündigung ihrer Form nach seien nur im Vorübergehen erwähnt.

Den gedanklichen Gipfelpunkt des ganzen Buches bildet nach meinem persönlichen Urteil der kurze Abschnitt über den »positiven Gott« (S. 102 bis 113). In ihm laufen alle Fäden als in ihrem Knotenpunkt zusammen. Es muß nachdrücklich ausgesprochen werden: Hier ist über das Wesen Gottes Besseres und Gründlicheres gesagt als in mancher dickleibigen Dogmatik. Zunächst: Gott »ist« nicht, sofern darunter etwas wie ein starres »Sein«, eine transzendente Substanz, ein »summum ens« im Sinne der Scholastik verstanden werden soll. Es ist auch völlig verfehlt, Gott nach der Art der oben genannten Mode-Theologie eines Karl Barth und seiner Anhänger von der Welt abzusondern, ihn vorbehaltlos in die Sphäre des »ganz Andern« zu versetzen, ihn in den »Himmel«, an die Spitze oder an den Anfang der Schöpfung zu verbannen, ihn abstrahierend von der konkreten empirischen Wirklichkeit loszulösen. ... Der christliche Gott jedenfalls, so wie ihn gerade auch der Deutsche braucht, ist ein Gott der Nähe. Wahrhaft befreiend ist nur »der Glaube, daß Gott in der Welt lebt und die Welt in Gott». ... Gott selbst aber ist strömendes, schaffendes Leben, alldurchdringend, allgestaltend, allverbindend, nicht nur überdinglich, sondern auch überpersönlich, sofern er zwar Persönlichkeit in sich schließt, aber zugleich noch unendlich viel mehr ist. Er ist reine Tätigkeit, actus purus, nie und nimmer aber tote Ruhe ... So ist Gott schöpferische Ganzheit, Gemeinschaftsformung, oder, um in der Sprache der Philosophen zu reden, unendliche Synthesis. Schairer hat schon recht: wer diese Lehre von Gott als pantheistisch mißdeutet, der hat sie eben – mißverstanden. Gottes Handeln ist ein »Beziehungsgeschehen«, denn »Gott ist die Liebe[1a]«. Eben in diesem Zusammenhang drängt sich uns, wiederum aller Mode zum Trotz, die Erkenntnis auf, daß der tiefste Gehalt des Christentums und der tiefste Gehalt des deutschen Idealismus in guter Harmonie miteinander stehen ...

Auch wer politisch und theologisch anders eingestellt ist, kann aus dem Werke Schairers, dessen eigenwillige, urwüchsige Sprache so wohltuend von der abgeblaßten Redeweise mancher Moderner absticht, sehr viel lernen. Wir aber, die wir uns ihm sachlich und persönlich aufs engste verbunden wissen, danken ihm für seine prachtvolle Leistung, die umso bewundernswerter erscheint, als das über 220 Seiten umfassende Buch fast unter inspiratorischem Zwang in der kurzen Zeitspanne von nur stark drei Wochen niedergeschrieben wurde. Es vollzieht in meisterhafter Weise die Synthese von Deutschtum und Christentum, von nationalsozialistischer Freiheitsbewegung und blutvoll lebendiger Frömmigkeit. Auch andere haben sich schon um die dabei auftauchenden Fragen bemüht. Schairer aber ist der erste, der sie alle in einer großen Gesamtschau durchdringt. Wir sagen deshalb nicht zuviel, wenn wir seine Arbeit als bahnbrechend anerkennen ...

Im Evang. Gemeindeblatt für Stuttgart *stellte die Glaubensbewegung Deutsche Christen sich durch einen Artikel von Otto Lohß vor*[2]*:*

Die Glaubensbewegung deutscher Christen

Zur Frage »Nationalsozialismus und Kirche« ist in den letzten Jahren viel geschrieben und gesagt worden, gewiß nicht immer Zutreffendes, sondern oft genug Unzutreffendes, Halbwahres, Entstellendes und Falsches. Je und dann mußte man den Eindruck gewinnen, die Blindheit rede und der vollendete Pharisäismus. ... »Christenkreuz oder Hakenkreuz?« riefen andere im Brustton der Überzeugung. »Selbstverständlich kann es für den Christen nur ein Entweder-Oder geben. Das Hakenkreuz ist ja heidnisch und gar antichristlich.« Es gab Eiferer, die versuchten

[1a] 1 Joh 4,8.

[2] Ausgaben vom 30. 4. und 7. 5. 1933.

gar zu einem Kreuzzug nicht etwa gegen den Bolschewismus, sondern ausgerechnet gegen den Nationalsozialismus aufzurufen. Wir stellen fest, diese Leute alle, die so eingestellt waren, haben jetzt kein Recht zu jammern, als geschehe ein großes Unrecht, wenn die Glaubensbewegung deutscher Christen, die allerdings vom Nationalsozialismus her ihren Aufbruch erlebt hat, jetzt mit der nationalen Freiheitsbewegung an den Toren der Kirche steht und mit lautem Klopfen Einlaß und Gehör begehrt. Wir wünschten vielmehr, dies Klopfen weckte auf und wirkte wenigstens in etwa ähnlich wie einst die Hammerschläge des Mönchs Martin Luther an der Schloßkirche zu Wittenberg! ...

Daß wir wieder in einer großen Zeitenwende stehen, leugnet wohl niemand, der unsere Zeit sehend miterlebt. Der Weltkrieg leitete die Zeitenwende ein. Nachher begann das gewaltige Ringen der Geister, in dem wir mitten inne stehen. Und nun die Frage: Wo stand und steht die Kirche der Reformation in diesem Ringen? Es muß heute gesagt werden: Sie stand und steht nicht führend im Vordertreffen wie einst in den Tagen der Reformation, sondern stand und steht noch stark im Hintertreffen. ... Gewiß auch die Kirche sah die äußere und innere Not, sie tat vieles, sie sprach auch manches Wort im Inland und auf internationalen Kirchentagungen. Aber das große, wahrhaft befreiende Wort, die wahrhaft befreiende Tat geschah nicht. ... Die Rettung kam von einer ganz andern Seite. Wir können auf knappem Raum nicht alles sagen, darum fassen wir zusammen: Wie einst der zuvor unbekannte Mönch, so wagte der zuvor unbekannte Gefreite des Weltkriegs den Thesenanschlag, den flammenden Aufruf an die deutsche Nation! Er wagte es und durfte eine Volksbewegung schaffen so gewaltig, wie sie seit den Tagen Luthers nicht mehr dagewesen war im deutschen Land. Wir schwärmen nicht, wenn wir das sagen. ... Wenn nun der Herr uns vor dem Grauenvollen bewahrt hat, was die Kirchen und Christen Rußlands in fürchterlicher Verfolgung erfahren haben und noch erfahren, so schämen wir uns nicht, auf den Knien zu danken. Und wir gestehen, uns hat es gefehlt, daß die deutsch-evangelische Gesamtkirche nicht Mut und Freudigkeit fand, auf einen Tag durchs ganze Land die Dankesglocken läuten zu lassen und alles Volk zum Dankgottesdienst zu laden: »Der Herr hat Großes an uns getan[2a]!« Wie eindrücklich hätte das Erwachsenen und Kindern werden müssen! Man wird einwenden: »Aber die Kirche ist für alle da! Was hätten da ›die politisch anders Denkenden‹ gesagt?

[2a] Ps 126,3.

Wären sie nicht in ihren innersten Gefühlen verletzt worden?« Man glaube uns, daß wir diese Dinge auch bedenken. Aber es gibt auch eine falsche Rücksicht, die nicht einer starken, sondern einer weichlichen Liebe, vielleicht gar dem Unglauben entspringt. Wir treten auch der Auffassung entgegen, als ob das Wort Gottes uns um der Liebe willen verpflichte, auf den Kampf zu verzichten. Der völkische Mensch hat seinen schärfsten Protest angemeldet – wir sagen mit Recht! – gegen jene falsche Auffassung, als ob Christsein nur Leidenswilligkeit und Leidensfähigkeit bedeute. ... Adolf Hitler kämpfte seinen Kampf auf einer andern Ebene als Martin Luther. Aber er kämpfte ihn mit unbestechlichem Wahrheits- und Bekennerwillen. Dieser Kampf führte zum Sieg, zum Durchbruch, zur Rettung. ... Auch eine kämpfende und bekennende Kirche wird ganz anders als eine neutrale Kirche, die für alle da sein und niemand verletzen will, Volk gewinnen. Man sehe doch deutlich. Die große Arbeiterbewegung des vorigen und zu Anfang dieses Jahrhunderts ging der Kirche verloren. Wenn ihr die große Volksbewegung der Gegenwart auch verloren geht, wer steht dann noch bei ihr? Unsere evangelische Kirche wurde und wird von vielen deshalb nicht mehr verstanden, weil sie es ehrlich allen recht machen wollte und so schließlich niemand gerecht wurde. Im gewaltigen Umbruch der Zeit muß die Kirche entschlossen und tapfer einen neuen Weg gehen. Sie muß Kämpferin und Bekennerin der Wahrheit sein, und zwar nicht nur in einzelnen Vorpostengefechten, während Kirchenbehörden und die Diener der Kirche im großen ganzen neutral bleiben. Die Kirche hat unmittelbar von Gott her Wort Gottes als Wort der Wahrheit und Gerechtigkeit zu sagen, und zwar für das ganze Schöpfergebiet, das heißt für die Völkerwelt und die gottgewollten Beziehungen der Völker und im eigenen Volk für den gottgewollten Aufbau von Volk und Staat ...

... Gottes Wort richtet den Marxismus als freidenkerischen Materialismus und als Lehre vom internationalen Klassenkampf heute deutlicher als je gerade dadurch, daß dessen letzte Auswirkung als bolschewistischer Nihilismus und Terror offenbar wird. Gottes Wort richtet den mammonistischen Kapitalismus heute deutlicher als je, da dieser die Völker von einer Krisis in die andere, ja von einer Katastrophe in die andere stürzt. Und Gottes Wort richtet deutlicher als je das selbstsüchtige Festhalten an Klassen- und Standesvorrechten auf Kosten anderer Stände und läßt deutlich werden, daß die Proletarisierung eines Standes schließlich zum Verderben des ganzen Volkes wird. Wohl in Jahrhunderten nicht war das Wort von der Volksgemeinschaft und Volksbruderschaft als Gotteswort so zwingend und gewaltig über unserem deutschen Volk wie jetzt. Das Wahnwort von der »Internationale« hat Gott zerbrochen. Der Raum erlaubt uns nicht, auf weitere Einzelheiten einzugehen. Nur sei noch einmal eindrücklich gesagt: Gott ruft seine Kirche im Geistesringen der Gegenwart nicht nur zum Samariterdienst hinter der Front, sondern zum Kampf in die vorderste Linie. ... Die Pressemeldungen, als ob hier die Kirche der Reformation in Gefahr sei, führen irre und sehen das innerste und heißeste Anliegen der Bewegung nicht: durchzustoßen zu neuer reformatorischer Klarheit, Kraft und Tiefe, zu Dienst an dem deutschen Volk, für das sich Martin Luther geboren und gesandt wußte ...

Seit Mitte Oktober 1932 erscheint wöchentlich ein »Sonntagsblatt der deutschen Christen«. Es nennt sich »Evangelium im Dritten Reich«. Hakenkreuz und Kreuz leuchten auf dem Kopf des Blattes nebeneinander. Ängstliche Gemüter werden vielleicht schon deshalb scheu werden. Nur keine Sorge! Es geht hier wirklich nicht darum, »Hurrapatriotismus mit ›etwas Christentum‹ zu verbrämen«. Wohl aber darum, deutlich zu machen, daß ein entschiedener Christ ein volles Recht hat, deutsch-völkisch und nationalsozialistisch zu denken und zu empfinden. Der Glaubensbewegung ist gesagt worden, es fehle ihr an theologischer Führung. Die Glaubensbewegung antwortet: Umgekehrt! Das deutsch-evangelische Volk wartete in den vierzehn Jahren des Zerfalls darauf, eine starke Theologie werde hervortreten, führend und wegweisend auch für den Neuaufbau von Volk und Staat. Die dialektische Theologie der Nachkriegszeit vermochte wohl die Theologie des Liberalismus zu überwinden und die Rechtfertigung aus dem Glauben wieder auf den Leuchter zu stellen, aber es fehlte ihr die Kraft, darüber hinaus die Deuterin der großen Stunde des Volkes zu werden. Sie fand wohl den Mut zur Kirche mit stark endgeschichtlicher Prägung, aber nicht den Mut zum Staat mit seiner zeitgeschichtlichen Bedingtheit. Männer wie Althaus, Hirsch, Rendtorff und andere, die die Not erkannten, mußten Zeit und Kraft darauf verwenden, auch nur erste Hindernisse aus dem Weg zu räumen. Die Glaubensbewegung deutscher Christen will damit nicht jenen Ruf der Theologie der Nachkriegszeit »zurück zur Reformation, zurück zu den Quellen der Heiligen Schrift« widerrufen, im Gegenteil sie fordert, daß das noch tiefer und umfassender geschehen möge. Sie ist der Überzeugung, daß sich von der positiven Stellung des Paulus und Luthers zu Volk und Staat (vom Alten Testament ganz zu schweigen) auch in der Gegenwart eine ganz positive Stellung zu beiden finden lasse und zwar, und darum handelt es sich für uns doch vor allem!, zum deutschen Volk und

Staat in seiner besonderen gegenwärtigen Lage. Die Glaubensbewegung will auch nichts unternehmen gegen die heilige Schrift, sondern sie will handeln aus der heiligen Schrift . . .

Die Glaubensbewegung begehrt allerdings mit ihren Richtlinien eine Neuordnung der Kirche . . . Die Glaubensbewegung ersehnt und erhofft eine Glaubenserweckung des bewußten Kirchenvolkes nicht nur, sondern des Volkes überhaupt aus Wort und Geist Gottes. Die Glaubensbewegung weiß wohl, daß man das nicht »machen« kann. Aber eben weil es der Glaubensbewegung um dies Innerste und Letzte geht, will sie auch äußerlich alles tun, was man tun kann, den Weg zu diesem Letzten frei zu machen . . . Nicht Uniformierung der vorhandenen Landeskirchen wird erstrebt unter Entkleidung ihrer besonderen Eigenart und unter Pressung in ein Schema, aber Sammlung und Einswerden und Austausch der verschiedenen Gaben und Kräfte in einem lebendigen Organismus ganz anders als bisher . . .

Lohß besprach dann die Richtlinien der Deutschen Christen vom Jahr 1932[3]*:*

Gerade bei diesen Sätzen darf nicht vergessen werden, daß es sich nicht um ein Glaubensbekenntnis handelt, sondern um Richtlinien heraus aus den großen Anliegen der Gegenwart. Man setze sich mit diesen Sätzen nicht so auseinander, daß man entgegnet: »Aber in der Heiligen Schrift ist doch nicht die Rede von artgemäßem Christusglauben, deutschem Luthergeist, heldischer Frömmigkeit.« Das führt keinen Schritt weiter! Man höre vielmehr das innere große Anliegen heraus und erinnere sich noch einmal der Ausführungen grundsätzlicher Art in der letzten Nummer. Auch halte man sich den Satz gegenwärtig, daß die Glaubensbewegung nicht rütteln will an den Bekenntnisgrundlagen der evangelischen Kirche. Darum wird auch die Glaubensbewegung zur Heiligen Schrift stehen, und zwar zur ganzen Schrift Alten und Neuen Testaments! Wenn die Frage nach der Wertung des Alten Testaments vom Neuen Testament und vom eigenen Volkstum aus gesehen neu bewegt wird, so sind wir der Zuversicht, daß die völkische Bewegung die Offenbarung Gottes gerade im Alten Testament noch ganz anders sehen lernen wird dann, wenn die Kirche mit neuen Zungen den Gott des Alten Testaments als den Gott der Schöpfung der Völker und als den Gott der

[3] Dieser 2. Teil des Artikels von Lohß erschien am 7. 5. 1933 im »Evang. Gemeindeblatt für Stuttgart«; zu den Richtlinien der Deutschen Christen vom 26. 5. 1932 siehe KJb 1932, S. 68 ff. und KJb, S. 4 ff.

Gerechtigkeit und der Wahrheit zu verkündigen weiß. Wenn die Glaubensbewegung etwas weiß von einer Judenfrage, so fügt sie hinzu, daß allerdings auch der evangelische Christ die Bedeutung dieser Frage nicht länger verkennen darf. Adolf Stöcker wird auch hier wieder zu hören sein, wie er immer wieder gehört werden muß in der sozialen Frage. Mit Sentimentalität werden solche Fragen nicht gelöst. Dazu sind sie viel zu ernst. Die Judenmission lehnt die Glaubensbewegung nicht ab (siehe »Evangelium im Dritten Reich« Nr. 1 1932, Seite 7), sondern sie tritt der Auffassung entgegen, als ob der Jude mit seiner Taufe Christ und Deutscher werde. »Mit der Taufe wird auch ein in Deutschland lebender Neger noch lange kein Deutscher. Ebensowenig der Jude.« Durch die »Ablehnung« der Judenmission wollen wir die heute betriebene Ausübung darauf hinweisen, daß die völkischen und rassischen Unterschiede bestehen bleiben. Deshalb hat die Judenmission keinen Platz neben der Äußeren Mission, sondern hat einer ihrer Zweige zu sein, genau so, wie die Indien- usw. Missionen . . .

In einer Anmerkung bemerkte der Herausgeber des Evang. Gemeindeblattes für Stuttgart *zum ersten Teil des Aufsatzes*[4]*:*

Wir werden zu den Ausführungen des verehrten Verfassers Stellung nehmen, sobald sein Aufsatz den Lesern fertig vorliegt. Wir bitten unsere Leser, diese Nummer aufzubewahren. Für jetzt nur 3 Bemerkungen: 1. Es ist dringend notwendig, daß die »Deutschen Christen« in Württemberg durch den Mund eines ihrer Führer in unserem Blatt ausführlich zu Worte kommen. 2. Die evang. Kirche Württembergs ist nach der feierlichen Erklärung ihres Führers zu rückhaltlosem Zusammenarbeiten mit dem neuen Staat bereit. 3. »Samariterdienste« werden nicht bloß hinter der Front, sondern auch innerhalb der Front geleistet.

Vom Herausgeber des Evang. Gemeindeblattes für Stuttgart *erschien dann noch* Ein freundliches Nachwort zu dem Aufsatz »Die Glaubensbewegung deutscher Christen«[5]:

Wir begrüßen an der Glaubensbewegung »deutscher Christen«, die O. Lohß in seinen Aufsätzen schildert, ihre rückhaltlose Anerkennung des Bekenntnisstandes der deutschen Landeskirchen, der lutherischen, der reformierten und unierten . . . Wenn O. Lohß in seinen Aufsätzen mit besonderem Nachdruck auch den Wert des Alten Testaments für die

[4] Noch in der Ausgabe vom 30. 4. 1933.

[5] Ausgabe vom 14. 5. 1933.

evangelische Verkündigung betont, so sind wir ihm angesichts mancher Angriffe auf das Alte Testament von nationalsozialistischer Seite doppelt dankbar. Wir stimmen ihm fernerhin vollkommen bei, wenn er darauf hinweist, daß für die evangelische Kirche jetzt eine entscheidungsvolle Stunde geschlagen hat, und daß sie auf jede mögliche Weise, durch Predigt, durch Seelsorge, durch Religionsunterricht, durch Volksmission, durch evangelische Pressearbeit ihr Evangelium kraftvoll in die weitesten Kreise unseres deutschen Volkes zu tragen hat. Wir teilen endlich mit ihm die Überzeugung, daß die Kirche die göttlichen Forderungen auch für die gesellschaftlichen Gebilde, für Familie, Volk, Staat, Völker und Staaten und was für Fragen er sonst noch nennt, deutlich und verpflichtend darzustellen habe. Wir möchten dabei auch noch ganz ausdrücklich das ganze die soziale Frage betreffende Gebiet namhaft machen und erwarten von unserer evangelischen Kirche, daß sie Adolf Hitler nach der von ihm vollzogenen Entkleidung der freien Gewerkschaften von ihren klassenkämpferischen Bestrebungen auch auf seinem Weg der sozialen Erneuerung in den ihrem Wesen gemäßen Formen treue Waffenbrüderschaft leistet . . . In den Fragen aber, die das sittlich-religiöse und kirchliche Gebiet betrafen, hat unsere Kirche wahrlich keine Neutralität in irgendeinem Sinne geübt, sondern in Stadt und Land unter Einsetzung ihrer ganzen Kraft einen tatkräftigen Kampf geführt. Sie hat es dabei freilich nicht zu einer entscheidenden Wendung auf diesen Gebieten gebracht. Denn die göttliche Vorsehung hat den Völkern noch nie einen Luther und einen Bismarck zugleich geschenkt. Heute beschert Gott einem Volk einen gewaltigen Staatsmann und morgen, wenn seine Zeit gekommen ist, einen großen Reformator. Wir wollen in unserer Zeit unserem Gott für den großen Staatsmann dankbar sein. Aber das Zeugnis kann unserer Kirche, speziell auch unserer württembergischen Kirche, im Rückblick auf die letzten vierzehn Jahre nicht vorenthalten werden, daß sie nach der Regel des Apostels zu handeln eifrig bestrebt war: Nun suchet man an den Haushaltern nicht mehr, denn daß sie treu erfunden werden[6].

Die äußere Anpassung des deutschen Kirchenwesens an die neuen staatlichen Verhältnisse ist im Gang. Ob die Bildung einer »deutschen Reichskirche« auch für das religiöse Leben des deutschen Volkes einen so reichen Ertrag abwerfen wird, wie man in weiten Kreisen der »Deutschen Christen« zu erwarten scheint, bleibt abzuwarten. Bis jetzt hat

[6] 1 Kor 4,2.

unsere evangelische Kirche wesentliche Erneuerungen nie aus Änderungen ihrer Organisation, sondern aus dem Erwachen eines neuen Geisteslebens von oben gewonnen.

Wir haben uns oben dafür eingesetzt, daß gemäß dem Wunsch der »Deutschen Christen« unsere evang. Kirche einen starken »Öffentlichkeitswillen« entfaltet. Aber wir möchten mit mindestens derselben Dringlichkeit betonen, und der Verfasser der beiden Aufsätze ist mit uns sicher darin einig, daß die Pflege des persönlichen Christenlebens durch Predigt, Religionsunterricht, Einzelseelsorge, Bibelstunde, christliches Vereinsleben auch künftighin die erste Stelle im Wirken der Kirche behalten möchte ... Es ist uns deshalb ein Anliegen, daß von seiten des neuen Staats auch die Wirksamkeit unserer evangelischen Jugendvereine mit ihrer religiösen Jugendbeeinflussung weitgehende Berücksichtigung finden möchte. Endlich ist es unsere herzliche Bitte, es möge doch alles vermieden werden, was bei unserem Volk den Anschein erwecken könnte, als ob unsere Kirche ihren Dienst im Auftrag des Staats und der an der Spitze des Staats stehenden Gewalt tue ... Die Gemeindeglieder müssen, wenn sie das ihnen verkündigte Wort hören, dessen gewiß sein können, daß die Diener der Kirche restlos an den Willen Gottes gebundene Persönlichkeiten sind ...

O. Lohß sagt von der »Glaubensbewegung deutscher Christen«, daß sie eine Erweckung nicht bloß des bewußten Kirchenvolkes, sondern des ganzen Volkes aus Wort und Geist Gottes erhoffe. Wir wollen den Geist, auch den Geist der Hoffnung für diese Erde, nicht dämpfen. Die Geschichte der Kirche verläuft in Wellenbewegungen: bald geht es abwärts, bald aufwärts. Für den jetzigen Zeitpunkt sind große Widerstände für die christliche Beeinflussung des Volkes weggeräumt, so daß wir mit Zuversicht in die Zukunft blicken können. Doch wollen wir nüchtern bleiben auch in unsern Hoffnungen für unser Volk, wie Jesus, Paulus und Luther nüchtern gewesen sind ...

Im Juni 1933 konnte die Glaubensbewegung Deutsche Christen das Erscheinen einer eigenen Zeitschrift Deutscher Sonntag *ankündigen*[7]*:*

An die NS-Pfarrer, die Bezirkswarte und Vertrauensleute

Im folgenden ergeht der erste große Auftrag an Sie, geschieht der erste große Dienst, den Sie uns, den wir Ihnen leisten können. Wir haben

[7] Rundschreiben Nr. 3 der GBDC vom 30. 6. 1933: OKR Stuttgart, Registratur, Generalia Bd. 115 g, Handakten Borst.

im engen Einvernehmen mit dem leistungsfähigen Verlage W. Kohlhammer, Stuttgart, ein neues süddeutsches Sonntagsblatt »Deutscher Sonntag. Evang. Wochenblatt für Kirche und Volk« in Vorbereitung. Die Absicht der Gründung ist: Bedienung unseres neu zu bildenden Kirchenvolkes mit echtem Evangelium, verbunden mit echt völkischem Geiste, Hinanführung zu der im Glauben vor uns stehenden »deutschen evangelischen Kirche«. Zumal sollen die neu erwachten, volksbewußten Kreise erreicht, aber auch den noch wenig beteiligten Anlaß und Stoff zum Mitschaffen geboten werden.

Der Versuch, eines der bestehenden Sonntagsblätter durch »Umschaltung« für diese Aufgabe brauchbar zu machen, widerstrebt der Forderung, nicht »neuen Most in alte Schläuche«[8] zu füllen, hat sich ja auch auf keinem Gebiete des nationalen Umbruchs bewährt. Die hohen Verdienste jener Blätter für das fromme Innenleben des einzelnen in langen Jahrzehnten, für die Förderung einzelner frommer Kreise innerhalb des Volks seien aufrichtigst anerkannt und nie bestritten. Jedoch das ganze Volk, die ganze Kirche, überhaupt »das Ganze«, nicht das Einzelne zu pflegen ist unser Wunsch. Den Anlaß zur Gründung gab die gewaltige Bewegung, die um die Reichsbischofsfrage erstanden ist und die für alle Fälle ahnen läßt, in wie tiefer Weise die gewaltigen Fragen einer kirchlichen Umformung unsere Öffentlichkeit packen werden. Es muß ein Organ da sein, das hier stets auf dem laufenden hält, das Richtung weist, das aufruft und zügelt, je nach dem. Noch liegt uns die Versicherung am Herzen, daß wir nicht »vom Volke aus«, sondern vom hochheiligen Evangelium des Bekenntnisses aus »zum Volke hin« streben und also den biblisch geschauten, geglaubten Herrn der Kirche nie verleugnen, sondern desto heller bekennen wollen, je heller das Licht des völkischen Umbruchs aufleuchtete.

Nun tritt als Aufgabe an Sie, werte Kampfgenossen, heran die Verbreitung dieses Blattes. Wir ersuchen, dieselbe in aller Herzhaftigkeit in Ihrem Kreise in Angriff zu nehmen und nicht zu zögern. Voraussichtlich ergeht zu gleicher Zeit ein ähnlicher Aufruf samt Werbesendung an die Ortsgruppe der NSDAP, ferner an die Leitung der NS-Frauenschaft, falls sich an Ihrem Platze solche Gruppen befinden. Es wäre also von vornherein die Werbung und Verbreitung im Einvernehmen mit diesen Stellen zu betätigen. Unser nationales Volk zu bedienen ist uns ja erstes Anliegen. Der Preis des achtseitigen Blattes, wovon Ihnen dann

[8] Mt 9,17.

rechtzeitig samt Aufruf Probenummern zugehen, wird sich ganz im Rahmen der übrigen Sonntagspresse halten, je Vierteljahr 75 oder 80 Pfennig. Anzustreben ist überall rasch Gründung einer Ortsstelle (»Agentur«) aus vertrauenswürdigen Personen der nationalen Kreise. Dazu ist nötig Gewinnung von mindestens 10 Lesern. Diese Mindestzahl wird unschwer zu erreichen sein, wenn wir uns natürlich die Schwierigkeiten und Mühen für Sie nicht verhehlen. Aber an solchen Hemmnissen scheitert die gute Sache nicht!

Erwarten Sie also, bitte, die Sendungen Anfang Juli. Die ersten Nummern werden in großer Anzahl als Werbestücke ins Land gehen. Anweisungen für die Agenturen ergehen dann gesondert an die dem Verlag Kohlhammer, Stuttgart, Urbanstraße 14, von Ihnen zu benennenden Personen. Also: 1. Fühlungnahme mit der örtlichen NSDAP-Organisation; 2. Gemeinsame Aufstellung einer Ortsverteilstelle; 3. Nennung der Anschrift an W. Kohlhammer; 4. Tunlichste Werbung und Gewinnung von regelmäßigen Beziehern. Abbestellung von bisherigen Blättern ist nicht zu fordern, aber auch nicht zu hindern. Es geht um Großes. »Pflüget ein Neues[9]!«

In der Überzeugung, daß Sie, liebe Mitarbeiter, von der Tragweite der Unternehmung für unser gesamtes kirchliches Leben mit uns durchdrungen sind, begrüßen wir Sie mit deutschem Brudergruß:

Die Landesleitung Dr. J. B. Schairer, Stuttgart-Hedelfingen.

Die erste Nummer des Deutschen Sonntags, *die am 2. 7. 1933 erschien, enthielt verschiedene Geleitworte. Otto Lohß schrieb:*

Zum Geleit

Als die Glaubensbewegung »Deutsche Christen« Mitte Oktober 1932 von der Reichshauptstadt aus ihren ersten Posaunenruf ins deutsche Land hinausgehen ließ, da jubelten unsere Herzen. Wir hatten im Süden in der »Christlich-deutschen Bewegung süddeutscher Zweig[10]« schon jahrelang als ein Häuflein Unentwegter gekämpft. Aus zwei Gründen hatten wir es nicht vermocht, jene neutrale Haltung einzunehmen, die man der Kirche wie den Gemeindegliedern immer wieder als die einzig mögliche anpries. Einmal sahen wir unser Volk in einem Kampf auf Leben und Tod. Sollten wir wie der Priester und Levit an dem unter die Mörder Gefallenen vorübergehen?[11] Wir wollten sein Elend, seine Not, seinen

[9] Jer 4,3.

[10] Siehe Bd. 1, S. 71 ff. und Register.

[11] Lk 10,30 ff.

Kampf mit ihm teilen. Zum andern war uns deutlich, daß in dem heißen Ringen um die Neugestaltung in Volk und Staat die Kirche wie der einzelne Christ nicht nur Samariterdienst zu leisten habe, sondern daß vom Worte Gottes her eine klärende, wegweisende Botschaft gesagt werden müsse. Namentlich brannte uns auf dem Herzen, daß das von viel Schutt bedeckte Wort von der Schöpfung in der Theologie wie in der kirchlichen Verkündigung wieder auf den Leuchter gestellt werde, wie einst in den Tagen der Reformation Martin Luther nicht nur von der Rechtfertigung aus dem Glauben allein, sondern auch vom rechten Staat, von der rechten Obrigkeit und von den rechten Ordnungen des Lebens mit neuen Zungen geredet hatte. Wir waren dankbar für die theologische Arbeit, die Männer wie Professor Althaus, Hirsch, Rendtorff u. a. taten. Wir sahen aber unsere eigentliche Aufgabe darin, diese Erkenntnis und Botschaft unserem evangelischen Volk nicht in der Form wissenschaftlicher Erörterung, sondern in der Form volkstümlicher Flugblätter, etwa auch in kurzen knappen Zeitungserklärungen und Zeitungsanzeigen weiterzugeben. Wenn wir unserem evangelischen Volk namentlich in Württemberg in der Zeit politischer Verwirrung und Vernebelung damit einen Dienst tun, wenn wir der großen Freiheitsbewegung in den Tagen der Verfolgung und Verfehmung damit beistehen durften, so ist uns das der schönste Lohn für unsern Kampf. Wir vergessen dabei nicht, daß die Männer und Jungmänner, die in der Freiheitsbewegung als Kämpfer kämpften und gar bluteten und starben, den unvergleichlich schwereren und höheren Dienst getan haben. Es ist gut, sich immer wieder jener Zeit zu erinnern. Als der Kampf sich seinem Höhepunkt näherte, trat die Glaubensbewegung »Deutsche Christen« auf den Plan. Was wir geahnt und ersehnt, ist in ihr zum Durchbruch gekommen, zu Ausdruck und Gestalt geworden. Darum stehen wir in ihr freudig mit an. Und wenn jetzt die Glaubensbewegung in Württemberg mit einem eigenen Sonntagsblatt zum evangelischen Christenvolk redet und aufruft zum Mitglauben und Mithandeln, so sei den Freunden der bisherigen Christlich-deutschen Bewegung süddeutscher Zweig zugerufen: Hier schließt Euch an! Hier kämpfet mit! Gott wird mit uns sein!

Das Geleitwort von Pfarrer Pressel lautete:

Unsere Zeit ist voll Unruhe, wir sehnen uns alle nach echtem Frieden und wahrer Gemeinschaft. Aber vor dem Frieden steht der Kampf, der uns verordnet ist. Scheinbar geht's dabei nur um die äußere Behauptung, um soziale Gerechtigkeit, um den Besitz der Erde. Tatsächlich gehts heute um das, was über der Erde steht! Und in diesen letzten Fragen auf dem Boden der Kirche Jesu Christi für unser Volk mitzukämpfen, darin sehen wir von der Glaubensbewegung Deutscher Christen unsere eigentliche Aufgabe. Dem soll auch dieses Sonntagsblatt dienen! Es geht jetzt um die sittliche und religiöse Erneuerung unseres Volkes. Sie kann nach unserer Überzeugung nur von dort her kommen, wo die gekreuzigte Wahrheit in der Mitte steht. Es geht darum, daß Christus wieder Gestalt gewinne in unserem deutschen Volk; es geht darum, daß die Kirche wieder eine Gestalt bekomme, die sie fähig macht, dem deutschen Volk in dieser schicksalschweren Stunde zu helfen, damit es den ihm vom Herrn der Geschichte aufgetragenen Beruf erkenne und erfülle. »Möge Gott der Allmächtige unsere Arbeit in seine Hände nehmen, unseren Willen recht gestalten, unsere Einsicht segnen!« (Adolf Hitler).

Am Anfang der 1. Nummer stand eine Betrachtung zu Mt 5, 1–16 von Pfarrer Dr. Schairer, dem Herausgeber der Zeitschrift:

»Da Jesus das Volk sah . . .« Er sieht Volk. Das ist nicht Ich, das sind nicht »die Anderen«; das ist nicht eine bunte oder farblos verschwimmende Umwelt. Unzählige stehen, sitzen, lagern vor ihm, dort am Berghang. Das sind für ihn nicht einzelne, nicht eine »Masse«, nicht ein Haufe von Menschen, sondern das ist in seinen Augen »Volk«. Was soll wohl das bedeuten? Nun, Menschen, die zusammen gehören, zusammen wollen, zusammen geschmiedet sind, nach Gottes und ihres Blutes Bestimmung. Sie wissen das selbst nicht, als was Jesus sie erlebt; aber er trägt eben Gottes Herz in sich und sieht die Dinge, die Menschen anders als wir. Aufs Volk ist Gottes Auge gerichtet; darauf, daß wir nicht einzelne, sondern Blutsverwandte, Schicksalsgenossen darstellen. Vor Jesu Augen steigen auf all die wunderbaren, den Kurzsichtigen verborgenen Fäden der Bestimmung, der Herkunft, der Verflechtung, der Geschichte. Vor Jesu Blick steht die Gemeinsamkeit . . .

Vor uns liegt heute, steht jetzt unser deutsches Volk, dem unser Sinn ganz zugewandt ist, dem unsere irdische Liebe völlig gehört. Nicht ein geographischer Begriff, nicht ein Wirtschaftsverband, nicht eine regellose »Masse« ist uns Deutschland, sondern Boden und Heimat unseres Volkstums. Da öffnen sich auch die Täler der Geschichte, und Hunderte von Bächlein fließen herzu, strömend aus den Herzen unserer Vorfahren, als sie noch Heiden waren, als sie mit den Segnungen des Christentums bedacht wurden, als sie sich wanden in Bruderfehde, als sie bluteten unter der Kriegsfurie, als sie seufzten und rangen in der Mönchszelle oder im

Sterbekämmerlein, als sie hofften und glaubten um ihre innersten Güter. Ach, all das können wir heute nicht beschreiben. Wir fühlen nur, daß auch wir, wie Jesus, »das Volk sehen« müssen und dürfen, die Gemeinschaft des Lebens und Sterbens, des Schicksals und des Blutes, des Hoffens und Versagens, der Sünde und Schuld. – Alles nicht für sich, nicht für uns allein, sondern alles insgesamt umschlungen von unlösbaren Banden. So lautet unsere Bitte an jeden Glaubensgenossen: Laßt uns unseren Sinn in Jesu Namen auf dies »Volk« lenken! Siehe nicht dein Ich, nicht dich selbst.

»Da er das Volk sahe . . .« Evangelische Kirche, setze auch du neu ein, mit neuen Augen, mit neuem Hineinblicken, mit neuem Bejahen, mit neuem Helfen. Lebe nicht neben deinem Volke; denn es ist dir anvertraut. Lebe in ihm, für diese wunderbare gottgeschenkte Gemeinschaft im Blute. Gib ihr das dir anvertraute Wort. Was soll dies Wort sein? Nun, wir hoffen, daß wenn über das in sich verderbende Judenvolk schon das Füllhorn der Seligkeiten und Gnaden ausgegossen wurde, daß der Herr aller Herren auch unserem Volkstum nicht minder werde freundlich sein. Denn es möchte nun wahrhaftig in Eintracht vom Tode zum Leben hindurchdringen, nicht nur aus völkischem Tode zu völkischem Leben, sondern aus geistigem Zerfall zu neuem geistlichem Sein. Wir Deutschen Christen streben nach diesem Ziel. Niemand soll uns hindern; aber Gott soll uns gnädig sein . . .

Die letzte Seite der Zeitschrift enthielt regelmäßig die Mitteilungen Aus der Glaubensbewegung Deutsche Christen; *in der 1. Nummer hieß es:*

Die letzte Seite unseres Blattes wird regelmäßig diesem Werke und dem Bericht von seinen Zielen, Kämpfen, Fortschritten oder Nöten gewidmet sein. Denn dazu ist das Blatt ja eigentlich gegründet, um die Gedanken und Kräfte der Glaubensbewegung auch in unserem Württemberger Volk zu verbreiten. Was will denn die Glaubensbewegung eigentlich? Was ist ihr »Glaube«? Der Name sagt, daß sich Christen, die sich als Deutsche fühlen, zu einer Bewegung zusammengeschlossen haben, und daß diese Bewegung von einem ganz bestimmten Glauben getragen ist. Dieser Glaube ist nicht ein Vermuten, sondern ein felsenfestes Vertrauen. Ein Vertrauen nicht auf Menschenkraft, auf irdisch Wesen, sondern ganz bestimmt auf den lebendigen Gott. Und dies Vertrauen spricht aus einmal: daß dieser himmlische Vater unser liebes deutsches Volk nicht werde zugrunde gehen, nicht einen Raub seiner unzähligen Feinde könne werden lassen. Wir dürften am Ende das große Bismarckwort ein wenig dahin abändern: »Wir Deutsche vertrauen auf Gott und sonst auf niemand in der Welt!«

Damit ist das erste Merkmal unserer Glaubensbewegung benannt. Aber wir sagen ruhig: diesen »Glauben« besitzt auch die politische Macht; er beseelte auch in allerhöchstem Maße die Deutsche Freiheitsbewegung und ihren unersetzlichen Träger Adolf Hitler. So sehr, daß schon Stimmen laut wurden: was wir denn eine neue Glaubensbewegung brauchten! Die NSDAP sei doch schon eine solche immer gewesen. Mehr »Glauben« könnten wir auch nicht haben als deren Kämpfer. Gewiß, wir streiten unseren Parteigenossen solchen Glauben niemals ab, sondern wissen, daß nicht Berechnung, nicht Erfolgssicherheit, auch nicht nur etwa Selbstvertrauen oder Zuversicht zur deutschen Kraft sie zu ihrem Riesenkampfe beflügelt hat, sondern in der Tat und Wahrheit ein ganz massives Gottvertrauen, ein Bauen auf den Allmächtigen, wie es Adolf Hitler manchmal in heiligen Stunden deutlich genug ausgesprochen hat. Also, an derartigem Glauben können und wollen wir niemand von dort übertrumpfen. Jedoch, uns beseelt nicht ein größerer, aber ein anderer Glaube. Und der heißt: daß diesem unserem neugeschenkten Volkstum das Evangelium von Jesus Christus, daß unsere Kirche ihm schwesterlich dürfe zur Seite treten und zum Segen werden.

Unser Volk in seiner Kirche geistlich geeint – das ist das zweite Ziel, der weitere Inhalt unseres »Glaubens«. Auch hier muß es noch Glaube heißen; denn der Weg dazu ist noch weit, noch nicht in allen Stufen absehbar. Auch dieser ersehnte Zustand muß uns vom Himmel geschenkt werden; selbst machen können wir ihn nicht. Die Kirche ist ein gut Stück abseits vom Volke, das Volk bisher ebenso weit weg auf anderen Wegen begriffen. Daß die beiden durch Gottes Fügung zusammenfinden, das glauben wir einmal. Je dunkler die Nacht, je schärfer lauscht des Seefahrers Ohr hinaus und bohrt sich sein Auge in die schwarze Wand vor seinem Kurs. So macht es genau auch der Glaube. Je grauer die Nebelmauer, je dichter der Schleier der Zukunft, desto hellhöriger wird er für die Ziele Gottes, desto emsiger blickt er voraus ins Unsichtbare hinein. Daß Gott mit unserem Volke Großes vorhat, daß er ihm in seiner Kirche seinen Sohn neu offenbaren will, das also glauben wir und das stellt den »Glauben« der Glaubensbewegung dar. Wir bitten die Leser, das zu behalten.

Die Leitung der ganzen Bewegung ist in Berlin (»Reichsleitung«), ihr Schirmherr ist Wehrkreispfarrer Ludwig Müller, der Vertrauensmann Adolf Hitlers; ihr erster Geschäftsführer und Reichsleiter Pfarrer Joachim

Hossenfelder in Berlin. In sämtlichen Gauen Deutschlands sind bereits Landesgruppen bestellt; an allen Plätzen werden Ortsgruppen gegründet. Das amtliche Presseorgan der Glaubensbewegung heißt »Evangelium im Dritten Reich«, ein Sonntagsblatt, das bei der Post zu bestellen ist und eigentlich von jedem Mitglied gelesen werden sollte. Wir wünschen diesem wichtigen Nachrichtenblatt auch in Württemberg gute Verbreitung. In den nächsten Nummern werden wir vielerlei von der Bewegung zu berichten haben, werden ihre »Richtlinien« veröffentlichen, ihre Geschichte bisher schildern, ihre nahen und ferneren Aufgaben darlegen und rechnen bei dem allem auf die lebhafte Anteilnahme unserer Leser. Für heute schließen wir mit dem Ruf und Zielspruch der Glaubensbewegung: »Nach außen eins und geistgewaltig, Um Christus und sein Wort geschart; Nach innen reich und vielgestaltig, Ein jeder Christ nach Ruf und Art.«

In der 2. Nummer des Deutschen Sonntags *wurde als* Kampflied der Deutschen Christen *ein Gedicht von Pfarrer Dr. Schairer veröffentlicht:*

Die Herzen hoch, die Hände her!
Wir rufen zum Ganzen.
Es blitzt und blinkt die Glaubenswehr –
auf, stürmet die Schanzen!
Und drüber töne frank und frei
der Deutschen Christen Feldgeschrei:
  Gott ist uns groß, der Bruder wert,
  in Erd und Himmel hochgeehrt
  Christus Versöhner.

Die Herzen hoch, die Hände her!
Aus Not neu geboren.
Die deutschen Glocken dröhnen schwer,
der Eid sei geschworen!
Der bösen Geister Widerpart –
er trifft bei uns auf Christenart:
  Gott ist uns groß, der Bruder wert,
  in Erd und Himmel hochgeehrt
  Christus Versöhner.

Die Herzen her, die Hände hoch!
Auf flamme dein Feuer.
Du Kirche deutsch – es waltet noch

der Herr, dem du teuer.
Vorbei ist es mit träger Ruh,
nun geht's dem Überwinden zu!
    Gott ist uns groß, der Bruder wert,
    in Erd und Himmel hochgeehrt
    Christus Versöhner.

Mit der im Deutschen Sonntag *vertretenen Theologie setzte sich Pfarrer Römer auseinander*[12]*:*

Sorgfalt in heutiger kirchlicher Arbeit

... Es geht nicht an, wie es einer in Nr. 4 des »Deutschen Sonntags« tut, den Rechtfertigungsglauben der Kirche als Theologumenon zu schmähen oder, wie es immer wieder geschieht, alle religiösen Regungen zu einem erneuerten »Glaubensleben des deutschen Volkes« zu summieren und dann zu erklären: »Wir Deutschen vertrauen auf Gott und sonst auf niemand in der Welt.« Diese Erklärung – sie ist zu lesen in Nr. 1 des »Deutschen Sonntags«, Rückseite – ist ein Hochsprung über die Stelle hinüber, an der Israel sein nationales Rückgrat brach, über die Erkenntnis der Sünde hinüber. Wir haben uns unsere Sünde und die Schuldzusammenhänge zeigen zu lassen; dann aber werden wir Deutschen »Gott fürchten und sonst nichts in der Welt« und es erfahren, daß Gott den Demütigen Gnade gibt[13]. Wer sich um diese Stelle drückt und als Kirche dem deutschen Volk vorsagt, daß es vor Gott an sich schon gut und würdig sei, ist Fortsetzer und Pfleger der liberalistischen Vergangenheit, die ungemein fahrlässig über den Menschen dachte. Sagt man dann gar noch zur Krönung des Ganzen »Ein Gott, ein Glaube, ein Volk«, so hat man die Hörer und Leser an der Stelle vorbeijongliert, die Gott für einzelne und Völker nun einmal unausweichlich gesetzt hat, wenn er sie segnen und retten soll: vorbei an seinem Sohn, am Heiland der Welt. Dann sind freilich auch Sätze nicht mehr verwunderlich, wie der aus Nr. 1 des »Deutschen Sonntags«, einer Predigt über die Seligpreisungen: »Wir hoffen, daß, wenn über das in sich verderbende Judenvolk schon das Füllhorn der Seligkeiten und Gnaden ausgegossen wurde, daß der Herr aller Herren auch unsrem Volkstum nicht minder freundlich sein werde.« Und dabei steht gerade das Judenvolk deshalb als Fanal in

[12] EKBlW, Ausgabe vom 15. 8. 1933; die von Römer zitierte Nr. 4 des »Deutschen Sonntag« ist nicht mehr greifbar. Zur Volksmission siehe S. 758 ff.

[13] So der Wortlaut des Bismarck-Zitats, vgl. S. 417. – 1 Petr 5,5.

der Weltgeschichte, damit man dies ein für allemal wisse, was Menschen und Völker sich selber zu leide tun, wenn sie erwarten, daß ihnen Gott um eigener Gerechtigkeit willen gnädig sein soll (Röm 11, 18 ff.). Gott hat Segen von Gottesfurcht und Glauben an Christus abhängig gemacht. Anders darf die Kirche nicht reden. Ich frage mich: Geht es denn diesen unsren Amtsbrüdern, die so kühnlich reden, nicht doch bisweilen wie unsereinem nach Predigt und Hausbesuchen, daß man merkt, wie man mehr versprochen und behauptet hat, als Gott einem eigentlich erlaubt hätte ... Ich weiß, daß unter den Deutschen Christen, auch unter ihren Wortführern in Württemberg, etliche diese Gefahr und Not tief mitempfinden; aber warum äußern gerade diese sich nicht im »Deutschen Sonntag«? Warum übergehen sie stillschweigend, wovor sie in ihrem eigenen Amt und Verkündigung sich scheuen würden?

Die Kirche, die zur Wiedergewinnung der Gewalt über die Geister erneuert werden soll, muß sich ganz, unbedingt und rückhaltlos an das ihr gegebene Schriftwort halten. Soll der Heilige Geist sich zur Arbeit der Volksmission bekennen, so tut er's nur, wo man behutsam in der Schrift forscht, unter Zucht und Gnade der Schrift tritt und mit einer Betergemeinde zusammengehört. Das Forschen in der Schrift, besonders das nun einmal ärgerniserregende Kreuz Jesu Christi wollen die Deutschen Christen erst in einem zweiten Teil der Volksmission betreiben; man will nur eben einmal herrufen. Aber wie will man nach einer frohgemuten Bejahung des Menschen in einem zweiten Teil denselben durch das enge Pförtlein von Buße und Gnade leiten?

Veranstaltungen im Sommer 1933

Einen Einblick in die Gemeindearbeit der Deutschen Christen gibt ein Artikel im NS-Kurier *vom 24. 5. 1933 über eine Feierstunde der Ortsgruppe Steinheim/Albuch der NSDAP. Nach einer Rede des Bürgermeisters Pg. Bauer sprach Pfarrer Ettwein*[14]*:*

... Hier sprach ein Mann zu uns, der mit tiefem Gottesglauben an Deutschlands Größe und Zukunft glaubt und der um die deutsche Seele kämpft. Er führte u. a. aus: Die Welt geht einer Entscheidung entgegen, die sich in Jahrtausenden nur einmal vollzieht. Es ist eine gewaltige Revolution nicht nur der äußeren Umwälzungen, sondern auch des Geisteslebens. Deutschland wird von neuem geboren, neu geschaffen von

[14] »NS-Kurier«, Ausgabe vom 24. 5. 1933; das Schiller-Zitat am Schluß des Berichts aus »Wilhelm Tell«, II, 2.

deutschen Menschen, die immer nur deutsch fühlten. Adolf Hitler, wir danken es ihm und dem großen Heerführer des Weltkrieges. Hitler und seine braune Armee haben den Bolschewismus vernichtet. Welch eine Wendung durch Gottes Fügung! Die geistige Umwälzung muß sich auch in unserem Volk vollziehen. Es muß frei werden von allem Fremden, vom Kapitalismus, Pazifismus und Bolschewismus. Wir waren ein Sklavenvolk der Welt geworden. Unser Daseinsrecht müssen wir verteidigen. Und nach innen: Es war nicht nur eine nationale Revolution, sondern auch eine sozialistische Revolution. Sie bedeutet Gemeinschaft, Volkszusammenschluß, nicht jedem das Gleiche, sondern jedem das Seine; der einzelne gilt nichts, das Volk alles. Die Arbeit ist kein Fluch, sie ist Dienst am Volk, sie adelt. Die Arbeitslosigkeit muß verschwinden durch Arbeit. Aber alle Schmarotzer und Quertreiber, die am Volke zapften, müssen entfernt werden; der undeutsche Geist, der herrschte, wurde genährt von dem fremden Judengeist. Immer ist es der ewige Jude, der zersprengt, zerschneidet. Deshalb müssen wir gegen diesen jüdischen Geist stehen auch in jedem von uns selbst. Göring hat gesagt: Wir haben gesäubert, und die Abrechnung muß durchgeführt werden. Wir müssen wieder zurückgehen auf die besten Kräfte unseres Volkes. Deutsch sein, heißt fromm sein. Wir werden wieder, wenn alles mithilft, ein neues Deutschland bauen, wo wir uns unseres Volkes und unserer Heimat freuen dürfen, der Heimat unserer Kinder, aber das Volk muß weiterarbeiten getreu dem Rütlischwur: »Wir wollen sein ein einzig Volk von Brüdern!« Reicher Beifall wurde dem Redner zuteil.

Am 17. 7. 1933 fand in Göppingen eine Kundgebung der Deutschen Christen statt, bei der Pfarrer Häcker, Uhingen, über den Neubau der Kirche *sprach. Von verschiedener Seite wurden Oberkirchenrat Pressel gegenüber Bedenken gegen den Inhalt dieses Vortrags laut. Auf einen Bericht, der vom Dekanatamt Göppingen angefordert wurde, aber den genauen Wortlaut des beanstandeten Vortrags nicht enthalten konnte, schrieb der Oberkirchenrat am 27. 7. 1933 an Pfarrer Häcker*[14a]*:*

Der Oberkirchenrat hat Kenntnis genommen von dem auf Grund des Erlasses vom 17. des Monats[14b] eingeforderten dekanatamtlichen Bericht über das amtsbrüderliche Verhalten und das öffentliche Auftreten des Pfarrers Häcker von Uhingen. Der Landesbischof ist überzeugt, daß es

[14a] Nr. A 5418.
[14b] Nr. A 5309.

Herrn Pfarrer Häcker bei seinem kirchenpolitischen Wirken um die Erneuerung der Evang. Kirche geht, und würdigt seine nationale Haltung. Aber er bedauert das in der Göppinger Diözese gestörte amtsbrüderliche Einvernehmen und muß Ton und Art des öffentlichen Auftretens von Pfarrer Häcker mißbilligen. Er vermißt insbesondere bei der öffentlichen Erwähnung des Falles »Neuburger«[14c] ein Wort sittlich-religiöser Beurteilung. Dadurch wurde laut den dem Oberkirchenrat zugegangenen Beschwerden in kirchlichen und unkirchlichen Kreisen Anstoß erregt. Der Landesbischof erwartet von Herrn Pfarrer Häcker, daß er wie in seinem amtlichen, so auch künftig in seinem nichtamtlichen (öffentlichen) Auftreten die ihm durch seine Amtsverpflichtung (vgl. Dienstanweisung § 1 und § 18[14d]) auferlegte Zurückhaltung übt.

Müller.

Auf den Erlaß vom 27. Juli versuchte Pfarrer Häcker, sein Verhalten in einem Schreiben vom 3. 8. 1933 an den Oberkirchenrat zu rechtfertigen[14e]*:*

Der Erlaß Nr. A 5418 hat mich tief bewegt, weil er mir aufs neue bestätigt hat, daß der tiefe innere Zwiespalt, der durch unsere Kirche geht, immer deutlicher hervortritt und meine Hoffnung auf einen friedlichen Ausgleich immer weniger berechtigt ist. Es ist ja durchaus bezeichnend, daß mir von sehr ruhigen und kirchlichen Leuten anläßlich meiner Ausführungen vor 3 Wochen in Göppingen gesagt wurde, sie haben sich gewundert, wie mäßig ich gesprochen habe, oder daß mir ein solcher (Herr Bay, Kurhaus Nassachmühle), als ich ihm sagte, Herr Dekan Stahl habe mir gegenüber geäußert, er sei erschüttert gewesen, in welchem Ton ich geredet habe, daß mir Herr Bay dann sagte, er möchte wirklich wünschen, daß die Göppinger Herren möglichst tief und nachhaltig erschüttert worden seien. Greller kann die Lage wirklich nicht beleuchtet werden. Die kirchlichen Verhältnisse in Göppingen habe ich nicht berührt, obwohl dazu durchaus Grund vorhanden gewesen wäre, wie ich noch ausführen werde.

[14c] Es handelt sich um die Mißhandlung eines jüdischen Bürgers namens Neuburger durch einen Parteigenossen.

[14d] Dienstanweisung für die Diener der evang. Landeskirche von 1912 (Abl. 26, S. 163 ff.): § 1 verpflichtet zur gewissenhaften Wahrnehmung des Amtes nach den bestehenden Ordnungen, nach § 18 soll der Pfarrer in der Öffentlichkeit so auftreten, daß dem Amt kein Eintrag geschieht.

[14e] Nr. A 5991.

Über Bodelschwingh habe ich lediglich einen Zeitungsartikel aus dem »Evangelium im Dritten Reich« vorgelesen, der zeigt, wie in Bethel gegen Adolf Hitler gearbeitet wurde, und sagte, Herr von Bodelschwingh sei dafür verantwortlich. Davon kann ich kein Wort zurücknehmen; denn ein Zeitungsartikel, der unwidersprochen blieb, darf wohl den Zuhörern mitgeteilt werden. Und eine Rechenschaft darüber, warum wir Herrn v. B. ablehnen müssen, war ich meinen Zuhörern doch wohl schuldig. Daß ich den Fall Neuburger nicht zum Anlaß nahm, gegen den Nationalsozialismus Front zu machen, halte ich heute noch für meine staatsbürgerliche und für meine Christenpflicht. Ich sagte, es stehe mir hier nicht zu, ein Urteil zu fällen, wenn man aber dabei eine Schuld der Nationalsozialisten vor Gott finde, so müsse gesagt werden, daß diejenigen teil an der Schuld haben, die zu den Mißhandlungen der Nationalsozialisten (die auf Judenhetze zurückzuführen waren,) geschwiegen haben, weil sich damals ihr christliches Gewissen nicht geregt habe.

Es hätte mir ja die Erörterung dieser Dinge außerordentlich erleichtert, wenn mir die Behörde das Vertrauen geschenkt hätte und mir Einblick in die Beschwerdeschriften gewährt hätte, zumal ich Grund zu der Annahme habe, daß schon die Nennung der Namen der Beschwerdeführer geeignet gewesen wäre, manches zu klären. Denn zu einer Beschwerde kann ich doch nur klare Stellung nehmen, wenn ich weiß, woher sie kommt und welche Motive ihr wirklich zu Grunde liegen. Es ist ja eine bekannte Tatsache, daß heute viel gegen den Nationalsozialismus gerade von Theologen geeifert wird, scheinbar nur aus christlichen, in Wirklichkeit aus politischen Motiven. Und schließlich habe ich zu bedenken, daß diejenigen, die heute irgendeinen Fehlgriff einzelner Nationalsozialisten brandmarken, verkehrt und darum schlecht handeln, weil sie die Front der Gegner stärken, die schon auf einen solchen Anlaß warten, um rufen zu können: Da habt ihr's wieder, wie die Nationalsozialisten sind. Damit geschieht aber ohne Zweifel auch unserer Kirche ein sehr schlechter Dienst; denn sie verdankt doch ihre Rettung vor dem Bolschewismus niemand anders als den Nationalsozialisten. Man wird heute nicht sagen wollen, Adolf Hitler habe schlecht gehandelt, als er hinter die SA-Leute von Potempa[14f] sich stellte. Wie gefährlich die Situation immer noch ist, geht doch auch aus den Nachrichten hervor, die von großen kommunistischen Umtrieben im Ruhrgebiet und an der Waserkante berichten; unter diesen Umständen wird eben heute immer noch

[14f] Siehe Bd. 1, S. 154 ff.

jeder Angriff gegen die nationalsozialistische Front, mag er noch so ehrlich gemeint sein, unverantwortlich genannt werden müssen. So mußte mich auch bei meiner Äußerung über den Fall Neuburger der Blick auf das große Ganze leiten. Daß sich aber sogar Nationalsozialisten über meine Äußerung aufregten und es dann nicht einmal der Mühe wert fanden, mit mir persönlich Rücksprache zu nehmen, kann mich weniger in meiner Stellungnahme irre machen, als an ihrem Weitblick und an ihren Motiven zweifeln lassen.

Bei alledem sind freilich zugleich die Göppinger besonderen kirchlichen Verhältnisse zu berücksichtigen. Es ist mir völlig unmöglich, den Vorwurf des Dekanatamts auf mir ruhen zu lassen, daß das amtsbrüderliche Einvernehmen durch mein Verhalten und Vorgehen bedroht sei. Es wäre mir wahrlich viel erspart geblieben, wenn das Dekanatamt eine klarere Stellung längst eingenommen hätte. Es will schon etwas heißen, wenn ein Diözesanvereinsvorstand noch am 31. März des Jahres einen Brief wie den beiliegenden schreiben konnte, der an Überhebung und Mißtrauen der Regierung Adolf Hitlers gegenüber wahrlich nichts zu wünschen übrig läßt, die schließlich auch den Briefschreiber vor einigen Unannehmlichkeiten bewahrt haben dürfte[14g]. Wenn man bedenkt, daß der Briefschreiber derselbe ist, der in der Zeit der Gottlosenabwehr in einer Versammlung der evangelischen Gemeinde ein Buch des Kommunisten Max Hodann empfahl und dessen gerechtes Urteil lobte, so daß weite Kreise empört waren und an der Kirche irre wurden, so wird man wahrhaftig begreifen, wenn ich etwas ungemütlich geworden bin. Oder wenn derselbe Diözesanvereinsvorstand ruhig zusah, wie der frühere Stadtvikar Bizer einem Mann wie Dr. Heinzius, Bretten, nach einem feinen Vortrag in Form und Ton mehr als ungehobelt entgegentrat und ihm als erster Diskussionsredner mit den Händen in den Taschen halb auf dem Tisch sitzend so ungefähr entgegnete, seine Ausführungen seien unhaltbar, oder wenn dieser Diözesanvereinsvorstand anläßlich der ersten Aussprache über Kirche und Staat in diesem Jahr uns ausgerechnet zumutete, daß wir erst einen der »feinen« Vorträge des nicht ganz unbekannten Hermann Diem hören, ehe wir selber etwas zu sagen haben, so muß ich in solchen Dingen geradezu eine Herausforderung erblicken. Oder wenn mir auf einem Gang zu einem Vortrag während der Gottlosenabwehr ein Göppinger Arbeiter sagt, Stadtvikar Bizer habe in einer kommunistischen Versammlung auf den Tisch geschlagen und geschrieen, wenn die Kom-

[14g] Es handelt sich um einen Brief von Pfarrer Jäckh, Göppingen, an Pfarrer Häcker (OKR Stuttgart, Registratur, PA Häcker, Friedrich).

munisten eine wirtschaftliche Lösung der wirtschaftlichen Krise wissen, werde er heute noch Kommunist (Eckert wurde damals Kommunist!), und ich bringe das zur Sprache, und der Diözesanvereinsvorstand meint, das sei nicht wörtlich gemeint gewesen, und entschuldigt das, während jener Arbeiter damals mit Recht meinte, man wisse nicht mehr, was man da von den Pfarrern zu halten habe, dann wird der Oberkirchenrat verstehen, warum ich auch manchmal die Geduld verliere, nachdem ich jahrelang im Kampf für meine Kirche in vorderster Front stand, so daß meine Frau oft mit Bangen auf meine Heimkehr wartete, und jahrelang nichts versäumte, meine Kollegen darüber aufzuklären, um was es gehe, und sie zu bitten und zu mahnen, und oft genug vergebens. Ich weiß wahrhaftig, um was es heute geht, und bin nicht von der Politik her zu meiner Stellung gekommen, habe auch seinerzeit im November 1930 aus seelsorgerlichen Gründen und keinen andern mich schweren Herzens an das Amt eines Streikvermittlers gewagt und unter Lebensgefahr meines Hirtenamts gewaltet. Damals hat keiner Kritik an mir geübt von den Lauen und Lahmen, die meinen, im Namen des Evangeliums heute über mich herfallen zu müssen und mich an meine Christenpflicht erinnern zu sollen. Und darum muß ich diese Kritik ablehnen. Ich habe das Dekanatamt darauf aufmerksam gemacht, daß ich im Notfall auch die Öffentlichkeit nicht zu scheuen habe. Aber ich bitte den Oberkirchenrat herzlich, mir das zu ersparen und in Göppingen nach dem rechten zu sehen. Es könnte einen ja fast komisch berühren, wenn die Sache nicht zu ernst wäre, daß gerade die Kreise jetzt oft so empört sind, wenn wir der Kirche jetzt die Buße predigen, die es in der Zeit schwerster Gefahr der Kirche während der Gottlosenabwehr für die dringlichste Aufgabe hielten, der Kirche die Buße zu predigen, und peinlich darüber wachten, daß wir doch mit den Gottlosen säuberlich verfahren; nun mit einem Mal können sie, scheint's, das Wort Buße nicht mehr hören. Häcker.

Nachschrift zu Seite 1, Abschnitt 4: Ausdrücklich habe ich noch gebeten, die Anstalten in Bethel weiterhin zu unterstützen.

Neben Pfarrer Häcker wandte sich auch die Landesleitung der Glaubensbewegung Deutsche Christen am 8. 8. 1933 in dieser Sache an den Oberkirchenrat[14h]*:*

Die Landesleitung der Glaubensbewegung »Deutsche Christen« hat davon Kenntnis bekommen, daß der Evang. Oberkirchenrat auf Grund

[14h] Nr. A 6020; eine Antwort des Oberkirchenrats an die Landesleitung der Deutschen Christen befindet sich nicht bei den Akten.

gewisser Anschuldigungen und eines Berichts des Herrn Dekan Stahl, Göppingen, gegen unseren Leiter des Organisationsbezirks 5, Herrn Pfarrer Häcker, Uhingen, glaubte, diesen Fall in Behandlung nehmen zu müssen.

Wir erlauben uns, darauf hinzuweisen, daß in diesem Fall sofort vom Evang. Oberkirchenrat Denunziationen gewisser interessierter Kreise in Behandlung genommen worden sind, während wir bisher immer darauf verzichteten, Entgleisungen und sehr bedenkliche Aussagen unserer Gegner, worüber uns eine Fülle von Material vorliegt, der Behörde zur Kenntnis zu bringen. Außerdem hat die Behörde auch die Äußerungen des Herrn Dekan Mack[14i], von denen sie auf andere Weise erfuhr, nicht zum Gegenstand ihrer Beurteilung gemacht. Deshalb erwarten wir, daß jedes weitere Vorgehen gegen Pfarrer Häcker, Uhingen, unterbleibt, wobei wir uns vorbehalten, jenen merkwürdigen Anschuldigungen gewisser uns bekannter Kreise gegen Häcker und den Verhältnissen in der Göppinger Diözese überhaupt gegebenenfalls noch unsere besondere Aufmerksamkeit zu schenken. Jetzt schon erklären wir, daß wir die Stellungnahme Häckers zu dem Fall »Neuburger«, wie sie in seinem Bericht geschildert ist, voll und ganz billigen. Wir bitten um baldige Antwort.

Landesleitung: Dr. Schairer.

Für die Richtigkeit: Rehm, Landesorganisationsleiter.

Der Fall fand dann seine Erledigung durch ein Gespräch des Landesbischofs mit Pfarrer Häcker am 24. August und durch einen Aktenvermerk Wurms vom 24. 10. 1933[14k]*:*

Nachdem am 24. August des Jahres eine Aussprache des Landesbischofs mit Pfarrer Häcker stattgefunden hatte, wollte der Landesbischof im Hinblick auf die durch die Zeitlage hervorgerufenen sonstigen wichtigen Beratungen und Aufgaben von einer Weiterbehandlung dieses Falls absehen. Nachdem aber Herr Pfarrer Häcker in einem Schreiben an den Landesbischof[15] ausdrücklich auf einem schriftlichen Bescheid besteht, wird folgendes festgestellt: Es ist in der mündlichen Unterredung Herrn Pfarrer Häcker zugebilligt worden, daß er des Glaubens war, der Kirche dadurch einen Dienst zu erweisen, daß er in der von ihm zugestandenen Weise zu dem ärgerniserregenden Fall einer Mißhandlung Stellung nehme. Es ist ihm aber vom Herrn Landesbischof bemerkt wor-

[14i] Siehe S. 322 ff.

[14k] Nr. A 6746.

[15] Siehe das Schreiben Häckers vom 23. 10. 1933, S. 651.

den, daß nach seiner Auffassung und nach der des Oberkirchenrats er sowohl der Kirche als der nationalsozialistischen Bewegung einen besseren Dienst erwiesen hätte, wenn er bei aller Hervorhebung mildernder Umstände doch vom ethischen Standpunkt aus ein Wort der Kritik gefunden hätte. Dies wolle Herrn Pfarrer Häcker eröffnet werden.

W[urm].

Am 17. 7. 1933 fand die 1. Landesversammlung der Glaubensbewegung in Stuttgart statt, an der Landesbischof D. Wurm teilnahm. Die Einladung wurde am 16. 7. 1933 im Deutschen Sonntag *veröffentlicht*[16]*:*

Achtung!

Am Montag, 17. Juli, hält die Glaubensbewegung Deutsche Christen, Gau Württemberg, ihre 1. Landesversammlung ab und erfüllt dadurch zahlreiche Wünsche aus dem ganzen Land.

2.30 Uhr: Tagung der Amtswalter, Vertrauensleute und Mitglieder im Saal des Hospiz »Herzog Christoph«: 1. Kundgaben der Landesleitung, 2. Verpflichtung der Amtswalter, 3. Organisatorische Mitteilungen, 4. Auskunft auf Anfragen. 8 Uhr: Große öffentliche Kundgebung »Neue Kirche im Neuen Staat« im Festsaal der Liederhalle.

Über die öffentliche Kundgebung am Abend liegt folgender Bericht bei den Akten[17]*:*

Neue Kirche im neuen Staat

Rehm: Herr, mach uns frei! Die Freiheit und das Himmelreich gewinnen keine Halben. Für meine lieben Deutschen bin ich geboren; ihnen will ich dienen[18]. Deutsche Volksgenossen und Genossinnen! Damit ist die Marschlinie gekennzeichnet, die die Glaubensbewegung der deutschen Christen zu gehen gewillt ist. Im Laufe des letzten Jahres, als unsre nationalsozialistische Bewegung Adolf Hitlers in härtestem und heißestem Kampfe um den Durchbruch der neuen Ideen in Deutschland

[16] Vgl. auch die Notiz im »Schwäbischen Merkur«, Ausgabe vom 15. 7. 1933.

[17] LKA Stuttgart, D 1, Bd. 43. Zu den Vorgängen um die Reichskirche siehe S. 248 ff. Reichsstatthalter Murr sandte ein Grußwort. Das kurze Grußwort von Pfarrer Loerzer, Berlin, dem stellvertretenden Reichsleiter der GBDC fehlt in diesem Protokoll; siehe dazu »NS-Kurier«, Ausgabe vom 18. 7. 1933.

[18] Rehm verwendet hier Worte aus dem »Altniederländischen Dankgebet«, von Ernst Moritz Arndt und ein angebliches Lutherzitat.

stand, da schlossen sich zuerst in Preußen und dann bald auch in Württemberg überall nationalsozialistische christliche Kreise zusammen, um auch ihrerseits dafür zu kämpfen, daß der deutsche Protestantismus, die Nachkommen eines Martin Luther bei diesem großen Befreiungskampf des deutschen Volkes nicht unbeteiligt beiseite stehen, sondern in diesem Freiheitskampf der deutschen Nation mit an erster Stelle marschieren, und der große Besuch der heutigen Versammlung, für den ich Ihnen allen hiemit herzlich danke, beweist uns, daß dieser Funke der Glaubensbewegung Deutsche Christen auch in Württemberg, auch in Stuttgart auf einen guten Boden gefallen ist. Diese machtvolle Kundgebung des heutigen Abends beweist uns, daß wir wohl daran getan haben, Sie hier zusammenzuberufen, nicht deshalb, weil nun gerade diese neue Woche uns neue kirchliche Wahlen gebracht hat[19]. Wir wußten nicht um diese Wahlen, als wir diese Versammlung anberaumt haben. Aber ist es nun doch vielleicht gut, daß es so gekommen ist? Denn diese machtvolle Kundgebung heute mag dem evang. Christenvolk in Württemberg ein deutliches Zeichen dafür sein, daß schon heute die Glaubensbewegung Deutsche Christen auch in Württemberg eine maßgebende große Macht darstellt. Wir haben diese Wahlen nicht gewollt, sondern diese Wahlen sind uns aufgedrängt worden von Kreisen, die dem neuen Staat Adolf Hitlers mißtrauisch, zurückhaltend entgegenstehen, die einer gewissen Reaktion eine gewisse Stellung erhalten wollen. Diese Kreise wollen durch die Befragung des Volkes noch irgendetwas für sich gewinnen. Wir von der Glaubensbewegung Deutsche Christen haben gewußt, daß wir diese Wahlen nicht notwendig haben, weil wir die Stimmung unsres Christenvolkes kennen, und so dürfen wir heute schon gerade im Blick auf unsre württ. Verhältnisse es sagen, daß diese Wahlen nicht, wie es von manchen schon befürchtet worden ist, eine gewisse Zersplitterung und Spannung ins Leben der Kirche hereintragen werden, sondern ein machtvoller starker Fortschritt sein werden auf dem Wege zur geschlossenen Einigung des evang. Kirchenvolks besonders in unserem Heimatland Württemberg, besonders in unserer geliebten württ. Evang. Kirche.

Durch die weitschauende Führung unsres verehrten Herrn Landesbischof ist es gelungen, daß wir in Württemberg von so manchem verschont geblieben sind, was sich in andern deutschen Gebietsteilen auf kirchlichem Gebiet in den letzten Tagen und Wochen ereignet hat. Und warum dürfen wir mit größter Hoffnung und mit froher Zuversicht in

[19] Siehe S. 294 ff.

die Zukunft blicken? Wir möchten es heute gleich zu Beginn allen denen, die noch nicht in unsren Reihen sind, zurufen: Gerade so wie unser Führer Adolf Hitler bereit ist, jedem ehrlichen Deutschen Volksgenossen, der mit ihm zusammenarbeiten will, seine Hand zu reichen, so sind auch wir deutsche Christen bereit, jedem, der mit uns zusammen ehrlich und getreu arbeiten will, unsre Hand zu reichen. Wir sind keine kirchenpolitische Partei, keine kirchenpolitische Gruppe im Sinne anderer schon bisher dagewesener Gruppen, sondern das, was unser Name zum Ausdruck bringt: eine Glaubensbewegung, die gewachsen ist aus dem Glauben heraus an eine ewige Allmacht Gottes, den ewigen Lenker der Weltgeschichte, an den, der das letzte Wort hat über allen Mammonismus, über alle Bosheit und Schlechtigkeit der Menschen, aus dem Glauben an den Gott, der nicht will, daß unser deutsches Volk, das Volk eines Martin Luther, das Volk eines Bismarck zugrunde geht, sondern der uns unsern großen Führer Adolf Hitler gesandt hat, um dieses Volk aus der letzten Not herauszuretten, wiederum zu einem neuen Aufstieg zu bringen, und Sie alle, die nationalsozialistische Kämpfer in den letzten Jahren gewesen sind, sind mit uns darin einig, daß der große nationalsozialistische Kampf letzten Endes nichts anderes gewesen ist als ein Kampf heraus aus dem Glauben, nicht bloß aus dem Glauben an Adolf Hitler, sondern heraus aus dem Glauben an den ewigen allmächtigen Gott, den Herrn Himmels und der Erde, dem wir auch letzten Endes den Sieg verdanken über alle unsere Gegner.

In diesem Sinn haben wir uns nationalsozialistische Christen zusammengeschlossen, um dafür zu kämpfen, daß auch unsre Kirche und das ganze deutsche Christenvolk sich einmütig zusammenschließt über alle gegenseitigen Spannungen und Unterschiede hinweg zu dem großen Ganzen durch unsern Adolf Hitler, durch das Werk der Schaffung einer Volksgemeinschaft, wie wir sie am 1. Mai erlebten.

Deutsche Volksgenossen! Diese Volksgemeinschaft, die wir dort am 1. Mai über alle Schichten und Stände hinweg gesehen haben, eine Glaubensgemeinschaft muß auch in der deutschen Christenheit über die tausenderlei Unterschiede hinweg zu einer Tatsache werden. Und mag nun einer sagen: das sind Hirngespinste, das ist eine Utopie. Wer von Ihnen hätte gedacht vor 2, 3 Jahren, daß wir das erleben könnten, was wir am 1. Mai erlebt haben. Ja, es war ein Wunder vor unseren Augen[20], und Gott tut noch Wunder auch am heutigen Tag wie seit altersher, und

[20] Ps 118,23.

darum kämpfen wir getrost aus diesem Glauben heraus, wenn das Ziel uns auch vielleicht noch ferne steht.

Landesbischof D. Wurm: Es sind nun genau 40 Jahre her, seit eine große Bewegung durch das deutsche Volk und durch die evang. Kirche ging. Es war die evang.-soziale Bewegung. Wir junge Theologen waren davon überzeugt, daß die immer gewaltiger anschwellende Arbeiterbewegung und die evang. Kirche sich auf die Dauer nicht so fremd und feindlich gegenüberstehen dürften, wie es bisher der Fall war. In der Arbeiterbewegung, obgleich sie marxistischen Ursprungs war, regten sich Kräfte, die zu positiver Arbeit im Staat hinneigten und die auch ein Gefühl dafür bekamen, daß ohne die Kräfte des Glaubens, ohne die Kraft der Ewigkeit keine zeitlich irdische Bewegung ein wahres heilvolles Ziel erreichen konnte. Im Herbst 1893 hielt der Evang.-soziale Kongreß einen großen Kurs ab in Berlin, wo die Theologen in die nationalökonomischen Probleme eingeführt werden sollten. Es fanden sich unter den 500 Teilnehmern auch die berühmten 7 Schwaben zusammen. Unter ihnen war Gottfried Traub, der bekannte Vorkämpfer vaterländischen Sinns, der sagte damals in unsrer Weise: »Wir werden einmal stolz darauf sein, daß wir diesen Frühling erlebt haben.« Allein es fiel ein Reif in die Frühlingsnacht. Die Bewegung gelangte nicht zum Ziel. Warum? Die Führung der Arbeiterbewegung war, wie auch [. . .?] treffend sagt, überfremdet. Eine volksfremde Art, ein deklassiertes Intellektuellentum machte sich breit. Die Seele des deutschen Arbeiters war nicht verstanden, sondern er sollte gebraucht werden zum Werkzeug einer volk- und kirchenzersetzenden Weltanschauung, und darum wurden alle Versuche von uns jungen Theologen, hineinzukommen und hinzukommen an die Herzen des deutschen Arbeiters, abgewehrt, und auch die Kirchenführung hat damals die Stunde nicht verstanden. Sie ließ sich durch die unerfreulichen Formen, in denen der Sozialismus auftrat, abschrecken und rief die Pfarrer, die sie zuerst aufgefordert hatte, hineinzugehen in die Großstädte, in die Arbeitermassen, wieder zurück.

Und nun nach 40 Jahren geht wieder eine große Welle durch deutsche Lande, und Sie werden es verstehen, wenn ich, der ich als junger Mann jene große schwere Enttäuschung erlebt habe, mir sagte, es darf nicht noch einmal vorkommen, daß eine große Bewegung und eine auf dem evang. Glauben stehende Kirche sich nicht finden. Besteht doch ein gewaltiger Unterschied zwischen damals und heute. Damals drängten die Führer das Volk vom Glauben und von der Kirche weg, und heute ruft der Führer das Volk zum Glauben und zur Kirche. Warum tun sie das? Um wie in früheren Zeiten den sogenannten beschränkten Untertanenverstand religiös zu unterbauen, um die Menschen dazu zu bringen, daß sie im Gehorsam gegen den Herrn im Himmel alles kritiklos hinnehmen, was auf der Welt geschieht? Nein! Das wäre ein Mißbrauch des Glaubens. Der heutige Staat hat völlig recht, wenn er aufräumt mit den Ideen von 1789, mit den Ideen der Französischen Revolution, mit der Verherrlichung des selbstherrlichen Individuums, das an die Gemeinschaft besondere Ansprüche stellt, aber seine Pflichten gegen die Gemeinschaft nicht sieht und erfüllt. Aber der heutige Staat würde sich schwer vergehen, wenn er nicht die Ideen von 1521 im Auge behielte, wenn er nicht die Tat von Worms, die Tat des in Gott gebundenen Gewissens als die Grundlage alles evang. Glaubens – und kirchlichen Lebens ansähe, und das will er auch im tiefsten Grund. Ich habe schon vor Wochen gesagt: »Wenn wir einmal in Stuttgart eine Versammlung halten, die unter dem Zeichen steht ›Nationale Erhebung und religiöse Erweckung‹, dann will ich auch mittun.« Unter dieses Zeichen möchte ich auch unser heutiges Zusammensein stellen. Ich glaube mich nicht in Widerspruch zu setzen zu dem Herrn Vorredner, wenn ich sage: Wir sind hier keine Wahlversammlung, sondern der Landesbischof steht ja allen Gliedern und allen Gruppen in der Kirche gleich nahe, und es ist ihm darum zu tun, überall Verständnis zu suchen und zu finden und die Menschen einander näher zu bringen.

Es ist ganz selbstverständlich, daß in einer Zeit der Gärung, in einer Zeit des Übergangs auch nahestehende Menschen sich scheiden, daß der eine die Volksverbundenheit in den Vordergrund stellt und der andere ihre Gottverbundenheit. Das sind keine ausschließenden Gegensätze. Aber es liegt in der Natur des Menschen, daß der eine den stärkeren Akzent dorthin setzt und der andere anderswohin. Eben deswegen möchte mein Wort nicht bloß ein Wort der Ermunterung sein nach der Richtung, daß Kirche und Volksbewegung sich immer mehr finden, sondern auch ein Wort zum Frieden, ein Wort dazu, daß wir nun auch in dieser Wahlbewegung die gute württembergische Tradition wahren, möglichst alles Kämpfen vermeiden, uns friedlich einigen in der Berücksichtigung der verschiedenen Richtungen und Strömungen in unserem kirchlichen Leben, soweit sie auf bewußt vaterländischem Boden stehen.

Religiöse Erweckung und nationale Erhebung! Wir haben schon einmal in der deutschen Geschichte das gehabt. Das war 1813. Damals hieß es auch »Herr, mach uns frei!«, und auch dieser Freiheitskampf wurde nur deswegen siegreich, weil der Kampf um die innerste Freiheit und um die evang. Wahrheit den politischen Kampf begleitete. Der Staat ruft heute die Kirche. Denn er weiß: die ungeheuren Aufgaben, die er sich gestellt hat, kann ein glaubensloses Volk nicht lösen. Wir wissen alle, die wir uns keiner Illusion hingeben: es geht durch viel Prüfungen, und wir werden diese Prüfungen nur bestehen, wenn uns der Ewigkeitsgedanke etwas ganz Großes ist und wenn wir auf das Kreuz Christi sehen als das Zeichen des Überwindens. Nichts hat mich in letzter Zeit so gefreut als dies, daß die nationalsozialistische Landtagsfraktion in Preußen den Antrag gestellt hat, es sollte an dem Ehrenmal für die Gefallenen in Berlin Unter den Linden, das ohne jedes christliche Symbol ist, das Kreuz angebracht werden als das Sinnbild der in Christus geoffenbarten Liebe und der überwindenden Kraft, die aus diesem Leiden hervorging. Das ist die rechte Linie, die diese Bewegung verfolgt, und wenn sie mehr und mehr ihre volksmissionarische Aufgabe erfaßt, wie wir sie heute zu erfüllen suchen, dann wird auch diese Bewegung einst in der Geschichte als etwas Bedeutungsvolles gelten.

Als einer, der den größten Teil des Lebens hinter sich hat, der viel gerungen hat um unsres Volkes Wohl und Heil auf kirchlichem und sozialem Gebiet, darf ich es als eine Gnade Gottes ansehen, daß unser deutsches Vaterland und Volk eigentlich in letzter Stunde gerettet worden ist vor einem Zusammenbruch, dessen furchtbare Folgen drüben in Rußland vor unseren Augen stehen. Ich sage es denen, die unzufrieden sind über Vieles, was heute sich ereignet: Ihr müßt an das denken, wovor ihr bewahrt worden seid. Es ist heute, ich möchte sagen, wie im Kriege, wo das Individuelle, das Persönliche ganz zurücktreten muß hinter den ganz gewaltigen und drängenden Aufgaben und Pflichten, die Volk und Vaterland jeden Tag an uns stellt. Aber eben wenn jeder von uns an das denkt, wird er auch von Herzen bereit sein, dem andern entgegenzukommen, ihm Verständnis entgegenbringen, vermeiden, was ihn erbittert und reizt, das Band der Liebe Christi mitten im Volk immer enger zu schließen.

Wenn wir so das Vaterland und das Volk im Licht der Ewigkeit betrachten, im Licht der großen Aufgabe, die Gott uns gestellt hat, dann können wir mit dem Schweizer Dichter Gottfried Keller und seinem herrlichen vaterländischen Lied auch sagen[21]:

[21] Gottfried Keller, »An mein Vaterland« (O mein Heimatland, o mein Vaterland), Strophe 5.

»Werf ich von mir einst dies mein Staubgewand,
Bitten will ich dann zu Gott dem Herrn:
Laß strahlen deinen schönsten Stern
Nieder auf mein irdisch Vaterland!«

Pfarrer Rehm: Ich danke Ihnen. Wollen Sie versichert sein, verehrter Herr Landesbischof, daß die Glaubensbewegung deutsche Christen nichts anderes kennt als dies Ziel, Volk und Kirche zu einer auf dem Innersten und Tiefsten begründeten inneren Einheit zu führen.

Stadtpfarrer Schairer, Hedelfingen: Treu sein und fromm zum Deutschtum! Ja das soll gelten. Laß dann kommen, was da mag! Im Gefühl ernstester Verantwortung stehe ich hier namens der Landesleitung der Glaubensbewegung Deutscher Christen, Gau Württemberg, vor Ihnen und zugleich im Erlebnis tiefster herzinnigster Freude. Wer von uns fühlt nicht das Wehen eines neuen Geistes, das Pulsen einer neuen Kraft, das Aufleuchten einer nie geahnten Hoffnung? Wer von uns fühlt nicht, daß das nicht aus irdischen Seelengründen stammt, sondern wahrhaftig Gottes eigenes Geschenk, eine Gnade ist. Wir sind heute Abend nicht zusammengekommen, um uns nur anzuschauen oder gar um uns zu streiten oder um uns nur in etwas Begeisterung hineinzureden, sondern wir sind beisammen, um 2 Stunden lang Christ zu sein, ungetrennt, eng verbunden. Christ sein heißt einander liebhaben, einander gut sein, einander die Hand reichen. Christ sein läßt sich nicht schaffen durch Gesetz und Verordnung, läßt sich aber gestalten durch einen wahren neuen Glauben. Den haben wir, teure Mitbrüder und teure Mitchristen. Das können wir euch versichern. In dieser Zeit haben wir gelernt, das Unmöglichste für möglich und wirklich halten und zu schauen auf Gottes Hilfe. Der Glaube der deutschen Christen verpflichtet Sie in allererster Linie zu denen zu gehören, die den Dank abstatten dem, dem er gebührt. Keiner von uns kann reden, ohne demütig und dankbar des Mannes zu gedenken, der uns den neuen Staat geschaffen und geschenkt. Die Glaubensbewegung Deutsche Christen hat sich nun zusammengeschlossen, aus diesem tiefen Dankesgefühl heraus zu dem neuen Staat die neue Kirche zu bilden, soweit Menschenkraft und Christenglaube überhaupt dazu in der Lage ist. Wenn der neue Staat ein Geschenk Gottes ist, so wird die gereinigte und geeinigte deutsche Kirche erst recht reine Gnade sein.

Wie wollen wir nun die neue Kirche bauen? Wir sind Ihnen Rechenschaft schuldig. Wie hat Adolf Hitler den neuen Staat gebaut? Nicht in die leere Luft, nicht ins Nichts hinein, sondern er ging zurück bis auf tiefe Untergründe, zurück bis ins deutsche Blut, das in den Adern rollt, das auf den Schlachtfeldern geflossen ist, das als Opfergut auch von unseren tapferen SA-Leuten in den Winkeln und Gassen Berlins und allen deutschen Gauen hingegeben wurde. Dieses Blut hat ihm den Grund gegeben für den neuen Staat. Ferner ging Adolf Hitler zurück auf die besten Zeiten deutscher Geschichte, auf die wertvollsten unverlierbaren Bestandteile der Vergangenheit. Lebendig wird wieder alles, was teures Geistesgut ist und Vätererbe, und wir wären nun schlechte Schüler Adolf Hitlers, unsres Meisters, wenn wir bei der Kirche andere Wege gehen wollten. Von ihm haben wir gelernt, daß ohne eine unantastbare Grundlage die Kirche nicht gebaut werden kann. Wie er zurückging bis ins deutsche Blut, um darauf den deutschen Staat zu gründen, so wissen wir, daß wir bei einer christlichen Kirche zurückgehen bis auf das allerteuerste Blut Christi Jesu, des Unersetzlichen und Unvergleichlichen, des Unschuldigen und Unbefleckten, bis auf das Blut, das in einzigartiger Opfertat am Kreuz auf Golgatha geflossen. Ohne dieses Blut, ohne die Kraft dieses Opfers, ohne diese Versöhnungstat können wir keine neue Kirche bauen, und wie Adolf Hitler zurückging in die Werkstatt der Vergangenheit, so scheuen auch wir uns nicht, anzuknüpfen, auszugraben da, wo etwas ist. Die Zeiten unsrer Väter, der Reformatoren, das [!] Bekenner waren, lebendige, und was sie in heißer Liebe, in heftigem Streit, in innerstem Ringen erkämpft und geglaubt haben, das soll wieder lebendig werden, was unsre Schwabenväter im Pietismus, jene schlichten Bäuerlein von der Alb, jene ehrlichen redlichen Schulmeister aus den Tiefen der Quellen geschöpft haben, nicht aus unseren Hirngespinsten oder Ideen menschlicher Überlegung, sondern auf diesem Grund und Boden soll die neue Kirche stehen. Das ist unser Wille. Und so wahr uns Gott helfe, werden wir nicht weichen von dem Grund, der da gelegt ist[21a].

Wie soll auf diesem alten Grund neu gebaut werden? Auch da hat uns Adolf Hitler etliche Linien gezeigt, in die unsre Kirche genau einmünden wird. Wie er Deutschland zugerufen hat: »Erwache!« und wie Christus unser Herr immer wieder zu dem Gebet mahnt »Wachet!«, so wird die neue deutsche Kirche eine wachsame Kirche sein. Wenn ganz Deutschland erwacht ist, so soll nicht über den Kirchentüren zu lesen sein: »Hier kann weiter geschlafen werden.« Ein wachsames Auge wird und muß jeder Christ, muß auch die Kirche haben über alles, was ge-

[21a] 1 Kor 3,11.

schieht mit Staat und Volk in Stadt und Land. Denken Sie, wenn unser Führer Adolf Hitler nur einen Tag müde würde, einmal die Augen schlösse, wie rasch wäre all das Gelichter seiner Feinde wieder da. Deutsche Kirche, deutsches Christenvolk, bleibe du wach und deutsch auch gegen alle Einflüsse, die über die Berge herüber oder über's Meer oder sonstwoher kommen in internationaler Verwirrung.

Die zweite Linie, die Adolf Hitler gezogen hat, geht auf die Volkseinheit direkt los. Die Kirche hat Verständnis für alles, was sonst an Gemeinschaftskraft irgendwo lebt. Wenn nun unser ganzes deutsches Volk einig werden soll, dann soll nicht über den Kirchtüren zu lesen sein: »Hier kann weiter gestritten und gezankt werden.« Hier wird Einigkeit und Gebet Lebensgesetz werden. Mit dem Deutschsein auch auf dieser Linie vollenden wir das Werk unseres deutschen Reformators Martin Luther. Er hat uns die Bibel gegeben. Deutsch: Nicht bloß der Buchstabe, sondern auch das Leben und jeder Händedruck, den wir geben, und jedes Wort, das wir sprechen. Nicht akademische Gelehrsamkeit, Fremdworte, sondern verdeutschen, wo immer es geht.

Drittens. Die Linie des Sozialismus. Ich spreche das mit großem Ernst und voller Überzeugtheit und Verantwortung aus. Die neue deutsche Kirche wird eine sozialistische Kirche sein. Niemand hoffe, daß, wenn einmal Adolf Hitler seinen deutschen Sozialismus verwirklicht, dann die Kirche etwa sich schützend vor etwa solche satte Menschen stellt, die ihr Eigentum auf eigennützige Weise hüten und halten wollen, sondern die deutsche Kirche wird den Opfersinn schaffen. Der deutsche Arbeiter, nicht der wohlhabende und hochstehende, sondern der schlichte deutsche Volksgenosse soll unser Kirchengenosse sein. Ihm reichen wir unsere Hand im wahren Sozialismus und Gemeinschaftsgefühl. Hier kann unsere Kirche, die oft so sehr dem einzelnen nachging und froh war, eine einzelne Seele herauszufinden, noch ein gutes Stück lernen. Bedenken Sie einmal: In unserem Gesangbuche stehen über 400 Lieder, nur 6 davon handeln von Bruder- und Nächstenliebe. Wir möchten, daß jedes deutsche Lied widerhallt von Bruderliebe und praktischem Sozialismus.

Zuletzt. Adolf Hitlers Grundgeheimnis ist mit einem Wort geschrieben: Der Gehorsam. Wenn nun im neuen Staat, der nach Adolf Hitler gebildet ist, Gehorsam A und O ist, so wird in einer neuen Kirche, die nach Gottes ewigem Willen geschaffen sein wird, Gehorsam Anfang und Ende, Zentrum und Umkreis sein. Darum weg mit allem Liberalismus, aller Willkür, aller Privatmeinung, aller Separation, Sonderung und her zu Zucht und Ordnung, Fügung und Führung. Wir wollen uns doch wahrhaftig als Christen nicht von unseren SA-Brüdern und Parteigenossen an gehorsamem Sinn übertreffen lassen, und wenn der Deutsche gelernt hat, sich zu fügen, so wird der Christ erst recht das lernen dürfen und betätigen können.

So steht vor uns die erneuerte geeinigte deutsche Kirche. Wie über dem Staat der Kardinal-Satz steht »Gemeinnutz geht vor Eigennutz«, so wird der Satz der neuen Kirche heißen: »Gottes Willen geht vor Eigenwillen.« Das wird die Parole einer gereinigten und geeinigten deutschen Kirche sein. Man fragt uns manchmal, wer ist in Eurer Glaubensbewegung der Hitler, wer ist Euer oberster Führer? Wir können ganz einfach antworten: Wir brauchen keinen andern Hitler, sondern er ist unser maßgeblicher deutscher Christ, ein Mann, der nicht mit Lippen-Bekenntnissen, aber mit der Lebensprobe bestanden hat, Christ zu heißen vor Gottes Augen. Ihm ist unser Dienst geweiht. Wir wollen nicht ein neues Christentum, liebe Volksgenossen, aber neue Christen, nicht Probleme und Programme, aber Eure Herzen, Eure Gemüter und Seelen und freuen uns, wenn Ihr die Hand ergreift, die wir heute Abend reichen, die unser verehrter Herr Landesbischof angeboten hat. Wer wollte zurückstoßen solche Liebes- und Glaubenshand? Nein, wir freuen uns gottverbunden und volksverbunden sein zu dürfen in Einem. Wer Bedenken hat, dem können wir versichern: Auch wir haben uns durchkämpfen müssen in heißen Kämpfen des Tages und in ringenden Stunden schlafloser Nächte. Auch uns ist es sauer geworden, unseren Eigenwillen herzugeben und manches zu lassen, worin wir vielleicht befangen waren.

Professor Fezer, Tübingen: Dank für alle die, die mir einen Gruß nach Berlin geschickt haben auf den heißen Boden[22], und ich danke jetzt für die Gelegenheit, daß ich antworten kann allen denen, die brieflich mich gefragt: »Was tust du eigentlich in Berlin? Wieso gehörst du zu den deutschen Christen?« Gestatten Sie mir einfach diese persönliche Antwort! Darum, weil es mir ganz klar ist: So ist es nicht, wie man gerade uns Professoren verdächtigt hat: Ihr verratet ja die Kirche an den Staat!, sondern so ist es: Es gibt gar kein Verhältnis der Neutralität zwischen Kirche und Staat, sondern nur die 2 Möglichkeiten: entweder Kirche und Staat hassen sich bis auf den Tod oder sind innigst miteinander verbunden. Sie können mir nicht entgegenhalten: Wir haben doch einen Staat gehabt, in dem das Verhältnis der Neutralität bestand. Ich würde antworten: Wie keine rechte Kirche dieses Verhältnis der Neu-

[22] Zu der Tätigkeit Fezers in Berlin siehe GB 138, S. 77 ff.

tralität anerkennt, so kann auch kein rechter Staat dieses Verhältnis der Neutralität anerkennen. Im Artikel 146 der Reichsverfassung[23] ist es mir immer besonders greifbar geworden, daß wir eigentlich keinen Staat hatten, sondern einfach einen Kompromiß von Interessen. Wir hatten keinen Staat, und darum war in diesem Staat Religion Privatsache. Sobald der Staat, auch der sozialistische Staat, ich muß deutlicher sagen der marxistische Staat den Mut hat, Staat zu sein, sobald kümmert er sich um die Religion, und wie er sich um die Religion kümmert, das sehen wir in Rußland, und jeder Kirche, die den Mut hat, Kirche zu sein, kann es nicht gleichgültig sein, was außerhalb der Kirchenmauer geschieht. Das Wort Gottes ist nicht ein Wort zum Hören, sondern zum Tun, und man tut das Wort Gottes im Leben. Es muß uns doch immer wieder in den Ohren klingen, daß der Heiland einst uns nicht nach der Dogmatik fragen wird, und das müssen gerade wir Professoren uns sagen, sondern daß das Wort besteht: »Es werden nicht alle, die zu mir sagen: Herr, Herr! in das Himmelreich kommen, sondern die den Willen tun meines Vaters im Himmel[24].« Wo tun wir ihn? In unserem menschlichen Leben, und darum muß eine Kirche fragen: Welchen Kurs fährt der Staat? Fährt der Staat einen Kurs, in dem Gottes Willen geschehen kann? Und das ist doch das Gewaltige, daß jetzt im Staatsschiff einer das Steuer hält, der das weiß: Dieses Schiff kann nur steuern, wenn letztlich der Kurs gehalten wird, den Gottes Wahrheit uns zeigt. Und weil dieser Staat das weiß, darum gehen hier Staat und Kirche zusammen zur Einheit, nicht daß eine Staatskirche wird, aber daß zwei die Hand sich reichen, daß das eine Ziel Wirklichkeit wird, daß ein Volk als Volk Gottes Willen tun kann, und zu diesem Gotteswillen, den ein Volk tun muß, gehört auch, daß es seinen Gliedern die Existenz sichert, daß es um seine Freiheit kämpft.

Wieder muß ich fragen: Wie gehören diese 2 Aufgaben zusammen? Da in der Kirche soll man um die Freiheit beten, und dort im Volk soll man für die Freiheit kämpfen? Nein! Die, die für die Freiheit beten, müssen auch für die Freiheit kämpfen und die, die für die Freiheit kämpfen, gehen unter, wenn sie nicht für die Freiheit beten; und zu dem Gehorsam gegen Gott gehört auch das, daß ein Staat dafür sorgt, daß das tägliche Brot vorhanden sei. Wieder frage ich: Wie ist die Aufgabe zu lösen? Dort in der Kirche wird ums tägliche Brot gebetet und im Staat wird ums tägliche Brot gearbeitet? Nein! Die, die ums tägliche Brot beten, müssen dafür

[23] RGBl I, 1919, S. 1383 ff. § 146 regelt das Schulwesen; Volksschulen sind als Bekenntnisschulen möglich.

[24] Mt 7,21.

sorgen, daß durch Arbeit tägliches Brot wird, und darum gehört auch hier Kirche und Staat zusammen; und die, die dafür zu sorgen haben, daß durch Arbeit tägliches Brot wird, schaffen dieses Brot nicht, wenn nicht das Gebet Wahrheit wird: »Unser täglich Brot gib uns heute[24a].« Oder darf ich ganz einfach sagen: Ist es recht von einem christlichen Vater, wenn er sagt: Ich diene meinem Herrn, aber was mein Weib und was meine Kinder tun, das schert mich nicht? Gott wird ihn fragen: Wo hast du dein Weib hingehen lassen? Was hast du deine Kinder für Wege gehen lassen? So wird jeder von uns zugleich für sein Volk gefragt werden. Kirche kann sich nicht weghalten vom Volk. Kirche ist im Volk, und darum kann ich nicht anders als hier mitkämpfen, und zwar, ich muß es noch einmal sagen: um des Evangeliums willen, weil ich vom Evangelium Christi nicht loskommen kann, darum darf ich von meinem Volk, wenn es um seine Freiheit kämpft, mich nicht trennen, und weil ich von meinem Volk nicht loskommen kann, ihm dienen möchte, darum darf ich mich vom Evangelium nicht trennen. Denn ich diente meinem Volk am allerwenigsten, wenn ich das Evangelium Christi verleugnete.

Deutsches Volk, wenn du das Evangelium Christi hast, dann gewinnst du deinen Kampf, und verehrte evangelischen Männer und Frauen, daß das deutsche Volk das Evangelium Christi habe, das ist das Ziel der Glaubensbewegung »Deutsche Christen«, und zu diesem Ziel meine ich, könnten wir einander die Hand reichen, ohne daß wir einander verdächtigen.

Der NS-Kurier *berichtete am 18. 7. 1933 über diese Versammlung*[25]*:*

... Diese Versammlung atmete einen frischen und kämpferischen Geist, sie erinnerte in starkem Maße an die Kundgebungen unserer Bewegung, deren Merkmal von jeher gläubige, zukunftsfrohe Stimmung anhaftet. ... Nach einer markigen Schlußansprache von Stadtpfarrer Hilzinger, Stuttgart, der dazu aufrief, daß alle, nicht nur die Theologen, die Bausteine zur Kirchenerneuerung hinzutragen möchten, sang die Versammlung zwei Verse aus dem Lutherlied. Pfarrer Rehm gab die Absicht kund, an Reichskanzler Hitler, Wehrkreispfarrer Müller und den Reichsleiter der Glaubensbewegung Pfarrer Hossenfelder Ergebenheitstelegramme zu senden. Er schloß mit einem dreifachen »Sieg-Heil« auf den

[24a] Mt 6,11.

[25] Ausgelassen sind in dieser verkürzten Wiedergabe die Abschnitte über die Aussprachen. Vgl. auch den Bericht im »Schwäbischen Merkur«, Ausgabe vom 19. 7. 1933.

Reichskanzler Adolf Hitler und das neue Deutschland, das begeistert aufgenommen wurde und ein Gelöbnis des evangelischen Stuttgart war. Mit dem Horst-Wessel-Lied wurde der Abend beendet.

Am 30. 7. 1933 konnte der Deutsche Sonntag *über die Landesversammlung berichten:*

Der Fortgang der Bewegung in Württemberg kann infolge des zielbewußten Einsatzes ein guter genannt werden. Auch die Reichsleitung ist mit dem Stande in Württemberg zufrieden. Das heißt aber für uns Deutsche Christen nicht, daß wir nur auch einen Tag stillestehen wollten; im Gegenteil! Die erste große Landestagung in Stuttgart war innerlich und äußerlich ein Fortschritt. Wir konnten den Hunderten von Amtswaltern, die erschienen waren, danken und die volle Anerkennung für die gebrachten Opfer aussprechen. Natürlich war es unmöglich, all die unzähligen Fragen der einzelnen eingehend zu beantworten, und mancher wird irgend ein Anliegen wieder heimgenommen haben. Aber wir sind nicht um theoretischer Klarheit, sondern um praktischer Arbeit willen auf der Welt.

Der Landesleiter gab in einem Überblick Auskunft zu den wichtigsten schwebenden Anforderungen. Wir vereinigen uns zum Einhalten einer geraden Linie, müssen aber doch nach rechts und links schauen. Das Verhältnis zu einer sogenannten »Jungreformatorischen« Richtung[26] wurde dahin ausgedrückt: selbstverständlich wäre eine Mitarbeit derselben uns ganz erwünscht; jedoch haben sich die Vertreter derselben noch nie wahrhaft zu einer solchen angeboten, sondern im wesentlichen Bedenken gegen uns geäußert. Wer sich in die Führung der Reichsleitung Ludwig Müllers und damit Hitlers einordnet, ist uns jederzeit voll willkommen. Das gilt auch von jener Richtung. Mit dem Volksbund stehen wir gut; Konkurrenz herüber oder hinüber ist eigentlich undenkbar; man könnte und sollte zu beiden Gruppen gehören. Juden? Nein; die Glaubensbewegung wird nur deutschstämmige Christen in sich schließen. Warum muß auch immer wieder wegen der paar Fälle eine Schwierigkeit entstehen! Die jüdischen Christen sollen doch jetzt lieber still sich gedulden – und die »Deutschen« mit, die immer daran herumbohren. Betr. Katholiken ist in der letzten Nummer das Maßgebende geschrieben[27]. – Was die zahllosen religiösen Richtungen, Gemeinschaften und Sekten betrifft, so nehmen wir nur Mitglieder aus solchen Kreisen, die erstens von fremd-

[26] Siehe S. 91 ff. und S. 180 ff.

[27] »Deutscher Sonntag«, Ausgabe vom 23. 7. 1933.

ländisch-internationalen Beziehungen frei sind, zweitens nicht die Volkskirche bisher grundsätzlich bekämpften oder verneinten. Auch über den »Deutschen Sonntag« wurde gesprochen. Dem einen ist er zu sanft, dem anderen zu scharf und kämpferisch; also dürfte er wohl gerade recht sein. Weil immer wieder, beiläufig gesagt, über einen zu »scharfen, radikalen, rücksichtslosen« Kurs der Glaubensbewegung Deutsche Christen gejammert wird, sagen wir: wir sind uns der Einseitigkeit eines solchen Tones voll bewußt, aber auch seiner zeitweiligen Notwendigkeit. Sehr wohl kann man von innerer Liebe überströmen, tausend Hände ausstrecken und doch eine recht grobe, deutliche Sprache führen, wie etwa Martin Luther beweist. In unserer nun schon kampfgewohnten Zeit ist man doch nicht so empfindlich. Wenn entgegnet wird: »Ja, aber Christen, Pfarrer –«, bemerken wir, daß wir den Grundsatz der »Liebe« voll anerkennen, aber ihn nicht mit dem der Deutlichkeit streiten sehen. Das steht nirgends, daß ein Christ dauernd und in allem Leisetreter und Rückzieher sein soll. – Doch genug.

Abends unsere öffentliche Kundgebung im Festsaal der Liederhalle zu Stuttgart. Thema schon klar und packend: »Neue Kirche im neuen Staat.« Besuch über alles Erwarten groß und erfreulich. Orgel gewaltig; beim Gesang »Wir treten zum Beten . . .« ging spürbar ein neuer Geist durch alle. Was gesprochen wurde, ist alles einmütig, bekennermäßig, aufbauend gewesen. Wir hatten ja diese Kundgebung vorbereitet, ehe man von den Wahlen etwas ahnte. Es ehrte uns besonders, daß der Herr Landesbischof mit Familie anwohnte. Auch Professor D. Fezer weilte gerade hier und selbstverständlich dann in unserer Mitte. Der stellv. Reichsleiter, Pfarrer Loerzer-Berlin, kam gerade recht, um diesen unseseren Bekenntnisabend mitzuerleben und hernach im Norden von unserer Treue zu berichten. Wohl jedem nicht böswilligen und voreingenommenen Zuhörer wurde überzeugend klar, daß bei uns Soldaten Adolf Hitlers das Positive Christentum in guter Hut ist und daß wir es gegen alle seine Feinde verteidigen werden. Unserer Toten gedenkend, die auch als Deutsche Christen auf den Schlachtfeldern oder im Braunhemd ihr Leben gelassen, ließen wir den Abend im Horst-Wessel-Lied ausklingen; denn auch uns, die wir das Panier Christi tragen, kann keine bessere Losung werden als: »Die Fahne hoch, die Reihen dicht geschlossen!« . . .

Der Herausgeber des Evang. Kirchenblatts für Württemberg *schrieb über diese Tagung am 31. 7. 1933 in seiner Zeitschrift:*

. . . Die Pfingstbitte »Richt Dein Werk aus, daß aufgeh' rechter

Glaube[28]!« bewegt uns alle täglich. Auch in der vielbesprochenen Stuttgarter Versammlung der »Glaubensbewegung« mag mehr als einer den Wunsch im Herzen getragen haben, daß man doch dem Wind möchte rufen können, daß er wehe. Und bei manchem Satz, der unter den Hörern Beifall fand, möchte man bitten, daß es doch auch wirklich der Geist Gottes sein möge, dem man die Segel aufspannt. Es ist nicht Glaubenslosigkeit, wenn unsereiner so fragt, sondern die biblisch und aus der Erfahrung begründete Sorge vor der Dynamik. So möchte man jetzt alle, die beten können, aufrufen, daß sie die Menge der in unsrer Landeskirche zusammengefaßten Menschenseelen ansehen und den Herrn und Erbarmer anrufen, daß er nach der Weise seiner unfaßlichen Herablassung zu uns Sündern das Gebilde zurechtbringe, das wir zusammengefügt haben, und daß er seinen Geist und Evangelium im Landeskirchentag durchsetze. Er lasse etliche wirksam werden, die mit Wachen und Beten auf der Hut stehen und nach seinem Willen fragen, Christen, die mit der Fülle der Weisheit, des Rats und der Furcht des Herrn[28a] gegen allen äußern Zwang, auch gegen frommes Mundgeschwätz stehen, damit geredet werde, »was den Nächsten bauet«. Den Geist zwingen wir nicht herbei; aber daß man wenigstens nicht weiterpflege, was ihn im Äußern absperrt . . .

Zu einer weiteren Veranstaltung in Stuttgart wurde im Deutschen Sonntag *am 7. 7. 1933 eingeladen:*

Am Montag, 31. Juli, findet im Festsaal des Gustav-Siegle-Hauses (Leonhardsplatz) abends 8.15 Uhr eine Aufklärungs- und Werbeversammlung für die christlichen und Gemeinschaftskreise statt. Dabei spricht neben musikalischen Darbietungen Herr Evangelist Krupka (Vorstandsmitglied der Deutschen Zeltmission) über »Die Glaubensbewegung Deutsche Christen, ihren Sinn und ihr Ziel«. Zu diesem Vortrag wie zu der Landesversammlung ist einzuladen!

Ein Handzettel mit demselben Einladungstext war zum Verteilen bestimmt[29]. *Auf dessen Rückseite waren als* Gemeinsame Gesänge *Verse*

[28] Aus Ambrosius Blarers Pfingstlied »Jauchz, Erd, u. Himmel, juble hell«, Strophe 3; aus diesem Lied auch das Zitat am Ende des Abschnitts.

[28a] Jes 11,2.

[29] LKA Stuttgart, D 1, Bd. 43.

aus Liedern des Gesangbuches abgedruckt, als drittes Lied war vorgesehen[30] *:*

Wenn Christus will die Völker um sich scharen,
jauchzt ihm entgegen Deutscher Christen Treu.
Will er in Gnaden leuchtend neu sich offenbaren,
wohlauf, so brennt auch unsre Flamme neu.

Den braunen Heeren Adolf Hitlers reichen
wir Herz und Hand, mit ihnen eins zu sein;
das Hakenkreuz, es ist und bleibt auch unser Zeichen,
Und Jesu Kreuz strahlt drüber ewgen Schein.

Wenn andre zaudern, zweifeln ohne Glauben –
der Deutsche Christ hält seine Fahne hoch.
Er läßt sich Väterart und Heldenmut nicht rauben:
Was Luther uns erkämpft, es lebet noch!

Die Fahne hoch, die Reihen dicht geschlossen!
Auf, scharet euch und laßt euch nimmer los.
Das Blut, das opfernd einst am Kreuz für uns geflossen,
es macht zum Dienst am Volk uns stark und groß.

Der NS-Kurier *berichtete am 7. 8. 1933 über die Kundgebung*[31] *:*

... Den Hauptvortrag über »Die heiligen Ziele der Glaubensbewegung Deutsche Christen« hielt Evangelist Krupka, der seit Jahren in der Zeltmission tätig ist. Im Blick auf die Entstehung der Glaubensbewegung führte er aus: Der Nationalsozialismus ist eine nach allen Seiten hin abgeschlossene Weltanschauung, die dort eine offene Tür hat, wo es heißt, er stehe auf dem Boden des positiven Christentums. Die Männer, die bereit waren, durch diese offene Tür hindurchzuschreiten, gehören der Glaubensbewegung »Deutsche Christen« an, die nicht als Erwekkungsbewegung, sondern als eine kirchlich-religiöse Volks- und Kampfbewegung aus dem vom Nationalsozialismus erfaßten Volk hervorbrach. Sie will das alte Evangelium deutsch, d. h. so verkündigen, daß die Zuhörer es verstehen, daß sie gläubige Christen und gute Deutsche werden. Hierauf zeigte Stadtpfarrer Pg. Pressel in einer kurzen Ansprache das innerste Anliegen der Glaubensbewegung auf, das darin besteht, in unserem Volk, in dem der lebenszerstörende Glaube des Menschen an sich

[30] Diese Strophen waren nach der Melodie des »Horst-Wessel-Liedes« zu singen.

[31] Dieser Bericht des EPD wurde auch vom »Schwäbischen Merkur« in die Ausgabe vom 3. 8. 1933 übernommen.

selbst zerbrochen ist, um den neuen Menschen zu ringen, der nicht mehr spricht: Ich glaube an mich selbst, sondern: Ich glaube an Jesus Christus. Nach Ansprachen von Missionar Lohß, Fellbach, und Herrn Neundorf von der »Süddeutschen Vereinigung für Evangelisation und Gemeinschaftspflege« schloß Stadtpfarrer Pg. Schairer die eindrucksvolle Kundgebung. Ein Vers des Lutherliedes und der Segen beendeten den Abend.

Am 3. 7. 1933 veranstaltete die Glaubensbewegung Deutsche Christen in Ebingen einen Gemeindeabend[32]*:*

Für die Glaubensbewegung »Deutsche Christen« sprach heute abend im Zelt Herr Stadtpfarrer Heimerdinger, Balingen. Das Zelt war uns für diesen Abend von der Leitung der Zeltmission freundlichst zur Verfügung gestellt worden. Der Besuch war ein außerordentlich guter. Es mögen etwa 1500 Menschen gewesen sein, die das Zelt bis auf den letzten Platz füllten. Die SA-Kapelle spielte: Lobe den Herren, den mächtigen König der Ehren, und mächtig ertönte der Lobgesang in die abendliche Welt hinaus. Nach einer kurzen Einführung durch Stadtpfarrer Krauß sprach Stadtpfarrer Heimerdinger über »Reichskirche und Deutsche Christen«: . . . Wir sind kein Verein und keine Partei, sondern eine Bewegung, eine Bewegung aus dem Glauben an Gott und seinen verpflichtenden Willen. Wir gehen Hand in Hand mit der Bewegung, die aus unserem Volk ein Ganzes machen will und den totalen Staat schenken. Uns treibt eine innige Liebe zum Volk. Wir wollen es wieder zu dem führen, der es geschaffen hat. Es geht uns nicht um Wenn und Aber, um Sicherungen gegenüber dem Staat, sondern wir wollen das Evangelium mit großem Glauben, Lieben und Hoffen in unser Volk hineintragen. Wir wollen uns einordnen mit ganzer Freude in die neuwerdende Volksgemeinschaft. Wir glauben mit Luther, daß die Kirche »die edelste Gemeinschaft, die alleredelste Bruderschaft« ist. Das soll die Deutsche Reichskirche uns werden in dem durch den Kampf des Führers und seiner Getreuen und durch Gottes Gnade geeinten Volk. – Nach dem Lied: »Wachet auf! ruft uns die Stimme . . .« sprach der Leiter der Ortsgruppe der NSDAP, Hauptlehrer Scholl. Er zeigte an Worten des Führers und des Kultministers Schemm, mit welch großer Erwartung und mit welch starkem Glauben die Bewegung dem ewigen Gott gegenüberstehe, und wie sehr deshalb die Partei die Glaubensbewegung begrüße, die an ihrer

[32] »Deutscher Sonntag«, Ausgabe vom 30. 7. 1933.

Seite kämpfen wolle um ein im Innersten geeintes deutsches Volk. Auch der Leiter der Zeltmission, Rektor Trappmann, dankte noch mit kurzen Worten für den Abend und zeigte, daß auch ihre Arbeit in demselben Sinne geschehe und aus derselben Liebe zu unserem Volk. Das Lutherlied »Ein' feste Burg ist unser Gott«, von der SA-Kapelle gespielt und von der Menge der Besucher stehend gesungen, schloß die Feier, von der wir in aller Demut sagen dürfen: Es war eine Glaubenskundgebung im vollen Sinn des Wortes. Über 200 Glieder unserer Gemeinde haben sich heute abend der Bewegung angeschlossen.

Über ein Treffen der württembergischen Hitlerjugend am 9. 7. 1933 berichtete Otto Lohß[33]*:*

Für die württembergische Jugend im Braunkleid war am 9. Juli ein besonderer Tag. Da war ihr großes Treffen in Stuttgart. An diesem Sonntagmorgen faßte der Marktplatz die Menge nicht beim großen Feldgottesdienst. 11 000 Jugendliche waren angemeldet, 22 000 waren gekommen! Viele standen in den Seitenstraßen. Leider hörten nicht alle das zündende Predigtwort von Stadtpfarrer Ettwein. Aber als das Lutherlied und das »Niederländische Dankgebet« an den alten Giebeln emporbrauste und weithin tönte über Dächer und Türme weg, da wurden wohl auch die Fernstehenden ergriffen von der Größe des Erlebens. Und im Schloßhof, als die Führer des Staats zur Jugend redeten, da achtete sie wohl der drückenden Schwüle nicht und lauschte mit Ohr und Herz. Das war ein »deutscher Sonntag« für die Jugend, wie ihn Württemberg noch nie gesehen hatte. Und am Samstag abend zuvor, wer es miterlebt hat, dem wird es zeitlebens unvergeßlich bleiben! Da zogen auf dem Cannstatter Wasen die braunen Scharen auf bei klingendem Spiel mit wehenden Fahnen und Wimpeln. Der Einmarsch begann bei sinkender Sonne, und noch war er nicht zu Ende, als längst die Sterne am nächtlichen Himmel flimmerten. Weit in der Runde des Sportplatzes leuchteten die Fackeln. Die Musik verstummte. Des Landes Kultminister, Professor Mergenthaler, durch lange Jahre einer der vordersten Kämpfer im Braunhemd, SA-Führer Ludin und Jugendführer Wacha richteten markige Worte an die Lauschenden. Wimpel und Fahnen senkten sich beim schweigenden Gedenken an die gefallenen Helden des Weltkrieges und der Freiheitsbewegung, die treu waren bis in den Tod. Dann großer Zapfenstreich! Trommeln wirbeln, Pfeifen trillern, Trompeten schmet-

[33] »Deutscher Sonntag«, Ausgabe vom 30. 7. 1933.

tern! Getragene Musik: Sie bricht ab. Das Kommando dröhnt über die unabsehbaren Scharen: »Mützen ab zum Gebet!« Tief ergriffen stehen sie alle; wieder senken sich Wimpel und Fahnen und mit den feierlichen Klängen der Musik steigt es aus tausend und abertausend Herzen empor zum schweigenden, flimmernden Nachthimmel: »Ich bete an die Macht der Liebe, die sich in Jesu offenbart.« Ich weiß von einem Vater und einer Mutter, die fünf eigene Kinder bei der braunen Schar sahen, dieweil der älteste Sohn in der Ferne bei der SA steht. O große Zeit, die wir erleben dürfen, wir Eltern mit unseren Kindern! Wie sagte doch neulich ein Unterbannführer, der mehr als 400 Hitlerjungen führt und dafür alle freie Zeit opfert: »Wir in der Hitlerjugend brauchen und wollen Christus!« Stimmt das nicht überein mit dem Wort, das der Führer Adolf Hitler einmal sprach: »Ich warte auf den Christus!«? Jugend im Braunhemd, wir wünschen dir Glück! Heil Hitler!

Weitere Veranstaltungen der Glaubensbewegung Deutsche Christen fanden Anfang Juli 1933 in Stuttgart-Möhringen statt, wo Pfarrer Dr. Schairer sprach[34]*, und ebenfalls Anfang Juli 1933 in Stuttgart-Rohr, wo Pfarrer Haage, Musberg, über* Die kirchliche Lage *referierte*[35]*. Bei beiden Kundgebungen ergriffen auch die Ortsgruppenleiter der NSDAP das Wort. Bei einer Veranstaltung der Evang. Kirchengemeinde Ravensburg sprach Pfarrer Pressel Ende Juli 1933 über* Die evang. Kirche im neuen Staat[36].

[34] Siehe »NS-Kurier«, Ausgabe vom 12. 7. 1933.

[35] Siehe »NS-Kurier«, Ausgabe vom 14. 7. 1933.

[36] Siehe »NS-Kurier«, Ausgabe vom 31. 7. 1933. Vgl. dazu weiterhin die Veranstaltungen, die von seiten der Landeskirche stattfanden: Bei der 90. Jahresversammlung des Württ. Hauptvereins der Gustav-Adolf-Stiftung am 2./3. 7. 1933 in Göppingen traten die großen kirchenpolitischen Themen offenkundig ganz in den Hintergrund (»NS-Kurier«, Ausgabe vom 3. 7. und 5. 7. 1933). Auf dem 57. Jahresfest der Evang. Brüder- u. Kinderanstalt Karlshöhe in Ludwigsburg am 30. 7. 1933 sprach ein Diakon über die religiöse Erneuerung der Kirche innerhalb »der großen Bewegung, die durch unser Volk geht« (»NS-Kurier«, Ausgabe vom 4. 7. 1933). Bei der Freizeit der »Freien Volkskirchlichen Vereinigung« vom 3. bis 7. August im Evang. Landschulheim Kloster Urspring referierte Präsident Dr. Reinöhl von der Ministerialabteilung für Volksschulen, Stuttgart, über »Vererbung und Gottesglaube«, Prälat D. Schoell über das Problem der erblich Belasteten und Asozialen. Die Evang.-Kirchliche Vereinigung hielt vom 21. bis 25. August eine Freizeit in Bad Boll mit einem Vortrag von Pfarrer Schlaich, Stetten/Remstal, über »Der Christ und sein Leib«, der auch auf das Problem der Bevölkerungspolitik einging (KAW, Ausgaben vom 3. 8. und 12. 10. 1933; EKBlW, Ausgaben vom 30. 9. und 31. 10. 1933). Die Haller Konfe-

Nach der Sommerpause fand am 6. 9. 1933 in Stuttgart-Gaisburg im Zelt der Deutschen Zeltmission eine weitere Kundgebung der Glaubensbewegung Deutsche Christen statt mit einer Rede von Pfarrer Hilzinger. Der NS-Kurier *faßte am 9. 9. 1933 das Ergebnis in die Sätze zusammen:* Die Glaubensbewegung ist in Gaisburg lebendig geworden und wird Früchte tragen. Das walte Gott. *In der Stuttgarter Rosenbergkirche sprach schließlich am 8. 9. 1933 Pfarrer Dr. Hutten über die Glaubensbewegung*[37].

Während der Krise in der Glaubensbewegung Deutsche Christen plante diese vom 18. bis 27. 9. 1933 einen ersten Führerschulungskurs auf der Comburg bei Schwäbisch Hall, der im Deutschen Sonntag *vom 3. 9. 1933 angekündigt wurde:*

Das Programm liegt in den Grundlinien fest:

Montag, 18. September: Anreise, abends 8 Uhr: Begrüßung und Bericht durch den Landesleiter.

Dienstag: Bibelandacht. Professor Odenwald, Heidelberg: Die religiöse Lage der Gegenwart. Mittags: Professor A. D. Müller, Leipzig: Der Mythus des 20. Jahrhunderts. Abends Aussprache.

Mittwoch: Professor Rückert, Tübingen: Die Christianisierung der Germanen. Professor Bornkamm, Gießen: Luther als Deutscher.

Donnerstag: Professor Schumann, Halle: Was ist artgemäßiges Christentum? Direktor Bäuerle: Die Comburger Volksbildungsarbeit.

Freitag: Stadtpfarrer Pressel: Die Deutsche Evang. Kirche. Pfarrer Rehm: Das römische Konkordat.

Samstag: Volksmissionar O. Lohß: Die volksmissionarische Aufgabe der Gegenwart. Dekan Otto: Die Zukunft des Evang. Volksbundes.

Sonntag: Gottesdienst. Ausmarsch.

Montag: Professor Weiser, Tübingen: Unsere Stellung zum Alten Testament. Assistent Stroh: Das Alte Testament in der Schule.

Dienstag: Dr. Hutten, Stuttgart: Die Judenfrage. Leitung der Aussprache: Professor Kittel, Tübingen.

Mittwoch: Zusammenfassung. Schluß des Kurses nachmittags.

Einzelheiten können sich noch ändern.

renz vom 4. bis 6. September brachte Vorträge von Prof. Dr. Gerber, Tübingen, über »Deutscher Staat und Deutsche Kirche«, von Pfarrer Weber, Stuttgart, über den Evang. Volksbund und von Prof. D. Faber, Tübingen, über »Die künftige Ausbildung der Theologen« (KAW, Ausgabe vom 9. 9. 1933).

[37] Siehe »NS-Kurier«, Ausgabe vom 5. 9. 1933 und vom 12. 9. 1933.

Organisation

Die Organisation der Glaubensbewegung sollte durch das Rundschreiben vom 30. 6. 1933 gestärkt werden[38]*:*

An alle Kreis- und Ortsgruppenleiter der Glaubensbewegung

Liebe Freunde!

1. Unser Schirmherr, Wehrkreispfarrer Ludwig Müller, hat die Leitung des deutschen evangelischen Kirchenbundes übernommen[38a]. Damit ist der Kampf der Glaubensbewegung mit einem unerwarteten Sieg gekrönt worden. Wir wollen nun aber nicht müde werden. Es beginnt jetzt die große positive Arbeit der Neugestaltung der evangelischen Kirche im Reich und in den Ländern. Die Front unserer Gegner ist noch stark. Ein in diesen Tagen im Land verbreiteter Aufruf Bodelschwinghs bekundet, daß er und die hinter ihm stehenden reaktionären, deutschnationalen Kreise nicht gewillt sind, die neue Lage der Dinge anzuerkennen, sondern mit allen Mitteln versuchen, ihre Herrschaft zu erhalten[39].

Es ist jetzt Hauptaufgabe der Glaubensbewegung, durch emsige Aufklärung des Kirchenvolks unserem verehrten Schirmherrn Ludwig Müller überall den Boden zu bereiten, auf dem er das Einigungswerk des deutschen Protestantismus durchführen kann, damit die evangelische Kirche volksverbunden und das Herz der Nation wird. Alle Veranstaltungen der Glaubensbewegung dienen dem Ziel, evangelische Kirche und nationalsozialistisches Christenvolk in engste und lebendige Verbindung zu bringen, und sind außerdem zu Vertrauenskundgebungen für unseren Reichsbischof Ludwig Müller zu gestalten. In etlichen Bezirken des Landes haben die Kreisleiter bereits mit Eifer und Tatkraft unsere Aktion in die Hände genommen. Andere Bezirke stehen noch zurück. Wir bitten dringend, überall mit größter Aktivität zu wirken, damit mit der nationalen Erhebung sich eine religiöse Erweckung und Vertiefung des deutschen Volkes verbindet.

[38] LKA Stuttgart, D 1, Bd. 42; zu den Auseinandersetzungen um die Reichskirche siehe S. 248 ff. Zur Bildung von Ortsgruppen war schon am 15. 6. 1933 und am 22. 6. 1933 im »NS-Kurier« aufgerufen worden. Vgl. auch die Mitteilung der Glaubensbewegung in der Ausgabe des »NS-Kurier« vom 30. 6. 1933 über den »weiteren Vormarsch« und über die Aufnahme von Kontakten zur Gauleitung der NSDAP.

[38a] Müllers Verfügung zur Behebung der Notstände in Kirche und Volk vom 28. 6. 1933, GB 139, S. 90.

[39] Siehe S. 145 ff.; vgl. dazu auch den Artikel Rehms im »NS-Kurier«, Ausgabe vom 30. 6. 1933, S. 260 ff.

2. Die Glaubensbewegung erhebt zunächst keine Mitgliedsbeiträge, dagegen sollte jedes Mitglied tunlichst das Organ der Glaubensbewegung in Württemberg »Deutscher Sonntag«, Verlag W. Kohlhammer, Stuttgart-O, Urbanstraße 14, halten. Probenummern können in jeder beliebigen Anzahl beim Verlag bestellt werden. Bitte diese Gelegenheit benützen!

3. Zellen- und Ortsgruppenleiter sind überall aufzustellen. Sie werden auf Vorschlag der Kreisleiter von der Landesleitung eingesetzt.

4. Nächstdem gelangen Formulare für Mitgliederaufnahme und -verpflichtung zum Versand. Auch die bisherigen Mitglieder werden gebeten, diese Verpflichtungsformulare auszufüllen und der Organisationsleitung (Pfarrer Rehm, Simmersfeld) zuzusenden, worauf ihnen eine Mitgliedskarte ausgehändigt wird.

5. Auf die wöchentlichen Bekanntmachungen der Glaubensbewegung im »NS-Kurier« und im »Deutschen Sonntag« wird besonders hingewiesen; bei Beachtung derselben werden viele Anfragen erspart.

6. Die den Kreisleitern aus ihrer Arbeit entstehenden Unkosten hoffen wir ihnen später ersetzen zu können. Fürs erste bitten wir herzlich, diese Kosten selbst zu tragen eingedenk der großen Opfer, welche die Bewegung Adolf Hitlers und ihre alten Kämpfer in selbstverständlicher Weise jahrelang gebracht haben.

7. Die Unkosten für Saalmiete sollen womöglich durch Tellersammlungen gedeckt werden. Nachdem unser Schirmherr der Führer des deutsch-evangelischen Kirchenbunds ist, dürfte es auch möglich sein, Veranstaltungen der Glaubensbewegung in Gemeindehäusern zu halten. Wo sich hierin Schwierigkeiten ergeben oder die örtlichen Instanzen der Kirchengemeinde das ablehnen, bitten wir um sofortige Mitteilung. Andererseits ist aber auch zu empfehlen, weltliche Lokale zu benützen, um dadurch Bevölkerungskreise zu erreichen, welche zunächst vielleicht noch in keinen kirchlichen Raum kommen wollen.

8. Bezüglich der Fühlungnahme mit den NS-Ortsgruppen und NS-Frauenschaften wird auf Punkt 5 des letzten Ausschreibens vom 22. Juni verwiesen[40]. Es sollte überall ein Hand in Hand-Arbeiten erreicht werden.

9. Die Kreisleiter werden gebeten, überall in ihren Bezirken das Treiben der Sekten schärfstens zu beobachten und etwaige Verstöße derselben gegen die neuen staatlichen Verordnungen sofort der Landesleitung unter

[40] Dieses Rundschreiben befindet sich nicht bei den Akten.

Beifügung genauen, einwandfreien Materials zu melden[40a]. Besonders ist darauf zu achten, ob sich die Neuapostolischen oder Ernsten Bibelforscher mit einem anderen Namen tarnen (z. B. »Neue Erde«), um auf diese Weise ihr Hetzwerk weiter zu führen.

10. Die Kreisleiter werden noch einmal gebeten, für pünktliche Ablieferung der Beiträge seitens der Kollegen in unserer Bewegung (monatlich 1 Mark) an Pfarrer Weber, Stuttgart, Städtische Girokasse Stuttgart, Girokonto Nr. 27 910, besorgt zu sein. Außerdem wird sich empfehlen, etwa anläßlich von Diözesanvereinen regelmäßig Besprechungen mit unseren Pfarrbrüdern der Glaubensbewegung abzuhalten und sie über die augenblickliche Lage zu orientieren. Jeder Kreisleiter ist verpflichtet, sich immer auf dem laufenden zu halten, um jederzeit in seinem Bezirk aufklärend eingreifen zu können. Es wird dabei noch einmal auf den Reichspressedienst der Glaubensbewegung (Verlag Max Grevemeyer, Berlin-Charlottenburg, Wilmersdorfer Straße 95) und »Evangelium im Dritten Reich« (zu beziehen durch die Post) hingewiesen.

Für allen bisherigen treuen Dienst in den letzten schweren Wochen danken wir herzlich und bitten, in treuer Kampfgenossenschaft für Kirche und Volk und unsere Führer Adolf Hitler und Ludwig Müller zusammenzustehen.

Heil Hitler!

Organisationsleitung: Rehm. Landesleitung: Schairer.

Neben dem Ausbau der Gemeindearbeit widmete sich die Landesleitung der Glaubensbewegung Deutsche Christen im Sommer 1933 auch dem Ausbau der inneren Organisation. Am 6.7.1933 schrieb Pfarrer Dr. Schairer an Pressel über die Bildung eines Führerrates[41]:

Lieber Freund Pressel!

Es ist gestern, wo Du leider verhindert warst, klar ausgesprochen worden, daß die hier anwesenden Mitarbeiter, also Du, Hilzinger, später Rehm und ich selbstverständlich den eigentlichen Führerrat zu bilden haben, also eine Art »Aktionskomitee«, um einen guten »deutschen« Namen für diese Bildung zu prägen. Von Breining haben wir abgesehen; dagegen war nun doch die Überlegung da: die beiden anderen Organisationsleiter Krauss (statt Breining) und Häcker dem »Führerrat« gleichberechtigt zu aggregieren. Wobei gerade diese Freunde als selbstverständ-

[40a] Zum Zusammenhang siehe OKR Stuttgart, Registratur, Generalia Bd. 160.

[41] LKA Stuttgart, D 1, Bd. 43; vgl. auch Bd. 1, S. 334 ff.

lich anerkannten, daß wir vier in Stuttgart in der Hauptsache allein die Dinge ausarbeiten werden.

Das Vorhandensein einer mehr irenischen, theologisch unterbauten und einer mehr aggressiven, agitatorischen »Richtung« muß natürlich klar gesehen, braucht aber wohl nicht bedauert zu werden. Eine hundertprozentige Homogenität ist ja undenkbar. Nur wäre dann zu wünschen, daß man sich gegenseitig in Geduld und in Erkenntnis der Notwendigkeit trägt, stützt, fördert. Daß die Aggressiven hiebei weniger leicht zu traktieren sind, liegt in der Natur der Sache; aber die »Bedenken« der anderen, die wir gewiß nicht nur als Nörgelei abtun dürfen, bilden natürlich für Heißsporne eine ebensolche Belastung, wie man lächelnd zugeben kann. So wird nun ein Organisationsplan vorgelegt werden. Die Klausel, daß bei allen wichtigen Maßnahmen der Organisation auch der Landesleiter gegenzeichnen solle, habe ich nicht aus »Machtstreben«, sondern zur Kontrolle Rehms hineingewünscht, damit er nicht anfängt, eigenmächtig ins Land hinaus zu funken. Für heute in Zeitgedränge diese kurze Nachricht und eine treue Bruderhand!

Heil Hitler! Dein J. B. Schairer.

Im Rundschreiben Nr. 4 vom 7. 7. 1933 teilte die Landesleitung der Deutschen Christen Allen Kreis- und Ortsgruppenleitern der Glaubensbewegung *die Einteilung Württembergs in Organisationsbezirke mit*[42]*:*

Liebe Freunde!

1. Im Einvernehmen mit dem Führerrat hat die Landesleitung beschlossen, Württemberg in 5 Organisationsbezirke einzuteilen. Die für diese Bezirke bestellten Organisationsleiter bauen und leiten die Glaubensbewegung in ihren Organisationsbezirken nach den Anordnungen der Landesleitung und Landesorganisationsleitung. Die einzelnen Bezirks- und Ortsgruppenleiter werden hiemit angewiesen, sich in Fragen der Organisation und Propaganda jeweils an ihren Kreis- bzw. Organisationsleiter zu wenden und nicht mehr direkt an die Landesleitung.

Organisationsleiter I: Stadtpfarrer Hilzinger, Stuttgart-N, Am Kochenhof 7. Organisationsbezirk: Groß-Stuttgart.

Organisationsleiter II: Stadtpfarrer Pressel, Stuttgart-W, Evang. Oberkirchenrat, Alter Postplatz 4. Organisationsbezirk: Die Oberämter Tübingen, Reutlingen, Kirchheim, Nürtingen, Esslingen (Filder), Böblin-

[42] OKR Stuttgart, Registratur, Generalia Bd. 115cIV.

gen, Rottenburg, Balingen, Tuttlingen, Urach, Münsingen, Blaubeuren, Waiblingen.

Organisationsleiter III: Pfarrer Krauss, Bondorf, Oberamt Herrenberg. Organisationsbezirk: Die Oberämter Rottweil, Schwenningen, Oberndorf, Horb, Freudenstadt, Nagold, Herrenberg, Calw, Neuenbürg, Leonberg, Vaihingen/Enz, Maulbronn.

Organisationsleiter IV: Pfarrer Rehm, Simmersfeld, Oberamt Nagold. Organisationsbezirk: Die Oberämter Ludwigsburg, Marbach, Backnang, Schorndorf, Welzheim, Gmünd, Gaildorf, Hall, das ganze Franken, Bietigheim, Heilbronn, Aalen.

Organisationsleiter V: Pfarrer Häcker, Uhingen, Oberamt Göppingen. Organisationsbezirk: Die Oberämter Göppingen, Geislingen, Heidenheim, Ulm und das ganze Oberland.

Diese Einteilung des Landes dient der besseren Durchorganisation der Glaubensbewegung.

2. Als Redner für Versammlungen der Glaubensbewegung stehen zur Verfügung: Stadtpfarrer Dr. Schairer, Stuttgart-Hedelfingen; Pfarrer Rehm, Simmersfeld, Oberamt Nagold; Stadtpfarrer Pressel, Stuttgart-W, Alter Postplatz 4; Missionar Lohß, Fellbach; Pfarrer Krauss, Bondorf, Oberamt Herrenberg; Pfarrer Häcker, Uhingen, Oberamt Göppingen; Pfarrer Neidhardt, Ruit bei Stuttgart; Pfarrer Breining, Kleinaspach, Oberamt Marbach; Pfarrer Weber, Stuttgart-S, Tübinger Straße 16; Stadtpfarrer Hilzinger, Stuttgart-N, Am Kochenhof 7; Pfarrer Schreiber, Onolzheim, Oberamt Crailsheim; Pfarrer Nothwang, Rieden, Oberamt Hall.

Weitere Freunde, die bereit sind, auch außerhalb ihrer Bezirke zu reden, werden gebeten, es der Landesorganisationsleitung zu melden. Den Rednern sollen von der Ortsgruppe die Reisekosten ersetzt werden.

3. Die Amtswalter werden gebeten, die sich zum Bezug des »Deutschen Sonntag« meldenden Volksgenossen überall in Agenturgruppen zusammenzufassen und den aufgestellten Agenten dem Verlag Wilhelm Kohlhammer, Stuttgart-O, Urbanstraße 14, mitzuteilen.

4. Es wird noch einmal darauf hingewiesen, daß jederzeit vom Verlag Kohlhammer Werbeexemplare in beliebiger Anzahl kostenlos angefordert werden können, wovon wir regen Gebrauch zu machen bitten. Schon jetzt kann man sagen, daß der »Deutsche Sonntag« ein schon lange bestehendes allgemeines Bedürfnis erfüllt; das zeigen die vielen Bestellungen, die täglich eingehen. Die Glaubensbewegung ist in raschem Fortschreiten begriffen.

5. Die »Jungreformatorische Bewegung«[43] verteilt neuerdings ganz unverantwortliche Flugblätter zur Kirchen- und Bischofsfrage; dies hat die Landesleitung veranlaßt, ein Flugblatt zur Abwehr dieser Irreführung der Öffentlichkeit zu schaffen; das Flugblatt wird in den nächsten Tagen den Bezirken zugehen; um rege Verbreitung wird gebeten.

Landesorganisationsleitung: Rehm. Landesleitung: Dr. Schairer.

Das Rundschreiben Nr. 7 vom 4. 8. 1933 An alle Kreis- und Ortsgruppenleiter der Glaubensbewegung *stellte das Programm für die weitere Arbeit der Glaubensbewegung auf*[44]*:*

Liebe Freunde!

1. Die kirchlichen Wahlen vom 23. Juli haben der Glaubensbewegung »Deutsche Christen« überall große Erfolge gebracht. Auch in Württemberg besitzen wir im Landeskirchentag die absolute Mehrheit; die Kirchengemeinderatswahlen im Land sind vielfach noch besser ausgefallen. Wir haben damit auch in Württemberg den ersten Kampfabschnitt siegreich erreicht. Indessen ist noch nicht zu erwarten, daß die Exponenten des individualistischen Liberalismus auf Grund dieser Wahlergebnisse freiwillig ihre kirchlichen Machtpositionen aufgeben; sie gedenken vielmehr, trotz des Willens des Kirchenvolks weiterhin im Kirchenregiment zu bleiben. Solange das der Fall ist, gibt es keine »Neue Kirche im Neuen Reich« und wird alles sabotiert, was zur Erneuerung der Kirche von uns erarbeitet oder gewünscht wird. Darum steht die Glaubensbewegung auch in Württemberg für den Herbst und Winter vor dem entscheidenden Durchbruchskampf. Außerdem kann die Reichsbischofsfrage mit Leichtigkeit noch schwere Kämpfe auslösen. Die Landesorganisationsleitung ist der Reichsleitung dafür verantwortlich, daß bis September die Glaubensbewegung in Württemberg über eine straffe, gut gegliederte und schlagkräftige Organisation über das ganze Land hin verfügt. Dementsprechend ordne ich folgendes an:

a) Bis 1. September müssen zum mindesten an allen wichtigeren Orten des Landes Ortsgruppen oder Zellen der Glaubensbewegung Deutsche Christen gegründet sein. Das Sonntagsblatt der Glaubensbewegung Deutsche Christen »Deutscher Sonntag« muß in jedem Weiler gelesen werden.

[43] Siehe S. 91 ff. u. S. 180 ff.; das Flugblatt fehlt bei den Akten.

[44] OKR Stuttgart, Registratur, Generalia, Bd. 115cIV; zu den kirchlichen Wahlen siehe S. 294 ff.

b) Die Mitglieder der Glaubensbewegung Deutsche Christen sind zu einem Aktivismus zu erziehen, vor dem überall die jungreformatorischen und liberalistischen Kreise und Pfarrer nebst allen, am Dritten Reich mißvergnügten christlichen Kreisen zurückweichen müssen. Es darf hinfort niemand mehr wagen, die Glaubensbewegung Deutsche Christen oder das nationalsozialistische Christenvolk als Christenheit zweiter Klasse zu diffamieren, wie das in reichem Maß anläßlich der kirchlichen Wahlen von Dekanen und Pfarrern geschah. Dieser verantwortungslosen Verleumdung muß ein rasches Ende bereitet werden von einer aktivistischen Glaubensbewegung, die sich um der Ehre Adolf Hitlers und der nationalsozialistischen Bewegung willen solche Diffamierungen nicht mehr bieten läßt.

c) Bis 1. September melden die Ortsgruppenleiter an die Kreisleiter die Zahl ihrer Ortsgruppen-Mitglieder und Leser des Sonntagsblatts nebst Beifügung eines Berichts über die kirchliche Lage an ihrem Ort und ihre bisherige Tätigkeit.

d) Bis 10. September melden die Kreisleiter ihrem Organisationsleiter die Zahl und Namen ihrer Ortsgruppen und Zellen samt Mitgliederstand unter Anschluß eines Berichts über die Lage in ihrem Bezirk.

e) Bis 15. September legen die Organisationsleiter einen Gesamtbericht über ihren Organisationsbereich der Landesorganisationsleitung vor.

Diese Termine müssen unbedingt eingehalten werden. Wer seine Verpflichtungen als Amtswalter der Glaubensbewegung Deutsche Christen nicht erfüllen kann, wird um der Sache willen gebeten, sein Amt freiwillig zur Verfügung zu stellen. Restloser Einsatz und kompromißloser Kampf ist das Gebot der Stunde im Ringen um die neue Kirche gegen die Exponenten eines abgewirtschafteten Zeitalters.

2. Die Hast, in der die Vorbereitungen zu den Wahlen getroffen werden mußten, hat es zwangsläufig mit sich gebracht, daß nicht alle Einzelinteressen und Wünsche einzelner Wahlbezirke restlos befriedigt werden konnten. Dies liegt in der Natur der Sache. Die da und dort entstandene Mißstimmung ist deshalb vollkommen ungerecht. Die »Kampfgruppe Deutsche Christen« im neuen Landeskirchentag wird beweisen, daß sie ihres Auftrags würdig ist und mit Recht das Vertrauen der nationalsozialistischen christlichen Kreise besitzen darf.

3. An etlichen Orten des Landes haben sich anläßlich der Wahlen Komplikationen ergeben. Wo diese örtlich nicht zu unserer Zufriedenheit geregelt werden können, ist dem Kreisleiter und darüber hinaus dem

Organisationsleiter zu berichten. In größeren, schwerwiegenden Fällen ist allein die Landesleitung zuständig, wie sich auch die Landesleitung die Endentscheidung aller Fälle vorbehält. Die Amtswalter der Glaubensbewegung Deutsche Christen haften dafür, daß nirgends ein fauler Friede oder Kompromiß geschlossen, sondern die Ehre der Glaubensbewegung Deutsche Christen voll und ganz gewahrt wird. Unsere Gegner müssen endlich Achtung und Respekt vor unserer Bewegung bekommen: das sind wir unserem Führer Adolf Hitler schuldig.

4. Es ist insbesondere dafür Sorge zu tragen, daß in allen Gemeinden unsere Kirchengemeinderatsmitglieder sich zu Zellen zusammenschließen und an ihren Orten den Grund zu einer Ortsgruppe der Glaubensbewegung Deutsche Christen bilden.

5. Vom 18. bis 27. September veranstaltet die Landesleitung auf der Comburg bei Schwäbisch Hall einen Führerschulungskurs, zu dem Pfarrer und Laien dringend eingeladen werden. Verpflegung und Wohnung täglich 2,50 Mark. Führer der Glaubensbewegung und Hochschuldozenten werden alle brennenden Fragen behandeln. Näheres wird noch mitgeteilt[45]. Anmeldungen an die Landesleitung.

6. Das Oberland ist ab 1. August vom Organisationsbezirk V losgelöst und zu einem eigenen Organisationsbezirk VI (Süd), Leitung Stadtpfarrer Dr. Steger, Friedrichshafen, gemacht worden. Der Organisationsbezirk V (jetzt Ost) – Pfarrer Häcker, Uhingen – umfaßt die Kreise Göppingen, Geislingen, Heidenheim, Ulm, Blaubeuren. Unter Dr. Steger, Friedrichshafen, stehen die Kirchenbezirke Biberach und Ravensburg.

Auf verschiedene Anfragen wird mitgeteilt, daß unsere Kreise mit den Wahlbezirken zum Landeskirchentag zusammenfallen. Es gibt also im ganzen 49 Kreise. Die einzelnen Kreisleiter wollen demgemäß ihre Bereiche abgrenzen.

7. Bei allen Versammlungen der Glaubensbewegung ist für den Kampfschatz der Glaubensbewegung zu sammeln. Nach Abzug der Versammlungskosten ist ein Viertel des Ertrags an die Landeskasse, Stadtpfarrer Dr. Schairer, Stuttgart-Hedelfingen, für Glaubensbewegung, Postscheck Stuttgart 4040 oder Städtische Girokasse Stuttgart 29602 (Glaubensbewegung Deutsche Christen) abzuliefern. Die regelmäßigen Monatsbeiträge (1 Mark) der Pfarrbrüder gehen nach wie vor an Pfarrer Weber, Evang. Volksbund, Stuttgart, Tübinger Straße 16, Städtische Girokasse Stuttgart, Girokonto 27910.

[45] Siehe S. 446.

8. Es ist darauf zu achten, daß auf 1. Oktober seitens unserer Mitglieder und Freunde der »Deutsche Sonntag« fest bei der Post oder beim Ortsagenten bestellt wird, da am Quartalsübergang Gelegenheit zum Wechsel im Bezug von Sonntagsblättern möglich ist. Werbenummern des »Deutschen Sonntag« können kostenlos beim Verlag W. Kohlhammer, Stuttgart-O, Urbanstraße 14, in beliebiger Anzahl angefordert werden, was immer vor Versammlungen der Glaubensbewegung Deutsche Christen geschehen soll. Außerdem gibt die Landesleitung noch ein besonderes Werbeblatt für den »Deutschen Sonntag« heraus, das ebenfalls beim Verlag Kohlhammer angefordert werden kann.

9. Mit der Aufnahme der Herbst- und Winterarbeit kann nicht früh genug begonnen werden angesichts der großen Aufgaben, die vor uns stehen. Wir bitten allenthalben um eifrige, tatkräftige Mitarbeit und danken herzlich für allen treuen Dienst.

Heil Hitler!

Landesorganisationsleitung: Rehm. Landesleitung: Dr. Schairer.

Anfang September 1933 schrieb Schairer über die Ziele der Deutschen Christen im Deutschen Sonntag[46]*:*

1. Auf viele Fragen des Inhalts, was denn eigentlich die Glaubensbewegung Deutsche Christen Neues, bisher nicht Gesehenes bringe, antworten wir gerne. Offenbar leben viele der Meinung: entweder finde bei uns nur ein Aufwärmen längst bekannter Wahrheiten statt oder aber – wir machten uns nur wichtig ohne rechten inneren Grund. Beides stimmt nicht.

a) Neu ist bei uns unbedingt die Hinzielung des frommen, auch des kirchlichen Lebens auf den Bestand unseres Volkes. Daß man ein rechter Christ sein und Gottes Wort halten müsse, das wußte man sicher auch bisher. Indessen tat das jeder sozusagen für sich oder nur in seinem nächsten Kreise. Jetzt heißt es: Trage nicht nur dich und die Deinen, sondern trage dein ganzes Volk in betenden und arbeitenden Händen! Seine Rettung hängt eben davon ab. Diese Wahrheit hat eine Kehrseite: daß man unsererseits auch dem Volke deutlicher denn je die – allerdings alte – Wahrheit vorhalten kann: »Du Volk lebst nicht nach natürlichen Gesetzen. Nein, nach denen gehst du zugrunde. Sondern nur die Bewahrung der heiligen Gottesordnungen erhält dir dein Leben und

[46] Ausgabe vom 10. 9. 1933. Vgl. dazu den Brief Pressels vom 12. 8. 1933 an Schairer, S. 459 ff.

macht dich fruchtbar! Auch dein Gesamtleben ruht in Gottes Wort. Ja – du bist gar kein richtiges ›Volk‹ und wirst nie eines, wenn nicht die tiefste, am Kreuz Christi verankerte Opferliebe dich durchdringt.« Die Volksglocke läutet neu. b) Ferner: Bisher war man auf kirchlichem Boden recht sehr auf die »Freiheit« des einzelnen bedacht. Nur behutsam, ganz schonend trat man dem anderen näher, und wenn er »nicht wollte«, so streckte man die Waffen. Sicher ist diese Freiheit vor Gott wichtig und nötig. »Im Glauben ist der Christ ein freier Herr aller Dinge und niemandem untertan[46a].« Aber – wo es sich um Ordnungen auf dieser Erde, wo es sich um Erziehung der Unmündigen, um Leitung der Schwachen handelt – und wer ist nicht schwach! –, da erkennen wir nun das Neue – mag's ein Altes sein, so ist es längst vergessen gewesen! –: auch hier kann nur Ordnung und Führung, Gehorsam und Beugung dienlich werden. Zur letzten Glaubensentscheidung – nein, da kann man den Menschen nicht zwingen, aber zu allem anderen. Und das schadet ihm erst gar nichts, wenn einer »muß«. Die Größten im Reiche Gottes waren jeweils auch die Gehorsamsten. Wie ist aber der Protestantismus und das kirchliche Leben unter der dauernden »Rücksicht auf die Freiheit des Individuums« heruntergekommen! Also hier läutet wiederum eine neue Glocke: die der festen, unterschütterlichen Ordnung. c) Dann noch die Glaubensglocke: ein recht verzagtes, pessimistisches Wesen hatte sich im christlichen Leben ausgebreitet. Die Eschatologie, das heißt: der Ausblick auf die letzten Dinge kann so etwas unendlich Frohmachendes, Beflügelndes sein, daß es sich gar nicht ausdenken läßt. Aber nun war die »jenseitige« Stimmung bei den Christen der letzten Jahrzehnte eine recht müde, fast verdrossene Sache geworden. Der verlorene Krieg hat eben doch sehr die Gemüter bedrückt. »Es hat ja hier doch nichts einen Wert; man kann doch nichts machen«, so seufzte man laut und leise. Heute glauben wir wieder, ja »glauben« richtig, daß Gott alles, auch das Kleinste segnen, auch die schwächste Kraft zur großen Wirkung bringen kann. Daß doch alles »einen Wert hat«, was irgend in seinem Namen geschieht. Wir packen wieder mutig wie je einmal das Baumaterial dieser Erde und tragen es zum Gerüste des Reiches Gottes herbei. Wir sehen wieder den diese Welt liebenden, segnenden Gott, der in seinem Sohne mehr denn gnädig ist.

Wenn wo in einem Kreise deutscher Christen, wo in einer Gemeinde diese drei Glocken kräftig erschallen, ob das nicht ein neues Zusammen-

[46a] Luther, »Von der Freiheit eines Christenmenschen«.

läuten, ein neues Aufhorchen, ein neues Herbeiströmen gibt! Machet es euch so klar untereinander. Und wo noch ein Einspänner, ein Willkürlicher, ein zweifelnd Müder herumschleicht, da guckt ihn an wie ein Gespenst aus einer früheren Zeit. Saget ihm: »Mensch, merkst du nicht, daß jetzt eine neue Stunde geschlagen hat??!«

Das Aufgehen der früheren Christlich-Deutschen Bewegung in der Glaubensbewegung Deutsche Christen teilte Otto Lohß am 22. 7. 1933 mit[47]*:*

Verehrte liebe Freunde!

Seit unserem Rundschreiben von Anfang Februar[48] haben wir geschwiegen. Die Ereignisse haben desto lauter geredet. Gott hat unser Volk in Gnaden heimgesucht. Wir können nur loben und danken. Es darf nicht sein, daß unserem Volk das überwältigend Große dieses Geschehens verdunkelt wird durch unverantwortliches Miesmachen und Nörgeln. Für jeden, der etwas von Geschichte weiß, ist es ganz klar, daß bei einer so umfassenden, tiefgreifenden Umwälzung und Umformung, wie sie jetzt in Volk und Staat vor sich geht, es nicht ohne Menschliches und Allzumenschliches abgehen kann. Das war nicht anders in den Tagen der Befreiungskriege, nicht anders in den Tagen der Reformation. Unsere Aufgabe kann nur die sein, nun erst recht alle Kraft einzusetzen, das große Werk in Volk und Staat mit vorwärts zu tragen. Jetzt ist ja über Bitten und Verstehen Bahn gebrochen in eine neue Zukunft. Jetzt ist die eine große Linie da, die wir von Anfang ersehnt. Für unsere bisherige Christlich-Deutsche Bewegung, süddeutscher Zweig, ist der Weg ganz klar gegeben: Wir reihen uns entschlossen ein in die Glaubensbewegung deutscher Christen. Ich habe das in der ersten Nummer des Evang. Wochenblatts für Kirche und Volk »Deutscher Sonntag« (Verlag W. Kohlhammer, Stuttgart) in einem Geleitwort ausgesprochen[49]. Das möchten wir den Freunden allen hiermit noch besonders mitteilen. Gleichzeitig wird der Verlag Probenummern des neuen Sonntagsblatts beifügen. Wir danken den Freunden für ihr treues Mitanstehen bisher. Nun ergeht der Ruf, in der über ganz Deutschland hin neu aufgebrochenen größeren Bewegung in tapferem Glauben mitanzustehen. Die Glaubensbewegung

[47] OKR Stuttgart, Registratur, Generalia Bd. 115g, Handakten Borst.

[48] Siehe Bd. 1, S. 267 ff.

[49] Siehe S. 413 f.

ist kurz nach ihrer ersten Reichstagung Anfang April[50] in schwere Kämpfe verwickelt worden, namentlich im Zusammenhang mit dem Auftreten der »Jungreformatorischen Bewegung«. Ich kann sagen, daß ich von Anfang an alles miterlebt habe (ich war selbst bei der Reichstagung in Berlin). Mich haben die Kämpfe nur zum desto entschiedeneren Anhänger der Glaubensbewegung gemacht. Auch das, daß Bodelschwingh auf der anderen Seite stand und steht, macht mich keinen Augenblick wankend. Bodelschwinghs Person und Werk in allen Ehren! Es ging bei dem Kampf der Glaubensbewegung aber wahrlich nicht um eine »Verleugnung des Evangeliums« und um einen »Verrat der Kirche an den Staat«, wie ihr vorgeworfen wurde. Vielmehr ging der Kampf darum, wie wir uns als Kirche zum neuen Staat zu stellen und wie wir als Kirche mit dem Evangelium dem Volk zu dienen haben. Uns wundert nicht, daß dieselben Kreise, die dem Nationalsozialismus während seines unerhörten Kampfes mit dem Bolschewismus und mit dem Novemberstaat nur kritisch und zum mindesten distanziert gegenüberstanden, nun auch dem an die Macht gelangten Nationalsozialismus immer noch mit Mißtrauen glaubten begegnen zu müssen. Diese Stellung aber mit »Rettung des Evangeliums« und »Rettung der Freiheit der Kirche« zu bezeichnen, geht schlechterdings nicht an. Damit hätte man das evangelische Kirchenvolk wahrlich nicht in Ängste zu werfen brauchen. Dazu hätte auch der Name Bodelschwingh nicht mißbraucht werden sollen. Der Erfolg dieses Versagens maßgebender evangelischer Kreise war, daß die katholische Kirche zu einem Konkordat mit dem neuen Staat kam, während wir in alter deutscher Unart uns zankten und stritten und das evangelische Kirchenvolk spalteten, statt in geschlossener Einheit und tapferem Glauben uns die große Gottesstunde auszukaufen.

Aber nun vorwärts ohne Zaudern! Über alle Zertrennung zur alle umfassenden Einheit der Kirche! Wir folgen damit der Losung unseres Schirmherrn der Glaubensbewegung, Wehrkreispfarrer Müller, und der Losung unseres verehrten Landesbischof D. Wurm. Wir freuen uns, daß die Glaubensbewegung in Württemberg von einem der erprobten Mitkämpfer der Christlich-deutschen Bewegung als Gauleiter geführt wird, nämlich von Stadtpfarrer Dr. Schairer, Stuttgart-Hedelfingen. Gott rüste ihn zu diesem Amt mit viel Kraft und Gnade! Unserem Freund und Mitkämpfer, Kaufmann Georg Fink, der unsere Geschäftsstelle so treu, selbstlos und hingebend geleitet hat, noch einmal den herzlichsten Dank!

[50] Siehe S. 15 ff.

Eine Restschuld in unserer Kasse ist noch nicht gedeckt. Wer hilft mit einem Dankopfer für das große Erleben? Gott schenke Heil unserem Führer Adolf Hitler, unserem geliebten Volk, unserer teuren Kirche!

Am Auftrag der bisherigen Christlich-deutschen Bewegung, süddeutscher Zweig: Otto Lohß, Volksmissionar.

Um das Arbeitsprogramm der Glaubensbewegung

Anfang August 1933 hatte Pfarrer Pressel ein Exposé über die Aufgaben der Glaubensbewegung Deutsche Christen ausgearbeitet. Am 12. 8. 1933 schrieb er an Pfarrer Dr. Schairer[51]*:*

Lieber Schairer!

Anbei übersende ich Dir einen Durchschlag. Derselbe enthält eine grundsätzliche Betrachtung und Beurteilung der Glaubensbewegung mit konkreten Vorschlägen und Richtlinien für die künftige Arbeit. Was ich hier niedergeschrieben habe, ist aus grundsätzlicher Besinnung und aus vielen Beobachtungen und Aussprachen und Berichten landauf, landab mir klar geworden. Ich kann mir nicht denken, wie anders unsere Arbeit noch fruchtbar werden könnte und wie sich sonst die Glaubensbewegung durchsetzen soll. Die Haltung vieler unserer Mitkämpfer in der Bewegung schien mir bisher allzusehr einseitig kritisch und allzusehr bloß nach der Seite der Kirche hin (und da weithin zu Unrecht kritisierend) eingestellt. Ich habe mich bisher nicht davon überzeugen können, daß damit viel Aufbauarbeit geleistet wurde. Auch ist mir das oft strittige »nationalsozialistische Christenvolk« bisher offengestanden wenig begegnet. Wir müßten schon Tausende und aber Tausende Beitrittserklärungen und unser Blatt schon Zehntausende von Beziehern haben. Ich habe mich bisher nicht davon überzeugen können, daß, jedenfalls in Württemberg, die Glaubensbewegung Deutsche Christen eine spontane Bewegung des Kirchenvolkes bzw. des erwachten Volkes sei. Vielleicht liegt dieses Versagen ebenso an unseren Methoden und unserer Zielsetzung wie in unserer Haltung begründet? Jedenfalls glaube ich, daß die von mir angegebene Richtung und Haltung die allein einer Glaubensbewegung angemessene ist. Ich fürchte, wenn wir das Steuer nicht so herumlegen, daß wir dann zwar weiterhin Ortsgruppen werden gründen können, daß wir

[51] LKA Stuttgart, D 1, Bd. 43. Vgl. dazu auch die Auseinandersetzung zwischen Pressel, Ettwein, Rehm und Schairer im Frühjahr 1933 (Bd. 1, S. 293 ff.), ferner den Aufsatz von Georg Gründler in EKBlW, Ausgabe vom 31. 8. 1933.

sie aber nicht erhalten, pflegen und ausbauen werden. Und das Letztere ist das weit Schwierigere. Hier sind wir unbedingt auf die Mitarbeit der vielen treuen Pfarrer draußen und der treuen Gemeindeglieder und der erweckten Nationalsozialisten angewiesen. Wir werden uns hüten müssen, daß aus unserer Organisation nicht ein großer Leerlauf oder eine klappernde Mühle wird. Das Organisieren allein tut es gewiß nicht. Ich bitte Dich herzlich, meine Vorschläge gründlich zu prüfen und sie wenn möglich zum Gegenstand einer Aussprache am kommenden Mittwoch zu machen, sofern es nicht in 8 Tagen noch sein kann. Ich selbst bin jetzt für 10 Tage im Urlaub und trete am Dienstag, den 22. August des Jahres, meinen Dienst wieder an.

Ich halte es für angezeigt, daß meine Vorschläge einer größeren Öffentlichkeit der Glaubensbewegung zugänglich gemacht werden. Vielleicht könntest Du sie sämtlichen Amtswaltern zugehen lassen? Über Einzelheiten könnte man noch sprechen. Freilich: Verwässern will ich mir meine Auffassung nicht lassen, von welcher Seite auch der Versuch hiezu gemacht werden sollte. Ich kann mir jedenfalls weitere freudige Mitarbeit in der Glaubensbewegung nicht mehr denken, wenn wir nicht in der von mir angegebenen Richtung marschieren. Wüßte auch nicht, was ernsthaft dagegen eingewendet werden könnte. Ich halte aber die bisherige Art, aufs Ganze und auf weite Sicht gesehen, für ungenügend und unzulänglich, so gewiß ich das Erreichte und Erkämpfte nicht gering schätze und nicht undankbar verleugnen möchte.

Bei dieser Gelegenheit möchte ich Dir offen auch noch einige Bedenken und Wünsche vorbringen.

1. Du hast mir seinerzeit bei der Bildung des Führer-Rats geschrieben, daß wir vier, Du und Rehm, Hilzinger und ich den engeren Führer-Rat bilden sollen. Ich habe in der Zwischenzeit nun mehrmals die Erfahrung gemacht, daß wichtige Beschlüsse gefaßt wurden, Verlautbarungen hinausgingen und Aktionen eingeleitet wurden, ohne daß ich orientiert, geschweige denn um meine Meinung gefragt wurde. Daran hat zum Teil meine starke dienstliche Inanspruchnahme und häufige dienstliche Abwesenheit Schuld. Wenn ich aber abwesend war, geschah es fast immer zu Vorträgen und Werbungen im Sinn der Glaubensbewegung. Ich hätte also doch erwarten können, daß ich auch bei verhinderter Teilnahme an der Mittwochsitzung doch vor oder nachher über die wichtigsten Fragen orientiert worden wäre. Dies geschah aber in vielen Fällen nicht. Ich wurde immer wieder vor vollendete Tatsachen gestellt, mit denen ich vielfach nicht einverstanden sein konnte. Ich erinnere mich an die Ver-

pflichtung und grundsätzliche Aussprache im Kreise der neuen Mitglieder des Landeskirchentags. Ich bin ja aus Gründen, die Dir bekannt sind[51a], nicht gewähltes Mitglied des Landeskirchentags. Wenn aber innerhalb der Landeskirchentags-Gruppe der Glaubensbewegung über die grundsätzliche Haltung und das künftige Vorgehen der Glaubensbewegung im Landeskirchentag gesprochen und beraten wird, dann finde ich es mehr als seltsam, daß ich als Mitglied des engeren Führer-Rats davon überhaupt nicht in Kenntnis gesetzt, geschweige denn vorher irgendwie zugezogen worden bin!

Weiter: Rehm erließ unter dem 4. August des Jahres, von Dir gegengezeichnet, ein Rundschreiben an alle Kreis- und Ortsgruppenleiter[52], das ich nach Ton und Inhalt, wenn ich vorher gefragt worden wäre, sicher nicht gebilligt hätte. Dieses Schreiben läßt von dem Charakter der Glaubensbewegung kaum etwas spüren, es geht fast ganz im Organisieren auf und atmet mir viel zu sehr den Geist des politischen Kampfes und zeigt auch in Ausdrucksweise und Methode dieselbe Haltung.

Lieber Schairer! Mit diesem Geist und in dieser Art führt man keine Glaubensbewegung[53] und wird hiedurch wohl kaum Glaubensfrucht schaffen, geschweige denn eine Kirche erneuern. Du hättest meines Erachtens Dein Placet nicht geben dürfen. Ich bin überhaupt der Meinung, daß Du unseren Freund Rehm entschieden mehr zügeln mußt und ihm nicht alles durchgehen lassen darfst, denn damit wird so viel Porzellaniges zerschlagen und wenig oder nichts befruchtet. Ich habe jedenfalls nicht im Sinn, mich an dieser Kampfweise zu beteiligen und in dieser Art weiterhin mitzumachen. Ich versichere Dich, so wie ich denken sehr viele in der Glaubensbewegung.

Ferner: Ihr, d. h. Rehm und Du, habt nun schon zweimal in schwebende Verfahren des Oberkirchenrats eingegriffen mit Schreiben, deren Ton und Art ich mit einem Wort als durchaus ungebührlich bezeichnen muß (Schreiben an Dekan Mack, vor allem aber das neueste Schreiben an den Oberkirchenrat direkt wegen des Falles Häcker in Uhingen![54]). Für mich ist dies nichts anderes als Amtsanmaßung. Im übrigen zeigt gerade dieses letztere Schreiben einen so anmaßenden Ton und inhaltlich so

[51a] Pressel gehörte als Mitglied des Oberkirchenrats zur Seite der Exekutive.

[52] Siehe S. 452 ff.

[53] Der erste Teil des Wortes (Glaubens-) ist im Original handschriftlich unterstrichen.

[54] Siehe S. 421 ff. Das Schreiben von Pfarrer Rehm an Dekan Mack befindet sich nicht bei den Akten.

schwere Anschuldigungen gegenüber dem in allen diesen Fällen nur pflichtmäßig handelnden Oberkirchenrat, daß der Herr Landesbischof sich dagegen deutlich verwahren wird. Ich persönlich muß mir ganz energisch verbitten, daß Ihr in dieser Weise den Oberkirchenrat schulmeistert, ohne die Fälle so genau zu kennen und geprüft zu haben, wie wir es hier niemand zu Liebe und niemand zu Leide tun. Ich muß es mir energisch verbitten, wo ich als Mitglied des Führer-Rats der Glaubensbewegung im Oberkirchenrat sitze und diese Fälle mitzubearbeiten habe. Empfindet Ihr denn nicht, in welche peinliche Lage Ihr mich da bringt und was das für ein Herausfordern mir gegenüber ist? Ganz grundsätzlich möchte ich sagen: Wenn sich Mitglieder der Glaubensbewegung und Kollegen draußen in ihrem öffentlichen und privaten Auftreten vergehen, dann ist es nicht die Pflicht und Aufgabe der Landesleitung, unter allen Umständen schützend vor diese Betreffenden hinzustehen und sie zu decken. »Leistung und Bewährung« sind, denke ich, nationalsozialistische Grundsätze, und wenn Kollegen und andere Nationalsozialisten sich etwas zu Schulden kommen lassen (und im Fall Neuburger hat sich Kollege Häcker sicher nicht recht benommen), dann muß es auch im nationalsozialistischen Staat und in der neuen Kirche nach Recht und Gerechtigkeit gehen. Daß es uns darum geht, könntet Ihr aus der Behandlung des Falles Hettler und Maysenhölder[55] ersehen. Wenn Ihr uns nicht das Vertrauen mehr schenkt, daß wir nach Recht und Gerechtigkeit die Fälle zu prüfen gewillt sind (Euer neuerliches Eingreifen in ein schwebendes Verfahren samt dem anmaßenden Ton spricht nicht dafür), dann sagt das deutlich! Ich werde dann allerdings meine Konsequenzen ziehen und auf meine Mitarbeit in der Glaubensbewegung verzichten.

Lieber Schairer! Ich stelle Dich hiemit vor ein klares Entweder-Oder. Wenn Du die Glaubensbewegung ganz dem Einfluß von Rehm auslieferst, sind wir – und nicht bloß wir beide – geschiedene Leute. Wenn Du mit Rehm in entscheidenden Fragen mich und andere immer wieder vor vollendete Tatsachen stellst, wenn die Glaubensbewegung nicht umstecken kann und will in dem von mir angegebenen Sinn (siehe Beilage), dann habe ich keine Freudigkeit mehr mitzutun.

Ich bitte Dich, zunächst dieses als vertraulich zu betrachten. Ich setze mich mit Dir allein auseinander! Ich kann es nicht wehren, wenn Du mir andere Motive unterstellst, als sie bei mir vorhanden sind. Aber ich kann Dir nur sagen: Mich bewegt und treibt bei allem meine starke und große Liebe zum heutigen Staate und zur Kirche und meine große Sorge um

[55] Siehe S. 321 ff.

Kirche, Volk und Staat. Ich habe im Krieg und Frieden viel darum gelitten und gekämpft. Mein ganzes Leben gehört dem Volk, dem Staat und über und in beidem der Kirche. Wenn Ihr glaubt, es allein, ohne mich und andere, oder gegen mich und andere machen zu können, dann tut es. Ich will keinen Bruch, aber ich kann so nicht mehr weitermachen. Ich hoffe, Du verstehst mein Anliegen und meine Sorge und nimmst es so ernst, wie es mir ganz ernst ist.

Mit herzlichem Gruß Heil Hitler! Dein Pressel.

Das Exposé Pressels lautete[56]:

Die Aufgabe der Glaubensbewegung Deutsche Christen in der Gegenwart (Ein Wort an die Führung)

I. Das Anliegen

Das Wichtigste in unsrer Arbeit ist nicht Kritik am Überkommenen und an der Kirche, ist nicht Kampf gegen politische und geistige Rückständigkeit und Opposition in kirchlichen Kreisen, ist nicht die Gründung von Ortsgruppen, sind nicht organisatorische Fragen, ist nicht die Kirchenpolitik, so wichtig das alles an seinem Platze und zu seiner Zeit sein mag, sondern daß sie Glaubensbewegung[57] sei auf dem Boden der Kirche, auf dem Boden der Gemeinde!

Das bedeutet: a) Daß wir unsere Kirche und die Pfarrer und sonstigen Mitarbeiter mit ihrer im allgemeinen doch treuen, hingebenden, aufbauenden Arbeit nicht einfach in Bausch und Bogen fernerhin summarisch kritisieren dürfen, als ob alles bisher Geleistete schlecht und rückständig wäre, als ob die Welt- und Kirchengeschichte erst auf uns gewartet hätte. Damit entleiden wir den Leuten die Kirche noch mehr;

[56] Der Text wurde Anfang September von Pressel noch einmal umgearbeitet, hier wird die letzte Fassung wiedergegeben. Diese Fassung wurde von Wurm Anfang September 1933 an Landesbischof D. Meiser, München, zur Kenntnisnahme übersandt; Meiser machte diese Richtlinien Vertretern der GBDC in Bayern zugängig und bedankte sich am 5. 9. 1933 bei Wurm für die Übersendung: »Ich möchte darauf hinarbeiten, daß sie zur Grundlage der Glaubensbewegung auch bei uns in Bayern gemacht werden. Vielleicht ist es dann doch möglich, daß durch gemeinsames Vorgehen von Bayern und Württemberg aus der Berliner Richtung der Glaubensbewegung ein gewisser Damm entgegengesetzt bzw. daß auch sie zur Vertiefung und Verinnerlichung gebracht werden kann« (LKA Stuttgart, D 1, Bd. 43). Zum Ganzen vergleiche den Aufsatz von Weber im »Deutschen Sonntag«, Ausgabe vom 3. 9. und 10. 9. 1933: »Ist die Freiheit der Kirche bedroht?«, ferner EKBlW, Ausgabe vom 31. 8. 1933.

[57] Der erste Teil des Wortes (Glaubens-) ist im Original handschriftlich unterstrichen.

damit erschweren wir alle treue Gemeindearbeit der Kollegen; damit rechtfertigen wir im Bewußtsein vieler Leute ihre Unkirchlichkeit.

Das bedeutet: b) Daß wir als Pfarrer und Nicht-Pfarrer in der Glaubensbewegung darum im Ernst und Gebet ringen, daß wir selber in unserer Amtsführung und Berufsausübung, in Haus und Familie, ein Vorbild deutschen Christentums und evangelischer Kirchentreue geben.

Das bedeutet: c) Daß wir die Auseinandersetzung mit anderen theologischen und kirchlichen Gruppen nicht mehr einfach auf das politische Gebiet hinüberschieben und alle ernstgemeinte theologische Kritik gleich politisch verdächtigen, sondern daß wir diese Auseinandersetzung im Sinn von Epheser 4, 15 (alaetheuein en agape), 2 Kor 10, 3–5 ernsthaft führen. Wo sich freilich politische Opposition und geistige Rückständigkeit theologisch und kirchlich tarnt, ist sie energisch zu bekämpfen, wobei diese Auseinandersetzung freilich nicht in breitester Öffentlichkeit geschehen sollte.

Das bedeutet: d) Daß wir von nun an in unserem ganzen öffentlichen Arbeiten und Auftreten stärker als bisher die positiven Anliegen unserer Bewegung herausarbeiten und daß wir deutlich die Aufgaben und Zielsetzungen aufweisen, die über die bisherige kirchliche Arbeits- und Denkweise hinausführen.

Das bedeutet: e) Daß sich auch die Glaubensbewegung der deutschen Christen nicht von der Kirche separiert, sondern sich bewußt und dienstwillig der verordneten kirchlichen Führung unterstellt (unter Wahrung einer gewissen, um ihrer besonderen Aufgabe willen notwendigen Selbständigkeit), wie sie andere kirchliche Organisationen auch haben.

Zusammenfassend: Weg von der Kirchenpolitik! Statt dessen: Aufbauende Kritik und positive Arbeit im Sinn des »oikodomein«! Das wichtigste Anliegen der Glaubensbewegung kann und darf also kein anderes sein als Durchdringung der Kirche mit deutschem Geist und deutscher Art und Durchdringung der völkischen Bewegung mit dem Geist Jesu Christi. Das ist nicht möglich ohne Erneuerung der Kirche vom Evangelium her. Nur so kann sie tüchtig werden zum Dienst am Volk und helfen zu unseres Volkes innerer Genesung. So muß das wichtigste Anliegen sein und bleiben: Daß die Kirche wirklich Kirche Jesu Christi werde, sei und bleibe, festgegründet in Gottes Wort, mit freudigem Angriffsgeist in der Haltung aggressiver Liebe im Sinn von Epheser 6, 10 ff. und daß sie werde, sei und bleibe eine deutsche evangelische Kirche, die im deutschen Volk wurzelt, deutscher Art Raum gibt und diesem Volk in selbstloser Treue dient.

II. Die Aufgabe

Die Aufgabe einer Glaubensbewegung Deutscher Christen kann also nicht darin bestehen, der völkischen und politischen Bewegung immer das gute Gewissen zu geben, sondern ihr das Gewissen zu schärfen. Sie kann nicht darin bestehen, den Staat und alles, was in ihm heute geschieht, zu rechtfertigen (womöglich noch überempfindlich gegen alle sachliche, notwendige Kritik), sondern ihn im Ernst, in der Wahrheit und Liebe, im Gebet vor den allein rechtfertigenden Gott zu stellen. Es geht nicht an, neben die Autorität Gottes als zweiten Herrn und zweites Offenbarungszentrum den irgendwie ideal gesehenen deutschen Menschen oder das ideal gedachte Volkstum zu stellen. Nein: Wir müssen in aller Wiederentdeckung und Anerkennung der Schöpfungsordnung Gottes, im Leiblichen und Natürlichen, im Geschlechterleben und in der Familie, in Rasse, Volkstum und Staat, in aller dankbaren und opferbereiten Bejahung des Werkes und des Staates unsres Führers Adolf Hitler, wieder radikal ernst machen mit dem ersten Gebot! Wir müssen deswegen auch den Mut des Glaubens haben und im Gehorsam gegen Gott uns und den andern auch heute das Wort von der Buße sagen und ihr die frohe, rettende und lebenschenkende Botschaft von der richtenden und aufrichtenden Gnade Gottes in Jesus Christus sagen.

Zusammenfassend: Einer Glaubensbewegung Deutscher Christen muß, kann und darf es einzig gehen um die sittlich-religiöse Erneuerung unsres Volks vom Evangelium her, also darum, daß Christus in unserer Kirche und unserem deutschen Volk aufs neue Gestalt gewinne, daß deutsche Art in der evangelischen Kirche Raum bekomme, daß die Deutschen wieder Christen werden. Anders ausgedrückt: Es geht darum, daß die Botschaft von Jesus Christus mit neuen Zungen diesem erwachten deutschen Volk im Sinn von Johannes 3, 16 verkündigt und vorgelebt werde, daß diese Verkündigung Frucht, d. h. Glauben und Gemeinde schaffe. Dann darf die Blickrichtung aber nicht bloß einseitig nach der bisherigen Kirche, nicht bloß einseitig nach ihren kirchlichen, geistigen und politischen Rückständen und Mängeln gehen, sondern ebenso nach der deutschen Umwelt mit ihren Mängeln und nach den heraufziehenden geistigen und religiösen Gefahren der Zeit. Dann muß aber auch entschieden verzichtet werden auf die Inanspruchnahme staatlicher und politischer Druckmittel ebenso wie auf die gedankenlose, die andersartige Struktur und die andersartige innere Gesetzmäßigkeit der Kirche verkennende Nachahmung und Übertragung politischer Organisationsformen und

Methoden! In der Kirche, für die Kirche muß in einer evangelischen Kirche mit anderen Mitteln gekämpft werden, andere Methoden angewandt, andere Wege gesucht werden. Dafür hat Luther ein für alle Mal die Richtung gewiesen mit jenem Wort: »Ich will nicht, daß für das Evangelium mit Gewalt gekämpft wird. ... Mit dem Wort ist die Welt überwunden, mit dem Wort die Kirche geschaffen worden, mit dem Wort wird sie auch wieder hergestellt werden ...«

Demnach wäre also unsere Aufgabe

A. Grundsätzlich und allgemein

1. Verlebendigung unserer Gemeinden durch lebendige Verkündigung durch »Christophori« (Wichtigkeit der theologischen Auslese und der theologischen Vorbildung, Forderung: gegenwarts- und volksnah!), in der Anerkennung von Volk und Staat als dem geschichtlichen Ort unserer Berufung, in der Erkenntnis des im nationalen Geschehen und geistigen Umbruch unsrer Tage uns begegnenden und ansprechenden göttlichen Willens; mit dem unbeugsamen Willen, Überlebtes und schwerfällig Hemmendes und Undeutsches in der Kirche zu beseitigen und ein Neues zu bauen.

2. Werbung und Gewinnung der Entfremdeten in unsrem Volk (in und außerhalb der NSDAP) für Evangelium und Kirche durch Ringen um menschliches Vertrauen, aber ohne Verleugnung des Evangeliums, ohne Abschwächung und ohne (das Evangelium entmagnetisierende) falsche Pädagogik und ohne den die Wahrheit verschleiernden Psychologismus, was beides ebensowohl unklarer Theologie und mangelhafter Erkenntnis wie politischem Servilismus entspringen kann (betreffend Volksmission, vgl. dazu »Evangelisches Deutschland« 1933, Nr. 32)[58].

3. Kämpferische Auseinandersetzung mit der stimmungsmäßig weit verbreiteten, durch den Tannenbergbund[59], durch Bergmann, Wirth, Hauer, Reventlow und Rosenberg beachtlich vertretenen völkischen Religiosität.

4. Kampf gegen alle synkretistische-romantische Versuchung wie gegen alle liberalen Rückstände (auch innerhalb der Theologie der Glaubensbewegung). Nur eine positive Theologia teutsch wird sich durchset-

[58] Gemeint ist der Aufsatz von L. Thomas, Massenevangelisation – Frage und Aufgabe (Ausgabe vom 6. 8. 1933); vgl. auch »Das Evang. Deutschland«, Ausgabe vom 8. 10. und 15. 10. 1933: Müller-Schwefe, Die Stunde der Volksmission.

[59] Zum Tannenbergbund siehe Bd. 1, Sachregister.

zen und aufbauend wirken und verlorenen Boden sowie das Vertrauen wiedergewinnen, das durch manche (im Kampf und in Zeitungsartikeln gefallene unbesonnene und bedenkliche) Äußerung und zum Ausdruck gekommene, unklare, verschwommene Haltung — erschüttert wurde.

5. Diese ganze Arbeit der Auseinandersetzung, der Klärung, der Vertiefung und der Werbung muß jetzt in Angriff genommen werden. Sie kann aber mit Aussicht auf Erfolg nur geleistet werden mit einer ebenso klaren wie sauberen Theologie. Wir verkennen nicht die Gefahr einer nur negativ kritisierenden, an Volk und Zeit vorüberlebenden, den Ruf Gottes überhörenden Theologie. Wir wissen, wie leicht durch übertriebene und gekünstelte theologische Problematik alles kompliziert und alles Handeln lahm gelegt werden kann. Wir erinnern uns dabei an Luthers Wort: »Daß solche Gelehrte ärgere Feinde Gottes sein können als Reiche und Gewalttätige.« Aber wenn wir auch um die Sünden und Gefahren solcher Theologie wissen, so enthebt uns das nie und nimmer der Verpflichtung, uns ernsthaft um theologische Besinnung und Klärung zu bemühen. Wir wollen uns fernerhin nicht mehr dem Verdacht aussetzen, als wollten wir mit unserer summarischen Kritik der Theologie unsere eigene Armut und theologische Unzulänglichkeit verdecken. Es bleibt dabei, auch im neuen Staat: »Die Welt kann ohne gelehrte Leute nicht regiert werden, nur muß der heilige Geist der alleinige Meister, der Präzeptor sein, der uns lehret« (Luther). Die Gefahren, die aller Theologie wie aller wissenschaftlichen Beschäftigung drohen, sind noch lang keine Entschuldigung und kein Freibrief für theologische Bequemlichkeit und Gedankenlosigkeit und für biblische Unnüchternheit. Es muß daher entschieden gebrochen werden mit der auch in unseren Kreisen eingerissenen, üblichen Geringschätzung und überlegen abtuenden Behandlung theologischer Arbeit. Es geht dabei doch wahrlich um nicht mehr und nicht weniger als um klare Erkenntnis und Herausarbeitung des göttlichen Wortes und Willens aus der heiligen Schrift, um Herausschälung des Ewigen aus dem Zeitgebundenen, um zusammenhängende Darstellung wie um kritische Auseinandersetzung mit Zeit- und Tagesmeinungen, mit allerhand Schwarmgeisterei innerhalb der Kirche, um Anwendung des Erkannten auf die konkrete Situation! Wo Schriftgelehrsamkeit »Zum Himmelreich gelehrt« ist, da kann die Frucht nicht ausbleiben: »Weisheit im Staube« (Schwäbische Väter)[60] und biblische Nüchternheit in der Zucht des heiligen Geistes und klares,

[60] Ludwig Fricker, »Weisheit im Staube«. Neuauflage Metzingen 1963; »Zum Himmelreich gelehrt«: Anspielung auf Bengel und Oetinger.

vom Geist getriebenes Handeln. Welche andere Waffen haben wir noch in der Auseinandersetzung mit den Feinden des Evangeliums, unseres Volkes und im Kampf gegen alle Versuchungen der Kirche und der Zeit? Paulus und Luther und andere Großen hätten ihr mächtig Werk nie treiben können ohne ihre Theologie! Wo das gering geschätzt wird, »da bauen wir eine Treppe von Spinnweben, da fahren wir auf den Wolken und reiten auf dem Wind und verfallen den hohen fliegenden Gedanken« (Luther). Ernsthafte theologische Arbeit (im Glauben getriebene Besinnung auf das Wesentliche) ist die notwendige Voraussetzung für alles praktische, konkrete Handeln innerhalb und außerhalb der Kirche.

B. Praktische Aufgaben im einzelnen

1. Gründung und Sammlung von Ortsgruppen auf dem Boden der Gemeinde. Das ist im allgemeinen nicht schwierig; schwieriger ist es, sie zu erhalten. Das ist nur möglich, wenn die Mitglieder der Ortsgruppen religiös, kirchlich und geistig geschult und wenn ihnen Aufgaben zugewiesen werden.

2. Aktivierung aller alten und neuen Mitarbeiter in der Gemeinde, besonders der Kirchengemeinderäte (Sie sind Verbindungsleute zwischen Kirche und NSDAP, sie sollen in der Kirche eintreten für das Wollen des heutigen nationalsozialistischen Staates und in der NSDAP eintreten für die Kirche und das Evangelium). Herausarbeiten ihrer besonderen Pflichten und Aufgaben in regelmäßigen Zusammenkünften und Schulungsabenden, Stärkung ihres Verantwortungsbewußtseins (beispielhafte Haltung; Pflicht zur vorbildlichen Teilnahme am Gottesdienst und an der Liebes- und Vereinsarbeit; Unterstützung des Pfarrers in seiner ganzen Arbeit); Kampf gegen Überlebtes und gegen politische und geistige Rückständigkeit in der Kirche; Kampf gegen Sekten, Pflege der Mischehen; Werbung unter den Ausgetretenen, unter den Entfremdeten und Gleichgültigen; Werbung vor allem in Parteikreisen; Bekennen und Eintreten für evangelischen Glauben, für die Kirche, für Sonntagsheiligung, Kirchgang, christliche Sitten usw. Sie sollen Aug und Ohr, Schild und Schwert der Gemeinde sein.

3. Öffentliche Werbung im Stil des Kerygma! Missionarische Haltung! Hier wären unseren Amtswaltern und Ortsgruppenleitern draußen ganz bestimmte Richtlinien und Themen für die Arbeit anzugeben, z. B.: Was ist evangelischer Glaube? Was ist Offenbarung? Die Glaubensbewegung Deutsche Christen und die Deutsche Glaubensbewegung Hauers. Neues Bekenntnis? Offenbarung? Altes Testament? Arier-

Frage? Überkonfessionelles Christentum? Die Zersplitterung des Protestantismus? Die Zerreißung der Gemeinden durch die Sekten (Bekämpfung)? Unsere Stellung zu den Gemeinschaften? Die Aufgabe der Kirche im neuen Staat? Die Wiedergewinnung der Entfremdeten? Die Stellung zur katholischen Kirche und zu den Freikirchen? Die kommende Schule? Evangelische Jugendarbeit im neuen Staat? Sonntags-Heiligung? usw.

4. Veranstaltung von Freizeiten und Schulungsabenden für Amtswalter der Glaubensbewegung und der politischen Bewegung, für Kirchengemeinderäte und vor allem für Lehrer und Gebildete (auch Studenten).

Die ganze Haltung der Glaubensbewegung muß bis in die Formulierungen und Anordnungen der Landesleitung hinein spüren und erkennen lassen, daß sie eine religiöse, nein, eine christliche Glaubensbewegung ist, die im Glauben und Gehorsam gegen Gott den Herrn steht. Es muß ihr darum gehen, daß Volk und Kirche sich finden, daß das bewegte Volk dem Herrn Christus begegne. Sie muß ihren Hauptfeind sehen in dem selbstherrlichen Menschenglauben, der heute – teilweise vornehm vertarnt – geistig gut vertreten in modern völkischer Religiosität wie in allen sonstigen Spielarten moderner Mystik uns entgegentritt. Hier in vorderster Linie, niemand zu Liebe und niemand zu Leide, ohne falsche Rücksichtnahme, aber in gewissem Vertrauen, im Gehorsam gegen Christus mit den besten Waffen zu ringen, ist die vornehmste, ja im Grunde einzige Aufgabe der Glaubensbewegung. Sie trifft sich in Württemberg in alledem mit dem zentralen Anliegen des Evang. Volksbunds[61] und vor allem des künftigen Evang. Gemeindedienstes, mit dem ein reges, sachliches und personelles Zusammengehen baldmöglichst anzustreben ist.

Am 22. 8. 1933 antwortete Schairer zum ersten Mal auf das Exposé Pressels[62]:

Lieber Freund!

Herzlichen Dank für deine ausführlichen und gründlichen Mitteilungen! Selbstverständlich werden wir, was an positiven Werten, Anregungen, Vorschlägen drinnen ist, voll einsetzen. Wie denn überhaupt ich keinen Augenblick daran denke, deinen Einfluß, deine Gaben, wo sie sich positiv auswirken, zu übersehen oder zu mißachten; sicher nicht.

[61] Siehe Bd. 1, S. 499 ff.

[62] LKA Stuttgart, D 1, Bd. 43.

Nun traf mich deine Sendung nicht zuhause an; ich war auch ein paar Tage weg, mußte rasch wegen der Sache des SA-Manns Scholpp zurückkehren[63], hatte damit zwei bis drei Tage voll zu tun. Sofort schloß sich die Vorbereitung der Goldenen Hochzeit meiner Eltern, die gestern hier war, an. So kommt es, was du entschuldigen mußt, daß ich kaum gründliche Zeit hatte, deine Arbeit durchzustudieren. Auch für die allernächsten Tage sieht es nicht so aus. Eben telefoniert mein Vater, daß meine Mutter nach der Rückkehr vom Feste sehr erkrankt sei und mit 39 Grad Fieber darniederliege. Was da sich entwickelt, weiß ich nicht. Auch wünschte sich im Wiedergenesungsfall mein Vater, mit uns Söhnen noch ein paar Tage in der Stille zusammen zu sein. So kann ich heute nur allgemein einiges sagen:

1. Keine »Kritik«: Es ist mir klar, daß keine Bewegung ohne klaren Gegenpol wächst und schaffenskräftig wird. Hitler hat durch die Bekämpfung des »Marxismus« allein seinen Schwung erhalten. So wird auch unsere Bewegung ihren »Feind« haben, sehen, zeigen müssen. Und er hat sich ja uns, ohne unser Zutun, greifbar dargeboten. In einer gewissen »alten« Theologie, die sich mit Unrecht auf Luther beruft und sich »Evangelium« nennt, während sie Judaismus, Nomismus, Klerikalismus ist. Kann sein, daß man äußerlich Kompromisse schließen muß; innerlich will ich das nicht tun. Ich empfinde sehr stark eine Verantwortung nicht nur für Württemberg, sondern für das Reich und habe zwischen Baden und Bayern drin eine große Verpflichtung, linientreu zu bleiben.

2. Positive Arbeit: Selbstverständlich werden wir die jetzt vorbereiten, wie längst vorgesehen. Und deine Mitarbeit ist hiefür außerordentlich wichtig. Daß aber nichts oder wenig »geleistet« sei, wäre ungerecht zu sagen. Wir schaffen jetzt erst ein Vierteljahr selbständig, haben das eigene Wochenblatt herausgebracht, haben die Wahlen zu leisten gehabt und ordentlich durchgeführt. Haben immerhin befriedigende Fortschritte, wenn auch das Stehen im Anfang selbstverständlich sich aufdrängt. Wir müssen jetzt die Entscheidungen des September/Oktober in Berlin abwarten, die richtungsgebend für Jahrzehnte wirken werden. Bei allem Eifer soll uns die »Geduld« nicht fehlen!

3. Organisation muß sein und wird sein; und sie muß straff sein! So erklärt sich auch jenes inkriminierte Schreiben. Die Forderung, man müsse immer den Christen, den Pfarrer hinter einem Schreiben spüren,

[63] Siehe Bd. 1, S. 210 und 294.

erfüllen auch nicht, als Beispiel, alle Erlasse des Oberkirchenrats. Wenn sie geschäftlich sind, sind sie eben »geschäftlich«. Und es ist wohl richtiger so.

4. Deine Stellung zum Staate, deine Auffassung von der Rolle der Kirche, kann ich, soviel ich in der Kürze sehe, wohl nicht mitmachen. Deine These erinnert bedenklich an eine mir greuliche Formulierung A. Springers: der Christ könne überall, wo er mittue, nur als das »schlechte Gewissen« wirken. Von wo soll denn dann Adolf Hitler sein »gut Gewissen« her haben, wenn wir Protestanten es ihm nicht geben können, ihm nicht den Weg dazu weisen, sondern stets als Sittenpolizei, als Gouvernante ihn umschweben. Ich weiß: so meinst du es nicht; aber – so kommt es heraus. Auch sonst näherst du dich bedenklich, ja ganz der jungreformerischen Stellung mit Formulierungen wie: Weg von allen anderen Büchern, hin zu dem einen! Von allen Perlen zu der einen köstlichen[63a]! Also auch weg von Hitlers »Mein Kampf«? Weg von der Treue gegen die SA! usw.? Nein, aber warum und wozu dann die Formulierungen? Was sollen sie Gutes stiften? Sie können uns höchstens ein Stück Boden bei den Altpietisten und Jungreformierern gewinnen. Aber mit jedem Zentimeter Zugeständnis dorthin verlieren wir einen Quadratmeter Vertrauen bei unseren Parteigenossen.

Ich komme von dem Grabe des jungen Paul Scholpp. Auf's neue habe ich innerste Treue gelobt und werde mich von dieser Linie keinen Zoll verschieben lassen. Selbst wenn manche Leute ihren Plan, mich von der Landesleitung abzudrängeln, zum Erfolg führen könnten. Das würde meine innere Stellung und meine Weiterarbeit nicht im mindesten beirren. Ich bin felsenfest davon durchdrungen, daß der Tag der jetzt Getreuen und Kompromißlosen doch kommt und daß man uns dann ganz notwendig braucht, sei es auch erst in zehn Jahren. Denn die wesentlichen Begebenheiten bahnen sich ja erst an, zeichnen sich nur am Horizonte erst ab. Ich hoffe auch nicht, daß unsere Wege sich trennen müssen. Aber wenn je, so sei überzeugt, daß ich dir keinerlei andere als beste Motive zutraue; daß ich von deinem Wollen als einem reinen überzeugt bin. Ich urteile nur, daß du die Lage in einer grundsätzlichen Seite schief siehst. Vielleicht ist kein Unterschied zwischen uns als der: du willst das Volk für die Kirche – wir die Kirche für das Volk gewinnen. An letzterer Umstellung scheint uns noch lange nicht das Wesentliche geschehen. – Soll einmal, wie ich es auch voll anerkenne, die Kirche Christi im Notfall

[63a] Mt 13,45 f.

Richterin des Staates und sein »schlechtes Gewissen« werden, so müßte sie zuvor und jetzt viel, viel mehr an Mütterlichkeit, an Treue, an Zusage und Zubekenntnis leisten als bis jetzt geschehen. Um letzteres ringen wir und werden weiter ringen[64].

Sei für heute mit diesem kurzen Echo herzlich gegrüßt und bedankt. Heil Hitler! Dein Schairer.

Der zweite Brief Schairers an Pressel datiert vom 23. 8. 1933[65]*:*

Lieber Freund!

Erstens zu deinem privaten Schreiben an mich; zweitens zu deiner gründlichen Skizze betreffend unsere Arbeit.

1. Du hast das Bedürfnis, die Führung der Glaubensbewegung Deutsche Christen in Württemberg auf Ungenüge der Leistung und Verfehltheit der Haltung hinzuweisen. Nun beuge ich mich selbstverständlich ohne jedes Zögern unter die Überzeugung: man mag tun, was man will, mag seinen ganzen Glauben, seine Zeit und Kraft voll einsetzen, nie wird man es »ideal« und vollkommen machen. Und wer kritisieren will, wird immer und immer Anlaß finden. Doch traue ich dir voll zu, daß es dir nicht um negative Verurteilung, sondern um Zurechtbringen zu tun ist. Und da gehst du von den mangelnden »Erfolgen« aus. Ich will nicht darauf hinweisen, daß ein Massenerfolg vielleicht gar nicht das Erwünschte ist; ehe die Menschen nicht merken, um was es geht, wären sie ja nur Ballast. Aber auch, was den äußeren Maßstab betrifft, so ist nicht nichts geschehen. Wir organisieren jetzt knapp drei Monate selbständig, das Sonntagsblatt läuft noch nicht einmal zwei Monate. Zudem war das Sommerzeit, Erntezeit, Reisezeit, wo sonst überhaupt keine Bewegung irgend etwas unternimmt. Und doch sind unsere »Erfolge«, auf die ich wie gesagt ganz wenig gebe!, im Verhältnis dazu ganz befriedigend. Ich glaube, auch du selbst hättest da nicht gleich mehrere Zehntausende von Lesern aus dem Boden gestampft, zumal die Werbezeit wie gesagt wenig günstig war. Nein, wenn die äußere Lage der Glaubensbewegung

[64] Randbemerkung Pressels an dieser Stelle: »Wenn sich Schairer dies doch auch bisher in seiner Gemeindearbeit zur Richtschnur gemacht hätte.«

[65] LKA Stuttgart, D 1, Bd. 43; zu dem unten erwähnten Lehrgang der GBDC auf der Comburg siehe S. 446. Vgl. zum ganzen Zusammenhang auch den Aufruf der Reichsleitung der GBDC (Hossenfelder) vom 14. 9. 1933, der Richtlinien für die Arbeit gab, aber »absolute Disziplin« forderte (»Deutscher Sonntag«, Ausgabe vom 8. 10. 1933).

Deutsche Christen in Württemberg noch nicht so günstig ist, wie sie sein könnte, so sind daran ganz andere Faktoren schuld[66]! Im übrigen tut es mir leid für dich, wenn du die Existenz eines »nationalsozialistischen Kirchenvolkes« bezweifelst oder nicht kennst. Wir sind demselben begegnet.

2. Wenn du dich ausgeschaltet wähnst, so tut mir das sehr leid. Absicht ist das sicher nicht. Zumal habe ich dich schon mehrfach um Mitarbeit am Wochenblatt gebeten und warte immer wieder auf freundliche Beiträge, zum Beispiel über das Alte Testament, worüber ich sehr wohl eine laufende Reihe von 4 bis 5 Artikeln brauchen könnte[67]. Wenn die Eile der Lage oft ein Handeln ohne dich erfordert, so liegt das mehr in der unvernünftigen Hetze der Ereignisse (Wahl usw.). Auch hast du ja selbst eine weitverzweigte Tätigkeit, von der uns im einzelnen genaue Kenntnis zu geben dir ebenfalls nicht möglich ist.

3. Der Schluß, daß es uns nur und nur um Ankurbelung einer Organisation zu tun sei, ist verfehlt. Das Rundschreiben vom 4. August betraf allerdings nur solche trockenen Fragen; aber dies muß auch sein. Wir werden zusammen in allernächster Zeit ein genaues positives Winterprogramm ausarbeiten und dazu sicher auch wertvolle Winke aus deiner Zusammenstellung verwerten. Aber gerade, wenn man ein positives Programm durchführen will, müssen doch die ausführenden Organe im Lande vorliegen und dieselben müssen »folgen« gelernt haben. Ich komme zu einem Punkt am Schluß deines Briefes, wo du eine Auflösung der Glaubensbewegung Deutsche Christen andeutest. Es hängt das Schicksal der Bewegung in Württemberg ganz mit der im ganzen Reiche zusammen; solange sie hier besteht, wird sie auch in W[ürttemberg] weitergeführt werden. Auch wenn sich die Glaubensbewegung Deutsche Christen mit der allgemeinen volksmissionarischen Organisation der Kirche vereinigte, ist immer noch eine »Stoßtruppe« nötig und vorhanden, die vollen Einsatz garantiert[68].

4. Was die von dir verlangte Teilnahme an den Sitzungen der Arbeitsgruppe des Landeskirchentags betrifft, so liegt es doch im Wesen, daß an sich nur Mitglieder dieser Gruppe teilnehmen. Das entspricht doch auch im Bezug auf dich dem Wunsch des Herrn Landesbischofs,

66 Randbemerkung Pressels an dieser Stelle: »Da meint er u. a. mich!«

67 Randbemerkung Pressels an dieser Stelle: »Soviel Zeit wie Sch[airer] und R[ehm] habe ich allerdings nicht!«

68 Randbemerkung von Pressel an dieser Stelle: »Das schließt mein Vorschlag nicht aus!«

der keine Vertretung des Oberkirchenrats im Landeskirchentag gebilligt hat[69]. Außerdem liegt das in deinem ganz eigenen Interesse, da dir, wie du schriebst, aus deiner Doppelstellung als Mitglied der Glaubensbewegung Deutsche Christen und des Oberkirchenrats sowieso schon peinliche Schwierigkeiten erwachsen. In diesem Zusammenhange weise ich deine starken Vorwürfe wegen des Verhaltens der Landesleitung im Fall des Herrn Dekan Mack und Häcker zurück[69a]. Im Fall Mack hatten wir unsererseits mit dem Oberkirchenrat überhaupt nichts zu tun. Er selbst brachte die Angelegenheit dorthin. Es handelte sich unsererseits nur um eine private Auseinandersetzung mit Herrn Mack, die im übrigen noch keineswegs abgeschlossen ist. Außerdem war es Ehrenpflicht der Landesleitung, unsere wackeren Amtswalter, die in ihrer Amtsehre angegriffen waren, in Schutz zu nehmen, wofür du doch auch Verständnis aufbringen solltest. Im Fall Häcker handelte es sich um keinen Eingriff in ein schwebendes Verfahren, sondern unser Ersuchen ging ja gerade dahin, kein Verfahren gegen Häcker zu eröffnen. An dem Recht, auch dem Oberkirchenrat vertrauensvoll unsere Stellungnahme kundzugeben, halten wir nach wie vor fest, wobei wir [uns] von einer »Amtsanmaßung« mehr wie fern wissen. Es hätte deiner sehr »starken« Ausdrücke hierüber nicht bedurft. Wenn du glaubst, die dir als Mitglied des Oberkirchenrats daraus erwachsenden Spannungen nicht mehr ertragen zu können, so bedauern wir das gewiß, können es aber nicht ändern. Im übrigen, wie kommt es, daß du am 12. August schon wissen wolltest, daß der Herr Landesbischof sich gegen unsere Stellungnahme betreffend Häcker verwahren werde, obwohl doch nach unserer Vermutung der Herr Landesbischof von der Angelegenheit kaum Kenntnis haben konnte?

5. Deine Meinung, daß ich Rehm einfach schalten und walten lasse, ist vollkommen unrichtig, wie ich auch selbst das nicht tun kann. Wir sind beide der Reichsleitung verantwortlich. Unsere Maßnahmen entsprechen dem, was die Reichsleitung ausgibt. Einen grundsätzlich anderen Kurs kann die Glaubensbewegung Deutsche Christen in W[ürttemberg] nicht steuern, obwohl ich immer für die besonderen Verhältnisse der württ. kirchlichen Lage in Berlin Verständnis gefunden habe.

[69] Randbemerkung von Pressel an dieser Stelle: »Der reine Hohn!«
[69a] Siehe S. 321 ff.

Nun zu deinen »Richtlinien« betreffend Arbeit.

1. Du bemängelst unsere »Kritiksucht«[70]. Sie deckt sich vollkommen, leitet sich ganz ab aus dem Satze bei dir Seite 3: »Wir müssen auch den Mut des Glaubens haben und im Gehorsam gegen Gott uns und den anderen auch heute das Wort von der Buße sagen.« Eine andere Kritik als die der Buße vor Gott habe ich nie gewollt und ausgesprochen.

2. Daß die positive Arbeit, die Lebensbewährung das Wesentliche ist, darüber herrscht bei uns sicher völlige Übereinstimmung. Daß in Württemberg alles rein »negativ« stehen soll, mutet mich fast seltsam an. Wir haben wirklich auch positive Leistungen[71] aufzuweisen: Rundfunkgottesdienst, Wochenblatt, Sonntagsgedanken, Versammlungen ohne Zahl, große Aktionen in Stuttgart u. a., und das alles im Laufe eines Vierteljahres, rein »nebenher« von etlichen geleistet. Wenn das auch alles klein und verschwindend ist gegenüber dem von der Partei und Hitler Geschaffenen, so darf man es doch gegen eine solche Deutung rein negativer Haltung anführen. Ich habe aber den Eindruck, als ob du überhaupt die Doppelaufgabe der Glaubensbewegung Deutsche Christen nicht richtig bewertest. Aus dem Namen »Glaubensbewegung« leitest du allerlei ab, was mit dem »Glauben« nicht vereinbar sei. Ist denn etwa scharfe Kritik, straffe Organisation, entschiedener Ton, harte Anforderungen an sich und andere, Ordnung und Zucht mit deinem Begriff von »Glauben« unvereinbar! Mir heißt diese herrliche Kennzeichnung in vorderster Linie, daß wir im »Glauben« es Gott und unserem Herrn Christus zutrauen, er möge alles wohl gelingen lassen. Glaubensbewegung heißt mir unsere Sache als eine ganz und ganz auf den Segen, auf die erbarmende Gnade gestellte, als eine im Glauben der Verheißung sichere. Wenn du schreibst: Einer Glaubensbewegung muß, kann und darf es einzig darum gehen, daß Christus in unserer Kirche auf's neue Gestalt gewinne, so anerkenne ich das – und sicher auch Rehm – mit vollster Beugung. Aber dann muß eben jetzt auch der Christus des ordnenden Wortes, der »Gewalt«, der Macht und Zucht, des richtenden Scheidens herrschen, zunächst über der Kirche, ehe er über den Staat gestellt wird[72]. Dieser Christus wird dann auch die uns wichtige Aufgabe fortführen:

[70] Randbemerkung von Pressel an dieser Stelle: »Geht am Kern der Sache bewußt vorbei!«

[71] Randbemerkung von Pressel an dieser Stelle: »Unter positiver Zielsetzung verstehe ich etwas anderes!«

[72] Randbemerkung von Pressel an dieser Stelle: »Für was doch der Herr Christus alles herhalten muß!«

daß die Kirche ihre besten Kräfte dem Staate Adolf Hitlers zur Verfügung stelle. Ein »kirchliches Sonderinteresse« haben wir allerdings nicht. Das scheint mir dem heutigen Protestantismus übel anzustehen, wenn schon die »Germania« aus dem Munde der kath. Bischöfe schreibt: »Es darf in unseren Herzen keine besondere Domäne für den Katholizismus geben, die sich von dem scheidet, was wir dem Staate geben. Die Spaltung der Gefühle, die in weiten kath. Kreisen herrscht, muß und wird vom neuen Volksstaat überwunden werden.« Bei vielen auf evang. Seite besteht diese Spaltung noch. Ein einfacher Bauer und Gemeinschaftsmann schreibt mir dieser Tage tief bekümmert von dem Treiben eines sehr bekannten und rührigen jungreformiererischen Pfarrers in seiner Gemeinde: »Pfarrer...[72a] ist ein schneidiger Kämpfer für seine Sache, nur nicht für das neue Deutschland. Eben erst jetzt hat er einen neuen eigenen Jungfrauenverein gegründet. Ein Oberhitler nach außen, nach innen der schärfste Gegner. Ich frage nun, wie soll so ein neues Deutschland aufgebaut werden. Wir dürfen kämpfen bis aufs Blut, sind heute noch in jeder Gefahr, und diese lassen es sich wohl sein unter unserem Schutze. Und als Dank kämpfen sie noch dagegen. Wenn wir nicht bald andere Pfarrer für's neue Deutschland bekommen, also nicht alle die aus der Kirche hinausgeschmissen werden, wo sich gegen die Regierung stemmen, direkt oder indirekt, dann geht's in Zukunft eher dem Kommunismus entgegen. Denn ein solcher Pfarrer schadet mehr als der schlimmste Kommunistenführer. Es ist aus unserem Ort noch etwas zu machen; aber die Männer dazu müssen wir haben ...« Ohne eine solche Einzelstimme verbreiten zu wollen, zeigen mir doch viele Anzeichen, daß wir mit unserem Kampfe noch lange nicht zu Ende sind[73]. Gewiß wollen wir das nationalsozialistische Volk für Kirche und Christenglauben missionarisch gewinnen, darüber reden wir vielleicht als über eine Selbstverständlichkeit weniger[74], sondern arbeiten dafür. Aber wir vermögen dies ersehnte Gut erst, wenn die Kirche neu geworden ist und wenn insbesondere die Verkündigung des Evangeliums nicht mehr dazu benützt wird, um insgeheim gegen das neue Deutschland Stimmung zu machen. Besonders verhängnisvolle Anzeichen davon treffe ich landauf, landab, daß eine gewisse quietistische Stimmung sich wieder breit macht und den Leuten die Bereitschaft zum vollen Einsatz so langsam wieder unter-

[72a] Der Name des Pfarrers ist in der Vorlage ausgelassen.

[73] Randbemerkung von Pressel an dieser Stelle: »Da sind wir ausnahmsweise einig!«

[74] Randbemerkung von Pressel an dieser Stelle: »Wo und wann?«

gräbt[75]. Die offizielle Kirche hat ein langes Jahrzehnt einen Weg gefunden, ohne Beachtung Hitlers und seines Kampfes ihr Werk zu tun; diese »Kunst« ist noch lange nicht ausgestorben. Es handelt sich keineswegs, wie du andeutest, um eine künstliche oder gewaltsame Hinüberschiebung auf das »politische« Gebiet, wenn wir hierauf den Finger legen. Alles scheidet sich eben doch an der Frage: Für oder wider den Nationalsozialismus.

In diesem Zusammenhang lehne ich auch ab die sich in deinem Briefe andeutende[76] Stellungnahme, daß man zwar »für Hitler« sei, aber gegen den Nationalsozialismus und seine Unterbewegungen. Auch ist die Glaubensbewegung Deutsche Christen nicht, wie es dir vorzuschweben scheint, eine Einrichtung der bisherigen offiziellen Kirche, sondern eine Kampftruppe Adolf Hitlers, die unter den Fahnen Christi und im Glauben an den lebendigen Gott für sein Werk streitet. Es scheint mir, daß du deine Hauptaufgabe darin siehst: die Kirche gegen die Glaubensbewegung Deutsche Christen zu verteidigen und sie vor uns zu schützen, demgegenüber es aber fertig bringst zu schreiben, daß die Glaubensbewegung Deutsche Christen nicht die Aufgabe habe, dem Staate, der politischen und völkischen Bewegung das gute Gewissen zu geben usw. Diese hiemit zusammenhängenden Sätze stehen in direktem Gegensatz zu den Zielen der Glaubensbewegung Deutsche Christen und ihren Auffassungen über den nationalsozialistischen Staat. Selbstverständlich stelle ich ihn in meinem Wirken und Beten vor den allein rechtfertigenden Gott und weiß, daß er genau wie ich selbst nur und allein durch die Gnade des täglich alle Sünden vergebenden Gottes bestehen kann. Aber damit werfe ich mich nicht zum Richter und Ankläger auf. Ich muß mich wundern, daß du so als Kritiker des Staates aufzutreten das Bedürfnis hast[77]. Die Kirche, wie sie war und bis heute ist, hat wahrhaftig keinen Grund, gegenüber dem Nationalsozialismus richtend aufzutreten. Wenn nur unsere Kirchenführer und Pfarrer ein so »gutes Gewissen« haben könnten wie Hitler selbst und seine Kämpfer! Uns selbst höchst persönlich und den uns nächststehenden kirchlichen Kreisen und Brüdern wollen wir in deinem Sinne »das Gewissen schärfen«. Die andere völkische Aufgabe wird dann allein Sinn und Recht haben.

Deine Ausführungen in genanntem Absatz atmen vollständig den

[75] Randbemerkung von Pressel an dieser Stelle: »An dem, was Sch[airer] Quietismus nennt, ist vielleicht eben seine und R[ehms] Art und Kampfweise schuldig.«

[76] Randbemerkung von Pressel an dieser Stelle: »Wo?«

[77] Randbemerkung von Pressel an dieser Stelle: »Wo?«

Geist der früheren Volksdienstzeitung[78]. Es liegt vor mir ein Artikel von Bausch, der ungefähr dasselbe sagt, fast mit gleichen Worten. So scheinen sie mir mehr einem durchaus unevangelischen Nomismus und selbstsicheren, katholischen Klerikalismus zu entspringen[79] als der Theologie der Glaubensbewegung. Wir haben nicht die Aufgabe, nach der Meinung der Jungreformierer in theologischem Doktrinarismus die völkisch-politische Bewegung zu schulmeistern, sondern ihr in voller Hingabe vor Gott zu dienen, wozu natürlich auch wie zwischen Brüdern ein freundliches Zurechtweisen gehören wird und wobei es zu unserem hochheiligen-priesterlichen Amte gehört, für etwaige Fehler, die gemacht worden, vor dem himmlischen Herrn stellvertretend einzustehen[80]. Das ist aber für eine «Glaubensbewegung« nicht Sache öffentlicher Aktionen und Programme, sondern Sache des Kämmerleins und der persönlichsten Beugung. Von »Glauben« scheint mir leider bei deiner Haltung nicht mehr viel übrig zu sein. Und so könnte ich, wenn ich unbrüderlich an dir handeln wollte, dir deinen Satz zurückgeben: »Lieber Pressel! Mit diesem Geiste und in dieser Art führt man keine Glaubensbewegung[81]!«

Doch will ich keineswegs mit dir hadern und streiten. Es ist heute noch nicht so, daß die Kirche Fragen und Forderungen zu stellen hat[82]. Das Recht hat Gott allein, und dieses Fragen Gottes richtet es[!] an uns, Kirche, durch den Nationalsozialismus. Der stellt Fragen, nicht wir. Wir sollten froh sein, daß unser Volk wieder einmal, nicht durch Hitlers Verdienst allein, aber noch weniger durch das der Kirche, sondern allein durch Gott von den Trebern zum Hausbrot, vom Dreck zu den Perlen zurückgefunden hat, und sollen nicht so tun, als ob das gar nichts wäre, solange man die eine köstliche Perle nicht besitze[82a]. Und wohlgemerkt: Wer diese erwerben will, muß zuvor andere Güter haben, um die zu verkaufen[83]! Die Glaubensbewegung Deutsche Christen und die Theologie . . . Wenn es der angeblich »besten« Theologie, die es je gegeben hat, der früher volksdienstlichen, jetzt jungreformiererisch-barthischen vergönnt war, sich auszubauen und doch unser Volk, unsere Kirche glatt an

[78] Randbemerkung von Pressel an dieser Stelle: »Aha!« – Der Artikel in der Zeitung des Volksdienstes konnte nicht verifiziert werden.

[79] Randbemerkung von Pressel an dieser Stelle: »Bums!«

[80] Randbemerkung von Pressel an dieser Stelle: »Ach, wie fromm.«

[81] Randbemerkung von Pressel an dieser Stelle: »Da hört doch alles auf!«

[82] Randbemerkung von Pressel an dieser Stelle: »Da müssen auch Sch[airer] und R[ehm] den Mund halten.«

[82a] Mt 13,45 f.

[83] Randbemerkung von Pressel an dieser Stelle: »Welche Verdrehung!«

der Schicksalsstunde vorbei zu leiten, so wird diese Theologie nie und nimmer bei der jetzigen Last deutscher, menschlicher Verantwortung eine Rolle spielen dürfen. Und da das Geschrei nach »Theologie, Theologie!« rein nur von jener Seite ausgeht, so sollten wir etwas vorsichtig sein, ehe wir darauf hereinfallen. Jedoch bin ich mit deiner Formulierung »Theologie = im Glauben betriebene Besinnung auf das Wesentliche« ganz einig und bin der letzte, der diese Pflege ernster Gedankenarbeit unter der Zucht des Heiligen Geistes verwürfe. Jedoch wird die Glaubensbewegung Deutsche Christen hier nie den Weg eines alttestamentlichen Nomismus, eines römischen Klerikalismus gehen, sondern den der evangelischen Liebe und Barmherzigkeit, die dankbar anerkennt, wenn auch mal auf einem anderen Acker als dem der Kirche Gottes Same aufgeht[84/86]. Das »extra ecclesiam nulla salus!« werden wir nie mitmachen.

Ich habe dir nun meine Grundgedanken angedeutet. Schade, daß solcher Zeitaufwand unter uns nötig ist! Was wertvoll und schätzbar an deinen Richtlinien ist, bitte ich dich, auf der großen Tagung auf der Comburg vorzutragen. Dann erübrigt sich eine eigene Amtswalterzusammenkunft. Ob du nach dem befremdend ultimativen Charakter deiner Schriftlichkeiten noch weiter bei uns mitmachen kannst, ob sich das insbesondere mit deiner Stellung beim Oberkirchenrat verträgt, mußt du selbst entscheiden. Jedenfalls wirst du es achten müssen, wenn auch ich Punkte und Grundsätze habe, da ich festbleibe. Dir deine Position zu »verwässern« liegt gar kein Grund vor.

Mit deutschem Brudergruß! Dein J. B. Schairer.

DIE SPALTUNG DER WÜRTT. GLAUBENSBEWEGUNG

Im September 1933 wurde die in der Württ. Landeskirche latent vorhandene Krise deutlich. Die Versuche, die Verfassung der Landeskirche umzugestalten, hatten nur zum Ermächtigungsgesetz für den Kirchenpräsidenten und zur Annahme des Bischofstitels durch den Kirchenpräsidenten geführt, nicht aber zu einer Umbildung des Oberkirchenrats. Auf der anderen Seite hatte Württemberg sich in die neu entstandene deutsche Reichskirche eingliedern lassen, im Juli war für die Wahl zum Landeskirchentag eine Einheitsliste zustande gekommen, die den Deut-

[84/86] Randbemerkung von Pressel an dieser Stelle: »Geschwätz!«

schen Christen ohne Abstimmung eine knappe Mehrheit im Landeskirchentag sicherte. Da der Landesbischof zwar seine Loyalität gegenüber Staat und Partei immer wieder betonte, aber, das war deutlich, das Steuer fest in der Hand zu behalten gedachte, mußten die verschiedenen kirchlichen Gruppen entweder versuchen, den Landesbischof auf ihre Seite zu ziehen oder dessen Stellung entscheidend zu schwächen und die Landeskirche auch gegen den Willen ihres »Führers« zu bestimmen, wenn sie ihre Forderungen durchsetzen wollten.

Die Aussprache der Leitung der Kirchlich-theologischen Arbeitskreise mit dem Landesbischof

Im August 1933 baten die Leiter der Kirchlich-theologischen Arbeitskreise den Landesbischof um eine Unterredung, bei der sie ihre Sorgen um die Kirche vortragen wollten. Diese Aussprache fand am 29. 8. 1933 in Stuttgart statt. Zur Vorbereitung stellte Pfarrer Dipper, Würtingen, folgende Sätze zusammen[87]*:*

Sätze zur Vorbereitung der Aussprache mit dem Herrn Landesbischof am 29. 8. 1933:

1. Der hinter uns liegende kirchliche Kampf brachte uns viel Schmerzliches. Wir möchten aber nicht andere anklagen, sondern nur unser eigenes Anliegen dahin formulieren, daß es uns entsprechend Artikel 1 der Verfassung der Deutschen Evang. Kirche[88] darum geht, biblische Theologie und praktisches kirchliches Handeln in Verkündigung, Gemeindeaufbau, Verfassung und missionarischer Arbeit in Einklang zu bringen. Wir sind der Überzeugung, daß die gegenwärtige Stunde von Volk und Kirche dieses Anliegen nicht entkräftet oder in den Hintergrund drängt, sondern es eher noch dringlicher macht.

2. Weil dieses Anliegen gröblich mißachtet wurde, ist durch die nunmehr gefallene Entscheidung der kirchliche Friede noch nicht hergestellt. Es gibt zwar viele Gemeindeglieder, die noch nicht gemerkt haben, um was der Kampf bisher gegangen ist. Aber ein biblisch begründetes Vertrauen zu dem, was die jetzt die Kirche beherrschende Richtung will, gibt es in unsern Gemeinden nicht, wohl aber bei vielen ernsten, kirchlich wachen Gemeindegliedern die Sorge um die Erhaltung des biblischen Evangeliums oder die innere Entfremdung. Ebenso geht durch die Pfar-

[87] LKA Stuttgart, D 1, Bd. 40.
[88] Siehe S. 272 f.

rerschaft ein offener Riß bis zur Unmöglichkeit der Verständigung und dem Gefühl kirchlicher Heimatlosigkeit. Diese Lage der Kirche wird für uns dadurch zur Gewissensnot, daß unsre kirchliche Obrigkeit sich, wenigstens in der Öffentlichkeit, ganz zu den Deutschen Christen hält. So entsteht für uns der Konflikt, daß wir einerseits uns gehorsam hinter unsre kirchliche Obrigkeit und unter sie zu stellen haben, andererseits aber es gewissensmäßig einfach nicht können (z. B. Kirchenwahlen).

3. Trotzdem sind wir unsererseits bereit, alles zu tun, was zu einem wahren kirchlichen Frieden führen kann. Eben deshalb bitten wir aber, daß bei der Eröffnung des Landeskirchentags der Weg zum Frieden beschritten wird, d. h. daß die wahre kirchliche Lage beachtet, unser Anliegen anerkannt, die gegen uns erhobene Beschuldigung nicht wiederholt wird. Jede Verherrlichung des Erreichten wird im Landeskirchentag nur scheinbar einmütige Zustimmung finden, im Kirchenvolk aber das Vertrauen weiter zerstören.

4. Wir warnen dringend vor Gründung von Ortsgruppen der Deutschen Christen, da dadurch der Kampf um die kirchliche Macht in jede Gemeinde getragen, jede schon vorher bestehende Gemeindenot vertieft und die Gemeinde unheilbar zerrissen wird. Wir bitten um Klärung der Aufgaben des Evang. Volksbundes, da durch die kirchenpolitische Haltung des Evang. Volksbunds[89] unser Verhältnis zu ihm stark erschüttert ist.

5. Was die bevorstehende volksmissionarische Arbeit[90] betrifft, so erfüllt uns die nunmehr vollzogene Politisierung der Kirche mit Sorge. Schon wehrt sich charaktervolles Heidentum in unsrem Volke gegen den kirchlich-politischen Zwang. Ist der entstandene Schaden auch nicht wiedergutzumachen, so kann er doch wenigstens gemildert werden durch Zurückziehung der Pfarrer aus allen politischen Organisationen und durch reine biblische Verkündigung auch da, wo von der nationalen Erhebung gesprochen wird. Eine noch tiefere Gefahr für diese Missionsarbeit entsteht aus der inneren Lage der Kirche, die diese Arbeit treiben will. Man kann den Gekreuzigten nicht verkündigen, wenn man ihn eben in der Neuordnung des eigenen Hauses verleugnet hat. Missionsarbeit ist überhaupt nie eine Selbstverständlichkeit, sondern stets ein Geschenk, das den Bußfertigen anvertraut wird. Wird diese doppelte Gefahr nicht beachtet, so kann diese Arbeit nicht gesegnet sein. Das bedeutet aber gerade in dieser Stunde schwersten Schaden für unser Volk und für unsre Kirche.

[89] Siehe Bd. 1, S. 499 ff. [90] Siehe S. 758 ff.

6. Die gegenwärtige Not der Kirche ist vor allem auch eine Not und Krise des Pfarrstandes. Diese Not ist zwar in dem zurückliegenden kirchlichen Kampfe besonders deutlich in Erscheinung getreten, ihre Wurzeln liegen aber tiefer. Sie ist ein Teil der allgemeinen individualistischen Auflösung der Kirche. Da die bloße Ermahnung zum kirchlichen Frieden wenig zur Überwindung dieser Not beitragen wird, sollten in jedem Kirchenbezirk Vertrauensmänner aufgestellt werden, welche die Kollegen des Bezirks zu gemeinsamer Arbeit in exegetischer, systematischer und praktischer Theologie und zu gegenseitigem brüderlichen Dienst zusammenzuführen hätten. Daraus könnte dann wahrhaft geistliche Zusammengehörigkeit und Führung in der Kirche erwachsen.

Das Protokoll der Aussprache wurde am 30. 8. 1933 von Pfarrer Fausel, Heimsheim, an Pfarrer Metzger, Bronnweiler, übersandt[91]*:*

Lieber M.,

1. Du erhältst ein kurzes Protokoll der Zusammenkunft mit Wurm, in großen Zügen. Vieles muß mündlich berichtet werden. Die Offenheit, mit der W[urm] und P[ressel] sprachen, war erfreulich, der Gesamteindruck deprimierend, nicht nur um der allgemeinen Lage, sondern auch um der Tatsache willen, daß man immer noch taktisch denkt und handelt und damit auszukommen glaubt. Näheres wirst Du ja durch den einen oder andern der Freunde erfahren.

2. Wir haben ausgemacht, unsre Anliegen noch einmal schriftlich einzureichen. Dilger war bereit, einiges zur Frage der Ortsgruppen der Deutschen Christen, Dipper zur Volksmission zu sagen, ich formuliere meine Vorschläge zur theologischen Arbeit noch einmal und sende sie Dir. Die einzelnen Vorschläge sollten rundlaufen und werden dann wohl am besten von Dir zusammengearbeitet und eingesandt. Die Zustimmung W[urms] war überraschend, freilich auch insofern beängstigend, als er sofort Webers Plan[91a] daherbrachte, der eine ähnliche Arbeit der Pfarrer mit vorgeschriebenen Themen vorsieht. Hier kommt nun alles auf das Was an, sehr viel auch auf den jeweiligen Wen. Wir haben ja jetzt wohl Wichtigeres zu tun als Rassenkunde.

3. Bei unsrer Herbsttagung sollten wir mit der Schulungswoche der Glaubensbewegung Deutsche Christen auf der Comburg[91b], die Pr[essel] durchgesetzt hat, nicht kollidieren. Ich weiß freilich nicht, wann sie ist.

[91] LKA Stuttgart, D 1, Bd. 40; vgl. Dipper, S. 32 f.

[91a] Siehe Bd. 1, S. 555 ff.

[91b] Siehe S. 446.

4. Schade, daß wir Dich nicht mehr erwischten! Ich bereue – trotz allem – besonders um Pr[essels] willen, nicht, ins Furtbachhaus gegangen zu sein.

Herzliche Grüße Dein H. Fausel.

Beim Durchlesen meines AG-Vorschlags sehe ich, daß die Formulierungen reichlich unscharf sind. Aber jetzt ist's halb 12 Uhr. Darum überlasse ich Dir gern das Einschmelzen. Vielleicht darf ich Deine Formulierung vor Absendung sehen? Unsre Vorschläge sollten gleich möglichst detailliert sein, da man sie natürlich zuerst auf technische Durchführbarkeit prüfen wird.

Über die Aussprache fertigte Pfarrer Fausel folgendes Protokoll[91c]*:*
Zusammenkunft mit dem Landesbischof am 29. 8. 1933, Furtbachhaus.

Anwesend: D. Wurm, Pressel. Dilger, Dipper, Fausel, Gohl, Haug, Lang, Lutz, Schuler.

Beginn: 3 Uhr, Schluß 6.30 Uhr.

Landesbischof D. Wurm legt in einem einleitenden Referat dar, wie man die Lage von seiten der Kirchenleitung aus ansieht. Das Ziel der kirchlichen Führung war ein doppeltes: negativ die Vermeidung eines Konfliktes mit dem Staat, positiv die Ermöglichung der Neuarbeit der Kirche durch Mission, besonders unter der Männerwelt. a) Es wäre eine Ironie der Geschichte, wenn sich die evang. Kirche mit einem Staat entzweite, der ihren Forderungen weithin durch sein energisches Zupacken auf sozialem und sittlichem Gebiete nahesteht und gerecht wird. Ein Konflikt ist prinzipiell vermeidbar und muß auch praktisch vermieden werden, um der Wehrlosigkeit der Kirche willen und um der schweren Gefahren willen, die er für den Staat, der sich einem Gefahrenmoment nähert, in sich birgt. Die Hoffnungen auf schnelle wirtschaftliche Besserung werden nicht alle erfüllt werden, die Haltung der Bildungsschicht besonders im Süden ist abwartend, daher die Nervosität und der Argwohn, mit der auch die Kirche beobachtet wird. Das berechtigte Anliegen der Glaubensbewegung Deutsche Christen ist, daß in der heutigen Lage Staat und Kirche nicht auseinanderfallen dürfen. Die kirchliche Verkündigung muß sich auf die Krisis, in der sich die Nation befindet, einstellen. Wir müssen uns als Nation den Luxus der deutschen Libertät

[91c] LKA Stuttgart, D 1, Bd. 40.

abgewöhnen. Dies ist auch das Anliegen der Kirche. b) Die Kirche muß darum die heutige Situation zu einer neuen Offensive ausnützen. Schluß mit der schrecklichen Resignation, mit der man bisher zusah, daß uns ein Gebiet ums andre verloren ging. Die Schwierigkeiten sind freilich groß. Es gab noch nie eine Zeit, in der sich die Reibungen zwischen Kirche und dem totalen Staat, der einen unbedingten Anspruch auf Volk und besonders die Jugend macht, so häuften wie heute. Mit der Jugendarbeit[92] sind wir noch lange nicht über den Berg. Dringend zu wünschen ist, daß die führenden Persönlichkeiten in der Kirche ein inneres Verhältnis zum neuen Staate gewinnen. Besonders schmerzlich, daß jede Kritik an einzelnen Personen und Dingen sofort als prinzipielle Ablehnung ausgelegt wird, daß jeder, der auf einen Defekt etwa bei der Glaubensbewegung Deutsche Christen aufmerksam macht, sofort diffamiert wird. Das treibt in einen heillosen circulus vitiosus hinein, daß die gegenseitige Verärgerung immer größer wird. Das alles wird von leitenden Männern (Fezer) in voller Schwere mitempfunden. Eine Überwindung dieser Schwierigkeiten muß erstrebt werden von innen her: Wir dürfen nicht müde werden, den Amtsbrüdern drüben zu zeigen, wieviel auf dem Spiel steht. Es geht um die Substanz des Evangeliums, um die Christianisierung der Germanen. Das Evangelium soll eine Kraft der nationalen Entfaltung werden. Es sind in der Glaubensbewegung Deutsche Christen sehr viel wertvolle Elemente, die nur nicht in der Führung sind. Für die politischen Instanzen waren zunächst maßgebend die Kampfkameraden, mit denen von kirchlicher Seite einfach gerechnet werden muß, da sie kraft Staatsgewalt da sind. Es ist das besondere Anliegen Fezers, daß auch die politischen Instanzen sehen, daß auch die Sache des Staats in Händen von vollkarätigen Theologen besser aufgehoben ist. Aber im gegenwärtigen Augenblick hätte ein Konflikt weitreichende Folgen. Eine Ersetzung der jetzigen Führung der Glaubensbewegung Deutsche Christen ist im Augenblick unmöglich, aber das Ziel muß sein, die Glaubensbewegung Deutsche Christen in die Kirche einzuordnen.

Aussprache

Dipper: Unsre Sorge ist, wie Bekenntnis und kirchliches Handeln in Einklang gebracht werden können. Wir wissen um die Machtnotwendigkeit des Staats, aber wir wissen auch um die seelische Heimatlosigkeit vieler Gemeindeglieder, die das kirchliche Geschehen nicht begreifen. Für viele ist der Kirchenaustritt eine ernste Gewissensfrage.

[92] Das Problem der Jugendarbeit wird in einem der folgenden Bände dargestellt.

Fausel: Dasselbe gilt von der Not der Pfarrer untereinander. Es darf nicht sein, daß der theologisch um die Wahrheit ringende, der treu seine Pflicht erfüllende und in schwerster Arbeit, oft genug bisher unter marxistischem Druck stehende Pfarrer, daß der Pfarrer, der im Weltkrieg und Nachkrieg sein Leben eingesetzt hat für Volk und Vaterland, nun theologisch, kirchlich und national verdächtigt wird. Unsre gemeinsamen Aufgaben sind um so größer, als die Illusion vom corpus christianum sich heute enthüllt und die neue völkisch-mystische Welle (Hauer, Bergmann) neue Aufgaben stellt, denen nur eine geschlossene Pfarrerschaft gewachsen ist.

Haug: Die Schul- und Jugendarbeit, bisher verheißungsvoll, gerät in schwere Gefahr durch das Einströmen des völkisch-theologischen Liberalismus. Schairers Buch[93] wird gelesen und geglaubt. Der Staat nimmt seine Amtswalter in schärfste Zucht, Aufgabe der Kirche wäre geschlossene Bekämpfung des kirchlichen Liberalismus. Es sollte alles getan werden, um die württ. Pfarrer zur theologischen Besinnung zu führen; die Würde und Aufgabe der Theologie muß wiederhergestellt werden. Dann noch eine Frage: Muß man heute zur Glaubensbewegung Deutsche Christen um der Arbeit willen? (Zwischenruf des Landesbischofs: Nein!) Wir können das solange nicht, als die Führung nicht besser weiß, was sie will. Der Eindruck, daß es Pfarrer zweiter Klasse gebe, wird heute systematisch erweckt, vielfach wird das Mißtrauen durch die Glaubensbewegung Deutsche Christen erst hereingetragen. Noch nie ist in der Kirche so wenig gearbeitet worden wie heute.

Pressel: Das ist mein Kampf, meine Sorge, meine Arbeit. Es ist viel Vertrauen des Kirchenvolks zerstört worden. Wir müssen den Mut zur Verkündigung des Ärgernisses der Verkündigung haben. Unsre Gegenfront ist die neue Selbstherrlichkeit des Menschen. Praktischer Ausgangspunkt müssen lebendige Gemeinden sein, Ortsgruppen der Glaubensbewegung Deutsche Christen sollen als lebendige Träger des kirchlichen Dienstes in die Gemeinden eingebaut werden. Verweist auf eine Denkschrift von Weber[94] über Volksmission. Die Entscheidung über die Kirche fällt in der Glaubensbewegung Deutsche Christen. Warum habt ihr auf Mitarbeit, auch im Landeskirchentag verzichtet?

Dipper: Daß die Entscheidung in der Glaubensbewegung Deutsche Christen falle, die nur von einzelnen getragen, ganz von der Gemeinde

[93] Schairer, »Volk, Blut, Gott« (Berlin 1933): siehe dazu S. 401 ff.

[94] Die Denkschrift Webers vom 12. 8. 1933 siehe Bd. 1, S. 555 ff.

absieht, können wir nicht glauben. Wäre das auf katholischer Seite möglich gewesen? Hätte doch die Kirche beizeiten gehandelt!

Lang: Die Morgenfeiern im Rundfunk geben vielfach Ärgernis. Bisher kam alles Unheil in der Kirche davon her, daß man die Dinge gehen ließ; sollte damit nicht Schluß gemacht werden?

Haug: War es gut, die Glaubensbewegung Deutsche Christen durch Eintritt so zu verstärken? Wenn wir jetzt mitarbeiten, werden wir die Erfolge haben, die andern bisher versagt geblieben sind? Der Ansatzpunkt der Glaubensbewegung Deutsche Christen war und ist falsch.

Dilger: Bekenntnismäßig hat die Glaubensbewegung Deutsche Christen einen falschen Grund. Ist es nicht möglich, die Amtsbrüder jetzt zusammenzurufen und das einigende Ziel zu zeigen?

Gohl: Kann nicht ein Wort zum Reformationsfest von oben gesprochen werden?

Pressel: Durch unser Dabeisein ist vieles verhindert worden. Maßgebend für uns der Gedanke: Wenn Bewegung nicht aus tieferen Quellen schöpft, muß sie versanden.

Fausel: Unser praktisches Anliegen ist die Bitte um Erweiterung der jetzigen Kirchlich-theologischen Arbeitskreise zu theologischen Bezirksarbeitsgemeinschaften, in denen die Amtsbrüder sich um die Schrift sammeln und unter sie beugen, die Predigt des vergangenen und kommenden Sonntags miteinander besprechen und so auf praktischem Gebiet zu gemeinsamer Arbeit gezwungen sind. Die Leiter der Arbeitsgemeinschaften würden nach Anhören des Bezirks von der Kirchenleitung bestimmt, die ganze Arbeit würde von oben empfohlen und unterstützt, die Beteiligung jedoch freiwillig. Wir bitten, dieses Anliegen schriftlich formuliert vorlegen zu dürfen.

Wurm erklärt sich mit dem Gedanken einverstanden, ebenso mit der Bitte Dipper, bei Eröffnung des Landeskirchentags Entgleisungen zu verhindern, klare Richtlinien für die kommende Volksmission zu geben und bei Gründung von Ortsgruppen der Deutschen Christen die Anliegen der Gesamtkirche im Auge zu behalten. Letzteres Anliegen kommt leider nicht mehr genügend zur Besprechung.

Über die geplanten Ortsgruppen der Glaubensbewegung Deutsche Christen stellte Pfarrer Dilger, Nellingen/Alb, folgende Ausarbeitung zur Verfügung[95]*:*

[95] Die folgenden 3 Exposés jeweils ohne Datum: LKA Stuttgart, D 1, Bd. 40. Es ist nach den Akten nicht ersichtlich, ob und in welcher Weise Wurm diese An-

Vorschlag zu einer Eingabe an den Herrn Landesbischof in Sachen der Gründung von Ortsgruppen der »Glaubensbewegung Deutsche Christen«.

Wir bitten (wir erwarten? oder gar: wir fordern?) aufs dringendste, daß die Kirchenleitung alles tun möge, die Gründung von Ortsgruppen der »Glaubensbewegung Deutsche Christen« in den Kirchengemeinden unsres Landes zu verhindern (abzuwehren). Begründung: Im augenblicklichen Zeitpunkt ist von der Gründung von Ortsgruppen der Glaubensbewegung schon aus dem Grund aufs dringendste abzuraten, da zugestandenermaßen innerhalb der »Glaubensbewegung« gerade in Württemberg heftige Kämpfe darüber geführt werden, ob die »radikale« oder die »gemäßigte« Richtung den künftigen Kurs der »Glaubensbewegung« bestimmen soll. Es ist aber für die Gemeinden ein betrübliches Bild und führt zu größter Verwirrung, wenn etwa, wie es bisher offenbar schon mehrfach vorgekommen ist, auf den Werbevortrag eines der »radikalen« Führer möglichst bald ein Vortrag eines der »gemäßigten« Vertreter gehalten wird, der dazu dienen soll, den von dem ersten Redner angerichteten Schaden soweit möglich wiedergutzumachen. Aber selbst gesetzt der Fall, daß es der »gemäßigten« Richtung innerhalb der »Glaubensbewegung« in unsrer Landeskirche gelingen sollte, die Führung an sich zu reißen, ist die Gründung von Ortsgruppen rundweg abzulehnen. Denn:

1. Da die »Glaubensbewegung« von Grund aus ganz analog der politischen Bewegung des Nationalsozialismus aufgebaut ist, d. h. da in ihr das »Führerprinzip«, d. h. also auch die Forderung der unbedingten Gefolgschaft gilt, so muß beständig mit der Beunruhigung von der Reichsleitung her gerechnet werden. Alle die Kollisionen zwischen übergreifenden kirchlichen Organisationen und den einzelnen Kirchengemeinden, wie wir sie schon bisher im kirchlichen Leben als eine Quelle vielfacher Not kennnengelernt haben, vgl. Gemeinschafts- und Jugendverbände, würden erneut und in verstärktem Maß wiederkehren und würden wohl vielen Ortsgruppenleitern mit einem wachen kirchlichen Gewissen viel innere Not bereiten. Mit anderen Worten: Die »Glaubensbewegung« streitet ihrer ganzen Struktur nach gegen das gesunde, in unsrer Kirche gerade in den letzten Generationen lebendig gewordene »Gemeindeprinzip«.

2. Vor allem: Da es eine einfache Tatsache ist, daß viele Pfarrer aus

regungen unmittelbar verwertete. Zu Volksbund und Volksmission siehe Bd. 1, S. 499 ff. und S. 758 ff.

Gewissensgründen der Glaubensbewegung nicht beitreten können, würde durch die Gründung von Ortsgruppen ein unheilvoller Riß zwischen solchen Pfarrern und ihren Gemeinden oder einem Teil ihrer Gemeinden entstehen. Insbesondere würde das Vertrauensverhältnis, das glücklicherweise in vielen Gemeinden auch zwischen den Pfarrern, die nicht »Pg.« der NSDAP sind und sich politisch ganz zurückhalten, und dem betont nationalsozialistisch eingestellten Teil ihrer Gemeinden besteht, durch das Dazwischentreten der Glaubensbewegung zerstört oder gar gefährdet werden, da die Nichtbeteiligung des Pfarrers nur zu leicht, ja fast notwendig rein politisch mißdeutet würde. Und das wäre ganz besonders bedauerlich und verhängnisvoll für eine fruchtbare Arbeit.

3. Nach der geplanten und in die Wege geleiteten Neuordnung des Evang. Volksbundes und seiner Überführung in einen kirchlichen Gemeindedienst entbehrt die Gründung von Ortsgruppen der »Glaubensbewegung« jeglicher Begründung und Berechtigung vom kirchlichen Gesichtspunkt aus. Sie müßte notwendig nur nach der politischen Seite hin verstanden werden in dem Sinn, daß eben in den Ortsgruppen der »Glaubensbewegung« eben die politisch betont nationalsozialistischen Kreise, also die »Pg.«, insbesondere die SA, SS u. a. kirchlich gesammelt werden. Das hätte aber weiter die große Gefahr in sich, daß eben alle kirchlichen (und religiösen) Fragen nicht von kirchlichen, sondern rein politischen Gesichtspunkten aus betrachtet und behandelt werden. Das würde aber wiederum zu einer verhängnisvollen Politisierung des ganzen kirchlichen Lebens und auch zur Zerreißung der Einheit einer Kirchengemeinde führen. Zudem wäre sehr zu befürchten, daß in solchen wesentlich politisierten Ortsgruppen viele Kirchengenossen in unsrer Volkskirche sich sammeln, deren kirchliches Verständnis und Interesse äußerst gering ist, die aber diese kirchliche Organisation zu rein politischen Zwecken benützen wollen.

4. In bisher stark marxistisch durchsetzten Gemeinden würde die Gründung von Ortsgruppen der »Glaubensbewegung« zweifellos lediglich das Mißtrauen und die Ablehnung der politisch nicht nationalsozialistisch eingestellten, nun aber politisch und weltanschaulich heimatlos gewordenen und weithin verbitterten Kreise gegen die Kirche nur verstärken und dadurch gerade die Möglichkeit einer Missionierung dieser auch kirchlich entfremdeten Kreise zerstören.

Unsere Anliegen in der gegenwärtigen kirchlichen Lage *formulierte Pfarrer Dipper, Würtingen:*

Im Anschluß an die mündliche Aussprache mit dem Herrn Landesbischof erlauben wir uns, folgende Einzelanliegen vorzubringen:

1. Im Blick auf die Eröffnung des Landeskirchentags bitten wir, so weit möglich darauf hinzuwirken, daß auch von den Vertretern der Glaubensbewegung Deutsche Christen der Weg zum kirchlichen Frieden beschritten wird. Ist es eine Tatsache, daß die von der Glaubensbewegung beherrschte Kirche die biblisch wache Gemeinde zu verlieren im Begriff ist, so müßte das Vertrauen dieser Gemeinde weiterhin aufs schwerste zerstört werden, wenn die Eröffnung des Landeskirchentags von der Glaubensbewegung dazu benützt würde, sich selbst und das von ihr in der Kirche Erreichte zu verherrlichen und die kirchliche und politische Verleumdung ihrer Gegner fortzusetzen. Dem kirchlichen Frieden kann nur ein Wort dienen, in welchem sich alle Glieder der Kirche zusammenfinden können.

2. Wie wir hören, sollen möglichst in allen Gemeinden unsrer Landeskirche Ortsgruppen der Glaubensbewegung Deutsche Christen gegründet werden. Es ist uns nicht bekannt, welches kirchliche Ziel mit der Gründung dieser Ortsgruppen verfolgt wird und welche Bedeutung diese Ortsgruppen neben den Ortsgruppen des Evang. Volksbunds haben sollen. Bedenklich an diesen Ortsgruppen ist uns auf alle Fälle die naturgemäß nahe Verbindung mit den Ortsgruppen der NSDAP, das nahe Verhältnis zu den vielfach im Kirchengemeinderat einflußreichsten Männern und das aus dem politischen Leben genommene Führerprinzip, durch welches die einzelne Ortsgruppe straff in die kirchenpolitische Organisation der Glaubensbewegung eingeordnet ist. Durch diese Zusammenhänge werden die Ortsgruppen, auch wenn dies im einzelnen Fall nicht beabsichtigt ist, kirchen- bzw. machtpolitischen Charakter tragen und einen dementsprechenden Einfluß auf die Gemeinde ausüben. Eben diese Zusammenhänge machen es uns aber auch gewissensmäßig unmöglich, in diese Ortsgruppen einzutreten. Die Gründung solcher Ortsgruppen bedeutet deshalb für uns einen schweren Gewissenskonflikt, da wir einerseits unsre Gemeinde vor einem inneren Zwiespalt bewahren möchten, andererseits aber uns zur Gründung solcher Ortsgruppen nicht positiv einstellen können. Dazu kommt, daß viele unsrer Gemeindeglieder schon jetzt innerlich ablehnend der Glaubensbewegung gegenüberstehen, daß die Werbung für die Gründung von Ortsgruppen vielfach durch Pfarrer geschehen müßte und somit Pfarrer gegen Pfarrer stünde, daß endlich erfahrungsgemäß bei der Gründung kirchlicher Gruppen vielfach auch persönliche Gegensätze und bereits vorhandene Gemeindenöte eine Rolle

spielen. So erhellt ohne weiteres, welche Gefahr die Gründung von Ortsgruppen der Glaubensbewegung Deutsche Christen für den Zusammenhalt der Kirche und der einzelnen Gemeinden bedeuten muß. Aus diesem Grunde bitten wir, wenn irgend möglich der Gründung von Ortsgruppen der Glaubensbewegung Deutsche Christen entgegenzutreten. Sollte dies nicht möglich sein, so bitten wir, wenigstens dahin zu wirken, daß kein Pfarrer in einer fremden Gemeinde spricht, ohne vorher mit dem Ortspfarrer Rücksprache genommen zu haben.

3. Was die bevorstehende volksmissionarische Arbeit betrifft, so möchten wir auf zwei Gefahren aufmerksam machen, welche diese Arbeit schädigen könnten. Die eine Gefahr ist begründet in der Politisierung der Kirche. Gerade auch für die Missionsarbeit ist es wesentlich, daß sie aus einem unbedingten, in nichts Irdischem begründeten Auftrag entspringt; ferner, daß alles vermieden wird, was dem Hörer der Misionspredigt das Verständnis für diesen Auftrag verhüllen könnte. Diese Verhüllung ist aber dann gegeben, wenn der Missionar oder die missionierende Kirche mit irgend welchen anderen Interessen verknüpft erscheinen. Dadurch wird verhüllt, daß Gott gegenwärtig ist und Entscheidung fordert; und die Fragen der Opportunität, des Bedürfnisses usw. treten in den Vordergrund. Nun aber ist die Kirche leider weithin politisiert. Es ist öffentlich in Erscheinung getreten, daß der Staat an der Kirche ein starkes politisches Interesse hat und betätigt, daß kirchliche Fragen durch politische Gesichtspunkte und Kräfte entschieden werden, daß Männer mit vorwiegend politischer Vergangenheit heute in der Kirche das entscheidende Wort sprechen, oder, wie sie sagen, die Macht haben. Infolgedessen wehrt sich bereits charaktervolles Heidentum in unsrem Volke »gegen Religionsheuchelei«, »gegen Gleichschaltung des Heiligen im Menschen«, gegen »Christentum auf Kommando« und fordert die »Scheidung zwischen Religion und Politik«. So ist das Ringen der Kirche mit der keineswegs überwundenen, keineswegs nur im marxistischen Proletariat zu findenden Gottlosigkeit in ungeahnter Weise erschwert. Der Schaden, der hier entstanden ist, kann vorläufig nicht wieder gut gemacht werden; aber vielleicht wäre es möglich, ihn wenigstens zu mildern. Dies könnte dadurch geschehen, daß entsprechend den Vorgängen in der Glaubensbewegung Badens auch in Württemberg alle Pfarrer aus den politischen Organisationen zurückgezogen werden. Und diese äußerliche Maßnahme könnte dadurch ergänzt werden, daß nicht jeder beliebige volkstümliche Prediger zur volksmissionarischen Arbeit zugelassen, sondern streng darauf geachtet wird, daß seine Verkündigung

in jeder Hinsicht, auch in Beziehung auf nationale Fragen biblisch gegründet ist. Die andere Gefahr ist in der inneren Lage der missionierenden Kirche begründet. Diese Lage ist dadurch gekennzeichnet, daß wir einen erbitterten kirchlichen Kampf hinter uns haben. Pfarrer stand gegen Pfarrer, Gemeindeglied gegen Gemeindeglied, durch Mittel politischer Kämpfe wurde dieser kirchliche Kampf entschieden. Viele sind der Kirche innerlich entfremdet, beschämt, enttäuscht, erbittert. Diese Lage bedeutet für die Kirche und jedes einzelne ihrer Glieder einen sehr ernsten Ruf zur Umkehr, damit sie sich unter dem Wort des gekreuzigten und auferstandenen Herrn wieder zum Frieden zusammenfinde. Eben darum muß es aber erschrecken, wenn heute so ganz selbstverständlich von den bevorstehenden großen kirchlichen Feiern, von kirchlicher Massenpropaganda und großzügiger volksmissionarischer Arbeit gesprochen wird. Missionarische Vollmacht kann man nicht wie einen Raub an sich reißen, sie ist nie eine Selbstverständlichkeit und kann überhaupt nur dem bußfertigen Menschen geschenkt werden. Heute aber in dieser Not- und Gerichtszeit der Kirche gilt dies in ganz besonderem Maße. Darum bitten wir, in den Maßnahmen zur Vorbereitung und in der Durchführung der volksmissionarischen Arbeit auf diese Lage der Kirche Rücksicht zu nehmen. Wir machen auf diese Gefahren besonders auch deshalb aufmerksam, weil in der heutigen Stunde der Kirche trotz allem viele auf die Kirche aufmerksam geworden sind. Ein innerer Leerlauf der volksmissionarischen Arbeit würde gerade heute für lange Zeit unabsehbaren Schaden anrichten.

Für die theologische Arbeit gab Pfarrer Fausel folgende Anregungen:

Die Kirchlich-theol. Arbeitskreise Württembergs erlauben sich, dem Herrn Landesbischof folgende Bitte vorzutragen: Durch die heutige Pfarrerschaft geht ein tiefer Riß, die Not der Kirche ist zum Ausbruch gekommen, die Gemeinden geraten in Verwirrung und Gewissensangst. Es muß heute wieder von unten her aufgebaut, es muß die Kraft auf die eigentlichen und wesentlichen Aufgaben konzentriert werden. Für uns Pfarrer ist dies nichts anderes als die Verkündigung des Wortes Gottes an unsre Zeit. Darin besteht die uns allen gemeinsame Verpflichtung unsres Amtes; das ist der Boden, auf dem die heute vielfach feindseligen und mißtrauischen Amtsbrüder zusammengeführt werden können und müssen.

Wir bitten darum unsre kirchliche Obrigkeit, zur Herbeiführung dieses Ziels die Pfarrer in kirchlichen und theologischen Arbeitsgemeinschaften zu sammeln, wie sie bisher schon auf freiwilligem Boden in den von uns betriebenen Kirchlich-theol. Arbeitskreisen bestanden. Die Aufgabe dieser nach Bezirken geordneten und eingeteilten Arbeitsgemeinschaften wäre die Besprechung der Predigt und der Kampf um eine bindende und verpflichtende Form und Aussage der Verkündigung. Daß dieser Kampf vor der aufgeschlagenen Schrift geführt werden müßte, würde ihm viel von der feindseligen Bitterkeit nehmen, in der er heute vielfach geführt wird. Eine weitere Aufgabe der Arbeitsgemeinschaft wäre die Herausbildung einer kirchlichen Lehre angesichts heute herrschender Irrlehre, die Formung eines kirchlichen Bekenntnisses, das sich auf die Schrift gründen müßte. Dadurch würden die Amtsbrüder in die Schrift hineingeführt und würden durch die gemeinsame Norm zusammengeschlossen zur Erfüllung der heute von allen Seiten sich erhebenden großen Aufgaben.

Wir denken dabei nicht an eine pflichtmäßige Einführung dieser Arbeitsgemeinschaften oder an einen gesetzlichen Zwang zur Teilnahme. Die Teilnahme soll freiwillig sein und bleiben. Aber es soll deutlich werden, daß diese Arbeitsgemeinschaften eine landeskirchliche Aufgabe erfüllen, welche der Kirchenleitung am Herzen liegt und von ihr gefördert wird. Darum würde auch die Kirchenleitung die Leiter der Arbeitsgemeinschaften nach vorausgegangener Anhörung der Bezirke ernennen; die Leiter würden zu regelmäßigen Besprechungen mit der Kirchenleitung, vielleicht auch mit Mitgliedern der Theol. Fakultät zusammentreten, wobei die jeweiligen besonderen Aufgaben und Themen besprochen und festgesetzt werden könnten. Die bisherige Form des Pfarrkranzes und Diözesanvereins, dessen Struktur, aus einer längst vergangenen Zeit stammend, in der Gegenwart keinen Platz mehr hat, würde so ersetzt werden durch die Versammlung der Pfarrer eines Bezirks, die sich um ihre zentrale Aufgabe, die Wortverkündigung, die christliche Unterweisung mühen.

Pfarrer Metzger, Bronnweiler, konnte an der Unterredung mit dem Landesbischof am 29. 8. 1933 nicht teilnehmen, da er im Urlaub war. Am 7. 9. 1933 übersandte er im Namen der Kirchlich-theol. Arbeitskreise dem Landesbischof Einzelanliegen zur kirchlichen Entwicklung, *in denen die Ausarbeitungen der Pfarrer Dilger, Dipper und Fausel zusammengefaßt waren*[95a]*:*

[95a] LKA Stuttgart, D 1, Bd. 43; zum Landeskirchentag siehe S. 346 ff. zu Volksbund und Gemeindedienst siehe Bd. 1, S. 499 ff.; zur Volksmission siehe S. 758 ff.

Im Anschluß an die mündliche Aussprache vom 29. August des Jahres erlauben sich die Kirchlich-theologischen Arbeitskreise Württembergs, wie verabredet, folgende Einzelanliegen und -bitten vorzutragen.

1. Betreffend Landeskirche

Gemeinden und Pfarrer, beunruhigt und erschüttert durch die kirchlichen Geschehnisse der jüngsten Vergangenheit und weder hüben noch drüben in der Lage, das Gewordene vom Evangelium her gutzuheißen, bedürfen des die Kirche wieder zur Einheit heiligen Geistes führenden Wortes und erwarten es von der obersten Leitung der Landeskirche. Nur als biblisches Wort, als Wort zur Buße für uns alle, und als Wort des Glaubens an den Vergebung gewährenden Herrn der Kirche wird es, immer und immer wieder neu gesprochen, uns Getrennte zusammenführen können. Die Eröffnung des Landeskirchentages wird für viele in unserem Kirchenvolk das Symbol werden für das, wessen sie sich künftig von der Kirche zu versehen haben, und die biblisch wache Gemeinde wird scharf hören auf die Töne, die bei diesem Anlaß laut werden. Wir sind dankbar, daß wir das sammelnde, dem Menschen die Unehre und Gott die Ehre gebende Wort von unserer Kirchenleitung erhoffen dürfen. Wir geben uns auch der Zuversicht hin, daß die um Schrift und Bekenntnis gescharte Gruppe des Landeskirchentags ihre Aufgabe des Zeugnisses recht erfaßt und klare Töne findet. Was unsre Sorge ist, ist die Frage, in welcher Weise die Vertreter der Glaubensbewegung sprechen werden. Wir möchten bitten, so weit wie möglich darauf hinzuwirken, daß auch auf dieser Seite der Weg zum kirchlichen Frieden beschritten wird. Das Vertrauen der Gemeinde wird nicht dadurch errungen, daß das in der Kirche Erreichte verherrlicht und die Gegner kirchlich und politisch verdächtigt werden; dem kirchlichen Frieden kann nur ein Wort dienen, in welchem sich alle Glieder der Kirche zusammenfinden können, ein Wort nicht triumphierender Macht, sondern ein Wort der Gemeinschaft mit dem demütigen und sanftmütigen Rufer der Einladung von Matth. 11, 28 ff.

2. Betreffend Pfarrerschaft

Die vergangenen Monate haben unter der Pfarrerschaft teilweise tiefe Risse hervorgerufen. Anstatt sich dem großen Zweck einer gegenwartsnahen Verkündigung des alten Evangeliums nach reformatorischem Verständnis dienstbar zu machen, haben sich die Kräfte oft genug einem gegenseitigen Sichbekämpfen zugewandt, welchem neben tiefer

Gewissensnot auch manches recht unsachliche Motiv Antrieb und Stoff gab. Auch hier gibt es, um der Kirche wirklich zu dienen, d. h. um Christus zu gehorchen, nur ein Mittel zum Frieden und zur Arbeit des Friedens: die gemeinsame Hinwendung aller Kirchendiener zu Christus und seinem Wort und das gemeinsame Ringen um die rechte, d. h. bindende und verpflichtende Gestaltung unsrer Verkündigung. Wir bitten darum unsre kirchliche Obrigkeit, zur Erreichung dieses Zieles die Pfarrer in kirchlich-theologischen Arbeitsgemeinschaften zu sammeln, wie sie bisher schon auf Grund rein privater Initiative in den von uns betätigten KTA (Kirchlich-theologischen Arbeitskreisen) bestanden. Wir begrüßen dankbar den schon erfolgten Hinweis auf diese Aufgabe in dem Rundschreiben des Herrn Landesbischofs vom 30. August des Jahres[95b] und stellen uns dafür zur Verfügung. Was uns heute als Pfarrern not tut, ist, daß wir vor der aufgeschlagenen Schrift uns darüber verständigen, was rechte und was falsche Verkündigung ist. Wir denken uns darum als Gegenstand dieser Arbeitsgemeinschaften eingehende Predigtbesprechungen und Predigtkritiken in scharfem Aufmerken auf den Text, in ständiger Beobachtung des Bekenntnisses, in bleibender Hinwendung zur heutigen Zeitlage. Auch die grundsätzliche Besinnung auf einzelne Fragen in Form systematischer Vorträge zur Herausbildung einer kirchlichen Lehre angesichts heute herrschender Irrlehre sowie die Beurteilung von Zeiterscheinungen vom Worte der Schrift und vom Bekenntnis her wären nur andre Formen dieser einen, eigentlichen und wesentlichen Besinnung, die nicht bloß in der Vereinzelung der Studierstuben, sondern in der Gemeinsamkeit der Bezirke vollzogen werden müßte. Wir stellen uns die Teilnahme an diesen Arbeitskreisen nach wie vor als freiwillige vor, d. h. als eine ohne gesetzlichen Zwang sich gestaltende Gemeinschaft. Aber wir bitten darum, daß diese Arbeit als eine landeskirchliche Aufgabe anerkannt und von der Kirchenleitung sachgemäß betreut wird. Dies würde vornehmlich darin zum Ausdruck kommen, daß die Kirchenleitung die Leiter der Arbeitsgemeinschaften nach vorausgegangener Anhörung der Bezirke ernennt und nicht bloß die Bezirke zur Teilnahme an den einzelnen Arbeitsgemeinschaften aufruft, sondern auch die einzelnen Bezirksleiter zu regelmäßigen Besprechung über die Arbeit sammelt. Damit würde sowohl die seitherige Pfarrkonferenz aus ihrer Einzigkeit als auch der seitherige Diözesanverein aus seiner Veraltetheit erlöst und der Kirche ein zentraler Dienst geleistet werden.

[95b] Siehe S. 283 ff.

3. Betreffend Gemeindeaufbau

Der Evang. Volksbund hat zu seinen »Mitteilungen« vom August 1933[95c] die gute Losung von einer Umgestaltung seiner Organisation in einen Gemeindedienst ausgegeben. Es ist sehr zu begrüßen, daß die Aufgaben der evangelischen Gemeinde von ihr selber in die Hand genommen werden und die einzelnen Gemeindevereine ihre seitherigen nötig gewesenen Funktionen nunmehr als Glieder der Gesamtgemeinde ausüben. Was uns aber diesem Ziele geradezu entgegenzuarbeiten scheint, ist die erneute Spaltung der Gemeinde durch Ortsgruppenbildung der Glaubensbewegung. Kirchlich lassen sich solche Sonderunternehmungen gerade heute, wo man daran ist, das Vereinswesen zu überwinden, in keiner Weise rechtfertigen; ihre Wurzeln liegen auf außerkirchlichem Gebiet. Durch die naturgemäß sehr nahe Verbindung solcher Ortsgruppen zur Parteiorganisation und zugleich zu den vielfach im Kirchengemeinderat einflußreichen Männern sowie durch das aus dem politischen Leben übernommene Führerprinzip werden diese Ortsgruppen, auch wenn es im einzelnen Falle gar nicht beabsichtigt ist, kirchen- bzw. machtpolitischen Charakter tragen und einen entsprechenden Einfluß auf die Gemeinde ausüben; d.h. aber, sie werden eben die wirkliche Gemeindebildung stören und hindern, auch mit innerer Notwendigkeit Gegengruppen auf den Plan rufen. Erfahrungsgemäß spielen bei der Gründung kirchlicher Gruppen vielfach auch persönliche Gegensätze und bereits vorhandene Gemeindenöte eine Rolle; dadurch verschärft sich die Gefahr der Aufspaltung der Gemeinde in einem Augenblick, wo sie geeint und geschlossen dastehen müßte. Wir bitten darum, wenn irgend möglich der Gründung von Ortsgruppen der Glaubensbewegung entgegenzutreten. Sollte dies nicht möglich sein, so bitten wir, wenigstens dahin zu wirken, daß kein Pfarrer in einer fremden Gemeinde spricht, ohne zuvor mit dem Ortspfarrer Rücksprache genommen zu haben; da uns eine Führung solcher Ortsgruppen oder ein Eintritt in sie nicht möglich ist, müßte es doch wenigstens vermieden werden, daß ein Teil der Gemeinde gegen den Ortspfarrer geführt wird durch fremde Amtsbrüder.

4. Betreffend Volksmission

Wenn die Aufgabe der Volksmission wirklich ernsthaft als Mission des Evangeliums von Jesus dem Christus in Angriff genommen werden

[95c] Arbeitsprogramm vom 17. 8. 1933, siehe Bd. 1, S. 550 ff.

soll, so kann und darf sie ihr Vorbild nicht in dem Siegeslauf der nationalsozialistischen Idee, also einer politischen Botschaft nehmen, sondern muß den schlichten biblischen Charakter tragen. Sie kann nicht Fortsetzung des Machtkampfes auf geistlichem Gebiet sein wollen, sondern muß Ringen um die Seele des einzelnen Volksgenossen für Christus sein. Darum bitten wir, dem Stil kirchlicher Massenveranstaltungen und äußerlicher Propaganda entgegenzutreten und zur volksmissionarischen Arbeit nicht jeden beliebigen volkstümlichen Redner zuzulassen, sondern streng darüber zu wachen, daß seine Verkündigung (auch in Beziehung auf nationale Fragen) biblisch begründet ist. Wir bitten ferner, daß bei dieser missionarischen Arbeit die wirkliche Lage der Kirche nicht vergessen wird. D. h. diese Arbeit darf nicht getan werden ad maiorem gloriam einer menschlichen Gruppe, etwa der Glaubensbewegung; sondern sie muß lauter und rein Arbeit für Christus sein. Nur dann werden sich die wirklichen Träger der Kirche, die biblisch wache Gemeinde und die biblisch wachen Beter und Prediger dahinter stellen können; stünden sie abseits, weil die Volksmission mit den Mitteln des kirchlichen Kampfes von gestern weitergeführt wird, so bedeutete das – trotz aller Zahlenerfolge, auf die man etwa dann verweisen wird – den inneren Leerlauf der Volksmission. Endlich bitten wir, daß jeder, auch der leiseste Anschein von Zwang vermieden wird. Wenn wir Pfarrer es nicht mehr dem Evangelium selber zutrauen, daß es mächtig ist, sich seine Gläubigen zu schaffen, so haben wir kein Recht zur Verkündigung. Es muß deutlich bleiben, daß die Missionspredigt aus einem unbedingten, in nichts Irdischem begründeten Auftrag entspringt; es darf nicht zur Sache der Opportunität werden, in die Kirche einzutreten. Darum müssen wir uns als Kirche fernhalten von jeder Verknüpfung mit andern Interessen. Der Ausgang der vergangenen Kämpfe hat die Kirche schwer belastet mit dem Anschein, als sei sie Instrument politischer Interessen und nicht vielmehr der Ort, da Gott gegenwärtig sein will und Gott Entscheidung fordert; charaktervolles Heidentum wehrt sich schon mit innerem Recht »gegen Religionsheuchelei«, gegen »Gleichschaltung des Heiligen im Menschen«, gegen »Christentum auf Kommando« und fordert die »Scheidung zwischen Religion und Politik«. Das Ringen der Kirche mit der – keineswegs nur im alten marxistischen Lager zu findenden – Gottlosigkeit ist durch die Politisierung der Kirche in ungeahnter Weise erschwert worden. Der Schaden, der hier entstanden ist, kann vorläufig nicht wiedergutgemacht werden; aber vielleicht wäre es möglich, ihn wenigstens zu mildern. Dies könnte dadurch geschehen, daß entsprechend den Vorgängen in der Glaubensbewegung Badens auch in Württemberg alle Pfarrer aus den politischen Organisationen zurückgezogen werden. Vielleicht ist es – das bezwecken unsre Bitten – dann doch trotz allem Geschehenen noch möglich, das Wort von Christus wenigstens in Württemberg zu sprechen, auf das auch jetzt noch viele warten.

I. A. der Kirchlich-theologischen Arbeitskreise Württembergs [Metzger].

Am 5.9.1933 schrieb Pfarrer Held, Simmozheim, noch einmal über die grundsätzlichen Bedenken gegen die Arbeit der Glaubensbewegung Deutsche Christen an Pfarrer Metzger, Bronnweiler[96]*:*

Lieber Freund Metzger!

Darf ich Dich geschwind mit einer Frage belästigen. Gestern hielt uns Kollege Schilling von Liebenzell ein Referat über »Deutsche Christen«; er will auch nächste Woche hierher kommen. Ich weiß nicht, wie im Land sonst die Lage ist; wäre sie ähnlich, wie in unserem Bezirk, so drohen die Deutschen Christen das Feld restlos einzunehmen. Nun sehe ich von meinem beschränkten Gesichtskreis aus die Dinge so an: Wenn bei den Deutschen Christen die Linie Pressel wirklich durchdringen würde, so wie Pressel sie in den Richtlinien vom 11. August[97], die Du wohl kennen wirst, festgelegt hat, so wäre es doch möglich, den Kampf in eine Zusammenarbeit überzuleiten. Es wäre dann also das Richtige, der Werbung der Deutschen Christen nichts entgegenzusetzen, sondern sich zu beteiligen. Aber ist Gewähr dafür, daß Pressel führt und auf ihn gehört wird? Wenn das nicht anzunehmen ist, kann man dann nicht die Losung ausgeben, daß für Mitarbeit die Bedingung gestellt werden soll: die Führung Schairer ist für uns unerträglich, für eine Mitarbeit stellen wir die Bedingung, daß die anstößigen Gestalten verschwinden. Ist die Glaubensbewegung dazu nicht bereit, so sind wir genötigt, in Oppositionsstellung zu bleiben und vor ihr zu warnen. Wir könnten so den Deutschen Christen auch »zur Selbsthilfe behilflich sein«. Ich fürchte sonst, daß mit allerlei ehrenwerten Leuten, wie z. B. Schilling, geworben wird und hernach sind alle Mitglieder Nummern, die die bekannten »Führer« begeistert summieren, um vor aller Welt zu betonen, wie groß

[96] LKA Stuttgart, D 1, Bd. 40.

[97] Siehe S. 463 ff.

das Vertrauen des Kirchenvolkes zu ihnen ist und daß sie daraus ihre Vollmacht ableiten, uns mit ihren Tollheiten zu beglücken.

Wenn nur an einer Stelle die genannte Bedingung gestellt wird, so ist das wirkungslos. Deshalb lege ich Dir die Sache vor, damit unter Umständen eine einheitliche Losung vereinbart werden kann.

In alter Treue Dein Rudolf Held.

Pfarrer Metzger antwortete am 7. 9. 1933[98]:

Lieber Freund Held!

Deine Anfrage soll umgehend eine Antwort kriegen. Eine Antwort, die Dir freilich die Verantwortung nicht ganz abnehmen kann. Ob die Linie Pressel bei den Deutschen Christen durchdringen wird, ist heute so ungewiß wie im April des Jahres. Du siehst es an Hossenfelders Bischofswerdung[99], wie die Sachlage steht. Pressel wäre der Unterstützung wert; aber bis auf weiteres werden alle Zugänge zu den Deutschen Christen auf das Konto Schairer-Rehm, und nicht auf das der Presselschen Richtung geschrieben. Die Bedingung, von der Du schreibst, daß sie eventuell ja gestellt werden könnte, der Abgang Schairers und Genossen, ist natürlich völlig unannehmbar. Denn da drüben unterstellst Du Dich der »Führung«, und Du weißt, was das heißt. Ich habe noch niemand, der bei den Deutschen Christen war, ihnen abspenstig gemacht, sondern ihnen allen, die mich fragten, gesagt: Bleibt, wenn ihr bleiben könnt und wenn ihr Hoffnung habt, etwas zu ändern. Ich werde mich aber umgekehrt auch hüten, jemand den Beitritt zu empfehlen; denn m. E. kann auf die Dauer weder Pressel noch Schilling sich halten. Wir tun der Glaubensbewegung auch einen Dienst, wenn wir ihr nicht beitreten. Das hat sich bis jetzt schon greifbar gezeigt. Und es wird auch in Zukunft nötig sein, daß 7000 Knie sich nicht vor Baal beugen[100], damit auch den augenblicklich dort Stehenden das eigentliche Anliegen wach bleibe. Nicht beitreten heißt aber für mich keineswegs etwa opponieren, sondern heißt: bei dieser kirchlich in keiner Weise legitimen Sache auch kirchlich nicht mittun. Abstinenz – Nicht-Hingehen, Nicht-Unterstützen. Ich sage ruhig: Wenn Ihr meint, daß damit wirklich dem Herrn Christus gedient sei[100a], so geht ruhig hin; Ihr steht diesem Eurem Herrn,

[98] LKA Stuttgart, D 1, Bd. 40.

[99] Hossenfelder wurde am 6. 9. 1933 zum Bischof von Brandenburg bestellt: GB 140, S. 100.

[100] 1 Kön 19,18.

[100a] Vgl. Röm 14,4.

und ich will Euch nicht richten. Der Kampf, den wir zu führen haben, geschieht nicht, indem wir die Deutschen Christen herunterreißen, sondern indem wir klar aus dem Evangelium zeigen, was Christi Art ist. Damit schärfen wir den Brüdern bei den Deutschen Christen, die wirkliche Brüder sind, das Gewissen und reklamieren sie auch für Christus und seinen Willen; damit zeigen wir aber zugleich den andern, daß es biblisch keine Notwendigkeit ist, zu ihnen zu gehören oder beizutreten.

Hast Du Schilling selber eingeladen in Deine Gemeinde, so mußt Du natürlich zur Versammlung. Du kannst aber am Schluß aufstehen und sagen: Das war ganz gut und schön; aber ich halte es für keine Notwendigkeit beizutreten. Hast Du ihn nicht eingeladen, veranstaltet er die Sache selber, ohne Dich, so kannst Du Dir auch überlegen, ob Du nicht einfach wegbleibst. Ich schätze Schilling hoch; ich glaube aber, daß er die Linien und Hintergründe augenblicklich nicht klar sieht. Die Schleier werden freilich vielleicht bälder fallen, als wir denken.

Du siehst, ich bin der Meinung, daß die Deutschen Christen kirchlich nicht legitim sind; darum meine ich auch, ignorieren wir sie und wenden uns nach wie vor an den Amtsbruder X und das Gemeindeglied Y, auch wenn sie »Deutsche Christen« sind, und nehmen sie als Leute, die wie wir selber auch Jesu Gnade brauchen, wenn sie selig zu werden begehren. [Metzger.]

Die Versammlung der Pfarrerschaft am 20. September und die Sezession der Gruppe Pressel, Hutten, Weber

Bei der Sitzung des Landeskirchentags im September 1933 kam es zwar bei einigen Punkten der Tagesordnung wie bei der Frage der Zuwahlen oder der Entsendung von Abgeordneten zur Deutschen Nationalsynode zu offenen Differenzen zwischen den im Landeskirchentag vertretenen Gruppen; diese Differenzen und das, was ausdrücklich von den Abgeordneten des Landeskirchentags gesagt wurde, lassen jedoch die tatsächlich vorhandenen Spannungen kaum erkennen. Während der NS-Pfarrerbund als solcher in den Hintergrund trat, versuchte die Landesleitung der Glaubensbewegung Deutsche Christen mit Hilfe ihrer Mehrheit im Landeskirchentag, die Landeskirche endgültig »gleichzuschalten«. Pfarrer Rehm forderte vom Landesbischof personelle Änderungen im Kollegium des Oberkirchenrats, im Zusammenhang mit Vorfällen bei den kirchlichen Wahlen übte er einzelnen Pfarrern gegenüber einen deutlichen Druck aus, er war bevollmächtigt, ohne satzungsmäßig vor-

geschriebene Wahlen den Vorstand des Württ. Pfarrvereins neu zu bilden. So mußte der Eindruck einer kirchlichen Nebenregierung durch die Landesleitung der Glaubensbewegung Deutsche Christen entstehen; in den Kreisen der Partei scheint man die Einsetzung eines Staatskommissars für die Württ. Landeskirche mindestens erwogen zu haben.

Nicht alle Mitglieder der Glaubensbewegung Deutsche Christen waren bereit, bei diesem Angriff auf die Landeskirche und auf den Landesbischof ihrer Landesleitung zu folgen. Unter dem Druck dieser Kräfte und unter dem starken Rückhalt des Landesbischofs D. Wurm bei der Pfarrerschaft und bei den Gemeinden wurde das Ermächtigungsgesetz für den Kirchenpräsidenten vom Landeskirchentag angenommen, obwohl das vor Beginn der Sitzung nicht ganz sicher gewesen war; auch andere in ultimativer Form vorgetragene Forderungen konnte die Landesleitung nicht durchsetzen.

Nach der Vertagung des Landeskirchentags rief der Landesbischof sämtliche Pfarrer der Landeskirche zu einer Versammlung nach Stuttgart[100b]*, um diesem Kreis seine Haltung zu erklären und vom Vertrauen der Mehrheit der Pfarrer gestützt zur Deutschen Nationalsynode gehen und das Verhältnis der Landeskirche zur Reichskirche und zum Reichsbischof regeln zu können. Gleichzeitig versuchte sofort nach Schluß der Verhandlungen des Landeskirchentags der Kreis um Pressel, Hutten und Weber, der mit dem Kurs der Landesleitung der Glaubensbewegung Deutsche Christen nicht einverstanden sein konnte, sich aber in seinen Anliegen von der bestehenden Landesleitung stets mißverstanden und mißachtet fühlte, die entscheidenden Fragen nach Charakter und Führung der Glaubensbewegung endgültig zu klären. Da Pfarrer Rehm auf die Forderungen dieser Oppositionsgruppe nicht eingehen konnte, spaltete sich die Württ. Glaubensbewegung und zerfiel schließlich im Lauf der folgenden Monate.*

Die Einberufung der Pfarrerschaft zur Versammlung am 20. September im Stuttgarter Furtbachhaus teilte Pfarrer Weber am 16. 9. 1933 seinen Freunden mit[101]*:*

Vertraulich!

Lieber Freund und Mitkämpfer in der Glaubensbewegung!

Herr Landesbischof D. Wurm wird auf kommenden Mittwoch, 3 Uhr nachmittags, die Pfarrerschaft Württembergs zu einer Versammlung

[100b] Vgl. dazu Wurm, Erinnerungen, S. 89. [101] LKA Stuttgart, D 1, Bd. 43.

nach Stuttgart einberufen. Es ist dies ein dringendes Erfordernis der kirchenpolitischen Lage. Bei den Erörterungen über den Bericht des Herrn Landesbischof wird zweifellos auch die Frage der gegenwärtigen Führung unserer württ. Glaubensbewegung stark in den Vordergrund treten. Wir haben an die Landesleitung der »Deutschen Christen« den Antrag gestellt, diese allgemeine Pfarrerversammlung zu benutzen, um auf Mittwoch vormittags 11 Uhr in den Festsaal des Furtbachvereinshauses die der Glaubensbewegung angehörenden Amtsbrüder zu einer besonderen Besprechung zusammen zu holen. Dabei wird und muß die leidige Führerfrage innerhalb der württ. Glaubensbewegung einer endgültigen Klärung entgegengeführt werden.

Deshalb bitten wir Sie dringend um Ihr Erscheinen, ferner darum, allen ständigen und nichtständigen Amtsbrüdern, die bei der Glaubensbewegung eingetragen sind und mit uns von der Unhaltbarkeit der gegenwärtigen Führungsverhältnisse überzeugt sind, das Erscheinen zur kirchlichen und amtsbrüderlichen Pflicht zu machen. Diejenigen, die wegen der Kürze der Zeit von Ihnen nicht mehr mündlich erreicht werden können, wollen Sie bitte in einem persönlich und dringlich gehaltenen Schreiben einladen. Es geht letzten Endes um die Sache unserer Glaubensbewegung, vielleicht gar um den Herrn Landesbischof selber. Darum darf keiner fehlen.

Heil Hitler! Mit herzlichem Gruß Ihr ergebener Weber.

Vor der Versammlung der Württ. Pfarrerschaft versuchte Oberkirchenrat Pressel zur Gruppe der Kirchlich-theologischen Arbeitskreise Verbindung aufzunehmen; er schrieb am 16.9.1933 an Pfarrer Metzger, Bronnweiler[102]*:*

Lieber M.!

Du wirst die Mitteilung schon bekommen haben, daß der Herr Landesbischof auf kommenden Mittwoch sämtliche Pfarrer nach Stuttgart, Furtbachhaus, nachmittags 3 Uhr, entboten hat zur Besprechung der kirchlichen Lage und was damit zusammenhängt. Diese Zusammenkunft hat natürlich tieferen Sinn: es handelt sich darum, den kirchlichen Kurs für die Zukunft klarzulegen, die Schwarmgeister zurückzuscheuchen und die Stellung des Herrn Landesbischofs zu stärken. Nach den Vorgängen der letzten Tage ist das nicht bloß dringend nötig, sondern es ist jetzt

[102] LKA Stuttgart, D 1, Bd. 43.

endlich auch möglich, wie wir glauben, den ψευδαδελφοις das Handwerk zu legen und ihnen ein für allemal die Lust zu schwarmgeistigen, das Wesen der Kirche antastenden Versuchen zu nehmen. Dazu ist aber not zu wissen, daß heute – menschlich gesehen – alles daran liegt, daß Wurms Stellung gestärkt, seine Haltung bestätigt und ihm das rückhaltlose Vertrauen ausgesprochen wird. Nur so wird es gelingen, die Schwarmgeister zurückzujagen und doch zugleich das, was an positiven Anliegen und Kräften in der Glaubensbewegung steckt, kraftvoll zu bejahen im Sinn des οικοδομειν. Der Kampf gegen die andere Seite, zu der sich leider auch Hilzinger und Lohß geschlagen haben, wird nicht leicht sein, aber er ist besonders vor der Nationalsynode notwendig und, wie ich glaube, aussichtsreich. Dazu gehört aber, daß auch Deine Gruppe hinter Wurm einschwenkt, dessen Haltung im Landeskirchentag so würdig und kraftvoll und tapfer war, und daß Ihr nicht Eurerseits es ihm auch noch schwer macht. Ihr würdet damit nur die Position der Schwarmgeister stärken. Also bitte: entweder bewußt hinter Wurm oder: schweigen!

Mit herzlichem Gruß Dein Pressel.

Am 17. 9. 1933 verständigte sich die Leitungsgruppe der Kirchlich-theologischen Arbeitskreise unter sich; Studienrat Dr. Haug, Urach, schrieb an die Pfarrer Metzger, Dipper, Fausel und Gohl[103]*:*

Liebe Freunde!

Wie mir soeben Herr Oberkirchenrat Pressel mitteilt, hat der Herr Bischof auf Mittwoch die gesamte Pfarrerschaft nach Stuttgart einberufen. Damit wird unsre im Mai erstmals, Ende August erneut dem Herrn Bischof vorgetragene Bitte – spät! – erfüllt. Der besondere Anlaß zu dieser Pfarrversammlung liegt nach dem, was die Landeskirchentagssitzung brachte, auf der Hand. Im Vertrauen darauf, daß der Herr Bischof nunmehr seine gesamte Pfarrerschaft zum »Kirche-sein« zurückruft und die äußere und innere Sammlung zur kirchlichen Arbeit in dieser Entscheidungsstunde kraftvoll einleitet, bitte ich Euch und durch Euch alle Mitglieder der Kirchlich-theologischen Arbeitskreise zu vergessen, was dahinten liegt[104] und vorwärts zu blicken und Euch in dieser Versammlung entschlossen hinter den Herrn Bischof zu stellen mit allen Amts-

[103] LKA Stuttgart, D 1, Bd. 43; zu früheren Vorstellungen der Leitungsgruppe beim Landesbischof siehe Bd. 1, S. 454 f. und die Besprechung vom 29. 8. 1933, S. 480 ff.
[104] Phil 3,13.

brüdern, denen es in der Kirche um die reine Verkündigung des Christus an unser Volk und die Sammlung seiner Gemeinde in unsrem Volk geht und um sonst nichts. Jeder Vorstoß gegen den Bischof muß nach meiner Kenntnis der Lage den Schwarmgeistern Vorschub leisten.

Mit herzlichem Gruß Euer M. Haug.

Der Brief an Pfarrer Metzger trägt folgenden Zusatz:

Lieber M! Wegen der großen Dringlichkeit habe ich gleich gehandelt. Ich hoffe, Du bist einverstanden. Ich lege Dir, nur Dir, eine Abschrift von Pressels vielsagender Postkarte bei. »Spät kommt Ihr, doch Ihr kommt[105].« Ich werde als Nichtpfarrer am Mittwoch nicht dabei sein können[106]. Aber ich gedenke Eurer. Meine Antworten wirst Du von Würtingen erhalten. Herzlichen Gruß Dein [Haug].

Die Abschrift der Mitteilung Pressels lautet:

Abschrift! Vertraulich! Lieber Freund! Auf Mittwoch, 3 Uhr, Furtbachhaus, hat der Herr Bischof die gesamte Pfarrerschaft nach Stuttgart einberufen. Es geht darum, machtvoll den Willen der Kirche zu bezeugen und zugleich sich hinter Wurm zu stellen und seine Stellung zu verstärken. Die Front geht gegen die Schwarmgeister und radikalen Elemente. Es gibt und darf da nur 2 Fronten geben. Sorge bitte, daß von eurer Seite kein Vorstoß gegen Wurm kommt, sondern stellt euch mit den andern hinter W[urm] gegen die Sch[airer] und R[ehm] und Konsorten. (Leider hält sich nun auch Hilzinger dorthin.) Die Aussichten stehen günstig. Sch[airer]s Stern ist endlich im Sinken. Aber um so fester sitzt R[ehm] und Helfershelfer im Sattel. Und diese Leute gilt es nun zu fällen. Also bitte haltet Disziplin gegen – die Rebellen! Mit herzlichem Gruß Pressel.

(Und das alles auf offener Postkarte[107]!)

Schon am 14. 9. 1933 wandte sich die Gruppe von Pressel, Hutten und Weber an ihren Freundeskreis und stellte eine Zusammenkunft in Aussicht, bei der alle Anliegen besprochen und die Differenzen ausgetragen werden sollten[108]:

105 Schiller, Wallenstein I,1.

106 Martin Haug war im Herbst 1933 Studienrat am Evang.-theol. Seminar in Urach und stand deshalb rechtlich nicht im Dienst der Landeskirche.

107 Zusatz von Haug auf der Abschrift.

108 LKA Stuttgart, D 1, Bd. 43. Weber hatte offenkundig Kenntnis vom vorausgehenden Schriftwechsel zwischen Pressel und Schairer (siehe S. 459 ff.); vgl. auch den Brief Webers an Fezer vom 22. 9. 1933, S. 519 ff.

Streng vertraulich! Zu vernichten!

Verehrter, lieber Herr Amtsbruder und Kampfgenosse in der Glaubensbewegung!

Im Auftrag eines weiteren Freundeskreises der Glaubensbewegung, zu dem unter anderem Oberkirchenrat Pressel, Dr. Hutten, Stadtpfarrer Bendel und Pfeiffer und viele andere gehören, mache ich Ihnen die folgende Mitteilung, die wir im Interesse unsrer Landeskirche als absolut vertraulich zu behandeln bitten!

I. Zweck des Ausschreibens ist, die Führerfrage der Glaubensbewegung, die in Württemberg nach der Überzeugung weitaus der meisten ungenügend gelöst ist, ins Rollen zu bringen.

1. Den äußeren Anlaß zu diesem unserem Schritt bildet das völlig unverständliche Verhalten der Führung in der Sitzung des letzten Landeskirchentages, wo der Antrag, unseren hochverehrten Freund und Lehrer Professor D. Fezer zuzuwählen, von der Kampfgruppe »Deutsche Christen« abgelehnt wurde und dies, obwohl die Führung von einem Ferngespräch mit Fezer Kenntnis hatte, daß er zur Stärkung seiner persönlichen und sachlichen Stellung in Berlin eine solche Vertrauenskundgebung lebhaft wünsche. Was auch immer an Gründen für diese Stellungnahme von der Führung nachträglich an Gründen angegeben werden möge[109], wir können uns bei diesem Akt schnödester Undankbarkeit einem Mann gegenüber, der in entscheidender Stunde seinen guten Namen für die Sache unsrer Glaubensbewegung hergegeben hat, nicht beruhigen und protestieren schon hier auf das allerschärfste. Über Gründe und Hintergründe der Haltung unsrer Führung werden wir Sie eingehend unterrichten, sobald die Gelegenheit dazu sich bietet. Professor D. Fezer hat, wie wir wissen, die Ablehnung seiner Zuwahl durch den Landeskirchentag als ein Mißtrauensvotum empfunden und wird dadurch in seinem Beschluß bestärkt, die Berufung nach Berlin[109a] anzunehmen.

2. Was uns nötigt, die Frage der Führung der Deutschen Christen in Württemberg aufzugreifen, ist die weitere Tatsache, daß weiteste Kreise der im NS-Pfarrerbund zusammengeschlossenen Amtsbrüder diese Führung mehr und mehr als eine unterträgliche Gewissensbelastung empfinden, welche ihnen alle Freudigkeit raubt, sich für die Glaubensbewegung so einzusetzen, wie es dieser hochbedeutsamen Bewegung an sich ent-

[109] Siehe S. 365 ff.

[109a] Siehe S. 697.

spräche. Es ist ein offenes Geheimnis, daß unter anderer Führung die Glaubensbewegung in Württemberg in unsrem Stand doppelt so stark hätte Wurzel schlagen können.

3. Es ist Tatsache, daß jede ernste und gutgemeinte Kritik, selbst wenn sie aus den eigenen Reihen kam, politisch verdächtigt wurde. Es ist bekannt, daß Pfarrbrüder, die aus Gewissensgründen oder im Blick auf die Haltung der derzeitigen Führung nicht oder noch nicht den Weg zur Glaubensbewegung fanden, politisch als unzuverlässig hingestellt wurden und daß man auf diese Weise die ernsthafte Auseinandersetzung mit anderen Standpunkten sich auf eine unerlaubte Weise leicht machte. Fest steht auch, daß man den Ausbau der Glaubensbewegung mit Methoden betrieb, die mehr der Politik als der Kirche angemessen waren, in Verkennung des Wesens der Kirche. Eine oft lieblose und wahrheitswidrige Kritik an der seitherigen Gestalt und Arbeit der Kirche hat nur zu viele Amtsbrüder, die ihrer ganzen Haltung nach zu uns gehört hätten, uns entfremdet und vor den Kopf gestoßen, die Kirchengegner aber in ihrer Ablehnung der Kirche bestärkt. Es drängt sich der deutliche Eindruck auf, daß die Führung der Glaubensbewegung in eine schiefe Frontstellung sich begeben hat, die geeignet ist, das Wesen einer Glaubensbewegung[109b] zu verdunkeln. Die meisten unter uns warteten auf eine Glaubensbewegung, die den Mut hätte, das Evangelium unverkürzt unsrem Volk zu sagen und unmißverständlich sich abzugrenzen gegen jede Verharmlosung und Erweichung des Evangeliums, woher sie auch komme, auch auf die Gefahr der Unpopularität und des Ärgernisses hin. Kurz gesagt, uns fehlte wirkliche Führung, die zur äußeren Autorität hin auch die innere gehabt und dadurch freudigen Gehorsam gefunden hätte.

4. Wir erwarten und müssen erwarten, daß wir endlich einmal aus dem Stadium der Kirchenpolitik hinauskommen in praktische, positive, eine einwandfreie kirchliche Linie aufweisende Aufbauarbeit. Wir sind der Meinung, daß auch die Glaubensbewegung kirchliche Disziplin gegenüber dem hochverehrten Führer unserer Landeskirche zu üben habe, zumal dieser Mann ein ganzes Verständnis für die tiefsten Anliegen unsrer Bewegung hat und dies in jenen Monaten durch die Tat bewies, als es für einen Landesbischof noch etwas bedeutete, mit dieser Entschiedenheit sich auf unsre Seite zu stellen. D. Wurm hat damals durch sein mannhaftes Eintreten für unsre Sache das Odium auf sich genom-

[109b] Der erste Teil des Wortes (Glaubens-) ist im Original handschriftlich unterstrichen.

men, von vielen seiner seitherigen Freunde mißverstanden zu werden. Wir sind der Überzeugung, daß hinsichtlich der Führung unsrer württ. Kirche noch nicht alles bereinigt ist, was zu bereinigen wäre, glauben aber auch, daß gerade angesichts der Aufgeschlossenheit des Herrn Landesbischofs für das große Ziel der Glaubensbewegung, im Nationalsozialismus für die Kirche und in der Kirche für den Nationalsozialismus sich einzusetzen, wir in Württemberg unbedingt auf anderem als dem Weg des Kampfes oder irgendwelchen Druckes die Erledigung dieser Dinge suchen müssen und können.

II. Es ist zu erwarten, daß man auch unsre, aus schwerster Gewissensbedrängnis erwachsenden Anliegen nicht hören oder politisch deuten wird. Demgegenüber betonen wir so laut als möglich:

1. Es geht uns um die Reinheit der Glaubensbewegung, die wir gegen jede Verfälschung und Verflachung sichern wollen. Nach wie vor gehört unsre ganze Arbeit und Treue der Glaubensbewegung und ihren eigentlichen großen Anliegen. Wir treten deshalb nicht aus, sondern suchen in ihr den Zusammenschluß derer, die mit uns eines Sinnes sind. Wir grenzen uns insbesondere von solchen scharf ab, deren Arbeit bis jetzt wesentlich in verneinender Kritik gegenüber dem, was durch Adolf Hitler uns gegeben ist, bestand.

2. Es geht uns um das Werk Adolf Hitlers in unsrem Volk und darum, daß unsre Kirche ein freudiges Ja dazu habe und haben könne. Deshalb ist es unser Anliegen, daß wir unsre Amtsbrüder und die Glieder unsrer evangelischen Kirche für den Nationalsozialismus gewinnen. Dabei wehren wir uns dagegen, daß die Glaubensbewegung bei den ganz anderen, gesünderen kirchlichen Verhältnissen in Württemberg mit Mitteln vorwärts getrieben wurde, die vielleicht angesichts der preußischen Verhältnisse ihre Berechtigung haben, aber bei uns zuletzt kirchenzerstörend statt kirchenaufbauend wirken müssen. Wir müssen mit aller Entschiedenheit der leider nur schon zu viel Wirklichkeit gewordenen Gefahr entgegentreten, daß Versäumnisse seitens der Führung der württ. Glaubensbewegung dem Nationalsozialismus als solchem zur Last gelegt werden.

3. Wir fürchten mit Recht, daß bei Fortdauer der Vertrauenskrisis gegenüber der derzeitigen Führung unsre Glaubensbewegung im schwäbischen Kirchenvolk über das erste Stadium der äußeren Organisation nicht wesentlich hinauskommen wird. Das wäre für den Nationalsozialismus selber und für unsre Kirche ein nie wieder gutzumachender Schaden. Ohne Vertrauen läßt sich nun einmal nicht etwas Dauerndes schaf-

fen, im Kirchlichen weniger als anderswo. Um unsrer Kirche und um des Werkes Adolf Hitlers willen möchten wir die Glaubensbewegung unter der Pfarrerschaft und den Gemeindegliedern groß und fest machen. Deshalb sind wir im Gewissen gezwungen, das, was uns alle so lange bedrängt, innerlich gelähmt und unfrei gemacht hat, offen auszusprechen, damit die Glaubensbewegung freie Bahn bekomme. Lange genug, vielleicht zu lange haben wir aus Gründen der Disziplin geschwiegen.

III. 1. Wir bitten Sie, in vertraulicher Weise innerhalb des Freundeskreises der zur Glaubensbewegung gehörenden Amtsbrüder die uns Gleichgesinnten zu sammeln, zu informieren, sowie ihre Namen uns mitzuteilen (Pfarrer Weber, Tübinger Straße 16). Wir bitten dringend – die kirchenpolitische Lage erfordert es gebieterisch –, diese Arbeit so rasch als möglich in Angriff zu nehmen, ohne im einzelnen den Betreffenden vom Inhalt des gegenwärtigen Schreibens nähere Kenntnis zu geben. Insbesondere bitten wir, auch den betreffenden Amtsbrüdern gegenüber den streng vertraulichen Charakter unsres Vorgehens zu betonen.

2. In Frage kommen nur solche, deren einwandfreie nationalsozialistische Gesinnung außer Zweifel steht. Wir wehren uns von allem Anfang mit der größten Entschiedenheit dagegen, Sammelplatz von politisch-mißvergnügten oder lediglich kritisier- und disputiersüchtigen Pfarrern zu werden. Jeder, der aus anderen als kirchlichen Gründen zu uns kommt, gefährdet die Ehrlichkeit unsrer Sache.

3. Ausdrücklich sei noch einmal gesagt: Unser Schritt richtet sich nicht gegen, sondern für die Glaubensbewegung. Unser Protest richtet sich wirklich und wahrhaftig und ausschließlich nur gegen eine Führung, welche die Sache belastet statt fördert.

4. Sie selber möchten wir bitten, sich bereitzuhalten, zu einer hochwichtigen, vertraulichen Zusammenkunft hierher zu kommen, die wir in der nächsten Woche, vermutlich nach Abschluß der Nationalsynode, abhalten. Bis dahin sollte das unter Ziffer III/1 Genannte erledigt sein. Wir bitten Sie, unserem Ruf zu folgen, wenn er an Sie ergeht. Es soll und muß endlich deutlich werden, wie wenig die derzeitige Führung Rückhalt und Anhang in der nationalsozialistischen Pfarrerschaft hat. Es soll und wird aber auch deutlich werden, wie sehr die württ. Pfarrerschaft bereit ist, sich voll und ganz für den Nationalsozialismus einzusetzen, wenn nur eine Führung gewährleistet ist, die es ihr ermöglicht, freudigen Herzens und mit unbelastetem Gewissen mitzuarbeiten.

Heil Hitler! Ihr ergebener Weber.

Nachschrift: Wir machen nochmals absolute Vertraulichkeit zur Pflicht. Wir bitten, nur an durchaus vertrauenswürdige Amtsbrüder heranzutreten und das Schreiben aller Weiterungen wegen zu vernichten.

Nachdem nun aber der Landesbischof die Initiative ergriffen und eine allgemeine Versammlung der Pfarrer auf 20. September einberufen hatte, kam es zu dem Versuch, die Differenzen innerhalb der Glaubensbewegung mit der gesamten Pfarrerschaft bei dieser Gelegenheit zu besprechen und zu klären. Noch vor dem 20. September wurde der vertrauliche Rundbrief Webers, dessen Inhalt bekanntgeworden war, in einer internen Besprechung der Glaubensbewegung behandelt. Das Ergebnis war eine Sezession der Mehrheitsgruppe von Pressel, Hutten und Weber und deren Ausschluß aus der Glaubensbewegung. Daraufhin sprach Pfarrer Weber am Nachmittag des 20. September zur Pfarrerschaft über die Anliegen der Sezession; die Landesleitung entgegnete scharf, und Professor D. Fezer, der aus Berlin zu der Versammlung gekommen war, stellte sich nicht eindeutig hinter die Sezession.

Am 28. 9. 1933 berichtete Pfarrer Schnaufer im Kirchlichen Anzeiger für Württemberg *über die Versammlung der württ. Pfarrer in Stuttgart:*

Auf Mittwoch, den 20. September, hat der Herr Landesbischof die evangelischen Pfarrer Württembergs zu einer Versammlung nach Stuttgart ins Furtbachhaus eingeladen. Den Gegenstand derselben bildete die gegenwärtige Lage der Kirche. Da sie nicht öffentlich war, ist es nicht statthaft, über die gemachten Ausführungen zu berichten. Aber im Rückblick auf dieselbe kann folgendes festgestellt werden:

1. Die ganze Versammlung (der Saal war überfüllt) hat sich mit voller Einmütigkeit und aufs wärmste zum neuen Staat und zu dessen Schöpfer und Führer bekannt und ihre Bereitwilligkeit kundgegeben, mit ganzer Hingabe an der Erneuerung unseres Volkes mitzuarbeiten.

2. Sie hat keinen Zweifel darüber gelassen, daß der Herr Landesbischof das uneingeschränkte Vertrauen der württembergischen Geistlichkeit besitzt. Eine dahingehende Entschließung wurde einstimmig angenommen.

3. Die Differenzen, die hervorgetreten sind, waren theologischer Natur. Bei einer so großen Versammlung war nicht zu erwarten, daß in den letzten Fragen eine Übereinstimmung herausgestellt werden konnte. Wohltuend aber berührte der von beiden Seiten ausgesprochene Gedanke,

daß die letzte entscheidende Instanz Christus und sein Evangelium sein müsse, wie auch das Verlangen, es soll im Unterschied von norddeutschem Verfahren nach altschwäbischer Überlieferung niemand wegen abweichender theologischer Haltung politisch diskreditiert werden. Da eine gemeinsame religiöse Linie deutlich zu Tage trat, so ist zu hoffen, daß dem evangelischen Pfarrstand in Württemberg die gerade in der Gegenwart besonders nötige innere Einheit nicht verloren geht.

Pfarrer Jäckh, Göppingen, schrieb in seinem Gemeindeblatt am 24. 9. 1933 ausführlich über die Vorgänge[110]*:*

Zur kirchlichen Lage

Es war wohl ein einzigartiges Ereignis in der württembergischen Kirchengeschichte, das wir am Mittwoch, 20. September, in Stuttgart erlebten. Unser Landesbischof, D. Wurm, hatte sämtliche Pfarrer des Landes nach Stuttgart zu einer Aussprache berufen. Es war ihm nach den kirchlichen Kämpfen der letzten Monate ein Bedürfnis, sich einmal vor der gesamten Pfarrerschaft auszusprechen über seine Haltung und über die Lage der Kirche in unserer Zeit. Über allem Ernst der Gegenwart stand das verheißungsvolle Wort der Tageslosung: »Gleichwie ich über dies Volk habe kommen lassen all dies große Unglück, also will ich auch alles Gute über sie kommen lassen, das ich ihnen verheißen habe« (Jer. 32, 42). Um zweierlei war es dem Landesbischof zu tun. Zunächst um eine Besinnung über die letzten Gründe unseres Handelns; denn wir brauchen eine klar durchdachte Grundlage unseres Tuns, ein sauberes Gewissen, ein tiefes Verständnis für die anders denkenden und handelnden Brüder und bei Scheidung unserer Wege eine Rechtfertigung unserer

110 LKA Stuttgart, D 1, Bd. 43. Vgl. auch »Schwäbischer Merkur«, Ausgabe vom 27. 9. 1933. Ein Protokoll über die Versammlung und über die Rede Wurms ist nicht vorhanden. Beim Landestag der Inneren Mission in Heidenheim sagte Wurm am 24. 9. 1933: ». . . Nicht nur er selbst, sondern auch die evang. Pfarrerschaft bejahe die großen Ziele und Grundgedanken des neuen Staates und der nationalsozialistischen Bewegung und suche sie mit dem Einsatz aller Kräfte zu fördern. Das habe er schon bei der auf letzten Mittwoch einberufenen Versammlung der gesamten württ. Pfarrerschaft festgestellt und die gesamte Pfarrerschaft habe darauf mit donnerndem Beifall geantwortet. Wenn trotzdem Meinungsverschiedenheiten zutage getreten seien, so beziehen sich diese nur auf innerkirchliche Fragen und Vorgänge. Er lege Wert darauf, dies festzustellen, damit keine Legendenbildung entstehe« (»NS-Kurier«, Ausgabe vom 26. 9. 1933). Zum Zusammenhang vgl. auch den Brief Gaugers an Wurm vom 24. 9. 1933, S. 399 f., und den Bericht S. 676 ff.

Haltung aus dem Evangelium. Und dann geht es um eine Besinnung auf die Wege, welche die Kirche im neuen Staat zu gehen hat. Von Politik war nicht die Rede; es handelte sich um kirchliche Fragen, wobei Landesbischof Wurm im Namen der ganzen Pfarrerschaft die mit großem Beifall aufgenommene Erklärung abgab, daß die Einordnung in den heutigen Staat die selbstverständliche Voraussetzung der ganzen Aussprache sei.

Auf dieser Grundlage sprach er dann von den Konfliktsmöglichkeiten der heutigen Staatsauffassung und dem kirchlichen Handeln. Der erste Punkt liegt im Totalitätsprinzip des Staates. Das Eintreten für heroische Lebensauffassung kann dann, wenn es in optimistisch-rationalistischem Sinn gemeint ist, dem christlichen Glauben, in dessen Mittelpunkt das Kreuz steht, widersprechen, und eine aus tiefen religiösen Gründen kommende Kritik an der heldenhaften Auffassung des Lebens kann dann, aber mit Unrecht, als Angriff auf den heutigen Staat gedeutet werden. Es ist um so erfreulicher, daß in einer großen Gruppe der »Glaubensbewegung Deutsche Christen« ernst um die Einhaltung der biblischen Linien gerungen wird. Das zweite Prinzip der neuen Zeit, das Führerprinzip, kann auf kirchlichem Boden von großem Segen werden, wenn es den Sprechsaalcharakter der Kirche beseitigt. Wir leiden heute schwer an den Folgen einer Disziplinlosigkeit, die nicht aus dem Geist der Reformation, wohl aber aus dem der Renaissance und der französischen Revolution kommt. Jetzt stehen wir vor dem schweren Problem, Unterordnung und Freiheit miteinander zu vereinigen, die Freiheit des in Gott gebundenen Gewissens. Wir möchten die kommende Lutherfeier[111] mit gutem Gewissen begehen und dürfen deshalb Luther nicht nur als den großen Deutschen, sondern als den Mann der biblischen Verkündigung feiern. Darum muß die evangelische Freiheit des an Gottes Wort gebundenen Gewissens erhalten bleiben; es soll nicht hinter dem Pfarrer eine doppelte Führung stehen, die amtliche von der Kirche und die außeramtliche von der Partei her. In der kommenden Gesamtkirche wie in den einzelnen Landeskirchen muß sich die Gruppe der »Deutschen Christen« der Kirchenführung unterstellen. Darauf hinzuarbeiten ist schon lange das Bestreben der württembergischen Kirchenregierung; möchte es endlich von Erfolg gekrönt sein! Schwierig ist die Stellung der Kirche zum dritten Prinzip unseres Staates, dem Rassenprinzip. Einem Mann wie D. Wurm ist von seiner Arbeit in der Inneren Mission her der

[111] Siehe S. 746 ff.

verhängnisvolle Einfluß des Judentums in Staat und Volk wohl bekannt, und er sieht keinen Anlaß, das Bestreben des Staates zur Reinigung des Volkstums zu hindern. Aber es ist eine ernste Frage, ob man die Bestimmungen des Staates glatt auf die Kirche übertragen kann, ohne daß das Bekenntnis des dritten Artikels berührt wird.

Im zweiten Teil seiner Ausführungen berührte Landesbischof Wurm kurz einige praktische Fragen; er stellte das Programm auf: mit einer erneuerten Kirche arbeiten an einer Erneuerung des Volkes. Voraussetzung einer Erneuerung der Kirche ist die Gabe des heiligen Geistes, wie es die Erweckungsbewegungen vergangener Zeiten beweisen. Menschlich können wir nur erwachende Bedürfnisse zu befriedigen und ein neues Verlangen nach dem Wort der Wahrheit zu wecken versuchen. Wir können Altmodisches und Altfränkisches in der Kirche beseitigen, dürfen die traditionelle Unkirchlichkeit nicht als selbstverständlich hinnehmen, müssen für eine Verjüngung der Kirche und ihres Pfarrstandes besorgt sein, hinsichtlich der Zahl der Jahre und ihrer inneren Einstellung. Manchmal schien es, als ob der Himmel über der Kirche des Schwabenlandes heiterer wäre als anderswo; aber dann kam immer wieder ein »Nordwind« und brachte Bewölkung und Abkühlung. Jetzt aber müssen wir versuchen, zurücktreten zu lassen, was uns trennt, hinüberzusteigen über die Hindernisse und gemeinsam der Fahne unseres allerobersten Führers zu folgen.

Die gesamte württembergische Pfarrerschaft stellte sich hinter diese Erklärungen des Landesbischofs und sprach ihm ihr Vertrauen aus. Dies geschah insbesondere durch Pfarrer Metzger als Sprecher der Kirchlich-theologischen Arbeitskreise, die der Jungreformatorischen Bewegung nahe stehen, und durch Pfarrer Weber als Sprecher einer großen Gruppe der Glaubensbewegung Deutsche Christen, und zwar unter stärkstem Beifall der Versammlung. Die kleinere Gruppe der Glaubensbewegung, die durch Pfarrer Hilzinger, Stadtpfarrer Steger und Pfarrer Rehm zum Wort kam, stellte sich zwar auch unter die Führung des Landesbischofs, erklärte sich aber verpflichtet, unter dieser Führung ihre eigene Straße zu gehen. Der Ton des dritten Redners dieser Gruppe war derart, daß es die Vertreter der größeren Gruppe der Glaubensbewegung sich versagen mußten, darauf einzugehen[112].

Die Gemeinde soll von dieser Stellung der württembergischen Pfarrerschaft wissen. Der in der Versammlung erhobene Vorwurf, man habe

[112] Vgl. dazu die Artikel Rehms im »NS-Kurier«.

die »Glaubensbewegung« für unnötig erklärt und über sie ein Scherbengericht gehalten, wurde von Landesbischof Wurm zurückgewiesen; man habe nur Kritik geübt, wie er es schon lange getan habe. Der erringe den Preis, der das Verständnis am meisten fördere. Mit Dank stellte D. Wurm fest, daß unsre Kirchen noch stehen, fragte aber, ob *die* Kirche noch stehe; in manchen Landesteilen Deutschlands stehe sie nicht mehr, weil ihr nicht mehr der Gehorsam ermöglicht werde, nach den ihr eigenen Gesetzen zu handeln. Die Kirche habe dem nationalsozialistischen Staat schon manches Opfer gebracht; sie habe geschwiegen, wo sie Veranlassung gehabt habe, zu reden, nur um dem Staat keine Schwierigkeiten zu machen. Man solle dem Staat geben, was des Staates ist[112a], aber auch der Kirche, was der Kirche ist; man müsse es dem geben, der der Herr der Kirche ist. Von einem Widerstand gegen den heutigen Staat, von einer Kritik an nationalsozialistischem Wollen war in der Versammlung keine Rede, auch nicht von liberalistischem und individualistischem Denken und Wollen. Es gibt heute keine geistige Bewegung, die den Liberalismus so radikal überwunden hat wie die an dem Wort Gottes und der Reformation orientierte neuere Theologie. Gerade von ihr aus ist Widerstand gegen den Staat, es sei denn in Sachen des Glaubens, unevangelisch; denn es ist die selbstverständliche Pflicht des Christen, untertan zu sein der Obrigkeit, die Gewalt über ihn hat[113]. Es geht dem Führer der württembergischen Landeskirche und dem sich hinter ihn stellenden württembergischen Pfarrstand um nichts anderes, als die Kirche als Kirche unter ihre einzige höchste Instanz zu stellen, ihren allerobersten Führer Jesus Christus. Die Gemeinde aber soll wissen, daß mit heißen Herzen um diese Aufgabe gerungen wird.

Von seiten der Kirchlich-theologischen Arbeitskreise sprach Pfarrer Metzger, Bronnweiler, seine Ausführungen skizzierte er nachträglich[114]*:*

Mit heißer Spannung haben wir von den Kirchlich-theologischen Arbeitskreisen der Rede unsres Herrn Landesbischofs zugehört. Nicht das einzelne hat uns dabei beschäftigt, sondern die Gesamthaltung, und ihr

[112a] Mt 22,21.

[113] Röm 13,1.

[114] LKA Stuttgart, D 1, Bd. 43; Pfarrer Metzger vermerkte auf dem vorliegenden Text, der Pfarrer Römer für seine Veröffentlichung im EKBlW zugesandt wurde (vgl. S. 526 ff.): »Niedergeschrieben acht Tage nach der frei gehaltenen Rede; darum ohne Verbürgung des Wortlauts.«

haben wir freudig zugestimmt. Denn es wurde hier über dem Führer unsrer Landeskirche die Instanz sichtbar, der er sich mitsamt der ganzen Kirche unterstellt weiß. Mit einer erneuerten Kirche soll die Arbeit an der Erneuerung unsres Volkes geschehen. Die Erneuerung der Kirche aber kann, wie wir eindringlich hörten, nicht von uns gemacht werden, weil sie Werk des Heiligen Geistes ist. Unsre Aufgabe umreißt sich – in dieser Richtung glaube ich berechtigt zu sein, die Worte des Herrn Landesbischofs weiter auszulegen – mit der Verpflichtung zu lebendigem Bekenntnis.

Lebendiges Bekenntnis – wir freuen uns, daß mit dem Ausschauen danach eine gemeinsame Plattform hergestellt ist für uns und viele bei der Glaubensbewegung Deutsche Christen. Es ist ein Anliegen, das wir uns verdeutlichen, wozu uns das gemeinsame Ringen um ein solches lebendiges Bekenntnis verpflichtet: Es ist zum ersten eine Frage nach dem Inhalt der kirchlichen Verkündigung, der Verkündigung des nächsten Sonntags. Hier ist – etwa den Ausführungen von Pfarrer Hilzinger gegenüber – vieles zu klären. Lebendiges Bekenntnis ist Glaubensbekenntnis[115], Bekenntnis also zu dem, was man nicht sieht. Wenn heutzutage der erste Artikel so machtvoll in den Vordergrund geschoben wird, ist hier nicht vielfach einfach vergessen, daß es sich auch bei ihm um einen Glaubensartikel handelt? Da redet man von Schöpfung und versteht darunter das große ausgebreitete Etwas der vorhandenen Wirklichkeit; man setzt diese in eine unmittelbare Beziehung zu Gott und vergißt, daß es sich beim christlichen Schöpfungsglauben noch immer um ein Dennoch gehandelt hat, welches der Christ trotz des Weltbefundes zu Gott als dem Schöpfer und Herrn der Welt spricht. Lebendiges Glaubensbekenntnis ist Bekenntnis zum unsichtbaren Schöpfer. Und wenn beim zweiten Artikel an dem ergreifenden Jesusleben der Geschichte die Züge des Heldischen betont werden, sein Wollen und Kämpfen und tapferes Sich-Opfern, ist denn dann nicht auch hier wieder der Blick gefangen im Sichtbaren? Gewiß, man ist bereit, in der Weise der je und je üblichen Heldenverehrung diesem Herrn auch die Prädikate zu belassen, die er im Laufe der Geschichte bekommen hat. Aber ist denn darüber nicht ganz die Wirklichkeit des Glaubens vergessen, die sich ausspricht in den Worten: Lamm Gottes, Versöhner, Erlöser, Heiland? Lebendiges Bekenntnis ist auch als Christusbekenntnis ein Schauen auf das Unsichtbare. Und wiederholt sich derselbe Vorgang nicht auch wieder beim dritten

[115] Der erste Teil des Wortes (Glaubens-) ist im Original handschriftlich unterstrichen.

Artikel? Ist hier wirklich die Kirche gesehen als die Kirche des heiligen Geistes? Ist sie nicht vielmehr trotz alles Redens von Dynamik eine höchst statische Größe, die koordiniert werden kann mit dem Staat, um dann mit ihm zusammen dem einen Gott untergeordnet zu werden? Lebendiges Bekenntnis wird Bekenntnis zu dem wunderbaren Geschehen des Glaubens sein, wo trotz aller Niedrigkeit und Sündigkeit Gemeinschaft der Heiligen erbaut wird durch Gottes Wort.

So handelt es sich beim lebendigen Bekenntnis um ein völliges Ernstnehmen der Frage nach dem Inhalt der kirchlichen Verkündigung, der Substanz der Kirche. Dieser Inhalt aber nun muß geltend gemacht werden durch die ganze Breite der Kirche hindurch. Das Wo des lebendigen Bekenntnisses ist der ganze Umfang kirchlichen Geschehens von außen bis in den letzten Winkel des eigenen Herzens hinein. Es wird sich dabei vor allem um die Pfarrerschaft handeln als um den innersten Kreis der Kirche. Um das lebendige Bekenntnis herum muß sie sich wieder scharen lernen; nur so kann das zerstörte Vertrauen wieder neu wachsen. Der Dienst in der Kirche ist ein gemeinsamer Dienst, wir haben uns darum um seine gemeinsame Ausrichtung zu mühen. Dasselbe gilt aber auch für den nächsten konzentrischen Kreis: für die Gemeinde. Wir haben es freudig begrüßt, daß der Evang. Volksbund seine äußere Organisationsform als Gemeindeverein aufgeben will[116], um zu einer Funktion der lebendigen Gemeinde selbst gemacht zu werden; wir freuen uns, wenn die Aushöhlung und Entleerung des Gemeindegedankens durch das kirchliche Vereinsleben wieder rückgängig gemacht wird, wo immer es geschieht. Was wir aber nicht verstehen, ist, daß man in demselben Augenblick, wo man der Einheit der Gemeinde Rückhalt verschaffen will, diese selbe Gemeinde nun aufspalten will durch ein System von neuen Ortsgruppen. Solche Sonderung entspricht nicht lebendigem Bekenntnis zu dem einen Herrn der Gemeinde. Noch an einem dritten Kreis sei das Anliegen lebendigen Bekenntnisses deutlich gemacht: bei denen, die als Entfremdete der Kirche fernstanden und nun in der neuen Volksmission[117] wieder gewonnen werden sollen. Wenn diese Arbeit wirklich Mission sein will, so muß sie ausgehen von Matth. 28 und muß Arbeit für Christus sein. Dort werden wir ja – mit Betonung hören wir das heute – zu den »Völkern« geschickt. Aber diese Arbeit darf in ihrem etwa zu erwartenden Erfolg in gar keiner Weise irgendeiner Gruppe oder Son-

[116] Siehe Bd. 1, S. 499 ff.
[117] Siehe S. 758 ff.

derbewegung zugeschrieben werden; sie darf nicht einmal zur Erweiterung des Einflusses der Kirche geschehen, sondern muß streng Christus, dem Herrn des lebendigen Bekenntnisses, zukommen.

Noch in einer dritten Hinsicht muß umschrieben werden, was lebendiges Bekenntnis ist. Es bedeutet zugleich eine ganz bestimmte Haltung nicht bloß im Was und Wo, sondern auch im Wie der Kirche. Es ist keine theologische Angelegenheit im Sinne einer Beschäftigung für Mußestunden theoretischer Art, die zu nichts verpflichtet, und woneben dann ungehemmt ein Machtkampf kirchenpolitischer Art ausgefochten werden darf ohne jede Rücksicht, sondern es ist eine ethische Angelegenheit. Lassen Sie mich das auch noch an drei Punkten andeuten. Da ist das ethische Verhältnis zum Wort. Wir erleben heute eine Inflation religiöser Begriffe aus allen Jahrhunderten evangelischer Kirchengeschichte. Lebendiges Bekenntnis kann sich nicht an solcher alles vermengenden Phraseologie beteiligen, bei der jeder Begriff um seinen inneren Sinn gebracht werden kann. Der Widerstand der Kreise um Hauer und Reventlow ist für uns nicht deswegen schlimm, weil diese Leute eine andere Theologie haben; sondern das muß uns beschämen, daß sie uns vorwerfen können, wir erzeugten Heuchelei durch ein Christentum auf Kommando, bei dem dem Wort nicht mehr erlaubt ist, das zu sagen, was es eigentlich und zutiefst sagen will. Da ist, um ein weiteres ethisches Beispiel anzuführen, die Frage der Einstellung zum Erreichten. Wir haben trotz aller Lobeshymnen, die heute gesungen werden, keinen Grund, das Erreichte zu bewundern. Als Kirche dürfen [wir] ja zum Glück frei sein von der Suggestion der Zahl. Und nun sollen wir wahrhaftig, wenn anders das lebendige Bekenntnis unsre Sache ist, unserem Herrn die Ehre geben und nicht uns. Gott die Ehre, den Menschen die Unehre, so allein endet der stinkende Menschenruhm und hebt das Lob Gottes an. Und noch ein drittes Beispiel für die ethische Verpflichtung, die im lebendigen Bekenntnis liegt: es ist die Stellung zum Machtgedanken. Der Machtkampf verdirbt die Kirche, wo und wie er auch auftritt. Kein noch so guter Zweck heiligt verwerfliche Mittel. Und der heute so betonte Führergedanke findet in der Kirche seine völlige Begrenzung durch die zwei Sätze, daß, welchem viel gegeben ist, von dem viel gefordert werden wird, und daß von jedem Haushalter Treue verlangt wird[118]. Wo Macht in einem andern Sinn verstanden wird in der Kirche, da ist der Machtgedanke zur Sünde entstellt. Nur in solcher Anerkennung der Dienstver-

[118] 1 Kor 4,2; Lk 12,48 b.

pflichtung liegt auch die Möglichkeit, wieder zum Frieden zu kommen. Wenn wir die Hand dazu reichen, so können wir das nur dann, wenn wir wissen, daß der andre uns nicht terrorisiert.

Lebendiges Bekenntnis – das ist alles andre als eine leere Theorie, sondern damit ist alles gesagt, was in der Kirche gesagt und gehandelt werden muß. Von uns ist dabei nur das Eine verlangt: die Treue. Und darin wie in all dem, was gesagt wurde, wissen wir uns einig mit allen Amtsbrüdern, die ihr Amt in der Kirche Christi als Dienst ausrichten. Und dazu wollen wir uns durch die Worte unsres verehrten Herrn Landesbischofs aufgerufen sein lassen.

Die Ausführungen von Pfarrer Weber bei der Versammlung der Pfarrer am 20. September wurden in einer Vervielfältigung verbreitet[119]*:*

Auf dringenden Wunsch vervielfältigen wir die Ausführungen, die vor der Pfarrvollversammlung am 20. 9. 1933 in Stuttgart von Freund Weber über unsere pia desideria hinsichtlich der Glaubensbewegung Deutsche Christen gemacht wurden. Es ist eine eigenartige Fügung, daß einen Tag später der Sprecher der bayrischen Deutschen Christen vor der Landessynode ganz ähnliche Gedanken entwickelte[120].

Die Glaubensbewegung Deutsche Christen hat im Urteil von Freunden und Gegnern darunter gelitten, daß sie es bis jetzt noch nicht zu einer eindeutigen Prägung ihres Gesichtes gebracht hat, so daß über ihre kirchliche und theologische Haltung Unklarheit besteht.

1. Die Tatsache, daß sie in den letzten Monaten fast ausschließlich als kirchenpolitische Gruppe auftrat, setzte die Glaubensbewegung Deutsche Christen dem Mißverständnis aus, als seien Wesen und Ziele lediglich kirchenpolitischer Natur. In Wirklichkeit ist die Glaubensbewegung Deutsche Christen ein ganz elementarer Vorgang, eng verbunden mit dem Aufstand deutschen Lebens im Nationalsozialismus und nichts anderes als die Auswirkung der nationalsozialistischen Fragestellung im Raum der Kirche und insofern Frage und Bußruf an die offizielle Kirche.

2. Sofern wir Deutsche Christen als Glaubensbewegung in der Kirche Standort nehmen, müssen wir uns die Frage gefallen lassen: Wer seid Ihr? Woher habt Ihr Euren Auftrag? Wer ist die letzte Instanz, der Ihr Euch unterwerfet?

3. Die Fragestellung ist dadurch kompliziert, weil die Glaubensbewegung Deutsche Christen aus zwei Quellen gespeist und deshalb für

[119] OKR Stuttgart, Registratur, Generalia, Bd. 115 g.
[120] Vgl. GB 140, S. 100, besonders aber Baier, S. 62 ff.

den Außenstehenden ein zweideutiges Gesicht hat: a) Sie hat ihren geschichtlichen Ort im Nationalsozialismus, d. h. im gegenwärtigen deutschen Augenblick. Von daher hat sie den revolutionären, vorwärtsstürmenden Elan, von daher auch den Radikalismus ihres Ganzheitsanspruchs. Die Dynamik der Glaubensbewegung Deutsche Christen ist wesentlich gespeist aus dem Politischen.

b) Andererseits muß sie als Glaubensbewegung notwendig den Standort innerhalb von Evangelium und Kirche nehmen. Der politische Antrieb und das gemeinsame politische Bekenntnis genügen nicht, um Glaubensbewegung zu schaffen. Zwar wirkt, wie die Geschlossenheit der nationalsozialistischen Bewegung zeigt, auch die gemeinsame politische Haltung Gemeinschaft, aber niemals kirchliche Gemeinschaft, Gemeinde. Eine Glaubensbewegung Deutsche Christen, die vorwiegend vom Politischen Antrieb und Stoßkraft empfängt, gefährdet an einem ganz entscheidenden Punkt ihren Charakter als Glaubensbewegung. Gerade hier liegt unseres Erachtens ein Gefahrenpunkt für die Glaubensbewegung Deutsche Christen. Denn während Einheitlichkeit und Gemeinsamkeit des politischen Bekenntnisses feststehen, ist die Frage nach der Gemeinsamkeit des christlichen Bekenntnisses innerhalb der Glaubensbewegung Deutsche Christen noch unbeantwortet.

c) Dadurch, daß die Glaubensbewegung Deutsche Christen in der Spannung zwischen der Hingegebenheit an den politischen Augenblick und dem absoluten Gehorsamsanspruch des Evangeliums sich vorfindet, wird für sie die Frage nach dem Verhältnis der beiden Größen, des Politischen und des Christlichen, zur Lebensfrage. Wer hat in der Glaubensbewegung Deutsche Christen die Souveränität, Christus und sein Evangelium oder der politische Aspekt?

4. Für den Fortgang der Glaubensbewegung Deutsche Christen im Kirchenvolk ist es von entscheidender Bedeutung, daß an dem Punkt, wo die Frage nach der Gemeinschaft in der christlich-theologischen Haltung laut wird, eine eindeutige Klärung geschaffen wird. Und zwar müssen wir als Glaubensbewegung Deutsche Christen ein Dreifaches unmißverständlich herausarbeiten:

I. Die kirchliche Linie und die Gemeindelinie. Das bedeutet:

a) Unterstellung unter die bischöfliche Führung, nicht im Sinn einer mechanischen, die Bewegung als Bewegung gefährdenden Einordnung in eine kirchenbehördliche Apparatur, aber in dem Sinn, daß vor allen wichtigen Anordnungen der Landesleitung der Landesbischof vorher gehört werden muß. Das ist zur Vermeidung einer kirchlichen Anarchie und wegen der Einheitlichkeit kirchlicher Führung unumgänglich nötig.

b) Radikaler Verzicht auf die unmögliche Methode, sachlich berechtigte, aus dem Evangelium kommende Kritik ohne weiteres als politisch verdächtig zu diskriminieren und Amtsbrüder, die, im Gewissen gebunden, der Glaubensbewegung Deutsche Christen nicht oder noch nicht folgen können, in ihrer politischen Zuverlässigkeit anzuzweifeln. Gerade im Interesse einer wirklichen Glaubensbewegung wehren wir uns gegen die In-eins-setzung von politisch nationalsozialistischer Zuverlässigkeit und Mitgliedschaft der Glaubensbewegung Deutsche Christen. Politisches Denunziantentum bedeutet kirchliche Korruption. Die Pfarrer, welche durch die Theologie eines Luther gegangen sind, haben es nicht nötig, sich ständig an ihre Pflicht gegen Volk und Staat erinnern zu lassen.

c) Radikaler Verzicht auf die Anwendung politischer Druckmittel und Drohungen innerhalb der Kirche (Staatskommissar); Geistliches muß geistlich gerichtet werden.

II. Die Bekenntnislinie

a) Die Formel von der »Unantastbarkeit des Bekenntnisses[120a]« genügt nicht. Bekenntnis ist nicht ein pietätvoll zu konservierendes Museumsstück, das man dann und wann herausholt, um ernsten Einwänden von vornherein zu begegnen: »Was wollt Ihr denn? Wir halten am Bekenntnis fest!«

b) Bekenntnis ist lebendiger, in der Gegenwart immer neu geschehender Akt des Bekennens. Bekenntnis ist die Substanz, aus der all unser kirchliches Reden und Handeln herauswachsen muß.

c) Bekenntnis bedeutet u. a. auch die saubere Abgrenzung gegenüber aller Erweichung und Entleerung der Christusbotschaft im Zeitdenken. Schutzwall gegen die neu heraufziehende Front eines antichristlichen Germanismus wird die Glaubensbewegung Deutsche Christen nur dann sein können, wenn sie in der Bekenntnisfrage kompromißlos sauber ist und, auch um den Preis der Unpopularität bei maßgebenden Parteistellen, den Mut hat, unübersehbar scharf die Grenzen zu ziehen, welche die evangelische Offenbarungsbotschaft trennt von völkischer Menschengläubigkeit.

III. a) Die Anliegen einer echten Glaubensbewegung sehen wir nur dann erfüllt, wenn einer vorwiegend kirchenpolitischen Haltung und der

[120a] Vgl. § 1 der Verfassung der DEK, S. 272 f.

damit verbundenen Versuchung zu Machtstreben der Abschied gegeben wird. Kirchenpolitische Neuerungen bedeuten für die Erneuerung der Kirche nichts Wesentliches.

b) Stattdessen ist die Arbeit der Glaubensbewegung Deutsche Christen auf Volksmission zu konzentrieren, nicht in jenem schwärmerischen Sinn, als brächte eine volksmissionarische »Propagandawelle« die Kirche über den toten Punkt hinaus. Die kirchengeschichtlichen Erfahrungen heißen uns über die Frucht christlicher Massenversammlungen bescheiden denken. Vielmehr wird die volksmissionarische Arbeit der Glaubensbewegung Deutsche Christen darin bestehen müssen, die Kirchenwilligen im Nationalsozialismus durch gründliche biblische Schulung und durch seelsorgerliches Bemühen um den einzelnen zu innerer Bejahung der Kirche zu führen.

Als solche, denen das Werk einer echten Glaubensbewegung ein Gewissensanliegen ist, wissen wir uns zu einer wohlmeinenden, aufbauenden Kritik verpflichtet. Wir grenzen uns aber auch deutlich ab von solchen, die der Glaubensbewegung Deutsche Christen rein negativ kritisierend gegenüberstehen.

Zu der Rolle, die Professor D. Fezer bei der Versammlung der Pfarrerschaft am 20. September spielte, und über die Besprechungen im NS-Pfarrerbund schrieb Pfarrer Weber am 22. 9. 1933 an ihn[121]*:*

Sehr verehrter Herr Professor!

Die Vorgänge um den Tag der allgemeinen Pfarrversammlung sind für uns mit einer Reihe schmerzlicher Erlebnisse und dunkler Rätsel verknüpft, die uns um Ihret- und unsretwillen, nicht zuletzt auch um der Sache willen nötigen, an Sie uns zu wenden. Ich schicke dabei ausdrücklich voraus, daß ich und meine Freunde nicht zu der leider nur zu großen Schar gehöre, die ihr schmerzliches Bedauern über das von Ihnen in der öffentlichen Aussprache Gesagte nicht verbergen, weil, wie sie sagen, sie von Ihnen ein klärendes und wegweisendes Wort zu den Nöten und Spannungen erwartet haben, die gegenwärtig über der württ. Kirche liegen. Wir unsrerseits bemühen uns ehrlich zu verstehen, weshalb Sie

[121] LKA Stuttgart, D 1, Bd. 43; zum Zusammenhang siehe den Bericht von Kammerer vom 2. 10. 1933, S. 557 ff. und den Brief Pfeiffers an Fezer vom 22. 9. 1933, S. 374 ff. Zum Ausschluß der Gruppe Pressel, Hutten, Weber aus der GBDC siehe S. 544 ff. Eine Antwort von Prof. D. Fezer befindet sich nicht bei den Akten.

angesichts der besonderen Situation, welche Sie in der Versammlung antrafen, grundsätzliche Dinge nicht berührt haben, die hätten unbedingt ausgesprochen werden müssen und welche Sie auch zu andrer Stunde sicherlich ausgesprochen hätten. Was uns persönlich leid ist und worin wir für Sie wie für die ganze Entwicklung der Dinge in Württemberg eine böse Gefahr erblicken, das ist der Umstand, daß die andre Seite bereits hinausposaunt: »Fezer ist auf unsrer Seite.« Heute zum Beispiel kommt aus Göppingen ein Gerücht, das nicht verstummen will: »Fezer hat den Ausschluß[122] gebilligt.« Ich will nicht davon reden, wie das auf uns wirkt, die wir in absoluter Treue zu Ihnen standen und u. a. auch um Ihretwillen (siehe Landeskirchentag) uns im Gewissen genötigt sahen, die Stimme zu erheben, und dies umso mehr, als Sie noch am Dienstag Nacht zu einer Zeit, wo Ihnen unser am 15. des Monats als Eilbrief abgegangenes Ausschreiben an die NS-Pfarrer[123] wohl schon zugegangen war, uns in dem Telefongespräch mit Pressel aufforderten, im Kampf unbedingt fest zu bleiben und keinen Schritt zu weichen. Es sei auch davon nicht die Rede, was es angesichts der eindeutigen Ablehnung Rehms bei 98 % der Pfarrerschaft für Ihre Stellung und für Ihr Ansehen unter den Amtsbrüdern bedeutet, wenn behauptet wird: Fezer stellt sich auf Seite Rehms. Von allen Seiten laufen bereits Stimmen ein, die ihrer bitteren Enttäuschung Ausdruck geben! Und das ist uns besonders leid, daß uns zur Zeit einfach die Hände gebunden sind, da wir absolut nicht wissen, was in jener Abendversammlung gesprochen wurde, in jener Abendversammlung, die ein Scherbengericht in absentia über uns abhielt, ohne daß einer der Anwesenden die Nötigung empfunden hätte, im Sinn des »Audiatur et altera pars« die Zuziehung eines von uns zu beantragen[124]! Uns wirft man das Geheimverfahren vor, um im selben Augenblick nun selber hinter verschlossenen Türen und in völliger Einseitigkeit Justiz zu üben. Doch, wie gesagt, diese Gesichtspunkte sollen wegfallen, da sie ja lediglich die persönliche Seite der Sache betreffen, die jederzeit hinter dem eigentlichen Anliegen zurückzutreten hat. Aber gerade vom Sachlichen aus gesehen ist nunmehr die kirchenpolitische Lage im allgemeinen und die der Glaubensbewegung im besonderen in einer überaus bedauerlichen Weise schier hoffnungslos verwirrt worden. Der Kredit der Glaubensbewegung in Württemberg ist durch die unglückselige Vertretung, die ihr durch die

[122] Siehe S. 529.

[123] Siehe den Brief Webers vom 14. 9. 1933, S. 503 ff.

[124] Über diese Abendbesprechung sind keine Unterlagen vorhanden.

von Rehm vorgeschickten Redner zuteil wurde, ohnedies schon schwer im Sinken. Es gibt hierin unter den Pfarrern nur eine Stimme, daß nämlich am Mittwoch Mittag die Glaubensbewegung Deutsche Christen nicht nur keine Eroberung gemacht, sondern infolge des mageren Eindruckes ihrer Vertreter in einer schwer wieder gut zu machenden Weise Terrain verloren hat. Trotzdem gaben und geben viele der NS-Pfarrer die Sache nicht verloren, solange feststand und feststeht, daß Sie, sehr verehrter Herr Professor, gegenüber Hossenfelder, Rehm und der hier vertretenen Haltung das Gegengewicht bilden. Wenn nun die Gegenseite mit ihrer Berufung auf Sie Recht hätte, dann würden – ich will absichtlich verkleinern! – 60 % der württ. Pfarrerschaft die Glaubensbewegung äußerlich und innerlich aufgeben. Und dann wäre jene Gefahr akut, welche Sie – und wir mit Ihnen – bannen möchten, die Gefahr nämlich, daß die Pfarrerschaft resigniert und der Reaktion verfällt; eine Gefahr, die mit den kirchlich völlig unmöglichen Methoden R[ehm]s nicht nur nicht gebannt, sondern Tag für Tag verschärft wird. Ganz zu schweigen von den Ihnen ja wohl auch bekannten verheerenden, außenpolitischen Folgen: »splendid isolation« des deutschen Protestantismus, Abkehr des außerdeutschen Luthertums vom Heimatland und einer im Stil Hossenfelders und seiner verschiedenen Miniaturausgaben im Reich geleiteten Deutschen Evang. Kirche. Ich sehe gerade hier Gefahren auftauchen, die nicht ernst genug genommen werden können, angesichts der übrigen so verzweifelten außenpolitischen Lage des Reiches. Die internationale Auswirkung der Glaubensbewegung Deutsche Christen, von der Sie sprachen und die wir auch erhoffen, liegt m. E. noch so sehr im weiten Feld der Zukunft, daß sie für jetzt noch nicht als Aktiv-Posten eingesetzt und wesentlich in unsere Betrachtungen einbezogen werden darf[125].

Wir fühlen uns deshalb völlig verkannt, um nicht noch mehr zu sagen, wenn man uns entgegen der ganz eindeutigen Stellungnahme des vertraulichen Rundschreibens in irgend eine Nähe von rückschrittlichen Kräften bringt. Vielmehr erklären wir so laut als möglich, daß wir uns nicht nur als Amtswalter einer unbeschränkt hinter Hitler sich stellenden deutschen Glaubensbewegung wissen gegenüber einseitigen, lediglich oder vorwiegend politisch orientierten Aspekten Rehms und seiner Freunde, sondern auch als Vertreter der Interessen des Nationalsozialismus. Wir wollen die Glaubensbewegung Deutsche Christen und damit die

[125] Vgl. GB 140, S. 106: Der Ökumenische Rat der Kirchen und der Weltbund für Freundschaftsarbeit der Kirchen hatten sich im September 1933 mit den Verhältnissen in der DEK beschäftigt.

NSDAP vor einer Haltung schützen, die mit eiserner Notwendigkeit zum Auseinanderbrechen und zur Ohnmacht des deutschen Protestantismus führen muß. (Besteht zum Beispiel im Bereich der Preußischen Union auch nur in einem äußerlichen Sinn noch Kirche?) Noch mehr: Die Haltung R[ehm]s führt in ihren Auswirkungen notwendig dahin, daß der staatstreue Teil des Volkes (der protestantische) in die Distanz getrieben wird. Man geht m. E. am Kern der Sache vorbei, wenn man die spontanen Beifallsäußerungen, die am Mittwoch auf die Kritik von Rehms Arbeitsmethoden hin erfolgten, lediglich damit erklärt, daß hier so recht deutlich geworden sei, wie wenig die württ. Pfarrerschaft die Glaubensbewegung Deutsche Christen begriffen habe. Vielmehr richtete sich beim überwiegenden Teil der Anwesenden der Protest einzig und allein gegen eine Arbeitsweise, die geeignet ist, vermöge ihres Zwangscharakters die Kirche mitten in die kirchliche Korruption hineinzutreiben. Sie kennen, sehr verehrter Herr Professor, die Situation zu gut, um nicht zu wissen, daß die Lage des Staats so gespannt ist, daß alles unterbleiben muß, was die Staatsfreudigkeit des protestantischen Lagers aufs Spiel setzen könnte. Sieht man denn nicht, wie weit wir in diesem Punkt leider schon gediehen sind? Will man denn nicht verstehen, welch ungeheure Sorge uns bewegt? Und daß wir angesichts der preußischen Vorgänge den Protest hinausschreien müssen? Und daß es uns wirklich und wahrhaftig um Adolf Hitlers Erneuerungswerk im deutschen Volk geht, weil wir wissen, daß jetzt und für die Zukunft auch für die evangelische Kirche die Alternative nur lautet: Entweder Hitler oder Stalin!!? Wir können und wollen nicht zusehen, daß das Werk eines Mannes, den wir glühend verehren, von seinen eigenen Freunden, gewiß optima fide, so gefährdet und ausgehöhlt werde. Dabei sehen wir die Möglichkeit sehr deutlich, daß hinter unsrer Kritik sich gar leicht jene Kreise, die auch im Pfarrstand noch nicht ausgestorben sind, verschanzen könnten, die gegenüber dem Großen und Neuen, das uns geschenkt ist, in Abneigung verharren. Aber wir werden dafür zu sorgen wissen, daß das nicht geschehe.

Und nun – ich darf zu Ihnen, sehr verehrter, lieber Herr Professor, offen reden – soll auf einmal jene Richtung, gegen welche Sie im Reich mit zäher Energie ankämpfen, in ihrer Haltung legitimiert werden? Wir können und wollen das nicht glauben, daß der Standpunkt, den Sie am Mittwoch in der genannten Abendversammlung einnahmen, so gedeutet werden darf, wie er gedeutet worden ist, ja fast notwendig gedeutet werden mußte. Wir flehen Sie darum inständig an, größtes Unheil zu verhüten und durch eine Antwort »ohne Hörner und Zähne« uns und den andern zu sagen, was zur Klärung und Beseitigung von Mißtrauen not ist. Rücken Sie meinetwegen mit klaren Worten von der Art unsres Vorgehens ab, aber rücken Sie bitte ebenso eindeutig von jener unmöglichen, durch die Kirchengeschichte längst gerichteten Einstellung ab, als ob innere Widerstände irgendwie durch einen frisch-fröhlich, unbekümmerten mechanischen Druck von außen überwunden werden könnten. Niemals werden so der Pfarrstand und die Gemeindeglieder gewonnen werden. Nehmen Sie von uns, Ihren treusten Freunden, den lähmenden Eindruck, daß Sie am Mittwoch uns als eine Belastung empfanden! Befreien Sie uns von dem schmerzlichen Bewußtsein, daß Sie an uns die allerschärfsten Maßstäbe, an die andern aber um so mildere anlegen! Lösen Sie uns von dem Gefühl, als ob Sie einem persönlichen Gespräch mit unsrem Freundeskreis aus dem Weg gegangen seien, der Gegenseite wohl zur Verfügung stehend, für uns aber unerreichbar, obwohl auch wir im stillen – Gott weiß, wie sehr! – einen Seelsorger erhofft haben und gebraucht hätten! Befreien Sie uns davon, als ob Sie die einseitige Information, welche Ihnen durch R[ehm] zuteil wurde, als ausreichend für ein »Damnamus« ansähen!

Wir wissen, Sie beanstanden die Form unsres Vorgehens. Wir wollen zunächst annehmen, daß es dafür schlechterdings keine Entschuldigung gäbe. Aber es ist doch wohl auch Ihnen aufgefallen, mit welch monotoner und verdächtiger Intensität immer wieder auf diesem methodischen Punkt herumgeritten wird. Ist das nicht einfach zum Teil auch das unbewußte Ablenkungsmanöver eines Standpunktes, der unter dem sachlichen Gesichtswinkel auf sehr schwachen Füßen steht? Und der darum mit einer wahren Wollust in solche Argumente sich flüchtet, um die eigene sachliche Ohnmacht sich und andern nicht zu gestehen? Sie sind gewiß mit uns darin einig, daß mit der Feststellung, wir hätten einen falschen Weg beschritten, noch rein nichts über die von uns gemeinte und vertretene Sache ausgemacht ist. Und daß es ein Verrat an der Sache ist, wenn R[ehm], anstatt unsre Anliegen herauszuhören, die wahrlich nicht aus der Negation stammen, mit einer tapferen und einer besseren Sache würdigen Verbissenheit auf diesen einen Punkt hinstarrt. Wenn es um die Sache ging, wenn man die Auseinandersetzungen nicht fürchtete, warum hat man uns dann vor der 11-Uhr-Versammlung ausgeschlossen? Warum wartete man nicht ab, was der Angeklagte zu sagen habe, wie es in jedem ordentlichen Gerichtsverfahren, auch beispielsweise bei dem Ausschlußverfahren der Partei, selbstverständlich ist? Warum Ausschluß, wo wir schon 24 Stunden nach Abgabe des »vertraulichen« Schreibens, lange ehe uns der Bruch der Vertraulichkeit bekannt geworden war, in einem Antrag an Sch[airer], die NS-Pfarrerschaft einzuberufen, unsern Willen zum Gespräch bekundeten und am Montag Mittag im Telefongespräch zwischen Pressel und R[ehm], das ich persönlich anhörte, mehrfach unsre Verhandlungsbereitschaft betonten. Sie werden sagen: »Nie und nimmer durftet Ihr diesen Weg der Heimlichkeit beschreiten, durch die Ihr Eure Sache, mit der ich einiggehe, von Anfang an ins Unrecht setztet.« Gewiß, der Weg ist ganz und gar ungewöhnlich. Wir wissen, was alles man dagegen sagen kann und muß. Denn wir sind durch das, was uns jetzt entgegengehalten wird, selber in einem ernsthaften Ringen hindurchgegangen. Aber müßte man nicht, ehe man uns verurteilt, zuvor die ganz entscheidende Frage sich vorgelegt und beantwortet haben, die Frage nämlich: »Wie konnte es geschehen, daß die Männer gerade so handelten? Was muß vorgefallen sein, daß Menschen, die der Glaubensbewegung treu gedient haben, schon zu einer Zeit, wo dies sehr unpopulär war, und manche von denen, die heute auf der Richterbank sitzen, noch abseits standen, wie kommt es, daß sie diesen Schritt taten? Und wie kommt es, daß mit einem Schlag ca. 200 NS-Pfarrer wie ein Mann hinter diese Drei sich stellten, obwohl auch sie das Außergewöhnliche des Vorgehens empfanden?! Ginge man über diese Vorfrage nicht vorschnell hinweg, dann könnte es sein, daß die Sache völlig anders sich ansieht. Es könnte ja sein, daß hier der letzte Aufschrei vergewaltigter Gewissen sich anmeldete. Und wo das Gewissen spricht, hat die Disziplin ein Ende. Es könnte ja sein, daß ein Verzweiflungsschritt getan wurde in der Erkenntnis, daß die andern Möglichkeiten erschöpft sind. Man hält uns vor: Ihr hättet öffentlich vorgehen sollen! Recht so! Nur, daß wir meinen, daß die gegenwärtige Führung dies schon längst hätte tun müssen, nachdem immer und immer wieder Schwierigkeiten aufgetaucht waren, die trotz aller persönlichen Verhandlungen stets von neuem, nur jedesmal mit stärkerer Gewalt sich anmeldeten. Es war von uns nicht bloß einmal darauf hingewiesen worden, daß die gegenwärtige Führung unter der Pfarrerschaft keinen nennenswerten Boden habe. Hitler hat am 5. März, als er schon in der Führung saß, sich noch einmal zur Wahl gestellt, in der Erkenntnis, daß Führung nur da besteht, wo Vertrauen der Gefolgschaft vorhanden ist. Längst schon hätten Sch[airer] und R[ehm] die NS-Pfarrer zu einer offenen Aussprache mit geheimer Abstimmung (hic haeret!) laden müssen! Nichts Dergleichen geschah, aus durchsichtigen Gründen. Wären wir öffentlich vorgegangen und hätten die Führerfrage öffentlich aufgerollt, so wäre unser diesbezüglicher Antrag glatt abgelehnt worden. Unser Ausschluß vor der Mittwochversammlung bestätigt diese unsre Auffassung nachträglich. Weiter: Niemand wird unter Führung das verstehen, daß zwar die Führung immer wieder bindende Abmachungen nicht einhalten, heimliche Schleichwege gehen darf (siehe z. B. Verheimlichung von Fezers Telefongespräch, um nur einen von vielen zu nennen!), daß aber die Geführten nach wie vor die Basis des Vertrauens festhalten müßten. Nein! Vertrauen ist auf Gegenseitigkeit gegründet und unser Schritt nur der sichtbare Ausdruck der schmerzlichen Tatsache, daß die Vertrauensbasis gebrochen war, und nicht bloß zwischen Führung und uns Dreien, sondern zwischen Führung und der überwiegenden Mehrheit. Außerdem war der vertrauliche Charakter gefordert nach der Seite der Jungreformatoren und der übrigen außerhalb der Glaubensbewegung Deutsche Christen stehenden Pfarrerschaft hin. Wir wollten diese Mohrenwäsche nicht coram publico erledigen. Wir wollten nicht, daß gewisse Kreise die Schwierigkeit in der Glaubensbewegung Deutsche Christen mit unverhohlener Schadenfreude verfolgten! Im besonderen mußten wir von einer Hereinbeziehung der Mitglieder der Kampfgruppe im Landeskirchentag Abstand nehmen, um diese nicht in einen unerträglichen Gewissenskonflikt zu einer Führung zu bringen, der sie sich eben erst durch Handschlag verpflichtet hatten. Wir haben ja diesen Weg nur gewählt, weil so und so viel vorangegangene Versuche einer Bereinigung völlig negativ verlaufen und am Machtrausch der anderen Seite, die jedes sachliche Gravamen persönlich und politisch deutete, gescheitert waren. Und ist das überhaupt noch Führung, die in unseliger Verkennung der Situation die Dinge so weit gedeihen läßt! Man muß das alles persönlich mit durchlitten haben, um zu erkennen, daß unser Weg tatsächlich ultima ratio war.

Wir wissen, daß trotz aller Gründe, die von uns ins Feld geführt wurden, immer noch Fragen bleiben. Aber wir bitten, uns wenigstens verstehen zu wollen! Es ist eben nicht so, daß wir wie unbekümmerte Kinder harmlos mit dem Feuer gespielt hätten, ohne die Folgen zu überlegen. Sondern wir haben gewissenhaft uns alle Wege überlegt, ehe wir den Stein ins Rollen brachten, dessen Gewicht immer schwerer auf unsren Freunden lastete und die Gewissen unerträglich drückte. Wir haben ausdrücklich betont, daß wir nicht Spaltung wollen, daß es uns zuletzt nicht um Personen, sondern um Sache und Zukunft der Glaubensbewegung Deutsche Christen im schwäbischen Kirchenvolk gehe. Und darum geht es uns heute noch! Auch nicht die Personen von Sch[airer] und R[ehm] stehen letztlich zur Debatte! R[ehm] soll nicht ausgeschaltet werden, aber die Führerfrage soll so geregelt sein, daß seine Gesichtspunkte durch die kirchlichen eines ihm Nebengeordneten ergänzt und korrigiert werden. Wir erklären auch Ihnen feierlich: Sobald unsre sachlichen Anliegen erkannt und ihre Erfüllung gewährleistet sind, ziehen wir Drei aus der Frontlinie uns zurück, um als einfache Soldaten weiterzukämpfen. Solange das freilich nicht geschehen ist, gibt es für uns nur unerbittlichen Kampf, in dem wir die überwältigende Mehrheit der Pfarrerschaft hinter uns haben. Es handelt sich nicht darum, daß wir »recht« behalten – an uns liegt nichts! –, aber darum ringen wir, daß Christus recht behalte gegen uns und gegen die andern! Alles andre ist verhängnisvolle Verschleierung der Situation, ein Abgleiten auf nebensächliche Bahnen. So nachgiebig wir in persönlichen Dingen sind, soweit wir selber in Frage kommen, so unnachgiebig in der Sache. In diesen Wochen wird, vielleicht auf Jahrhunderte hinaus, über das Schicksal des deutschen Protestantismus entschieden.

Ich habe nochmals die höfliche Bitte, Sie möchten das Wort der Klärung, das Ungezählte der Amtsbrüder jetzt von Ihnen erwarten, uns sagen, damit nicht in einer verheerenden Vertrauenskrise unsre evangelische Landeskirche auseinanderbreche.

Heil Hitler! Mit dem Gruß der Arbeitsverbundenheit Ihr sehr ergebener Pfarrer Weber.

Über seinen Gesamteindruck von der Zusammenkunft der Pfarrer im Furtbachhaus und über die Notwendigkeit einer Berichterstattung schrieb Pfarrer Römer, der Herausgeber des Evang. Kirchenblatts für Württemberg, *am 22. 9. 1933 an Pfarrer Metzger, Bronnweiler*[126]*:*

Lieber Freund!

Zum Pfarrertreffen muß ich ins »Evang. Kirchenblatt« irgend etwas schreiben, was nicht ganz unfruchtbar sein will. Könnte ich Deinen Aufschrieb vom Nachmittag haben, dessen Inhalt über Verlebendigung des Bekenntnisses mir wichtig ist. Oder ist's stenographiert? Ich würde diesfalls versuchen, mit meinen dürftigen Notizen auszukommen. Die Formulierung trug ja etwas die Zwangslage der Kirchlich-theol. Arbeits-

[126] LKA Stuttgart, D 1, Bd. 40.

kreise an sich, immer wieder ab ovo theologisch begründen und dann zu der Überfülle von Ungeklärtem und Strittigem jetzt etwas Praktisches zu sagen. Daß Fezer in den dualistischen Gerichtssatz einhaken werde, den Du beim 1. Punkt nanntest, war ja vorauszusehen. Ich frage mich, ob es nötig ist, vor jeder Art Publikum Sätze zu sagen, für die denen, um die man werben will, das Sensorium fehlt? (Der Satz von der unter dem Gericht liegenden Schöpfung, ich gestehe es, ist mir nachgerade ohne jeden Eindruck.) Aber im übrigen, diese letzte Voraussetzung, einmal als gesagt behandelnd, bin ich sehr dankbar für Dein Wort.

Das Treffen selber war eine Tragödie, weniger wegen der nun oft gehörten Tiraden Rehms, Hilzingers und der schmerzlich salzlosen Worte des Präsidenten des Landeskirchentags, Steger, sondern wegen der Psychologie von uns, der Gesamtpfarrerschaft. Dem Landesbischof war die Sache schwerlich eine Hilfe. Er selbst war matter als vorige Woche, war außerdem durch die Spaltung in der DC vor eine unvorhergesehene Lage gestellt. Gefreut hat mich, daß er Fezer zu korrigieren wagte. Wie ich höre, tat er das spät abends mit Unterstützung von Meiser[126a] privatim noch ausführlicher. Fezer ist ganz auf Kampf eingestellt, sieht dauernd die »Jungreformatorische Front« vor sich und ist vollends in jener Angleichung der Dogmatik an die nationalsozialistische Grundhaltung festgelaufen. (Ich habe Fezer nach dem Treffen noch abgefangen, aber er gab nicht nur nichts zu, sondern redete, als sei er mit unserer Frage um die Sünde in der Welt fertig. So ist's gut, daß ihm's nachher noch andere sagten.) Gut war's ja, daß er die Katze aus dem Sack ließ; wir wissen zugleich, warum der Herr dem Landeskirchentag einen Verlauf ließ, der das Verderben offenbarte; die Figur Schairers ist deutlich. Fezer wäre von unserer Gruppe I[127] nicht ohne weiteres abgelehnt worden, selbst wenn er ganz wie vorgestern und im Sinn der Deutschen Christen gesprochen hätte. Nun ist erstmals Schrenk unglücklich über ihn.

Ich hatte mich über Deine Linie in der Leitung vorgestern vormittag gefreut. Über die Versammlung selber war ich für dich in Sorge – Du wirst gut tun, ganz an der neutestamentlichen Theologie zu bleiben. Wenn Berücksichtigung und Kenntnis der konkreten Lage, so wie Lorch, Geißer und der alte Schlaich redeten, ganz suspekt gemacht wird, wie soll man dann um die Deutschen Christen werben, deren Unheil aber das Versunkensein in der konkreten Lage ist! Wie es unter den Deutschen

[126a] Landesbischof D. Meiser war als Gast anwesend; vgl. »Schwäbischer Merkur«, Ausgabe vom 23. 9. 1933.

[127] Evang.-Kirchliche Vereinigung im württ. Landeskirchentag.

Christen weitergehen wird, ist noch ganz unklar. Schairer ist jetzt glücklich isoliert, Rehm wird sich halten (vgl. übrigens gestrigen NS-Kurier »Unwürdige Quertreibereien gegen die Deutschen Christen«[128]). Im täglichen Verlauf häufen sich die Anzeichen der verwirrenden Wirkung der Deutschen Christen; ich komme kaum zu einer geordneten Amtsarbeit vor lauter Anfragen infolge ihrer Vorträge.

Wenn Du mir das gewünschte Manuskript bald überlassen könntest, wäre ich Dir dankbar. Nach Freudenstadt[128a] wird's leider kaum langen; besonderer [Umstände] halber.

Herzlichst grüßend Dein Fr. Römer.

Pfarrer Metzger antwortete am 27.9.1933[129]*:*

Lieber Freund!

Verzeih, wenn ich erst heute Dir für Deinen lieben Brief danke und ihm antworte. Die Gestalt des Mittwoch Nachmittags schwankt merkwürdig, besonders, was die Rolle Fezers betrifft. Ich hatte durchaus Deinen Eindruck, soweit ich überhaupt noch fähig war (physisch), dem Gang der Dinge zu folgen; ich stand unter dem Eindruck, Fezer habe völlig an der Lage vorbeigesprochen. Hartenstein dagegen, der mir von Basel her dazu schrieb[130] (er war auch in Stuttgart gewesen), meint, wirkliche Fortschritte bei Fezer zu sehen in seinem Bekenntnis »zum Wort, zum Herrn der Völker, zur Eschatologie und zum Gehorsam, der die Forderung gegenüber dem neuen Staate ist«. Ich vermag das nicht zu sehen; ich habe den betrübenden Tag in der Liederhalle[131] und die Mittwochversammlung bei Fezer durchaus in einer und derselben »Höhen«-lage gesehen. Und Du bestärkst mich in diesem Urteil.

Was meine eignen Sätze betrifft, so will ich versuchen, sie einigermaßen wieder zusammenzustellen. Ich habe frei gesprochen und bin darum nicht in der Lage, die Formulierungen zu verbürgen. Es schien mir dringend not, ein Wort gegen die Schwarmgeisterei zu sagen, die die Gabe mit dem Gebet, das Sichtbare mit dem Unsichtbaren verwechselt. Rehms Theologie – wie übrigens natürlich auch Hilzingers Sätze – gehen

[128] Siehe S. 541.

[128a] Siehe S. 710 ff.

[129] LKA Stuttgart, D 1, Bd. 40. Diesem Brief Metzgers lag die Inhaltsangabe der Rede Metzgers am 20. September bei, siehe S. 512 ff. Die Anspielung auf Marburg am Schluß des Briefes konnte nicht geklärt werden.

[130] Siehe S. 531 f.

[131] Die Versammlung in der Stuttgarter Liederhalle am 17. 7. 1933 siehe S. 427 ff.

doch, soweit sie überhaupt noch im christlichen Religionskreis stehen, von durchaus alttestamentlicher Einstellung aus; diese Verquickung von Nationalem und Religiösem ist doch eben im Neuen Testament überwunden oder, man kann auch sagen, auf ihr göttliches Maß zurückgeführt. Daß ich einen Satz vom Gericht gesagt habe, erinnere ich mich nicht; gemeint habe ich natürlich schon den Sündenfall. Was Fezer von »Gott ist die Liebe[131a]« sagte, war aber nicht bloß mir, sondern vielen andern ganz unverständlich; das könnte etwa gegen Barth geredet gewesen sein; als Antwort auf meine theologischen Sätze haben es die wenigsten wohl verstanden, und wenn er nicht, was ihm nachher leid tat, ausgerechnet meinen Namen noch dazu genannt hätte, hätte niemand erkannt, daß es sich überhaupt auf mich bezog. Er habe, so sagte er in Tübingen, dann ja auch gegen die andern ohne Namensnennung polemisiert; davon ist aber mir und wohl auch den wenigsten wieder etwas deutlich geworden. Ich habe ihn mit großer Müdigkeit entschuldigt; und dann macht es sich eben auch bei ihm bemerkbar, daß die Luft, in der er in Berlin täglich atmet, alles andre als eine saubere ist. Das legt sich auch ihm auf die inneren Organe, so wenig er das auch will. Die Nationalsynode wird das vielleicht in schmerzlicher Klarheit herausstellen. Daß die Psychologie von uns Pfarrern nicht eben erfreulich war, das empfinde ich rückblikkend auch deutlich. So eine Versammlung hat ihre eigne Dämonie. Aber ich hoffe doch andrerseits, daß auch aus dieser Konfusion etwas herauswächst, was für Württemberg bedeutsam wird, eben in der Sonderung, die bei den Deutschen Christen eintrat. Hier ist eine Periode der Vernebelung hoffentlich im Vergehen begriffen, und, sofern es nicht noch einmal von Norden oder durch politischen Zwang oder durch Fezers falsche Perspektiven gestört wird, es eröffnet sich eine Möglichkeit wirklicher gemeinsamer Arbeit. Was Weber sagte, war befreiend für das ganze Land.

Soeben kommt Post und mit ihr die Nachricht aus Marburg, daß Fezer sich »aus taktischen Gründen« auf die Seite Rehms geschlagen habe. Ist das wahr, oder gehört es zur Legendenbildung? Ich halte nach allem, was geschah und woran ich Fezer schon beteiligt sah, es nicht einmal für ganz unmöglich. Wie froh bin ich, daß das Vertrauensvotum für Fezer verhindert wurde!

Mit herzlichen Grüßen Dein Dir verbundener [Metzger].

N. S. Für Deinen Bericht über den Landeskirchentag im Kirchenblatt[132] bin ich Dir sehr dankbar. Das ist ein klares und mutiges Wort.

[131a] 1 Joh 4,8. [132] Siehe S. 378 ff.

Im Evang. Kirchenblatt für Württemberg *schrieb darauf Pfarrer Römer am 30. 9. 1933 über die Pfarrerversammlung:*

1. Der Landesbischof hat in seiner einleitenden Rede weithin die durch seine drei Ansprachen im Landeskirchentag angeregten Gedanken vorausgesetzt. Drum sollte, was er nun vor den Pfarrern ausführte, zusammen mit der Eröffnungspredigt und den beiden Ansprachen während des Landeskirchentags[133] zur weiteren Durcharbeit den Pfarrern zugänglich gemacht werden. Es muß um der Kirche und des Staates willen allerorts zur Besinnung und Stellungnahme oder – um ein Wort des Landesbischofs selber zu gebrauchen – »zu einer klaren Grundlage und einem sauberen Gewissen kommen«, alles kirchliche Handeln müsse seine Rechtfertigung aus dem Evangelium erhalten. Das große Anliegen der Pfarrerschaft müsse also jetzt sein: Wie die neue Kirche komme? Lebenserneuerung durch den Heiligen Geist in Gemeinden und Pfarrern! Durch die ganze Ansprache des Landesbischofs hindurch klang die Bitte an alle, alle, daß man doch über die mancherlei Belastungen und Erinnerungen wegkommen möchte, die sich an die bisherige Handhabung der Losung zur Erneuerung der Kirche für das Volkstum angehängt habe. Damit man nun wirklich aus der Atmosphäre solcher Urteile und Vorgänge herauskomme, war es nötig, daß die Punkte offen genannt werden, an denen unter Umständen Konflikte zwischen der Staatsauffassung und kirchlichem Handeln entstehen können. Es sind die drei Punkte: Totalitätsforderung, Führergedanken und Rassengrundsatz ... Die gewaltige Vertrauenskundgebung, die dem Landesbischof in völliger Einmütigkeit von der versammelten Pfarrerschaft dargebracht wurde, offenbarte zugleich, wie ernstlich man allerorts die letzten Wochen miterlebt hatte ...

2. Nachdem in den Reihen der »Deutschen Christen« das Ringen um die eigentliche kirchliche Wahrheitsfrage seit längerer Zeit stecken geblieben war und vollends durch den Verlauf des Landeskirchentags unwiederbringlich zu sein schien, war es das eigentliche Ereignis des Tags, als gerade von dorther ein Sprecher hervortrat und mit überzeugenden Worten Forderungen stellte, die dem eigentlichen Wesen der evangelischen Kirche entsprechen ... Auch wir Außenstehenden ahnten längst, zumal nach den Beobachtungen im Landeskirchentag, daß dort unter einer radikalen Führung die Erschlagung der anvertrauten göttlichen Wahrheitserkenntnisse in so bedrohliche Nähe rücken werde, daß eines Tages eine große Zahl solcher Amtsbrüder, die innerhalb der Glaubens-

[133] Siehe S. 354 ff.

bewegung von den Normen des Evangeliums nicht lassen, Gewissensfolgerungen ziehen müssen. So war denn das Auftreten des Sprechers der über Hundertfünfzig nicht mehr überraschend. Und dem Ahnungslosen gaben die Beschwerden und Wünsche, die er an die Führer der Glaubensbewegung richtete, vollends die Erklärung ... Ich möchte an dieser Stelle die Amtsbrüder, denen die Worte Webers zu Gesicht kommen, bitten, sie möchten das Anliegen der 150 hinter ihm stehenden »Deutschen Christen« nicht dadurch entwerten, daß sie an dem übereilten und darum meines Erachtens verunglückten Schluß haften bleiben, an der Weise der Vertrauenskundgebung zu dem von Berlin herbeigeeilten Professor D. Fezer. Seine Worte trugen, psychologisch begreiflich, den dortigen Kampfton und das dortige Frontenbild an sich und fügten sich (nach dem Eindruck der meisten Zuhörer) nicht so recht mit den Worten Webers zusammen. Vielleicht gehe ich mit der Vermutung nicht ganz daneben, daß Weber bei der versuchten Unterordnung seiner Leute unter D. Fezer von dem Wunsch geleitet war, aus dem Gewissenskonflikt herauszuhelfen, in welchen sattsam bekannte Führer der Deutschen Christen ihre Leute immer wieder bringen durch Nebenregierung oder Widerstreit gegen den Bekenntnisartikel der neuen Reichskirche.

3. Ehe Pfarrer Weber seine Äußerungen abgab, hatte Pfarrer Metzger, Bronnweiler, namens der »Kirchlich-theologischen Arbeitskreise Württembergs« in ausführlicher Weise zur Erneuerung der Kirche aus lebendigem Bekenntnis, d. i. aus der von oben kommenden Verkündigung gesprochen. Zugegeben, daß seine einleitenden theologischen Sätze nicht sofort den Weg zu der augenblicklichen Gehörlage sämtlicher Versammelten mögen gefunden haben, so unwidersprechlich waren sie doch für den, der weiß, was auch die evangelische Kirche deutscher Nation am Neuen Testament haben muß. Metzgers praktisch kirchliche Darlegungen mündeten großenteils in die darauffolgenden Forderungen Pfarrer Webers ein ...

An Pfarrer Metzger, Bronnweiler, schrieb der Direktor der Basler Missionsgesellschaft, Karl Hartenstein, am 23.9.1933 über die Tagung im Furtbachhaus[134]*:*

Mein lieber M.,

ich muß Dir heute ein eingehendes Wort schreiben, damit Du weißt, daß ich Schritt für Schritt, so gut ich es aus der Ferne vermag, mit Euch gehe.

[134] LKA Stuttgart, D 1, Bd. 40; zu den Tagungen in Freudenstadt siehe S. 710 ff.

Zuerst: Deine Einladung zum Kirchlich-theologischen Arbeitskreis hat mich unendlich gelockt, mehr fast noch als die Akademiker-Konferenz, bei der ich mitwirken muß. Ich habe eine der Bibelansprachen und an einem Abend einen Missionsvortrag zu halten. Es ist aber ein Jammer, daß die Dinge kollidieren, das heißt, daß Ihr die Tage vorher zusammenkommt. Ich brauche aber jene Woche unbedingt zur Sammlung hier in Basel, da ich dann von Freudenstadt aus eine größere Missionsreise durch Hessen machen muß, die mich weitere 8 Tage von zu Hause fernhält. Ich kann Dich nur bitten: laß mich teilnehmen an dem, was Ihr erarbeitet, und sei gewiß, daß ich im Geiste mit Euch eng verbunden bin in jenen Tagen.

Ich war am Mittwoch in Stuttgart und kann Dir nur sagen, mein Lieber, daß ich Dir für Dein Wort von ganzem und tiefem Herzen dankbar bin, und zwar mit dem ganzen und mit allem. Über manches sollten wir noch reden, was die derzeitige Art und Weise betrifft, wie eben die kirchlichen Führer im Kampf um die Existenz der Kirche – und ich glaube mit Recht – stehn müssen, wo vielleicht noch ein gewisses Sich-nicht-ganz-verstehen vorhanden ist, ein gewisses Noch-nicht-recht-einander-hören, wie es aus der Bemerkung Fezers Dir gegenüber hervorging. Aber sieh, Lieber, das sind ja wirklich Dinge, mit denen man fertig wird. Wie wesentlich besser war die ganze Situation, auch Fezers zu Dir, als zwei Monate zuvor. Wie viel tapferer hat auch er zum Wort, zum Herrn der Völker, zur Eschatologie, und zum Gehorsam sich bekannt, der die Forderung gegenüber dem neuen Staate ist, eine Haltung, die viel tiefer liegt, als alles, worüber wir bisher geredet haben. Ich sah im Geiste eine Linie auftauchen von Fezer über Wurm und Weber bis hin zu Dir, und es scheint mir das Gebot der Stunde zu sein, daß nun die Hände sich schließen in der gemeinsamen Arbeit, in der gemeinsamen Besinnung um unsere Kirche. Ja wahrhaftig, Glaubensbewegung! Wie könnten wir anders durchkommen als in dem unbändigen Glauben, daß Gott Seine Kirche nicht verläßt. Es wird für Mission und Kirche ein volles Wunder sein, wenn wir durchkommen.

Dir, Lieber, kann ich nur sagen, daß Du getrost und freudig sein möchtest[134a]. Wir dürfen und sollen es einander zusprechen und gewiß machen, daß uns Gottes Gnade durchbringt. Sei zusammen mit Deiner lieben Frau und Deinen Kinderlein in herzlichster Verbundenheit gegrüßt von Deinem getreuen [Hartenstein].

[134a] Jos 1,7.

Im Antwortschreiben vom 6. 10. 1933 ging Pfarrer Metzger dann schon auf die geplante Herbstzusammenkunft der Kirchlich-theologischen Arbeitskreise ein[135]*:*

Lieber H.!

Dein brüderliches Wort hat mir wohlgetan. Ich freue mich, Dich in Freudenstadt wahrscheinlich doch noch zu sehen, da ich auf der Akademikerkonferenz eine Bibelbesprechung übernommen habe. Ich wundre mich nur, daß Du Dein Jak. 5, das Du doch sicherlich eschatologisch verstehst, nicht in Parallele zum Wendlandschen Vortrag über Eschatologie an dritter Stelle hältst; mußt Du früher fort?

Dein Urteil über Fezer können wir leider bis jetzt nicht teilen. Und das, was Fezer nachher getan hat, wie er sich eher von Pressel als von Rehm distanzieren will, zeigt, daß Fezer einmal Theologe war, nunmehr aber immer noch in den Armen einer echten Schwärmerei liegt. Es ist schade, daß er nicht nach Freudenstadt kommt, wie ich soeben höre; ich hätte ihm das gerne einmal persönlich gesagt. Da müssen wir noch manches miteinander reden. Daß Du mir Deinen Erich Schick nach Freudenstadt beurlaubst, danke ich Dir besonders. Schade, daß er bloß so kurz bleiben kann und will.

Herzliche Grüße einstweilen Dein Dir verbundener [Metzger].

Eine weitere Stellungnahme zur Tagung im Furtbachhaus enthält ein Brief von Pfarrer Auer, Neenstetten, an Pfarrer Metzger vom 22. 9. 1933[136]*:*

Lieber Wolfgang!

Über den Ausgang der Pfarrversammlung war ich tief erschüttert. Das allerbetrübendste war, daß unser Landesbischof sich gänzlich Fezer ausgeliefert hat. Ich habe vor Fezer geradezu eine Angst. Und Weber ist es gelungen, wenigstens doch dem Schein nach die ganze Pfarrerschaft mitsamt dem Landesbischof Fezer in die Tasche zu stecken. Als Du, der einzig Wachsame und zur Wehr Bereite, Dich dagegen erhoben hast, da hätte es die ganze KTA mit Dir tun sollen, und sie wäre so sichtbar in ihrer Stärke in Erscheinung getreten. Doch darf ich sagen, daß ich mit 3 kräftigsten Beifallsrufen, die Du wohl gehört hast, mich neben Dich gestellt habe; wenn ich auch über diese wenig würdige, in den politischen

[135] LKA Stuttgart, D 1, Bd. 40; zu der Tagung in Freudenstadt siehe S. 710 ff.
[136] LKA Stuttgart, D 1, Bd. 40.

Versammlungen gebrauchte Art zu erröten habe. Ich werde Deinen Ruf nie vergessen; ich habe ihn gehört wie noch den letzten Schrei eines Untersinkenden, der von der Welle bedeckt wird. Jedoch die Welle wird sich wieder verlaufen; so hat es Hindenburg für unser Volk geglaubt (wenn Du die letzten Seiten seiner Selbstbiographie[136a] in Erinnerung hast); so wollen es wir doch erst recht für unsre Kirche noch einmal glauben.

Wie kam es denn zu Webers Vertrauensantrag? 1. Durch das Flugzeug, das Fezer von Berlin gebracht hat. Wer hat ihn denn von Berlin kommen lassen? Gruppe I hat ja im Landeskirchentag erwogen, Fezer so kommen zu lassen. Ich war froh, daß es nicht geglückt ist; denn durch solche Manipulationen wird nichts Gutes erreicht; sie gehören zur schädlichen Politik. 2. Dadurch, daß unser Landesbischof die erste Vertrauenserklärung für ihn selbst angenommen und nicht dankend sich das verbeten hat. Denn er hat eine solche von seiner Pfarrerschaft nicht nötig. Es ist recht, wenn die Pfarrerschaft sich so äußert, aber dann sollte er dafür danken. Er ist unsere Obrigkeit, und wir haben unter ihm zu stehen auch ohne Vertrauenserklärung. Wie ist es aber für uns kränkend, daß unser Landesbischof sich seiner Würde mit der Gratulation an Fezer fast begeben hat. Umso mehr aber beziehe ich Fezers Wort vom Bruder, der gefehlt hat und mit sich reden läßt, auf Wurm. Wir von der KTA, zu der ich mich von ganzem Herzen rechnen möchte, haben vor allen Dingen an unsre Brust zu schlagen. Wenigstens wenn ich mich prüfe, so habe ich nicht mit aller Ehrlichkeit und nur mit Überwindung eines unbekannten Gegengefühls in mir bei der 1. Vertrauenserklärung mitgeklatscht. Sind die anderen da mehr auf der Hut gewesen? Das Vertrauensvotum für Wurm war klug sein wollende Politik, oder kam sie wohl aus der Einfalt? Bei dieser Atmosphäre der verdeckten politischen Hintergründe konnte das wohl kaum sein! Und wir waren nicht in der Einfalt und rechten Furcht Gottes! Wären wir von Anfang an schon bei der 1. Erklärung wachsam gewesen, so wären wir es noch mehr bei der zweiten gewesen. Schon die 1. Vertrauenserklärung war etwas Unnötiges wie der Flug von Fezer nach Stuttgart und die 2. Erklärung; und was unnötig ist, das ist nicht so leicht von Gott; in dem, was wir an Unnötigem geschehen lassen, hat nur der Teufel seinen Spielraum. Es kommt mir vor, als seien wir von Gott geschlagen und zwar genau mit dem, womit wir gefehlt haben, indem wir die 1. Vertrauenserklärung zu einem

[136a] Paul v. Hindenburg, »Aus meinem Leben«. Leipzig 1920 (mit Neuauflagen bis 1934).

Menschen durchgehen ließen. Darum müssen wir allen Ernst daran wenden, daß wir unsern Tisch vor Gott ganz sauber machen. Daß wir doch recht in die Herzenserkenntnis und Herzensbuße eindringen! Dazu aber gleich ein Praktisches: lassen wir uns Fahrkosten wirklich vom Oberkirchenrat bezahlen, zur Beschämung vor den Nationalsozialisten? Durch eine gemeinsame Kasse könnte man sie durch freiwillige Beiträge etwas ausgleichen. Solches geschehe aber ganz im Verborgenen! – Und: Wird es Fezer gesagt, ob er es tatsächlich für die Meinung Jesu halte, daß man dem Bruder, der eben bekennt, von einer Verfehlung umgekehrt zu sein, nun eine Vertrauenserklärung geben soll? Wagt er denn es, diese anzunehmen? Wie sich gerade mit diesem Ausgang, durch den das ganze Porzellan zerschlagen ist, ein Traum erfüllt hat, den ich in der Nacht davor hatte, erzähle ich Dir einmal. Ich muß bekennen, daß ich durch den 20. September Dir innerlich nahe geworden bin und meinen Platz an Deiner Seite sehe.

Herzlich grüßt Dich Dein [Auer].

Einen Einblick in die Überlegungen und Probleme der Leitung der Kirchlich-theologischen Arbeitskreise gibt die Antwort von Pfarrer Metzger vom 4. 10. 1933[137]*:*

Lieber Eberhard!

Dein lieber brüderlicher Brief hätte schon längst eine Antwort bekommen, wenn ich nicht einen Berg andrer Korrespondenz zu erledigen gehabt hätte und noch habe. Ich bin ganz beschämt darüber, wie viel Dank mir geworden ist für das Wort, das ich am Mittwoch in Stuttgart sagte; wenn ich nämlich je einmal das Gefühl gehabt habe, nicht selber zu reden, sondern einem andern, Besseren als Redewerkzeug zu dienen, so war es hier. Ich weiß eine ganz große Anzahl von Leuten, die an diesem Tage für uns gebetet haben, und deswegen hat Gott Barmherzigkeit erzeigt. Wenn ich mich selber betrachte, so komme ich mir so armselig vor wie nur je, und doch bin ich überaus glücklich, einen Herrn zu haben, für den dazusein eine Freude ist. Ich danke Dir herzlich für Dein Mitsorgen und Mittragen.

»Ohnmächtig« wie zuvor sitzen wir Landpfarrer nun wieder in unsern Dörfern, und was in Stuttgart weiter vor sich geht, weiß ich nicht. Die Radikalen haben Hossenfelder nach Stuttgart gerufen[138], so wurde

[137] LKA Stuttgart, D 1, Bd. 40.

[138] Die Kundgebung der GBDC mit Bischof Hossenfelder am 3. 10. 1933 in der Stuttgarter Liederhalle siehe S. 566 ff.

vorgestern mir erzählt, und der zusammen mit Fezer soll die Sezession bei den Deutschen Christen wieder gutmachen. Gott erbarme sich und schenke denen mit erwachtem Gewissen die Festigkeit, treu zu bleiben und nicht wieder zurückzufallen!

Du hast so recht mit dem, was Du über Vertrauensvota schreibst, im allgemeinen und im besonderen dortmals. Wurm hatte mir ja mündlich erklärt, er wünsche kein Vertrauensvotum – nun haben die Diplomaten unter uns Pfarrern doch eben etwas ganz Kluges machen wollen. Dein Wort, »aus der Einfalt« müsse unsre Sache kommen, trifft genau das, worum ich all die 6 Monate bitteren Kampfes ringe. Wir haben uns mit Händen und Füßen gegen die Kirchenpolitik gewehrt und sind doch immer nur mit genauer Not davon entronnen. Mein heißer Wunsch ist immer gewesen, nie etwas zu tun, was man nur hinter verschlossener Türe ausmachen und nur unter der schandbaren Rubrik »Vertraulich« schreiben könne; eine Sache, die Christus zum Herrn haben möchte, muß sich offen bewähren an den Gewissen. Aber wie schnell ist man zu Fall gekommen! Sieh, nun drängt man von allen Seiten: Wir müssen einen Notbund gründen, wo Mann für Mann einsteht, wenn es ums Evangelium geht. Du hast Schlaich, Botenheim, selber reden hören; er und Harpprecht und andre liebe und eifrige Christen schieben an mir. Und ich zögere immer. Woher meine Hemmungen? Es wäre mir wertvoll, Dich dazu zu hören. Kommst Du nach Freudenstadt? Einladung liegt bei bzw. kommt in Drucksache (mit andern alten KTA-Drucksachen, die Dich vielleicht interessieren). Dort in Freudenstadt müssen wir ins klare darüber zu kommen suchen. Ich bange davor, denn ich weiß nicht sicher, welches der rechte Weg ist. Der Weg der Einfalt!?

Du schreibst mir wegen der Fahrtkosten – ich bin damit überfordert, so gut ich Dich verstehe. Überfordert nicht finanziell, sondern: wie soll ich das organisieren, ohne mit meinem bißchen Kraft und Zeit noch mehr ins Gedränge zu kommen?

Nimm vorlieb. Ich grüße Dich und Deine Lieben herzlich [Metzger].

Pfarrer Schüle, Seißen bei Blaubeuren, schrieb am 3. 10. 1933 an Pfarrer Metzger vor allem über die Vorgänge im Kirchenbezirk Blaubeuren[139]*:*

Lieber Herr Metzger!

Sie werden gewiß in diesen Tagen mit Zuschriften und Anfragen

[139] LKA Stuttgart, D 1, Bd. 40; zur Gründung von Ortsgruppen der GBDC siehe S. 447 ff.; zum Artikel des »NS-Kurier« siehe S. 541.

überhäuft. Trotzdem bin ich so frei und vermehre hiermit Ihren Posteingang; ein wenig Zeit haben Sie wohl doch für mich übrig. Von der Pfarrertagung am 20. September bin ich recht beruhigt heimgefahren. Ich hatte den Eindruck, daß nun doch auch nach außen hin festgestellt sei, daß die Pfarrerschaft in ihrer großen Mehrheit den Radikalismus von Rehm und Genossen ablehnt. Daß diese es auch so verstanden haben, beweist der durch die Presse gegangene Artikel des »NS-Kurier«. Am meisten gefreut hat mich der Verlauf unserer Versammlung im »Herzog Christoph«, weil wir da nicht im Kritisieren stecken bleiben wollten, sondern uns zur treuen Mitarbeit am Aufbau unserer geliebten evangelischen Kirche verpflichteten.

Gestern hatten wir nun in Blaubeuren Diözesanverein. Die NS-Pfarrer hatten zuvor eine Zusammenkunft unter sich, über die uns dann von einem Teilnehmer privatim erzählt wurde. Die Lage scheint die zu sein: alle seither der Glaubensbewegung angehörenden Pfarrer müssen an die Landesleitung berichten, ob sie auch fernerhin Mitglieder bleiben wollen. Rehm und Genossen seien von der Reichsleitung mit der kommissarischen Landesleitung beauftragt worden. Es ist nun geplant, im ganzen Land im Lauf des kommenden Winters Werbeversammlungen zur Bildung von Ortsgruppen der Glaubensbewegung zu halten. Repetent Fritz Veigel in Blaubeuren hat in unserem Bezirk die Leitung der Sache.

Seit einigen Tagen enthält jede Nummer des »Blaumann«[140] einen Artikel über die Glaubensbewegung, meist von Veigel selber verfaßt, ferner irgend ein kurzes Schlagwort, das irgendwo in den Text eingeschoben wird, z. B. gestern: »Volk und Gott, Christus und Deutschland, Hitler und Luther: Glaubensbewegung Deutsche Christen.« Für morgen und übermorgen wurden vor einigen Wochen Evangelisationsvorträge von Volksmissionar Lohß, Fellbach, angekündigt. Wir hatten im Pfarrkranz schon davon gesprochen, was wir an Derartigem im Winter tun könnten. Nun ist Lohß von Veigel unmittelbar, ohne Fühlungnahme mit dem Dekan, bestellt worden. Nachdem ich freilich die Zeitungsanzeige gelesen hatte, verstand ich, warum das geschehen war. Da heißt es: »Kundgebung der Glaubensbewegung. Reichsbischofsfeier mit Vortrag Propagandaleiter Otto Lohß, Fellbach: ›Volk und Kirche in der großen Zeitenwende‹. Mittwoch 8 Uhr im ›Grünen Baum‹. Eintritt frei.« Und oben drüber das Hakenkreuz. Aus der Volksmission scheint also eine Werbeveranstaltung für die Glaubensbewegung zu werden.

[140] Beilage des »Blaubeurer Tagblatts«.

Ferner soll jeder der Glaubensbewegung angehörende Pfarrer 2 oder 3 Vorträge in den Bezirksgemeinden übernehmen. Stadtpfarrer Wetzel erklärte, er tue nicht mit, solange die Sache mit Pressel u. a. nicht bereinigt sei. Auch Pfarrer Meyer von Gerhausen, der selbst ein glühender Nationalsozialist geworden ist, sagt, er sei sich noch nicht darüber klar, ob für ihn noch Raum in der Glaubensbewegung sei. Denn er müsse dem zustimmen, was Weber in Stuttgart vorgebracht habe. Wenn sein Ausschluß bedeute, daß auch die Mitglieder ihn abzulehnen hätten, dann könne auch er, Meyer, eben nicht mehr bleiben. Es ist mir unbegreiflich, daß die kleine Schar auch weiterhin das große Wort führen darf, und man kann auch nach der Stuttgarter Versammlung den Eindruck bekommen, daß von dort aus tatsächlich versucht wird, die Landeskirche »von Degerloch aus zu regieren«[141]. Aber darf man sich das gefallen lassen? In den Zeitungen kommen fast nur die Stimmen der Glaubensbewegung zu Wort. Also muß doch der Leser den Eindruck gewinnen, alle Pfarrer stünden hinter dieser Sache. Die vom Landesbischof in Heidenheim gegebene Erwiderung[142] habe ich in einer einzigen Zeitung, im Blaubeurer Tagblatt, gelesen. Und der Artikel des NS-Kurier[143] war doch so unerhört, daß man sich hätte auf eine offizielle Zurückweisung gefaßt machen müssen. Jedenfalls handelt es sich jetzt für uns um die Frage: was tun wir, wenn in der Tat in diesem Winter die Werber der Glaubensbewegung in unsere Gemeinden kommen? Soll jeder für sich sehen, wie er mit der Sache fertig werde? Es ist doch in Stuttgart recht deutlich gesagt worden, daß wir freilich eine »Glaubensbewegung« in unserem Volke wünschen, aber nicht eine solche, die durch die Art ihres Vorgehens eine neue Zersplitterung verursacht, sondern die sich an alle wendet. Die Sache mit dem Volksbund[144] scheint auch gar nicht weiter fortzuschreiten. Man erfährt gar nichts mehr darüber. Ich habe jedenfalls nicht die Freiheit, jetzt die zweite Hälfte des Mitgliederbeitrags für den Volksbund einsammeln zu lassen, wo man nicht einmal weiß, ob er noch besteht. Was tun denn Sie da?

Eine große Freude war es mir, als gestern im Pfarrkranz die Flugblätter »Kämpfende Kirche[144a]«, 6. und 7. Folge, verteilt wurden. Ich

[141] Die Anspielung konnte nicht geklärt werden; weder Rehm, Schairer, Ettwein, Murr oder Mergenthaler noch Pressel, Hutten, Weber wohnten in Stuttgart-Degerloch.

[142] Vgl. »NS-Kurier«, Ausgabe vom 26. 9. 1933, S. 509.

[143] Siehe S. 541.

[144] Siehe Bd. 1, S. 499 ff.

[144a] Kämpfende Kirche. Flugblätter christlicher Deutscher. Kassel 1933 ff.

habe sie gelesen und bin der Meinung, daß hier das gesagt ist, was gesagt werden muß, und daß diese Leute auf dem rechten Wege sind. Wenn wir uns unter eine solche gemeinsame, freiwillig getragene Ordnung stellen, dann können wir wirklich etwas Positives leisten und erliegen nicht der Gefahr, am Kritisieren hängen zu bleiben. Das ist mir eine schmerzliche Erfahrung, die mir viel zu schaffen macht, daß die mancherlei unliebsamen Erlebnisse so leicht verzagt machen, ja in eine allgemeine Ablehnung hineintreiben, so daß man sich schließlich von der Mitarbeit überhaupt ausgeschlossen sieht. Ach, daß gerade in der Kirche der Riß sichtbar werden muß! Sollten wir nicht zusammenstehen und zu den Brüdern in der »Glaubensbewegung« sagen: Gut, ich will auch bei euch mithelfen und alles Trennende vergessen. In politischen Dingen kann ich's, da kann ich schließlich sagen: ich tu mit; ich stelle mich um; ich gehorche. Aber wenn es um das Werk der Kirche geht, ist es anders. Da kann einem Menschen die eigene Gewissensentscheidung nicht abgenommen und durch die Vorschrift eines Führers ersetzt werden. Da kann ich nicht sagen: damit eine Einheit entsteht, beuge ich mich. Denn was wäre das für eine Einheit? Noch nie habe ich es so stark empfunden, daß brüderliche Aussprache und gegenseitige Hilfeleistung uns not tut wie in diesen Tagen. Mit den vielen, die zur Stuttgarter Versammlung in den »Herzog Christoph« eingeladen worden sind, danke auch ich herzlich, daß ein Anfang gemacht worden ist. Gerne würde ich an der Freudenstädter Tagung teilnehmen, kann es mir jedoch dies Jahr leider nicht erlauben. Aber ich glaube, daß ich dennoch an der gemeinsamen Arbeit teilnehmen darf.

Mit herzlichen Grüßen Ihr Ernst Schüle.

Am 6.10.1933 versuchte Pfarrer Metzger, die Pfarrer des Bezirks Blaubeuren zu einer Eingabe an den Landesbischof zu ermuntern[145]*:*

Lieber Herr Schüle!

Ihr lieber Brief ist einer von den vielen, die alle immer wieder dieselbe Frage wälzen: Wie erwehren wir uns der wilden Propaganda der Glaubensbewegung in unsern Gemeinden, die nicht Volksmission ist, sondern Mitgliederanglerei für den eignen Verein? Sachlich liegt es ja so: Wir haben als Pfarrer schlechterdings kein Recht, irgend einem Kollegen in seine Gemeinde hineinzupfuschen. Das steht schon im Ordinationsgelübde. Aber wir als einzelne können hier nichts tun. Da muß

[145] LKA Stuttgart, D 1, Bd. 40.

Wurm einfach kommandieren. So wie es D. Meiser in Bayern auch tat, dessen Rundschreiben[146] ich Ihnen beilege in einer Abschrift. Also bleibt nur übrig: Sie gehen zu Ihrem Dekan und veranlassen ihn, daß er im Namen der Diözese sich an den Herrn Landesbischof wendet mit der Bitte, es möchte hier Abhilfe geschaffen werden durch ganz verbindliche Richtlinien von seiten des Oberkirchenrats bzw. des »Führers« der Landeskirche. Diese Bitte ergeht von verschiedenster Seite an D. Wurm; vielleicht findet sie dann Erhörung.

Das ist überhaupt der Weg, den Sie immer und immer wieder gehen müssen: schildern Sie einzelne Vorkommnisse, die illustrieren, was unerträglich ist, und klopfen Sie immer und immer wieder an. Seitdem wir das Führerprinzip in der Kirche haben, bleibt einem dieser Weg ja offen. Eine Antwort werden Sie nie erhalten; das bedeutet aber nicht, daß Ihr [!] nicht an höchster Stelle gelesen worden ist. Z. B. der NS-Kurierbericht über jene Pfarrerversammlung fand so viel Protest D. Wurm gegenüber, daß er sich zu seiner Heidenheimer Erklärung[147] veranlaßt sah. Die Aufgabe des Bezirks ist es dann, in der Bezirkspresse die Sache zu klären; wir haben in Reutlingen z. B. dreimal die Sache in unserm NS-Tagblatt beleuchtet: zuerst kam der Protest des Kirchenbezirkstags, dann Wurms Heidenheimer Erklärung, und dann noch eine Erklärung eines Reutlinger Kollegen, alle in demselben Sinne. Also noch einmal: Wir können das Volksmissionsproblem der Glaubensbewegung nicht als einzelne von Fall zu Fall lösen; so kommen wir unter den Schlitten. Aber wir können als möglichst viele einzelne und dann auch möglichst als Bezirke betteln und bitten, daß der Führer der Landeskirche den entscheidenden Schritt tun könnte. Auf D. Meisers Schreiben nehmen Sie, bitte, keinen Bezug; es liefert Ihnen aber sicherlich Gesichtspunkte, wenn Sie oder Ihr Dekan an D. Wurm schreiben.

Nehmen Sie vorlieb. Wir werden in Freudenstadt von diesen Dingen ausführlich zu reden haben. Schade, daß Sie nicht kommen können!

Mit herzlichen Grüßen Ihr [Metzger].

Am 21. 9. 1933 berichtete der NS-Kurier *über die Pfarrerversammlung*[148]*:*

[146] Die Beilage befindet sich nicht mehr bei den Akten, vgl. GB 140, S. 100 f. und Baier, S. 62 ff.

[147] Siehe Anmerkung 110, S. 509.

[148] Der Artikel ist gezeichnet mit h und dürfte damit von Rehm stammen.

Abwehr gegen Kirchenreaktion

Unwürdige Quertreibereien gegen die »Deutschen Christen«

Landesbischof D. Wurm hatte am Mittwoch die evang. Pfarrerschaft des ganzen Landes zu einer Tagung nach Stuttgart zusammenberufen, um die allgemeine Lage der Kirche zu besprechen und insbesondere darauf hinzuweisen, daß die Pfarrerschaft in Treue zum Staat Adolf Hitlers ihre Pflichten zu erfüllen habe. Der Landesbischof zeichnete mit kurzen Strichen das Wesentliche der neuen Zeit und die besondere Lage, in der sich Kirche und Pfarrerschaft darin befinden: mit einer erneuerten Kirche an der Erneuerung des Volkes arbeiten!

Der Verlauf der sich anschließenden Aussprache hat bewiesen, wie sehr zuerst eine Erneuerung in der Kirche notwendig ist. Es war bedauerlich, daß ein Teil der Pfarrer durch sein Verhalten bewiesen hat, daß er noch keineswegs den Geist des Dritten Reiches verspürt hat, sondern noch durchaus im Geist des von dem ganzen Volke abgelehnten individualistischen, liberalistischen Zeitalters lebt. Wir können uns nicht des Eindrucks erwehren, daß diese Versammlung von Anbeginn an eine deutlich erkennbare Spitze gegen die »Glaubensbewegung Deutsche Christen« und deren Führer hatte. Wir freuen uns aber, festgestellt zu haben, daß dieser Hieb gegen die Bewegung Adolf Hitlers von den alten Kämpfern des Führers mit Würde und Energie abgewehrt wurde. Die Führer der Glaubensbewegung wiesen in eindeutiger und entschiedener Weise die Versuche zurück, das Eigenleben und die selbständige Arbeit der Bewegung Adolf Hitlers innerlich auszuhöhlen und die Bewegung zu einem Instrument in der Hand kirchlich reaktionärer Kreise zu machen. Die Führerschaft der Glaubensbewegung, die im wesentlichen aus alten Kämpfern für die nationalsozialistische Weltanschauung besteht, hat den entschlossenen Willen, daß die bisher nur äußerlich in Erscheinung getretene Anerkennung der Persönlichkeit unseres Führers Adolf Hitler nicht dazu benützt wird, den Führer von seinen alten Getreuen zu trennen, die die Grundidee der nationalsozialistischen Weltanschauung in ihrer Tiefe und Reinheit vertreten. Der totale Staat Adolf Hitlers, dessen Dasein die evang. Kirche vor der Gefahr der Vernichtung durch den Bolschewismus bewahrte, hat das Recht, ja die Pflicht, dafür zu sorgen, daß mit der Kritik über nationalsozialistisches Denken und Wollen endlich einmal Schluß gemacht wird.

Über die Berichterstattung im NS-Kurier *erhielt der Landesbischof ein vom 25. 9. 1933 stammendes Schreiben eines Pfarrers*[149]*:*

Hochverehrter Herr Landesbischof!

Wiewohl ich annehme, daß mein Schreiben in der bezeichneten Angelegenheit nicht das einzige ist, das Sie erhalten, so drängt es mich doch, in ernster Sorge mich an den Leiter und Bischof unsrer württembergischen Landeskirche zu wenden. Es handelt sich um die Berichterstattung über die Pfarrerversammlung vom 20. September im »NS-Kurier« am 22. September Nr. 240. Nach dem Lesen des Artikels, der ein erschütterndes Dokument gegenwärtiger Kirchengeschichte ist, habe ich von einer Meinungsäußerung abgesehen, weil es mir krankheitshalber nicht möglich gewesen war, der Pfarrerversammlung anzuwohnen. Nachdem nun aber, wie die Beilage zeigt, der Artikel auch durch die Bezirkspresse geht, ist es mir nicht mehr möglich, zu schweigen.

Der Artikel ist ohne Namensnennung erschienen. Sollte er nicht von einem Pfarrer, sondern von einem politischen Fanatiker stammen, so hätte die Glaubensbewegung die Pflicht gehabt, um der Wahrheit willen den Inhalt zu berichtigen. Nachdem dies nicht geschehen ist, und nach dem Tenor des Ganzen ist der Verfasser unter den Pfarrern der Glaubensbewegung zu vermuten. Der Inhalt des Artikels stellt eine ungeheuerliche Verschiebung der am Mittwoch verhandelten kirchlichen Frage ins Kirchenpolitische dar. Weil ein Teil der Pfarrerschaft (das prozentuale Verhältnis der sich gegenüberstehenden Gruppen ist bei solchen letzten Fragen ohne jede Bedeutung) durch seine Bindung an Gottes Wort und das kirchliche Bekenntnis nicht vorbehaltlos und freudig die so und so geartete Verkündigung und Propaganda der Glaubensbewegung anerkennen kann, deshalb wird ihm reaktionäre Gesinnung und der Versuch vorgeworfen, »das Eigenleben und die selbständige Arbeit der Bewegung Adolf Hitlers innerlich aushöhlen zu wollen«. Damit wird die gesamte Pfarrerschaft, sofern sie nicht durch die Abstempelung »deutsche Christen« als politisch unverdächtig gekennzeichnet ist, der schwersten politischen Verdächtigung ausgesetzt. Die Wirkung auf unsre kirchlichen Gemeinden, ihre mehr politisch und mehr kirchlich eingestellten Glieder muß eine verheerende sein. Wann end-

[149] LKA Stuttgart, D 1, Bd. 43; gemeint ist der Artikel im »NS-Kurier« in der Ausgabe vom 21. 9. 1933; die erwähnte Beilage befindet sich nicht bei den Akten, dort ist nur eine Abschrift des Briefes, der Name des Absenders ist getilgt.

lich hört die Glaubensbewegung auf, solchen Pfarrern, die nicht in ihren Reihen stehen, Feindschaft gegen den Staat Adolf Hitlers vorzuwerfen? Und wann endlich hört das unbrüderliche und jeder kirchlichen Führung Hohn sprechende Verhalten auf, im selben Augenblick, wo die Auseinandersetzung innerhalb der Pfarrerschaft nicht zu dem gewünschten Erfolg führt, mit jener Verdächtigung vor die politische Öffentlichkeit zu treten? Die Wirkung des Artikels ist nicht mehr zurückzuholen. Aber aus den Herzen vieler Amtsbrüder erhebt sich der Schrei nach einer Rechtfertigung, nach einer Berichtigung der unsachlichen Darstellung durch eine neue, der Wahrheit entsprechende. Und wo sollen diese aufs tiefste beunruhigten Pfarrer ihren Schrei anders zu Gehör bringen als vor dem Herrn Landesbischof, zu dem sie das Vertrauen haben, daß er ihre Not versteht?

Mit achtungsvoller Begrüßung.

Das Schreiben vom 25. September scheint der Hauptschriftleitung des NS-Kurier *mitgeteilt worden zu sein. Am 27.9.1933 schrieb sie an den Landesbischof:*

Auf das Schreiben vom 25. September betonen wir, daß in dem angezogenen Artikel keineswegs bestritten ist, daß dem Hinweis des Herrn Landesbischofs, »daß sich alle Pfarrer für die großen Ziele und Grundgedanken des heutigen Staates mit ganzer Kraft einsetzen mögen« ein allgemeiner Beifall folgte. Wir haben lediglich darauf hingewiesen, daß im Verlauf der Versammlung die wahre Einstellung eines Teiles der Pfarrer, wie es ja in dem Artikel heißt, zum Ausdruck gekommen ist. Wir glauben uns berechtigt, darauf hinzuweisen, daß ein allgemeiner Beifall auf ähnliche Ausführungen wie die des Herrn Landesbischofs heute kein Beweis mehr dafür ist, daß man sich dem reinen Nationalsozialismus vorbehaltlos verschrieben hat. Zur Begründung unserer kompromißlosen Darstellung möchten wir noch anführen, daß uns gerade in der letzten Zeit Vorkommnisse aus den Reihen der Pfarrerschaft zu Ohren gekommen sind, die uns in unserem Urteil über einen Teil der Pfarrerschaft nur bestärken können. Wir erinnern hierbei an den Fall des Herrn Pfarrer Sandberger[150], wir führen weiterhin das Evang. Kirchenblatt vom 15. September S. 126 an und wir möchten auch nicht

[150] Pfarrer Sandberger in Gründelhardt weigerte sich, den Hitlergruß zu entbieten; er wurde beurlaubt und auf 31. 3. 1934 pensioniert: OKR Stuttgart, Registratur, PA Sandberger, Wilhelm. Zum Bericht des EKBlW über den Landeskirchentag in der Ausgabe vom 15. 9. 1933 siehe S. 378 f.

den Fall des Studienassessors Schemm und des Dekan Mack, Nürtingen, unerwähnt lassen[151]. Sie können aus all diesen Beispielen, denen wir noch eine Reihe anfügen können, ersehen, daß unsere große Skepsis gegen einen Teil der Pfarrerschaft absolut berechtigt ist. Eine parteiamtliche NS-Zeitung muß schließlich wohl eine andere Stellung zu den Vorkommnissen einnehmen als irgend ein farbloses Bürgerblatt, das bei jedem Heilruf schon die Verwirklichung des Nationalsozialismus zu sehen glaubt.

Zum Schluß dürfen wir daran erinnern, daß der Herr Landesbischof selbst in seinem Schlußwort eine uns eigenartig berührende Erklärung abgegeben hat, die geeignet ist, den Teil der Pfarrerschaft, den wir meinen, mit Mißtrauen gegen den Neuen Staat zu erfüllen.

Unter diesen Umständen halten wir es für unangebracht, eine weitere Erklärung oder Berichtigung zu unserem Artikel zu veröffentlichen, zumal in unserer Abendausgabe vom 26. September in dem Bericht über die Heidenheimer Tagung das Nötige zum Ausdruck gekommen ist[152].

Heil Hitler! NS-Kurier, Hauptschriftleitung.

Wegen der Opposition zur Landesleitung der Glaubensbewegung Deutsche Christen wurden die Pfarrer Pressel, Hutten und Weber noch vor der Pfarrerversammlung am 20. September aus der Glaubensbewegung ausgeschlossen. An den gesamten hinter ihnen stehenden Kreis wandte Weber sich am 23. 9. 1933[153]*:*

Liebe Freunde!

Wir danken Euch noch einmal herzlich für das uns entgegengebrachte Vertrauen. Unsere Zahl ist seit Mittwoch schon erfreulich weiter gewachsen. Von allen Seiten kommen die Vertrauenskundgebungen mit der dringenden Bitte, doch fest zu bleiben und in unzerreißbarer Gemeinschaft untereinander alle Störungsversuche abzuweisen, von welcher Seite sie auch kommen mögen. Wir wollen und dürfen uns auch nicht mißbrauchen lassen von solchen, die in Opposition zum Staat Adolf

[151] Randbemerkung von Pressel an dieser Stelle: »Wie gut doch der ›NS-Kurier‹ Bescheid weiß! Das sieht stark nach wörtlicher Inspiration aus!« Zu Dekan Mack siehe S. 321 ff. und EKBlW, Ausgabe vom 15. 9. 1933. Mit Studienassessor Schemm kann nur Pfarrer Paul Schempp gemeint sein, siehe S. 220 ff.

[152] Siehe Anmerkung 110, S. 509.

[153] LKA Stuttgart, D 1, Bd. 43; vgl. dazu den Brief Webers an Fezer vom 22. 9. 1933, S. 519 ff.

Hitlers stehen und alles Kämpfen um eine erneuerte deutsch-evangelische Kirche innerlich ablehnen. Wir wollen im Gebet und im Gehorsam des Glaubens in biblischer Nüchternheit und doch mit heißem Herzen und innerster Bereitschaft in vorderster Linie um eine vom Evangelium erneuerte Gestalt unsrer Kirche ringen. Wir dienen damit dem Werk Adolf Hitlers in unsrem Volk am besten. Wir wollen uns in der Treue zum Führer unsres Volkes von niemanden übertreffen lassen. Insbesondere wollen wir uns alle dessen bewußt sein: Wir tragen vor Gott und der Geschichte eine ungemein schwere Verantwortung für die Zukunft unsrer evangelischen Kirche im deutschen Volk.

Wir haben am Mittwoch nach vielen vorausgehenden, in der Hauptsache ergebnislosen Versuchen, das Steuer der Glaubensbewegung herumzulegen, aus einer für uns alle immer unerträglicher werdenden Gewissensbelastung heraus den Schritt getan, der uns zunächst von der gegenwärtigen Leitung der Glaubensbewegung Deutsche Christen in Württemberg trennte. Wir erklären, daß wir nach wie vor zu Verhandlungen durchaus bereit sind, wie das Freund Pressel noch am Montag fernmündlich in Gegenwart von Zeugen gegenüber Rehm zum Ausdruck gebracht hat. So bereitwillig wir in Personenfragen, so weit sie uns selber betreffen, sein werden, so unnachgiebig müssen wir in der Sache bleiben, da wir Euer Vertrauen nicht enttäuschen wollen. Zur Zeit sind durch das Eingreifen des Herrn Landesbischof die Verhandlungen in Gang gebracht. Wir werden Euch wieder Nachricht geben, sobald ein positives Ergebnis vorliegt. Auf besondere Anfragen bemerken wir noch: 1. Der Ausschluß von Pressel, Weber, Hutten ist nicht aufgehoben. Dagegen haben vielleicht viele von Euch in der Zwischenzeit erfahren, daß ihr eigener Ausschluß rückgängig gemacht sei. Nach dem Stand der Dinge ist aber eine befriedigende Lösung der vorliegenden Spannungen bis Montag noch nicht zu erwarten, auf welche Zeit bekanntlich die gegenwärtige Landesleitung eine Amtswalterversammlung nach Stuttgart einberufen hat. Es bestehen also die Voraussetzungen nach wie vor in vollem Maße fort, die zum Auszug am Mittwoch geführt haben. Daran möge sich jeder halten. Wir lassen uns keinesfalls voneinander trennen. Wir sind und bleiben eine im Innersten gebundene Gesinnungsgemeinschaft, die sich der Sache verpflichtet weiß. 2. Unsere Sache bleibt nach wie vor die alte: Kampf für eine Glaubensbewegung, die im Gehorsam gegen Gott auf dem Boden der Kirche und der Gemeinde mit dem Evangelium unsrem teuren Volk in seinem Kampf um äußere und innere Freiheit dient. Gott segne unser Wollen!

Heil Hitler! Mit brüderlichem Gruß im Auftrag des Freundeskreises Weber.

Eine Aussprache mit der Sezession wurde von der Landesleitung der Glaubensbewegung zunächst nicht ermöglicht; am 23. 9. 1933 berichtete Pfarrer Weber[154]*:*

Liebe Freunde!

Wir haben durch Vermittlung von Herrn Oberkirchenrat Schaal an Rehm das Ersuchen gerichtet, die Teilnahme von Pressel, Weber, Hutten an der Amtswalterversammlung am Montag zwecks klärender, gegenseitiger Aussprache zuzugestehen. Dieses Ersuchen ist abgelehnt worden. Unter diesen Umständen beteiligt sich keiner unsrer Freunde an der Amtswalterversammlung.

Heil Hitler! Mit amtsbrüderlichem Gruß im Auftrag: Weber.

Da Pfarrer Weber im Evang. Volksbund tätig war, schrieb Pfarrer Rehm am 22. 9. 1933 an Dekan Otto, Stuttgart, den kommissarischen Leiter des Evang. Volksbundes[155]*:*

Sehr geehrter Herr Dekan!

Wie wir erfahren, scheinen die Abtrünnigen der Glaubensbewegung Deutsche Christen mit dem Gedanken einer Gründung einer eigenen separatistischen Glaubensbewegung zu spielen und Versuche zu unternehmen, seitens der Reichsleitung in Berlin ihre separatistische Glaubensbewegung als die alleinige anerkennen zu lassen. Ganz abgesehen von der Erfolglosigkeit solcher Versuche würde durch solches Vorgehen, als dessen intellektuellen Urheber wir Herrn Weber haftbar machen, das Verhältnis zwischen Glaubensbewegung einerseits und Evang. Volksbund bzw. Evang. Gemeindedienst andererseits äußerst verschärft.

Wir halten es für unsere Pflicht, Sie als derzeitigen leitenden Kommissar des Evang. Volksbunds auf diese Sache aufmerksam zu machen, damit keine Weiterungen einzutreten brauchen, die wir im Interesse der bisherigen loyalen Zusammenarbeit unsererseits mit Ihnen, Herr Dekan, tunlichst vermeiden möchten. Dies wird jedoch nur dann der Fall sein können, wenn die Volksbundsgeschäftsführer sich peinlichst

[154] LKA Stuttgart, D 1, Bd. 43. Die Amtswalterversammlung sollte am 25. 9. 1933 stattfinden.

[155] LKA Stuttgart, D 1, Bd. 43.

jeder Aktion oder Äußerung gegen die Glaubensbewegung »Deutsche Christen« enthalten und auch nicht andere Kollegen zum Kampf gegen die Glaubensbewegung vorschieben. Ich bedauere, daß die intellektuellen Urheber der separatistischen Bestrebungen im Volksbund ihren Sitz haben, aber nach Lage der Sache müssen wir rechtzeitig auf eine klare Lösung der in Betracht kommenden Konfliktsmöglichkeiten drängen.

Heil Hitler! Ihr ergebener W. Rehm, Kommissarisch Bevollmächtigter der Reichsleitung.

Über eine Besprechung der Sezession, die nach der Amtswalterversammlung der offiziellen Landesleitung stattfand, berichtete Pfarrer Dr. Hutten am 27. 9. 1933[156]*:*

Liebe Freunde!

Folgende Freunde sind am Dienstag, 26. September, zu einer Aussprache über den Stand der Dinge zusammengekommen: Pfeiffer, Wieland, Brecht, Sträb, Schwering, Eichler, Esche, Bendel, Oppenländer, Fritz, Dölker, Müller, Wittmann, Gerber, Weiss, Winter, Wagner, Maisch, Rau. Auf Grund eines Teilnehmerberichts über die Amtswalterversammlung, die von der derzeitigen Landesleitung der Glaubensbewegung am Montag, 25. September, in Stuttgart abgehalten wurde, mußten wir feststellen, daß sich am bisherigen Kurs der Glaubensbewegung Deutsche Christen nichts geändert hat und auch nach Erklärung auf dieser Versammlung in Zukunft nichts ändern soll. Die Führerfrage wurde in einer Art geregelt, die unsern Anliegen in keiner Weise gerecht wird. Der Ausschluß von Pressel, Hutten und Weber wurde aufrecht gehalten, während die Maßregelung der andern 150 zurückgenommen wurde. Pressel, Weber und Hutten wurden zu einer sachlichen Auseinandersetzung nicht zugelassen, obwohl auch der Herr Landesbischof diesen Wunsch ausgedrückt hatte. Die sachlichen Gründe für unser Verhalten am letzten Mittwoch bestehen also unvermindert weiter. Wir tragen eine schwere Verantwortung für die Glaubensbewegung und für unsre ganze Kirche. Es liegt in diesem Kampf alles an unsrem unerschütterlichen Festbleiben, auch gegenüber jeglichem Zermürbungsversuch, der etwa von der andern Seite unternommen werden sollte. Eine ausführliche Darstellung wird noch folgen. Einstweilen bitten wir um Eure unterschriftliche Zustimmung zu nachfolgender Erklärung, die der derzeitigen Leitung der Glaubensbewegung Deutsche Christen und

[156] LKA Stuttgart, D 1, Bd. 43. Die erwähnte Erklärung befindet sich nicht bei den Akten.

dem Landesbischof vorgelegt werden soll. Die Zustimmungserklärung muß bis spätestens Montag, 2. Oktober, in unsern Händen sein.

Im Auftrag der obengenannten Freunde: Hutten.

Schon am 30. 9. 1933 konnte Weber für Antworten auf das Rundschreiben vom 27. September danken[157]*:*

Liebe Freunde!

Das Schreiben vom 27. des Monats ist in Eure Hände gelangt. Viele haben uns bereits eine Antwort geschickt. Es ist uns ein herzliches Bedürfnis, den vielen, die in den letzten Tagen durch Schreiben ihre treue Verbundenheit mit uns bekundet haben, herzlich zu danken. Im folgenden sollen die wichtigsten Ereignisse der letzten Tage zusammengestellt und dabei nochmals ganz deutlich die Anliegen zum Ausdruck gebracht werden, um die es geht. Die Beilagen bitten wir aufmerksam durchzulesen. Diejenigen, welche die Leitsätze Pressel[158] noch nicht in den Händen haben, mögen es uns wissen lassen.

1. Wenn es noch eines Beweises bedurfte, wie sehr unser Protest gegen die Anwendung politischer Mittel in kirchlichen Fragen berechtigt war, so hat der berüchtigte Artikel im NS-Kurier »Abwehr gegen Kirchenreaktion«[159] den letzten Zweifel an der Richtigkeit unsrer Haltung beseitigt. Dieser Artikel, für den die derzeitige Landesleitung, auch wenn sie ihn nicht selber verfaßt hat, voll und ganz verantwortlich gemacht werden muß, ist das typische Schulbeispiel dafür, mit welcher Verständnislosigkeit man den Sorgen und Nöten, die uns im Blick auf Kirche und Volk umtreiben, gegenübersteht. Es ist allzu bequem, kirchliche Diskussion auf das politische Geleise zu schieben und ehrliche Kritik politisch zu verdächtigen. Es geht nicht an, daß man durch unverantwortliche Auslassungen Mißtrauen zwischen den heutigen Staat und die Kirche sät, um dann nachher den Entrüsteten zu spielen, wenn ein Mangel an gegenseitigem Vertrauen sich herausstellt. Wir unsrerseits sehen solche Brunnenvergiftung als unvereinbar mit den Pflichten eines Pfarrers an.

2. Aus den uns von Teilnehmern zugegangenen Berichten über die Amtswalterversammlung vom 25. des Monats müssen wir schließen, daß die derzeitige Landesleitung im Notfall auch vor politischen Maß-

[157] LKA Stuttgart, D 1, Bd. 43; die Beilagen befinden sich nicht bei den Akten.
[158] Siehe S. 463 ff.
[159] Siehe S. 541.

nahmen gegen uns nicht zurückschrecken wird. Der Verlauf der Versammlung bestätigt den schmerzlichen Eindruck, daß die Landesleitung für die Führung einer Glaubensbewegung zwar das Vertrauen der Partei für unentbehrlich hält, was auch von uns für richtig gehalten wird, daß sie aber andrerseits das Vertrauen der Amtsbrüder als entbehrlich ansieht. Das bedeutet die völlige Politisierung der Glaubensbewegung.

3. Es wird von mancher Seite so dargestellt, als ob die derzeitige Landesleitung in der Amtswalterversammlung in vornehmer Weise unsern »Fall« mit wenigen kurzen Bemerkungen übergangen habe. Tatsächlich aber wurden unsre Anliegen in einer unglaublichen Weise verharmlost, indem der Eindruck erweckt wurde, als handle es sich um weiter nicht ernst zu nehmende »Stänkereien« einiger Stuttgarter Querulanten, über die man zur Tagesordnung übergeht. Das ist also die Antwort, die man von jener Seite auf die Not und den Ruf unsrer Gewissen hat.

4. Unser Wunsch nach einer Unterstellung der Glaubensbewegung Deutsche Christen unter den Landesbischof wurde damit erledigt, daß ja weder von Gruppe I noch II[160] je etwas Derartiges verlangt worden sei. Dabei wird geflissentlich oder naiver Weise das Doppelte verschwiegen, daß die kirchliche Linie der genannten Gruppen im Ernst unangezweifelt werden konnte, da sie keiner nichtwürttembergischen Instanz unterstellt waren, und daß ferner die genannten Gruppen lediglich kirchenpolitische Zusammenschlüsse waren ohne den Versuch, ihre Freunde in feste Ortsgruppen zu sammeln. Selbstredend meinen wir mit der Forderung einer kirchlichen Linie nicht eine mechanische, starre Eingliederung in den kirchenbehördlichen Apparat, sondern wir denken dabei an die aus der Beilage ersichtliche Haltung, die von der Glaubensbewegung Deutschen Christen Bayerns eingehalten wird[161].

5. Unsrem Ersuchen nach einer Umbildung der württ. Führung der Glaubensbewegung Deutsche Christen ist keineswegs Rechnung getragen. Zwar scheint Sch[airer] zurückgestellt zu sein, wenigstens zeichnet R[ehm] als »Kommissarisch bevollmächtigter Landesleiter«. Es bedarf keines besonderen Hinweises, daß damit unsre sachlichen Anliegen hinsichtlich der Führung nicht erfüllt sind.

6. Der Herr Landesbischof hat noch vor der Amtswalterversammlung der Landesleitung ein Schreiben zugestellt[162], in welchem er auf schleu-

[160] Die beiden alten Gruppen des Württ. Landeskirchentags.

[161] Zu den Vorgängen in Bayern siehe Baier, S. 62 ff.

[162] Das Schreiben befindet sich nicht bei den Akten.

nige Bereinigung des Konflikts im Sinn einer positiven Neuregelung der Führerfrage drang und erklärte, daß er der Glaubensbewegung Deutsche Christen künftig nicht mehr so freundschaftlich gegenüberstehen könne, wenn der Bruch in der Glaubensbewegung Deutsche Christen nicht geheilt werde. Obwohl der Herr Bischof in seinem Schreiben ausdrücklich den Wunsch ausgesprochen hatte, daß der Inhalt vor der Amtswalterversammlung verlesen werde, gab die Landesleitung den Anwesenden nicht nur keine Kenntnis vom Schreiben, sondern beantwortete den Wunsch auf Bereinigung des Konflikts mit der Erklärung, daß sie es ablehne, die Führerfrage unter Druck des Oberkirchenrats (!) zu verhandeln.

7. Die Wiederaufnahme von Pressel, Hutten, Weber wurde abgelehnt mit der Einschränkung, daß vielleicht einmal in Zukunft die Landesleitung von ihrem Begnadigungsrecht Gebrauch machen könne. Dagegen wurde und wird versucht, in unsren Freundeskreis einen Keil zu treiben, indem man die mit uns Ausgeschiedenen als wieder eingetreten betrachtet, wenn sie nicht innerhalb 8 bis 10 Tagen ihren Ausschluß förmlich beantragen. Dieser Versuch ist hinfällig geworden durch die Solidaritätserklärung, mit der wir uns aufs neue zu Zusammenhalt und Einstehen für unsre Sache verpflichten. Es bleibt dabei: Wir sind jederzeit zur Verständigung bereit. Unsren Verhandlungswillen hat Pressel schon am Montag vor jener Mittwochversammlung in einem Telefongespräch mit R[ehm], dessen Zeuge ich war, entschieden betont. Er hat dabei ganz deutlich unsre 3 Gravamina kundgetan: Landeskirchentag, Führungsfrage, künftige Haltung der Glaubensbewegung. Dies sei ausdrücklich gesagt, weil da und dort die Behauptung aufgetaucht ist, es hätte bei uns die Verständigungsbereitschaft gefehlt. Wir wollen mit den andern zusammenarbeiten, aber niemals um den Preis eines unwahren Kompromisses in der Sachfrage.

8. Wir bitten dringend, nach wie vor daran festzuhalten: a) Wir wollen unter keinen Umständen eine Organisation schaffen. Wir bilden eine ganz und gar lockere, aus rein persönlicher Gesinnungsgemeinschaft gegründete Bruderschaft. b) Wir stehen freudig zu Adolf Hitlers Person und Werk. Keiner hat in unsrer Mitte Platz, dessen Haltung in diesem Punkt nicht einwandfrei ist. c) Was unsern Kreis einigt, darf niemals lediglich die Opposition, sondern immer nur die Position unsrer Sache sein. Wer gegen die derzeitige Führung ist, gehört damit noch lange nicht zu uns, wenn nicht seine nationalsozialistische Gesinnung und seine Bereitschaft, für unsre Anliegen einzutreten, feststeht.

9. Zuletzt, liebe Freunde und Brüder, wollen wir uns in keinerlei

Weise in öde Negation hineintreiben lassen. Auf Zänkereien und Kleinigkeiten gehen wir nicht ein. Die Versuche, unsre Sache auf Nebengeleise abzuschieben und die Diskussion auf Nebenfragen zu verlegen, müssen wir beantworten dadurch, daß wir die zentralen Anliegen herausstellen, die uns in eine Gegnerstellung hineingetrieben haben. Es geht nicht um Formalitäten, nicht um die Macht, nicht um das Prestige, auch nicht um irgend welche Personen. Es geht auch nicht darum, daß wir etwa »recht« behalten gegen die andern, sondern darum wollen wir schaffen und betend ringen, daß Christus recht behalte. Und daß eine Glaubensbewegung werde, die allein auf ihn schaut. Es geht uns um die Sache einer aus dem Evangelium und nach evangelischen Regeln sich erbauenden Glaubensbewegung, die sich freudig in den Dienst der Kirche und damit in den Dienst des neuen Deutschlands stellt. Im übrigen ist, wie wir hoffen, in Bälde eine Klärung, so oder so, zu erwarten.

Heil Hitler! In herzlicher Verbundenheit Euer G. Weber.

Ein Brief vom 5. 10. 1933 zeigt schließlich noch einmal das Anliegen des Kreises um Pressel, Hutten, Weber[163]*:*

Lieber Freund!

Obwohl ich weiß, daß augenblicklich Besprechungen im Gang sind, die vielleicht doch noch dazu führen, daß unsern unaufgebbaren Wünschen und Anliegen an die Führung einer rechten Glaubensbewegung in Württemberg wirklich einmal Gehör geschenkt wird, möchte ich doch auf Dein Schreiben vom 1. des Monats Dir mitteilen, wie furchtbar schwer es mir wird, nach allem, was sich in der letzten Zeit ereignet hat, noch in der Glaubensbewegung zu bleiben. Schwer vor allem deshalb, weil ich überzeugt bin, eine Glaubensbewegung, die in der freudigen Bejahung des uns von Gott geschenkten Dritten Reichs unsrem von den gewaltigen Ereignissen der Zeit aufgerüttelten Volk das unverkürzte und unverfälschte Evangelium nicht bloß sagt, sondern durch ein neues Leben im Geist bezeugt und in unsrem Volk am Aufbau einer lebendigen Kirche arbeitet, ist jetzt geradezu das Erfordernis der Stunde. Aber der Kurs, den die Glaubensbewegung in Württemberg unter ihrer jetzigen Führung steuert, ist nicht der Kurs einer solchen Glaubensbewegung. Eine Bewegung, welche die Machenschaften der bisherigen Führer der württ. Glaubensbewegung im Landeskirchentag deckt, sich nicht rückhaltlos in absolutem Gehorsam hinter unsern Landesbischof stellt, son-

[163] LKA Stuttgart, D 1, Bd. 44. Bei den Akten liegt nur ein Durchschlag ohne Unterschrift, aus dem weder Absender noch Empfänger hervorgehen.

dern im Geheimen mit seinem Sturz und der Einsetzung eines Staatskommissars für die Kirche rechnet; eine Bewegung, welche eine Berichterstattung, wie die des »NS-Kuriers«[164] über die Pfarrkonferenz vom 20. September duldet, die auf nichts Anderes als auf eine politische Diffamierung des württ. Pfarrstands hinausläuft, ist keine Glaubensbewegung; denn sie handelt nicht aus der Wahrheit und darum auch nicht aus dem Glauben, der weiß, daß Gott zu fürchten ist. Sie kann darum auch nie und nirgends Glaubensfrucht schaffen. Sie reinigt und erneuert unsre Kirche nicht, sondern beschmutzt und zerstört sie.

Ich hatte gehofft, daß die Erkenntnis davon und der Schrecken darüber mit elementarer Gewalt bei allen unsern Brüdern und Freunden durchbreche und sie es darum nur begrüßen, wenn endlich ein Häuflein dagegen seine Stimme erhebe und eine wirkliche Änderung dieses Kurses fordere. Ich bin kläglich enttäuscht worden. Im Gegenteil, der Artikel »Reaktion in der Kirche« von h im »NS-Kurier«[164a] nimmt mir so gut wie alle Hoffnung, daß es noch anders werden kann. Er ist mir ein erschütternder Beweis dafür, wie völlig dem, der hier im Namen der Glaubensbewegung schreibt, das Verständnis, ja leider jeder Wille zum Verständnis für das abgeht, was ein Pfarrer vom Evangelium her an Bedenken gegen das bisherige Vorgehen und Auftreten der Glaubensbewegung haben kann. Ich halte es für eine Schande, daß man sich als Vertreter einer Glaubensbewegung gegen eine Kritik, die wahrhaftig nicht aus der Lust am Kritisieren stammt, sondern aus dem tiefbewegten Gewissen, nicht anders zu wehren vermag als so, daß man den Kritiker als politischen Reaktionär verdächtigt, um nicht zu sagen verleumdet, und ihn mit der Drohung mit politischen Machtmitteln niederzuschlagen sucht. Diese Methode des Kampfes um ernste kirchliche Fragen sollten wir evangelische Christen dem Ultramontanismus überlassen; sie stammt nicht aus dem Glauben, sondern aus dem Unglauben und schlägt schließlich ihren eigenen Herrn.

Wir dürfen es nicht länger dulden, daß Leute mit verblendetem und irregeleitetem Gewissen anderer Gewissen durch solche Kundgebungen verblenden und irreleiten. Du siehst, ich stehe eigentlich schon außerhalb der jetzigen Glaubensbewegung, und wenn es nicht anders wird, dann muß ich die Konsequenz ziehen und draußen bleiben. Das wäre mir furchtbar schmerzlich. Darum bitte ich Dich, hilf doch auch Du an Deinem Teil, daß endlich Klarheit und Reinheit geschaffen wird!

Mit herzlichem Gruß.

[164] Siehe S. 541. [164a] Siehe S. 553 ff.

Am 3. 10. 1933 schrieb Rehm im NS-Kurier *einen weiteren Artikel:*

Kirchenreaktion?

Seit der Erklärung Adolf Hitlers vom Ende der Revolution und Anbruch der Evolution[165] bilden sich ganz bestimmte Kreise ein, die nationalsozialistische Weltanschauung ihrer vormaligen bürgerlichen, liberalistischen oder volksdienstlerischen Weltanschauung gleichschalten zu können. Man tarnt sich nach außen mit einem Lippenbekenntnis zu Adolf Hitler. In dem Augenblick aber, da das Dritte Reich seine entscheidende Bewährung und Erprobung zu bestehen haben wird, wird man sich abseits und damit gegen Adolf Hitler stellen. In kirchlichen Kreisen besonders ist diese getarnte Reaktion weit verbreitet. Ein Beispiel dafür ist das »Evang. Kirchenblatt für Württemberg«. Da diese Kreise des »Christlichen Volksdiensts« fürchten, offen gegen den Staat Adolf Hitlers anzugehen, richten sie ihre Angriffe gegen die Glaubensbewegung Deutsche Christen, die zwar keine nationalsozialistische Parteiorganisation, aber aus dem Nationalsozialismus herausgewachsen ist, um der nationalsozialistischen Idee auch in einer liberalistischen Kirche zum Durchbruch zu verhelfen. Wir wollen uns mit dieser »Kirchenzeitung« nur insoweit befassen, als ihre Einstellung symptomatisch für weite kirchliche Kreise ist. Der Herausgeber lebt in einer ständigen Furcht vor dem Ausbruch einer »neuen Christenverfolgung«, die er anscheinend unter dem vergangenen antichristlichen System keineswegs gefürchtet hat. Seine Auslassungen in den beiden letzten Nummern seines Kirchenblattes[166] verdienen schon deshalb eine scharfe Zurückweisung, weil er sich anmaßt, besser den Nationalsozialismus auslegen zu können als diejenigen, welche diese Idee durch 14 schwere Kampfesjahre siegreich hindurchgetragen haben. Für die Auslegung der nationalsozialistischen Weltanschauung sind die alten Kämpfer Adolf Hitlers zuständig, nicht aber solche, welche noch vor einem Jahr zu seinen gehässigsten Gegnern zählten und dies auch heute noch in versteckter Weise sind. Das trifft auch für die Bewertung der Glaubensbewegung und ihrer Ziele zu. Auch da glaubten gewisse Kreise, die sich in verdächtiger Anzahl und auffallender Schnelligkeit nach dem 1. Mai anschlossen, diese nationalsozialistische Bewegung in das Fahrwasser alten Kirchentums hereinbiegen zu können.

[165] Hitler vor den Reichsstatthaltern am 6. 7. 1933, vgl. Meier, S. 29 f.

[166] EKBlW, Ausgaben vom 15. 9. 1933 (S. 378 ff.) u. 30. 9. 1933 (S. 530 f.).

Nachdem dieser angedeutete Versuch mißlungen ist, übertrumpft man sich gegenseitig in Vorwürfen und Verdächtigungen der Glaubensbewegung. So spricht Stadtpfarrer Römer in dem betreffenden Kirchenblatt von der »drohenden Erschlagung der anvertrauten göttlichen Wahrheitserkenntnisse« durch die Glaubensbewegung und behauptet, daß diese nationalsozialistische Bewegung gegen den »guten Hirten«, also gegen Jesus Christus, kämpfe. Solche oberflächlichen Behauptungen sind nichts anderes als der Ausdruck eines »schwer gelähmten Wahrheitsvermögens«, das auch den alten Pharisäern zu eigen war. Stadtpfarrer Römer muß den Beweis für seine unverantwortlichen Verdächtigungen schuldig bleiben. Toller aber wird die Sache, wenn dieser Pfarrer das Wollen des nationalsozialistischen Staates dahin mißdeutet, daß der Staat Adolf Hitlers sich nur[167] ums Äußere der Arbeiterschaft annehme, während diejenigen, die sich nun auch um die Seele des Volkes kümmern, es bald werden erfahren müssen, »daß sie dennoch überall dem alt'bösen Feind begegnen werden, der sich vormals in das Gewand des Marxismus, morgen in andere Tarnung hüllen kann«. Diese Verunglimpfung und Beleidigung des nationalsozialistischen Staates kann nicht unbesehen hingenommen werden. Mit solchen Bemerkungen wird Mißtrauen ins Volk hineingetragen und werden die christlichen Kreise indirekt aufgefordert, sich von der neuen Entwicklung in Deutschland zu distanzieren. Das ist die Reaktion, die um so gefährlicher wird, wenn sie sich im Gewand theologischer und religiöser Worte zeigt, weil sie meint, dann unangreifbar zu sein.

Wir werden dieser verkappten Unterminierung des nationalsozialistischen Staates nicht mehr länger zusehen. Mit Gewissensvergewaltigung oder geringer »kirchlicher oder theologischer Qualität« hat der Kampf gegen diese Saboteure des nationalsozialistischen Staates nichts zu tun. Die bisherigen theologischen Qualitätserscheinungen haben Deutschland nicht vor dem Bolschewismus gerettet. Die braune Armee Hitlers hat Deutschland gerettet, und sie hat durch ihren Kampf und ihre Opfer mehr kirchliche Qualität an den Tag gelegt, als so viele, die sich um ihrer kirchlichen Qualität willen geflissentlich vom Kampf ums Dritte Reich fern hielten oder sogar gegen das Dritte Reich kämpften. Wenn man schon immer vom Gewissen spricht, dann sollten sich bestimmte Kreise stiller benehmen und darnach trachten, vom Nationalsozialismus für sich selbst etwas zu lernen, ehe sie darüber reden. Die alten Kämpfer

[167] Das Wort »nur« fehlt im EKBlW!

Adolf Hitlers haben die letzten Jahre, da man sie mit Hohn und Spott und allerlei Verdächtigungen übergoß, nicht vergessen, wenn auch die »Gleichgeschalteten« es heute nicht wahr haben wollen, Kämpfer gegen Hitler gewesen zu sein. Wir wollen ihnen ihre damalige Haltung nicht nachtragen, wenn sie sich ihrerseits bescheiden und endlich gewillt sind, sich einmal selbst Buße wegen ihrer Haltung in den letzten Jahren zu predigen. Dazu gehört, daß man sich nicht jetzt gar die Führung und Entscheidung anmaßt und darüber hinaus in getarnter Weise in der Kirche ein Widerstandszentrum gegen die nationalsozialistische Weltanschauung ausbaut.

Es ist erfreulich, daß nicht alle kirchlichen Kreise so eingestellt sind. Der Verlauf der kürzlichen Tagung der Reichssynode hat gezeigt, daß die Deutschen Christen trotz aller Verleumdungen und Anfechtungen den Durchbruch erzielt haben, so daß Gewähr und Hoffnung besteht, daß die Kirche bereit zur Erfüllung ihrer Sendung im Dritten Reich wird. Um so mehr darf die württ. Kirche kein Sonderdasein mehr im Gesamtrahmen der Reichskirche führen. Das wird am besten dadurch verhindert werden, daß reaktionäre Widerstandszellen, wie sie durch Stadtpfarrer Römer und sein Kirchenblatt dargestellt werden, rücksichtslos ausgetilgt werden, damit die Kirche endlich ihre neuen Aufgaben erfüllen kann.

Das nationalsozialistische Volk hat ein Recht, zu erfahren, wo sich die Reaktion festgesetzt hat und ihr staatsunterwühlendes Wesen treibt. Nachdem wir kürzlich Veranlassung hatten, uns mit Römer von Stuttgart zu beschäftigen, muß heute auf einen anderen Geistlichen hingewiesen werden, der das nationalsozialistische Christenvolk zu beleidigen und zu beschimpfen wagte, Herr Dekan Mack von Nürtingen[168]. Anläßlich der kirchlichen Wahlen im Juli erklärte Dekan Mack, daß durch die Beteiligung des nationalsozialistischen Christenvolks an der Kirchenwahl und die Wahl nationalsozialistischer Männer in die kirchlichen Vertretungskörperschaften die Sache der Kirche und die Ehre unseres Herrn Schaden leide. Er stempelte also die nationalsozialistischen Christen zu Christen zweiter Klasse, weil sie sich angeblich bisher um die Kirche sehr wenig bekümmert hätten. Dekan Mack darf sich nicht wundern, wenn die nationalsozialistische Bevölkerung zu einem Mann, der ihr so gegenübersteht, nicht in die Kirche geht. Daran ist nicht die nationalsozialistische Bevölkerung schuld, sondern der Dekan selbst, der ihre Beteiligung

[168] Siehe S. 321 ff.; der mit diesem Abschnitt beginnende zweite Teil des Aufsatzes erschien in verschiedenen Ausgaben des NS-Kuriers 1 bis 2 Tage später als der erste Teil.

am kirchlichen Leben, wozu auch eine Kirchenwahl gehört, als Schädigung der Ehre Jesu Christi bezeichnet. Die Verbundenheit zwischen nationalsozialistischem Christenvolk und Kirche wird durch ein solches Verhalten nicht gefördert, noch kann so die Kirche zu einer Heimat für das Volk werden. Wenn Dekan Mack heute noch seine Dekanatswürde inne hat, so verdankt er es in Sonderheit dem nationalsozialistischen Volk, das auch ihn vor dem Bolschewismus gerettet hat. Wir verbitten uns deshalb solche ungeheuerlichen Verleumdungen des nationalsozialistischen Volks und empfehlen dem Herrn Dekan dringend, sich von den Einbildungen eines abgewirtschafteten Zeitalters loszulösen und sich in die neue Volksgemeinschaft hereinzustellen, wenn er überhaupt noch innerhalb dieser neuen Volksgemeinschaft mit Erfolg wirken will. Es sollte ihm eine Freude sein, wenn nationalsozialistische Kreise bereit sind, sich aktiv am kirchlichen Leben zu beteiligen. So aber darf er sich nicht wundern, wenn ihm das erwachte Volk den Rücken kehrt. In der neuen Reichskirche sind solche Erscheinungen untragbar. Es steht zu viel auf dem Spiel, als daß wir dem reaktionären Treiben gewisser Kreise länger zusehen könnten, zumal sie jetzt über ein halbes Jahr Zeit gehabt haben, sich in den Geist der neuen Zeit einzuleben. Wir dulden nicht mehr länger ein Hindernis, das dem Volk den Weg zur Kirche versperrt.

Gegen diesen Artikel protestierte der Landesbischof am 5.10.1933 beim stellvertretenden Gauleiter Schmidt, der Mitglied des Landeskirchentags war[169]*:*

Nachdem erst kürzlich durch einen Bericht im »NS-Kurier« über die am 20. September abgehaltene Pfarrerversammlung der falsche Eindruck erweckt worden ist, als ob die dort lautgewordene Opposition gegen die bisherige Führung der Glaubensbewegung sich gegen den heutigen Staat und seine Führung richte, ist in der vorgestrigen Abendausgabe Nr. 259 schon wieder von der Reaktion in der Kirche die Rede. Die Mittel, deren sich der Verfasser dieses Artikels bedient, um den Herausgeber des Evang. Kirchenblatts und die hinter diesem stets antiliberalen Blatt stehenden Kreise in dieses Licht zu bringen, sind nicht einwandfrei; insbesondere ist es zu beanstanden, daß durch willkürliche Einfügung des Wörtleins »nur« ein politisch völlig harmloser Satz zu einem Angriff auf den heutigen Staat umgedeutet wird. Die Leser des »NS-Kurier«, die

[169] LKA Stuttgart, D 1, Bd. 44; von Wurm eigenhändig mit der Schreibmaschine hergestellter Entwurf ohne Handzeichen. Dieses Schreiben bezieht sich nur auf den ersten Teil des Aufsatzes von Rehm.

ja die innerkirchlichen Auseinandersetzungen nicht verfolgen können, müssen auf diese Weise ein völlig falsches Bild von der Lage erhalten. Wie ich schon mehrfach mündlich dargelegt habe, werden solche Angriffe die Stimmung der Pfarrerschaft nicht zu Gunsten der Glaubensbewegung beeinflussen, sondern sie bringen die Gefahr mit sich, daß die Freudigkeit, sich für die hohen Ziele des Staates und des Nationalsozialismus einzusetzen, herabgemindert wird. Ich möchte deshalb im Interesse der Erhaltung eines freundschaftlichen und vertrauensvollen Zusammenarbeitens von Staat und Kirche den Vorschlag machen, daß die Gauleitung der NSDAP veranlaßt, daß solche Erörterungen, die durch kirchliche Vorgänge oder Presseäußerungen hervorgerufen werden, auch auf dem Boden der kirchlichen Presse ausgefochten werden. Ich werde meinerseits als Landesbischof den Geistlichen eine entsprechende Weisung geben.

Mit deutschem Gruß und Heil Hitler [Wurm].

In einem Brief vom 2. 10. 1933 berichtete der Schriftleiter des Stuttgarter Evang. Sonntagsblattes, *Pfarrer Kammerer, grundsätzlich über die neue Lage in Württemberg*[170]*:*

Lieber Freund!

Ich will Deine Fragen, so gut ich es vermag, beantworten:

1. Die Stellung unseres Landesbischofs gilt als fest. Der Landeskirchentag hat das ihm seinerzeit gegebene Ermächtigungsgesetz bestätigt. In den Reihen der Deutschen Christen hatte zwar Neigung bestanden, diese Bestätigung mit allerlei Bedingungen zu verknüpfen bzw. einzuengen, aber dagegen hat sich in ihren Reihen Widerspruch erhoben. Meines Wissens haben 6 Pfarrer, die den Deutschen Christen angehören, erklärt, im Falle eines irgendwie gearteten Mißtrauensantrags gegen den Landesbischof der Kampfgruppe den Rücken zu kehren. Die Kampfgruppe, die seinerzeit den Kirchenpräsidenten um Annahme des Bischofstitels gebeten hatte, konnte nicht gut das damit ausgesprochene Vertrauen zum Landesbischof kurz nachher wieder entkräften, zumal im Falle

170 LKA Stuttgart, D 1, Bd. 44. Der Empfänger geht aus dem bei den Akten liegenden Briefdurchschlag nicht hervor; der Brief dürfte für ein Glied der badischen Landeskirche bestimmt gewesen sein (vgl. unten die Erwähnung der badischen Gruppe der »Positiven« in der dortigen Landessynode).

eines Mißtrauensvotums der Landesbischof, wie mir versichert wurde, den Landeskirchentag wohl kurzerhand aufgelöst hätte[171].

2. Die Pfarrerversammlung hatte weniger die Absicht, ein Vertrauensvotum für den Landesbischof herbeizuführen, als vielmehr dem Landesbischof Gelegenheit zu geben, sich zur Lage auszusprechen. Sie hat Wurm ihr volles, uneingeschränktes Vertrauen ausgesprochen, der schon im vorangegangenen Landeskirchentag tapfer und entschlossen seine Stellung gehalten und durchzusetzen gewußt hat. Ihn zu verdrängen wird wohl kaum gelingen; er hat sich dahin geäußert (in privatem Gespräch), daß er nicht kampflos weichen werde wie etwa Rendtorff[172], dem als Parteigenosse seine Kritik an Deutschen Christen wie Partei zum Verhängnis geworden ist (besonders der Satz: bei den Deutschen Christen befinde sich noch alles im Zustand der Gärung wie bei der NSDAP. Gerade dieser Nachsatz hat ihm das Genick gebrochen; die offiziöse Verlautbarung, die seinen Rücktritt einzig auf seine an den Deutschen Christen geübte Kritik zurückführte, macht die Sache noch schlimmer!). Wurm genießt das Vertrauen des württ. Kirchenvolkes unbestritten; seine Haltung auf dem Landeskirchentag und kurz vorher auf dem Bundesfest des Süddeutschen Jungmännerbundes hat es nur vertieft[173].

3. Was nun die Deutschen Christen betrifft, so kann ich folgendes mitteilen: Es bestand bei ihnen, soweit ich sehe, schon von Anfang an eine Differenz zwischen dem radikalen Flügel (Schairer und Rehm) und dem gemäßigten (Oberkirchenrat Pressel, Pfarrer Weber vom Volksbund). Artikel des Führers in der Tagespresse fanden bei letzteren wiederholt Mißbilligung, die, soweit ich weiß, dahin führte, daß z. B. Schairer und Rehm sich dahin verpflichten mußten, solche Artikel zuvor dem Führer-Rat (dem auch Pressel angehörte) zur Zensur vorzulegen, ein auf die Dauer unhaltbarer Zustand. Die latente Krisis kam, soweit ich sehe, anläßlich des Landeskirchentags zum Ausbruch; Oberkirchenrat Pressel hatte kurz vorher Leitsätze über die Arbeitsgebiete der Deutschen Christen ausgearbeitet und im Freundeskreis verteilt[174]. Ich habe sie (von

171 Aktenmäßig läßt sich dieser Plan nicht präzise belegen. Zur Annahme des Bischofstitels durch Wurm siehe Bd. 1, S. 488 ff.

172 Siehe GB 138, S. 72: Entmachtung von Landesbischof D. Rendtorff durch die neue Landessynode Mitte September 1933 und dessen Rücktritt am 6. 1. 1934.

173 Siehe »NS-Kurier«, Ausgaben vom 14. 9. 1933 und vom 16. 9. 1933; »Schwäbischer Merkur«, Ausgaben vom 12. 9. 1933 und 16. 9. 1933.

174 Siehe S. 463 ff.

Pressel selbst) erhalten und kann nur das Eine sagen, daß ich sie mit Zustimmung gelesen habe. Man kann der Art, wie er das Aufgabengebiet einer rechten Glaubensbewegung und ihre Arbeitsweise umrissen hat, nur zustimmen. Er ist damit auf Widerstand gestoßen. Es kam soweit, daß z. B. Pressel von entscheidenden Entschließungen nicht verständigt wurde. Die Krisis wurde dadurch verschärft, daß nach dem Landeskirchentag Pfarrer Weber ein vertrauliches Rundschreiben an die nationalsozialistischen Pfarrer hinausgehen ließ, das die Führerfrage in der württ. Glaubensbewegung aufwarf. Es hatte zur Folge, daß Pressel, Weber und Dr. Hutten (der Mitarbeiter im Evang. Volksbund) aus der Glaubensbewegung ausgeschlossen wurden. Nun kam die Pfarrersversammlung. Vor ihr hielt die Glaubensbewegung eine Gruppenbesprechung ab, auf der es, weil einem Sprecher der Opposition das Wort geschäftsordnungswidrig entzogen wurde, zu einem Auszug von etwa 150 Pfarrern kam (zurück blieben etwa 30 Pfarrer). In der Pfarrersversammlung selbst entwickelte in der Aussprache Pfarrer Weber, ohne auch nur die Vorgänge des Morgens zu berühren, seine Gedanken darüber, wie er sich eine rechte Glaubensbewegung denke, und entwickelte dabei Gedanken, die sichtlich und spürbar die Zustimmung der Pfarrerschaft fanden. Der Sprecher der radikalen Gruppe, darüber beunruhigt, erging sich in leidenschaftlichen Vorwürfen gegen die Pfarrer, die er mehr oder weniger deutlich einer politischen Reaktion bezichtigte. Als nach ihm Pfarrer Weber kurz bemerkte, daß er nur zu recht habe, wenn er wünsche, daß ein solcher Ton aus der Glaubensbewegung verschwinden müsse, fand er den lebhaftesten Widerhall in der Versammlung.

Nun hat wohl inzwischen wieder eine von dem Rest der Glaubensbewegung einberufene Landesversammlung stattgefunden, die versucht hat, die Scherben zu flicken und die Einheit wiederherzustellen (so wurde z. B. der Ausschluß der Secessio stillschweigend zurückgenommen), aber der Riß konnte nicht geheilt werden. Die Opposition ist entschlossen, ihre Sache weiterzuführen bis zu einer völligen Bereinigung der Streitfragen. Schairer hat sich von der Führung beurlaubt, sie wird kommissarisch von Pfarrer Rehm besorgt, der das Vertrauen der Partei, besonders des Reichsstatthalters genießt, als Führer aber zweifellos untragbar ist, politisch gewiß seine unbestreitbaren Verdienste hat, aber vom kirchlichtheologischen Standpunkt aus untragbar ist. Man wird wohl sagen können, daß Landesbischof Wurm ihm gegenüber viel zu vornehm war und ihm gegenüber einmal ganz energisch hätte durchfahren müssen. Ein Laie, der für kirchliche Dinge wärmstes Interesse hat, meinte mir gegenüber sehr offen schwäbisch volkstümlich, daß dies schon längst hätte geschehen müssen. Wie nun die Sache weiter ausgeht, steht noch dahin; der Kampf wird schwer sein angesichts der straffen Zentralisierung und der Reichsleitung (Hossenfelders), aber man kann nur aufrichtig wünschen, daß der Süden (Bayern und sein Landesbischof) festbleiben und die längst fällige Klärung so oder so erreichen. Damit würde meines Erachtens die Bahn frei gemacht (ich denke an Württemberg) für eine ersprießliche Zusammenarbeit der verschiedenen kirchlichen Gruppen, die sich dann in der so wichtigen Arbeit sehr gut zusammenfinden können. Denn die in Württemberg geplante Gründung von Ortsgruppen der Glaubensbewegung wird, wenn sie ihren Charakter nicht ändert, in den Gemeinden draußen einfach verheerend wirken. Die Leitung unserer Kirche wird, soweit ich weiß, sicher ihr Machtwort sprechen, um bösen, unheilbaren Schaden zu verhüten, so wenig sie zur Schaffung eines von der Kampfgruppe angeregten Ausschusses für personelle und andere Fragen[174a] die Hand bieten und damit ein kirchliches Gegenstück zu der berüchtigten republikanischen Beschwerdestelle aufkommen lassen wird.

4. Und nun zu Fezer. Nach der kirchlichen Verfassung[174b] kann der Landeskirchentag 6 Abgeordnete zuwählen, wozu Zweidrittel-Mehrheit erforderlich ist. Es war geplant, diese Zuwahlen in der 1. Sitzung des Landeskirchentags vorzunehmen, allein es zeigte sich, daß über den Kreis der Zuzuwählenden eine Einigung vorerst nicht erzielt werden konnte. Das war darum so schlimm, weil man allgemein hoffte, daß auch Fezer zugewählt würde und dann als aussichtsreichster Kandidat aus dem Landeskirchentag für die Nationalsynode aufgestellt würde. Diese Kandidatur aber, die auch Fezers Wünschen entsprach und die ihm in seinem Kampf gegen den Radikalismus in der Glaubensbewegung hocherwünschten Rückhalt gegeben hätte, war aber der Kampfgruppe im Landeskirchentag, die wohl durch Berliner Weisungen unheilvoll festgelegt war, unerwünscht. So hat sie sich dem Antrag der Evang.-Kirchlichen Arbeitsgemeinschaft (Euern Positiven entsprechend), vorläufig Fezer zuzuwählen (und die Zuwahl der 5 anderen zurückzustellen) verschlossen. Damit war die Kandidatur Fezers, die auch vom Landesbischof warm befürwortet wurde, erledigt; der Antrag, der Vorläufigen Leitung der Deutschen Evang. Kirche die Zuwahl Fezers (unter den 20 von ihr zu Benennenden) nahezulegen, der von der Kampfgruppe gestellt wurde, war ein überaus dürftiger Ersatz für das versagte Vertrauensvotum für Fezer. Daß Fezer

[174a] Siehe S. 361 f.

[174b] Vgl. S. 358 ff.

kaum mit der radikalen Richtung in der Glaubensbewegung einverstanden ist, darf ich wohl als sicher annehmen. Wenn ich recht sehe, ist er wohl darum in die Glaubensbewegung hineingegangen, weil er hier eine Aufgabe sah angesichts allerhand bedenklichen Erscheinungen. Mir gegenüber hat er z. B. das Buch von Schairer (»Blut, Volk und Glaube«) als ein ganz bedenkliches Buch bezeichnet[175]. Wir haben keinen Anlaß, seine Mitarbeit in der Glaubensbewegung ihm durch eine billige Kritik zu erschweren, vielmehr Anlaß, ihm dadurch zu helfen, daß wir das Gemeinsame betonen und hervorheben. Er hat in Berlin tapfer seinen Mann gestanden und z. B. dem Innenministerium (Frick) gegenüber, das sich mit dem Gedanken einer National-Synode nicht befreunden konnte, keinen Zweifel gelassen, daß er an ihr festhalte und mit ihr stehe und falle. Über seine Berliner Eindrücke hat er sich einem meiner Freunde gegenüber sehr gedrückt ausgesprochen; Landesbischof Wurm hat ihm vor Wochen nahegelegt, mit einigen nahestehenden Theologen doch bei Hitler eine Audienz sich zu erbitten und a duce male informato ad ducem melius informandum zu appellieren. Fezer hat auf der Pfarrersversammlung am Schluß gesprochen; sein Wort war matt und hat enttäuscht, da er auf den häuslichen Streit in der Glaubensbewegung nicht einging. Der Grund zu dieser Haltung mag wohl darin gelegen haben, daß er eine Aussprache darüber für nicht opportun hielt. Wir mögen oft um unserer mehr grundsätzlichen Haltung willen stärker auf Klärung hinarbeiten, während solche, die ganz anders als wir den Sachverhalt und die wirklichen Verhältnisse kennen, mehr diplomatisch verfahren müssen auf die Gefahr hin, mißverstanden zu werden. Diesem Umstand, der wohl zu beachten ist, werden auch wir immer Rechnung tragen müssen. Ich glaube sagen zu dürfen, daß Fezer zweifellos mit dem Anliegen von Männern wie Pressel sich verbunden weiß, daß Differenzen, wenn solche bestehen, mehr in Fragen der Taktik als im Grundsätzlichen bestehen.

Mit Vorstehendem hoffe ich Deiner Bitte in etwa entsprochen zu haben. Ich will noch versuchen, einem Vertreter der Glaubensbewegung diese Darstellung zur Prüfung auf ihre Richtigkeit hin vorzulegen, da ich – zumal heute – möglichst nur Verbürgtes berichten und weitergeben möchte. An eine literarische Verwertung wirst Du wohl kaum denken; ich bitte meine Ausführungen als vertraulich zu betrachten. Ich möchte in keiner Weise die Klärung, die das Vorgehen von Pressel eingeleitet hat, stören, da ich von Herzen wünsche, daß das berechtigte Anliegen

175 Vgl. S. 401 ff.

der Glaubensbewegung sich im Sinne der Gedanken von Pressel und Weber durchsetzen möge. Die Kirchlich-positiven Blätter sind mir von besonderem Wert; sie bringen manches Wertvolle, aus dem allerlei zu lernen ist.

Mit herzlichen Wünschen Dein J. K[ammerer].

Nachschrift: Ich habe eben einem Vertreter der Glaubensbewegung (Pfarrer Weber) vorstehendes Schreiben unterbreitet. Er hat die Darstellung als richtig bestätigt (dies zu Ziffer 3 und 4), über Fezers Haltung ähnlich sich ausgesprochen. Fezer hat nach jener Pfarrersversammlung leider mit den Männern der gemäßigten Tonart keine Fühlung genommen, dagegen zweimal mit Rehm (dem Vertreter der radikalen Richtung) sich besprochen, die nun triumphierend im Lande verbreiten läßt: Fezer steht zu uns! Der gemäßigte Flügel hat nochmals ein[176]...

Über die Haltung von Professor Fezer berichtete weiterhin Professor D. Kittel, Tübingen, am 5. 10. 1933 dem Landesbischof[177]*:*

Hochverehrter Herr Landesbischof!

Vielleicht ist nach den Mitteilungen, die Sie mir vorhin am Telefon machten, der größte Teil der Fragen Ihres Briefs hinfällig. Ich denke aber, es ist richtig, wenn ich trotzdem in Kürze antworte, schon um meinen herzlichen Dank zum Ausdruck zu bringen, daß Sie mich in so vertrauensvoller Weise an Ihren Sorgen teilhaben lassen.

Daß ich in der Sache fast ganz auf seiten Pressels usw. stehe, habe ich immer und allen Stellen gegenüber vertreten. Das wissen Rehm und Schairer, und das habe ich auch dem Statthalter gegenüber klar zum Ausdruck gebracht. Der einzige sachliche Punkt, an dem ich nicht voll zustimme, ist der der sogenannten »Unterstellung unter den Landesbischof«, unter der ich mir praktisch nichts Rechtes denken kann. Wenn es jetzt so gemacht wird, daß Sie einen Vertrauensmann in die Landesleitung delegieren, so scheint mir dies eine sehr glückliche Lösung, so daß diese sachliche Meinungsverschiedenheit damit erledigt ist.

Dagegen ist mir die Form des Vorgehens in vielen Punkten nicht ganz glücklich erschienen, weil dadurch die an sich schon schwierigen Dinge teilweise noch erschwert wurden. Ich habe den Eindruck, daß man auf

176 Der bei den Akten liegende Briefdurchschlag bricht hier ab.

177 LKA Stuttgart, D 1, Bd. 44. Ein Brief Wurms an Kittel befindet sich nicht bei den Akten. Über die unten erwähnte Zusammenkunft im Tübinger Stift geben die Akten keine Auskunft.

dieser Seite nicht immer die in solchen Fällen unerläßliche genaue Abwägung übte, wenn der Schuß einmal losgehe, dann das Maximum von Wirksamkeit zu erreichen. Dadurch wurden nicht nur eigene Kräfte vertan, sondern zugleich beständig dem Gegner Waffen in die Hand gegeben, von denen dieser natürlich ausgiebigen Gebrauch machte. Als Beispiele nenne ich folgende Vorgänge: Am 20. September Vormittag stellte in der Versammlung der Sezession Pfarrer Römer den Antrag, in der Pfarrerversammlung am Nachmittag solle Pressel über die Sezession berichten. Auf meinen Einspruch wurde beschlossen, daß dies unterbleiben solle, daß vielmehr der Konflikt so lange wie möglich intern behandelt und nicht vor außerhalb der Glaubensbewegung Stehenden erörtert werden sollte; unter dieser Voraussetzung erklärten wir Anwesenden, daß wir ganz hinter den Dreien stünden, um damit auf die Landesleitung zu wirken und zu drücken. Entgegen dieser Vereinbarung brachte Weber den ganzen innren Streit der Glaubensbewegung vor die Nachmittagsversammlung. Von diesem Augenblick an wurde die Sache versteift, weil sie nun eine öffentliche und damit eine Prestigefrage der Landesleitung wurde. Ich habe das am selben Abend erfahren müssen und noch mehr am nächsten Morgen in einem langen Telefongespräch, das ich mit einem der Männer aus der Landesleitung hatte; ich beschwor ihn, man müsse einlenken, um die Glaubensbewegung zu retten; er antwortete, seit gestern Nachmittag, seit Webers Rede, sei das nicht mehr möglich. Eine große Erschwerung war weiter, daß die Rundschreiben, die den 20. September vorbereiteten, zum falschen Termin abgesandt wurden. Am Sonntag, dem 17. September abends, erzählte mir Pressel hier in Tübingen von den bevorstehenden Ereignissen. Er habe gestern (Sonnabend) bei Schairer die Versammlung für Mittwoch beantragt; falls, was er für wahrscheinlich halte, Schairer nicht dem Antrag nachkomme, bleibe nichts übrig, als daß man die Versammlung über Sch[airer]s Kopf hinweg einberufe. Es sei schon alles vorbereitet, die Einladungen lägen bereit, am Montag eingeworfen zu werden. Als am Mittwochabend Rehm und Steger über die Hinterlist schalten, daß Pressel gleichzeitig bei Schairer die Versammlung beantragt und selber zu ihr eingeladen habe, widersprach ich triumphierend, davon sei keine Rede: die Einladungen seien ja erst abgegangen, als Sch[airer] die Einberufung abgelehnt habe. Worauf mir von mehreren Herren die schon am Sonnabend ausgetragene Einladung vorgehalten wurde. Ich habe dann nachträglich erfahren, daß tatsächlich, während Pressel am Sonnabend in Heidenheim war, ohne sein Wissen und gegen seinen Willen die Einladungen schon verschickt worden waren. Die Folgen waren: 1. daß Rehm seitdem, statt über die Sache zu reden, beständig von der Disziplinlosigkeit und Hinterlist der Rundschreiben reden konnte. Sie wissen vielleicht, daß diese Sache Pressel fast die Zugehörigkeit zur NSDAP gekostet hätte! 2. Die Folge war für mich, daß ich an jenem Abend des 20., statt, wie ich wollte, die Drei verteidigen zu können, eingestehen mußte, daß ich falsch unterrichtet war und daß ich außerstande sei, die Verteidigung fortzusetzen. 3. Derselbe Vorgang hat auch Fezers immer wieder zitiertes hartes Urteil über die Drei an jenem Abend hervorgerufen. Gewiß hat es sich bei dieser verfrühten Absendung um eine Voreiligkeit, nicht um eine Hinterlist gehandelt. Aber das muß ich sagen, daß es die Methode des Kanoniers war, der, weil er den Schuß zu früh losläßt (indem er's nicht erwarten kann), alles verdirbt. Ich für meine Person habe durch diese Vorgänge mich bestimmt gesehen, von der äußeren Solidarität, wie ich sie am Mittwoch Vormittag zugesagt hatte, abzusehen, vielmehr meine eigenen Wege zu gehen. Ich mußte nach diesen Erfahrungen damit rechnen, daß auch in Zukunft Formen des Vorgehens vorkommen würden, die ich nicht würde decken können. In der Sache habe ich den alten Standpunkt unverändert vertreten. Ich habe auch mit der Gruppe Rehm nichts mehr zu tun gehabt; ich weiß nicht einmal, und es interessiert mich auch nicht, ob ich zur Zeit ausgeschlossen bin oder nicht. Ich habe vom 21. September ab weder nach der einen oder nach der anderen Seite hin irgendeine Zugehörigkeitserklärung mehr abgegeben. Dagegen habe ich versucht, nach Kräften auf eigene Faust im Sinne der mir am Herzen liegenden Sache zu wirken. Daß mein Vorstoß beim Statthalter ein ernster Versuch in dieser Richtung war, wird mir nicht bestritten werden; ich glaube, da genau die sachliche Linie vertreten zu haben, die in Ihrem Sinne war. Wenn der Vorstoß auch unmittelbar keinen Erfolg gehabt hat, so weiß ich doch positiv, daß er den Boden für später bereiten geholfen hat. Ein weiteres Vorgehen, dessen ich mich nicht rühmen will, das ich aber doch, um gegen den Vorwurf einer sachlichen Fahnenflucht geschützt zu sein, feststellen möchte, ist, daß ich in den Tagen nach dem 20. September, als Pressel von der politischen Seite her aufs schwerste gefährdet war, die hiesigen Studentenführer veranlaßt habe, zu seinen Gunsten bei Gau und Statthalter vorstellig zu werden. Ich habe Grund zu der Annahme, daß von diesem Augenblick an Pressels Verhalten bei den politischen Stellen ganz anders angesehen wurde als vorher. Ich kann diese Dinge alle nur von mir schreiben, aber ich glaube, daß sie von Fezer und von

Rückert ganz ebenso gelten. Es ist gewiß bei keinem von uns so, daß er in der Sache schwankend geworden wäre; es ist auch nicht so, daß wir in der Sache vor den politischen Stellen zurückwichen. Aber wir haben den Eindruck, daß allerdings die Formen des Vorgehens nicht glücklich waren, so wenig ich etwa die Rehmschen Formen und Methoden billigen kann! Man vertritt die Sache um so wirkungsvoller, je untadeliger die Form ist. Auch für Sie, Herr Landesbischof, sind die Dinge durch diese zum Teil ungeschickten Methoden der Gruppe Weber unnötig erschwert worden. Daß Fezer die Drei nicht anhören wolle, ist nicht richtig. Ich kann das zufällig an zwei von mir erlebten Vorgängen des Nachmittags im Stift beweisen. Erstens hat sich Fezer in meiner Gegenwart im Speisesaal länger mit Hutten unterhalten. Zweitens aber spielte sich nach dem Kaffee folgendes ab: Weiser, Rückert, Stracke, Pressel, ich, vielleicht auch noch der eine und andere sonst, standen im Flur herum. Fezer sagte, er müsse noch mit Volz etwas besprechen und komme in einigen Minuten wieder. Während er mit Volz im oberen Stock war, verabschiedete sich Pressel von uns und ging mit Stracke fort. Kurz danach kam Fezer wieder herunter und fragte sofort uns, die wir noch da waren, wo Pressel sei. Als ich sagte, er sei eben fortgegangen, versuchte er noch ihn zu erreichen, und sagte dann sehr ärgerlich: Pressel wollte sich gern mit mir aussprechen, und nun geht er weg, er muß doch gesehen haben, daß ich bis zu diesem Augenblick unmöglich Zeit hatte. Ich vermute, daß Pressel jene Bitte Fezers, wir möchten warten, bis er Volz abgefertigt habe, nicht gehört hatte. Aber jedenfalls lag hier aller guter Wille Fezers vor. Noch ein Wort über Herrn Kollegen Stracke. Ich kann Sie und die anderen Herren nur dringend bitten, die Szene an jenem Nachmittag[178] zu vergessen. Stracke war damals aus einem bestimmten Anlaß, der nichts mit kirchlichen Dingen, sondern allein mit der Universität zu tun hatte, in einer inneren Erregung, die ihn fast der Sinne beraubte. Ich war der einzige Anwesende, der im Bilde war, konnte aber nichts sagen. Die Sache ist durch den Rücktritt des Universitätskommissars dann am nächsten Tag in Ordnung gekommen. Seitdem ist Stracke wieder der ruhigste und beste Mensch der Welt. Ich betone ausdrücklich, daß er sich in der bewußten Sache nach dem Urteil aller, die davon wissen, über die Maßen anständig und selbstlos und politisch maßvoll benommen hat. Aber in jenen Tagen war er in einer – ich übertreibe nicht! – geradezu übermenschlichen Spannung. So kam es zu dieser für jeden Anwesen-

[178] Die Anspielung konnte nicht geklärt werden.

den grotesken Szene. Ich kann nur sehr bitten, keinerlei Schlüsse von da auf den Kollegen zu tun. Diese Schlüsse wären völlig irrig.

Und nun, verehrter Herr Landesbischof, ist es mein herzlicher und dringender Wunsch, daß die neue Regelung sich bewähren möge, und daß damit alle rückschauenden Betrachtungen überflüssig werden möchten!

Ihr aufrichtig ergebener Kittel.

Auf dem Höhepunkt der Krise veranstaltete die Leitung der Glaubensbewegung Deutsche Christen am 3.10.1933 in Stuttgart eine Kundgebung, der am gleichen Tag eine Versammlung der Amtswalter vorausging. Im Festsaal der Stuttgarter Liederhalle sprach der Reichsleiter der Glaubensbewegung, Pfarrer Hossenfelder, Berlin, über Die Sendung der Evang. Kirche im Dritten Reich. *Der* Deutsche Sonntag *berichtete am 15.10.1933 darüber*[179]*:*

Unseren Mitgliedern im Lande und allen Freunden können wir von einem Ehrentage unserer Bewegung erzählen. Am Dienstag, dem 3. Oktober, versammelten sich etwa 150 Amtswalter der württembergischen Bewegung im »Herzog Christoph«, um mit dem abgeordneten Vertreter der Reichsleitung, Pfarrer Heidenreich aus Berlin, die Lage in Württemberg zu besprechen. Dieser legte in klaren und deutlichen Worten das Werden der Glaubensbewegung Deutsche Christen in ganz Deutschland dar und steckte scharf die einzuhaltende Linie ab. Die programmatischen und persönlichen Darlegungen von Pg. Rehm, Schairer, Steger, Hilzinger, Häcker ließen unzweifelhaft eine völlige Einmütigkeit des Programms zwischen Reichs- und Landesleitung erkennen. Pg. Heidenreich nahm Anlaß, diese Tatsache zu unterstreichen. Mit stärkster Zustimmung wurden die dringenden Mahnungen eines Amtswalters aufgenommen, der ersuchte, die Theologen möchten doch das Volk mit den nutzlosen Debatten und Differenzen in ihren eigenen Reihen verschonen. Diese Forderung, die völlig berechtigt ist, liegt ganz und gar in der Absicht der Landesleitung. Man weiß, wie stark solche oft mit dem »Gewissen« begründeten und doch aus persönlichen Hintergründen wuchernden Unstimmigkeiten eine recht eigentliche Pfarrerskrankheit darstellen. Damit sei nicht gesagt, daß theologisch-wissenschaftliche Durcharbeit der drängenden Anliegen sich erübrige. Aber es ist so: das Volk

[179] Vgl. dazu den Bericht im »NS-Kurier«, Ausgabe vom 4. 10. 1933.

will nicht in »Probleme«, sondern in lebendige Wirklichkeit hineingeführt werden!

Mit Spannung wurde der Abend erwartet, für den sich der Reichsleiter der Glaubensbewegung Deutsche Christen, Pg. Bischof und Reichskirchenminister Hossenfelder, wenigstens auf ein paar Stunden freigemacht hatte . . . Da stand nun vor uns in der überfüllten »Liederhalle« zu Stuttgart jener Mann, den die schwärzesten Legenden umgeben, der auch in Württemberg von allerlei Gegnern wie ein böser Dämon verlästert wurde. In gestraffter Jugendlichkeit, in gedrungener Klarheit und Geschlossenheit, mit freundlicher Bereitschaft schaute er in die zweitausend Augenpaare, die ihn fragend, zweifelnd, erwartungsvoll musterten. Auch den Herrn Ministerpräsidenten Mergenthaler sowie den Stahlhelmlandesführer, Kapitänleutnant Lentsch, durften wir begrüßen. Hatte man von Pg. Hossenfelder nun eine blutrünstige Hetzrede, eine alles niederreißende Gewaltparole erwartet, so wurde man aufs gründlichste enttäuscht. Nein, er bot in weitausschauender Bildung, in feinsinniger Psychologie, in grundsätzlich christlicher Gläubigkeit ein Meisterwerk formvollendeter und tief beseelter Darlegung, einen so meisterhaften Überblick über Jahrhunderte hin in die Gegenwart, ja in die Zukunft hinein, daß alles staunte. Ja, nun begriff man, warum dieser Mann Kirchenführer und Bischof an hervorragendem Platze und der nächste Mann neben dem Reichsbischof werden konnte. Er führte etwa aus: Es gibt Zeiten, Generationen, deren ganzer Lebensinhalt Kampf ist. Immer ist etwas Liebes in Gefahr und so bedroht, daß rücksichtsloser Einsatz nötig wird. Unserem Geschlecht gilt nicht die Parole: »Ruhe ist die erste Bürgerpflicht!« Nein, einer heiligen Unruhe voll werden wir leben, werden wir sterben und nur den Frieden Gottes im Herzen tragen, nicht den Frieden dieser Welt. Die Kirche muß das reine, ewig gleichbleibende Evangelium, die Offenbarung von der allmächtigen Gottesgnade verkünden. Aber sie muß es den lebenden Menschen bringen, nicht in einen luftleeren zeitlosen Raum hineinstellen. Sie muß daher zuerst und immer fragen: wie sieht denn der Mensch aus, an den meine Verkündung sich richtet? Wir leben nicht in einer gewöhnlichen Zeit, in einem beliebigen Jahrzehnt, sondern an einem Punkte, den man – nach Ablauf von vier bis fünf Jahrhunderten – eine »Zeitenwende« nennen muß. Vor Gott liegt das Lebensbuch. Er hat eine Seite umgeschlagen. Leer liegt sie vor uns; wir müssen sie füllen. Nur die Überschrift ist von Gott gesetzt. Wie heißt diese Überschrift? . . . »Vom Rechte der Gemeinschaft, des Volkstums.« Das Ich ist vorüber, ist an sich selbst gestorben. Jetzt bricht die tiefste Sehnsucht aus dem Grabe auf: das Verlangen nach dem Du, nach Hingabe, nach Kameradschaft. Das ist von Gott so gewollt.

Wie sieht nun der Mensch aus, der in diese neue Zeit hineinlebt? ... Jetzt steht der Mensch des Dritten Reichs da: der Arbeiter; nicht mehr der »Herr«, nicht mehr der Besitzende. Der heutige Mensch der Gegenwart will nichts von Versicherungen und behaglichem Ichleben. Er will erobern, gestalten und seine Burg heißt: Gemeinschaft, Kameradschaft, Volk! Diesem Menschen nun, der braunen Armee Adolf Hitlers, soll die Kirche das Evangelium bringen. ... Das Evangelium soll jetzt die Botschaft bringen: nicht der Tod, sondern das Leben ist das Letzte. Dann wacht alles wieder auf: Ehre, Pflicht und Verantwortung, Ehe und Treue, Volk und Gemeinschaft. Alles erhält wieder Sinn und Wert. Die Botschaft vom Leben unter Gott und in Gott steht über der neuen Epoche. Es soll das Evangelium sein, das ewig gleiche, objektive, die Gotteswahrheit, die wir bringen. Nicht Religion. Religionen sind nur die Fragen der Menschen nach Gott. Und da fragt jedes Volk anders. Die Fragestellung ist stets eine verschiedene und muß es sein, weil sie von wechselnden Menschen ausgeht. So erstand die jüdische Frage nach Gott, als deren letzter Ausklang die Theologie des Karl Barth vor uns steht. Die germanische Art, nach Gott zu fragen, ist in dem Pg. Rosenberg aufgebrochen. Aber das alles sind nur Religionen, ist nicht Evangelium. Evangelium ist die Antwort auf all diese Fragen. Und diese Antwort geht allein von Gott aus, durch Christus, seinen Sohn, unseren Bruder. Das Evangelium ist ewig das gleiche, ob es in China oder England oder Deutschland verkündet wird. Nur die Fragestellungen, die Religionen sind verschieden und müssen es sein. Das Evangelium ist uns die eine gewaltige Objektivität, die nicht von uns stammt, die uns gegeben ist und die wir wahren, achten müssen. Sie erklingt aus der Bibel, dem Worte Gottes und nirgends anders. Wir schützen die Bibel vor allem Liberalismus der vergangenen Zeit, vor allem Zerklauben durch Menschen. Wir lassen nicht zu, daß Blatt um Blatt aus der Bibel ausgebrochen wird, bis zuletzt nur noch die Buchdeckel über bleiben! (Beifall.) Die andere Objektivität, für die wir, gegen die wir auch nichts können, ist die Rasse, das Volkstum, das Blut. Auch hier ist eine gottgegebene Ordnung, heilig und unantastbar für uns. ... Wir kämpfen für die Reinheit der Rasse. ... Ja, wir wissen, was Sünde ist: der Widerspruch gegen Gott und seine Ordnungen, die er unerbittlich gesetzt, gegen die Grenzen, die er uns gesteckt. ... Diese beiden Objektivitäten: Evangelium und Rasse stehen unausweichlich vor uns. Evangelium tötet nicht Rasse, sondern heiligt sie nach Gottes Willen . . .

Über die Kundgebung mit Pfarrer Hossenfelder berichtete das Evang. Gemeindeblatt für Stuttgart *am 15. 10. 1933:*

Auf das Auftreten des Reichsleiters der »Glaubensbewegung Deutsche Christen«, des Brandenburger Bischofs Hossenfelder, in Stuttgart waren viele gespannt. Deshalb war auch der große Saal der Liederhalle am 3. Oktober ausverkauft. Wem es nicht um eine durch agitatorische Propaganda hervorgerufene Sensation, sondern um ein sachliches Kennenlernen des Denkens und Wollens dieses Führers der neuen Bewegung in der Kirche zu tun war, der kam an diesem Abend auf seine Rechnung. Besonders wichtig waren uns die folgenden Gedanken des Hossenfelderschen Vortrags: Die Weltanschauung, die vor der Aufrichtung des Dritten Reichs maßgebend war, war eine Weltanschauung zum Tode, da sie das vergängliche Ich in den Mittelpunkt stellte. Die vom neuen Staat gepflegte ist eine Weltanschauung zum Leben, die die Zukunft des Volkes ins Auge faßt und deshalb Ehe, Kind und Volksganzes pflegt. An Gedanken August Winnigs orientiert schilderte der Redner, wie das Deutschland des Ritters im Mittelalter und des Bürgers, dessen Machtmittel Geist und Geld waren, von einem Deutschland des Arbeiters der Stirn und der Faust abgelöst ist, der beseelt ist von der Liebe zum Volk und bereit zum Opfer. Und wie die Kirche den Weg zum Ritter und zum Bürger fand, so muß sie auch den Weg zum braunen Mann finden. Sie muß zu dem Ende seine Sprache sprechen, muß Rasse und Volkstum als Schöpfungsordnungen Gottes ehren, muß beachten, daß jedes Volk in seiner ihm eigenen religiösen Stimmung Gott naht, der Jude als Knecht dem Herrn, der Germane als Held dem Allvater. Das Evangelium aber als Antwort Gottes auf die verschiedensten Fragen der verschiedenen Völker und Rassen ist überall das gleiche. Es muß unverkürzt dem Volke dargeboten werden. Es kann aber in einem Volk nur dann in der ihm angemessenen Weise aufgenommen werden, wenn es eine der einzelnen Volksseele angemessene Verkündigung findet. Diese Gedanken sind in der »Glaubensbewegung Deutsche Christen« lebendig. Wir wünschen, daß der Hossenfeldersche Vortrag das Verständnis für die Bedürfnisse unserer Zeit gefördert haben möchte.

Bei einer Kundgebung der Deutschen Christen am 5. 10. 1933 in Reutlingen sprachen Pfarrer Rehm und Dr. Steger[180]*:*

I. Pfarrer Rehm

»Unser Glaube an die Sendung der evang. Kirche im Dritten Reich« wollte oft klein werden im Blick auf die letzte Zeit. Endlich ist jetzt die Voraussetzung dafür, daß zwischen Volk und Kirche, zwischen dem Protestantismus und der nationalsozialistischen Idee eine Verbindung stattfinden kann. Was geht die Kirche die Revolution der NSDAP an? Bleibt nicht alles beim Alten, so etwa wie im Kloster Maria Laach, wo nach wie vor die Mönche ihre alten Lieder weitersingen? Es wird aber in keiner Kirche so weitergehen wie bisher: Totalitätsanspruch der NSDAP an beide Kirchen! Jetzt Durchbruch einer neuen Weltanschauung, also neuer Aufbau des deutschen Volkslebens anders als bisher möglich, also nicht mehr von hoher und theologischer Warte aus! War aber nicht alles bisher in Ordnung? Das Mittun genügt noch nicht, um das zu gewährleisten, was die Deutschen Christen unter Verbindung zwischen evang. Kirche und NSDAP verstehen. Es ist noch nicht alles in Ordnung. Viele Kreise der Kirche und der Pfarrerschaft stehen dem Nationalsozialismus gegensätzlich gegenüber. Der Christliche Volksdienst sah ja lange Zeit im Nationalsozialismus den Antichristen. Der neue Reichsbischof ist würdig des Dritten Reiches. Eine Natur stark, mutig, kindlich fromm nach der Art von Luther und Arndt, ein geborener Führer. Nun muß die evang. Kirche mit neuem Glaubensmut erfüllt werden, so daß sie, in sich stark, ohne Vorbehalt hinter Adolf Hitler steht. Es muß darüber gesprochen werden, was heute zwischen dem alten Kirchentum und der NS-Bewegung als Scheidewand steht: die evang. Kirche hat das Erbe Luthers schwach vertreten. Was hat sie im Kampf gegen Gottlosenbewegung und Freidenkertum getan? Rückzugsgefechte. Im Protestantismus ist allmählich überhaupt nichts mehr von Führung da gewesen. Er wurde zum Sprechsaal der verschiedensten Meinungen. Uferlose Debatten, darum Zersplitterung und Ohnmacht. Der Glaube an die Kirche wurde so natürlich bei Tausenden untergraben. Es fehlten auch klare Parolen zu den großen Fragen der

[180] LKA Stuttgart, D 1, Bd. 44: »Gekürzte Wiedergabe aus dem Stenogramm« von Pfarrer Knapp, Reutlingen. Über eine weitere Kundgebung der GBDC am 8. 10. 1933 in Geislingen/Steige siehe »NS-Kurier«, Ausgabe vom 14. 10. 1933, über eine Kundgebung in Isny am 26. 10. 1933 siehe »NS-Kurier«, Ausgabe vom 30. 10. 1933.

Zeit. Das Schweigen der Kirche war ein großes Unrecht. Warum hat die Kirche nicht um des Glaubens willen in der Zeit der Inflation ein mannhaftes Wort gesagt? Aus Mangel an Gottvertrauen hat sie sich nicht scharf genug gegen die Schädlinge der Zeit gewendet. Sie hat mit Zentrum und Sozialdemokratie sich verbündet. Eine neue Theologie, die die deutsche Geschichte nicht versteht, hat das deutsche Rückgrat abgeschlagen. Sie hat das Zusammengehörigkeitsgefühl aus der deutschen Volksseele herausgerissen. Die Revolution von 1918 hat darum nichts gegen die Kirche unternommen, damit der Protestantismus aus sich selbst heraus verfaule. Es war das Geschenk der Revolution von 1918: Tut, was ihr wollt! Die Kirche war ja nicht das Herz der Nation und völlig einflußlos. Nun aber fordert die NS-Bewegung die Kirche an. Geschrei: die Freiheit ist in Gefahr. Der totale Staat vergewaltigt die Kirche. Was will er denn? Er greift nicht ein in die Religion des Protestantismus, vergleiche das Hitlerwort vom 31. März[181]. Hitler will die Kirche wieder bereit machen zur Mission an Volk und Staat. Sie ist nicht ein Verein von Menschen, darum darf sie auch nicht mehr der Platz sein, an dem gegen Hitler geredet wird. Wenn sie gegen die NS-Bewegung wäre, so wäre das ein Verbrechen. Da die Kirche eine Stiftung Gottes ist, darf nicht jeder in ihr sagen, was er will. Sie muß als innerlich geschlossene Volkskirche das Herz der Nation werden. Beide, die göttliche Stiftung der Kirche und die göttliche Stiftung des Volkes sind aufeinander angewiesen zu gegenseitigem Dienst. Die NS-Bewegung erlebte den ersten Glaubensartikel, daher ihre Rasselehre. Sie allein ermöglichte auch die Volksgemeinschaft, während die Kirche sich in einem Zersetzungsprozeß befand. Wahre Gemeinschaft bleibt aber nur da, wo sie beruht auf der Gemeinschaft des Glaubens, darum ist Mithilfe der Kirche unbedingt nötig. Einst war Luther Deutschlands Prophet, heute ist es Adolf Hitler. Wir erleben durch ihn eine große Gottesstunde, wie sie unser Volksleben seit 1517 nicht mehr hatte. Wir glauben, daß unser Volk noch einmal eine Stunde erlebt, da der Zwiespalt zwischen Rom und Wittenberg überbrückt wird. Wir glauben, daß dieses Wunder Gottes noch kommen wird. Hitler ist ohne Martin Luther nicht möglich gewesen. Was das Konkordat mit der Kath. Kirche[181a] betrifft, so ist zu sagen, daß es anders ausgefallen wäre, wenn wir eine bessere evang. Kirche gehabt hätten.

[181] Es kann nur die Regierungserklärung vom 23. 3. 1933 gemeint sein (Domarus I, S. 229 ff.) mit der Feststellung, die beiden großen christlichen Konfessionen seien wichtigste Faktoren zur Erhaltung des Volkstums.

[181a] Siehe S. 287 ff.

Rom bleibt übrigens eine eigene Größe. Wir Evangelischen indessen brauchen keinen Vertrag mit dem Staat. Das beste evang. Konkordat ist ein vorbehaltloses Ja der evang. Kirche zum Nationalsozialismus. Wir sind das Herz der Nation als rechte Christen und Deutsche. Wir fragen nicht nach Rechten, sondern nur nach großen Pflichten. Das Dritte Reich ist das letzte Reich; es wird sich noch in harten Kämpfen zu erproben haben; darum ist es evang. Christenpflicht, unserem Volk den Glauben zu geben, der Berge versetzt. Wir haben als Deutsche eine große Verantwortung vor Gott.

II. Dr. Steger

»Ist in Württemberg die Glaubensbewegung Deutsche Christen eigentlich nötig?« »Laßt diese Bewegung im Norden und verschont uns mit ihr im Süden«. Wenn es bei uns auch besser aussieht, so ist doch aller Eigendünkel auszuschließen. Auch bei uns viel äußere Art, die nichts taugt. Wo waren bei uns die 15- bis 18jährigen nach ihrer Konfirmation? Sie fanden bei der Kirche in ihren inneren Kämpfen keine Hilfe. Wir brauchen auch in Württemberg die Glaubensbewegung. Haben wir nicht immer Glauben gehabt? Ja, aber kein Bekenntnis. Wo sind die Luther- und Bismarck-Gestalten gewesen, die zu uns sagten, ich habe eine Sendung an das Volk. Nun haben wir in den letzten Jahren wieder glauben gelernt durch Hitler. Es hat wieder einen Wert, an die deutsche Volksgemeinschaft zu glauben. Man nimmt Anstoß an dem Namen »Deutsche Christen«. »Gibt es einen deutschen Gott?« Gewiß nicht. Christus ist für alle da, aber die verschiedenen Völker suchen Gott verschieden. Das deutsche Wesen sucht Gott um seiner deutschen Seele willen im Blick auf eine ganz große Zukunft. Unsere Frömmigkeit war weithin Winkelfrömmigkeit (Pietismus). Jetzt ist die Stunde der Gemeinschaft da, alle für einen. Dem Staat muß geholfen werden durch christliche Erziehung der Jugend (Keuschheit usw.). Wir wollen die kirchenpolitische Macht. Wir werden dafür sorgen, daß es nur noch die Einheitsbezeichnung von »Pfarrer« gibt: Pfarrer, Bezirkspfarrer und Kreispfarrer. Unsere Kirche muß das Erbe der Reformation wieder bekommen.

Über das Verhältnis der Sezession zu den Kirchlich-theologischen Arbeitskreisen schrieb Pfarrer Weber am 4. 10. 1933 an Pfarrer Metzger, Bronnweiler[181b]*:*

Lieber Herr Metzger!

Entschuldigen Sie bitte mein längeres, unbeabsichtigtes Schweigen mit der Hetze, in der wir gegenwärtig begreiflicherweise drinstehen! Inzwischen sind ja die Dinge Schritt für Schritt weitergediehen. Der NS-Bericht über die Pfarrervollversammlung, die Attacke gegen Römer und nicht zuletzt das Auftreten des Herrn Bischofs Hossenfelder und seines Mitredners am gestrigen Abend[182], die beide einen nachhaltig geringen Eindruck hinterließen, bestätigen mir aufs neue, wie notwendig es war, die latente Krisis in der Glaubensbewegung Deutsche Christen zur akuten zu machen und die Führung durch einen Protest zur Klärung der Fronten zu zwingen. Seit gestern Abend bemüht sich Rückert im Einvernehmen mit dem Herrn Landesbischof um Rehm, wobei wir unsererseits R[ückert] darüber nicht in Zweifel ließen, daß uns nur an einem sauberen Frieden gelegen ist, daß wir aber an jeder Art von Kompromissen völlig desinteressiert sind. Von den 150, die seinerzeit mit mir auszogen, sind ca. 25 bis 30 »abgesprungen«, quod erat exspectandum. Dagegen haben wir weiteren Zuzug bekommen; es sind z. Zt. gegen 200, die mit uns entschlossen sind, alle Folgen unseres Schrittes zu tragen.

Was unser Verhältnis zu den Kirchlich-theologischen Arbeitskreisen anlangt, so bedarf es keiner weiteren Worte, wie sehr wir uns mit denen Ihrer Freunde im Innersten verbunden wissen, die mit uns ein freudiges und aufrichtiges »Ja« zu Adolf Hitlers Erneuerungswerk in dem Volk sprechen, ganz zu schweigen davon, daß wir in den kirchlichen und theologischen Anliegen weithin einander begegnen. Sie werden verstehen, wenn ich sage, daß wir im gegenwärtigen Augenblick aus mancherlei Gründen Zurückhaltung üben müssen, wenn von der oder jener Seite an uns herangetreten wird, um uns zu einem Anschluß zu bewegen. Selbstverständlich schließt das nicht aus, daß wir persönliche Fühlung nehmen und aufrecht erhalten. In diesem Sinne

[181b] LKA Stuttgart, D 1, Bd. 44; zu den Artikeln im »NS-Kurier« vom 21. 9. 1933 und 3. 10. 1933 siehe S. 541 und S. 553 ff.

[182] Siehe S. 566 ff.

verstehe ich Ihre freundliche Einladung nach Freudenstadt[183]. Falls ich selber nicht kommen könnte, würden auf alle Fälle einige andere Freunde, vermutlich Pfeiffer und Hutten kommen. Aber hoffentlich kann ich es auch richten. Es spielt z. Zt. natürlich auch der Aufbau des Evang. Gemeindedienstes mit herein, so daß man stark gebunden ist[184].

Mit freundlichem Gruß! Ihr G. Weber.

Am 6. 10. 1933 antwortete Pfarrer Metzger[185]*:*

Lieber Herr Kollege!

Ihr Brief von gestern hat mich recht gefreut als ein Zeichen für die uneigennützige Interessengemeinschaft, die in der Kirche Christi selbstverständlich sein sollte unter den Verantwortlichen. Ihren Kampf verfolge ich, ohne natürlich irgendwie über Einzelnes informiert zu sein, mit innerster Anteilnahme. Als Sie damals in Stuttgart im Furtbachhause sprachen, hörte ich aus Ihren Worten die Stimme des Gewissens, das sich nicht mehr unterdrücken läßt durch eine andre Autorität. Und das macht mich ruhig im Blick auf alles Kommende. Sie werden gewiß durch viel Nöte und weitere Kämpfe hindurchzugehen haben; aber Sie werden Ihren Weg mit Ihren Freunden geradlinig fortsetzen. Und darum wird er letzten Endes auch ans Ziel führen.

Not macht mir D. Fezer. Nicht sein persönlicher Widerspruch gegen mich; den bin ich seit 1926 gewöhnt. Aber sein Blindsein gegen das, um was es Ihnen und uns geht. Ich halte die Rolle, die er spielt, für verhängnisvoll; ich bedaure, daß er nicht zur Akademikerkonferenz[186] kommen wird, wo ich ihn gerne einmal persönlich gesprochen hätte. Ist er denn nicht Wortführer einer schwarmgeistigen Theologie geworden und zugleich einer Vermittlungstaktik schlimmer Berliner Art? Ich verstehe ihn nicht mehr; wenn Sie ihn mir einmal deuten können, soll mir's recht sein.

Nichts denken kann ich mir bei den Verhandlungen, die, wie Sie schrieben, Prof. Rückert führt mit Rehm. Wie will man zwei im Innersten auseinandergekommene Gruppen wieder zusammenleimen? Es drückt mich, als würde damit der Versuch gemacht, den Luther von 1519 zur Unterwerfung unter den Papst zu bestimmen.

[183] Siehe S. 710 ff.

[184] Siehe Bd. 1, S. 549 ff.

[185] LKA Stuttgart, D 1, Bd. 44. Die Anspielung auf einen Gegensatz zwischen Metzger und Fezer »seit 1926« (siehe weiter unten) bleibt ungeklärt.

[186] Siehe S. 710 ff.

An Sie ist, wie an mich, der Gedanke eines Zusammenschlusses herangetragen worden, der die Bekenntnistreuen zu einem Notbund umschließt. Ich habe derlei Gedankengänge bislang immer weggeschoben; ich muß sie nun wohl in Freudenstadt sich klären lassen, da die Dinge in der Luft liegen. Ich sehe hier noch nicht klar. Daß Sie unsre Einladung nach Freudenstadt richtig verstanden haben, freut mich. Ich habe sie gedacht als die Tuchfühlung zwischen zwei Heeresgruppen, die vielleicht mit verschiedenen Waffengattungen kämpfend doch dazu berufen sind, denselben Feind anzugehen, der die ganze Kirche bis ins eigne Herz herein verdirbt. Wenn, wie auch die Dinge äußerlich laufen mögen, eine wirkliche Waffenkameradschaft sich daraus entwickeln darf, die unsrer württ. Kirche von Nutzen ist, so will ich es dankbar als Geschenk annehmen. Ich bin hier übrigens der Meinung, daß man die Dinge wachsen lassen muß; damit bin ich noch immer gut gefahren. Schön wäre es, wenn Sie auch nach Freudenstadt kommen könnten. Ihr Kollege Hutten hat mir für Freitag zugeschrieben. Vielleicht können Sie beide Tage da sein?

Ich grüße Sie mit den herzlichsten Wünschen für Ihren Kampf

Ihr [Metzger].

Über die Versuche, zwischen der Sezession und der Landesleitung der Glaubensbewegung Deutsche Christen zu vermitteln, berichtet ein Rundbrief Webers vom 4. 10. 1933[187]*:*

Liebe Freunde!

Die Dinge treiben einer Entscheidung entgegen. Wir spüren, daß wir Euch nicht länger in dem Zwischenzustand der Ungewißheit über unsern weiteren Weg lassen dürfen. In der Erwartung, daß wir in Bälde Klarheit bringen können, geben wir im folgenden eine kurze Schilderung der gegenwärtigen Lage.

1. Zur Zeit läuft ein vom Herrn Landesbischof unternommener nochmaliger und letzter Versuch, durch die Vermittlung von Prof. D. Rückert, Tübingen, zu einer Bereinigung der vorhandenen Gegensätze zu gelangen, die unsren Anliegen gerecht wird. Sollte auch dieser letzte Versuch scheitern, dann haben wir freie Hand und werden den Schritt tun, den uns das Gewissen und die Verantwortung für Kirche und Volk vorschreiben.

[187] LKA Stuttgart, D 1, Bd. 44.

2. Gegenüber umlaufenden Darstellungen, wir hätten es am Verständigungswillen fehlen lassen, weisen wir auf folgendes hin: a) Das von der Gegenseite immer wieder angeführte Telefongespräch[188] zwischen Pressel und Rehm, dessen Zeuge ich persönlich war, verlief so, daß Pressel erklärte, er stehe für Rehm den ganzen Montag, Dienstag und noch am Mittwoch Vormittag zu einer persönlichen Aussprache jederzeit zur Verfügung. Über unsre Gravamina hat Pressel R[ehm] nicht nur nicht im unklaren gelassen, sondern erklärt, daß wir schon am Samstag zuvor bei der Landesleitung eine NS-Pfarrversammlung für Mittwoch beantragt hätten mit folgender Tagesordnung: Landeskirchentag, Führerfrage, künftiger Kurs der Glaubensbewegung Deutsche Christen. Dabei fügte Pressel auf eine Frage Rehms an, daß wir mit einer Leitung der Versammlung durch die Landesleitung ganz einverstanden seien, wenn uns nur die Freiheit des Wortes dabei gegeben werde. (Wir wußten damals noch nichts von unsrem Ausschluß.) Als Rehm wiederholt versuchte, aus Pressel weitere Einzelheiten über unsre Absichten herauszubekommen, hat Pr[essel] mit vollem Recht dies abgelehnt mit der Bemerkung: »Das wirst Du dann erfahren.« Mit anderen Worten: Man unterschlägt vier Fünftel und zwar die Hauptsache des Gesprächs, wenn man so tut, als hätten wir es abgelehnt, mit der Gegenseite in ein Gespräch und zur Verständigung zu kommen. b) Daß die im Auftrag des Herrn Landesbischofs durch Herrn Oberkirchenrat Schaal durchgeführte und von uns aus heiß begrüßte Vermittlungsaktion[189] gescheitert ist, haben wir schon berichtet. c) Ein dritter Versuch der Vermittlung, vom Herrn Landesbischof persönlich unternommen, blieb ergebnislos, weil der Herr Bischof feststellen mußte, daß auf der andern Seite die Voraussetzungen für ein fruchtbares Gespräch fehlten[190].

3. In einem persönlichen Gespräch mit Fezer hat uns dieser gestern erklärt, daß er zwar die Form unsres Vorgehens nicht billigen könne, daß er aber unsre sachlichen Anliegen voll und ganz zu den seinigen mache und er uns ermächtige, diese seine Stellungnahme unsren Freunden bekanntzugeben. Die Tatsache, daß Fezer den Weg, zu dem wir uns gezwungen sahen, ablehnt, ändert nichts daran, daß er die sachliche Seite unsres Schrittes voll bejaht.

[188] Dieses Gespräch fand am 18. 9. 1933 statt.

[189] Vgl. den Brief Webers vom 23. 9. 1933, S. 544 ff.

[190] Unterlagen über dieses Gespräch befinden sich nicht bei den Akten.

4. In einem Rundschreiben der derzeitigen Landesleitung vom 28. September heißt es[190a]: »Wer von den bisherigen Pfarrermitgliedern der Glaubensbewegung angehören will, wird gebeten, dies bis spätestens 5. Oktober seinem zuständigen Kreisleiter mitzuteilen.« Wir gehen auch in diesem Punkt einheitlich und geschlossen vor, indem wir diese Aufforderung unbeantwortet lassen. Einzelaktionen zersplittern unsern Kreis und gefährden das Gewicht unsrer Stimme. Gerade im gegenwärtigen Augenblick, wo nicht ganz hoffnungslose Verhandlungen begonnen haben, ist geschlossenes Beieinanderbleiben besonders gefordert. Wir bitten die Freunde, zu uns, die wir die Verantwortung übernommen haben, das Zutrauen zu haben, daß wir nur nach reiflichster Überlegung und aus der Verantwortung vor Gott und sorgender Liebe für unsre Kirche unsre Entschlüsse fassen.

5. Manche unsrer Freunde, die sich innerlich zu uns rechnen, stehen nach wie vor, gewiß optima fide, zu dem Versuch, die Bereinigung der bestehenden Sachfragen intra muros der Glaubensbewegung Deutsche Christen anzustreben. Wir möchten auf Grund langer und schmerzlicher Erfahrung vor diesem ehrlich gemeinten Schwärmertum warnen. Wir haben diesen Versuch monatelang gemacht unter viel günstigeren Umständen, als diese Freunde sie jetzt vorfinden. Das Ergebnis war ein rein negatives. Es hat sich gezeigt, daß die Sachfrage von der Frage der Führung nicht abgetrennt werden kann.

6. Sehr zu denken geben Pfui-Rufe, die in der gestrigen, von der Landesleitung einberufenen Amtswalterversammlung fielen, als bekanntgegeben wurde, daß auf der Nationalsynode die Führer aller nichtpreußischen Landeskirchen, darunter auch D. Wurm, gegen die Zusammensetzung des Geistlichen Ministeriums einen Protest zu Protokoll gegeben hätten[190b]. Diese Pfui-Rufe stimmen doppelt nachdenklich, wenn man an die verschiedenen Vertrauensvoten sich erinnert, die unser hochverehrter kirchlicher Führer, D. Wurm, vom Freundeskreis Rehm in letzter Zeit zu wiederholten Malen erhielt.

7. Die Solidaritätserklärungen sind überaus zahlreich eingetroffen. Es sind im ganzen bis zur Stunde 169. Wir erwarten aber, daß in den nächsten zwei Tagen noch eine Reihe weiterer folgen werden. Daß diese Erklärungen für uns eine starke Ermutigung bedeutet haben und bedeuten, brauchen wir nicht zu sagen. Das Bewußtsein, daß viele der

[190a] Dieses Rundschreiben befindet sich nicht bei den Akten.
[190b] Siehe S. 389 und GB 140, S. 104.

Amtsbrüder betend für unsre Anliegen eintreten, gibt uns immer aufs neue die Freudigkeit, dem eingeschlagenen Weg treu zu bleiben.

8. Wir werden von nun ab eine zweite Liste führen, in welche wir diejenigen eintragen, die schon seither gesinnungsmäßig zur Glaubensbewegung Deutsche Christen gehörten, aber im Blick auf ihre gegenwärtige Führung zu einem Beitritt sich nicht entschließen konnten. Wir bitten, die Namen solcher Freunde und Amtsbrüder, auf die das eben Gesagte zutrifft, uns mitzuteilen. Doch machen wir wiederholt und dringlich darauf aufmerksam: Helft mit, daß unser Wollen und Vorgehen nicht mißbraucht werde von solchen, die etwa im Lager der politischen Reaktion stehen. Wir würden uns vor Gott und unsrem Volk schuldig machen, wenn wir an diesem Punkt nicht unbedingt sauber blieben. In zweifelhaften Fällen möchten wir lieber auf die Zugehörigkeit des betreffenden Amtsbruders verzichten. Wir verlangen von denen, die zu uns kommen, daß sie mit uns nicht nur im Kirchlichen einig sind, sondern auch in einem starken und freudigen Ja zum nationalsozialistischen Staat. Was uns einen soll, ist vor allem das Bekenntnis zu Evangelium und Kirche, sodann aber auch das Einstehen in Werk und Fürbitte für den Führer, den Gott uns geschenkt hat. Wir wollen uns alle immer wieder an die Pflicht der Dankbarkeit erinnern lassen, die wir als Deutsche und als Christen gerade diesem Mann gegenüber haben.

9. Im folgenden teilen wir noch den Wortlaut eines Anschreibens mit, das wir gestern Mittag an Rehm und Hilzinger in die Amtswalterversammlung sandten mit der Bitte um Verlesung, was aber nicht geschah: »Es wird den Tatsachen widersprechend verbreitet, daß der Kreis um Pressel, Weber, Hutten eine eigene württembergische Glaubensbewegung Deutsche Christen neben der bisherigen aufzubauen suche. Wir stellen fest, daß diese ungeprüft verbreitete Behauptung falsch ist. Wir lehnen zwar die bisherige Führung der Glaubensbewegung Deutsche Christen in Württemberg nach wie vor ab, aber wir denken nicht daran, eine in den Gemeinden mit Werbeversammlungen auftretende und Ortsgruppen bildende Nebenorganisation aufzuziehen. Die Einheit und Geschlossenheit der Gemeinden ist uns zu kostbar, als daß wir sie noch weiteren Verwirrungen und Erschütterungen aussetzen wollten. Wir wollen endlich an die aufbauende Arbeit gehen können und werden uns durch alles, was geschehen ist und noch geschehen kann, nur noch mehr zur Treue in der Ausübung unsres Pfarrerdienstes aufrufen lassen. Solange uns aber aus bekannten Gründen die Mit-

arbeit in der Glaubensbewegung Deutsche Christen nicht ermöglicht wird, werden wir uns in Gesinnungs- und Arbeitsgemeinschaften brüderlicher Art zusammenschließen, um uns gegenseitig zu diesem Dienst zuzurüsten. Wir wissen uns in alledem grundsätzlich einig mit unsrem hochverehrten Bischof, in dem wir allein unsren kirchlichen Führer erkennen. Wir verwahren uns ganz energisch gegen jede Diffamierung unsrer politischen Zuverlässigkeit. Wir stehen unentwegt und fest im Staat Adolf Hitlers. Wir sind überzeugt, daß wir mit unserer Haltung ihm und seinem großen Wollen den besten Dienst leisten zur Erneuerung unsres Volkes.«

Gott erhalte unsrem Volk in Adolf Hitler den Führer. Er erhalte uns eine evangelische Kirche und uns in der Treue gegen sie.

Mit dem Gruß brüderlicher Verbundenheit und mit Heil Hitler!

I. A. Weber.

Über die Vermittlungsversuche von Prof. D. Rückert und über das Verhältnis zur Landesleitung der Deutschen Christen schrieb Pfarrer Weber am 7. 10. 1933 in einem Rundbrief[191]*:*

Liebe Freunde!

Die Versuche, mit der derzeitigen Landesleitung zu einer Bereinigung der Gegensätze zu gelangen, zuletzt von Prof. D. Rückert im Einvernehmen mit dem Herrn Landesbischof unternommen, sind endgültig an der Unnachgiebigkeit und Verständnislosigkeit gescheitert, mit der die andere Seite unsren sachlichen Anliegen gegenüberstand und gegenübersteht, und dies, obwohl wir ausdrücklich hatten erklären lassen, daß wir (Pressel, Hutten und ich) bereit seien, um der Sache willen die Zurücknahme unsres Ausschlusses zunächst hintanzustellen. Dieses schmerzliche Ergebnis konnte den nicht überraschen, der sich mit uns über Ton und Haltung der drei NS-Artikel über die »Kirchenreaktion[192]« entsetzt hat.

Nachdem die derzeitige Landesleitung über unsre Gewissensanliegen, um deretwillen wir zu Protest und Distanz genötigt waren, zur Tagesordnung übergegangen ist, bleibt uns um der inneren Wahrhaftigkeit und Sauberkeit willen nur noch der förmliche Austritt. Wir werden deshalb geschlossen diejenigen Freunde, die schon bisher der Glaubensbewegung Deutsche Christen angehörten und zu uns gekom-

[191] LKA Stuttgart, D 1, Bd. 44.

[192] Siehe S. 541 und 553 ff.

men sind, aus der Glaubensbewegung Deutsche Christen abmelden. Wir nehmen als selbstverständlich an, daß Ihr zu Eurer kürzlich uns abgegebenen Solidaritätserklärung steht, welche bisher von 182 Amtsbrüdern bei uns eingegangen ist. Unsere Haltung, auf die Pfarrer und Gemeinden in ihrem überwiegenden Teil voll Erwartung schauen, wird den Gang der kirchlichen Ereignisse in Württemberg ganz entscheidend beeinflussen. Wir stehen überdies nicht allein, da ähnliche Bewegungen mit dem Ziel einer echten Glaubensbewegung Deutsche Christen bereits in vielen Teilen des Reiches im Gange sind. Wer jetzt die Fahne verläßt, erschwert die dringend nötige, nicht mehr länger aufschiebbare Klärung der Sachfragen. Wir bitten, mit uns die im Augenblick in den Gemeinden vielleicht da und dort entstehenden Schwierigkeiten um des großen Ganzen willen und im Blick auf die alle künftige kirchliche Arbeit erst ermöglichende Generalbereinigung noch eine Zeitlang zu tragen. Sollte je einer von Euch nicht damit einverstanden sein, daß wir ihn bei der derzeitigen Landesleitung abmelden, so möge er bis spätestens Mittwoch Nachmittag eine diesbezügliche Erklärung mir zugehen lassen. Wir nehmen aber an, daß es auch hier für uns alle gilt: Treue um Treue! Selbstverständlich brauchen diejenigen, die, ohne seither der Glaubensbewegung Deutsche Christen förmlich anzugehören [!], auf das heutige Schreiben uns nicht zu antworten. Eine Tatsache, die für uns alle selbstverständlich sein und bleiben muß, ist die freudige und willentliche Bejahung des Staates Adolf Hitlers. Und deshalb trotz allen Verleumdungen, die uns als politisch unzuverlässig hinstellen möchten, mehr als je und jetzt erst recht:

Heil Hitler! In treuer Verbundenheit i. A. Weber.

Nachschrift

I. Wir legen zur Einsichtnahme ein Schreiben eines Gesinnungsfreundes bei, das er an Kollege Hilzinger geschickt hat[193].

II. In unserem Schreiben vom 4. 10. 1933 sind bedauerlicherweise 2 Unrichtigkeiten enthalten, die wir sofort klarstellen möchten: a) Zu dem unter 2a) angeführten Antrag an die Landesleitung ist zu bemerken, daß im Antrag selber nur von den allgemeinen schwebenden kirchlichen Fragen die Rede war. Unsere Absichten bezüglich der näheren Tagesordnung für die beantragte NS-Versammlung wurden in allen Hauptpunkten im Telefongespräch vom Montag mit der ausdrücklichen Erklärung unserer Verhandlungsbereitschaft durch Pressel Rehm be-

[193] Das Schreiben befindet sich nicht bei den Akten.

kanntgegeben. Unter Ziffer 9 teilten wir mit, daß wir um öffentliche Verlesung des dort angegebenen Schreibens gebeten hätten. Diese Bitte war, obwohl von uns beschlossen und vorgesehen, durch ein Versäumen unsrerseits im Brief selber nicht enthalten, so daß die Leitung jener Amtswalterversammlung in diesem Punkt kein Vorwurf trifft. An der Sachlage ist damit allerdings nichts geändert.

III. Wir schicken das Schreiben ausdrücklich an alle unsre Gesinnungsfreunde, also auch an diejenigen, die bis jetzt auf unser Ersuchen um eine Solidaritätserklärung nicht geantwortet haben. Falls diese Freunde dem oben geschilderten Vorgehen sich nicht anschließen, sondern weiterhin der Glaubensbewegung Deutsche Christen angehören und ihrer derzeitigen Leitung Gefolgschaft leisten wollen, so bitten wir sie bis Mittwoch Nachmittag um eine entsprechende Erklärung.

Am 8.10.1933 fertigte Prof. D. Kittel, Tübingen, eine grundsätzliche Übersicht über die Lage in Württemberg[194]*:*

Die kirchliche Lage in Württemberg hat sich in den letzten Wochen und Tagen so zugespitzt, daß ernste Schädigungen zu befürchten sind. Dies ist umso betrüblicher, als in Württemberg die Lage vorher ungewöhnlich günstig war. Württemberg ist ein Land, dessen evangelische Kirche noch besonders stark im Volke verwurzelt ist, viel stärker als in anderen Gegenden Deutschlands. Vieles von dem, was anderwärts an neuer Weckung der religiösen Kräfte im Volk erst angestrebt werden muß, ist hier noch vorhanden. Mindestens in weiten Teilen des Landes ist noch die von Adolf Hitler immer wieder geforderte lebendige Kirche des Volkes vorhanden. Die kirchlichen Verhältnisse haben in Württemberg noch weithin diejenige gesunde und bodenständige Grundlage in den Familien, die im Norden fast überall verloren gegangen war. Es hat deshalb überall in Deutschland in den kirchlichen Kreisen gewaltigen Eindruck gemacht, als in den ersten kirchlichen Kämpfen dieses Jahres (um die Person Bodelschwinghs) grade die als besonders »kirchlich« bekannte württembergische Kirche und ihr Bischof sich rückhaltlos hinter den Vertrauensmann des Führers, den jetzigen Reichsbischof Ludwig Müller, stellten. Die spätere glatte Erledigung der kirchlichen Neubildung im Reich (Reichskirchenverfassung, einstimmige Wahl des Reichsbischofs) ist zu einem nicht geringen Teil dem starken Eintreten

[194] LKA Stuttgart, D 1, Bd. 44. Das Schreiben ging wohl an Reichsstatthalter Murr.

der württembergischen Kirchenführer, vor allem Bischof Wurms und Professor Fezers, zu danken.

Die »Glaubensbewegung Deutsche Christen« hatte ein sehr starkes Wachstum im Land. Viele der besten und ernstesten Pfarrer schlossen sich ihr an, weil sie Vertrauen hatten. Die meisten dieser Pfarrer waren bisher »unpolitisch« gewesen. Sie hatten es als ihre Aufgabe angesehen, ähnlich wie die Reichswehr außerhalb des politischen Kampfes zu bleiben, nicht aus Charakterlosigkeit, sondern eben als Pfarrer, um ihres Amtes willen, genau in dem Sinne, wie dies Adolf Hitler seit Jahren gefordert hat[195]. Wie wenig die meisten von ihnen auch vor dem März 1933 grundsätzliche Gegner des Nationalsozialismus waren, beweist die Tatsache, daß viele von ihnen mindestens seit der Reichspräsidentenwahl 1932 Hitler gewählt haben; wie es ja überhaupt für die Stellung der evangelischen Kirche und ihrer Angehörigen bezeichnend ist, daß bei den Wahlen der letzten Jahre der Katholik Hitler in steigendem Maße die Stimmen der evangelischen Bevölkerung gewann[195a]. Im Laufe des Sommers 1933 hat sich dann immer mehr ein starkes und volles Vertrauensverhältnis der überwiegenden Mehrzahl der württembergischen Pfarrer zum Staate Adolf Hitlers entwickelt. Man übertreibt nicht, wenn man sagt, daß mindestens 80 % der Pfarrerschaft mit heißem und ehrlichem Herzen heute Hitlers Tat anerkennen und ihm folgen wollen. Sie sind gewiß noch keine hundertprozentigen Nationalsozialisten, werden es vielleicht teilweise auch nie im spezifisch politischen Sinne sein; aber, und das ist für die Erfüllung der ihnen im Volk gegebenen Aufgabe vielleicht das noch größere, sie haben verstanden und mit heiligem Ernst aufgenommen, daß Adolf Hitler dem deutschen Volke als ein Retter aus der tiefsten Not von Gott gesandt ist! Dies alles ist politisch von hoher Bedeutung, weil grade in Württemberg noch viele auf die Pfarrer schauen. An vielen Orten strahlt das Vertrauen zu Adolf Hitler und der Wille zur Mitarbeit von Pfarrer und Kirche auf die Bevölkerung über.

Diese schöne und erfreuliche Lage ist seit einigen Wochen gestört. Es sind von verschiedenen Seiten schwere Fehler gemacht worden. Die Leitung der Glaubensbewegung hat zum Teil Methoden angewendet, die dem politischen Leben abgelauscht waren, die aber dem kirchlichen Leben nicht entsprachen und darum von vielen, auch von alten Partei-

[195] Vgl. Adolf Hitler, Mein Kampf, S. 308 ff.

[195a] Zum Ergebnis verschiedener Wahlen im Jahr 1932 siehe Bd. 1, S. 53, Anmerkung 1a.

genossen, als unrichtig und als abstoßend empfunden wurden. Im Landeskirchentag Anfang September spielten sich Dinge ab, die nicht glücklich waren und nach außen keinen erfreulichen Eindruck machten. In der Opposition gegen diese Methoden und Vorgänge haben sich etwa 200 Pfarrer-Mitglieder der Glaubensbewegung abgespalten, ungefähr zwei Drittel, unter ihnen auch mehrere alte Mitglieder der NSDAP. Daß diese Abspaltung ihrerseits unter teilweise höchst unerfreulichen und unnötig die Lage verschärfenden Formen vor sich ging, muß auch der zugeben, der ihre sachlichen Motive als berechtigt anerkennt. Vermittlungsversuche sowohl durch den Landesbischof als auch durch zwei ihm nahestehende angesehene kirchliche Persönlichkeiten sind noch in den letzten Tagen an der ablehnenden Haltung der Führung der Glaubensbewegung gescheitert. Die Unruhe und Erregung in weiten Kreisen der Pfarrerschaft ist im Augenblick sehr groß. Sie ist in den letzten Tagen noch durch zwei Umstände gesteigert worden: erstens durch einige Artikel im »NS-Kurier« über die angebliche Kirchenreaktion, die man als ungerechten Angriff auf die im ganzen bestimmt nicht reaktionäre, sondern völlig loyale Pfarrerschaft empfindet; zweitens durch Gerüchte, welche aus Andeutungen der radikalen Seite der Glaubensbewegung entstanden zu sein scheinen und die mit der Möglichkeit spielten, die Regierung könnte unter Umständen den Bischof absetzen, den Oberkirchenrat auflösen und einen Kirchenkommissar einsetzen.

Die so entstandene Lage bedeutet eine sehr ernste kirchliche Gefahr. Sie muß auf die Dauer zur Zersetzung der evangelischen Kirche führen. Manche ernste Menschen, denen diese Zustände unerträglich sind, werden sich von der Kirche abwenden und zu den Sekten übergehen. Die Lage bedeutet aber gleichzeitig eine ebenso ernste politische Gefahr, die von der politischen Leitung nicht unterschätzt werden sollte. Der Führer hat sich so stark für die »Glaubensbewegung Deutsche Christen« eingesetzt, daß es nicht gleichgültig sein kann, ob diese Bewegung das Vertrauen der kirchlichen Kreise gewinnt oder ob sie durch Ungeschicklichkeiten dieses Vertrauen verspielt. Es kann nicht ausbleiben, vollends nicht in einem so kirchlichen Lande wie Württemberg, daß bei den Pfarrern und bei den frommen Kreisen aus der Ablehnung der »Deutschen Christen« auch Vorurteile und Mißstimmungen gegen die mit jenen verbundene politische Leitung entstehen. Es ist die sehr ernste Gefahr, daß jener große Teil der Pfarrerschaft, der in den vergangenen Monaten in steigendem Maße gelernt hatte, den Staat Adolf Hitlers ehrlich und freudig bejahen, sich wieder in eine Reservestellung zurückzieht. Damit droht ihr aufbauender Einfluß für den neuen Staat auszufallen, ein Einfluß, den auch die politische Leitung als positiven Faktor höchster Wichtigkeit für die Durchdringung des Volkslebens werten wird. Und es wird, wenn diese Zustände anhalten, nicht ausbleiben, daß nun die Nörgler und die ganz kleine Gruppe oppositionell eingestellter Pfarrer heimlich wieder anfangen zu arbeiten und Gehör zu finden. Sie waren in den letzten Monaten grade in der württembergischen Kirche zur vollkommenen Bedeutungslosigkeit herabgedrückt und zum Verstummen genötigt worden, weniger durch Gewalt, als weil sie gegenüber der starken durch die Kirche gehenden bejahenden Strömung gegenüber[!] nichts mehr zu sagen wußten. Jetzt besteht die Gefahr, daß sie aus diesen kirchlichen Dingen Stoff zur Mäkelei gewinnen und dadurch auch wieder offene Ohren finden.

Die Treue des Landesbischofs ist über jeden Zweifel erhaben und wird von niemandem in Frage gestellt. Das Vertrauen zu ihm war bisher eine wichtige Hilfe, der Pfarrerschaft und den kirchlichen Kreisen den Weg zu Adolf Hitler zu weisen. Kommen die Dinge nicht sehr bald ins reine, so wird seine Stellung ungeheuer erschwert und wird die Autorität und das Vertrauen, das er bisher besaß und zugunsten Adolf Hitlers einzusetzen in der Lage war, aufs Spiel gesetzt. Zum Beispiel werden ihm schon jetzt schwere Vorwürfe gemacht, daß er seine Pfarrerschaft nicht gegen die als ungerecht empfundenen Angriffe des »NS-Kurier« schütze. Das Ende der Entwicklung könnte sein, daß seine Stellung unhaltbar wird. Es ist aber für die politische Leitung nicht gleichgültig, ob die evangelische Bevölkerung einen Bischof hat, auf den der Staat Adolf Hitlers sich so rückhaltlos verlassen kann wie auf Bischof Wurm und der zugleich in allen Kreisen der Pfarrerschaft und der evangelischen Bevölkerung eine volle Autorität und Vertrauensstellung besitzt.

Die Lage ist demgemäß so, daß auch die politische Leitung des Landes ein dringendes Interesse daran haben muß, daß die kirchliche Unruhe so schnell als irgend möglich beseitigt wird. Wenn diese kirchliche Unruhe und Mißstimmung weiter unter der Oberfläche schwelt, so kann eine Beeinflussung der politischen Lage durch ihre Ausstrahlungen nicht ausbleiben. Natürlich ist ein Eingreifen des Staates in kirchliche Dinge eine so heikle Sache, daß man auf das sorgfältigste prüfen muß, ob ja nicht etwa einer der zu tuenden Schritte die Lage noch verschlimmern könnte. Dazu gehört alles, was als Eingriff in das kirchliche Eigenleben empfunden werden könnte. Deshalb sollte ein Schritt wie die Einsetzung eines Kirchenkommissars solange als irgend möglich vermieden werden; dieser Schritt hat ja auch in Preußen und in Mecklenburg[196] nur die Verwirrung und die Schwierigkeiten vermehrt. Auch in Württemberg würde dadurch schwerlich das geringste gebessert, wohl aber die Erregung gesteigert werden. Es ist unmöglich, eine Kirche von außen mit Zwangsmaßnahmen zu regieren!

Dagegen wäre es durchaus der Sachlage entsprechend, wenn der Herr Reichsstatthalter erklären würde, daß er als der verantwortliche politische Führer des Landes ein ernstes Interesse an der Bereinigung der kirchlichen Schwierigkeiten und Unruhen habe und daß er darauf dringen müsse, daß diese Bereinigung schnell erfolge. In dieser Form wäre ein leichter Druck der politischen Leitung überaus heilsam, und doch könnte ihn niemand als Einmischung der politischen Leitung in die kirchlichen Verhältnisse deuten. Gleichzeitig wäre noch ein zweiter Schritt möglich und als zweifellose Hilfe für die Entwirrung erwünscht. Der Herr Reichsstatthalter könnte genau dasselbe tun, was der Führer im vergangenen Frühjahr im Reich getan hat: daß er nämlich eine angesehene, von allen Seiten anerkannte, im kirchlichen Leben stehende Persönlichkeit als den von ihm beauftragten und mit seinem Vertrauen ausgestatteten Mann bevollmächtigen würde, bei den kirchlichen Schlichtungsverhandlungen und Einigungsversuchen mitzuwirken. Genau so hat Hitler seinerzeit den damaligen Wehrkreispfarrer Müller beauftragt. Dessen Stellung als Beauftragter des Reichskanzlers war eine völlig andere als die eines gewaltsam eingesetzten Kommissars; er war lediglich durch das persönliche Vertrauen des Kanzlers berufen, an der Regelung der Kirchenfrage mitzuhelfen und mitzuwirken. Kein ernsthafter Mensch konnte seine Entsendung als Eingriff des Kanzlers in die kirchlichen Verhältnisse ansehen. Die späteren preußischen Kommissare waren etwas völlig anderes und haben völlig anders gewirkt. Natürlich käme dabei alles auf die Wahl der Person an. Es müßte ein Mann unbezweifelbarer nationalsozialistischer Gesinnung sein; er müßte aber ebenso volles Vertrauen aller beteiligten kirchlichen Gruppen und Richtungen genießen und unter ihnen eine starke Autorität besitzen. Nur wenn beides in vollem Maße zuträfe, könnte der politische Führer des Landes ihn als seinen Vertrauensmann herausstellen, ohne Gefahr zu laufen, entweder daß das Vertrauen, mit dem er jenen Mann autorisiert, mißbraucht wird, oder aber daß die Aktion als einseitige Stellungnahme

[196] Die Einsetzung von Staatskommissaren in Mecklenburg am 22. 4. 1933 und in Preußen am 24. 6. 1933 siehe GB 138, S. 70 und GB 139, S. 85 ff.

für eine der Richtungen aufgefaßt und deshalb ihrer Stoßkraft beraubt wird.

Vielleicht gibt es nur einen einzigen Mann, der diesen Voraussetzungen in vollem Umfang entspricht und darum nach menschlichem Ermessen Gewähr für den Erfolg bietet. Dieser Mann ist Professor Fezer, Tübingen. Er war in den letzten entscheidenden Monaten theologischer Berater des jetzigen Reichsbischofs Müller, dem er persönlich nahesteht und der ihm bis in die letzte Zeit sein Vertrauen geschenkt hat. Er war in den kritischen Übergangsmonaten bis zur Nationalsynode zusammen mit Müller Mitglied des Fünfmänner-Kollegiums der Einstweiligen Kirchenleitung. Der preußische Kultusminister Rust hat ihm vor kurzem einen Lehrstuhl der Berliner Universität angeboten. Auch die Württembergische Landesleitung der »Glaubensbewegung Deutsche Christen« hat ihn bis in die neueste Zeit immer wieder ihres Vertrauens versichert. Er gibt somit in seiner Person eine unbedingte Gewähr, daß nichts von dem für Adolf Hitlers Staat Notwendigen versäumt würde. Auf der anderen Seite genießt er das volle Vertrauen sowohl des Landesbischofs, dem er persönlich als Freund verbunden ist, als auch des allergrößten Teiles der Pfarrerschaft. Vor allem die junge Generation der Pfarrer, die an der Universität durch seine Schule gegangen ist, hängt mit rückhaltloser Liebe und Vertrauen an ihm. Schon die Einschaltung seines Namens würde eine eminente Beruhigung der Geister und Stärkung des Vertrauens bedeuten. Wenn jemand Aussicht hat, die verfahrene Lage zu entwirren und in Ordnung zu bringen, so ist er es. Falls der Herr Reichsstatthalter sich entschlösse, diesen Vorschlägen im Grundsatz näher zu treten, so wäre zu raten, daß er zunächst so schnell als möglich Professor Fezer telegraphisch zu sich beriefe, um mit ihm die Lage zu besprechen. Eine solche Unterredung, die ja nicht in die Presse zu kommen brauchte, würde einer Entscheidung des Herrn Reichsstatthalters noch nicht vorgreifen, um so weniger als Fezer selbst von dem ganzen Vorschlag nicht das geringste ahnt und auch sonst der Vorschlag außer mit Herrn Minister Lehnich und einem einzigen Tübinger Kollegen mit niemandem besprochen ist. Wohl aber könnte eine solche unverbindliche Besprechung klären, ob der hier vorgeschlagene Weg nach der sachlichen wie nach der persönlichen Seite gangbar ist oder nicht, sowie ob Fezer selbst bereit wäre, einen Auftrag solcher Art anzunehmen. Es wäre dies aus dem Grunde jetzt für ihn möglich, weil seit der Bestellung des Reichsbischofs durch die Nationalsynode, das heißt seit zehn Tagen, seine Mission als »Einstweilige Kirchenleitung« erloschen und er damit für eine neue Aufgabe frei ist. Er schwankt zur Zeit noch, ob er den Ruf nach Berlin annehmen soll oder nicht. Er würde nur nach Berlin gehen, wenn er der Überzeugung wäre, dort dringender gebraucht zu werden als in Tübingen. Sein Fortgang von Tübingen wäre ein schlechthin unersetzlicher Verlust sowohl für die Universität als auch für das ganze Land. Es könnte für seine Entscheidung, die in der allernächsten Zeit fallen muß, von ausschlaggebender Bedeutung sein, ob man ihm an dieser neuen Aufgabe zeigt, daß er in Württemberg unentbehrlich ist.

Kittel.

Die Frage einer weiteren Mitarbeit der Sezession in der Glaubensbewegung Deutsche Christen wurde in einem Rundschreiben von Pfarrer Weber vom 12. 10. 1933 angeschnitten[197]*:*

Liebe Freunde!

Ein kurzes Wort zur Lage.

1. 255 stehen hinter unsrer Sache und sind gewillt, künftig mit uns in voller Freudigkeit in der Glaubensbewegung Deutsche Christen mitzuarbeiten unter der Voraussetzung, daß unsren gewissensmäßig begründeten, unaufgebbaren sachlichen[197a] Anliegen, die bekannt sind, Rechnung getragen wird. Unter den 255 Freunden befinden sich 160 bis 170 solche, die schon seither der Glaubensbewegung Deutsche Christen angehörten.

2. Sowohl von politischen Stellen, die in steigendem Maß unsren Forderungen Verständnis entgegenbringen, wie von seiten des Herrn Landesbischof ist an uns der Wunsch herangetragen worden, wir möchten in diesem Augenblick, wo, für uns alle überraschend, Entwicklungen sich anbahnen, die uns günstig sind und unsre bisherige Haltung rechtfertigen, die Waffe des förmlichen Austrittes zunächst noch nicht anwenden. Es ist selbstverständlich, daß wir uns bis zur endgültigen Klärung an irgend welcher Mitarbeit in der Glaubensbewegung Deutsche Christen nicht beteiligen.

3. Wir haben der derzeitigen Landesleitung mitgeteilt, daß wir auf Wunsch des Herrn Landesbischofs und der politischen Stellen für kurze Zeit von der Erklärung des Gesamtaustrittes Abstand nehmen.

[197] LKA Stuttgart, D 1, Bd. 44.

[197a] sachlichen: in der Vorlage unterstrichen.

4. Täglich kommen von Freunden viele Anfragen, Ratschläge und Zustimmungen an uns. Wir danken herzlich für dieses Mitsorgen, Mitkämpfen und Mittragen. Die Freunde werden es verstehen, wenn wir nicht jedem einzelnen darauf antworten und bitten, sie möchten uns zutrauen, daß wir nur nach sorgfältigster und gewissenhaftester Überlegung des Standes der Dinge, der ja draußen im einzelnen nicht überschaubar ist, unsre Entschlüsse fassen und auch den heutigen gefaßt haben, der uns nicht leicht gefallen ist, weil wir wissen, wie schwer die meisten unter Euch mit uns unter jedem unklaren Zwischenzustand seufzen. Selbstverständlich dringen wir nach wie vor auf schleunige Bereinigung und werden nicht zugeben, daß die notwendige Klärung auf die lange Bank geschoben werde.

5. Freund Pressel erklärt in eigener Sache Folgendes: »Ich werde von Kollege Rehm der ›objektiven Unwahrhaftigkeit‹ bezichtigt. Es sei nicht wahr, daß er Anweisungen gehabt habe, den Oberkirchenrat in einem Konfliktsfall kommissarisch aufzulösen und zu besetzen. Dazu erkläre ich nach Rücksprache und im Einvernehmen mit dem Herrn Bischof: Soweit sich über diese Gespräche heute noch ganz Sicheres feststellen läßt, verliefen sie so: a) Am Montag, 18. September, erklärte er in einer Unterredung dem Herrn Bischof: Wenn der Herr Bischof die Ablehnung des Ermächtigungsgesetzes mit der Auflösung des Landeskirchentags beantwortet hätte, so hätte das eine staatliche Aktion zur Folge gehabt. b) In einer weiteren Unterredung mit dem Herrn Bischof am 30. September, zu der ich später zugezogen wurde, hat R[ehm] auf die direkte Frage von mir, ob er eine Ermächtigung oder Anweisungen zur kommissarischen Besetzung des Oberkirchenrats gehabt habe, ausweichend erklärt: er sei nicht verpflichtet, mir darüber Auskunft zu geben. Auf meine Feststellung, daß das auch eine Antwort und eine Bestätigung sei und auf eine zweite Frage in derselben Richtung gab R[ehm] noch einmal eine ausweichende Antwort, ebenso auf eine mehr ironisch gemeinte Bemerkung des Herrn Bischof von dem ›Papier‹, das er für diesen Zweck in der Tasche gehabt habe. Ich überlasse nun den Freunden ein Urteil darüber. Es wäre jedenfalls dem Kollegen R[ehm] ein leichtes gewesen, durch ein klares Nein sich von dem in unsren Anfragen liegenden Verdacht unzweideutig und unmißverständlich zu reinigen. (gez.) Pressel.«

Heil Hitler! Mit dem Gruß treuer Verbundenheit Euer G. Weber.

Anmerkung

Durch die mancherlei Ausschreiben sind unsre Geldmittel nahezu aufgebraucht. Wir wären deshalb für eine bescheidene Unterstützung seitens unsrer Freunde herzlich dankbar (Städt. Girokasse Stuttgart, Girokonto Nr. 11 152, Pfarrer Weber, Stuttgart-S, Tübinger Straße 16).

Der Landesleitung der Glaubensbewegung Deutsche Christen teilte Pfarrer Weber ebenfalls am 12. 10. 1933 die Bedingungen für eine weitere Mitarbeit mit[198]*:*

Ich teile der Landesleitung mit, daß mit dem heutigen Tag 255 Freunde uns zu der Erklärung bevollmächtigt haben, daß sie bereit sind, in aufrichtiger und tätiger Bejahung des Nationalsozialismus freudig und mit allen Kräften für die Glaubensbewegung Deutsche Christen sich einzusetzen, wenn deren Haltung in der von uns gezeichneten Linie sich bewegt, daß ihnen aber unter den derzeitigen Verhältnissen eine Mitarbeit unmöglich ist. Zur gleichen Erklärung bin ich für über 200 Karlshöher Brüder bevollmächtigt[198a]. Ferner haben ca. 160 bis 170 in der Glaubensbewegung Deutsche Christen eingetragene Mitglieder uns bevollmächtigt, mit dem heutigen Tag ihren Austritt aus der Glaubensbewegung Deutsche Christen anzumelden. Auf ausdrücklichen Wunsch des Herrn Landesbischofs und verschiedener politischen Stellen halten wir diese namentliche Abmeldung noch für kurze Zeit zurück im Interesse von sich anbahnenden Entwicklungen.

Heil Hitler! I. A. Pfarrer Weber.

Den Austritt der Sezession aus der Glaubensbewegung Deutsche Christen teilte Pfarrer Weber dann am 14. 10. 1933 mit[199]*:*

Nach dem neuesten Stand der Dinge sind wir genötigt, den Schritt doch zu tun, den wir seither mit Rücksicht auf die Zukunft der Glaubensbewegung Deutsche Christen in Württemberg sowie auf Wunsch verschiedener politischer Stellen nicht getan haben. Der Unterzeichnete gibt deshalb im Auftrag die folgende Erklärung ab:

1. Die in der Liste angeführten 264 Freunde erklären, daß sie in freudiger und tätiger Bejahung des Werkes Adolf Hitlers jederzeit bereit sind, geschlossen der Glaubensbewegung Deutsche Christen beizutreten und an deren Aufbau und Ausbau mit ganzer Kraft mitzu-

[198] LKA Stuttgart, D 1, Bd. 44.

[198a] Über diese Vollmacht ist in den Akten nichts zu finden. Es handelt sich um die Anstalt Karlshöhe in Ludwigsburg.

[199] Text nach dem Rundschreiben vom 20. 10. 1933, siehe S. 600 ff. (LKA Stuttgart, D 1, Bd. 44).

schaffen unter der Voraussetzung, daß die Haltung der Glaubensbewegung Deutsche Christen in der von dem Kreis Pressel, Weber, Hutten gezeichneten Linie sich bewegt. Solange diese unaufgebbaren Anliegen nicht erfüllt sind, ist ihnen aus Gewissensgründen eine Mitarbeit in der Glaubensbewegung Deutsche Christen unmöglich.

2. Soweit die in der Liste aufgeführten Freunde eingetragene Mitglieder der Glaubensbewegung Deutsche Christen sind, haben sie uns bevollmächtigt, bei der Landesleitung ihren Austritt zu erklären, was hiemit geschieht. Die betreffenden Freunde betrachten sich mit dem heutigen Tag als ausgetreten.

3. Wir erklären, daß unser Freundeskreis nach wie vor in unerschütterter Treue zum nationalsozialistischen Staat und zum Werk einer echten, aufbauenden Glaubensbewegung steht. Weber.

Am 16. 10. 1933 wandte sich die Landesleitung der Glaubensbewegung Deutsche Christen und des NS-Pfarrerbundes, Gau Württemberg, mit einem Rundschreiben an diejenigen Pfarrer, deren Austritt von Pfarrer Weber am 14. 10. 1933 mitgeteilt worden war[200]*:*

Am 14. Oktober wurde durch Pfarrer Weber, Stuttgart, Ihr Austritt aus der Glaubensbewegung erklärt. Wir teilen Ihnen mit, daß damit auch Ihre Mitgliedschaft beim NS-Pfarrerbund aufgehört hat. Sollte Pfarrer Weber Ihren Austritt wider Ihren Willen erklärt haben, so geben wir Ihnen Gelegenheit, bis spätestens 20. Oktober an Pfarrer Rehm, Stuttgart, Heusteigstraße 108, mitzuteilen, daß Ihre Austrittserklärung ungültig ist und daß Sie sich der Führung des nationalsozialistischen Pfarrerbundes und der Glaubensbewegung vorbehaltlos unterstellen. Sie wollen sich dazu untenstehenden Vordrucks bedienen.

Rehm, Kommissarisch Bevollmächtigter der Reichsleitung.

Ettwein, Landesleiter des NS-Pfarrerbundes.

Erklärung

Unterzeichneter erklärt hiemit, daß er die durch Pfarrer Weber übersandte Austrittserklärung nicht billigt, sondern wünscht, auch fernerhin der Glaubensbewegung Deutsche Christen und dem NS-Pfarrerbund anzugehören. Er unterstellt sich hiemit vorbehaltlos der Reichs- und Landesleitung der beiden Verbände. Unterschrift.

In einem Rundschreiben von Mitte Oktober 1933 *teilte die Landesleitung der Glaubensbewegung Deutsche Christen, Gau Württemberg,*

200 LKA Stuttgart, D 1, Bd. 44.

den Ausschluß der Gruppe um Pressel, Hutten, Weber mit und gab einen Überblick über die von den Deutschen Christen erstrebten Reformpläne[201]*:*

Die Vorgänge der letzten Wochen, vor allem die Versuche, die freie Entfaltung der Glaubensbewegung »Deutsche Christen« zu unterbinden und damit den Zusammenhang unserer Bewegung mit dem Norden zu zerstören, veranlassen uns, Ihnen in gedrängter Kürze ein Bild der Lage zu geben. Seit annähernd zwei Monaten ist man bemüht, die Glaubensbewegung Deutsche Christen in den organisatorischen Aufbau unserer Landeskirche etwa in der Form des Evang. Volksbunds einzugliedern. So schön dieser Gedanke sein mag, wenn man nur Württemberg ins Auge faßt, so unmöglich ist er, wenn man sich die Arbeit der Glaubensbewegung Deutsche Christen innerhalb der ganzen Reichskirche vorstellt. Im übrigen stellen wir fest, daß man noch nie an die früheren Gruppen I und II im württembergischen Landeskirchentag das Ansinnen gestellt hat, sich einer derartigen Eingliederung zu unterwerfen. Außerdem bedarf ein solcher Schritt, wenn man es mit dem Führerprinzip ernst nehmen will, der Zustimmung der Reichsleitung, welche im Blick auf die nicht leicht zu nehmenden kirchenpolitischen Schwierigkeiten in Süddeutschland diese Zustimmung nicht geben konnte und in absehbarer Zeit nicht geben kann. Die Glaubensbewegung Deutsche Christen begrüßt in Württemberg das Programm eines kommenden »Evang. Gemeindedienstes[202]« und wird stets bereit sein, in treuer, gemeinsamer Arbeit diesen Dienst mit zu tragen, aber sie muß auch an ihrer inneren und äußeren Freiheit festhalten. Es war deshalb ein kläglicher Versuch, durch geheime Rundschreiben, in denen offene Unwahrheiten propagiert wurden, das Vertrauen zu unserer Landesleitung und ihren Stabswaltern im Lande zu erschüttern. Die Landesleitung hat es nicht leicht genommen, die Drahtzieher dieses Versuchs, Oberkirchenrat Pressel, Pfarrer Weber und Pfarrer Dr. Hutten, aus der Glaubensbewegung auszuschließen. Dies mußte um der Disziplin willen geschehen und geschah unter ausdrücklicher Zustimmung der Reichsleitung; selbst der diesen Herren sehr nahestehende Herr Professor Fezer erklärte am 20. September vor der Landesleitung und der ganzen Fraktion[202a], daß der Ausschluß dieser Herren eine klare Notwendigkeit gewesen sei. Es ist begreiflich, daß sich die drei ausgeschlossenen Herren mit allen erdenklichen Mitteln, zum

201 Gedrucktes Rundschreiben; LKA Stuttgart, D 1, Bd. 44.

202 Siehe Bd. 1, S. 543 ff.

202a Ein Protokoll dieser Sitzung befindet sich nicht bei den Akten.

Teil recht unsauberer Art, gegen ihren Ausschluß wehren. Eine Wiederaufnahme der Herren steht jetzt außerhalb jeder Diskussion; denn die ganze Unruhe und Unsicherheit, die sie durch ihr Vorgehen in einen Teil der württembergischen Pfarrerschaft hineingetragen haben, wird nur dann behoben werden, wenn man landauf und landab erkennt, daß unsere Glaubensbewegung Deutsche Christen in Württemberg einen klaren und reinlichen Kurs steuert, von dem sie sich unter keinen Umständen und um keinen Preis abbringen läßt. Das möge zur Aufklärung genügen. Man erspare uns, ein weiteres Bild der armseligen Zermürbungstaktik der Kreise zu geben, deren Werk nur darin besteht, die Glaubensbewegung Deutsche Christen in Württemberg unmöglich und im ganzen Reich lächerlich zu machen. Die Glaubensbewegung steht heute in Württemberg geschlossen da; annähernd 300 Amtswalter aus allen Teilen des Landes, darunter auch eine beträchtliche Anzahl von Kollegen, haben der Landesleitung und dem von ihr vertretenen Kurs ihr volles Vertrauen einstimmig ausgesprochen. Nun können wir an die Verwirklichung der Ziele gehen, die sich die Glaubensbewegung im ganzen Reich gesteckt hat, gleichzeitig aber auch in Württemberg die Voraussetzungen schaffen, die notwendig sind, um in treuer Arbeit die Richtlinien der Glaubensbewegung ihrer Verwirklichung entgegenzuführen.

Wir geben Ihnen in aller Kürze (Stichworte) im folgenden die Richtlinien unserer Arbeit im Blick auf die Reichskirche und die Reformpläne, die in Württemberg die Voraussetzung für eine gesunde, kirchliche Arbeit schaffen sollen.

A

I. Für die Reichskirche erstreben wir eine möglichst klare Verbindung der deutschen Landeskirchen untereinander, um die Werte der einzelnen Glieder der Gesamtkirche möglichst für alle in gemeinsamer Arbeit nutzbar zu machen.

II. Wir fordern die Formulierung eines Lebensbekenntnisses, das unsere Kirche klar gegen den flachen Liberalismus des letzten Jahrhunderts abgrenzt, andererseits aber auch dem Gewissen des einzelnen nicht Unmögliches und Belastendes zumutet.

III. Wir fordern die Schaffung eines deutschen biblischen Volkslesebuchs unter folgenden Gesichtspunkten: Beschränkung des Alten Testaments auf die christlich wertvollen Bücher und Kapitel. Neues Testament im vollen Umfang. Kurze Geschichte des deutschen Christentums. Charakterbilder der Väter. – Christliche Bekenntnisse großer Männer. Dieses biblische Volkslesebuch erhält jedes Brautpaar. Wir fordern das deutsche Gesangbuch (mit Beifügung des württembergischen Sondergutes). Wir fordern den einheitlichen deutschen Choral. Wir fordern eine möglichst einheitliche Gestaltung des Gottesdienstes. Wir fordern ein einheitliches deutsches Andachtsbuch.

IV. Mit Dank gegen Gott, der uns die heutige Zeit erleben läßt, fordern wir die Bejahung des heutigen Staats und damit der nationalsozialistischen Weltanschauung, die christliche Pflege der Kräfte, auf die sich der Deutsche der Gegenwart stützt.

V. Wir betonen die gemeinsame Arbeit an der Seele des Deutschen, verlangen aber Wahrung der besonderen Kräfte, die im Lauf einer jahrhundertelangen Entwicklung die einzelnen Landeskirchen im religiösen Leben gezeitigt haben.

B

Die Glaubensbewegung Deutsche Christen ist eine Kampfgruppe und weiß, gegen wen und um wen es zu kämpfen gilt. Wir fordern deshalb rücksichtslosen Kampf

I.

1. gegen die weltanschaulichen, materialistischen Grundlagen des Marxismus und damit gegen die religiöse, sittliche und nationale Verwilderung unseres Volkes;

2. gegen den Liberalismus theologischen Denkens und Forschens, das mehr oder weniger sämtliche geistigen und sittlichen Werte des Evangeliums in Frage stellte. Auch die Theologie und deren Vertreter müssen sich im vollsten Ausmaß nicht nur einseitig ihrer Verantwortung der Wissenschaft gegenüber, sondern vor allem ihrer Verantwortung der Gemeinde Christi und dem deutschen Volk gegenüber bewußt werden und bleiben. Dienst am evangelischen Kirchenvolk, Dienst an der deutschen Volksseele ist der vornehmste Aufgabenkreis einer Theologie, die ernsthaft genommen sein will;

3. gegen alles Sektiererische, das die Kräfte der Kirche zersplittert und sie zur Erfüllung ihrer Aufgabe unfähig macht;

4. gegen die Verflachung deutschen Seelenlebens, das die Bedeutung des Christentums für die deutsche Geschichte verkennt und das Christliche bewußt als undeutsch ablehnt;

5. gegen die Erbfehler des Deutschen (ausartender Subjektivismus, Partikularismus, Egoismus), die sich auf dem Gebiet des religiösen Le-

bens trotz manch prächtiger Nebenerscheinungen wie im politischen Leben verhängnisvoll ausgewirkt haben;

6. gegen die Feinde der Erbgüter der Reformation.

II.

Der Kampf ist Missionsarbeit an a) unseren Intellektuellen, soweit sie sich im Individualismus und Subjektivismus und damit in allen möglichen talmireligiösen Vorstellungen und antichristlichem Denken verloren haben; b) unseren Arbeitern, die nun bald 50 Jahre lang mit materialistischer Literatur gefüttert wurden; c) unseren völkischen Kreisen, denen es zu zeigen gilt, daß Deutschsein und Christsein sich nicht ausschließen.

C

Zur Durchführung dieser Arbeit ist es in Württemberg unbedingt notwendig, daß der organisatorische Aufbau unserer Landeskirche gewisse Reformen erhalten muß, um den zur Arbeit berufenen Ämtern größtmögliche Beweglichkeit zu sichern. Wir haben in der Gegenwart kein Recht mehr, irgend welche Kräfte brach liegen zu lassen. Im Kampf um die deutsche Volksseele ist der geschlossene Einsatz aller Kräfte notwendig, die die kirchliche Arbeit im Volksganzen tragen. Wir geben Ihnen eine kurze Skizze der kirchlichen Reformgedanken, wobei wir mit voller Absicht es vermieden haben, Aufgabe und Bedeutung des Bischofsamtes zu formulieren, zumal dessen Aufgaben Gegenstand der reichskirchenrechtlichen Gesetzgebung sind.

1. Der Evangelische Oberkirchenrat

Als Reformbewegung hat sich die Glaubensbewegung Deutsche Christen das Ziel gesetzt, mit der Tradition des Evang. Oberkirchenrats im alten Sinn völlig zu brechen, d. h. eine klare Trennung durchzuführen, die einerseits die Organe des großen kirchlichen Verwaltungskörpers schafft und ihnen ihre besondere Aufgabe im verwaltungsmäßigen Dienst zuweist, andererseits aber streng von diesem Verwaltungsorgan diejenige Abteilung absondert, die die geistlichen Interessen unserer Landeskirche wahrnimmt und entsprechend das Aufsichtsrecht über sämtliche Dienststellen des Landes ausübt. Das Bindeglied zwischen diesen beiden neugeschaffenen Organen ist der Landesbischof. Sitzungen, in denen beide großen Organe vereinigt sind, werden selten stattfinden, denn Gegenstand ihrer Beratung ist ja nur die äußere Verwaltung der Evang. Landeskirche. Das neugeschaffene Organ, der geistliche Oberkirchenrat, stellt den Führerrat des Landesbischofs dar, der den Landesbischof in allen Fragen berät, die den Kirchendienst im engeren Sinn betreffen. Die sämtlichen Entscheidungen bei diesen Beratungen hat in völliger Freiheit der Landesbischof (Pfarrbesetzung, Gemeindearbeit, Volksmission u. a.). Der Führerrat besteht aus lauter Geistlichen (Prälaten), die gleichzeitig in irgend einer Form im kirchlichen Gemeindedienst sich betätigen (Predigt- und Unterrichtsdienst).

2. Prälaten

Das evangelische Land Württemberg wird in 12 Bezirke eingeteilt, an deren Spitze je ein Prälat steht[202b]. (Besoldungsmäßig stehen diese Stellen durchweg im Dekanatsrang; munus labore et dignitate, nequaquam pecunia). Der Hauptaufgabenkreis dieser Prälaten erschöpft sich nicht in der Visitation und Inspektion der Dekanatämter, sondern in der führermäßigen Betreuung sämtlicher Gemeinden des Prälatenkreises. Die Betreuung aber hat nicht den Charakter der Dienstaufsicht über Dekane und Geistliche, sondern ist selbst Dienst an den Gemeinden. In einem fünfjährigen Zyklus sollten sämtliche Gemeinden eines Prälatenkreises von dem ersten Führer des Kreises besucht werden (Dienst durch Vortrag, Predigt oder Kinderkirche). Alljährlich einmal versammelt der Prälat aus den sämtlichen Gemeinden seines Kreises die Kirchengemeinderäte um sich, wobei jede Kirchengemeinde mindestens einen Kirchengemeinderat zu entsenden hat. Der Versammlungstag (ein Sonntag) ist als Festtag größeren Stils auszugestalten. Kurze, rein sachliche Referate haben Gegenwartsfragen des evangelischen Lebens zu behandeln. Im übrigen ist Wert darauf zu legen, daß Aufführungen besonderer Art, Festspiele und dergleichen mehr, der Versammlung eine besondere Weihe geben. Unter allen Umständen ist zu vermeiden, daß Verwaltungsarbeit den Prälaten an lebendiger Mitarbeit im Bezirk und am Bezirk verhindert.

3. Das Dekanatamt

Die Dekane als Führer des kleineren Bezirks haben im engeren Rahmen dieselbe Arbeit zu leisten wie die Prälaten im Kreis. Abstufungen der Dekanatämter im gehaltlichen Sinn sind ausgeschlossen. Der Charakter des Führers ist das Entscheidende und nicht die äußere Entlohnung. Berufung und Abberufung der Dekane sowie der Prälaten ist in die Hände des Landesbischofs bzw. dessen beratenden Organe gelegt.

[202b] Die Landeskirche hatte damals tatsächlich 4 Prälatursprengel.

Eine Abberufung vor dem pensionsberechtigten Lebensalter verpflichtet den Abgerufenen, seine Kraft auch im einfachsten Gemeindedienst der Landeskirche zu erhalten. Demütiger Gehorsam ist das Entscheidende, nicht das persönliche Ehrgefühl, das sich durch eine derartige Maßnahme einer Abberufung etwa verletzt fühlen könnte. Auch die Aufgabe des Dekans besteht im wesentlichen nicht darin, durch Visitationen und Inspektionen sich von der Arbeit des Einzelgeistlichen und dem Stand der kirchlichen Gemeinde zu überzeugen, sie ist vielmehr bewußte Führung des Bezirks. Seine ständige Sorge muß sein, daß das kirchliche Leben nicht stagniert. (Austauschpfarrer, Vorträge, Volksmissionen, Versammlung der Kirchengemeinderäte des Bezirks zu einem einmaligen Bezirkstag, ein kirchliches Bezirksfest im Jahr, das alternierend in den größeren Gemeinden des Bezirks stattfindet.)

4. Der Pfarrer

Zunächst rein Formales: Wir halten es für selbstverständlich, daß endlich einmal der einheitliche Titel »Pfarrer« geschaffen wird. Nachdem es keine Schultheißen und Stadtschultheißen mehr gibt, dürfte auch die äußere Unterscheidung zwischen Pfarrer und Stadtpfarrer endlich in der ehrwürdigen Rumpelkammer einer vergangenen Zeit verschwinden[202c].

a) Anstellungsverhältnis. Wir halten es für selbstverständlich, daß der Oberkirchenrat sämtliche Pfarrer in freier Entscheidung nach ihrer Eignung für die ausgeschriebenen Stellen anstellt. Im übrigen aber bleibt es dem Oberkirchenrat unbenommen, nach freiem Ermessen dem Pfarrer einen anderen Wirkungskreis zuzuweisen, der seinen Kräften, seiner Würdigkeit und seinen Leistungen entspricht (Rück- und Vorversetzung). Unter allen Umständen ist dahin zu wirken, daß wichtige Stellen, die eine starke Kraft beanspruchen, nicht von überalterten Persönlichkeiten besetzt werden und besetzt bleiben. Leichte Anfangsstellen und leichte Schlußstellen sind zweckentsprechend mit Kräften zu besetzen, die stärkeren Ansprüchen nicht gewachsen sind. Um aber dieses System nicht dem Vorwurf der Einführung ungerechter Besetzungsmethoden auszusetzen, muß die Besoldungsordnung für sämtliche Pfarrstellen möglichst einheitlich durchgeführt werden. Der Anreiz, sich um einen größeren Wirkungskreis zu bewerben, darf unter keinen Umständen materiellen Gründen seinen Ursprung verdanken.

[202c] Erst durch das Kirchliche Gesetz vom 4. 5. 1949 (Art. 33, S. 279 f.) wurde die einheitliche Bezeichnung »Pfarrer« eingeführt.

b) Arbeit. Die seitherige Arbeit des Seelsorgers und Pfarrers mit dem Dienst am Wort soll im gleichen Rahmen weitergehen. In größerem Maßstabe als seither soll aber der außerordentliche Dienst in der Gemeinde gestaltet werden (Vorträge, Volksmission, Sitzungen des Kirchengemeinderates mit Aussprache über die kirchliche Arbeit u. a. m.). Austauschpfarrer, Wanderprediger usw. sollen dafür sorgen, daß die Gemeinde nicht zu sehr auf die Persönlichkeit des Pfarrers abgestimmt wird und damit sich abstumpft. Die Heranziehung sämtlicher Kräfte, die in der Gemeinde willens sind, die kirchliche Arbeit zu tragen, ist eine der vornehmsten Aufgaben des Geistlichen (Schaffung eines örtlichen Generalstabs, Vorbereitung des Winterprogramms, ein besonderes Fest im Jahr, an dem alle kirchlichen Organisationen mit ihrer Gabe dienen). Wir sind uns bewußt, daß wir damit nicht durchweg neue Forderungen stellen; was wir erstreben, ist nur, die Erfahrungen der letzten Jahrzehnte auszunützen, um das ganze kirchliche Leben in unseren Gemeinden straffer und einheitlicher zu gestalten.

c) Jeder Geistliche ist verpflichtet, nicht nur seiner Gemeinde, sondern auch seinem Bezirk zu dienen. Vor Beginn jeder Sommerzeit versammelt der Bezirksführer (der Dekan) seine Geistlichen, um das nächste Winterprogramm in den einzelnen Gemeinden zu besprechen. Gleichzeitig wird besprochen, welche Art von Vorträgen während des Winters in den Gemeinden gehalten werden; die einzelnen Referate werden unter die Geistlichen verteilt, so daß bei Beginn des Winters eine stattliche Vortragsreihe zur Verfügung steht, die dann gründlich auszunützen ist. In der Zuteilung der Referate bleibt dem Bezirksführer immer die letzte Entscheidung.

5. Das Pfarrseminar in Stuttgart

Es ist anzustreben, daß unsere Theologen zwischen dem 1. und 2. Dienstexamen einen 10 bis 12wöchigen Kurs besuchen, in dem sie, neben der praktischen Einarbeitung in den Pfarrberuf, theoretische Vorträge aus allen Gebieten des öffentlichen und kirchlichen Lebens hören. Leiter des Seminars ist ein Direktor, der in unmittelbarer Abhängigkeit des Landesbischofs steht. Die Aufgabe des Direktors besteht nicht bloß darin, selbst Vorträge an die Besucher des Kurses zu halten, sondern er hat vor allem dafür zu sorgen, daß recht viele Mitarbeiter, hauptsächlich aus den Kreisen unserer Theologen, zur Mitarbeit herangezogen werden. Eine Reihe unserer Pfarrer haben ihre Sondergebiete, auf denen sie sich betätigen; diese Kräfte sollen nun, durch organische Hineinziehung in die Ausbildung unserer Theologen, für die Landeskirche fruchtbar gemacht werden. Außer Fahrtkosten und Verpflegungsgeldern haben diese Hilfskräfte keinerlei Ansprüche auf Vergütung. Der Direktor selbst sollte nicht über 55 Jahre alt sein, damit seine Überalterung kein Hindernis bildet zur Erfassung des jugendlichen Pfarrernachwuchses. Ein Stoffplan ist auszuarbeiten, der sich vor allem auch mit den brennenden Fragen unseres Volkes in der Gegenwart beschäftigt.

6. Theologisches Studium

Das Studium verläuft wie seither in 8 Semestern. Die ersten Semester sollen zur Klärung der eigenen Persönlichkeit weltanschaulichen Studien gewidmet sein; daneben ist Geschichte, Deutsche Volkskunde (Volkspsychologie), soweit möglich auch Rassenbiologie Gegenstand der Ausbildung. Dazu tritt von Anfang an Exegese des Neuen Testaments. Die Behandlung des Alten Testaments hat in stärkerem Maße als bisher zurückzutreten. Homiletik und Katechetik beginnt mit dem 5. Semester. Nach dem Abschluß des 6. Semesters ist der Student im praktischen Dienst jährlich mindestens 6 Wochen lang ohne Entschädigung zu verwenden. Ohne den Nachweis einer solchen Verwendung im praktischen Kirchendienst darf die Zulassung zum 1. Dienstexamen nicht gestattet werden. Nach dem 1. Dienstexamen hat der Kandidat sich in einem einjährigen Lehrvikariat innerlich und äußerlich auf den eigentlichen Dienst vorzubereiten (Gewährung von schlichten Taggeldern). Sämtliche Vikare haben in mindestens drei verschiedenen Kreisen unseres Landes zu wirken, damit ihnen die Verschiedenartigkeit unseres Volkes deutlich wird. Unumgänglich ist, daß jeder unständige Pfarrer mindestens ein einjähriges Katechetenjahr abzudienen hat, bevor er zur ständigen Anstellung berufen wird. Die erste ständige Stelle (mindestens 3 Jahre) muß eine Dorfgemeinde sein; in ihnen lernt man die frische, ungebrochene Kraft unseres Volkes am besten kennen und erwirbt die Voraussetzungen zum Wirken auf breiterer Basis.

Wir bitten Sie nun, sich mit den Gedankengängen unseres Programms zu beschäftigen, das wir Ihnen mit diesem Schreiben an die Hand geben. Sie wollen nun selbst nachprüfen, ob die Vorwürfe berechtigt sind, daß wir für Württemberg und das Reich kein zielbewußtes Arbeitsprogramm hätten. Wir sind entschlossen, in treuer Kampfverbundenheit mit dem Führer der Württ. Landeskirche unsere Reformgedanken durchzuführen. Mit aller Entschiedenheit weisen wir zum letztenmal die Verdächtigungen zurück, als ob unsere Kampfgruppe im Landeskirchentag die Absicht gehabt hätte, unseren jetzigen Herrn Landesbischof zu stürzen. Wer die Verhandlungen im Landeskirchentag und in den Gruppensitzungen halbwegs objektiv verfolgt hat, muß feststellen, daß wir nicht nur einmal unserem Herrn Landesbischof das Vertrauen ausgesprochen hatten und daß wir das auch mit der Annahme des sogenannten Ermächtigungsgesetzes durch die Tat bestätigt hatten.

Mit deutsch-evangelischem Gruß!

Die Landesleitung der Glaubensbewegung »Deutsche Christen«
Gau Württemberg
Rehm, kommissarisch Bevollmächtigter der Reichsleitung
Dr. Schairer, Landesleiter
Dr. Steger, Präsident des Württ. Landeskirchentags

Zu diesem Aktionsprogramm schrieb Pfarrer Römer am 31.10.1933 im Evang. Kirchenblatt für Württemberg:

I. Erfreulich ist für den, der bisher immer wieder von einem völligen Neubau der Kirche hörte, der Satz: »Wir sind uns bewußt, daß wir damit nicht durchweg neue Forderungen stellen; was wir erstreben, ist nur die Erfahrungen der letzten Zeit auszunützen und das kirchliche Leben in unsern Gemeinden straffer und einheitlicher zu gestalten.« Wird hiemit zugleich als Ziel angegeben, daß man bisherige Regielosigkeiten der Kirche abstellen wolle, so bedarf es m. E. noch des Hinweises, daß diesen zweifellos vorhandenen Unordnungen wesentlich innerliche geistliche, auch theologische Mängel zugrunde liegen. Ein wirkliches Anliegen ist uns, daß die Kirche Jesu Christi in ihrer heutigen zeitgeschichtlichen Gestalt die Kleider bekomme, in denen sie auch wirklich einhergehen und das Werk ihres Dienstes tun könne. ...

II. Ein kirchliches Aktionsprogramm erweckt aber nur dann Vertrauen, wenn die wesenhaften kirchlichen Voraussetzungen vorangestellt oder doch an jedem Punkt durchzumerken sind. Fehlt es an beiden, so ist man genötigt, andere Begründungen oder Abzweckungen des Programms zu suchen. In der äußeren Anordnung gibt sich das Programm selber als Instrument der »Kampfgruppe« kund. Auf der Suche nach einem kirchlichen Vorzeichen finde ich aber nur den Satz: »Wir fordern die Formulierung eines Lebensbekenntnisses, das unsere Kirche klar gegen den flachen Liberalismus des letzten Jahrhunderts abgrenzt, andererseits aber auch dem Gewissen des einzelnen nichts Unmögliches und Belastendes zumutet.« Mit einem solchen Vordersatz ist angekündigt, daß die Auseinandersetzungen der vergangenen Zeiten an allen Punkten von Lehre und Kultur sich wiederholen werden, ja, daß man nicht bloß über die Aufgaben, sondern selbst über die Fundamente der Kirche wiederum wird viel Redens pflegen müssen. Und wir hatten doch gehofft, daß auf dem Boden des neugeschenkten Volkstums nun gelten werde das ganze Heil von dem »Am Anfang schuf Gott Himmel und Erde«[203] bis zu dem »Siehe, ich komme bald«[204], daß in der Kirche ihr Wesenhaftes gelte, die Kraft des geoffenbarten Evangeliums zum Dienst am Volk und seinen Gliedern. Bleiben wir nicht im Glauben beim ganzen geoffenbarten Wort, so werden wir wehrlos sein, wenn einmal von irgendeiner Seite her der Versuch gemacht würde, den lebendigen Gott in einen von menschlichen Gedanken gemachten Volksgott zu verwandeln. Man nimmt an, daß alle Gaben und Kräfte im bischöflichen Amt gesammelt sein werden. Es wäre aber gut, wenn grundlegend und ausdrücklich gesagt würde, daß die Autorität des kirchlichen Führers aus dem Wort Gottes kommt, das er im Namen der Kirche verkündigt. So nur kann das Bischofsamt Organ der die einzelnen Glieder umfassenden und tragenden Einheit sein. So nur kann die Kirche als viva vox den heiligen Willen und die Liebe Gottes über dem Volksleben kundtun. Man hätte dies durch einen Hinweis aufs Bekenntnis der Kirche ausdrücken müssen. Ohne Bekenntnis ja keine Kirche und kein Führeramt. ...

Am 12. 10. 1933 lud Pfarrer Weber die Bezirksvertrauensleute und die Mitglieder seines Kreises aus Stuttgart auf 19. 10. 1933 zu einer Besprechung ein. Über diese Besprechung teilte Weber am 20. 10. 1933 mit[205]*:*

Liebe Freunde!

Die Lage ist folgende:

1. Kaum nachdem wir Euch die Nachricht hinausgegeben hatten, daß wir auf Wunsch des Herrn Landesbischofs und verschiedener politischer Stellen mit unsrem Austritt zurückhalten wollten, erfuhr die Situation, die oft stündlich wechselt, eine starke Verschärfung, welche

[203] 1 Mos 1,1.
[204] Offb 3,11.
[205] LKA Stuttgart, D 1, Bd. 44. Ein Protokoll der Besprechung am 19. 10. 1933 im Walderholungsheim in Stuttgart-Degerloch befindet sich nicht bei den Akten. – Zum Wunsch des Landesbischofs, den Austritt aus der GBDC aufzuschieben, vgl. das Rundschreiben Webers vom 12. 10. 1933, S. 587 ff.

die Erklärung des Austrittes nötig machte. Unsre Vertrauensleute, welche der gestrigen Versammlung anwohnten, werden Euch darüber Näheres berichten. Trotzdem wir ausdrücklich nur für die schon seither eingetragenen Mitglieder der Glaubensbewegung Deutsche Christen den Austritt vollzogen, für die übrigen aber nur feststellten, daß sie gesinnungsmäßig hinter uns stünden, hat die Landesleitung an alle Freunde die Nachricht gesandt, wir hätten für sie den Austritt erklärt. Dadurch mußte bei den in der Glaubensbewegung Deutsche Christen nicht eingetragenen Freunden der Eindruck entstehen, wir hätten der Landesleitung gegenüber sie als ordentliche Mitglieder hingestellt und also falsche Tatsachen vorgespielt. Um keinerlei Zweifel über die völlige Korrektheit unsres Vorgehens aufkommen zu lassen, geben wir im Wortlaut das Schreiben vom 14. Oktober 1933 wieder[206]... Das merkwürdige Verfahren der Landesleitung veranlaßte uns sofort zur Richtigstellung, in der wir unter anderem schrieben: »Wir nehmen zugunsten der Landesleitung an, daß es sich dabei nicht um Absicht, sondern um schlechte Geschäftsführung handelt. Wir werden unsre Freunde sofort über den Sachverhalt aufklären.« Was hiemit geschehen ist.

2. Auf das gedruckte Anschreiben, welches die Landesleitung an alle Pfarrämter gehen ließ[206a], wird von uns zur Zeit eine Antwort vorbereitet, die gleichfalls allen Amtsbrüdern zugestellt werden soll.

3. Auf gestern, 19. Oktober, hatten wir die Bezirksvertrauensleute nach Stuttgart eingeladen. Sie werden Euch eingehend berichten. Um von vornherein irgendwelchen Gerüchten entgegenzutreten, sei festgestellt:

a) Wir hatten am Tag zuvor (Mittwoch, den 18. des Monats) dem Herrn Landesbischof folgenden Vorschlag unterbreitet: Angesichts der bedrohlichen außenpolitischen Lage, die nach einer geschlossen hinter den Kanzler sich stellenden evangelischen Kirche ruft[207], erscheint uns eine Bereinigung des Zwiespaltes nicht bloß als Pflicht gegenüber der Kirche, sondern auch gegenüber Volk und Staat. Wir können uns aber eine Lösung, die nicht bloß ein unwahres Überschmieren der Gegensätze ist, sondern dauert, nur unter 2 Voraussetzungen denken. Einmal: Da die ganze Frage eine rein innerkirchliche ist, liegen Initiative und Füh-

[206] Hier folgt der Wortlaut dieses Rundschreibens; siehe S. 589 f.

[206a] Die »Richtlinien« von Mitte Oktober 1933 siehe S. 592 ff.

[207] Am 14. 10. 1933 wurde der Reichstag aufgelöst, an demselben Tag trat Deutschland aus dem Völkerbund aus, auf 12. 11. 1933 war eine Volksabstimmung angesetzt, vgl. S. 751 ff.

rung der Bereinigung einzig bei der kirchlichen Obrigkeit, dem Herrn Bischof. Ferner: Alle diejenigen, die im Kampf der letzten Wochen sich exponierten, müssen angesichts der außerordentlich ernsten Lage unsres Volkes das persönliche Opfer bringen, sich völlig in den Hintergrund zu begeben und die Führung an Männer abzutreten, die durch den Kampf nicht belastet sind. Wir erklärten wie schon öfters, daß wir, Pressel, Weber, Hutten, zu diesem Opfer selbstredend bereit sind, da es uns nur um die Sache geht. Wir glaubten auch bei der anderen Seite so viel Verständnis für die politische Situation voraussetzen zu dürfen, daß auch sie dieses Opfer bringen würde.

b) Wir wurden in dieser Hoffnung bestärkt, als Hilzinger, dessen redliche Bemühung um eine Lösung von uns voll anerkannt wird, in einer Unterhaltung mit dem Herrn Landesbischof am Donnerstag Mittag einen Vorschlag unterbreitete, in dem die Namen der seitherigen Landesleitung nicht mehr vertreten waren.

c) Bei unsrer Zusammenkunft teilte Freund Pressel diesen Vorschlag Hilzingers mit. Ehe er aber zur Grundlage einer Besprechung gemacht werden konnte, mußten wir notwendig feststellen, ob zu einem solchen Vorschlag die derzeitige Landesleitung ihre Zustimmung gäbe. Deshalb wurde von mir bei Hilzinger, der gerade mit dem Führerrat der Glaubensbewegung Deutsche Christen tagte, angefragt: »Ich bitte um eine von Rehm autorisierte Antwort auf die Frage, ob Rehm einer Lösung zustimmt, bei der sein Name weder in der Leitung noch im Führerrat auftaucht.« Als längere Zeit keine Antwort kam, rief ich noch einmal an. Hilzinger teilte mir im Auftrag mit: »Rehm verweigert auf diese Frage die Auskunft, ebenso der größere Teil des Führerrats.« Es sei noch angefügt, daß die gleichfalls vorgeschlagene Lösung Schaal-Rehm nicht die Zustimmung unsrer Freunde fand. Auch diesesmal ist unsre Bereitschaft, zur Bereinigung zu kommen, an der völligen Unzulänglichkeit der derzeitigen Landesleitung gescheitert.

4. Gegenüber Behauptungen, welche uns die Absicht der Ortsgruppenbildung unterstellen, sei erklärt: Pressel hat als früherer Nachbarpfarrer im Rahmen eines Gemeindeabends am 15. des Monats in Altensteig[208] einen schon vor 6 Wochen festgelegten Vortrag über die Kirche im Dritten Reich gehalten, wobei die Frage der Spaltung in der Glaubensbewegung Deutsche Christen von ihm nicht berührt und keinerlei

[208] Pressel war von 1925 bis 1929 Pfarrer in Nagold, Rehm war ab 1926 im nahegelegenen Simmersfeld.

Ortsgruppe gegründet wurde. Wir denken auch künftig nicht daran, Ortsgruppen zu sammeln.

5. Unsre Vertrauensleute bitten wir nochmals herzlich um den doppelten Dienst:

a) Zum nächstbaldigen Termin die Freunde des Bezirks zusammenzurufen, um ihnen ausführlich von der gestrigen Versammlung zu berichten. Auch andere Amtsbrüder einladen und aufklären! Wo noch persönliche Verbindung besteht, auch an diejenigen herantreten, die noch als Amtswalter oder sonstwie auf Seiten der Landesleitung stehen.

b) Mitteilung von Namen solcher, die mit uns in Gesinnungsgemeinschaft stehen, wobei wir zu beachten bitten, daß die Voraussetzung der Zugehörigkeit zu unsrem Kreis u. a. auch die ehrliche Bejahung des neuen Staates ist.

6. Im Anschluß an die gestrige Versammlung hat eine Abordnung dem Herrn Landesbischof persönlich folgende Adresse überreicht: »Die im Walderholungsheim heute versammelten 94 Vertrauensleute der Gruppe Pressel-Weber-Hutten bitten den Herrn Landesbischof, nach vorangegangener Orientierung der zuständigen Berliner Stellen kraft bischöflicher Befehlsgewalt eine Lösung der unerträglichen Führerkrisis in der württembergischen Glaubensbewegung Deutsche Christen binnen kurzem in dem Sinne herbeizuführen, daß der Herr Bischof eine geeignete, die bekannten sachlichen Anliegen garantierende, für beide Seiten tragbare Persönlichkeit zum Landesleiter beruft unter gleichzeitiger Übernahme der Schirmherrschaft der württembergischen Glaubensbewegung Deutsche Christen.«

In treuer Kampfverbundenheit mit Heil Hitler! Weber.

Für eine allgemeine Information der württ. Pfarrerschaft nach der Tagung der Bezirksvertrauensleute am 19. Oktober stellte die Gruppe Pressel, Hutten, Weber folgende Gesichtspunkte auf[209]*:*

Die Information hat nach folgenden Gesichtspunkten zu geschehen:

1. Besprechung des Anschreibens der Landesleitung an sämtliche Pfarrämter und Amtswalter. a. In dem Ausschreiben wird der Streit wiederum auf das Persönliche gezogen (Verleumdungen, ohne sich die Mühe zu machen, sie zu beweisen). Die Darstellung, als handle es sich um Persönliches, bedeutet bewußte Bagatellisierung unserer Anliegen

[209] LKA Stuttgart, D 1, Bd. 44; Kopie eines Briefes ohne Anschrift und Unterschrift, wohl von Pressel stammend. Das Ausschreiben der Landesleitung der GBDC von Mitte Oktober siehe S. 590 ff.

und Irreführung der Öffentlichkeit. b. Unsere in dem Rundschreiben wohl absichtlich unbeantworteten Anliegen: Unterstellung unter die kirchliche Führung (siehe Bayern); gegen Nebenregierung; Ernstmachen mit den Vertrauenserklärungen für Wurm, weil diese sonst völlig unglaubwürdig, Mission an die Stelle von Propaganda, praktische Arbeit statt Kirchenpolitik, Ernstmachen mit dem Bekenntnis. c. Der Inhalt des Ausschreibens: Positive und beherzigenswerte Vorschläge, die aber nicht auf dem eigenen Beet gewachsen sind, sondern vom Volksbund, von uns und anderen Kreisen entlehnt, viel Allgemeinplätze, viel zu viel rein Organisatorisches, was den Verdacht erweckt, daß man nicht weiß, woher Erneuerung der Kirche kommt.

2. Protest gegen Ausschluß aus NS-Pfarrerbund wird von uns erfolgen vor allem unter Hinweis auf Erlaß von Hess, dem Stellvertreter des Führers[210]: »Kein Nationalsozialist darf irgendwie benachteiligt werden, weil er sich nicht zu einer bestimmten Glaubensrichtung ... bekennt.«

3. Unser Sammelaustritt ist seit Samstag vollzogen, aber nur für solche, die schon seither der Glaubensbewegung Deutsche Christen angehörten. Für die übrigen, der Glaubensbewegung Deutsche Christen seither nicht angehörenden Gesinnungsfreunde haben wir nur erklärt, daß sie unsere Anliegen zu den ihrigen sich machen und freudig in einer Glaubensbewegung Deutsche Christen mitarbeiten, die unseren Kurs steuert. Ob die Landesleitung mit Absicht oder aus Nachlässigkeit den Eindruck erweckt, als hätten wir auch die der Glaubensbewegung Deutsche Christen nicht angehörenden Gesinnungsfreunde abgemeldet und also falsche Tatsachen vorgespiegelt, lassen wir dahingestellt. Die Bezirksvertrauensleute mögen bitte über diesen Punkt so rasch als möglich (mündlich oder durch Postkarte) die Freunde im Bezirk aufklären, um jede Unklarheit und Verwirrung zu vermeiden.

4. a. Die Maske des harmlosen Biedermannes, die von seiten der DC-Landesleitung in öffentlichen Versammlungen aufgesetzt wird, ist durch den Hinweis auf den Widerspruch zwischen Worten und praktischer Haltung aufzudecken. b. Front zu machen ist, wenn nötig, auch in der weiteren Öffentlichkeit gegen die Behauptung, als handle es sich bei unseren Anliegen um Theologengezänk. c. Abzulehnen ist auch die Berufung der gegenwärtigen Landesleitung auf Hitler und Müller. Die Glaubensbewegung Deutsche Christen ist nicht »Die Bewegung Hitlers«,

[210] Erlaß vom 13. 10. 1933, siehe GB 140, S. 106. In der Vorlage ist der Text des Erlasses schon gekürzt.

sondern die Partei distanziert sich mehr und mehr von ihr (siehe Erlaß von Hess); sie ist auch nicht die Bewegung Müllers, sondern Hossenfelders (kirchlich nicht legitimierte Nebenregierung im Reich und bei uns).

5. Der Protest aller nichtpreußischen Bischöfe in Wittenberg[211] richtete sich nicht gegen Müller, wie er vor seinen Amtswaltern behauptete, sondern gegen die einseitige Zusammensetzung des Geistlichen Ministeriums (Überwiegen des Einflusses der preußischen Unionskirche).

6. Kirchliche Lage

a. Der Reichsstatthalter lehnt nunmehr den Herrn Landesbischof ab. b. Der offiziöse Artikel, vom Chefredakteur des »NS-Kurier« stammend, vom 18. des Monats fordert unverhüllt zur kirchlichen Rebellion auf. R[ehm] als Gaukirchenfachberater dafür mitverantwortlich zu machen. Hintergehung von Wurms Gebot, Kirchliches in der säkularen Presse zu behandeln. c. Die Alternative: Wurm oder R[ehm]: Alles andere ist Verharmlosung der todernsten Situation. Auf diese Alternative unter den Amtsbrüdern unermüdlich hinweisen. d. Von unserer Seite ergeht in den folgenden Tagen an sämtliche Pfarrämter die Antwort auf das Schreiben der Landesleitung. Ebenso ein Protest im »Kirchlichen Anzeiger« und im »Evang. Kirchenblatt«[212]. e. Der Herr Landesbischof wird voraussichtlich in einem Ausschreiben Stellung nehmen zu den neuerlichen Angriffen im »NS-Kurier«[213].

7. Neuerdings wird Lösungsversuch Schaal-Rehm vorgeschlagen. U. a. aus zwei Gründen unmöglich: a. Oberkirchenrat Schaal mit Arbeit derart überhäuft, daß keine Zeit übrig, sich der Glaubensbewegung Deutsche Christen so anzunehmen, daß R[ehm]s Einfluß wirklich zurückgedrängt wird. b. Die Haltung des Oberkirchenrats ist z. Zt. die, daß kein Mitglied des Oberkirchenrats eine derartig exponierte Stellung annehmen soll.

8. Den Vertrauensleuten auf Herz und Gewissen binden: Werben und Aufklären unter Parole: Für Wurm und kirchliche Disziplin!

211 Den Protest von 10 Kirchenführern, darunter auch von Landesbischof D. Wurm, gegen die Zusammensetzung des Geistlichen Ministeriums der DEK im Anschluß an die Nationalsynode in Wittenberg am 27. 9. 1933 siehe GB 140, S. 104.

212 Diese Artikel sind nicht erschienen.

213 In den Ausgaben vom 3. 10. 1933 und 18. 10. 1933, siehe S. 553 ff. und 645 ff.

Noch am 20. 10. 1933 wandte sich die Gruppe um Pressel, Hutten, Weber an den Landesbischof und bat ihn, auch die zuständigen Reichsstellen in Berlin für eine Lösung der Krise zu interessieren[214]*:*

Hochverehrter Herr Landesbischof!

Wir erlauben uns, Ihnen folgendes Anliegen zu unterbreiten: Vor einem Monat ist innerhalb der württembergischen Glaubensbewegung Deutsche Christen eine folgenschwere Spaltung entstanden, deren Ursache nicht, wie von der andern Seite behauptet wird, in persönlichen Quertreibereien und Unzufriedenheiten liegt, sondern in sehr ernsten sachlichen Gegensätzen. Es handelt sich um die Frage, in welchem Geist und Sinn die Glaubensbewegung Deutsche Christen geführt werden soll. Unsere Anliegen bestehen aus folgenden Punkten:

1. Die Glaubensbewegung Deutsche Christen soll sich ganz und bewußt auf den Boden des Bekenntnisses stellen. Wir verstehen darunter, daß man dieses Bekenntnis nicht nur als eine dogmatische Größe behandelt, sondern es auch zur lebendigen Norm des eigenen Handelns macht. Dazu gehört vor allem das Ernstmachen mit der Botschaft vom Kreuz, dem Bußruf und dem Glauben an den Heiligen Geist, sein Wesen und sein Wirken.

2. Daraus ergibt sich als weiteres Anliegen, daß die Glaubensbewegung Deutsche Christen ihr Handeln nach den Gesetzen der Kirche und den Forderungen des Evangeliums richtet und nicht mit Mitteln und Methoden arbeitet, die nicht der Kirche, sondern dem Gebiet der Politik entstammen (z. B. verzerrte und Mißtrauen säende Kampfartikel in der Tagespresse, Verwechslung von Disziplin und mechanistisch überspanntem Führertum mit evangelischer Gewissensgebundenheit und geistlicher Vollmacht, Verwendung unkirchlicher Terrormittel usw.).

3. Nachdem der kirchenpolitische Kampf vorüber ist, muß auch die Glaubensbewegung Deutsche Christen sich in ihrem Handeln von der Kirchenpolitik auf die volksmissionarische Arbeit umstellen. Ihre große Aufgabe besteht darin, einerseits dem von der nationalsozialistischen Freiheitsbewegung ergriffenen Volk das Evangelium zu bringen und ihm in der Kirche eine Heimat zu schaffen, andererseits aus der nationalsozialistischen Haltung heraus um eine neue Verkündigung des Evangeliums zu ringen. Die gegenwärtige Zeit des Aufbruchs und Umbruchs bedeutet für unsere Kirche eine große Stunde. Es steht hauptsächlich in

[214] LKA Stuttgart, D 1, Bd. 44.

der Verantwortung der Glaubensbewegung Deutsche Christen, daß sie nicht ungenützt verstreicht. Gegenüber der anschwellenden Flut der völkischen Religion müssen alle Kräfte zu positiver Arbeit in der Kirche und zum heißen Ringen um die Seele unseres Volkes eingesetzt werden. Daneben bedarf es auch einer theologisch scharfen und reinen Abgrenzung der christlichen Botschaft gegenüber dem völkisch-religiösen Idealismus.

4. Die Glaubensbewegung Deutsche Christen kann nur dann segensreich wirken, wenn sie sich bewußt als eine innerkirchliche und aufbauende Bewegung auffaßt. Daraus ergibt sich die Forderung, daß sie sich jeder lieblosen und verantwortungslosen Kritik an der bisherigen Kirche enthält, weil solche Kritik nicht verbessert, sondern verdirbt und die offenen und versteckten Kirchengegner in ihrer Haltung rechtfertigt. Alle Kritik muß sich danach richten, ob sie dem kirchlichen Aufbau dient. Daraus ergibt sich die weitere Forderung, daß sich die Glaubensbewegung Deutsche Christen der kirchlichen Leitung, d. h. dem Landesbischof unterstellt. Das Führerprinzip duldet auch innerhalb der Kirche keine Nebenregierung. Diese Unterstellung unter den Landesbischof soll nicht bedeuten, daß die Glaubensbewegung Deutsche Christen ihres Eigencharakters als einer Erneuerungsbewegung beraubt wird; sondern sie bedeutet, daß die Glaubensbewegung Deutsche Christen vertrauensvoll mit dem Landesbischof zusammenarbeitet und sich in entscheidenden gesamtkirchlichen Fragen seinen Weisungen unterordnet.

Diese unsere Anliegen wurden von der derzeitigen Landesleitung der Glaubensbewegung Deutsche Christen nicht anerkannt. Die Folge war die Ihnen bekannte Spaltung. 170 bis 180 Pfarrer, d. h. etwa 60 % der bisher der Glaubensbewegung Deutsche Christen angehörenden Amtsbrüder haben ihren Austritt erklärt. Außerdem sind weitere 90 Pfarrer, die aus Gewissensgründen der Glaubensbewegung Deutsche Christen um ihrer bisherigen Leitung willen nicht beitreten konnten, zu dieser ausgeschiedenen Gruppe gestoßen. In drei verschiedenen Versuchen haben wir es immer wieder unternommen, unsere sachlichen Anliegen bei der Landesleitung durchzusetzen. Sie scheiterten immer wieder an dem starren Widerstand der Landesleitung. Erst nach diesem Scheitern wurde der formelle Austritt unserer Gruppe erklärt. Nun beginnt sich die Spaltung immer unheilvoller auszuwirken und auch die Gemeinden stark zu beunruhigen. Das ganze kirchliche Leben und die im gegenwärtigen Augenblick so dringend notwendige Aufbauarbeit (Gemeindedienst, Volksmission, Jugendarbeit usw.) drohen gelähmt zu werden. Es ist ein schwerer kirchlicher Notstand eingetreten.

Unter diesem Eindruck haben sich 94 Vertrauensleute unserer Gruppe, die am 19. Oktober im Walderholungsheim bei Stuttgart versammelt waren, dazu entschlossen, an Sie, hochverehrter Herr Landesbischof, die Bitte zu richten, daß Sie nach vorangegangener Orientierung bei den zuständigen Berliner Stellen kraft Ihrer bischöflichen Befehlsgewalt eine Lösung der unerträglichen Führerkrisis in der Glaubensbewegung Deutsche Christen binnen kurzem in dem Sinn herbeiführen, daß sie eine geeignete, den oben genannten sachlichen Anliegen gerecht werdende, für beide Seiten tragbare Persönlichkeit zum Landesleiter berufen unter gleichzeitiger Übernahme der Schirmherrschaft über die württembergische Glaubensbewegung Deutsche Christen.

I. A. PfarrerWeber. Pfarrer Dr. Hutten. Pressel.

Ebenfalls am 20. 10. 1933 wandte sich die Glaubensbewegung Deutsche Christen, Gau Württemberg, an die württembergischen Pfarrer[215]*:*

Sehr geehrter Herr Amtsbruder!

Die kirchenpolitische Lage in Württemberg hat sich in letzter Zeit in bedauerlicher Weise dadurch zugespitzt, daß sich ein Teil unserer württembergischen Pfarrerschaft bewegen ließ, eine Kampfstellung gegen die Glaubensbewegung einzunehmen, während unsere Anhänger aus Nichtpfarrerskreisen geschlossen die Richtlinien vertreten, die den Kurs der Reichsleitung und der württembergischen Landesleitung der Glaubensbewegung bestimmen. Wir wissen, daß eine Reihe unserer Pfarrer diese Richtlinien auch vertritt und nur der jetzigen Landesleitung mit einem Mißtrauen gegenübersteht, das vielfach künstlich geweckt und mit den bedauerlichsten, verwerflichsten Mitteln genährt wurde. Es wurden die schauerlichsten Gerüchte verbreitet, daß der Landesorganisationsleiter Rehm dem Herrn Landesbischof mit der staatlichen Auflösung des Oberkirchenrats gedroht habe. Szenen von unerhörter Dramatik sollen sich angeblich auf dem Oberkirchenrat zugetragen haben. Wir müssen feststellen, daß an allen diesen unsinnigen Gerüchten und Gereden kein einziges wahres Wort ist und daß sie nur erfunden wurden, um die Glaubensbewegung im ganzen Lande zu diffamieren. Wo Verhandlungen nötig waren, haben wir unseren Standpunkt eindeutig vertreten, aber die Verhandlungen selbst trugen durchaus sachlichen und ehrlichen Charakter.

[215] Gedrucktes Rundschreiben; LKA Stuttgart, D 1, Bd. 40.

Wir versagen uns im Interesse der Drahtzieher dieser beispiellosen Verhetzung auf das ganze Gewirr von Verdächtigungen und Verleumdungen einzugehen. Wir stellen erneut fest, daß der Kampf gegen einzelne Persönlichkeiten nur das heuchlerische Spiel verdecken soll, die Glaubensbewegung in Württemberg dem landeskirchlichen Regiment zu unterwerfen und damit die gemeinsame Arbeitsfront mit der großen gesamtdeutschen Bewegung unmöglich zu machen. Man gebe uns Gelegenheit, unseren Standpunkt auf den Diözesanvereinen unseren Amtsbrüdern in sachlicher Weise vorzutragen! Die Folge davon ist – das haben wir in einem Bezirk, und zwar ohne dekanatamtlichen Druck erlebt –, daß sich die ganze Kollegenschaft, von drei Ausnahmen abgesehen, geschlossen in die Glaubensbewegung eingliederte und sich den Anordnungen der Reichs- und Landesleitung unterstellte. Wir sind jederzeit bereit, Auge in Auge Andersdenkenden gegenüber unseren Standpunkt zu vertreten, aber wir müssen es entschieden ablehnen, einen Weg zu beschreiten, der undeutsch bis ins Innerste Verlästerungen und Verleumdungen Tür und Tor öffnet und Personenfragen vorschiebt, wo man gewillt ist, die Glaubensbewegung in Württemberg hinterrücks zu erledigen. An dieser Tatsache ändert auch nichts die Behauptung, daß die Glaubensbewegung unter Verzicht auf die Erfüllung positiver Aufgaben lediglich sich nur mit kirchenpolitischen Fragen beschäftige. Die Landesleitung hat unter Verzicht auf Kirchenpolitik in Württemberg über ein halbes Jahr mit dem Herrn Landesbischof loyal zusammengearbeitet und in dieser Zeit wertvolle Arbeit zur Durchführung eines positiven Kirchenerneuerungsprogramms geleistet. Die kirchenpolitischen Spannungen sind in Württemberg erst in dem Augenblick entstanden, als durch geheime Rundschreiben in unwahrhaftiger Weise in die Pfarrerschaft die Meinung hineingetragen wurde, daß zwischen dem Herrn Landesbischof und der Landesleitung der Glaubensbewegung ernste Spannungen bestünden, von denen die Landesleitung vorher gar nichts wußte. Die Schuld an der Spaltung der Pfarrerschaft trägt nicht die Landesleitung, sondern die Drahtzieher dieser unwahrhaftigen geheimen Rundschreiben, welche den Herrn Landesbischof, der ehedem über allen kirchenpolitischen Erörterungen stand, in die Ebene des kirchenpolitischen Kampfes herabzogen. Im übrigen werden Behauptungen nicht dadurch wahr, daß man sie andauernd wiederholt. Die Pfarrerschaft des Landes ist von uns noch nie der politischen Unzuverlässigkeit bezichtigt worden, sondern es hat sich dabei immer nur um einen Teil der Pfarrerschaft gehandelt. Wir haben der bisherigen Kirchenführung noch nie vorgeworfen, daß sie mit dem Zentrum und der Sozialdemokratie im geheimen Bund gestanden habe, wohl aber mußten wir darauf hinweisen, daß gewisse, einflußreiche Kreise und Persönlichkeiten des deutschen Protestantismus sich allzusehr mit dem vergangenen System und seinen Trägern eingelassen hatten. Wenn ferner erklärt wird, daß die Empfehlung an die Pfarrerschaft zur Zurückhaltung gegenüber der Glaubensbewegung erst nach dem Scheitern verschiedener Einigungsverhandlungen erfolgt sei, so ist darauf hinzuweisen, daß diese Empfehlung bereits zu einem Zeitpunkt erging, als diese Verhandlungen noch stattfanden.

Die Landesleitung der Glaubensbewegung in Bayern hat sich zwar dem dortigen Kirchenregiment unterstellt[216], aber auch dort lehnt ein Teil der Pfarrer diese Unterstellung mit Zustimmung der Reichsleitung ab. Die Lage ist also dort nicht so einfach und geklärt, wie es von gewisser Seite hingestellt wird. Wenn die Glaubensbewegung in Süddeutschland um die Wahrung ihrer inneren Selbständigkeit kämpft, so geht es nicht an, diesem Bestreben zu unterstellen, als handle es sich dabei um die Aufrichtung einer Nebenregierung. Wir müssen diese Unterstellung auf das entschiedenste ablehnen, da man den bisherigen kirchlichen Gruppen I und II, die auch ihre Selbständigkeit wahrten, niemals diesen Vorwurf gemacht hat. Wir verlangen endlich, daß man mit gleichem Maß mißt und die Glaubensbewegung nicht anders behandelt als die bisherigen kirchlichen Gruppen. Weiteren Vorwürfen gegenüber stellen wir fest, daß unsere Arbeit im Lande keineswegs sich in einem brutalen, rücksichtslosen, autokratischen Rahmen vollzieht, sondern von ernstem Verantwortungsbewußtsein für Kirche und Volk getragen ist. Die Entscheidungen der Landesleitung werden nach ernster Beratung im Führerrat getroffen. Im übrigen ist die Glaubensbewegung Deutsche Christen von ihren Gegnern in einer Weise angegriffen worden, die uns zwang, aus unserer bisherigen Reserve herauszutreten und in Notwehr mit unberechtigten Verleumdungen vor der Öffentlichkeit abzurechnen, nachdem vorher mehrfache Versuche erfolglos gemacht worden sind, solche Fälle auf dem Weg gütlicher Vereinbarung intra muros ecclesiae zu regeln. Wir müssen deshalb die Verantwortung für die Verschärfung der allgemeinen Situation entschieden ablehnen.

Unsere Erfahrungen in Massenversammlungen (Reutlingen, Ulm, Heilbronn, Friedrichshafen) gehen dahin, daß unser gutes Kirchenvolk bereit ist, mit uns durch dick und dünn zu gehen, bis das Werk der

[216] Siehe Baier, S. 62 ff.

Reformation der Gegenwart beendigt und damit das Werk Luthers und Adolf Hitlers gekrönt ist. Dagegen wehrt sich unser Kirchenvolk mit aller Entschiedenheit gegen die Versuche gewisser selbstherrlicher Theologen, dieses große Werk der Gegenwart durch theologische Spitzfindigkeiten zu sabotieren und die Einigung des Kirchenvolks durch Quertreibereien der verschiedensten Art zu verhindern. Das Kirchenvolk hat den chronischen Theologen- und Pfarrerzank satt. In der gegenwärtigen ernsten Stunde unseres Volkes hat unsere Glaubensbewegung anderes zu tun, als sich im Streit um Personen zu erschöpfen. Wer die Sendung Adolf Hitlers und das Dritte Reich als gottgewollte Fügung betrachtet, der weiß, daß in unseren Reihen jetzt der Zusammenschluß sich möglichst eng und vertrauensvoll gestalten muß, damit wir alle unsere Kräfte nützen können zum Dienst an Volk und Vaterland und nicht zuletzt an unserer Kirche. Das erwartet von jedem aufrichtigen Volksgenossen heute unser Führer Adolf Hitler! Darum weg mit allen Nörgeleien und mit allem Kritisieren! Damit kommen wir keinen Schritt weiter!

»Nun aufwärts froh den Blick gewandt,
Und vorwärts fest den Schritt!
Wir gehen an unseres Meisters Hand,
Und unser Herr geht mit[216a].«

Die Landesleitung
Dr. Steger, Präsident des Württ. Landeskirchentags und Schirmherr der Glaubensbewegung, Gau Württemberg
Rehm, Kommissarisch Bevollmächtigter der Reichsleitung
Dr. Schairer, Landesleiter

Als Reaktion auf die Darstellung der Landesleitung der Deutschen Christen wandten sich dann Ende Oktober 1933 *Pressel, Hutten und Weber* An alle württ. evang. Geistlichen[217]:

Verehrter, lieber Herr Amtsbruder!

Die derzeitige Landesleitung der Glaubensbewegung Deutsche Christen hat an die evang. Pfarrämter der Landeskirche ein gedrucktes Schreiben gerichtet, in welchem zu dem in der Glaubensbewegung Deutsche Christen ausgebrochenen Konflikt in einer Weise Stellung genommen wird, die geeignet ist, die klaren Fronten zu verwirren und das

[216a] Strophe 1 des Liedes von August Hermann Franke.
[217] Gedrucktes Rundschreiben; LKA Stuttgart, D 1, Bd. 44.

Gespräch auf Nebenfragen abzuschieben. Wir sehen uns deshalb um der von uns vertretenen Sache und um der vielen hinter uns stehenden Amtsbrüder willen zu einer Richtigstellung veranlaßt. Daß die Unterzeichner des Ausschreibens mit ehrenrührigen Ausfällen und persönlichen Verunglimpfungen diesen Kampf führen, in dem es wahrlich um mehr als bloß um Personen geht, das könnten wir um so eher auf sich beruhen lassen, als wir gewiß sind, daß die Betreffenden mit dieser Kampfesweise, die in der Geschichte des württembergischen Pfarrstandes wohl einzig dasteht, ihrer eigenen Sache den allerschlechtesten Dienst getan haben. Das beweisen die bei uns eingegangenen scharfen Proteste, mit denen Amtsbrüder aller Richtungen, auch solche, die in der Gefolgschaft der Landesleitung stehen, diese Art des Vorgehens verurteilen, ein Vorgehen, welches den von uns allen so heiß erstrebten Frieden in der Kirche nicht nur nicht fördert, sondern den bestehenden Zwiespalt unheilvoll vertiefen muß und das in einem Augenblick schwerster außenpolitischer Gefährdung von Volk und Staat. Zudem bedeutet diese auch jetzt wieder wie in all' den letzten Wochen beliebte Verschiebung der Auseinandersetzung ins Persönliche eine Bagatellisierung unsrer gewissensmäßig begründeten Anliegen, so daß die nicht genügend unterrichtete Öffentlichkeit den völlig irreführenden Eindruck empfangen muß, als handle es sich bei dem Konflikt lediglich um eine belanglose persönliche Zänkerei unter Pfarrern. Wir bedauern den Schritt der das Ausschreiben unterzeichnenden Amtsbrüder umsomehr, als sie offenbar nicht die Nötigung empfanden, den Beweis für ihre in voller Öffentlichkeit ausgesprochenen Verleumdungen anzutreten. Wenn wir es auch ablehnen, derartige Kampfmethoden uns anzueignen, so schließt das doch nicht aus, daß wir sie auch unsrerseits mit aller Deutlichkeit zurückweisen und die derzeitige Landesleitung vor die Frage stellen: In welchem Punkt wurden von uns »offene Unwahrheiten« verbreitet? Wo wurden von uns Mittel »zum Teil recht unsaubrer Art« angewandt, um gegen unsren Ausschluß vorzugehen? Wann haben wir uns auf eine »armselige Zermürbungstaktik« verlegt? So kritiklos und gutgläubig sind nun unsre württembergischen Amtsbrüder doch nicht, daß man es bei bloßen Behauptungen bewenden lassen könnte. Wie sind die Tatsachen? Wurde von uns ein unnützer Streit vom Zaun gebrochen? Wo liegen die Wurzeln des Konflikts? Zunächst in der unbegreiflichen Kurzsichtigkeit, mit der man auf Seiten der Landesleitung in der Wahl der Methoden und Mittel sich ständig vergriff. Die Art, wie die Glaubensbewegung Deutsche Christen in Württemberg vorangetrieben wurde, war fast durchaus bestimmt durch eine verhängnisvolle Vermengung von politischen und kirchlichen Gesichtspunkten, derzufolge Erregung und Mißstimmung gerade auch im treu nationalsozialistisch gesinnten Pfarrersteil derart sich steigerten, daß es nur eines geringfügigen Anlasses, aber keinerlei »Drahtzieherkünste« bedurfte, um die Spannungen zur Entladung zu bringen. In diesem Punkt gibt es im württembergischen Pfarrstand, von wenigen Ausnahmen abgesehen, nur eine Meinung. Es ist deshalb eine böse Verwechslung von Ursache und Wirkung, wenn man davon redet, daß wir »Unruhe und Unsicherheit« in die württembergische Pfarrerschaft hineingetragen hätten. Unser Schritt war vielmehr nur der sichtbare Ausdruck einer immer weitergreifenden und immer unerträglicher werdenden Erregung und Unsicherheit in den Reihen der Amtsbrüder. Diese Erregung ist noch gesteigert worden durch jene, alle kirchliche Disziplin vermissen lassenden Presseartikel der allerjüngsten Zeit, für welche die Landesleitung bzw. der Gaukirchenfachberater voll und ganz haftbar gemacht werden müssen, solange sie nicht öffentlich davon abrücken!

Abgesehen von dieser schiefen, den geschichtlichen Verlauf verdunkelnden Darstellung der Entwicklung fordert das genannte Rundschreiben auch nach seiner sachlichen Seite die Kritik heraus. Und zwar deshalb, weil auf unsre aus der Sorge um Evangelium und Kirche erwachsenen Anliegen überhaupt nicht eingegangen wird, obwohl sie die Anliegen fast der gesamten Pfarrerschaft sind. An Stelle einer klaren Antwort auf unser wiederholtes dringliches Fragen hinsichtlich der künftigen Haltung der Glaubensbewegung Deutsche Christen und ihrer Stellung im Gesamtorganismus unsrer Landeskirche wird ein Arbeitsprogramm entwickelt. Das ist an sich eine erfreuliche Tatsache, weil die Landesleitung lange Zeit hindurch trotz wiederholter Aufforderung, ein Aktionsprogramm zu entwickeln (vergleiche die Ablehnung eines ausdrücklich in dieser Richtung gehenden Wunsches des Herrn Landesbischofs im Landeskirchentag), sich in unverständliches Schweigen gehüllt hatte. Wir brauchen uns mit diesem Arbeitsprogramm hier nicht näher zu beschäftigen. Es kann uns ja nur freuen und auch als eine Frucht unsres Vorgehens gebucht werden, wenn die Landesleitung zur positiven Arbeit aufruft und dabei Vorschläge unterbreitet, welche durchaus die Grundlage für eine ernsthafte, sachliche Diskussion bilden können, wenn sie auch nicht lauter Originales enthalten, sondern dem entsprechen, was von uns und von andern Arbeitskreisen in der Pfarrerschaft schon seither gewollt und zum Teil auch praktisch durchgeführt wurde. Auch wir wissen von dem relativen Wert organisatorischer Arbeit und bejahen die Notwendigkeit einer Verjüngung und Erneuerung der Kirche an Haupt und Gliedern. Aber andrerseits soll nicht verschwiegen werden, daß der größere Teil des Programmes bei organisatorischen Vorfragen stehenbleibt und die ganz entscheidende Frage nicht einmal gestellt, geschweige denn beantwortet wird: »Woher, aus welchen Kräften ist ein Neuwerden der Kirche zu erwarten? Von welcher Grundlage aus soll an die Arbeit gegangen werden? Was ist die Hauptaufgabe einer Glaubensbewegung im völkischen Umbruch unsrer Tage?« Man wende nicht ein, das seien doch alles Selbstverständlichkeiten, über die man nicht immer und überall reden müsse. Das ist ja die Not, daß der von der Landesleitung gesteuerte Kurs nur allzuoft den Zweifel hat entstehen lassen, ob eine klare, am Evangelium orientierte Grundhaltung dahinterstehe.

Demgegenüber ist es uns Bedürfnis, noch einmal den Ort aufzuzeigen, von dem aus Haltung und Handeln einer wirklichen Glaubensbewegung Deutsche Christen allein Recht und Auftrag erhalten können. Es geht uns um die Sache des Evangeliums und den allein im Evangelium gründenden Auf- und Ausbau einer zum Dienst am deutschen Volk tüchtigen Kirche. Es ist deshalb eine Selbsttäuschung und ein Kurzschluß zugleich, zu meinen, es handle sich nur um einen »häuslichen Streit« innerhalb der Glaubensbewegung Deutsche Christen, demgegenüber Verharren in Distanz und Neutralität möglich wäre; sondern im und am Streit der Glaubensbewegung Deutsche Christen ist die ganz grundsätzliche Frage nach der Kirche wach geworden. Da kann und darf kein einziger Pfarrer mehr »neutral« bleiben! An der Antwort auf die Frage nach der Kirche entscheiden sich Recht und Sinn einer wirklichen Glaubensbewegung Deutsche Christen.

Demgemäß fordern wir erneut:

1. Die Glaubensbewegung Deutsche Christen muß eine saubere kirchliche Linie gewinnen. Das bedeutet negativ den radikalen Verzicht auf Methoden, die dem Politischen entstammen und die schließlich, wie alle Kirchengeschichte zeigt, Kirche zerstören statt bauen. (Verzicht auf die politische Diffamierung von Amtsbrüdern, die nicht oder noch nicht in der Glaubensbewegung Deutsche Christen stehen; Verzicht auf politische Verdächtigung von ernstgemeinter, positiver Kritik an den Maßnahmen oder Auffassungen der offiziellen Landesleitung! Wir kennen kein Unfehlbarkeitsdogma! Verzicht auf jede Inanspruchnahme politischer Stellen, um rein kirchliche Fragen zu entscheiden.) Zu diesem Verzicht auf die Benutzung nicht kirchlicher Methoden rechnen wir auch,

daß die Landesleitung endlich aufräumt mit der Fiktion der Identität von nationalsozialistischer Einstellung und Mitgliedschaft in der Glaubensbewegung Deutsche Christen, eine Fiktion, die nicht mehr länger haltbar ist, nachdem von oberster Parteistelle festgestellt ist[218]: »Kein Nationalsozialist darf irgendwie benachteiligt werden, weil er sich nicht zu einer bestimmten Glaubensrichtung . . . bekennt« (R. Heß, der Stellvertreter des Führers).

Warum denn konnte die Glaubensbewegung Deutsche Christen in Württemberg seither über die ersten Anfänge nicht hinausgedeihen? Sind es die »reaktionären Pfarrer« oder »gewisse Saboteure«, die ihren Siegeszug aufhalten? Oder ist es nicht vielmehr zum größten Teil das Hereintragen von Methoden und Mitteln in den kirchlichen Kampf, die wohl der Politik angemessen und dort erfolgreich sein mögen, die aber zur Entscheidung und Lösung kirchlicher Dinge ganz und gar ungeeignet sind? Sind es nicht diese Fehlmethoden, welche einen nicht unbeträchtlichen Teil der Amtsbrüder, der seiner innersten Haltung nach unbestreitbar die Gedankenwelt des Nationalsozialismus sich zu eigen macht, der Glaubensbewegung Deutsche Christen gegenüber in Verneinung, Resignation, Ablehnung getrieben haben und noch treiben? Und ist nicht durch diese Methoden innerhalb unserer Pfarrerschaft eine ganz falsche Frontenbildung herbeigeführt worden, welche ein völlig schiefes Bild von deren Einstellung zum heutigen Staat ergibt? Und da wagt man es noch, diesen unseren Protest, der sich lediglich gegen das unmögliche Verfahren der Landesleitung, niemals aber gegen die Sache der Glaubensbewegung Deutsche Christen sich richtet, hinzustellen als Gegnerschaft gegen den heutigen Staat! Die für die Zukunft der Glaubensbewegung Deutsche Christen in Württemberg entscheidende Frage ist: »Wie gewinnen wir die noch abseitsstehenden Amtsbrüder?« Kein Mensch wird glauben, daß diese Frage durch Anwendung von Druck und Zwang und etwas Kommandoton beantwortet ist. Eine Pfarrerschaft, welcher derart das innere Rückgrat gebrochen wäre, eine derart »gefügig« gemachte und gedemütigte Kirche wäre für den Staat Adolf Hitlers kein Gewinn, sondern ein dauernder Krebsschaden. Wenn schon der Nationalsozialismus wesentlich durch die bezwingende Macht seiner Idee sich durchgesetzt hat, wie viel mehr muß das für eine echte, aus dem Nationalsozialismus herauswachsende Glaubensbewegung maßgebend sein! Ist die Landesleitung bereit, die vorbildliche Stellung der

[218] Zum Erlaß von Hess siehe Anmerkung 210, S. 604. Der Text des Erlasses ist in der Vorlage gekürzt.

bayrischen Glaubensbewegung Deutsche Christen sich zu eigen zu machen, deren stellvertretender Gauleiter in einer Anordnung an seine Mitarbeiter erklärt: »Kameraden, die nationalsozialistische Revolution hat auf legalem Weg durch die Macht ihrer Idee den Staat erobert, die Glaubensbewegung Deutsche Christen geht denselben legalen Weg.« Es heißt doch wenig Vertrauen zu der Sache einer wirklichen Glaubensbewegung haben, wenn man meint, ihr mit Druck und Zwang nachhelfen zu müssen. Gerade die jüngsten Vorkommnisse haben die Augen darüber geöffnet, wohin eine Glaubensbewegung Deutsche Christen führt, die alles kirchliche Fragen und Ringen dadurch totschlägt und öffentlich heruntersetzt, daß man es ohne Besinnen politisch deutet und damit von vornherein das Vertrauen zwischen Kirche und neuem Staat in nicht wiedergutzumachender Weise zerstört. Positiv bedeutet die Forderung nach einer kirchlichen Linie die vertrauensvolle Unterstellung unter den episcopus rite vocatus[218a] als die rechtmäßige kirchliche Obrigkeit, auf die wir durch Amtsgelübde verpflichtet sind. An diese Obrigkeit sind wir solange gewiesen, als sie nicht durch Irrlehre oder unchristlichen Wandel den Boden des Evangeliums verläßt. Mit Recht erwartet die württembergische Pfarrerschaft, daß die Leitung der Glaubensbewegung Deutsche Christen, die zu wiederholten Malen dem Herrn Landesbischof ihr volles Vertrauen aussprach, endlich damit so Ernst macht, daß sie sich der Führung des Herrn Landesbischof nicht bloß mit Worten, sondern in der Wirklichkeit unterstellt. Andernfalls darf sie sich nicht wundern, wenn weithin das Vertrauen in solche Ergebenheitserklärungen schwindet! Wenn in dem Ausschreiben der Landesleitung darauf hingewiesen wird, daß man den früheren kirchlichen Gruppen I und II nie die Auflage gemacht habe, sich der kirchlichen Führung unterzuordnen, so ist diese Argumentation darum nicht beweiskräftig, weil für die genannten Gruppen – ihre Haltung bestätigt es – die Unterordnung unter den Gehorsamsanspruch der kirchlichen Obrigkeit zu allen Zeiten selbstverständlich war und feststand. Wie der Staat mit vollem Recht sich gegen jede Form von Nebenregierung wendet, genau so ist es im Raum der Kirche ein unerträglicher Zustand, wenn irgendwelches kirchlich nicht legitimiertes Nebenregiment sich einschaltet, dessen praktische Wirkungen, abgesehen von seiner inneren Unmöglichkeit, dazu geführt haben, daß nicht nur eine heillose Verwirrung und immerwährende Unruhe jede innerkirchliche praktische Aufbauarbeit hintertreiben, son-

[218a] Vgl. Augsburger Bekenntnis, Artikel XIV.

dern auch die Arbeitsfreudigkeit im Pfarrstand und bei den Gemeindegliedern in bedenklicher Weise gelähmt werden, zur Freude Roms und der dritten Konfession.

In Erkenntnis dieses elementaren Tatbestandes hat z. B. die Führung der bayrischen Glaubensbewegung Deutsche Christen sich willig ihrem Herrn Landesbischof unterstellt. Der Sprecher im bayrischen Landeskirchentag hat wörtlich erklärt: »Bei einem Konflikt zwischen einer Anordnung der Reichsleitung der Glaubensbewegung Deutsche Christen mit einer Anordnung des Herrn Landesbischof würde selbstverständlich ich mich einfach unter die Anordnung des Herrn Landesbischof stellen.« Und der stellvertretende Landesführer für Bayern, Pfarrer Wolf Meyer, hat angeordnet: »Kein Pfarrer, der Mitglied der Deutschen Christen ist, darf in der Gemeinde eines anderen Amtsbruders ohne dessen Zustimmung eine kirchliche Handlung vornehmen . . . Die Sache bleibt unverboten. Die Form unsres Kampfes unterstellen wir willig jedem Gebot.« Das ist unsres Erachtens für eine Glaubensbewegung Deutsche Christen die einzig mögliche Haltung! Es ist nicht einzusehen, warum nicht in unsrer Landeskirche eine ähnliche Regelung sollte getroffen werden können, zumal auch wir in unsrem Herrn Landesbischof einen Führer haben, der einer wirklichen Glaubensbewegung Deutsche Christen mit offenem Verständnis gegenübersteht und dies zu einer Zeit bewiesen hat, als es für einen Kirchenführer noch sehr unpopulär war, für die Anliegen der Glaubensbewegung Deutsche Christen sich einzusetzen. Es steht fest, daß er auch heute noch der Glaubensbewegung Deutsche Christen alle Entfaltungsmöglichkeiten geben wird, sobald das schwer erschütterte Vertrauen in ihre kirchliche Haltung wiederhergestellt ist. Die Redewendung des Anschreibens von der »treuen Kampfverbundenheit mit dem Führer der württ. Landeskirche« wird solange keinen Eindruck machen, als das immer wieder ausgesprochene Vertrauen nicht zum Gehorsam wird. Bis dahin kann man es schlechterdings niemandem verübeln, wenn er seine Fragezeichen macht.

2. Das weitere unaufgebbare Anliegen, von dem wir nicht lassen können, ist das Verlangen nach absoluter Sauberkeit in der Bekenntnisfrage. Wir erklären auch hier, daß diesem Wunsch mit der Formel vom »unangetasteten Bekenntnis« nicht Genüge geschehen ist. Erst wenn das praktische Handeln und Reden der Glaubensbewegung Deutsche Christen aus dem Geist des Bekenntnisses heraus geschieht, erst wenn ohne Furcht vor Unpopularität gegen alle unevangelische Selbstsicherheit und Selbstgenügsamkeit auch des völkischen Idealismus in aller Öffentlich-

keit und unüberhörbar das bekennende Wort gesagt wird, erst dann ist der Satz vom unangetasteten Bekenntnis mehr als eine zu nichts verpflichtende Redewendung. Vorsichtige Andeutungen wie die unter B I 4 des Ausschreibens gemachten sind zu harmlos und allgemein, um gehört zu werden. Wenn die erhobene Forderung nach Formulierung eines Lebensbekenntnisses (A 2) überhaupt einen Sinn haben soll, dann muß sie an diesem Punkt verwirklicht werden.

3. Schließlich betonen wir die Notwendigkeit der Konzentration aller in der Glaubensbewegung Deutsche Christen vorhandenen, lebendigen Kräfte auf positive, die Gemeinde bauende Arbeit. Der durchaus mit politischen Argumenten geführte, gegenwärtig noch andauernde kirchenpolitische Kampf beweist, wie sehr angebracht auch jetzt noch – trotz des Arbeitsprogrammes! – dieser Gesichtspunkt ist. Dabei verstehen wir unter positiver Arbeit nicht so sehr eine in die Breite der Massenwirkung gehende, als echte evangelische Glaubenshaltung begründende Arbeit, für welche Propaganda nichts, echtes missionarisches Wollen alles ist. Von da aus gesehen kann es nicht die Aufgabe einer Glaubensbewegung Deutsche Christen sein, aus den bestehenden, auf dem Boden der evangelischen Kirchengemeinde schaffenden Gruppen die lebendigen Kräfte an sich zu ziehen. Vielmehr ist das ihr Amt, der Kirche neue, bisher ihr fern und gleichgültig gegenüberstehende Kräfte zuzuführen. Eine derart ausgerichtete Arbeit ist wohl vereinbar mit dem Andern, was eine Glaubensbewegung nicht lassen kann, nämlich den Kreisen der zum Teil vom Neuen noch nicht erfaßten Gemeindeglieder das nationalsozialistische Wollen nahezubringen. Nur dann verfehlt die Glaubensbewegung Deutsche Christen ihren geschichtlichen Auftrag nicht, wenn sie diese ihre doppelte Aufgabe bejaht: Einmal hat sie zu ringen um Verständnis für die Anliegen von Evangelium und Kirche im erwachten Deutschland, bei den Parteigenossen und bei den maßgebenden politischen Stellen; und dann hat sie sich in der Kirche einzusetzen, damit deren Glieder das volle Verständnis gewinnen für die einer evangelischen Kirche im Durchbruch der deutschen Freiheitsbewegung neu zugewiesenen Aufgaben. Diese letztere Aufgabe wird freilich nicht mit den Mitteln der Kirchenpolitik, sondern einzig durch praktische Aufbauarbeit und Leistung erfüllt.

Zu einer auf dieser unaufgebbaren Linie sich bewegenden Glaubensbewegung Deutsche Christen stehen wir nach wie vor mit freudigem Herzen und tätiger Hingabe. Eine sehr große Zahl von Amtsbrüdern, die sich mit uns einig wissen in einem zu Tat und Opfer bereiten »Ja«

gegenüber Adolf Hitlers Werk im deutschen Volk, wartet mit uns auf eine Glaubensbewegung Deutsche Christen, die unsrem Volk den Dienst des Evangeliums tue in lebendiger, echt evangelischer, volks- und gegenwartsnaher Verkündigung. Nur damit, aber damit auch ganz glauben wir unsrem Volk und Staat den einzigartigen Dienst zu tun, den wir schulden und den der Führer Adolf Hitler von uns verlangt. Mit uns erwarten Pfarrerschaft und Kirchenvolk von der Landesleitung, daß sie, der es doch sicherlich ernst ist mit der Autorität unsres Herrn Reichsbischofs, sich unter dessen zukunftsweisenden Worte stelle, mit denen er seine große Rede vor der 1. Deutschen Nationalsynode schloß: »Der kirchenpolitische Kampf ist vorbei. Der Kampf um die Seele des Volkes beginnt[218b].«

Pressel. Weber. Hutten.

Auf das Rundschreiben der Sezession bezog sich ein Brief von Pfarrer Lachenmann, Stuttgart, an Oberkirchenrat Pressel vom 22. 10. 1933[219]*:*

Lieber Freund Pressel!

Es ist nicht meine Gepflogenheit, mich in Angelegenheiten zu mischen, die mich nichts angehen; aber da ich doch Eure Zuschrift in Sachen »Glaubensbewegung« empfangen habe und da die bewußte Angelegenheit letzten Endes uns alle angeht, wirst Du es mir nicht übel nehmen, wenn ich Dir in Kürze meinen Standpunkt darlege. Er ist kurz der: ich teile Eure Sorgen und Anliegen völlig, sie sind schon lange die meinen; ich freue mich über Eure theologische und kirchliche Linie und ich wünsche Euren Bemühungen um eine Sanierung der Glaubensbewegung in Württemberg und darüber hinaus im ganzen Vaterland von Herzen Erfolg. Aber Eure Taktik ist mir schlechterdings unverständlich. Begründung: die Glaubensbewegung ist vor Euch dagewesen. Hossenfelders Richtlinien mußten Euch bekannt sein; sie sind ja durch die Fezer-Weichertschen nicht aufgehoben[220]! Es mußte Euch bekannt sein, daß in der Glaubensbewegung das Führerprinzip allen Ernstes in Kraft steht. Ferner mußten Euch die württembergischen, von der Reichsleitung anerkannten Führer bekannt sein hinsichtlich ihrer Vergangenheit, ihrer

[218b] Zur Schlußansprache Müllers bei der Wittenberger Nationalsynode am 27. 9. 1933 siehe GB 140, S. 104.

[219] LKA Stuttgart, D 1, Bd. 44.

[220] Richtlinien der DC vom 26. 5. 1932 (Hossenfelder) siehe GB 138, S. 67; die neuen Richtlinien vom 16. 5. 1933 (Fezer-Weichert) siehe GB 138, S. 79; vgl. Meier, S. 14 und 16.

persönlichen Qualitäten und ihrer theologischen Einstellung. Unter sotanen Umständen steht man doch einfach vor der Wahl: entweder mittun unter voller Unterordnung oder wegbleiben und versuchen, auf einem anderen Weg seine Pflicht zu tun. Ihr aber seid in die Glaubensbewegung eingetreten in der Absicht, zu retten bzw. zu reformieren, wo angesichts der Geltung des Führerprinzips eben gehorcht werden muß. Hier zeigt sich die Gefährlichkeit der Übertragung politischer Maximen auf die kirchliche Arbeit, die für die ganze Glaubensbewegung wesentlich ist. Es ist doch einfach ein Unding, wenn Persönlichkeiten, die weder das Vertrauen der Kirchenleitung noch der Pfarrerschaft noch ihrer Gemeinden besitzen, kraft irgendeiner unglaubhaften Führerqualität in der Kirche sich eine solche Macht aneignen, wie es zum allgemeinen Ärgernis der Fall ist. Durch Euren Beitritt habt Ihr diese Situation mit herbeigeführt; nun wollt Ihr sie ändern und reibt Euch am Führerprinzip wund, das Ihr durch Euren Beitritt anerkannt habt. Das ist eine üble Verklemmung. Meines Erachtens habt Ihr theologisch und kirchlich im Wesentlichen recht. Aber Ihr seid nicht die »genuine« Glaubensbewegung, sondern eine Reformbewegung in einer Glaubensbewegung, die sich grundsätzlich nicht reformieren läßt; Eure Ansichten ließen es eher vermuten, daß Ihr »jungreformatorisch« seid: es sind ja bekanntlich in diesem Lager auch viele überzeugte Nationalsozialisten. Das Fatale ist eben nach den preußischen, vor allem von der Glaubensbewegung herbeigeführten Vorgängen[221], daß man heute, um nicht angeblich »hinauszuhängen«, Glaubensbewegung heißen muß. Und die Folge ist eine Vernebelung der Fronten und eine Irreführung der Laienwelt, wie sie noch nicht dagewesen sein dürfte. Eine weitere Folge besteht darin, daß die Glaubensbewegung überhaupt allmählich den Kredit im Kirchenvolk, auch im nationalsozialistischen Kirchenvolk verliert. Gerade deshalb halte ich es für ein dringendes Erfordernis, daß es Pfarrer gibt, die Wert darauf legen, in diesem Fall abseits zu stehen. Und zu denen will ich mich halten. Ich würde mir in meiner Gemeinde viel mehr Herzen verschließen, wenn ich zur Glaubensbewegung ginge und mich zu ihr bekennen würde, als ich öffnen würde durch meinen Beitritt. Die Leute verlieren ja allmählich den Glauben daran, daß die Kirche noch Kirche ist; um so dankbarer sind sie für solche Pfarrer, die jene Hörigkeit ablehnen, um in evangelischer Freiheit Evangelium im Dritten Reich verkündigen zu können. Das erfahren zu dürfen, gehört gegenwärtig zu

[221] Die Einsetzung eines Staatskommissars für die Landeskirchen der Altpreußischen Union am 24. 6. 1933 siehe GB 139, S. 85 ff.

meinen schönsten Pfarrererfahrungen. Ablehnung der Nationalen Erhebung ist dabei nicht im Spiel. Ich habe auch zu den nationalsozialistischen Familien meiner Gemeinde einen freien Zugang. Es ist für unsereins geradezu zum Lachen, wenn Schairer von der »notvollen Isolierung« derer spricht, die nicht zur Glaubensbewegung gehen. Wenn er nur nicht eines Tages selber »notvoll isoliert« ist! Ich lasse gern nachprüfen, wer jetzt schon in seiner Gemeinde isolierter ist, Schairer bzw. Rehm oder ich. Wir tun unentwegt unsere Arbeit für Kirche und Volk und können dabei trotz aller Sorgen und Kämpfe fröhlich sein, gerade weil wir eine Bindung ablehnen, von der wir keinen Segen erwarten können und deshalb in dieser Hinsicht ein unbeschwertes Gewissen haben.

Du wirst fragen, wohin das geführt hätte, wenn alle so gehandelt hätten. Selbstverständlich zum Kirchenkommissar. Aber vor dem hätte ich keine Angst. Dann wäre die Situation noch deutlicher gewesen. Und vielleicht wäre dann unser Kirchenvolk »erwachter«, als es heute ist.

Aber es bleibt dabei, daß ich Euch für Euren schweren Kampf Gottes Beistand und guten Erfolg von Herzen wünsche. Selbstverständlich ist es auch mir viel lieber, wenn in Zukunft die Leitung der Kirche in Händen von Männern liegt, die Eure Linie vertreten, als wenn die Kirche immer mehr ein Tummelplatz für theologische Minus-Kavaliere wird, was Gott verhüten wolle!

Herzliche Grüße! Dein [Lachenmann].

Eine Klärung der Konsequenzen der Absplitterung der Gruppe um Pressel, Hutten, Weber von den Deutschen Christen versuchte ein Brief von Pfarrer Dipper, Würtingen, an Pfarrer Metzger, Bronnweiler, und Studienrat Dr. Haug, Urach, vom 24. 10. 1933[222]*:*

Liebe Freunde!

So erfreulich die Einmütigkeit im württ. Pfarrstand gegenwärtig ist, so schließt sie doch auch gewisse Gefahrenmomente in sich, die wir zeitig sehen und klären müssen. Ich denke dabei vor allem an die Bemühungen, die Glaubensbewegung kirchlich zu legitimieren. Der Herr Landesbischof selbst hat sich in seinem letzten Rundschreiben[222a] erneut zu den Motiven und Zielen der Glaubensbewegung bekannt. Ebenso ist diese Einstellung in dem neuesten gedruckten Rundschreiben der Secession deutlich aus-

[222] LKA Stuttgart, D 1, Bd. 44.

[222a] Siehe das Rundschreiben Wurms vom 6. 10. 1933, S. 635, und den Erlaß vom 11. 10. 1933, S. 635 f.

gesprochen: »Die Glaubensbewegung Deutsche Christen hat eine doppelte Aufgabe: Einmal hat sie zu ringen um Verständnis für die Anliegen von Evangelium und Kirche im erwachten Deutschland, bei den Parteigenossen und bei den maßgebenden politischen Stellen; und dann hat sie sich in der Kirche einzusetzen, damit deren Glieder das volle Verständnis gewinnen für die einer evangelischen Kirche im Durchbruch der deutschen Freiheitsbewegung neu zugewiesenen Aufgaben.« Dieser letztere Satz wird einige Zeilen weiter oben auch so interpretiert: ». . . den Kreisen der zum Teil vom Neuen noch nicht erfaßten Gemeindeglieder das nationalsozialistische Wollen nahe zu bringen«. In dem vertraulichen Rundschreiben an die Mitglieder der Secession endlich wird berichtet von einer Adresse an den Landesbischof, welche die Bitte enthält, eine für beide Seiten der Glaubensbewegung Deutsche Christen tragbare Persönlichkeit zum Landesleiter zu berufen.

Soweit der Tatbestand. Ich möchte nun gar nichts dagegen sagen, daß dieser Weg versucht wird. Er ist die konsequente Fortsetzung der von Anfang an eingeschlagenen Richtung, die Glaubensbewegung kirchlich aufzufangen und dadurch fruchtbar zu machen. Nachdem dieser Weg beschritten wurde, ist es wohl das einzig Richtige, ihn in dieser kraftvollen Weise weiter zu gehen, wie es gegenwärtig geschieht. Zudem ist bei der eindeutigen Haltung der radikalen Richtung eine erneute Vernebelung nicht in dem Maße zu befürchten wie bisher. Aber wir stehen bei diesem Unternehmen nun nicht mehr mit grundsätzlichen Anliegen beiseite, sondern sind durch die gegenseitige Fühlungnahme mit hineinverwickelt. Wir sind eingegliedert in das Vertrauensmännersystem Pressels. Die Leute, welche bisher Metzger als ihren Führer auch in kirchenpolitischen Dingen ansahen, müssen annehmen, daß praktisch nunmehr zwischen Secession und Bekenntnisgruppe kein Unterschied mehr ist. Es wäre interessant festzustellen, woher die 95 kommen, die, vorher nirgends angeschlossen, nunmehr der Secession beigetreten sind. Es ist also sehr deutlich, daß wir in dieses Geschehen mit hineingezogen sind, mit Verantwortung tragen; und es würde mich nicht wundern, wenn der Herr Landesbischof und Pressel nunmehr glauben, den Hauptnenner gefunden zu haben, unter welchem man die Pfarrerschaft im großen ganzen unterbringen kann. Aus diesem Tatbestand unserer augenblicklich nicht nur sachlichen, sondern kirchenpolitischen Einschaltung ergibt sich für uns, daß wir sehr genau prüfen müssen, wie wir uns diese Einschaltung denken, sonst stehen wir später vor den Konsequenzen unserer jetzigen Haltung und können uns ihnen nur schwer entziehen.

Welches Ziel verfolgen wir nun bei unsrer Einschaltung in die gegenwärtige Kirchenpolitik? In dieser Hinsicht herrscht Klarheit wenigstens über das nächstliegende Ziel: Stützung unseres Landesbischofs. Es ist selbstverständlich, daß wir im gegenwärtigen Augenblick, wo unser Landesbischof gefährdet ist und die Sache bekenntnismäßigen kirchlichen Handelns an seiner Person hängt, in gleicher Bereitschaft wie alle andern in die Bekenntnisfront hinter ihm treten. Wir dürfen dabei nicht bloß an Wurm denken, sondern bei seinem Alter auch an seinen etwaigen Nachfolger. Weniger Klarheit aber scheint mir über das darüber hinausliegende Ziel der Schaffung einer kirchlich bestimmten Glaubensbewegung zu herrschen, obwohl dieses Ziel sehr deutlich von der Secession verfolgt wird. Es scheinen mir etwa 3 Punkte zu sein, welche hier der Klärung bedürfen.

Einmal habe ich gar nicht den Eindruck, daß die Männer der Secession bekenntnismäßig wirklich einigermaßen klar sind. Es ist doch so: Selbst ein Blinder mußte sehen, daß das bisherige Handeln der Glaubensbewegung jeder kirchlichen Autorität entbehrt. Dabei muß man freilich hinzufügen, daß die Dämonie derartig stark ist, daß viele mit sehenden Augen tatsächlich doch nicht sehen; es ist somit schon eine Leistung, daß hier gesehen wurde. Aber trotzdem wird man sagen müssen: Die Rückkehr zum Bekenntnis entstand weniger aus einer klaren bekenntnismäßigen Sicht der Dinge als vielmehr aus dem Schrecken über die Verheerungen, welche durch das bekenntniswidrige Handeln in der Kirche angerichtet wurden. Es muß deshalb wirklich ernsthaft gefragt werden, ob man dort wirklich klar sieht. Mit Formulierungen ist hier wenig geschafft. Es war deutlich, daß die Vertreter der Secession in Freudenstadt[223] etwas unsicher nach einer Formulierung suchten, die wir mitunterschreiben könnten; es scheint mir in der Gefolgschaft der Secession noch viel weniger Klarheit zu herrschen als bei den Führern. Man müßte klipp und klar fragen: Was lehren wir vom Staat? Weiter: Welche Sicht haben wir vom heutigen Staat? Welches ist der Dienst, den die Kirche dem Staat zu leisten hat? Inwiefern entscheidet sich das Schicksal gerade dieses Staates an der christlichen Botschaft? Ebenso deutlich müßte gefragt werden: Was lehren wir von der Kirche? Welche Bedeutung haben die biologischen Gesichtspunkte in der Kirche? Welche Bedeutung hat das nationalsozialistische Wollen für die Kirche? Welches ist heute das wünschenswerte Verhältnis von Kirche und Staat?

Zu dieser Frage nach dem Bekenntnis käme die Frage nach der inne-

[223] Die Herbsttagung der KTA in Freudenstadt siehe S. 710 ff.

ren Struktur dieser neuartigen Glaubensbewegung. Was will sie sein? Eine kirchliche Partei? Eine Arbeitsgemeinschaft? Ein kirchlicher Verein, der sich um ein kirchliches Spezialgebiet annimmt? Ein kirchlicher Missions- und Arbeitstrupp? Eine Bekenntnisgruppe? Hier ist so gut wie alles in der Schwebe. Ich kann mir wahrhaftig nicht denken, was eigentlich die Substanz dieses Bundes sein soll, durch was er zusammengehalten, wie er geführt werden soll. Die Secession ist heute als kirchenpolitische Gruppe unmittelbar verständlich, ihre Existenzberechtigung ist ersichtlich; sobald aber die gegnerische Front sich auflöst bzw. der jetzige kirchenpolitische Kampf abflaut, entsteht diese Frage nach der inneren Struktur. Und hier ist die jetzige Sammelparole durchaus ungenügend, sie verrät deutlich ihren Ursprung, nämlich einerseits die auf innere Nöte hinweisende Hilflosigkeit der Kirche dem neuen Geschehen gegenüber und andererseits das Hochgefühl nationalen Erlebens, mit dem man in der Kirche sich zunächst heimatlos fühlte. Aber das Empfinden einer Not und das Erfinden einer Parole ist noch lange nicht Substanz; die Glaubensbewegung müßte sich also hier noch sehr umstellen, in biblischer Arbeit um Gemeindebildung ringen und viele Eierschalen, auch viele Mitläufer abstreifen.

Die dritte Frage, die geklärt werden müßte, ist die nach ihren positiven kirchlichen Zielen. Welches ist die Not der Kirche? Was erscheint erstrebenswert und wie soll es erreicht werden?

In dieser Richtung etwa denke ich mir die herbeizuführende Klärung. Es geht aus dem Gesagten bereits hervor, daß ich zwar dem jetzigen gemeinsamen Handeln für einen kirchenpolitischen Zweck durchaus zustimmen kann, nicht aber den weiteren Zielen dieser Glaubensbewegung. Wir werden auch für diese weiteren Ziele sie zu hören und mit ihnen zu reden haben; aber wir sind es ihnen schuldig, daß wir klaren Kurs halten. Im übrigen darf man bei alle dem ja auch nie aus dem Auge lassen, daß wir nicht auf einer württ. Insel der Seligen wohnen, sondern die Glaubensbewegung in der Deutschen Evang. Kirche ein ziemlich fest geprägtes »kirchliches« Gebilde ist, wie auch umgekehrt die Front, welche heute gegen alles bekenntniswidrige Handeln der Glaubensbewegung sich gebildet hat, unter keinen Umständen dadurch geschwächt werden darf, daß wir plötzlich nun doch zur »Glaubensbewegung« abschweben.

Die praktischen Folgerungen aus diesen Erwägungen sind folgende:

1. Wir müssen sofort eine Aussprache mit der Secession herbeiführen, in welcher diese Dinge geklärt werden. Pressel gibt sich ziemlich

sicher der Hoffnung hin, uns auf diese Weise für die Glaubensbewegung zu gewinnen, während wir diesen Typ Glaubensbewegung nur als geschickte Auffangvorrichtung, nicht als kirchlich lebensfähiges Gebilde ansehen können. Reden wir hier nicht möglichst zeitig, so machen wir uns einer Vernebelung schuldig, die wir nachher büßen müssen. Denn gelingt der Presselsche Weg, so wird es unverständlich, warum wir bisher mitgegangen sind und nun auf einmal doch nicht in die Glaubensbewegung eintreten.

2. Wir dürfen die Mitglieder der Kirchlich-theologischen Arbeitskreise nicht über unsern Kurs im Unklaren lassen; also deutlich abgrenzen zwischen kirchenpolitisch nicht belasteter KTA-Arbeit, Jungreformatorischer Bewegung und Evang.-kirchlicher Vereinigung als normaler Vertretung für die Richtung Evangelium und Kirche in Württemberg und unser Solidaritätsverhältnis zum Notbund[223a], und endlich unsrer kirchenpolitischen Zweckgemeinschaft mit der Secession, mit der wir in ihrem Kampf solidarisch sind, mit der wir auch darüber hinaus im Gespräch bleiben wollen, deren letzte Ziele uns aber noch nicht geklärt erscheinen. Wir empfehlen daher nicht einen Eintritt in die Secession, obwohl wir enge Fühlung mit ihr halten wollen.

3. Wir bitten Pressel, bei der Umbildung des Oberkirchenrats darauf bedacht zu sein, daß der neugebildete Oberkirchenrat nicht einseitig durch die Richtung der Secession bestimmt ist.

Nun tut mir's leid, daß ich den einigermaßen flotten Kurs unsres Schiffleins stören mußte. Ich möchte gewiß kein Quertreiber sein, muß aber gewissensmäßig zur Vorsicht raten.

In herzlicher Verbundenheit Euer Theodor Dipper.

Vorschläge für eine Umbildung der Landesleitung der Glaubensbewegung Deutsche Christen unterbreitete Dekan Brügel, Geislingen, am 18.10.1933 dem Landesbischof[224]*:*

Hochverehrter Herr Landesbischof!

Obwohl ich mir denken kann, daß Sie zur Zeit mit Zuschriften aller Art und von allen Seiten überschwemmt werden, habe ich mich nun doch entschlossen, mich an Sie zu wenden. Es drückt mir nächstens das Herz ab, wie es in unserer Kirche und Pfarrerschaft aussieht. War das schon

[223a] Zum Pfarrernotbund siehe S. 724 ff.

[224] LKA Stutgart, D 1, Bd. 44.

seither eine ungeheure und unerträgliche Belastung für uns alle, so ist nun aber vollends am 14. Oktober durch die Entwicklung der politischen Verhältnisse eine Lage von so grausamem Ernst geschaffen worden, daß es jetzt, da unser gesamtes Volk sich wie ein Mann hinter seine Regierung und seinen Führer stellen muß[225], schlechterdings nur noch Verrat und Verbrechen ist, wenn man nicht alles tut, um einen Riß zu heilen und einen Streit zu schlichten, der wie ein schleichendes Gift um sich frißt und nachgerade alles zu zerstören droht, was an christlicher und kirchlicher und amtsbrüderlicher Gemeinschaft bisher noch unter uns war.

Nun will ich Ihnen sagen, warum ich mich in dieser verzweifelten Lage gerade an Sie wende. Einfach deshalb, weil Sie der einzige sind, der wirklich noch helfen kann. Ich bedaure unendlich, daß ich, statt Ihnen in die Augen schauen und mit Ihnen persönlich reden zu können, nur zur Feder greifen kann. Wie innig wünschte ich, daß Sie mir abspürten, wie grenzenlos ich Sie verehre und wie unerschütterlich das Vertrauen ist, das ich Ihnen bis zur Stunde entgegenbringe. Und sehen Sie, nun meine ich, Sie hätten es in der Hand, eine Lösung der furchtbaren Krise entscheidend herbeiführen zu können. Ich will ganz offen sein. Es ist klar, daß der Riß in der Glaubensbewegung Deutsche Christen nur geheilt werden kann, wenn beide Teile an die Brust schlagen und einander entgegenkommen und die Hand reichen. Ich habe meinen Freunden oft gesagt, daß auch wir anders werden und Gutes tun müssen. Ich habe Rehm kürzlich geschrieben, wenn noch mehr solcher Artikel im »NS-Kurier« kommen, werde ich nicht mehr mit von der Partie sein; ich schrieb ihm gestern, daß jetzt überhaupt nichts anderes mehr übrig bleibe, als daß wir uns unter allen Umständen zusammenfinden müssen, und sagte ihm auch, daß ich an Sie schreiben werde als an den einzigen, der das Einigungswerk vollbringen könne.

Andererseits müssen auch jene Drei einsehen, daß sie vor ihrer Wiederaufnahme in die Glaubensbewegung Deutsche Christen in einer befriedigenden Erklärung um Entschuldigung bitten müssen. Denn darüber kann gar kein Zweifel sein, daß das Geheimschreiben hinter dem Rücken von uns alten Kämpfern alles bloß nicht aufrichtig und kameradschaftlich war. Worunter ich so namenlos leide, das ist das furchtbare Bewußtsein, daß ich der einzige war, der eine secessio der 150 hätte verhindern können, wenn – ja wenn ich von der ganzen Sache das ge-

225 Zum Aufruf Hitlers vom 14. 10. 1933 siehe Anmerkung 207, S. 601.

ringste gewußt hätte. Es zerriß mir das Herz, als mir Freunde sagten, in jener Versammlung hätte es immer geheißen: wenn nur der Brügel da wäre! Wahrlich, Herr Landesbischof, ich gebe Ihnen die Versicherung: ich wäre damals Rehm ins Wort gefallen und hätte durchgesetzt, daß die Gegenseite zum Wort kam. Die Möglichkeit aber zu diesem entscheidenden Dienst war mir genommen dadurch, daß ich überhaupt nichts wußte, weil alles hinter meinem Rücken geschehen war. Nun versprach mir neulich mein Freund Weber, er wolle sich ernsthaft um eine Formulierung bemühen für eine Entschuldigung, die befriedigen könne. Gott gebe, daß er sie finde.

Und nun mein ganz großes Anliegen an Sie, Herr Landesbischof! Darf ich es aussprechen? Wie schön wär's, wenn Sie sich mit einer Lösung Schaal-Rehm einverstanden erklären könnten? Schaal ist ein ausgezeichneter Mann; und Rehm ganz fallen lassen – geht doch wohl nicht. Und dann das andere: wenn Schaal Landesleiter wäre, ergäbe sich eine legale Zusammenarbeit mit dem Landesbischof so sehr von selbst, daß man dann doch erst das Wort von der »Unterstellung« fallen lassen könnte. Hochverehrter Herr Landesbischof! Wenn Sie das Wort eines treuen Mannes hören wollen: ich bitte Sie inständig, suchen und finden Sie eine Form, in der die Zusammenarbeit garantiert, aber auf die förmliche Unterstellung verzichtet wird, die uns in zu schwere Konflikte bringt, als daß wir sie ohne weiteres annehmen könnten. Wenn Sie als Landesbischof uns diesen Schritt entgegentäten, wären wir andern Schufte, wenn wir uns nicht auch entgegenkämen und miteinander Frieden schließen würden. Ich ringe Tag und Nacht in heißem Gebet um unsere Einigung. Gott verwirft uns alle ganz und gar, wenn wir nicht das Menschenmögliche tun, nur zum Frieden zu kommen. Gott mit Ihnen, Herr Landesbischof; er segne Ihre Entschlüsse.

In unwandelbarer Treue und Verehrung! Ihr ganz ergebener

R. Brügel.

Ebenfalls um eine Schlichtung des Streites bat Pfarrer Schilling, Bad Liebenzell, den Landesbischof in einem Schreiben vom 24. 10. 1933[226]*:*

Hochverehrter Herr Landesbischof!

Aus innerer Not heraus und in der gemeinsamen Liebe zu unserem Herrn und zu seiner Kirche bitte ich um die Erlaubnis, mich ganz per-

[226] LKA Stuttgart, D 1, Bd. 46,1.

sönlich an meinen hochverehrten kirchlichen Führer wenden zu dürfen. Nach dem Grußwort des Herrn Landesbischofs vom 9. Oktober[227] steht unsere evangelische Kirche in gesammelter Kraft zum Dienst bereit. Es ist unser aller schmerzliches Erleben, daß dies nicht der Fall ist. Die am 20. September ausgebrochene Krisis ist zu einer chronischen, schleichenden Krankheit geworden, die den Dienst unserer Kirche lähmt und hemmt. Insbesondere ist die Arbeit der Glaubensbewegung durch diesen Streit gehemmt. Ihre besten Kräfte sind in diesem Streit lahmgelegt und ihr verloren gegangen. Und doch entscheidet sich am Schicksal der Glaubensbewegung das Schicksal der Kirche. Es war für die Kirche furchtbar, vom marxistischen Staat bei Seite gestellt zu werden. Es wäre ungleich folgenschwerer, wenn der nationalsozialistische Staat die Kirche behandeln würde wie der Marxismus. Und diese Gefahr droht unter den anhaltenden Kirchenstreitigkeiten mehr, als wir ahnen. Die gegenwärtigen Streitigkeiten werden mit dem Herzblut derjenigen Kreise geführt, die bisher kirchlich waren, also etwa 20 % unseres Volkes. Das weiß ich, und deshalb nehme ich sie sehr ernst. Aber ich weiß, daß die anderen 80 % unseres Volkes, die der Kirche fernstanden und die durch Adolf Hitler bei vielen Gelegenheiten wieder zur Kirche gewiesen wurden, diesem Streit mit hundertprozentiger Verständnislosigkeit und Befremdung gegenüber stehen und erneut von dieser streitenden Kirche abgestoßen werden. Auf der Gauführerschule der NSDAP in Rötenbach wurde auf dem letzten Kursus den Teilnehmern vom Kursusleiter gesagt, beide christliche Kirchen seien in Dogmen erstarrt und deshalb für den neuen Staat wertlos. Der Nationalsozialismus müsse sich aus seinem Geist heraus eine neue Kirche schaffen. Solche Äußerungen sind Flammenzeichen und rufen uns gebieterisch zu, ein Ende des lähmenden Kirchenstreits nicht abzuwarten, sondern um jeden Preis herbeizuführen.

Der Schlüssel zur Beendigung des Streits scheint mir allein in der Hand des Herrn Landesbischofs zu liegen. Die beiden Parteien sind wie im Mai die Parteien um den Reichsbischof vollkommen auf dem toten Punkt angelangt. Das zeigt jeder Artikel im »NS-Kurier« und jedes Rundschreiben Webers aufs deutlichste. Es wird von keiner Seite ein Weg heraus aus dem Sumpf gezeigt. Es werden auf allen Seiten nur die alten Vorwürfe wiederholt und verschärft. Ich bitte, offen aussprechen zu dürfen, daß auch die letzten Erlasse des Herrn Landesbischof keinen Weg

[227] Siehe S. 392.

aus der Spannung heraus zeigten. Ich verstehe die ernsten Anliegen, aus welchen heraus der Herr Landesbischof diese Erlasse hinausgab. Aber ich kann mich des Eindrucks nicht erwehren, daß der Herr Landesbischof bei ihrer Ausgabe unrichtig oder einseitig berichtet war. Und dadurch haben die Erlasse, insbesondere Nr. A 8180 vom 20. Oktober[228] nicht entspannend, sondern die Lage verschärfend gewirkt. Weil ich innerlich mich ganz der Führung des Herrn Landesbischof unterstelle, bin ich gezwungen, meine ernsten Sorgen meinem kirchlichen Führer offen darzulegen.

Wir NS-Pfarrer im Bezirk Calw stehen alle geschlossen hinter der Landesleitung. Wir gehören alle innerlich der theologischen Richtung an, die auch mein Freund Pressel vertritt. Aber wir standen deshalb in keinem Gegensatz zur Landesleitung. Wir haben die Zeit des Streites zu doppelter Werbearbeit für die Anliegen der Glaubensbewegung Deutsche Christen, zu welcher sich der Herr Landesbischof ja nach wie vor bekennt, ausgenützt. Ich tat meine Arbeit in einem Sinne und in einer Weise, an welcher mein Freund Pressel nur seine helle Freude hätte haben können. Daß mir dies gelungen ist, wurde mir von Dekan Hermann, Calw, verschiedentlich bestätigt. Ich weiß ferner, daß die Landesleitung meine Arbeit nicht nur nicht beargwöhnt, sondern voll und ganz anerkannt hat. Ich wurde bei dieser Sachlage das bittere Gefühl nicht los, warum dieser Weg nicht im ganzen Land begangen werden kann, wenn er bei uns möglich ist, und warum weithin die beste Kraft mit Schmähartikeln und Schmähbriefen vergeudet wird. Nach den letzten Erlassen des Herrn Landesbischofs ist unsere bisherige, stille, positive Arbeit auch nicht mehr möglich. Ich weiß, daß der Herr Landesbischof eine solche Wirkung nie beabsichtigt hat. Aber ich halte es für meine Pflicht, den Herrn Landesbischof auf diese Wirkung aufmerksam zu machen.

Grundsätzlich möchte ich zu dem Streitfall folgendes bemerken dürfen:

1. Nicht alle Amtsbrüder haben die bekannten Wünsche an die Landesleitung im gleichen Maße wie Pressel und Weber als unerträgliche Gewissensbelastung empfunden. Bestehende Bedenken hätten bei anderer Darstellung auch zerstreut werden können. Sie sind weithin agitatorisch gesteigert worden, bis die erstrebte Wirkung der Diffamierung der Landesleitung erreicht war.

[228] Das Schreiben Wurms vom 6. 10. 1933 und den Erlaß vom 11. 10. 1933 siehe S. 635 f., den Erlaß vom 20. 10. 1933 S. 647 ff.

2. Es ist untragbar, daß nur die eine Seite das Gewissen für sich in Anspruch nimmt und der andern Seite das Gewissen abspricht. Ich habe mich davon überzeugt, daß Rehm und Schairer auch ihre Gewissensgründe haben für ihr Verhalten, auch bei ihrer Ablehnung der bisherigen Friedensvorschläge. Sobald diese Tatsache nicht mehr gesehen wird, ist eine Verständigung unmöglich. Dann ist man auf dem toten Punkt.

3. Es war ein Unglück, daß die Verfasser der geheimen Rundbriefe nie öffentlich ein Wort des Bedauerns über die Form ihres Vorgehens gefunden haben! Ob die Landesleitung nicht auf Friedensvorschläge eingegangen wäre, wenn dies erfolgt wäre? Statt dessen hörte der Freundeskreis um Pressel vom 20. September ab nur noch sich selbst in zahlreichen Rundschreiben, die Weber hinausgab, die aber samt und sonders nichts Neues enthielten. Es ist falsch um eine Sache bestellt, wenn man nur noch sich selbst hört und die andern nicht mehr.

4. Es war ein weiteres Unglück, daß Weber, Pressel und Hutten bei verschiedenen Anlässen den Anschein erweckten, als würden sie ihren Ausschluß aus der Glaubensbewegung Deutsche Christen ignorieren oder ironisieren.

5. Auch die Gruppe Pressel hat grobe Fehler begangen. Es wurden am 14. Oktober durch Weber Pfarrer bei der Landesleitung der Glaubensbewegung Deutsche Christen abgemeldet, die noch nie Mitglied der Glaubensbewegung oder der NS-Pfarrerschaft gewesen waren. Aus dem Calwer Bezirk ist mir ein solcher Fall bekannt. Wenn es in jedem Bezirk nur ein Pfarrer ist, so gibt das eine wesentlich andere Bewertung der Zahl der Ausgetretenen!

6. Es ist endlich keineswegs nur so, daß allein viele Pfarrer und Gemeindeglieder an der Landesleitung der Glaubensbewegung Deutsche Christen Anstoß genommen haben. Es ist auch so, daß weite Teile unseres Kirchenvolks Anstoß genommen haben am Verhalten der Pfarrer, ja sogar an dem des Herrn Landesbischof. Ich erschrak tief, als mir in einem gut kirchlichen Haus in Calw nach der Tagung des Landeskirchentags gesagt wurde, die Glieder dieses Hauses hätten Angst, der Herr Landesbischof verstehe die Glaubensbewegung nicht. Ich wies dies damals völlig zurück mit dem Hinweis auf all die Tatsachen, die der Herr Landesbischof in seinem letzten Erlaß selbst anführt. Es gelang mir aber nicht, jene gut kirchlich gesinnten Leute zu überzeugen. Wie furchtbar peinlich es für einen NS-Pfarrer ist, sich mit Parteigenossen über die weiteste Kreise unseres Volkes ernstlichst beschäftigenden Fragen der Glaubensbewegung Deutsche Christen zu unterhalten und dabei auf

die Verwunderung zu stoßen, daß so wenige Pfarrer in der Glaubensbewegung Deutsche Christen mitarbeiten, darüber bitte ich schweigen zu dürfen.

Alle angeführten Tatsachen fordern dringend eine sofortige Beilegung des Streites und zwar auf anderen Wegen als den bisher beschrittenen. An der Unterstellung unter den Landesbischof wird die Einigung nicht scheitern, da es der Glaubensbewegung Deutsche Christen mit ihren Vertrauenserklärungen voller Ernst gewesen ist. Der Herr Landesbischof ist uns zur Zeit einfach unentbehrlich, weil Sie allein der über den Parteien Stehende sind und sein können. Ich glaube aber vor dem Vorbild Bayerns ernstlich warnen zu müssen. Ich erfuhr zuverlässig aus Nürnberg, daß Amtswalter der Glaubensbewegung Deutsche Christen in Bayern so wenig von der Glaubensbewegung eine Ahnung haben, daß sie auf Anfragen aus ihren Gemeinden erklärten, die Glaubensbewegung Deutsche Christen habe keine Bedeutung und werde wohl bald wieder aufhören! Es kann dem Herrn Landesbischof nichts daran liegen, daß eine Unterstellung der Glaubensbewegung Deutsche Christen unter den Landesbischof in Württemberg dieselbe Wirkung hätte. Denn mit dem Schicksal der Glaubensbewegung Deutsche Christen wird sich das Schicksal unserer Kirche entscheiden! Ich bitte den Herrn Landesbischof, von dieser Gefahr aus die Zurückhaltung der Landesleitung in der Unterordnung unter die Kirchenleitung verstehen zu wollen. Der Wille zur Unterordnung ist da. Aber der rechte Weg dafür ist noch nicht gefunden.

Die Erfüllung einiger ernster Wünsche der Glaubensbewegung Deutscher Christen, einige Veränderungen im Oberkirchenrat, ein Wechsel besonders in der Person des Verbindungsmannes zwischen Landesbischof und Landesleitung wird mit einem Schlage neues Vertrauen zum Herrn Landesbischof herstellen, das in den letzten Wochen mehrfach getrübt und gefährdet, aber nie zerstört wurde!

In seinem Rundschreiben vom 24. Juli[229] hat der Herr Landesbischof so treffend ausgeführt, daß man elementare Bewegungen nicht nach den oft unerfreulichen Formen und Handlungen einzelner Vertreter, sondern nach ihrem inneren Recht und nach der geschichtlichen Stunde, in der sie auftreten, beurteilen dürfe. Wenn der Herr Landesbischof diesen Grundsatz auch auf die NS-Kurier-Artikel des Kollegen Rehm anwenden könnte, so wäre mit einem Schlag dem ganzen Streit die Wurzel abgehauen. Es wäre dann eine Zusammenarbeit des Herrn Landesbischof

[229] Siehe S. 279 ff.

mit der Landesleitung möglich und die NS-Kurier-Artikel, die ich keineswegs begrüße, würden in dem Maße aufhören, in welchem dieser einzig mögliche Grundsatz sich bei allen Pfarrern durchsetzen würde.

Ich weiß, daß die Erfüllung meiner Bitte von dem Herrn Landesbischof ein großes Maß von Überwindung und Vergeben voraussetzt. Aber ich weiß auch, daß der Herr Landesbischof meine ernsten Anliegen würdigen wird. Und so bitte ich, mein Schreiben mit gütiger Nachsicht aufnehmen zu wollen.

In aufrichtiger Hochachtung bin ich Ihr sehr ergebener E. Schilling.

DAS EINGREIFEN VON LANDESBISCHOF WURM

Klärungsversuche des Landesbischofs

Noch vor der Versammlung der württ. Pfarrerschaft im Stuttgarter Furtbachhaus am 20. September hatte Landesbischof D. Wurm mit dem württ. Kultminister Mergenthaler eine Reihe von Fragen, die das Verhältnis von Staat und Kirche berühren, besprochen[230]. *Am 19. September war Wurm von Reichsstatthalter Murr in Anwesenheit des stellvertretenden Gauleiters Schmidt* zu einer längeren Aussprache über kirchliche und damit zusammenhängende politische Fragen *empfangen worden*[231]. *Am 24. 9. 1933 hielt Wurm bei der Tagung des Württ. Landesverbands der Inneren Mission in Heidenheim eine Rede, bei der er von der Notwendigkeit einer Erneuerung der Kirche und von der Bedeutung von Verkündigung, Seelsorge und Dienst sprach*[231a].

Die Versuche, zwischen der Sezession und der Landesleitung der Glaubensbewegung Deutsche Christen zu vermitteln, hatten noch Ende September eingesetzt. Schon der erste Einigungsversuch durch Oberkirchenrat Schaal, dann der zweite durch die Professoren D. Fezer und D. Rückert geschahen mit Wissen und mit der Billigung Wurms[232], *der sich selbst zunächst etwas im Hintergrund gehalten und nur gegen die Angriffe protestiert hatte, die im* NS-Kurier *erschienen*[233].

230 »NS-Kurier«, Ausgabe vom 20. 9. 1933.

231 »NS-Kurier«, Ausgabe vom 20. 9. 1933.

231a Siehe S. 509.

232 Vgl. die Schreiben Wurms vom 13. 10. 1933 an den Reichsbischof, S. 638 ff. und die zusammenfassende Darstellung der Sezession vom 31. 10. 1933, S. 676 ff. Unterlagen für die zahlreichen Gespräche sind nicht vorhanden.

233 Siehe »NS-Kurier«, Ausgabe vom 18. 10. 1933, S. 645 ff., und den Erlaß Wurms vom 20. 10. 1933, S. 647 ff. Vgl. ferner S. 541 ff. und S. 553 ff.

Seine persönliche Stellungnahme legte der Landesbischof in einer Aktennotiz nieder[234]*:*

Warum ich zur gegenwärtigen Leitung der Glaubensbewegung Deutsche Christen in Württemberg kein Vertrauen haben kann.

1. Bei dem Abkommen, das unter meiner Leitung zwischen den verschiedenen kirchlichen Gruppen in Bezug auf die Wahl zum Landeskirchentag abgeschlossen wurde, wobei verschiedene bewährte Persönlichkeiten ausscheiden mußten, ging man von der Voraussetzung aus, daß entsprechend der Abwendung vom parlamentarischen System im neuen Landeskirchentag keine streng abgeschlossenen Gruppen, sondern freie Arbeitsgemeinschaften sich bilden werden.

2. Entgegen dieser bei den Vorbesprechungen geäußerten und von den »Deutschen Christen« nicht bekämpften Auffassung trat schon in den Vorverhandlungen am Montag, 11. September, die »Kampfgruppe« mit so schroffen Forderungen betr. Zuwahl und Besetzung der Ausschüsse hervor, daß die anderen Gruppen vor den Kopf gestoßen und die Vereinbarung über die Zuwahl erschwert wurde.

3. Eine telefonische Mitteilung von Professor Fezer, daß er auf die Entsendung in die Nationalsynode durch den Württ. Landeskirchentag Wert lege und sich für die Berufung eines Württembergers durch die Einstweilige Kirchenleitung einsetzen werde, war noch am Dienstag Nachmittag dem Präsidenten Steger unbekannt, ist also bis dahin vom Fraktionsvorsitzenden unterschlagen worden.

4. Ebenso wurde die Tatsache, daß der Landesbischof eine vertrauliche Aussprache sämtlicher Gruppen vor der ersten öffentlichen Sitzung angeregt hatte, der Fraktion nicht mitgeteilt, obwohl der Vorsitzende der Fraktion diese Anregung mit Dank begrüßt hatte.

5. In der öffentlichen Sitzung am Mittwoch, 12. September, brachte es der Abgeordnete Rehm fertig, den Schein zu erwecken, als ob ihm die innerhalb des Volksbunds gepflogenen Beratungen über die Einrichtung eines Evang. Gemeindedienstes[235] und das Verhältnis der Glaubensbewegung Deutsche Christen zu dieser Organisation völlig unbekannt seien, obgleich er von den Geschäftsführern des Volksbunds unterrichtet war.

6. Die Führung der Kampfgruppe stand von dem Versuch, dem Lan-

[234] LKA Stuttgart, D 1, Bd. 44. Ohne Namenszeichen, von Wurm handschriftlich auf Seite 1 der Datumsvermerk: »1. 11. 1933«. Zum Abkommen vor der Wahl zum Landeskirchentag siehe S. 302 ff.

[235] Siehe Bd. 1, S. 543 ff.

desbischof das Ermächtigungsgesetz zu nehmen, nur ab, weil dieser auf einen drohenden Konflikt hinwies. In einer Unterredung am 18. September beantwortete Pfarrer Rehm die Erklärung des Landesbischofs, daß er im Fall der Ablehnung des Ermächtigungsgesetzes den Landeskirchentag aufgelöst hätte, mit den Worten: Dann hätte es eine staatliche Aktion gegeben! Diese Äußerung, ob nun Pfarrer Rehm dazu autorisiert war oder ob er nur renommiert hat, ist ein Beweis dafür, daß Rehm die Leitung der Württ. Landeskirche entweder seiner Führung unterwerfen oder sie im Sinne norddeutscher Landeskirchen »gleichschalten« will. Nichts hat so das Vertrauen zwischen Kirchenleitung und Glaubensbewegung Deutsche Christen untergraben als die Wahrnehmung, daß der Führer der Glaubensbewegung Deutsche Christen den Landesbischof an der Ausübung seiner verfassungsmäßigen Rechte durch eine ungesetzliche staatliche Aktion zu hindern eventuell bereit ist.

7. In derselben Unterredung am 18. September erklärte sich der Landesbischof bereit, den durch das bekannte Rundschreiben der Gruppe Weber, Hutten, Pressel entstandenen Konflikt innerhalb der Glaubensbewegung Deutsche Christen dadurch beizulegen, daß er sich für Beibehaltung von Pfarrer Rehm und nur für Ersatz von Schairer durch einen Vertrauensmann der Opposition einsetze. Trotzdem erfolgte am Dienstag, 19. September früh der Ausschluß der Drei ohne vorgängige nochmalige Aussprache mit dem Landesbischof.

8. Alle Versuche, die durch den Ausschluß der Drei und die Sezession am 20. September entstandene Spaltung zu beseitigen auf der oben erwähnten Grundlage und mit befristeter Zurücknahme der Ausschlußerklärung, scheiterten an dem Widerstand von Rehm, der selbst den Kirchenhistoriker Rückert zurückwies.

9. Dadurch, daß Rehm gleichzeitig wieder einen Pressefeldzug eröffnete, in dem er Einzelheiten aus früherer Zeit aufwärmte und die Pfarrerschaft wie die Kirchenleitung politisch denunzierte, hat er den letzten Rest meines Vertrauens verloren. Eine Beseitigung von Rehm aus der Leitung würde den Beitritt von 350 Pfarrern, darunter 150 Rücktritte, zur Folge haben.

10. So sehr ich den Wunsch der NSDAP verstehe und unterstütze, in den kirchlichen Kreisen und in der Pfarrerschaft festeren Fuß zu fassen, so muß ich doch darauf aufmerksam machen, daß Persönlichkeiten wie Rehm eine solche Entwicklung mehr hemmen als fördern und daß auch die Umbesetzung führender Behörden in der Kirche nicht dieselbe Wirkung haben kann wie im Staat. Denn ob z. B. die Landräte

den Weisungen des Ministeriums Folge leisten, läßt sich jederzeit feststellen; die Wirksamkeit des Pfarrers vollzieht sich in ganz anderer, ausgesprochen persönlicher Weise, und seine Aktivität für eine Sache kann nur gewonnen werden durch eine ihn gewinnende Autorität, nicht durch Vorschrift oder Drohung. Weitaus die große Mehrheit des Pfarrstandes ist bereit, sich für die großen Ziele des Volkskanzlers einzusetzen; aber sie will dies unter der Führung des Landesbischofs tun, nicht gedrängt und beunruhigt durch Methoden, die der Würde der Kirche und dem Einvernehmen innerhalb der Pfarrerschaft Schaden bringen. Eine Umgestaltung des Oberkirchenrats nach den Wünschen Rehms und seiner engeren Freunde würde die größte Entrüstung und Verwirrung hervorrufen; würde ich sie billigen, so würde ich den besten Teil der Pfarrerschaft nicht hinter mir haben.

Nach dem Scheitern des zweiten Vermittlungsversuches trat der Landesbischof am 6. 10. 1933 mit einem Schreiben an die Pfarrer der Landeskirche hervor[236]*:*

Fast täglich gehen mir Anfragen zu über die Haltung, die die Pfarrerschaft auf Grund der neuerlichen Vorgänge zu der Glaubensbewegung »Deutsche Christen« einzunehmen habe. Es sind Verhandlungen im Gange, die das Ziel haben, den vorhandenen Riß zu heilen. Ob und wann diese Verhandlungen zum Ziel führen, ist noch unsicher. Bis dahin empfehle ich dieselbe Haltung einzunehmen, wie sie in einer nach langer und ernster Beratung zustande gekommenen Entschließung eines Diözesanvereins zum Ausdruck gekommen ist. Diese Entschließung, die dem dortigen Kreisleiter als Antwort auf seine Aufforderung zum Beitritt zur Glaubensbewegung zugegangen ist, lautet: »Der jetzige Zeitpunkt ist ungeeignet, über die Frage der Zugehörigkeit oder Nichtzugehörigkeit zur Glaubensbewegung sich endgültig zu entscheiden. Erst wenn die am 20. September in Stuttgart eingetretene Spaltung beseitigt oder sonst klare Verhältnisse geschaffen sind, wird der Augenblick gekommen sein, da der einzelne seine Entscheidung treffen kann.«

Wurm.

In einem Erlaß an die Dekanatämter vom 11. 10. 1933 versuchte der Landesbischof die Schärfe der Auseinandersetzungen zu mildern[237]*:*

Die heutige Zeit verlangt mehr denn je eine geschlossene Haltung des evang. Pfarrstands und aller Kräfte, die der evang. Kirche dienen.

[236] Nr. A 7743.
[237] Nr. A 7979.

Nur so vermag die Kirche die besonderen Aufgaben, die ihr im neuen Staat gestellt sind, zu erfüllen. Neuere Vorkommnisse geben Anlaß, auf Folgendes hinzuweisen:

1. Erörterungen über innere kirchliche Fragen und Verhältnisse, insbesondere Auseinandersetzungen persönlicher und polemischer Art eignen sich nicht zur Behandlung in der politischen Presse, sie sind daher in der kirchlichen Presse zu führen.

2. Angriffe auf die politische Zuverlässigkeit des Pfarrstands und die bisherige Kirchenführung in Versammlungen und Presse müssen um der Einheit der Kirche willen unterbleiben. Wenn in einzelnen Fällen Grund zu Beanstandungen vorliegt, so ist der geordnete Weg der Beschwerdeführung einzuhalten.

3. Es gehört zu den bewährten und auch jetzt wieder zu beachtenden Grundsätzen unserer Kirche, daß Geistliche sich für öffentliche Vorträge und Aussprachen über kirchliche und religiöse Fragen in anderen Gemeinden nur nach vorausgegangener Verständigung mit dem Ortsgeistlichen zur Verfügung stellen.

4. Die Kirchenleitung ist nach wie vor willens, die Glaubensbewegung Deutsche Christen anzuerkennen und zu unterstützen, wenn sie als innerkirchliche Bewegung im Verein mit den geordneten Organen der Kirche den Dienst der Kirche am Volk und das Verständnis aller Kreise der Volksgenossen für die Kirche und das von ihr verkündigte Evangelium zu fördern bereit ist. Dabei muß vorausgesetzt werden, daß die jetzige Spaltung beseitigt wird und die Leitung der Glaubensbewegung sich der Führung der Kirche vertrauensvoll unterordnet und Hand in Hand mit ihr arbeitet.

Die Pfarrämter werden ersucht, hievon auch den Kirchengemeinderäten Kenntnis zu geben.

Wurm.

Schon am 2. 10. 1933 hatte der Landesbischof seine Sorgen um die ganze Entwicklung in einem für den Reichsbischof bestimmten Entwurf zusammengestellt[238]*:*

Hochwürdigster Herr Reichsbischof!

Gestatten Sie mir, Ihnen einige Anliegen vorzutragen, die aus der Sorge um Kirche und Volk kommen.

[238] LKA Stuttgart, D 1, Bd. 118. Von Wurm eigenhändig mit der Schreibmaschine hergestellter Entwurf; es konnte nicht festgestellt werden, ob das Schreiben tatsächlich abgesandt wurde.

1. Der Erlaß des Stabschefs Röhm, dessen Wortlaut hier beiliegt[239] – er ist nicht überall mit dem vollen Wortlaut abgedruckt worden –, bedeutet einen Rückfall in die übelsten Methoden liberalistisch-materialistischer Denkweise und wird, soviel ich weiß, auch in nationalsozialistischen Kreisen mit sehr gemischten Gefühlen aufgenommen. Es ist bezeichnend, daß er den besonderen Beifall der früher liberaldemokratisch eingestellten Großstadtpresse findet. Man konnte bisher viele von kirchlicher Seite geltend gemachten Bedenken mit dem Hinweis auf die Säuberung des öffentlichen Lebens und der öffentlichen Zustände niederschlagen. Ich kann mir nicht denken, daß der Führer diesen Kurswechsel billigt. Das wäre doch Reaktion in einem viel schlimmeren Sinne, als sie denen zum Vorwurf gemacht wird, die z. B. nicht alles billigen, was die »Glaubensbewegung Deutsche Christen« tut. Könnten Sie Ihren Einfluß geltend machen, um eine so verhängnisvolle Wendung zu verhindern?

2. In Baden-Baden wird, wie aus der beiliegenden Nummer des »Stuttgarter Neuen Tagblatts« hervorgeht, eine Spielbank[240] aufgemacht unter dem führenden Einfluß einer französischen Finanzgruppe. Kann diese Art, Geld hereinzubekommen, irgendwie vom Wesen des heutigen Staates aus gerechtfertigt werden? Ist es nicht auch wieder liberalistisch-materialistische Denkweise, wenn aus menschlichen Schwächen und Leidenschaften Gewinn gezogen wird? Dazu kann doch eigentlich die Kirche nicht schweigen.

3. In Ihrer Proklamation in Wittenberg[241] verkündeten Sie zu unserer großen Freude, daß die kirchenpolitischen Aktionen nun ihr Ende haben. Aber heute kamen zwei Führer unserer bewährten innerkirchlichen Gemeinschaften zu mir mit der Klage, daß sie nun auch gleichgeschaltet werden sollen. Es geht in dieser Sache gleichzeitig ein Schreiben des Evang. Oberkirchenrats an die Leitung der Deutschen Evang. Kirche ab[242]; ich bitte zu erwägen, ob der Vertiefung und Befestigung des nationalsozialistischen Staatsgedankens irgend etwas gedient ist, wenn Kreise, die immer in allen Krisen fest zu Kirche und Vaterland gehalten haben, nun so beunruhigt werden.

239 Die Beilage befindet sich nicht mehr bei den Akten. Zum Aufruf Röhms, mit dem er die SA vor der Rolle eines Sittenwächters warnte, siehe »Evang. Gemeindeblatt für Stuttgart«, Ausgabe vom 8. 10. 1933.

240 Dieser Hinweis konnte nicht verfiziert werden.

241 Zur Schlußansprache Müllers bei der Wittenberger Nationalsynode am 27. 9. 1933 siehe GB 140, S. 104.

242 Siehe S. 399.

4. Damit zusammen hängt die wichtigste Frage: Wird der kirchlichen Nebenregierung, die durch gewisse Exponenten der Glaubensbewegung ausgeübt wird, nun ein Ende bereitet? Oder soll es so fortgehen, daß man an keine Arbeit kommt, weil beständig Vorstöße von dieser Seite abzuwehren sind? Der Herr Reichsbischof weiß, wie sehr ich mich bemüht habe, der Glaubensbewegung in Württemberg Förderung angedeihen zu lassen und die Bedenken der besten Kreise der Pfarrerschaft zu überwinden mit dem Erfolg, daß mehr als 300 Pfarrer ihr beigetreten sind. Nun aber ist eine Spaltung eingetreten, die mit dem Widerwillen des größeren Teils gegen die Übertragung der Methoden des politischen Kampfes in das kirchliche Leben zusammenhängt und insbesondere mit Erbitterung sich dagegen richtet, daß eine rein kirchlich-theologisch orientierte Kritik an einzelnen Vorgängen in der Öffentlichkeit politisch diffamiert wird. Wenn Sie, Herr Reichsbischof, in dieser Hinsicht ein klärendes Wort sprechen könnten, so wären Ihnen viele Diener der Kirche unendlich dankbar[243].

Es wäre mir außerordentlich erwünscht, wenn ich Gelegenheit hätte, über diese Dinge und die Lage in Württemberg ganz persönlich und vertraulich mit dem Herrn Reichsbischof zu sprechen. Schriftlich läßt sich nicht alles darlegen und klingt manches schärfer, als es gemeint ist. Jedenfalls bitte ich die Darlegungen des Herrn Rehm, der natürlich alle Minen springen läßt, mit aller Vorsicht zu genießen. Wie ich ja schon in einem früheren Schreiben mir anzudeuten erlaubte[244], wird viel davon abhängen, daß den kirchlichen Nebenregierungen ein Ende gemacht wird.

Mit ehrerbietiger Begrüßung W[urm].

Eine Bitte der Reichskirchenleitung um Umbesetzungen im Evang. Oberkirchenrat nahm Wurm zum Anlaß, dem Reichsbischof am 13. 10. 1933 grundsätzlich über die Lage in Württemberg zu berichten[245]*:*

Hochwürdigster Herr Reichsbischof!

Herr Professor D. Dr. Fezer hat mir telefonisch eine Anfrage übermittelt, ob es nicht möglich sei, in der nächsten Zeit einige jüngere

243 Im Entwurf folgt hier zunächst eine Grußformel: »Mit ehrerbietiger Begrüßung bin ich«; dann wird der Text fortgesetzt.

244 Dieser Hinweis war nicht zu klären.

245 LKA Stuttgart, Bd. 118; von Wurm eigenhändig mit der Schreibmaschine hergestellter Entwurf, vielleicht fehlt der Schluß. Der Brief wurde am 19. 10. 1933 an Landesbischof D. Meiser, München, zur Kenntnisnahme übersandt; siehe S. 655 f.

Kräfte in den Evang. Oberkirchenrat aufzunehmen. Diese Anfrage gibt mir erwünschte Gelegenheit, dem obersten Führer der Deutschen Evang. Kirche die Entwicklung der kirchlichen Lage in Württemberg darzulegen.

Wie dem Herrn Reichsbischof bekannt sein wird, habe ich mich von Anfang an sowohl zum neuen Staat wie zur »Glaubensbewegung Deutsche Christen« positiv eingestellt. Mit meiner Zustimmung sind schon im April mehrere Mitglieder des Oberkirchenrats sowohl der NSDAP als der Glaubensbewegung beigetreten; ferner habe ich den bei der nationalsozialistischen Studentenschaft in Tübingen außerordentlich beliebten Studentenpfarrer Pressel zum Hilfsarbeiter beim Evang. Oberkirchenrat einberufen. Pressel hat durch zahlreiche Vorträge sowohl auf den Diözesanvereinen im Kreis der Pfarrer als in Gemeindeversammlungen für die Glaubensbewegung geworben und das Verständnis der Pfarrerschaft für den heutigen Staat und die aus der Zeitwende der Kirche erwachsenden Aufgaben mit großem Erfolg gefördert. Auch ich habe, wie aus einigen beiliegenden Rundschreiben hervorgeht[246], in derselben Richtung auf die Pfarrerschaft eingewirkt, was nicht immer leicht war, weil die Vorgänge in einigen norddeutschen Kirchen Befremden erregten und weil die Position der leitenden Persönlichkeiten Dr. Schairer und Rehm innerhalb der Pfarrerschaft von Anfang an schwach war und durch ihr öffentliches Auftreten in der Presse und in Versammlungen nicht verbessert wurde. In einem kleinen Land wie Württemberg, wo Personen und Verhältnisse genau bekannt sind, ist es natürlich besonders mißlich, wenn die Führer einer neuen kirchlichen Bewegung nicht durch positive Leistungen auf praktisch-kirchlichem oder wissenschaftlichem Gebiet einwandfrei ausgewiesen sind. Ich habe trotzdem mit den beiden Herrn vertrauensvoll zusammengearbeitet, insbesondere bei der Vorbereitung der Wahlen zum Landeskirchentag, wo die bisherigen Gruppen zur freiwilligen Einräumung der Mehrheit an die Glaubensbewegung Deutsche Christen bereit waren und demgemäß ein Wahlkampf unterbleiben konnte. Als der Landeskirchentag Anfang September zusammentrat, zeigte es sich sofort, daß die neue Gruppe die ihr eingeräumte Mehrheit in rücksichtsloser Weise zu gebrauchen entschlossen war. Der Landesbischof konnte die Zurückziehung des ihm seinerzeit gerade auf Antrag der Deutschen Christen vom alten Landeskirchentag bewilligten Ermächtigungsgesetzes nur dadurch verhindern, daß er auf den drohenden Konflikt hinwies. Während in Württemberg

[246] Die Beilagen befinden sich nicht mehr bei den Akten.

alles auf den Beginn der so oft angekündigten neuen Arbeitsformen wartete, machte die »Kampfgruppe Deutsche Christen« den Eindruck, daß es ihr vor allem um kirchenpolitische Machtpositionen ging. Im Zusammenhang mit den Verhandlungen im Landeskirchentag brach innerhalb der Glaubensbewegung eine Krise aus, herbeigeführt durch die Art, wie die Landesleitung die Erörterung des positiven Arbeitsprogramms hinauszuschieben verstand. Bei einer Pfarrerversammlung, die der Landesbischof zur Klärung der Lage einberufen hatte, kam die Erbitterung der Pfarrerschaft über die von Pfarrer Rehm geübten Methoden, insbesondere die politische Diffamierung einer rein kirchlich und theologisch fundierten Kritik an seinen Äußerungen und Handlungen zu einem wahrhaft elementaren Ausbruch. Daß die auf dieser Versammlung herrschende Stimmung in einem Artikel des nationalsozialistischen Organs als »Reaktion in der Kirche«[247] gedeutet wurde. hat Rehms Position natürlich nicht gestärkt. Trotzdem wurden von mir und anderen unaufhörliche Versuche gemacht, den Riß in der Glaubensbewegung dadurch zu heilen, daß unter Beibehaltung von Rehm in der Landesleitung der Glaubensbewegung Deutsche Christen ein besonders qualifizierter Führer gesucht wurde. Ein solcher war bereit in der Person des Tübinger Kirchenhistorikers Rückert, wurde aber von Rehm abgelehnt. Sodann aber hat Rehm durch Artikel in der Presse und in Versammlungen – es sind Zeitungsausschnitte beigelegt – Amtsbrüder und die Kirchenleitung in einer Weise angegriffen und politisch verdächtigt, daß er als Vertrauensmann zwischen Kirche und NSDAP nicht mehr in Betracht kommen kann.

Ich habe an die Pfarrerschaft Weisung hinausgehen lassen, daß, solange die Spaltung in der Glaubensbewegung Deutsche Christen nicht beigelegt sei, Zurückhaltung zu üben sei. Gleichzeitig habe ich die Gauleitung wissen lassen, daß ich es zur Vermeidung von Konflikten für sehr zweckmäßig hielte, wenn Rehm, der zweifellos eine hervorragende agitatorische Kraft ist, anderweitig verwendet würde. Auf kirchlichem Gebiet zerschlägt er, wie ich schon vor längerer Zeit dem Herrn Reichsstatthalter persönlich dargelegt habe, soviel Porzellan, daß weder für den Staat noch für die Kirche ein Nutzen aus seiner Tätigkeit erwachsen kann. Wenn ich recht sehe, so verschließt man sich in den Reihen der führenden Persönlichkeiten in der NSDAP nicht ganz solchen Erwägungen, aber die Methode der politischen Diffamierung dessen, der Herrn Rehms Leistungen der Kritik unterzieht, wird natürlich wieder

247 »NS-Kurier«, Ausgabe vom 3. 10. 1933, siehe S. 553 ff.

kräftig auch gegen mich angewendet. Ich warte mit völliger Ruhe ab, ob er damit an der entscheidenden Stelle Erfolg hat, muß aber doch darauf aufmerksam machen, daß über die geeignete Führung einer kirchlichen Bewegung nicht die Staatsführung, sondern die Kirchenführung das entscheidende Wort haben sollte, wie es im umgekehrten Fall bei der Staatsführung liegen würde. Daß ich freiwillig, einem Wink des Herrn Reichsstatthalters folgend, meinen Platz räumen würde, davon kann keine Rede sein; eine Verdrängung mit staatlichen Machtmitteln würde Folgen haben, die ich aus Liebe zu Volk und Vaterland nicht wünschen möchte[248]. Was nun die Verjüngung des Oberkirchenrats betrifft, so kann ich Folgendes mitteilen: Herr Prälat Schoell erreicht das 67. Lebensjahr und wird im Lauf des Winters ausscheiden[249]; Herr Prälat Hoffmann in Ulm, der aber nur einmal im Monat an den Sitzungen teilnimmt, wird im nächsten Jahr die Altersgrenze erreichen. Die anderen Herrn sind voll leistungsfähig noch für mehrere Jahre bzw. längere Zeit anzusehen. Von den jüngeren Mitgliedern gehören 4 der NSDAP bzw. der Glaubensbewegung Deutsche Christen an. Aber auch von den anderen ist keinerlei Hemmung für eine Inangriffnahme aller der Arbeiten zu fürchten, die schon längst in Angriff genommen wären, wenn nicht die kirchenpolitischen Auseinandersetzungen soviel Zeit und Kraft in Anspruch nehmen würden. Eine Ersetzung bewährter Geistlicher oder kirchlicher Beamter durch jüngere lediglich unter dem Gesichtspunkt politischer Zweckmäßigkeit findet in Württemberg, wo die Empfindung für kirchliche Notwendigkeiten stark ist, keinen Anklang. Hätte ich, wie mir im Frühjahr geraten wurde, Herrn Dr. Schairer in den Oberkirchenrat berufen, so würde das heute, wo man auch in der Partei kritisch über ihn denkt, ein großer Verlust an Kredit für die Kirchenführung bedeuten. W[urm].

Da Wurm von Berlin aus keine Antwort auf seine Schreiben erhielt, wandte er sich am 20. 10. 1933 an Prof. D. Fezer, der für die Leitung der Reichskirche noch in Berlin tätig war[250]*:*

248 Vgl. dazu die beruhigende Erklärung Müllers vom 11. 10. 1933, in der er sich gegen Gerüchte über bevorstehende Amtsenthebungen von Pfarrern wandte, die nicht den Deutschen Christen angehören; siehe GB 140, S. 106 und »Evang. Gemeindeblatt für Stuttgart«, Ausgabe vom 5. 11. 1933.

249 Siehe S. 797 ff.

250 LKA Stuttgart, D 1, Bd. 44; von Wurm eigenhändig mit der Schreibmaschine hergestellter Durchschlag. Der Brief an Schöffel befindet sich nicht mehr bei den Akten.

Lieber Freund!

Ich sende Dir die Abschrift des Schreibens, das ich letzten Freitag sofort nach Deinem telefonischen Anruf an den Herrn Reichsbischof abgehen ließ. Ich warte seither vergeblich auf eine Benachrichtigung, ob und wann die von mir angeregte und ganz dringend notwendige persönliche Aussprache stattfinden kann. Ich werde mich deshalb heute an Schöffel wenden mit der Bitte, eine Aussprache Müller-Hossenfelder-Fezer-Schöffel-Wurm herbeizuführen, in der endlich die Flurbereinigung zwischen Kirchenleitung und Glaubensbewegung in der Reichs- und Landesinstanz vorgenommen wird. Eine schon vor Wochen in dieser Richtung an Müller gerichtete Bitte ist unbeantwortet geblieben. Ich habe leider Anhaltspunkte dafür, daß nicht bloß von Hossenfelder, sondern auch von Müller unsrem wilden Mann, Rehm, der Nacken gesteift wird. Die neueste politische Wendung wird dem Reichsstatthalter, der mich für untragbar hält, die Ausführung seiner Absichten erschweren[251]. Nun probiert man es über den Umweg der Reichskirche. Rehm hat sich, seit Du abgereist bist, durch hanebüchene Presseartikel vollends ganz unmöglich gemacht; ich habe allen Beteiligten erklärt, daß eine Lösung der Schwierigkeiten nur möglich ist, wenn Rehm aus jeder Kombination für die Landesleitung der Glaubensbewegung Deutsche Christen ausscheidet. In diesem Zusammenhang möchte ich Dich bitten, der unverschämten Ausnützung Deines guten Namens durch Rehm und Consorten ein Ende zu machen. Die Erbitterung über das unverantwortliche Treiben dieser Leute, die jede positive Arbeit hemmen, ist in allen kirchlich bewußten Kreisen und bei der überwältigenden Mehrheit der Pfarrer so gestiegen, daß jeder, der sie zu decken scheint, an Kredit verliert. Man weiß in ganz Württemberg: Es geht um Rehm oder Wurm, um den Triumph brutaler politischer Methoden oder um die Durchsetzung der echten kirchlichen und nationalen Linie; Neutralität ist nicht mehr möglich.

Sodann noch ein ganz persönliches Wort. Als Du mir telefoniertest, stand ich unter dem Eindruck, daß Dir eine neue große Wirksamkeit eröffnet werde, der gegenüber meine persönlichen Wünsche und das Interesse der württembergischen Landeskirche zurücktreten müsse. Froh darüber, daß Du an jenem Tage Dich noch nicht dem Ministerium gegenüber gebunden hast, muß ich Dir nun doch sagen, daß ich zweifle, ob das verwirklicht wird, was Du erhoffst. Auch in Berlin dient Dein

[251] Am 14. 10. 1933 löste Hitler den Reichstag auf, trat aus dem Völkerbund aus und setzte auf 12. 11. 1933 eine Volksabstimmung an.

guter Name als Aushängeschild; das wirklich entscheidende Wort wird Dir so wenig eingeräumt werden wie in den letzten Monaten. Von denen, die auf unfaire Weise die Machtstellung in der Kirche errungen haben, ist eine Gesundung der Kirche nicht zu erwarten: im Gegenteil, sie versuchen die noch gesunden Kirchen mit ihrem Gift anzustecken. Wenn Du aber als mein Bundesgenosse und Mitarbeiter dazu mithilfst, die württembergische Kirche gesund zu erhalten, indem einerseits die Kräfte der neuen Bewegung in ihr wirksam gemacht werden, andererseits die Elemente der Zersetzung zurückgedrängt werden, dann kannst Du Entscheidendes leisten für den deutschen Protestantismus. Das Ganze muß gesunden von den Teilen aus. Ich habe bisher Deine Stellungnahme, auch wenn ich sie nicht teilen konnte, verstanden als die eines Mannes, der es bedauert, der nationalen Freiheitsbewegung nicht schon in einem früheren Stadium sich angeschlossen zu haben und der eine Schuld der Bildungsschicht darin erblickt, daß sie durch ihr Versagen Hitler genötigt hat, sich subalterner Persönlichkeiten zum Aufbau seines Staates zu bedienen; um diese Schuld zu sühnen, glaubst Du, auch Untragbares tragen zu müssen, um, wie Du kürzlich sagtest, die Fahne nicht aus dem Auge zu verlieren. Ich habe volles Verständnis für einen derartigen Gedankengang, der mir kürzlich auch bei Rückert entgegentrat; aber ich glaube, daß man heute dem Staat besser dient, wenn man unerschrokken den Leuten, die durch falsche Methoden das große Werk der Volkserneuerung gefährden, entgegentritt, als wenn man ihnen Zugeständnisse macht, die sie in ihrem Wahn bestärken. Kommst Du zurück, so wartet alles auf eine ganz offene Darlegung Deiner Motive und Auffassungen; so allein wirst Du den Boden zurückgewinnen, der Dir verloren gegangen ist, weil die Leute Dich nicht mehr verstehen. Ich scheue mich gar nicht davor zu bekennen, daß ich bei den Vereinbarungen, die zur Herstellung der Einheitsliste und der freiwilligen Einräumung der Mehrheit an die Glaubensbewegung Deutsche Christen im Landeskirchentag geführt haben, eine ganz andere Haltung der Gruppe vorausgesetzt habe, als sie nachher sich herausstellte; ich finde nicht, daß dadurch meine Autorität Schaden leidet. Niemand ist verpflichtet, unfehlbar zu sein, aber jedermann, rein aus der Sache heraus zu handeln; und Sachlichkeit ist die beste Taktik, das habe ich in vielen Kämpfen politischer und kirchlicher Art erfahren. Nimm mir dies offene Freundeswort nicht übel, ich habe Dein und unser aller Bestes im Auge. In der Hoffnung, Dich in der in Aussicht genommenen Besprechung an und auf meiner Seite zu sehen, grüßt Dich herzlich [Wurm].

Am 19.10.1933 bat Wurm den Reichsstatthalter um eine andere Verwendung von Pfarrer Rehm[252]*:*

Sehr verehrter Herr Reichsstatthalter!

Es war vor drei Wochen, als ich die Ehre hatte, dem Herrn Reichsstatthalter über die Schwierigkeiten zu berichten, die auf kirchlichem Gebiet durch Mißhelligkeiten innerhalb der Glaubensbewegung »Deutsche Christen« entstanden waren. Es sind in den letzten Wochen ernsthafte Versuche gemacht worden, den entstandenen Riß dadurch zu heilen, daß eine theologisch und kirchlich hochqualifizierte Persönlichkeit unter Belassung von Pfarrer Rehm in der Landesleitung zum Leiter der Glaubensbewegung Deutsche Christen berufen werde. Da Pfarrer Rehm hierauf nicht eingegangen ist, sondern die Verhandlungen mit Professor Rückert, Tübingen, mit einem negativen Resultat geendet haben; da außerdem Pfarrer Rehm wieder dazu übergegangen ist, seine kirchlichen Gegner in der politischen Presse zu verdächtigen, ja sich nicht scheut, in Versammlungen so sinnlose Vorwürfe gegen die Kirche zu erheben wie den, »daß sie nicht um des Glaubens willen gegen die Inflation protestiert habe«, so sehe ich mich nicht mehr in der Lage, ihn als Vertrauens- und Verbindungsmann zur NSDAP und zur Staatsführung hin zu betrachten. Was der Mann will, mag gut sein; was er aber bewirkt, ist gerade das Gegenteil dessen, was er erreichen sollte und worin ich ihm bisher möglichst behilflich sein wollte, nämlich die Befestigung und Vertiefung der Liebe und des Verständnisses für den heutigen Staat in den kirchlichen Kreisen. Man sagt bekanntlich, daß, wenn man den Teufel immer an die Wand male, er auch komme; so, fürchte ich, bewirkt dies beständige Geschrei über die Reaktion in der Kirche, daß gerade widerstrebende oder passive Elemente gestärkt werden. Aber ich bin überzeugt und darf es aus zahlreichen Äußerungen der Pfarrerschaft schließen: Wenn wir heute eine kirchlich und politisch gleich gut qualifizierte Leitung der Glaubensbewegung Deutsche Christen in Württemberg bekommen, so würde die ganze Sache einen neuen Schwung erhalten und die Grundgedanken des Nationalsozialismus in der Pfarrerschaft und in weiten kirchlichen Kreisen würden neue Anhänger gewinnen. Ich möchte doch darauf hinweisen, daß die Werbetätigkeit ge-

[252] LKA Stuttgart, D 1, Bd. 44; von Wurm eigenhändig mit der Schreibmaschine hergestellter Entwurf. Wurm bezieht sich hier auf seine Unterredung mit Murr am 19.9.1933, siehe S. 632. Zur bisherigen Verwendung von Pfarrer Rehm siehe Bd. 1, S. 443.

rade der Herrn, die jetzt abseits stehen müssen, in diesem Sommer der Bewegung eine Menge wertvoller Glieder gewonnen hat und daß es nicht leicht zu nehmen ist, wenn etwa 150 Pfarrer ihren Austritt aus der Glaubensbewegung Deutsche Christen erklären. Ich glaube nicht bloß aus Besorgnis um die Kirche, sondern ebenso sehr im Blick auf staatliche Belange zu handeln, wenn ich zur Erwägung gebe, ob es nicht für Staat und Kirche und für Pfarrer Rehm persönlich vorteilhaft wäre, wenn er an anderer Stelle eingesetzt würde. [Wurm.]

In der Ausgabe vom 18. 10. 1933 wurde im NS-Kurier *über die Spaltung in der Glaubensbewegung Deutsche Christen berichtet:*

Einigkeit?

... Auch in Württemberg versucht man durch verschiedene Manöver, die Glaubensbewegung unter das Kirchenregiment zu zwingen, das noch in keiner Weise aus dem Umschwung der Dinge irgendwelche Folgerungen für sich selbst hinsichtlich einer Gleichschaltung gezogen hat, in dem vielmehr immer noch diejenigen restlos die Macht in Händen haben und ausnützen, welche vor der Machtergreifung durch Hitler Gegner des Nationalsozialismus waren. Diese auffallenden Versuche in Bayern und Württemberg, die Glaubensbewegung unter das Zepter der süddeutschen Kirchenregierungen zu bringen und sie praktisch von jedem Einfluß in die kirchliche Gestaltung der Dinge auszuschalten, gibt zu ernsten Bedenken Anlaß. Nachdem in Preußen, dem Kernland des deutschen Protestantismus, die Glaubensbewegung der tragende Grund der Kirche geworden ist[253], ist es undenkbar – wenn man von einer geschlossenen Reichskirche reden will –, daß südlich des Mains die Kirche die Glaubensbewegung bekämpft, wenn sie nach den Richtlinien handelt, die ihr von ihrer höchsten Führung her zukommen. Wir halten es für unsere Pflicht, hier zeitig auf gewisse Gefahrenmomente aufmerksam zu machen. Mit religiösen und theologischen Fragen hat diese Sache gar nichts zu tun. Es handelt sich hier u. E. vielmehr um rein kirchenpolitische Fragen innerhalb der einzelnen Landeskirchen, die besonders deshalb unser berechtigtes Inter-

[253] Am 6./18. 9. 1933 wurde der Preußische Kirchensenat neu gebildet, für die Landeskirchen der Altpreußischen Union wurden Landesbischöfe bestellt, die den Deutschen Christen angehörten (GB 140, S. 102). Damit erhielten die Deutschen Christen die absolute Mehrheit in den preußischen Landeskirchen. – Zu den Verhältnissen in Bayern vgl. GB 140, S. 100.

esse gefunden haben, als auch der Württ. Oberkirchenrat sich in den letzten Tagen gegen die Arbeit der Glaubensbewegung betätigte, um sie unmöglich zu machen. Die Pfarrer des Landes werden dadurch in schwere Gewissenskonflikte hinsichtlich ihres dem Landesbischof und dem Reichsbischof schuldigen Gehorsams gebracht. Wir stellen demgegenüber fest, daß der Oberkirchenrat es in den vergangenen Jahren nicht gewagt hat, auch nur Ähnliches gegen den religiösen Marxismus zu unternehmen, den man immer frei walten ließ und dem man sogar da und dort kirchliche Förderung zuteil werden ließ, während man jetzt im Dritten Reich wagt, eine aus dem Nationalsozialismus herausgewachsene Bewegung zu hindern und den Pfarrern zu empfehlen, dieser Bewegung nicht beizutreten! Das nationalsozialistische Christenvolk, das endlich in der Kirche wieder eine Heimat für seine Seele sucht, wird allerdings dieses Vorgehen der Kirchenbehörde gerade zum Anlaß nehmen, nun erst recht der Glaubensbewegung beizutreten und diese Bewegung so stark zu machen, daß der Geist und die Idee des Nationalsozialismus endlich auch Kirche und Kirchenregierung durchdringt. Metternichiaden haben im Kampf gegen eine große Idee noch immer versagt.

Man kann sich allerdings über die Einstellung des Württ. Oberkirchenrates kaum wundern, wenn man weiß, daß eines seiner Mitglieder noch im letzten Herbst anläßlich der Potempa-Hetze dem Führer »Verherrlichung des politischen Mords, Verzicht auf jedes sittliche Gewissensurteil, Gewissenlosigkeit und verderbtes Rechtsgefühl« vorgeworfen hat und damals in dieser schweren Kampfzeit der Bewegung zu einer Protestaktion gegen den Führer aufgerufen hat[254]. Man wird es alten nationalsozialistischen Vorkämpfern nicht verübeln, wenn sie sich einem derartigen Oberkirchenrat um ihres Gewissens willen nicht unterordnen können. Und auch nicht zu schweigen vermögen, solange ein Prälat auf einem Kirchenbezirkstag die Anwesenden mit Zweifeln und Bedenken gegen den neuen Staat erfüllen darf[255]. Hier muß endlich einmal Wandel geschaffen werden. Das verlangt schon die kommende Eingliederung der württ. Kirche in die Reichskirche, wenn diese Eingliederung loyal und ganz erfolgen und die Reichskirche nicht bloß eine auf dem Papier stehende Größe sein soll.

Die Glaubensbewegung ist die Garantie für die Reichskirche auch südlich des Mains; wer sie in Württemberg verderben oder von ihren nord-

[254] Siehe den Protest gegen den Mord von Potempa im Sommer 1932, Bd. 1, S. 154 ff.

[255] Siehe S. 797 ff.

deutschen Freunden trennen will, begibt sich in den Verdacht, sich gegen die Reichskirche zu stellen. Wir werden gegenüber diesen Dingen, die, wie wir hören, bereits Anlaß zu einigen Ausschlüssen aus der Glaubensbewegung gegeben haben, ein wachsames Auge haben. Man wird es kaum dulden, daß infolge persönlicher Wünsche und partikularistisch kirchlicher Interessen das große Einigungswerk der Nation, wozu auch die Bildung [der] Reichskirche gehört, aufs Spiel gesetzt werden soll.

Am 20. 10. 1933 ging der Landesbischof in einem Erlaß an sämtliche Dekanatämter auf diesen Artikel des NS-Kurier *ein*[256]*:*

Die untenstehende Richtigstellung eines im »NS-Kurier« vom 18. Oktober erschienenen Artikels wird den Pfarrämtern mitgeteilt. Es ist erwünscht, wenn sie auch zur Kenntnis der Kirchengemeinderäte gebracht wird. Wurm.

Die Stellung der Kirchenleitung zur »Glaubensbewegung« in Württemberg

In einem Artikel des »NS-Kurier« vom 18. Oktober, Morgenblatt Nr. 284, wird unter der Überschrift »Einigkeit« der württembergischen Kirchenleitung der Vorwurf gemacht, daß sie die Glaubensbewegung hemme und das große kirchliche Einigungswerk aufs Spiel setze. Der Artikel, der sich den Anschein gibt, als stamme er von sehr unterrichteter Seite, bedarf dringend einer Richtigstellung. Wenn behauptet wird, daß in Bayern und Württemberg die kirchlichen Behörden die Glaubensbewegung bekämpfen, so ist zunächst festzustellen, daß die Landesleitung in Bayern sich längst, wie auf der bayrischen Generalsynode Anfang September öffentlich erklärt wurde, der Führung des Landesbischofs unterstellt hat. Ein Kampf wird dort nicht geführt. In Württemberg hat sich der Landesbischof nicht bloß wie in Bayern abwartend, sondern seit Monaten fördernd zur Glaubensbewegung eingestellt. Er hat nicht bloß einem Mitglied des Oberkirchenrats gestattet, durch zahlreiche Vorträge in Pfarrer- und Gemeindeversammlungen erfolgreich für die Glaubensbewegung zu werben, sondern er hat sich selbst sowohl bei einer großen öffentlichen Versammlung in der Liederhalle Ende Juli[257] als auch in seiner einleitenden Rede bei der Eröffnung des Landeskirchentags[258] zu

256 Nr. A 8180.
257 Siehe S. 427 ff.
258 Siehe S. 356 ff.

ihren Motiven und Zielen bekannt. An dieser grundsätzlichen Einstellung des Landesbischofs hat sich nichts geändert. Denn nach wie vor liegt es ihm am Herzen, die nationalsozialistische Bewegung in der Kirche und die Kirche in der nationalsozialistischen Bewegung heimisch zu machen. Wenn er aber in jener Eröffnungsrede bemerkte, daß er die Taktik der Bewegung nicht immer für glücklich halte, so hat ihm leider die weitere Entwicklung in Württemberg recht gegeben. Von seiten einflußreicher Mitglieder in der Pfarrerschaft wurde längst gewünscht, die Landesleitung möge mehr die positiven Aufgaben anfassen und weniger Zeit und Kraft auf kirchenpolitische Kämpfe verwenden. Da sich die Leitung diesem Anliegen zu lange verschloß, entstand eine Spaltung, die die Kirchenleitung und die Pfarrerschaft vor eine schwierige Lage stellte. Der Landesbischof bemühte sich in mehrfachen Verhandlungen den Riß zu heilen; als alle Friedensvorschläge an dem Widerstand der Landesleitung scheiterten, blieb ihm nichts übrig, als den Pfarrern Zurückhaltung zu empfehlen, bis eine Klärung eingetreten sei. Indem der Artikel den Satz von »bis« an wegläßt, macht er sich einer Irreführung seiner Leser schuldig. Tatsächlich könnte heute schon alles in Ordnung sein, wenn die bisherige Landesleitung anerkennen würde, daß eine kirchliche Bewegung, die überall auf das Zusammenwirken mit den Pfarrern und Kirchengemeinderäten angewiesen ist, auch eine Führung haben muß, die das volle Vertrauen der Kirchenleitung besitzt. Dies ist unmöglich, wenn in öffentlichen Versammlungen und Zeitungsartikeln die Pfarrerschaft der politischen Unzuverlässigkeit beschuldigt und gegen die bisherige Kirchenführung so unsinnige Vorwürfe erhoben werden wie die, daß sie nicht gegen die Inflation protestiert habe und daß sie im geheimen Bund mit dem Zentrum und der Sozialdemokratie gestanden sei. Wie eine derartige Oppositionsstellung von der Staatsführung unterdrückt würde, so kann sie auch von der Kirchenführung nicht geduldet werden. Die Führung der Landeskirche hat übrigens nicht, wie der Artikel glauben machen möchte, der Oberkirchenrat, sondern der Landesbischof, der gerade für die Erlasse, die in Sachen der Glaubensbewegung ergangen sind, die volle Verantwortung übernimmt. Völlig daneben geht die Behauptung, daß die bayrische und württembergische Kirchenleitung eine gegensätzliche Stellung zur Reichskirche einnehmen. Bekanntlich waren es gerade die süddeutschen Bischöfe, die im letzten Sommer, als infolge der Wirren in Preußen die Einigungsbestrebungen zu scheitern drohten, zusammen mit dem damaligen Wehrkreispfarrer Müller die Verhandlungen wieder in Gang brachten und das Einigungswerk zum Ziel führten[259]. Das ist damals auch in der nationalsozialistischen Presse voll anerkannt worden. Wogegen sie kämpfen, ist nicht die Reichskirche, sondern eine kirchliche Nebenregierung, wie sie von einzelnen Stellen aus angestrebt wird. Diese ist es, die die Pfarrer in schwere Gewissenskonflikte bringt und die in dieser Zeit so bitter notwendige Einigkeit innerhalb der Kirche stört.

Gegen diesen Erlaß vom 20. 10. 1933 wandte sich Pfarrer Häcker, Uhingen, als Organisationsleiter der Glaubensbewegung Deutsche Christen am 23. 10. 1933[260]*:*

Hochverehrter Herr Landesbischof!

Es sei mir aus Anlaß des Erlasses Nr. A 8180 des Evangelischen Oberkirchenrats ein offenes Wort erlaubt. Denn ich fürchte, der Erlaß dient nicht zur Klärung, sondern schafft weitere Verwirrung.

Wir wünschten ja, die Dinge würden wirklich so einfach liegen, wie sie hier dargestellt sind. Daß dem nicht so ist, geht aber schon aus dem Bericht über den Wittenberger Tag hervor, der im Reichsorgan der Deutschen Christen erschienen ist. Da heißt es: Landesbischof Wurm hält die Predigt; es ist kein Deutscher Christ, der hier redet; man spürt das sehr deutlich. Es besteht also zwischen Ihnen, hochverehrter Herr Landesbischof, und der maßgebenden Leitung der Deutschen Christen ein tiefgehender Unterschied oder gar Gegensatz. Das ist uns Deutschen Christen sehr schmerzlich zum Ausdruck gekommen, als unser Pg. und Reichsleiter Hossenfelder in der Liederhalle in Stuttgart[261] sprach, der ja auch in der Reichskirchenleitung eine maßgebende Stellung innehat: während unser Ministerpräsident anwesend war, begrüßt wurde und begrüßte durch Erheben der rechten Hand, hat die offizielle Leitung der Kirche gefehlt. Wer noch nichts davon wußte, wie zum Teil in Württemberg gegen einen Mann wie Hossenfelder Stimmung gemacht wurde, dem mußten da die Augen aufgehen. Das sind aber Dinge, die eine sehr ernste Sprache reden und den Konflikt in unserer württ. Kirche sehr grell

[259] Müller berief am 29. 6. 1933 einen neuen Ausschuß für die Beratung der Verfassung der Reichskirche, nachdem infolge der Einsetzung von Staatskommissaren in den preußischen Landeskirchen die früheren Bemühungen um eine Reichskirchenverfassung gescheitert waren; vgl. GB 139, S. 90 f.

[260] LKA Stuttgart, D 1, Bd. 44; zur Deutschen Nationalsynode in Wittenberg siehe S. 381 ff.

[261] Kundgebung in der Stuttgarter Liederhalle am 3. 10. 1933, siehe S. 566 ff.

beleuchten. Die Landesleitung der Glaubensbewegung ist von unserer Reichsleitung eingesetzt, und diese Reichsleitung steht hinter ihr, und diese Reichsleitung ist niemand anders als Hossenfelder, und der Schirmherr der Glaubensbewegung ist niemand anders als Ludwig Müller, unser Reichsbischof. Wird aber gegen die Landesleitung der Glaubensbewegung Sturm gelaufen, wie das in gewissen Kreisen in Württemberg Mode geworden ist, so wird doch zugleich gegen die Reichsleitung Sturm gelaufen, die hinter der Landesleitung steht; und diese Reichsleitung ist maßgebend in der Leitung der Reichskirche. Zu meinem Bedauern muß ich aber hinzufügen, daß diese Auffassung gar nicht allein in gewissen radikalen Köpfen in Württemberg spukt, sondern von maßgebender Seite vertreten wird. Man kann uns darum nicht einfach Ungehorsam gegen unsern Landesbischof zum Vorwurf machen, wenn wir der Weisung der Reichsleitung gehorchen; denn Reichsrecht bricht Landesrecht. Und wie nun unsere Kirche entweder als Reichskirche weiterbestehen wird oder gar nicht, so wird auch die Glaubensbewegung nicht anders bestehen können. Ich will auf die bayrischen Zustände nicht weiter eingehen, aber gerade unter diesem Gesichtspunkt sind sie nicht zu rechtfertigen, sondern werden völlig unhaltbar und können nur eine äußerst verhängnisvolle Zwischenlösung darstellen, die auf die Dauer eben nicht haltbar sein wird, bei welcher Gelegenheit ich noch einmal versichern möchte, daß ich sehr gut von den Vorgängen unterrichtet bin.

Verschiedene Dinge und Vorgänge haben bei uns in Württemberg zu der katastrophalen Entwicklung beigetragen. Der Herr Landesbischof erinnert sich an die Berufung Pressels in den Oberkirchenrat. Pressel sollte zugleich Vertreter der Nationalsozialisten und der Glaubensbewegung sein. Wir sind über seine Berufung unglücklich gewesen, weil wir ihn nicht als unsern Vertreter ansehen konnten nach den üblen Erfahrungen, die wir mit ihm in unserer Bewegung gemacht hatten und die ich jetzt nicht alle einzeln aufzählen will; selbstverständlich sind wir bereit, gegebenenfalls unser Material vorzulegen, soweit es noch nicht geschehen ist. Jedenfalls aber hätten wir den Herrn Landesbischof darauf aufmerksam gemacht, daß diese Wahl eine äußerst unglückliche war, wenn wir bloß vor dieser Berufung darüber gehört worden wären, ob Pressel als Vertreter unserer Ziele in Frage komme. Daß das nicht geschehen ist, ist nicht unsere Schuld. Ob nun aber Pressel der geeignete Mann war, über die Ziele der Glaubensbewegung im ganzen Land herum als Vertreter des Oberkirchenrats Vorträge zu halten, muß mindestens sehr fraglich erscheinen. Ich habe nicht das Recht, den Namen einer sehr maßgebenden und Ihnen sehr nahestehenden Persönlichkeit zu nennen, die an der Lauterkeit der Motive Pressels mir gegenüber einmal sehr ernste Zweifel geäußert hat. Wir aber können uns nur den Vorwurf machen, daß wir Pressel gegenüber zuviel Nachsicht geübt haben; und zwar taten wir das aus christlichen Motiven. Es wäre aber besser gewesen, wir hätten Pressel schon längst ausgeschlossen. Nun ist er ja ausgeschlossen mit Zustimmung der Reichsleitung der Glaubensbewegung und der politischen Gauleitung Württembergs; und auch ein Mann wie Fezer hat es gebilligt. Darum können wir es auf keinen Fall zulassen, daß Pressel als der Mann der Glaubensbewegung bezeichnet wird. Denn jenes berüchtigte Schreiben[262], das von ihm mitunterzeichnet wurde, hat mit einem christlichen Glauben nichts zu tun, sondern erinnert an bolschewistische Methoden. Daß er daraufhin weiterhin im Oberkirchenrat toleriert wird, ist eine Sache, die ich offengestanden nicht mehr verstehe.

Ich darf bei dieser Gelegenheit noch einen weiteren Punkt berühren, in dem ich mit meinem früheren Freund Pressel schlimme Erfahrungen gemacht habe. Der Herr Landesbischof erinnert sich an die Aussprache, die mir am 24. August gewährt wurde, nachdem auf verschiedene »Beschwerden« über mich vom Oberkirchenrat ein Ermittlungsverfahren eingeleitet worden war[263]. Ich gab damals meiner Verwunderung darüber Ausdruck, daß mir nicht gesagt werde, wer mich verklagt habe, und ermittelte dann in dieser Aussprache, daß Dr. Landerer, Göppingen, sich über mich beschwert habe. Selbstverständlich ging ich nun der Sache nach, da Landerer Pg. ist, und hörte von ihm persönlich, daß er lediglich in einer Privatunterhaltung zu Pressel gesagt habe, das und das werde über mich gesagt, aber es sei ihm gar nicht eingefallen, sich über mich beim Oberkirchenrat zu beschweren; die Aussprache geschah vor dem politischen Kreisleiter in Göppingen. Wenn ich nun noch dazu nehme, daß Pressel sich mir gegenüber aufspielte, als wolle er mich in dem laufenden Verfahren schützen, so muß ich das als ein Gebahren bezeichnen, das mit Offenheit und Ehrlichkeit Pressels einem Freund gegenüber wirklich nichts mehr zu tun hat. Ein solcher Mann ist m. E. in einem Evangelischen Oberkirchenrat einfach nicht mehr tragbar. Der Vollständigkeit halber darf ich dann vielleicht noch hinzufügen, daß mir der am 24. August über die Angelegenheit in Aussicht gestellte schriftliche Bescheid bis heute noch nicht zugegangen ist; und das hat mich fast etwas stutzig gemacht.

[262] Das geheime Rundschreiben Webers vom 14. 9. 1933 siehe S. 503 ff.
[263] Siehe S. 421 ff.

Weiter erschwerend und katastrophal hat sich dann das Benehmen Webers in der Landespfarrerversammlung ausgewirkt. Weber war damals bereits mit Zustimmung der Reichsleitung der Glaubensbewegung ausgeschlossen und hat sich trotzdem als maßgebender Vertreter der Glaubensbewegung aufgespielt. Als einer, der sich erst kurz vor Torschluß zum Beitritt entschlossen hat, hätte er sowieso kein Recht dazu gehabt; nach seinem Ausschluß war seine Aufführung in meinen Augen eine Lüge. Und ich kann nur bedauern, daß damals Rehm in seiner großen Gutmütigkeit ihn geschont hat und infolgedessen der Herr Landesbischof die Gelegenheit versäumte, zu sagen, was mit Weber los sei. Aber daß nun wir aller möglichen und unmöglichen Dinge bezichtigt werden – nun, darüber kann sich jedermann selber ein Urteil bilden. Und auf welcher Seite das Streben nach Macht stärker ausgeprägt ist, auf der Seite derer, die der Weisung von Reichs wegen folgen, oder auf Seite der andern, das wird ebenfalls nicht schwer zu entscheiden sein. Nur sind wir ganz offen und sagen: Wenn wir nicht eine gewisse Macht haben, können wir nicht arbeiten, so aber am wenigsten, wenn wir von der »andern Seite«, die in den Augen der Reichsleitung gar nicht »Glaubensbewegung« ist, nur gestört und dann als die Friedensstörer hingestellt werden, die nichts Positives bieten können, sondern lediglich nach Macht streben. Meines Wissens sind ja Parallelvorgänge dazu vorhanden; so hat man es nicht nur Hossenfelder gemacht, als man ihn systematisch verunglimpfte, sondern auch Adolf Hitler. Und so darf es in Württemberg nicht weitergehen; es hat sich nicht bloß der Reichsleitung der Kirche, sondern auch der Reichsleitung der Glaubensbewegung zu unterstellen oder einzufügen – ich lege diese Worte nicht auf die Goldwaage –, denn die Reichsleitung der Kirche steht hinter der Reichsleitung der Glaubensbewegung. Und je schneller das geschieht, wird unser Ziel erreicht sein: Positive Arbeit zum Wohl unseres Volkes im Namen Christi. Ich darf wohl zum Schluß noch darauf hinweisen, daß im Blick auf die unliebsamen Vorgänge die Haltung der Staatsregierung, die diese Vorgänge gar nicht auf unser Konto bucht, wie bekannt sein dürfte, immer kühler geworden ist der Kirche gegenüber. Und weil ich es meiner Kirche gegenüber nicht verantworten könnte, daß sie in der großen Gottesstunde durch eigene Schuld vom Staat kaltgestellt wird, weil sie ihre Aufgabe nicht erfüllt, darum habe ich ein offenes Wort an Sie, hochverehrter Herr Landesbischof, im Vertrauen gewagt, daß Sie meine Worte so nehmen, wie sie gemeint sind, nicht als Vorwürfe oder Anmaßung oder Herausforderung oder dergleichen, sondern als das ehrliche Wort eines deutschen Mannes, der sich in den letzten Jahren bis an den Rand seiner Kräfte für seine Kirche und sein Volk restlos eingesetzt hat, ohne zu fragen: Was wird mir dafür?

Mit ehrerbietigem Gruß! Pfarrer Häcker.

Am 20. 10. 1933 fertigte Wurm einen Entwurf für ein Schreiben, um die Richtigstellung der Kirchenleitung zum Artikel des NS-Kurier *vom 18. 10. 1933 auch der Gauleitung der NSDAP zu übersenden*[264]*:*

Von beiliegender Richtigstellung eines im »NS-Kurier« erschienenen Artikels bitte ich, Kenntnis zu nehmen. Im Blick auf den 12. November und die ganze ernste Lage[265] verzichte ich darauf, eine Erwiderung in der politischen Presse zu bringen; ich muß aber meinen schon früher vorgetragenen Wunsch, die Gauleitung möge für eine anderweitige Verwendung des Pfarrers Rehm Sorge tragen, aufs dringendste wiederholen. Die Gauleitung weiß, daß Pfarrer Rehm, der selbstverständlich hinter diesem Artikel steht, auch wenn er ihn formell nicht verfaßt hat, auch von mir solange als möglich gehalten wurde; durch seine öffentlichen, teilweise völlig unqualifizierbaren Angriffe auf Kirche und Pfarrerschaft hat er sich für eine kirchliche Vertrauensstellung unmöglich gemacht. Das Urteil über ihn ist der ungeheuren Mehrheit der Pfarrerschaft völlig eindeutig, und es würde geradezu eine Entlastung auch der politischen Lage in Württemberg bedeuten, wenn einem derartigen Treiben, das ebenso kirchen- als staatsschädigend wirken muß, ein Ende gemacht würde.

Mit deutschem Gruß – Heil Hitler – [Wurm].

In einem Schreiben vom 23. 10. 1933 bat dann Wurm den Reichsstatthalter vor allem um Unterbindung von Angriffen auf die Kirche, wie sie der NS-Kurier *am 18. Oktober vorgetragen hatte*[266]*:*

Hiedurch beehre ich mich, dem Herrn Reichsstatthalter Kenntnis zu geben von einer Richtigstellung eines im »NS-Kurier« erschienenen Artikels, der von der Stellung der württembergischen Kirchenleitung zu der Glaubensbewegung Deutsche Christen ein völlig verzeichnetes Bild gibt. Im Blick auf die heutige Lage verzichte ich darauf, diese Erwiderung der

[264] LKA Stuttgart, D 1, Bd. 44; von Wurm eigenhändig mit der Schreibmaschine hergestellter Entwurf, der aber vielleicht nicht abgesendet wurde; vgl. Wurms Schreiben vom 23. 10. 1933 an Murr.

[265] Siehe S. 758 ff.

[266] LKA Stuttgart, D 1, Bd. 44.

Presse zuzuleiten, wäre aber dankbar, wenn aus denselben Gründen solche Angriffe von vornherein unterbunden würden. Wurm.

Das Sekretariat des Reichsstatthalters übermittelte daraufhin dem Landesbischof am 25. 10. 1933 die Einladung zu einer mündlichen Besprechung[267]*:*

Sehr geehrter Herr Landesbischof!

Im Hinblick auf Ihr Schreiben vom 23. des Monats hat der Herr Reichsstatthalter den Wunsch ausgesprochen, Sie in seiner Eigenschaft als Gauleiter der NSDAP in nächster Zeit zu sprechen. Der Herr Reichsstatthalter läßt Sie bitten, Vorschläge zu machen, wann diese Besprechung im Staatsministerium stattfinden könnte. Auf Grund Ihrer Vorschläge wird Ihnen dann nähere Mitteilung noch zugehen.

Heil Hitler! [Unterschrift.]

Die Gefahr eines Eingreifens der Reichskirche in Württemberg
Wurms Besprechungen in Berlin Anfang November

Im Laufe des Monats Oktober hatte sich die Krise um die Glaubensbewegung Deutsche Christen so zugespitzt, daß es nicht nur um die Absplitterung einer Gruppe von der Landesleitung, sondern grundsätzlich um die Württ. Landeskirche und um die Gefahr eines Eingriffs von Reichsstellen in Württemberg ging.

Am 19. 10. 1933 besprachen die Vertrauensleute der Sezession mit Pfarrer Weber in Stuttgart die Lage, dabei wurden Maßnahmen für den Notfall vereinbart[268]*:*

1. Werbung unter den Kollegen für die Forderung der Unterordnung der Glaubensbewegung Deutsche Christen für [!] den Landesbischof.

2. Sobald etwas bekannt wird, daß der Bischof abgesetzt werden soll, werden vom Prälaten sofort die auf seinen Sprengel fallenden Vertrauensleute berufen und ihnen Einzelinstruktionen gegeben unter Einsatz von Auto und Telefon.

3. Die Dekane geben ihren Bezirksvertrauensleuten für die Pfarrer, die sie vorher hinter Landesbischof D. Wurm gesammelt haben, eine

[267] LKA Stuttgart, D 1, Bd. 44. Unterlagen über das Gespräch fehlen.
[268] LKA Stuttgart, D 1, Bd. 40.

Kanzelerklärung mit, die getrennt vom eigentlichen Gottesdienst zu verlesen ist.

4. Die Kanzelerklärung soll folgende Feststellung enthalten: a) Der Bischof wurde zu Unrecht abgesetzt. b) In Gemeinschaft mit vielen Pfarrern der württ. Landeskirche wird Bischof D. Wurm als die uns gesetzte kirchliche Obrigkeit von uns anerkannt. c) Die Gemeinde wird aufgerufen, in Treue und Gehorsam hinter Wurm zu treten. Der Text der Erklärung ist von den Dekanen zu entwerfen.

5. Die Bezirksvertrauensleute haben jedes einzelne Pfarrhaus aufzusuchen, über die Situation aufzuklären und für die Verlesung der Kanzelerklärung zu werben. Außerdem sind die einzelnen Pfarrer aufzufordern, an Reichsminister Frick, an Landesbischof Dr. Schöffel und an Reichsbischof Müller ein Protesttelegramm gehen zu lassen.

6. Zugleich hat der Bezirksvertrauensmann des Dekans eine vorbereitete Erklärung in der Tasche, die er jedem Pfarrer zur Unterschrift vorlegt, in der er seine Solidarität mit dem Bischof erklärt; die Unterschriften werden gesammelt an Stadtpfarrer Bendel, Stuttgart-Ostheim, Rotenbergstraße 53, gesandt.

7. Im telefonischen und brieflichen Verkehr ist Vorsicht angebracht.

Das Schreiben an den Reichsbischof vom 13. 10. 1933 übersandte Wurm am 19. 10. 1933 an Landesbischof Meiser, München; im Beibrief wies er auf die Gefahr von Aktionen gegen die beiden Landeskirchen hin[269]*:*

Verehrter Herr Kollege!

Indem ich Ihnen von beiliegendem Schreiben an den Reichsbischof, auf das ich bis heute noch keine Antwort, weder eine schriftliche noch eine mündliche erhalten habe, Kenntnis gebe, füge ich bei, daß ich Grund zu der Annahme habe, daß die Leitung der Deutschen Evang. Kirche eine Aktion gegen die bayrische und württembergische Landeskirche erwägt. Ich muß dies vor allem daraus schließen, daß unser oberster Krachmacher, den Sie ja in jener Versammlung auch gehört haben, Pfarrer Rehm, in einem Brief an einen andern Pfarrer, der Kritik an seiner Taktik übte, sich des vollen Rückhalts rühmte, den die württ. Landesleitung nicht bloß an der Reichsleitung, sondern auch an dem Reichs-

[269] LKA Stuttgart, D 1, Bd. 44; von Wurm eigenhändig mit der Schreibmaschine hergestellter Entwurf. Die Beilage befindet sich nicht mehr bei den Akten; es handelt sich wohl um den Artikel vom 18. 10. 1933 im »NS-Kurier«.

bischof besitze. Auffallend ist auch, daß in diesem Brief wie in dem beiliegenden Artikel des »NS-Kuriers« die von Ihnen und mir erhobene Forderung der Unterstellung unter die Führung des Landesbischofs als Widerstreben gegen die Reichskirche und ihre Führung gedeutet und auf eine förmliche Verabredung zurückgeführt wird.

Ich meine nun, daß die gegenwärtige politische Situation[270] benützt werden müßte, um durch Vorstellungen bei den politischen Instanzen, insbesondere dem Innen- und Außenministerium, diese blödsinnigen Anschläge endgültig abzudrosseln. Anfang nächster Woche, wenn Fezer aus London zurück sein wird[271], wird eine Unterredung Müller–Hossenfelder–Schöffel–Fezer–Wurm stattfinden – wenigstens hoffe ich, daß es dazu kommt[272] –, wo ich die Lage in Württemberg darlegen werde und auf grundsätzliche Bereinigung des Verhältnisses zwischen Glaubensbewegung und Kirchenleitung in der Reichs- und Landesinstanz dringen werde. Wäre es nicht zweckmäßig, wenn Sie dabei wären oder jedenfalls am selben Tag in Berlin wären, so daß die spezifisch württembergische Frage und die gemeinsamen Angelegenheiten besonders behandelt werden könnten?

Mit besten Grüßen [Wurm].

Über die Gerüchte eines Eingriffs in die Württ. Landeskirche und über die von Wurm erstrebte Besprechung mit der Reichskirchenleitung in Berlin schrieb Oberkirchenrat Pressel am 21. 10. 1933 einem Freund[273]*:*

Lieber Freund!

Vertraulich für Dich und Deinen engeren Freundeskreis

Unsere Vorbereitungen für den casus belli sind getroffen. Unsre neun Vertrauensleute wurden informiert, ebenso von diesen die Bezirks-Vertrauensleute. Es ist somit äußerlich alles vorbereitet. Hoffentlich plaudern die Vertrauensleute der Bezirke nicht jetzt schon aus, sondern halten dicht! Im übrigen stehen die Dinge so: Nach den uns zugegangenen Nachrichten ist der Versuch Sch[airers] und R[ehms], in Berlin gegen uns und überhaupt gegen die süddeutschen Kirchen und ihre Führer

[270] Siehe Anmerkung 251, S. 642.
[271] Fezer nahm Mitte Oktober 1933 zusammen mit Hossenfelder an einer Tagung der Oxford-Bewegung in England teil; siehe GB 140, S. 106 und Meier, S. 28.
[272] Vgl. Wurms Brief an Fezer vom 20. 10. 1933, S. 641 ff.
[273] LKA Stuttgart, D 1, Bd. 44. Bei den Akten liegt nur eine Abschrift des Briefes ohne Angabe des Empfängers.

Stunk zu machen, anscheinend nicht ohne Erfolg geblieben. »Man« sei dort ziemlich ungehalten über die Widerborstigkeit der süddeutschen Kirchenführer; »man« plane dort allerhand (in diesem Sinn äußerte sich gestern morgen auch besorgt und aufgebracht Bischof Meiser); »man« wolle in Württemberg und Bayern »Ordnung« schaffen u.s.f. Diese Nachrichten stammen von Schöffel, der seinerseits offenbar fest hinsteht und im übrigen W[urms] Haltung billigte und ihn darin bestärkte. W[urm] ist empört, daß »man« sich von Leuten wie Sch[airer] und R[ehm] informieren ließ und auch ihn, den Bischof, der schon mehrfach sich an Müller wandte (brieflich), anscheinend gar nicht hörte. Nun findet am Donnerstag in Berlin eine Aussprache statt: Müller, Hossenfelder, Fezer, Schöffel und Wurm, Meiser! Die beiden letzteren werden sehr deutlich und kräftig werden und hinstehen. Ich hoffe, es führt zur Klärung und Entspannung. Fezers Haltung wird uns freilich immer undurchsichtiger.

Nun noch eine Anfrage (im Auftrag des Herrn Bischofs): Kannst auch Du jetzt schon eine Anzahl Deiner Freunde (ungefähr wieviele?) dem Herrn Bischof vertraulich sagen: Im Fall eines Konflikts und eines uns (nach W[urms] Abgang) aufgezwungenen Bischofs erklären wir ... (im Sinn unserer Abmachung). Der Herr Bischof wird diese Waffe gerne in Berlin verwenden, wenn der Gang der Ereignisse dort es erfordern sollte; nur im äußersten Notfall. Antwort erbeten bis Mittwoch. Wir hatten letzten Donnerstag mittag hier eine sehr gut verlaufene Vertrauensleute-Versammlung. Es war nahezu eine einmütige Entschlossenheit dieser 94 Vertrauensleute, festzubleiben und durchzuhalten, koste es was es wolle. Weber und ich werden voraussichtlich am Dienstag in Nürnberg sein: Der bayerische Landesleiter der Glaubensbewegung Deutsche Christen bat uns dringend zu einer Aussprache – im Einvernehmen mit Meiser!

Mit herzlichem Gruß Dein W. Pressel.

Um den Landesbischof bei seinen Besprechungen in Berlin mit dem Reichsbischof und mit dem Reichsleiter der Deutschen Christen zu stützen, wurden von der Gruppe um Pressel, Hutten, Weber unter der Pfarrerschaft Zustimmungserklärungen für den von der Sezession vertretenen Kurs gesammelt[274]*:*

[274] Rundbrief vom 25. 10. 1933; LKA Stuttgart, D 1, Bd. 44.

Liebe Freunde!

I. Die in dieser und in der nächsten Woche stattfindenden Verhandlungen mit dem Herrn Reichsbischof machen es nötig, ein klares Bild von der Front zu bekommen, die sich bei uns um den Herrn Landesbischof und die von ihm vertretene Haltung sammelt. Wir haben deshalb an unsere Vertrauensleute die große Bitte, auf dem raschesten Weg die Unterschriften derer herbeizuholen, die der beiliegenden Erklärung zustimmen. Ausdrücklich sei dazu erklärt, daß es sich bei dieser Unterschrift nicht um irgendwelche Bindung an die Glaubensbewegung Deutsche Christen handelt, auch nicht um eine »Sympathie-Erklärung« gegenüber dem Kreis Pressel. Die persönliche Stellung zur Glaubensbewegung Deutsche Christen bleibt jetzt und künftig der Einzelentscheidung eines jeden überlassen. Vielmehr handelt es sich um eine Treueerklärung gegenüber dem Herrn Landesbischof, daß sie nirgends, in Württemberg nicht und in Berlin nicht, überhört werden kann. Unsere Vertrauensleute bitten wir unter Zuhilfenahme von auto- und motorradbesitzenden Amtsbrüdern die Unterschriftensammlung so zu beschleunigen, daß sie spätestens bis Mittwoch mittag (1. November) bei mir eingetroffen ist. Selbstverständlich kommen für die Unterschrift auch die nicht ständigen Amtsbrüder in Betracht.

II. Unser Kreis ist zur Zeit auf über 300 Amtsbrüder angewachsen und vergrößert sich ständig. Wir bitten, die Gelegenheit der Unterschriftensammlung zu weiterer Aufklärung zu benutzen und die Namen solcher uns mitzuteilen, die mit uns für die gleichen Anliegen sich einsetzen.

III. Das neuerliche Ausschreiben der Landesleitung wird von uns nicht beantwortet werden[275]. Aus diesem Inhalt geht hervor, daß Dr. Steger die Schirmherrschaft der Glaubensbewegung Deutsche Christen in Württemberg übernommen hat. Drei Dinge sind auch für dieses Ausschreiben bezeichnend: a) auf unsere sachlichen Anliegen wird überhaupt nicht eingegangen. Sapienti sat! b) der Kampf wird wiederum ganz ins Persönliche verlegt, ein Beweis, daß die sachlichen Argumente fehlen und daß man über den Standpunkt nicht hinausgediehen ist, der den vorliegenden Streit unter dem Gesichtswinkel der Personen- und Prestigefragen ansieht. c) die persönlichen Verunglimpfungen berühren uns nicht. Es ist nicht gut um eine Sache bestellt, die zu solchen Mitteln greift.

IV. Wir bitten, aller Nervosität und Panikstimmung entgegenzutreten sowie gegenüber etwaigen auftauchenden Gerüchten vorsichtig zu sein.

[275] Rundschreiben der Landesleitung der GBDC vom 20. 10. 1933, siehe S. 608 ff.

Wir haben zu irgendwelcher Aufregung gar keinen Grund. Um unsere Sache steht es gut; wir gehen ruhig und unbekümmert den Weg, den unsere evangelische Einsicht und die Sorge um Volk und Kirche uns weisen.

V. Der Reichsleiter des NS-Pfarrerbundes, Pfarrer Klein, Gräfengehaig, teilte mir auf Anfrage mit, daß wir zu Unrecht aus dem NS-Pfarrerbund ausgeschlossen wurden. NS-Pfarrer und Glaubensbewegung Deutsche Christen seien zwei sauber voneinander zu scheidende Organisationen. Zerwürfnisse innerhalb der Glaubensbewegung seien kein Grund zum Ausschluß aus dem NS-Pfarrerbund. Der Reichsleiter wird die erforderlichen Schritte unternehmen.

Heil Hitler! Euer Weber.

Die von Pfarrer Weber vorgelegte Erklärung hatte folgenden Wortlaut:

Die Unterzeichneten erklären:

1. daß sie mit ganzer Überzeugung hinter dem Führer des deutschen Volkes Adolf Hitler stehen und sein Aufbauwerk im neuen Staat mit allen Kräften zu fördern gewillt sind;

2. daß sie dementsprechend auch gewillt und bereit sind, am Aufbau und Ausbau der deutschen geeinigten Reichskirche im Sinn der Glaubensbewegung Deutsche Christen nach Kräften mitzuarbeiten unter der Voraussetzung, daß die Haltung der Glaubensbewegung Deutsche Christen in der von dem Kreise Pressel, Weber und Hutten gezeichneten Linie sich bewegt. Solange die dort genannten, unaufgebbaren Anliegen nicht erfüllt sind, ist ihnen aus Gewissensgründen eine Mitarbeit in der Glaubensbewegung nicht möglich;

3. daß sie in Landesbischof D. Wurm ihren ordnungsmäßig berufenen obersten Führer ihrer Kirche sehen, dem sie sich durch ihr Amtsgelübde verpflichtet und verbunden wissen und neben dem sie schon um des Führerprinzips willen keiner anderen kirchlichen Leitung in Württemberg sich unterstellen können.

Zu der Unterschriftensammlung teilte Pfarrer Weber am 26. 10. 1933 ergänzend mit[276]*:*

[276] LKA Stuttgart, D 1, Bd. 44; der Text wendet sich auch gegen den Artikel vom 18. 10. 1933 im »NS-Kurier«.

Liebe Freunde!

Um bezüglich des Reverses, der zur Unterschriftensammlung hinausging, keinerlei Zweifel aufkommen zu lassen, sei ein Dreifaches gesagt: 1. Die Unterschrift bedeutet keinerlei jetzige oder künftige Verpflichtung auf die Glaubensbewegung Deutsche Christen. Der von uns versandte Wortlaut soll nur ein Vorschlag sein. Eine Neuformulierung bleibt den einzelnen Bezirken überlassen. Entscheidend ist, daß aus dem Wortlaut ein Dreifaches hervorgeht: Wir sind nicht »reaktionär«, sondern stehen zu Hitler. 2. Wir errichten keine Mainlinie, sondern bejahen die Reichskirche. 3. Wir erkennen nur Wurm als die uns gewiesene kirchliche Obrigkeit an. Weber.

Parallel zu dem Vorgehen der Sezession bat auch die Leitung der Kirchlich-theologischen Arbeitskreise Württembergs am 27. 10. 1933 die württembergische Pfarrerschaft um Unterschrift einer Erklärung[276a]*:*

Lieber Herr Amtsbruder!

Die aufs neue sehr gespannte kirchliche Lage in Württemberg macht ein Wort an die Freunde der KTA nötig. Auf der Pfarrerversammlung am 20. September hat der Kreis um Pressel, Weber und Hutten den Kampf um eine kirchliche Führung der Glaubensbewegung Deutsche Christen mit der Anmeldung von Reformforderungen und der Bildung einer Sezession tapfer aufgenommen. Durch die Schreiben der radikalen Gruppe ist dieser Kampf in die Öffentlichkeit der Kirche hineingetragen worden; in der hier zu Tage tretenden Zielsetzung und Kampfesweise wurde aufs neue der Grundschaden, gegen den jene Sezession angeht, offenbar. Der Konflikt hat sich nun heute zu einem offenen Kampf der radikalen Gruppe gegen die Kirchenleitung zugespitzt (vgl. den NS-Kurier-Artikel und seine Richtigstellung durch den Erlaß des Oberkirchenrats[277]). Das kann niemand wundern, der die Dinge verfolgte. Denn unsere Kirchenleitung ist gewillt, ihr Handeln an dem Wesensgesetz der Kirche zu orientieren, und muß darum die Hereintragung außerkirchlicher Gesichtspunkte und Methoden durch jene radikale Gruppe um der Kirche willen scharf ablehnen. Bei diesem Kampf können und wollen wir von der KTA nicht als unbeteiligte Zuschauer auf der Seite stehen. Nach wie vor ist und bleibt ja unser erstes Anliegen das

[276a] LKA Stuttgart, D 1, Bd. 44; zum zweiten Teil vgl. auch den Brief Dippers an Metzger vom 24. 10. 1933, S. 621 ff.

[277] Siehe S. 645 ff.

der positiven, kirchlich aufbauenden Arbeit. Aber eben diese Arbeit verpflichtet uns zugleich auch zur Abwehr, und der Protest gegen Lüge und Verleumdung, Druck und Gewalttat führt uns an die Seite der Sezession. Wie schon früher haben wir nun auch auf unserer Freudenstädter Herbsttagung[278] erneut Fühlung miteinander genommen, um in der gegenwärtigen Notlage gemeinsame Schritte zu tun. Unsere Freunde vom Kreise um Pressel haben im Blick auf die kirchlichen Notwendigkeiten der Stunde zu einer schriftlichen Treueerklärung für unseren Herrn Landesbischof aufgerufen, da er in seinem Kampf für die Freiheit des Bekenntnisses in der Kirche eine geschlossene Gefolgschaft braucht. Es versteht sich von selbst, daß wir auch unsererseits den Herrn Landesbischof wissen ließen, daß er in allen diesen Kämpfen auf uns rechnen kann; diese allgemeine Zusicherung bedarf aber in der augenblicklichen Lage der Unterfangung durch eine möglichst große Anzahl von Unterschriften. In paralleler Aktion zu dem Vorgehen der Sezession bitten wir Sie darum 1. beiliegende Erklärung selbst zu unterzeichnen, 2. umgehend in Ihrem Bezirk um die Unterschriften der Kollegen zu werben, 3. die Erklärung spätestens am Montag, 30. des Monats abends mit möglichst viel Unterschriften auf den letzten Postzug in den Schalter zu geben an Pfarrer Metzger, Bronnweiler. Die Unterschriften werden umgehend unserem Herrn Landesbischof zugeleitet; er muß mit ihnen in Berlin dokumentieren können, wie die tatsächliche Haltung der württembergischen Pfarrerschaft ist.

Unsere enge Kampfverbundenheit mit der Sezession bedeutet nicht, daß wir etwa unsere Selbsttätigkeit als KTA aufgeben wollten. Daß wir zusammenbleiben, wird auch dann noch der richtige Weg sein, wenn, wie wir um der Kirche willen hoffen, der Reformwille der Sezession innerhalb der Glaubensbewegung Deutsche Christen sich nicht bloß in der württ. Landesleitung, sondern in der Reichsleitung durchgesetzt hat. Unter allem Vorbehalt menschlichen Irrens gesagt, dürfte es doch auch in der Zukunft der Sache der Kirche förderlicher sein, wenn wir nicht die Monotonie einer Richtung, sondern das Gespräch zweier sachlich begründeter Anliegen miteinander haben werden. Für dieses Gespräch hoffen wir, werden sich in der Zukunft wirklich kirchliche Formen finden lassen; die Kreise, welche die beiden Anliegen tragen, werden sich zu suchen haben in gemeinsamem Ringen um die beiderseitigen Ziele. Wir haben unsere KTA-Arbeit von jeher so angesehen, daß sie vom Amt her alle Amtsbrüder in Anspruch nehmen müssen zur gegenseitigen Klärung

[278] Siehe S. 710 ff.

und Hilfe für den uns anvertrauten Dienst. Diese Arbeit ist ganz unabhängig von irgend einer kirchenpolitischen Situation jederzeit unter uns Amtsbrüdern nötig. Gerade in so verwirrter Zeit wie der heutigen muß immer wieder biblische Klärung gesucht werden, und wir hoffen, daß die Arbeit, die wir stellvertretend treiben, von unseren tragenden Kreisen aus Gemeingut der ganzen württ. Kirche wird. Wir können uns denken, daß auch das Anliegen der Glaubensbewegung von den sie tragenden Kreisen aus zu einer die ganze Kirche erfassenden Erörterung gebracht wird, wenn sich einmal aus dem Vielerlei von Stimmen das kirchlich berechtigte Anliegen der Glaubensbewegung herausgestaltet haben wird, in der Richtung, wie der Kreis um Pressel sie vertritt. Wie die beiden Anliegen sich zueinander verhalten, das wird noch der Klärung bedürfen. In unserem Zusammengehen mit der Sezession erfüllen wir von der KTA eine kirchenpolitische Augenblicksaufgabe. Wir hoffen aber, daß unsere Arbeit aus der Kirchenpolitik völlig herausgenommen werden kann, wenn eine ganz andersartige kirchenpolitische Plattform für unsere Anliegen geschaffen sein wird. Wir erwarten, daß in Bälde die Evangelisch-kirchliche Vereinigung[279], ihrer Tradition entsprechend, dieses Anliegen wird aufnehmen können. Dann wird unsere KTA ihr Ziel wieder allein darin haben können, daß sie in den Bezirken gemeinsame Arbeit treibt, wie wir sie auch auf unserer Herbsttagung getan haben. (Von dieser Freudenstädter Tagung wird Ihnen noch ein ausführlicher Bericht zugehen.) Denn im Grunde wollte die KTA von jeher nicht eine Gruppe, sondern eine Arbeit sein, eine Arbeit, welche nicht geschieht, um Macht zu gewinnen und auszuüben, sondern um unseren Pfarrerdienst richtiger in Verkündigung, sachgemäßer im Handeln, fester im Glauben und treuer im Gehorsam ausrichten zu können.

Mit amtsbrüderlichem Gruß i. A. Metzger.

Die von der Leitung der Kirchlich-theologischen Arbeitskreise Württembergs entworfene Erklärung lautete[280]*:*

Gegeben am   Oktober 1933

Auf Grund meines Amtsgelübdes weiß ich mich verpflichtet, in meiner Stellung als Diener der Landeskirche mich einzig an Schrift und Bekenntnis zu halten und sowohl die Verkündigung als auch das Handeln allein darnach zu richten.

[279] Siehe S. 988 f.

[280] LKA Stuttgart, D 1, Bd. 44.

1. Als Christ und Pfarrer stehe ich im Gehorsam gegen die kirchliche Obrigkeit, welche ordnungsmäßig in ihr Amt berufen ist und die Kirche nach Schrift und Bekenntnis zu leiten gewillt ist. Angesichts der heutigen Lage erkläre ich darum unter ausdrücklicher Ablehnung jeder kirchlichen Nebenregierung in Land und Reich: Ich weiß mich verpflichtet, mich in treuer Gefolgschaft hinter meinen Landesbischof D. Wurm zu stellen und mit ihm zusammen am Aufbau und Ausbau der Deutschen und geeinigten Reichskirche nach Kräften mitzuarbeiten.

2. Als Christ und Pfarrer stehe ich im Gehorsam gegen die staatliche Obrigkeit, welche kraft ihres Amtes das Beste des Volkes sucht und den Mächten der Zersetzung wehrt. Angesichts der heutigen Lage erkläre ich darum unter ausdrücklicher Ablehnung aller diffamierenden Verdächtigungen: Ich weiß mich verpflichtet, mich in treuer Gefolgschaft zu Adolf Hitler als dem Führer unseres Deutschen Volkes zu stellen und sein Aufbauwerk im neuen Staat nach Kräften zu fördern.

Abgesehen von der von beiden Gruppen in die Wege geleiteten Loyalitätserklärung gegenüber dem Landesbischof übersandten einzelne Pfarrer auch selbstentworfene Erklärungen[281].

Zu der Loyalitätserklärung für den Landesbischof schrieb Missionsdirektor Dr. Hartenstein von der Evang. Missionsgesellschaft Basel am 30. 10. 1933 an Pfarrer Metzger, Bronnweiler[282]*:*

Mein lieber M.!

Herzlichen Dank für die Zusendung Deines Briefes und der Erklärung. Als ich sie erhielt, schrieb ich eben einen Brief an den Landesbischof und teilte ihm die Ergebnisse der Barmer Konferenz[283] mit. Ich habe darum sofort im gleichen Briefe ihm im Sinne Eurer Erklärung geschrieben, ihn flehentlich gebeten auszuharren und ihm das Vertrauen unserer schwäbischen Theologen in Basel unzweideutig ausgesprochen. Ich bin, lieber Freund, sehr erleichtert und völlig beruhigt, daß Ihr die Sache zu einer öffentlichen Erklärung in dem Sinne, wie wir sie am Montag Abend bei unserem Zusammensein durchsprachen, gemacht habt. Der Name Wurm bedeutet jetzt einfach hundertprozentige Treue zum Wort und zum Bekenntnis, der Name Hitler hundertprozentigen

[281] Siehe LKA Stuttgart, D 1, Bd. 46,2.

[282] LKA Stuttgart, D 1, Bd. 40.

[283] Vgl. dazu den Brief Hartensteins vom 30. 10. 1933, S. 665 ff.

Gehorsam und Verbundenheit zum Volk. Alles andere geht uns jetzt nichts an.

Und nun noch ein paar Worte von Barmen. Lieber, es ist besser gegangen als ich gedacht habe. Sämtliche Missionen waren einig in der Verwerfung des Kompromiß-Vorschlages von Berlin, und dann wurden aus der Versammlung heraus Knak und ich beauftragt, einen völlig neuen Entwurf aus dem Wesen der Mission heraus zu machen, der nun als Denkschrift an die Reichskirche gegangen ist. Ich hoffe, daß Du aus dem Entwurf merkst, daß wir nicht unser eigen Leben verteidigt haben, sondern das Wesen der Kirche und ihrer evangelischen »Orden«: der Mission. In besonderer Weise stammt Abschnitt 1 und 3 von uns in Basel. Erich Schick hat tapfer mitgearbeitet. Es ist wahrhaftig schicksalhaft, daß dieser Entwurf an demselben Tage erarbeitet wurde, an dem die Innere Mission sich hat völlig gleichschalten lassen[284]. Der Wille zum Dienst an der Kirche, aber zur inneren geistlichen Selbständigkeit bis zum äußersten ist in einer einfach beglückenden Weise in Barmen zum Ausdruck gekommen. Wir hatten auch Fühlung nach allen Kirchen hin. Es waren Vertreter des Niemöller-Bundes unter uns und ähnlicher stiller und offener Verbände, denen es um das Wort Gottes zu tun ist, und wir haben uns gegenseitig gestärkt im Glauben und in der Treue, wozu mich die Freudenstädter Tage und besonders auch das Zusammensein mit Dir noch ausgerüstet hatten. Ich schicke Dir den Entwurf mit der Bitte um vertrauliche Behandlung. Er darf nicht öffentlich bekannt werden, ehe sich die Kirche dazu geäußert hat. Wir wollen auch in Zukunft unsern Weg tapfer und getrost gehen. Ich gedenke Deiner und Deines besonderen Dienstes in dieser Stunde in herzlichster Liebe.

Dein getreuer [Hartenstein].

Pfarrer Metzger antwortete am 1. 11. 1933 an Missionsdirektor Dr. Hartenstein[285]:

Mein lieber H.!

Dein brüderlicher Brief hat mir wohlgetan. Denn dieser Tage Qual war groß[285a]. Es ist alles anders gekommen, als wir gedacht und gewünscht hatten. Und nun ist es mein Anliegen, es möchte wenigstens nichts da-

[284] Zum Abkommen zwischen dem Geistlichen Ministerium der DEK und dem Zentralausschuß der Inneren Mission vom 19. 10. 1933 siehe GB 140, S. 106.

[285] LKA Stuttgart, D 1, Bd. 40.

[285a] Frei nach Schiller, Wallensteins Tod V,5.

mit geschadet sein. Die Initiative ging von Pressel-Weber aus; mit leider einer ungeschickten Erklärung, die uns nicht möglich war; deshalb wurde eine Parallelaktion von uns nötig. 372 Namen reisten heute nach Stuttgart, zu treuen Händen des Bischofs. Wann wird endlich dieser Notstand sein Ende haben? Paule Schempp schrieb neulich: »Wenn Du Zeit hast, so bet auch um den Jüngsten Tag; es wäre Zeit dazu.«

Mit Dir freue ich mich von Herzen, daß Ihr von der Äußeren Mission so einmütig gewesen seid. Wenn mir auch als einem Laien und Nichturteilsfähigen der geschaffene Aufbau in seinem tatsächlichen Funktionieren noch nicht ohne weiteres durchsichtig ist, hoffe ich doch bestimmt, daß er wirklich einen guten Weg darstellt. Gelt, ob er angenommen wird, darüber läßt sich jetzt wohl noch nichts sagen?

Ich wünsche Dir viel Kraft und ein getrostes Gehen. Meine Sorgen sind ja Waislein neben den Deinigen! Darum schenk Dir der Herr ein Zwiefaches: Brot des Leibes, Brot des Lebens für Dein Basler Werk, für Dich, für alle!

Treulich Dein [Metzger].

N. S. Ich sandte Dir die beiden Schreiben von Rehm usw. und von Weber usw. Könntest Du sie mir wieder als Drucksache zurücksenden? Grüß auch Erich Schick, der mir heute schrieb und eine bereits auch nach Stuttgart gereiste Erklärung zusandte.

In Zusammenhang mit der Gründung des Deutschen Evang. Missionstags in Barmen Ende Oktober 1933 und mit der Unterschriftensammlung der Kirchlich-theol. Arbeitskreise schrieb Missionsdirektor Dr. Hartenstein, Basel, am 30. 10. 1933 an den Landesbischof[285b]*:*

Hochverehrter lieber Herr Landesbischof,

Ihre freundlichen Worte in Freudenstadt ermutigen mich, noch einige persönliche Worte im Blick auf unsere Barmer Tagung hinzuzufügen. Wie Sie aus dem Entwurf ersehen, hat sich in voller Einmütigkeit die ganze deutsch-evangelische Mission einstimmig zusammengefunden (einschließlich der in den Missionsleitungen vertretenen Angehörigen der Glaubensbewegung Deutsche Christen wie Missionsdirektor Dr.

[285b] LKA Stuttgart, D 1, Bd. 44. Der Deutsche Evang. Missionstag entstand aus dem 1922 gegründeten Evang. Missionsbund; im Missionstag arbeiteten die evang. Missionsgesellschaften verschiedener Gruppierungen zusammen. – Der Bund »Heidenmission« (OKR Stuttgart, Registratur, Generalia Bd. 146) enthält kein Material zu der Tagung in Barmen und zum Missionstag.

Ebelein und Dr. Kayser, Neuendettelsau, Missionsdirektor Zimmermann von der China-Allianz-Mission und andere). Die deutsche Mission hat sich geeinigt und eine einheitliche Willenskundgebung der Kirche gegenüber erlassen. Ein weiteres wichtiges Ergebnis von Barmen war dies, daß sich eine Reihe von Gesellschaften entschlossen haben, sich an größere anzuschließen bzw. in ihnen aufzugehen, um die Zersplitterung der heimatlichen Kräfte zu überwinden. Voraussichtlich wird auch die Basler Mission größere Verantwortlichkeiten in der Heimat und auf dem Felde zu übernehmen haben. Ein drittes Ergebnis war, daß die Mission als Ganzes, wahrhaftig nicht aus Gesellschaftsgründen, sondern um der Kirche und des missionarischen Dienstes willen, ihre Selbständigkeit und Freiheit bei voller Bereitschaft der Zusammenarbeit mit der Kirche unterstrich. Ich glaube, daß auch Sie, hochverehrter Herr Landesbischof, mit dieser Haltung Ihrer Mission einverstanden sein werden. Ein vierter wichtiger Punkt war der, daß nun baldmöglichst Missionsräte bei den einzelnen Landeskirchen geschaffen werden sollen, zusammengesetzt aus den Vertretern der Kirchenleitungen und der wichtigsten im Gebiet vertretenen Missionsgesellschaften. Die doppelte Aufgabe dieser Missionsräte sollte sein: Erweckung aller Gemeinden zur Missionspflicht und Durchführung einer reibungslosen heimatlichen Werbung. Am Ende der Tagung wurde der Deutsch-evangelische Missionstag konstituiert und der Deutsch-evangelische Missionsrat berufen, in welchem Basel Sitz und Stimme hat. Die Denkschrift ist dem Herrn Kirchenminister Dr. Schöffel von Prof. Dr. Schlunk persönlich übergeben worden und am Mittwoch vergangener Woche schriftlich dem Herrn Reichsbischof Müller übersandt worden. Wir hoffen, daß die Kirche für unser Wort volles Verstehen aufbringt. Unumgänglich notwendig scheint uns freilich zu sein, daß Herrn Kirchenminister Dr. Schöffel ein tüchtiger junger Theologe zur Seite gestellt wird, der im Missionsleben erfahren, im In- und Ausland Gewicht besitzt. Daß bei der Wahl dieses Mannes nur die persönliche Eignung und nicht ein kirchenpolitischer Gesichtspunkt maßgebend sein wird, hoffen wir sehr.

Darf ich diesem kurzen Bericht aus Barmen noch eine persönliche Bemerkung hinzufügen. Sie werden, hochverehrter Herr Landesbischof, in den nächsten Tagen eine Reihe von Erklärungen unbedingten Vertrauens aus der württembergischen Pfarrschaft bekommen. Darf ich mir erlauben, auch von meiner Seite aus, im Sinne jener Ihnen wohl bekannten »Erklärung«, Ihnen im Namen der Basler Mission und in meinem eigenen Namen das herzlichste und wärmste Vertrauen aussprechen.

Wir werden auch hier geschlossen und in treuer Fürbitte hinter Ihnen stehn. Ich darf die dringende Bitte hinzufügen, daß Sie doch durch diese Zeit der Bedrohung und des Kampfes hindurch unbedingt aushalten möchten in der Erkenntnis, daß in Ihrer Person heute ein entscheidendes Prinzip zum Ausdruck kommt, nämlich die Leitung unserer Kirche nach Schrift und Bekenntnis.

In der Hoffnung, daß der lebendige Gott »der bei uns ist wie ein starker Held« Sie durch diese Wochen hindurch tragen möchte, grüßt Sie in aufrichtiger Ergebenheit und Dankbarkeit Ihr Karl Hartenstein.

Das Ergebnis der Unterschriftensammlung der Kirchlich-theol. Arbeitskreise Württembergs legte Pfarrer Metzger, Bronnweiler, am 1. 11. 1933 dem Landesbischof vor[286]*:*

Verehrter Herr Landesbischof!

In paralleler Aktion zu der Unterschriftensammlung des Kreises um Weber-Pressel haben auch wir unsre Leute aufgerufen durch beiliegendes Schreiben, beiliegende Erklärung zu unterzeichnen. Ich lege Ihnen heute das bis jetzt eingegangene Ergebnis dieser Unterschriftensammlung vor bzw. wird Weber die Unterschriften noch einmal durchsehen, um Doppelzählungen zu vermeiden. Denn eine ganze Reihe von Pfarrern haben eben zunächst einmal die lange vor unsrer Erklärung vorliegende Webersche Fassung unterzeichnet; andre haben an dem dort enthaltenen Punkt 2 gestrauchelt und waren dann froh, eine andre Fassung vorgelegt zu bekommen, die doch dieselben Anliegen vertritt. Was diese Anliegen sind? Ich möchte so sagen: Es ist die Willigkeit, mit allem Guten in Kirche und Staat im Bunde zu stehen und darum sich auch hinter die zu stellen, die dieses Gute vertreten. Nicht als zeitlose Erklärung, als ob wir über die Zukunft verfügen könnten oder als ob wir auch nur in der Vergangenheit damit alles Geschehene mit unsrer Zustimmung decken wollten; sondern als Erklärung zur heutigen Lage, in voller Nüchternheit und doch zugleich mit der gläubigen Bitte, Gott möge sein Ja dazu geben. Denn das ist uns Leuten von der Kirche doch vornehmlich klar geworden wie noch nie, daß wir mit unsrem Arm, auch wenn wir das Beste wollen, nichts stürzen, was bestehen bleiben soll, und auch nichts stützen, was nach Gottes Willen fallen muß.

Sie sind uns, verehrter Herr Landesbischof, der Vertreter der wirklich kirchlichen Anliegen im gegenwärtigen Kampf, und wir sind Ihnen

[286] LKA Stuttgart, D 1, Bd. 40.

von Herzen dankbar für alle die energischen Schritte, mit denen Sie, die Zügel der Landeskirche wieder straff anziehend, das Nötige tun. Insbesondere ist es auch das lutherische Erbe innerhalb der deutschen Reichskirche, die lutherische Freiheit von den Tyrannen, was Sie heute entscheidend vertreten. Und in dieser doppelten Richtung: gegen die nebenkirchlichen Regierungen von seiten der Glaubensbewegung Deutsche Christen und gegen den preußischen Unionismus, mit positiver Bejahung aller wirklich landes- und reichskirchlicher Anliegen geht unsre Fassung der Erklärung, mit welcher wir uns hinter Sie stellen, damit Sie von den Unterschriften den Ihnen richtig erscheinenden Gebrauch machen.

Mit dem herzlichen Wunsche, Gott möge Ihre Schritte leiten, Gott möge unsre Kirche bauen, Gott möge unsre Untauglichkeit beheben, grüße ich Sie im Namen vieler, Ihr ergebener Wolfgang Metzger.

Vor den entscheidenden Besprechungen mit den Reichsstellen schrieb Pfarrer Metzger am 2. 11. 1933 noch einmal dem Landesbischof nach Berlin[287]*:*

Verehrter Herr Landesbischof!

Sie sind in Berlin, im Fegfeuer oder in der Hölle (wie es uns Schwaben leicht scheinen will). Da gehen meine Gedanken in herzlicher Fürbitte zu Ihnen. Denn irgendwie wird heute und morgen die Entscheidung für unsere württembergische Kirche fallen. Ich freue mich, daß Sie nicht allein von Württemberg nach Berlin fahren mußten, sondern daß 1046 Unterschriften mit Ihnen gefahren sind. Damit haben Sie eine auch von sehr großzügigen Leuten nicht zu verachtende menschliche Macht hinter sich, und ich möchte Sie bitten, dieses Kapital an Vertrauen für eine wirklich kompromißlose Lösung einzusetzen und weder in Personenfragen noch in Programmfragen »auch nur eine Stunde« zu weichen. Mit Sorge denke ich an gewisse schwäbische Ratgeber, die um Sie sein werden und die nicht erkennen, daß es heute um den Bestand unsrer Landeskirche als Wahrerin einer ganz bestimmten, heute von der Reichskirche sowohl als auch von der Reichsleitung der Glaubensbewegung Deutsche Christen bedrohten Haltung geht. Ich hoffe, daß das Ergebnis der Verhandlungen in lückenloser Folgerichtigkeit das ist: alle Wege von Berlin führen nach Württemberg nur über

[287] LKA Stuttgart, D 1, Bd. 40.

den Alten Postplatz 4[288]. Und dazu gehört, daß die Landesleitung der Glaubensbewegung Deutsche Christen in Württemberg von einwandfreien Leuten besetzt wird; sonst ist eine Zusammenarbeit mit der Kirchenleitung erst wieder nicht gewährleistet.

Es wäre mir aber angst, müßte ich Sie lediglich mit unsern Unterschriften und unsrer Fürbitte in Berlin wissen. Ich bin gewiß, daß Christus selber Ihnen Kraft und Segen geben wird bei allem, was Sie für Seine Sache tun. Nicht an den Personen haben wir uns auszurichten, sondern an dem höheren Willen, der eine und nur eine Sache will. Und dazu wünsche ich Ihnen, verehrter Herr Landesbischof, von Herzen Freudigkeit und Festigkeit, damit das Ziel, das Sie in Ihrem Schreiben vom 28. Oktober[289] allen Geistlichen zurufen ließen, wirklich erreicht werden könne: Positive Arbeit unter einheitlicher Führung des Landesbischofs nach gläubiger und nüchterner Überwindung der Prüfungs- und Sichtungszeiten.

Nehmen Sie dies Schreiben, wie es gemeint ist: als eine Hand, die die Ihrige sucht in der Berlinschen Finsternis.

Mit ergebenem Gruß Ihr [Metzger].

Am 3. 11. 1933 bat Pfarrer Weber in einem Telegramm den Landesbischof, keiner fragwürdigen Lösung zuzustimmen[290]*:* Wir 370 Pfarrer der Gruppe Pressel bitten den Herrn Landesbischof ehrerbietigst, keiner Lösung in der Führerfrage zuzustimmen, bei der die Namen Rehm, Schairer, Steger erscheinen. Unsererseits stehen Pressel, Weber, Hutten zurück. Im Namen der Vertrauensleute: Weber.

Ein weiteres Telegramm der nicht deutschchristlichen Gruppen des Landeskirchentags vom 3. 11. 1933 an den Landesbischof in Berlin versicherte ihn der Unterstützung eines großen Kreises württembergischer Pfarrer[291]*:* Wir 1060 württ. Pfarrer aus allen kirchlichen Lagern, die unterschriftlich ihrem Bischof Treue und Gehorsam erklärt haben, bitten den Herrn Landesbischof ehrerbietigst, nur einer Lösung zuzustimmen, die unter Ablehnung jeder Nebenregierung klare kirchliche Führungsverhältnisse schafft, den kirchlichen Frieden wieder herstellt und ihnen im Rahmen der Reichskirche freudige Mitarbeit an der Erneuerung

[288] Dienstsitz des Evang. Oberkirchenrats in Stuttgart.
[289] Siehe S. 752 ff.
[290] LKA Stuttgart, D 1, Bd. 40.
[291] LKA Stuttgart, D 1, Bd. 44.

von Kirche und Volk ermöglicht. Pressel, Seitz (für Gruppe I), Welsch, Schnaufer (für Gruppe II).

Schon am 1. 11. 1933 hatten dieselben Gruppen sich an den Reichsbischof gewandt[292]*:*

Hochzuverehrender Herr Reichsbischof!

Aus tiefer Sorge für Kirche und Staat wenden wir Vorsitzende der Evang.-kirchlichen Arbeitsgemeinschaft und der Volkskirchlichen Gruppe des neuen württembergischen Landeskirchentags uns an Sie als den berufenen Führer der Deutschen Evang. Kirche. Wir bekennen uns aus voller Überzeugung wie zum neuen Staat so auch zu der neugeschaffenen Deutschen Evang. Kirche. Wir lehnen jeden Versuch, in ihr eine Trennung zwischen Nord und Süd herbeizuführen, klar und entschieden ab. Wir erblicken auch in der Glaubensbewegung Deutsche Christen eine Bewegung, die für Kirche und Volk überaus wertvoll und dazu berufen ist, Volk und Kirche zu enger Verbundenheit zusammenzuschließen.

Um so schmerzlicher bedauern wir den Riß, der in Württemberg durch die Glaubensbewegung Deutsche Christen geht und der sie selbst, zugleich auch Kirche und Staat schädigt. Wir bedauern dabei insbesondere, daß die kirchliche Arbeit nicht mit der Sorgfalt und Rücksicht behandelt wird, wie sie das kirchliche Leben erfordert. Die ernste Lage ist in letzter Zeit noch dadurch wesentlich verschärft worden, daß teils offen, teils versteckt Angriffe gegen die Person des Herrn Landesbischofs D. Wurm gerichtet werden.

Es ist uns Gewissenspflicht, Ihnen, hochzuverehrender Herr Reichsbischof, mitzuteilen: Die Stellung des württembergischen Herrn Landesbischofs ist fest verankert in dem großen Vertrauen, das er genießt beim württembergischen Kirchenvolke, bei dessen Vertretung im Landeskirchentag und bei der ganz überwältigenden Mehrheit der württembergischen Pfarrerschaft. Dieses Vertrauen hat der Herr Landesbischof sich erworben in den vier Jahren, seit er als Kirchenpräsident und Bischof die württembergische Kirche führt. Dieses Vertrauen ist in den letzten Monaten noch vertieft und verstärkt worden durch das sofortige entschlossene Eintreten unseres Herrn Landesbischofs für den neuen Staat und seinen Führer, durch seine besonnene Haltung in dem verfrühten

[292] LKA Stuttgart, D 1, Bd. 118.

Streite um die Person des Reichsbischofs, durch seine Aufgeschlossenheit gegenüber den neuen jungen Kräften, die wie in den Staat so auch in die Kirche einströmten.

So bitten wir Sie, hochzuverehrender Herr Reichsbischof, dafür Sorge tragen zu wollen, daß D. Wurm der württembergischen Landeskirche als Landesbischof erhalten bleibt und daß jedem Versuch einer kirchlichen Nebenregierung in unserer Landeskirche mit Entschiedenheit entgegengetreten wird.

In tiefer Verehrung:
Für die Evang.-kirchliche Arbeitsgemeinschaft:
Landgerichtsrat Dr. Widmann.
Für die Volkskirchliche Vereinigung:
Universitätsprofessor Paul Volz.

Als Landesbischof D. Wurm zu den Besprechungen mit den Reichsstellen schon nach Berlin abgereist war, fand in Stuttgart eine Unterredung zwischen der Sezession und Pfarrer Heidenreich von der Reichsleitung der Deutschen Christen statt. Darüber berichtete Pressel am 2. 11. 1933 dem Landesbischof nach Berlin[293]*:*

Hochverehrter Herr Landesbischof!

Heute Morgen habe ich Ihnen telefonisch berichtet über die Besprechung mit Pfarrer Heidenreich. Dazu möchte ich ergänzend noch hinzufügen:

1. Wir haben (Weber und Hutten waren zugegen) dem Herrn H[eidenreich] zunächst einmal vor allem darüber unser Bedauern ausgesprochen, daß die maßgebenden Herren in Berlin bisher noch nie das Bedürfnis gefühlt hätten, auch uns anzuhören. Das wäre doch eigentlich nicht mehr und nicht weniger als Christen- und Ehrenpflicht gewesen. Wir wiesen darauf hin: Weil man sich in Berlin immer so einseitig habe orientieren lassen, sei die Lage immer mehr verschärft und die uns allen unerwünschte Spannung entstanden. Es wäre richtiger und notwendig gewesen, daß auch die Berliner Herren sich an Ort und Stelle bei uns vom Rechten überzeugt hätten. Herr H[eidenreich] erwiderte darauf: Warum wir unsererseits nicht den Versuch zu einer Aussprache in Berlin gemacht hätten? – Als ob das möglich und zu erreichen gewesen wäre!

[293] LKA Stuttgart, D 1, Bd. 44; vgl. dazu Niemöller, Kampf, S. 59.

Im übrigen brachten wir Herrn H[eidenreich] gegenüber zum Ausdruck: Eine ihrer Verantwortung bewußte Führung muß vor so weitgehenden und in ihren Folgen weitreichenden Entscheidungen, wie es mit unserer und unsrer Freunde Ausschluß (der laut H[eidenreich] von Berlin gebilligt worden war!) geschah, alle beteiligten Personen hören, will sie objektiv und gerecht sein!

2. Herr H[eidenreich] rückte dann heraus mit den Berliner Vorwürfen und Auffassungen: Unser Vorgehen gegen die (unmögliche) Führung der Glaubensbewegung Deutsche Christen in Württemberg ebenso wie die Erlasse des Herrn Landesbischofs (außerdem das Wort vom »Nordwind«, die Konspiration mit Bayern) seien anti-Hossenfelder, anti-preußisch, Versuch der Neubildung einer Mainlinie! Es sei doch auffallend und von Berlin aus (auch für die politische Beurteilung) sehr bedenklich, daß gerade Bayern, Württemberg und neuerdings auch Baden eine Unterstellung der Landesleitung unter den Landesbischof verlangen[294]! Das könne von der Reichsleitung nicht zugestanden werden. Denn der notwendige revolutionäre Kampf gegen veraltete kirchliche Institutionen könne nicht von Behörden selbst geführt werden! Für unsere grundsätzlichen und sachlichen Einwendungen gegen die Nebenregierung wie unseren vom Evangelium her kommenden Protest gegen die »römisch-katholische« Forderung der vorbehaltlosen Unterstellung unter die Reichsleitung hat Herr H[eidenreich] anscheinend kein Organ. Seine Einwände kamen fast alle vom politischen Gebiet her: Hitler fordere doch auch vorbehaltslose Gefolgschaft usw. Unseren Einwand »Was in der Politik recht sein könne, müsse damit noch nicht zugleich auch im Raum der Kirche bindend sein. Außerdem könnten wir Herrn Hossenfelder nicht so ohne weiteres auf eine Stufe mit dem Genie Adolf Hitler stellen« – beantwortete er mit der Feststellung: Hossenfelder sei von Gott gesandt und beauftragt, er habe eine große Mission, er sei ein Mann von großer kirchengeschichtlicher Bedeutung, den man erst später recht erkennen werde!

3. Er gab sich große Mühe, nachzuweisen und zu beteuern, daß Hossenfelder und seine Freunde auf dem Boden des alten Evangeliums stehen, keine Abstriche machen, nur wollen, daß es zwischen Christus und dem deutschen Volk wieder zu einer Begegnung komme und die deutsche Seele wieder die religiöse Heimat finde. Das Bekenntnis zu Christus dem Gekreuzigten und Auferstandenen sei A und O ihres

[294] Siehe dazu Baier, S. 62 ff.

Denkens, ihres kirchenpolitischen Kampfs, ihres Gestaltens. (Wir fragten dann zugleich unter Hinweis auf die positive Rede Hossenfelders in Stuttgart[295], worin denn dann eigentlich das Neue und Einzigartige und die Notwendigkeit einer Glaubensbewegung Deutsche Christen bestehe? Wir könnten eine Glaubensbewegung nur bejahen, wenn sie die zwei Fronten ihres Auftrags sehe, nämlich innerhalb der Kirche zu werben für nationalsozialistische Gedankenwelt, vor allem aber sie zu erneuern vom Evangelium her, und in der NSDAP zu werben für das Evangelium.) Und daraufhin H[eidenreich]: Ja, gerade das wollten sie auch und dafür müßten sie in Preußen Verfolgung, Verleumdung und Leiden auf sich nehmen!! Wir konnten darauf nur erklären, daß, wenn wir darin einig gewesen wären, es in Württemberg nie zu einem Bruch gekommen wäre, daß wir allerdings aber aus so manchem Reden und Tun gerade der maßgebenden Führung in der Glaubensbewegung immer wieder den Eindruck bekommen hätten, daß da weithin ein anderer Geist regiere als der des Evangeliums!

4. Schließlich drehte er die Sache darauf hinaus, unser ganzer Streit entspringe einerseits partikularistischem Denken und habe andererseits Ursache in persönlichen Dingen. Denn auch Schairer und Rehm hätten ihm mehrfach erklärt, auch sie wollten nichts anderes als eine Erneuerung der Kirche vom Evangelium her! Da meine er, der Ernst der Lage und unser Gewissen müßten uns zwingen zu gegenseitiger Vergebung und zum Frieden, zumal wir doch auch in diesen Auseinandersetzungen gesündigt hätten. (In dem Zusammenhang machte auch er mir »Potempa«[296] zum Vorwurf.) An dieser Stelle gaben wir ihm dann eine kurze Darstellung unserer sachlichen am Evangelium orientierten Anliegen, wie sie Ihnen ja bekannt sind. Er behauptete, daß er darin mit allem einig sei mit Ausnahme der Forderung der Unterstellung unter den Landesbischof, um dann aber erst recht auszuholen zu einem Angriff gegen die konservative, reaktionäre, unrevolutionäre Haltung der süddeutschen Kirchen. Wir konnten hierauf nur erwidern, wenn er unter revolutionärem Schwung verstehe Anwendung eines überspitzten Führerprinzips, Gleichschaltung, vorbehaltslose Unterstellung, Mobilmachung des weltlichen Arms, brutale Machtmethoden, dann müßten wir allerdings bekennen, daß wir in solchen revolutionären Stürmen nicht das Wehen heiligen Geistes verspüren und daß wir, was Württemberg anlange, jedenfalls zuallererst nach der Aktivlegitimation und inner-

[295] Siehe S. 566 ff.
[296] Siehe Bd. 1, S. 154 ff.

lichsten Autorisierung der zu revolutionärem Handeln in der Kirche sich berufen Fühlenden fragen müßten.

5. Zum Schluß kam noch die Personenfrage dran. Als Herr H[eidenreich] betonte, daß Rehm und Schairer nach wie vor von der Reichsleitung anerkannt seien, mußten wir ihm erklären, daß an unserer Forderung der Beseitigung dieser beiden Persönlichkeiten nicht mehr zu rütteln sei. Wir hätten in dieser Minimal-Forderung die übergroße Mehrheit der Pfarrer und des Kirchenvolks hinter uns. Unter der Führung dieser beiden Herren werde die Glaubensbewegung in Württemberg weder für die Reichskirche, geschweige denn für die NSDAP noch irgend welche wertvollen Eroberungen machen können, und es müsse nach unserer Meinung doch auch einer aufbauwilligen Reichsleitung einzig daran liegen, daß positive Arbeit geleistet, daß der erschütterte Friede wieder hergestellt und daß alle die überaus zahlreichen, vom Vorgehen und der Methode der beiden Herren abgestoßenen Kreise in der Pfarrerschaft und in den Gemeinden wirklich gewonnen werden. Das sei nach unserer Meinung nicht schwer, wenn an der Spitze der Landesleitung eine Persönlichkeit stehe, die die kirchliche Legitimierung, die äußere und innere Autorität und das Vertrauen der NSDAP besitze. Als nun Herr H[eidenreich] den Namen Schneider und Rückert nannte, lehnten wir Herrn Schneider aus den bekannten Gründen unbedingt ab[296a]. Bei Herrn R[ückert] enthielten wir uns eines Urteils, schlugen aber unsererseits Herrn Stadtpfarrer Zeller, Zuffenhausen, (eventuell auch Brügel, doch ist Zeller diesem an Zielsicherheit und biblisch-theologischer Klarheit überlegen) vor. Gleichzeitig erklärten wir: Nachdem wir bisher schon immer wieder Versuche zu einer Versöhnung und befriedigenden Lösung gemacht hätten – bis zur Grenze der Selbstverleugnung – und diese Versuche aber immer wieder am unbeugsamen Widerstreben Rehms gescheitert seien, wollten wir nun folgenden Vorschlag machen: Auf beiden Seiten treten die Wortführer zurück, also Schairer-Rehm-Hilzinger, Pressel-Weber-Hutten. Dafür übernimmt die Landesleitung Stadtpfarrer Zeller, Zuffenhausen, der den ganzen bisherigen Mitarbeiterstab siebt und sich unter Mitteilung an den Herrn Landesbischof seine Mitarbeiter auswählt, immer unter der Voraussetzung, daß der Herr Landesbischof in der Lage sei, dieser Lösung zuzustimmen. Herr H[eidenreich] zeigte darüber Befriedigung und wollte dem Herrn Hossenfelder hierüber Bericht erstatten. (Allerdings habe er den Namen Zeller noch nie gehört und kenne ihn nicht!)

[296a] Zu Pfarrer Schneider vgl. S. 972 ff.

6. Zum Schluß sprach er noch davon, daß, wenn es nicht bald im ganzen Reich eine Lösung gebe, er nur sehr schwarz in die Zukunft der Kirche blicken könne wegen Rom und wegen dritter Konfession und daß nach seiner Meinung die NSDAP und das Wollen des Führers ohne die Kräfte des Evangeliums nicht zum Ziel kommen werden. Wir erwiderten hierauf, daß wir diese Erkenntnis nicht erst seit heute hätten, sondern das seit Monaten der tiefste Grund unsres ernsthaften Ringens um eine echte Erneuerung der Kirche sei.

7. Darf ich nun meinerseits noch in diesem Zusammenhang ein persönliches Wort sagen. Es wurde gestern von Herrn H[eidenreich] noch auf Eines hingewiesen, was nun allerdings Meinung und Wunsch eines großen Teils unsrer Pfarrerschaft und Gemeinden ist: Es müßte unbedingt auch bei uns im Oberkirchenrat eine Umbesetzung und Verjüngung geben. Man macht dem Oberkirchenrat den Vorwurf der Beharrung, des konservativen Festhaltens, der Unbeweglichkeit. So erfuhr ich heute wieder, daß die Gegenseite neuerdings mit dem Vorwurf arbeitet, es sei seinerzeit den Herren Ettwein, Schairer und Rehm vom Herrn Landesbischof zugesichert worden, daß 2 geistliche und 1 weltlicher Vertreter der Glaubensbewegung in den Oberkirchenrat aufgenommen werden sollen[297]. Dieses Versprechen sei aber nicht gehalten worden. Der Herr Landesbischof habe hier dem zähen Druck der Mitglieder des Oberkirchenrats immer wieder nachgegeben. Weder er noch Pressel seien revolutionär. Es sei praktisch alles beim Alten geblieben. Es sei auch nichts Positives seit dem Frühjahr neu in Angriff genommen worden!...[297a] – So müsse erneut die Forderung eines »Revirements« im Oberkirchenrat erhoben werden, sobald die Klärung in Berlin erreicht sei. Die personellen Forderungen sind neuerdings nun stärker die: Zurruhesetzung der Herrn Prälat Schoell[298], Prälat Hoffmann, Oberkirchenrat Schauffler und Oberkirchenrat Knapp, an deren Stelle jüngere, für Gegenwartsfragen aufgeschlossenere und politisch eindeutigere Persönlichkeiten zu treten hätten, zu berufen wären.

Ich brauche Sie ja nicht zu versichern, hochverehrter Herr Landesbischof, daß ich persönlich kein Interesse daran habe. Ich gebe nur noch einmal diese Dinge an Sie weiter, da ich glaube, daß in dieser Forderung ein berechtigter Kern steckt, daß diese Forderung morgen auch in Berlin gestellt wird und daß die Erfüllung dieser nicht unberechtigten

[297] Vgl. dazu Bd. 1, S. 446 ff.

[297a] Auslassungszeichen in der Vorlage.

[298] Siehe S. 797 ff.

Wünsche eine wesentliche Entspannung im Land herbeiführen würde. Wäre es u. a. nicht möglich und ratsam, einen weiteren Hilfsarbeiter in den Oberkirchenrat einzuberufen aus den Kreisen der nationalsozialistischen Pfarrer, der speziell die Frage der Volksmission im Zusammenhang mit dem Gemeindedienst zu bearbeiten hätte? Würde etwas Derartiges erfolgen, was ich auch sachlich für begründet halte, so würde das sicher im Zusammenhang mit der demnächst erfolgenden Kanzelverlesung, in der vielleicht auch ein Bekenntnis zur Reichskirche enthalten sein könnte, und mit dem demnächst zu veröffentlichenden Arbeitsprogramm[299] alle Kritik innerhalb und außerhalb der Kirche verstummen machen.

Mit herzlichen Grüßen und Wünschen Ihr sehr ergebener W. Pressel.

Noch vor den Besprechungen in Berlin gab die Sezession am 31. 10. 1933 eine ausführliche Darstellung über den Kampf in der Württ. Glaubensbewegung Deutsche Christen[300]:

Zwar ist die Entscheidung in dem Kampf innerhalb der württ. Glaubensbewegung Deutsche Christen noch nicht gefallen. Aber da dieser Kampf wegen der grundsätzlichen Fragestellung, um die es hier geht, von einer Bedeutung weit über die Württ. Landeskirche hinaus ist und weil es not tut, angesichts der verwirrenden Fülle von Ereignissen, leider auch von Verleumdungen und falschen Gerüchten die großen Grundlinien zu sehen, soll hier versucht werden, eine zusammenfassende Darstellung zu geben.

1. Die Vorgeschichte der Spaltung

Die württ. Glaubensbewegung Deutsche Christen ist in ihren Anfängen aufs engste mit dem Namen der Pfarrer Rehm, Dr. Schairer, Ettwein und Pressel verknüpft. Mit Ausnahme Schairers sind sie alle seit mehreren Jahren schon Mitglieder der NSDAP und haben sich durch ihre tätige Teilnahme am politischen Kampf einen Namen gemacht. Zwischen den drei Erstgenannten und dem Studentenpfarrer, späterem Oberkirchenrat Pressel bestanden von Anfang an grundsätzliche Verschiedenheiten in ihrer kirchlichen Auffassung, über die später noch berichtet wird. Die Folge war, daß schon die Anfänge der Glaubensbewegung Deutsche Christen im Zeichen schwerer Spannungen standen, in

299 Siehe S. 770 ff.

300 LKA Stuttgart, D 1, Bd. 40; vgl. auch Bd. 1, S. 293 ff.

deren Gefolge sich Pressel im Frühjahr 1933 von der Glaubensbewegung Deutsche Christen löste. (Sie hatte damals noch keine ausgebaute Organisation und verfügte lediglich über zwei bis drei Dutzend Pfarrer.) Die Triebfeder dazu war nicht persönlicher Ehrgeiz, sondern die sich immer stärker aufdrängende Überzeugung, daß sich bei den Herren Ettwein, Rehm, Schairer, die die Führung für sich beanspruchten, in ihrer kirchlichen Haltung und theologischen Einstellung in bedenklicher Weise evangelische, idealistische, liberalistische und politische Gedankengänge vermischten und daß ihr eigentlicher Standort nicht in der Kirche, sondern in der Politik war, daß sie in Gefahr waren, von daher die letzten Direktiven sich geben zu lassen.

Am 19. April hatte Pressel im Anschluß an die Tagung des Württ. Pfarrvereins etwa 50 gesinnungsverwandte Pfarrer um sich versammelt, um mit ihnen sich über die unhaltbar werdende, von einer Glaubensbewegung Deutsche Christen unter Ettwein, Rehm, Schairers Führung bedrohte kirchliche Lage auszusprechen[300a]. Es zeigte sich, daß die Stimmung und Auffassung dieser 50 Amtsbrüder, unter denen sich auch Professor Fezer befand, eine einheitliche und geschlossene war: »Erneuerung der Kirche vom Evangelium her – hinein in den völkischen Umbruch – Ringen um unseres Volkes Seele und unser aller sittlich-religiöse Erneuerung.« Die Versammlung beauftragte Pressel mit Professor Fezer und zwei anderen Herren, mit der Gauleitung sich über eine Beilegung des Konfliktes auszusprechen. Doch kam es nicht dazu, da vorher noch eine Unterredung mit den Kollegen Ettwein, Schairer und Rehm und ihrem Anhang zustande kam. Dabei wurden die Gravamina gegenseitig offen besprochen – mit dem schließlichen Erfolg, daß eine vorläufige Einigung erzielt wurde auf der Grundlage, daß Pressel zugesichert wurde, daß er mitverantwortlich herangezogen und alle wichtigen Fragen mit ihm besprochen werden sollen. Später wurde Pressel dann in den vierköpfigen Führerrat berufen unter denselben Zusicherungen. Daraufhin schlossen sich jene 50 der Glaubensbewegung Deutsche Christen an, denen dann im Lauf der nächsten Wochen eine immer wachsende Zahl von Amtsbrüdern sich anschlossen, die meisten im Vertrauen auf die von Professor Fezer und von Pressel eingenommene Haltung, nicht zuletzt dank der nun gerade von seiten Pressels und seiner Freunde einsetzenden Werbung. Zuletzt waren etwa 320 Pfarrer Mitglieder der Glaubensbewegung Deutsche Christen.

[300a] Siehe Bd. 1, S. 326 f.

Aber die auf die Einigung im April gesetzten Hoffnungen erfüllten sich nicht. Die führenden Stellen in der Glaubensbewegung Deutsche Christen und im NS-Pfarrerbund wurden einseitig von der Richtung Rehm besetzt: Schairer – Landesleiter der Glaubensbewegung Deutsche Christen, Rehm – Landesorganisationsleiter der Glaubensbewegung Deutsche Christen, Ettwein – Führer des NS-Pfarrerbunds. Pressel war wohl offiziell im Führerrat der Glaubensbewegung Deutsche Christen. Aber dieser Führerrat wurde durch Hinzuziehung immer weiterer Kollegen der radikalen Richtung Rehm zusehends radikalisiert und so Pressel mehr und mehr praktisch ausgeschaltet. Er wurde vielfach vor vollendete Tatsachen gestellt; sein Rat wurde in wichtigen Entscheidungen gar nicht mehr eingeholt, es wurden wichtige Dinge ohne ihn und hinter seinem Rücken beschlossen und durchgeführt, so z. B. die Vorberatung der Anträge für den Landeskirchentag im September u. a.[300b] Die Richtung Pressel stand immer mehr unter dem Eindruck, daß sich die Führung zwar ihres Einflusses in Pfarrerschaft und Kirchenvolk gern bediente, aber ihr jedes entscheidende Mitbestimmungsrecht in der Glaubensbewegung Deutsche Christen versagte. Versuche Pressels, auf Grund von durch ihn verfaßten, Anliegen und Ziele der Glaubensbewegung Deutsche Christen herausarbeitenden Leitsätzen[301] zu einer sachlichen Klärung, kirchlichen Haltung und zu einem positiven Arbeitsprogramm zu kommen, wurden nicht ernst genommen und praktisch sabotiert. Da es sich hier aber nicht bloß um persönliche Zurücksetzung handelte, sondern um die Frage der Erneuerung und der Zukunft der Kirche, die durch den von Rehm gesteuerten Kurs schwersten Schaden erleiden mußte, bekam diese Entrechtungspolitik der Richtung Rehm einen sehr ernsten Hintergrund. Allerhand unerfreuliche und unwahrhaftige, das Vertrauen zerstörende Handlungsweisen der Herren Schairer und Rehm machten es Pressel und seinen Freunden immer schwerer, dabei zu bleiben. Und doch waren es gerade Pressel und seine treuesten Mitarbeiter Weber und Hutten, die durch zahlreiche Werbevorträge im ganzen Land der Glaubensbewegung Deutsche Christen eine wachsende Zahl von Mitgliedern und Mitkämpfern zuführten.

Die Spannung erreichte ihren Höhepunkt bei der Sitzung des Landeskirchentags am 11. bis 13. September. Das Doppel-Spiel, das von der Führung der Glaubensbewegung Deutsche Christen gegenüber dem Herrn Landesbischof und Professor D. Fezer (in der Frage des Ermäch-

300b Siehe S. 460 ff.

301 Siehe S. 463 ff.

tigungsgesetzes und in der Frage der Zuwahl zum Landeskirchentag und der Entsendung in die Nationalsynode) getrieben wurde, das unbrüderliche Verhalten gegenüber den Mitgliedern der anderen Gruppen des Landeskirchentags, die mit allen Mitteln einer parlamentarischen Mehrheit getriebene gewalttätige Machtpolitik in der Besetzung der einzelnen, vom Landeskirchentag zu vergebenden Posten und endlich das Unvermögen in einer großen programmatischen Auseinandersetzung mit den schwebenden Fragen der kirchlichen Aufbauarbeit positive Linien zu geben, die über eine rein kirchenpolitische Haltung hinaus führten – das alles steigerte die Besorgnis der Richtung Pressel aufs höchste.

2. Die Spaltung

Das lähmende Bewußtsein, von der Führung der Glaubensbewegung Deutsche Christen mundtot gemacht zu sein, vereinigte sich mit der schweren Sorge um das Schicksal unserer Kirche, die in Gefahr stand, mehr und mehr in die Gewalt ungeistlicher Kräfte zu geraten. Nur von hier aus ist der Verzweiflungsschritt zu verstehen, den Pressel, Weber und Hutten im Benehmen mit einigen anderen Freunden wenige Tage nach der Sitzung des Landeskirchentags unternahmen. Sie richteten ein vertrauliches Schreiben an zahlreiche Pfarrermitglieder der Glaubensbewegung Deutsche Christen, von denen sie annahmen, daß sie gesinnungsmäßig in ihrer kirchlichen Haltung und in ihrer nationalsozialistischen Einstellung zu ihnen gehörten[301a]. Das Schreiben berief sich auf die unerträgliche Gewissensnot zahlreicher Amtsbrüder, die unter der ganzen Haltung der Landesleitung litten, und schnitt offen die Führerfrage an, nicht aus persönlicher Unzufriedenheit, sondern weil die Sache der Glaubensbewegung Deutsche Christen und der Kirche auf dem Spiel stand. Denn unter dieser Führung hatte die Glaubensbewegung Deutsche Christen keinerlei Aussicht, für den Nationalsozialismus innerhalb der Pfarrerschaft und in den kirchlichen Kreisen Eroberungen zu machen, weiteren Boden im Kirchenvolk zu gewinnen und die Kirche mit zu erneuern. Im Gegenteil: sie schuf nur Verwirrung und trieb eine unheilvolle Spaltung in die Pfarrerschaft, die in Württemberg in ihrem überwiegenden Teil ganz positiv zum heutigen Staat eingestellt ist, und in die Gemeinden. Im einzelnen richtete sich die Kritik des Schreibens dagegen, daß die Leitung der Glaubensbewegung Deutsche Christen mit unkirchlichen, aus dem Gebiet des politischen Kampfes stammenden

[301a] Siehe S. 503 ff.

Methoden arbeitete, indem sie solche, die nicht der Glaubensbewegung Deutsche Christen angehörten, sofort als politisch unzuverlässig verdächtigte; weiter kritisierte das Schreiben, daß führende Vertreter der Glaubensbewegung Deutsche Christen die seitherige Gestalt und Arbeit der Kirche in oft liebloser und wahrheitswidriger Weise öffentlich heruntersetzten und daß die Glaubensbewegung Deutsche Christen nicht über das Stadium der Kirchenpolitik hinauskam zu einer praktischen, eine einwandfreie kirchliche Linie aufweisenden Aufbauarbeit, nach der die große und ernste Stunde doch rufe. In unmißverständlicher Weise grenzte sich das Schreiben von allen politisch reaktionären Kreisen in der Kirche ab und betonte, daß die Reinigung der Glaubensbewegung Deutsche Christen auch im Dienst der nationalsozialistischen Bewegung geschehe. Einfach deshalb, weil »Versäumnisse seitens der Führung der württ. Glaubensbewegung Deutsche Christen dem Nationalsozialismus als solchem zur Last gelegt werden«. »Um unserer Kirche und um des Werkes Adolf Hitlers willen möchten wir die Glaubensbewegung Deutsche Christen unter der Pfarrerschaft und den Gemeindegliedern groß und fest machen. Deshalb sind wir im Gewissen gezwungen, das, was uns alle so lange bedrängt, innerlich gelähmt und unfrei gemacht hat, offen auszusprechen, damit die Glaubensbewegung Deutsche Christen freie Bahn bekommt. Lange genug, vielleicht zu lange haben wir aus Gründen der Disziplin geschwiegen.«

Da der vertrauliche Charakter des Schreibens später einen Hauptanstoß bildete, sei hier auf die Gründe dieser Vertraulichkeit kurz eingegangen. Hätten die Absender die Landesleitung von ihrem Schreiben verständigt, dann wären sie sofort wegen Unbotmäßigkeit ausgeschlossen worden, und es wäre vermutlich alles beim Alten geblieben und das Unheil hätte in unserer schwäbischen Kirche vollends seinen Lauf genommen. Der Zweck des Schreibens war einfach der: Die Pfarrermitglieder zu sammeln, die ebenfalls das sachliche Anliegen der Richtung Pressel um ihrer Kirche und des Staates Adolf Hitlers willen vertreten, und dann im Namen dieser Gruppe bei der Landesleitung vorstellig zu werden, um gestützt auf ihre Zahl und Bedeutung die sachlichen Forderungen endlich durchzusetzen, die allein wirkliche Aufbauarbeit mit dem Ziel einer sittlich-religiösen Erneuerung unseres Volkes ermöglichen. Weiter mußte Vertraulichkeit gewahrt werden auch im Blick auf andere kirchenpolitische Gruppen, denen nicht das Schauspiel eines Zerwürfnisses in der Glaubensbewegung Deutsche Christen vorgeführt werden durfte. Wir waren uns der Bedeutung und auch der Anfechtbarkeit unseres Schrittes voll bewußt. Daß wir so handeln mußten und nicht offen zur Landesleitung reden konnten, ist nicht unsere Schuld. Wir handelten so, nachdem alle anderen Mittel und alle anderen, schon wochenlang vorher versuchten Möglichkeiten einer Verständigung und ernsthaften Aussprache gescheitert waren. Was uns zu dem Schritt trieb, war die Not unseres mißhandelten Gewissens und die Verantwortung für und Sorge um unsere Kirche und das Werk Adolf Hitlers. Wir sind überzeugt, daß eine höhere Gerechtigkeit unser Tun anders bewerten wird, als dies von einem engen, bloß formaljuristischen Standpunkt aus geschieht. Jede in Notwehr erfolgende Handlung ist von irgendeinem Standpunkt aus sittlich anfechtbar. Unser Schritt war Notwehr!

Kaum war das Schreiben abgegangen, als uns am 16. September die Absicht des Landesbischofs bekannt wurde, auf Mittwoch, 20. September eine allgemeine württ. Pfarrerversammlung nach Stuttgart einzuberufen, um sich zum ersten Mal als Bischof den Pfarrern vorzustellen und mit ihnen über die großen kirchlichen Fragen zu sprechen. Sofort beschlossen wir, diese Versammlung zu benützen, um das letzte Mal den Versuch einer Aussprache innerhalb der Glaubensbewegung Deutsche Christen und einer Bereinigung der schwebenden Gegensätze vor dem Forum der gesamten Glaubensbewegung-Deutsche-Christen-Pfarrerschaft zu versuchen. So beantragte denn Pressel noch am 16. September bei Dr. Schairer in einem Eilbrief[302] die Einberufung einer Versammlung der Glaubensbewegung-Deutsche-Christen-Pfarrer auf 20. vormittags 11 Uhr »zur Besprechung der schwebenden kirchlichen Fragen«. Antwort wurde keine erteilt!

Aber dann überstürzten sich die Ereignisse. Unser vertrauliches Rundschreiben wurde der Landesleitung hinterbracht. Am 18. September sprach Pressel noch mit Rehm telefonisch und nannte ihm alle wesentlichen Punkte, um die es ihm und seinen Freunden in der kommenden Mittwoch-Vormittag-Versammlung zu tun sei. Zugleich erklärte er, die Leitung der Versammlung solle Schairer haben unter der Bedingung, daß er, Pressel und seine Freunde, Gelegenheit zu offenem Reden bekämen. Außerdem stellte er sich Rehm noch einmal »jederzeit zu einer Aussprache zur Verfügung zu jeder Tag- und Nachtzeit«. Rehm lehnte ab mit der Begründung, er habe keine Zeit! Am selben Tag noch wurde von der Landesleitung ohne Anhörung des Führerrates der Ausschluß von Pressel, Weber, Hutten beschlossen. Die Mitteilung darüber erreichte

[302] Dieser Brief befindet sich nicht bei den Akten.

diese Drei am 19. morgens. Der Ausschluß geschah, ohne daß die Drei über die Motive ihres Rundschreibens vernommen worden waren, wie dies bei jedem Ausschlußverfahren der NSDAP selbstverständlich ist. Die Folge des Ausschlusses war, daß die Drei zu der Glaubensbewegung-Deutsche-Christen-Versammlung am 20. keinen Zutritt mehr hatten. Um zu verhindern, daß diese Versammlung zu einer einseitigen Aburteilung der Ausgeschlossenen führte, ohne daß sie sich rechtfertigen und die unaufgebbaren sachlichen Anliegen darlegen und vertreten konnten, beschloß die Gruppe Pressel, daß Stadtpfarrer Pfeiffer, Stuttgart, den Antrag auf Zulassung und Anhörung der drei Ausgeschlossenen in der Glaubensbewegung Deutsche Christen einbringen sollte. Die Versammlung war von etwa 200 Pfarrern besucht. Gleich zu Anfang stellte Pfeiffer seinen Antrag, wurde aber von Rehm schroff zurückgewiesen. Darauf verließen in einem allgemeinen Tumult etwa 150 Pfarrer die Versammlung und tagten in einer eigenen Versammlung weiter, an der auch Pressel, Weber und Hutten teilnahmen. Interessant ist, daß auch ein Beamter der Politischen Polizei diese Sezession zu überwachen hatte.

Damit war die Spaltung vollzogen. Sie trat bei der allgemeinen Pfarrerversammlung am Nachmittag vor aller Augen, als bei der Aussprache die Sprecher der Gruppe Rehm ausfällig wurden und dann die abgespaltene Gruppe sich gezwungen sah, ihrerseits einen eigenen Sprecher in der Person von Pfarrer Weber vorzuschicken. Diese Versammlung verlief teilweise sehr lebhaft. Kennzeichnend für sie war die allgemeine Stimmung des Vertrauens zum Landesbischof, die volle Zustimmung zu seiner kirchlichen und seiner nationalsozialistischen Haltung wie der starke Beifall zu den Ausführungen Webers und die offene Ablehnung der Gruppe Rehm durch die weitaus überwiegende Mehrheit der Pfarrerschaft.

3. Das Ringen nach der Spaltung

Die folgenden Wochen standen im Zeichen eines oft sehr unschönen und mit unsachlichen Mitteln geführten Kampfes. Das Wichtigste soll in möglichst chronologischer Reihenfolge festgehalten werden. Nach den Ereignissen des 20. September wurde Rehm vom Reichsleiter zum Kommissarischen Bevollmächtigten der Glaubensbewegung Deutsche Christen berufen. Er versammelte auf 25. September die Amtswalter der Glaubensbewegung Deutsche Christen aus dem ganzen Land. Wir benützten diesen Anlaß zu einem ersten Einigungsversuch. Durch Vermittlung von Oberkirchenrat Schaal ersuchten wir Rehm, die Teilnahme von

Pressel, Weber und Hutten an der Versammlung zwecks klärender Aussprache zuzugestehen. Rehm lehnte ab. Darauf gaben wir unseren Freunden die Weisung, sich an der Versammlung nicht zu beteiligen. Diese Versammlung war übrigens dadurch gekennzeichnet, daß die Leitung der Glaubensbewegung Deutsche Christen den ganzen Konflikt zu verharmlosen suchte, indem sie ihn lediglich auf »persönliche Stänkereien einiger unzufriedener und ehrgeiziger Pfarrer« zurückführte. Unsere sachlichen Anliegen wurden in keiner Weise gewürdigt. In der Folgezeit wuchs die Zahl unserer Anhänger stark an. Teils kamen weitere bisherige Mitglieder der Glaubensbewegung Deutsche Christen zu uns, teils solche Pfarrer, die sich bisher der Glaubensbewegung Deutsche Christen nur um ihrer Leitung willen nicht anschließen konnten. Da und dort waren es ganze Diözesen, die geschlossen hinter uns traten. Auch die Karlshöher Brüderanstalt und die überwiegende Mehrheit des Tübinger Stifts erklärten sich für uns. Die Zahl unserer Gesinnungsfreunde (lauter Pfarrer und einige wenige Laien) wuchs bis zum gegenwärtigen Zeitpunkt auf etwa 370, darunter fünf Mitglieder des Landeskirchentags und etwa 180 bisherige Mitglieder der Glaubensbewegung Deutsche Christen. Die alte Glaubensbewegung Deutsche Christen selbst zählt, wenn's hoch kommt, noch etwa 130 Pfarrer in ihren Reihen, unter ihnen viele, die erklären, daß sie sachlich mit uns weithin einig gehen. Sie ist damit zur schwächsten Gruppe in der württ. Pfarrerschaft geworden. Gegenüber der immer wiederkehrenden Behauptung, daß die abgespaltene Gruppe politisch nicht ganz einwandfrei sei, muß darauf hingewiesen werden, daß ein stark ins Gewicht fallender Teil derselben aus Parteigenossen besteht und daß eine Grundvoraussetzung für die Zugehörigkeit zu unserer Gruppe die freudige Bejahung des nationalsozialistischen Staates und die Treue zu Adolf Hitler ist!

Ein zweiter Einigungsversuch wurde noch in der gleichen Woche vom Herrn Landesbischof unternommen. Er berief Pressel und Rehm zu sich, um in einer eingehenden Aussprache die Gegensätze zu bereinigen. Aber nach mehrstündigen Verhandlungen scheiterte auch dieser Versuch an der starren Unnachgiebigkeit Rehms. Pressel seinerseits erklärte für seine Gruppe um des Friedens in der Kirche und um der politischen Notwendigkeiten willen sich zu jedem nur tragbaren Nachgeben bereit, z. B. in der Frage des Ausschlusses der Drei und in der Frage der künftigen Führung. Dagegen mußte er an den sachlichen Forderungen betr. Geist und Haltung der Glaubensbewegung Deutsche Christen kompromißlos festhalten, denn hier ging es nicht um persönliche Dinge, sondern um die

Sache der Kirche. Das Scheitern auch dieses Einigungsversuches hat unseren Herrn Landesbischof sehr aufgebracht über Rehms eigensinniges, unnachgiebiges Verhalten. Um unsere Freunde enger zusammenzuschließen, wurden sie am 27. September aufgefordert, eine Solidaritätserklärung für die drei Ausgeschlossenen zu unterzeichnen. Dies geschah mit ganz wenigen Ausnahmen solcher, die es nicht wagten, sich so weit zu binden, oder die es aus mancherlei Gründen vorzogen, wieder ins alte Lager zurückzuwechseln. An den Plan, eine eigene Glaubensbewegung aufzubauen oder gar Ortsgruppen in den Gemeinden zu bilden, ist von uns nie gedacht worden.

Am 6. Oktober unternahm im Einverständnis mit dem Landesbischof und mit Professor D. Fezer Professor D. Rückert, Tübingen, einen dritten Einigungsversuch. Rehm sollte die Führung der Glaubensbewegung Deutsche Christen dem kirchlich und theologisch qualifizierten Professor Rückert zugestehen und weiterhin mit ihm als Landesorganisationsleiter tätig bleiben. Wir waren bereit, dieser Lösung zuzustimmen, wenn auch nicht leichten Herzens! (Dr. Schairer war inzwischen ganz in den Hintergrund getreten; er wurde auch von seiner eigenen Gruppe aufgegeben.) Nach langen Verhandlungen mit Rückert erbat sich Rehm Bedenkzeit bis zum 7. Oktober morgens 9 Uhr. Das Ergebnis war wieder: Ablehnung! Unbeugsame Haltung! Nachdem dieser letzte Versuch, zu einer gütlichen Klärung zu kommen, gescheitert war, zog die Gruppe Pressel die Konsequenz und erklärte am 11. Oktober im schriftlich abgegebenen Einverständnis seitens ihrer Freunde den geschlossenen Austritt ihrer der Glaubensbewegung Deutsche Christen bisher angehörenden Freunde.

Gruppe Pressel beabsichtigt nicht, eine feste Organisation zu bilden, sondern will lediglich eine Gesinnungsgemeinschaft sein, die um eine echte Erneuerung unserer Kirche kämpft und in der die einzelnen Glieder sich gegenseitig helfen, ihren Dienst in der Gemeinde recht zu tun im Sinn einer echten, aufbauenden Glaubensbewegung. Dabei geht es ihr auch darum, mit den andern kirchlichen Gruppen in ein fruchtbares, brüderliches Gespräch zu kommen, ohne daß sie dabei ihre feste Grundlage, die nationalsozialistische Haltung aufgibt. Im übrigen wartet sie auf das Ergebnis des Gärungsprozesses, der in der württ. Glaubensbewegung Deutsche Christen nach der Spaltung immer stärker eingesetzt hat, und hält sich bereit, um wieder in die Glaubensbewegung Deutsche Christen zurückzukehren, sobald der dort herrschende Geist, unter dem zahlreiche Mitglieder der Glaubensbewegung Deutsche Christen sehr schwer leiden, ein anderer geworden ist.

4. Unsere Anliegen

Unsere sachlichen Forderungen, die von Anfang feststanden, sind in kurzen Zügen folgende:

1. Die Glaubensbewegung Deutsche Christen ist herausgewachsen aus dem großen geistigen Umbruch unserer Tage. Bei diesem Umbruch geht es nicht bloß um die politische und soziale Neuordnung, sondern zutiefst auch um eine religiöse und kirchliche Wandlung. Die Glaubensbewegung Deutsche Christen weiß sich berufen, Vortrupp und Kampfgruppe im Ringen der Kirche um eine neue Verkündigung des Evangeliums zu sein. Sie ist dazu besonders berufen, weil sie auf dem Boden der nationalsozialistischen Weltanschauung steht. Aus dieser Haltung erwächst ihr besonders die Sendung, um ein neues Verständnis des Evangeliums zu ringen und dieses Verständnis für den nationalsozialistischen Menschen und für das Dritte Reich fruchtbar zu machen.

2. Zwei grundsätzliche Bindungen sind für die Glaubensbewegung Deutsche Christen entscheidend: die Bindung an den Nationalsozialismus und die Bindung an das Bekenntnis unserer Kirche. Unter letzterem verstehen wir, daß man dieses Bekenntnis nicht nur als eine dogmatische Größe behandelt, sondern daß man es auch zur lebendigen Norm des eigenen Handelns macht. Dazu gehört vor allem das Ernstmachen mit der Botschaft vom Kreuz und dem Bußruf. Dazu gehört auch der Glaube an den heiligen Geist, an sein Wesen und sein Wirken in der Kirche und die Beugung unter die Herrschaft des heiligen Geistes.

3. Daraus ergibt sich, daß die Glaubensbewegung Deutsche Christen ihr Handeln streng nach den Gesetzen der Kirche und den Forderungen des Evangeliums richtet und nicht mit Mitteln und Methoden arbeitet, die dem Gebiete der Politik, nicht der Kirche entstammen (z. B. verzerrte und Mißtrauen säende Kampfartikel in der Tagespresse, Verwechslung von Disziplin und mechanistisch überspanntem Führertum mit evangelischer Gewissensgebundenheit und geistlicher Vollmacht, Verwendung unkirchlicher Terrormittel, mangelnde Liebe und Brüderlichkeit in der Auseinandersetzung mit andersgerichteten Gruppen der Kirche, Bagatellisierung und Verleumdung andersgerichteter Gruppen und theologischer Haltungen durch Verdächtigung ihrer politischen Zuverlässigkeit usw.)

4. Nachdem der kirchenpolitische Kampf vorüber ist, muß auch die Glaubensbewegung Deutsche Christen sich in ihrem Handeln von der Kirchenpolitik auf die Volksmissionarische Arbeit umstellen. Ihre große

Aufgabe besteht darin, einerseits dem von der nationalsozialistischen Freiheitsbewegung ergriffenen Volk das Evangelium zu bringen und ihm in der Kirche eine Heimat zu schaffen, andererseits für eine innere Erneuerung der Kirche zu wirken. Die gegenwärtige Zeit bedeutet für unsere Kirche eine große Stunde. Es steht hauptsächlich in der Verantwortung der Glaubensbewegung Deutsche Christen, daß sie nicht ungenützt verstreicht. Gegenüber der anschwellenden Flut der völkischen Religion müssen alle Kräfte zu positiver Arbeit in der Kirche und zu heißem Ringen um die Seele unseres Volkes eingesetzt werden. Daneben bedarf es auch einer theologisch scharfen und reinen Abgrenzung der christlichen Botschaft gegenüber dem völkisch-religiösen Idealismus.

5. Die Glaubensbewegung Deutsche Christen kann nur dann segensreich wirken, wenn sie sich bewußt als eine innerkirchliche und aufbauende Bewegung auffaßt. Daraus ergibt sich die Forderung, daß sie sich jeder lieblosen und verantwortungslosen Kritik an der bisherigen Kirche enthält, weil solche Kritik nicht verbessert, sondern verdirbt und die offenen und versteckten Kirchengegner in ihrer Haltung rechtfertigt. Alle Kritik muß sich darnach richten, ob sie dem kirchlichen Aufbau dient.

6. Daraus ergibt sich die weitere Forderung, daß sich die Glaubensbewegung Deutsche Christen der kirchlichen Leitung, d. h. dem Landesbischof unterstellt. Das Führerprinzip duldet auch innerhalb der Kirche keine Nebenregierung. Das Ziel der Glaubensbewegung Deutsche Christen soll nicht im Erstreben der größtmöglichen Macht liegen, sondern in der Ausrichtung des bestmöglichen Dienstes. Sie soll nur insoweit nach Macht streben, als es ihr Dienst fordert. Wo von der Kirchenleitung ihrem Wirken in der Kirche keine Hindernisse bereitet werden, sondern im Gegenteil freie Bahn dazu geschaffen ist, da hat sie kein Recht, die Kirchenleitung zu verdächtigen oder gar in ihrer Stellung zu erschüttern. Die Unterordnung unter den Landesbischof soll nicht bedeuten, daß die Glaubensbewegung Deutsche Christen ihres Eigencharakters als einer Erneuerungsbewegung beraubt wird; sondern sie bedeutet, daß die Glaubensbewegung Deutsche Christen vertrauensvoll mit dem Landesbischof zusammenarbeitet und sich in entscheidenden gesamtkirchlichen Fragen seinen Weisungen unterordnet.

5. Erweiterungen der Kampffront

Es war uns von Anfang an klar, daß der in der württ. Glaubensbewegung Deutsche Christen ausgebrochene Kampf nicht nur lokale Bedeutung hatte, sondern um der grundsätzlichen kirchlichen Fragen willen, die ihm zugrunde lagen, weitergreifen mußte. Wir wußten, daß hier ein Kampf ausgetragen wird, dessen Entscheidungen vielleicht den ganzen deutschen Protestantismus angehen würden. Wir wußten uns daher in dieser Auseinandersetzung nicht nur für die württ. Glaubensbewegung Deutsche Christen und unsere Landeskirche verantwortlich, sondern wir fühlten ein Stück Schicksal des gesamten deutschen Protestantismus auf unseren Schultern ruhen. Das gab unserer Haltung den Ernst und die Schwere, aber auch die Unbeugsamkeit und das frohe Bewußtsein, an einem entscheidenden Frontstück zu stehen und stellvertretend einen Kampf für viele auszufechten. Schon bald lenkte unser Kampf die Aufmerksamkeit weiterer Kreise auf sich. Nicht nur die württ. Pfarrerschaft ist innerlich aufs leidenschaftlichste daran beteiligt, sondern auch die Gemeinden des Landes werden von einer steigenden Unruhe erfaßt. Darüber hinaus gewinnt dieser Kampf auch in der gesamtdeutschen Glaubensbewegung Deutsche Christen und in den übrigen Landeskirchen steigende Beachtung. Er wird als ein Fanal verstanden, das die Reichsorganisation der Glaubensbewegung Deutsche Christen zu einer eigenen entscheidenden Klärung zwingt.

a) NSDAP und Regierung. Wenn die Wellen des Kampfes über den rein kirchlichen Bezirk auch aufs politische Gebiet hinüberschlugen, so trägt dafür die derzeitige Leitung der Glaubensbewegung Deutsche Christen die Verantwortung. Sie bemühte sich eifrig, nicht nur die nationalsozialistische Presse, sondern auch die Gauleitung der NSDAP und die Staatsregierung für ihren Kampf zu gewinnen. Leider blieben diese Versuche nicht ganz erfolglos. So stellte die nationalsozialistische Presse ihren Raum für einige Kampfartikel zur Verfügung, die in ihrer Auswirkung einerseits dazu führten, im ganzen Land Mißtrauen zwischen Kirche und NSDAP, Pfarrer und Gemeinde zu säen, indem sie die Pfarrerschaft, ja auch die Kirchenleitung als »reaktionär« verdächtigten. Andererseits öffneten sich auch vielen Pfarrern die Augen über den verhängnisvollen Charakter des ganzen Kurses der derzeitigen Glaubensbewegung-Deutsche-Christen-Leitung und förderten damit ungewollt das Verständnis für unsere Ziele. Der Gauleiter der NSDAP zeigte sich ebenso wie einige Staatsminister in erfreulichem Maße nüchtern und verständnisvoll für die kirchliche Frage, die im Mittelpunkt des Kampfes stand. Leider gelang es uns nie, auch das Ohr des Herrn Reichsstatthalters zu erreichen, der infolgedessen einseitig nur von Rehm unterrichtet wurde. Erfreulicherweise hat sich der Führer der württ. Studenten schaft, Gerhard Schumann, in wirkungsvoller Weise beim Reichsstatthalter für unsere Sache eingesetzt. Zeitenweise glaubten wir einen Eingriff des Staats gegen uns und gegen die Kirchenleitung befürchten zu müssen. Wenn es nicht dazu kam, so dürften neben innenpolitischen Wirkungen (der Herr Landesbischof genießt das uneingeschränkte Vertrauen des Kirchenvolkes, der Gemeinschaften und der Freikirchen) auch außenpolitische Gründe mitgewirkt haben. Bekanntlich haben die staatlichen Eingriffe in die norddeutschen Kirchen im Zusammenhang mit dem Streit um den Reichsbischof zu einem schweren deutschen Prestigeverlust im kirchlichen Ausland geführt, da sich von diesen Aktionen wilde Gerüchte von Christenverfolgungen usw. nährten. Die Württ. Landeskirche stellt in dieser Beziehung ein besonders heikles Gebiet dar. Denn nicht nur, daß hier noch ein wirkliches Kirchenvolk und lebendige Gemeinden vorhanden sind, die einen staatlichen Eingriff sehr schwer tragen würden, sondern daneben steht die Württ. Landeskirche in zahlreichen engen Wechselbeziehungen zum außerdeutschen Protestantismus. Da ist besonders die Schweiz, mit der unsere Kirche durch die gemeinsame Basler Mission eng verbunden ist und in der unser Herr Landesbischof großes persönliches Ansehen genießt. Aber auch die zahlreichen ausländischen Schwabenkolonien und das große außerdeutsche Diasporagebiet besonders in Österreich, das durch den überaus rührigen württ. Gustav Adolf-Verein betreut wird, sind mit der Landeskirche eng verbunden. So konnte leicht die Haltung der Partei und der Staatsregierung, ihre positive Unterstützung der radikalen Gruppe zu sehr unerwünschten innen- und außenpolitischen Folgen führen. Da hat zunächst der Erlaß des Stellvertreters des Führers der NSDAP, Hess, über die »Gewissensfreiheit« gewirkt[303]. Aber wir mußten doch wochenlang ernsthaft mit politischen und polizeilichen Maßnahmen gegen uns rechnen, um so mehr, als Rehm und seine Freunde es verstanden, unsere Haltung und unser Ringen bei den maßgebenden politischen Stellen als einen »großangelegten Sabotageversuch gegen den Staat Adolf Hitlers« hinzustellen.

b) Landeskirche und Reichskirche. Es ist nicht zu verwundern, daß der Herr Landesbischof in seiner Führerverantwortung nicht unbeteiligt dem Kampf zusehen konnte. Schon oben wurde darauf hingewiesen, daß er Einigungsversuche gefördert oder selbst unternommen hat. Nachdem alles gescheitert und der Gesamtaustritt unserer Gruppe vollzogen war, baten wir ihn am 19. Oktober in einer Versammlung unserer Vertrauens-

[303] Den Erlaß von Rudolf Hess vom 13. 10. 1933 siehe Dokumente, S. 145.

leute, daß er nach vorangegangener Orientierung bei den zuständigen Berliner Stellen kraft seiner bischöflichen Befehlsgewalt eine Lösung der unerträglichen Führerkrisis in der Glaubensbewegung Deutsche Christen binnen kurzem in dem Sinn herbeiführen möchte, daß er eine geeignete, unseren sachlichen Anliegen gerecht werdende, für beide Seiten tragbare Persönlichkeit zum Landesleiter beruft unter gleichzeitiger Übernahme der Schirmherrschaft der Glaubensbewegung Deutsche Christen. Die schon genannten Kampfartikel der Glaubensbewegung Deutsche Christen-Leitung in der NS-Presse sowie zahlreiche Anfragen von Pfarrern, wie sie sich der Glaubensbewegung Deutsche Christen gegenüber verhalten sollten, veranlaßten den Landesbischof zu Erklärungen. Verschiedene Erlasse[303a] kennzeichnen die Haltung, die er eingenommen hat. Am 6. Oktober beantwortete er die Anfrage der Pfarrer nach ihrer Einstellung zur Glaubensbewegung Deutsche Christen damit, daß er die Entschließung eines Diözesanvereins empfahl. In dieser wird der jetzige Zeitpunkt als ungeeignet bezeichnet, »über die Frage der Zugehörigkeit oder Nichtzugehörigkeit zur Glaubensbewegung Deutsche Christen sich endgültig zu entscheiden. Erst wenn die am 20. September in Stuttgart eingetretene Spaltung beseitigt oder sonst klare Verhältnisse geschaffen sind, wird der Augenblick gekommen sein, da der einzelne seine Entscheidung treffen kann.« In einem Erlaß vom 11. Oktober wies der Landesbischof darauf hin, »daß sich Erörterungen über innerkirchliche Fragen und polemische Auseinandersetzungen nicht zur Behandlung in der politischen Presse eignen, sondern in der kirchlichen Presse zu führen sind. Angriffe auf die politische Zuverlässigkeit der Pfarrer und die bisherige Kirchenführung in Versammlungen und Presse müssen um der Einheit der Kirche willen unterbleiben. Wo Grund zur Beanstandung vorliegt, ist der geordnete Weg der Beschwerdeführung einzuhalten. Geistliche sollen sich für öffentliche Vorträge und Aussprachen über kirchliche und religiöse Fragen in anderen Gemeinden nur nach vorausgegangener Verständigung mit dem betreffenden Gemeindepfarrer zur Verfügung stellen. Die Kirchenleitung ist nach wie vor willens, die Glaubensbewegung Deutsche Christen anzuerkennen und zu unterstützen. Sie setzt aber voraus, daß die Spaltung in der Glaubensbewegung Deutsche Christen beseitigt wird, daß die Glaubensbewegung Deutsche Christen als innerkirchliche Bewegung positiv arbeitet und sich der Führung der Kirche vertrauensvoll unterordnet ...« Die Folge dieser Erlasse war, daß sich die Glaubens-

[303a] Zu den Erlassen siehe S. 635 f.

bewegung Deutsche Christen in einen immer schärferen Gegensatz zum Landesbischof hineindrängen ließ. Forderungen nach seinem Rücktritt wurden da und dort unverblümt laut. Die Spaltung drohte zu einer Bischofskrise zu führen, vollends als unter Umgehung des Verbots für Pfarrer, in der politischen Presse kirchenpolitische Fragen zu behandeln, am 18. Oktober im »NS-Kurier«, gezeichnet vom Chefredakteur, ein scharfer, zum größten Teil auf falschen Informationen aufgebauter Angriff gegen die Kirchenleitungen in Bayern und Württemberg veröffentlicht wurde. Um jedem bösen Versuch, durch so dreckige Mittel die Stellung des im ganzen Land so hoch verehrten Landesbischofs zu erschüttern, von vornherein den Boden zu entziehen, veranstalteten wir in der Zeit vom 27. Oktober bis 1. November in der gesamten Pfarrerschaft eine Unterschriftensammlung für eine Erklärung, wonach die Unterzeichner im Landesbischof den alleinigen und rechtmäßig berufenen Führer ihrer Kirche sehen und sich auf Grund ihres Ordinationsgelübdes ihm zum Gehorsam verpflichtet wissen. Auch die kirchenpolitisch bisher nicht tätige »Kirchlich-theologische Arbeitsgemeinschaft« (ca. 200 Pfarrer) beteiligte sich an der Unterschriftensammlung, so daß sie auf breitester Grundlage durchgeführt wurde. Zur Zeit ist sie noch nicht abgeschlossen, aber es besteht kein Zweifel, daß sie zu einem ebenso machtvollen wie geschlossenen Treuebekenntnis der Pfarrerschaft zu Landesbischof D. Wurm wird.

Damit sind wir beim gegenwärtigen Stand der Ereignisse angelangt. Nach gewissen Nachrichten hat »man« unseren Bischof in Berlin verschwätzt und über unsere württ. kirchlichen Verhältnisse dort ganz tendenziöse, entstellte Berichte geliefert, die ein ganz falsches Bild von der tatsächlichen Lage, von der Stimmung der Pfarrerschaft, von der Stellung des Herrn Landesbischofs usw. ergeben müssen. Nun wird unser Landesbischof persönlich mit dem Reichsbischof in Verbindung treten. Wir hoffen mit ganzem Herzen, daß bald durch die maßgebenden Stellen Wege zu einer Lösung gefunden werden, die den unaufgebbaren Anliegen des Evangeliums und den Forderungen einer ihrem Herrn verpflichteten und zu freudigem Dienst am deutschen Volk berufenen Kirche gerecht werden. Dann, aber auch nur dann werden wir uns zur Mitarbeit in der Glaubensbewegung Deutsche Christen wieder bereitfinden lassen.

Am 3./4. November fanden dann in Berlin die entscheidenden Besprechungen statt. In der Konferenz mit dem Reichsbischof trug der Landesbischof die grundsätzlichen kirchlichen Probleme vor; beim Reichsleiter der Deutschen Christen ging es darum, die Spaltung in der württ. Glaubensbewegung beizulegen. Als Grundlage für eine weitere Zusammenarbeit zwischen Landesbischof und Glaubensbewegung sollte eine von Wurm am 3. November entworfene Erklärung dienen, die von Hossenfelder angenommen wurde[304]*:*

1. Der Landesbischof bekennt sich nach wie vor zu den Zielen der Glaubensbewegung Deutsche Christen und betrachtet sie als eine aus der Verantwortung gegen Kirche und Staat entstandene Bewegung, die den neuen Staat in Kirche und Pfarrerschaft, die Kirche in der politischen Bewegung der NSDAP heimisch machen will. Er wird ihr nach Beseitigung der gegenwärtigen Spaltung jede Förderung angedeihen lassen.

2. Die Reichs- und Landesleitung der Glaubensbewegung Deutsche Christen spricht dem württembergischen Landesbischof ihr volles Vertrauen aus. Die Reichsleitung ordnet an, daß die Landesleitung in Württemberg mit der Kirchenleitung in ständiger Fühlung bleibt, wichtige Veröffentlichungen und sonstige für die Öffentlichkeit bedeutungsvolle Maßnahmen nicht vornimmt, ohne den Landesbischof vorher zu unterrichten.

3. Der Ausschluß der drei Herren Hutten, Pressel, Weber wird zurückgenommen.

4. In die Landesleitung der Glaubensbewegung Deutsche Christen wird sofort ein von dem Landesbischof vorgeschlagener Vertrauensmann aufgenommen. Die spätere endgültige Neubesetzung der Landesleitung erfolgt in Fühlungnahme mit dem Landesbischof.

Bei den Besprechungen mit der Reichsleitung der Deutschen Christen war teilweise auch Pfarrer Rehm anwesend. Nach der gemeinsamen Unterredung führte er noch gesondert ein Gespräch mit Reichsleiter Hossenfelder. Unabhängig von der von Wurm entworfenen Erklärung stellte Pfarrer Rehm einen weiteren Entwurf für eine Vereinbarung zusammen, die er Wurm noch am 3. November in Berlin übergab[305]*:*

[304] LKA Stuttgart, D 1, Bd. 44. Ziffer 3 enthielt noch den später gestrichenen Zusatz: »wobei beide an der Spaltung beteiligten Gruppen die Fehler bedauern und vergeben«. – Ein Protokoll der Berliner Besprechungen befindet sich nicht bei den Akten, vgl. aber den Bericht Wurms vor der Dekanskonferenz am 16. 11. 1933, S. 700 ff.

[305] LKA Stuttgart, D 1, Bd. 44.

Vertraulich

Die in Berlin in Gegenwart des Herrn Reichsbischofs und des Reichsleiters der Glaubensbewegung geführten Verhandlungen über die Beilegung der zwischen der Württ. Glaubensbewegung und dem Herrn Landesbischof entstandenen Spannungen führten zu folgendem Ergebnis:

1. Die württ. Glaubensbewegung steht nach wie vor im Vertrauen hinter dem Herrn Landesbischof.

2. Es sind die Voraussetzungen geschaffen, daß zwischen dem Herrn Landesbischof und der bisherigen Landesleitung ein vertrauensvolles Zusammenarbeiten möglich ist. Diese Voraussetzungen sind: a) Die Glaubensbewegung treibt ihre Arbeit nach den Anweisungen der Reichs- und Landesleitung als selbständige Organisation innerhalb der landeskirchlichen sonstigen Arbeit. b) Die Glaubensbewegung setzt sich dabei voll und ganz für die bischöfliche Autorität ein, wodurch ein Gegeneinanderarbeiten der verschiedenen Träger kirchlicher Arbeit unmöglich ist. c) Zu diesem Zweck beruft die Landesleitung Herrn Dekan Brügel, Geislingen, in die Landesleitung der Glaubensbewegung Deutsche Christen, Gau Württemberg, und betraut ihn zugleich mit der Aufgabe, die enge, vertrauensvolle Verbindung zwischen der Landesleitung der Glaubensbewegung Deutsche Christen und dem Herrn Landesbischof aufrecht zu erhalten und zu pflegen.

3. Die Wiederaufnahme der aus der Glaubensbewegung Deutsche Christen ausgeschlossenen Herren Pressel, Weber und Hutten wird der Reichsleiter der Glaubensbewegung Deutsche Christen selbst in die Wege leiten und dieserhalb mit den drei Herren persönlich in Verbindung treten.

Zur Beurkundung:

Der Landesbischof:

Die Landesleitung der Glaubensbewegung Deutsche Christen: Kommissarisch Bevollmächtigter der Reichsleitung:

Für die Führung der Verhandlungen in Berlin bedankte sich Pfarrer Weber am 6. 11. 1933 bei Landesbischof D. Wurm[306]*:*

Hochverehrter Herr Landesbischof!

Es ist mir nicht nur ein aufrichtiges persönliches Bedürfnis, sondern ich gehorche auch einem ausdrücklichen Auftrag, wenn ich Ihnen namens meiner Freunde unseren herzlichsten Dank sage für das warme

[306] LKA Stuttgart, D 1, Bd. 46,1.

Verständnis, das wir mit unseren Mühen um klare Linien für unser kirchliches Handeln und Reden allezeit bei Ihnen fanden. Und nun haben Sie in den letzten Tagen mit dem ganzen Gewicht Ihrer Persönlichkeit und Ihres Amtes in Berlin sich eingesetzt, die uns alle bedrückenden und lähmenden Wirrnisse innerhalb unserer Landeskirche einer sauberen, unseren sachlichen Anliegen gerecht werdenden Lösung zuzuführen. Sie haben dabei einen Erfolg errungen, zu dem wir alle Sie herzlich beglückwünschen. Dieser erste entscheidende Schritt zur endgültigen Bereinigung steht dank Ihres tapferen Eintretens unter so hoffnungsvollen Anzeichen, daß wir mit gutem Grund einen Fortgang und einen Ausgang erwarten dürfen, die es unserem Freundeskreise gestatten, mit ganzer Freudigkeit und innerer Freiheit für Werk und Auftrag der Glaubensbewegung Deutsche Christen in unserer Landeskirche einzustehen. Aufs neue danken wir in dieser Stunde Gott, daß er Sie mit der Gabe der Führung ausgerüstet hat und Sie gegründet im ewigen Wort des Evangeliums, doch gleichzeitig offen sind für die Aufgaben, welche unserer Kirche durch den Gang der Dinge gesetzt sind. Darüber hinaus aber werden die Amtsbrüder und Führer vieler anderer Landeskirchen Ihnen Ihr Ringen um die Scheidung zwischen politischen und kirchlichen Gesichtspunkten danken. Von da aus gesehen hat Ihr Vorstoß allgemein kirchliche, ja kirchengeschichtliche Bedeutung. Gott segne Ihr Werk auch weiterhin.

Mit verehrungsvoller Begrüßung Ihr dankbar ergebener Weber.

Am 6.11.1933 gab die Organisationsleitung West der Glaubensbewegung Deutsche Christen, Gau Württemberg, eine Vorläufige Mitteilung über den Stand der Glaubensbewegung in Württemberg *heraus*[306a]*:*

An die Freunde und Kollegen!

In den letzten Tagen wurde in Berlin folgendes vereinbart:

1. Die jetzige Landesleitung bleibt bestehen, ebenso die organisatorische Freiheit der Glaubensbewegung Deutsche Christen.

2. Die Glaubensbewegung Deutsche Christen steht im Vertrauen hinter dem Herrn Landesbischof und der Herr Landesbischof arbeitet im Vertrauen mit der Glaubensbewegung Deutsche Christen.

306a Pressel vermerkte auf dieser Mitteilung: »Das verbreitet die Gruppe Rehm. Im Bezirk Calw verbreitet Schilling unter Berufung auf eine direkte Mitteilung von Rehm folgende Darstellung Rehms, die an ihn ergangen sei: Nach zweitägigem hartem, zähem Kampf Durchbruchsschlacht gelungen und Frieden im Land wieder hergestellt.«

3. Zu diesem Zweck wird zwischen der Landesleitung der Glaubensbewegung Deutsche Christen und dem Herrn Landesbischof ein Verbindungsmann bestellt.

4. Die Wiederaufnahme von Pressel, Weber und Hutten behält sich Bischof Hossenfelder nach eigenen Verhandlungen mit den Betreffenden vor.

Weiterer Bericht folgt in Bälde!

Heil Hitler! Krauß.

Am 7. 11. 1933 schrieb Landesbischof D. Wurm An die Landesleitung der Glaubensbewegung Deutsche Christen *über die von ihm mit Hossenfelder ausgehandelte Erklärung und den Vereinbarungs-Entwurf von Rehm*[307]*:*

Im Anschluß an die Rückgabe des von Herrn Pfarrer Rehm mir übergebenen Entwurfs einer Erklärung der Landesleitung, den ich durchgesehen und mit wenigen Änderungen gebilligt habe, möchte ich folgendes darlegen: Obgleich ich nicht sicher bin, ob der Reichsleiter der Glaubensbewegung, Kirchenminister Hossenfelder, damit einverstanden wäre, habe ich es doch für notwendig gehalten, der Landesleitung Kenntnis zu geben von der Vereinbarung, die zwischen dem Reichsleiter und mir zustande gekommen ist. Denn es sollte auf allen Seiten kein Zweifel bestehen über die Grundlagen, auf denen die Beilegung des von uns allen schmerzlich empfundenen Konflikts beruht.

Ausdrücklich möchte ich hervorheben, daß es sich nicht um ein Gericht über Personen oder Rechtfertigung von Personen handelt. Was im einzelnen gefehlt worden ist in all den Auseinandersetzungen der letzten Wochen, soll vergeben sein. Der Landesbischof trägt es niemandem nach, wenn er in dem Kampf um das rechte Verhältnis der Glaubensbewegung Deutsche Christen zur Leitung der Landeskirche eine andere Haltung eingenommen hat, als er sie für richtig hält. Er erkennt gerne an, daß die Sorge um den inneren Zusammenhang der Glaubensbewegung Deutsche Christen mit der politischen Bewegung und die Aufrechterhaltung der Einflußmöglichkeit der evangelischen Kirche auf die Staatsführung und die Bewegung ein Hauptmotiv dieser Haltung war. Um so mehr liegt es mir am Herzen, das Grundsätzliche des Konflikts und der Art seiner Beilegung deutlich herauszuheben. Es ging mir nie um das Recht und die Notwendigkeit der Glaubensbewegung Deutsche Christen, sondern

307 LKA Stuttgart, D 1, Bd. 44.

immer um die Frage: Wie muß sie arbeiten, um Kirchenvolk und Pfarrerschaft in möglichst großem Umfang zu erreichen und eine neue Freudigkeit und Aktivität im Kampf der Kirche um die Geltung des Evangeliums in unserem Volk zu wecken? Diese Frage ist nach meiner Auffassung, die von dem weitaus größten Teil der Pfarrerschaft und von allen kirchlichen Verbänden geteilt wird, so zu beantworten: Nicht durch eine kirchenpolitische Kampfstellung gegen die Kirchenleitung und die bisherigen kirchlichen Gruppen, sondern durch ein vertrauensvolles Zusammenarbeiten im Entwurf und in der Durchführung eines Programms für eine tatsächliche Neugestaltung der kirchlichen Arbeit in Gemeinde und Bezirk. Weit über die bis jetzt der Glaubensbewegung Deutsche Christen angeschlossenen Kreise der Pfarrer und der tätigen Gemeindeglieder hinaus ist die Bereitschaft für die Inangriffnahme solcher Arbeit vorhanden; sie dürfen nur gerufen werden, aber sie kommen nur, wenn Gewähr dafür geboten ist, daß politische und kirchenpolitische Auseinandersetzungen unterbleiben und die Volksverbundenheit der Kirche nicht auf Kosten ihres eigentlichen Wesens und der Reinheit ihrer Verkündigung erstrebt wird.

Weil die bisherige Landesleitung das Gewicht dieser Forderungen nicht genügend gewertet hat, ist die Lage der letzten Wochen entstanden. Es kommt nun alles darauf an, daß ein anderer Kurs gesteuert wird. Ich habe in den Berliner Verhandlungen darauf verzichtet, einen sofortigen Wechsel in der Führung der Glaubensbewegung Deutsche Christen in Württemberg zu verlangen; aber ich kann nicht verzichten auf eine Bürgschaft dafür, daß das, was grundsätzlich zugestanden wird, auch tatsächlich durchgeführt wird. Diese Bürgschaft sehe ich darin, daß ein vom Landesbischof bezeichneter Vertrauensmann in die Landesleitung als mitbestimmendes Glied aufgenommen wird. Das hat mir der Herr Reichsleiter glatt zugestanden, ohne irgendwelche Modalitäten zu erörtern. Wenn ich mitteile, daß ich dazu Herrn Professor D. Dr. Fezer in Aussicht genommen habe, also einen Mann, dem der innere Zusammenhang der Glaubensbewegung Deutsche Christen und der ganzen Kirche mit dem heutigen Staat und dem Nationalsozialismus nicht weniger am Herzen liegt als irgendeinem Mitglied der heutigen Landesleitung, der aber andererseits eine klare kirchliche Linie gewährleistet, so gebe ich mich der Hoffnung hin, daß eine wirkliche Befriedung und ein brüderliches Zusammenarbeiten der verschiedenen Gruppen zustande kommt.

Wurm.

Am 8. 11. 1933 teilte die Landesleitung der Glaubensbewegung dem Landesbischof ihre Vorstellungen über die Beilegung des Konflikts mit[308]*:*

Sehr verehrter Herr Landesbischof!

Landesführeramt und Kreisleitertagung der Glaubensbewegung Deutsche Christen haben heute nach Entgegennahme des Berichts über die Berliner Verhandlungen und nach längerer Aussprache über die Stellungnahme des Herrn Landesbischofs beschlossen, durch Pfarrer Rehm folgende festen Beschlüsse zur Bereinigung der bekannten Spannungen dem Herrn Landesbischof vorzulegen:

1. Die Glaubensbewegung Deutsche Christen ist bereit, die in der Beilage angeschlossene Vereinbarung[308a] zusammen mit dem Herrn Landesbischof zu unterzeichnen.

2. Die Glaubensbewegung Deutsche Christen bittet den Herrn Landesbischof dringlichst, die Front Pressel–Weber–Hutten endlich zum Schweigen veranlassen zu wollen, wenn anders die Lage befriedet werden soll.

3. Der Herr Landesbischof wolle durch irgendeine Erklärung die gegen die Glaubensbewegung Deutsche Christen gerichteten Erlasse wieder gegenstandslos machen.

Neben dem Abschluß der unter 1. genannten Vereinbarung sieht die Glaubensbewegung Deutsche Christen in den beiden Punkten 2. und 3. die unbedingt notwendigen Voraussetzungen zur Entspannung der Lage.

Zur Beurkundung: W. Rehm.

Schon am 6. 11. 1933 schrieb Reichsleiter Hossenfelder im Rückblick auf die Berliner Besprechungen an Landesbischof D. Wurm[309]*:*

Sehr geehrter Herr Landesbischof!

Ich freue mich herzlich, daß unsere Unterhaltung am Sonnabend zur Zufriedenheit beider Teile ausgelaufen ist. Zuerst ist ein Vertrauensmann zu benennen, der zwischen Ihnen und meinem Landesleiter der Verbindungsmann ist. Selbstverständlich muß dieser Deutscher Christ und Parteigenosse sein; er muß ferner das Vertrauen der kirchlichen und staatlichen Behörden haben. Ich bitte Sie also, hochgeehrter Herr Landesbischof, mir einen solchen zu benennen. Zu gleicher Zeit bitte ich Sie

[308] LKA Stuttgart, D 1, Bd. 44.

[308a] Siehe S. 692.

[309] LKA Stuttgart, D 1, Bd. 44; das Schreiben traf am 9. 11. 1933 in Stuttgart ein.

um die Anschrift der drei Herren, die durch Sie um ihre Wiederaufnahme in meine Bewegung ersuchen. Von diesem Brief habe ich eine Abschrift an Herrn Pfarrer Rehm zugehen lassen.

Mit dem Ausdruck vorzüglicher Hochachtung bin ich Ihr ergebener Hossenfelder, Reichskirchenminister, Bischof von Brandenburg.

Daraufhin benannte Wurm am 9. 11. 1933 der Reichsleitung der Deutschen Christen gegenüber Professor D. Fezer als Vertrauensmann[310]*:*

Sehr geehrter Herr Minister!

Auch mir war es wohltuend, aus unserer Unterredung entnehmen zu dürfen, daß eine Verständigung zwischen der Reichsleitung der Glaubensbewegung Deutsche Christen und der Württ. Landeskirche keinen ernstlichen Hindernissen begegnet. Entsprechend unserer Abmachung vom 4. November, die ich in Abschrift beilege und um deren Unterzeichnung ich bitte, benenne ich als meinen Vertrauensmann Herrn Professor D. Dr. Fezer, der sich ja nun nach langem Ringen entschlossen hat, in Tübingen zu bleiben[311]. Bei dem großen Ansehen, das er im ganzen Lande genießt, würde sein Eintritt in die Landesleitung wesentlich dazu beitragen, daß all die kirchlichen Kreise und die große Zahl von Pfarrern, die an den Methoden von Pfarrer Rehm schweren Anstoß genommen haben, den Mut fassen, der Glaubensbewegung Deutsche Christen wieder bzw. neu beizutreten. Ich möchte Sie aber bitten, entsprechend dem Wortlaut der Vereinbarung vom 3. November die Funktionen dieses Vertrauensmanns so genau zu bestimmen, daß er nicht nur Verbindungsmann für Verhandlungen zwischen Kirchenleitung und Landesleitung der Glaubensbewegung Deutsche Christen ist, sondern den Kurs so mitbestimmt, daß Pfarrer Rehm an seine Mitwirkung gebunden ist. Es war und ist die beständige Klage der Herrn, die Rehm in den Führerrat beruft, daß sie tatsächlich nichts zu sagen haben. Erst gestern haben mir das zwei Herrn, die seiner Führung bisher gefolgt sind, geklagt. Deshalb muß der Vertrauensmann des Landesbischofs eine klare Kompetenz haben.

Am besten freilich wäre es, das muß ich aus besorgtem Herzen heraus sagen, wenn Rehm sobald als möglich den ihm zugedachten Auftrag bei

310 LKA Stuttgart, D 1, Bd. 44.

311 Prof. Fezer erhielt im Juli 1933 einen Ruf an die Universität Berlin, vgl. »NS-Kurier«, Ausgabe vom 15. 7. 1933; am 9. 11. 1933 berichtete der »NS-Kurier«, daß Prof. Fezer diesen Ruf abgelehnt habe; vgl. KAW, Ausgabe vom 23. 11. 1933.

der Reichskirchenregierung bekäme. Solange er und die Herrn, die alle seine Schritte gedeckt haben, die führende Stellung innehaben, gehen die fünf Sechstel der Pfarrerschaft, die beiseite stehen, nicht bei, und auch von den anderen wären viele froh, wenn eine Landesleitung käme, die nicht an den bisherigen Streitigkeiten beteiligt wäre und die Gewähr für eine klare kirchliche Linie böte. Sie können sich aus der Ferne und in Unkenntnis der in der politischen Presse erschienenen Angriffe auf die politische Zuverlässigkeit der Pfarrerschaft kein Bild davon machen, welche Erregung entstanden ist, wobei ich gewiß nicht die eine Seite allein belasten will; aber das Verlangen nach einer Führung, die zwar durchaus auf nationalsozialistischem Boden stehen und das Vertrauen der Staatsführung haben muß, zugleich aber mit dem Landesbischof in einem wirklichen, nicht nur in Worten erklärten, sondern durch die Tat bewiesenen Vertrauensverhältnis steht, ist allgemein. Darf ich mir einen Vorschlag erlauben: Die Landeskirche bringt den Gehalt für Pfarrer Rehm (abgesehen von Zulagen) solange auf, bis seine Stelle bei der Reichskirchenregierung planmäßig wird, längstens bis 1. April. Auf diese Weise ist der Herr Reichsbischof in den Stand gesetzt, jetzt schon einen bestimmten Termin für die Einberufung Rehms festzusetzen, und Sie haben die Güte, mir davon sobald wie möglich Mitteilung zu machen. Ich sehe sonst keinen Weg, wie ich die baldige Befriedung erreichen soll.

Die Adresse der drei Herrn ist: Pfarrer Weber, Geschäftsstelle des Evang. Volksbunds, Tübinger Straße 16, hier; Pfarrer Dr. Hutten, ebendort; Oberkirchenrat Pressel, Alter Postplatz 4. Es wird ja ein Brief an die Drei zusammen genügen. Ich bin überzeugt, daß diese tüchtigen Männer und bewußten Nationalsozialisten sehr gerne ihre loyale Unterstellung unter die Reichsleitung und eine künftige Landesleitung zum Ausdruck bringen werden. Keiner von ihnen hat Aspirationen darauf, bei einem Wechsel der Landesleitung in diese hineinzukommen; vielmehr sehen sie es völlig ein, daß diese nur aus solchen Mitgliedern bestehen kann, die in diesen inneren Kämpfen nicht in vorderster Linie gestanden sind.

Indem ich Ihnen für die bisherigen Bemühungen zur Beilegung des Konflikts wärmstens danke und Ihre weitere Mitwirkung zur völligen Bereinigung erbitte, verbleibe ich mit ausgezeichneter Hochachtung Ihr ergebener Wurm.

Am 9.11.1933 empfing der Landesbischof Pfarrer Rehm zu einer Besprechung, bei der Rehm seinen gegenüber der ersten Fassung kaum geänderten Entwurf für eine Vereinbarung wieder vorlegte. Wurm war nicht bereit, diese Vereinbarung vor einer grundsätzlichen Klärung zu unterschreiben. Dieses Ergebnis der Besprechung faßte Rehm grundsätzlich als Scheitern der Verhandlungen auf und teilte dies in einem Rundschreiben vom 14. 11. 1933 mit[312]*:*

Zum Zweck der allgemeinen Aufklärung

Um die wahren Absichten der Gegner der Glaubensbewegung zu enthüllen, wird nachstehend das Friedensangebot bekanntgegeben, das die Landesleitung der Glaubensbewegung am 9. November dem Herrn Landesbischof vorgelegt hat, welcher aber dieses Friedensangebot ablehnte[313]. . . Dieses Friedensangebot entsprach den in Berlin zwischen Reichskirchenminister Hossenfelder und dem Landesbischof getroffenen Abmachungen. Jeder friedliebende und einsichtige Mensch wird zugeben müssen, daß hierdurch die Voraussetzungen zu einer gedeihlichen und segensreichen Weiterentwicklung der kirchlichen Verhältnisse in Württemberg geschaffen worden wären. Die Landesleitung der Glaubensbewegung hat durch dieses weitgehende Friedensangebot bewiesen, daß ihr das Wohl der Kirche über alles geht und daß sie nichts unversucht ließ, um die Befriedung der kirchlichen Verhältnisse in Württemberg zu erreichen. Die Tatsache, daß der Landesbischof dieses Angebot glaubte ablehnen zu müssen, beweist, daß man die Glaubensbewegung in Württemberg nicht will, sondern bestrebt ist, sie zu erledigen. Die Verantwortung für die Störung des kirchlichen Friedens muß deshalb in Zukunft von uns abgelehnt werden.

Die Landesleitung: Rehm.

Trotz des Briefes von Wurm vom 9. November schrieb Hossenfelder am 16. 11. 1933 erneut an den Landesbischof[314]*:*

Sehr geehrter Herr Landesbischof,

Ich habe leider immer noch keine Nachricht auf meinen an Sie gerichteten Brief. Ich bat Sie, mir den in Punkt 4 genannten Vertrauens- und Verbindungsmann benennen zu wollen. Inzwischen habe ich gehört, daß Sie gegen den Dekan Brügel in Geislingen als Verbindungsmann keine Bedenken erheben. Ich schlage Ihnen also vor, Dekan Brügel zu

312 Rundschreiben Nr. 14/1933; LKA Stuttgart, D 1, Bd. 44.
313 Hier folgt der Text der Vereinbarung vom 3. 11. 1933, siehe S. 692.
314 LKA Stuttgart, D 1, Bd. 44.

nehmen und werde ihn nach Ihrer gefl. Antwort zum Verbindungsmann zwischen Ihnen und der Landesleitung der deutschen Christen in Württemberg ernennen. Falls Sie noch an Professor Fezer denken, bin ich bereit, zu dem Dekan Brügel auch Professor Fezer als Verbindungsmann zu ernennen.

Die Stellung eines solchen Verbindungsmannes denke ich mir so, daß er sowohl an den Sitzungen der Landesleitung der Deutschen Christen als auch an denen der Kirchenregierung Württemberg teilnimmt und jederzeit für ein harmonisches Zusammenarbeiten die Garantie bietet.

Die Anschriften der drei Herren Hutten, Pressel und Weber habe ich ebenfalls noch nicht. Ich möchte ihnen gerne mitteilen, daß ihre Aufnahme durch mich wieder erfolgen kann.

Der Einfachheit halber habe ich diesen Brief in Abschrift an Professor Fezer, Tübingen, Dekan Brügel, Geislingen und Pfarrer Rehm in Stuttgart gesandt.

Mit herzlichem Gruß Hossenfelder.

Nach dem von Pfarrer Rehm mitgeteilten Scheitern der Verhandlungen berief der Landesbischof auf 16. 11. 1933 eine Dekansversammlung nach Stuttgart. Er gab dabei einen Überblick über die gesamte Lage im Reich und in Württemberg. Das Protokoll der Sitzung lautet[315]*:*

Der Landesbischof D. Wurm.

Gebet: Herr, unser Gott, laß nicht zuschanden werden – –

Am liebsten würde ich sofort in die Besprechung des Ihnen vorliegenden Arbeitsprogramms über die volksmissionarische Arbeit eintreten. Aber eine ganz schwere Krise, die am letzten Montag in Berlin ausgebrochen ist und von der man nicht weiß, wie sie enden wird – – –[316]. Aber auch in unsrem eigenen Lande ist die Befriedung, die schon gesichert schien, nicht eingetreten. Im Gegenteil sieht es aus, als ob der Kampf aufs neue aufgenommen würde oder aufgenommen werden müßte.

Um die gegenwärtige Lage zu verstehen, ist es notwendig, einen kurzen Rückblick auf die vergangene Zeit zu werfen. Das letzte Zusammen-

[315] LKA Stuttgart, D 1, Bd. 44; zur Volksmission siehe S. 758 ff.; zum Landeskirchentag siehe S. 346 ff.

[316] Lücke im Protokoll; gemeint ist die Sportpalastkundgebung, siehe S. 828 ff.

sein im Mai (12. Mai Dekansversammlung[317]), geschlossen mit dem freudigen Vorsatz, das, was die nationale Revolution gebracht hat, in die Kirche und ihre Arbeit hineinzuverweben – Volksmission! Aus dieser Haltung heraus war bestimmt auch meine Haltung in den kirchenpolitischen Kämpfen in Berlin betr. die verfrühte Bischofswahl. Ich hätte persönlich sehr gut für Bodelschwingh stimmen können, wenn ich ihn auch nicht für den überragenden Mann gehalten habe, als der er bei andern gilt. Aber Voraussetzungen für eine Führung der Kirche nicht bloß aus dem kirchlichen Werk heraus, sondern auch aus der sozialen und volksmäßigen Verantwortung. Tragik, daß er durch ein ungeschicktes und übereiltes Vorgehen in die Kämpfe hineingeworfen wurde, und daß er dann, nicht gut beraten von seinen Freunden, eine unmögliche Situation festzuhalten suchte.

Aus dieser Einstellung heraus habe ich auch, als die Kirchenwahlen ausgeschrieben wurden, sofort mit den verschiedenen Gruppen Fühlung genommen: ob wir nicht das Schauspiel einer unter politischen Vorzeichen vor sich gehenden Kirchenwahl unsrem Volk ersparen könnten. Sich friedlich einigen, der neuen Bewegung Raum geben, wirkliche Verständigung und Zusammenarbeit. Es war außerordentlich wenig Zeit zur Besinnung: am Freitag in Berlin mitgeteilt, Protest vergeblich gegen diese Einmischung des Staates in die Angelegenheiten der Kirche. Schon am übernächsten Sonntag sollte die Wahl stattfinden. Ich kam Samstag früh zurück. Wenn beide Gruppen bereit waren, unter schweren Opfern der neuen Bewegung von vornherein eine kleine Mehrheit einzuräumen, so ging man davon aus, daß die Zeit der parlamentarischen Kämpfe vorüber sei. Daß die Männer nicht fraktionsmäßig gebunden seien wie früher, daß nur die sich zusammenschließen, die für ein besonderes Gebiet Kenntnisse und Interesse haben. Die Deutschen Christen sollten als ein Salz im Ganzen wirken, den neuen Kirchentag beleben durch ihr neues geistiges Gut. Schwere Enttäuschung. Es war sofort deutlich, daß die Führung dieser neuen Gruppe an nichts weniger dachte als an das, was vorher besprochen war, wenn es auch selbstverständlich nicht förmlich festgestellt war. Geschlossener parlamentarischer Block, rücksichtslose Geltendmachung der ihm freiwillig eingeräumten Mehrheit (Zusatzwahl, Ausschußwahlen), ein unerfreuliches Schauspiel!

In der Vorausahnung, daß es Schwierigkeiten geben werde, habe ich noch am Morgen des Eröffnungstages die Anregung gegeben, die Gruppen mögen vor der Sitzung zu einer vertraulichen Besprechung zusam-

[317] Siehe Bd. 1, S. 481 ff.

menkommen. Es gehörte zum erstaunlichsten, was ich erlebt habe, daß dann gesagt wurde, nur an die andern sei die Einladung ergangen. Daß man um 10 Uhr für etwas dankt und es um 12 Uhr nicht mehr weiß, das ist mir in meinem Leben nicht mehr vorgekommen.

Diese Vorgänge haben bei mir das Vertrauen auf eine sachliche Zusammenarbeit schwer erschüttert. Völlig falsch ist, ich möchte das mit großer Entschiedenheit betonen!, daß meine Stellung durch Beeinflussung von anderer Seite veranlaßt sei. Ich kann mir selbst ein Urteil bilden.

Als ich nach der Predigt müde zu Hause war, sind mir die Herren auf die Bude gestiegen: ich solle auf die Ermächtigung verzichten! Ich sagte, sie sollen es nicht auf einen Konflikt ankommen lassen. Darauf nahmen sie ihre Forderung zurück. Für mich war auch das ein Grund, mein Vertrauen um einige Pflöcke zurückzustecken.

Wie sich der Landeskirchentag weiter entwickelt hat, ist bekannt. Dann die Spaltung in der Glaubensbewegung Deutsche Christen. Ich habe mich ernstlich bemüht, diese Spaltung zu heilen, auch in der Pfarrerversammlung am 20. September, obwohl mir schwer gemacht durch den abscheulichen Artikel im »NS-Kurier«, der die ganze Pfarrerschaft der politischen Unzuverlässigkeit beschuldigt[318].

Hossenfelder ist hierher gerufen worden zu einer öffentlichen Versammlung[319], ohne daß man es der Mühe wert gehalten hat, mich irgendwie davon zu benachrichtigen. Ich habe einen hochgestellten Staatsbeamten gefragt, wie er es auffassen würde, wenn sein Ministerkollege es ebenso machen würde, seine Antwort ließ an Deutlichkeit nichts zu wünschen übrig. Trotz allem habe ich daran festgehalten, daß Pfarrer Rehm, weil er eine besondere politische Vertrauensstellung besitzt, bei der Landesleitung der Glaubensbewegung Deutsche Christen beibehalten werden solle. Nur soll noch ein anderer Herr ihm beigegeben werden, der die kirchlichen Angelegenheiten vertreten soll: Professor Rückert, Tübingen. Abgelehnt. Gleichzeitig wieder Presseartikel[320]: Angriffe auf einzelne (Römer, Dekan Mack). Erklärung: Beruhigung in Württemberg sei unmöglich, wenn nicht ein Wechsel in der Landesleitung eintrete. Man wolle aber ruhig zuwarten, bis für den betreffenden Herrn eine seiner politischen Begabung entsprechende Stellung gefunden sei. Das zerbrochene Porzellan! Da keine Aussicht bestand, daß die politischen

[318] Siehe S. 383 ff.

[319] Am 3. 10. 1933 in Stuttgart; siehe S. 566 ff.

[320] Siehe S. 541 und 553 ff.

Stellen einen Schritt tun, habe ich mich an den Reichsbischof und an Hossenfelder gewandt. Gleichzeitig jene Erlasse[321], welche den Kollegen Zurückhaltung empfahlen (auf Wünsche aus Kollegenkreisen selbst!) und Wunsch wegen kirchlicher Versammlungen und Vorträge. Dies wurde besonders übel ausgelegt bei der politischen Stelle, als eine schlimme Sache angekreidet: als ob ich die NS-Pfarrer hindern wollte, für den Nationalsozialismus zu werben – im Gegensatz zu der einst gegenüber den religiösen Sozialisten geübten Zurückhaltung. Ich muß diese Deutung meines Erlasses aufs schärfste zurückweisen: nur kirchliche Versammlungen für eine besondere Vereinigung wollte ich an die Zustimmung der zuständigen Pfarrer binden.

Im Zusammenhang mit einer Bischofskonferenz in Berlin hat eine Besprechung stattgefunden. Es lag der letzte Artikel vor über »Einigkeit«, gegen Wurm und Meiser, sie richten eine kirchliche Mainlinie auf, derselbe wurde auch vom Reichsbischof scharf verurteilt[321a]. Rehm lehnt es ab, sich dazu zu äußern. Wurm: Der Artikel enthält Ausdrücke aus einem Privatbrief an Rehm, also ist mir die intellektuelle Urheberschaft nicht zweifelhaft. Fezer ist einverstanden mit der anderweitigen Verwendung von Rehm, was er auch Wurm verspricht. Besondere Besprechung mit Hossenfelder. Für diese hat Wurm vorher eine Erklärung entworfen, die Herr Hossenfelder glatt angenommen hat[322].

Hossenfelder äußert sich: Sie können sich darauf verlassen, ein Mann, ein Wort!

Pfarrer Rehm war nach der Abreise Wurms noch einen Tag länger in Berlin. Es hat den Anschein, jedenfalls nach seiner eigenen Darstellung, daß Hossenfelder nicht ganz in demselben Sinn gesprochen hat. Freitag, 3. November, kam Rehm zu mir und unterbreitete mir den Entwurf einer Vereinbarung, die zwischen der Kirchenleitung und der Landesleitung der Glaubensbewegung Deutsche Christen zustand kommen sollte. Wurm verliest die Vereinbarung:

Die württ. GDC steht nach wie vor im Vertrauen hinter dem Herrn Landesbischof. Wurm bittet, die Worte »nach wie vor« zu streichen, sie seien eine Unwahrheit, wenn ich ganz genau weiß, wie sie in Württemberg und im Reich gegen mich gearbeitet haben! Das andere konnte ich weitgehend billigen. Dann noch eine Differenz: statt Vertrauensmann – siehe oben! – ist die Rede von einem Verbindungsmann, vom Landes-

[321] Siehe S. 635 f.

[321a] Siehe S. 645 ff.

[322] Siehe die am 3. 11. 1933 in Berlin entworfene Erklärung S. 691.

bischof beauftragt. Ich werde Rehm den Entwurf, so wie ich ihn für richtig halte, zurückgeben bis zu einer Versammlung, bei der er seinen Freunden die Sache vorlegen wollte. Dazu noch ein Schreiben an die Landesleitung: Kenntnis gegeben von der Vereinbarung mit Hossenfelder. Es soll kein Zweifel sein über die Grundlage, auf der die Beilegung des Konflikts ruht: nicht Gericht über Personen, alles soll vergeben sein. Der Landesbischof trägt niemand etwas nach, er erkennt an, daß die Sorge um den engen Zusammenhang der Glaubensbewegung Deutsche Christen mit der politischen Bewegung ein Hauptmotiv dieser Haltung gewesen sei. Es sei ihm nie um das Recht und die Notwendigkeit der Glaubensbewegung Deutsche Christen gegangen, sondern darum: Wie muß sie arbeiten, um Kirche und Pfarrerschaft in möglichst weitem Umfang zu erreichen? Diese Frage ist so zu beantworten: nicht durch kirchenpolitische Kampfstellung, sondern durch vertrauensvolles Zusammenarbeiten in Entwurf und Durchführung eines Programms. Die Pfarrer sind dazu bereit, sie brauchen nur gerufen zu werden, aber sie kommen nur, wenn sie überzeugt sein können, daß es sich um Dienst für die Kirche handelt. Diese Formulierung dem Sinn nach von mir! Es kommt alles darauf an, daß ein anderer Kurs gesteuert wird. Es muß Bürgschaft dafür gegeben werden, daß das, was grundsätzlich zugestanden wird, auch tatsächlich durchgeführt wird. Zum Vertrauensmann des Landesbischofs in die Landesleitung hat Wurm Prof. Fezer in Aussicht genommen. So sei Hoffnung auf wirkliche Befriedung und ersprießliches Zusammenarbeiten. Sie werden zugeben, daß dieser Brief es an Friedensbereitschaft nicht fehlen läßt.

Am Mittwoch früh hat Wurm an Fezer telefoniert. Fezer sagt, er sei nicht sicher, ob er die ihm zugedachte Tätigkeit übernehmen könne, er habe jetzt viel Arbeit, nachdem er sich entschlossen habe, in Tübingen zu bleiben. Wurm verspricht ihm seine Unterstützung, sucht ihn zu bestimmen, aber vergeblich. So mußte ich mich nach einem andern umsehen: Dekan Brügel, Geislingen. Aber möglich, daß sich Fezer doch noch entschließt. Donnerstag morgen Brief von Hossenfelder. Zufriedenheit ausgesprochen, aber Änderung im Wortlaut: er spricht von einem Verbindungsmann, der müsse selbstverständlich Deutscher Christ und Pg. sein. Er bittet um die Anschriften der Herren, die durch Ihren Antrag um Wiederaufnahme ersuchen. Fezer telefoniert: er habe sich nun doch entschlossen, weil wirklich eine Aufgabe, weil er auch durch seine Berliner Beziehungen in der Lage sei. Dies Rehm am Nachmittag mitgeteilt; er legt nochmals den Entwurf der Vereinbarung zwischen Kirchenleitung und Landesleitung der Glaubensbewegung Deutsche Christen vor. Wurm erklärt seinerseits »nach wie vor«, daß die Fassung den Tatsachen nicht gerecht werde, er könne es nicht unterschreiben. (Schaal ist anwesend.) Es sei ganz unmöglich, die ausgetretenen Leute und andere, die bereit seien, hereinzubekommen, wenn nicht Garantie für den innerkirchlichen Kurs gegeben sei. Brügel wurde genannt.

Diese Unterredung, die keinen Bruch bedeutete, sondern eine Etappe in den Verhandlungen, hat Rehm veranlaßt, noch am gleichen Tag ein Rundschreiben an die Kreisleiter hinauszugeben: Der Landesbischof hat heute unser sehr weitgehendes freundliches Angebot abgelehnt. Das Übereinkommen scheitert am Starrsinn des Landesbischofs. Ich ging erschüttert weg. Nun ist festgestellt, daß man uns eben nicht will, wir sollen erledigt werden, damit in der Kirche alles beim alten bleiben kann. Ein kirchliches Versailles unterschreiben wir nicht, und nach Canossa gehen wir auch nicht[322a]. Die Gefallenen des 9. November haben doch gesiegt. Es ist mir nicht leicht gefallen, Rehm zu empfangen, aber ich habe das Opfer gebracht im Blick auf das Ganze. Ich habe den Eindruck, daß auf dieser Seite Anständigkeit immer als Zeichen von Schwäche erscheint, das man mit um so rücksichtsloserer Energie in die Niederlage des andern zu verwandeln sucht, weiter, daß man dort lediglich in politischen Kategorien denkt.

9. November: Brief an Hossenfelder: Fezer als Vertrauensmann angemeldet, aber mit der Betonung: nicht bloß Verbindungsmann, sondern Rehm soll wirklich an ihn gebunden sein. Darauf noch keine Antwort erhalten. Auch Pressel und die andern nicht, deren Anschriften eingeschickt worden sind.

Am Montag abend hat eine große Versammlung im Sportpalast stattgefunden, Wurm teilt einiges aus einem ausführlichen Bericht mit[323]. Hossenfelder hielt den einleitenden Vortrag, reiste dann nach Nürnberg ab. Er spricht sehr bedenkliche Worte aus: Außerhalb der deutschen Grenzen nimmt kein Hund ein Stück Brot von uns, darum ist es nicht schlimm, wenn es auch einsam um die Kirche wird. Er kommt auf den Arierparagraphen zu sprechen: die andern lieben uns doch nicht, haben uns gerade so gehaßt, als wir den Paragraphen noch nicht hatten. (Fezer versichert, Hossenfelder habe in England[324] eine feierliche Erklärung abgegeben, wir denken nicht daran, daß wir den Arierparagraphen

[322a] Bismarck am 14. 5. 1872 vor dem Deutschen Reichstag.

[323] Siehe S. 828 ff. [324] Siehe dazu GB 140, S. 106.

durchführen. Welcher politische Schaden wird dadurch angerichtet, ganz im Gegensatz zu den Erklärungen Hitlers!) Dann Hauptvortrag von Studienrat Krause, das ist ein Angriff der radikalen Gruppe auf Müller: Ablehnung des Alten Testaments, Viehtreiber- und Zuhältergeschichten, eines der gefährlichsten Bücher! Wir sollten uns schämen, das Innerste der Religion von Juden zu nehmen, Judenbücher gehören nicht in die Kirche, weder auf die Kanzel noch unter die Kanzel. Auch das Neue Testament muß gereinigt werden, die Sünden- und Minderwertigkeitstheorie des Rabbi Paulus muß verschwinden. Viele ernste Leute innerhalb der Glaubensbewegung Deutsche Christen sind sicher sehr erschrocken. Aber ob nicht das Schwergewicht der politischen Kräfte wieder Angst erweckt?

Der Reichsbischof ist nicht zu beneiden: beste Pfarrer stehen beiseite und in Opposition. Und jetzt im Unterschied von dem Eindruck im Frühjahr, stehen auch die Gemeinden hinter ihnen. Gefahr, daß die preußische Landeskirche auseinanderbricht, damit ist auch die Reichskirche aufs schwerste erschüttert. Wurm sagt zu Hossenfelder (oder Müller): Ihre Bewegung scheint sich in der Lage einer Vorhut zu befinden, die sich zu weit vorgewagt hat und darum in Gefahr ist, abgeschnitten zu werden — von zwei Flankenangriffen: Völkische Religion und Rom. Sie müssen zurück auf das Heer des Kirchenvolkes! Wir helfen ihnen gern!

Kritik an Wurms Predigt in Wittenberg: Wurm ist kein deutscher Christ, wie man sofort merkte, immerhin waren einige Predigtgedanken wichtig. — Er sagte, er lege keinen Wert darauf, Deutscher Christ in Gänsefüßchen zu sein, er sei immer auf seinen eigenen Füßen gestanden. Die Methode Rehm erreiche immer das Gegenteil von dem, was sie wolle, statt Anziehung Abstoßung. Die Absetzung von Krause als Gauleiter der Deutschen Christen sei ein erfreulicher Sieg des Reichsbischofs Müller. Die Tragik in der Stellung der beiden Kirchen: Katholische und Evangelische.

Wurm: Ich werde dem Frieden nur solche Opfer bringen, die dem Wesen der Kirche und des Evangeliums angemessen sind. Nicht Opfer für meine Stellung. In Berlin habe man gesagt: der Bischof habe zugegeben, daß 51 % des Oberkirchenrats mit Deutschen Christen besetzt werden, um sich selbst zu halten. Das wäre eine Schlechtigkeit! Gott hat mir Kraft gegeben, ruhig zu bleiben, die Ruhe kommt zum Teil davon her, daß ich mir sage: wie es auch geht, so geht es mir gut. Ich möchte gern in die Ruhe, um endlich einmal wieder etwas zu arbeiten. Man hat noch nie so viel getan und so wenig gearbeitet wie in diesem Jahr. Die Kirche muß bei aller Volksverbundenheit doch Kirche bleiben. Die ganze Bewegung soll das gute Gewissen des Staates sein, nicht bloß in der Bestärkung dessen, was er Gutes tut, sondern auch darin, daß sie mit dem rechten Namen nennt, was unrecht ist, rückhaltlos für den Staat eintreten, aber nicht rückgratlos! Bedauerlich ist das zweierlei Maß bei den Deutschen Christen. Man hat nichts gehört von Einspruch gegen die Spielbank in Baden-Baden, gegen den Muckererlaß[324a] usw. Ich habe in Berlin gesagt: Mit einer widerstrebenden Kirche können Sie die hohen Ziele nicht erreichen, aber mit einer gedemütigten Kirche, der Sie das Rückgrat gebrochen haben, noch weniger! Auf diesem Standpunkt bleibe ich!

Wurm fordert auf, zur Erklärung von der Haltung Rehms zu sprechen, wenn solche da seien, die dazu in der Lage seien.

Megerlin, Neuenbürg: Es handelt sich um eine totale und radikale Umgestaltung, das Reich Gottes bricht an, der Bischof soll nicht gestürzt werden – es ist auch im Kreise Rehm viel Anerkennung für ihn als Persönlichkeit vorhanden. Aber es geht um etwas viel Tieferes: Gott schüttelt die Kirchen, damit sie anders werden, so geht es wenn nötig auch gegen die Kirche, wenn sie nicht die Augen aufmacht für das, um was es sich handelt.

Wurm: Es liegt vor Identifizierung der politischen und der religiösen Bewegung, hier stellt man sich auf die Seite Thomas Münzers. Wenn dies wirklich die offizielle Stellung der Deutschen Christen ist, dann muß sie den Bischof stürzen, der eben auf einem andern Standpunkt steht.

Megerlin: Hitler ist ganz empfänglich für das Wort Gottes von heute, seit langer Zeit zum erstenmal wieder ein Mensch solcher Art. Freilich brauchen wir auch das Wort Gottes der Vergangenheit: die Bibel zeigt den Weg für Empfänglichkeit des Menschen für das Reich Gottes, der von der Kirche fast ganz vergessen ist. Die Kirche muß aus ihrer Art von Geistigkeit herauskommen, ein Verständnis bekommen für die Menschen, die das Leben rufen und gerufen werden (?), dann auch neues Verständnis für das Neue und Alte Testament. Die Kirche sieht das nicht, darum ist der Gegensatz da. Die Kirche will nur ihre bisherige Art steigern.

Brügel redet von zwei Berichten über die Berliner Verhandlungen, die in einigen Punkten nicht ganz übereinstimmen. Er habe in Nürn-

[324a] Siehe Anmerkung 239 und 240, S. 637.

berg eine Audienz bei Hossenfelder gehabt. Vorschlag an den Landesbischof zu einem letzten Versuch zur Versöhnung: er soll sie ins Gebetskämmerlein nehmen und vor Gott stellen!

Wurm fordert ganz nüchtern, vorher muß das Schreiben von Rehm zurückgenommen werden.

Pressel: Hitler hat ein neues Verständnis von den schöpfungsmäßigen Gegebenheiten, aber Prüfung ist nötig an der viva vox evangelii. Unbedingte Forderung: Rehm muß weg.

Hierauf Besprechung der Richtlinien für Volkmission[324b]. Lempp-Stuttgart zum Schluß: Rehm hat den Kampf angekündigt. Wir haben Vertrauen zum Bischof. Wir werden uns unsre Führer nicht wegnehmen lassen, wie es in Preußen geschehen ist. Wir werden nicht mehr schweigen, wenn solche Angriffe wieder kommen. Wenn der Bischof gestürzt wird, muß ein Trommelfeuer von Telegrammen an Hitler und Hindenburg gehen!

Nachdem die Verhandlungen gescheitert schienen, bat der Präsident des Württ. Landeskirchentags, Pfarrer Dr. Steger, Friedrichshafen, den Landesbischof am 12. 11. 1933 um Einberufung des Landeskirchenausschusses zur Beilegung der Streitigkeiten in der württembergischen Kirche[325]*:*

Sehr geehrter Herr Landesbischof!

Entsprechend meiner Verabredung mit Regierungsdirektor Dr. Dill möchte ich Sie bitten, den Dreierausschuß zu einer Sitzung auf nächste Woche einzuladen. Gegenstand der Besprechung: Aussprache über die Möglichkeiten, den Streitigkeiten in unserer Kirche ein Ende zu machen. Ich persönlich gehe dabei von folgenden Erwägungen aus:

1. Der Streit um die Arbeit der Glaubensbewegung Deutscher Christen und ihre Stellung innerhalb der kirchlichen Organisation muß endlich ein Ende nehmen, wenn nicht die Substanz der Kirche darunter leiden soll. Zur Beilegung des Streits sind folgende Voraussetzungen als gegeben anzusehen: a) Die Bewegung erkennt die Autorität des Landesbischofs als des uns von Gott gegebenen Führers an. Ich gehe davon aus, daß der Landesbischof der natürliche Schirmherr der Bewegung ist und

[324b] Vgl. S. 770 ff.

[325] LKA Stuttgart, D 1, Bd. 44. Gemeint ist die Einberufung des aus 3 Personen bestehenden Landeskirchenausschusses.

meine Schirmherrschaft ein Ende hat, sobald der Konflikt überwunden ist. b) Die Bewegung hat ihre Selbständigkeit, d. h. sie untersteht als Ganzes der Reichsleitung in Berlin. Es ist aber selbstverständlich, daß Maßnahmen und Entscheidungen, die auf das kirchliche Leben in Württemberg von größerer Tragweite sind, dem Landesbischof vorzulegen und durch ihn zu billigen sind.

2. Unter die Kämpfe der letzten Wochen ist ein Strich zu machen; unter allen Umständen ist der Eindruck zu vermeiden, als ob es nach Beilegung des Konfliktes Sieger und Besiegte gebe.

3. Der sogenannte christliche Gemeindedienst und die Glaubensbewegung Deutscher Christen arbeiten unabhängig voneinander. Wo ihre Arbeiten sich schneiden, sind Vereinbarungen zu treffen, die den Charakter brüderlicher Verständigung haben. Eine Vermischung der beiderseitigen Arbeit ist aus dem besonderen Charakter des Gemeindedienstes und der Glaubensbewegung Deutsche Christen heraus nicht wünschenswert.

Der jetzige Zustand ist m. E. deshalb unhaltbar, weil er die Personenfragen in den Vordergrund gedrängt hat; es sollte eine Lösung gefunden werden, die alles Persönliche zurückdrängt und der guten Sache zu ihrem Recht verhilft. Ich bin gerne bereit, meinerseits alles aufzubieten, was dazu beiträgt, das zerstörte Vertrauen wiederherzustellen.

Hochachtungsvoll: Dr. Steger.

DIE WÜRTT. LANDESKIRCHE IM HERBST 1933

DIE HERBSTTAGUNG DER KIRCHLICH-THEOLOGISCHEN ARBEITSKREISE

Im Anschluß an die Stuttgarter Tagung im Juni 1933 wurde von der Leitung der Kirchlich-theol. Arbeitskreise Württembergs für den Herbst eine neue Zusammenkunft in Aussicht genommen. Die unmittelbaren Vorbereitungen setzten nach dem Gespräch mit dem Landesbischof über die Glaubensbewegung Deutsche Christen ein; am 4.9.1933 schrieb Pfarrer Metzger, Bronnweiler, an den Leiterkreis[1]*:*

Liebe Freunde!

Wenn eine Herbsttagung der Kirchlich-theol. Arbeitskreise stattfinden soll (und wir sind unsern Leuten wohl eine solche schuldig!), so ist es Zeit, daß wir uns darüber besinnen. Ich berichte zunächst, was ich seitdem in der Sache getan.

Als ich in Alpirsbach war, bat mich der Führer der Badischen Kirchlich-Positiven[2] um eine Unterredung zwecks gemeinsamen Vorgehens oder wenigstens eines Von-Einander-Wissens. Im Palmenwald trafen wir uns bei Stiefenhofer. Pfarrer Bender, Nonnenweier, war mir schon von der letztjährigen Akademikertagung[3] her bekannt. Er ist ein zielbewußter

[1] LKA Stuttgart, D 1, Bd. 40. Eine Antwort auf diesen Brief befindet sich nicht bei den Akten. Zur Sommertagung der KTA siehe S. 208 ff.; zum Gespräch mit dem Landesbischof am 29. 8. 1933 siehe S. 483 ff.

[2] Kirchenpolitische Gruppe in der Badischen Landeskirche, die etwa der mehr konservativen Gruppe I des Württ. Landeskirchentags und der Evang.-Kirchlichen Vereinigung entspricht, deren Organ das »Evang. Kirchenblatt für Württemberg« ist. »Palmenwald« ist das christliche Erholungsheim in Freudenstadt unter der Leitung von Pfarrer Arthur Stiefenhofer.

[3] Die 16. Tagung Christlicher Akademiker fand vom 14. bis 18. 10. 1933 in Freudenstadt statt. Referenten waren die Professoren Köberle und Schlatter sowie Privatdozent Dr. Wendland, die Predigt hielt Prof. D. Fezer; siehe EKBlW, Ausgabe vom 15. 9. 1933.

Kämpfer. Wir sprachen zunächst über die Frage einer gemeinsamen Presse. Sie haben dort drüben 1. eine Laienzeitschrift, 2. eine Führerzeitschrift (für Pfarrer), die beide sehr säuberlich geleitet zu sein scheinen. Da aber in Württemberg das »Evang. Kirchenblatt« zunächst noch nicht umgeschaltet worden ist, sondern Fritz Römer noch schreiben kann, was er für recht hält, und da er aus seinem Einstehen für uns keinen Hehl macht, haben wir zunächst keinen Anlaß, uns für das badische Blatt zu interessieren. So stellten wir diese Fragen einmal noch zurück.

Dann ergab sich, daß – damals – die Akademikerkonferenz noch nicht geplant war. Man fürchtete sich, bei so ungeklärter Lage eine Diskussion über die Kirche zu entfesseln (nach gut württ. Art ist das gedacht; erst wenn die Dinge entschieden sind, werden sie den Untertanen des Herzogs mitgeteilt zur Apperzeption). Wir sagten uns, daß das für uns einen guten Anlaß bieten könnte, statt dessen unsre Herbsttagung – Badens und Württembergs – gemeinsam zu halten. Und wir verabredeten folgendes: Zeit: Oktober. Akademischer Redner: Thurneysen. Themen: Die Kirche des Evangeliums: 1. Vortrag: Kirche und Wort (von der Heilsordnung der Kirche). 2. Vortrag: Kirche und Bekenntnis (von der Lehrordnung der Kirche). 3. Vortrag: Kirche und Gemeinschaft (von der Lebensordnung der Kirche). Bender übernahm es, mit Thurneysen zu verhandeln. Ergebnis bis zur Stunde mir noch unbekannt. Wir dachten es dabei so, daß wir nebenher an diesen drei Tagen oder Nachmittagen in der freibleibenden Zeit unsre eignen Geschäfte in Sondersitzungen erledigten. Das Ganze wurde unter Voraussetzung verabredet, daß keine Akademikerkonferenz stattfinde. Nun trifft aber diese Voraussetzung heute nicht mehr zu. Durch ein Spottwort von mir veranlaßt ist die Akademikerkonferenz doch angeschuckt worden, und unter der Voraussetzung, daß Fezer, der ja wohl in Berlin festgehalten sein wird[3a], kein Veto einlegt, wird sie wohl auch stattfinden. Es soll Köberle über Hl. Geist, Schlatter d. Ä. über die Kirche und Wendland über die letzten Dinge reden. Also eine durchaus tragbare Besetzung. Predigen soll Hartenstein. Nun weiß ich leider nicht, wie das auf die badischen Pläne sich auswirkt. 14.–18. Oktober: Akademikerkonferenz – da werden sie wohl vorziehen, dorthin zu gehen. Bender schreibt mir trotz Monition immer noch nicht. So tappe ich im Dunkeln.

Wir selber müssen ja auf alle Fälle, ob unsre Tagung unter den erfreulichen Auspizien Thurneysens stattfindet oder aus eignem Geiste

[3a] Prof. Fezer war damals noch für die Einstweilige Leitung der DEK in Berlin tätig.

bestritten wird, unsre eignen Gegenstände haben und mit Referenten besetzen. Darum kann das Folgende verabredet werden in einer gewissen Unabhängigkeit von den obigen noch schwebenden Fragen. Tagen wir für uns allein, so kann erwogen werden, unsre Tagung vorne vor die Akademikerkonferenz hinzusetzen, mit einem Tag Zwischenraum, damit, wo Lust vorhanden, unsre Freunde auch die akademische Speise mit nur einmaliger Reiseausgabe zu sich nehmen können. Was sind die Gegenstände, die bei uns erörtert gehören? Fausel und Mildenberger haben Vorschläge dazu gemacht[3b]. Beide berühren sich in mancher Hinsicht. Mildenberger stellt eine Reihe praktischer Fragen zusammen, Fausel ordnet vier Kreise. Ich teile Euch die Vorschläge als Materialsammlung abschriftlich mit.

Fausel skizziert: 1. Kreis: Kirche und Volk im Alten Testament und Neuen Testament. Gottesvolk im Alten Testament, Israel nach Fleisch und Geist, Polis im Neuen Testament (letztlich: Schöpfung und Vollendung). Grundsätzliches Zurückgehen auf das Neue Testament; Reformation wird beigezogen zur Verdeutlichung. 2. Kreis: Der Kampf der Kirche um sich selber. Hier wäre zu zeigen, wie Paulus um die Reinheit der Kirche und wie Luther für die Kirche gegen die Papstkirche gekämpft haben (letztlich: Macht und Glaube). 3. Kreis: Der Angriff von außen auf die Kirche. Die Sammlung der völkischen Mystik (Rosenberg, Bergmann, Hauer usw.) und das neue Erziehungsideal (Rasse, Pädagogik). Hier geschehen viele Dinge, die man heute einfach wissen muß, auch wenn eine praktische Stellungnahme dazu vielleicht noch in der Ferne liegt. 4. Kreis: Die Festigung in der Kirche, unsre eignen Aufgaben: Stellung zur Glaubensbewegung, Inhalt unsrer Arbeit (Exegese und Predigtbesprechung), das äußere Ziel (kirchliche Legalisierung unsrer Arbeit, Bezirkstheologen, Lehrbildung). Soweit Fausel.

Mildenberger – sichtlich von den sehr wichtigen Problemstellungen der Berneuchener[4] befruchtet – stellt folgende Fragen zusammen: 1. Methode der kirchlichen Arbeit: Appell an die nichtintellektuellen Kräfte und Schichten im Menschen. Fruchtbarmachen von Bild, Symbol, Formel und Wiederholung. Erneuerung der kirchlichen Presse. Neue Art kirchlicher Vereinsarbeit. Zellenbildung, Ordensbildung. 2. Heils-

[3b] Diese Unterlagen befinden sich nicht bei den Akten.

[4] Die Gruppe der Berneuchener veranstaltete vom 7. bis 14. 8. 1933 im Kloster Urspring eine Freizeit (KAW, Ausgabe vom 20. 7. 1933). Die Berneuchener wuchsen aus der evang. Jugendbewegung heraus, ihr Anliegen ist die leibhaftige Verwirklichung der Kirche.

geschichtliche Predigt und Unterricht. Erneuerung des Lehrplans. Stärkere Betonung des anschauungsmäßigen Stoffes. Außerbiblische Stoffe im Religionsunterricht? Heldensage oder Heiligengeschichte (Christophorus z. B., ein für den Religionsunterricht schon auf unterer Stufe absolut brauchbarer Stoff). Sicherung gegen völkische Überfremdung des Religionslehrstoffes. Was für eine Fülle von Fragen muß hier im Zusammenhang mit dem alttestamentlichen Komplex gelöst werden bzw. in die Öffentlichkeit hinein fruchtbar gemacht werden! 3. Schöpfungsordnungen. Biblische Normen für Staats- und Volksleben? Ist die Volks- und Staatsgeschichte Israels als des auserwählten Volkes für die Völker überhaupt maß- und richtunggebend? Gehört auch die Kirche mit ihrer Gestalt in die »gefallene Schöpfung«? (Verhältnis von Kirche und Staat im Sinn der Kirchenwahlrede Hitlers[4a]). Katholisches Konkordat. Volkskirche, Staatskirche, Nationalkirche. 4. Brauch und Sitte. Kirchliche Forderungen auf diesem Gebiete. 5. Bedeutung der Geschichte für die Gestalt der Kirche. Gibt es ein kirchliches Gestaltprinzip? Bedeutung von Tradition, Geistes- und Zeitgeschichte für die jeweilige Gestalt der Kirche. Verhältnis von Verfassung und Lehre. Soweit Mildenberger.

Material genug! Nun äußert Euch bitte darüber, was für diese Herbsttagung als das Wichtigste erscheint. Die Themen aus Fausel III sind Themen ohne Diskussion, sachliche Referate, die zwei Abende füllen können. Da ist Fausel selber zuständiger Referent. Das sachliche Schwergewicht liegt meinem Gefühl nach für diesmal wohl auf Mildenbergers erster Gruppe und Fausels 4. Kreis. Aber natürlich brennt auch die alttestamentliche Frage. Was brennt nicht? Vielleicht könnte man, ob nun Thurneysen kommt oder nicht, unsre Themen etwas an die für Thurneysen geplanten anschließen. Dann sähe es so aus (dies als ganz unmaßgebliches Phantom einmal an die Wand projiziert): Begrüßungsabend: Praktisches Hauptthema: Unsre Stellung zu den Deutschen Christen. 1. Tag: Morgens: Thurneysen: Heilsordnung der Kirche. Nachmittags: Unsre Predigt im nächsten Winter der Volksmission. Mildenbergers 1. Gruppe. Gohls Erkenntnisse von Alpirsbach[4b]. Abends: die Botschaft der völkischen Mystik. 2. Tag: Morgens: Thurneysen: Lehr-

[4a] Hitlers Rede am 22. 7. 1933 vor den kirchlichen Wahlen am 23. Juli; siehe Dokumente, S. 119 ff. Zum Reichskonkordat siehe S. 267.

[4b] Zur Volksmission siehe S. 758 ff. Vom 31. 7. bis 8. 8. 1933 fand im Kloster Alpirsbach eine »Kirchliche Woche« statt unter dem Thema: »Wirklichkeit der Kirche in Wort, Sakrament und Gebet« (KAW, Ausgabe vom 22. 6. 1933).

ordnung der Kirche. Nachmittags: Unsre KTA-Bezirksarbeit im Dienste reiner Lehre. Fausels 4. Kreis. Auch 2. Kreis. Abends: Kirchliche und rassische Erziehungsarbeit. 3. Tag: Morgens: Thurneysen: Lebensordnung der Kirche. Nachmittags: Unsre Kirchlich-theol. Arbeitskreise als Zellen eines kirchlichen Neubaus der Amtsgemeinschaft. Bruderschaften. Laienbruderschaften. Abends: Organisatorische Festigung der Kirchlich-theol. Arbeitsgemeinschaft. 4. Tag: Abreise bzw. Anschluß an die Akademikerkonferenz. Wenn letzteres gemacht würde, so wäre der Ort der Tagung der Palmenwald, die Zeit der 9. bis 13. oder der 10. bis 14. Oktober. (Die Schulungswoche der Deutschen Christen ist um diese Zeit längst vorbei; soviel ich weiß, ist sie vom 18. bis 28. September auf der Comburg[5]). Als Referenten würde ich für den 1. Nachmittag Mildenberger, für den 2. ?, für den 3. Dipper vorschlagen; die beiden Abende am 1. und 2. Tag würde ich Fausel, der große Vorarbeit geleistet hat, zuschieben.

Dieses Rundschreiben schicke ich an Haug, Dipper, Gohl, Mildenberger und Fausel. Antwort an Metzger.

Herzliche Grüße! Metzger.

Den Entwurf für eine Einladung sandte Pfarrer Metzger am 18. 9. 1933 an Studienrat Dr. Haug in Urach[6]*:*

... Der Plan unserer Tagung steht im einzelnen noch nicht fest. Wir werden uns vor allem mit den vor uns liegenden Aufgaben, die mit dem Programm einer Volksmission gemeint sind[7], zu befassen haben; wir werden gleichzeitig die Gestaltung unsrer eignen Arbeit in unsern Bezirksarbeitsgemeinschaften überlegen müssen; wir werden endlich auch uns darüber zu verständigen haben, in welcher Weise unsre Arbeit für die Landeskirche fruchtbar gemacht werden kann.

Seit unsrem letzten Zusammensein hat sich die Lage in wesentlichen

[5] Siehe S. 446.

[6] LKA Stuttgart, D 1, Bd. 40. Hier ist nur der zweite Teil des Entwurfs wiedergegeben, da Teil 1 in der endgültigen Einladung vom 20. 9. 1933 fast wörtlich wiederkehrt (siehe S. 716 ff.). Auf einem Exemplar des Entwurfs, das Haug am 18. 9. 1933 an Metzger zurücksandte, vermerkte Haug handschriftlich: »Einverstanden. Haug. Vielleicht kannst Du den resignierten Ton [...] noch etwas dämpfen: geduldig in Trübsal, aber fröhlich in Hoffnung« [Röm 12,12]. Schon am 14. 9. 1933 hatte Metzger in einem Brief an Haug und Dipper weitere Erwägungen über die Referate der geplanten Tagung angestellt (LKA Stuttgart, D 1, Bd. 40).

[7] Siehe S. 770 ff.

Dingen vollends geklärt. Ein gewisser Abschluß ist mit der Fertigstellung des kirchlichen Verfassungswerkes und der Wahlen erreicht. Der kirchliche Machtkampf ist entschieden. Das Trümmerfeld, das er hinterließ, liegt vor aller Augen. Keine Hymnen täuschen drüber hinweg, daß mehr zerschlagen worden ist, als die schlimmsten Befürchtungen es ahnten. Wir wollen nicht anklagen. Die Tatsachen reden selber laut genug: das zerstörte Vertrauen, die zerrissene Gemeinschaft unter uns Pfarrern, die unselige Erschütterung der Gemeinden. Wir haben zur rechten Zeit unsre Stimme erhoben; wir sind nicht durchgedrungen. So war uns nur noch der Protest geblieben; wir haben ihn erhoben. Wir konnten uns nicht mitverantwortlich machen für ein Handeln, welches wir als kirchlich untragbar empfinden müssen. Der Rückblick auf das Geschehene muß uns tief demütigen. Nicht unverdient ist über unsre Kirche dieses Gericht des Zornes Gottes gegangen. Schwere Versäumnisse zeitigten hier ihre Frucht. Was mit dem Reformationsjubiläum 1917 so hoffnungsvoll begonnen hatte[7a], war noch nicht stark genug, um den Wiedereinbruch einer zu Unrecht für überwunden gehaltenen schwärmerischen Theologie und einer in ihrer Gefährlichkeit kaum anfangsweise erkannten kirchlichen Praxis zu verhindern. Das, was unsrer Kirche darum heute mehr denn je not tut, ist die Einkehr und Selbstbesinnung. Die Sicherheit, mit der heute Christus, Schrift und Bekenntnis für höchst fragwürdige Größen reklamiert wird, muß uns erschrecken. Wir müssen uns ständig vor Augen halten, daß wir ministri, nicht domini verbi divini sind und daß uns darum das Fragen nach dem, was vor Gott Recht und was vor Gott Sünde ist, auch dann, ja gerade dann nicht erspart werden darf, wenn es kirchlich zu handeln gilt.

Unsre Kirchlich-theol. Arbeitskreise waren 1930 entstanden aus der Erkenntnis heraus, daß es ein unhaltbarer Zustand sei, wenn kirchliche Fragen nach den Gesichtspunkten kirchlicher Machtverteilung und kirchenpolitischer Opportunität entschieden werden anstatt im schlichten Gehorsam gegen die Wahrheit und aus der lebendigen Bezogenheit des Glaubens auf den Christus und sein Leben. Man hat uns als Theoretiker verlacht; man hat die Erledigung theologischer Fragen auf die Zeit verschoben, wo die Dinge entschieden seien. Wir ernten nun in der Kirche die Folgen dieses Ungehorsams, der das Tun der Kirche spaltete in einen Machtkampf, der bedenkenlos das Gewissen zertrat, und in eine theologische Spielerei müßiger Stunden, die zu nichts mehr verpflich-

[7a] Gemeint sind die Arbeiten von Karl Holl, besonders dessen Aufsätze über Martin Luther.

tete. Wir können demgegenüber unsrerseits uns für unsren Teil dadurch nur um so mehr gerufen fühlen, uns als die Leute der Praxis ganz vom Evangelium her bestimmen zu lassen, also eine Theologie von verbindlicher Art zur Grundlage unsrer Amtsführung im Kleinen und Großen zu machen. Als mit dem politischen Umbruch des Jahres 1933 eine so große Lockerung alter und versteifter Fronten eintrat und die kirchlichen Hemmungen in Gestalt parlamentarischer und bürokratischer Traditionen erschüttert schienen, schien eine einzigartige Gelegenheit gegeben zu sein zur Neugestaltung der Kirche aus dem Evangelium heraus. Wir hatten gehofft, die Kirche werde in der Gestaltung ihres Lebens den Erkenntnissen der Reformation einen vertieften Einfluß gestatten und den Mut finden, wirklich nichts anderes als eben Kirche sein zu wollen. Leider hat die große neugestellte Aufgabe der Ordnung des Verhältnisses zu Volk und Volkstum bis jetzt nicht zu einer kirchlichen Vertiefung geführt; vielmehr ist politischer Argwohn und politische Leidenschaft wie eine Sturmflut in die Kirche eingebrochen und hat selbst dasjenige Verständnis des kirchlichen Auftrages gefährdet, welches bisher in der Kirche weithin maßgebend gewesen war.

Wir können die daraus erwachsene Spaltung nicht als Gewinn für das Evangelium buchen. Wir werden auch in Zukunft, mögen die Ereignisse gehen wie immer, das Heil für die Kirche nicht im Aufbau nebenkirchlicher Organisationen, sondern nur in dem treuen Zusammenstehen der Amtsbrüder als Amtsbrüder erblicken können; nicht in der Erweiterung des kirchlichen Apparates zur Propaganda, sondern in der treuen Verkündigung des Evangeliums an alle; nicht in der Aufspaltung der Gemeinden durch ein System neuer Ortsgruppen, sondern in der Sammlung zum zentralen Dienst. Dazu wollen wir uns gegenseitig helfen in den Gemeinden, in den Bezirken, und auch bei unsrer Herbsttagung; und wir bitten Sie um Ihre Mitarbeit dabei.

Mit amtsbrüderlichem Gruß I. A. Metzger.

Die endgültige Einladung an die württ. Pfarrer wurde am 20.9.1933 als Rundschreiben Nr. 3 versandt[8]*:*

Lieber Herr Amtsbruder!

Auf unserer Pfingsttagung 1933 haben wir in Aussicht genommen, uns im Herbst wieder zu treffen, um unsern gemeinsamen Weg im

[8] LKA Stuttgart, D 1, Bd. 41,2.

Amte des Evangeliums innerhalb unsrer württ. Kirche aufs neue zu überdenken. Wir haben bei der heutigen Zusammenkunft unserer Freunde anläßlich des großen Pfarrertreffens in Stuttgart zu dieser Herbsttagung mündlich eingeladen; wir wiederholen dies noch einmal schriftlich und bitten Sie, sich auf beiliegendem Zettel zur Tagung anzumelden und zugleich diejenigen Amtsbrüder zur Teilnahme aufzufordern, die sich mit uns in ihrer Theologie und in ihrer kirchlichen Arbeit an Schrift und Bekenntnis gebunden wissen. Sammlung tut uns not, in dem doppelten Sinn einer inneren Sammlung auf den wesentlichen Auftrag unsres Amtes, und einer äußeren Sammlung aller derer, die in der lauteren und reinen Verkündigung der frohen Botschaft den Grund einer verpflichtenden Gemeinschaft erkennen. Wir treffen uns in Freudenstadt (Palmenwald). Der Termin – Anreise am Nachmittag des Mittwochs, 11. Oktobers, Abreise am Morgen des Samstags, 14. Oktobers – ist so gelegt, daß ein lückenloser Anschluß an die diesjährige Akademikerkonferenz ermöglicht ist. Diese ist mit Vorträgen von Prof. Köberle, Prof. Schlatter und Privatdozent Wendland für den 14. bis 18. Oktober geplant.

Wenn uns eine fruchtbare Arbeit geschenkt werden soll, werden wir auch auf dieser Tagung nicht stehen bleiben dürfen bei der Betrachtung dessen, was dahinten liegt, sondern unsern Blick auf die vor uns liegende Aufgabe richten, die größer denn je ist. Freilich ist eine nüchterne und leidenschaftslose Betrachtung des Gewordenen auch von Gewicht. Ein gewisser Abschluß ist mit der Fertigstellung des kirchlichen Verfassungswerkes und der Wahl erreicht; der kirchliche Machtkampf ist, soweit Macht in der Kirche überhaupt etwas bedeutet, entschieden. Das Trümmerfeld, das er hinterläßt, an zerstörtem Vertrauen unter den Pfarrern, an Erschütterung der Gemeinden, stellt uns vor die Frage nach der tieferen Ursache für die Verworrenheit und Schwäche unsrer Kirche, die sie allen Hymnen zum Trotze zeigt. Wenn wir den sich hier aufdrängenden Erkenntnissen nicht ausweichen, dann kann auch noch aus solch demütigendem Zustand Heil erwachsen: dann nämlich, wenn er uns zur Umkehr führt. Mit Klagen und Anklagen ist dabei wenig getan. Nicht unverdient ist dieses Gericht des Zornes Gottes über uns alle gegangen; die Versäumnisse, die hier vorliegen, und die bösen Taten, die hier fortzeugend Böses gebären[8a] und Gutes verhindern, sind unser aller Versäumnisse und Taten. Was mit dem Reformationsjubiläum 1917 so

[8a] Friedrich Schiller. »Wallenstein II (Die Piccolomini)«, V, 1.

verheißungsvoll begonnen hatte, war nicht stark genug gewesen, um in der historischen Stunde das Neue mit der Vollmacht des Geistes zu gestalten und den Wiedereinbruch einer zu Unrecht für überwunden gehaltenen Theologie und einer durchaus säkularen kirchlichen Praxis zu verhindern. Wir haben zwar unsre Stimme rechtzeitig warnend erhoben, aber wir sind nicht durchgedrungen. So blieb uns nur noch der Protest. Wir haben ihn deutlich genug erhoben, weil wir uns nicht mitverantwortlich machen konnten für ein Handeln, das kirchlich untragbar war. Aber damit sind wir noch nicht gerechtfertigt. Nicht Protest, sondern positive Gestaltung ist die Aufgabe. Und hier haben wir wohl alle immer wieder von unten her aufzubauen und von vorne anzufangen.

So gilt es also aus dem Geschehenen und Gewordenen zu lernen und mit Nachdruck für das, was wir erkannt zu haben glauben, neue Wege zur Verwirklichung zu suchen. Unsre Kirchlich-theologischen Arbeitskreise waren 1930 entstanden aus der Gewißheit heraus, daß es unhaltbar sei, wenn kirchliche Fragen nach den Gesichtspunkten kirchlicher Machtverteilung und kirchenpolitischer Opportunität entschieden werden anstatt mit dem ständigen Augenmerk auf das, was vor Gott recht und was vor Gott Sünde sei. Wir wollten die Erledigung theologischer Fragen nicht verschieben auf eine Zeit, wo die Dinge schon entschieden sind (Hirsch[8b]). Wir ernten heute in der Kirche die Folgen dieses Ungehorsams: Die Aufgabe der Kirche spaltete sich in einen Machtkampf, der bedenkenlos die Gewissen zertrat, und in eine theologische Spielerei müßiger Stunden, die zu nichts verpflichtete. Was uns darum not tut, ist ein lebendiges Stehen zum alten Bekenntnis, und das lebendige Ringen um ein neues Bekenntnis. Weil theologische Erkenntnis fürs Handeln verpflichtet, darum müssen wir uns um sie mühen. Als erste und zentrale Aufgabe steht die Sorge für die Gemeinde vor uns Pfarrern. Durch's Wort wird sie erbaut. Wie predigen wir ihr heute recht? Die Sicherheit, mit der zur Zeit der Christus der Schrift und des Bekenntnisses für ganz fragwürdige Größen in Anspruch genommen wird, muß uns erschrecken und vor die Frage nach wirklich zeitgemäßer Predigt der frohen Botschaft führen. Wir wollen am 1. Vormittag unsrer Tagung uns gemeinsam um eine Antwort mühen. Neben der Aufgabe, die Gemeinde zu pflegen, steht seit Jahren ungelöst die andre vor uns, allem Volk das Wort zu sagen, den entfremdeten Gebildeten so gut wie den entfremdeten Arbeitern und Bauern. Das missionarische Bemühen um Anknüp-

[8b] Zum Gutachten von Prof. Hirsch zur Frage der DEK siehe S. 128 ff.

fung zeitigt heute merkwürdige Verkehrungen; und doch ist es so überaus wichtig. Wie sagen wir das Wort denen, die es zum ersten Mal hören, ohne ihnen etwas vom ganzen Evangelium vorzuenthalten? Diese Frage soll uns der zweite Morgen unsres Zusammenseins klären helfen. Daneben gedenken wir (an den beiden Nachmittagen) die höchst praktischen Probleme der Pfarrerschaft und des Gemeindeaufbaus miteinander zu erörtern. Das Problem neuer kirchenpolitischer Gruppierung steht ungelöst vor unsrer Tür. Unsre eigne Bezirksarbeit will ihre Richtlinien für den Winter. Ein System neuer Ortsgruppen droht unsre Gemeinden zu spalten; was tun wir? Der Ruf nach lebendigen Gemeinden erklingt schon lange; wie kommen wir ein Schrittlein weiter? Diese und andere Fragen, die uns auf dem Herzen brennen, sollen Raum haben, soweit es im Rahmen des Ganzen möglich ist. Um allen das Bleiben bis zum Samstag früh möglich zu machen, wollen wir am Freitag Abend unsern Predigttext gemeinsam miteinander bearbeiten; am Donnerstag Abend werden wir wohl ein aktuelles Referat ohne Aussprache hören.

So umreißt sich etwa der Inhalt unsrer Tagung. Wir bitten Sie um Ihre Mitarbeit und grüßen Sie in der Verbundenheit des Amtes Christi herzlich. I. A. Metzger.

Am 26.9.1933 wurden zur Verständigung unter den Referenten und Leitern *folgende* Sätze *mitgeteilt*[9]*:*

1. Im Unterschied von unsrer Pfingsttagung wollen wir diesmal ein ganz praktisches Thema bearbeiten: unsre Winterarbeit. Also: Verkündigung, Gemeinde, Volksmission. Alles: 1933!

2. Der Gedankengang der Referate soll sich in folgender Weise etwa entwickeln, wobei ich vorausschicke, daß die Referate kurz sein dürfen und sollen, da sie als Doppelreferate gedacht sind:

Erster Vormittag – erstes Teilreferat: Worin kann eine zeitgemäße Verkündigung inhaltlich bestehen? Diese Frage aber limitiert durch den Gesichtspunkt: Verkündigung an die vorhandene Gemeinde, also nicht Mission im eigentlichen Sinn. Anders ausgedrückt: wie erfüllt die Predigt im sonntäglichen Vormittagsgottesdienst ihre Aufgabe richtig, Pre-

[9] LKA Stuttgart, D 1, Bd. 40. Ein Protokoll über die Tagung befindet sich nicht bei den Akten, die Vorträge sind nicht in einer Broschüre wie die der Sommertagung veröffentlicht. Die Referate von Pfarrer Eichele und Pfarrer Weismann über die Volksmission sind im EKBlW, Ausgabe vom 31.10.1933 und 15.11.1933 abgedruckt; vgl. S. 760 ff.

digt eines höchst unzeitgemäßen Evangeliums an unsre heutige Zeit, an unsre derzeitige Gemeinde zu sein? Besondern Wert lege ich darauf, daß es Verkündigung nicht bloß auf den einzelnen hin und von dem einzelnen her ist, sondern Verkündigung aus der Kirche an die Kirche.

Erster Vormittag – zweites Teilreferat: Wie kann die inhaltlich richtig gefaßte Verkündigung zeitgemäßer Art nun wirklich zur Wirksamkeit gebracht werden, oder besser gesagt: wie können die im Wesen unsres heutigen Menschentums liegenden Hemmnisse des Hörens beseitigt werden? Wie kommt der Mensch »in Ordnung«? Hier bitte ich darum, daß uns allen die Erkenntnisse und Erfahrungen der Berneuchener zugeleitet werden, damit wir lernen und hören können, was dort zu dieser Frage zeitgemäßer Verkündigung zu sagen ist. Auch wenn dann die Arbeit hinausführt über Verkündigung im engen Sinn, auch wenn von Gebetsordnung usw. die Rede ist, so gehört es einfach doch hierher, weil zum Vollzug der Verkündigung nicht bloß der Prediger (erstes Referat), sondern auch der Hörer gehört.

Zweiter Vormittag – erstes Teilreferat: Wie wird die Kirche der Aufgabe der Volksmission gerecht? Hier denke ich, müßte die Rede sein einmal vom Träger der Volksmission, und wir würden drauf hingeleitet, daß der Träger eben im Grunde die ganze Gemeinde selber ist. Diese Gemeinde aber gehört dazu wiederum in dieser Arbeit selbst erzogen. Welche Wege bieten sich hiezu und wie wirkt dann die Gemeinde hinaus zu den Entfremdeten? Endlich: wie ordnet die Gemeinde sich ihre neuen Glieder ein? (Kirche ist Ausgang und Ziel der Volksmission). Es würde sich hier also um eine geradlinige Fortsetzung des ersten Vormittags handeln, indem das am ersten Tag für die Gemeinde Erarbeitete als wirksame Potenz eingesetzt wird in die Frage des zweiten Vormittags.

Zweiter Vormittag – zweites Teilreferat: Was hat die Kirche bei dieser Arbeit der Volksmission zu bringen? Beginnt sie apologetisch in Auseinandersetzung mit den vorfindlichen Weltanschauungen und bahnt sich, etwa wie Heim, den Weg zum letzten Ziel? Beginnt sie bei der ethischen Frage und führt den Weg des Zerbrechens vor dem Gesetz? Setzt sie unmittelbar beim Evangelium ein, bei der Person Jesu, bei einer christlichen Größe biographischer Art usw.? Welches sind die zentralen Fragestellungen, die eine volksmissionarische Darbietung zu beantworten hat? Insbesondre: wie setzt die Kirche das nationale Geschehen in den Zusammenhang mit ihrer Mission (dieselbe Frage natürlich auch schon im Vordergrund bei der Gemeindepredigt, ob sie nun positiv oder negativ beantwortet wird).

3. Für die Form der Referate wäre ich dankbar, wenn sie vielleicht die Form von etwas näher ausgeführten Leitsätzen hätten, zur Erleichterung der Diskussion. Das Wichtigste ist mir, daß wir zu einer Reihe ganz greifbarer praktischer Erkenntnisse kommen, mit denen die Besucher unserer Tagung – in eigener Arbeit – Stoff und Antrieb für die häusliche Arbeit in der eigenen Gemeinde und im eigenen Bezirk mitbekommen. Da vielleicht der Herr Landesbischof und außerdem die beiden Führer der Deutschen Christen, Pressel und Weber, kommen, ist auch dort hinüber der Kanal vorhanden, der unsere Arbeit, wenn sie Frucht bringen darf, für einen großen Kreis unsrer Kirche nutzbar macht.

4. Wie wir unsere Nachmittage ausfüllen, das hängt von den Vormittagen ab. Will die Diskussion fortgesetzt werden, so ist die Möglichkeit da; andernfalls schneiden wir am ersten Nachmittag die Fragen der kollegialen Zusammenarbeit der Pfarrer in den Bezirken, am zweiten die Fragen des praktischen Gemeindeaufbaus an. Für den Donnerstag Abend ist ein Referat mit Fragezeichen eingesetzt, es ist mir zweifelhaft geworden, ob wir das belassen sollen, und nicht vielmehr entweder Gelegenheit zu privater Aussprache oder aber Aufbau unsrer Kirchlich-theologischen Arbeitskreise in Richtung auf eine gewisse Verfestigung einsetzen sollen.

5. Sehr am Herzen liegt mir, daß wir Pfarrer dort zusammenwachsen nicht bloß als hörende und redende Schar, sondern auch als Gemeinde. Darum liegt mir soviel an den Morgen- und Abendfeiern; ich möchte zu ihnen auch den lutherischen Psalter fruchtbar machen. Metzger.

Nach der Freudenstädter Tagung schrieb Pfarrer Fausel, Heimsheim, am 23. 10. 1933 an Pfarrer Metzger wegen eines Ausbaus der Arbeitsgemeinschaft[10]*:*

Lieber M.,

ich möchte Dich noch einmal bitten, mit mir zu erwägen, ob wir nicht wegen der auszubauenden Arbeitsgemeinschaften noch einmal einen Schritt bei dem Herrn Bischof unternehmen sollen, etwa durch Vorlage einer kurzen Denkschrift. Der jetzige Zeitpunkt erscheint aus nahe-

[10] LKA Stuttgart, D 1, Bd. 40.

liegenden Gründen außerordentlich günstig zu sein. Es wäre nur nötig, wenn man diese Aufgabe angreift, sie sofort auch organisatorisch auszubauen und dafür einige besondere, freizumachende Kräfte einzusetzen. Es müßte dabei selbstverständlich sein, daß bei dieser Arbeit diejenigen Kreise der Pfarrerschaft, die sich durch ihre bisherige Arbeit Erfahrung erworben haben, ihre Kraft der Landeskirche zur Verfügung stellten und beigezogen würden. Alle unsre Bemühungen haben ja keinen Wert, solange sie nicht durch die kirchliche Obrigkeit legalisiert sind, d. h. nicht nur empfohlen und der Privatmeinung der Pfarrer anheimgegeben, sondern als Standesordnung offiziell eingeführt werden. Ich bin überzeugt, daß wir sehr rasch einen Arbeitsplan aufstellen und auch die sonstige Betreuung übernehmen könnten. Die Unverfänglichkeit der Beschäftigung mit dem Neuen Testament dürfte auch politischen Stellen gegenüber unschwer klargemacht werden können. Aber es muß jetzt etwas geschehen, sonst wird die innere Zermürbung und Unsicherheit der Pfarrer mit jedem Tage größer. Die Führung, die sich in der Leitung der Landeskirche zeigt und durchsetzt, wirkt auf den einzelnen richtungslosen Pfarrer nicht genügend ein, denn er ist sich selber und allen Einflüssen immer wieder preisgegeben. Diese Führung muß in Gestalt der einzelnen theologischen Bezirksleiter greifbar, sichtbar werden und aus der Höhe hinunterreichen in die Tiefe. Darum sind die einzelnen Bezirksleiter dem Bischof unmittelbar verantwortlich.

Wir werden uns auch noch besinnen müssen über unser Verhältnis zur Presselgruppe. Sehr erwünscht bleibt ja, daß man (s. die Rundschreiben an ihre Freunde und an alle württ. Pfarrer) von den Methoden der Glaubensbewegung Deutsche Christen abrückt, allein damit sind die sachlichen Anliegen noch lange nicht geklärt. Ganz abgesehen vom Theologischen – wie wird's stehen beim Verhältnis zur Reichsleitung? Wie wird die Entscheidung ausfallen, wenn der Konflikt zwischen Reichskirchenleitung und Landeskirchen sich verschärft? Werden sie es fertig bringen, in der Entscheidung zwischen der württ.-lutherischen Landeskirche und der GDC-Unionskirchenleitung im Reich fest zu bleiben? Und wie, wenn wir, was mir durchaus wahrscheinlich erscheint, einen Kirchenstatthalter bekommen. Gesetzlich ist das ja ohne weiteres möglich, es wäre auch der Öffentlichkeit gegenüber unverfänglich und man wäre vom Politischen her daran gewöhnt.

Verschiedenes, was ich in letzter Zeit auch von Hochschulen hörte, bestärkt den alten Eindruck, daß die Säkularisierungswelle von der Aufklärung her zwar in einem neuen Bett, aber dort stärker fließt als zuvor

– sie hat nun das gute humane Gewissen der Bürgerlichkeit und der Vaterlandsliebe. – In Berlin war Vöhringer[11], ich konnte nicht. Sonst nichts Neues.

Herzlichen Gruß! Dein Fausel.

Im Anschluß an den Brief vom 23. 10. 1933 entwarf Pfarrer Fausel eine Ordnung für die Arbeitskreise der Pfarrer der Württ. Landeskirche[12]:

Paragraph 1: Durch Ordinationsgelübde und Dienstanweisung ist jeder Pfarrer der Landeskirche an Schrift und reformatorisches Bekenntnis gebunden. Er wird seinen Auftrag in Predigt, Seelsorge und Jugendunterweisung nur erfüllen können in ständiger Vertiefung in die Schrift auf der einen Seite, in unablässigem Bemühen um die Erfassung der gegenwärtigen Wirklichkeit auf der anderen Seite.

Paragraph 2: Damit diese Arbeit in der Gemeinschaft des Dienstes und der Liebe geschehen könne, werden in den einzelnen Bezirken Arbeitskreise gebildet. In diesen Kreisen sollen die Pfarrer in gemeinsamer Arbeit sich rüsten für die ihnen heute gestellten Aufgaben.

Paragraph 3: Die Leitung der Kreise liegt in den Händen des Arbeitskreisleiters. Der Leiter wird vom Landesbischof ernannt, wobei der Bezirk ein Vorschlagsrecht hat. Ausschlaggebend bei der Ernennung des Leiters ist seine theologisch-kirchliche Befähigung.

Paragraph 4: Die Teilnahme am Arbeitskreis ist freiwillig. Doch wird von denjenigen Pfarrern, die sich zur Mitarbeit bereit finden, regelmäßige Teilnahme erwartet.

Paragraph 5: Die Arbeit ist nicht der Willkür der einzelnen Leiter oder Bezirke ausgeliefert, sondern geschieht nach einem für das ganze Land verbindlichen Plan. Dieser Plan wird vom Landesbischof unter Beiziehung geeigneter Sachberater aufgestellt und wird drei große Aufgabengebiete umfassen: 1. Auslegung der Heiligen Schrift Alten und Neuen Testaments, 2. Beschäftigung mit Predigt und Volksmission, 3. Behandlung aktueller Fragen im Lichte der Schrift.

Paragraph 6: Der Ertrag der jeweiligen Sitzungen des Arbeitskreises wird protokollarisch niedergelegt. Die Verhandlungen mögen geschehen im Geiste brüderlicher Liebe und Achtung, doch auch mit dem Ziel der Bildung gemeinsamen theologisch-kirchlichen Willens.

[11] Den Bericht Vöhringers über die Besprechung im Pfarrernotbund am 23. 10. 1933 siehe S. 725 ff.

[12] LKA Stuttgart, D 1, Bd. 45,1.

Paragraph 7: Die Bezirksleiter werden durch den Landesbischof mindestens jährlich einmal berufen, wobei der Ertrag der Landesarbeit zusammengefaßt, für die Arbeit der Gesamtkirche nutzbar gemacht und zugleich der neue Plan ausgegeben und besprochen wird.

Paragraph 8: Soweit bis jetzt schon Arbeitsgruppen bestanden, werden sie den Stamm der neuzubildenden Kreise darstellen können.

Schon im September 1933 ergab sich eine Verbindung der Leiterkreise der Kirchlich-theol. Arbeitsgemeinschaft zum Pfarrernotbund von Pfarrer Martin Niemöller. Am 15. 9. 1933 schrieb Pfarrer Fausel deshalb an Pfarrer Metzger[13]*:*

Lieber M.,

die beiliegenden Schriftstücke von Niemöller habe ich heute erhalten und lasse sie an Dich weitergehen. Aktuell genug ist die Sache ja, und wir werden wohl bald genug auch vor einer ganz ähnlichen Situation stehen; soviel ich weiß, haben von den größeren Kirchen bis jetzt Preußen und Baden den Arierparagraphen, während bei den Verhandlungen der bayerischen Nationalsynode bis jetzt davon nicht die Rede war – aber ob ein solcher Hintertreppenbekenntnisbund das Richtige ist? Mir gefällt daran nicht, 1. daß in den beiden ersten Sätzen der Verpflichtung Dinge ausgesprochen sind, die für uns vom Ordinationsgelübde aus selbstverständlich sind und für jeden Pfarrer auch so sehr sein sollten, daß eine besondere Verpflichtung darauf eigentlich ihre Aufhebung bedeutet, 2. daß Bodelschwingh wieder eingeschaltet wird und dadurch eine kirchliche Nebenregierung entsteht, 3. daß die ganze Unterschriftensammlung wieder zu kirchenpolitischem Machteinsatz gebraucht werden soll. Nachdem man in Preußen wieder den verkehrten Weg beschritten hat und offenbar unter den dortigen verfahrenen Verhältnissen gar nicht mehr anders kann, sollten wir uns doch wohl davor in Acht nehmen. Andrerseits sind wir keinen Augenblick davor sicher, daß die Nationalsynode nicht auch auf dem Verfassungswege die Landeskirchen zur Durchführung des Arierparagraphen zwingt. Was dann?

Ich habe Niemöller eine hinhaltende Antwort gegeben, da ich von mir aus – ganz persönlich – eine Unterschrift nicht verantworten könnte. Wie

[13] LKA Stuttgart, D 1, Bd. 40. Zum Pfarrernotbund siehe S. 860 ff., ferner KJb, S. 25 f.; GB 140, S. 101 ff.; Niemöller, Kampf, S. 72 f.; Niemöller, Handbuch, S. 112 ff.; Pertiet, S. 102 ff.; vgl. Hermelink, S. 48 f. – Die Beilagen fehlen.

denkst Du darüber? Wir könnten ja vielleicht auch die Form wählen, entweder für die württ. JB-Leute oder für die Kirchlich-theol. Arbeitskreise zu erklären, daß wir zur Wahrung des Bekenntnisses entschlossen seien, ohne damit eine Festlegung auf Bodelschwingh usw. zu treffen. Das geht m. E. heute einfach nicht mehr. Schreibe mir bald wieder Antwort; es ist ja zur Einhaltung des von Niemöller gestellten Termins ohnehin zu spät. Dein Rundschreiben von Pfarrer Schlaich habe ich mit Stellungnahme gestern weitergegeben.

Herzliche Grüße von Haus zu Haus, auch von . . .[14]! Dein H. Fausel.

An einer Besprechung des Pfarrernotbunds am 20. 10. 1933 in Berlin nahm dann im Auftrag der Kirchlich-theol. Arbeitskreise Pfarrer Vöhringer teil; er berichtet darüber[15]*:*

Die Verhandlungen wurden geleitet von Pfarrer Niemöller, Berlin. Anwesend waren Vertreter aus allen Teilen des Reiches mit Ausnahme von Rheinland, Hessen-Nassau, Hessen-Darmstadt, Mecklenburg und Baden. Pfr. Niemöller berichtet zum Eingang kurz, wie es zur Gründung des »Notbundes« gekommen ist. In der Zeit des Staatskommissars kam es in Berlin zur Gründung eines Gewissensbundes, in dem sich einige Berliner Pfarrer enger zusammenschlossen. Nach der preußischen Generalsynode baten vereinsamte, unter starkem Druck von seiten der DC stehende Landpfarrer der Mark Brandenburg um einen festeren, in bruderschaftlicher Richtung gehenden Zusammenschluß. Aus dieser Notlage heraus sind die Verpflichtungen und der »Notbund« überhaupt entstanden, der jetzt etwa 2600 Mitglieder zählt. In diese Zahl ist allerdings Rheinland und Württemberg summarisch miteingerechnet. Anschließend gaben die Vertreter der einzelnen Länder und Provinzen einen kurzen Bericht über die kirchliche Lage und den Stand des »Notbundes« in ihrer Heimat. Die Betätigung des »Notbundes« ist sehr verschieden. Teilweise funktioniert er als Nachrichtendienst, teilweise in Form von regelmäßig stattfindenden Aussprachen über die kirchliche Lage, teilweise auch in der Form unserer Kirchlich-theologischen Arbeitskreise. In manchen Berichten kam zum Ausdruck, daß man in der Richtung auf eine Pfarrerbruderschaft weiterarbeiten wolle.

Pfr. Schulz von der Sydower Bruderschaft sprach sich dagegen aus, eine Bruderschaft organisieren zu wollen. Wenn man sich jetzt den

[14] Fausel schrieb diesen Brief aus dem Urlaub, hier steht im Original der Name der Wirtsleute Fausels. Das Rundschreiben Schlaichs befindet sich nicht bei den Akten. [15] LKA Stuttgart, D 1, Bd. 40.

Namen Pfarrerbruderschaft beilege, so werde damit eine Sache bezeichnet, die man gar nicht habe. Die kirchliche Lage mache eine Notfront nötig, die gegenüber der Jungreformatorischen Bewegung straffer organisiert sein und unter einheitlicher Führung stehen und vor allem um geistliche Vertiefung und theologische Schulung ringen sollte. Der Zusammenschluß müsse aber ein gelockerter bleiben. In ähnlichem Sinn sprach sich auch Dr. Ritter von den Berneuchenern aus. Pfr. Niemöller entgegnet, daß aber trotzdem die Verpflichtung bleibe, auf die Bruderschaft hinzuarbeiten. Weiter wurde über das Grundsätzliche nicht gesprochen.

Der Nachmittag war mit der Besprechung organisatorischer Fragen ausgefüllt. Es wurde ein Brüderrat gebildet, der die Führung zu übernehmen hat. Er besteht aus Pfr. Niemöller, Berlin, Pfr. Jacobi, Berlin, Lücking, Westfalen, Hahn, Sachsen, Müller, Dahlem, Klügel, Hannover, Schulz von der Sydower und Ritter von der Berneuchener Bruderschaft[15a]. Diesem Brüderrat wurden eine Reihe von Kommissionen beigegeben, die den Brüderrat beraten sollen, nicht aber selbst verantwortlich für den Notbund handeln dürfen. Kommissionen wurden eingesetzt für Personalfragen, Organisation, Presse, Theol. Fragen, Mission, Kandidaten- und Studentenarbeit, Rechtliche Fragen, Kirchenverfassung, Deutsche Christen, Hauer und Genossen, Laienarbeit. Ein erweiterter Brüderrat soll die Vertreter der einzelnen Länder und Provinzen umfassen.

Amtsenthebung: Verliert ein Glied des Notbundes sein Amt, so hat der Brüderrat zu prüfen, ob persönliche Ungeschicklichkeit oder Festhalten am Bekenntnis der Grund ist. Im letzteren Fall bestimmt der Brüderrat, wieviel der einzelne für den Betroffenen beizusteuern hat.

Presse: Die »Junge Kirche« soll als Orientierungsblatt beibehalten werden. Sie hat jetzt ungefähr 4000 Leser; drei Viertel davon sind Laien. Wenn die Abonnentenzahl weiter wächst, ist es u. U. möglich, sie in der jetzigen Form alle 8 Tage herauszugeben. Also werben! Als Sonntagsblatt für die Hand der Gemeindeglieder soll der »Sonntagsbrief« mit Beilage »Kämpfende Kirche« von den Berneuchenern weiter ausgebaut werden. In Preußen sind die meisten Sonntagsblätter gleichgeschaltet; »Evangelium im 3. Reich[15b]« soll das Sonntagsblatt werden;

[15a] Die Sydower Bruderschaft ist eine Arbeits- und Seelsorgegemeinschaft evang. Pfarrer zur Pflege reformatorischen Christentums. Zu den Berneuchenern siehe Anmerkung 4, S. 712.

[15b] Das Blatt der GBDC.

die kleineren Blätter werden sich auf die Dauer nicht halten können. Deshalb ist ein freies Sonntagsblatt unerläßlich.

Anschließend an die allgemeinen Verhandlungen trat der Brüderrat zusammen, um das weitere zu regeln.

Eine Präzisierung des Verhältnisses von uns Württembergern zum Notbund war während der Verhandlungen nicht möglich. Leider konnte ich auch nachher Niemöller nur ganz kurz sprechen und ihm nur kurz sagen, daß für uns ein Eintritt in den Notbund zunächst nicht in Frage kommen könne, daß wir uns jedoch moralisch und in einer noch zu bestimmenden Form auch finanziell hinter den Notbund stellen wollen, so wie einst hinter die Jungreformatorische Bewegung. Außerdem ist ja auch noch abzuwarten, was der Brüderrat beschlossen hat. Niemöller bat dringend, wir möchten uns in Württemberg nicht abseits stellen, sondern ihren Kampf mittragen. Auch wenn wir erfreulichere Verhältnisse bei uns hätten, hänge unser Schicksal von der Reichskirche, damit also auch von ihrer Arbeit ab. Für die Gestaltung des Verhältnisses zum Notbund scheinen mir folgende Gesichtspunkte maßgebend zu sein:

1. Die Verschiedenheit der norddeutschen und württembergischen Verhältnisse machen einen Eintritt der Kirchlich-theologischen Arbeitskreise in den Notbund im gegenwärtigen Augenblick unmöglich.

2. Wir wissen uns jedoch solidarisch mit dem Kampf, den der Notbund im Norden führt, d. h. nicht nur daß wir uns mit unserem Gebet hinter den Notbund stellen, sondern auch daß wir uns mitverantwortlich wissen für sein Handeln. Äußerlich kommt diese Solidarität zum Ausdruck in folgenden Punkten: a) Entsendung eines Vertreters wie bisher zu den Verhandlungen des erweiterten Brüderrats. b) Austausch der Mitteilungen zwischen Notbund und uns. Die Mitteilungen des Notbunds sollten nicht nur die Führer der Kirchlich-theologischen Arbeitskreise, sondern ein größerer Kreis erhalten, möglichst in jedem Bezirk ein Mann. c) Dem Notbund ist in irgend einer Form ein Beitrag zu bezahlen für seine Mitteilungen und die Schritte, die er für die gesamte Reichskirche unternimmt. d) An der Unterstützung von Amtsbrüdern, die ihr Amt verlieren, nehmen wir teil.

3. Hand in Hand mit der Klärung des Verhältnisses zum Notbund hat eine solche hinsichtlich des Verhältnisses zur Sezession der württ. DC zu geschehen. Dies ist umso nötiger als der Notstand, der uns zusammengeführt hat, heute nicht mehr so akut ist und die Sezession ihrerseits eine rührige, aber meinem Eindruck nach wenig zielklare Tätigkeit entfaltet.

K. Vöhringer.

DER NEUE VORSTAND DES WÜRTT. PFARRVEREINS

Innerhalb des Württ. Pfarrvereins waren im Herbst 1933 Neuwahlen des Vorstands fällig. Bevor diese Wahlen ausgeschrieben wurden, scheint der bisherige Vorstand des Pfarrvereins sich vergewissert zu haben, ob von Seiten der Deutschen Evang. Kirche eine Gleichschaltung der Pfarrvereine beabsichtigt war. Am 22. 6. 1933 erschien im Kirchlichen Anzeiger für Württemberg *folgende Mitteilung:*

Durch den Schriftführer des Verbands Deutscher evangelischer Pfarrvereine ist unter dem 7. des Monats folgende Bekanntmachung bei dem Vorsitzenden des Württ. Pfarrvereins eingelaufen, die hiemit sämtlichen Mitgliedern zur Kenntnis gebracht wird: »Der Verbandsvorsitzende D. Dr. Schäfer läßt die Pfarrvereine davon in Kenntnis setzen, daß nach einer Aussprache mit dem Kommissar für Beamtenfragen, Reichskommissar Sprenger, eine Gleichschaltung der Pfarrvereine vorläufig nicht in Frage kommt.«

Durch eine Bekanntmachung des Vorstands, die am 20. 7. 1933 im Kirchlichen Anzeiger für Württemberg *erschien, wurden daraufhin die Wahlen ausgeschrieben, die innerhalb der Kirchenbezirke schriftlich vorzunehmen waren*[15c]*:*

Da eine Gleichschaltung der Pfarrvereine vorläufig nicht in Frage kommt, so sind jedenfalls für die diesmalige Neukonstituierung des Vorstandes satzungsgemäße Wahlen vorzunehmen. Wie schon früher mitgeteilt, ist der Wahlmonat der Oktober[15d]. Wahlen, die nach dem 31. Oktober vorgenommen werden, können nicht mehr berücksichtigt werden. Das Ergebnis ist an Herrn Stadtpfarrer John in Cannstatt zu berichten. In der Sitzung vom 12. des Monats hat der Vorstand beschlossen, den Vorschlag des Bundes nationalsozialistischer Pfarrer an erster Stelle in der von ihm eingereichten Form zu veröffentlichen. Er lautet:

Stadtpfarrer Hilzinger, Stuttgart, als Vorsitzenden,
Stadtpfarrer Beßler, Cannstatt, als Rechner,
Pfarrer Brügel, Gingen (jetzt Dekan in Geislingen),
Pfarrer Krauß, Bondorf,
Pfarrer Schäffer, Höfen/Enz.

[15c] Die Wahlen wurden zunächst für Juli 1933 angesagt (KAW, Ausgabe vom 27. 4. 1933), dann aber »wegen der Ungeklärtheit der kirchlichen Lage innerhalb des Reichs und unseres Landes« auf Oktober 1933 hinausgeschoben (KAW, Ausgabe vom 8. 6. 1933).

[15d] Das Wahlergebnis wurde in KAW am 12. 10. 1933 mitgeteilt, danach waren die Wahlen im September vorzunehmen.

Der Vorschlag der Vertrauensmännerversammlung vom 18. April des Jahres hat folgenden Wortlaut:

Die mit * bezeichneten gehörten bisher dem Vorstand an.

1.*	Dauber, Wildbad	33 Stimmen
2.*	Fritz, Stuttgart	33 Stimmen
3.*	Kühnle, Wäldenbronn	33 Stimmen
4.*	Lempp, Eßlingen	33 Stimmen
5.*	Schnaufer, Schmiden	33 Stimmen
6.*	Walcher, Pfullingen	33 Stimmen
7.	Hilzinger, Stuttgart	33 Stimmen
8.	Schairer, Hedelfingen	14 Stimmen
9.	Kommerell, Ludwigsburg	11 Stimmen
10.	Dieterich, Untertürkheim	8 Stimmen
11.	Pressel, Tübingen	8 Stimmen
12.	Lechler, Roßwag	7 Stimmen

Weitere zersplitterte Stimmen erhielten: Bossert, Horb, Brügel, Gingen/Fils, Claß, Künzelsau, Holzapfel, Unterhausen, Keitel, Waiblingen, Pfeiffer, Gablenberg, Bauer, Ludwigsburg, Hecklinger, Althütte (zus. 19 Stimmen).

Es sind 9 Vorstandsmitglieder zu wählen. Denjenigen Bezirken, welche schon gewählt haben, wird nahe gelegt, die vorgenommene Wahl zu annullieren und eine zweite Wahlhandlung vorzunehmen. Die bisherigen Vorstandsmitglieder Kappus, Betzingen, Sandberger, Metzingen, Schnaufer, Eßlingen haben eine Wiederwahl abgelehnt.

Um Mißverständnissen vorzubeugen, wird auf § 8 der Satzung[16] hingewiesen, wonach der neugewählte Vorstand aus seiner Mitte den Vorsitzenden, den stellvertretenden Vorsitzenden, einen Schriftführer und einen Rechner zu wählen hat, ebenso auf § 7,3, wonach die Bezirksvereine an den ausgegebenen Wahlvorschlag nicht gebunden sind. Der Vorstand ist überzeugt, daß eine nationalsozialistische Führung des Vereins unter den gegebenen Verhältnissen für eine ersprießliche Zusammenarbeit notwendig ist. Der Vorstand: Schnaufer.

Nachdem die Wahlen angekündigt waren, verlangte die Landesleitung des NS-Pfarrerbundes in einem Schreiben vom 16. 8. 1933 an den Vor-

[16] Satzung des Evang. Pfarrvereins in Württemberg vom 29. 4. 1903 (KAW, Ausgabe vom 7. 5. 1933) mit der Änderung in KAW, Ausgabe vom 14. 4. 1910.

sitzenden des Evang. Pfarrvereins in Württemberg, Pfarrer Schnaufer, eine Neubildung des Vorstands ohne Wahl[17]*:*

Auf Grund der mir von der Reichsleitung der Nationalsozialistischen Arbeiterpartei (Ministerialdirektor Buttmann) erteilten Vollmachten bin ich ermächtigt, den Vorstand des Evang. Pfarrvereins in Württemberg neu zu bilden und den Vorsitzenden zu ernennen. In Ausführung dieser Vollmachten gebe ich Ihnen im Einvernehmen mit dem Württembergischen Innenministerium, Politische Polizei, den Rat, freiwillig sofort zusammen mit dem bisherigen Gesamtvorstand den Rücktritt zu erklären und mir den Vollzug dieses Rücktritts bis spätestens 25. August anzuzeigen. Der neue Vorstand wird von mir gebildet werden. Eine Nichtbefolgung meines Rates würde zwangsläufig zu Weiterungen führen, die für den bisherigen Vorstand und den ganzen Pfarrverein sehr unangenehme und gewiß auch unerwünschte Folgen haben müßten. Soweit bisherige Vorstandsmitglieder Rechnungs- und Kassenämter verwalten, versehen sie ihre Geschäfte bis zur Bildung des neuen Vorstands weiter. Pfarrer Rehm.

Pfarrer Schnaufer antwortete am 22. 8. 1933 in einem kurzen Schreiben an Pfarrer Rehm[18]*:*

Auf Ihre Zuschrift vom 16. des Monats habe ich Ihnen mitzuteilen: Nach Rücksprache mit dem Herrn Landesbischof D. Wurm und auf Weisung des Vorsitzenden des Verbands der deutschen evang. Pfarrvereine, D. Dr. Schäfer, lehnt der Vorstand Ihr Ansinnen einstimmig ab und beschließt ebenso einstimmig, den Herrn Landesbischof um die Weiterbehandlung zu bitten.

Der Vorstand des Evang. Pfarrvereins in Württemberg: Stadtpfarrer Schnaufer.

Ebenfalls am 22. 8. 1933 bat Pfarrer Schnaufer den Landesbischof um Vermittlung[19]*:*

Sehr verehrter Herr Landesbischof! Unter Bezugnahme auf die heute stattgehabte Besprechung übergeben wir Ihnen den Briefwechsel mit Pfarrer Rehm mit der einstimmigen Bitte, die Verhandlungen mit ihm weiter zu führen.

[17] OKR Stuttgart, Registratur, Generalia Bd. 325.

[18] OKR Stuttgart, Registratur, Generalia Bd. 325; vgl. dazu die Mitteilung in KAW, Ausgabe vom 22. 6. 1933, S. 728.

[19] OKR Stuttgart, Registratur, Generalia, Bd. 325.

Ehrerbietigst der Vorstand des Evang. Pfarrvereins in Württemberg: Stadtpfarrer Schnaufer.

Sofort am 23. 8. 1933 wandte der Landesbischof sich an die Landesleitung des NS-Pfarrerbundes[20] *und übersandte dieses Schreiben zur Kenntnisnahme dem Vorstand des Württ. Pfarrvereins und der Kanzlei der Deutschen Evang. Kirche:*

Unter Bezugnahme auf die heutige Unterredung betr. die Neubildung des Vorstands des württ. Pfarrvereins teile ich Ihnen mit, daß mich der Vorstand gebeten hat, diese Frage in die Hand zu nehmen. Ich habe mich dazu bereit erklärt und wiederhole meine mündliche Erklärung, daß ich zwar eine Beschleunigung der Wahl, nicht aber ihre Unterlassung für zweckmäßig halte. Nachdem in der soeben erschienenen Nr. 34 des Pfarrerblatts der Vorsitzende des Verbands der Pfarrervereine, Superintendent D. Dr. Schäfer, Remscheid, erklärt hat: »Da ich es für wünschenswert halte, daß von uns aus eigener Initiative eine Anpassung an die neuen Verhältnisse veranlaßt wird, will ich in Übereinstimmung mit der Reichsleitung diese Aktion zunächst von uns aus durchführen«, erübrigt sich jede Sonderaktion in den einzelnen Landeskirchen. Ich ersuche Sie deshalb amtlich, weitere Schritte zu unterlassen, und ermächtige Sie, der Stelle, von der Sie den Auftrag zu Ihrem Vorgehen erhalten haben, hievon Mitteilung zu machen. W[urm.]

Am 26. 8. 1933 bat die Württ. Politische Polizei den Landesbischof um eine Stellungnahme zu dem an Pfarrer Rehm erteilten Auftrag über die Umbildung des Pfarrvereins[21]*:*

Die Durchdringung des ganzen Volkes mit nationalsozialistischem Gedankengut bedingt die Führung aller wesentlichen Verbände durch politisch einwandfreie Persönlichkeiten. Nur so kann die Gewähr geboten werden, daß alle Handlungen im Staat unter einheitliche Gesichtspunkte gestellt werden. Die Reichsleitung der Nationalsozialistischen Deutschen Arbeiterpartei hat daher auch den Wunsch auf Gleichschaltung der Pfarrvereine ausgedrückt und hierzu den Pfarrer Friedrich Klein in Grafengehaig mit Vollmachten ausgestattet. Nach Mitteilungen an mich sind bei der Gleichschaltung des Württ. Pfarrvereins nun gewisse Schwierigkeiten aufgetreten. Ich habe als Leiter der Württ. Poli-

20 Nr. A 6432; von Wurm eigenhändig mit der Schreibmaschine hergestellter Entwurf.

21 Nr. A 6687 (Nr. 6/3457).

tischen Polizei Interesse an deren Bereinigung, da es meine Aufgabe ist, für die Gleichschaltung aller wesentlichen Verbände Sorge zu tragen. Da es sich beim Evang. Pfarrverein um eine berufsständische Vereinigung des Bürgerlichen Rechts und nicht um eine solche des Kirchlichen Rechts handelt, halte ich mich zu einem Einschreiten für verpflichtet. Ich wäre Ihnen, sehr verehrter Herr Landesbischof, daher für Stellungnahme dankbar, wie Sie sich die Gleichschaltung des Evangelischen Pfarrvereins und die Durchführung der dem Pfarrer Wilhelm Rehm von der Reichsleitung erteilten Aufgaben vorstellen. Dr. Mattheis.

Schon am 4.9.1933 ging dem Landesbischof ein neues Schreiben der Württ. Politischen Polizei zu[22]*:*

Durch Schreiben vom 26. 8. 1933 habe ich um Stellungnahme über die Gleichschaltung beim Evang. Pfarrverein gebeten. In der Zwischenzeit habe ich nun erfahren, daß vom alten Vorstand, der nicht die Billigung der Reichsleitung finden kann, Neuwahlen ausgeschrieben worden sind. Ich wäre dankbar, wenn vor Erledigung dieser Neuwahlen mir die erbetene Stellungnahme zur Frage der Gleichschaltung zukommen könnte. Ich möchte verhindern, daß von polizeilichen Organen die Wahlen unterbunden werden.

Der Leiter der Württ. Politischen Polizei I. V. [Unterschrift].

Beide Schreiben der Württ. Politischen Polizei beantwortete der Landesbischof am 7.9.1933[23]*:*

Ich anerkenne durchaus die Notwendigkeit, daß auch in den Pfarrvereinen die führenden Stellen mit Männern besetzt werden, die das Vertrauen der heutigen Staatsführung besitzen und die Gedanken des Nationalsozialismus vertreten. Eine Umbildung des Württ. Pfarrvereins, bei der ein bewährter Pfarrer von nationalsozialistischer Einstellung an die Spitze treten soll, ist schon seit Monaten in Aussicht genommen. In seiner Veröffentlichung der Wahlvorschläge, an deren Spitze der Vorschlag des NS-Pfarrerbunds steht, hat der Vorstand ausdrücklich erklärt: »Der Vorstand ist überzeugt, daß eine nationalsozialistische Führung des Vereins unter den gegebenen Verhältnissen für eine ersprießliche Zusammenarbeit notwendig ist.« Wenn ich vor einigen Wochen, als Herr Pfarrer Rehm auftragsgemäß den Vorstand des Pfarrvereins auflösen

22 Nr. A 6670.

23 Nr. A 6687. Eine Mehrfertigung des Schreibens ging der Einstweiligen Leitung der DEK zu.

wollte, dieser Absicht entgegentrat, so leitete mich dabei eine doppelte Erwägung. Erstens: Es hätte der Festigung nationalsozialistischer Denkweise in der Pfarrerschaft nur schaden können, wenn kurzerhand ein junger Pfarrer einen verdienten Veteranen weggeschickt hätte. Zweitens: Die Einstweilige Leitung der Deutschen Evang. Kirche hat ausdrücklich die Landeskirchen ersucht, dafür zu sorgen, daß kirchliche Vereine nicht aufgelöst oder anderen Verbänden angeschlossen werden, ehe zwischen der Reichsregierung und der Leitung der Deutschen Evang. Kirche eine Verständigung über diese Organisationsfragen zustande gekommen sei. Nach dem Eingang des Schreibens Nr. 6/3457 habe ich mich sofort telefonisch nach dem Stand der Verhandlungen speziell über die Eingliederung der Pfarrvereine erkundigt; die Information lautete dahin, daß die Frage, ob der Pfarrverein als ein berufsständischer Verein wie die Beamtenvereine oder als eine kirchliche Arbeitsgemeinschaft zu betrachten sei, noch nicht geklärt sei. Ich möchte demgemäß der Politischen Polizei anheimgeben, ob sie bei der zuständigen Reichsstelle auf eine rasche Klärung dieser Frage hinarbeiten will. Ich werde meinerseits der Leitung der Deutschen Evang. Kirche von diesem Schriftwechsel Kenntnis geben. Das Ausschreiben der Neuwahlen ist auf meine Veranlassung hin beschleunigt worden, damit die Neubesetzung des Vorstandes in dem besprochenen Sinn sobald als möglich durchgeführt werden kann. W[urm.]

Die Einstweilige Leitung der Deutschen Evang. Kirche antwortete am 6. 9. 1933[24]:

Auf das gefällige Schreiben vom 23. 8. 1933 betreffend den Württ. Pfarrerverein erwidern wir ergebenst, daß zur Zeit Bestrebungen von uns gefördert werden, die auf Bildung einer aus den Organisationen der Pfarrer, der Kirchenbeamten, der Kirchengemeindebeamten, der Diakonen und Diakonissen bestehenden Säule und der gemeinsamen Eingliederung dieser Säule in die Arbeitsfront abzielen. Im Zusammenhang damit werden auch die erforderlich erscheinenden personellen Änderungen in der Leitung der Pfarrervereine erfolgen. Zumal hiermit auch den Intentionen des NS-Pfarrerbundes entsprochen wird, erübrigt sich in der Tat jede Sonderaktion in den Landeskirchen. Fezer.

[24] LKA Stuttgart, D 1, Bd. 119. Wurm teilte dieses Schreiben der Württ. Politischen Polizei mit.

Am 18. 9. 1933 versuchte die Württ. Politische Polizei noch einmal in einem Schreiben an den Landesbischof, die angekündigten Wahlen im Württ. Pfarrverein zu verhindern[25]*:*

Wenn auch bei der Veröffentlichung der Wahlvorschläge der des NS-Pfarrerbundes im Vordergrund steht, so glaube ich doch nicht, daß der Weg einer Wahl der richtige für die Bestellung eines nationalsozialistischen Vorstandes ist, der, wie ich aus Ihrem Schreiben entnehmen darf, auch von Ihnen für notwendig erachtet wird. Nach der Mitteilung der Einstweiligen Leitung der Evang. Kirche vom 6. 9. 1933, die Sie die Güte hatten, mir zur Kenntnis zu bringen, bestehen zur Zeit Bestrebungen auf Bildung einer einheitlichen berufsständischen Organisation der im evangelischen Kirchendienst Tätigen. Da im Zusammenhang hiemit die erforderlich erscheinenden personellen Änderungen getroffen und jede Sonderaktion in der Landeskirche unterbleiben soll, nehme ich an, daß auch die mit Ihrem Einverständnis in die Wege geleitete Neuwahl eines Vorstandes des Evang. Pfarrvereins sich erübrigt. Ich darf Sie daher bitten, diese Aktion zunächst zu unterbinden. Ich weise dabei auf die Gefahr hin, daß unter Umständen dieser neu gewählte Vorstand je nach seiner Zusammensetzung weder von der politischen noch von der kirchlichen Leitung anerkannt werden könnte.

Der Leiter der Württ. Politischen Polizei [Unterschrift].

Am 22. 9. 1933 wandte sich Pfarrer Rehm wieder als Kommissarisch Bevollmächtigter der Reichsleitung der NSDAP für den Evang. Pfarrverein in Württemberg *an den Landesbischof*[26]*:*

Sehr verehrter Herr Landesbischof!

Unter Hinweis auf die zwischen Ihnen und der Württ. Politischen Polizei geführten Verhandlungen teile ich Ihnen ergebenst mit, daß ich immer noch im Besitz meiner kommissarischen Vollmachten bin. Ich mache Ihnen im Einvernehmen mit der Politischen Polizei zur Regelung der Vorstandsfrage des Evang. Pfarrvereins folgenden Vorschlag:

1. Ein durch Wahlen gebildeter Vorstand kann nach dem empörenden Verlauf der Landespfarrerversammlung[27] nicht anerkannt werden.

2. Es wird ein im Einvernehmen zwischen Ihnen und mir festgestellter Vorstand samt Vorsitzenden an die Spitze des Pfarrvereins durch den

[25] LKA Stuttgart, D 1, Bd. 44.
[26] LKA Stuttgart, D 1, Bd. 44.
[27] Siehe S. 508 ff.

Herrn Landesbischof berufen, wobei das Einvernehmen mit mir zum Ausdruck gebracht werden muß.

3. Die Verhandlungen darüber werden zweckmäßig vor 30. September zu Ende gebracht, und ich bitte, daß der Herr Landesbischof notfalls seinerseits einen Bevollmächtigten zu den Verhandlungen mit mir ernennt.

4. Die Verhandlungen über den zu berufenden Vorstand dürften sehr rasch abgeschlossen sein, da meine Personalvorschläge den Intentionen des Herrn Landesbischofs entsprechen dürften.

Heil Hitler! Ergebenst W. Rehm.

In einer Aktennotiz schlug Oberkirchenrat Pressel vor[28]*:*

Dem Herrn Landesbischof. Zu dem Brief von Rehm: Ich würde auf den Vorschlag Rehm, Punkt 2 und Punkt 3 und 4, eingehen und die Sache möglichst am Montag erledigen lassen. Da Herr Schaal nicht da ist, könnte ja vielleicht Herr Prälat Mayer-List an Ihrer Statt die Verhandlungen führen? Pressel.

Das Ergebnis der Wahl des Vorstands des Pfarrvereins wurde im Kirchlichen Anzeiger für Württemberg *am 12. 10. 1933 mitgeteilt*[29]*:*

Als Wahlmonat ist der September bestimmt gewesen.

1. Es sind 49 Bezirke. 48 Bezirke haben rechtzeitig Wahlniederschriften eingeschickt. 1 Bezirk hat einen Fehlbericht geschickt.

2. Abgestimmt haben 943 Mitglieder.

3. Ein Zettel war durchstrichen; 31 Zettel haben nur 8, ein Zettel 6 und ein Zettel 5 Namen enthalten; ein Zettel wurde für ungültig erklärt.

4. Die Zahl der abgegebenen Stimmen sollte 943 $\times$ 9 = 8487 betragen; in Wirklichkeit sind es (siehe Ziffer 3) 8431 gültige Stimmen.

[28] LKA Stuttgart, D 1, Bd. 44. Wurm vermerkte auf dem Aktenstück handschriftlich folgende Namen: »Hilzinger, Pressel, Beßler.«

[29] Das Ergebnis der Wahl wurde von Pfarrer Walcher, Pfullingen, als bisherigem stellvertretendem Vorsitzenden des Pfarrvereins in einem Schreiben ohne Datum dem Landesbischof unmittelbar mitgeteilt; am 20. 10. 1933 bedankte sich Wurm (Nr. A 8205): »Indem ich für die Mitteilung des Ergebnisses der Wahl des Pfarrvereinsvorstandes danke, bestätige ich die Vorstandsmitglieder und die aus der Wahl des Vorstands hervorgegangenen 1. und 2. Vorsitzenden in ihren Ämtern. Ich freue mich, daß es möglich war, die Neubildung des Pfarrvereinsvorstandes auf dem satzungsmäßigen Weg zu vollziehen, der den gewählten Herren die Vertrauensstellung der Pfarrerschaft verbürgt. W[urm].«

5. Die meisten Stimmen haben erhalten und sind somit als in den Vorstand gewählt zu betrachten:

Kühnle, Wäldenbronn	mit 887 Stimmen
Dauber, Wildbad	mit 850 Stimmen
Lempp, Stuttgart	mit 841 Stimmen
Fritz, Stuttgart	mit 825 Stimmen
Hilzinger, Stuttgart	mit 750 Stimmen
Schnaufer, Schmiden	mit 613 Stimmen
Walcher, Pfullingen	mit 585 Stimmen
Pressel, Stuttgart	mit 494 Stimmen
Brügel, Geislingen	mit 451 Stimmen

6. Weitere Stimmen haben erhalten: Kommerell, Ludwigsburg 396; Beßler, Bad Cannstatt 389; Bossert, Horb 380;; Dieterich, Untertürkheim 347; Lechler, Roßwag 108; Krauß, Bondorf 167; Schäffer, Höfen/Enz 148; Schairer, Hedelfingen 113; Weber, Stuttgart 5; Keitel, Waiblingen 4; Seeger, Poppenweiler und Sigel, Baiersbronn je 3; Hutten, Stuttgart und Scheiffele, Hall je 2; Dörfuß, Ludwigsburg, Haug, Tübingen, Helbling, Amstetten, Horn, Oberurbach, Lieb, Diefenbach, Metzger, Bronnweiler, Pfänder, Donnstetten, und Rehm, Simmersfeld je 1 Stimme.

Z. B. Stuttgart, 4. Oktober 1933. Die Wahlkommission: Stadtpfarrer John, Stuttgart. Stadtpfarrer Frank, Bad Cannstatt. Stadtpfarrverweser Dr. Lorch, Bad Cannstatt.

Der neue Vorstand des Pfarrvereins trat am 18. 10. 1933 zu seiner ersten Sitzung zusammen und wählte dabei u. a. auch den neuen Vorsitzenden des Pfarrvereins. Im Kirchlichen Anzeiger für Württemberg *wurde am 26. 10. 1933 darüber berichtet:*

Der neue Vorstand des Pfarrvereins hat sich am 18. 10. 1933 unter dem Vorsitz seines ältesten Mitgliedes, Stadtpfarrer Walcher, konstituiert. Die Herren Stadtdekan Dr. Lempp und Oberkirchenrat Pressel haben die Wahl nicht angenommen. An ihre Stelle treten die Herrn Kommerell, Ludwigsburg und Beßler, Bad Cannstatt. Der neugewählte Vorstand hat die nach § 8 der Satzungen nötigen Wahlen vorgenommen. Der Vorstand setzt sich nun zusammen wie folgt:

Stadtpfarrer Beßler, Bad Cannstatt, Rechner,
Dekan Brügel, Geislingen,
Stadtpfarrer Dauber, Wildbad,

Stadtpfarrer Fritz, Stuttgart, Schriftleiter des »Kirchlichen Anzeigers«,
Stadtpfarrer Hilzinger, Stuttgart, Vorsitzender,
Stadtpfarrer Kommerell, Ludwigsburg,
Stadtpfarrer Kühnle, stellv. Vorsitzender,
Stadtpfarrer Schnaufer, Schmiden, stellv. Schriftführer,
Stadtpfarrer Walcher, Pfullingen, Schriftführer.

In den geschäftsführenden Ausschuß wurden bestimmt: Hilzinger, Kühnle, Schnaufer. Den Ausschuß der Wohlfahrtspflege des Pfarrstandes bilden: Dauber, Kühnle, Schnaufer. Die Geschäfte der Krankenkasse besorgen: Schnaufer, Finkh, Kühnle, sämtlich in Eßlingen. Die Geschäfte des Verlags wie bisher: Kühnle.

Die Wahl des Vorstands und des Vorsitzenden hat die von ihm erbetene Zustimmung des Herrn Landesbischofs gefunden; die Gewählten nehmen die Wahl an. Z. B.: Schnaufer, Schmiden.

Der neue Vorsitzende des württembergischen Pfarrvereins, Pfarrer Fritz Hilzinger, Stuttgart, wandte sich nun mit einem Grußwort an die württembergischen Pfarrer[30]*:*

... Es ist mein ganzes Streben, eine möglichst starke Einheit im Pfarrstand zu fördern in der sehr ernsten Erkenntnis, daß unter Uneinigkeit und Spaltung noch mehr als unser Stand, unser Volk und unsere teure Kirche zu leiden hat, ganz abgesehen davon, daß Zwiespalt gerade unter denen, die Einigkeit und Vergebung predigen, stärkste Befremdung unter unserem Volk hervorruft. Es ist schwerer, in Entscheidungszeiten diese Einigkeit zu halten als in ruhigen; vielleicht kann sie gar nicht immer gehalten werden. Aber an meinen ehrlichsten Bemühungen soll es nicht fehlen; sind sie getragen von dem Gebet der Kollegen und demselben ehrlichen Wollen, so soll's gelingen.

[30] KAW, Ausgabe vom 26. 10. 1933. Vgl. auch »Ein Wort des Abschieds unserem verehrten Vorsitzenden, Herrn Stadtpfarrer Schnaufer in Esslingen«, das der bisherige Rechner des Vereins, Pfarrer Sandberger, Metzingen, in derselben Ausgabe des KAW am 26. Oktober veröffentlichte: »... Sein Entschluß zum Rücktritt von seinem Posten war längst schon gefaßt, ehe die Neuordnung der kirchlichen Verhältnisse in Angriff genommen wurde. Mit aller Bestimmtheit hat er allen unberechtigten Zumutungen Stand gehalten und hat sich damit einen freiwilligen und ehrenvollen Rücktritt gesichert. Was er an Arbeit ins Große geleistet hat und wie erfolgreich seine Arbeit war, liegt vor aller Augen ...« Schnaufer trat im Alter von 70 Jahren im Oktober 1933 in den Ruhestand; vgl. »Schwäbischer Merkur«, Ausgabe vom 28. 10. 1933.

Was mir aber noch viel mehr am Herzen liegt, das ist die Förderung jeder Bemühung, die dahin zielt, dem Staat Adolf Hitlers und unserem Volk eine möglichst dienstfreudige und seine Nöte kennende, verstehende und dagegen kämpfende Pfarrerschaft zu geben. Wir haben einen herrlichen Auftrag von unserem Herrn, das Evangelium zu verkündigen, nicht nur Mose und Gesetz zu treiben. Es ist ein großes Suchen und Aufwachen unter unserem Volk. O, daß es uns geschenkt würde, dieses Evangelium, diesen Christus, so in der Sprache unserer Zeit zu verkündigen und zu bezeugen – nicht nur zu »predigen« –, daß auch der heute lebende Mensch, auch der deutsche Mensch und der braune Mann sich so angezogen und angeredet fühlt, daß ihm auf den Kopf zu all das verheißen ist, was unsern Vätern und Vorvätern geschenkt wurde. Einen heiligen, feurigen Glauben verlangt Gott von uns, der ansteckend wirkt und Feuer entzünden kann, wo bis jetzt alles erkaltet zu sein scheint.

Drei geschichtliche Ereignisse gilt es jetzt besonders zu beachten. Das eine ist, daß wir Kirche Christi im nationalsozialistischen Staat sind, nicht neben ihm. Das heißt nun nicht, daß wir Politik in der Kirche treiben, sondern daß wir in treuer Arbeitsgemeinschaft mit dem nationalsozialistischen Staat stehen und seine Anliegen verstehen und sie mit ihm ehrlich tragen.

Das andere ist das, daß wir Pfarrer uns darauf einzurichten haben, daß neben uns eine neue Kirche sich zu bilden im Begriff ist, die Kirche Hauers–Bergmanns–Reventlows–Rosenbergs–Drews. Das macht uns besondere Einigkeit und Ausrüstung zur Pflicht.

Das dritte ist die Erkenntnis, daß wir jetzt Pfarrer nicht mehr nur einer Landeskirche sind, sondern der Reichskirche und den Gedanken der einigen deutschen evang. Kirche im Auge zu behalten haben.

Entflammt von der gewaltigen Aufgabe, die uns heute Gott auflegt, bin ich überzeugt, daß wir Pfarrer mit der Gabe des Evangeliums einen unentbehrlichen Dienst am Neuaufbau unseres Volkes zu leisten haben. Mögen die Erfordernisse unserer Zeit noch deutlicher auch von uns Theologen erkannt werden! Wir leben in Reformationszeiten; da müssen wir uns helle Augen und Ohren erbitten für das, was Gott werden lassen will. Wir müssen mehr denn je alle Festgefahrenheit aufgeben und uns neben aller Charakterfestigkeit die Wendigkeit erbitten, die not ist, um in gärenden Zeiten die rechten Wege zu finden. Unsere volksmissionarischen Aufgaben sind groß; sie können aber nur gelöst werden, wenn sie aus jener innersten Erneuerung kommen, zu der Pfarrer, Kirche und Volk von heute aufgerufen sind. Wir wollen nicht am Gärenden und

Unreifen hängen bleiben, wir wollen helfen und durchstoßen zu jener großen Linie des Apostels: »Was tut's aber? daß nur Christus verkündigt wird auf mancherlei Weise[31]!«

Im Zusammenhang mit den weiteren Auseinandersetzungen in der Landeskirche legte Hilzinger seinen Vorsitz nach nur kurzer Amtsdauer wieder nieder. Er teilte am 3. 12. 1933 Pfarrer Fritz dies mit[32]:

Lieber Fritz!

Nachdem mir Brügel gestern telefonisch das Schreiben der Gruppe Pressel usw. vorgelesen hat, beantworte ich diesen Wunsch mit folgender Erklärung: »Voll Abscheu über die trotz allen Mahnungen nicht zu beseitigenden Gegensätze in der württembergischen Pfarrerschaft und über die Methoden, wie solche durchgeführt werden, lege ich meinen Vorsitz wieder in die Hand des Vorstandes zurück. Ich lehne es ab, einem Verein vorzustehen, in dem, obwohl er frei sein soll von allen kirchenpolitischen Bestrebungen, der Kollege nicht mehr nach der Arbeit und nach seinem Charakter, sondern nach seiner Zugehörigkeit zu dieser oder jener Gruppe beurteilt wird. Ich stelle fest, daß die Antragsteller sich damit derselben Methoden schuldig machen, die sie der Glaubensbewegung Deutsche Christen vorwerfen und die ich innerhalb der Glaubensbewegung Deutsche Christen aufs schärfste bekämpft habe, leider mit nur geringem Erfolg.«

In tiefer Bekümmernis: Hilzinger, Stadtpfarrer.

Am 19. 12 1933 erging dieselbe Mitteilung an den Landesbischof[33]:

Hochverehrter Herr Landesbischof! Ich möchte Ihnen ergebenst mitteilen, daß ich in der gestrigen Sitzung des Pfarrvereinsvorstandes meinen Vorsitz niedergelegt habe. Die Gründe dazu samt meiner Erklärung habe ich Ihnen seinerzeit schriftlich zugehen lassen. An meiner Stelle ist Stadtpfarrer Bessler, Cannstatt, gewählt worden. Er hat das Amt

[31] Phil 1,18.

[32] LKA Stuttgart, D 1, Bd. 45,1. Mit dem Schreiben der Gruppe Pressel ist wohl das Schreiben vom 3. 12. 1933 gemeint, siehe S. 874 f.

[33] LKA Stuttgart, D 1, Bd. 45,1. Die erwähnte Erklärung ist wohl identisch mit dem Inhalt des Briefes vom 3. 12. 1933 an Pfarrer Fritz.

angenommen. Die Kasse, die er damit abgab, hat Pfarrer Schnaufer, Schmiden, übernommen.

Mit ergebenstem Gruß Fr. Hilzinger, Stadtpfarrer.

Nach dem Rücktritt von Pfarrer Hilzinger hatte der Württ. Pfarrverein einen neuen Vorsitzenden zu wählen. Im Kirchlichen Anzeiger für Württemberg *vom 21. 12. 1933 erschien folgende Notiz:*

Der Vorstand bedauert, daß das Hereintragen der kirchenpolitischen Gegensätze in den Pfarrverein zu dem Rücktritt Hilzingers als Vorsitzenden geführt hat, dem der Vorstand gern sein Vertrauen auch ferner geschenkt hätte. Wir freuen uns, daß er nach wie vor dem Vorstand angehören wird. Als neuer Vorsitzender wurde Beßler, Cannstatt, gewählt.

Kirchenpolitische Störungen müssen, wie auf Grund der Satzungen des Pfarrvereins, so im Blick auf die ernste Lage unsrer Kirche unbedingt vom Pfarrverein ferngehalten werden. Es muß erwartet werden, daß die Pfarrer auch im Blick auf unsre Gemeinden zu positiver Arbeit einmütig zusammenstehen. Lasset uns jetzt einen Schlußstrich unter das Vergangene setzen und aufs neue die Reihen schließen zu gemeinsamer Arbeit an Kirche und Volk!

Der Vorstand des Pfarrvereins: Beßler. Brügel. Dauber. Fritz. Hilzinger. Kommerell. Kühnle. Schnaufer. Walcher.

FEIERTAGE UND GEDENKTAGE IM HERBST 1933

Am 1. Oktober sollte allgemein im Deutschen Reich ein »Deutscher Erntetag« feierlich begangen werden. Zur kirchlichen Gestaltung des Tages erließ der Evang. Oberkirchenrat am 22. 9. 1933 folgenden Erlaß an sämtliche Dekanatämter[34]*:*

Der 1. Oktober wird nach Anordnung der Reichsregierung allgemein als Deutscher Erntetag gefeiert. Er soll – als Ergänzung des Tages der nationalen Arbeit, der die Würde und Ehre der wertschaffenden Arbeit und die innere Verbundenheit des Arbeiters mit der Nation vor Augen führen sollte – das Bewußtsein der Blutsverbundenheit des ganzen deutschen Volkes mit seinem Bauerntum und zugleich im Blick auf die Ernte des Jahres den Dank gegen Gott, den Schöpfer und Erhalter, zum Ausdruck bringen.

[34] Nr. A 7146.

Die Kirche benützt diesen von der Reichsregierung angeordneten Feiertag, um ihn in das Licht der evangelischen Wortverkündigung zu stellen und damit die Verbindung von Volk und Kirche zu vertiefen. Die Einstweilige Leitung der Deutschen Evangelischen Kirche teilt u. a. mit: »Nach dem Willen der Reichsregierung soll am Vormittag die Zeit von 10 bis 11 Uhr von andern Veranstaltungen freigehalten werden, so daß die Gottesdienste nicht gestört werden und auch nicht verlegt zu werden brauchen. Es empfiehlt sich seitens der Kirchengemeinden, die Organe und Verbände, die den Deutschen Erntetag vorbereiten und durchführen, besonders zum Kirchgang einzuladen. In der Predigt ist auf den Dank gegen den Schöpfer und auf den Gehorsam gegen die göttliche Schöpfungsordnung hinzuweisen. Es ist hier die Gelegenheit gegeben, den Gemeinden in Stadt und Land zu zeigen, daß das Volk nicht ohne die Arbeit des Bauerntums leben kann und daß daher ein Stand zum Dienst am andern aufgerufen ist. Der bäuerlichen Bevölkerung ist die Verantwortung für ihre Arbeit, die zugleich ein Gottesdienst sein soll, vor die Seele zu stellen. Die Neubesinnung auf die Grundlagen des völkischen Lebens, die in Blut und Boden ausgeprägt sind, kann ihre letzte Erfüllung nur in dem dankbaren Gehorsam gegen den Gott finden, der sich in Schöpfung und Erlösung offenbart. Zugleich bietet der Tag die Gelegenheit, auf das Winterhilfswerk des deutschen Volkes[35], das von den Kräften christlicher Liebe getragen und erfüllt werden muß, mit allem Nachdruck hinzuweisen.«

Die Gauleitung der NSDAP teilt uns mit, daß die Durchführung des Deutschen Erntedanktages in den Händen der NSDAP liegt, und ersucht insbesondere, den Gottesdienst am Sonntag, den 1. Oktober, auf den Deutschen Erntetag einzustellen.

Die Teilnahme am Deutschen Erntedanktag ist für unsere Kirche selbstverständlich. Die Pfarrämter werden ersucht, soweit dies nicht bereits geschehen ist, mit der örtlichen Leitung des Erntedanktages wegen der Beteiligung am Gemeindegottesdienst sich alsbald in Verbindung zu setzen unter Hinweis darauf, daß nach dem Willen der Reichsregierung die obengenannte Zeit für die Festgottesdienste freigehalten bleibt und daß bei der Einzelgestaltung der Festfolge (Sammlung zum Umzug, Kundgebung) hierauf Rücksicht genommen werden soll. Nach der Anordnung des Landesbauernführers werden die örtlichen Veranstaltungen am Vormittag, die Sammelfeiern in den Bezirksstädten am Nachmittag

[35] Vgl. unten den Erlaß vom 22. 10. 1933.

des Danktages stattfinden. Die Gottesdienste werden am besten als Gemeindegottesdienste in der Kirche gehalten. Feldgottesdienste sollten, da sie von der Witterung abhängig sind und ihr Besuch insbesondere für ältere Volksgenossen erschwert ist, die Ausnahme bilden.

Eine allgemeine Verlegung des bisherigen Ernte- und Herbstdankfestes auf den 1. Oktober wird nicht angeordnet. Wo die Ernte schon weithin abgeschlossen ist oder in größeren Städten, wird die Feier des bisherigen Ernte- und Herbstdankfestes unschwer mit dem Deutschen Erntedanktag verbunden werden können. Dies wird vorzugsweise da in Betracht kommen, wo nach bisheriger Übung das kirchliche Erntedankfest in der ersten Oktoberhälfte begangen wurde. Dagegen wird da, wo der Ernteabschluß wesentlich später fällt, insbesondere auch in Weinbaugegenden, eine besondere gottesdienstliche Dankfeier nach der bisherigen kirchlichen Übung – unbeschadet der Beteiligung am Deutschen Erntedanktag – angebracht sein und allgemein verstanden werden.

Das Opfer des Ernte- und Herbstdankfestes – ob dieses mit der Feier des 1. Oktober verbunden oder an einem späteren Sonntag gottesdienstlich begangen wird – bleibt wie bisher für die Werke und Anstalten der Inneren Mission und für die Wettergeschädigten bestimmt. Da die bisher der christlichen Liebesarbeit unmittelbar zufließenden freiwilligen Gaben bekanntlich stark zurückgehen, werden die Pfarrämter ersucht, bei der Bekanntgabe des Opfers nachdrücklich auf die Notlage der Inneren Mission hinzuweisen. Der Ertrag des Opfers ist von den Pfarrämtern an die Bezirkssammelstelle und von dieser an die Kasse des Evang. Oberkirchenrats (Postscheckkonto 9050) einzusenden. Wurm.

Zum Winterhilfswerk des deutschen Volkes erließ der Evang. Oberkirchenrat eine Bekanntmachung, die auch vom Evang. Pressedienst am 22. 10. 1933 verbreitet wurde[36]*:*

Unter der Losung »Kein Volksgenosse soll hungern und frieren« ist das ganze deutsche Volk zum Kampfe gegen die Winternot aufgerufen. Für unsere Kirchengemeinden und die gesamte kirchliche Liebestätigkeit ist, wie in den Vorjahren, weitgehendste Beteiligung an diesem Hilfswerk selbstverständlich. Die einheitliche Durchführung des Werkes ist bereits in vollem Gang. Nach dem Willen des Reichsführers des Winterhilfswerks sollen die für die Anstalten und Einrichtungen der freien Wohlfahrtspflege bisher üblichen Sammlungen hiedurch nicht verkürzt

[36] LKA Stuttgart, D 1, Bd. 44.

werden. Die Werke und Einrichtungen der Inneren Mission unseres Landes dürfen nicht – zum Schaden des Volksganzen – zum Erliegen kommen. Sie sind wie bisher auf besondere Herbstgaben angewiesen. Für eine solche Sammlung in Württemberg ist die Erlaubnis erteilt mit der Einschränkung, daß sie nicht vor dem 15. Oktober durchgeführt wird. Der Oberkirchenrat ersucht die Pfarrämter, diese Sammlung nach Kräften zu fördern und in Predigt und Verkündigung zur Tat der helfenden Liebe aufzurufen.

Am 8.11.1933 erschien schließlich ein Erlaß des Oberkirchenrats über den Gefallenengedenktag[37]*:*

Nach Mitteilung des Württ. Staatsministeriums sollen – unbeschadet einer künftigen Regelung durch die Reichsregierung – am Sonntag, 26. November des Jahres, als dem diesjährigen Gefallenengedenktag in Württemberg im ganzen Land Gedenkfeiern für die Gefallenen unter Beteiligung der Regierungsstellen stattfinden. Die Gestaltung der Feiern wird in erster Linie der Gauleitung der NSDAP übertragen werden. Demgemäß werden die Kirchengemeinden ersucht, an diesem Tag wie bisher von 12 bis 12.15 Uhr mittags ein volles Geläute zu veranstalten. Kirchen und Kirchengebäude sind zu beflaggen. Die Herren Geistlichen werden bei den Gottesdiensten in Predigt und Gebet auch der Opfer des Weltkriegs gedenken und wo sonst an diesem Tag ihr Dienst erbeten wird, sich zur Verfügung stellen. Das Kirchenopfer am Gefallenengedenktag ist den Kirchengemeinden freigegeben. Wurm.

Der 10. November sollte als »Deutscher Luthertag« in ganz Deutschland feierlich begangen werden. Über den Luthertag und das Reformationsfest 1933 *gab der Oberkirchenrat am 11.10.1933 in einem Erlaß an sämtliche Dekanatämter bekannt*[38]*:*

1. Auf Anordnung der Deutschen Evang. Kirche wird der 10. November des Jahres als Deutscher Luthertag kirchlich allgemein begangen. Nach Mitteilung der Einstweiligen Leitung der Deutschen Evang. Kirche vom 23. August des Jahres[39] besteht Aussicht, daß dieser Tag auch staatlicherseits als Feiertag anerkannt wird. Es wird an den evang. Gemeinden liegen, diesen Tag zu einem besonderen Dank- und Bekennt-

[37] Nr. A 8938.
[38] Nr. A 7774.
[39] Nr. A 6470.

nistag des gesamten deutschen evangelischen Volkes zu gestalten. Zum Besuch der Festgottesdienste ist allerseits einzuladen; auch für die Jugend sind Gottesdienste einzurichten. Kirchenmusik, Kirchenchöre und Jugendkreise werden an der Ausgestaltung des Tages besonderen Anteil bekommen müssen. Zu den Gottesdiensten kommen besondere öffentliche Veranstaltungen hinzu (Gemeindefeiern, Lutherabende, Kundgebungen). Für die einheitliche Gestaltung des Tages können von der Reichsgeschäftsstelle des Deutschen Luthertages 1933, Berlin SW 11, Stresemannstraße 12, Vorschläge und Material bezogen werden, z. B. auch Festabzeichen und Plakate[40]. Für die Verbreitung besonders empfohlen wird die im Quellverlag der Evang. Gesellschaft, Stuttgart, soeben erschienene volkstümliche Festschrift »Unser Martin Luther« von Dekan Paul Scheurlen (48 Seiten, 13 Bilder. Preis 30 Pfennig, bei 50 Stück 22 Pfennig, bei 100 Stück 20 Pfennig auch im Buchhandel). Bei der Reichsgeschäftsstelle des Luthertags erschien »Martin Luther, deutscher Kämpfer«. (20 Seiten, 79 Bilder. Preis im Buchhandel 30 Pfennig.) Bei Bestellungen ist der Buchhandel zuzuziehen.

Das Opfer in den Gottesdiensten des Luthertags ist auf Anordnung des Reichsbischofs für »Luthers Bibel für die evang. Deutschen im In- und Ausland« bestimmt. Ein Kanzelaufruf des Reichsbischofs wird im Amtsblatt veröffentlicht werden[41]. Für dieses Opfer können, erstmals in unserer Landeskirche, besondere Becken aufgestellt werden. Den Kirchengemeinden steht es in Abweichung von den für die Landesopfer geltenden Bestimmungen bei diesem Opfer frei, entsprechend dem Brauch in andern Landeskirchen neben den Becken für diese Sammlung die Opferbüchsen für ihre eigenen Zwecke zu belassen. Der Ertrag der Beckensammlung ist von den Pfarrämtern ungesäumt an die Bezirkssammelstellen und von diesen bis 30. November des Jahres an die Kasse des Evang. Oberkirchenrats einzusenden.

2. Der sonst übliche Tag des Reformationsfestes »hat in diesem Jahre den Charakter einer vorausweisenden Vorfeier zu tragen«. Solange nicht feststeht, ob der Luthertag eine dauernde Einrichtung wird, besteht kein Anlaß, von der althergebrachten Feier des Reformationsfestes in Württemberg am 1. Sonntag nach dem 30. Oktober abzuweichen. Es wird daher das diesjährige Reformationsfest in Württemberg am Sonntag, den 5. November des Jahres, begangen und am Vorabend eingeläutet.

[40] Bekanntgegeben durch Erlaß Nr. A 6470 vom 28. 8. 1933 im Anschluß an die Mitteilung der Einstweiligen Leitung der DEK vom 23. 8. 1933.

[41] Im Amtsblatt veröffentlicht am 7. 11. 1933; vgl. Anmerkung 45, S. 746.

Dabei wird sich nahelegen, an diesem Tag des besonderen Segens zu gedenken, der nach Gottes Willen durch die Reformation unsrem württembergischen Land und Volk zugeflossen ist. Das Opfer des Reformationsfestes ist für die Württ. Bibelanstalt bestimmt und am vorhergehenden Sonntag von der Kanzel zu verkündigen. Der Ertrag ist alsbald ungekürzt an die Bezirkssammelstellen und von diesen gesammelt an die Württ. Bibelanstalt abzuliefern. Wurm.

Ein zweiter Erlaß des Oberkirchenrats vom 7.11.1933 über den Deutschen Luthertag gab dessen Verlegung auf den 19. November bekannt[42]*:*

Der Deutsche Luthertag, ursprünglich auf Freitag, den 10. November des Jahres, als Feier des 450. Geburtstags Martin Luthers in Aussicht genommen, wird nach Anordnung des Reichsbischofs im Hinblick auf die am 12. November stattfindende Wahl[43] und um auch der werktätigen Bevölkerung die Beteiligung zu ermöglichen, nunmehr allgemein am Sonntag, 19. November, begangen. Das evangelische Deutschland gedenkt an diesem Tag seines großen, ihm von Gott geschenkten Reformators, der ihm die Quellen evangelisch-biblischer Frömmigkeit wieder erschlossen und ihm die deutsche Bibel geschenkt hat, und des deutschen Mannes, der seinem Volk auch für die völkische Selbstbesinnung und Selbstbehauptung bis heute ein Bahnbrecher und Führer ist. Der Festtag ist am Vorabend mit allen Glocken einzuläuten. Sämtliche Kirchen und kirchlichen Gebäude sind mit den Kirchenfahnen und den Hoheitszeichen des Reiches zu beflaggen. Hinsichtlich der Ausgestaltung des Tages wird auf den Erlaß vom 11. Oktober des Jahres verwiesen. Im Mittelpunkt stehen die Festgottesdienste; die Verwertung des reformatorischen Liederguts wie auch des kirchenmusikalischen Erbguts unserer Kirche wird eine besondere Sorge der Kirchenchöre und der Organisten sein. Zu den gottesdienstlichen Feiern treten öffentliche Veranstaltungen (Lutherabende, Gemeindefeiern, Kundgebungen), die in ihrer Art Dank, Bekenntnis und Verpflichtung des ganzen evangelischen Volks zum Ausdruck bringen sollen. Die Leitung dieser Feiern, die unter Beteiligung der Behörden, der nationalen Verbände sowie aller Bevölkerungskreise und Lebensalter stattfinden sollen, ist von den Kirchengemeinden in die Hand zu nehmen. Nachdem durch Erlaß des Württ. Kultministeriums der Freitag, 10. November, als schulfreier Tag zum Besuch der Schüler-

[42] Nr. A 8517.

[43] Vgl. S. 715 ff.

gottesdienste angeordnet worden ist, ist – vgl. Erlaß Nr. A. 8779 vom 2. November des Jahres – vom Oberkirchenrat bestimmt worden, daß am Vormittag dieses Tages in allen Gemeinden im Benehmen mit den Schulverwaltungen Schülergottesdienste veranstaltet werden. Diese sollen um 9 Uhr, spätestens 10 Uhr vormittags beginnen.

Für die Gottesdienste am Sonntag, 19. November, ist vom Reichsbischof eine Kirchensammlung angeordnet, deren Ertrag für »Luthers Bibel für die evangelischen Deutschen im In- und Ausland« bestimmt ist. Der nachstehende Aufruf des Reichsbischofs ist am vorausgehenden Sonntag, 12. November, von der Kanzel zu verlesen. Für das Opfer sind besondere Becken aufzustellen. Den Kirchengemeinden steht es frei, entsprechend dem Brauch in anderen Landeskirchen, neben den Becken für diese Sammlung die Opferbüchsen für ihre eigenen Bedürfnisse zu belassen. Der Ertrag der Beckensammlung ist von den Pfarrämtern ungesäumt an die Bezirkssammelstellen und von diesen bis 5. Dezember des Jahres an die Kasse des Evang. Oberkirchenrats einzusenden.

Wurm.

Die Kundgebung, die der Reichsbischof zum Luthertag erließ, erschien auch in Württemberg in der kirchlichen Presse[44]*; im Amtsblatt des Oberkirchenrats wurde der Aufruf des Reichsbischofs zur Kirchensammlung am Luthertag abgedruckt*[45].

In Stuttgart war für den 19. November eine große Lutherfeier geplant[46]*:*

Das Programm zur großen Lutherfeier am 19. November abends 7 Uhr, ist ein vielversprechendes. Redner werden sein Landesbischof D. Wurm, Ministerpräsident Mergenthaler und die beiden Stadtdekane

44 KAW, Ausgabe vom 9. 11. 1933; »Evang. Gemeindeblatt für Stuttgart«, Ausgabe vom 5. 11. 1933.

45 Abl. 26, S. 184 f. als Anlage zu Erlaß Nr. A 8517.

46 »Evang. Gemeindeblatt für Stuttgart«, Ausgabe vom 12. 11. 1933. Die Stuttgarter Stadthalle mußte wegen Überfüllung geschlossen werden. Über die Rede Mergenthalers berichtete der »NS-Kurier« in seiner Ausgabe vom 20. 11. 1933: »Er wies darauf hin, daß in den schwersten Tagen immer wieder die Wahrheit erstand, denn es sind in einem solchen Lebenskampf nicht die äußeren Mittel, sondern tiefe seelische, religiöse Kräfte, die entscheiden. Auch Martin Luthers Tat ist ein Beweis, daß nicht Mehrheitsbeschlüsse, sondern einzelne Große das geschichtliche Geschehen bestimmen. Die religiösen Nöte unserer Zeit können ebenfalls nur gesunden, wenn Gott uns einen Mann von der Größe Luthers

Dr. Lempp und Prälat D. Traub. Die gewählten Gesänge entstammen mit ihrer kraftvollen Art durchweg der Reformationszeit, meist der Feder Luthers. Die Leitung der vereinigten Kirchenchöre liegt in der Hand von Professor Martin Mezger; den Bläserchor leitet Bundesposaunenwart Mühleisen. Die Stuttgarter Jugend wird mit ihren Fahnen einziehen. Die evangelische Jugend wird ein Sprechchor-Feierspiel von Otto Bruder »Luther der Kämpfer« zur Aufführung bringen. Das Programm, das 20 Pfennig kostet, berechtigt zum Eintritt. Zur Deckung der Unkosten findet während der Feier eine Sammlung statt. Der Überschuß kommt der evang. Gemeinde zugut. Die evangelische Bevölkerung Stuttgarts wird an Martin Luthers Ehrentag in Scharen in der Stadthalle, in der die Feier abgehalten werden wird, erscheinen.

Am 26. 11. 1933 berichtete das Evang. Gemeindeblatt für Stuttgart *über diese Lutherfeier:*

Über die Lutherfeier in der Stadthalle wurde in den Tageszeitungen ausführlich berichtet. Charakteristisch für sie schienen uns die folgenden Punkte. Sie war eine ganz ungeheure Kundgebung des evangelischen Stuttgart, die aller Welt mit nicht mißzuverstehender Deutlichkeit zeigte, wie eng sich die weitesten Kreise in unserer Stadt mit Luther und unserer Kirche verbunden wissen ... Die evangelische Gemeinde kann sich die Mitwirkung ihrer Jugend bei ihren festlichen Veranstaltungen und bei ihrer verschiedenartigen Arbeit nicht mehr wegdenken. Der Herr Landesbischof erinnerte in seiner Rede daran, daß der in diesen Tagen aus dem Amt geschiedene Prälat D. Traub schon in den 90er Jahren des vergangenen Jahrhunderts als ein neuer Pfarrertyp in Stuttgart bahnbrechend auf dem Gebiet der Gemeindearbeit und zugleich der Auseinandersetzung mit den der Kirche Entfremdeten gewirkt habe. Beachtenswert an dem Abend war auch das Zurückgreifen auf Luther

schenkt. Auch er lebte ja in einer Zeit voll Gärung und Spannung und war selbst ein Kind des Volkes. Was er einmal als recht und gut erkannt hatte, das führte er auch durch ohne jede Furcht ... Der Ministerpräsident ging dann noch auf Luthers Stellung zum Bauernkrieg und auf die geschichtlichen Folgen ein. Martin Luthers Geist lebt weiter, und wir wollen die Kräfte erhalten, die von ihm ausgingen. Wir wollen ihm aber nicht eine konfessionelle Ausprägung geben. Wir wollen uns vielmehr bewußt werden, daß über dem Sternenzelt ein Schöpfer wohnt [Schiller, An die Freude]. Deshalb muß auch die Staatsregierung mit den religiösen Kräften verbunden sein. Der Mensch lebt nicht vom Brot allein [Mt 4,4], auch die Wirtschaft kann nur gehoben werden, wenn man über die Fragen des Alltags hinaussieht ...«

selber: vor allem in den Gesängen! Es ist der evangelischen Kirche im letzten Jahrzehnt klar geworden, daß ihr kraftvollstes Liedergut ihrer Gründungszeit entstammt; und dieses wird erst wieder zurücktreten dürfen, wenn uns neue originale Klänge evangelischen Geistes geschenkt sind, wenn uns, wie Ministerpräsident Mergenthaler wünschte, ein neuer christlicher Prophet geschenkt würde. Ein Zurückgreifen auf Luther selbst kam auch zum Ausdruck in den vorzüglich ausgewählten Lutherworten, die Prälat D. Traub, der hervorragende Lutherkenner, der Gemeinde als Abschiedsgruß darbot. Erhebend war das Zusammenwirken von Vertretern der Kirche, des Staates und der Stadt bei der Lutherfeier. Staat, Stadt, Militär – alle diese Körperschaften hatten nicht bloß ihre offiziellen Vertreter entsandt, sondern stellten als Zeichen innerster Anteilnahme der öffentlichen Körperschaften des Dritten Reichs stattliche Kontingente. In den Ansprachen, die gehalten wurden von Stadtdekan Dr. Lempp, Landesbischof D. Wurm und Ministerpräsident Mergenthaler, hoben die Redner die Gedanken über Luther hervor, die einerseits dem Mann der Kirche, andererseits dem Mann des Staates von besonderer Wichtigkeit sein mußten. Der Landesbischof betonte, wie wir bei Luther vor allem sein tiefstes Anliegen und seinen tiefsten Beruf ins Auge fassen müssen, wie sich dem nach Heil Ringenden Gott in dem Wort seiner Gnade geoffenbart hat und wie Luther eine heldenhafte Art der Frömmigkeit vertrat, die nicht in erster Linie nach den »religiösen Bedürfnissen« fragte, sondern die Frage stellte, was für Forderungen Gott an uns zu stellen habe. Und er forderte, daß auch im Dritten Reich die Kirche wohl im Bunde mit dem Staat steht, aber Kirche bleiben muß, getragen von Menschen, Predigern und Hörern, die ums Ewige ringen. Stadtdekan Dr. Lempp sagte, daß eine Volkserneuerung nur möglich ist durch die Rückkehr des Volkes zu dem biblischen Christentum Martin Luthers. Ministerpräsident Mergenthaler redete von der engen Volksverbundenheit Luthers von dessen frühester Jugend an und von seiner Betonung der Einheit der deutschen Nation in Tagen nationaler Zersplitterung, von seiner sprachschöpferischen Größe, von seinen pädagogischen Bestrebungen und von seinem weit vorausschauenden Wollen in wirtschaftlichen Fragen, bei dem es freilich zu bedauern ist, daß er im Bauernkrieg den Weg zum Volke nicht gefunden hat, wogegen sein Kampf wider die Zinsknechtschaft eine Forderung von weittragender Bedeutung war. Andererseits betonte auch der Ministerpräsident, daß keine segensreiche Bewegung in unserem deutschen Volk, auch nicht die nationalsozialistische Bewegung, denkbar ist ohne die religiösen Kräfte, die besonders in Form seines von aller Menschenfurcht freien Gottvertrauens von Luther ausstrahlten. So waren die kirchlichen und staatlichen Vertreter in treuem Bund bei der Lutherfeier vereinigt, die gespannt lauschende Gemeinde mit ihren wertvollen Gaben bereichernd... Zu nennen ist auch das freudige Bekenntnis zu Luther in der Rede des Ministerpräsidenten Mergenthaler in der Stadthalle beim Lutherfest, die Umbenennung der Teckstraße in Stuttgart-Bad Cannstatt in eine Martin Luther-Straße, sowie der dortigen Teckschule in eine Martin-Luther-Schule, ferner die begeisterten Lutherfeiern unserer Stuttgarter Schulen in sämtlichen Kirchen Stuttgarts und die Lutherfeier des Württ. Goethebundes in der Leonhardskirche mit der Festrede von Martin Lang über »Martin Luthers Bibeldeutsch und Kirchenlied«[46a]. Wer hätte es vor 34 Jahren bei der Gründung des Goethebundes zu denken gewagt, daß in der Kirche von Ludwig Hofacker und Albert Knapp evangelische Kirche und Goethebund sich die Hände reichen werden? Wir dachten angesichts dieses Bundes daran, daß auch ein Gustav Schwab einige Jahre die Kanzel der Leonhardskirche geziert hat. Wir freuen uns herzlich, daß durch alle diese Tatsachen die Losung »Kirche im Volk« ihre Verwirklichung fand. Wir wünschen ein gottgesegnetes Weiterschreiten auf diesem Wege!

Am Vormittag des 19. November fand im Großen Haus der Württ. Staatstheater in Stuttgart außerdem eine Lutherfeier statt, bei der ebenfalls der Landesbischof sprach[47]*:*

Der deutsche Luther

... In seiner Ansprache führte der Landesbischof D. Th. Wurm in geistvoller Weise folgende Gedanken aus: Luther, Prophet und Poet in einer Person, der sich großes Verdienst um die deutsche Bildung erwarb, von dem noch Lessing, Schiller, Nietzsche zehrten, war nicht etwa der Wegbereiter einer Persönlichkeitskultur im Sinne der französischen Aufklärung. Er nannte nur denjenigen wirklich frei, der die gesetzmäßigen Bindungen auch innerlich anerkennt. Der Staatsgedanke erfuhr durch Luther eine ungemeine Stärkung ... Der Durchbruch des ernsten Gottsuchers Luther gegenüber allen Verfallserscheinungen geschah nicht im ekstatischen Visionszustand, sondern im nüchternen Reich

[46a] Siehe »Schwäbischer Merkur«, Ausgabe vom 12. 11. 1933.

[47] »NS-Kurier«, Ausgabe vom 20. 11. 1933; vgl. »Schwäbischer Merkur«, Ausgabe vom 21. 11. 1933.

der Studierstube. Obwohl seine Tat in Worms ein ungeheures Wagnis war, zeigte er sich am allerstärksten in der Überwindung und unerschütterlichen Festigkeit allen Enttäuschungen seines Lebens gegenüber . . .

In seinen Sonntagsgedanken *schrieb Pfarrer Rehm*[48]*:*

. . . Es geht heute um dasselbe, um was Luther einst kämpfte: Um die Freiheit der Seele des deutschen Menschen, der im Gehorsam unter die göttlichen Schöpfungs- und Sittenordnungen sein und seines Volkes Leben gestaltet unter Zurückweisung jeglicher geistigen und machtpolitischen Beeinflussung, die von Nichtdeutschen ausgeht, artfremd und artwidrig ist und darum das deutsche Wesen und die deutsche Seele zersetzen muß . . . Das Neue aber war: Der freie, deutsche Mensch, der sich niemand zu Dienst und verantwortlich wußte, denn allein Gott und seinem in Gott gebundenen Gewissen. Mächtige Impulse sind von Luthers Reformationstat bis in unsere Tage ausgegangen. Der nationalsozialistische Freiheitskampf unserer Tage kann von Luthers Tat unmöglich getrennt werden, sintemal das Ziel dieses Kampfes kein anderes ist, denn es Luther vor Augen geschwebt hat. Viel an artfremden Einflüssen hat seitdem wieder die deutsche Seele überlagert gehabt; obwohl das deutsche Volk gerade in diesem Jahrhundert schon des öfteren seines großen Reformators gedacht hatte, war es doch weit entfernt von seinem Wollen und seinem Geist, weil man nicht den Mut hatte, radikal zugunsten des reformatorischen Erlebnisses mit den unserem Geschlecht überkommenen Weltanschauungen und Lebenshaltungen zu brechen. So viel man auch in den letzten Jahren Luthers Tat den deutschen Menschenherzen nahebringen wollte, damit sich daran eine neue Reformation deutschen Lebens anschließe, so erfolglos war dieses Bemühen, weil man nicht gewillt war, mit dem Überkommenen zu brechen, sondern glaubte, neuen Most in alte Schläuche fassen zu können.

Es ist Adolf Hitler und seiner Bewegung vorbehalten geblieben, mit dem Alten grundsätzlich zu brechen, die alten liberalistischen und individualistischen Auffassungen und Lebensgewohnheiten über den Haufen zu werfen und das Bild des neuen Menschen des Dritten Reichs vor unseren Augen erstehen zu lassen. Seitdem vollzieht sich eine Reformation größten Ausmaßes im deutschen Volksleben auf allen Gebieten. Vergangenheit und Gegenwart reichen sich so in diesem Luthergedenk-

[48] »NS-Kurier«, Ausgabe vom 18. 11. 1933. Der Betrachtung liegt der Text Mk 2,22 zugrunde: »Niemand faßt Most in alte Schläuche . . .«

jahr 1933 wirklich und wahrhaftig die Hand ... Damals sandte Gott den Propheten aus dem kirchlichen Raum, heute hat er ihn aus dem politischen Raum heraus gesandt. Gott wirkt und handelt in königlicher Freiheit, ohne sich von den Menschen Art und Weg seines Handelns vorschreiben zu lassen ... Die offiziellen Kirchen aber haben an diesem Tag Buße zu tun, weil sie entweder diesen großen Deutschen verworfen haben, oder aber zwar sein Vermächtnis besaßen, jedoch nicht in seinem Geist gewirkt und gehandelt und darum auch den lebendigen Zusammenhang mit dem Volk verloren haben, als dessen Kind sich Luther zeitlebens fühlte.

Zu den Lutherfeiern im allgemeinen schrieb das Evang. Kirchenblatt für Württemberg *am 30. 11. 1933:*

... Möchten die Lutherfeiern nun auch Frucht bringen. Eine Frucht wäre es gewiß, wenn wir unter autoritativen Verhältnissen eines heutigen Staats den Sinn für die ewige Autorität des alles begründenden Gottes wiedergewönnen. Dann aber kann es nicht ausbleiben, daß wir fort und fort fragen, wie Er uns Sündern gnädig sei, unser Werk fördere, unsre Kirche segne? Wir sind alle zu Luthers Gottesfrage gedrängt und werden mit Luthers Begnadigung und Freudigkeit ausgestattet. So nur können wir Kirche bezeugen, auch Zertrenntes einigen. Gegen die Antastung der Offenbarungs- und Rechtfertigungsgrundlage der Kirche hilft nicht der heiligste Protest allein, sondern deren neue Verkündigung in der Kirche und die Auswirkung im Reden und Verhalten ihrer Pfarrer. Aber aus dem Mund derer, die diese Grundlagen praktisch verleugnen, kann auch die rasselndste Versicherung der Rechtgläubigkeit nicht überzeugen. Reden, Wirken, Bauen – alles aus der gebeugten Stellung von Gott heraus. Sonst wird's nichts Wertbeständiges ...

DIE ABSTIMMUNG AM 12. NOVEMBER

Nach dem Austritt Deutschlands aus dem Völkerbund wurde von der Reichsregierung auf 12. November eine Volksabstimmung angesetzt. Im Evang. Pressedienst vom 22. 10. 1933 schrieb Pfarrer Hilzinger, Stuttgart, zu dieser Abstimmung[49]*:*

[49] LKA Stuttgart, D 1, Bd. 44.

Die Würfel sind gefallen

. . . Nun hat die Deutsche Regierung das Volk aufgerufen, in einem Wahlgang, der ja wohl mehr ein Bekenntnisgang werden wird, sich geschlossen hinter sie zu stellen. Denn für die Durchführung dieses Protestes, für die Abwehr der möglicherweise von einem unverständigen Gegner zu ergreifenden Maßnahmen muß sich der starke und zähe Wille des Deutschen Staates mit der Kraft eines einigen Volkes paaren! Es ist eine solche Selbstverständlichkeit für jeden Deutschen, sich in diesem Kampf um Recht und Gerechtigkeit hinter die Regierung zu stellen, daß man darüber kein weiteres Wort zu verlieren braucht. Die Welt wird auch ein Bekenntnis bekommen, das an Durchschlagkraft nichts zu wünschen übrig lassen wird. Denn in diesen Fragen geht es ja nicht nur um ein Sein oder Nichtsein einer Regierung, sondern eines jeden einzelnen Volksgenossen.

Es ist ebenso selbstverständlich, daß auch die Deutsche Evang. Kirche sich geschlossen hinter den Willen der Regierung stellt. Ihre Stellung zur Abrüstungsfrage und zur Gleichberechtigung Deutschlands ist schon in früheren Kundgebungen zum Ausdruck gekommen[49a]. Sie wird sich jetzt um so freudiger hinter die Regierung stellen können, als ja Adolf Hitler in seiner klassischen und packenden Rundfunkrede[50] deutlich zum Ausdruck gebracht hat, daß der Austritt Deutschlands nicht das Zerreißen des Tischtuches bedeutet, sondern nur diejenigen Voraussetzungen schaffen will, die endlich zu einer wahren Befriedung der europäischen Völker dienen sollen. Was kann es aber für eine christliche Kirche neben ihrem höchsten Auftrag für eine höhere Aufgabe geben, als ihrem Volk die ewigen Quellkräfte darzureichen zur Stärkung in einem Kampf um eine gute und gerechte Sache und es in seinem Ringen um einen wahren und dauerhaften Frieden zu unterstützen mit Tat und Fürbitte?

Am 28.10.1933 wandte sich der Landesbischof mit einem Schreiben an sämtliche Pfarrer der Landeskirche[51]*:*

Ein wichtiger, vielleicht entscheidender Tag steht bevor. Nach langem, geduldigem Warten auf die Einlösung des Versprechens, das die Kriegsgegner im Versailler Vertrag gegeben haben, hat Deutschland die Abrüstungskonferenz verlassen und seinen Austritt aus dem Völkerbund

[49a] Kundgebungen des Deutschen Evang. Kirchenausschusses, siehe »Allgemeines Kirchenblatt für das evang. Deutschland«.

[50] Rundfunkrede Hitlers am 14.10.1933; Domarus I, S. 308 ff.

[51] LKA Stuttgart, D 1, Bd. 44.

erklärt. Das bedeutet nicht den Übergang zu einer kriegerischen Politik, aber eine nicht überhörbare Wahrung der Ehre unsres Volkes und ein Protest gegen die unwahrhaftigen Methoden der hochgerüsteten Staaten, die es fertigbringen, die eigene Sicherheit durch das völlig schutzlos daliegende Deutschland für bedroht zu erklären. Schon manchmal haben deutsche Staatsmänner nach dem Kriege versucht, gegenüber den Forderungen der Siegermächte ein klares Nein zu sprechen; vergebens, denn sie hatten große Teile des Volkes nicht hinter sich. Am 12. November muß es sich zeigen, daß das ganze Volk[51a] sich zu dem Schritt des Kanzlers bekennt und daß kein Feind mehr hoffen darf, mit der Uneinigkeit des deutschen Volkes Geschäfte zu machen. Die evangelische Kirche, die auch in den letzten Jahrzehnten trotz vieler Anfeindung um Recht und Wahrheit in den Beziehungen der Völker gerungen hat, stellt sich freudig und geschlossen hinter den Führer; ihre Diener werden gerne dazu mithelfen, daß unser Volk die Bedeutung dieser Volksbefragung erkennt und die rechte Antwort gibt.

Eine Klärung der innerkirchlichen Fragen[52], wie sie in den letzten Wochen uns beschäftigt haben, durch eine Besprechung des Landesbischofs mit dem Reichsbischof und dem Reichsleiter der Glaubensbewegung wird demnächst erfolgen. Der Standpunkt der württembergischen Kirchenleitung ist bekannt und braucht nicht noch einmal dargelegt zu werden. Nur eine Behauptung in einem Schreiben der württ. Landesleitung der Glaubensbewegung Deutsche Christen muß sofort richtiggestellt werden. Der Erlaß vom 6. Oktober, in welchem den Geistlichen Zurückhaltung in der Entscheidung für oder wider die Glaubensbewegung Deutsche Christen empfohlen wurde, ist, wie ja auch aus seinem Inhalt hervorgeht, in einem Zeitpunkt verfaßt worden, wo Verhandlungen noch schwebten; er wurde aber erst nach ihrem Scheitern am Samstag, 7. Oktober, vormittags dem Sekretariat zur Absendung übergeben; wäre vorher eine Einigung erfolgt, so wäre er zurückgehalten worden. Im übrigen möchte ich glauben, daß alle Erörterungen über Einzelheiten nicht zum Ziele führen, und der Hoffnung Ausdruck geben, daß der heutige uns alle bedrückende Zustand in kürzester Frist beseitigt und dadurch der positiven Arbeit unter einheitlicher Führung des Landesbischofs freie Bahn gebrochen wird. Ein Ausschreiben, das zur Bildung von Arbeitsgemeinschaften aufruft und alle bisher gemachten Vorschläge, von welcher Seite her sie kommen, zur Neuformung der

[51a] ganze Volk: unterstrichen.

[52] Siehe dazu S. 632 ff., den Erlaß vom 6. 10. 1933 siehe S. 770 ff.; vgl. S. 774 f.

kirchlichen Arbeit verwertet, ist in Vorbereitung und wird demnächst den Pfarrämtern zugehen. Ich bitte, in ruhigem Vertrauen auf den Herrn der Kirche, der auch durch solche Prüfungs- und Sichtungszeiten seine Ziele erreicht, in Treue des Amtes zu walten. Wurm.

Bei der Einführung der jüngsten Promotion im Tübinger Stift erklärte der Landesbischof zu dieser Abstimmung[53]*:*

Das evangelische Pfarrhaus hat sich immer volksverbunden gezeigt in der Geschichte der letzten Jahrhunderte. Darum darf ich wohl diese Stunde in der altehrwürdigen Bildungsanstalt des evangelischen Pfarrerstandes benützen, um einen kräftigen Ruf an unser evangelisches Volk zu richten: Stelle dich am 12. November hinter deinen Führer, der so würdig und kraftvoll die Sache unseres Volkes zu führen und sein Lebensrecht zu wahren weiß! Keiner von uns wird am 12. November zu Hause bleiben; alle werden ihr »Ja« unter die Frage des Führers schreiben.

In seiner Ausgabe vom 5. 11. 1933 stellte der Deutsche Sonntag *die Abstimmung als den* Tag der Ehrenrettung für das ganze deutsche Volk *heraus. Er schrieb dann weiter:*

... Weiß nun nicht jeder deutsche Mann, jede deutsche Frau (denn auch sie kann diesmal noch mit ihre Stimme geben!), was sie zu tun hat und was ihr Ja tatsächlich bedeutet? Man sollte es meinen. Aber – schon laufen wieder die kleinlichen Ärmlichkeiten, die unser Volk aus seiner ehrlosen Zeit noch an sich hat. »Ach was – schon wieder wählen? Hat Hitler denn nicht versprochen, daß das aufhören solle! Ha nun, der tut doch, was er will. Wozu soll man dann hinlaufen? Da werden wenig kommen, das glaube ich. Hat auch keinen Wert. Nun, man wird es schon erleben –« so maulen die kleinen Krämerseelen, die sich ganz gerne von Hitler retten ließen, aber Leute sind, die einem, der sie aus dem Wasser gezogen, noch den Vorwurf machen könnten: er habe sie so naß gemacht. Es gibt solche Mißgeburten! Und dann flüstert man schon wieder in »christlichen« Kreisen: Ach, das sei eben Vermessenheit, so auf die »Ehre« hinaufzusitzen. Es stehe doch in der Hl. Schrift: »Je höher du bist, je mehr dich demütige[53a]!« Das müßten die »Christen« jetzt dem Hitler sagen. Ja, »vom christlichen Standpunkte aus« könne man nur mit schwerer Sorge dem Austritt aus dem Völkerbund zusehen. Noch ein

[53] »Evang. Gemeindeblatt für Stuttgart«, Ausgabe vom 12. 11. 1933.
[53a] Sir 3,20.

paar salbungsvolle Bibelsprüche – und fertig ist wieder die ganze alte Nörgelei, die einen in den letzten Jahren anwiderte bis zum Ekel.

Jetzt, ihr Deutschen Christen, ihr Mitträger der Glaubensbewegung, jetzt beginnt eure Aufgabe: solchen Schattenseelen das Licht aufzustecken, solchen Nachtgeistern einen guten Morgen zu wünschen und ins Ohr zu schreien: »Christenvolk, erwache!« – bis sie nimmer anders können als ihre Pflicht und Schuldigkeit tun. Wenn Gott ein Gott der Ehre ist (so schildert ihn die ganze Bibel Alten und Neuen Bundes), wenn er ferner unser Volk geschaffen hat, damit es vor Ihm bestehe, nicht damit es elend untergehe in seiner eigenen Schmach, so haben jene Reden keinen biblischen Hintergrund und sind heute unerträglich, strafbar. Daß wir »in der Demut bleiben« und die Nase nicht allzu hoch tragen, dafür sorgt gewiß der gottgewollte Ernst der Lage, dafür sorgen unsere Sünden und Schulden, die noch lange nicht ausgetilgt sind. Wir wollen unsere Ehre – aber nicht ohne Gott; wir stellen uns aufrecht, aber nicht in menschlicher Vermessenheit, sondern in reinem Vertrauen zu dem Lenker der Welt im Himmel und auf die große Gnade, die in Jesus Christus uns eröffnet ist. Das ist unsere Hauptsorge auch am 12. November, daß wir unsere Ehre auch vor Gott haben und wissen, daß nur Er uns rechtfertigen kann. In diesem Sinn, mit Gebet und Dank im Herzen, mit tiefer Buße und Beugung, schreiten wir Deutschen Christen am 12. November zur Abstimmung.

Unmittelbar vor der Abstimmung erschien im Deutschen Sonntag *in der Nummer vom 12. 11. 1933 folgender Aufruf*[54]*:*

Nationalsozialisten, Volks- und Glaubensgenossen!

Der Sieg des Dritten Reichs hat der nationalsozialistischen Weltanschauung die Bahn zur Eroberung der deutschen Menschenherzen frei gemacht. Das auf dem Boden dieser Weltanschauung stehende, in sich geeinigte deutsche Volk ist berufen, in Zukunft Hüter seines Glaubens und seiner Ehre zu sein. Die Erfüllung dieser weltgeschichtlichen Aufgabe, zu der uns unser Führer Adolf Hitler auf den 12. November aufgerufen hat, erfordert den geschlossenen und ehrlichen Dienst einer deutschen, evangelischen Volkskirche, die getreu ihrer in der Reformation vollbrachten geschichtlichen Sendung die Kämpfer des Dritten Reiches mit den sieghaften Kräften der Ewigkeit erfüllt. Dazu müssen die

[54] Vgl. auch »NS-Kurier«, Ausgabe vom 25. 10. 1933.

letzten Reste des abgewirtschafteten, liberalistischen und individualistischen Zeitalters aus dem deutschen Protestantismus restlos verdrängt werden. Die Kirchen dürfen nicht der letzte Hort der Reaktion in Deutschland sein. Diesen Kampf führt die Glaubensbewegung »Deutsche Christen« in engster innerer Verbundenheit mit der braunen Armee. Kirche und Volk, Glaube und politischer Tatwille sind in ihr eins geworden zur Bildung wahrer Volksgemeinschaft und zum Kampf um unsere Freiheit. Dazu brauchen wir keine Behörden-, Zwangs- und Gewohnheitskirchen, sondern eine Kirche, die die Seele und die innere Heimat des erwachten, nationalsozialistischen Volkes ist. Frei und ungehindert kämpfen die »Deutschen Christen« auch in Württemberg und unterstellen sich vorbehaltlos unserem von Gott gesandten Führer Adolf Hitler.

Der 10. November 1483 schenkte uns den Befreier deutschen Geistes aus mittelalterlicher Knechtung. Der 12. November 1933 muß uns Freiheit und Ehre wieder schenken. Dieser Kampf ist gottgewollt und heiligste Pflicht jedes deutschen Christen! Mit Gott für eine volksverbundene neue deutsche Kirche im Dritten Reich der Freiheit und Ehre! Schließet die Reihen in der Glaubensbewegung »Deutsche Christen«!

Die Landesleitung.

Zur Entscheidung am 12. November *schrieb das* Evang. Gemeindeblatt für Stuttgart[55]:

... Das Volk ist gefragt: das Volk soll antworten. Und zwar wird die Antwort eine doppelte sein: an die Regierung und an die Welt, denn die Regierung ist in dieser Frage die Sachwalterin des deutschen Volkes vor der Welt. Worum geht es aber am 12. November? Mit einem Wort: um die Ehre unseres Volkes ... Der Führer hat mit seiner Entscheidung, aus dem Völkerbund auszutreten und die Abrüstungskonferenz zu verlassen, das getan, was um der Ehre unseres Landes willen getan werden mußte. Oder haben wir nicht schon seit Jahren diesen Zustand des ständigen Feilschens und Verhandelns, der geschickten Unaufrichtigkeit, des Spielens mit Worten und Zahlen – wo es doch wahrhaftig um ernste Sachen ging! –, haben wir Deutsche dies alles nicht schon längst als unwürdig empfunden? Die Entscheidung mußte jetzt fallen – so oder so! ... Hiebei geht es nicht um eine parteipolitische Angelegenheit wie manchmal in früheren Jahren, sondern um die Ehre des ganzen Volkes:

[55] Ausgabe vom 12. 11. 1933.

also nicht um ein kleines Ja, mit dem wir uns früher für diese oder jene Einzelfrage entschieden, sondern um das große Ja, in dem das Volk sich selber, seine Vergangenheit, Gegenwart und Zukunft einsetzt. Und darum ein entschlossenes und kein zögerndes Ja! Daß auch die Kirche sich für dieses Ja einsetzt, braucht nicht erst begründet zu werden. Wohl ist ihre Aufgabe, das Evangelium zu verkündigen, aber eben in dem Volke, dessen Schicksal ihr mit anvertraut ist. Wohl gehört sie Gott, aber auch dem Volke, an das sie von Gott gewiesen ist. Wohl weiß sie um das größte Ja – nämlich zu Gottes Frage an den Menschen: willst du mein eigen sein? –, aber auch das große Ja, das heute die geschichtliche Stunde fordert, soll von ihr gegeben werden: sie soll ihren Gliedern Freudigkeit geben, sich einzusetzen in dem großen Kampfe unseres Volkes um Ehre und Freiheit. Ein großes Ja ist gefordert ...

Mit einem Erlaß vom 8. 11. 1933 An sämtliche Dekanatämter *verfügte der Oberkirchenrat das Läuten der Kirchenglocken am Vortage der Volksabstimmung am 12. November und am Vorabend des Luthertages*[56]*:*

Den Pfarrämtern ist nachstehendes bekanntzugeben: 1. Am 12. des Monats ist das deutsche Volk aufgerufen, sich mit seiner Regierung zu einer Politik des Friedens, der Ehre und der Verständigung zu bekennen. Diesem Bekenntnis sollen auch die Kirchen dadurch Ausdruck geben, daß am Vorabend des genannten Tages, am Samstag, den 11. November, von abends 6.50 Uhr bis 7 Uhr mit allen Kirchenglocken geläutet wird. 2. Ebenso soll am Vorabend des Luthertags, am Samstag, den 18. des Monats, abends von 6 Uhr bis 6.10 Uhr zum Andenken an unsern Reformator Martin Luther auf allen evangelischen Kirchen des Landes mit den Glocken geläutet werden.

Sowohl am 12. als am 19. des Monats sind die Kirchen und kirchlichen Gebäude zu beflaggen. Wurm.

[56] Nr. A 8868. Vgl. dazu auch die Anordnung der Reichskirchenregierung, mit der am 13. 11. 1933 telegrafisch das Läuten der Kirchenglocken für den Abend desselben Tages »zum Zeichen des Dankes für das einigende Ergebnis der Volksabstimmung« angeordnet wurde (Nr. A 9099). Eine ähnliche Anweisung aus Berlin erging auch für das Läuten der Kirchenglocken anläßlich des Luthertages. Die verschiedenen, nicht aufeinander abgestimmten Anordnungen führten zu einer Unsicherheit bei den Dekanat- und Pfarrämtern, über die sich z. B. das Evang. Dekanatamt Brackenheim am 7. 12. 1933 beim Oberkirchenrat beschwerte (Nr. A 10036); der Oberkirchenrat seinerseits hatte schon am 21. 11. 1933 bei der Reichskirchenregierung protestiert (Nr. A 9478).

Am 27. 10. 1933 wandte sich der Landesbischof mit einem Schreiben über eine im Winter 1933/1934 geplante, groß angelegte Volksmission an alle Dekanatämter, Pfarrämter sowie an die württ. Gemeinschaftsleitungen und Verbände[57]*:*

Der kommende Winter soll die Evangelische Landeskirche in Württemberg mit aller Kraft in der volksmissionarischen Arbeit sehen. Keine Kirchengemeinde darf sich bei dieser Arbeit ausschalten. Kein Kreis unsres Volkes darf davon unberührt bleiben. Für die Durchführung der Arbeit werden demnächst von der Kirchenleitung Richtlinien ausgegeben. Sie wird um so wirkungsvoller werden, je mehr es gelingt, alle hiezu willigen und geeigneten Kräfte zusammenzufassen. Es ist kein Zweifel, daß die bisherige Arbeit auf diesem Gebiet unter einer Uneinheitlichkeit und Zufälligkeit, ja gelegentlich unter unwürdigem Wettbewerb verschiedener Gruppen gelitten hat. Was wir brauchen, ist die Sammlung und der planvolle Einsatz der Kräfte auf dem Boden der Kirchengemeinde.

Ich mache es hiemit allen in unsrer Kirche tätigen Gruppen zur Pflicht, keinerlei Sonderarbeit – Evangelisation, volksmissionarische Woche, Aufbauwoche, Kampfwoche, Jugendevangelisation, Werbetage und dergleichen – von sich aus in Angriff zu nehmen, ohne sich vorher mit Pfarramt und Kirchengemeinderat verständigt zu haben, d. h. ohne sich rechtzeitig und genau vergewissert zu haben, ob die geplante Veranstaltung in den Arbeitsplan der Kirchengemeinde sich einfügt. Ich bitte auf die Beachtung des Vorstehenden alsbald alle in Betracht kommenden Stellen eindrücklich hinzuweisen. Wurm.

Zu der geplanten Volksmission schrieb Pfarrer Mack, Hülben, am 15. 9. 1933 im Evang. Kirchenblatt für Württemberg:

[57] Nr. A 8458, auch im »Evang. Gemeindeblatt für Stuttgart«, Ausgabe vom 12. 11. 1933 veröffentlicht. Zum Zusammenhang vgl. die Denkschriften, die im Zusammenhang mit der Einführung des Evang. Gemeindedienstes entstanden (Bd. 1, S. 543 ff.) und den Beitrag des »Schwäbischen Merkur« in der Ausgabe vom 6. 12. 1933. Zum Verhältnis der GBDC zu den Gemeinschaften und zur Volksmission äußerte sich der »Deutsche Sonntag« in den Ausgaben vom 3. 9. 1933 und 22. 10. 1933. Zur Vorbereitung der Volksmission durch die Reichskirche vgl. Kirchenkampf – Archiv Harder, Kirchliche Hochschule Berlin, Bd. 634: Aufbau einer volksmissionarischen Abteilung im Reichskirchenministerium 1933/1934.

Glaube und Gemeinde

Ein Wort zur kommenden volksmissionarischen Arbeit der Kirche

Viele Gedanken beschäftigen sich in diesen Wochen mit der großen volksmissionarischen Aufgabe des kommenden Winters. Aber noch liegen die Wege und Ziele dieser Arbeit weithin im Dunkel. Die einen denken an irgend etwas ganz Neues, bisher nicht Dagewesenes, die andern an Evangelisation in der bisher schon bekannten Art. Wenn bei diesem Wort ein Aufhorchen durch's Land geht, so kommt es vielleicht mehr aus dem Empfinden, daß alle unsre Arbeit in Frage gestellt ist und daß sie irgendwie neu getan werden muß, als aus einer klaren Erkenntnis eines Zieles und aus einer starken Gewißheit über den einzuschlagenden Weg ... Wir werden am schnellsten Antwort bekommen auf unsre Frage nach der rechten Volksmission, wenn wir ausgehen von der Tatsache, daß ja schon bisher Evangelisation und Volksmission getrieben worden ist. Es wird gut sein, wenn wir uns über die Ergebnisse und die Eigenart der bisherigen Arbeit nüchtern Rechenschaft geben ... Es handelt sich lediglich darum, ob wir bereit sind, Gottes Gericht über unsre bisherige Arbeit anzuerkennen und den Segen draus zu ziehen. Das Ziel der Evangelisation zu allen Zeiten war es und wird es sein müssen, Glauben zu wecken, den Gehorsam des Glaubens aufzurichten unter den Völkern ...

Die Erkenntnis von der Wichtigkeit einer persönlichen Entscheidung hat der bisherigen Evangelisation das Gepräge gegeben. Dasselbe Ziel, das Zinzendorf seinen Missionaren mitgab, stand auch vor den Augen des Evangelisten: Seelen für das Lamm zu gewinnen. Man sah freilich wie auf dem Missionsfeld so auch in der Heimat recht deutlich, daß es mit der Gewinnung der Einzelnen nicht getan ist. Neben Zinzendorfs obigem Wort steht sein anderes: Ich statuiere kein Christentum ohne Gemeinschaft. Nun ging aber dieser Ruf nach Gemeinschaft in eine Welt hinaus, die unter dem Einfluß des Humanismus und der Aufklärung die Persönlichkeit entdeckt hatte und für die Grundgesetze des Gemeinschaftslebens keinen Sinn besaß ... War es ein Wunder, wenn man nun auch die Kirche lediglich als die Versammlung der Bekehrten ansah ... Es wäre töricht den Gewinn zu leugnen, der von diesen Kreisen in die Gemeinden hineinfloß. Aber das Erbe der Entstehungszeit haftete der Bewegung stets an. Man kam so wenig hinaus über die Pflege des eignen Kreises. Man sah nicht die Verpflichtung der ganzen Gemeinde gegenüber. Es kam soweit, daß durch jede Evangelisation ein neuer solcher Kreis entstand. Das führte in vielen Gemeinden im Lauf der Zeit zu einem Nebeneinander und oft auch Gegeneinander der verschiedenen Gemeinschaften und Kreise. Wir stehen nun vor der Entscheidung, wollen wir einfach von denselben geistigen Voraussetzungen aus weiterarbeiten oder wollen wir neu anfangen?

Neu anfangen! Ein neuer Anfang ist uns nahegelegt durch die gegenwärtige Einigung unsres Volkes. Freilich muß hier ein Warnungssignal aufgerichtet werden. Unter dem Eindruck der Einigung im Volk werden da und dort Stimmen laut, die nun auch auf religiös-kirchlichem Gebiet möglichst rasch eine Einigung der verschiedenen Gruppen und Gemeinschaften fordern. Weiß man nicht, daß mit einer äußerlichen Einigung der alte Sondergeist, der sich selbst sucht, noch lange nicht beseitigt ist? Nein, ein neuer Anfang legt sich uns nahe von einer vertieften Erfassung der neutestamentlichen Gedanken über Glaube und Gemeinde aus. Nur durch eine gemeinsame Neubesinnung auf die biblischen Grundlagen ist ein neuer Anfang zu erreichen . . . Wie kann dieser Gemeindegedanke zum Leben wieder erweckt werden? Einfach dadurch, daß man ihn ernst nimmt. Wir müssen wieder als Gemeinde denken und handeln lernen. Wieviele da nun mittun, das ist zunächst nicht einmal so wichtig. Hauptsache ist, daß ein Anfang gemacht wird . . . Dabei ist es zunächst nicht einmal so sehr auf Gewinnung bisher Fernstehender abgesehen. Aber sie werden kommen, wenn sie merken, wie hier nicht vom Standpunkt der Besitzenden herab geredet wird, sondern aus einer gemeinsamen Verantwortung heraus und aus der gemeinsamen Beugung unter Gottes Willen. Kommen wir nicht dazu, so wird alle sonstige Evangelisation nutzlos verpuffen oder nur zu neuer Zersplitterung führen . . .

Bei der Tagung der Kirchlich-theol. Arbeitskreise in Freudenstadt sprach am 13. 10. 1933 Pfarrer Dr. Erich Eichele, Tübingen, über das Thema Was und wie reden wir in der Volksmission. *Das* Evang. Kirchenblatt für Württemberg *veröffentlichte diesen Vortrag in seiner Ausgabe am 31. 10. 1933*[58]*:*

1. Für die grundsätzliche Einstellung unseres Redens ergibt sich zunächst dies: Nicht Apologetik, sondern Verkündigung. Die Versuchung zur Apologetik ist groß. Stellen doch die Entfremdeten, an die wir uns wenden, keineswegs so etwas wie eine ungeformte Masse dar, die mit

[58] Vgl. dazu das Freudenstädter Referat von Pfarrer Weismann in EKBlW, Ausgabe vom 15. 11. 1933.

leeren Händen vor uns stünde. Im Gegenteil: sie alle haben schon irgendeine weltanschauliche Schulung genossen und besitzen dementsprechend eine, je nach der Zeit ihrer Erwerbung bzw. Umformung religionsfeindliche oder -freundliche, feste Weltanschauung ... Muß man sich nicht zunächst gegen die Vorwürfe wider das Christentum und seine Vertreter verteidigen bzw. sie durch eine entsprechende Entschuldigung entwaffnen, um darnach selbst zum Angriff überzugehen und durch gedankliche Auseinandersetzung die entgegenstehenden Weltanschauungen niederzuringen? ... Beide Möglichkeiten apologetischen Vorgehens scheiden für unsre Aufgabe in gleicher Weise aus. Das gilt zunächst für den Weg der Entschuldigung, auf den uns gerade jetzt wieder die oft gehörte Forderung, die Kirche müsse die Volksmission »bußfertig« tun, hindrängen möchte. Wer glaubt, Tatsachen wie die, daß Jesus kein Arier war, daß das Neue Testament auch die hochrassigsten Menschen »allzumal Sünder« nennt, daß die christliche Auffassung von Heldentum sich mit dem modernen Heldenideal nicht deckt usf., vor dem Tribunal der kirchenentfremdeten Hörer zunächst einmal entschuldigen zu sollen, muß sich von Paulus eines Besseren belehren lassen. »Bußfertigkeit« in Beziehung auf den Inhalt seiner Verkündigung hat Paulus nie gekannt. Wenn jemand sich dafür zu entschuldigen hatte, daß die christliche Verkündigung auf den natürlichen Menschen den Eindruck des »Ärgernisses« und der »Torheit« machte, dann war es die »Weisheit dieser Welt«, die sich dafür vor »Gottes Weisheit« zu verantworten hatte, aber nie umgekehrt (1 Kor 1,19; 3,19) ... Wie der apologetische Weg der Entschuldigung, so scheidet aber auch der apologetische Weg der Auseinandersetzung für unsre Arbeit aus. »Nicht auf Überzeugungskraft der Weisheit« (1 Kor 2, 4) gründete Paulus seine Missionspredigt und bewies damit, daß er mehr von missionarischer Verkündigung verstand als diejenigen, die meinen, sie müßten heute mittels verstandesmäßiger Gründe und Gegengründe Menschen ins Christentum hinein überreden ...

2. Was nun den Inhalt unsrer Verkündigung anbetrifft, so gebietet uns das Neue Testament dies: **Nicht Allgemeinreligion, sondern Gesetz** und Evangelium ... Wer Gesetz und Evangelium zugleich verkündet, wird das Gesetz nicht im Stil eines feurigen Appells an die sittliche Kraft des Menschen predigen... Wer Gesetz und Evangelium zugleich verkündet, gibt heute der Gesetzespredigt am besten die Form eines selbstverständlichen Hinweises auf die uns Menschen gesetzten Gottesordnungen in Volk, Staat, Gesellschaft, Beruf, Familie, Erziehung usw. samt den ihnen

innewohnenden Geboten der Gerechtigkeit, Treue, Wahrheit, Reinheit usf., die niemand ungestraft übertritt ... Daß wir Gesetz und Evangelium zugleich predigen, macht es uns endlich auch möglich, jederzeit von der menschlichen Gegenwart in ihrer konkreten Realität zu reden. Ist es nicht auffallend, wie der Idealismus in jeder seiner Spielarten den Blick des Menschen über kurz oder lang auf eine ihm mögliche Zukunft ablenkt, die eintreten soll, wenn alle Menschen oder alle Volksgenossen erst einmal die Gebote erfüllt haben werden, die ihnen auferlegt sind? ... Solch ein Ausweichen vor der konkreten Wirklichkeit, sei es nach vorne, sei es nach hinten, haben wir nicht nötig; reden wir vom Menschen, so reden wir davon, wie er jetzt in dieser Zeit und an diesem Ort ist, mit all seinem guten Willen und schmerzlichen Versagen, seiner Begeisterung, Ernüchterung, Halbheit, Ichhaftigkeit, Schuld, Sünde und Einsamkeit, reden aber ebenso konkret auch von dem, was sich ebenfalls in dieser Zeit und an diesem Ort in Menschenherzen vollzieht, von der Wende der Not, vom Wagnis des Glaubens, von neuem Leben, von Vergebung, zerrissenen Ketten, Berufung und Gemeinschaft mit Gott und dem Nächsten ...

3. Handelt es sich nun weiter um die Ausrichtung unsres Redens, so gilt hier: Nicht Einzelanrede, aber Einzelanspruch. So gewiß es immer persönliche Seelsorge des einzelnen am einzelnen gegeben hat und geben wird, so gewiß unterscheidet sich davon volksmissionarisches Reden eben dadurch, daß es ans Volk geht und deshalb immer an größere Gruppen gerichtet ist ... Und doch – dieses Anreden darf keinen Augenblick außer acht lassen, daß man nicht massenweise Christ werden kann, sondern daß das Entscheidende ein Einzelgeschehen in jedem Menschen ist ... Nicht der Rausch des Ergriffenseins, den die Masse erzeugt, noch die Hochschwellung der Gefühle, den die disziplinierte Formation verleiht, ist der Boden, auf dem Gott das neue Leben wachsen läßt, sondern die persönliche Entscheidung des einzelnen, der sich von Gott direkt beansprucht weiß ... So dürfen auch wir, wenn wir zu Arbeitsdienst, Stahlhelm, SA, SS, Hitlerjugend, BdM oder sonstigen Formationen und Verbänden reden, nicht die Symbole ansprechen, die sie tragen. Nicht das Arbeitsdienstabzeichen an der Mütze, das Eichenblatt am Kragen oder die Hakenkreuzbinde am Ärmel ist es, denen unser Anspruch gilt, sondern der Mensch, der aus seinem Sehnen und Wollen heraus zum Träger dieser Symbole geworden ist. Und ebenso dürfen wir auch, wenn wir zu einer unorganisierten Masse sprechen, diese Menschen nicht in ihren kollektiven und darum indirekten Eigen-

schaften als Berufstätige oder Arbeitslose, Arbeitnehmer oder Arbeitgeber, Städter oder Dorfbewohner ansprechen, sondern in ihrer ganz persönlichen und darum direkten Eigenschaft als kämpfende und leidende Menschen ...

4. Als nächstes bleibt zu überlegen die Frage der Anknüpfung unsres Redens. Darüber ist zu sagen: Nicht Sachverschmelzung, sondern Ansatzgewinnung. Es läßt sich nicht verschweigen, daß das Verlangen nach Anknüpfung unsres Redens an das Wollen, Denken und Fühlen des Gegenwartsmenschen schon zu bedenklichen Irrwegen geführt hat. Auf der einen Seite versuchte man, die heute herrschende Weltanschauung in die christliche Botschaft einzuschmelzen, indem man ihre grundlegenden Gedanken, ja sogar einzelne Redewendungen wie die vom »unchristlichen Pazifismus«, »verräterischen Marxismus«, »volksfremden Liberalismus« und ähnliche mehr als feste Bestandteile in die christliche Verkündigung aufnahm. Und auf der andern Seite schmolz man umgekehrt die christliche Botschaft in die Weltanschauung der Gegenwart ein, indem man nachzuweisen suchte, inwiefern und inwieweit das Christentum ein brauchbares Mittel zur Erreichung der dort verfolgten Zwecke darstelle ...

5. Endlich ist noch ein Wort zur Grundhaltung unsres Redens zu sagen. Hier ergibt sich als Richtlinie: Nicht Kritik, sondern Hilfe. Wir bedenken noch viel zu wenig, daß Jesus nicht dazu in die Welt gekommen ist, um die Ungläubigen zu kritisieren, sondern um ihnen zu helfen ...

Schon am 6.10.1933 hatte Pfarrer Metzger, Bronnweiler, über verschiedene Pläne für die Volksmission an den Landesbischof geschrieben[59]*:*

Verehrter Herr Landesbischof!

Darf ich mit einem dringlichen Anliegen zu Ihnen kommen? Von den verschiedensten Seiten und Bezirken her erfahre ich, daß die Pläne für die sogenannte Volksmission von seiten der radikalen Glaubensbewegung geschmiedet oder schon in Angriff genommen werden. Dabei wird ohne Befragung der Ortsgeistlichen, teilweise auch ohne Verständigung mit dem betreffenden Dekanatamt vorgegangen und die ganze Aktion dabei aufgezogen mit dem deutlichen Ziel, Mitglieder für die

[59] LKA Stuttgart, D 1, Bd. 40.

Glaubensbewegung zu gewinnen. Das alles ist Ihnen sicherlich ebenso kund wie mir. Ich bin dankbar zu wissen, daß Sie mit mir diese Zielsetzung ablehnen. Seelen für Christus und seine Gemeinde zu werben, dazu soll uns nichts zuviel sein; das ist der eigentliche Auftrag der Kirche. Aber hier tritt eine offenkundige Entstellung und Verzerrung ein, und die große Stunde geht unwiederbringlich dahin, weil sie so kleine Vertreter fand.

Was nun aber not tut und worum ich Sie bitten möchte, ist ein Gesetz oder ganz feste Richtlinien, die Folgendes aussprechen:

1. In kirchlichen Dingen gibt es nur eine Obrigkeit. Kein Geistlicher hat das Recht, von irgend einer andern Stelle her Weisungen entgegenzunehmen, weder von einer Landesleitung noch von einer Gauleitung noch von einem Bezirksvertreter als allein von dem Herrn Landesbischof und seinen Bevollmächtigten. Die praktische kirchliche Nebenregierung der Glaubensbewegung muß dienstlich unmöglich gemacht werden. In kirchlichen Dingen redet die Kirche, und sonst niemand.

2. Dem einzelnen Geistlichen ist sein Ordinationsgelübde maßgebend, das ihn an seine eigne Gemeinde weist und ihm nicht gestattet, in ein fremd Amt zu greifen. Es geht nicht an, daß irgend ein Pfarrer eine fremde Gemeinde ohne Wissen und gegen den Willen des Ortspfarrers propagandistisch beeinflußt. Der Pfarrer ist Pfarrer für seinen Sprengel; damit ist ihm der Umkreis seines Amtes vorgeschrieben.

3. Der einzelnen Gemeinde und den Gliedern in ihr gilt gleichfalls das Ordinations- bzw. richtiger gesagt, das Investiturgelübde: die Gemeinde wird an den Ortspfarrer gewiesen. Sie hat sich keinen andern zu holen, ohne Wissen und Willen des Ortspfarrers, und sie hat in kirchlichen Dingen genau so wie der Geistliche die Ordnungen der Landeskirche zu beobachten.

Unzählige Pfarrer kommen in diesem Winter in Konflikt, wenn nicht solche feste Richtlinien mit ganz konkreter [. . .][60] barkeit die kirchliche Disziplin sichern. Darf ich Ihnen [. . .][61] Anliegen erneut vortragen?

Mit ergebenem Gruß Ihr [Metzger].

---

[60] Textverlust in der Vorlage.

[61] Textverlust in der Vorlage.

Wohl im Zusammenhang mit der Umgestaltung des Evang. Volksbundes stellte Prälat D. Schoell Richtlinien für die kirchliche Arbeit im heutigen Deutschland *auf*[62]*:*

A. Allgemeines

1. Die Lage ist die: Die Kirche hat eine große Wirkungsmöglichkeit, stößt aber nach wie vor auf viel Gleichgültigkeit, Abneigung, Gegnerschaft. Aufkeimende Hoffnung auf die Kirche wird durch den Kirchenstreit gelähmt.

2. Das Ziel aller evangelisch-kirchlichen Arbeit unabhängig von der jeweiligen Lage läßt sich a) rein religiös durch die drei Worte bezeichnen: Glaube, Gehorsam, Gemeinschaft: Glaube als Vorsehungsglaube (1. Artikel) und Heilsglaube (2. Artikel), beidemal zugleich Glaubensüberzeugung und Glaubenshaltung; Gehorsam gegen Gottes Ordnungen und Gebote; Gemeinschaft im Gegensatz zu Eigenbrötelei, kirchlicher Sonderbündelei und sektiererischem Separatismus. b) Das kirchliche Ziel ist Erziehung zu regelmäßiger Teilnahme am Gottesdienst, aktiver Mitarbeit am kirchlichen Leben, und wäre es nur durch treue Fürbitte, Verständnis für Wesen und Wert der Kirche proprie et late dicta. c) Das besondere Ziel in der Gegenwart ist größere Hineinstellung der Kirche ins Volksleben und kirchliche Wiedergewinnung einerseits der Intellektuellen (Beamte, Lehrer aller Art, Männer der Wissenschaft und Kunst, Techniker usw.), andererseits der Industriearbeiterschaft. Dabei ist die Lage die, daß die Leute nicht von der Lutherfrage »Wie bekomme ich einen gnädigen Gott« bewegt werden, sondern von der viel allgemeineren, ob es überhaupt einen Gott vollends im Sinn des Evangeliums gibt.

3. Die Aufgabe gliedert sich bei theoretischer Auseinanderhaltung dessen, was praktisch ineinander übergeht, in Pfarrdienst, Gemeindedienst, Missionsdienst. Dabei handelt es sich auf allen 3 Gebieten nicht um etwas grundsätzlich und völlig Neues, sondern um Anpassung, Weiterführung und zeitgemäße Gestaltung vorhandener Arbeit und Ansätze.

B. Pfarrdienst

1. Zu jeder Zeit braucht der evangelische Pfarrer eine gründliche theologische Ausrüstung, in der Gegenwart besonders in den im Vorder-

[62] OKR Stuttgart, Registratur, Handakten OKR Schaal; das Stück ist nicht datiert.

grund stehenden religiösen, ethischen und kirchlichen Fragen. a) Allgemein ist zu fordern das Vermögen und der Wille, zwischen den evangelischen Grundwahrheiten, in denen der Christ gebunden ist, und religiösen und ethnologischen Meinungen, in denen Freiheit herrscht, zu unterscheiden. b) Im besonderen braucht der Geistliche der Gegenwart Klarheit über das Verhältnis von christlichem Universalismus und national-christlicher Eigenart, von Deutschtum und Christentum, von christlichem Gottesglauben und deutschem Gottglauben, von Gemeindeglauben und selbständiger Glaubens- und Gewissensüberzeugung, ferner über das Verhältnis von Kirche und Staat und namentlich noch über das Schöpfungsmäßige in den natürlichen Gemeinschaftsformen (Ehe, Familie, Volk), deren Deformierung durch die Sünde und die Wege zu ihrer christlicheren Gestaltung. c) Wertvoll hiezu sind die theologischen Arbeitsgemeinschaften, denen die Bearbeitung gerade dieser brennenden Gegenwartsfragen besonders ans Herz zu legen ist.

2. Viel Sorgfalt und Arbeit ist auf den Gottesdienst zu verwenden. a) Dem kirchlichen Gesang als Gemeinde- und Chorgesang kommt erhöhte Bedeutung zu. Lieder aus älterer und neuerer Zeit, die nach Text und Melodie körnig, bekennend und gemeindemäßig, nicht weichlich und individuell sind, verdienen den Vorzug. (Wertvoll ist auch die Pflege des geistlichen Gesangs und der geistlichen Musik im häuslichen Kreise.) b) Die alten Anforderungen an die Predigt, daß sie evangeliumsgemäß, gemeindegemäß und zeitgemäß sein soll, bestehen nach wie vor zu recht. Was die Form betrifft, so sei die Predigt klar aufgebaut, im Gedankengang rasch fortschreitend, im Ausdruck anschaulich und volkstümlich, im Ton warmherzig, aber ja nicht übersteigert. Inhaltlich handelt es sich nicht um weit hergeholte, über die Köpfe weggehende oder bloß interessante Gedanken und theologische Privatmeinungen, sondern um Verkündigung der christlichen Botschaft, nicht referierend, sondern bekennend, im Hinblick auf das subjektive oder objektive Bedürfnis der Gemeinde, in sorgfältiger Anknüpfung an die entgegenkommenden oder ablehnenden seelischen und geistigen Strömungen oder den sonstigen Interessenkreis der jeweiligen Hörerschaft. Die Behandlung und Wertung der schöpfungsmäßigen Gemeinschaftsformen nach den Maßstäben des Evangeliums wird zur Zeit von besonderer Bedeutung sein; nicht weniger die christliche Wertung der Arbeit, des Eigentums, des Berufes und Standes. Wo den Geistlichen Gelegenheit geboten ist, bei vaterländischen und sonstigen Volksfeiern mit dem Worte Gottes an größere Scharen heranzukommen, sollen sie dieselbe freudig benützen,

um mit allem Ernst, aber auch in sorgsamem Eingehen auf die Art der Feier und der Feiernden das unverkürzte Evangelium zu verkündigen.

3. Fleiß und Treue in der Seelsorge nicht etwa bloß an den Kranken oder sonst wie Notleidenden, sondern auch an den Gesunden, einerlei wie sie kirchlich stehen, ist selbstverständliche Amtspflicht. Sie sei dann auch wirkliche Seelsorge, nicht etwa Erfüllung einer bloßen Besuchspflicht. Und sie habe immer den ganzen Menschen in der untrennbaren Verbundenheit von Seelischem und Leiblichem im Auge und suche zugleich den einzelnen in seinem Hineingestelltsein in eine engere und weitere Gemeinschaft und Umwelt zu verstehen und zu fassen. Ganzheitspsychologie und Typenpsychologie können dabei wertvolle Fingerzeige geben.

4. Die erschreckende Unwissenheit weitester Kreise, auch der Gebildeten, macht eine klare, christliche Unterweisung zu einer doppelt wichtigen Aufgabe in der Gegenwart. So wertvoll ein guter Religions- und Konfirmandenunterricht sein kann, so wenig kann er schon wegen des Alters der Unterwiesenen für immer genügen. Ein Gewinn für die Heranwachsenden wie die Erwachsenen wäre es, wenn die Erwachsenen wieder in größerer Zahl zur Teilnahme an der Christenlehre veranlaßt werden könnten und diese dann noch mehr zu einer Herz und Gewissen anfassenden Darstellung der zentralen christlichen Wahrheiten benützt würde. Zu einem Konfirmandenunterricht für Erwachsene in nicht zu nahen Zeitabständen lassen sich auch die Bibelstunden ausgestalten, denen doch daneben für gewöhnlich ihre Zweckbestimmung als Einführung in den Inhalt der Bibel bewahrt bleiben soll. Wo ein Bedürfnis vorliegt, sind Unterrichtsstunden für Übertretende und Wiedereintretende einzurichten und ist ihr Besuch den Aufnahmesuchenden zur Pflicht zu machen. Eine lehrhafte Aufgabe hat auch die Predigt, wenngleich nicht in erster Linie.

5. Aus dem Gesagten ergibt sich, daß in der gegenwärtigen Lage an die Arbeitskraft und Arbeitslust des Pfarrstandes die größten Anforderungen gestellt werden, ihm auch eine besonders große Verantwortung auferlegt, aber auch eine ungewöhnliche Wirkungsmöglichkeit geboten ist.

C. Gemeindedienst

1. Die Bedeutung der Gemeinde als Mittelpunkt und Trägerin der kirchlichen Arbeit, die Pflicht zur Kirchentreue, die Pflicht zur Mitverantwortung und Mitarbeit ist immer wieder einzuschärfen. Je nach Veranlagung und Fähigkeit sind möglichst zahlreiche Gemeindeglieder,

Männer und Frauen, Alte und Junge, zu klar umrissenen Gemeindeaufgaben heranzuziehen und zu schulen, es ist ihnen dann aber auch die nötige Bewegungsfreiheit auf ihrem Gebiete zu lassen.

2. Jede Überorganisation und jede Zersplitterung der Kräfte ist zu vermeiden, klare, aus der Sache heraus sich ergebende Arbeitsteilung ist anzustreben. Sonderveranstaltungen, sei es zu Befriedigung besonderer religiöser Bedürfnisse, sei es zur Pflege besonderer Arbeitszweige, behalten ihr Recht, aber nur sofern und insolange sie nicht in eine die Gemeinde zerreißende Sonderbündelei ausarten. Auch das Mitwirken im Kirchenchor ist Gemeindedienst. Willkürlichen Neugründungen ohne sachliches Bedürfnis und eindringendem Sektenwesen ist entschieden entgegenzutreten.

3. Regelmäßige Zusammenkünfte aller beruflich oder frei mitarbeitenden Gemeindeglieder zur Besprechung gemeinsamer Gemeindeanliegen, zu gegenseitiger Kenntnisnahme der von jeder Gruppe getanen oder als notwendig empfundenen Arbeit, auch zur Besprechung allgemein landeskirchlicher Fragen unter dem Vorsitz des Geistlichen und unter Teilnahme des gesamten Kirchengemeinderats sind einzurichten. Auch Bezirksveranstaltungen ähnlicher Art können angezeigt sein.

4. Schon eingeführte Veranstaltungen und Einrichtungen wie Gemeindeabende, Männerabende, Frauenabende, Kinderpflege, Jugendpflege, Krankenpflege, Kirchenchor, Gemeindedienst im Sinn des Volksbundes sind zu erhalten und auszugestalten und, wo es noch nicht geschehen ist, aus einer bloßen Vereinssache zur Gemeindesache zu machen. Der örtliche Teil der Gemeindeblätter sollte fruchtbarer ausgenützt werden.

5. Besondere Aufmerksamkeit ist den Neuzuziehenden und den durch eine antichristliche Werbetätigkeit besonders Bedrohten zu schenken.

6. Wichtig ist endlich die Erhaltung, Vertiefung und Neubildung guter kirchlicher Sitte, die Volksverbundenheit der Kirche kommt gerade auch in der kirchlichen Sitte zum Ausdruck. Die Möglichkeit zur Wiedererweckung guter alter Sitte scheint gegeben zu sein, volkstümliche Neubildungen sind zu versuchen.

D. Missionsdienst

1. Die geistige und politische Gesamtlage zu intensiver Werbung unter den Kirchenfremden aller Art und jedes Standes auszunützen ist wohl die vordringlichste, eben so schwierige wie wichtige kirchliche Aufgabe der Gegenwart.

2. Erste Vorbedingung ist, daß die Kirche, ihre Diener und Mitarbeiter alles wegräumen, was ihnen den Zugang versperrt, alles tun, was das weithin nicht mehr selbstverständliche Vertrauen zu ihrer Wahrhaftigkeit, Selbstlosigkeit und Unparteilichkeit stärkt. Es versperrt nur den Zugang, wenn ein Geistlicher gesellschaftliche oder politische Unterschiede macht. Zweite Vorbedingung ist genaue, auf Studium und Beobachtung gegründete Kenntnis der seelischen, geistigen, auch leiblichen und wirtschaftlichen Verfassung der Kreise, an die man sich wendet. Man muß z. B. wissen, worin die Kirchenfremdheit ihren Grund hat, ob in von außen herangetragenen oder selbst gekommenen Zweifeln, in schweren Lebenserfahrungen, in Klassen- und anderen Vorurteilen, in Ärgernissen, die sie an der Kirche nehmen, in Lebensgier und allgemeiner Gleichgültigkeit und dergleichen, ferner ob es sich um bewußten Christushaß oder doch Kirchenhaß oder um bloße Entfremdung handelt, namentlich aber, wo die Anknüpfung für eine fruchtbare Anfassung und Auseinandersetzung liegen. Dritte Vorbedingung ist ein entschlossener missionarischer Wille, der nicht wartet, bis die Leute kommen, sondern sie sucht. Dieser Wille muß nicht etwa bloß bei den Berufsarbeitern, sondern in einem möglichst großen Kreis von lebendigeren Christen vorhanden sein. Illusionistischer Optimismus wie kleingläubiger Pessimismus hinsichtlich des Erfolgs solcher Werbearbeit sind gleich schädlich; es handelt sich um Erfüllung eines gottgegebenen Auftrags, was auch der Erfolg sein mag.

3. Ziel aller Werbearbeit ist nicht überreden, sondern überzeugen, nicht psychische, sondern religiöse Wirkung, nicht in erster Linie neues Denken, sondern neues Leben, nicht bloße Abwendung von Diesem und Jenem, sondern bewußte Hinwendung zu Christus.

4. Große Werbeversammlungen mit Vorträgen, die sich bald mehr an das Denken, bald mehr an Willen und Gemüt wenden, haben ihr Recht, sollen sich dann aber auch wirklich an die Kirchenfremden und nicht in erster Linie an die Kirchentreuen wenden. Da Einzelvorträge, auch wenn sie eindrucksvoll sind, bald verrauschen, empfiehlt sich die Veranstaltung von Vortragsserien. Laien, die Begabung und christliche Erkenntnis haben, sind dazu beizuziehen. Es gilt den Gegner ganz ernst zu nehmen, ihn also ja nicht durch übel angebrachte Ironie und Satire von vornherein abzustoßen. Die inneren Anforderungen an einen Volksmissionar von Beruf sind so groß, daß ihnen nur ganz gereifte, gefestigte und außerdem mit besonderer Gabe der Rede ausgerüstete Persönlichkeiten einigermaßen genügen können. Die Werbeversamm-

lungen sind soweit irgend möglich durch ganz persönliche Einladungen vorzubereiten.

5. Vielleicht erfolgversprechender ist das Werben von Person zu Person, wie die politische Werbetätigkeit und die der Sektierer beweisen. Was not tut, ist die Bindung von Stoßtrupps aus zu Kampf und Opfer bereiten christlichen Persönlichkeiten, Jungen und Alten, die je in ihrem Kreis zeugen und Zellen bilden. Ihre Teilnehmer sind besonders zu schulen. Neugewonnene sind möglichst bald und eng in die Gemeinde einzugliedern und je nach ihrer Eignung selber wieder mit einer, wenn auch bescheidenen Arbeit im Dienst der Gemeinde zu betrauen.

6. Welche Wege im einzelnen auch eingeschlagen werden, wichtig ist ein planmäßiges Vorgehen in der einzelnen Gemeinde und in größerem Umkreis unter einer einheitlichen Leitung und ein regelmäßiger Austausch der gemachten Beobachtungen und Erfahrungen. Die aufgestellten Leiter der volksmissionarischen Arbeit aus dem ganzen Land zu geeigneter Zeit zusammenzurufen, nimmt der Oberkirchenrat in Aussicht.

7. Motiv aller Werbearbeit ist der Missionsbefehl des Herrn und die christliche Bruderliebe, Ziel die Hinführung zu Gott in Christus, Mittel Verkündigung und Zeugnis und zwar in voller Wahrhaftigkeit und selbstloser Liebe.

Der Dekanskonferenz, die am 16. 11. 1933 tagte, legte der Landesbischof ein Arbeitsprogramm für Die volksmissionarische Arbeit der Gegenwart *vor*[63]*:*

Kirche im Angriff

Unsere evangelische Kirche ist in einer großen, entscheidenden Stunde aufgerufen zu besonderem Dienst. In der geistigen Wende unsrer Tage, im völkisch-politischen Umbruch, in dem leidenschaftlichen Wiederentdecken von Volk und Staat, in dem Zerbrechen alter Götzen und in dem neuerwachten Fragen nach dem Ewigen hören wir den Ruf Gottes an die Kirche, daß sie die frohe Botschaft mit neuen Zungen predige und den großen Durchbruch der Nation ins Licht Gottes stelle. Dazu bedarf die Kirche der Erneuerung. »Nur mit einer erneuerten Kirche können wir arbeiten an der Erneuerung unsres Volkes.« Solche Erneuerung ist

[63] OKR Stuttgart, Registratur, Generalia Bd. 115 g; zum Gemeindedienst siehe Bd. 1, S. 499 ff.

Geschenk. Sie kann nur geschehen durch das was die Kirche geschaffen hat: durch die viva vox evangelii! Das erfordert von den Dienern und Gliedern der Kirche Buße und Gebet, Danken und Fürbitte, Glauben und Gehorsam und den festen Willen zu freudigem, opferbereitem Dienst. Nur dann hat unser menschliches Reformieren, Planen und Suchen nach neuen Formen, Ordnungen und Wegen Recht und Sinn. Grund, Kraft und Auftrag der Kirche ist die geoffenbarte Wahrheit Gottes, wie sie uns im Alten und Neuen Testament geschenkt ist. Nur eine bekennende Kirche kann kämpfen und werben. So wagt und bekennt die Kirche heute aufs neue das Bekenntnis der Reformation zu dem dreieinigen Gott.

Der 1. Artikel lehrt uns, Gott, den Schöpfer Himmels und der Erde, erkennen als den Schöpfer und Herrn aller natürlichen Lebensordnungen. Darnach sind Rasse und Blut, Volk und Staat Gottes Werk und Gabe, »gute Ordnungen Gottes, von Gott geschaffen und eingesetzt[64]«. Sie sind die Grundlagen und Grundfesten menschlicher Existenz. Sie haben im Schöpfer ihren Grund, ihre Grenze, ihre Erfüllung. Sie stehen unter Gottes Gnade und Gericht. Hier ist der geschichtliche Ort unsrer Berufung. In diesen Ordnungen leben wir. Sie sind uns anvertraut, daß wir sie erhalten und pflegen. Wir haben diese natürlichen Lebensordnungen unter das Licht und die Kraft des göttlichen Worts zu stellen. Wir haben unser Volk, dessen Leben wieder in den Ordnungen von Führung und Gefolgschaft steht, zu lehren, daß es darin Gottes Willen sieht und sein Leben wieder unter den Gehorsam gegen Gott, den allmächtigen Schöpfer Himmels und der Erden, stellt. Das bedeutet für die Kirche, daß sie in Anerkennung der in diesem Volk ihr entgegentretenden Schöpfungsordnung im wirklichen Lebensraum dieses Volkes wirke. Sie muß dieser im Umbruch unsrer Tage ganz neu geschenkten und erfaßten Erkenntnis in ihrem ganzen Aufbau, ihrer Verkündigung und Sprache, ihrem Dienst und ihrer Haltung Rechnung tragen. Sie soll in echter Volksverbundenheit wirken, daß dieses Volk aufs neue gottverbunden werde; alles in den Ordnungen von Rasse, Volk und Staat, in den Formen von Führung und Gefolgschaft, in der Gemeinschaft von Volk und Landeskirche (mit ihrem besonderen Gepräge im Rahmen der Deutschen Evangelischen Kirche).

Im 2. Artikel verkündigt die Kirche Jesum Christum, den Herrn und Heiland, den Erlöser und Versöhner. Es ist die Botschaft von Gericht

[64] Augsburger Konfession, Artikel XVI (Die Bekenntnisschriften der evang.-luth. Kirche. 4. Aufl. Göttingen 1959, S. 61).

und Gnade, über alle Welt, alle Völker, alle Menschen, alle natürlichen Lebensordnungen, die Botschaft vom Heil für eine heillose Welt. Das Kreuz Christi ist Feldzeichen für den Kampf, der der Kirche Christi in dieser Welt der Sünde verordnet ist, und ist zugleich Bürgschaft für den Sieg der Königsherrschaft Christi. Die der Kirche damit aufgetragene Predigt muß wirklich Kerygma sein, Predigt von der Herrschaft Jesu Christi in den Ordnungen dieser Welt, von seiner Überwindung der Mächte dieser Welt, der Mächte der Sünde und des Todes, von Gebundenheit und wahrer Freiheit, von Schuld und Erlösung, von Sterben und Neuwerden. Sie hat unerschrocken davon zu zeugen, daß, im Sinne von Joh 14,6 an der Stellung zu Jesus Christus, der Entscheidung fordert, alles liegt. Sie hat Volk und Staat und Kirche vor den allein rechtfertigenden Gott zu stellen, und damit allem Tun und Wollen die letzte Ausrichtung zu geben.

Im 3. Artikel bezeugt die Kirche, daß das Evangelium in der Kraft des Hl. Geistes den einzelnen als Glied seines Volkes und in den natürlichen Ordnungen in die Gemeinschaft des Glaubens und der Liebe ruft, daß die Kirche der Ort im Staate ist, wo die Stimme Gottes laut wird. Sie ist also nicht der Hort der »privatisierten Existenz«, ihre Aufgabe ist nicht eigentlich die Pflege des sittlichen Lebens und die Volkserziehung, nicht die Erhöhung des Menschen, nicht die Steigerung menschlicher Bedürfnisse. Sie ist die Gemeinschaft derer, die durch Gottes in Christus immer geschehendes Wort in der Kraft des Hl. Geistes zusammengerufen sind. Ihre erste und wichtigste Aufgabe ist, »daß das Evangelium recht gelehrt und die Sakramente recht verwaltet werden[65]«. Sie ist die Gemeinschaft des Glaubens und der Liebe im Gehorsam gegen den Herrn der Kirche. Der Anspruch, den sie im Gehorsam gegen Gottes Wort und Willen an Staat und Volk, an den unter dem Gesetz und Herrschaftsanspruch des Staates stehenden, »vom Staat total in Anspruch genommenen Menschen« stellt, ist der Anspruch des Herrn Jesus Christus an alle Menschen. Ihre eigentlichste »Volksmission« hängt mit ihrem Erfolg also nicht von menschlichen Mitteln und Unternehmungen ab, so wichtig diese in ihrem Teile sind, sondern von verborgenen Einwirkungen des Hl. Geists auf die, die reden und die, die hören. Als Gemeinschaft der Hoffnung weist sie über den einzelnen und die Volksgemeinschaft, über alle Nationen und irdischen Kirchen, über Raum und Zeit hinweg hin auf das kommende, ewige Gottesreich.

[65] Augsburger Konfession, Artikel VII (Die Bekenntnisschriften der evang.-luth. Kirche. 4. Aufl. Göttingen 1959, S. 70).

Die Volksmission

Die Tatsache der Entfremdung weitester Kreise unsres Volkes von der Kirche und den von ihr verkündigten biblischen Heilswahrheiten ebenso wie die Tatsache einer da und dort, auch mitten im Raum der Kirche vorhandenen und drohenden Säkularisierung des Religiösen nötigt die Kirche zu ernster Selbstprüfung und Neubesinnung auf ihr Wesen, ihren Auftrag, ihre Versäumnisse und den von ihr jetzt und hier geforderten Dienst. Wir hören im Glauben in der gewaltigen, bis in die Tiefe reichenden politischen, wirtschaftlichen, gesellschaftlichen, geistigen und religiösen Erschütterung unsrer Tage das Walten und den Ruf Gottes und erkennen darin die gewaltige, der Kirche damit auferlegte Verantwortung. Hier hat die Volksmission einzusetzen. Sie kann nur ein Ziel haben: Wiedergewinnung der Entfremdeten für eine erneuerte Kirche! Volk und Kirche sollen sich wieder finden, die Kirche soll volksverbunden, unser Volk wieder gottverbunden werden. Sie ist also nichts anderes als eine besondere Art der Wortverkündigung (durch charismatisch dazu begabte, sachlich geeignete und geschulte, ihres Heils gewisse Menschen). Sie kann und darf nicht mehr das zufällige Unternehmen einzelner Gruppen und das Werk verzettelter Aktionen sein. Sie geschieht im Geist und Rahmen der neuen Deutschen Evang. Kirche, sie erfordert planmäßige Zusammenfassung und planmäßigen Einsatz aller derer, die ihre Kirche liebhaben und ihrem Volk sich verpflichtet wissen. Darum sind alle Bewegungen und Gruppen in unsrer Kirche gerufen, in denen der Wille zur Erneuerung unsrer Kirche und unsres Volkes lebendig ist. Soll daher das nunmehr in Angriff genommene Werk mit Gottes Hilfe gelingen, so müssen die kirchenpolitischen Auseinandersetzungen nun aufhören. Wir müssen vorwärts blicken. Wir müssen die in den letzten Monaten aufgetretenen Gegensätze, durch die fast alle positive Arbeit behindert, das amtsbrüderliche Einvernehmen schwer gefährdet und die Einheit der Gemeinde bedenklich bedroht war, nunmehr von allen Seiten überwinden mit der Bereitschaft zum Vergeben, in Gebet, in Gehorsam und Liebe und im Wetteifer um umso treuere Ausrichtung unsres Gemeindedienstes. Die Volksmission hat zugleich die Verbindung mit der Äußeren Mission zu pflegen: die Erfahrungen auf beiden Missionsgebieten müssen gegenseitig ausgetauscht und nutzbar gemacht werden. Die volksmissionarische Arbeit geschieht im Auftrag und unter der Verantwortung des Landesbischofs. Sie geschieht daher auf Grund einer ordentlichen Berufung. Der Landesbischof ordnet sämtliche notwendigen Maßnahmen an. Es wird hiemit Folgendes angeordnet:

1. Theologische Schulungsarbeit. a) Der Auslese und Heranbildung des theologischen Nachwuchses wird besonderes Augenmerk zugewendet werden, im Einvernehmen und mit der Unterstützung der Theologischen Fakultät. Im Blick auf die besonderen volksmissionarischen Aufgaben werden jetzt schon diejenigen Theologiestudierenden vorgemerkt, die sich im Arbeits- und Wehrdienst im Umgang mit den andern Volksgenossen besonders bewährt und besondere Erfahrungen gesammelt haben. Sie kommen in erster Linie für den volksmissionarischen Einsatz in Frage und werden während ihrer ersten unständigen Verwendung eine besondere Ausbildung erfahren. b) Den Kandidaten ist möglichst Gelegenheit zur Teilnahme am Arbeits- und Wehrdienst wie im Dienst der Inneren Mission zu geben. In den Ferien sollen sie sich möglichst in Unterstützung ihres Gemeindepfarrers in der Gemeindearbeit betätigen und einmal (in den Ferien oder nach dem Examen) in einer Anstalt dienend betätigen. Soweit künftig bei dem vielleicht einmal zu erwartenden Überangebot Kandidaten nicht sofort im Pfarrdienst verwendet werden können, sind sie im Evang. Gemeindedienst zu verwenden oder bald da, bald dort, einzeln oder zu zweien gegen geringes Entgelt einzusetzen, sei's zur Entlastung überanstrengter oder nicht mehr voll leistungsfähiger Geistlicher, sei's zur vorübergehenden Unterstützung von Geistlichen in besonders schwierigen, von Sekten, Kirchenaustritt u. a. bedrohten, wie in den von einer volksmissionarischen Woche erfaßten Gemeinden. c) Das Pfarrseminar trägt in Anlage und Durchführung seiner Kurse künftig noch stärker den mit der Volksmission gegebenen neuen Anforderungen und Aufgaben Rechnung. Es soll in enger Verbindung mit dem Amt für Volksmission und mit der Führerschule zusammenarbeiten. d) Die Pfarr- und Vikarskonferenzen sind von jetzt an nach den mit den volksmissionarischen Anforderungen zusammenhängenden neuen Gegenwartsaufgaben auszurichten. Richtlinien hiefür werden demnächst hinausgegeben. Gleichzeitig sind die Pfarrbibliotheken und die in den Lesegesellschaften umlaufenden Zeitschriften zeitgemäß zu ergänzen. In jede theologische Lesegesellschaft gehören heute auch Zeitschriften und Bücher, die in das nationalsozialistische Wollen und Ringen, insbesondere auf dem Gebiet der Weltanschauung, der Schule, der Jugenderziehung einführen. e) In jedem Dekanatsbezirk sind sofort Arbeitskreise zu bilden, sofern sie nicht schon bestehen. In diesen Arbeitsgemeinschaften sollen die Geistlichen in der Gemein-

schaft ihres Dienstes und in brüderlicher Verbundenheit sich rüsten für die ihnen heute gestellten Aufgaben in ihren Gemeinden. Die Leitung der Arbeitsgemeinschaften liegt in den Händen eines vom Landesbischof nach Vorschlag der Pfarrerschaft des Bezirks ernannten Leiters. Für die Auswahl ist ausschlaggebend theologische und kirchliche Befähigung sowie positive Einstellung zum heutigen Staat. Die Teilnahme an diesen Arbeitsgemeinschaften ist zunächst noch freiwillig; doch wird erwartet, daß die Beteiligung eine recht zahlreiche ist. Für die zur Mitarbeit Bereiten ist regelmäßige Teilnahme Pflicht (1–2 mal im Monat). Gegenstand sind die theologische Grundlegung und die praktische Ausrichtung der mit der gegenwärtigen Wirklichkeit gegebenen neuen Aufgaben in Kirche und Volk. Das gemeinsame Arbeiten geschieht nach einem für das ganze Land verbindlichen Plan. Dieser Plan wird vom Herrn Landesbischof unter Beiziehung geeigneter Sachberater aus allen Gruppen aufgestellt. Er umfaßt drei große Aufgabengebiete: 1. Auslegen der heiligen Schrift Alten und Neuen Testaments; 2. Predigt, Seelsorge, Unterricht, Jugendführung, Volksmission; 3. Behandlung der mit dem völkischen, politisch-staatlichen Umbruch gegebenen brennenden Gegenwartsfragen und Nöte im Licht der Schrift. Die Ausrichtung all dieser großen Arbeit geht nach der Gemeinde hin. Die Leiter werden vom Landesbischof 1 bis 2 Mal im Jahr einberufen, wobei die Erfahrungen der Bezirksarbeit zusammengefaßt, gegenseitig ausgetauscht und nutzbar gemacht, neue Richtlinien und Pläne für die kommende Arbeit besprochen und festgelegt werden. Diese Arbeit der Leiter gilt als landeskirchliche Arbeit.

2. Schulung evangelischer Laienführer. Die Schulung der Kirchengemeinderäte, besonders auf dem Land, ist dringend nötig. a) Kirchengemeinderäte. Die Kirchengemeinderäte sind (möglichst zusammen mit den Helfern und Helferinnen) regelmäßig vom Pfarrer oder bezirksweise mindestens alle Vierteljahr einmal zusammenzurufen. Hier wird mit ihnen Bibelarbeit getrieben und werden mit ihnen brennende kirchliche Gegenwartsaufgaben besprochen und ihnen ihre besondere Aufgabe gezeigt (Material: der »Materialdienst«[66] und besondere in Vorbereitung befindliche Richtlinien). Die Kirchengemeinderatssitzungen sollen mindestens einmal im Monat stattfinden; sie müssen gut vorbereitet, knapp und sachlich, in möglichster Kürze durchgeführt, von Kleinkram

66 »Materialdienst.« Herausgegeben von der Landesgeschäftsstelle des Evang. Volksbunds für Württemberg, Stuttgart. Schriftleitung: Pfarrer Dr. Hutten. Der »Materialdienst« erschien 1933 im 5. Jahrgang.

und Technischem möglichst entlastet werden. Es muß, zumal in kleinen Verhältnissen, Zeit und Raum gewonnen werden, um am Schluß der Sitzung Gemeindefragen von allgemeiner Wichtigkeit besprechen zu können. b) Die Prälaten richten in Zusammenarbeit mit dem Evang. Gemeindedienst und den verschiedenen Gruppen (kirchlichen) in ihren Sprengeln baldmöglichst Bibelkurse ein. Zu diesen Kursen sind jeweils Laien aus den verschiedenen Gemeinden, den verschiedensten Ständen, den verschiedensten Alters- und Berufsgruppen, aus SA, SS, Stahlhelm, Jungbauern, Arbeitern, akademisch Gebildeten, möglichst auch Führer der politischen Bewegung, HJ und BdM, aus unsern christlichen Vereinen zur Teilnahme aufzufordern und zu gewinnen. Unter Umständen werden landeskirchliche Mittel als Beihilfen zur Verfügung gestellt. Geeignete Kräfte sind in jedem Sprengel vorhanden. Die beauftragten Geistlichen haben der Einberufung Folge zu leisten. Für ihre Stellvertretung während der Einberufungszeit sorgen die Prälaten. Geeignete Laienkräfte müssen besonders entschädigt werden. Die Planung dieser Bibelarbeit ist von den Prälaten sofort in Angriff zu nehmen im Einvernehmen mit dem den Evang. Gemeindedienst führenden Prälaten. Die Kenntnis der biblischen Wahrheit ist in unsrem Volk bedauerlich gering. Alle volksmissionarische Arbeit hängt aber in der Luft, wenn sie nicht wieder zu einer Vertiefung in der Gründung auf die Bibel führt.

3. Volksmissionarische Arbeit in den Gemeinden. a) Es wird ein volksmissionarisches Amt vom Landesbischof eingerichtet. In diesem nach einheitlichen planmäßigen Gesichtspunkten in Zusammenhang mit dem Evang. Gemeindedienst arbeitenden Amt werden vom Landesbischof ausgewählte Fachleute für die speziellen Aufgaben tätig sein (Organisation, öffentliche Werbung, Jugendwesen, Wehrverbände, Singarbeit, Ständische Arbeit usf.). Sie werden ausgewählt nach den Gesichtspunkten persönlicher Eignung und spezieller fachlicher Befähigung. Es können auch Nichttheologen sein. Sie werden auf kürzere oder längere Zeit vom Landesbischof einberufen. Dieser »Führerbeirat« hat die wissenschaftlichen und praktischen Voraussetzungen für die volksmissionarische Aufgabe zu geben, Richtlinien auszuarbeiten, Schulungskurse, Freizeiten und Singwochen einzurichten und durchzuführen für Pfarrer und Nichtpfarrer, für Volksmission unter den verschiedenen Ständen, und große zusammenhängende volksmissionarische Wochen planmäßig vorzubereiten und anzusetzen. Sonderaktionen einzelner kirchlicher Gruppen werden hiemit verboten. b) Einrichtung von Laienführerschulen. Die Kirche muß sich heute die im politischen Kampf gewonnenen Er-

fahrungen zunutze machen. Hier hat sich gezeigt, daß die erfolgreichste Werbung von Mann zu Mann und Frau zu Frau war. Einzelne von der politischen Idee erfaßte Menschen haben damit unter ihresgleichen in ihrer Umgebung, in ihrem Betrieb, unter ihren Standesgenossen unermüdlich geworben. Immer mehr wurde dafür vorgeschult. So wurden sie die Schrittmacher der politischen Bewegung. Mutatis mutandis machen wir uns das zu Nutze. Es ist beabsichtigt, demnächst eine Führerschule einzurichten, in der unter sachkundiger und planmäßiger Leitung Männer und Frauen aller Alters-, Berufs- und Standesgruppen herangebildet werden sollen für ihre Aufgabe in der Gemeinde, für Werbung unter ihresgleichen (aus SA, SS, Stahlhelm, Jungbauern, Arbeitern, Studenten, Lehrern, Jugendführern, Akademikern, soweit sie sich bereit erklären). Zu 2b und 3b: Alle Schulungsarbeit soll brüderliche Gemeinschaftsarbeit sein, wobei Gebet und Fürbitte, Danksagen und Anbetung und Bibelstudium eine Stätte haben sollen in der Gemeinschaft des Glaubens und der Liebe! c) Veranstaltung von volksmissionarischen Wochen nach einheitlichem Plan und Richtlinien unter genauer Auswahl der Redner. Solche Wochen erfordern gründliche Vorbereitung und starke Werbung (Presse, Schriftenmission, persönliche Werbung) und hingebende Nacharbeit. Sie müssen getragen sein von der lebendigen Gemeinde am Ort. Sie müssen erfolgen im Einvernehmen mit dem geordneten Amt und den im Evang. Gemeindedienst zusammengefaßten Gemeindeorganisationen. Sie sollten soweit irgend möglich geschehen unter Fühlungnahme mit den örtlichen Organisationen der NSDAP. Sie wenden sich in erster Linie an die kirchlich Lauen und kirchlich Entfremdeten, also an die, von denen die Stimme des Pfarrers nicht oder nur unter Ablehnung gehört wird. Sie erfordern daher »Tuchfühlung« mit diesen Kreisen und genaue Kenntnis ihrer besonderen seelischen und geistigen Verfassung und sozialen Lage. Im Zusammenhang damit sind anschließend Ausspracheabende und Bibelbesprechabende zu halten. Für Akademiker sind ständige örtliche Arbeitskreise und Ausspracheabende einzurichten. d) Ein besonders Aufgabengebiet für die mit dem Evang. Gemeindedienst zusammenarbeitende Volksmission ist die Vorbereitung und Durchführung von kirchlichen Gemeinde- und Bezirksfesten, vaterländischen Feiern, Feld- und Gefallenengottesdiensten. Sie erfordern besondere Erfahrung, besondere rednerische Begabung, besondere Sorgfalt und Gründlichkeit in der Vorbereitung und Durchführung. Hier kann viel erreicht und viel für immer verdorben werden. Es wird Aufgabe dieses volksmissionarischen Amts und des

Evang. Gemeindedienstes sein, solche Feiern ihres zufälligen Charakters, auch in der Auswahl der Redner, zu entkleiden, ihrer besonderen allgemein-kirchlichen Bedeutung Rechnung zu tragen und allgemeine Richtlinien dafür hinauszugeben. Dasselbe gilt von den Rundfunkmorgenfeiern, die einer Neugestaltung bedürfen. (Auch für die Rundfunkfeiern ist besondere Auswahl der Redner notwendig und wichtig je nach ihrer theologischen und kirchlichen Befähigung, ihrer stimmlichen und rednerischen Begabung und ihrer positiven Einstellung zum heutigen Staat.) e) Zur volksmissionarischen Aufgabe gehört auch die Werbung durch Tagespresse, Buch, Flugblatt, kirchliche Schriften, Plakat- und Posaunenmission, wie bisher schon. Notwendig wird auch hier planmäßige Zusammenfassung der gesamten kirchlichen Presse durch den Evang. Pressedienst.

4. Die besonderen Aufgaben und Pflichten der Pfarrer und Gemeinden.

a) Nach wie vor ruht die wichtigste und schwerste Arbeit auf dem Gemeindepfarrer. Sein in schlichter Treue unter viel Selbstverleugnung, Opfer und Kraft ausgeübter Dienst ist Volksmission im besten Sinn des Worts. Dieser auch bisher schon weithin treu und selbstlos und hingebend ausgeübte Dienst auf dem Boden der Gemeinde kann niemals durch außerordentliche volksmissionarische Veranstaltungen ersetzt, geschweige denn verdrängt werden. Alle Volksmission im Großen setzt den schlichten Pfarrerdienst voraus. Sie ist in ihrer Nachwirkung ohne diesen gar nicht denkbar. Pfarrersdienst und Volksmission sind geeint in dem einen großen Ziel, dem sie auf verschiedene Weise zustreben: Aufbau der lebendigen Gemeinde.

b) Die Lebensfrage für eine echte Volkskirche sind lebendige Gemeinden. Nur von hier aus kann Mission getrieben werden. Nur in lebendigen Gemeinden hat sie Bestand. Lebendige Gemeinden setzen aber, menschlich gesehen, lebendige Zeugen auf den Kanzeln voraus. Wir brauchen heute mehr denn je rechte Pfarrer, die Knechte und Zeugen Jesu Christi sind und Synergoi tes charas. Neue große Anforderungen müssen daher auch an die Geistlichen gestellt werden. Sie sollen in Wort und Wandel »Diener des Wahrhaftigen« (Bezzel) im Sinn von 1 Kor 4, 1 sein. Der Auftrag des Pfarrers heißt: Dienst am Wort. Dieses Wort hat es mit allem zu tun, in dem der Mensch sein Leben hat. Diesen Dienst am Ganzen, im großen Zusammenhang der Volkskirche, der Deutschen Evangelischen Kirche, muß der Pfarrer ausüben als Soldat Christi. Im Gehorsam gegen seine kirchliche Obrigkeit empfängt er von dieser Befehle und Weisungen. Der Ernst der Zeit, die Größe der Verpflichtung erlaubt keine Verdrossenheit, keine Mutlosigkeit und Ängstlichkeit, kein Müßiggehen, keine Pflege von allerhand Liebhabereien! Kein »an der Zeit Vorbeileben«, keine unbeteiligte Zuschauerhaltung! Wir sind alle gerufen, das Letzte herzugeben. Wir brauchen wie bisher so heute erst recht fleißige Pfarrer, mit Glaubensmut, mit Kämpfergeist, mit opferbereiter Treue, mit barmherzigem Sinn. Wir müssen uns mit unsrem besonderen Dienst willig in Reih und Glied stellen, kampf- und schicksalsverbunden mit andern Volksgenossen. Alle auf dem Boden der Gemeinden arbeitenden Gruppen und Vereinigungen müssen stärker als bisher an ihre kirchliche Verpflichtung erinnert werden, nachdem sich erneut alle diese Gruppen, auch mit ihren Landesleitungen, dem Landesbischof unterstellt haben. Auch hinsichtlich der freien Organisationen ist jede Überorganisation zu vermeiden und weitgehend Zusammenfassung anzustreben. Sonderveranstaltungen irgend welcher Art in den Gemeinden haben zu unterbleiben, wenn dadurch die Einheit und Geschlossenheit der Kirchengemeinde bedroht wird. Willkürlichen Neugründungen, die ohne nachweisbares sachliches Bedürfnis und ohne Fühlungnahme mit dem Pfarramt und den zur Entscheidung zuständigen landeskirchlichen Stellen vorgenommen werden, wird die landeskirchliche Anerkennung entzogen.

c) Voraussetzung für alles fruchtbare Wirken ist ernsthafte theologische Besinnung, sauberes, vom Neuen Testament herkommendes theologisches Denken, zeitgemäße und volksnahe Haltung, klare Erkenntnis der gegenwärtigen Wirklichkeit. Es ist Tatsache, daß es hieran vielfach fehlt. Notwendig ist daher für jeden Pfarrer aufs neue eindringende Beschäftigung mit der Bibel und mit den theologischen Problemen, mit der geistigen Haltung, der jeweiligen inneren und äußeren Lage, des inneren Besitzes, des Mangels, des Verlangens unsrer Volksgenossen (Psychologie des SA- und SS-Manns, des Stahlhelmers, HJ und BdM, des Jungbauern, des Arbeiters, des Akademikers, der durch die politische Umwälzung heitmatlos Gewordenen, des kirchlichen und unkirchlichen Typus usf.), mit der Haltung der katholischen Kirche wie mit der geistigen Einstellung und dem Glauben der 3. Konfession. Zu dieser Beschäftigung gehört Kennenlernen der katholischen, der Hauer'schen, der nationalsozialistischen Presse, der nationalsozialistischen Fachzeitschriften, soweit sie sich auf Weltanschauung und Jugendführung beziehen, der geistigen Kost des SA-Manns und der Arbeitslager, nicht zuletzt Kenntnis von Hitler »Mein Kampf«. Dazu gehört auch fortwährende persönliche Fühlungnahme mit den örtlichen Führern der NSDAP sowie Teilnahme an den örtlichen Veranstaltungen.

d) Gottesdienst, Predigt, Seelsorge, Unterricht, Mütterschulung, Fürsorgedienst. Jeder Gottesdienst muß gründlich und sorgfältig in seinem Aufbau und seiner Zielsetzung vorbereitet sein. Er ist ein Ganzes. Im Mittelpunkt steht die Predigt. Sie ist umrahmt von den Gebeten der Kirche und Stücken aus dem reichen musikalischen Schatz der Kirche. Dem kirchlichen Gesang der Gemeinde, dem Chorgesang, dem Dienst des Organisten kommt dabei besondere Bedeutung zu. Der Auswahl der Lieder nach ihrer textlichen und musikalischen Seite wie überhaupt der ganzen musikalischen Ausgestaltung des Gottesdiensts ist große Sorgfalt zu widmen. Lied und Musik sind ein hervorragendes Werbemittel, weil sie auch Wortverkündigung, wenn auch besonderer Art, sind (vgl. die Bedeutung des Lieds in der Reformationszeit und die Werbekraft des Lieds im völkischen Umbruch der Gegenwart). Über die Neugestaltung des Gesangbuchs kann heute noch nichts Endgültiges gesagt werden. Ein Liederanhang von wiederentdeckten wertvollen Liedern aus alter wie von wertvollen Liedern aus neuer Zeit ist in Aussicht genommen. Der ganze Gottesdienst soll zum Ausdruck bringen, daß es sich hier um ein Geschehnis aus einer andern Welt handelt. Der ganze Gottesdienst soll den frohen, herben, gewissen und ernsten, Herz und Gemüt ansprechenden und tapferen Geist des Evangeliums atmen, von den großen Taten Gottes zeugen, und Gottes Wort an unsere Zeit sagen. Die Predigt erfordert heute besonders gründlicher Vorbereitung. Sie soll das ewige Wort Gottes übersetzen in die Sprache und Gedankenwelt unsrer Zeit und an Herz und Gewissen bezeugen. Die Predigt soll »den erwachten deutschen Menschen im deutschen Lebensraum ins Herz treffen«. Sie soll unter Verzicht auf theologische Terminologie und archaistischen Stil in der Sprache unsrer Zeit volksnah und zeitgemäß sein, den Menschen unsrer Tage in seiner gottgesetzten Wirklichkeit, im heutigen Staat, als dem geschichtlichen Ort seiner Berufung anreden (Warnung vor falscher Aktualisierung, vor der Politisierung der Predigt, wie vor der beziehungslosen Predigt, so »als ob nichts geschehen wäre[67]«). Echte Predigt ist stets zeitgemäß und unzeitgemäß. Sie hat eine Vox humana und eine Vox coelestis. Der Inhalt der Predigt sei nicht Apologetik, nicht Selbstanklage oder Entschuldigung, keine gedankliche Auseinandersetzung, sie liefere keine Beweise. Die Predigt

[67] Karl Barth, Theologische Existenz heute, Heft 1.

soll sagen »das Wort aus der andern Welt«. Sie soll bekennen und verkündigen das ganze lautere Evangelium, das immer Gesetz und Evangelium zugleich ist. Dieses Evangelium redet den Menschen mit seinem guten, aber gebundenen Willen, seinem Denken, Hoffen, Wagen, seinem Zweifeln und Sorgen, seiner Sünde und Schuld, seiner Sehnsucht nach Heilung und Erlösung, in seiner Einsamkeit wie in seinen gottgesetzten Beziehungen und den Ordnungen seines Lebens an. Es zeugt zugleich von der ganz anderen, höheren Ordnung, von der in Weltgeschichte und Zeitgeschichte eingegangenen und eingehenden andersartigen Wirklichkeit Gottes, von der Lösung aller Not durch Buße und Erlösung, von wagendem Glauben, von Vergebung und neuem Leben, von Beruf und Dienst, von Volk und Staat, Nächstenschaft und Bruderschaft, von den Reichen dieser Welt und von dem quer durch alle irdischen Reiche hindurchgehenden ewigen Reich, von einem letzten, alles krönenden und erfüllenden Ziel. Angeredet wird der heutige Mensch in seiner ganz bestimmten, durch den Umbruch bedingten Lage, der einzelne als Angehöriger seiner bestimmten Gruppe, in seiner Gliedhaftigkeit. Wir reden den einzelnen an, der wieder um Einordnung und Unterordnung im Dienst am Ganzen, um Zucht und Opfer weiß. Aber wir reden ihn zugleich an als den, der mit uns unter dem gleichen Schicksal steht, der mit uns zur Kindschaft Gottes berufen ist, in seinem Kämpfen und Leiden, Sehnen und Hoffen. Der Anspruch Gottes fordert ganz persönliche Entscheidung. Darauf muß alle Predigt hinausführen. Die Sehnsucht nach der unpolitischen Predigt von Sünde, Buße und Gnade, von Erlösung und Neuwerden, von Freiheit und Friede ist in der Kirche und am Rand der Kirche sichtlich groß. Die Haltung unsrer Predigt muß unter Ablehnung der quietistischen, sentimentalen, passiven Einstellung wieder viel stärker als bisher den Kampf- und Gehorsamscharakter, das Herbe, Männliche und Freie des Evangeliums zum Ausdruck bringen. Der Ton soll frei sein von allem falschen Pathos, allem falschen Amtsbewußtsein, allem »Kanzelton«, dafür natürliche und würdige Sprache. Der Vortrag soll frei sein (kein Ablesen, vor allem nicht bei Ansprachen im Freien und bei Feldgottesdiensten!) und darf die für alles wirksame Reden zu beachtenden rednerischen Regeln nicht außer Acht lassen. Die Predigt sei packend und kurz. Eine Neubearbeitung der Textreihen, besonders eine sinnvolle Ausgestaltung der Trinitatiszeit, ist notwendig, besondere Sorgfalt ist zu legen auf die Auswahl der Gebete (vgl. hiezu Berneuchener Gebete). Im Einvernehmen mit den Dekanen ist Austausch der Pfarrer zu Predigtgottesdiensten je in den

Nachbargemeinden möglichst überall anzustreben und zu einer regelmäßigen Einrichtung zu machen, im Interesse von Pfarrern und Gemeinden. Offenhalten der Kirchen am Werktag, vor allem in den Städten, Einrichtung von kurzen Morgenandachten und Wochenendfeiern in stärkerem Maße als bisher wird empfohlen.

Seelsorge. Sie ist heut von ganz besonderer Wichtigkeit. Der Pfarrer, der nicht in die Häuser kommt, wird seiner Gemeinde schwer nahekommen und überläßt damit die häusliche Seelsorge allen möglichen andern Geistern. Die immerwährenden Klagen über mangelhafte Seelsorge und fehlende persönliche Fühlungnahme seitens der Geistlichen müssen aufhören. Seelsorge gilt ebenso den Kranken und Gebrechlichen wie den Gesunden in allen Ständen und Altersgruppen. Der Pfarrer kommt da zu seinen Brüdern und Schwestern im Dienst und Auftrag des Höchsten mit der einzigartigen Gabe der Frohbotschaft. Seine Seelsorge habe immer den ganzen Menschen in der untrennbaren Verbundenheit von Seelischem und Leiblichem, in seiner Einsamkeit wie in seinen Gemeinschaftsbeziehungen im Auge! Rechte Seelsorge ist nichts anderes als eine besondere Form von Wortverkündigung, getrieben von der Sorge um die Seele unsres Volks und um die Seele des einzelnen. Dieser Dienst erfordert, zumal in größeren Gemeinden, viel Gebetsvorbereitung und Sammlung, viel Kraft, viel Weisheit und Takt, viel tapferen Mut, viel aggressive Liebe. Aber er kann nicht ernst und eifrig genug getrieben werden. Es geht dabei einzig darum, daß es zu einem fruchtbaren, zum Letzten hinführenden Gespräch komme. Notwendig ist erneute Mahnung: Verschwiegenheit, Wahrung des Beichtgeheimnisses! Jedenfalls wollen wir dankbar sein, daß wir überhaupt noch und wieder Zugang in den Häusern und Familien haben. Wir wollen dankbar diese uns gegebene Gelegenheit und offene Tür benützen. Wichtig ist in diesem Zusammenhang die Pflege der Neuverheirateten und neu Zuziehenden und der Mischehen. Hier muß der Pfarrer in ganz besonderer Weise vom Evang. Gemeindedienst unterstützt werden.

Unterweisung. a) Der christlichen Unterweisung kommt heute eine ganz besondere Bedeutung zu. Die erschreckende Unwissenheit weitester Kreise über die einfachsten Wahrheiten der Bibel und die Notwendigkeit der Kirche zeigt unsre Versäumnisse und die Größe der Aufgabe. Meist sind die im Religions- und Konfirmandenunterricht, vom Evangelium, von der Kirche, vom Pfarrer gewonnenen Eindrücke fürs ganze Leben bestimmend. Jede Unterrichtsstunde erfordert daher vom Pfarrer gründliche Vorbereitung. Auch hier lernt man nie aus.

Neue Zeiten und vom Neuen ergriffene Herzen verlangen auch eine andere Form unserer Darbietung. Der Unterricht soll darbieten und lebendig sein. Kein trockener Bericht, keine »Schule«, keine Predigt, sondern lebendig dargebotenes Zeugnis von den großen Taten Gottes in der Vergangenheit und in ihrer Gegenwartsbezogenheit und von dem Kampfes- und Gehorsamscharakter unsres Glaubens. Besonders wichtig ist Lehrplan und Stoffauswahl. Stärker als bisher muß im Religionsunterricht behandelt werden der Gang Gottes durch die deutsche Religions- und Kirchengeschichte! Stoffe, die junge deutsche Menschenkinder langweilen oder quälen, müssen zu Gunsten anderer, wertvollerer, zurückstehen. Das Kind soll den nachhaltigen Eindruck mitnehmen von der Lebenswirklichkeit und -Notwendigkeit dessen, was ihm im biblischen Unterricht dargeboten wird. Unsrem Religionsunterricht wie aller Unterweisung kommt heute deswegen besondere Bedeutung zu, weil alle möglichen Geister und Weltanschauungen um die deutsche Seele ringen. Wir wollen uns daher in der Liebe zur Jugend und in der Treue dieses Dienstes von niemand übertreffen lassen. Unsre Jugend ist uns auf die Seele gelegt, wir sind ihr das Höchste schuldig, um Gottes, unsrer Kirche, unsres Volkes willen. b) Die Christenlehren müssen wieder zum Gottesdienst für Erwachsene ausgebaut werden. Das kann nur erreicht werden, wenn sie anders als bisher zu einer Herz und Gewissen anfassenden Darstellung der zentralen christlichen Wahrheiten in ihrer Gegenwartsbezogenheit benützt werden (Richtlinien für die Christenlehren werden noch bekanntgegeben). Dabei ist anzuknüpfen an die Vorstellungen und die Gedankenwelt der heutigen Jugend; das jugendliche Fassungsvermögen ist zu berücksichtigen, ohne die Jugend zu unterschätzen. Die Wiedereinführung des Schülergottesdienstes für die Schuljugend ist schon lange geplant. Die frühzeitige Gewöhnung und Erziehung zur Kirchlichkeit ist heute mehr denn je dringendes Erfordernis. In diesem Zusammenhang kommt auch dem nunmehr in allen Gemeinden einzurichtenden Kindergottesdienst erhöhte Bedeutung zu, auch im Interesse der frühzeitigen kirchlichen Gewöhnung der Kinder. Dies ist heute um so wichtiger, je mehr die vereinsmäßige Erfassung der Jugend durch die Kirche erschwert wird. c) Die Bibelbesprechabende sind soweit möglich für Erwachsene einzuführen. Sie können zu einer Art Konfirmandenunterricht für Erwachsene ausgestaltet werden. d) Unterweisungsstunden für Übertretende und Wiedereintretende sind vor allem in größeren Städten einzurichten. Dabei darf nicht viel vorausgesetzt werden. Es handelt sich hiebei um Einführung in die Bibel und die einfachen Grundwahrheiten evangelischen Glaubens an Hand von Bibel und Katechismus. Sie sind allen Übertretenden zur Pflicht zu machen (in Zweifelsfällen wird immer eine längere Wartefrist angesetzt); auch sind sie zu reger Teilnahme am Gemeindeleben anzuhalten. Diese bisher Ausgetretenen bedürfen ganz besonderer Liebe und Pflege; es wird sich empfehlen, daß die Gemeindehelfer und Kirchengemeinderäte die Listen der Ausgetretenen daraufhin ansehen, wer durch einen persönlichen Besuch zum Wiedereintritt in die Kirche aufgefordert werden soll. Die, die um ihre Wiederaufnahme nachgesucht haben und Unterweisung empfangen, sind von den Kirchengemeinderäten und sonstigen Helfern in der Gemeinde regelmäßig persönlich aufzusuchen und zu den Gottesdiensten und Gemeindeveranstaltungen abzuholen. e) Jugendführung. Die Leitung der Deutschen Evangelischen Kirche wie die Landeskirchen bemühen sich nach wie vor um einen Modus vivendi für unsre evangelische Jugendarbeit im Rahmen der staatlichen Jugenderziehung[67a]. Es steht zu hoffen, daß bald ein Weg gefunden wird. Unsre evangelische Jugend hat zur Zeit mancherlei auszustehen. Für manche ist es eine oft unerträgliche Belastung, für viele eine Prüfung ihrer Treue. Manche halten die schweren inneren Konflikte nicht mehr aus und wollen abspringen. Das darf uns nicht müde und verzagt machen. Wir glauben mit unsrer evangelischen Jugendarbeit der Volksgemeinschaft, dem Staat Adolf Hitlers den besten Beitrag zum Neuaufbau zu leisten. Es geht in aller unsrer Jugendführung darum, daß wir sie vor den lebendigen Gott stellen, sie an die Wirklichkeit von Volk und Staat heranführen und ihnen das große Zeitgeschehen im Licht der Bibel deuten. So helfen wir ihnen am besten echte und rechte deutsche Menschen zu werden, die das große Wagnis des Lebens bestehen. Wir wollen sie innerlich rüsten und wappnen für die Kämpfe, die dem jungen deutschen Menschen von heute verordnet sind. Wir wollen sie in die Bibel hineinführen, wollen ihnen von da aus Wegleitung geben in den großen Fragen der Zeit, in der Frage nach der Stellung zu Staat und Volk, Führung und Gefolgschaft, Beruf und Stand, Freiheit und Unterordnung, Glaube und Unglaube, Glaube und Glaube, Gehorsam und Gewissensfreiheit und in der Frage nach der Stellung zu Familie und zum andern Geschlecht. Das alles stellt an den Pfarrer heute neue Anforderungen, umso mehr, als erwartet wird, daß der Pfarrer wie der kirchlichen Jugendarbeit so auch der Arbeit in HJ und BdM sich zur Ver-

[67a] Wird in einem späteren Band dargestellt.

fügung stellt. f) Der Mütterschulung wird vom Evang. Gemeindedienst besondere Aufmerksamkeit und Liebe zugewendet werden müssen. Alle Jugend- und Erziehungsarbeit setzt rechte Mütter voraus und fordert sie. g) Fürsorge- und Liebesarbeit der Gemeinde: Wenn auch hier viele Aufgaben heute tatkräftig und planmäßig vom Staat und den staatlich geförderten Verbänden in Angriff genommen und den Kirchengemeinden und kirchlichen Organisationen damit manches abgenommen ist, so kann und darf doch die Kirche auf ihre »Tatpredigt« nicht verzichten und der Staat kann die Liebeskräfte der Kirche nicht entbehren. Es ist daher selbstverständliche Pflicht, daß die evangelische Gemeinde mit ihren Kräften der Liebe und des Opfers in vorderster Linie mitkämpfe gegen Not und Leid, in engem Einvernehmen mit der NS-Volkswohlfahrt.

Die Kirchenleitung ist sich der Schwierigkeiten durchaus bewußt. Sie erwartet aber auch, daß die Geistlichen in dieser schweren und großen Zeit in der Erfüllung ihrer Pflichten an erster Stelle stehen. Mancherlei Zeit und Kraft wird ja auch wieder frei werden dadurch, daß von staatlicher Seite her heute der Kirche und den Pfarrern manche bisher von der Kirche betriebene Fürsorge- und Erziehungsarbeit, auch manche Liebesarbeit abgenommen wird (der Dienst der Barmherzigkeit kann freilich der Kirche nie abgenommen werden). Vergessen wir nie die einzigartige, uns vom Herrn der Kirche gegebene Wirkungsmöglichkeit!

Dieses Arbeitsprogramm ist gedacht als Plan und Rahmen für eine Arbeit auf lange Sicht und weite Ziele in der Zusammenfassung aller Kräfte unter der Führung des Landesbischofs, im Zusammenhang mit dem missionarischen Wollen der gesamten Deutschen Evangelischen Kirche. In dem Ringen um die Seele unsres Volkes, in der immer ernster werdenden, kommenden Auseinandersetzung mit andern Glaubensweisen muß daher alle falsche Betriebsamkeit und Überorganisation abgestellt, jeder unevangelische Synergismus wie aller widerevangelische Quietismus bekämpft und alle planlose private Aktion unterbunden werden. Wir tun den vom Herrn der Kirche uns aufgetragenen Dienst in illusionsloser biblischer Nüchternheit, im Gehorsam und in fröhlichem Vertrauen auf den, der alles vermag, in der Liebe zu Volk und Vaterland, ohne Verrat des Evangeliums an irgendeinen Zeitgeist, in freudigem Gehorsam gegenüber der weltlichen Obrigkeit, ohne politischen Servilismus, niemand zulieb, niemand zuleid, allein zur Verherrlichung Gottes. Unsre Kirche will ihre Tore weit öffnen für die Kämpfer der nationalen Revolution, wie für die, die durch die politische Entwicklung innerlich heimatlos geworden sind, für die Führer und die Geführten, für die Starken und Aufrechten, wie für die Mühseligen und Beladenen[68], für die das Leben Meisternden, wie für die am Leben Scheiternden, für die Gesunden und die Kranken, für die Jungen und Vorwärtsdrängenden, wie für die Alten, deren Tag sich neigt.

Möge die große Stunde kein schwaches Geschlecht, die große Aufgabe der Kirche unter dem Ruf Gottes keine schlafenden Jünger finden! Möge der Herr der Kirche sich zu unsrem schwachen Dienst bekennen, daß unsre teure evangelische Kirche unserem erwachten Volk auf seinem beispiellos harten und schweren Weg mit dem Evangelium helfen dürfe zu seiner inneren Erneuerung und Genesung! Das walte Gott!

Wurm.

Bei den Akten befindet sich schließlich noch ein Entwurf über die Durchführung der Volksmission[69]*:*

Einige allgemeine Hinweise für kirchliche Volksmission und Evangelisation.

1. Die innerkirchlichen Kern-Kreise, Kirchengemeinderat, Gemeindedienst, Jugendgruppen, Gemeinschaften stellen sich ganz auf die Mitarbeit ein, vorbereitend, tragend, werbend. Sie wissen, daß das Werk werden muß ein Werk aus der Gemeinde heraus und wieder in die Gemeinde hinein.

2. In den vorausgehenden Wochen wird in den Gottesdiensten und Bibelstunden, auch im Gemeindeblatt auf die Tage hingewiesen und der Gemeinde eindrücklich gemacht, daß auch sie zum glaubenden Handeln gerufen ist und die Gleichgültigen, Lauen, Trägen, Entfremdeten unter den Gemeindegliedern von ihr geladen und geworben werden dürfen und sollen.

3. Die besonderen Vorbereitungen werden in Dorf und Stadt verschieden sein. Jedenfalls aber muß gerade auch im Dorf jeder Dorfgenosse nicht nur um die Sache rechtzeitig wissen, sondern die Außenseiter und Eigenbrötler werden mit besonderer Aufmerksamkeit immer wieder geworben werden, Werbezettel (wohl meist mit Nennung der

[68] Vgl. Mt 11,28.

[69] OKR Stuttgart, Registratur, Handakten OKR Schaal; das Stück ist nicht datiert. Die Ziffer 9 erwähnte Beilage befindet sich nicht bei den Akten. Zu Volksbund und Gemeindedienst vgl. Bd. 1, S. 499 ff.

Themen) werden in jedes Haus, d. h. in jede Familie, auch zu allen Einzelstehenden getragen. Wo eine Tagespresse zur Verfügung ist, werden Anzeigen und Artikel mit vorbereiten. In der Stadt werden Werbezettel oder Plakate an den Schaufenstern befreundeter Geschäfte, auch an Plakatsäulen Entfremdete laden.

4. Sehr wichtig ist, daß frühzeitig, d. h. jedenfalls vor dem 20. des vorangehenden Monats mit der NSDAP, dem Ortsgruppenleiter, der SA, NS-Frauenschaft, NSBO, HJ, BdM Fühlung genommen wird. In den meisten Fällen wird gerne auf die kirchliche Veranstaltung Rücksicht genommen werden. Wird diese Fühlungnahme versäumt, werden viele, die gerne an den Abenden teilnehmen würden, einfach dienstlich abgehalten sein. Das muß, wenn irgend möglich, vermieden werden. Da und dort wird vielleicht auf dem »Schwarzen Brett« zu den Versammlungen eingeladen, vielleicht nimmt auch eine Organisation geschlossen teil. Hin und wieder sind auch Vertreter der Partei in Ausschüssen für Volksmissionswochen mit tätig gewesen. Die Volkskirche will nicht neben dem Volk, sondern im Volk stehen.

5. Zu den Abendvorträgen soll täglich das Vollgeläute der Glocken rufen. Der Kirchenraum soll gut geheizt und beleuchtet sein. In schlecht geheizten Räumen kommt keine rechte Aufmerksamkeit auf, auf keinen Fall aber läßt sich eine Gemeinde so eine Woche lang zusammenhalten. Man spare da nicht, sondern opfere lieber und tue alles aus Liebe, was nur möglich ist, zum Gelingen des Werks. Es wird nichts schaden, wenn ein freiwilliger Ordnungsdienst beim Plätzeanweisen dem Mesner behilflich ist, etwa auch Gesangbücher ausgegeben werden an solche Besucher, die keines mitbringen.

6. Finden nachmittags Bibelstunden statt, werde man sich zeitig über Raum und geeignete Zeit einig, ebenso über einen möglichst neutralen Raum für seelsorgerliche Aussprache. Dieser Raum muß natürlich im Winter geheizt sein. Wird etwa die Sakristei hiezu genommen, so sollte der Mesner oder sonst jemand nicht vor die Pforte sitzen, da sonst niemand den Mut hat zu kommen. Schriftgemäße evangelische Seelsorge hat freilich nichts zu tun mit schwärmerischem Treiben, oder gar Auf-den-Seelen-Knien.

7. Kirchenchor und Posaunenchor oder sonstige Chöre stellen sich freudig mit in den Dienst. Lob-, Kampf- und Entscheidungslieder stehen der Sache besser an als lyrisch bewegte Arien. Ein wirklich wertvoller Chorgesang am Abend ist besser als zwei, die nicht gut gewählt sind. Wenig aber eindrücklich gesungen, ist das beste. Übereinkunft

über die Liederwahl wird gewiß leicht erreicht werden. Ein Volksmissionsabend vollzieht sich in liturgisch kargerer Form als der Gemeindegottesdienst. Das Orgelspiel zum Eingang kann ganz kurz sein, so daß der Gemeindegesang bald einsetzt. Das Nachspiel aber während des Hinausgehens der Versammelten ist dafür desto wertvoller zur Vertiefung und Befestigung des in Lied, Gebet und Verkündigung Gehörten.

8. Der Pressedienst während der Woche ist bei einer städtischen Arbeit von großer Wichtigkeit. Möglichst tägliche Berichterstattung, sachlich mit einem Wort missionarischer Werbung. Damit nicht eine zu große Belastung entsteht, teilen sich etliche Freunde der Sache in diesen wertvollen Dienst. Wenn während der Woche noch Werbezettel zur Verfügung sind zu erneuter Ladung von Freunden und Nachbarn, ist das nur förderlich. Das Umtragen von Plakaten mit dem Thema für den Abend in den Straßen der Stadt ist da und dort wirkungsvoll angewendet worden.

9. Schriftentische mit zuverlässigen Helfern oder Helferinnen mögen vom 2. Abend an bereit stehen. Die Schriften (namentlich Bibelheftchen der Württ. Bibelanstalt und Hefte des Gemeindedienstes) werden mitgebracht. Die Rechnungsführung ist vom Opfer zu trennen. Das Opfer ist für Volksmission und Evangelisation bestimmt (siehe besondere Beilage).

10. Es wird dem Volksmissionar und Evangelisten eine besondere Freude sein, wenn er gleich nach dem ersten Abend den Gesamtkirchengemeinderat begrüßen darf. Dieser trägt ja das Werk täglich mit. Auch zum Grüßen der übrigen Kernkreise wird sich gewiß Gelegenheit geben, nach Abschluß der Arbeit wird wohl eine kurze Besprechung über Nacharbeit wertvoll sein. Der Volksmissionar (Evangelist) wird es nicht unterlassen, am letzten Abend der versammelten Gemeinde das Mitanstehen in lebendigem Gemeindedienst ans Herz zu legen. Er wird rufen und laden zum Mithelfen und Mitwerben beim Aufbau lebendiger Gemeinde. Wenn die Woche zu Ende ist, wird der volksmissionarische Dienst derer, die mit Ernst Christen sein wollen, mit neuer Freudigkeit und Entschlossenheit aufgenommen bzw. weitergeführt.

11. Diese Richtlinien sind kein Gesetz gleichgeltend für jeden Ort. An jedem Ort wird sich in lebendiger Zusammenarbeit ein lebendiges Werk ergeben dürfen, wenn alle Beteiligten das Ihre beitragen. Der Volksmissionar wohnt ja in diesen Tagen inmitten der Gemeinde. Für seine gute Unterkunft wird gewiß bei dem nicht leichten Dienst gerne Sorge getragen.

12. Alle äußere Vorbereitung, Werbung und Dienst drängt die innere Vorbereitung und den inneren Dienst nicht zurück. Alle Arbeit lebendiger Kirche wird von Gebet, Fürbitte und Danksagung getragen. Volksmission und Evangelisation soll Glaubenswagnis sein und heiliger Krieg (Matth 19, 19 f.; Eph 6, 10 ff.).

Zusammen mit einem Aufruf der Reichskirchenregierung zur Volksmission *wurde am 15. 11. 1933 im* Gesetzblatt der Deutschen Evang. Kirche *ein* Sofortprogramm *des Volksmissionarischen Amtes der Reichskirchenregierung veröffentlicht*[70]*:*

Im Anschluß an die vorstehenden Richtlinien der Reichskirchenregierung für die Volksmission der Deutschen Evangelischen Kirche gebe ich, um nunmehr auf eine einheitliche Linie volksmissionarischer Arbeit zu kommen, folgendes Sofortprogramm heraus:

1. Es wird im Gebiet der Deutschen Evangelischen Kirche der Gottesdienst an jedem ersten Sonntag im Monat einheitlich eingestellt. Der Predigt dieses Gottesdienstes soll der gleiche Text zugrunde gelegt werden, den der Herr Reichsbischof bestimmt und rechtzeitig zuvor bekanntgibt. Ebenso soll als Hauptlied für diesen Gottesdienst in allen Gemeinden ein und dasselbe Lied gewählt werden. Ich rufe zu diesen Gottesdiensten die christlichen Hausväter und gebe es in ihr Gewissen, sich zum Monatsbeginn gemeinsam unter Gott zu stellen. Ich gehe bei diesem Ruf von der Familie als einer Schöpfungsordnung Gottes und einer wichtigen Zelle der Kirche und des Volkes aus und erinnere an das priesterliche Amt des Hausvaters und seine Verantwortung für Weib und Kind, Volk und Kirche, sowie an die Gestaltung christlichen Familienlebens in Geist und Sitte (Hausandacht, Tischgebet, Mitfeier des Kirchenjahres usw.). Für den ersten dieser Gottesdienste am Sonntag, dem 3. Dezember (1. Advent), an dem auch der Herr Reichsbischof feierlich in sein hohes Amt eingeführt wird[70a], ist bestimmt als Predigttext Joh 18, 37, als Hauptlied »Macht hoch die Tür, die Tor' macht weit«.

2. Um ein Vorbild des deutschen Advents und der lebendigen Verbindung von Kirche und Volk zu geben, rege ich weiter an, am 2. Advent

[70] Gesetzblatt der DEK Nr. 4, S. 23 ff. Der Aufruf sollte am Sonntag, 19. 11. 1933, im Gottesdienst verlesen werden; vgl. »Evang. Gemeindeblatt für Stuttgart«, Ausgabe vom 26. 11. 1933, und GB 140, S. 108.

[70a] Diese Einführung des Reichsbischofs wurde verschoben und fand nie statt; siehe GB 141, S. 118.

in einem Nachmittagsgottesdienste der Muttergemeinde eine liturgische Adventsfeier zu veranstalten, für die folgende Leitgedanken maßgebend sind: Deutung der christlichen und deutschen Adventssitten und -bräuche von der Adventsbotschaft her, wobei auch bereits Weihnachtssitten und -bräuche in den Kreis der Betrachtungen gezogen werden können. Liturgisches und sonstiges Material zur Vorbereitung der Feier gibt das Volksmissionarische Amt rechtzeitig heraus.

3. Als weitere Anregung schlage ich vor, monatlich einmal in einem Hauptgottesdienst jede evangelische Schule zum Singen in der Kirche heranzuziehen und sich zu diesem Zweck mit den zuständigen staatlichen Schulbehörden in Verbindung zu setzen. Hossenfelder.

Zum Sofortprogramm der Reichskirchenregierung für die Volksmission, das den Pfarrämtern übergeben wurde, teilte der Evang. Oberkirchenrat am 24. 11. 1933 den Dekanatämtern mit[71]*:*

Zu vorstehendem Sofortprogramm der Reichskirchenregierung bemerke ich:

1. Für den 1. Advent 1933, an dem die Amtseinführung des Herrn Reichsbischofs erfolgt[72], ist als Predigttext Joh 18, 37, als Hauptlied »Macht hoch die Tür . . .« (Gesangbuch Nr. 132) in Aussicht genommen. Die Perikope des Sonntags kann trotzdem beigezogen werden. Wegen der vorgesehenen allgemeinen Anordnung von Text und Lied jeweils auf den 1. Sonntag des Monats ist der Oberkirchenrat bei der Reichskirchenregierung vorstellig geworden[72a].

[71] Nr. A 9143. Schon am 9. 11. 1933 hatte der Oberkirchenrat der Reichskirchenregierung die Bedeutung des in der Umbildung begriffenen Evang. Volksbundes für die Aufgabe der Volksmission dargestellt. Der neue Evang. Gemeindedienst, der der württ. Kirchenleitung unmittelbar unterstand, werde in Württemberg die volksmissionarische Arbeit leiten (Nr. A 8387).

[72] Siehe Anmerkung 70a, S. 789.

[72a] Schreiben des Oberkirchenrats vom 24. 11. 1933 (Nr. A 9143) an den Reichsbischof, in dem gebeten wird, von einer Anordnung von Predigttext und Hauptlied auf jeden ersten Sonntag eines Monats abzusehen: »Bei schematischer Durchführung dieser Anordnung besteht die Gefahr, daß bestimmte Sonntage, die als besondere Festtage innerhalb der Landeskirche seit langer Zeit festgelegt sind und mit ihrem Leben aufs engste verbunden sind wie z. B. in Württemberg der Landesbußtag, das Reformationsfest, der Jugendsonntag usw., in ihrem besonderen Charakter gestört und geschädigt werden. Eine solche Anordnung müßte zugleich als Eingriff in den Kultus der Landeskirchen betrachtet werden.«

2. Ziffer 2 des Sofortprogramms regt an, am 2. Adventssonntag den Nachmittagsgottesdienst zu einer liturgischen Feier auszugestalten. Die Anregung kann auch einen andern Adventssonntag betreffen und ist in nicht wenigen Gemeinden unsrer Landeskirche bereits verwirklicht. Es kann ihr, unter Benützung bereits vorhandener kirchlicher Sitte, allgemein entsprochen werden, soweit dies im Rahmen eines Gottesdienstes zulässig ist.

3. Hinsichtlich der Zuziehung von evangelischen Schulklassen zum Singen im Gottesdienst (Ziffer 3) wird der Oberkirchenrat mit den Schulbehörden in Verbindung treten. Soweit sie nicht schon verwirklicht ist, ist sie alsbald örtlich anzustreben. Dabei sollte womöglich eine feste Ordnung in Aussicht genommen werden. Sie wird besonders in solchen Gemeinden in Betracht kommen, in denen kein Kirchenchor besteht; sie setzt, wo sie eingeführt wird, vorherige Verständigung mit den Kirchenchören und Singkreisen voraus. Es kann dabei auch der Wechselgesang gepflegt werden.

Wurm.

Zur Volksmission, wie sie von der Deutschen Evang. Kirche geplant wurde, schrieb Oberkirchenrat Schaal am 3. 12. 1933 in der Zeitschrift Das Evang. Deutschland:

Beginn des volksmissionarischen Werkes. Kirche im Angriff.

Der Deutsche Luthertag 1933 ist nicht Episode, sondern Programm. Er war nicht nur ein Scheinwerfer, der auf Luther eingestellt war und dem deutschen Volk seinen weithin unbekannt gewordenen und unverstanden gebliebenen religiösen Reformator wieder ins Licht gesetzt hat. Dieser Tag brachte gleichzeitig einen Mobilmachungsbefehl, ja, wenn man so sagen darf, bereits einen Angriffsbefehl: Es ist der Aufruf zur Volksmission . . . Daß der Kampf gegen sektiererische Wühl- und Zersetzungsarbeit zu den ständigen Aufgaben jeder Kirche gehört, zeigt ein einziger Blick in die Kirchengeschichte. Dieser Kampf wird weitergehen. Bedeutungsvoller jedoch ist die geistige Überwindung des bürgerlichen Liberalismus und Intellektualismus. Es ist bekannt, daß das Bürgertum mit dieser seiner Grundhaltung und mit dem falsch gedeuteten Schlagwort »Religion ist Privatsache« mitschuldig geworden ist an der geistigen Unterernährung und Gottentfremdung des deutschen Arbeiters. Diesem weltanschaulichen Liberalismus muß um so schärfere Beachtung geschenkt werden, als er jetzt eben im Begriffe steht, in seiner gefährlichsten Form, nämlich in der Tarnung als »Glaube«, genauer als

»Deutschglaube«, wiederzukehren. Zu den Quellen, die im Sammelbecken des sogenannten Deutschglaubens zusammenfließen, gehört nicht zuletzt eben das so überaus wandlungsfähige Freidenkertum. Dieses tritt von neuem auf den Plan, auch nachdem seine bisherige Domäne, der Marxismus, zu den gefallenen Größen gehört ...

Es wird ernsthafter theologischer Arbeit bedürfen, um unserem Volk aus dem Evangelium heraus auf seine gegenwärtigen Fragen klare Antworten zu geben. Es wird aber ebenso nötig sein, die theologischen Grundbegriffe in die Gegenwartssprache zu überführen und sie »einzudeutschen«. Das Wort Gottes ist immer aktuell; aber seine Verkündiger müssen aktueller reden. Unwillkürlich steht auch hier die Gestalt Luthers als des Meisters des deutschen und volkstümlichen Wortes wieder vor dem Auge.

Von da aus ergibt sich ganz notwendig auch die Forderung des Laieneinsatzes. Die Pastorenkirche ist vorüber; die Volkskirche ist auf dem Marsch. In manchen Kirchengebieten ist es längst erprobte und bewährte Übung, innerhalb des kirchlichen Gemeindelebens Laien als Leiter oder Mithelfer einzusetzen. Diese Praxis gewinnt an Gewicht, je mehr in unseren Tagen auch Volkskreise und Volksgenossen kirchlich erfaßt und gewonnen werden, die bisher im besten Fall nur als »Randgebiete« und kirchliche »Randsiedler« bezeichnet werden konnten. Solche Kräfte bedürfen freilich vor dem Einsatz besonderer Schulung, aber sie sind vorhanden und willig. Sie werden an dem Sektor des Kampfes einzusetzen sein, in dem die bisherige kirchliche Arbeit nur wenig Fuß zu fassen vermochte.

Die Zusammenfassung des deutschen Protestantismus zu der einen Deutschen Evangelischen Kirche gehört zu den grundlegenden Ereignissen des Jahres 1933. Äußerlich tritt sie in Erscheinung in der Person des Reichsbischofs. Innerlich wird sie abgeschlossen sein, wenn das Ziel der volksmissionarischen Arbeit erreicht ist: eine wirkliche Volkskirche im Dritten Reich, in der der deutsche Mensch für Jesus Christus und sein Reich gewonnen wird.

Einen Vorschlag zum Aufbau der volksmissionarischen Arbeit unter den Bauern legte der Leiter der Evang. Bauernschule im Kloster Lorch, Pfarrer Stockburger, am 12. 12. 1933 dem Oberkirchenrat vor[73]*:*

[73] OKR Stuttgart, Registratur, Generalia Bd. 115 g. Das Exposé geht zurück auf einen volksmissionarischen Kurs, der vom 3. bis 9. Dezember in Lorch stattfand.

Sinn und Aufgabe der Volkskirche im Dritten Reich.

Die Erörterung über die grundsätzliche Frage, ob Volkskirche oder Freikirche, ist von der Seite des Volkes her entschieden. Mensch und Volk ist grundsätzlich gleichgeschaltet. Jeder Mensch, der für die Kirche in Betracht kommt, füllt irgendwo im Volk einen Platz aus (Arbeitsfront, Erbhofgesetz[73a]). Nur wer das Volk als Ganzes ins Auge faßt, kann auch den Blick für den einzelnen haben. Die Gemeinschaftsbildung der Kirche ist nur dann innerhalb des Volkes möglich, wenn sie die aus Blut und Boden hergeleitete Volksordnung nicht stört.

1. Wollen wir unter den gegebenen Umständen Volkskirche sein? Aus Blut und Gewissen heraus können wir nicht anders als uns zur Volkskirche bekennen, denn: a) Wir tragen selbst alle unverlierbar die Merkmale des deutschen Volkes an uns. Wir sind es unserem Schöpfer schuldig, daß wir unsere Leiber zum Opfer geben (Röm 12, 1). b) Es ist eine Forderung der Wahrhaftigkeit und der Liebe, den Menschen, der für die Kirche in Betracht kommt, in seiner natürlich gegebenen Eigenart zu nehmen. Dabei ist zu bedenken, daß wir unter Volkskirche nicht eine mengenmäßige, durch äußerliche Druckmittel hergestellte Erfassung des Volkes verstehen. Die Volkskirche will nicht das Volk für sich haben, sondern dem Volk dienen, indem sie es mit Christus verbindet. Dieser Dienst erfordert den Einsatz einer wohlgegliederten Wirkungseinheit.

2. Kann sich die Kirche mit ihrer Eigenart (Leib Christi) der aus Blut und Boden her geschöpften Volksordnung eingliedern? Muß aus dem richtigen Eindruck der gegenseitigen Verschiedenheit der Eindruck einer Gegensätzlichkeit gefolgert werden? Ist es nicht das unabwendbare Schicksal der christlichen Kirche, zur Sekte zu werden? (Dies das Ziel der Dritten Konfession.) Antwort: Wenn Staat und Kirche einander loyal gegenüber stehen, so muß kein Gegensatz entstehen. a) Was ist eine loyale Kirche? Jesus antwortet auf diese Frage: Gebt dem Kaiser, was des Kaisers ist, und Gott, was Gottes ist[73b]. Eine Kirche, die ihren Auftrag begreift, weiß genau, daß sie ein Stück Welt ist; aber sie hat in dieser Welt den Auftrag, das Wort von der Versöhnung zu sagen und wahr zu machen. Sie ist zwar durch die Liebe nach allen Seiten hin ver-

Im übrigen veranstaltete auch das Württ. Jungmännerwerk vom 12. bis 19. November eine volksmissionarische Woche (vgl. Nr. A 8274). Vgl. auch S. 934.

[73a] Deutsche Arbeitsfront: NS-Organisation an Stelle der verbotenen Gewerkschaften. Reichserbhofgesetz vom 29. 9. 1933: RGBl I, S. 685 ff.

[73b] Mt 22,21.

pflichtet; sie wird aber nicht von außen her in Verpflichtung genommen. Zuständiger Herr der Kirche ist allein Christus. Die loyale Kirche strebt nicht nach der Macht Roms. b) Was ist ein loyaler Staat? Ein loyaler Staat erkennt und vertritt die naturgegebene Gesetzmäßigkeit einer Volksordnung. Der totale Staat will der Fürsorger aller lebendigen Glieder am Volkskörper sein, auch der Kirche. Das Instrument des Staates ist die Macht (geformte Kraft), deren Ergebnis das Recht ist. Die Macht verlangt ein mächtiges Führertum, das instinktiv mit der rassisch und geschichtlich gewordenen Volkskraft verbunden ist. Die Grenze der staatlichen Machtgebung liegt da, wo jener Instinkt seine Grenze hat, wo die Einwirkung übersinnlichen Lebens beginnt. Der heutige Staat erkennt gegenüber der Kirche diese Begrenzung an. Aus dieser Loyalität des Staates empfängt die Kirche ihr äußeres Existenzrecht. Zugleich die Erlaubnis, das Eigenleben der Kirche unabhängig vom Staat zu gestalten.

3. Wie kann die Kirche ihr Eigenleben gestalten? Der innere Aufbau der Volkskirche empfängt seine Ordnung von der als Gnade empfundenen Berufung durch Christus. Die Kirche muß soviel Lebensraum haben, daß die Verkündigung Christi gesichert ist. Der Wirkungsraum der Kirche ist grundsätzlich unbegrenzt. Die Erfüllung dieses Raumes hängt davon ab, ob das Wirkungszentrum von der Energie des lebendigen Christus erfüllt ist, ob die Kirche offene Türen hat und ob sie im Stande ist, die wichtigsten Ziele (Schlüsselpunkte im Volksaufbau) zu erkennen und zu treffen (Wirkungsschießen, nicht Trommelfeuer).

4. Die Führungsform der Kirche. Ohne einen wohlgeordneten Führerstab kann die Kirche ihr Ziel, die religiöse Durchdringung des Volkes, nicht erreichen. Grundsätzlich und tatsächlich liegt das Führen bei der Kirchenleitung bzw. den Pfarrern. Die Volkskirche sucht aber wirkende Glieder aus allen Volksschichten, die gewillt und begabt sind, den Angriff vorzutragen.

Beim Kirchenbezirkstag am 18. 12. 1933 in Marbach/Neckar stellte Pfarrer Dr. Oehler Leitsätze über Volksmissionarische Aufgaben der Kirchengemeinden *zusammen*[74]*:*

[74] LKA Stuttgart, D 1, Bd. 45,1. Zum Zusammenhang vgl. auch den Bericht über den Kirchenbezirkstag Münsingen (»Schwäbischer Merkur«, Ausgabe vom 16. 11. 1933), bei dem Volksmissionar Lohss über »Unsere volksmissionarischen Aufgaben in der neuen Zeit« sprach; dabei sagte er u. a.: »... Das nationale Geschehen macht aufgeschlossen für die Predigt vom wirkenden und gnädigen

1. Das Ziel der volksmissionarischen Arbeit wird in dem Arbeitsprogramm des Landesbischofs bestimmt als »Wiedergewinnung der Entfremdeten für eine erneuerte Kirche«.

2. Die Ursachen der Entfremdung sind a) Gleichgültigkeit oder inneres Widerstreben gegen Gott; b) Mangel an Leben in der Kirche; c) die »Gottlosenbewegung«, die einen großen Teil unseres Volkes erfaßt hatte und drohte, die Herrschaft über das deutsche Volk ganz an sich zu reißen.

3. Die Gottlosenbewegung ist durch den Nationalsozialismus in unserem Vaterland niedergeworfen worden. Dadurch ist die Kirche vor eine neue Lage gestellt, die ihr zwar nicht erlaubt, zu ruhen im Kampf gegen die alten Feinde, aber Gelegenheit bietet, einen großen Teil des Volkes wiederzugewinnen.

4. Die Wiedergewinnung des Volkes für das Evangelium suchen die einen durch die nationale Bewegung selbst zu erreichen. Sie stellen dabei alles zurück, was dem deutschen Menschen am Evangelium Schwierigkeit macht. Die Träger der nationalen Bewegung gelten dann zugleich als Träger der Volksmission, vor allem SA und HJ.

5. So dankbar die Kirche auch für die tatsächliche Unterstützung durch die nationale Bewegung sein muß, so kann sie doch die Erneuerung der Kirche nicht von einer nationalen Bewegung erwarten. Überhaupt kann es die christliche Kirche grundsätzlich nicht auf Massenbewegung absehen. Die Massenbewegung ist für sie immer nur Anlaß, um die einzelnen zu bekehren.

Gott, denn wir sind bewahrt worden vor dem Abgrund, und andererseits dürfen wir dankbar eine Wandlung in unserem öffentlichen Leben wahrnehmen. In diesen beiden Tatsachen liegen für die Kirche Möglichkeiten und Aufgaben, die, wenn sie erkannt und genützt werden, aus unserer Kirche eine wahre Volkskirche machen können . . .« Beim Kirchenbezirkstag Geislingen (»Schwäbischer Merkur«, Ausgabe vom 16. 11. 1933) sprach Pfarrer Grieb, Schalkstetten, über die »Große Wende in unserem Volk, die Revolution und Reformation« ist. Beim Kirchenbezirkstag Göppingen (»Schwäbischer Merkur«, Ausgabe vom 10. 12. 1933) hielt OKR Schaal ein Referat über »Die volksmissionarische Aufgabe der Kirche«. In Sulz/Neckar sprach Dekan Otto über »Die heutigen Aufgaben des Evang. Volksbundes« (»Schwäbischer Merkur«, Ausgabe vom 5. 11. 1933). Weitere Kirchenbezirkstage im Herbst 1933 befaßten sich mit der Frage des Deutschglaubens (Plieningen: »Schwäbischer Merkur«, Ausgabe vom 12. 12. 1933; Ravensburg: »Schwäbischer Merkur«, Ausgabe vom 19. 12. 1933). Bei der 36. Evang. Diasporatagung am 8. 12. 1933 in Aulendorf sprach Prälat Gauss, Heilbronn, über »Die kirchliche Lage der Gegenwart« (»Schwäbischer Merkur«, Ausgabe vom 11. 12. 1933).

6. Dem Totalitätsanspruch des Staates stellt sie den Totalitätsanspruch Gottes in Christus gegenüber. Aller Gehorsam gegen menschliche Führerschaft hat seine Grenze an dem Gehorsam gegen den Gotteswillen, der in der Heiligen Schrift geoffenbart ist und sich am christlichen Gewissen erweist. Wer sich nur an Gottes Willen unbedingt gebunden weiß, wird gerade dadurch zum besten und treuesten, ja allein wirklich zuverlässigen Diener des neuen Staates.

7. Träger des volksmissionarischen Dienstes bleibt in erster Linie das Pfarramt, das Gott bisher in diesem Dienst gesegnet hat. Neben ihm muß aber viel mehr als bisher die lebendige Gemeinde stehen, die sonntäglich durch die Predigt erbaut, im einzelnen seelsorgerlich geleitet, sich für ihr Volk nicht weniger treu einsetzen soll, als dies die nationalen Verbände auf ihrem Gebiet tun. Die Gemeinde soll sich dabei vor allem auch vor aller Separation hüten.

8. Die Glieder, die vor allem zum Dienst am Volk berufen sind, sind die, die bisher schon im Dienst der Gemeinde sich bewährt haben, wie Kirchengemeinderäte, Helfer und Helferinnen im Kindergottesdienst, die Führer der christlichen Jugendvereine, Leiter der Gemeinschaften u. a. Daneben sind neue zu gewinnen. Sie sollen durch Bibelkurse für die Aufgabe gerüstet werden.

9. Als Mittel der Gewinnung der Entfremdeten werden genannt: volksmissionarische Wochen, Ansprachen bei vaterländischen Festen, Benützung der Presse usw.; aber alle Mittel reichen nicht an das eine der Werbung von Person zu Person.

10. Die Mission und andere Reichsgotteswerke müssen die Gemeinde immer wieder über ihren eigenen engen Kreis hinausführen und ihr ins Gedächtnis rufen, daß das letzte Ziel der volksmissionarischen Arbeit nicht eine nationale Kirche, sondern Gottes Reich in aller Welt ist. Gerade diese über die Grenzen des Reiches hinausgehende Arbeit bringt auch einen besonderen Segen für die eigene Kirche.

11. Endlich soll nicht vergessen werden, daß keine Bewegung und kein Programm im Reich Gottes auf Erfolg rechnen kann, und daß einzig die Bitte »Dein Reich komme« die Verheißung der Erhörung besitzt.

Am 17. 7. 1933 sprach Prälat D. Schoell beim Kirchenbezirkstag in Calw über das Thema Was will die Neue Deutsche Evang. Kirche? *Gegen dieses Referat wandte sich in einem Schreiben vom 22. 8. 1933 Pfarrer Rehm als Landesorganisationsleiter der Glaubensbewegung Deutsche Christen, Gau Württemberg, an den Oberkirchenrat*[75]*:*

Am 17. 7. 1933 fand in Calw unter Leitung des Herrn Prälaten Schoell der Kirchenbezirkstag statt. Die dort anwesenden Mitglieder der NSDAP waren tief betroffen durch die Stellung, welche der Herr Prälat zu der neuen Zeit einnahm. In einem Bericht darüber wird gesagt, daß Herr Prälat Schoell »zwar vorsichtig und in der Formulierung unantastbar, aber doch unzweideutig, sarkastisch, ironisierend über die neuen Verhältnisse« geredet hat. Die von ihm seiner Stellungnahme zugrunde gelegte Frage »Hat der Kirchenbesuch der Männer seit dem Umschwung tatsächlich zugenommen?« beweist, in welcher Weise der Herr Prälat die Sache, um die es geht, auf ein völlig falsches Geleise schob. Die Wirkung der Ausführungen des Herrn Prälaten auf die Abgeordneten war verheerend, welche mit Zweifeln und Bedenken gegenüber dem neuen Staat wieder heimgingen. Viele alte innere Hemmungen wurden wieder gestärkt und befestigt.

Die Tätigkeit und Wirkung eines solchen Herrn Prälaten scheint uns nicht nur für den neuen Staat, sondern auch für die neue Reichskirche untragbar zu sein. Wir haben alles Verständnis dafür, daß der Herr Prälat sich nicht mehr auf die neue Zeit einstellen kann, aber gerade um seiner früheren Verdienste willen wäre es das Beste, wenn er jetzt zur Ruhe gesetzt würde. Solche Kirchenbezirkstage wie in Calw dürfen sich nicht mehr wiederholen. Es muß erwartet werden, daß die Herren Prälaten sich positiv zum neuen Staat einstellen und das Kirchenvolk nicht mit Bedenken gegen den neuen Staat erfüllen. Es steht außerdem zu befürchten, daß sich bei Wiederholung solcher Vorfälle auch die Regierung an derartigen Vorkommnissen interessieren wird. Ich bitte deshalb den Evang. Oberkirchenrat namens der Glaubensbewegung Deutsche Christen ergebenst, Mittel und Wege zu suchen, durch die Herr Prälat Schoell in den Ruhestand versetzt wird.

Rehm, Landesorganisationsleiter.

[75] LKA Stuttgart, D 1, Bd. 43. Prälat D. Dr. Schoell war im übrigen durch einen Beschluß des Landeskirchenausschusses am 20. 11. 1929 (Nr. A 7567) als Stellvertreter des Kirchenpräsidenten für geistliche Angelegenheiten bestätigt worden.

Daraufhin legte Prälat D. Schoell am 30. 9. 1933 dem Landesbischof von sich aus ein Gesuch um Versetzung in den Ruhestand vor[76]*:*

Verehrter Herr Landesbischof!

Nur wenige Bemerkungen zu dem beiliegenden Gesuch. Ich schicke voraus, daß ich die Beweggründe des Herrn Landesbischof durchaus verstehe und würdige. Ich hätte darum die gewünschte Erklärung ohne weiteres abgeben können. Wenn ich statt dessen gleich um meine Zurruhesetzung bitte auf den kürzesten Termin, bis zu dem ich die laufenden und Abwicklungsgeschäfte glaube erledigen zu können, so bestimmen mich hiezu hauptsächlich die beiden folgenden Gründe. Kirchlich betrachtet wird für die Kirchenleitung die wünschenswerte Entlastung um so rascher und fühlbarer eintreten, je bälder ich gehe. Persönlich betrachtet, möchte ich mich um keinen Preis dem Verdacht aussetzen, als wäre ich in gewissen Dingen schwerhörig und wollte noch eine Gnadenfrist, dies bestimmt ohne Bitterkeit gesagt, für mich herausschlagen.

Ich leugne nicht, daß ich mir mein Scheiden aus dem Amt anders gedacht hätte, weiß aber, daß man an so stürmische Zeiten nicht den normalen Maßstab anlegen darf. Nicht um irgend etwas ändern oder mich rechtfertigen zu wollen, füge ich anhangsweise noch das Folgende zu. Ich weiß bis zu dieser Stunde nicht, was im einzelnen die Gravamina sind, die mir zur Last gelegt werden. Auch auf Fragen bekomme ich nur Andeutungen, nichts Greifbares zur Antwort. Neuerdings wird mir angedeutet, daß ich mich durch Äußerungen auf dem Kirchenbezirkstag oder Pfarrkranz oder beidem in Calw unmöglich gemacht habe. Ich weiß aber nicht, weder wer der oder die Kläger noch was die Klagepunkte sind. Auch Dekan Hermann, der doch wohl zu einer Äußerung darüber aufgefordert worden ist, sagt nichts, obwohl er mir erst unlängst einen langen Brief geschrieben hat. Aber mag es damit stehen, wie es will, in der Hauptsache haben meine Kritiker doch recht, darin nämlich, daß ich zwar nicht die politischen, wohl aber die kirchlichen Vorgänge mit großer Sorge betrachte. Das spüren die Leute, auch wenn und oft gerade weil ich darüber schweige. Allein schon das furchtbare gegenseitige Mißtrauen, das im Pfarrstand von unten bis oben herrscht, hat eine Atmosphäre geschaffen, die kaum mehr zu tragen ist. Ich habe

[76] OKR Stuttgart, Registratur, PA Schoell, Jakob. Über ein etwa vorausgehendes Gespräch oder über einen Schriftwechsel zwischen Wurm und Schoell befinden sich bei den Akten keine Unterlagen.

Grund, an Jeremia 9, 3[76a] zu denken und gelegentlichen Versicherungen, daß das Gegenteil der Fall sei, zu mißtrauen, namentlich wenn sie in corpore abgegeben werden.

Da ich annehme, daß mein Gesuch in der nächsten Sitzung vor den Oberkirchenrat kommt, bitte ich schon, mich von der Teilnahme an der Sitzung zu entbinden. Im übrigen werde ich selbstverständlich mein Amt bis zu meinem Ausscheiden völlig loyal weiterführen.

In aller Ehrerbietung Schoell.

Der Landesbischof äußerte sich am 3.10.1933 gegenüber Prälat Schoell[77]:

Verehrter Herr Prälat!

In Erwiderung Ihres Schreibens vom 30. September, dem ein Gesuch um Versetzung in den Ruhestand auf 31. Oktober beigelegt war, möchte ich Folgendes feststellen: Meine Frage ging dahin, ob Sie mich ermächtigen, falls die ganze Lage dies erfordere, einem Verlangen nach Ihrem Ausscheiden dadurch zu begegnen, daß ich auf Ihre Absicht, im Lauf des Winters in den Ruhestand zu treten, hinweisen könne. Meine Frage bedeutete keine Aufforderung, jetzt sofort ein befristetes Gesuch einzureichen, sondern nur die Bitte, sich darauf einzurichten, daß unter Umständen die Lage so werden könnte, daß der Landesbischof sich vor aller Öffentlichkeit in der einen oder anderen Richtung erklären müßte. Einer solchen Lage vorzubeugen, war die Absicht meiner Anregung. Ich hätte von mir aus nie an einen früheren Termin als den 31. Dezember gedacht, der ja, wenn das Gesetz über die Altersgrenze mit dem 67. Lebensjahr noch vor Weihnachten angenommen werden sollte, ohnehin in Betracht käme, und ich würde meinerseits herzlich bitten, keinen früheren Termin zu wählen.

Sodann möchte ich ausdrücklich betonen, daß die Beanstandung Ihrer Ausführungen auf dem Calwer Kirchenbezirkstag durchaus nicht entscheidend war für diesen von mir schweren Herzens unternommenen Schritt. Ich habe davon zwar persönlich Kenntnis erhalten, aber amtlich keine Kenntnis genommen, sondern einem Herrn, der hierüber vorstellig wurde, gesagt, ich könne mir gut denken, daß der Herr Prälat gewisse

76a »Ein jeglicher hüte sich vor seinem Freunde ...«

77 LKA Stuttgart, D 1, Bd. 44; von Wurm eigenhändig mit der Schreibmaschine hergestellter Entwurf. Das Schriftstück war Direktor Dr. Müller zur Kenntnisnahme zugeschrieben worden.

überschwengliche Vorstellungen über das Maß des inneren Umschwungs in unserem Volk mit der Wirklichkeit in Einklang bringen wollte und daß dies von manchen als Bagatellisierung verstanden worden sei, ohne daß diese Absicht vorgelegen habe. Ich habe diesen Vorfall lediglich als Symptom einer Stimmung und Auffassung gewertet, die auch außerhalb der engeren Gefolgschaft der Führer der Glaubensbewegung vorhanden sein dürfte, wollte und möchte aber jeden Anschein vermeiden, als ob ein »Verfahren« irgend welcher Art, wie es eine amtliche Anfrage bei dem Dekanatamt bedeuten könnte, eingeleitet werde, das die Wirksamkeit des Herrn Prälaten zum Gegenstand habe. Es geht ja in der ganzen Sache um die grundsätzliche Frage, ob nicht so, wie die Dinge einmal liegen, eine noch gefährlichere Entwicklung für die Kirche dadurch hintangehalten werden kann und muß, daß an den führenden in der Öffentlichkeit hervortretenden Stellen nur noch solche Persönlichkeiten möglich sind, bei denen der Wille und die Freudigkeit, an der Neugestaltung mitzuwirken, die kritischen Bedenken überwiegt. Daß von dieser Lage so hochverdiente Männer wie Sie betroffen werden, empfinde ich und viele andere als eine große Tragik, und Sie haben vollständig Recht, wenn Sie ein Ausscheiden unter diesen Umständen als bitter empfinden. Hätte ich nicht den deutlichen Eindruck, daß mir so, wie die Gegensätze infolge der Landeskirchentagsverhandlungen, der Pfarrversammlung und der weiteren Ereignisse[78] sich entwickelt haben, eine weitere Weigerung, zur Verjüngung des Oberkirchenrats den Anfang zu machen, als böser Wille gedeutet würde, woraus schlimme Folgen für die ganze Landeskirche und das ganze Kollegium sich ergeben könnten, so hätte ich geschwiegen; so aber glaubte ich, einer Pflicht genügen zu müssen.

Selbstverständlich bin ich zu jeder weiteren mündlichen Aussprache bereit, ich glaubte nur, dies Grundsätzliche schriftlich festlegen zu sollen.

In aufrichtigster Wertschätzung verbleibe ich [Wurm].

Ein Bericht über den Kirchenbezirkstag in Calw ging auch der Württ. Politischen Polizei zu. Diese wandte sich am 17. 10. 1933 an den Oberkirchenrat[79]:

Über den Kirchenbezirkstag in Calw am 17. 7. 1933 ist mir ein eingehender Bericht zugegangen. Prälat Schöll soll danach bei den an-

[78] Siehe S. 346 ff. und 499 ff.

[79] Nr. A 8263.

wesenden Nationalsozialisten und Vertretern der Glaubensbewegung Deutscher Christen erhebliches Aufsehen erregt haben, die erwartet hatten, daß der zuständige Prälat den Kirchenbezirkstag dazu benütze, um aufrichtende, klärende Ausführungen zu machen. Dies sei nicht geschehen, vielmehr sei der Verlauf des Kirchenbezirkstags in einem gegenüber dem neuen Staat und dem Ringen der Kirche um ihre Neugestaltung überaus kühlen, zurückhaltenden und bedenklichen Ton gewesen. Der Bericht spricht sich zum Schluß darüber aus, daß die Tätigkeit von Prälat Schöll für die Deutschen Christen als untragbar bezeichnet werden müsse. Bei der zweifellos großen Begabung von Prälat Schöll hätte von ihm erkannt werden müssen, daß er durch diese Leitung[80] des Kirchenbezirkstags den Erwartungen der Geistlichen und Gemeinden niemals gerecht werden könne. Wenn auch die Verdienste anerkannt werden müßten, sei doch bei dieser Grundeinstellung von Prälat Schöll zu bezweifeln, ob er in der Lage sein werde, im vollen Vertrauen gegenüber Staat und Kirche künftighin den ihm anvertrauten Kirchensprengel führen zu können.

Ich darf mir erlauben, den Evang. Oberkirchenrat hierauf aufmerksam zu machen. Ohne einem Urteil vor Anhörung von Prälat Schöll vorausgreifen zu wollen, glaube ich, daß dieser Verlauf des Kirchenbezirkstags die Stellung von Prälat Schöll und das Vertrauen der Regierung zu ihm schwer erschüttert hat. Ich bitte daher um Stellungnahme zu diesem Bericht und um Mitteilung, ob und gegebenenfalls was seitens des Evang. Oberkirchenrats in der Sache veranlaßt werden will.

Der Leiter der württ. Politischen Polizei. In Vertretung

[Unterschrift].

Der Oberkirchenrat bat nun das Evang. Dekanatamt Calw am 25. 10. 1933 um einen Bericht über die Vorgänge auf dem Kirchenbezirkstag[81]:

Wie dem Oberkirchenrat mitgeteilt, auch in einem Artikel des »NS-Kurier« angedeutet worden ist, soll das Verhalten des Herrn Prälaten D. Dr. Schoell auf dem Kirchenbezirkstag in Calw am 17. Juli des Jahres (oder auch auf dem Diözesanverein Calw?) bei den anwesenden

[80] Vorsitzender des Kirchenbezirkstages ist kraft Amtes der Dekan.

[81] Nr. 8263/8381. Im Entwurf ist am Schluß der Satz gestrichen: »Angefügt wird, daß Herr Prälat D. Schoell, der im November des Jahres sein 67. Lebensjahr vollendet, schon vor mehreren Wochen dem Landesbischof seine Absicht kundgegeben hat, im Laufe dieses Jahres in den Ruhestand zu treten.« Zum Artikel im »NS-Kurier« siehe S. 646.

Nationalsozialisten und Vertretern der Glaubensbewegung Deutsche Christen erhebliches Aufsehen erregt haben. Während von diesen erwartet wurde, daß der zuständige Prälat den Kirchenbezirkstag dazu benütze, um aufrichtende, klärende Ausführungen zu machen, sei dies nicht geschehen, vielmehr sei der Verlauf des Kirchenbezirkstags in einem gegenüber dem neuen Staat und dem Ringen der Kirche um ihre Neugestaltung überaus kühlen, zurückhaltenden und bedenklichen Ton gehalten gewesen. Da diese Behauptungen nicht verstummen wollen, legt auch Herr Prälat D. Schoell Wert auf eine Klarstellung.

Das Dekanatamt wird ersucht zu berichten, inwieweit die angeführten Behauptungen den Tatsachen entsprechen, und anzugeben, welche Personen (etwa solche, die sich über den Verlauf des Kirchenbezirkstags mißfällig ausgesprochen haben) als Zeugen über die Angelegenheit gehört werden können. [Müller.]

Der Württ. Politischen Polizei wurde vom Oberkirchenrat ebenfalls am 25. 10. 1933 mitgeteilt[82]*:*

Über den Verlauf des Kirchenbezirkstags in Calw am 17. Juli des Jahres haben wir nähere Erhebungen veranlaßt und dürfen uns vorbehalten, nach Eingang der Berichte dem Württ. Innenministerium weitere Mitteilung zu machen. Ausdrücklich möchten wir anfügen, daß Herr Prälat D. Schoell, der im November des Jahres sein 67. Lebensjahr vollendet, ohne Rücksicht auf die vorliegende Sache[83] schon vor mehreren Wochen dem Landesbischof seine Absicht kundgegeben hat, im Lauf dieses Jahres in den Ruhestand zu treten. [Müller.]

In der Zwischenzeit beantragte Prälat D. Schoell am 25. 10. 1933 ein Disziplinarverfahren gegen sich selbst[84]*:*

Da allem nach die Verdächtigungen und Anträge gegen mich wegen Äußerungen, die ich anläßlich der heurigen Inspektion in Calw getan habe oder getan haben soll, nicht aufhören, ich aber andererseits nicht erfahre, weder woher sie kommen, noch worum es sich eigentlich handelt, stelle ich hiemit in aller Form den Antrag, daß seitens des Oberkirchenrates ein Disziplinarverfahren gegen mich in dieser Sache eingeleitet wird. Es scheint mir im Interesse der Kirche und des Oberkirchenrates zu liegen, daß Klarheit darüber geschaffen wird, ob ein

[82] Nr. A 8263/8381.

[83] Ohne Rücksicht – Sache: im Entwurf handschriftlich eingefügt.

[84] OKR Stuttgart, Registratur, PA Schoell, Jakob.

Geistlicher in meiner Stellung sein Amt zu staats- oder kirchengefährlichen Umtrieben benützt. Jedenfalls liegt es in meinem Interesse, daß objektiv festgestellt wird, was von mir tatsächlich gesagt oder getan worden ist, mag dann das Ergebnis zu meinen Gunsten oder Ungunsten ausfallen. Ich könnte mich nicht bei dem Hinweis beruhigen, daß ich ja durch meine in Aussicht stehende baldige Zurruhesetzung allem weiteren enthoben sein werde. Ich möchte gerade nicht unter dem Verdacht oder auch nur unter dem Anschein aus dem Amte gehen, als ob ich mir am Ende einer langen Amtszeit noch etwas Ernsthaftes habe zu Schulden kommen lassen. Es kann mir auch nicht zugemutet werden, daß ich mich Angriffen aus dem Hinterhalt wehrlos und widerspruchslos aussetze. Da mir viel daran liegt, daß die Sache nicht verzögert wird, bitte ich um baldigste, wenn möglich sofortige Eröffnung des Verfahrens.

Schoell.

Am 26. 10. 1933 legte das Evang. Dekanatamt Calw an Prälat D. Schoell als dem zuständigen Prälaten einen Bericht über den Kirchenbezirkstag in Calw am 17. Juli vor[85]*:*

Prälat D. Dr. Schoell ergreift das Wort zunächst zu allgemeinen Ausführungen. Die anwesenden Abgeordneten sind eigentlich gar nicht mehr im Amt, sie müssen am kommenden Sonntag erst wieder neu gewählt werden. Wenn sich aber bei dieser Wahl manches ändert, eines muß uns erhalten bleiben: das allgemeine Priestertum, das ist die Mitverantwortung der Gemeindeglieder für den Bruder, für die Gemeinde.

Man sagt, es gehe gegenwärtig eine starke Wendung zur Kirche durch unser Volk. Was ist daran richtig? Zunächst ist deutlich, daß mancherlei Hemmungen, die früher da waren, jetzt weggefallen sind. Aber es ist noch viel Mißtrauen (und selbst durch die Pfarrerkreise geht ein Riß). Es ist nur klar, daß die neue Möglichkeit der Betätigung uns allen eine außerordentliche Verpflichtung auferlegt.

Zu der Frage, ob man eine Wendung zur Kirche wahrnehmen könne, wird das Wort ergriffen. Kirchenpfleger Koch, Hirsau, sagt: Wir müssen uns aufmachen, auch mit der Möglichkeit des Zwanges rechnen. Die Stellung der Gemeindeglieder zur Kirche hat sich deutlich geändert. Eine starke Zuwendung wird kommen, wenn sie auch am Kirchenbesuch noch nicht festzustellen ist. Pfarrer Maier, Neubulach, verneint: die kirch-

[85] OKR Stuttgart, Registratur, PA Schoell, Jakob: »Auszug aus dem Tagungsbericht des Kirchenbezirkstags Calw 1933, gehalten am 16. und 17. 7. 1933, S. 4–6, Ziffer 9 und 10.« Zu den Kirchenwahlen am 23. 7. 1933 siehe S. 294 ff.

entfremdeten Kreise verhalten sich abwartend. Pfarrer Schimpf, Althengstett, und Missionar Stahl glauben eine leichte Zunahme der männlichen Gottesdienstbesucher feststellen zu können. Darauf faßt Prälat D. Dr. Schoell zusammen: Offenbar ist noch nichts Endgültiges zu sagen. Aber die Aufgaben sind uns gegeben: bessere religiöse Erziehung der Jugend, liebevolles Nachgehen bei denen, die vom Terror befreit sind. Wünschenswert wäre so etwas wie ein »Konfirmandenunterricht für Erwachsene«.

Prälat D. Dr. Schoell kommt zu seinem Hauptreferat: Was will die neue deutsche evang. Kirche?

1. Sie will größere Einigung. 1921 wurde in Stuttgart der Grund gelegt zum Deutschen Evang. Kirchenausschuß[86]. Diese Arbeit hätte sich in der bisherigen Weise weiterführen lassen. Eine deutsche Einheitskirche wäre auch ohne die politische Umwälzung gekommen. Nun ist ein wichtiger Anstoß zur Beschleunigung der Arbeit von der politischen Seite her gekommen, wo der Zentralisierungsgedanke noch stärker betont wird als seit 1918. Hitler sagte zu Kapler[87]: »Ich bin Staatsmann und Katholik. Ich will mich nicht in die evang. Kirchen einmischen. Aber ich kann mir gegenüber nicht 28 Landeskirchen haben, mit denen ich verhandeln muß. Ich verlange eine zusammengefaßte einheitliche evangelische Kirche.« Auch wenn der bisherige Kirchenausschuß fähig gewesen wäre, mit dem Staat einen Kirchenvertrag abzuschließen, so legte es sich doch aus politischen Gründen nahe, eine neue und engere Zusammenfassung der Landeskirchen anzustreben. Da zu der neuen deutschen evang. Kirche auch die Kirchen der abgetrennten Gebiete gehören, hat man den Namen »Reichskirche« wieder fallen gelassen und sagt nun lieber etwa »evang. Kirche deutscher Zunge«. Es mußte nun auch überlegt werden, welche von den 28 Landeskirchen sich mit einer anderen zusammenschließen könnten und ferner, wie weit berechtigte Sonderinteressen der einzelnen Landeskirchen gewahrt werden können. Es wird sehr viel auf den neuen Reichsbischof ankommen.

2. Die neue Kirche will geistliche Führung. Der Führergedanke hat im politischen Leben einen besonderen Nachdruck. Er sollte nun auch in dem neuen Titel zum Ausdruck kommen: Landesbischof[87a]. Es ist nicht

[86] Beim 2. Deutschen Evang. Kirchentag in Stuttgart (12. 9. – 15. 9. 1921) wurde die Verfassung des Deutschen Evang. Kirchenbundes verabschiedet; siehe »Allgemeines Kirchenblatt für das Evang. Deutschland«, 70/1921, S. 778 ff. und S. 794 ff.

[87] Vgl. GB 138, S. 72 (25. 4. 1933). [87a] Siehe Bd. 1, S. 488 ff.

ein hierarchisch-katholisierender Zug beabsichtigt; dagegen müßten wir uns aufs schärfste verwahren. Es handelt sich um Wiederaufnahme eines biblischen Ausdruckes für die Kirchenleitung. Wenn man Kirche als übergeordnete Verwaltung faßt, dann steht an ihrer Spitze ein »Präsident«; wenn man sie wesentlich als Glaubensgemeinschaft nimmt, dann braucht sie eine geistliche Spitze, das kommt in dem neuen Titel »Landesbischof« zum Ausdruck. In den lutherischen Kirchen des Nordens gibt es schon lange Bischöfe. Bei uns wehrten sich vor allem die Reformierten gegen den neuen Titel energisch. Man mußte in der neuen Verfassung dem Rechnung tragen.

3. Die neue Kirche will auch den Dienst. Notwendig muß das Führerprinzip ausgeglichen werden durch den Gedanken der freien Mitarbeit. In geistlichen Dingen muß man mit dem Kommandieren vorsichtig sein. Die Kirche kann sich nicht damit begnügen, daß Männer durch Befehl in die Kirche geführt werden. Darum wird viel Werbearbeit auch von den treuen Gliedern der Kirche getan werden müssen. Zusammenfassend kann gesagt werden: die Motive zur Neugestaltung der Kirche sind gut. In der Ausführung muß sich zeigen, welche Strömungen zum Wort kommen.

Dieser Bericht des Evang. Dekanatamts Calw wurde von Prälat Schoell dem Oberkirchenrat vorgelegt.

Auf den Erlaß des Evang. Oberkirchenrats vom 25. Oktober übersandte das Evang. Dekanatamt Calw am 28. 10. 1933 dem Evang. Oberkirchenrat unmittelbar einen weiteren Bericht über die Vorgänge beim Kirchenbezirkstag in Calw[88]*:*

Die eine Quelle der Vorwürfe, die gegen den bei dem diesjährigen Kirchenbezirkstag in Calw anwesenden Herrn Prälaten D. Dr. Schoell erhoben werden, ist ein Bericht des Kreisleiters der Glaubensbewegung Deutsche Christen im Bezirk, Stadtpfarrer Schilling. Sein Brief an die Landesleitung war, wie mir der ebenfalls der Glaubensbewegung Deutsche Christen angehörige Pfarrer Schimpf, Althengstett, versichert, eine private Angelegenheit; als er später im Kreis der NS-Pfarrer den Durchschlag des Briefes verlas (der jetzt in den Händen von Oberkirchenrat Pressel ist), ließen die Anwesenden keinen Zweifel darüber, daß der Brief nicht im Sinn oder Auftrag der Gruppe geschrieben sei.

[88] Nr. A 8225. Der unten erwähnte Brief von Pfarrer Schilling befindet sich nicht bei den Akten.

Ich habe selbst von diesem Brief und der Mißstimmung über den Kirchenbezirkstag und gewisse Äußerungen des Herrn Prälaten erst nach meiner Rückkehr vom Krankheitsurlaub Ende September zufällig erfahren, und zwar durch Schilling selbst. Das hing u. a. damit zusammen, daß er und Pfarrer a. D. Ölschläger, Hirsau, die Versammlung früher verließen, um an einer Landesversammlung der NS-Pfarrer teilzunehmen. Sollte in seinem Brief auch auf Äußerungen bei dem Pfarrkranz des Nachmittags Bezug genommen sein, so können sie nur von einem Stenogramm herrühren, das Fräulein Ölschläger taktvollerweise in der doch völlig geschlossenen Versammlung angefertigt hatte. Ich vermute aber nach allem, daß neben dem Bericht von Stadtpfarrer Schilling noch ein anderer, vielleicht von Pfarrer a. D. Ölschläger, an die Partei oder die Glaubensbewegung Deutsche Christen ging, von dem ich keine Kenntnis habe. Schillings Vorwürfe richten sich vor allem gegen eine Frage des Herrn Prälaten, die der Anlaß zu einer längeren Besprechung war. Es werde viel von dem neuen Zug zur Kirche geredet. »Wie sieht es nun tatsächlich mit dem Kirchenbesuch aus in Ihren Gemeinden?« Diese Frage empfand er und andere als eine skeptisch gemeinte, »heimtückische«. Dieser Eindruck wurde wohl verstärkt durch die anschließende Aussprache, die überwiegend negativ ausfiel. Auch redeten diejenigen, die von hoffnungsvollen Anzeichen sprachen, nach meiner Erinnerung nicht geschickt, so daß Stadtpfarrer Lempp von Liebenzell gegen den Schluß sagen konnte, das sei nun alles wieder ablehnend gewesen gegenüber denen, die eine neue Kirche suchen. Das war bestimmt falsch. Es war gegangen, wie es bei solchen Verstimmungen im Lauf langer Verhandlungen gehen kann: die Verstimmten hörten nicht mehr, daß die Hauptausführungen des Herrn Prälaten über die notwendige Neugestaltung der Kirche ein klares Ja waren zu den Hauptforderungen der Erneuerungsbewegung innerhalb der Kirche. Das ergibt das – leider mangelhafte – Protokoll über die Verhandlungen, das augenblicklich dem Herrn Prälaten von Reutlingen vorliegt. Die Mißgestimmten, die als Zeugen über diese Vorgänge gehört werden könnten, sind, so viel ich weiß: Hauptlehrer Lautenschlager, Liebenzell, Verwalter Sauter von der Liebenzeller Mission, Sekretär Edler vom Monbachtal[88a]; aus dem Kreis der Pfarrerschaft Pfarrer Vöhringer, Möttlingen, Stadtpfarrverweser Fischer, jetzt Tuttlingen, und Stadtvikar Dreher, jetzt im Pfarrseminar, d. h. der Kreis, der auf Schilling hört. Wahrscheinlich gehört dazu Pfarrer a. D. Ölschläger; doch sprach ich noch nicht mit ihm.

[88a] Christliches Erholungsheim im Kreis Calw.

Nachmittags erzählte Herr Prälat im wesentlichen von allerlei Erlebnissen mit den beiden Beauftragten Kapler und Marahrens, aus zurückliegenden Zeiten, als »Freundschaftsdienst«, um ihr oft verzerrtes Bild richtig zu zeigen. Wer über der Reichsbischofsfrage innerlich in Wallung war, konnte sich darüber ärgern, daß überhaupt über diese Männer freundlich gesprochen wurde; wer einen Sinn hat für Ritterlichkeit, empfand ganz gewiß diese Ausführungen im behaglichen Plauderton als entspannend und wohltuend. Ich weiß, daß es so empfunden wurde auch von anders eingestellten Leuten. Im übrigen stammt bestimmt aus diesem Pfarrkranz alles Beanstandete vom Frauentisch, wo sie z. B. Stadtpfarrer Römer von Stuttgart völlig falsch verstanden hatten; er sprach darüber, daß wir in unserem Rechtsempfinden heute umdenken müßten, im Sinne einer Rechtfertigung von vielem, was heute geschieht. Sie hörten das Gegenteil daraus heraus.

Wenn ich mir das Erinnerungsbild des ganzen Tages, das bei mir als einem Neuling im Dekanatamt besonders ungenau sein mag, noch einmal vergegenwärtige, verstehe ich, was den Kritikern des Tages fehlte. Ich hatte im Bericht, dessen allgemeine Ausführungen im Kirchenblatt wiedergegeben sind[89], nicht von der Glaubensbewegung gesprochen, ich hatte keine klare eigene Meinung in der Sache. Die Anhänger, und zwar eben jene Liebenzeller Gruppe, empfand dieses Schweigen bei mir und bei den Ausführungen des Herrn Prälaten schwerer, als wir wohl wußten. Sie hungerten nach einer Rechtfertigung und Ermutigung, da namentlich damals ihr neuer Weg sie doch unter uns exponierte. Sie fühlten sich ignoriert oder auch ins Unrecht gesetzt durch die Frage des Herrn Prälaten. Denn in ihren Reihen ist die Hoffnung vor allem lebendig, daß sich nun neues kirchliches Leben rege im Gefolge der neuen Volkwerdung der Deutschen. Da aber dort Kirchliches und Staatliches in Eins gedacht wird, so wurden bei ihnen oder bei der Landesleitung oder bei der politischen Polizei aus den kirchlichen Vorwürfen staatliche. Mit Unrecht.

Der Großteil der Teilnehmer wird nicht verstehen, wie aus den Verhandlungen des Calwer Kirchenbezirkstages eine Anzeige gegen den Herrn Prälaten entstehen konnte. Wenn dem Oberkirchenrat an einem möglichst objektiven Bild der Vorgänge liegt, so wird m. E. Pfarrer Schimpf, der Mitglied der Glaubensbewegung Deutsche Christen ist, dazu in der Lage sein. Dekan Herrmann.

[89] Siehe S. 245 f.

Direktor Dr. Müller bat daraufhin am 6. 11. 1933 das Evang. Dekanatamt Calw, Pfarrer Schilling, Liebenzell, und Pfarrer Schimpf, Althengstett, zu einem eingehenden Bericht über vorstehende Behauptungen zu veranlassen[90].

Der Bericht von Pfarrer Schimpf, Althengstett, wurde am 15. 11. 1933 erstattet[91]:

Hiemit lege ich den von mir eingeforderten Bericht über den Verlauf des am 17. Juli des Jahres abgehaltenen Kirchenbezirkstag ergebenst vor. Herr Prälat D. Dr. Schoell hat sich nach meiner Erinnerung auf dem Kirchenbezirkstag in folgender Weise ausgesprochen:

I. Bei den amtlichen Verhandlungen: Herr Prälat führte aus, daß er sich überall darüber zu orientieren suche, in wieweit mit der nationalen Erhebung auch eine Wendung zur Kirche hin eingesetzt habe. Er stelle daher auch heute hier die Frage, ob sich der Gottesdienstbesuch in den Gemeinden gehoben habe. Hiezu äußerten sich außer mir und einigen Pfarrern ausführlicher Stadtpfarrer Maier in Neubulach. Ich faßte die Frage lediglich als dazu bestimmt auf, Material über die »Wendung zur Kirche hin« zu gewinnen; ich hatte den bestimmten Eindruck, daß es Herrn Prälat erwünscht gewesen wäre, entgegen negativen Äußerungen an andern Orten eine Bejahung seiner Frage, welche ihm ein wichtiges Anliegen war, zu vernehmen. Herr Prälat beschränkte sich jedoch keineswegs auf diese Anfrage. Er gab vielmehr folgende klare Richtlinien für die kommende Kirche: 1. Größere Einigung der Kirchen, wobei betont wurde, daß diese schon das Ziel des Deutschen Evang. Kirchenbundes gewesen sei und daß eine deutsche Einheitskirche auch durch die Fortsetzung seiner guten und gesegneten Arbeit zu Stand gekommen wäre. 2. Straffe, aber seelsorgerlich eingestellte Führung der Kirche durch das Bischofsamt in seinem biblisch neutestamentlichen Verständnis. 3. Dienst in und an der Kirche nicht bloß auf Kommando, sondern in freiwilliger Mit- und Zusammenarbeit besonders der Kirchengemeinderäte.

II. Bei dem Diözesanverein cum uxoribus am Nachmittag: Herr Prälat D. Dr. Schoell berichtete auf ausdrücklichen Wunsch in diesem geschlossenen Kreis über die kirchliche Lage, welche damals von den Vorgängen bei der Reichsbischofswahl beherrscht war. Er entwarf auf Grund persönlicher Beziehungen ein von Dankbarkeit und Anerkennung

90 Nr. A 8225.
91 Nr. A 9361.

durchzogenes Bild der bisher führenden Männer. Pf. Abel dankte als Diözesanvereinsvorstand unter Zustimmung, wie es schien, aller Anwesenden für den Vortrag; eine Aussprache fand nicht statt.

III. Vorwürfe gegen den Herrn Prälaten. Am Schluß der Vormittagsverhandlungen erklärte Stadtpfarrer Lempp, Liebenzell, sein großes Bedauern darüber, daß die Bedeutung der Wendung, welche mit der nationalen Erhebung auch für die Kirche eingetreten sei, nicht wärmer und freudiger betont worden sei. Stadtpfarrer Lempp gehört übrigens nicht zur Glaubensbewegung Deutsche Christen. Der Vorsitzende berief sich demgegenüber auf seinen Bericht und schloß damit die Verhandlungen. Wie wenig eine kühle, zurückhaltende Einstellung des Kirchenbezirkstags zum neuen Staat von seiner Leitung beabsichtigt war, geht aus der Tatsache hervor, daß Missionar Lohß zu einem Vortrag über »Die volksmissionarische Aufgabe der Evang. Kirche Deutschlands« berufen war. Durch seine Erkrankung trat ohne jede Verschuldung eine gewisse Entleerung der Verhandlungen ein, weil Ziffer 7 der Tagesordnung wegfiel und niemand in die Lücke treten konnte. Ich persönlich habe keinen zurückhaltenden oder bedenklichen Ton aus den Äußerungen des Herrn Prälaten heraushören können, schon darum nicht, weil ich aus der Vorbereitung des Kirchenbezirkstags wußte, daß es dem Kirchenbezirksausschuß einmütig um eine freudige Bejahung der neuen Lage auch für die Kirche bei den bevorstehenden Verhandlungen zu tun war. Dafür verwies ich auch auf die an die Gemeinden hinausgegebene Ansprache[91a]. Wenn je die Frage der Rückwirkung des politischen Geschehens auf das kirchliche Leben als kühl und zurückhaltend empfunden werden konnte, so war dies bei den übrigen klärenden Ausführungen des Herrn Prälaten nach meiner Überzeugung nicht möglich.

Pfarrer Schimpf.

Pfarrer Schilling, Bad Liebenzell, erstattete seinen Bericht am 25. 11. 1933[92]:

Der Kirchenbezirkstag in Calw am 17. 7. 1933 fand statt in den Tagen schwerster, kirchlicher Not und Sorge. In Preußen waren Kirchenkommissare eingesetzt. Auf 23. 7. 1933 waren kirchliche Neuwahlen ausgeschrieben. Mir als Nationalsozialisten war um die Zukunft der Kirche nicht bang, weil mich ein unerschütterlicher Glaube an eine für

[91a] Auszüge aus dieser Ansprache im Erlaß des Oberkirchenrats vom 15. 12. 1933, siehe S. 821 ff.

[92] Nr. A 9569; zu den Kirchenkommissaren in Preußen siehe GB 139, S. 85 ff.

Deutschland und damit auch für die Kirche neu angebrochene Gnadenzeit erfüllte. Meine Hauptsorge war, ob die Kirche in den damaligen, unübersichtlichen und für den, der die nationale Revolution nicht ebenso erlebt hatte wie ein Nationalsozialist, verwirrenden und bestürzenden Erlebnissen den Weg zur Buße und zum Stillewerden finden würde. Es war mein Eindruck, die Kirche sollte in diesen Tagen zuerst die Antwort finden auf die Frage: Warum hat alles das die deutsche evangelische Christenheit getroffen? Es war mir unerträglich, daß vor Beantwortung dieser Frage die Kirche als Bußpredigerin oder als Wahrheitszeugin gegen die kirchlichen Kommissare oder die Regierung oder die deutschen Christen oder die NSDAP auftreten wollte. Für diese meine innere Einstellung war maßgebend ein Erlebnis, das ich einige Wochen vorher in Stuttgart bei einer Versammlung von Vertrauensmännern der Gruppe I[93] hatte. Diese hatte stattgefunden nach der ersten Reichsbischofswahl, nach dem mannhaften Eintreten des Herrn Landesbischof Wurm für Wehrkreispfarrer Müller und nach den aufsehenerregenden Reden von Professor Fezer in Stuttgart[93a]. Es handelte sich damals darum, ob die Gruppe I, durch welche seinerzeit der Herr Landesbischof zum Kirchenpräsidenten gewählt worden war, dem Herrn Landesbischof ihr Vertrauen entziehen oder neu aussprechen wollte. Es fehlte nicht an besorgten Männern, insbesondere aus dem Altpietismus, welche meinten, zum Verhalten des Herrn Landesbischofs nicht schweigen zu können, und die mit dem Ausgang jener Versammlung, einer Vertrauenserklärung für den Herrn Landesbischof, gar nicht einverstanden war. Einer meiner früheren Freunde erklärte mir damals einige Tage darauf, ihm sei die »lendenlahme Vertrauenserklärung«, die damals gefaßt worden sei, eine schwere innere Belastung. Er meinte auch, wenn ein Telegramm von Riethmüller aus Berlin vor dieser Versammlung eingetroffen wäre, das erst mittags eintraf, – sie fand am Fronleichnamstage statt –, so wäre die Vertrauenserklärung wohl nicht gefaßt worden. Warum wurde die Vertrauenserklärung damals doch gefaßt? Herr Prälat Vöhringer eröffnete die Tagung mit einer Andacht über die 5. Bitte, die auf das gegenwärtig über die Kirche gehende Gericht und auf einige Gründe hinwies, weshalb wir nicht aufzubegehren, sondern uns zu beugen hätten. Zugleich wies er auf die Pflicht zur Vergebung hin, die wir denen gegenüber hätten, die gegen die

[93] Ein Protokoll über diese Besprechung und über das unten erwähnte Telegramm von Riethmüller befindet sich nicht bei den Akten.

[93a] Siehe S. 110 ff.

Kirche gefehlt hätten. Er nannte dabei auch den »Ton« jener Reden von Professor Fezer. Für mich waren diese Gedanken von ausschlaggebender Bedeutung.

Als am 17. Juli die Lage für die Kirche ungleich dunkler und schwerer war, habe ich für mich und meine Amtsbrüder und die Abgeordneten sehnlichst auf ein Wort in ähnlichem Sinne gewartet. Es kam keines. Kein Wort der eigenen Buße fiel meines Wissens an jenem Vormittag. Die Eingangsandacht hielt Herr Pfarrer Held, Simmozheim. Er sprach über das Wort: Land, Land, höre des Herrn Wort[94]. Er wies auf die Gefahr hin, daß die Kirche etwas anderes höre als des Herrn Wort. Dieser Hinweis war sicher berechtigt und gut. Aber es fehlte diesem Hinweis die innere Vollmacht, weil dies Wort der Schrift wohl gegen die stürmisch drängenden Kräfte des Dritten Reichs angewandt wurde, aber nicht auf uns Christen selbst. Gott hat damals wahrlich in eherner Sprache zu uns geredet, und wenn über dies Wort geredet werden wollte, so mußte zu allererst uns des Herrn Wort treffen, daß wir wußten, was geschehen war, das war nicht eitel Unrecht und Vergewaltigung, sondern solches war auch vom Herrn Zebaoth. Ich erinnere mich nicht, ein solches Wort, das die versammelten Christen in die Buße hätte treiben müssen, gehört zu haben.

Der Bericht des Herrn Dekan enthielt gute Worte der Würdigung der großen Geschehnisse unserer Zeit, obwohl ein Nationalsozialist sicher noch andere Worte gefunden hätte. Doch daraus mache ich Herrn Dekan keinen Vorwurf. Keiner kann gegen seine innere Führung. Die Worte des Herrn Dekan über das Große unseres Erlebens wurden aber abgeschwächt durch den zweiten Teil seiner Ausführungen. Dieser enthielt Warnungen für den weiteren Weg der Kirche, die berechtigt waren und die der Dekan wohl sagen durfte und mußte. Aber es fehlte wie vorher bei der Andacht ein Hinweis auf die Fehler und Versäumnisse der Kirche, die das Hereinbrechen all des Schweren zur Ursache hatten. Nach jenem Bericht sollte darum gerungen werden, daß die Kirche 1. sich nicht der staatlichen Führung überlasse und 2. daß das Evangelium nicht national zurecht gemacht werde. Dies war freilich unbedingt im Auge zu behalten. Aber die brennende Frage der Kirche war damals und ist heute: Was hat uns Christen gefehlt, daß es nicht uns, sondern Adolf Hitler geschenkt wurde, unser Volk aus der Lüge des Marxismus zu befreien? Woran hat es bei uns gefehlt, daß jener

[94] Jer 22,29.

Mann zwar die Sprache des Volkes gefunden hat, wir Christen und Pfarrer aber nicht? Auf diese Fragen ging auch die sonst treffliche Ansprache des Herrn Dekan mit keinem Worte ein. Es mußte der Eindruck entstehen, als hätten wir stets vollauf unsere Pflicht getan und als läge es nur an der andern Seite und ihren Übergriffen, daß die damaligen Streitigkeiten über die Kirche hereingebrochen seien. Es wurde, ohne die Namen zu nennen, den deutschen Christen und dem Staat von ihren Schranken gepredigt, aber es wurde nicht der Kirche selbst gepredigt und der kirchlichen Unzulänglichkeit gedacht, die jenen oft das Maß des Erträglichen fast übersteigenden Angriff der nationalen Kräfte auf die Kirche ausgelöst hatte. So schmerzlich uns Nationalsozialisten das Vermissen dieser für eine Kirche unentbehrlichen Töne war, so hätten wir diesen Mangel doch im Blick auf unser eigenes Stückwerk und Fehlen gerne hingenommen, zumal da wir bei der Ansprache des Herrn Dekan Worte aufrichtigster Würdigung und Bejahung des neuen Staates hörten.

Nicht schweigen konnten wir aber zu dem Verhalten des Herrn Prälaten Schoell. Wir erwarteten von dem anwesenden kirchlichen Führer, daß er diesen schon am Anfang der Verhandlungen sich zeigenden Mangel in der inneren Haltung des Kirchenbezirkstags erkennen und ausgleichen würde. Das Gegenteil war der Fall. Ziemlich am Anfang der Aussprache stellte der Herr Prälat die Frage, ob denn der Kirchenbesuch seit der Revolution schon zugenommen habe, weil immer so viel davon geredet werde, welche Vorteile der Kirche die nationalsozialistische Revolution gebracht habe. Diese Frage brachte die ganze Aussprache und die innere Haltung der Versammlung erst recht auf ein falsches Geleise. Diese Frage war ja den vielen Pfarrern und Kirchengemeinderäten, die die Person Hitlers zwar anerkannten, aber dem Nationalsozialismus mit vielen Bedenken gegenüber standen, aus dem Herzen gesprochen. Denn das war ja für alle Pfarrer eine Anfechtung, daß die meisten Nationalsozialisten unkirchlich waren. Und von dieser Tatsache her waren viele aus unseren Reihen in den Fehler gefallen, in dem auch ich nur zu lange gefangen war, den Nationalsozialismus nach der Kirchlichkeit bzw. Unkirchlichkeit seiner Anhänger zu beurteilen. Die Fragestellung des Herrn Prälaten mag nicht so gemeint gewesen sein. Sie mußte aber unbedingt so und so viele ungerechte Urteile und Eindrücke aus Vergangenheit und Gegenwart bei Pfarrern und Kirchengemeinderäten auslösen, die gegen die neue Zeit zu sprechen schienen. So lag über den ganzen Verhandlungen ein überaus kühler, zurückhaltender, zur Bedenklichkeit im Blick auf die Zukunft der Kirche neigender Ton. Von Herrn Prälat Schoell hatten meine Freunde insbesondere den Eindruck, daß er sich wohl verstandesmäßig der neuen Lage angepaßt habe, daß er aber nicht mit dem Herzen hinter der neuen Bewegung stehe. Oft lag über seinen Äußerungen ein Anflug von Ironie, was auf uns besonders verletzend und aufreizend wirkte. Die Ausführungen des Dekans waren von Ironie frei gewesen. Wohl machte der Herr Prälat auch wertvolle Ausführungen über das allgemeine Priestertum, über den Willen der Kirche zur Einheit, zu straffer Führung usw. Aber die Kardinal- und Lebensfrage der Kirche wurde nicht einmal angedeutet, geschweige denn allen Pfarrern und Kirchengemeinderäten auf Herz und Gewissen gelegt, nämlich die Frage: Wie findet die Kirche den Weg zum braunen Mann? Was muß bei uns anders werden, daß der braune Mann uns wieder versteht und sich mit uns verbunden fühlt? Was sind wir Christen unserem Volke schuldig geblieben, daß eine solche Kluft zwischen Volk und Kirche entstehen konnte? Wir hatten den Eindruck, die ganze Versammlung sieht die Lage viel zu naiv an, als sei jetzt ohne weiteres und ohne jede innere Umstellung der Christen ein neuer Andrang zu Gottes Wort zu erwarten. Fast keiner der Redner sah die tiefe Kluft zwischen Volk und Kirche. Es erfolgte keine herzliche Bejahung des Aufbruchs der neuen Zeit (außer in den Eingangsworten des Dekans). Der ganze Morgen verlief in akademischen Erörterungen über Einzelerscheinungen. Der Herr Prälat hatte durch seine Frage, sicher unabsichtlich, zu diesem Verlauf wesentlich beigetragen. Wenn er selbst die Hauptfrage der Kirche nicht sah und deshalb nicht von ihr reden konnte, so war er eben der Führung nicht mehr gewachsen, unbeschadet seiner großen Verdienste und Begabung zu anderen Zeiten und auf anderen Gebieten.

Für unser Empfinden machte der ganze Kirchenbezirkstag einen niederschmetternden Eindruck. Es war nach dem Urteil eines Teilnehmers ein blutarmer Tag. Und eine solche Kirche erwartet, daß das Volk zu ihr zurückkehre! Ein Teilnehmer, früheres Mitglied der Gruppe II, sagte mir, er sei völlig unvoreingenommen und mit freudiger Erwartung zu dem Kirchenbezirkstag gegangen. Der Gesamteindruck sei aber für ihn als Nationalsozialisten erschütternd gewesen. Er habe den Eindruck gewonnen, daß sehr viele Geistliche dem Nationalsozialismus nicht nur abwartend, sondern ablehnend gegenüberstehen. Mir war dieses Urteil außerordentlich schmerzlich. Ich habe es noch von mehr Parteigenossen gehört. Ursache dafür waren nicht die Rehmschen Artikel[95],

[95] Siehe dazu das Chronologische Verzeichnis der Dokumente.

diese Äußerungen wurden vor diesen Artikeln getan auf Grund persönlicher Eindrücke dieser Nationalsozialisten. Ich habe die Artikel Rehms bedauert, aber ich habe ebenso bedauert, daß sie auf Seiten der Amtsbrüder nur mit Empörung und Entrüstung abgelehnt wurden, statt zu ernster Prüfung zu führen! Die Formulierungen Rehms und der Gemeindeglieder, die sich mir gegenüber im Sinne Rehms äußerten, mögen ungeschickt und falsch gewesen sein. Richtig ist, daß der größte Teil der gegenwärtig auf uns liegenden Kirchennot in dem gewaltigen Unterschied begründet ist, wie der einzelne die nationalsozialistische Revolution miterlebte. Das ist eine Not jenseits von Schuld einzelner, die wir tragen und überwinden müssen. Statt dessen wurden für unsere Not andre Gründe gesucht, einmal persönliche, gegen welche man mit Sezession und Opposition angehen wollte, als ob mit der Beseitigung dieser oder jener Person irgend etwas Wesentliches zur Überwindung dieser Not geschehen könnte. Die Not liegt in der verschiedenen Einstellung zur nationalsozialistischen Weltanschauung. Ein zweiter Irrweg war, den Unterschied in der Stellung zum Evangelium zu suchen. Damit wurde ein Boden betreten, auf dem es nur ein Auseinandersetzen, aber keine Einigung geben konnte. Die ganze Tragik unserer kirchlichen Lage ist meines Erachtens darin begründet, daß die einen noch ganz in bürgerlichen Ideen wurzeln, während andere durch den Nationalsozialismus in eine andere Welt und Zeit versetzt worden sind.

Ich selbst konnte am Calwer Kirchenbezirkstag nicht das Wort ergreifen, da ich zur Gautagung der Glaubensbewegung Deutsche Christen nach Stuttgart mußte. Zwei Redner gaben aber unserer Überzeugung während der Verhandlungen Ausdruck, Stadtpfarrer Lempp hier und Obersekretär Koch von Hirsau. Stadtpfarrer Lempp sprach im Auftrag der hiesigen Abgeordneten.

Es sei mir noch ein Wort der Erklärung erlaubt, wie die Landesleitung der Glaubensbewegung Deutsche Christen von dem Verlauf des Kirchenbezirkstags erfuhr. Die alleinige Verantwortung dafür trage ich. Am Tag nach dem Kirchenbezirkstag erfuhr ich noch von dem am Nachmittag stattgefundenen Diözesanverein sowie vom Abschluß der Vormittagsverhandlungen. Auf dem Diözesanverein hat Herr Prälat Schoell seinen ironischen Ton, der uns Nationalsozialisten schon am Vormittag besonders gereizt hatte, noch viel weniger zurückgehalten, sondern deutlicher heraustreten lassen. Der Diözesanverein war ja wohl ein geschlossener Kreis, der die Öffentlichkeit nichts anging. Der Herr Prälat hatte die seelsorgerliche Pflicht, seine Pfarrer zu einer recht freudigen Haltung gegenüber dem neuen Staat anzuleiten, auch in diesem Kreise. Der ironische Ton des Herrn Prälaten hat das verhindert. Eine Pfarrfrau äußerte während seiner Ausführungen, die für die neuen Verhältnisse alles weniger als anerkennend und würdigend waren: So, jetzt hört man doch auch einmal von einem berufenen Mann und einem großen Herren, wie es in Wirklichkeit aussieht! Über diese Wirkung der Anwesenheit des Herrn Prälaten war ich aufs tiefste niedergeschlagen und empört, allein aus der Sorge heraus, daß eine so eingestellte Kirche dem braunen Mann das Wort Gottes niemals sagen könne. Ich überlegte, sofort einen Bericht an die Landesleitung der Glaubensbewegung Deutsche Christen zu senden, ich unterließ es dann aber, da ich ja nicht selbst die ganze Zeit beim Kirchenbezirkstag anwesend war. Am 2. August traf ich mit einem Mitglied der Landesleitung der Glaubensbewegung Deutsche Christen zusammen, das mir berichtete, daß nach der Neuwahl des Landeskirchentags von der Glaubensbewegung Deutsche Christen neben anderen Veränderungen im Oberkirchenrat auch die Pensionierung von Herrn Prälat Schoell beantragt und vom Herrn Landesbischof in Aussicht gestellt worden sei. Bei dieser Unterredung fiel mir der Kirchenbezirkstag wieder ein, und ich berichtete davon. Darauf forderte mich jenes Mitglied der Landesleitung der Glaubensbewegung Deutsche Christen auf, – es war nicht Rehm –, einen Bericht über den Calwer Kirchenbezirkstag einzusenden. Ich erfüllte diesen Wunsch erst nach reiflicher Überlegung etwa 14 Tage später. Ich hatte wohl überlegt, ob ich zu einem solchen Bericht berechtigt sei. Ich ging dabei von der Überlegung aus, daß ich wohl berechtigt sei, meine Eindrücke zu berichten, so wie etwa bisher Glieder von Gemeinschaften besonders schmerzliche, niederdrückende Erlebnisse an ihre Landesleitung berichteten und diese wiederum in besonders schwerwiegenden Fällen beim Oberkirchenrat vorstellig wurden. Ich prüfte auch die Frage, ob ich nicht direkt Herrn Prälat Schoell meine Eindrücke und meine Entrüstung über den Kirchenbezirkstag mitteilen sollte. Aber da ich annahm, der Rücktritt von Prälat Schoell sei schon eine beschlossene und allseitig anerkannte Sache, so wollte ich dem Herrn Prälaten das Schmerzliche eines solchen Vorwurfs ersparen.

Die Angelegenheit nahm dann leider einen ganz anderen Verlauf, als ich bei der Abfassung meines Berichtes annahm. Entweder habe ich in jener Unterredung am 2. August jenes Mitglied der Landesleitung der Glaubensbewegung Deutsche Christen falsch verstanden oder war der Herr selbst falsch unterrichtet oder hat der Herr Landesbischof später eine andere Haltung einnehmen zu müssen geglaubt, als er ursprünglich vorgesehen hatte, – darüber zu urteilen bin ich nicht in der Lage. Es war jedenfalls nicht mein Wille, daß Herr Prälat Schoell dieserhalb bei der politischen Polizei angezeigt würde oder in der Presse angegriffen würde. Ich bedaure diese Folgen meines Berichtes außerordentlich. Wenn ich es heute noch einmal zu tun hätte, würde ich meinen Bericht über das Dekanatamt dem Oberkirchenrat direkt vorlegen. Zur Entschuldigung Rehms, daß er meinen Bericht der politischen Polizei übergeben hat, möchte ich anführen, daß es für ihn und mich eine bittere Enttäuschung gewesen ist, daß mein Bericht keine Beachtung gefunden hat. Ich hörte einmal, Herr Prälat Schoell bleibe im Amt und der Herr Landesbischof könne »einem Druck der Straße« nicht nachgeben. Wenn solche Äußerungen gefallen sind, so kann ich darin nur eine völlige Verkennung unserer Beweggründe sehen. Ich glaube, gezeigt zu haben, wie mich nur allertiefste, kirchlich-seelsorgerliche Anliegen bewegt haben.

Die Behauptungen, die dem Oberkirchenrat zugegangen sind, können also keineswegs verstummen. Andere Berichterstatter mögen andere Eindrücke empfangen und berichtet haben; der Eindruck, den ich und meine Freunde bekommen haben, läßt sich dadurch nicht verwischen oder aufheben. Ich bitte den Oberkirchenrat dringend, doch auch uns hören und endlich ganz ernst nehmen zu wollen. Ich konnte die Behauptungen nur näher begründen und richtigstellen. Ich konnte weiter mein Bedauern aussprechen für die unglückselige, von mir nicht beabsichtigte Wirkung meines Berichts an die Landesleitung der Glaubensbewegung Deutsche Christen. Es ist mir noch ein Bedürfnis, Herrn Prälat Schoell herzlich zu bitten, mir und meinen Freunden die offene Darlegung unseres Eindrucks nicht verübeln zu wollen. Ich hatte keine Absicht, ihn zu kränken oder ihm Unrecht zuzufügen. Seine großen Verdienste und seine reichen Gaben sind mir und meinen Freunden nicht verborgen und sind auch bei uns nicht vergessen. Aber das konnte uns nicht abhalten, nun offen zu sagen, was uns ein unübersehbares Anliegen ist. Wir warten auf einen großen Bußruf unseres kirchlichen Führers. Wir kommen auch durch das Hintreten an die neuen Aufgaben allein nicht über den Berg des Kirchenstreites, wenn nicht zu allererst die Frage schwer und unüberhörbar auf alle Pfarrersherzen gelegt wird: Was sind wir unserem Volke schuldig geblieben, daß es uns nicht mehr gehört hat? Was muß bei uns anders werden, daß wir das Vertrauen unseres Volkes wiedergewinnen? Wir sind alle mehr oder weniger »Bürger«, und deshalb hören uns auch nur die aussterbenden Reihen der Bürger in unserem Volk. Und von dem neu sich bildenden Kern unseres Volkes, dessen Sprache wir nicht sprechen und das uns deshalb nicht versteht, trennt uns jeden Tag ein größerer Graben, wie es vor 40 bis 50 Jahren beim Marxismus war. Alles Bekennen und Zeugnisablegen vertieft nur den Graben wie damals, weil uns vom Volke ja nicht nur das Evangelium trennt, das wir haben und jene noch nicht haben, sondern weil uns auch unsere bürgerliche Ideenwelt vom Volke trennt und unseren eigentlichen Dienst lähmt.

Schilling.

Der Bericht von Pfarrer Schilling vom 25. November wurde vom Evang. Dekanatamt Calw am 26. 11. 1933 dem Evang. Oberkirchenrat mit folgender Bemerkung vorgelegt[96]*:*

Dem Evang. Oberkirchenrat lege ich diesen Bericht vor mit dem Bemerken, daß aus dem Kreis derer, die damals wie Stadtpfarrer Schilling urteilten und empfanden, z. B. Verwalter Sauter von der Liebenzeller Mission mir sagt, er verstehe heute die zurückhaltende Stellungnahme des Herrn Prälaten nach allem, was inzwischen vorgefallen sei. Ich verkenne nicht, daß in diesem Bericht manches gesagt ist, was uns tatsächlich zu denken geben muß (Bußfertigkeit der Kirche), doch gibt das kein Recht zu einer Anzeige. Hermann.

Die beiden Berichte der Pfarrämter Althengstett und Bad Liebenzell wurden Prälat D. Schoell zur Stellungnahme vorgelegt. Er hatte jedoch schon am 8. 11. 1933 den Landesbischof zum zweiten Mal um Zurruhesetzung gebeten[97]*:*

Ich bitte den Herrn Landesbischof, meine Zurruhesetzung nunmehr auszusprechen und als Tag meines Austritts aus dem Amt den 30. November festzusetzen. Ich empfinde in dienstlicher und persönlicher Hinsicht lebhaft das peinliche meiner Stellung als »Prälat auf Abbruch« (dieser Ausdruck stammt nicht von mir). Es ist mir auch gesagt worden, daß »von mehr als einer Seite« meine Zurruhesetzung erwartet werde.

Rein dienstlich angesehen, hege ich Zweifel, ob meine Beteiligung an den Vorarbeiten zur kirchlichen Umgestaltung sinnvoll ist, bei deren Erledigung erst mein Nachfolger mitzuberaten haben wird, der dann vielleicht nicht eingeweiht genug ist, weil er bei den Vorarbeiten noch nicht dabei war. Die im November fälligen Berichte über den Stand des Religionsunterrichts der Geistlichen und Lehrer und meine Visitations-

[96] Nr. A 9569.

[97] OKR Stuttgart, Registratur, PA Schoell, Jakob.

berichte vom laufenden Jahr könnte ich am 21. November vortragen. Im Rückstand bliebe dann nur noch die Ausarbeitung des Choralsingplans für die Schulen, was aber nicht schwer zu nehmen wäre, da ich vom Choralgesang doch nichts verstehe und der künftige Choralplan sowieso erst zu Beginn des Schuljahrs 1934 eingeführt werden kann. Schoell.

Am 2. 12. 1933 äußerte schließlich sich Prälat Schoell zu den Berichten der Pfarrämter Althengstett und Bad Liebenzell[98]*:*

Es ist nunmehr völlig klargestellt, wie es zu dem Vorgehen der politischen Polizei gegen mich gekommen ist. Schilling hat das Material geliefert, Pfarrer Rehm hat dieses, angeblich gegen Schillings Wunsch, benützt, um mich bei der politischen Polizei zu denunzieren; die Folge war deren Schreiben an den Oberkirchenrat vom 17. Oktober des Jahres. Auch die Beweggründe Schillings und Rehms und ihrer Hintermänner sind jetzt klar. Trotz seiner Entrüstung über meine Ausführungen am Kirchenbezirkstag hatte Schilling nach seiner eigenen Angabe zunächst nicht im Sinn, etwas zu unternehmen, weil ihm berichtet war, »daß nach der Neuwahl des Landeskirchentages von der Glaubensbewegung Deutsche Christen neben anderen Veränderungen im Oberkirchenrat auch die Pensionierung von Prälat Schoell beantragt und vom Herrn Landesbischof in Aussicht gestellt worden sei«. Erst als die Pensionierung nicht gleich erfolgte und auch von anders lautenden Äußerungen des Herrn Landesbischofs die Rede ging, haben Schilling und Rehm sich veranlaßt gesehen, ihrerseits nachzuhelfen und als Druckmittel die Beschwerde bei der politischen Polizei einzusetzen, und diese dann auch willfährig gefunden.

Sachlich habe ich dem m. E. völlig zutreffenden Bericht des Pfarrers Schimpf kaum etwas hinzuzufügen. Ich stelle fest: 1. Ich habe weder auf dem Kirchenbezirkstag noch auf dem Diözesanverein irgendwelche politischen Ausführungen gemacht; 2. ich habe die Glaubensbewegung Deutsche Christen in keiner Weise angegriffen, allerdings die von ihr offenbar erwartete kirchliche Hurrastimmung nicht aufgebracht, worin mir der seitherige Verlauf durchaus recht gegeben hat; 3. ich habe auf dem Diözesanverein Dr. Kapler und Dr. Marahrens gegen den durch einen Stuttgarter Vortrag[99] erweckten Verdacht der Unlauterkeit und

[98] Nr. A 9779. Der Einlauf wurde vom Landesbischof am 8. 12. 1933 Direktor Dr. Müller »zur Einsichtnahme mit der Bitte um Erledigung des Schriftsatzes« zugeschrieben.

[99] Vortrag von Prof. Fezer am 7. 6. 1933 in Stuttgart; siehe S. 110 ff.

Hinterhältigkeit in Schutz genommen, wozu ich mich als genauer Kenner und Freund dieser charaktervollen Männer, aber auch um des Vertrauens zu den kirchlichen Autoritäten willen berechtigt und verpflichtet halten mußte. Ich wußte ja, wie verheerend der bekannte Vortrag Dr. Fezers in Stuttgart – den ich aber nicht mit Namen genannt habe –, gewirkt hatte und wie entrüstete Stimmen auf Grund davon laut wurden, »daß so unlautere Männer wie Kapler und Marahrens an der kirchlichen Spitze stehen«. Ich hätte mich geschämt, wenn ich für so hoch verdiente und von mir verehrte Männer nicht eingetreten wäre. Worauf sich der mehrfache Vorwurf Schillings bezieht, daß ich »ironisch« gesprochen habe, weiß ich nicht; gemeint könnten ja nur meine Ausführungen am Nachmittag sein, die Schilling gar nicht gehört hat.

Welche Stellung der Oberkirchenrat einnehmen wird, habe ich anheimzugeben. Auf die mir gemachte Zusage, daß der oder die Beschwerdeführer mir Auge in Auge gegenübergestellt werden, verzichte ich jetzt; ich gedenke, sobald ich amtlich nicht mehr gebunden bin, mit Schilling ganz von mir aus abzurechnen. Den Oberkirchenrat bitte ich nur noch darum, 1. daß er mir auf meinen Antrag auf eine Disziplinaruntersuchung gegen mich in Bälde amtlichen Bescheid gibt; 2. daß er mir seine Antwort an die politische Polizei in Abschrift mitteilt; 3. daß er mir auch von einem etwaigen Erlaß an das Dekanatamt Calw, Stadtpfarrer Schilling und Pfarrer Schimpf Kenntnis gibt. An den Herrn Landesbischof richte ich die ehrerbietige Bitte, mir über die Behauptung Auskunft zu geben, daß der Herr Landesbischof nach den Wahlen zum Landeskirchentag der Glaubensbewegung Deutsche Christen meine Pensionierung zugesagt habe. Schoell.

Mit einer Aktennotiz vom 11. 12. 1933 gab Landesbischof D. Wurm die Stellungnahme von Prälat Schoell vom 2. Dezember Direktor Dr. Müller zurück[100]*:*

M. E. kann von einem Disziplinarverfahren, aber auch von irgendwelcher Ausstellung gegenüber dem Herrn Prälaten keine Rede sein. Auf die an mich gerichtete Bitte habe ich dem Herrn Prälaten unmittelbar folgende schriftliche Erklärung zugehen lassen: Die Behauptung, daß ich der Landesleitung der Glaubensbewegung Deutsche Christen nach den Wahlen zum Landeskirchentag die Pensionierung des Herrn Prälaten zugesagt habe, ist nicht zutreffend. Vielmehr habe ich eine

[100] Nr. 9779; von Wurm eigenhändig mit der Schreibmaschine hergestellter Entwurf.

unmittelbar vor dem Zusammentritt des Landeskirchentags auf den Äußerungen von Stadtpfarrer Schilling beruhende Forderung der Glaubensbewegung Deutsche Christen amtlich überhaupt nicht zur Kenntnis genommen und in mündlicher Aussprache Stadtpfarrer Dr. Schairer, den damaligen Landesleiter, zum Verzicht auf die Weiterverfolgung dieser Angelegenheit gebracht. W[urm.]

An demselben Tag, am 11.12.1933, versetzte Landesbischof D. Wurm auf 31. Dezember Prälat D. Schoell in den Ruhestand[101]*:*

Ihrem Ansuchen entsprechend wird Ihnen der Eintritt in den Ruhestand auf 31. Dezember bewilligt. Ich darf Ihnen bei diesem Anlaß den tiefgefühlten Dank für die hervorragenden Dienste aussprechen, die Sie in all den Ämtern, die Sie bekleidet haben, vor allem aber in dem Amt des Prälaten von Reutlingen und Mitglieds des Oberkirchenrats der Landeskirche geleistet haben. Es ist mir schmerzlich, daß infolge der aus allen Kreisen erhobenen Forderung nach Verjüngung des Oberkirchenrats Ihr Austritt aus dem Dienst früher erfolgen muß, als es in normalen Zeiten der Fall gewesen wäre. Ich bitte Sie, mit der Gewißheit zu scheiden, daß der Oberkirchenrat sich dauernd mit Ihnen verbunden weiß. [Wurm.]

Sofort am 12.12.1933 bat Prälat D. Schoell den Evang. Oberkirchenrat um Beurlaubung, um noch einige Akten aufzuarbeiten[102]*. Der Landesbischof bewilligte am 13.12.1933 den von Prälat D. Schoell erbetenen Urlaub.*

[101] LKA Stuttgart, D 1, Bd. 45,1. Vgl. dazu den Artikel von Welsch im »Schwäbischen Merkur«, Ausgabe vom 30.12.1933: »Prälat D. Dr. Schoell im Ruhestand«: »Prälat D. Dr. Schoell geht mit dem neuen Jahr in den Ruhestand. Seine Arbeitsfähigkeit und seine Nervenkraft ist noch ungebrochen und heute noch erstaunlich. Daß er seine Arbeit niederlegt, wird weithin nicht bloß in Württemberg, auch nicht bloß in Deutschland, sondern ebenso in den ökumenischen Kirchenkreisen Beachtung und wohl auch Bedauern wecken ...« Der »NS-Kurier« veröffentlichte am 29.12.1933 eine kleine Notiz. – Mit der Zurruhesetzung von Prälat Schoell wurde gleichzeitig eine Neuordnung der Prälaturen vorgenommen: die Prälatur Reutlingen wurde in eine Prälatur Stuttgart umgewandelt, Prälat von Stuttgart wurde der Stuttgarter Stiftsprediger Schrenk. Die meisten Bezirke der früheren Prälatur Reutlingen wurden der Prälatur Ludwigsburg zugeteilt. Am 14.12.1933 (LKA Stuttgart, D 1, Bd. 45,1) wandte sich der Landesbischof »Vertraulich« an die Mitglieder des Landeskirchenausschusses wegen dieser Neuordnung der Prälaturen.

[102] Nr. A 10 167.

Am 22. 12. 1933 verabschiedete sich Prälat D. Schoell schriftlich[103]*:*

Den Herrn Landesbischof und die Herren des Evang. Oberkirchenrats bitte ich mir zu gestatten, daß ich mich schriftlich verabschiede und in aller Stille Amt und Haus verlasse. Ich danke für jede Freundlichkeit, die mir während meiner Zugehörigkeit zur Oberkirchenbehörde erwiesen worden ist, und wünsche, daß Gott Ihnen Kraft und Freudigkeit erhalte und Ihre Arbeit zur Erneuerung des Glaubens und der Kirche segne.

Jakob Schoell.

Dem Evang. Dekanatamt Calw wurde am 15. 12. 1933 mitgeteilt[104]*:*

1. Mit Schreiben vom 17. Oktober des Jahres hat das Württ. Innenministerium, Württ. Politische Polizei, dem Oberkirchenrat mitgeteilt, es sei ihm über den Kirchenbezirkstag in Calw am 17. 7. 1933 ein eingehender Bericht zugegangen. Nach dem Bericht solle Prälat D. Schoell bei den anwesenden Nationalsozialisten und Vertretern der Glaubensbewegung Deutsche Christen erhebliches Aufsehen erregt haben, da diese erwartet hatten, daß der zuständige Prälat den Kirchenbezirkstag dazu benütze, um aufrichtende, klärende Ausführungen zu machen. Dies sei nicht geschehen, vielmehr sei der Verlauf des Kirchenbezirkstags in einem gegenüber dem neuen Staat und dem Ringen der Kirche um ihre Neugestaltung überaus kühlen, zurückhaltenden und bedenklichen Ton gewesen. Der Bericht habe sich zum Schluß darüber ausgesprochen, daß die Tätigkeit von Prälat D. Schoell für die Deutschen Christen als untragbar bezeichnet werden müsse. Nach Kenntnisnahme von dieser Mitteilung hat Prälat D. Schoell mit der Begründung, daß allem nach die Verdächtigungen und Anträge gegen ihn wegen seiner angeblichen Äußerungen bei der Inspektion in Calw nicht aufhören und er andererseits nicht erfahre, woher sie kommen und worum es sich handle, beim Oberkirchenrat den Antrag gestellt, ein Disziplinarverfahren gegen ihn in dieser Sache einzuleiten. Dies veranlaßte den Evang. Oberkirchenrat, Erhebungen über die angeblichen Vorgänge beim Kirchenbezirkstag anzustellen.

2. Dabei hat sich auf Grund der Niederschrift über die Verhandlungen des Kirchenbezirkstags Calw, des dekanatamtlichen Berichts und der Äußerungen von zwei der Glaubensbewegung Deutsche Christen an-

[103] Nr. A 10589. Direktor Dr. Müller schrieb das Aktenstück dem »Herrn Landesbischof zur Einsichtnahme« und den Kollegialmitgliedern zur Kenntnisnahme zu.

[104] Nr. A 9779.

gehörigen Geistlichen des Bezirks Calw folgendes ergeben: Zu Beginn des Kirchenbezirkstags Calw gab der Dekan als Vorsitzender des Kirchenbezirkstags den vorgeschriebenen Jahresbericht über das kirchliche Leben im Bezirk. Darauf ergriff Prälat D. Schoell das Wort zu allgemeinen Ausführungen. Nach der Niederschrift erklärte er dabei folgendes: »Man sagt, es gehe gegenwärtig eine starke Wendung zur Kirche durch unser Volk. Was ist daran richtig? Zunächst ist deutlich, daß mancherlei Hemmungen, die früher da waren, jetzt weggefallen sind. Aber es ist noch viel Mißtrauen, und selbst durch die Pfarrerskreise geht ein Riß. Es ist nur klar, daß die neue Möglichkeit der Betätigung uns allen eine außerordentliche Verpflichtung auferlegt.« Nachdem verschiedene Teilnehmer des Kirchenbezirkstags zu der Frage des Prälaten D. Schoell, ob man eine Wendung zur Kirche wahrnehmen könne, das Wort ergriffen hatten, faßte Prälat D. Schoell zusammen: »Offenbar ist noch nichts Endgültiges zu sagen. Aber die Aufgaben sind uns gegeben: bessere religiöse Erziehung der Jugend, liebevolles Nachgehen bei denen, die vom Terror befreit sind. Wünschenswert wäre so etwas wie ein Konfirmandenunterricht für Erwachsene.« Im Verlauf des Kirchenbezirkstags erstattete Prälat D. Schoell dann noch ein Referat über die Frage: Was will die neue Deutsche Evang. Kirche? und betonte darin, daß die neue Deutsche Evang. Kirche größere Einigung, geistliche Führung und den Dienst der Kirchenglieder wolle, und forderte zur Mitarbeit für die neue Deutsche Evang. Kirche auf.

An den vorausgegangenen allgemeinen Ausführungen des Prälaten D. Schoell beanstandete Stadtpfarrer Schilling von Liebenzell, der den zur Kenntnis der Politischen Polizei gelangten Bericht über den Verlauf des Kirchenbezirkstags an die Gauleitung der Glaubensbewegung Deutsche Christen erstattet hat, daß über dem Ganzen ein überaus kühler, zurückhaltender, zu Bedenklichkeit im Blick auf die Zukunft der Kirche neigender Ton gelegen gewesen sei. In diesem Sinn habe die Fragestellung des Herrn Prälaten nach der Wendung zur Kirche gewirkt, wenn sie auch nicht so gemeint gewesen sei. Schillings Freunde haben den Eindruck gehabt, die ganze Versammlung sehe die Lage viel zu naiv an, als sei jetzt ohne weiteres und ohne jede innere Umstellung der Christen ein neuer Andrang zu Gottes Wort zu erwarten. So sei der ganze Morgen in akademischen Erörterungen über Einzelerscheinungen verlaufen und der Herr Prälat habe durch seine Frage und seine Ausführungen, über denen oft ein Anflug von Ironie gelegen gewesen sei, zu diesem Verlauf wesentlich beigetragen.

Anders waren die Eindrücke, die ein anderer, gleichfalls der Glaubensbewegung Deutsche Christen angehöriger Geistlicher des Bezirks, Pfarrer Schimpf in Althengstett, hatte. Er gibt seine Eindrücke dahin wieder, Herr Prälat D. Schoell habe ausgeführt, daß er sich überall darüber zu orientieren suche, inwieweit mit der nationalen Erhebung auch eine Wendung zur Kirche hin eingesetzt habe, er stelle daher auch heute hier die Frage, ob sich der Gottesdienstbesuch in den Gemeinden gehoben habe. Der betreffende Geistliche hat die Frage lediglich als dazu bestimmt angesehen, Material über die Wendung zur Kirche hin zu gewinnen und hat den bestimmten Eindruck gehabt, daß es dem Herrn Prälaten erwünscht gewesen wäre, entgegen negativen Äußerungen an anderen Orten eine Bejahung seiner Frage, welche ihm ein wichtiges Anliegen war, zu vernehmen.

Welche Eindrücke der Kirchenbezirksausschuß Calw über den Verlauf des Kirchenbezirkstags gehabt hat, ergibt der Inhalt seiner Ansprache, die er am 1. 10. 1933 in allen Gemeinden des Bezirks verlesen ließ. Dort wird über den Verlauf des Kirchenbezirkstags u. a. ausgeführt: »Wir standen unter dem tiefen Eindruck davon, wie uns Gott durch die gewaltige Wendung der deutschen Geschichte, durch die nationale Erhebung des deutschen Volkes unter der Führung Hitlers unablässig zum Dank ruft mit Herzen, Mund und Händen. Dieser Dank fordert von uns, daß wir inmitten der Kirche uns von Gottes Güte zur Buße leiten lassen[105] und mit Freuden einen neuen Abschnitt beginnen in der deutschen Kirchengeschichte mit neuer Treue gegen Gott und seine großen Gaben. Uns soll nicht umsonst aufgegangen sein, was es heißt, eine deutsche Heerschar Christi zu sein in großer Zeit und in einem deutschen Staat, der sich gründen will auf Christus und seine Kirche. Wir spürten aber auch die unermeßliche Verantwortung der heutigen evangelischen Kirche Deutschlands, dem erwachten Volk jetzt das ewige Wort Gottes unverhüllt und überzeugend zu sagen, daß auch die Entfremdeten wieder eine Heimat hätten in dieser Kirche. Deshalb wies der anwesende Prälat D. Schoell mit großem Ernst auf das allgemeine Priestertum hin, auf die Mitverantwortung aller Gemeindeglieder für die Kirche. Er zeigte, wie die Deutsche Evangelische Kirche, um ihren großen Aufgaben besser gewachsen zu sein, sucht nach neuer Einigkeit, nach einheitlicher straffer geistlicher und seelsorgerlicher Führung und nach neuer Zusammenfassung aller Dienstwilligen in der Kirche.«

[105] Röm 2,4.

3. An den durch die vorliegenden Berichte festgestellten Ausführungen des Prälaten D. Schoell auf dem Kirchenbezirkstag ist in keiner Weise etwas auszustellen. Die von ihm gestellte Frage über die Wendung zur Kirche hin war eine durchaus berechtigte und konnte so, wie sie gestellt worden ist, weder als ironische noch als eine das Gute der neuen Entwicklung ablehnende beanstandet werden. Wenn Stadtpfarrer Schilling und seine Freunde an den Ausführungen von Prälat D. Schoell Wesentliches vermißt hatten, so wäre es wünschenswert gewesen, daß sie dies in der Versammlung zum Ausdruck gebracht und durch ihre eigenen Ausführungen das nach ihrer Ansicht Fehlende ergänzt hätten. Allein dem Prälaten Schoell, der neben andern Rednern in der Versammlung das Wort genommen hat, eine Ausstellung darüber zu machen, daß er dies oder jenes nicht gesagt habe, oder gar ihm wegen des Ausgeführten oder Nichtausgeführten einen Verstoß gegen die Amtspflichten vorzuwerfen, dazu liegt nach den vorstehenden Feststellungen keinerlei Anlaß vor.

Hienach konnte dem von Prälat Schoell gestellten Antrag auf Einleitung des Disziplinarverfahrens gegen ihn mangels jeglicher Voraussetzungen hiefür eine weitere Folge nicht gegeben werden. Hievon ist dem Stadtpfarrer Schilling in Liebenzell und dem Pfarrer Schimpf in Althengstett Kenntnis zu geben. Dem Stadtpfarrer Schilling ist das Bedauern des Oberkirchenrats darüber auszusprechen, daß er durch seinen Bericht an die Gauleitung der Glaubensbewegung Deutsche Christen die Voraussetzungen für ein Einschreiten der Politischen Polizei gegenüber seinem Sprengelprälaten geschaffen und daß er nicht, was ihm Christen- und Amtspflicht hätte nahelegen sollen, seine Beanstandungen an den Ausführungen von Prälat D. Schoell diesem selbst oder dem Oberkirchenrat oder dem Landesbischof persönlich oder schriftlich vorgetragen hatte. [Müller.]

Der Erlaß an das Evang. Dekanatamt Calw vom 15. Dezember wurde an demselben Tag der Württ. Politischen Polizei, Stuttgart, ergebenst zur Kenntnisnahme mitgeteilt[106]. Wie wir bereits mit Schreiben vom 25. Oktober des Jahres der Politischen Polizei mitgeteilt haben, wird Herr Prälat D. Schoell auf 31. Dezember des Jahres in den Ruhestand treten. [Müller.]

[106] In dem Schreiben an die Politische Polizei fehlt der Schluß des Erlasses an das Evang. Dekanatamt Calw: »Hievon ist dem Stadtpfarrer Schilling ... vorgetragen hatte.«

Eine weitere Abschrift des Erlasses an das Evang. Dekanatamt in Calw vom 15. Dezember wurde Prälat D. Dr. Schoell, hier, zur gefälligen Kenntnisnahme mitgeteilt. Der Politischen Polizei ist Abschrift von dem Erlaß an das Dekanatamt Calw zugegangen. [Müller.]

Seine persönliche Stellungnahme legte der Landesbischof in einer Aktennotiz fest[107]*:*

Für die Beurteilung der ganzen Lage und Stimmung, unter deren Einwirkung der Kirchenbezirkstag in Calw stand, muß in Betracht gezogen werden, daß der verhängnisvolle Eingriff des preußischen Kultusministers in das Selbstverwaltungsrecht der Landeskirchen des preußischen Staatsgebiets kurz vorher, Ende Juni, stattgefunden hatte[108]. Diese Handlung, für die der Herr Reichskanzler selbst die Verantwortung abgelehnt hat und die von Männern wie Professor Fezer gerade im Blick auf die Anbahnung eines wahren Vertrauensverhältnisses zwischen der evangelischen Kirche und der Staatsführung tief beklagt worden ist, hat Besorgnisse erweckt, die durch den weiteren Gang der Dinge auf kirchlichem Gebiet leider ihre Berechtigung gefunden haben. Wenn unter dem Eindruck dieses Ereignisses die Stimmung nicht so hoffnungsfreudig war, wie sie von manchen Mitgliedern des Kirchenbezirkstags gewünscht wurde, so kann daraus niemanden ein Vorwurf gemacht werden. [Wurm.]

[107] OKR Stuttgart, Registratur, PA Schoell, Jakob; von Wurm eigenhändig mit der Schreibmaschine hergestellter Entwurf ohne Unterschrift und ohne Datum.

[108] Zu den Vorgängen in Preußen siehe GB 139, S. 84.

DIE KRISE IN DER DEUTSCHEN EVANG. KIRCHE

Auf der Ebene des Reiches waren die Monate April bis Juli 1933 ausgefüllt mit den Bemühungen um die Schaffung einer einheitlichen deutschen evang. Kirche: dort wie in Württemberg war man bis in den Sommer hinein bestrebt gewesen, der Konzentration, die sich auf dem staatlichen Sektor vollzog, in der Kirche entgegenzukommen. An diesem Gesamtbild ändern auch die Kämpfe um die Person des künftigen Reichsbischofs und die Diskussionen um Stellung und Aufgabe der Kirche nichts, die gerade in der Württ. Landeskirche in den Frühjahrs- und Sommermonaten intensiv geführt wurden.

Spätestens bei den kirchlichen Wahlen im Juli 1933, beim Zusammentritt des Württ. Landeskirchentags und der Deutschen Nationalsynode im September 1933 zeigte es sich jedoch, daß von Staat und Partei nicht nur ein mehr oder weniger äußeres Eingehen auf die Ziele des Nationalsozialismus gefordert war, sondern eine innere Gleichschaltung der Kirche. Dieser inneren Anpassung sollte in Württemberg vor allem die Gründung und der Ausbau der Glaubensbewegung Deutsche Christen dienen. Obwohl es für die breite Öffentlichkeit vielleicht nicht sofort deutlich wurde, setzte im Zusammenhang mit der 1. Sitzung des neuen Württ. Landeskirchentags gerade an der Frage der Verteilung der Machtpositionen innerhalb der Landeskirche ab September 1933 der Kampf gegen die Gleichschaltung der Kirche ein: konnte und durfte man es zulassen, daß innerhalb der Kirche die Glaubensbewegung als eine nach streng nationalsozialistischem Verständnis geleitete und ausgerichtete Gruppe das Gefüge der Kirche umbildete, daß diese Glaubensbewegung mit ihrer Abhängigkeit von den Reichsstellen die Landeskirche auch in Bezug auf Bekenntnis und theologisches Selbstverständnis zu neuen, in den Konsequenzen nicht genau abzusehenden Formen führen würde? Dabei waren sich diejenigen Kreise, die sich von der eigentlichen Glaubensbewegung absplitterten, in der Anerkennung des Dritten Reiches als Obrigkeit durchaus einig.

So sind die Monate von September bis zum Ende des Jahres 1933 von dem Bemühen geprägt, die Kirche zwar auch in Zukunft nach kirchlichen Gesetzen zu erhalten, aber letztlich einen Bruch mit dem Staat zu vermeiden. Nach Herkommen und bisheriger Amtsführung mußte Landesbischof D. Wurm als der Mann erscheinen, der einen solchen Weg mit Erfolg gehen würde. Der Einfluß und die innere Autorität des Landesbischofs wuchsen im Herbst 1933 noch beträchtlich; es war nicht Zufall, daß er gebeten wurde, die Eröffnungspredigt für die Deutsche Nationalsynode zu halten. In Württemberg erschien er weithin als der einzige, der im Wirrwarr der Absplitterung einer großen Gruppe von der Glaubensbewegung den Mittelweg zwischen einem Entgegenkommen an die neue Zeit und einer Erhaltung der Kirche finden konnte. Er war bereit, sich für die Belange Deutschlands vor der Volksabstimmung des 12. November einzusetzen; er war bereit, Prälat D. Schoell und andere, der Partei nicht genehme Pfarrer in den Ruhestand zu versetzen; er war bereit, zusammen mit Staat und Partei Luther als deutschen Reformator zu feiern, zu einer groß angelegten Volksmission aufzurufen und den alten Evang. Volksbund umzubilden. Gleichzeitig wehrte er jedoch auch Übergriffen: der Vorstand des Pfarrvereins durfte nicht nach dem Willen der nationalsozialistischen Partei umgebildet werden, die Glaubensbewegung sollte nicht eine kirchliche Nebenregierung bilden, Maßnahmen der Reichskirche blieben nicht ohne Widerspruch.

Die Sportpalastkundgebung der Deutschen Christen, in unmittelbarem zeitlichem Zusammenhang mit der Volksabstimmung am 12. November und mit den Lutherfeiern, also mit einer Hoch-Zeit des scheinbaren Einverständnisses zwischen Kirche und Staat, ließ dann aber für viele den eigentlichen Kurs der Deutschen Christen deutlich werden; nachdem die bisherige Reichskirchenregierung noch im November 1933 wegen innerer Spannungen auseinandergebrochen war und nachdem im Dezember die evang. Jugend in die Hitler-Jugend eingegliedert werden sollte, war unüberhörbar die Frage gestellt, wie weit die Kirche gleichzuschalten war. Für D. Wurm und für die Mehrzahl der württ. Pfarrer und Gemeinden war nun der Augenblick des Widerstands gekommen. Trotzdem scheint die Bejahung der Obrigkeit noch so stark gewesen zu sein, daß Hitler bei einer Audienz der Kirchenführer im Januar 1934 noch einmal die deutschen evang. Kirchen zur Treue gegenüber dem Staat und der von ihm getragenen Reichskirchenleitung bestimmen konnte.

Am 13. 11. 1933 fand im Berliner Sportpalast eine Generalversammlung der Mitglieder der Deutschen Christen des Gaues Berlin statt, bei der die von vielen als radikal empfundenen Strömungen innerhalb der Glaubensbewegung vor allem in dem Referat von Dr. Krause deutlich zum Ausdruck kamen. Am 14. November forderte deshalb der Pfarrnotbund, der Reichsbischof sollte sich von der Glaubensbewegung trennen, alle Mitglieder aus kirchlichen Behörden entfernen, die gegenüber der Verletzung des Bekenntnisses versagten, Bibel und Bekenntnis als alleinige Grundlage der Reichskirche anerkennen und die freie Verkündigung des Evangeliums sichern[1]. *In einer Kanzelerklärung des Notbundes auf 19. November wurden diese Forderungen noch einmal unterstrichen.*

Der Reichsbischof sah sich daraufhin am 15. November genötigt, in einer öffentlichen Erklärung von den Rednern der Sportpalastkundgebung abzurücken und in einer Verfügung die Bindung an Bibel und Bekenntnis als Maßstab für alles kirchliche Handeln zu betonen. In einem Gesetz vom 24. 10. 1933, das allerdings erst Mitte November verkündet wurde, wurden alle bisher ergangenen Gesetze über die Rechtsverhältnisse der Geistlichen und der Kirchenbeamten ausgesetzt[2]. *Diese Maßnahmen mußten den Reichsbischof als Wahrer der Einheit der Deutschen Evang. Kirche und des Bekenntnisses erscheinen lassen.*

In dieser Haltung suchte Landesbischof D. Wurm den Reichsbischof durch ein Telegramm zu bestärken. Die Gruppe Pressel, Hutten, Weber telegrafierte am 16. November[3]*:* Über 380 württembergische, der Glaubensbewegung nahestehende Pfarrer, die zur Hälfte bis vor kurzem in der Glaubensbewegung Deutsche Christen standen, aber durch die derzeitigen Führungsverhältnisse in der Landesleitung zum Austritt ge-

[1] Zur Sportpalastkundgebung und den Folgen siehe G B 140, S. 109 ff.; K Jb, S. 29 f.; Niemöller, Kampf, S. 75 f.; Hermelink, S. 54 ff.; Meier, S. 33 ff.; Dokumente, S. 170 ff. Die Erklärung des Reichsbischofs vom 15. 11. 1933 veröffentlichte der »NS-Kurier« noch an demselben Tag, die Suspendierung von Dr. Krause wurde in der Ausgabe vom 16. 11. 1933 mitgeteilt.

[2] Zum Kirchengesetz vom 24. 10. 1933 siehe Gesetzblatt der DEK 1933, S. 31 f. und G B 140, S. 112; hier auch der Hinweis auf die Zusammenhänge mit der Sportpalastkundgebung und auf die Widersprüche in den einzelnen Verlautbarungen Müllers.

[3] LKA Stuttgart, D 1, Bd. 44. Der Wortlaut des Telegramms von Wurm war wegen fehlender Unterlagen nicht festzustellen.

nötigt wurden, danken dem Herrn Reichsbischof für seine mannhafte Wahrung des Bekenntnisstandes der Deutschen Evang. Kirche. Sie erklären sich wie schon seither zur freudigen Mitarbeit in einer Glaubensbewegung Deutsche Christen bereit, die sich vertrauensvoll der berufenen kirchlichen Führung unterstellt, sich von bekenntniswidrigen Elementen reinigt und mit alledem sich in Adolf Hitlers Aufbaufront im Deutschen Volk einreiht.

Am 16.11.1933 brachte der Schwäbische Merkur *einen ersten Bericht über die Erklärung des Reichsbischofs zur Sportpalastkundgebung unter der Überschrift* Die Lage der Kirche:

Die Erklärungen des Reichsbischofs Müller gegenüber einer Rede, die der Berliner Gauleiter der Glaubensbewegung Deutscher Christen am Montag im Berliner Sportpalast gehalten hat, erwecken in kirchlichen Kreisen und weit darüber hinaus ungeheures Aufsehen. Die ungewöhnliche Schärfe der Erklärungen des Reichsbischofs ist nur dadurch zu verstehen, daß er durch die Ausführungen des Gauleiters Dr. Krause, die der Bischof selbst als Irrlehren und Ketzereien bezeichnet, das evangelische Bekenntnis auf das schwerste bedroht sieht. Daher hat er einen sofortigen Eingriff für nötig gehalten. Die Ausführungen, die Dr. Krause gemacht hat, erhellen jedoch mit einem Schlag die Lage, wie sie sich leider innerhalb der Kirche zeigt. Das, was Dr. Krause im Sportpalast gesagt hat, unterscheidet sich kaum mehr von der von Graf Reventlow seit Jahren geforderten und geförderten neuen germanischen Religion. Im Mittelpunkt der Ausführungen von Dr. Krause stand weniger der Arierparagraph, der von verschiedenen Zeitungen sehr stark hervorgehoben worden ist, als vielmehr die Forderung der kompromißlosen Beseitigung alles Fremdvölkischen und in diesem Zusammenhang auch die Ausschaltung des Alten Testaments als Religionsbuch und die Ablehnung aller kirchlichen Führer, die nicht restlos auf dem Boden des Nationalsozialismus stünden ...

Am 17.11.1933 schrieb Pfarrer Rehm im NS-Kurier *unter der Überschrift* Treuebekenntnis zum Reichsbischof:

Anläßlich der, in einer Sportpalastkundgebung der Berliner »Deutschen Christen« stattgefundenen Vorkommnisse hat die Landesleitung der Glaubensbewegung »Deutscher Christen«, Gau Württemberg, folgendes Telegramm an den Herrn Reichsbischof gerichtet: »Württembergische Landesleitung der Glaubensbewegung Deutsche Christen steht unter dem Eindruck der ernsten Vorgänge in Berlin nach wie vor treu hinter dem Herrn Reichsbischof und dem Reichsleiter Bischof Hossenfelder.«

Dazu wird von der Landesleitung der Deutschen Christen noch mitgeteilt: Das Ringen der »Deutschen Christen« für Durchsetzung und Pflege eines mannhaften, deutschen Christentums und heldischer, deutscher Lebensauffassung und Lebensgestaltung im Sinne nationalsozialistischer Weltanschauung steht nicht im Widerspruch mit den Glaubensgrundlagen der evangelischen Kirche Martin Luthers. Es geht heute nicht darum, den evangelischen Glauben zu reformieren, sondern das evangelische deutsche Volk wieder für den mannhaften, heldischen Glauben zu gewinnen, aus dem heraus Martin Luther einer Welt von Feinden trotzte und unsere evangelischen Vorfahren im Dreißigjährigen Krieg tapfer um ihr Recht kämpften. Richtiger evangelischer Glaube ist und bleibt Kampfglaube. Wenn weite christliche Kreise davon nichts mehr wissen wollten, so ist daran nicht Glaube und Bekenntnis schuld, sondern der Zeitgeist des abgewirtschafteten liberalistischen Zeitalters, der sowohl die Bekenntnisgrundlagen des deutschen Protestantismus als auch ein mannhaftes, deutsches evangelisches Christentum bekämpfte. Diesem Glauben und Charakter zersetzenden Geiste gilt unser Kampf. »Die Freiheit und das Himmelreich gewinnen keine Halben[4]!«

Rehm.

Zur Sportpalastkundgebung brachte auch der Deutsche Sonntag *am 26. 11. 1933 eine beruhigende Erklärung der Landesleitung:*

Beim Vorsturm der Glaubensbewegung hat offenbar der Gau Berlin vor etlichen Tagen im Ringen um die Neugestaltung der Kirche Wege beschritten, die die durch Bibel und Bekenntnis gesetzten Schranken zu sprengen drohten. Reichsbischof und Reichsleitung haben warnend eingegriffen. So schwer es ist, nur nach Zeitungsberichten zu urteilen, so sehen wir uns doch namens der württ. Glaubensbewegung veranlaßt, voll uns hierin zu unserem Schirmherrn Ludwig Müller zu bekennen (was auch sofort in einem Telegramm[5] nach Berlin geschehen ist). Die Landesleitung machte sich stets den Einsatz für das echte, unverfälschte Evangelium, für ein »positives Christentum«, nicht für irgend eine »völkische Religion« zur heiligen Pflicht. Überzeugt, daß gerade die Substanz, das Wesentliche an dem durch Martin Luther erkämpften

[4] Ernst Moritz Arndt, »Auf, bleibet treu und haltet fest«, Strophe 2.

[5] Den Wortlaut siehe oben im Artikel des »NS-Kurier« vom 17. 11. 1933.

Evangelium für alle Völker, auch für das Deutschtum die maßgebende Wahrheit sei, bleiben wir fest an den in der Reformation geschenkten Grundlagen unserer Kirche. Hier sind die starken Wurzeln unserer Kraft[6], hier der Heimatboden für ein wahrhaft heldisch-männlich-deutsches Christentum. Wie Volk im Blut, muß Kirche im »Wort« stehen. Je gewissenhafter wir Gottes Offenbarung wahren, je eher erlangen wir die Freiheit, sie unserem Volke in neuen, deutschen Zungen zu verkünden, ohne das Mindeste vom Wesen zu verraten. »Gottes Wort bleibet in Ewigkeit«, und gerade weil und wenn es bleibt, wird es auch unserem Volkstum zur Dauer helfen. Auf Grund dieses Standes weiß sich die württ. Glaubensbewegung von jenem Konflikte, so schmerzlich die brüderliche Liebe ihn empfindet, gänzlich unberührt.

Auf einer Zusammenkunft am 28. November faßten weiterhin die Amtswalter des Organisationsbezirks Stuttgart der Glaubensbewegung eine Entschließung[7] *:*

Die auch von uns in öffentlicher Erklärung tief bedauerten Vorgänge im Sportpalast in Berlin werden von übelwollender Seite dazu benützt, auch die württembergische Glaubensbewegung Deutsche Christen der Unzuverlässigkeit hinsichtlich ihrer Bekenntnistreue und ihres Standpunktes auf dem Boden des reinen Evangeliums zu verdächtigen. Es scheint auch in der Öffentlichkeit nicht genügend beachtet worden zu sein, daß die Reichsleitung wie die württ. Landesleitung der Glaubensbewegung Deutsche Christen umgehend von den Vorgängen in Berlin abgerückt sind. Wer unsere Redner in vielen Vorträgen, Ansprachen und Predigten gehört hat, weiß, daß es sich hier um Vorwürfe handelt, die entweder aus Unkenntnis oder aus Übelwollen stammen. Wir kämpfen nach wie vor um die Erneuerung unserer Kirche aus dem lebendigen Christusgeist und um die Gewinnung unserer nationalsozialistischen Mitkämpfer für diesen wie um die Durchdringung der Kirche und ihrer Diener mit dem herrlichen Gedankengut des Nationalsozialismus im Rahmen der geeinigten deutschen evang. Kirche. Wir werden nach wie vor um dieses Ziel kämpfen und bitten um Unterstützung des nationalsozialistischen Volksteils.

[6] Schiller, Wilhelm Tell II, 1.

[7] »Schwäb. Merkur«, Ausgabe vom 2. 12. 1933. Vgl. dazu auch die »Programmatische Erklärung der Deutschen Christen«, die bei der Führertagung am 23./24. 11. 1933 in Weimar angenommen wurde (GB 141, S. 115 ff. und »NS-Kurier«, Ausgabe vom 25. 11. 1933).

Zur Distanzierung des Reichsbischofs von den Vorgängen bei der Sportpalastkundgebung in der Erklärung und Verfügung vom 15. November und zum Reichskirchengesetz vom 24. 10. 1933 über die Aussetzung des Arierparagraphen in der Deutschen Evang. Kirche erschien im Schwäbischen Merkur *am 22. 11. 1933 ein* J. H. L. *gezeichneter Artikel* Der Arier-Paragraph der Kirche[8]:

Die kirchliche Entwicklung drängt in diesen Tagen mit schnellen Schritten der Entscheidung entgegen. Die Berliner Sportpalast-Versammlung der »Deutschen Christen«, in der unwidersprochen und unverhüllt scharfe Angriffe gegen die Bekenntnisgrundlagen der Kirche geführt werden konnten, war wie ein Fanal. Um so befreiender wirkte die scharfe und eindeutige Erklärung des Reichsbischofs, die ein geradezu überwältigendes und einmütiges Echo im ganzen evangelischen Deutschland geweckt hat. Der Reichsbischof hat seiner ersten Erklärung jetzt eine Verfügung folgen lassen, die dadurch ihren besonderen Charakter erhält, daß sie von sämtlichen Mitgliedern des Geistlichen Ministeriums unterzeichnet ist. In ihr werden noch einmal Bibel und Bekenntnis als die unverrückbaren Grundlagen der Kirche herausgestellt... Es wäre verfrüht, schon jetzt Vermutungen darüber anzustellen, in welcher Richtung die reichsgesetzliche Lösung der Arier-Frage erfolgen wird. Auch der Zeitpunkt für den Erlaß eines solchen Kirchengesetzes steht noch nicht fest. Davon bleibt aber die Tatsache völlig unberührt, daß die Leitung und Führung der Deutschen Evang. Kirche durch den Erlaß dieses Gesetzes eine Quelle des kirchenpolitischen Kampfes verstopft und das Werk einer allgemeinen Befriedung des kirchlichen Lebens entschlossen weitergeführt hat.

Am 28. 11. 1933 veröffentlichte J. H. L. *einen weiteren umfangreichen Artikel im* Schwäbischen Merkur *unter der Überschrift* Das Wort des Reichsbischofs; *nach einem Rückblick auf die Sportpalastkundgebung, deren Vorgeschichte und auf die Erklärung des Reichsbischofs schrieb er:*

... Das Gebot der Stunde. Zwei klare Ergebnisse haben die Ereignisse der letzten Tage für den Kurs der Kirche gehabt: unverrückbar bleiben Bibel und Bekenntnis als die tragenden Grundpfeiler der Kirche, unüberhörbar der Ruf des Reichsbischofs zum geschlossenen Einsatz aller Kräfte

[8] Vgl. dazu auch »Evang. Gemeindeblatt für Stuttgart«, das in der Ausgabe vom 19.11. 1933 bei der Berichterstattung über die Sportpalastkundgebung vor allem zur Frage des Arierparagraphen und der Bildung judenchristlicher Gemeinden schrieb.

für das große Werk der Volksmission. Noch nicht abgeschlossen ist dagegen die kirchenpolitische Auseinandersetzung, die durch die Sportpalastversammlung ins Rollen gekommen ist. Im Lager der »Deutschen Christen« sind die Dinge in Fluß. Die Reichsführertagung, die in der letzten Woche in Weimar versammelt war, hat hier wichtige Entscheidungen gebracht. Auf der anderen Seite glauben die Gegner der »Deutschen Christen« die zugespitzte Lage zu einem Vorstoß gegen die gegenwärtige Führung der Kirche ausnutzen zu können. Dieser Stoß trifft, soweit er sich gegen die Führung der Kirche richtet, ins Leere. Denn hinter dem Reichsbischof steht geschlossen der allergrößte Teil des evangelischen Kirchenvolkes. Wenn irgendwann seit der Nationalsynode, so war in diesen Tagen eine einheitliche Führung der Kirche vorhanden. Diese Führung wird nur durchkreuzt, wenn jetzt gewisse Gruppen überspitzte Forderungen an den Reichsbischof stellen und in völliger Verkennung der Lage die Entwicklung der letzten Monate glauben zurückschrauben zu können. Auch die Forderung nach Einberufung der Nationalsynode, wie sie kurz vor der Weimarer Tagung der »Deutschen Christen« erhoben worden ist, würde nicht zur Klärung der Gegensätze beitragen. Sie beschwört jedenfalls die Gefahr herauf, daß wieder parlamentarische Methoden in den Raum der Kirche eindringen und das Gegeneinander vielfältiger Meinungen die kirchliche Öffentlichkeit erneut beunruhigt. Die Führung wird auch weiter beim Reichsbischof liegen, und er hat bewiesen, daß er zu führen versteht. Seine Autorität, die er während des kirchenpolitischen Kampfes der letzten Wochen schon mehrfach in die Waagschale warf, bietet die sicherste Gewähr für eine Lösung des kirchenpolitischen Konfliktes. Daher hat sich dieser Autorität auch der Reichsführer der »Deutschen Christen« bedingungslos unterzuordnen oder die Konsequenzen zu ziehen.

Der Herausgeber des Evang. Kirchenblatts für Württemberg, *Pfarrer Römer, Stuttgart, berichtete in der Ausgabe dieses Blattes vom 30. 11. 1933 zunächst über die Angriffe auf das Alte und Neue Testament, die in den Reden der Berliner Sportpalastkundgebung erfolgt waren. Er schrieb dann*[9] *:*

[9] In derselben Nummer wurde die Entschließung abgedruckt, die bei der Sportpalastkundgebung gefaßt wurde. Vgl. auch den Bericht über eine Versammlung der DC-Ortsgruppe Jagstfeld am 22. 10. 1933, bei der Pfarrer Dr. Schreiber, Heilbronn-Böckingen, über »Das Werden der Glaubensbewegung« sprach. Als der Redner sich gegen eine Äußerung von Prof. Bergmann wandte, konsequenter

... Es ist flammender Protest gegen diese ungeheuerliche Auflösung der Schrift und Beschimpfung des Heiligtums aus allen Teilen der Deutschen Reichskirche erhoben worden. Man stand ja hart am Zerbruch der Reichskirche. Der Reichsbischof hat hernach Verwahrung und Zurückweisung aller Angriffe auf die Hl. Schrift und die bekenntnismäßigen Grundlagen der Kirche ausgesprochen. Vorerst befindet sich die kirchliche Öffentlichkeit in stärkster Bewegung und erkennt in dem Geschehenen keinesfalls eine Entgleisung, einen mitunterlaufenen, irrigen Ausspruch der Krisenzeit; sondern sie sieht in den Berliner Vorgängen das Offenbarwerden einer Gesinnung, die durch ganz bestimmte Personen und ihre Maßnahmen seit vielen Monaten innerhalb der Kirche gezüchtet worden ist ... Etliche tun sich darauf zu gut, daß in der Württ. Kirche Glaube und Bekenntnis nicht angegriffen wurden. Zugegeben, daß in großer Öffentlichkeit bis zur Stunde keine ausdrücklichen Angriffe auf Schrift und Bekenntnis laut wurden. Aber erstlich sind wir Reichskirche (man pflegt dies sonst stark zu betonen); also leiden wir den ganzen Berliner Jammer mit und dürfen uns ihm nicht entziehen. Ferner: Man hat auch bei uns allen Grund, nach Sicherungen zu fragen für den Fall, daß unsre Gemeinden künftig ähnlichen Beraubungen durch kirchliche Pfarrer ausgesetzt wären. Möchten die Erklärungen des Reichsbischofs beruhigend wirken; der Landesbischof will wachen und bauen. Aber wenn dennoch künftig Anlaß entstünde, daß man sich um anvertrauter göttlicher Gnadengaben in freiem Wort wehre, wird dann von gewisser kirchlicher Seite her aufs neue das gleiche Verfahren gegen uns angewandt werden: solche wahrhaft geistige Anliegen stracks in die politische Sphäre hinüberzulenken und dort die Sprecher zu verdächtigen! ...

Am 21. 11. 1933 bat Pfarrer Lachenmann, Stuttgart, den Reichsbischof um Aufklärung über die Vorgänge in der Sportpalastkundgebung[10]*:*

Sehr geehrter Herr Reichsbischof!

Auf das tiefste erschüttert und beunruhigt durch die Vorkommnisse in der Versammlung der »Glaubensbewegung Deutsche Christen« im Sportpalast erlaube ich mir, Folgendes geziemend anzufragen:

Nationalsozialismus sei nicht vereinbar mit dem Christentum, verlangte der stellvertretende Ortsgruppenleiter Hildebrand die Auflösung der Versammlung (Nr. A 8653).

[10] LKA Stuttgart, D 1, Bd. 44.

1. Wie ist es möglich, daß es überhaupt innerhalb der »Glaubensbewegung« zu einem so offenen, frechen Angriff auf Bibel und Bekenntnis kommen konnte? Haben die verantwortlichen Führer denn geschlafen?

2. Wie ist es möglich, daß Bischof Hossenfelder Herrn Dr. Krause suspendieren kann, den er selbst in sein Amt eingesetzt hat, wie ich zu seinen Gunsten annehme, nicht ohne ihn vorher zu kennen? Wie kann er ihn suspendieren und selber im Amt bleiben? Wie kann er als Nachfolger des Herrn Dr. Krause ausgerechnet denjenigen Pfarrer einsetzen, der nach jener abscheulichen Rede 60 Fahnen geweiht hat, ohne dabei die Gelegenheit zu einem Zeugnis gegen Dr. Krauses Blasphemien wahrzunehmen?

3. Wie ist es möglich, daß die in der Versammlung anwesenden Herrn des Kirchenregiments während dieser Rede überhaupt im Saale bleiben konnten, ohne laut und vernehmlich zu protestieren??!! Wie ist es möglich, daß sich einige von ihnen sogar am Beifall der Versammlung beteiligen und daß alle für die Entschließung stimmen konnten??!! Wie ist es möglich, daß diese Herrn jetzt noch in ihren Ämtern sind, nachdem sie sich vor aller Welt als stumme Hunde erwiesen haben, die wohl hinterher einen papierenen Protest einlegen, aber nicht in der gegebenen Stunde ein Zeugnis für ihren Glauben abzulegen für gut befanden, so daß nun nachgerade die Spatzen auf den Dächern die Schande der evang. Kirche pfeifen?!

Dringend und herzlich bitte ich im Sinn vieler treuen Gemeindeglieder, der Herr Reichsbischof möge ganze Arbeit tun, die Schuldigen unerbittlich zur Rechenschaft ziehen und alles tun, um die evang. Kirche des Dritten Reichs vor dem Auseinanderbrechen zu bewahren. Gott schenke Ihnen bald den rechten Entschluß zur reinigenden Tat!

In Hochachtung und Ergebenheit [Lachenmann].

Am 16.11.1933 unterrichtete Pfarrer Weber seinen Freundeskreis über die Lage nach der Sportpalastkundgebung[11]*:*

Liebe Freunde!

Wir sind Euch schon lange ein Wort zur Lage schuldig. Wir haben in der letzten Zeit auf besonderen Wunsch des Herrn Landesbischof von weiteren Ausschreiben Abstand genommen, um nicht eine etwa sich anbahnende günstige Entwicklung zu stören. Wir wissen, wie stark für

[11] LKA Stuttgart, D 1, Bd. 44.

uns alle die Nervenprobe des ewigen Warten- und Sich-Geduldenmüssen war und ist. Nun hat aber neuerlich die Lage ein anderes Gesicht bekommen, und es ist an der Zeit, Euch über den jetzigen Stand der Dinge zu berichten.

Der Verlauf einer Massenversammlung der Glaubensbewegung Deutsche Christen, Gau Berlin, im Sportpalast hat gezeigt, daß offenbar auch unter dem Eindruck des überwältigenden Wahlsieges innerhalb der dortigen Glaubensbewegung Deutsche Christen erneut eine Radikalisierung Platz gegriffen hat. Dabei war bemerkenswert, daß trotz der Anwesenheit zahlreicher, der Glaubensbewegung Deutsche Christen angehörenden Bischöfe, Pröpste und anderer Glieder des Kirchenregiments keiner davon die Notwendigkeit empfand und den Mut hatte, einen sofortigen und öffentlichen Protest im Angesicht der ganzen Versammlung einzulegen. Einer der Hauptredner des Abends, ein Dr. Krause (Gauobmann der Glaubensbewegung Deutsche Christen für Berlin) stellte nach den Zeitungsberichten und nach Aussagen eines zuverlässigen Teilnehmers der Versammlung folgendes fest: Der kirchenpolitische Kampf sei für die Glaubensbewegung noch lange nicht beendet. Alle die Pfarrer, die den Bestrebungen der Glaubensbewegung Deutsche Christen Widerstand leisten, müßten durch Absetzung oder Versetzung gemaßregelt werden. Der Arierparagraph sei auf und unter der Kanzel sofort und ohne Abstriche durchzuführen und demgemäß eine besondere Judenchristliche Kirche zu schaffen. Das Alte Testament müsse völlig aus der Kirche verschwinden. Verschwinden müsse auch die Minderwertigkeits- und Sündentheologie des Rabbinen Paulus. Unter Ausschaltung alles Undeutschen in Lehre und Bekenntnis sei die Reichskirche auf die Grundlage dogmatischer Bindungslosigkeit zu stellen und einem nordischen Gotterleben gleichzuschalten. Das Kruzifix sei abzulehnen. Das Christentum fordere nicht den zerbrochenen, sondern den heldischen Menschen.

Das ist die schlecht verhüllte Rebellion gegen die vom Herrn Reichsbischof in den jüngsten Wochen eingenommene Haltung. Es zeigte sich auch hier wie schon öfters, daß diese radikalisierten Gruppen den von ihnen besonders propagierten Grundsatz des Führergedankens in der Kirche nur so lange gelten lassen, als der Führer sich von ihnen führen läßt, d. h. auf den Führungsanspruch verzichtet. Die Auslassungen des Dr. Kr[ause] sind aber auch ein offener Bruch der unter entscheidender Mitwirkung der Glaubensbewegung Deutsche Christen festgelegten Kirchenverfassung, die in Artikel 1 feststellt: »Die unantastbare

Grundlage der Deutschen Evangelischen Kirche ist das Evangelium von Jesus Christus, wie es uns in der heiligen Schrift bezeugt und in den Bekenntnissen der Reformation neu ans Licht getreten ist.« So schmerzlich und unbegreiflich eine solche Verantwortungslosigkeit ist, so dankbar begrüßen wir die nunmehr gegebene Notwendigkeit, jetzt endlich innerhalb der Glaubensbewegung Deutsche Christen eine saubere Scheidung der Geister herbeizuführen und die unselige Zwitterstellung zwischen christlich biblischer Gebundenheit und einem achristlichen völkischen Idealismus zu klären. Es ist bezeichnend für die Schwere der Situation innerhalb der Glaubensbewegung Deutsche Christen, daß der Herr Reichsbischof sich genötigt sah, in der Öffentlichkeit tapfer und entschieden gegen diese Leugnung des Bekenntnisstandes der Kirche das Wort zu ergreifen und daß nach dieser Versammlung von seiten des Bischof Peter und anderer kirchlicher Führer ein nachträglicher Protest[12] angemeldet wurde, der aber auffälligerweise von Bischof Hossenfelder, dem Reichsleiter der Glaubensbewegung Deutsche Christen, nicht mit unterzeichnet ist. Es ist jetzt auch für den Blindesten offenbar, welche Stunde für den deutschen Protestantismus geschlagen hat und um was es geht, auch bei unserem Kampf in Württemberg: nämlich um die bekenntnismäßigen Grundlagen unserer Kirche und kirchlichen Arbeit, ja um die Kirche überhaupt.

Ob und inwieweit diese geschilderte Radikalisierung sich auch auf Württemberg ausdehnen wird, bleibt abzuwarten. Sicher ist, daß mit den neuesten Ereignissen in Berlin auch bei uns in Württemberg die längst fällige Klärung der Fronten in unaufhaltsamem Fortgang begriffen ist. An die noch in der derzeitigen Glaubensbewegung Deutsche Christen stehenden Amtsbrüder tritt jetzt aufs neue eine Entscheidung heran in der Frage: Ist Euer Platz noch in einer Glaubensbewegung Deutsche Christen, wo Derartiges möglich ist? Man sage nicht, wir in Württemberg seien für die Sünden derer in Berlin nicht mitverantwortlich. Es wird doch gerade von Rehm und seinen Freunden immer wieder betont, daß die Glaubensbewegung Deutsche Christen durch das ganze Reich hin eine geschlossene Ganzheit bilde. Unserer Meinung nach gibt es für die noch in der Glaubensbewegung Deutsche Christen stehenden Amtsbrüder jetzt nur noch eins, nämlich so lange jeder Mitarbeit in der Glaubensbewegung Deutsche Christen sich zu versagen, bis alle Elemente restlos aus ihr ausgemerzt sind, die nicht wissen, was evang.

[12] Siehe dazu die Anmerkung 1, S. 828 zitierte Literatur.

Kirche ist, sondern mit ihrer Haltung im Lutherjahr Luther schmählich verraten.

Für unseren Freundeskreis gilt heute erst recht: Fest bleiben, geschlossener als je zusammen stehen und miteinander und füreinander darüber wachen, daß wir dem unverfälschten Evangelium die Treue halten. Nur jetzt nicht aus einem allzu begreiflichen natürlichen Friedensbedürfnis heraus irgendwelchen Kompromissen das Wort reden, auch wenn die Lösung nicht so rasch eintritt, wie wir es wünschen. Auf der andern Seite freilich sind wir alle uns darüber klar, daß wir endgültig beiseite treten und unser Desinteressement an der Glaubensbewegung Deutsche Christen erklären müssen, wenn nicht in Bälde der Konflikt zur Lösung gebracht wird. Nach wie vor wollen wir (was auch unser Herr Bischof wiederholt erklärt hat) eine Glaubensbewegung Deutsche Christen, aber eine solche, in welcher Vorgänge wie diejenigen in Berlin absolut und ein für allemal ausgeschlossen sind. Wir bestehen deshalb um der Sache willen auf der Bildung einer Landesleitung, die uns voll garantiert, daß jener Geist, wie er die Sportpalastversammlung kennzeichnet, nicht auch in unser kirchliches Leben zerstörend eindringe. Der Ausgang des Volksentscheids[13], über den wir uns in herzlicher Dankbarkeit gegen Gott freuen und der zu neuer Treue und neuem Dienst gegenüber Adolf Hitler und seinem Werk uns verpflichtet, hat ein für allemal jene böswilligen Gerüchtemacher widerlegt, die es immer wieder so hinzustellen versuchten, als sei die evang. Kirche ein Hort der Reaktion und ein heimlicher Feind des nationalsozialistischen Wollens. In einmütiger Geschlossenheit haben am 12. November Führung und Glieder der gesamten Deutschen Evang. Kirche hinter Adolf Hitler sich gestellt. Die Unklarheiten, die bezüglich der authentischen Auslegung der von unserem Herrn Bischof in Berlin getroffenen Abmachungen entstanden sind[14], werden z. Z. vom Herrn Bischof geklärt. Sobald wir Näheres wissen, folgt weitere Nachricht.

Mit dem Gruß treuer Kampfverbundenheit Euer G. Weber.

Unseren Vertrauensleuten zur Kenntnisnahme, daß vorliegendes Schreiben an sämtliche 384 Freunde abgeht, so daß besondere Orientierung derselben nicht nötig ist.

[13] Siehe dazu S. 751 ff.

[14] Siehe S. 691 ff.

Am 18. 11. 1933 erschien ein weiterer Artikel von Pfarrer Rehm als Bevollmächtigtem der Reichsleitung der Deutschen Christen *im* NS-Kurier:

Klarheit tut not!

Der gegen die württembergische Glaubensbewegung »Deutsche Christen« von gewissen kirchlichen Kreisen geführte Verleumdungsfeldzug hat das Maß des Erträglichen jetzt überschritten. Anläßlich der Berliner Sportpalastvorgänge veröffentlicht der »Schwäbische Merkur«, Nr. 272, einen Artikel des Evang. Presseverbandes Stuttgart, in dem von einem Telegramm berichtet wird, daß 380 württembergische Pfarrer, die angeblich der Glaubensbewegung nahestehen, an den Herrn Reichsbischof gerichtet haben[15]. Darin heißt es, daß ein Teil dieser Pfarrer, der wegen der derzeitigen Führungsverhältnisse in der württembergischen Landesleitung seinen Austritt aus der Glaubensbewegung hätte erklären müssen, zur Mitarbeit in derselben bereit sei, wenn sie sich vertrauensvoll der berufenen kirchlichen Führung unterstelle, sich von bekenntniswidrigen Elementen reinige und mit alledem sich in Adolf Hitlers Aufbaufront im deutschen Volk einreihe.

Es wird durch diese Darstellung der Eindruck erweckt, als ob diese drei Voraussetzungen bei der württembergischen Glaubensbewegung nicht zutreffen. Ich weise mit aller Entschiedenheit namens der württembergischen Glaubensbewegung diese unerhörten Verdächtigungen aufs schärfste zurück. Wer mit derartigen Waffen kämpfen muß, der richtet sich selbst. Die Glaubensbewegung »Deutsche Christen« ist diejenige Front innerhalb des deutschen Protestantismus, welche am deutlichsten und klarsten für die Autorität der berufenen kirchlichen Führung eingetreten ist. Ihr Schirmherr ist der Reichsbischof, hinter dem die Glaubensbewegung als höchster kirchliche Instanz in unverbrüchlicher Treue und Ergebenheit noch immer gestanden ist. Wenn dem schrankenlosen Individualismus, Liberalismus und Subjektivismus innerhalb des deutschen Protestantismus Einhalt geboten wurde, so ist dies das Werk der Glaubensbewegung und des aus ihr hervorgegangenen Reichsbischofs Ludwig Müller. Die württembergische Glaubensbewegung hat die Glaubens- und Bekenntnisgrundlagen des deutschen Protestantismus noch nie angegriffen; geradesowenig ging ein solcher Angriff von der Reichsorganisation aus, welche entschieden und klar samt der württembergi-

[15] Siehe S. 828 f.

schen Glaubensbewegung von den Vorgängen im Berliner Sportpalast abgerückt ist. Wenn von gewissen evangelischen kirchlichen Kreisen trotzdem solche Unterstellungen der württembergischen Glaubensbewegung gemacht werden, ohne daß man Beweise dafür zu erbringen vermag, so kann ein solches Vorgehen nicht scharf genug gebrandmarkt werden. Die württembergische Glaubensbewegung hat klar und deutlich in Nr. 337 des »NS-Kurier«[16] ihren Standpunkt zum Ausdruck gebracht. Unser Kampf um heldische, deutsche Lebensgestaltung im Sinne der nationalsozialistischen Weltanschauung steht nicht im Gegensatz zu den Glaubensgrundlagen des deutschen Protestantismus, wohl aber im Gegensatz zu dem Zeitgeist des abgewirtschafteten, liberalistischen Systems, der sowohl die Bekenntnisgrundlagen der Kirche als auch ein mannhaftes Christentum bekämpft hat. Gerade weil die Führung der württembergischen Glaubensbewegung in den Händen alter nationalsozialistischer Kämpfer liegt, richtet sich die Glaubensbewegung auch nach der Stellungnahme Adolf Hitlers, der in seinem Buch »Mein Kampf« ausdrücklich sich dafür eingesetzt hat, daß die Bekenntnisgrundlagen der beiden großen christlichen Konfessionen nicht angetastet werden dürfen[17]. Direkt herausfordernd und empörend ist es aber, wenn in dem obigen Telegramm jener 380 württembergischen Pfarrer so getan wird, als ob die württembergische Glaubensbewegung sich nicht in Adolf Hitlers Aufbaufront im deutschen Volk einreihen wolle. Die Leitung der württembergischen Glaubensbewegung, welche aus alten Kämpfern Adolf Hitlers besteht, hat es nicht nötig, sich von gewissen Pfarrern über Hitlertreue belehren zu lassen, welche ihre Hitlertreue erst im April und Mai dieses Jahres entdeckt haben, nachdem sie Jahre zuvor beim Evangelischen Volksdienst und den anderen abgewirtschafteten bürgerlichen Parteien standen und die Bewegung Hitlers bekämpften. Wenn diese Verunglimpfungen der alten nationalsozialistischen Pfarrer durch gewisse kirchliche Kreise, die erst noch vor drei Wochen es nötig hatten, ihre Treue zu Hitler durch Unterschriftssammlungen zu bekunden[17a], nicht aufhört, werden wir einmal Gelegenheit nehmen, etliches von dem zu veröffentlichen, was unsere alten Kämpfer um ihres Bekenntnisses zu Hitler willen in der Pfarrerschaft und Kirche auszuhalten hatten.

[16] Siehe S. 829 ff.

[17] Adolf Hitler, Mein Kampf, S. 293 ff.; vgl. auch Hitlers Regierungserklärung vom 23. 3. 1933, Domarus I, S. 232 f.

[17a] Gemeint ist die Unterschriftensammlung für Landesbischof D. Wurm Ende Oktober, siehe S. 657 ff., die auch ein »Bekenntnis zum neuen Staat« enthielt.

Im übrigen ist durch diesen Vorstoß gewisser kirchlicher Kreise gegen die Glaubensbewegung allmählich eine Lage geschaffen, die in starkem Maß zur Beunruhigung des Volkes beiträgt und im Staatsinteresse nicht mehr länger geduldet werden kann. Der Evangelische Presseverband Stuttgart ist das Sprachrohr der württ. Kirchenregierung. Um so verwerflicher ist es, daß durch ihn eine solche offensichtliche Verleumdung der Glaubensbewegung, wie sie in obigem Telegramm zum Ausdruck kommt, in die Öffentlichkeit gebracht wird. Es ist allgemein bekannt, daß jene Pfarrer nicht deshalb aus der Glaubensbewegung ausgetreten sind, weil die Glaubensbewegung angeblicherweise Irrlehren predigt oder dem Staat Adolf Hitlers und seiner Aufbauarbeit sich nicht einfüge, sondern weil diese Herren sich echt nationalsozialistischem Geist nicht öffnen wollen und es auch ablehnen, daß in die Kirche ein nationalsozialistischer Geist einziehen soll. Da man diese Tatsache aber freilich nicht wahrhaben will, muß man zu Zwecken der Tarnung zu unhaltbaren Unterstellungen greifen. Namens der innerhalb der württembergischen Glaubensbewegung stehenden nationalsozialistischen Pfarrer verwahre ich mich gegen solche Methoden, mit denen auch die Amtsehre dieser Pfarrer angetastet wird. Im Interesse des Aufbauwerkes Adolf Hitlers aber liegt es, wenn so rasch als möglich solche unglaublichen Vorkommnisse, wie sie durch dieses Telegramm und seine Veröffentlichung durch den Evang. Presseverband im »Schwäbischen Merkur« geschehen sind, in Zukunft unmöglich gemacht werden.

Wir[17b] können diesen Worten des Herrn Pfarrers Rehm nur in vollstem Maße beipflichten. Es muß endlich einmal aufhören, daß man derartige Attacken von seiten der getarnten Gegner des Nationalsozialismus duldet. Es geht nicht länger an, daß sich bestimmte Kreise hinter ihrem »Heil Hitler« erlauben dürfen, den Nationalsozialismus und seine Organisationen anzugreifen. Das wäre eine sonderbare Revolution gewesen! Wer »Heil Hitler« sagt, muß sich schon bequemen, sich dem Nationalsozialismus zu unterstellen. Einen Nationalsozialismus mit Märzgedanken gibt es nicht. Wenn man glaubt, auf diesem Wege und unter geschickter Ausnutzung des Ergebnisses vom 12. November den Nationalsozialismus verwässern zu können, dann wird man erfahren müssen, daß der Nationalsozialismus nicht zum Volksdienst gekommen ist, sondern umgekehrt. Auch hier muß es betont werden: der Schlußstrich unter

[17b] Zusatz der Schriftleitung des »NS-Kurier«. Angespielt ist unten auf die »liberale« Märzrevolution 1848.

die Vergangenheit ist ernst gemeint gewesen, aber das muß man doch wohl wissen: wir sind deshalb keine Pazifisten geworden und wir haben uns von demokratischen Mehrheiten noch nie schrecken lassen.

Weitere Konsequenzen aus der Sportpalastkundgebung zog Pfarrer Weber in einem Flugblatt, das Ende November 1933 versandt wurde[18]*:*

I

Unsere evangelische Kirche steht in der Zeit des Gerichtes Gottes. Neugermanisches Heidentum ist in unserem Volke aufgestanden und hat vor der Kirche nicht Halt gemacht. Das ist uns allen ein starker Ruf zur Buße. Hätten wir Glieder der Kirche nicht versagt und wäre die Kraft des Evangeliums bei uns lebendig, so hätten wir nicht erleben dürfen, was uns heute mit brennender Scham erfüllt. Wie stark das Heidentum in die Kirche bereits eingebrochen ist, wird uns allen sichtbar an der Kundgebung des Gaues Groß-Berlin der »Glaubensbewegung Deutsche Christen« am 13. 11. 1933 im Sportpalast. Etwa 20 000 Teilnehmer waren dabei, unter ihnen die »Reichsleitung der Glaubensbewegung Deutsche Christen« mit dem Reichsleiter Hossenfelder, der die Ämter eines Kirchenministers, des Geistlichen Vizepräsidenten des Evangelischen Oberkirchenrates in der Altpreußischen Union und des Bischofs von Brandenburg bekleidet, der Präsident des Evangelischen Oberkirchenrates Dr. Werner, Bischof Peter, zahlreiche Oberkonsistorialräte und andere kirchliche Würdenträger, dazu die Abgesandten aller Gemeindegruppen des Gaues Groß-Berlin. Bischof Hossenfelder hielt die Begrüßungsansprache und verließ danach die Tagung. Dann führte der Gauobmann von Groß-Berlin, Dr. Krause, heftige Angriffe gegen die Grundwahrheiten unserer Kirche. Er forderte Befreiung von allem Undeutschen im Gottesdienst und im Bekenntnismäßigen, Befreiung vom Alten Testament mit seiner jüdischen Lohnmoral, von diesen Viehhändler- und Zuhältergeschichten. Mit Recht habe man dieses Buch als eines der fragwürdigsten Bücher der Weltgeschichte bezeichnet. Er forderte, daß unsere Landeskirche sich damit beschäftigt, daß alle offenbar entstellten und abergläubischen Berichte des Neuen Testaments entfernt werden und daß ein grundsätzlicher Verzicht auf die ganze Sündenbock- und Minderwertigkeitstheologie des Rabbiners Paulus aus-

[18] LKA Stuttgart, D 1, Bd. 44.

gesprochen wird. Judenblütige Menschen gehören nicht in die Deutsche Volkskirche, weder auf die Kanzel noch unter die Kanzel. Wir müssen uns hüten vor der übertriebenen Herausstellung des Gekreuzigten. Unsere heiligen, blutgedüngten Stätten müssen uns mehr sein als ferne Stätten in Palästina. Nicht knechtische Menschen, sondern stolze Menschen wollen wir haben! Die enge Verwandtschaft des nordischen deutschen Geistes mit dem heldischen Jesusgeist werde sich zeigen. Eine Entschließung, die auf diesen Ausführungen sich aufbaut, wurde, da ein Laie Widerspruch erhob, nach Feststellung des Versammlungsleiters mit 19 999 Stimmen angenommen. Nicht nur die Massen innerhalb der »Glaubensbewegung Deutsche Christen« haben zu dieser furchtbaren Verhöhnung der Bekenntnisgrundlagen unserer Kirche Beifall gespendet, auch Träger der hohen kirchlichen Ämter haben sich daran beteiligt. Sie haben ihre Pflicht, das Bekenntnis unserer Kirche durch ein furchtloses Zeugnis für Christus öffentlich zu verteidigen, in unverantwortlicher und unerträglicher Weise verletzt. Erst nach 36 Stunden ist ein Einspruch von ihnen an die Öffentlichkeit gelangt, nachdem die ungeheure Erregung des bekenntnistreuen Teiles unserer Gemeinden im ganzen Reich offenbar geworden war.

II

Zunächst muß festgestellt werden, daß der Redner des Abends, Dr. Krause, von dem Reichsleiter Bischof Hossenfelder an eine der wichtigsten Stellen der ganzen Bewegung berufen worden ist, nämlich an die Spitze des Gaues Groß-Berlin, also desjenigen Gaues, in dessen Mitte alle großen Entscheidungen fallen. Bischof Hossenfelder hat diesen Mann seit Jahr und Tag gekannt. Er hat genau gewußt, wes Geistes Kind er ist. Trotzdem hat er ihn an diese Stelle berufen und hat ihn auch am 13. November den Programmvortrag halten lassen, der für die weiteste Öffentlichkeit bestimmt war. Die ganze Veranstaltung war nicht etwa eilig zustande gekommen und mangelhaft vorbereitet. Seit Wochen hingen die Einladungsplakate in Berlin aus. Die Versammlung hatte ursprünglich zu einem früheren Termin stattfinden sollen und war wegen der Volksabstimmung auf den 13. November verlegt worden. Der Vortrag von Dr. Krause und der ganze Gang der Veranstaltung war also wochenlang vorbereitet und überlegt worden. Fast alle jene öffentlichen Ausführungen lagen schon bei Beginn der Generalversammlung den Pressevertretern fertig vor. Die Anwesenheit fast sämtlicher Persönlichkeiten der sogenannten Glaubensbewegung, die in hohe kirchenregimentliche Stellungen eingerückt waren, gab der Veranstaltung ein hoch offizielles Gepräge. Wenn hinterher Bischof Peter und die Mitglieder des Oberkirchenrats erklären, daß sie nach Schluß der Versammlung Herrn Dr. Krause mündlich Vorhaltungen über den unerhörten Inhalt seines Vortrages gemacht hätten, so ändert das nichts an der Tatsache, daß viele von ihnen am Schluß der Rede Beifall geklatscht haben, daß niemand widersprochen und niemand die Einbringung der Entschließung verhindert hat, obwohl diese Männer sämtlich durch eine lange Schule der Versammlungspraxis hindurchgegangen sind und sehr wohl wissen, was in derartigen Augenblicken zu tun ist. Es hat nicht weniger als 36 Stunden gedauert, bis die Reichsleitung überhaupt öffentlich Stellung nahm zu dieser Kundgebung.

Durch keine Entschuldigungen und Beschönigungen ist der Tatbestand aus der Welt zu schaffen, daß unter der Autorität des Bischofs Hossenfelder, stellvertretenden Landesbischofs in Preußen und Kirchenministers der deutschen Gesamtkirche, und in Anwesenheit zahlreicher kirchenregimentlicher Persönlichkeiten eine kirchliche Massenversammlung der in der Kirche jetzt herrschenden Partei stattgefunden hat, in der die Bibel auf die gemeinste Weise beschimpft, das Kreuz bekämpft und die Bekenntnisgrundlage der Kirche angegriffen worden ist. Keiner der Männer, die jetzt die Kirche regieren, ist aufgestanden und hat in einem solchen Augenblick ein Zeugnis für Christus und die Bibel abgelegt. Niemals ist der evangelischen Kirche auf deutschem Boden größere Schmach widerfahren! Die Reichsleitung der sogenannten Glaubensbewegung hat sich mit dem Geist, der aus der Rede von Dr. Krause sprach, immer aufs neue identifiziert und ist auch jetzt davon in keiner Weise abgerückt, da sie ja anstelle von Dr. Krause den ihm gleichgesinnten Pfarrer Tausch eingesetzt hat, der ebenfalls auf der Kundgebung im Sportpalast öffentlich gesprochen hat. Daran ändert der Umstand nichts, daß es in den Reihen der Deutschen Christen auch Männer und Frauen gibt, die mit diesem Geist christlich verbrämten Heidentums nichts zu tun haben wollen. Die Bewegung ist nach dem Führerprinzip aufgebaut. Bischof Hossenfelder ist Reichsleiter. Er entscheidet. Er wird dabei von der Berliner Reichsleitung unterstützt. Wir haben es immer wieder erlebt, daß die Bedenken und Einwendungen anderer deutsch-christlicher Kreise von der Reichsleitung beiseite geschoben wurden.

Das Ergebnis liegt jetzt klar vor aller Augen. Unsere Gemeindemitglieder, die unter den heutigen Verhältnissen kaum etwas von dem erfahren konnten, was in unserer evangelischen Kirche vorgeht, wissen jetzt, worum es sich handelt. Beruhigende Erklärungen können hier nichts ändern. Auch nicht die Zurückziehung von einzelnen Persönlichkeiten aus der Bewegung der Deutschen Christen. Solche Erklärungen haben wir Dutzende von Malen gehört. Aus der Reichsleitung der Deutschen Christen ist eine Reihe von Persönlichkeiten aus gewissen Gründen entfernt worden. An dem Stand der Dinge hat sich durch das alles nicht das Geringste geändert. Es wird sich auch jetzt nichts ändern, wenn nicht mit dem ganzen System der Gewaltherrschaft der Deutschen Christen in der evangelischen Kirche endgültig gebrochen wird. Das ist der Grund, weshalb über 3000 bekenntnistreue Pfarrer einmütig Einspruch und deutliche Forderungen bei der Kirchenleitung erhoben haben. Die täglich wachsende Zahl von Protesterklärungen aus den Gemeinden zeigt sogar, daß es sich hier nicht um Pfarrer handelt, die eine Pastorenkirche wollen, sondern um einen Kreis, der sich zusammengeschlossen hat, um seinem Ordinationsgelübde treu bleiben zu können, hinter dem Hunderttausende von lebendigen Christen stehen, der aber bisher darauf verzichtet hat, eine große Laienbewegung fest zu organisieren, um nicht in die Methoden der Deutschen Christen hineingerissen zu werden.

Jetzt muß die Entscheidung fallen!

Heraus aus der Kirche, wer nicht die Heilige Schrift Alten und Neuen Testaments als die alleinige Richtschnur seines Glaubens und Lebens erkennt, sondern nach den fragwürdigen Bedürfnissen der nordischen Seele sich richten will, wer nicht im Leben und Sterben allein auf die Gnade Gottes in dem für uns gekreuzigten und auferstandenen Herrn Christus vertraut, durch den wir aus der Not der Sünde zum Frieden mit Gott und zu der Kraft seines Lebens geführt werden, sondern als »stolzer Mensch« seinem Gott gegenüber treten will, wer in entscheidungsvoller Stunde wie die deutsch-christlichen Führer unserer Kirche die Pflicht versäumt, unseren Herrn Christus vor den Menschen zu bekennen!

III

Dem Reichsbischof sind im Namen von 3000 Pfarrern unserer Kirche unter anderem folgende Forderungen überreicht worden:

1. Sofortige Trennung des Reichsbischofs von der »Glaubensbewegung Deutsche Christen« durch öffentliche Niederlegung der Schirmherrschaft. Es ist für die Deutsche Evangelische Kirche nicht tragbar, daß ihr Reichsbischof weiter im Kampf um die Grundlagen der Kirche die Partei derer verkörpert, die an ihrer Zerrüttung durch die Mißachtung von Schrift und Bekenntnis wesentlich Schuld tragen.

2. Sofortige Entfernung aller Mitglieder kirchlicher Behörden aus ihren Ämtern, die gegenüber der Verletzung des Bekenntnisses bei der Sportpalastkundgebung in der öffentlichen Verteidigung des Bekenntnisses versagt haben oder für die Veranstaltung verantwortlich zu machen sind. Denn so lehren die Reformatoren, daß alle Bischöfe, so entweder selbst Unrecht lehren oder unrechte Lehre und falschen Gottesdienst verteidigen, für sträfliche Leute sollen gehalten werden (Schmalkaldische Artikel 72[18a]).

3. Entfernung aller Kirchenführer aus ihren Ämtern, die in ihren Erlassen und durch Anwendung von Gewalt die Gemeinden unter unerträglichen Gewissenszwang gesetzt haben. Denn die Reformatoren lehren (Apologie der Augsburgischen Konfession XXVIII, 20[18b]): So sollen auch die Bischöfe nicht wider das Evangelium Satzungen machen noch ihre Satzungen wider das Evangelium auslegen. Denn wenn sie das tun, so verbietet uns das Evangelium, ihnen gehorsam zu sein, wie Paulus zu den Galatern (1, 8) sagt: So auch wir oder ein Engel vom Himmel euch würde Evangelium predigen anders, denn das wir euch gepredigt haben, der sei verflucht.

4. Die kirchenregimentliche Aufhebung jeder Verpflichtung, die nicht eine Bindung an Bibel und Bekenntnis allein darstellt, wie sie in den Reversen der Deutschen Christen gegeben ist. Denn so schreibt Paulus an die Galater (5, 1): Zur Freiheit hat uns Christus freigemacht. So steht nun aufrecht und laßt euch nicht wiederum in das Joch einer Knechtschaft spannen!

5. Volle Freiheit der Verkündigung des Evangeliums. Sie kann nur in der Wahrheit bestehen. Darum sagen wir der bisherigen Vernebelungspolitik, die da spricht: Friede, Friede, und ist doch kein Friede[19]!, Kampf an. Wir fordern auch für uns volle Freiheit, mit allen Mitteln der Öffentlichkeit zu unserem Volk zu sprechen.

Diese Forderungen sind bereits von anderer Seite aufgenommen worden: am 18. November traten in Dortmund 1000 Gemeindeälteste, Gemeindeverordnete und Pfarrer aus der ganzen Provinz Westfalen zusammen[19a]. Die Versammlung hat einstimmig die gleichen Forderun-

[18a] Melanchthon, Tractatus de potestate papae, Art. 72: Die Bekenntnisschriften der evang.-luth. Kirche. 4. Aufl. Göttingen 1959, S. 492 f.

[18b] Die Bekenntnisschriften der evang.-luth. Kirche. 4. Aufl. Göttingen 1959, S. 397 ff.

[19] Jer 6,14.

[19a] Siehe GB 141, S. 113.

gen an den Reichsbischof gestellt und die sofortige Einberufung der Provinzialsynode verlangt.

IV

Was fordert diese Stunde von uns?

Ein klares Bekenntnis vor aller Öffentlichkeit zu dem Herrn, der da sagt: »Wer mich bekennt vor den Menschen, den will ich bekennen vor meinem himmlischen Vater; wer mich aber verleugnet vor den Menschen, den will ich auch verleugnen vor meinem himmlischen Vater[20]!« Wir wissen dabei, daß in den Reihen der Deutschen Christen viele stehen, denen jetzt auch die Augen dafür aufgehen, wie diese Bewegung in ihrem Kerne vom Gift des neugermanischen Heidentums verderbt ist. Sie werden sich, soweit sie das erkennen, von ihren falschen Führern trennen müssen. Mit uns zusammen werden sie den Kampf gegen alle Selbstverherrlichung des Menschen führen müssen, die gegen Gottes Ehre streitet. Wir wollen uns in neuer Treue unter Gottes Wort in den Gottesdiensten unserer Kirche sammeln. Wir wollen uns täglich unter Gottes Wort stellen, daß es uns stark mache. Der Angriff gegen das Ärgernis des Kreuzes steht erst in seinen Anfängen. Als Streiter Christi müssen wir in diesen Kampf hinein, wir mögen wollen oder nicht: Gott hat ihn uns auferlegt. Dazu aber bedürfen wir der Buße. Nicht vom Menschen her können wir die Richtschnur unseres Glaubens nehmen. Nicht die Bedürfnisse unserer nordischen Seele haben da Geltung. Allein Gottes Wort kann uns die Richtung weisen.

Gottes Wort wirkt in uns den Glauben. Gottes Wort wendet den eigenen Sinn. Gottes Wort führt uns unter die Herrschaft dessen, dem alle Gewalt gegeben ist im Himmel und auf Erden[20a]. Das ist die rechte Buße, bei der sich durch Gottes Gnade in unserem Leben und in unserer Kirche das Wort erfüllt: Er muß wachsen, ich aber muß abnehmen![20b]

Es geht uns nicht um die Macht in der Kirche, nicht um Kampf gegen kirchenpolitische Gruppen. Es geht uns nicht um die Fragen des menschlichen Ehrgeizes und des irdischen Wollens. Es geht darum, ob Gottes Herrschaft in uns und unserer Kirche mächtig wird. Nur dann haben wir das Recht, mit Luther in starker Glaubenszuversicht fest darauf zu stehen:

Das Reich muß uns doch bleiben!

[20] Mt 10,33.
[20a] Mt 28,18.
[20b] Joh 3,30.

Die Stimmung in der Landeskirche wird aus einem Brief deutlich, den Pfarrer Metzger, Bronnweiler, am 30. 11. 1933 an den Landesbischof schrieb[20c]*:*

Verehrter Herr Landesbischof!

Soweit Ihre Zeit nicht durch den mühe- und enttäuschungsreichen Kampf um die richtige Führung der Reichskirche absorbiert ist, schenken Sie vielleicht einem Augenblicksbild vom gestrigen Tag Ihre Aufmerksamkeit: Szene: Reutlingen. Uhrmacherladen. Leute ohne jede persönliche Beziehung zu mir. Ich hole eine Reparatur ab. Beim Hinausgehenwollen werde ich angehalten. »Herr Pfarrer, was ist eigentlich mit unserer Kirche? Wir Laien verstehen uns nicht mehr auf das, was unsre Zeitungen bringen. Was geht eigentlich vor?« Ich gab offen Antwort. »Warum erfährt man das nicht, wenn nicht durch die politische Zeitung, so durch ein anständiges Gemeindeblatt? durch Aufklärungsvorträge?« Szene: Reutlingen. Bürogeschäft. Bisher auch rein geschäftlicher Verkehr. Jetzt: »Herr Pfarrer, was geht eigentlich vor? Was ist mit diesem Hossenfelder? Was ist mit Professor Hauer?« Ich gebe Bescheid. »Warum sagt man denn das nirgends?« Szene: Bronnweiler. Ein Auto fährt vor. Pfarrersehepaar über Land, fremder Bezirk. »Frau Pfarrer, wir kommen nur, um zu hören: wie steht es denn eigentlich in der Kirche? Man kann keiner Zeitung glauben. Warum gibt uns der Oberkirchenrat keine Nachricht?« Szene: Bronnweiler. Ein Auto fährt vor. Arzt. »Wissen Sie etwas Neues, Frau Pfarrer? Wie steht es eigentlich? Bei uns erfährt man nichts.« Szene: Bahn. Ein Kollege mir gegenüber. »Wie steht es? Ich werde so viel gefragt, wenn ich Besuche mache, daß meine Seelsorge darunter Not leidet.« Szene: Stuttgarter Pfarrhaus. (!!Stuttgarter!!). »Du weißt immer mehr von der Lage als wir hier. Warum sagt man uns denn nichts?« Soll ich fortfahren? Brief aus XYZ: »Wir sind alle zu wenig orientiert über das, was in der Kirche geschieht, und es wäre dankenswert, wenn darin Wandel geschaffen werden könnte. Es ist wahrlich nicht Neugier. Aber ich sehe, wie das Kirchenvolk aufwacht; Leute, Akademiker und Nichtakademiker, die sich z. T. wenig um die Kirche bekümmert haben, horchen mächtig auf, und erlauben sich selbständige Meinungen, die nicht wie Musik in den Ohren des Herrn Hossenfelder klingen. Aufwachen tut das Kirchenvolk, aber nicht in der Richtung zu ihm hin, wenigstens bei uns. Man müßte doch einmal

[20c] LKA Stuttgart, D 1, Bd. 44.

öffentlich sagen können: Die Leitung der Glaubensbewegung Deutscher Christen in Württemberg hat nur noch eine Handvoll Leute hinter sich, das sind Offiziere ohne Heer. Was muß man lesen, um sich zu orientieren? Ich hätte hier verschiedene Leute, denen man etwas in die Hand geben könnte. Was empfiehlst Du?« So wörtlich aus einem Akademikerbrief. Das sind Stimmen eines einzigen Tages; die Namen stehen allesamt auf Wunsch zur Verfügung. Keine dieser Äußerungen habe ich hervorgerufen; immer war ich der Angeredete.

Verehrter, lieber Herr Landesbischof, ich werde nicht müde, dasselbe zu sagen: Bitte, schaffen Sie doch einmal das Organ, um das ich Sie im Mai schon bat. Unser Kirchenvolk muß an diesem inneren Kampf unserer Kirche beteiligt werden. Nicht wenn alles in (angeblicher) Ordnung ist, kann man Menschen für die Kirche gewinnen, sondern wenn es etwas für diese Kirche zu tun und zu kämpfen gibt. Und das gibt es heute. Darum: bitte, schaffen Sie sich ein Podium, oder lassen Sie sich interviewen, und treten Sie überdies in eine dauernde direkte Beziehung der Information etc. zum Volk der Kirche oder doch wenigstens zu den Pfarrern und Kirchengemeinderäten. Ich weiß, daß die direkte Hemmung eben beim Evang. Gemeindedienst liegt. Aber warum kann es denn bei diesem nicht den Ruck tun, dessen es bedarf? Warum darf denn eine leidige Bürokratie darüber kommen und alles auf die lange Bank schieben? Warum, verehrter Herr Landesbischof, – auch damit wiederhole ich alte Sätze –, warum schaffen Sie sich nicht einen Oberkirchenrat, der ein Werkzeug für ihr Reformprogramm ist anstatt ein Bremsklotz zu sein? Warum benützen Sie nicht Ihre Ermächtigung und reformieren dies alte oberkirchenrätliche System? Warum lassen Sie Rehm und seinen Leuten die Möglichkeit zu dem Vorwurf, daß die 1075 Pfarrer wollten[20d], daß die Kirche bleibe was sie ist, daß sie reaktionär sei? Sie wissen, seit dem Kampf ums Kirchenbuch I[20e] zum wenigsten dürfte es offenkundig sein, daß wir keine Freude haben an dem Fortwälzen alter, wirklich überalterter Tradition; die gefährlichste unter allen Traditionen aber ist die kamerale Behandlung kirchlicher Dinge, wenn sie sich gleichzeitig dann auch noch mit kirchlicher Diplomatie und Machtwillen verbindet. Es wird in unserer Kirche beim alten bleiben, solange die Bürokratie den Reformwillen des Führers ständig lähmt und sabotiert. Ich schäme mich täglich vor dem so fehlgeleiteten, aber so tatkräftigen Reformwillen der Hossenfelder, Krause, Rehm und Genossen,

[20d] Siehe die Unterschriftenaktion für den Landesbischof Ende Oktober 1933.

[20e] Beratung im Württ. Landeskirchentag 1930.

die eben in dem Einen recht haben: wenn die Kirche weiterschlafen will, dann ist sie ein dummes Salz.

Verzeihen Sie, wenn ich mein Herz ausschüttete. Vielleicht spüren Sie es mir doch ab, daß ich damit keine Machtziele, sondern Dienstziele verfolge, wie das Ihr eigener Wille auch ist.

Mit herzlichen Wünschen für Ihre Arbeit und Ihren Kampf Ihr ergebener Wolfgang Metzger.

Der Ausschluß der Tübinger Professoren aus der Glaubensbewegung

Im Zusammenhang mit den Vorgängen in der Sportpalastkundgebung der Deutschen Christen wandten sich die Professoren Fezer, Rückert und Weiser gegen die Reichsleitung der Deutschen Christen. Am 21. 11. 1933 teilte Pfarrer Rehm den Ausschluß der Professoren aus der Glaubensbewegung dem Landesbischof mit[21]*:*

Erklärung von Dekan Otto, Nagold

Ich war am Dienstag, 21. November, abends 1/2 8 Uhr im Amtszimmer des Herrn Landesbsichofs, als er einen telefonischen Anruf von Pfarrer Rehm erhielt. Der Landesbischof konnte sein Erstaunen über den Inhalt dieser Mitteilung nicht verbergen und gab sie an mich, der ich ohnehin öfters mit ihm über die kirchenpolitische Lage und den unter meiner Dienstaufsicht stehenden Pfarrer Rehm gesprochen habe,

[21] LKA Stuttgart, D 1, Bd. 44. Die Erklärung von Dekan Otto und das unten folgende Stück über die Anfrage bei Pfarrer Dr. Steger bilden zusammen eine, von Wurm unterzeichnete Aktennotiz. — Rehm war nominell immer noch Pfarrer von Simmersfeld bei Nagold und unterstand dem Nagolder Dekan Otto. — Der Inhalt des Telefongesprächs vom 21. 11. 1933 wurde von Probst Loerzer, Berlin, am 20. 12. 1933 in einem Brief an Prof. Fezer noch einmal präzisiert (LKA Stuttgart, D 1, Bd. 44): »Sehr geehrter Herr Professor Fezer! Zu den Differenzen zwischen Ihnen und Bischof Hossenfelder habe ich Folgendes zu äußern: Ich selbst war bei dem Telefongespräch zugegen, das Bischof Hossenfelder am Dienstag mit Bruder Rehm führte. Ich war Ohrenzeuge, daß Bischof Hossenfelder folgenden Auftrag an Bruder Rehm gab: Teilen Sie bitte den Herren Professoren Fezer und Weiser mit, sie hätten sich durch ihr Verhalten selbst aus der Bewegung ausgeschlossen. Bischof Hossenfelder fügte dann noch hinzu, Pfarrer Rehm möchte nicht in eine Polemik den Herren gegenüber eintreten. Der ganze Fall wäre eben erledigt. Ich muß nach Lage der Dinge von Ihnen, sehr geehrter Herr Professor, erwarten, daß Sie nun den Darstellungen von Bischof Hossenfelder Glauben schenken. Ich bin bereit, jederzeit und an jedem Ort diese meine Aussage zu vertreten. Heil Hitler! Loerzer, Probst der Kurmark.«

mit den Worten weiter: Rehm teilt mir soeben mit, daß Hossenfelder die Professoren Fezer und Weiser heute aus der Glaubensbewegung ausgeschlossen hat. Am andern Tag traf ich vormittags mit Pfarrer Rehm zusammen, der mir bestätigte, daß er von dem Reichsleiter Hossenfelder den Auftrag erhalten habe, dem Landesbischof den Ausschluß der Herren Fezer und Weiser mitzuteilen. Dekan Otto.

Dekan Otto hat mich ermächtigt, diese am Telefon gegebene Erklärung dem Herrn Professor Fezer zu übermitteln.

Der Inhalt dieser Mitteilung wurde von Pfarrer Dr. Steger bestätigt:

Auf eine telegrafische Anfrage hat Stadtpfarrer Dr. Steger, Friedrichshafen, Präsident des Württ. Landeskirchentags und Schirmherr der Glaubensbewegung Deutsche Christen in Württemberg, mitgeteilt, was er am Dienstag, 21. November, als Weisung von Bischof Hossenfelder am Telefon mitgehört hat: »Die Herren Professoren Fezer und Weiser waren bei mir mit dem Ansinnen an mich, die Reichsleitung niederzulegen. Aus Gründen der Disziplin halte ich es für notwendig, die Herren aus der Glaubensbewegung Deutsche Christen auszuschließen. Ich ersuche Sie, den beiden Herren ihren Ausschluß aus der Bewegung mitzuteilen und sie zur Rückgabe ihrer Mitgliedskarten zu veranlassen. Außerdem haben Sie Ihrem Herrn Landesbischof in höflicher Form von dieser meiner Entscheidung sofort Kenntnis zu geben.«

Z. B. Landesbischof D. Wurm.

Dagegen erhielt der Landesbischof am 22. 11. 1933 folgendes Telegramm von Reichsleiter Hossenfelder[22]*:* Professoren Fezer und Weiser und Hossenfelder haben Einigung gefunden. Vertrauensverhältnis hergestellt. Ein Ausschluß ist nicht erfolgt. Hossenfelder.

Über das Telefongespräch vom 21. November und über den Ausschluß der Tübinger Professoren aus der Glaubensbewegung Deutsche Christen schrieb Pfarrer Dr. Steger am 1. 12. 1933 noch einmal an den Landesbischof[23]*:*

Hochverehrter Herr Landesbischof!

Die Vorkommnisse in Berlin, über die ich nur ganz unklare, verworrene Berichte habe, haben mich aufs tiefste erschüttert. Ich habe kein

[22] LKA Stuttgart, D 1, Bd. 44.

[23] LKA Stuttgart, D 1, Bd. 44. Die am Schluß des Briefes erwähnte »persönliche Angelegenheit« betrifft das frühere Verhältnis von Dr. Steger zur NSDAP.

Recht, irgend eine Aufklärung über die Vorgänge von Ihnen zu fordern, aber ich bitte Sie, wenn irgend möglich, mich zu informieren. Schon die verschiedenen Aufforderungen, mich über den Inhalt der Rehmschen-Hossenfelderschen fernmündlichen Besprechung zu äußern, haben mich in Unruhe versetzt; neustens wurde mir das stattgehabte Gespräch schriftlich wiedergegeben, und ich habe mich überzeugt, daß ich in der Formulierung meines Wortlauts etwas zu weit gegangen bin. Hossenfelder sagte tatsächlich: Die Herren F[ezer] und W[eiser] haben sich durch Ihr Verhalten selbst aus der Glaubensbewegung Deutsche Christen ausgeschlossen, und ich ersuche Sie, den Herren ihren Ausschluß zu bestätigen. Aber der Wortlaut kommt ja so oder so auf dasselbe heraus: Für mich ist und bleibt Tatsache, daß Hossenfelder das undisziplinierte Verhalten der Herren zum Anlaß nahm, den Ausschluß zu vollziehen. Die diplomatische Form bedeutete m. E. nur eine gewisse Höflichkeit den Herren gegenüber.

Bedeutsamer ist für mich die andere Frage: Bleiben die Abmachungen der letzten Dreierausschußsitzung[24] nach den jüngsten Berliner Vorgängen bestehen? Kann man daraufhin endlich an die Arbeit gehen? Ich werde von einer Reihe von Gemeinden als Redner angefordert, habe aber, von einer Ausnahme abgesehen, alle Aufforderungen zurückgewiesen, ich will und kann nicht mehr sprechen, solange in Württemberg der Friede nicht endgültig hergestellt ist. Voraussetzung für künftige gemeinsame Arbeit aller Richtungen ist, daß endlich der Kampf aller gegen alle in Presse, Rundschreiben, Geheimerlassen usw. aufhört; letzten Endes ist doch Subjekt und Objekt unserer Arbeit immer dasselbe. Mit Theologengezänke wird nichts erreicht; die wahre Frömmigkeit hat auch mit Theologie, so notwendig die letztere sein mag, nichts zu tun. Wir werden Sorgen genug haben in den nächsten Jahren; das Bild der Kirche wird zwangsläufig manchen Änderungen unterworfen werden. Ich sehe es aber wirklich nicht für notwendig an, in einem Zermürbungskampf die Kräfte zu erschöpfen, die wir erhalten sollten zur Abwehr und zum Aufbau. Ich wäre Ihnen von Herzen dankbar, wenn in Bälde auf der Basis, die wir in der letzten Sitzung geschaffen haben, die Arbeit an unserem Volk aufgenommen werden könnte.

Und nun noch etwas Persönliches. Mit Rücksicht auf Ihre sichtliche Ermüdung gegen den Schluß der letzten Sitzung habe ich es vermieden, auf Ihre Unterredung mit dem Württ. Ministerpräsidenten, soweit sie

[24] Gemeint ist wohl eine Sitzung des Landeskirchenausschusses; ein Protokoll befindet sich nicht bei den Akten.

meine Person betraf, zurückzukommen; ich wäre Ihnen sehr dankbar, wenn Sie mir in Bälde Gelegenheit geben würden, diese Sache mit Ihnen zu besprechen.

Mit deutschem Gruß in aufrichtiger Ergebenheit Dr. Steger.

Am 27. 11. 1933 veröffentlichte der NS-Kurier *eine Notiz des Evang. Presseverbands in Stuttgart:*

... Im Zusammenhang mit den gegenwärtigen Erörterungen über das Verhältnis von Kirche und Glaubensbewegung »Deutsche Christen« haben die Tübinger Theologieprofessoren Dr. Fezer, Weiser und Rükkert ihre Beziehungen zur Glaubensbewegung gelöst.

Reichsbischof Müller gewährte dem Vertreter des Conti-Büros eine Unterredung und gab ihm seine Stellungnahme zu der derzeitigen kirchlichen Lage bekannt. Auf die Frage über die Gründe des Austritts der Tübinger Theologie-Professoren Fezer, Weiser und Rückert aus der Glaubensbewegung »Deutsche Christen« betonte der Reichsbischof, daß die Loslösung auf rein persönlichen Auseinandersetzungen beruhe und mit der Sache selbst nichts zu tun habe. Die Vorwürfe, die von der Gegenseite erhoben würden, entbehrten jeder Grundlage, seitdem er erklärt habe, daß sich die neue evangelische Kirche auf Bibel und Bekenntnis gründe. Wer daran zu deuteln wage, sei ein Verbrecher an der Einheit des deutschen Volkes. Er, der Reichsbischof, sei nicht gewillt, auch nur im geringsten den Unruhestiftern nachzugehen. Er wolle mit der nationalsozialistischen Bewegung, die das Dritte Reich verkörpere, die Kirche bauen und denke nicht daran, gegen diese Bewegung oder ihre Ziele auch nur irgend etwas zu unternehmen. Wir sind, so betonte Reichsbischof Müller zum Schluß seiner Ausführungen, aus der nationalsozialistischen Bewegung gekommen und halten ihr und dem Führer die Treue. Wir wollen zusammen mit Adolf Hitler die neue deutsche Kirche bauen.

Über ihre Trennung von der Glaubensbewegung Deutsche Christen berichteten die Professoren Fezer, Weiser und Rückert am 1. 12. 1933[25]*:*

[25] KAW, Ausgabe vom 7. 12. 1933; vgl. ferner das Protokoll einer Besprechung vom 16. 11. 1933 in Berlin, bei der Fezer erklärte, nach der Sportpalastkundgebung sei eine Teillösung in der Frage der Glaubensbewegung nicht mehr möglich und der Scheidungsprozeß sei nicht mehr aufzuhalten: Kirchenkampf-Archiv Harder, Freie Kirchliche Hochschule Berlin, Nr. 457, S. 6. Vgl. auch den Bericht Fezers vom 8. 12. 1933, S. 935 ff.

Am Freitag, 1. Dezember, gaben die Professoren Fezer, Weiser und Rückert im überfüllten Auditorium maximum der Universität den Theologiestudierenden die näheren Umstände und Gründe bekannt, die sie zur Lösung ihrer Beziehungen zur Glaubensbewegung »Deutsche Christen« veranlaßt hatten.

In einleitender Weise erklärte Herr Professor Weiser, um des Vertrauensverhältnisses zwischen ihnen und ihren Hörern und um der Wahrheit willen werde jetzt ein Bericht gegeben werden, für dessen Inhalt und Wahrheit sie alle drei zu jeder Zeit und an jedem Ort mit ihrer Ehre als deutsche Männer einstünden. Sie seien einen geraden Weg gegangen; dieselben Gründe, die sie einst in die Reihen der »Deutschen Christen« hineingeführt hätten, ließen sie jetzt die Beziehungen wieder lösen. Es gehe nach wie vor um das eine Anliegen: das unverfälschte Evangelium unserem erwachten deutschen Volk zu bringen.

Hierauf legte Herr Professor Rückert den Bericht vor, der Folgendes enthielt: Aus der Einsicht heraus, daß in der Haltung des Kirchenministers Hossenfelder in und nach der Sportpalastkundgebung mit ihrer schweren Gefährdung der Verbundenheit zwischen der Deutschen Evangelischen Kirche und den Auslandskirchen und ihren unerhörten Angriffen auf das Alte Testament, Paulus und den gekreuzigten Christus der entscheidende Grund für die gespannte Lage in der Reichskirche zu suchen sei, drangen die Professoren Fezer und Weiser auf eine offene Aussprache mit Bischof Hossenfelder, die am 21. November stattfand. Dabei wurde Bischof Hossenfelder vorgehalten, daß er trotz seiner kürzlichen herzlichen Aufnahme bei den englischen Bischöfen[25a] in seiner Sportpalastrede im Zusammenhang der Besprechung eben des Verhältnisses der Deutschen Evang. Kirche zu den evang. Kirchen des Auslandes den Ausdruck gebraucht habe: »Kein Hund nimmt im Ausland ein Stück Brot von uns.« Ferner habe er im Gegensatz zu seiner im Auftrag des Reichsbischofs vor den englischen Bischöfen abgegebenen feierlichen Versicherung, daß weder der Reichsbischof noch der Reichsleiter der Glaubensbewegung daran dächten, einen Antrag auf Durchführung des Arierparagraphen in der Nationalsynode zu stellen, im Sportpalast erklärt, er trete für rücksichtslose Durchführung des Arierparagraphen in der Kirche ein und habe bereits die Anordnungen dazu gegeben. Und schließlich habe seine Stellung im Fall Krause sowohl vor als auch nach der Kundgebung im Sportpalast nicht die für einen Reichsleiter

[25a] Mitte Oktober war Fezer zusammen mit Hossenfelder bei einer Tagung der Oxford-Gruppenbewegung in London: GB 140, S. 106 und 141, S. 115.

nötige Verantwortung erkennen lassen. Da Bischof Hossenfelder wußte, daß Dr. Krause schon seit langem ein Vorkämpfer der Deutschkirche war, so hätte er ihn nicht als Hauptredner dieser ersten volksmissionarischen Veranstaltung für Groß-Berlin auftreten lassen dürfen, ohne sich des Inhalts seiner Rede zu versichern. Auch die nachträgliche Behandlung des Falles war trotz der Absetzung Krauses als Gauleiter von Berlin unzureichend, da eine öffentliche Annullierung der Sportpalastresolution nicht erfolgte und die Absetzung Krauses durch den Nachfolger Pfarrer Tausch in der Presse der Glaubensbewegung zu einer nur taktischen Maßnahme verharmlost wurde, ohne daß Hossenfelder dies richtigstellte. Ein Versuch Professor Weisers, eine ausschließliche und offizielle Anerkennung der sog. »neuen« Richtlinien[26] durch die Reichsleitung herbeizuführen, wurde von Bischof Hossenfelder dahin beantwortet, daß er eine Diskussion über die Richtlinien grundsätzlich nicht mehr zulasse. Da auch bei der weiteren Verhandlung die Haltung Bischof Hossenfelders keine Möglichkeit gemeinsamer sachlicher Arbeit mehr sichtbar werden ließ, bat ihn Prof. Weiser schließlich, um der Sache willen das Opfer seiner Person zu bringen und die Reichsleitung niederzulegen. Dieses Ansinnen beantwortete Reichsleiter Hossenfelder damit, daß er sich in ungerechtfertigten persönlichen Ausfällen gegen Prof. Fezer erging.

Am nächsten Morgen, 22. November, erhielten die Professoren Fezer und Weiser von Stuttgart die Nachricht, sie seien durch fernmündliche Anweisung des Reichsleiters der Glaubensbewegung Deutsche Christen an die württ. Landesleitung aus der Glaubensbewegung »Deutsche Christen« ausgeschlossen worden, was von Bischof Hossenfelder auf Befragen dahin korrigiert wurde, er habe keinen Ausschluß verfügt, vielmehr nur mitgeteilt, sie hätten sich durch die Aussprache des Vortags eigentlich selbst ausgeschlossen. Eine am Nachmittag stattfindende Zusammenkunft der Herren Fezer, Weiser und Hossenfelder mit dem Führer der Oxford-Gruppenbewegung, Dr. Frank Buchman, führte zu einem Telegramm Bischof Hossenfelders an den württ. Landesbischof: »Professor Fezer und Weiser und Hossenfelder haben Einigung gefunden. Vertrauensverhältnis hergestellt. Ein Ausschluß ist nicht erfolgt.«

Bei ihrer Rückkehr nach Tübingen am 23. November fanden jedoch die Professoren Fezer und Weiser einen vom 21. November datierten

[26] Die Richtlinien der DC vom 16. 5. 1933, an deren Zusammenstellung Fezer beteiligt war, sollten die ersten, von Hossenfelder stammenden Richtlinien vom 26. 5. 1932 nicht ersetzen: GB 138, S. 81.

Brief des württ. Landesleiters der Glaubensbewegung Deutsche Christen vor, in dem ihnen mitgeteilt wurde, sie seien durch den Herrn Reichsleiter mit Wirkung vom heutigen Tage aus der Glaubensbewegung »Deutsche Christen« ausgeschlossen worden und würden ersucht, ihre Mitgliedskarte zurückzugeben. Dies sowie eine Rückfrage nach dem genauen Inhalt der von Bischof Hossenfelder nach Stuttgart gegebenen fernmündlichen Anweisung ließ den Eindruck eines ungeklärten Widerspruchs entstehen, der um der Ehre Bischof Hossenfelders und um der Würde der von ihm bekleideten kirchlichen Ämter willen unbedingt geklärt werden mußte. Zu diesem Zweck reisten Prof. Fezer und Weiser, diesmal mit Prof. Rückert, am Abend des 23. November wieder nach Berlin. Bei einer am nächsten Vormittag erfolgenden Unterredung mit Herrn Kirchenminister Weber kam man, wie schon am 21., dahin überein, daß durch die Vorgänge in der Glaubensbewegung und durch das Verhalten ihres Reichsleiters auch die Stellung des Reichsbischofs und die Reichskirche in Mitleidenschaft gezogen seien und daß in diesem Augenblick nicht mehr Erklärungen, sondern nur noch absolut eindeutiges Handeln wirklich helfen könnten. Als das Entscheidende bezeichnete man den endlichen Beginn positiver kirchlicher Arbeit in Gestalt einer umfassenden und eindringenden Volksmission unter Führung des Reichsbischofs und besprach deren Plan bis in Einzelheiten hinein. Man war sich aber gleichzeitig darüber klar, daß die Vorbedingung für diese Arbeit, die Liquidierung des kirchenpolitischen Kampfes, die Wiederherstellung des kirchlichen Friedens und die Zusammenfassung aller aufbauwilligen Kräfte, nur erreicht werden könne durch die Auflösung sämtlicher kirchenpolitischer Kampfverbände, der Deutschen Christen ebenso wie der Gruppe »Evangelium und Kirche« und des Pfarrernotbundes, und durch eine Entfernung oder wenigstens Suspension Bischof Hossenfelders aus seinen kirchlichen Ämtern bis zur Erledigung eines gegen ihn einzuleitenden Disziplinarverfahrens.

Nachdem eine am Abend des 24. November bei dem Herrn Reichsbischof abgehaltene Sitzung, welche die Klärung der Widersprüche in den verschiedenen Aussagen Hossenfelders und die Darlegung seines einwandfreien Verhaltens in dieser Beziehung zum Ziel hatte, ergebnislos verlaufen war, erklärten die drei Tübinger Professoren, sie hätten nach dem Vorgefallenen keinen Anlaß, von sich aus irgend einen Schritt zur Wiederaufnahme von Besprechungen zu tun. Als auch von der Gegenseite nichts erfolgte, erklärten sie am Morgen des 25. November der Reichsleitung schriftlich ihren Austritt aus der Glaubensbewegung und verließen Berlin. Ihrer Erklärung schloß sich nach telefonischer Verständigung auch Prof. Kittel, Tübingen, an.

Nach Vorlegung dieses Berichts ergriff Herr Professor Fezer das Wort. Er erklärte, es müsse klar geworden sein, warum die gegenwärtige Reichsleitung der »Deutschen Christen« das zur Führung nötige Vertrauen nicht bloß bei ihnen, sondern auch bei vielen Tausenden Deutscher Christen verloren habe und warum deshalb auch die Erklärungen und Bekenntnisse, die von der Reichsleitung in der Presse und ihnen persönlich gegenüber abgegeben worden seien, kein Vertrauen mehr bei ihnen finden konnten. Die ihnen von allen Seiten zugehenden Zustimmungserklärungen wie auch der neueste Schritt der lutherischen Bischöfe[27] bewiesen, daß ihr Vorgehen notwendig gewesen sei. Entscheidend sei freilich nicht das Negative, sondern das Positive: es gelte, dem erwachenden Volk in seinem schweren Ringen die Gottesbotschaft von dem Erlöser Jesus Christus so zu sagen, daß dieses Volk diese Botschaft verstehen und auch glauben könne. Dieses Ziel verlange ein Dreifaches:

1. Die Kirche muß klar und unerschütterlich an der ganzen Bibel und an ihrer Auslegung getreu den reformatorischen Bekenntnissen festhalten; durch Kompromisse macht sich die Kirche nur verächtlich.

2. Die Kirche muß die heute im Volk erwachten Fragen und die vom Staat zur Rettung von Volkstum und Reich geleistete und geforderte Arbeit ernstnehmen und an ihrer Durchführung überall willig und treulich sich beteiligen mit den Erkenntnissen und Kräften, die ihr im Glauben an das Evangelium geschenkt werden; der Christ müsse der beste Deutsche sein auch im nationalsozialistischen Staat.

3. In den Gemeinden muß ein Christ dem andern wirklich ein Bruder werden und die Not des andern auf die eigenen Schultern nehmen; das sei das Werk wahrer Volksmission.

Daß solches Werk sofort unter uns anhebe, dafür sei jeder einzelne Christ vor Gott verantwortlich. Damit es aber in Einheit und Ordnung durchgeführt werde, habe der Reichsbischof in den Landeskirchen, Kirchenprovinzen, Kirchenbezirken und -gemeinden Männer zu bestimmen, die dafür ihm mit persönlicher Verantwortung einzustehen hätten. Weil aber der eigentliche Anfang nicht bei andern, sondern bei uns selber liege, brauche keiner auf den andern zu warten; vielmehr sei jeder in der glücklichen Lage, es im Anfangen dem andern zuvorzutun. Die gespannte Aufmerksamkeit der überaus zahlreichen Hörerschar wie auch ihr großer Beifall während und nach den Ausführungen bewiesen, wie

[27] Siehe S. 879 ff.

sehr die Studierenden auf einen solchen Augenzeugenbericht von jenen entscheidungsvollen Vorgängen gewartet hatten und wie dankbar sie für die gegebene Klarlegung der Lage waren.

Eine Berichtigung des Berichtes der drei Professoren versuchte Hossenfelder in einem Brief vom 8. 12. 1933 an Landesbischof D. Wurm[28]*:*

Sehr geehrter Herr Landesbischof!

Der Bericht der Tübinger Herren Professoren Fezer, Weiser und Rückert, der in vielen Blättern erschienen ist, veranlaßt mich zu folgender Richtigstellung:

1. Das Wort »Kein Hund nimmt im Ausland ein Stück Brot von uns« sagte ich im Zusammenhang damit, daß das Ausland uns doch nicht liebe, ob wir nun den Arierparagraph in der Kirche hätten oder nicht. Ich wollte damit die isolierte Stellung Deutschlands in der Welt, den weithin noch bestehenden Haß gegen Deutschland kennzeichnen, wie er z. B. in dem Boykott deutscher Waren, in der kurz zuvor erfolgten Schändung des Grabes von Frau Karin Göring, in der Hetze der Weltpresse gegen das »Dritte Reich« auch noch in letzter Zeit zum Ausdruck gekommen ist. Meine etwas drastische Ausdrucksweise beeinträchtigt in keiner Weise die dankbare Anerkennung der mir in England zuteil gewordenen Gastfreundschaft. Das war ja der Sinn meiner Reise, Mißverständnisse, Unklarheiten zu beseitigen, freundschaftliche Beziehungen herzustellen, was mir nach der Bestätigung des Herrn Dr. Buchmann, mit dem ich noch nach der Sportpalastkundgebung eingehend sprach, zu meiner tiefen Freude auch gelungen ist.

2. Meine Bemerkung zu dem Arierparagraphen in England und im Sportpalast: Ich habe in England (dies hatte ich vorher mit Herrn Professor Fezer besprochen) erklärt, weder der Reichsbischof noch ich hätten bei der Nationalsynode den Antrag auf Durchführung des Arierparagraphen in der Reichskirche gestellt noch würden wir ihn stellen[29]. Ich habe in London des öfteren erklärt, daß einzelne Landeskirchen den Arierparagraphen angenommen hätten – was in London ja auch allgemein bekannt war – und ausgeführt, warum dies geschehen sei. Ich habe jedoch in London nie erklärt, wir würden den Arierparagraphen, nachdem die Generalsynode seine Durchführung für Preußen beschlossen hatte, nicht durchführen. In der Sportpalastversammlung habe ich, da-

[28] LKA Stuttgart, D 1, Bd. 45, 1.

[29] Siehe Anmerkung 25a, S. 854.

nach gefragt, erklärt, daß ich vor drei Tagen die Anordnung gegeben hätte, den Beschluß der Generalsynode durchzuführen.

3. Meine Stellung zum Fall Krause: Ich habe im Sportpalast als erster gesprochen und sofort nachher die Versammlung verlassen, da ich noch am Abend nach München fahren mußte. Der Wortlaut der Rede von Dr. Krause ist mir nicht bekannt gewesen; mit einem Vorstoß, wie ihn Dr. Krause unternahm, konnte in keiner Weise gerechnet werden. Von den anwesenden Mitgliedern der Reichsleitung ist sofort von Bischof Peter schärfster Protest gegenüber Dr. Krause eingelegt worden[30]. Es ist einfach selbstverständlich, daß unter Nationalsozialisten ein Tumult in der Versammlung vermieden werden mußte. Disziplinlosigkeiten werden bei uns Nationalsozialisten von der Führung geregelt. Außerdem hat der zweite Redner des Abends, Pfarrer Tausch, ein klares Bekenntnis zum Christus abgelegt. Den bereits an Ort und Stelle kundgegebenen Protest haben die in der Versammlung anwesenden Mitglieder der Reichsleitung sofort am nächsten Tag in schärfster Form in die Presse gegeben. Die Herren Professoren irren sich, wenn sie die Sportpalastkundgebung als »erste volksmissionarische Veranstaltung für Groß-Berlin« bezeichnen. Es handelte sich vielmehr um eine Generalversammlung der Mitglieder des Gaues Groß-Berlin. Ich habe sofort nach meiner Rückkehr aus München Dr. Krause seines Amtes enthoben[31] und damit »eine öffentliche Annullierung der Sportpalastresolution« vollzogen. Auf Grund der mir vorgelegten Manuskripte sprach ich sodann meine klare Stellungnahme zum Bekenntnis aus, wie ich sie bereits in Punkt I der Richtlinien festgelegt habe, der Richtlinien, die ich unter dem Geleitwort habe herausgehenlassen: »Es ist in keinem anderen Heil, ist auch kein anderer Name unter dem Himmel den Menschen gegeben, darinnen wir sollen selig werden[31a].« Die drei Herren kritisieren, daß ich gewußt habe, daß Dr. Krause schon seit langem ein Vorkämpfer der Deutschkirche war. In meiner Bewegung stehen viele, die früher der Deutschkirche nahe standen, so wie in der Kirche viele unter und auch auf der Kanzel stehen, die einst sogar glaubenslos waren. Man kann mich für den Vorstoß Dr. Krauses ebensowenig verantwortlich machen, so wenig man den Reichskanzler Adolf Hitler für den Stennes-Putsch[32] verant-

[30] GB 140, S. 110.
[31] GB 140, S. 110.
[31a] Apg 4,12.
[32] Am 30. 8. 1930 revoltierte die Berliner SA unter Führung von Stennes gegen die Berliner Gauleitung der NSDAP (Goebbels) wegen ungenügender finanzieller

wortlich machen kann. Mein eindeutiges Abrücken von Dr. Krause erfolgte keineswegs lediglich wegen einer Disziplinlosigkeit; ich mußte mich von ihm trennen, weil er einen anderen Geist hat. Damit fällt der Vorwurf, die Absetzung Krauses werde »zu einer nur taktischen Maßnahme verharmlost«, vollständig dahin.

4. Was nun das Verhältnis der drei Tübinger Herren zu unserer Glaubensbewegung betrifft, habe ich folgendes festzustellen: Es ist richtig, daß ich an Sie, Herr Landesbischof, und zwar auf Wunsch der Herren Professoren u. a. telegraphierte: »Ein Ausschluß ist nicht erfolgt.« Ich habe die Herren aber nicht im Zweifel darüber gelassen, was ich nach Stuttgart telefoniert habe. Ich telefonierte Herrn Pfarrer Rehm, daß die Herren Professoren sich selbst ausgeschlossen hätten. Ich teilte ihnen auch mit, daß sie bei ihrer Rückkehr nach Württemberg einen Brief von Herrn Pfarrer Rehm vorfänden, der ihnen diese Tatsache bestätige. Der ganze Tatbestand ist in Gegenwart des Kirchenministeriums am 24. November restlos geklärt worden. Auf Grund der Äußerungen des Herrn Pfarrer Rehm stellte der Herr Reichsbischof fest, für ihn sei der Fall jetzt klar, wenn Unruhe in Württemberg entstehe, »so ist das Ihre Schuld, meine Herren«. Die Herren Professoren sprachen von einer »Entfernung oder wenigstens Suspension Bischof Hossenfelders aus seinen kirchlichen Ämtern bis zur Erledigung eines gegen ihn einzuleitenden Disziplinarverfahrens«. Es ist mir weiter berichtet worden, daß von Herrn Professor Fezer das Wort gefallen sei: »Ich habe drei Mal gelogen.«

Sehr geehrter Herr Landesbischof, ich lasse Ihnen diese Berichtigungen zugehen und begrüße es, wenn Sie die drei Herren veranlassen, ihre Darstellungen zurückzunehmen. Sollten die Herren sich weigern, behalte ich mir weiteres vor.

Mit dem Ausdruck vorzüglicher Hochachtung Ihr ergebener Hossenfelder, Bischof von Brandenburg.

Der Anschluß an den Pfarrer-Notbund

Die Sportpalastkundgebung der Deutschen Christen und der Ausschluß der Tübinger Professoren aus der Glaubensbewegung mußte die Krise in der württ. Glaubensbewegung noch verschärfen, die durch die Besprechungen des Landesbischofs in Berlin Anfang November 1933

Unterstützung. Die Revolte wurde niedergeschlagen und Röhm als Stabschef der SA eingesetzt.

und durch die folgenden Verhandlungen in Württemberg nicht beigelegt werden konnte. Eine Wiederaufnahme der Sezession in die Glaubensbewegung schien für die nächste Zeit kaum möglich. Pfarrer Weber kündigte deshalb am 25. 11. 1933 in einem Rundbrief an die Mitglieder der Sezession den Anschluß an den Pfarrernotbund an[33]*:*

Liebe Freunde!

1. Nun sind die Fronten klar! Keinem, der helle Augen hat, kann zweifelhaft sein, um was es geht: um den Bestand der Kirche überhaupt. Entweder ist die Kirche eine völkisch-religiöse Institution oder sie ist Kirche des Evangeliums! Der Entscheidung dieses Entweder-Oder darf und kann keiner von uns ausweichen. Entscheidungslosigkeit ist in diesem Stadium nicht zu verantworten. Mit Verhandlungen und bloßen taktischen Überlegungen wird jetzt nichts mehr erreicht. Die Entscheidungen müssen durchgefochten und durchgehalten werden bis zum Letzten, andernfalls ist der Verfall der Kirche nicht mehr aufzuhalten. Die Vorgänge in Berlin und was seither erfolgt ist, haben unsere Haltung, die wir seit dem 20. September eingenommen haben, vollauf bestätigt. Der Kampf hat sich inzwischen auf das ganze Reich ausgedehnt und wie bei uns immer mehr auf ganz bestimmte sachliche und personelle Forderungen zugespitzt. In allen diesen Fragen ist an der festen Entschiedenheit unserer Württembergischen Kirchenleitung nicht zu zweifeln. Habt daher Vertrauen und verliert die Nerven nicht! Nachdem in Westfalen eine überwiegende Zahl von Pfarrern und Gemeinden der Reichskirchenregierung erklärten, daß sie die Inhaber der derzeitigen Kirchenregierung in Preußen nicht als berufene Träger des kirchlichen Amtes anerkennen und entschlossen sind, alle Folgerungen zu ziehen[34]; nachdem die bayerische Glaubensbewegung Deutsche Christen geschlossen aus der Glaubensbewegung Deutsche Christen ausgetreten[35] ist; nachdem die Professoren Fezer, Rückert, Weiser auf Grund direkter Aussprache in Berlin sich im Zusammenhang mit den Erörterungen über das Verhältnis von Kirche und Glaubensbewegung Deutsche Christen veranlaßt gesehen haben, ihre Verbindung mit dieser endgültig zu lösen; nachdem in Flugblättern, Zeitungsartikeln und z. T. bereits in großen öffentlichen

[33] LKA Stuttgart, D 1, Bd. 45,1. Zum Pfarrernotbund siehe auch Niemöller, Kampf, S. 79; Niemöller, Handbuch, S. 112 ff.; Hermelink, S. 56. Am 19. 11. 1933 protestierte der Notbund in einer Kanzelerklärung gegen das in die Kirche eingedrungene Neuheidentum: GB 140, S. 111 ff.

[34] GB 141, 113 f.

[35] Baier, S. 73 ff.; GB 141, S. 113.

Gemeindeversammlungen die Dinge bekannt gegeben wurden und so in die breitesten Schichten gedrungen sind und unsere Gemeinden tief aufwühlen, ist es ein Gebot des Ernstes der Lage und der seelsorgerlichen Pflicht, daß wir unsere Gemeinden, zum mindesten die in der Gemeinde Mitarbeitenden, nicht länger im unklaren lassen, sondern ein offenes Wort über die offene Wunde unserer Kirche sagen. Dabei haben wir uns mit aller Entschiedenheit gegen die Lüge zu wenden, als trage der Kampf politischen Charakter, eine Behauptung, die leider da und dort geglaubt wird. Wir müssen uns gegen diese Mißdeutung der Situation bis aufs äußerste wehren, weil sie einfach die Dinge auf den Kopf stellt, verharmlost und zugleich verschärft. Wir sind der festen Überzeugung, daß eine weitere Wirksamkeit der Glaubensbewegung Deutsche Christen in der seitherigen Art ständig wachsende Gefahren für Volk, Staat und Kirche, nach innen und außen, heraufbeschwört.

2. Die Entscheidung über den weiteren Gang der Dinge fällt nunmehr in Berlin. Unsere Pflicht ist es, unter Aufgabe jeder Zurückhaltung und überholter Frontenbildung entschlossen hinter die vom Herrn Reichsbischof in seinem Aufruf und den beiden Kirchengesetzen[36] vertretenen Grundsätze und hinter diejenigen Männer uns zu stellen, die durch ihr mannhaftes Auftreten den Herrn Reichsbischof in seiner entschiedenen Haltung bestärkt haben. Unter diesen Umständen ist die seitherige Frontenbildung fraglich geworden. Jedenfalls müssen wir uns ernstlich besinnen, ob der Glaubensbewegung Deutsche Christen überhaupt noch aufzuhelfen und unser seitheriges Ringen um ihre Neugestaltung nicht mehr und mehr aussichtslos geworden ist.

3. Diese Erwägungen und die Erkenntnis der durch die Stunde von uns geforderten Entscheidung ließ einen gestern versammelten kleinen Freundeskreis, zu dem sich auch Gäste aus dem Reich eingefunden hatten, zu folgender Erklärung kommen: a) Wir vertreten unsere aus dem Bekenntnis zu Evangelium und Kirche und aus der unerschütterlichen Treue zum Nationalsozialistischen Staat kommenden Anliegen auch künftig, ganz gleich, welches das Schicksal der derzeitigen Glaubensbewegung Deutsche Christen sein wird. b) Der Notstand der Kirche erfordert, daß wir uns dem im ganzen Reiche verbreiteten, immer stärker anwachsenden Pfarrersnotbund anschließen, um dessen Forderungen nach einer allein nach Schrift und Bekenntnis gebundenen evang. Kirche Nachdruck zu verleihen. Dabei betonen wir, daß dieser unser Anschluß

[36] Aufruf des Reichsbischofs vom 15. 11. 1933, Verfügung vom 16. 11. 1933 und Kirchengesetz vom 24. 10. 1933; siehe S. 828 und GB 140, S. 110 und 112.

keinerlei Verzicht bedeutet auf die Forderung nach entschiedener Reform der Kirche, für die wir uns auch künftig im Interesse von Kirche und Staat unbedingt einsetzen. c) Der Anschluß wird von uns ad hoc, im Blick auf die aktuelle gegenwärtige Krisis vollzogen. Er bedeutet demnach keinerlei endgültige Bindung oder Behinderung künftiger neuer Entschlüsse unsererseits. d) Außerdem bleiben wir bis zum Abschluß der eindeutigen Bereinigung unserer württ. Verhältnisse in der seitherigen Form der Gesinnungsgemeinschaft geschlossen beieinander, um in dem Augenblick uns aufzulösen, in dem unsere bekannten Anliegen, um die wir seit Monaten kämpfen, erfüllt sind.

4. Rehms telephonische Mitteilung an den Herrn Landesbischof, daß Hossenfelder den Ausschluß Fezers verfügt habe, wurde vom ersteren nachträglich als ein Mißverständnis bezeichnet, während das Gegenteil von einem Zeugen, welcher in der württ. Glaubensbewegung maßgebend beteiligt ist, behauptet wird.

5. Der selbst für unsere wahrlich abgehärtete Gegenwart unglaubliche Artikel Rehms im »NS-Kurier« »Klarheit ist not«[36a], der in bekannter Weise den staatlichen Arm zitiert, wird von uns nicht beantwortet. Niedriger hängen!

6. Der Auflösungsprozeß der um Rehm sich scharenden Gruppe scheint fortzuschreiten. Unter denen, die in den letzten Tagen ihren Austritt erklärt haben, sind verschiedene Kreisleiter.

Heil Hitler! Mit dem Gruß treuer Kampfgemeinschaft Euer Weber.

P. S. Wir bitten unsere Freunde, soweit es ihnen möglich ist, wieder um einen bescheidenen Beitrag zur Deckung der Unkosten auf Girokonto Nr. 11152, Pfarrer G. Weber, Stuttgart, Tübinger Str. 16 (Städt. Girokasse Stuttgart).

Wie soeben mitgeteilt wird, hat der Minister für die lutherischen Landeskirchen in der Deutschen Evang. Kirche, Landesbischof D. Dr. Schöffel, Hamburg, seinen Rücktritt aus dem Geistlichen Ministerium vollzogen[37].

Im Rundschreiben Nr. 5 der Kirchlich-theologischen Arbeitskreise Württembergs vom 27.11.1933 teilte Pfarrer Metzger, Bronnweiler, ebenfalls den Anschluß an den Pfarrernotbund mit[38]:

[36a] »NS-Kurier«, Ausgabe vom 18. 11. 1933; siehe S. 839 ff.

[37] Siehe S. 879 f.

[38] LKA Stuttgart, D 1, Bd. 44. Die Beilagen befinden sich nicht mehr bei den Akten.

Lieber Herr Amtsbruder!

1. Als wir Sie vor einem Monat um Ihre Unterschrift unter ein Treuebekenntnis zu unserer kirchlichen und staatlichen Obrigkeit baten, erhofften wir von diesem Schritt die endgültige Klärung der kirchlichen Verhältnisse in Württemberg. Gestützt auf insgesamt 1075 Unterschriften konnte unser Herr Landesbischof bei den Verhandlungen in Berlin zu einem, wie es zuerst schien, günstigen Ergebnis kommen: Die Autorität des Landesbischofs schien auch für die württembergische Glaubensbewegung Deutsche Christen sichergestellt, und die Bereinigung der Führerfrage in der württ. Landesleitung war von Hossenfelder verheißen. Gleichzeitig aber gab dieser anderslautende Versprechungen an den Landesleiter Rehm, und so wurde die Krisis nicht nur nicht gelöst, sondern im Gegenteil verschärft. Von den diesbezüglichen Mitteilungen des Herrn Landesbischofs auf der Dekanskonferenz am 16. November werden Sie ja wohl durch Ihren Dekan im einzelnen unterrichtet worden sein[39].

2. In dem aktiven Kampfe gegen die von der Reichsleitung der Glaubensbewegung Deutsche Christen ausgehende Gewissensverwirrung schien die Pfarrerschaft Württembergs und Bayerns unter Führung ihrer Landesbischöfe bislang allein zu stehen, unsern norddeutschen Amtsbrüdern war unter ihren derzeitigen Bischöfen nur passiver Widerstand möglich, den sie, im Notbund zusammengeschlossen, energisch leisteten. Mit den bekannten Vorgängen im Sportpalast hat sich nun die Lage geändert und eine eindeutige Klärung erfahren: Der Kampf ist in aller Öffentlichkeit in der ganzen Reichskirche entbrannt, und er geht nicht mehr um einzelne Personen, sondern um dieses ganze System kirchlichen Terrors, das unter der Maske kirchlichen Führertums durch den Mangel einer klaren Bekenntnishaltung in Wirklichkeit die Bestrebungen der dritten Konfession unterstützt. Aus dem beiliegenden Bericht können Sie ersehen, daß Herr Hossenfelder und seine Mitarbeiter im Preußischen Oberkirchenrat durch ihr nachträgliches Abrücken von den Vorgängen im Sportpalast die Tatsache nicht aus der Welt zu schaffen vermögen, daß sie es waren, die Dr. Krause trotz seiner ihnen bekannten Einstellung zu solchem Einfluß kommen ließen.

3. Die Maßnahmen des Herrn Reichsbischofs, die unter der Wirkung der Proteste gegen die Vorgänge im Sportpalast erfolgten (Enthebung Dr. Krauses von seinen kirchlichen Ämtern, Zurückweisung der Irr-

[39] Siehe S. 700 ff.

lehren, Aufschiebung des neuen Kirchenbeamtengesetzes, Verpflichtung der kirchlichen Organisationen auf Schrift und Bekenntnis, Widerruf der Absetzung von Rabenau, Niemöller und Scharf[39a]) sind gewiß auch in unseren Kreisen begrüßt worden. Dabei ist aber zu bedenken, daß diese Maßnahmen noch nicht die notwendige Klärung bringen. Zu einer solchen Klärung wäre notwendig die Trennung des Herrn Reichsbischofs von der Reichsleitung der Glaubensbewegung Deutsche Christen, welche die Mitverantwortung für jene Vorgänge trägt. Dazu würde ferner gehören die Erfüllung der Forderungen, die von 3000 Pfarrern des Notbundes und ebenso von 1000 westfälischen Gemeindeverordneten dem Herrn Reichsbischof vorgetragen worden sind[39b] (vgl. Beilage). Dazu hat aber der Herr Reichsbischof, der ja bekanntlich der Schirmherr der Glaubensbewegung ist, sich bis jetzt leider nicht entschließen können.

4. Da also der Reichsbischof nicht in der Lage ist, diesen Kampf zu führen, und da das noch in stärkerem Maße zutrifft auf die Mehrzahl der kirchlichen Führer der Altpreußischen Union, die unter dem Kommando des stellvertretenden Preußischen Landesbischofs Hossenfelder stehen, fällt die Hauptlast des Kampfes um die rechte Führung auf die Schultern der lutherischen Bischöfe, zu denen auch unser Herr Landesbischof gehört. Diese haben bereits in Wittenberg bei der Nationalsynode ihren Protest gegen die skandalösen Vorgänge bei der dortigen Ämter-Verteilung zu Protokoll gegeben[40]; sie haben auch jetzt den Kampf nachdrücklich aufgenommen. Eine Episode aus diesem Kampf ist der Rücktritt D. Schöffels aus dem Kirchenministerium. Wir sind dankbar, daß unsere Württ. Kirchenleitung sich mit aller Entschlossenheit in diesem Kampfe einsetzt, und freuen uns, daß sie bei diesem Kampfe die überwältigende Mehrheit der gesamten Pfarrerschaft hinter sich weiß.

5. Solcher Kampf bedarf aber tatkräftiger Mithilfe aus dem Kirchenvolk selber unter der Führung der Pfarrerschaft. Erfreulicherweise ergeht solcher Protest nicht zuletzt aus den Kreisen der Glaubensbewegung Deutsche Christen selber: Die bayerische Glaubensbewegung hat auf der Weimarer Tagung der Glaubensbewegung Deutsche Christen geschlossen ihren Austritt erklärt[41], ebenso der Gau Thüringen; in Württemberg haben die Professoren Fezer, Rückert, Weiser ihre Beziehungen zur

[39a] GB 140, S. 109 ff.
[39b] GB 141, S. 113 ff.
[40] GB 140, S. 104.
[41] Baier, S. 73 ff.; GB 141, S. 113.

Glaubensbewegung Deutsche Christen gelöst; auch sonst beginnt die unter Rehms Führung stehende Bewegung zu zerbröckeln. Das Vorgehen unserer Freunde von der Sezession am 20. September des Jahres hat damit weitgehende Nachfolge gefunden.

6. In vorderster Front aber stehen bei diesem Kampf diejenigen Amtsbrüder, die sich schon in all den vergangenen Monaten immer wieder für Evangelium und Kirche eingesetzt haben: Die Glieder des norddeutschen Notbundes, die unter schwerstem Druck standgehalten haben und hinter denen nunmehr die Gemeinden ganz anders stehen als zur Zeit der sog. Kirchenwahlen. Dieser Notbund bedarf heute unserer persönlichen tatkräftigen Unterstützung. Immer schon haben wir Fühlung mit ihm gehalten. Wir haben unseren Vertreter nach Berlin gesandt[41a]. Wir haben schon in Freudenstadt unseren Eintritt erwogen. Wir sahen von diesem Schritt damals noch einmal ab, weil die Lage noch nicht reif dazu schien. Heute aber fordert sie diesen Anschluß an den Notbund. Wir treten ihm bei als württembergische Gruppe. Der Beitritt aber kann nur durch Einzelunterschrift erfolgen; darum bitten wir Sie, beiliegendes Formular mit der Notbundverpflichtung zu unterzeichnen und bis zum 1. Advent an Pfarrer Metzger, Bronnweiler, zu senden. Die Unterschrift unter diese Verpflichtungssätze macht Sie zum Mitglied des Notbundes. Selbstverständlich ist, daß der Notbund sich freudig zum Staate Adolf Hitlers stellt; Niemöller, einer seiner führenden Männer, ist alter Parteigenosse der NSDAP.

7. Mit uns hat auch der Kreis um Pressel denselben Schritt beschlossen. Der weiteren Entwicklung der Dinge in Württemberg ist damit nicht vorgegriffen. Unser Entschluß entspringt der Einsicht, daß der Kampf in Württemberg gar nicht mehr isoliert gekämpft werden kann und gekämpft werden darf, sondern daß die Entscheidung in Berlin fällt. Und zur Herbeiführung dieser Entscheidung bedarf es der Mobilisierung aller Kräfte. Erst wenn die Lage in der Reichskirche bereinigt ist, wird der Störungsherd in Württemberg auch endgültig beseitigt werden können, um dann an eine gründliche positive Aufbauarbeit zu gehen, wie sie in den Richtlinien unseres Herrn Landesbischofs zur Volksmission[42] schon vorgezeichnet ist. Die dort vertretenen Zielsetzungen können wir dankbar als mit unseren Zielen übereinstimmend bejahen. Die kirchlich-theologische Arbeit der KTA wird, wenn diese Richtlinien durchgeführt werden, eine landeskirchliche Arbeit sein. Dann wird auch

[41a] Siehe S. 725 ff.

[42] Siehe S. 770 ff.

die Frage unseres Anschlusses an die Evangelisch-Kirchliche Vereinigung ein neues Gewicht bekommen, die nun augenblicklich noch nicht spruchreif ist.

8. Nachdem in Flugblättern, Zeitungsartikeln und zum Teil bereits in großen Gemeindeversammlungen die Vorgänge im Sportpalast in der Öffentlichkeit bekannt geworden sind, entfällt jeder Grund, unsere beunruhigten Gemeindeglieder noch weiterhin ohne Aufklärung zu lassen, zumal diejenigen, die im Kirchengemeinderat oder sonstwie tätig in der Gemeinde mitarbeiten. Denn die lebendigen Glieder unserer Gemeinden sind bewegt von der Frage, wie wohl unsere Württ. Landeskirche und wie wohl ihr eigener Ortspfarrer sich dazu stelle. Und so ist es not, »ein offenes Wort über die offene Wunde unserer Kirche zu sagen«.

9. Zum Schluß noch ein Wort zur finanziellen Seite! a) Die Vorträge von unserer Freudenstädter Tagung (»Zeitgemäße Gemeindepredigt und Volksmission«) werden als Broschüre Ihnen demnächst zugehen. Sie werden allen Amtsbrüdern ohne Unterschied auf den Schreibtisch gelegt. Wir hoffen, daß freiwillige Beiträge die damit verbundenen Kosten decken. b) Unsere Rundschreiben, Telefonkosten usw. erfordern ständig neue Mittel. Wir bitten Sie heute um einen Beitrag an die »Geschäftsstelle der Kirchlich-Theologischen Arbeitskreise Württembergs«, Girokonto 1197, Oberamtssparkasse Reutlingen. c) Der Notbund erhebt von seinen Mitgliedern einen Monatsbeitrag von 1 Mark, dessen Überweisung am besten durch Dauerauftrag an die Kasse geregelt wird. Vorderhand übernimmt unsere Geschäftsstelle auch die Verrechnung der Notbundsgelder, von denen 50 % an die Reichsstelle abgeliefert werden.

Mit der Bitte um rechtzeitige Übersendung Ihrer Beitrittserklärung und mit amtsbrüderlichem Gruß I. A. Metzger.

Zum Anschluß der württ. Pfarrer an den Pfarrernotbund schrieb Pfarrer Rehm am 29. 11. 1933 im NS-Kurier[42a]:

Pfarrernotbund?

Der Bevollmächtigte der Reichsleitung der Deutschen Christen, Pfarrer Rehm, schreibt uns zur augenblicklichen Lage:

Nach Pressemeldungen wird der Eindruck erweckt, daß rund 800 württ. Pfarrer samt den hinter ihnen stehenden Gemeinden mit der

[42a] Rehm wandte sich damit gegen 2 Artikel in der »Süddeutschen Zeitung«, Ausgabe vom 27. und 29. 11. 1933, die zwei Beiträge des EPD über die Lage in Württemberg veröffentlicht hatte.

Glaubensbewegung Deutsche Christen gebrochen hätten (Südd. Zeitung Nr. 281). Diese Gruppe habe sich fernerhin dem sogenannten Pfarrernotbund angeschlossen. Es soll dadurch der Anschein hervorgerufen werden, daß die württ. Glaubensbewegung erledigt sei. Ich habe diesen irreführenden Meldungen gegenüber festzustellen, daß diese Pfarrergruppe von 800 Pfarrern zu zwei Drittel überhaupt noch nie der Glaubensbewegung angehört hat, während das andere Drittel schon vor mehreren Wochen aus der Glaubensbewegung ausschied, da sich diese Pfarrer nicht mehr dem Herrn Reichsbischof und Reichsleiter Hossenfelder, welche beide in unerschütterlicher Treue einander verbunden sind, unterordnen wollten.

Uns alte nationalsozialistische Kämpfer hat es nicht gewundert, daß manche zur Glaubensbewegung Deutsche Christen kamen, die wieder zu dem alten Geist des Volksdienstes bzw. zur jetzigen Jungreformatorischen Gruppe zurückgefunden haben, die noch immer dem Nationalsozialismus zum mindesten kühl und ablehnend gegenüberstehen. Diese Kreise haben den Pfarrernotbund gegründet. Es ist interessant, was die Südd. Zeitung Nr. 283 über diese neue Organisation berichtet, die nicht nur eine Pfarrerorganisation, sondern eine Laienorganisation sein soll. Sie dient dazu, daß die Mitglieder »bei Amtsbedrohung für einander einstehen, bei Amtsenthebung einander finanziell und auf andere Weise Hilfe leisten, im äußersten Fall bis zur Amtsniederlegung«. Um der Not der Kirche willen sei dieser Bund entstanden. Diese Auslassungen zeigen deutlich, welche Kreise sich in dem Pfarrerbund zusammengefunden haben. Ein Pfarrer, der seine Pflicht gegenüber seinem Reichsbischof und dem nationalsozialistischen Staat erfüllt, kommt im heutigen Staat in keine Not; er wird nicht seines Amtes enthoben und gemaßregelt. Allenfalls hätte solcher Bund bei der unmittelbaren Bedrohung des deutschen Volks durch den Bolschewismus ein Recht gehabt, aber niemals im Dritten Reich. Es wird ganz klar, daß sich hier diejenigen Kreise nun auch in Württemberg wie im ganzen Reich zusammengeschlossen haben, welche innerlich nicht zum nationalsozialistischen Staat und zur Autorität des Reichsbischofs finden können. Die Geheime Preuß. Staatspolizei hat sich bereits in Gestalt von Haussuchungen mit diesem Pfarrernotbund beschäftigen müssen. In Teilen Deutschlands haben seine Mitglieder auch schon erklärt, sie kennen nur einen Reichsbischof, Bodelschwingh.

Die Gründung dieses Pfarrernotbundes hat ein grelles Licht auf die Lage der Kirche geworfen. Der Staat kann es nicht dulden, daß sich

Pfarrer zu solchen Zweckverbänden zusammenschließen, um sich gegenseitig im Kampf gegen die nationalsozialistische Weltanschauung und ihre Durchsetzung in der Kirche Rückendeckung und Halt zu geben. Sie wollen sich nicht vorbehaltlos in die neue Volksgemeinschaft einfügen, sondern glauben immer noch, dem nationalsozialistischen Staat kritisierend gegenüberstehen zu können. Dadurch, daß der Pfarrernotbund nun auch auf die Laienwelt ausgedehnt werden soll, gewinnt die Angelegenheit eine sehr ernste Bedeutung. Es ist anzunehmen, daß viele unserer gutmeinenden württ. Pfarrer gar nicht wissen, in welch eine Organisation sie durch die Führung, hinter die sie sich gestellt hatten, eingegliedert werden sollen . . .

Gegen Rehms Darstellung über den Anschluß an den Pfarrernotbund wandte sich ein Rundbrief von Ende November 1933[43]*:*

Was ist's mit dem »Pfarrernotbund«?

In einem Teil der württ. Presse wurden auf Grund einer Notiz, wonach größere Gruppen des einheimischen Pfarrerstandes dem »Pfarrernotbund« sich angeschlossen hätten, über diesen Bund Nachrichten verbreitet, die geeignet sind, ein völlig schiefes Bild von dessen Einstellung zu den Fragen des heutigen Staates und der Neugestaltung der Kirche zu geben. Es wird nämlich der Eindruck erweckt, als ob der Zusammenschluß im »Notbund« deshalb erfolgt sei, um sich »im Kampf gegen die nationalsozialistische Weltanschauung und ihre Durchsetzung in der Kirche Rückendeckung und Halt zu geben«. Es wird davon gesprochen, daß der »Notbund« das nationalsozialistische Gedankengut in »altes« liberalistisch-bürgerliches oder gar reaktionäres Denken umfälschen wolle. Dann: dem »Notbund« wird die Gesinnung einer politischen und kirchlichen Reaktion angedichtet.

Dazu die folgende Richtigstellung:

1. Was den Vorwurf der politischen Reaktion anlangt, so ist er schon durch den Hinweis erledigt, daß auch die Glieder des »Notbundes« zusammen mit dem übrigen Volk am 12. November in einmütiger Geschlossenheit sich hinter den Führer und seinen Staat gestellt haben[44]. Der Führer des »Notbundes«, Pfarrer Niemöller, Berlin, ist ein im Krieg hochverdienter U-Bootskommandant. Ihm zur Seite steht sein Bruder, ein im Westen unseres Vaterlandes bekannter alter Vorkämpfer

[43] LKA Stuttgart, D 1, Bd. 45,1; das Stück trägt keine Unterschrift.

[44] Siehe S. 751 ff.

des Nationalsozialismus. Unter den Mitgliedern selbst befinden sich viele Parteigenossen. Die Angehörigen des »Notbundes« wissen sich in Dank und Entschlossenheit den Zielen Adolf Hitlers verpflichtet. Wer trotzdem so tut, als ob der »Notbund« eine Frontstellung gegen den Staat einnehme, der setzt sich dem Verdacht aus, als wolle er durch das nicht einwandfreie Mittel der Anzweiflung der politischen Zuverlässigkeit den »Notbund« in den Augen der Öffentlichkeit unmöglich machen.

2. Der Grund, der zum Zusammenschluß von nunmehr über 4000 Pfarrern in einer Notgemeinschaft führte, ist keineswegs ein politischer und staatlicher, sondern ein lediglich kirchlicher. Nicht gegen den Nationalsozialismus, sondern gegen die von der Glaubensbewegung Deutsche Christen in die Kirche eingetragene Gewalt- und Zwangsherrschaft richtet sich der »Notbund«. Es ist ein offenes Geheimnis, daß die Deutschen Christen da, wo sie an die Macht kamen, mit Maßregelungen gegen Pfarrer (Absetzung und Versetzung), mit Drohung und Druck gearbeitet haben. Diese Feststellung wird bestätigt durch eine Erklärung[44a], welche soeben die evang.-luth. Kirchenführer (darunter auch der württembergische, bayrische und badische Landesbischof) der Presse übergeben haben und worin offen ausgesprochen ist: »Es ist dafür zu sorgen, daß in sämtlichen Kirchengebieten, in denen durch Anwendung von Zwang und Gewalt kirchliche Maßnahmen sachlicher und personeller Art getroffen wurden, unverzüglich geordnete kirchliche Verhältnisse hergestellt werden.«

Durch die mit unkirchlichen Mitteln arbeitende Haltung der »Deutschen Christen« wurde nicht nur der Machtgedanke in die Kirche eingetragen, welcher Kirche und Glaubensleben in ihrem innersten Bestand gefährdete, sondern auch über viele Pfarrer Gewissensnot und zum Teil sogar wirtschaftliche Not gebracht. Aus diesem kirchlichen[44b] Notstand heraus entstand der »Pfarrersnotbund« mit dem Ziel, dieser Not gemeinsam durch brüderliches Zusammenstehen und gegenseitige Handreichung zu begegnen. Weiter aber war eine solch innerkirchlich völlig unpolitische Notgemeinschaft gefordert angesichts mannigfacher Versuche, den Bekenntnisstand unserer Kirche, die einzig und allein auf der Grundlage des ungekürzten biblischen Evangeliums ruht und allein von dort her Regel und Richtschnur ihres Aufbaues und Handelns empfangen kann, zu erschüttern. Und wenn von seiten der derzeitigen Glaubensbewegung immer wieder betont wird, daß auch sie auf diesem

[44a] Siehe S. 880.

[44b] kirchlichen: in der Vorlage unterstrichen.

Boden stehe, so ist dem erst dann Genüge geschehen, wenn aus den führenden Stellen der Glaubensbewegung sofort und restlos alle bekenntniswidrigen Elemente entfernt sind, was bis jetzt mit einer einzigen Ausnahme noch nicht geschehen ist. Darüber hinaus sind sich aber die im »Notbund« Vereinigten darüber klar, daß nur eine von Grund erneuerte Kirche den Dienst des Evangeliums tun kann, den der Staat Adolf Hitlers von ihr erwarten muß. Sie fühlen sich mit Recht völlig verkannt, wenn man ihnen unterstellt, als wollten sie in der Kirche alles beim alten lassen oder gar die Reichskirche untergraben. Bekanntlich haben gerade Kreise des »Notbundes« in vielen Kundgebungen hinter das Vorgehen des Herrn Reichsbischof gegen kirchen- und bekenntnisauflösende Elemente innerhalb der Glaubensbewegung sich gestellt. Freilich sind sie auch überzeugt, daß wirkliche Erneuerung der Kirche von innen, nicht von außen kommt, d. h. nur aus dem Evangelium heraus, nie aber mit Methoden des Zwanges und der Unterdrückung. Neben und vor der hochwichtigen Sorge, das Evangelium volksgemäß zu sagen, kommt für sie die andere einer christusgemäßen Verkündigung. Nach allem steht fest: Die im »Notbund« zusammengefaßten Kreise sind geeinigt und zueinandergeführt durch rein innerkirchliche, ganz und gar unpolitische Anliegen.

3. Wenn versucht wird, gegen diese Notgemeinschaft den staatlichen Arm zu mobilisieren, so ist das zunächst das Eingeständnis der eigenen Schwäche. Eine wirkliche Glaubensbewegung hat es noch nie in der Geschichte nötig gehabt, mit staatlicher Hilfe sich durchzusetzen, sondern hat stets kraft innerer Mächtigkeit und Vollmacht gesiegt. Der Ruf nach der Staatsgewalt befindet sich aber auch in unverhülltem Widerspruch zu einer wirklichen nationalsozialistischen Haltung. Schon Rosenberg hat im »Völkischen Beobachter« vom 16. August des Jahres geschrieben, daß der Nationalsozialismus sich nicht zur politischen Stütze der einen oder anderen kirchlichen Gruppierung hergeben könne. Ihm folgte der Stellvertreter des Führers, welcher verfügte: »Kein Nationalsozialist darf irgendwie benachteiligt werden, weil er sich nicht zu einer bestimmten Glaubensrichtung oder Konfession oder weil er sich überhaupt zu keiner Konfession bekennt. ... Gewissenszwang darf nicht ausgeübt werden[45].« Und noch jüngst hat die NS-Presse erklärt: »Es ist abwegig, wenn kirchliche Gruppen glauben, daß sie allein den Nationalsozialismus vertreten, oder wenn sie die Autorität dieses Begriffes bei

[45] Erlaß vom 13. 10. 1933; GB 140, S. 106.

der Austragung theol. Streitigkeiten für sich in Anspruch nehmen.« Wie wäre es, wenn die heutige Führung der Deutschen Christen, die den bewährten Gedanken der Disziplin so stark betonen, an diesem Punkt bei sich selber mit der Disziplin ernst und die Haltung der obersten Parteistellen sich zu eigen machen wollten? Wie wäre es, wenn sie dementsprechend nicht alle anderen, die nicht in ihren eigenen Reihen stehen, in ihrer nationalsozialistischen Gesinnung verdächtigten, sondern zugeben wollten, daß man treuer Nationalsozialist sein kann, ohne den Deutschen Christen anzugehören? Ob damit nicht der Glaubensbewegung und der Kirche überhaupt besser gedient wäre als mit einer Ketzerriecherei, die nachgerade nicht mehr so ernst genommen wird?!

Aus Pfarrern, die den Kirchlich-theologischen Arbeitskreisen und der Gruppe um Pressel, Hutten, Weber nahestanden, bildete sich im November 1933 innerhalb des Pfarrernotbundes eine württembergische Notgemeinschaft. Am 2. 12. 1933 teilte Pfarrer Weber dies den Bezirksvertrauensleuten mit[46]*:*

Liebe Freunde!

Der Zwang der Verhältnisse, die durch das ganze Reich hin eine Umgruppierung innerhalb der seitherigen kirchlichen Gruppenbildung nötig machten, hat sich auch bei uns in Württemberg ausgewirkt. Es hat sich die Notwendigkeit herausgestellt, alle lebendigen Kräfte und Kreise unserer Kirche zusammenzufassen, um dem Einbruch eines die Vollgültigkeit des Evangeliums antastenden völkischen Schwärmertums zu wehren. Zu diesem Zweck haben wir uns entschlossen, mit den Kirchlich-theologischen Arbeitskreisen eine Notgemeinschaft zu bilden mit dem Ziel, im Kampf um das Evangelium und eine aus dem Evangelium sich bauende und erneuernde Kirche sich gegenseitige Hilfe und Handreichung zu leisten. Dabei denken wir uns den Zusammenschluß so, daß die beiden Gruppen innerhalb dieser Notgemeinschaft in völliger organisatorischer Selbständigkeit ihre durch den besonderen Ausgangspunkt und durch die besondere Blickrichtung gegebenen Anliegen je für sich weiter verfolgen; nur halten wir gerade im gegenwärtig entbrannten Kampf um die Grundlagen der Kirche und der kirchlichen Arbeit gesonderte Teilaktionen nicht mehr für gerechtfertigt.

[46] LKA Stuttgart, D 1, Bd. 45,1.

Diese unsere württ. Notgemeinschaft schließt sich ihrerseits dem Pfarrernotbund an, um gemeinsam mit ihm an der Überwindung des gegenwärtigen kirchlichen Notstandes und an einer evangeliumsgemäßen Neuordnung der Kirche zu arbeiten. Dabei wissen wir uns absolut frei von jederlei kirchlicher und politischer Reaktion, welche die bisherige Kirche konserviert und damit am Neuen vorbeilebt. Es geht uns wirklich darum, daß die Kirche aus dem Geschehen unserer Tage den Ruf Gottes vernehme und um des Volkes willen erneut und mit Ernst zurückgreife auf ihren einzigen Ursprung, das Evangelium. Und auch das erkennen wir, daß ein korrektes Handhaben der Formel »Evangelium und Bekenntnis« noch lange nicht das Neuwerden der Kirche garantiert, sondern daß die beiden Größen uns und unseren Gemeinden erst zur lebendigen Verantwortung und gegenwärtigen Wirklichkeit gemacht werden müssen, damit sie nicht im Sinn einer toten und starren Orthodoxie wirken. Es ist selbstverständlich, daß wir bei der Verbindung, die wir nunmehr eingehen, auch künftig den uns durch die eigentümlichen Verhältnisse unserer schwäbischen Kirche gewiesenen Weg und Auftrag wahren. Sofern die Notgemeinschaft den jetzigen kirchlichen Notstand und seine gemeinsame Überwindung im Auge hat, wird sie ihre Existenz in dem Augenblick aufgeben müssen, wo dieser Notstand beseitigt ist. Sofern sie aber auch das positive Ziel einer Erneuerung der Kirche aus dem reformatorischen Verständnis der neutestamentlichen Botschaft sich zum Ziel gesetzt hat und uns zur rechten Zurüstung für unseren Dienst in der Gemeinschaft der Kirche und des Volkes helfen will, wird sie über den gegenwärtigen Augenblick hinaus fortbestehen müssen. Was die Form unseres Anschlusses an den Notbund im Reich anlangt, so denken wir, wenigstens was unseren Freundeskreis angeht, an korporativen Beitritt. Und zwar so, daß wir an die Reichsstelle je nach Kassenlage monatlich einen Betrag von RM 25,– und mehr liefern. Damit wollen wir u. a. auch erreichen, daß wir von den einzelnen Freunden keinen Beitrag erheben müssen. Es würde zweifellos viele abhalten, zur Notgemeinschaft zu treten, wenn etwa ein Monatsbeitrag von 1,– Mark erhoben werden müßte. Für viele Amtsbrüder erträgt die gegenwärtige finanzielle Inanspruchnahme keine weitere Steigerung.

Da diese unsere württ. Notgemeinschaft (man kann sie auch anders taufen, der Name tut nichts zur Sache) möglichst rasch und auf möglichst breiter Grundlage sich aufbauen sollte, so bitten wir unsere Bezirksvertrauensleute, sofort mit dem im Bezirk leitenden Mitglied der

KTA in Verbindung zu treten, um untereinander die Amtsbrüder des Bezirkes, soweit sie bisher noch nicht der Notgemeinschaft sich angeschlossen haben, zu verteilen und sie zum Eintreten aufzumuntern. Dabei ist der Anschluß auch dann denkbar, wenn der betreffende Amtsbruder weder zum Kreis Pressel noch zur KTA gehören will. Die Führung der Notgemeinschaft liegt zur Zeit bei einem Führerrat, dem Pressel, Metzger, Fausel, Weber angehören. Der Letztere hat die Geschäftsführung. An ihn (Tübinger Str. 16) sind die Anschriften der beitretenden Amtsbrüder zu melden.

Trotz allem, was bis jetzt erreicht wurde, ist der Kampf noch nicht beendet. Die letzten unglaublichen Artikel von Rehm im »NS-Kurier«[46a] zeigen, wie wenig man auf der anderen Seite an ein Einlenken denkt und die eigene hoffnungslose Situation erkennt. Für uns gilt es, durchzuhalten und nicht 5 Minuten vor 12 Uhr lahm zu werden. Darum bitten wir unsere Kameraden, die in den letzten Monaten so treu zu uns gestanden sind und viele Opfer an Zeit und Geld auf sich genommen haben, die Bildung der Notgemeinschaft auch auf möglichst breiter Basis und so rasch als möglich einzuleiten.

Mit herzlichen Wünschen für die anbrechende Adventszeit, die uns über den Lärm des Kampfes hinaus weist auf den, der ewig ist, und mit dem Gruß treuer Kampfverbundenheit Euer Weber.

N. B. Wir bitten unsere Freunde um den Dienst, an den Herrn Landesbischof möglichst eingehende Schilderungen der verworrenen, immer unhaltbarer werdenden Lage zu schicken, die durch die Bearbeitung der Öffentlichkeit mittels der Presseartikel Rehms in den Gemeinden entstanden oder im Entstehen begriffen ist, eine Lage, welche gebieterisch nach einem sofortigen, umfassenden und autoritativen Wort der Kirchenleitung ruft, wenn nicht böses Unheil entstehen soll. Es ist für den Führer unserer Kirche, unseren hochverehrten Herrn Landesbischof, sicher wichtig, über die Stimmung in den Gemeinden unterrichtet zu sein. Bis jetzt sind etwa 320 Anmeldungen zur Notgemeinschaft eingelaufen.

Die neugebildete württ. Notgemeinschaft wandte sich am 3. 12. 1933 an Landesbischof D. Wurm nach dessen Rückkehr aus Berlin von Besprechungen mit anderen Kirchenführern und trug ihre Anliegen für die Württ. Landeskirche vor[47]*:*

[46a] In den Ausgaben vom 18. 11. 1933 und 29. 11. 1933; siehe S. 839 ff. und 867 ff.

[47] LKA Stuttgart, D 1, Bd. 45,1; zu den Besprechungen in Berlin siehe S. 879 ff.

Hochverehrter Herr Landesbischof!

Sie kommen aus schwerer Stellungsschlacht zurück. Wir wissen, daß Sie den Kampf, den Sie mit Einsatz Ihrer ganzen geistigen und körperlichen Kraft führten, für die gesamte Deutsche Evang. Kirche und auch für uns in Württemberg gekämpft haben. Und wenn am Schluß der Auseinandersetzungen eine Bereinigung steht, die das Auseinanderbrechen des deutschen Protestantismus verhindert und eine solide Basis für eine am Evangelium und am Wesen der Kirche orientierte Aufbauarbeit abgibt, dann haben Sie vor allem daran das kirchengeschichtliche Verdienst. Wir möchten darum Ihnen, hochverehrter Herr Landesbischof, im Namen der neugebildeten »Notgemeinschaft«, zu der ca. 800 schwäbische Pfarrer sich rechnen, unseren allerherzlichsten Dank sagen für Ihr uns alle oft aufrichtendes, mannhaftes und ungeteiltes Einstehen für unsere evang. Kirche. Gott segne Ihr Wirken auch ferner!

Wenn Sie nunmehr, wir wir mit Ihnen hoffen möchten, Ihrem langgehegten Wunsch entsprechend, stärker als bisher in den Gang der innerwürtt. kirchlichen Verhältnisse eingreifen werden, so bewegen uns im Blick auf diese eine Reihe besonderer Anliegen, die wir Ihnen in Ehrerbietung im Folgenden unterbreiten möchten.

1. Wir bitten im Blick auf die neuerlichen, an bösartiger Verdrehung alles Seitherige überbietenden, die Verwirrung der Gemeinden ins Unerträgliche steigernden Artikel des Kollegen Rehm dessen alsbaldige Entfernung aus der Landesleitung der Glaubensbewegung Deutsche Christen vorzunehmen, ferner ihn sofort in den Dienst an seiner Gemeinde zurückzuverweisen und gegen ihn ein Disziplinarverfahren einzuleiten[48].

2. Wir bitten die Frage der Vorstandschaft des Pfarrvereins einer Neuregelung zu unterziehen, da die derzeitige Führung in offenem Widerspruch zu der Haltung von ca. 90 % des württ. Pfarrstandes steht und unser Vertrauen nicht mehr besitzt.

3. Wir bitten, die Frage der Umbesetzung des Oberkirchenrats mit jüngeren Kräften einer wohlwollenden Prüfung zu unterziehen und im

Zu den Bitten Ziff. 2—5: Hilzinger trat Anfang Dezember 1933 als Vorsitzender des Pfarrvereins zurück, siehe S. 739 f.; auf 1. 1. 1934 wurde Pressel ordentliches Mitglied des Oberkirchenrats; die Gemeinden wurden durch den Landesbischof umgehend informiert, siehe S. 921 ff. Der Direktor des Pfarrseminars trat im Januar 1935 in den Ruhestand.

[48] Siehe S. 911 ff.

Blick auf die vielerlei andrängenden neuen Probleme und Aufgaben die Einberufung eines wissenschaftlichen Hilfsarbeiters ins Auge zu fassen.

4. Wir bitten den Herrn Landesbischof ergebenst, bei dankbarer Würdigung der bisherigen Tätigkeit des Herrn Oberkirchenrats Knapp die Leitung des Pfarrseminars in jüngere Hände zu legen und eine Persönlichkeit zu berufen, die mit umfassender gründlicher wissenschaftlich und praktisch-theologischer Bildung Gegenwartsnähe und Zeitverbundenheit vereinigt.

5. Gestützt auf viele tiefbesorgte Berichte aus Freundeskreisen gestatten wir uns, an den Herrn Landesbischof den Wunsch heranzubringen, er möchte in einer möglichst bald anzuberaumenden öffentlichen Versammlung die Gemeinde über den Stand der allgemeinen kirchlichen Lage informieren und die kirchliche Presse benutzen, um der Verwirrung der Gewissen entgegenzuwirken und den Frieden in Kirche und Volk wiederherzustellen. Für die »Notgemeinschaft«:

Dölker, Pfeiffer, Metzger, Fausel.

Ende November 1933 gab die Sezession noch einmal einen zusammenfassenden Rückblick auf die Entwicklung seit ihrer Trennung von den Deutschen Christen[49]*:*

Angesichts der mannigfachen falschen und entstellten Gerüchte, die in der Presse über die Spaltung in der württembergischen Glaubensbewegung Deutsche Christen umgehen, ist eine Aufklärung über den Tatbestand nötig geworden. Im Verlauf von lebhaften Auseinandersetzungen innerhalb der württ. Glaubensbewegung Deutsche Christen, die auf grundsätzliche Verschiedenheit in der Auffassung der kirchlichen Fragen zurückgingen, wurden am 18. September die seitherigen Mitglieder der Glaubensbewegung Deutsche Christen, Oberkirchenrat Pressel, Pfarrer Weber und Dr. Hutten von der Landesleitung ausgeschlossen. Das führte am 20. September zu einer Spaltung, da sich sofort rund 150 Pfarrer, lauter Mitglieder der Glaubensbewegung Deutsche Christen, diesen drei anschlossen. Nachdem mehrmalige Verhandlungsversuche, die eine sachliche Einigung erstrebten, gescheitert waren, erklärte diese Gruppe am 11. Oktober geschlossen ihren Austritt aus der Glaubensbewegung. Sie hat inzwischen weiteren Zuzug von Pfarrersmitgliedern der Glaubensbewegung Deutsche Christen erhalten; außerdem stießen zahlreiche andere Pfarrer zu ihr, die bisher aus inneren Gründen ihren Anschluß an die Glaubensbewegung Deutsche Christen nicht hatten

[49] LKA Stuttgart, D 1, Bd. 44; das Stück ist wohl Fragment.

vollziehen können, so daß sie jetzt etwa 400 Pfarrer, d. h. den dritten Teil der gesamten württembergischen Pfarrerschaft umfaßt. Im Lauf der letzten Woche waren von der Reichsleitung der Glaubensbewegung Deutsche Christen und von Landesbischof D. Wurm Versuche zu einer Bereinigung unternommen worden, die zunächst aussichtsreich schienen, aber schließlich infolge der unklaren Stellungnahme der Reichsleitung scheiterten. Pressemeldungen, wonach die württ. Landesleitung der Glaubensbewegung Deutsche Christen sich von der Reichsleitung getrennt habe, sind nicht richtig. Die Landesleitung steht nach wie vor hinter Bischof Hossenfelder. Allerdings ist die württ. Glaubensbewegung Deutsche Christen durch die Spaltung immer mehr zusammengeschmolzen, da sie viele Ortsgruppen- und Kreisleiter verloren hat. Nachdem auch die Mitglieder der Tübinger Fakultät mit Prof. D. Fezer an der Spitze ausgeschieden sind, schwindet ihr Rückhalt im Kirchenvolk mehr und mehr dahin. Der Beitritt der abgespaltenen Gruppe zu dem über das ganze Reich verbreiteten Pfarrernotbund bedeutet keinen Verzicht auf die Forderung nach entschiedener Reform der Kirche im Sinn einer echten Glaubensbewegung Deutsche Christen. Er bedeutet vor allem nicht, daß diese Gruppe nunmehr Hand in Hand mit der Barthschen Theologie ginge; sie lehnt deren überspitzte Lehre vielmehr ab. Der Beitritt erfolgte nur, um dem Ruf des Pfarrernotbundes nach einer unabweichbar an Schrift und Bekenntnis gebundenen Kirche Nachdruck zu verleihen.

Auch über die Hintergründe der Spaltung und die Ziele der ausgeschiedenen Gruppe sind vielfach falsche Gerüchte im Umlauf. Es ist unzutreffend, wenn sie mit irgend welcher politischen Reaktion in Verbindung gebracht wird. In ihren Reihen befinden sich zahlreiche Mitglieder der NSDAP. Die Leitung der Gruppe fordert von ihren Mitgliedern ausdrücklich ein klares und freudiges Bekenntnis zum nationalsozialistischen Staat und zum Führer. Ihr Kampf hat mit Politik nicht das geringste zu tun, sondern gilt rein innerkirchlichen und theologischen Fragen. Ebenso falsch ist die Behauptung, die Gruppe stelle sich in den Dienst einer kirchlichen Reaktion, als wollte sie eine Art »kirchlicher Mainlinie[50]« aufrichten oder die Einheit der Reichskirche gefährden oder gar gegen den Reichsbischof Sturm laufen. Solche Gedanken sind nie erwogen worden. Die abgespaltene Gruppe ist nicht der Meinung, daß in der Kirche alles beim alten bleiben soll. Sie erstrebt vielmehr

[50] Dazu siehe S. 645.

mit allem Ernst eine Neugestaltung der Kirche von der Tiefe des Evangeliums her, damit sie mit ihrer ganzen Kraft dem deutschen Volk den Dienst leisten kann, dessen es auf seinem schweren Weg des Kampfes um innere Neuwerdung und äußere Daseinsbehauptung bedarf. Daß sie niemals die Errichtung einer kirchlichen Mainlinie im Auge behalten kann, geht schon daraus hervor, daß genau dieselben Oppositionen innerhalb der Glaubensbewegung Deutsche Christen auch nördlich vom Main im Gang sind, so besonders in Pommern und Westfalen. Sie bejaht die Reichskirche voll und ganz und stellt sich ebenso hinter den Reichsbischof.

Die Gegensätze, die sie von der derzeitigen Glaubensbewegung Deutsche Christen trennen, liegen in folgenden Punkten: die Glaubensbewegung Deutsche Christen muß mit ihrer Bindung an Schrift und Bekenntnis unbedingt Ernst machen und eine scharfe Grenze gegenüber allen völkisch-religiösen Bestrebungen ziehen. Bei der Rede des Berliner Gauleiters der Glaubensbewegung Deutsche Christen, Dr. Krause, im Sportpalast handelte es sich nicht nur um eine einzelne Entgleisung, sondern um ein Sympton. Das beweist u. a. die Tatsache, daß sich die ganze Thüringer Glaubensbewegung Deutsche Christen zu ihm stellte[50a]. Auch in anderen Landesverbänden sind solche Richtungen vorhanden. Weiter: Die Glaubensbewegung Deutsche Christen muß sich als eine innerkirchliche Bewegung in ihrem Reden und Handeln streng nach den Wesensgesetzen der Kirche richten. Diese Gesetze werden verleugnet, wenn die Glaubensbewegung Deutsche Christen ihren Kampf in den Dienst einseitigen kirchenpolitischen Machtstrebens stellt und wenn sie mit Mitteln arbeitet, die dem Gebiet der Politik, nicht der Kirche entstammen. Vielmehr muß die Glaubensbewegung Deutsche Christen ihre ganze Kraft in die volksmissionarische Arbeit einsetzen, positiv für den kirchlichen Aufbau wirken und in Befolgung des Führerprinzips sich vertrauensvoll dem Landesbischof unterstellen. Gegenüber anders gerichteten kirchlichen Gruppen muß eine Auseinandersetzung in brüderlicher Liebe gefordert werden, wie es allein dem Geist einer Kirche entspricht, die ihr Handeln nach den Weisungen Christi richtet. Wo theologische und kirchliche Unterschiede durch Verdächtigung der politischen Haltung der betreffenden Richtungen erledigt werden oder wo ihre Anliegen unter Benützung ungeistlicher Machtmittel unterdrückt werden, ist das Gesetz der Kirche verletzt und der wahre Aufbau der Kirche im Geist der Liebe, des Friedens und des Vertrauens gehemmt.

[50a] Dazu siehe Meier, S. 45 ff.

DER RÜCKTRITT DES GEISTLICHEN MINISTERIUMS DER REICHSKIRCHE

Die Vorgänge in der Reichskirche

Als nach der Sportpalastkundgebung der Deutschen Christen die Entwicklung in ein entscheidendes Stadium trat, erließ der Reichsbischof ein Gesetz über die Errichtung von Beratenden Kammern der Deutschen Evang. Kirche, wie sie in der Kirchenverfassung vom Juli 1933 vorgesehen waren. Über die Besetzung dieser Beratenden Kammern schrieb der Oberkirchenrat am 25. 11. 1933 an die Reichskirchenregierung[51]*:*

Im neuesten Gesetzblatt der Deutschen Evang. Kirche sind das Kirchengesetz über die Beratenden Kammern der DEK und die Ausführungsbestimmungen dazu veröffentlicht worden. Nach § 3 des Gesetzes werden die Mitglieder der Beratenden Kammern von dem Reichsbischof im Einvernehmen mit dem Geistlichen Ministerium ernannt. Zu den Beratenden Kammern sollten nicht nur Männer von besonderer Sachkenntnis auf den betreffenden Gebieten als Mitglieder herangezogen werden, sondern die Auswahl sollte so getroffen werden, daß auch die verschiedenen Gebiete des kirchlichen Lebens in Deutschland darin vertreten sind. Insbesondere liegt es uns am Herzen, daß auch das süddeutsche Element mit seinen besonderen kirchlichen Verhältnissen bei den Beratungen der Kammern in ausreichendem Maß zur Geltung kommt. Erwünscht wäre es, wenn vor Ernennung der Mitglieder der Kammern wenigstens den größeren Landeskirchen Gelegenheit gegeben werden würde, Vorschläge für die Berufung von Mitgliedern der Kammern zu machen.

Wir richten an den Herrn Reichsbischof und das Geistliche Ministerium die ergebenste Bitte, bei der Berufung der Mitglieder der Beratenden Kammern vorstehenden Wünschen Rechnung zu tragen.

I. V. Mü[ller].

Am 24. 11. 1933 besprachen sich die nicht den Deutschen Christen angehörenden Kirchenführer in Stuttgart; sie legten dem Reichsbischof eine Erklärung vor, daß Hossenfelder als Kirchenminister nicht mehr tragbar sei[52].

[51] Nr. A 9830; das Kirchengesetz über die Beratenden Kammern der DEK vom 9. 11. 1933 siehe Gesetzblatt der DEK 1933, S. 32 f.

[52] Ein Protokoll der Besprechung befindet sich nicht bei den Akten; siehe GB 141, S. 112 und Wurm, Erinnerungen, S. 90 f.

Am 25. 11. 1933 trat Landesbischof Schöffel von seinem Amt als Reichskirchenminister zurück. Damit war die seit langem schwelende Krise in der Reichskirche offenkundig[53]. *Am 29. 11. 1933 forderten deshalb 8 Landesbischöfe, die nicht zu den Deutschen Christen gehörten, darunter auch D. Wurm, vom Reichsbischof eine Umbildung des Geistlichen Ministeriums und eine Beseitigung der Nebenregierung der Deutschen Christen*[54]. *Zu diesen Besprechungen mit dem Reichsbischof erhielt der Landesbischof am 29. November in Berlin folgendes Telegramm*[55]:

Die hier versammelten Vertreter der Gruppe Pressel und der Kirchlich-theol. Arbeitskreise bitten den Herrn Landesbischof, darauf zu drängen, daß das Geistliche Ministerium unter Abberufung des Kirchenministers Hossenfelder umgebildet wird und die Wittenberger Anliegen der nichtpreußischen lutherischen Kirchen verwirklicht werden.

Pressel, Metzger.

Das gesamte Geistliche Ministerium der Reichskirche trat noch am 29. November zurück. Bei einer Besprechung mit den Landeskirchenführern lehnte es der Reichsbischof am 2. Dezember ab, auf ultimative

[53] GB 141, S. 114.

[54] GB 141, S. 116. Die Abreise Wurms am 27. November »zu einer Besprechung mit dem Reichsbischof in Berlin« wurde im »Schwäbischen Merkur« im 29. 11. 1933 in einer kleinen Notiz mitgeteilt. Die Erklärung der Bischöfe wurde durch den EPD verbreitet, siehe KAW, Ausgabe vom 7. 12. 1933. Im Zusammenhang mit dieser Pressemeldung bat das Evang. Dekanatamt Neuenbürg am 2. 12. 1933 den Oberkirchenrat um Aufklärung über die Erklärung; am 8. 12. 1933 wurde nach Neuenbürg mitgeteilt: »Die Erklärung, die die süddeutschen und ein Teil der norddeutschen Kirchenführer am 29. vorigen Monats dem Herrn Reichsbischof unterbreitet haben, ist am 1. Dezember mit Wissen der Kirchenführer in einem Teil der Presse veröffentlicht worden. Letzteres war aus dem Grund geboten, weil über die Stellung der evangelischen Kirchenführer in der Öffentlichkeit unzutreffende Meinungen verbreitet waren und in einigen Zeitungen ihr Vorgehen sogar als Verstoß gegen den nationalen Staat ausgelegt wurde. Müller.« Wurm bemerkte zu diesem Erlaß auf dem Entwurf: »Der Herr Reichsbischof hat gegen diese Erklärung der Kirchenführer nicht bloß keinen Protest erhoben, sondern bei der persönlichen Übergabe geäußert: »Ihre Sorgen sind auch meine Sorgen.« (Nr. A 9787). Siehe auch S. 931.

[55] LKA Stuttgart, D 1, Bd. 46,1. An den Reichsbischof scheint folgendes Telegramm abgegangen zu sein: »Die aus der GDC aus Gewissensgründen ausgetretene Gruppe württ. Pfarrer und die Pfarrer der kirchl.-theol. Arbeitskreise, die mit ihrem weiteren Freundeskreis etwa 90 Prozent der württ. Pfarrerschaft umfassen, erklären dem Herrn Reichsbischof in tiefer Sorge um Existenz und Zukunft der Kirche, daß sie die Forderungen des Pfarrernotbunds hinsichtlich der Per-

Forderungen irgendwelcher Gruppen einzugehen, und versuchte ein neues Kirchenministerium zu bilden. Das unvollständige Geistliche Ministerium beschloß dann ab 8. 12. 1933 verschiedene Gesetze, deren Rechtmäßigkeit bestritten wurde[56].

Über die Vorgänge, die zum Rücktritt des Geistlichen Ministeriums führten, berichtet ein Brief von Pfarrer Schuler vom 8. 12. 1933 aus Berlin, den Pfarrer Dipper, Würtingen, am 11. 12. 1933 an seinen Freundeskreis in Abschrift versandte[57]*:*

Liebe Freunde!

Immer habe ich geschwankt, ob ich Euch einen Bericht von hier geben sollte. Denn jeden Tag ändert sich die Lage, und wilde Gerüchte schwirren durch die Luft. Wir hier in Berlin sind ja oft am schlechtesten unterrichtet. Einem Hamburger Pastor ist es heute passiert, daß ihm einer der derzeitigen Interimsminister begegnete und ihn fragte: Wissen Sie eigentlich, wie es heute steht? Ich mache daher keinen Anspruch darauf, daß ich die Vorgänge vollständig und lückenlos schildere, auch mag manches schief dargestellt sein. Manches ist sogar Euch vielleicht besser bekannt als mir.

Ich traf am 22. November hier ein. Es war der preußische Landesbußtag. In der Kaiser-Wilhelm-Gedächtniskirche hörte ich eine Predigt von dem Berliner Bischof Karov. Bei Bruder Rabenau ließ ich mich am Nachmittag unterrichten über die seitherigen Vorgänge. Mir war es z. B. noch nicht bekannt, daß das Einschreiten des Reichsbischofs erst durch den starken Druck des Notbundes erreicht wurde. Ungenügend war freilich, daß all die Herren, die eigentlich die Verantwortung für den Sportpalast hatten, wie Hossenfelder und Peter und andere, überhaupt nicht belangt wurden. Sie haben es ja verstanden, sich als die

sonen des Reichsleiters der GDC sich zu eigen machen, und bitten um kompromißlose Durchführung der beiden letzterlassenen Kirchengesetze.« (Bei den Akten liegt nur eine Kopie ohne Unterschrift und ohne Datum.) Zum Protest der Kirchenführer in Wittenberg siehe GB 140, S. 104. — Am 2. 12. 1933 telegraphierten die Tübinger Professoren Fezer, Kittel, Rückert und Weiser an Wurm nach Berlin: »Stehen in vollem Vertrauen zu unserem Landesbischof« (LKA Stuttgart, D 1, Bd. 46,1).

[56] Zum ganzen Zusammenhang siehe GB 141, S. 116 ff.

[57] LKA Stuttgart, D 1, Bd. 45,1; bei den Akten liegt eine Abschrift ohne Unterschrift. — Zu den Vorgängen siehe auch »Neue Zürcher Zeitung«, Ausgabe vom 13. 12. 1933: »Die Kirchenkrise in Deutschland.«

Unschuldigen hinzustellen. So mußte der Kampf weiter geführt werden, und es war dem Notbund zu danken, daß er so mutig feststand. Die bekannten Absetzungen und Wiedereinsetzungen gehören auch hieher. Zum Unglück war Frank Buchmann von der Oxfordbewegung in diesen Tagen auch in Berlin. Fezer und Hossenfelder sind ja zu dem großen Klimbim in London im Flugzeug gefahren und haben sich mit vielen anderen weihen lassen für den Missionsdienst der Oxfordbewegung[58]. Da die offizielle englische Kirche dieser Bewegung sehr kritisch gegenübersteht, hatten die Herren, die im lutherischen Ministerium die Auslandsabteilung betreuen, viel damit zu tun, diesen Streich wieder gut zu machen.

Nach dem Sportpalast suchte Fezer durch Frank Buchmann, der darin seine Mission sah, auf Hossenfelder einzuwirken. Dabei ging es wirr durcheinander. Den einen Tag waren Hossenfelder und Fezer wie Hund und Katz, und den andern waren sie wieder dicke Freunde. Der Eindruck Schöffels, daß Fezer allein noch von einem unbezwinglichen Ehrgeiz getrieben war, ist wohl richtig. Schon am Donnerstag ging es hin und her. Dann kam Weimar[59]. Am Freitag Abend ½ 9 Uhr war die Kabinettssitzung angesagt. Schöffel war es inzwischen klar geworden, er hatte sich in diesem Punkt auch mit Bayern und Württemberg verständigt, daß Hossenfelder nicht mehr tragbar sei. Auch der reformierte Minister Weber war dieser Meinung. Schöffel ist ein überaus vornehmer Charakter und war daher durch persönliche Rücksichten gegen Hossenfelder und Müller stark gehemmt. Er war sich aber klar, daß es jetzt ums Ganze gehe. So bat er mich an diesem Abend, doch in erreichbarer Nähe zu bleiben, daß er nach dieser Sitzung doch einen Menschen habe, mit dem er sich aussprechen könne. Ich ging dann gegen ½ 10 Uhr in das Gebäude des Oberkirchenrats, wo die Verhandlungen stattfanden. Zunächst hatten dieselben noch gar nicht begonnen. Die drei Tübinger Professoren waren noch da, um den Rücktritt Hossenfelders zu verlangen, weil er gelogen habe[60]. Die Art, wie sie um dieser persönlichen Sache willen – es ging ja um den Austritt bzw. Ausschluß der Professoren – gegen Hossenfelder vorgingen, muß nicht schön gewesen sein. Es ging nicht um die Sache, sondern die Hauptsache war, daß die Professoren erklärten, sie seien in ihrer Ehre verletzt. Schöffel brachte es

[58] Siehe Anmerkung 25a, S. 854.

[59] Am 23./24. 11. 1933 fand in Weimar eine Führertagung der DC statt; siehe GB 141, S. 115 ff.; Meier, S. 45 ff.

[60] Vgl. dazu den Bericht Fezers S. 854 ff.

nicht über sich, diese Herren in diesem Punkt zu unterstützen. Die Erregung wurde allmählich so groß, daß die Professoren Hossenfelder überhaupt nicht mehr zu Wort kommen ließen. Das erregte den Reichsbischof so sehr, daß er aufsprang und mit Hossenfelder hinausging und in den oberen Stock zur Reichsleitung der DC sich begab. Die Professoren zogen dann grollend ab.

Die Reichsleitung war ja in einem Extrawagen von Weimar gekommen. Jetzt gab es sehr erregte Verhandlungen in dem oberen Stock. Der Reichsbischof schrie, Hossenfelder schrie. Dann wieder Beifallklatschen. Offenbar stellte die Reichsleitung die Forderung, daß Schöffel und Weber zurücktreten müßten, der Arierparagraph müßte in seiner schroffsten Form durchgeführt werden. Der Reichsbischof wehrte sich noch männlich um Schöffel. Mitternacht war schon längst vorbei. So gegen ½ 2 Uhr begann die Kabinettssitzung. Ich hatte vorher noch einige Zeit mit Schöffel gesprochen und ihn schüchtern gebeten, doch ja fest zu bleiben. Auf uns lag das ganze Elend unsrer Kirche. In einer Stunde, wo es um den ganzen Bestand unsrer Kirche ging, war bei den DC nur der rein weltliche, parlamentarische, demagogische Geist offenbar. Man konnte sich nicht des Eindrucks erwehren, daß der Geist des Abgrunds losgelassen sei. Die Sitzung selbst dauerte dann nicht mehr lange. Beide Seiten entwickelten ihre Forderungen. Schöffel bewies, daß aus sachlichen Gründen (Sportpalast, württ. Lage und anderes mehr) der Rücktritt Hossenfelders notwendig sei. Hossenfelder forderte den Rücktritt von Schöffel. Der Reichsbischof kam zu keinem Entschluß. Die DC hatten vor der Tür ihre Horchposten aufgestellt, und als die Sitzung zu Ende ging, versammelten sie sich noch einmal und sangen das Horst-Wessel-Lied und »Ein feste Burg«. Mir hat der Vers »Mit unsrer Macht ist nichts getan« noch nie so frivol in den Ohren geklungen wie in dieser Nacht. Um ¼ 3 Uhr war die Sitzung zu Ende. Schöffel sagt nur kurz zu mir: Kommen Sie mit mir! Er konnte die erste Zeit nichts sagen, so erregt war er. Sein erstes Wort war dann: »Es war die bitterste Stunde meines Lebens.« Erst so nach und nach erzählte er die Vorgänge der Sitzung. Ich hatte den Eindruck, daß er immer noch nicht deutlich genug sah, daß es nicht um seine Person ging, sondern um das Bekenntnis. Ich konnte nicht anders als ihm immer wieder das sagen: Herr Minister, es geht nicht um Ihre Person, sondern mit Ihnen steht und fällt das Bekenntnis in unsrer Reichskirchenregierung. Ich glaube, daß dies auch in diesem Augenblick richtig war. Schöffel wurde immer wieder von dem Gedanken gequält, ob er nicht gegen Hossenfelder unritterlich gehandelt hätte. Es ging gegen 4 Uhr, als wir uns vor Schöffels Hotel verabschiedeten.

Als ich am nächsten Morgen etwas nach 10 Uhr auf die Kanzlei kam, war Schöffel schon wieder in der Jebenstraße in der Sitzung. Inzwischen hatten Müller-Hossenfelder einen neuen Plan ausgeheckt. Schöffel sollte bleiben, aber neben ihn sollte Coch als weiterer Minister kommen, sozusagen zur Kontrolle, daß die Reichsleitung auch Zutrauen habe zur Reichskirchenleitung. Weber fiel nun auch um, so daß Schöffel allein dastand. Schöffel lehnte ab unter der Begründung, daß die Gefahr ganz eindeutig bei Hossenfelder liege, nicht bei ihm. Da gaben sie ihm Bedenkzeit, aber nur eine halbe Stunde. Wir rieten Schöffel dringend, sich mit Meiser und Wurm ins Benehmen zu setzen. Das gelang auch, und beide versprachen, sich geschlossen hinter ihn zu stellen. Inzwischen drängten die anderen Herren auf Fortsetzung der Sitzung. Schöffel war in dieser Stunde gewachsen. Fest entschlossen, um der Sache willen keinen Fußbreit zu weichen, ging er in die Sitzung. Er legte noch einmal dar, daß die Gefahr für die Kirche von Hossenfelder her drohe. Er suchte dem Reichsbischof klar zu machen, daß es hier nicht um Kirchenpolitik gehe, sondern um das Bekenntnis. Die Lösung Coch lehnte er daher schroff ab und verlangte noch einmal den Rücktritt Hossenfelders. Der Reichsbischof sagte wörtlich: »Ich sehe in der jetzigen Lage eine kirchenpolitische, es geht nicht um das Bekenntnis«, und nahm darauf den Rücktritt Schöffels an. Nicht einmal ein Wort des Dankes sagte er mehr. Vor der Tür stand schon Coch, um einzutreten. Coch wurde dann, wie schon bekannt, zum stellvertretenden Minister und Stellvertreter des Reichsbischofs gemacht. Der Reichsbischof fuhr am Sonntag nach Königsberg, um mit Frank Buchmann gut zu speisen.

Dann ging es wild her. Der Notbund trat auf den Plan und hielt einige feine, echt evangelische Bekenntnisgottesdienste. Die DC hielten wilde Hetzversammlungen. Sie hofften, jetzt zum letzten endgültigen Sieg ausholen zu können. Wieder versuchten sie, Staat und Partei einzuspannen. Ein Teil der Flugblätter wurde beschlagnahmt. Die Meldung über den Rücktritt Schöffels, die ich in seinem Auftrag an die Telegraphen-Union gab, wurde aufgehalten. Der Staatskommissar von Preußen her war in nächster Nähe. Da muß offenbar eine Zusammenkunft Hindenburg-Hitler-Frick stattgefunden haben. Schon bei der Lutherfeier im Dom sprach sich Hindenburg aufs äußerste besorgt aus wegen der evang. Kirche und sagte zu dem Domprediger Richter, daß er nur noch auf den Augenblick warte, da die Zeit gekommen sei, daß er eingreife.

So kam es, daß Müller von Hitler vollständig freie Hand bekam, auch Hossenfelder zu entlassen. Später erfolgte ja noch der Führererlaß[61].

Am Dienstag spielte ja noch das beinahe heitere Zwischenspiel mit Coch. Während der Reichsbischof weg war, erließ Coch einen Erlaß im Namen des Reichsbischofs, daß alle Notbundführer auf Dienstag 11 Uhr in Berlin zu erscheinen hätten. Er wollte sie offenbar vernehmen. Da dieselben sich weigerten, sich von ihm vernehmen zu lassen und der Reichsbischof sich ebenso weigerte zu kommen, zog Coch beschämt wieder ab. Dem Notbund aber war dadurch geholfen, daß er zu einem einheitlichen Handeln kam.

Am Mittwoch Abend nach der Rücksprache war Müller entschlossen, das ganze Kabinett fallen zu lassen. Trotzdem dauerte die Sitzung noch einmal bis 1 Uhr, weil Hossenfelder und Werner (der Jurist) Heulszenen aufführten, um das Herz des Reichsbischofs zu rühren. Die nächsten Tage zu schildern, ist unmöglich. Die unmöglichsten Vorschläge wurden gemacht. Der Reichsbischof suchte sich allem zu entziehen. Erfreulich war in allem nur, daß die lutherischen Bischöfe und der Notbund in einer Front standen. Der letzte Vorschlag der lutherischen Bischöfe war dann Schaal lutherischer Minister. Koch (der Sprecher von »Evangelium und Kirche« in der Generalsynode) unierter, Schmid reformierter. Am Samstag berief dann der Reichsbischof Beyer, Laurer, Weber. Er vollführte das wäßrigste Geschwätz, das seine eigene Ohnmacht nur offenbarte. Und nun? Wir im lutherischen Ministerium haben keinen Minister. Weber steht auch nicht fest, Beyer will die Arbeit, die er hat, nicht machen. Die Juristen sind wieder oben auf und meinen, sie könnten die Kirche retten. Der Reichsbischof liegt zu Bett. Die Erregung in Holstein und Westfalen steigert sich von Tag zu Tag. Gesetze, die an das Ende der Ära Brüning erinnern, sollen Ruhe und Ordnung schaffen. Die Bereinigung in Preußen wird von Tag zu Tag hinausgeschoben. Ob nicht das Ende doch noch der Zusammenbruch der Reichskirche ist? Da der rechte Führer fehlt, richtet das Führerprinzip unsre Kirche zu Schanden. Wir im lutherischen Ministerium tun unsren Dienst still weiter, Sammlung von Material betr. Kirche und Mission – Laufendes?

Wenn Ihr nun diesen Bericht leset, dann entsetzet Euch nicht nur,

[61] Erlaß vom Reichsinnenminister Dr. Frick vom 30. 11. 1933, der eine Einmischung in die Auseinandersetzungen innerhalb der evang. Kirche auf Grund einer Entscheidung des Reichskanzlers verbietet (Dokumente, S. 181), vom Württ. Kultministerium am 7. 12. 1933 dem Evang. Oberkirchenrat mitgeteilt.

sondern betet für unsre Kirche! Ferner vergesset nicht, daß diese Zeit die Herzen geoffenbaret hat. Die Ohren für Gottes Wort sind geöffnet worden. Viele Berliner Kirchen (die der Notbund-Pfarrer) sind so gefüllt wie nie. Vielleicht gilt es auch dieses Mal wieder, daß Gott uns am nächsten ist, wenn wir elend und schwach sind.

Mit herzlichem Gruß.

Äußerungen in der württ. Presse

Am 30.11.1933 erließ der Reichsinnenminister eine Anordnung, nach der von außen in die kirchlichen Auseinandersetzungen nicht eingegriffen werden sollte. Schon am 27. November hatte der NS-Kurier *den Aufsatz eines nationalsozialistischen Pressebüros übernommen, in dem die Glaubensbewegung Deutsche Christen als Instrument der Bewegung bezeichnet wurde, christliche Kreise für den neuen Staat zu interessieren:* Eine Bevorzugung dieser oder jener theologischen Haltung kann aber nicht in Frage kommen, weil solche Fragen dem Aufgabenbereich des Staates durchaus fernstehen[62]. *Trotz dieser Distanzierung offizieller Stellen erschien am 28. 11. 1933 im* NS-Kurier *ein Beitrag von Pfarrer Rehm* Der Endkampf um die Reichskirche:

Pfarrer Rehm, der Bevollmächtigte Württembergs der Reichsleitung der »Deutschen Christen«, übergibt uns über die Auseinandersetzungen innerhalb der evangelischen Kirche folgende Darstellung:

In auffallender Weise sind in den letzten Tagen die Zustände in der evangelischen Kirche Deutschlands in den Mittelpunkt des Interesses gerückt worden, wodurch ganz deutlich wird, daß auf diesem Gebiet noch die tiefsten Probleme zu lösen sind. Es ist das Verdienst der Glaubensbewegung »Deutsche Christen« unter Führung des Bischofs Hossenfelder, von jeher klar erkannt zu haben, daß alle im stillen am Dritten Reich doch mißvergnügten Kreise die Kirche zur Plattform ihrer die Einheit und Einigkeit zersetzenden Sonderinteressen machen möchten. Trotzdem die Reichsleitung der »Deutschen Christen« samt ihrem Schirmherrn, dem Reichsbischof Müller, sofort eindeutig und entschieden sich gegen die Vorgänge der Berliner Sportpalastkundgebung gestellt und nach wie vor sich zu Bibel und Bekenntnis als Grundlage ihrer kirchlichen Aufbauarbeit bekannt haben, geht die Verleumdung und Verdächtigung, die jungreformatorische Kreise und insbesondere eine

[62] Siehe dazu Anmerkung 61, S. 885, und S. 889 f.

Gruppe süddeutscher Theologen gegen die Glaubenshaltung der »Deutschen Christen« ausstreuen, in geradezu gemeinschaftszerrüttender Weise weiter. Damit ist bewiesen, daß dieser ganze Verleumdungsfeldzug gegen das angebliche Heidentum der »Deutschen Christen« politische Hintergründe hat.

Die in Weimar in der letzten Woche versammelten Reichs- und Landesführer der »Deutschen Christen« haben auf Grund der vorliegenden Berichte aus allen Teilen des Reiches, insonderheit Süddeutschlands, feststellen müssen, daß es höchste Zeit ist, diese Kreise zu entlarven[63]. Die rasche Entwicklung der Ereignisse machte eine Verlegung der Reichsführertagung nach Berlin notwendig. Durch den offen geforderten Sturz des Reichskirchenministers Hossenfelder war eine Sachlage geschaffen, die zu raschen Entscheidungen drängte, als deren Ergebnis Folgendes berichtet werden kann:

1. Alle Versuche, insbesondere süddeutscher Kreise, zwischen den Schirmherrn der Glaubensbewegung, Reichsbischof Müller, und dem Reichsleiter, Bischof Hossenfelder, einen Keil zu treiben, sind gescheitert. Reichsbischof Müller und Bischof Hossenfelder stehen zu einander in unverbrüchlicher Treue. Mannesehre, Christentreue und echter Nationalsozialismus haben gegen die Quertreibereien gesiegt.

2. Die Weiterführung der Geschäfte des infolge dieser Ereignisse erledigten Kirchenministeriums Schöffel hat der Herr Reichsbischof selbst in seine starke Hand genommen und zu seiner Unterstützung den bewährten alten Vorkämpfer und Führer der größten lutherischen Landeskirche Deutschlands, Landesbischof Coch, Dresden, berufen.

3. Infolge dieser Entwicklung haben laut Bericht des Evang. Presseverbandes die Theologieprofessoren Fezer, Weiser und Rückert ihre Beziehungen zur Glaubensbewegung gelöst.

4. In schon längst erwarteter Weise ist in diesem Zusammenhang ein Kreis bayerischer Pfarrer, die sich eine Zeitlang auch »Glaubensbewegung« nannten, aus der Glaubensbewegung »Deutsche Christen« ausgeschieden worden, da wir als Garanten der Reichskirche keine bayerische Sonderglaubensbewegung, die sich der Reichsleitung nicht unterordnet, dulden können[64]. Da in Württemberg bereits eine Gruppe von Theologen besteht, welche der Reichsleitung der Glaubensbewegung den

[63] Siehe dazu Meier, S. 45 ff.

[64] Die bayerischen Deutschen Christen unter Führung von Pfarrer Greifenstein traten im Zusammenhang mit der Tagung in Weimar aus der Glaubensbewegung aus: Baier, S. 75 ff. und Meier, S. 49.

Gehorsam aufkündigten und aus der Glaubensbewegung ausschieden, ist die Möglichkeit einer Verbindung dieser Gruppe mit jener bayerischen und einer ähnlichen badischen Sondergruppe in unmittelbare Nähe gerückt, was schon daraus hervorgeht, daß kürzlich ein Vertreter dieser württembergischen Gruppe in Pforzheim zusammen mit dieser badischen Gruppe die Glaubensbewegung »Deutsche Christen« in unverantwortlicher Weise angriff[65].

5. Die Weimarer Tagung der Reichs- und Landesführer der Glaubensbewegung erbrachte den Beweis, daß die Glaubensbewegung geschlossen und fest hinter dem Reichsbischof Müller steht. Sie ist gewillt, ihren Kampfwillen und ihre Kampfziele, aus denen heraus die neue Reichskirche gebildet wurde, nicht durch gewisse Theologen verwässern zu lassen, da wir genau wissen, daß die geschlossene deutsche Reichskirche nur aus denselben Kräften heraus erhalten werden kann, die sie geschaffen haben. Die Glaubensbewegung in Württemberg und Baden ist sich dabei ihrer ganz besonderen geschichtlichen Sendung und Verantwortung bewußt und wird diese trotz aller bisher versuchten Unterdrückungsmethoden im Pflichtgefühl und Kampfeswillen erfüllen.

Die Fronten sind nun auch in Württemberg, wie im ganzen Reich, klar geworden. In auffallender Weise ist das Ausland durch die Betätigung dieser Kreise mit kirchlichen Greuelnachrichten erfüllt. Die Zerspaltung des evangelischen Volksteiles wird von Tag zu Tag größer. Obwohl Reichsbischof Müller die Beendigung des kirchenpolitischen Kampfes befohlen hat[66], hat sich diese Kirchenreaktion über diesen Befehl hinweggesetzt und einen von Verleumdungen strotzenden Kampf gegen die Glaubensbewegung eröffnet, der letzten Endes dem aus der Glaubensbewegung hervorgegangenen Reichsbischof Müller gilt. Das evangelische Kirchenvolk weiß nun, um was es geht: Nicht gegen die Bekenntnisgrundlagen der Kirche, sondern um die Schaffung einer Reichskirche, die sich freudig mit ihren göttlichen Kräften dem neuen Deutschland zur Verfügung stellte. Ich richte daher in entscheidender, geschichtlicher Stunde an das evangelische, nationalsozialistische Volk Württembergs den Appell, sich jetzt einmütig und geschlossen zur Glaubensbewegung »Deutsche Christen« zu bekennen, wie es sich am 12. November in so herrlicher Geschlossenheit bekannt hat.

[65] Pfarrer Weber sprach am 22. 11. 1933 bei einer Bekenntnisversammlung in Pforzheim; siehe GB 141, 113/115; vgl. einen Rundbrief Webers von Ende November »In persönlicher Angelegenheit« (LKA Stuttgart, D 1, Bd. 44).

[66] Erlaß des Reichsbischofs vom 16. 11. 1933; GB 141, S. 112.

Gegen den Zeitungsartikel Rehms wandte sich ein Rundbrief vom 30. 11. 1933[67]*:*

Gegen falsche Behauptungen der Württ. Landesleitung der Glaubensbewegung Deutsche Christen

Der Aufsatz der Württ. Landesleitung der Glaubensbewegung Deutsche Christen »Der Endkampf um die Reichskirche« enthält eine Reihe von Behauptungen, die um der Sache willen nicht unerwidert bleiben dürfen. Vor allem muß der immer wiederkehrende Versuch auf das entschiedenste zurückgewiesen werden, als hätte die innerkirchliche Auseinandersetzung auch nur das geringste mit politischen Gegensätzen zu tun. In den Reihen derer, die sich nicht zur Glaubensbewegung Deutsche Christen rechnen, stehen genau so Mitglieder der NSDAP wie in der Gruppe selbst. Es geht nicht an, die Glaubensbewegung Deutsche Christen als die nationalsozialistische Organisation auf dem Gebiet der Kirche zu bezeichnen. Davon ist auch die Partei selbst mit aller Deutlichkeit abgerückt, als sie feststellte, daß sie gegenüber den verschiedenen kirchlichen Gruppen Neutralität übt und ihre Organisation nicht zur Austragung kirchlicher Gegensätze zur Verfügung stellt. Der Stellvertreter des Führers hat diesen Grundsatz in dem bekannten Erlaß vom 15. Oktober[68] bekräftigt, wenn er dort die Gewissensfreiheit der Mitglieder der NSDAP sicherstellt und erklärt: »Kein Nationalsozialist darf irgendwie benachteiligt werden, weil er sich nicht zu einer bestimmten Glaubensrichtung oder Konfession oder weil er sich zu überhaupt keiner Konfession bekennt.« Das wurde weiter in einem parteioffiziösen Artikel im »NS-Kurier« Nr. 352 vom 27. November bestätigt, wenn da gesagt wurde, der nationalsozialistische Staat sehe zwar in der Glaubensbewegung Deutsche Christen »ein Instrument, christliche Kreise, die den Aufgaben des Staates bisher fernstanden, für diese zu interessieren und zur Mitarbeit zu bewegen. Eine Bevorzugung dieser oder jener theologischen Haltung kann aber nicht in Frage kommen, weil solche Fragen dem Aufgabenbereich des Staates durchaus fernstehen«. Weiter: »Es ist deshalb abwegig, wenn kirchliche Gruppen glauben, daß sie allein den Nationalsozialismus vertreten, oder wenn sie die Autorität dieses Be-

[67] LKA Stuttgart, D 1, Bd. 44; bei den Akten befindet sich eine Vervielfältigung des Rundbriefs ohne Anschrift und Unterschrift, vielleicht handelt es sich um eine Meldung des EPD.

[68] Erlaß von Rudolf Hess vom 13. 10. 1933, GB 140, S. 106.

griffes bei der Austragung theologischer Streitigkeiten für sich in Anspruch nehmen.«

Es verstößt gegen diese Stellungnahme der Partei, wenn Pfarrer Rehm immer wieder versucht, aus der rein innerkirchlichen Gegnerschaft gegen die Glaubensbewegung Deutsche Christen eine Gegnerschaft gegen die NSDAP und den neuen Staat zu machen. Daß diese Behauptung falsch ist, das beweist schon das Wahlergebnis vom 12. November. Tatsächlich ist es so, daß die der Glaubensbewegung Deutsche Christen entgegenstehenden Gruppen den Nationalsozialismus genau so bejahen wie die Glaubensbewegung Deutsche Christen. Es muß aber auch mit großem Ernst auf das gefährliche Beginnen von Pfarrer Rehm hingewiesen werden, wenn er die kirchlichen Gruppen, die gegen die Glaubensbewegung Deutsche Christen stehen, als »im stillen am Dritten Reich mißvergnügte Kreise« hinstellt, die »die Kirche zur Plattform ihrer die Einheit und Einigkeit zersetzenden Sonderinteressen machen möchten«. Dieses Beginnen ist deshalb gefährlich, weil dadurch im Ausland leicht der Eindruck erweckt wird, daß es trotz der Wahl vom 12. November mit der deutschen Einigkeit doch nicht so weit her sein kann. Pfarrer Rehm gibt mit solchen, gelinde gesagt, fahrlässigen Behauptungen dem Ausland geradezu das Stichwort, um die kirchlichen Auseinandersetzungen als politische anzusehen und daraus zu folgern, daß trotz allem noch sehr maßgebende Kreise in Deutschland gegen den nationalsozialistischen Staat stehen. Daß das u. U. die außenpolitische Stellung Deutschlands sehr erschwert, dürfte jedem Einsichtigen klar sein.

Das, was die Opposition gegen die Glaubensbewegung Deutsche Christen und »insbesondere eine Gruppe süddeutscher Theologen« erstreben, ist alles andere als politische oder kirchliche Reaktion, sondern sie wenden sich gegen das Treiben einer Bewegung, die mit den Mitteln der Gewalt und ungeistlicher Machtausübung kirchenpolitische Ziele erzwingt, ernsthafte religiöse Anliegen zertritt und Gewissen beugt; die bekenntniswidrige Elemente in ihrer Mitte duldet; die ihr Handeln nicht nach den Wesensgesetzen der Kirche, d. h. nach den Gesetzen der Wahrheit, der Liebe und der Brüderlichkeit ausrichtet, sondern mit Druck und Verfolgung arbeitet; die mit ihrer einseitigen Kritik an der Kirche Vertrauen zerstört, den Frieden in den Gemeinden vergiftet, die Haltung der unkirchlichen Kreise rechtfertigt, anstatt ihre ganze Kraft in den aufbauenden volksmissionarischen Dienst einzusetzen. Der Kampf gegen die Glaubensbewegung in ihrer jetzigen Gestalt ist ein Kampf für die Kirche, wie auch die lutherischen Bischöfe am 29. November dem

Reichsbischof erklärten: »Die Glaubensbewegung Deutsche Christen hat sich in ihrer bisherigen Reichsleitung nicht als ein Hort, sondern als eine Gefahr für Leben und Lehre der Deutschen Evangelischen Kirche erwiesen.« Der Kampf für den Aufbau der Kirche ist aber auch ein Kampf für das Volk. Denn nur mit einer lebendigen Kirche, nicht mit einer rückgratlosen, bekenntnislosen, verpolitisierten Kirche ist dem Dritten Reich gedient. Dieser Kampf für die lebendige Kirche ist alles andere als »Kirchenreaktion«. Es geht nicht darum, in der Kirche alles beim alten zu lassen! Sie soll vielmehr an Haupt und Gliedern erneuert werden. Aber alle Erneuerung muß, wenn sie wahrhaft Erneuerung sein will, aus der Tiefe des Evangeliums geschehen. Denn die Kirche steht auf dem Evangelium. Richtet sie sich nicht mehr nach den Weisungen Christi, dann ist sie nicht mehr Kirche.

Zur Richtigstellung muß endlich noch erklärt werden:

1. Es geht der »Gruppe süddeutscher Theologen«, d. h. den 400 Pfarrern in Württemberg, die in Opposition zur Glaubensbewegung Deutsche Christen stehen, nachdem sie ihr teilweise bis vor anderthalb Monaten angehört haben, nicht um die Errichtung einer »kirchlichen Mainlinie«. Sie steht z. B. im Pfarrernotbund, der in Preußen entstanden ist und sich über das ganze Reich verbreitet hat. Im übrigen sind ähnliche Gegensätze wie in Württemberg auch in Westfalen, Pommern und anderen Ländern ausgebrochen, die weit jenseits des Mains liegen. Sieht das nach »Mainlinie« aus?

2. Gegen die Weisung des Reichsbischofs, allen kirchenpolitischen Kampf einzustellen, wurde nicht von uns verstoßen, sondern von der Glaubensbewegung Deutsche Christen, die mit ihrer Massenkundgebung im Berliner Sportpalast den Versuch machte, eine kirchliche Revolution in Gang zu bringen, und zwar in Anwesenheit höchster Führer der Glaubensbewegung Deutsche Christen! Die »eindeutige und entschiedene« Ablehnung der germanisch-heidnischen Rede von Dr. Krause durch den Reichsleiter der Glaubensbewegung Deutsche Christen erscheint dem, der die Hintergründe und die ganze Vorgeschichte der Berliner Sportpalast-Kundgebung kennt, in einem sehr fraglichen Licht. Nicht mit Unrecht haben die lutherischen Bischöfe in ihrer oben genannten Erklärung festgestellt: »Kirchenminister Hossenfelder kann aus Gründen des Bekenntnisses und um seiner persönlichen Haltung willen nicht länger ertragen werden.«

Gegen die Erklärung der Kirchenführer vom 29.11.1933 wandte sich ein Artikel von Pfarrer Rehm als dem Bevollmächtigten der Reichsleitung der Deutschen Christen, *der am 1.12.1933 im* NS-Kurier *erschien:*

Die »Deutschen Christen« wehren ab

Durch den »Evang. Preßverband Stuttgart« wird eine Erklärung der süddeutschen Landesbischöfe und auch anderer lutherischer Kirchenführer veröffentlicht, die nicht unwidersprochen gelassen werden kann. Es wird darin gefordert, daß der Reichsbischof die Schirmherrschaft über die Glaubensbewegung »Deutsche Christen« niederlege, weil sie sich als Gefahr für Lehre und Leben der deutschen evangelischen Kirche erwiesen habe. Insbesondere könne der Reichsleiter der Glaubensbewegung, Bischof Hossenfelder, aus Gründen des Bekenntnisses und um seiner persönlichen Haltung willen nicht länger ertragen werden. Das Reichskirchenministerium müsse derart gebildet werden, daß es das Vertrauen des Kirchenvolks besitze. Die kirchliche Nebenregierung der Glaubensbewegung müsse restlos beseitigt werden.

Zu diesen Forderungen und den darin enthaltenen Angriffen auf die Glaubensbewegung ist festzustellen:

1. Es widerspricht voll und ganz dem nationalsozialistischen Führerprinzip, wenn die Bischöfe an den Herrn Reichsbischof, den sie vor wenigen Wochen selbst gewählt haben, mit Forderungen herantreten. Schon hieraus wird klar, wieweit in Wirklichkeit die Bischöfe von nationalsozialistischem Denken entfernt sind.

2. Die Angriffe gegen die Glaubensbewegung und die damit an den Herrn Reichsbischof gestellten Zumutungen entbehren jeder Begründung. Angeblich soll Bekenntnis, Leben und Lehre der evangelischen Kirche in Gefahr sein. Man hat anscheinend vergessen, daß diese Werte erstens von Adolf Hitler feierlich garantiert, zweitens vom Herrn Reichsbischof und dem Reichsleiter der Glaubensbewegung fest und deutlich verteidigt worden sind. Jedenfalls waren die Worte der »Deutschen Christen« so klar und deutlich, daß man nur wünschen würde, die Bischöfe hätten in früheren Zeiten auch nur ähnliche Worte gegenüber dem zersetzenden theologischen Liberalismus und religiösen Marxismus gefunden. Warum sollen ausgerechnet jetzt die Glaubensgrundlagen der Kirche in Gefahr sein, nachdem von den Kirchen jahrzehntelang eine den positiven Glauben zersetzende Theologie geduldet wurde? Reichsbischof Müller und Reichsleiter Hossenfelder haben den Dr. Krause binnen 24 Stun-

den abgeschüttelt. Was tat man einst gegen die religiösen Marxisten? Nichts kirchlicherseits! Das muß einmal in aller Öffentlichkeit um der Wahrheit willen festgestellt werden. Heute wettert man mutig gegen die völkischen Irrlehrer, die jedenfalls indirekt durch ihren Kampf als Nationalsozialisten der Kirche die Existenz gerettet haben, während man jahrzehntelang Pfarrer in der Kirche geduldet hat, deren Lehren und Anschauungen mit dem Bekenntnis weithin nicht übereinstimmten.

3. Der Glaubensbewegung »Deutsche Christen« ist es zu verdanken, daß weite Kreise des nationalsozialistischen Christenvolks überhaupt wieder die Beziehungen zu der Kirche aufgenommen haben, von der sie begreiflich entfremdet waren, nachdem die Kirche weithin sich gegen den nationalsozialistischen Freiheitskampf gestellt hatte. Wenn wir heute eine Reichskirche haben, so ist das nicht das Verdienst dieser Bischöfe, sondern das Verdienst der Glaubensbewegung, die diesen Gedanken in das Volk warf und bis zum Ziele durchkämpfte. Sie hat damit der Kirche und ihrem Leben erst wieder die Auftriebskraft geschenkt, die unter dem alten Kirchentum vollkommen abhanden gekommen war. Die Lehre der Kirche wurde von der Glaubensbewegung noch nie angegriffen. Wer das immer noch behauptet, der verbirgt damit seine wahre Stellung gegen die Glaubensbewegung, die er ablehnt, weil er will, daß in der Kirche wesentlich alles beim Alten bleibe. Die Bischöfe und der Pfarrernotbund versuchen nichts anderes, als die brennenden Fragen auf das Bekenntnisgebiet zu verschieben, um sich damit der Auseinandersetzung darüber zu entziehen, daß die Kirche nicht mehr länger ein Hort jenes alten Denkens einer überwundenen bürgerlich-liberalistischen und reaktionär-konservativen Epoche sein wird. Darum geht in Wirklichkeit der Kampf, nicht gegen die Bekenntnisgrundlagen der Kirche.

4. Wenn es den Bischöfen mit der Befriedung des kirchlichen Lebens ernst ist, damit diese Auseinandersetzungen nicht von den Feinden unseres Volkes zu unserem Schaden ausgenützt werden, dann müssen sie den Pfarrernotbund verbieten, mit dem sich aus triftigen Gründen die Politische Polizei auch in Württemberg und im Reich bereits beschäftigen mußte[68a].

5. Alle Treueerklärungen der Bischöfe gegenüber dem Dritten Reich ändern an der Tatsache nichts, daß der Streit im deutschen Protestantismus nur deshalb besteht, weil die evangelische Kirche die notwendigen Folgerungen aus der nationalsozialistischen Revolution, zumal in Süd-

[68a] Unterlagen für die Behauptung waren in den Akten nicht zu finden.

deutschland, nicht gezogen hat. Bis das nicht geschehen ist, wird nicht Friede werden. Die evangelische Kirche kann an dem weltanschaulichen Umbruch in Deutschland nicht vorbeigehen, wie wenn sie das alles gar nichts angehe. Das Volk wird nicht ruhen und rasten, bis es in ihr eine wirkliche Heimat für seine Seele gefunden hat.

6. Im übrigen hat das nationalsozialistische Christenvolk diesen Pfarrer- und Theologenstreit bis zum Überdruß satt. Auf allen Lebensgebieten des deutschen Volkslebens ist unter nationalsozialistischer Führung Ordnung, Ruhe und Frieden geschaffen worden. Nur in der Kirche tobt der Streit, die in erster Linie eine Stätte des Friedens sein sollte. Hätten die Pfarrer des Pfarrernotbundes, die den Kampf vom Zaun gebrochen haben, ihre Energie nur schon früher an den Tag gelegt, als es galt, in den Reihen der nationalsozialistischen Bewegung um unseres Volkes Rettung zu kämpfen. Damals aber sah man keinen von ihnen in unseren Reihen. Heute gründen sie einen Pfarrernotbund, nachdem der Staat Hitlers die Kirche vor Not und Tod bewahrte.

Wir alten nationalsozialistischen Pfarrer, die wir uns vorbehaltlos in den Kampf unserer Bewegung hereinstellten und in diesem Kampf für Wahrheit und Recht stritten, während die berufenen kirchlichen Führer schwiegen, kämpfen jetzt um Gerechtigkeit und Wahrheit in der Kirche. Von einer Nebenregierung ist uns nichts bekannt. Wo Deutsche Christen an die Kirchenregierungen herankamen, geschah dies auf legale Weise durch den Willen des Kirchenvolkes bei den Wahlen im Juli des Jahres. Wo wir nicht an der Kirchenregierung beteiligt sind, führen wir keine Nebenregierung, sondern haben uns in Verteidigungsstellung gegen die Versuche zu wehren, die Glaubensbewegung durch kirchliche Maßnahmen zu erledigen. Man hat das zwar insbesondere von süddeutscher bischöflicher Seite immer abgestritten, aber die jetzige Erklärung der Bischöfe zeigt klar und deutlich, was ihre Absicht und ihr Plan ist. Wir führen unseren Kampf als »Glaubensbewegung Deutsche Christen« getrost weiter, weil wir aus dem Glauben heraus kämpfen, daß unsere Sache gerecht und gut ist, und weil wir unserer bestimmten göttlichen Sendung an unserem Volk gewiß sind.

Die Reaktion der staatlichen und kirchlichen Stellen

Am 16. 11. 1933 schaltete sich auch der Reichsstatthalter in Württemberg, Gauleiter Murr, in die Auseinandersetzungen innerhalb der württ. Kirche ein. Sein Adjutant schrieb an den Landesbischof[69]*:*

[69] LKA Stuttgart, D 1, Bd. 44; das Schreiben ist ohne Anrede.

Die Spannung zwischen dem Landesbischof und der Landesleitung der Glaubensbewegung hat große Beunruhigung im Volke hervorgerufen. Nach vorliegenden Mitteilungen aus Berlin ist ein Zusammenarbeiten durchaus möglich. Es wird erwartet, daß der Landesbischof zum Wohle des Dritten Reiches arbeitet und die Maßnahmen gegen die Glaubensbewegung sofort aufhebt. Zeller, SS-Standartenführer.

Der Landesbischof antwortete am 20. 11. 1933[70]*:*

Hochgeehrter Herr Reichsstatthalter!

Heute früh erhielt ich ein Schreiben Ihres Adjutanten, des Herrn Standartenführers Zeller, das vom 16. des Monats datiert ist und am 18. zur Post gegeben wurde. Nach der erhebenden Lutherfeier der evangelischen Gesamtkirchengemeinde[71], bei der durch Zusammenwirken des Ministerpräsidenten und des Landesbischofs eine Riesenversammlung einen starken Eindruck von der Verbundenheit der Staats- und Kirchenleitung erhalten konnte, hat mich dieses Schreiben besonders eigenartig berührt. Es hat folgenden Wortlaut[72].

Ehe ich auf Form und Inhalt dieses Schreibens eingehe, gestatte ich mir die Anfrage, ob es mit Zustimmung des Herrn Reichsstatthalters abgefaßt und abgesendet worden ist.

Mit ausgezeichneter Hochachtung Wurm.

Der Württ. Ministerpräsident und Kultminister Mergenthaler versuchte ebenfalls, zur Lösung der Krise in der Württ. Landeskirche beizutragen. Am 21. 11. 1933 übersandte er an den Landesbischof zwei Schreiben, die er an die Leitung der Reichskirche gerichtet hatte[73]*:*

Sehr geehrter Herr Landesbischof!

Ich beehre mich, Ihnen von den beiden anliegenden Schreiben an den Herrn Reichsbischof und Herrn Bischof Hossenfelder Kenntnis zu geben. Es liegt mir sehr daran, daß die Schwierigkeiten bald behoben werden. In die Einzelheiten der Auseinandersetzung möchte ich mich naturgemäß nicht einmischen. Ich gebe der Hoffnung Ausdruck, daß bald ein

[70] LKA Stuttgart, D 1, Bd. 44; eine Antwort befindet sich nicht bei den Akten.

[71] Siehe S. 746 f.

[72] Hier folgt der Wortlaut des Schreibens vom 16. 11. 1933.

[73] LKA Stuttgart, D 1, Bd. 44.

gutes Verhältnis zwischen der Landeskirche und der Glaubensbewegung deutscher Christen in Württemberg hergestellt wird.

Mit deutschem Gruß und Heil Hitler! Ihr sehr ergebener Mergenthaler.

Das Schreiben des Württ. Ministerpräsidenten vom 21. 11. 1933 an den Reichsbischof lautete:

Sehr geehrter Herr Reichsbischof!

Nach verschiedenen mir zugegangenen Berichten haben sich die kirchlichen Verhältnisse in Württemberg insbesondere durch den Gegensatz zwischen dem Herrn Landesbischof D. Wurm und dem Leiter der Glaubensbewegung deutscher Christen, Pfarrer Rehm, stark zugespitzt. Eine weitere Verschärfung der Lage ist durch einen Artikel des Evang. Presseverbandes Stuttgart eingetreten, mit dem sich Pfarrer Rehm in dem beiliegenden Aufsatz auseinandersetzt[74]. Als verantwortlicher Minister habe ich das allergrößte Interesse daran, daß die Differenzen so rasch als möglich bereinigt werden. Ich wäre Ihnen sehr dankbar, wenn Sie in Ihrer Eigenschaft als Reichsbischof in tunlichster Bälde eingreifen und eine endgültige Regelung treffen würden.

Mit deutschem Gruß und Heil Hitler! Mergenthaler.

Das ebenfalls am 21. 11. 1933 an den Reichskirchenminister Bischof Hossenfelder abgegangene Schreiben hatte denselben Wortlaut wie das an den Reichsbischof.

Über Auseinandersetzungen zwischen den evangelisch-kirchlichen Glaubensbewegungen *berichtete die Württ. Politische Polizei am 30. 11. 1933 Reichsstatthalter Murr[75]:*

Die Entwicklung innerhalb der evangelischen Kirche und bei den verschiedenen Glaubensbewegungen ist durch die Vorgänge anläßlich der Kundgebung des Gaues Groß-Berlin der »Glaubensbewegung Deutsche Christen« am 13. 11. 1933 im Sportpalast Berlin in ein kritisches Stadium getreten. Das Verhältnis der kirchlichen Gruppen untereinander hat sich dadurch weiter kompliziert. Zunächst ist die Glaubens-

[74] »NS-Kurier«, Ausgabe vom 18. 11. 1933.

[75] LKA Stuttgart, D 1, Bd. 44. Die dem Landesbischof am 30. 11. 1933 übersandte Mehrfertigung des Schreibens Nr. PP 2495/1 trägt den Vermerk: »Eilt sehr. Durch Sonderboten. Geheim.«

bewegung Deutsche Christen durch die Maßnahmen ihrer Reichsleitung bzw. des Herrn Reichsbischofs wieder zu einer klaren Linie zurückgebracht worden. Die Berliner Vorgänge haben jedoch in den verschiedenen Landeskirchen, bei den kirchlichen Beamten wie bei dem Gemeindevolk selbst eine gewisse Unruhe hervorgerufen, die sich u. a. auch in der Tagespresse widerspiegelt.

In Württemberg selbst ist bis jetzt die Gesamtentwicklung verhältnismäßig ruhig beurteilt worden im Hinblick darauf, daß es Sache der Reichsleitung der Glaubensbewegung Deutsche Christen und des Herrn Reichsbischofs als Schirmherrn der Glaubensbewegung Deutsche Christen sein müsse, die kirchliche Erneuerungsbewegung zu einem festen und klaren Ziele zu führen. Nachdem jedoch auch die Reichsleitung der Glaubensbewegung Deutsche Christen sich gezwungen sah, gewisse personelle Maßregelungen durchzuführen, und die Klärung der Verhältnisse auch jetzt noch nicht in dem Maße erfolgt ist, das für das Kirchenvolk als wünschenswert angesehen werden müßte, sind auch die verschiedenen Kirchen- bzw. Glaubenslager in Württemberg in die Bewegung geraten. Nach außen hin trat dies vor allem in Erscheinung durch verschiedene Presseveröffentlichungen der Reichsleitung der Deutschen Christen für Württemberg im »NS-Kurier« vom 27. des Monats und insbesondere durch die heute bekanntgegebene Erklärung des Führers der Glaubensbewegung Deutsche Christen für Württemberg im »NS-Kurier«[76]. Die Form der öffentlichen Auseinandersetzung hat nunmehr Formen angenommen, die sich m. E. mit der Würde der Glaubensmaterie und der Sache der Kirche selbst nicht vertragen. Die bezeichnete Erklärung vom 29. 11. 1933 spricht davon, daß die Glaubensbewegung Deutsche Christen in Württemberg gegen die »kirchliche Reaktion Süddeutschlands und Bildung einer kirchlichen Mainlinie« kämpfe. Damit scheinen tatsächlich die Ausdrucksmittel politischen Kampfes, die seither scharf abgelehnt wurden, in die Glaubensauseinandersetzungen aufgenommen zu sein. Bei allem Festhalten an der Auffassung, daß in die kirchlichen Auseinandersetzungen seitens der staatlichen Behörden nicht eingegriffen werden soll, scheint es jedoch heute im öffentlichen Interesse, wie aber auch im Interesse der evangelischen Kirche überhaupt dringend notwendig zu sein, daß die beteiligten Stellen auf die Bedenk-

[76] Die beiden Artikel Rehms über den Pfarrernotbund und den »Endkampf um die Reichskirche« siehe S. 867 ff. und 886 ff.; vgl. ferner »NS-Kurier«, Ausgabe vom 27. 11. 1933, die Stellungnahme des Reichsbischofs zu den Vorgängen seit dem Austritt der Tübinger Professoren aus der Glaubensbewegung.

lichkeit der Politisierung und die Zuspitzung der Meinungsäußerungen von möglichst höchster Stelle im Lande, also vom Herrn Reichsstatthalter selbst, hingewiesen werden. Es dürfte jedenfalls sowohl der Kirche wie den verschiedenen Bewegungen in den Augen des Kirchenvolkes sehr abträglich sein, wenn gewisse Formen des politischen Kampfes ohne weiteres auf das Kirchliche und Glaubensgebiet übertragen würden. Auch scheint mir ein Hinweis auf die hämische Freude, mit der von Seiten der anderen Kirche die Selbstzerfleischung der evangelischen Kirche verfolgt wird, durchaus angebracht. Die katholische Kirche vermeidet ihrerseits peinlich theologische Meinungsverschiedenheiten mehr oder weniger schamlos vor Augen der breitesten Öffentlichkeit auszutragen.

Ich halte es für meine Pflicht, auf die wachsende Erregung in der Öffentlichkeit besonders hinzuweisen und vertrete nachdrücklich den Standpunkt, daß die Behandlung derartiger Fragen in den Betsaal – soweit es das Kirchenvolk – und in geistliche Konzilien – soweit es die Theologen angeht – zurückzuführen ist. In Sportpalästen und vor allem auch im politischen Teil der Tageszeitungen haben diese peinlichen innerkirchlichen Streitereien nichts zu suchen. Zu welchen Abirrungen der allmählich mit unevangelischer Gehässigkeit geführte Kampf schon geführt hat, beweist die kurzsichtige Verwendung des Bildes von der »kirchlichen Mainlinie«, die ich sowohl aus innen- wie auch vor allem außenpolitischen Erwägungen nicht anders als im höchsten Grade verantwortungslos bezeichnen muß. Ich gestatte mir deshalb zur Erwägung anheim zu geben, von dort aus den Führern der kirchlichen Bewegungen eine maßvollere und verantwortungsbewußte Behandlung der notwendigen öffentlich-äußeren Auseinandersetzung zu empfehlen, selbstverständlich unter Vermeidung jeglichen Einmischens in die innerkirchlichen Angelegenheiten. Ich werde meinerseits der politischen Tagespresse in gleicher Weise die äußerste Zurückhaltung empfehlen. Dr. Mattheiß.

Wegen eines drohenden Eingriffs in die Angelegenheiten der Kirche wandte Landesbischof D. Wurm am 25. 11. 1933 sich an Reichsinnenminister Dr. Frick[77]*:*

[77] LKA Stuttgart, D 1, Bd. 44; von Wurm eigenhändig mit der Schreibmaschine hergestellter Entwurf. Die Beilagen befinden sich nicht bei den Akten.

Hochgeehrter Herr Minister!

Der Abend des 11. Juli, an dem in feierlicher Stunde der neugeschlossene Bund der evangelischen Landeskirchen bestätigt und von Ihnen in erhebenden Worten begrüßt wurde[78], ist eine der schönsten Erinnerungen meines Lebens. Wenn ich Ihnen auch persönlich nicht bekannt geworden bin, so glaube ich doch im Andenken an diese Stunde das Recht zu haben, aus der gegenwärtigen Not der Kirche heraus ein Wort an Sie richten zu dürfen.

Ich habe als einer, der seit seinen Jugendtagen – ich bin 65 Jahre alt – unentwegt für nationales Empfinden und Handeln eingetreten ist und der deswegen viele Angriffe der Linkspresse erfahren hat, den Sieg der nationalsozialistischen Bewegung mit Freuden begrüßt, besonders auch deswegen, weil ich an meiner früheren Partei, der deutschnationalen, stets eine hinreichende Berücksichtigung der sozialen Belange vermißt habe. Wie ich mich zum heutigen Staat einstelle, davon geben die beiden Beilagen Kenntnis. Aus dem Empfinden heraus, daß zwischen dem deutschen Protestantismus und dem Nationalsozialismus eine weitgehende Übereinstimmung besteht, habe ich in den kirchenpolitischen Kämpfen des Frühjahrs und Sommers meine Stellung zu Gunsten des von der Glaubensbewegung Deutsche Christen protegierten Kandidaten genommen und auch bei den Landeskirchentagswahlen in Württemberg auf eine Einheitsliste hingewirkt, die der Glaubensbewegung Deutsche Christen eine sichere Mehrheit einräumte. Obgleich mir dies von der württembergischen Führung der Glaubensbewegung Deutsche Christen schlecht gedankt worden ist, so bereue ich es selbstverständlich nicht, daß ich auf diese Weise zur Befestigung des neuen Staates in der württembergischen evangelischen Bevölkerung beitragen konnte. Leider erfreut sich der württ. Landesleiter der Glaubensbewegung Deutsche Christen, Pfarrer Rehm, der durch ungeeignete Methoden viel Verwirrung und Spaltung in die württ. Pfarrerschaft hineingetragen hat, einer so unbedingten Rückendeckung bei dem Herrn Reichsstatthalter, daß eine Befriedung bisher nicht möglich gewesen ist. Was für Auffassungen unter dem Einfluß Rehms in der Umgebung des Herrn Reichsstatthalters herrschen und in welcher Form diese Auffassungen an mich gelangen, nachdem ich eben erst der Regierung eine wirksame Wahlhilfe geleistet habe[79], die auch den Bischof von Rottenburg auf die Beine gebracht hat, davon geben die beiden beigelegten Schreiben Zeugnis. Ich

[78] Siehe GB 139, S. 92.

[79] Siehe S. 752 ff.

gestatte mir dazu zu bemerken, daß eine formelle Antwort auf mein Schreiben vom 20. November bis jetzt nicht eingetroffen ist, daß ich aber die durch den Herrn Ministerpräsidenten erfolgte Entsendung eines Rats, der mich des Vertrauens des Herrn Ministerpräsidenten und des Reichsstatthalters versicherte, als Genugtuung betrachte. Ich bitte also aus dieser Mitteilung keine weiteren Folgerungen zu ziehen und sie mehr als Symptom dafür zu betrachten, zu welch unbedachten Schritten sich manche Unterorgane verleiten lassen.

Was mich zu diesem Schreiben zwingt, ist die Lage, wie sie seit der Sportpalastversammlung entstanden ist. Bischof Hossenfelder hat durch seine dort gehaltene Rede und durch die Tatsache, daß er dem inzwischen von ihm verleugneten Dr. Krause trotz dessen radikaler Einstellung ein sehr weitgehendes Vertrauen geschenkt hat, den Rest der Achtung, die er bei den mit mir gleichgesinnten Kirchenführern besaß, verloren; vollends hat ihn eine grobe Unwahrhaftigkeit, die er sich mir und Professor Fezer gegenüber zu Schulden kommen ließ, unmöglich gemacht. Eine Reihe von Kirchenführern, die gestern zu einer Besprechung[80] hier waren, haben durch mich dem Geistlichen Ministerium mitteilen lassen, daß Hossenfelder untragbar geworden sei. Der Reichsbischof hat sich aber darauf berufen, daß die höchsten Parteiinstanzen Hossenfelder decken und eine Entlassung als Konfliktsfall betrachten. Weiter ab ist Landesbischof Schöffel, der Vertrauensmann der lutherischen und insbesondere auch der süddeutschen Kirchen aus dem Ministerium hinausgedrängt worden; es wurde ihm zugemutet, auf das Referat für die norddeutschen lutherischen Kirchen zu verzichten und der Berufung eines weiteren Kirchenministers in der Person des sächsischen Landesbischofs Coch zuzustimmen.

Ich darf nicht verhehlen, daß diese Entwicklung die neue Reichskirche in eine ganz schwere Krise hineinstürzen wird, die auch vom Standpunkt eines Staates, der so schwer um seine Anerkennung zu ringen hat wie das Dritte Reich, äußerst unerwünscht ist. Ich kann mir deshalb gut denken, daß es Politiker geben wird, die dem Führer raten: Machen Sie diesem Krach in der evangelischen Kirche ein Ende, davon zehrt ja nur die heimliche Opposition im Inland und die offene im Ausland! Gewiß muß dem Krach ein Ende gemacht werden; aber nicht dadurch, daß wie im Sommer die Staatsgewalt und Staatsautorität für eine Richtung eingesetzt wird, die auf eine höchst unglückliche Weise

[80] Ein Protokoll dieser Besprechung befindet sich nicht bei den Akten; vgl. GB 141, S. 112.

für den neuen Staat kämpft, sondern dadurch, daß den kirchlichen Kräften freie Bahn geschaffen wird und die Entscheidung auf dem eigensten Boden der Kirche herbeigeführt wird. Unter dem Eindruck der letzten Ereignisse vollzieht sich ein Reinigungsprozeß innerhalb der Glaubensbewegung Deutsche Christen; viele tüchtige, für das Werk Adolf Hitlers begeisterte Pfarrer ziehen sich jetzt zurück, werden aber sofort mit voller Freudigkeit arbeiten, wenn die Herrschaft der Minderwertigen, die in einigen norddeutschen Landeskirchen aufgerichtet ist, verschwindet und nicht die reaktionären, aber die wirklich evangelisch-reformatorisch denkenden Persönlichkeiten das Steuer in die Hand bekommen. Eine Unterdrückung der heutigen kirchlichen Opposition und eine Unterdrückung der Kirchenregierungen, die bei Beibehaltung des gegenwärtigen Kurses der jetzigen Führung um der Kirche und des Staates willen die Gefolgschaft aufkündigen müssen, würde die verheerendsten Folgen haben zunächst für den inneren Frieden, sodann aber auch für die auswärtige Lage. Ich kann mir nicht recht denken, daß man das nicht sehen sollte, und es ist doch sicherlich möglich, den tapferen Kämpfern der braunen Armee deutlich zu machen, daß sie die Zurückziehung eines nicht als tauglich befundenen Kirchenführers nicht als eine Kampfansage gegen Hitler ansehen dürfen. Beständig arbeitet die heutige Führung der Glaubensbewegung Deutsche Christen mit diesem Argument, daß derjenige, der nicht unbedingt alles gut heißt, was sie unternimmt, politisch unzuverlässig sei; gerade dies verstärkt die Ablehnung, die die Glaubensbewegung Deutsche Christen je länger je mehr in der Pfarrerschaft erfährt, nachdem sie zuerst – in Württemberg durch Fezer und mich ermuntert – mit frohen Hoffnungen sich angeschlossen hatte. Ich kann mir auch nicht denken, daß die Staatsführung unbedingten Wert legen sollte auf die Beibehaltung eines Kirchenführers, der freundlich gesinnte Kirchenführer in England und Schweden so beleidigt, wie dies Hossenfelder in seiner Sportpalastrede getan hat.

Ich bitte Sie also dringend, Herr Minister, um des Großen willen, was auf dem Spiele steht: Verhindern Sie einen Eingriff der Staatsgewalt in die innere Bereinigung, die sich auf dem Gebiet der evang. Kirche vollzieht! Ich wäre außerordentlich dankbar, wenn Sie mich nächsten Dienstag empfangen könnten.

Mit ausgezeichneter Hochachtung [Wurm].

Auch innerhalb der Württ. Glaubensbewegung wurden anscheinend im Zusammenhang mit der allgemeinen Krise personelle Überlegungen angestellt. Am 3. 12. 1933 schrieb Pfarrer Hilzinger, Stuttgart, an Prof. D. Fezer, Tübingen[81]*:*

Hochverehrter Herr Professor!

Ich habe die Ehre, Ihnen folgendes Schreiben, das ich Ihnen gestern telefonisch mitgeteilt habe, noch schriftlich nachzusenden:

Unter dem Eindruck der erschütternden Nachrichten aus Berlin bitten Sie unterzeichnete Stuttgarter Amtswalter bzw. Mitglieder der Glaubensbewegung Deutsche Christen in dieser Stunde höchster Gefahr dringend als Mann unsres Vertrauens, die Leute zu sammeln, die die Grundanliegen der Glaubensbewegung Deutsche Christen, wie Sie sie auch vertreten haben, um des Evangeliums, unserer Kirche und unsres Volkes willen nicht preisgeben können. Es geht uns wahrlich nicht um persönliche Belange, sondern um das Große, wie eine erneuerte Volkskirche und neues Volk sich finden.

Hilzinger, Maurer, Petri, Schneider, Lörcher, Lohß.

Dazu darf ich bemerken, daß diese Bitte unter der Voraussetzung Ihnen gegeben wurde, daß die Nachrichten aus Berlin richtig sind, d. h. daß wir in kurzem vor einer zertrümmerten Führerschaft der Glaubensbewegung Deutsche Christen stehen. Für diesen Fall haben wir uns an Sie gewandt, die Idee der Glaubensbewegung Deutsche Christen zu retten und durchzuführen. Ich bitte Sie aber herzlich, nicht zuzulassen, daß diese Bitte als ein Dolchstoß gegen den bisherigen Landesleiter Rehm ausgewertet wird, unter dem wir ja immer noch stehen. Ich habe die starke Hoffnung, daß wir Sie bald wieder in der Glaubensbewegung Deutsche Christen sehen, deren Gedanken Sie doch immer vertreten haben.

Mit den besten Wünschen für den schweren Kampf Ihr ergebener F. H[ilzinger].

Dieser Brief wurde Pfarrer Rehm ebenfalls am 3. 12. 1933 mitgeteilt:

Lieber Rehm!

Anbei meinem Versprechen gemäß die Abschrift des Schreibens an Herrn Prof. Fezer. Ich bitte Dich noch einmal dringend, daß Du doch

[81] LKA Stuttgart, D 1, Bd. 45,1; vgl. dazu auch den Rücktritt Hilzingers vom Vorsitz des Pfarrvereins, S. 739 f.

um des Ganzen willen Dich in Berlin dafür einsetzest, daß Fezer wieder aufgenommen wird und daß bei uns die Wendung zu ihm wieder erfolgen kann. Denn wenn etwa Fezer eine Sammlung neben uns unternimmt, werden wir schlecht abschneiden. Denke auch weiter daran, daß es die Pflicht jedes Fahnenträgers ist, daß er sich besinnt, wem er die Fahne weitergibt, falls er fällt. Ich beschwöre Dich noch einmal, nicht alles an Deine Person zu hängen. Wir werden für Dich eintreten, wo und wie wir können, aber kämpfe als ein besonnener und selbstloser Mann und Christ. Solltest Du diese meine Haltung als schädlich für die Zukunft der Glaubensbewegung Deutsche Christen halten, stelle ich natürlich gerne mein Amt als Organisationsleiter zu weiterer Verwendung zur Verfügung. Aber bedenke, daß ich es immer gut mit Dir gemeint habe.

Mit herzlichem Gruß Heil Hitler! Dein F. H[ilzinger].

Schon am 17. 11. 1933 hatte Pfarrer Dr. Schreiber, Heilbronn-Bökkingen, die Kreisleitung der Glaubensbewegung für Heilbronn mit einem Brief an Pfarrer Rehm niedergelegt[81a]*:*

Lieber Rehm!

Ich muß Dir den großen Schmerz bereiten, daß ich Dir meinen Rücktritt von der Kreisleitung der Glaubensbewegung Deutsche Christen Heilbronn erkläre. Ich hätte mich gefreut, Dir treu bleiben zu können, zumal ich vor wenigen Tagen in einer Sakristei des Berliner Doms – es war am 10. November – Deine feine Schrift über den katholischen Staatsbegriff und die Konkordate ausliegen sah und auch kaufte. Aber Deine Stellungnahme gegen unseren Landesbischof in Deinen beiden Rundschreiben 13 und 14 kann ich ebensowenig billigen, als ich die Einstellung Hossenfelders und Heidenreichs gegen unseren Reichsbischof billigen kann. Ich konnte zwar die Sportpalastversammlung in Berlin leider nicht mehr mitmachen, die ich überall an den Anschlagsäulen angekündigt sah, aber ihr Ergebnis hat mich nach meiner Aussprache mit Heidenreich am Samstag vorher nicht überrascht und auch von anderer

[81a] LKA Stuttgart, D 1, Bd. 44; bei den Akten liegt ein Durchschlag des Briefes ohne Unterschrift, der ebenfalls am 17. 11. 1933 mit folgendem Beibrief dem Landesbischof übersandt wurde: »Hochverehrter Herr Landesbischof! Beiliegend übersende ich Ihnen den Durchschlag meines Briefes, den ich heute an Kollegen Rehm abgeschickt habe. Es ist mir ein Stein vom Herzen, daß ich mich entschieden habe. Ihr sehr ergebener Wilhelm Schreiber.«

Seite habe ich von dem starken Gegensatz zwischen Müller und Hossenfelder erfahren. Was soll ich aber von einem Reichsleiter denken, der es soweit kommen läßt, daß der Schirmherr sich öffentlich – wenn auch ohne Hossenfelder zu nennen – gegen seinen Kurs oder mindestens gegen eine von ihm nicht mehr gezügelte Richtung so scharf aussprechen muß? Deine blinde Unterordnung unter Hossenfelder wird Dir zum Verhängnis werden, denn Hossenfelder steht Hitler nicht so nahe wie Müller. Ich bitte Dich, einzulenken. Am Mittwoch Mittag mußte ich mit dem Herrn Landesbischof über deine beiden Schreiben 13 und 14 sprechen. Du hast nicht recht. Um Roms und um der völkischen Freidenker willen, um des NS-Staates, um unseres Volkes willen, halt ein!

Heil Hitler! Dein besorgter [Schreiber].

Am 20. 11. 1933 trat dann Pfarrer Wolfgang Zeller, Stuttgart-Zuffenhausen, aus der Glaubensbewegung aus; er teilte dies dem Kreisleiter der Glaubensbewegung, Pfarrer Geiger, Ludwigsburg, mit[81b]*:*

An den Herrn Fraktionsgeschäftsführer der »Kampfgruppe Deutsche Christen« im Landeskirchentag, Herrn Pfarrer Rehm, habe ich heute zur Weitergabe an den Herrn Landesleiter der Glaubensbewegung Deutsche Christen in Württemberg folgende Nachricht abgesandt: »Die neueste Wendung, die der kirchenpolitische Kampf genommen hat, besonders noch das letzte Rundschreiben der Landesleitung der Glaubensbewegung Deutsche Christen vom 14. 11. 1933 und der Kampfartikel im »NS-Kurier«, »Klarheit ist not«, haben mir vollends mit aller Deutlichkeit gezeigt, daß mein Verbleiben im Lager der »Kampfgruppe Deutsche Christen« nicht mehr möglich ist. Ich kann den Weg, der von der Leitung eingeschlagen wird, nicht weiter mitgehen, und bitte, von meinem Austritt aus der »Kampfgruppe Deutsche Christen« im Landeskirchentag Kenntnis zu nehmen und den Herrn Landesleiter darüber zu unterrichten.« Damit ist zugleich gesagt, daß ich nicht mehr in der Lage bin, der gegenwärtigen Leitung der Glaubensbewegung Deutsche Christen in Württemberg mich zu unterstellen. Die mir s. Zt. übersandte Amtswalterkarte Nr. 52 gebe ich im Anschluß zurück. Ich verwahre mich aber mit Bestimmtheit gegen die mögliche Unterstellung, daß ich damit die Glaubensbewegung Deutsche Christen als solche verwerfe, oder gar gegen den Staat Adolf Hitlers und seine Aufbauarbeit mich

[81b] LKA Stuttgart, D 1, Bd. 44; einen Durchschlag des Briefes übersandte Pfarrer Zeller am 23. 11. 1933 dem Landesbischof.

wende. Den Herren Collegen Bauer, Medinger, Solleder, Zier habe ich eine Abschrift dieser Erklärung zugehen lassen.

Heil Hitler! [Zeller.]

Einem kleineren Kreis erklärte Pfarrer Zeller die Gründe für seinen Austritt durch ein weiteres Schreiben vom 20. 11. 1933[81c]*:*

Sehr geehrte Herren, liebe Freunde,

dem Herrn Fraktionsgeschäftsführer der »Kampfgruppe Deutsche Christen«, Herrn Pfarrer Rehm, habe ich heute meinen Austritt aus der »Kampfgruppe Deutsche Christen« mitgeteilt.Es ist mir ein Bedürfnis, einem kleineren, mir näher stehenden Kreis kurzen Aufschluß zu geben über die Gründe, die mich zu diesem ernsten Schritt bestimmt haben.

Als ich in meinem Ludwigsburger Bezirk als geistlicher Argeordneter gewählt war, habe ich mich für den Anschluß an die Glaubensbewegung Deutsche Christen entschieden, die als »Kampfgruppe Deutsche Christen« in den Landeskirchentag einzog. Ich habe das getan, 1. weil ich in meinem bescheidenen Teil beitragen wollte zum Aufbau des Nationalsozialistischen Staates in ehrlichem Glauben an die Sendung Adolf Hitlers. Das Beste, was die Kirche zu verwalten und zu geben hat, sollte herzugebracht werden; und dabei mitzuhelfen, meinte ich, wäre die Glaubensbewegung Deutsche Christen in erster Linie berufen; 2. weil ich das Entstehen der Glaubensbewegung Deutsche Christen mit regem Interesse verfolgt hatte und besonders durch die zweite Fassung der Richtlinien, wie sie von D. Fezer bearbeitet waren, von der Richtigkeit der Sache überzeugt war und auch heute noch bin.

Mit solchen Gedanken kam ich in ihren Kreis, und Sie haben mich kameradschaftlich aufgenommen. Dafür bin ich Ihnen Dank schuldig. Die erste Sitzungsperiode sah unsere Gruppe in völliger Geschlossenheit. (Ob diese Geschlossenheit auch innerlich fest genug gegründet war?) Was aber folgte war ein kirchenpolitischer Kampf, der nach meiner Überzeugung alles andere eher war als ein »chronischer Theologen- und Pfarrerzank«. Wäre es nur das gewesen, wir hätten nicht so schmerzlich darunter gelitten. Nein, es ging um viel Ernsteres: es ging um Vertrauen und Wahrhaftigkeit, es ging um das Gewissen. Die Führung der Kampfgruppe, die identisch war mit der Leitung der Glaubensbewegung Deutsche Christen, betonte – und das ist ja bei alten Kämpfern der NS-Freiheitsbewegung so leicht verständlich! – in erster Linie den Kampf und die Macht. Ich konnte wohl noch mitgehen in dem Kampf um die

[81c] LKA Stuttgart, D 1, Bd. 44.

Macht. Die Kirche soll in nationalsozialistischem Geist erneuert werden. Aber nachdem die Macht gewonnen war, hätte sie nach meiner Meinung dazu verwendet werden müssen, die Abseits- und Fernstehenden innerlich zu überwinden durch den Nachweis der Wahrheit und Schriftgemäßheit des von der Glaubensbewegung Deutsche Christen vertretenen Gedankenguts, durch ehrlich freundliches Zusammenarbeiten mit solchen, die noch auf anderen Wegen gingen, durch Erweise vollen Vertrauens, und das alles »in der Wahrheit und in der Liebe«. Das wäre doch wohl für den Kampf, der uns verordnet war, der vom Neuen Testament gewiesene Weg gewesen. Und dorther mußten wir doch die Leitgedanken für unser Handeln holen, nicht vom Feld der Politik.

Durch allerlei Vorkommnisse, nicht zuletzt durch die verschiedenen, Ihnen bekannten Veröffentlichungen in der NS-Presse erlitt mein Vertrauen in die Führung immer wieder einen Stoß. Führung hat zur Voraussetzung Vertrauen. Wie Vertrauen entsteht, haben wir an Adolf Hitler erlebt. Er hat sich das große wunderbare Vertrauen des deutschen Volkes gewonnen durch seine Leistung in jahrelangem Kampf und ist auf dem Weg, ebenso das Vertrauen der Welt zu gewinnen. Als unsere Gruppe zusammentrat zur Arbeit an und für die Kirche, da war unter uns noch niemand, der auf kirchenpolitischem Gebiet schon etwas Besonderes geleistet hätte. Das Vertrauen, den Führern zunächst auf Vorschuß gegeben, mußte erst erworben werden. Ist es erworben worden? Daß »der Landesleitung und dem von ihr gesteuerten Kurs volles Vertrauen ausgesprochen« worden sei (bei der Stuttgarter Amtswalterversammlung am 25. September), wird in dem Rundschreiben von Mitte Oktober gesagt. Nach meinem Erinnern ist das zu viel gesagt. Aber ganz abgesehen von meinem persönlichen Eindruck: daß das Vertrauen in die württ. Landesleitung der Glaubensbewegung Deutsche Christen und damit auch in die Führung der Kampfgruppe gewaltig erschüttert ist, liegt am Tage. In dem Austritt der 250 Pfarrer sehe ich eine überaus ernst zu nehmende Tatsache. Geradezu tragisch mutet es mich an, daß die so nötige Gemeinschaft des Vertrauens zwischen den alten Kämpfern der Bewegung und denen, die erst neuerdings von anderen Wegen herkommen, nicht zustande kommen will. Woran liegt denn das? Zur Wiederherstellung und Festigung des Vertrauens, dessen Schwinden der Führung doch gewiß eine ernste Sorge ist, wurde ein nach meinem Dafürhalten verkehrter Weg eingeschlagen; die nicht mehr trauten oder sich abseits stellten, wurden verächtlich gemacht (s. Rundschreiben von Mitte Oktober); sie wurden z. T. politisch verdächtigt, als wären sie nichts anderes als »getarnte Gegner des Nationalsozialismus«. Es wurde gesagt, man »wehre sich dagegen, daß nationalsozialistischer Geist in die Kirche einzöge« und »zu Zwecken der Tarnung greife man zu unlauteren Unterstellungen« u.s.w. Schließlich wurde sogar noch mit dem Eingreifen des Staates gedroht. Auf solche Weise wird meines Erachtens schwindendes Vertrauen nicht wiederhergestellt. Ich will nicht darüber befinden, ob überhaupt und wieweit in solchen Behauptungen wirklich ein Korn Wahrheit und damit Berechtigung steckt. Aber die neutestamentliche Regel »in der Wahrheit und in der Liebe« sehe ich hier verletzt. Und das muß ich ganz ernst nehmen.

Und nun steht die Frage vor mir: Ist es wirklich so, daß, wer mit der Führung der Glaubensbewegung Deutsche Christen in Württemberg nicht einig geht, ein Gegner der Glaubensbewegung als solcher ist? daß, wer ihre Taktik für ungut halten muß, sich »echt nationalsozialistischem Geist nicht öffnen will«? Demgegenüber muß ich erklären: um die Glaubensbewegung Deutsche Christen ist es mir ernstlich zu tun. An der Durchführung des bekanntgegebenen Programms mitzuarbeiten, bin ich bereit. Ebenso ernstlich ist mir zu tun um den Aufbau des Staats im Sinne des Führers Adolf Hitler und um die nationalsozialistische Volkserziehung. Ich kann mich aber nicht einer Diktatur unterwerfen, die für sich allein das Recht in Anspruch nimmt, zu bestimmen, was Glaubensbewegung (und was Nationalsozialismus) ist. Vollends als Abgeordneter in ein kirchliches Parlament will und kann ich für all mein Arbeiten, wie für mein taktisches Handeln nur solche Richtlinien anerkennen, die im Neuen Testament ihren Ausgangspunkt haben.

Ich glaubte, meinen Austritt aus der »Kampfgruppe Deutsche Christen« vollziehen zu müssen. Vielleicht haben Sie die mich bestimmenden Gründe verstanden? Es bleibt mein Wunsch, daß es doch irgendwie einmal gelingen möge, alle Pfarrer und Laien, die wirklich ehrlich den nationalsozialistischen Staat und die nationalsozialistische evang. Kirche darin wollen, zusammenzufassen unter einer Führung, die das Vertrauen aller hat. Gewiß weiß Gott den Weg, den wir suchen. Er ist »größer als unser Herz und erkennt alle Dinge«. Möge er uns doch bald auf den Weg der Einigung und des Friedens führen!

Freundliche Grüße! Heil Hitler [Zeller.]

Im Hinblick auf einen drohenden Konflikt schrieb Pfarrer Hilzinger, Stuttgart, am 15. 12. 1933 an den Landesbischof[81d]*:*

[81d] LKA Stuttgart, D 1, Bd. 44.

Hochverehrter Herr Landesbischof!

Nachdem heute Nachmittag eine Art Arbeitsgemeinschaft zwischen den Stuttgarter Theologen der Glaubensbewegung Deutsche Christen und dem Tübinger Kreis zustandegekommen zu sein scheint, meinen Maurer, Petri und ich, wir sollten zunächst keine andere Erklärung abgeben, um ja nicht eine sehr zarte Pflanze zu zerstören, die werden will, als die, Ihnen zu erklären, daß wir selbstverständlich in einem etwa entstehenden Konfliktsfall zwischen Ihnen und der Landesleitung oder der Reichsleitung auf Ihrer Seite stehen werden. Das ist uns zwar fast so selbstverständlich, daß wir es eigentlich nicht noch besonders erklären sollten. Aber in den Wirren der letzten Zeit sind fast die selbstverständlichsten Dinge in Frage gestellt worden.

In treuer Ergebenheit Ihr Fr. Hilzinger.

Daraufhin nahm Pfarrer Rehm im Rundschreiben Nr. 16 der Glaubensbewegung Deutsche Christen, Landesleitung Württemberg, An alle Amtswalter *am 4. 12. 1933 Stellung zu den Auseinandersetzungen innerhalb der Glaubensbewegung*[82]*:*

Liebe Kampfgenossen!

Die neuerlich sich im Umlauf befindlichen unwahren Gerüchte über ein Verbot oder eine Selbstauflösung der Glaubensbewegung und den Zusammenbruch der Glaubensbewegung in Württemberg veranlassen mich, ein Wort über die wirkliche Lage hinauszugeben.

1. Die Glaubensbewegung bleibt unter Leitung Hossenfelders bestehen und hat sich durch die Vorgänge der letzten Tage nur noch fester zusammengeschlossen. Ihre Reichsleitung wird durch die Mitarbeit maßgebender nationalsozialistischer Führer verbreitert und gewinnt dadurch erhöhte Schlagkraft und immer engeren Konnex mit der Bewegung Adolf Hitlers.

2. Es ist nicht wahr, daß unser Reichskanzler sich gegen die Glaubensbewegung gewandt hat. Hitler hat sich für unsere Existenz ausgesprochen. Wenn er auch abgelehnt hat, selbst in den Geisteskampf einzugreifen, so ist das kein Beweis dafür, daß Hitler gegen uns ist, sondern jeder Nationalsozialist versteht sehr wohl, daß unser Kanzler gerade in diese innerevangelischen Fragen nicht direkt eingreifen will. Jedenfalls hat Hitler seine Rundfunkrede vor den Kirchenwahlen[83] nicht wider-

[82] LKA Stuttgart, D 1, Bd. 45,1.

[83] Hitlers Rundfunkrede am 22. 7. 1933; Domarus I, S. 290 f.

rufen, was der beste Beweis ist, daß er die historische Mission der Glaubensbewegung erkennt und fördert.

3. Die Glaubensbewegung geht deshalb ihren Weg um Hitlers und des Reiches Gottes willen gerade weiter. Unabhängig von der Neubildung des Reichskirchenministeriums erfüllen wir unsere Aufgabe, nicht den Glauben zu reformieren – denn er hat keine Reformation nötig –, aber die Kirche zu reformieren, die eine Reformation aus dem Glauben bitter notwendig hat, wenn sie wirklich den Weg zu den Scharen erwachter nationalsozialistischer Volksgenossen finden will, die aus dem Glauben an eine höhere Gerechtigkeit und den Sieg des Lichts wider die Finsternis das Dritte Reich erkämpften und auch der Kirche ihre irdischen Existenzgrundlagen retteten. Die in der Glaubensbewegung zusammengeschlossenen nationalsozialistischen Christen sind die lebendige Brücke von der Kirche zu diesen Scharen erwachter Volksgenossen, weil wir Fleisch von ihrem Fleisch und Geist von ihrem Geist sind. Wir stehen deshalb den Versuchen, mit Hilfe innerlich nicht nationalsozialistisch eingestellter Verkünder des Evangeliums diese Menschen zu der Kirche alten Stils zurückzuführen, mit aller Gelassenheit gegenüber. Es wird sich bald zeigen, daß man die vielbesprochene Volksmission nicht treiben kann, ohne daß man uns dabei in erster Linie mitwirken läßt. Wenn wir deshalb unsere Sache nicht preisgeben, so geschieht das nicht aus Eigensinn des Landesleiters oder aus persönlichen Machtgelüsten und egoistischen Wünschen von Leuten, die etwas werden wollen, sondern um des Reiches Gottes willen. Die Erlebnisse der letzten Kampfeswochen, die abgrundtiefe Demagogie und Verleumdung unserer Gegner haben uns so in die Tiefe geführt, daß wir in ernstem Ringen um das Recht unserer Sendung gewiß geworden sind und nicht mehr die innere Freiheit haben, um eigener Bequemlichkeit und Behaglichkeit willen unseren Kampf aufzugeben. Wir beweisen jetzt, daß wir das, was man uns so oft absprach, in Wirklichkeit doch sind, nämlich »Glaubensbewegung«.

4. Etwaige Versuche, an Stelle der Reichsorganisation der Glaubensbewegung eine neue, örtliche, württ. Organisation unter Führung des Universitätsprofessors Fezer aufzuziehen, in welcher die Mitglieder der Glaubensbewegung Deutsche Christen und des Pfarrernotbundes vereinigt sein sollen, werden von uns selbstverständlich abgelehnt. Ein Zusammengehen mit den Leuten des Pfarrernotbundes ist nach den Vorfällen der letzten Wochen uns innerlich unmöglich, wenn wir nicht unehrlich vor uns selbst werden wollen. Aus Zweckmäßigkeitsgründen

plötzlich in eine andere Organisation, die unter der Gnade der Behörde steht, hinüberzuwechseln, ist eines richtigen Nationalsozialisten unwürdig. Wir alten Nationalsozialisten wissen etwas von der Treue, die hält, auch wenn alle untreu werden. Wir wollen unseren Gegnern zeigen, was nationalsozialistische Treue ist. Auf drei Tagungen hat die ganze Amtswalterschaft Württembergs Hossenfelder die Treue ausgesprochen. Wir werden diese Treue halten. Zudem macht die kirchenpolitische Lage Süddeutschlands es absolut notwendig, daß wir im Anschluß an die Reichsorganisation bleiben als Garantie für den Zusammenhalt der Reichskirche südlich des Mains. Wir erfüllen dadurch eine eminent wichtige staatspolitische und kirchengeschichtliche Mission. Es ist ein Unding, jetzt im Zeichen der Totalität des Reichs und der Reichskirche eine eigene, württ. kirchliche Bewegung neu gründen zu wollen. Die Glaubensbewegung unter Hossenfelder hat das geschichtliche Verdienst, die Reichsbewegung gerade südlich des Maines hoch[!].

5. Sollte je ein Amtswalter meinen, der Reichsleitung die Treue brechen zu müssen, und sich deshalb auch von der württ. Landesleitung lossagen, so erwarte ich von einem wirklichen Nationalsozialisten, daß er nach nationalsozialistischer Ehrauffassung still und ruhig mir sein Amt zur Verfügung stellt, aber nicht versucht, durch Aktionen im Land weitere Kreise hinter sich zu ziehen. Es wird von mir jede persönliche Überzeugung geachtet; wer aber andere mit zum Abfall aufputscht, der ist kein Nationalsozialist. Im übrigen bitte ich auf Grund vieler Erfahrungen der letzten Wochen, Entschlüsse nicht nur auf Grund der unkontrollierbaren Gerüchte der Gegner zu fassen, sondern den Standpunkt der Reichs- und Landesleitung vorher auch zu hören. In Gewissenskonflikte mit dem Kirchenregiment wird kein Pfarrer der Glaubensbewegung kommen. Der Austrag bestehender eventueller Spannungen ist allein Sache des Landesleiters, der dafür nach dem Führerprinzip die alleinige Verantwortung auf sich nimmt. Unser Weg war bisher rein und wird das auch in Zukunft sein, weil unsere Sache uns ein Glaubensanliegen ist. Wenn wir alten, in zwölfjährigem Kampf hartgewordenen Kämpfer auch nicht täglich die tiefsten und heiligsten Anliegen im Munde führen, so ist das kein Beweis dafür, daß wir sie nicht in uns tragen. Sie werden bei uns mehr vertreten, als es vielleicht dort der Fall ist, wo man mit sentimentalen, frommen Redensarten billig Herzen fangen kann.

6. Ich stelle nochmals fest, daß es sich bei unserem Kampf nicht um einen Angriff auf die Bekenntnisgrundlagen unserer Kirche handelt.

Wer das behauptet, lügt. Unser Kampf gilt vielmehr der politischen Reaktion, welche sich mit religiösen Prinzipien tarnt, um aus dieser Stellung heraus den Kampf gegen die nationalsozialistische Idee zu führen. Es ist seit langer Zeit vorbereitet, was jetzt abläuft und was wir bereits seit dem Frühjahr kommen sahen. Wir kämpfen deshalb gegen den Mißbrauch des Heiligsten zu politischen Zwecken; wir haben das innere Recht zu diesem Kampf, weil wir nicht erst seit März oder April 1933 unsere Hitlertreue entdeckt haben, sondern seit zwölf Jahren unentwegt für Hitler in der vordersten Linie kämpften. Wir sind deshalb allein dazu berechtigt, darüber zu entscheiden, was wahrer Nationalsozialismus ist und haben uns darüber nicht von Leuten belehren zu lassen, die uns ehedem verspotteten, verachteten und bekämpften. In den entscheidenden Tagen dieses Kampfes vertreten wir deshalb nicht den Standpunkt: Hier stehe ich; ich kann auch anders, sondern wir halten es mit Martin Luther: »Hier stehe ich; ich kann nicht anders. Gott helfe mir!« Ihm sei unsere Sache und unser Kampf befohlen!

Heil Hitler! Euer Rehm.

Wegen der verschiedenen Veröffentlichungen von Pfarrer Rehm erging am 8. 12. 1933 ein Erlaß des Oberkirchenrats an das Evang. Dekanatamt Nagold, in dem Pfarrer Rehm die Einleitung eines Dienststrafverfahrens angedroht wurde[84]*:*

Pfarrer Rehm von Simmersfeld, z. Zt. verwendet bei der SA-Gruppe Südwest in Stuttgart, hat in zwei Rundschreiben an die Kreisleiter der Glaubensbewegung Deutsche Christen vom 9. und 14. vorigen Monats sowie in Presseveröffentlichungen vom 28. November und 1. Dezember (NS-Kurier Nr. 354 und 361) Ausführungen gemacht, die mit seiner Stellung als Geistlicher der Evang. Landeskirche unvereinbar sind. Wegen dieser und anderer Vorkommnisse der letzten Zeit ist ihm zu eröffnen:

1. daß er bei den geringsten weiteren Verstößen gegen die Amtspflichten als Geistlicher, insbesondere bei weiteren Kundgebungen der gerügten Art die alsbaldige Suspendierung vom Amt zu gewärtigen habe;

[84] Nr. A 9966; der Erlaß wurde sämtlichen Dekanatämtern zur Kenntnisnahme mitgeteilt. Seit 10. 7. 1933 war Pfarrer Rehm von seinem pfarramtlichen Dienst beurlaubt worden zugunsten einer seelsorgerlichen Betreuung der SA; siehe Bd. 1, S. 443.

2. daß wegen der zurückliegenden Vorgänge der zuständigen Dienstaufsichtsbehörde die Einleitung des Dienststrafverfahrens vorbehalten bleibe.

Abschrift hievon ist Herrn Pfarrer Rehm unmittelbar zugegangen.

Wurm.

Ebenfalls am 8.12.1933 wurde durch einen weiteren Erlaß des Evang. Oberkirchenrats an das Evang. Dekanatamt Nagold der Pfarrer Rehm erteilte Auftrag zur Seelsorge an SA-Formationen zurückgezogen[85]*:*

Der durch Erlaß vom 10. Juli des Jahres Nr. 4408 erteilte Auftrag an Herrn Pfarrer Rehm in Simmersfeld zur Seelsorge bei den SA-Formationen ist mit Wirkung vom 13. des Monats zurückgenommen worden. Der ihm für diesen Zweck erteilte Urlaub geht mit diesem Zeitpunkt zu Ende. Herr Pfarrer Rehm hat am 13. des Monats seinen Pfarrdienst in Simmersfeld wieder anzutreten. Die Bewerbung um eine andere Pfarrstelle bleibt ihm vorbehalten.

Eine Abschrift hievon ist Herrn Pfarrer Rehm von hier aus zugegangen.

Wurm.

Das Schreiben des Württ. Ministerpräsidenten Mergenthaler vom 21.11.1933 an den Reichsbischof über die kirchliche Lage in Württemberg wurde vom Reichsbischof am 9.12.1933 Wurm mitgeteilt[85a]*. Er antwortete am 14.12.1933 dem Reichsbischof und ging dabei noch einmal auf das Verhalten von Pfarrer Rehm ein*[86]*:*

Von dem mir mitgeteilten Schreiben des Herrn Ministerpräsidenten Mergenthaler betr. die kirchliche Lage in Württemberg habe ich durch den Herrn Ministerpräsidenten selbst Kenntnis erhalten. Da er in derselben Zeit mir durch einen Rat seines Ministeriums mündlich sein Vertrauen aussprechen ließ, habe ich diesem die näheren Umstände geschildert. Von weiterem glaubte ich absehen zu können.

[85] Nr. A 9967.

[85a] Das Beischreiben des Reichsbischofs lautete: »Abschrift übersende ich Euer Hochwürden ergebenst mit der Bitte um baldgefällige Äußerung über die kirchliche Lage in Württemberg. Insbesondere bitte ich um freundliche Mitteilung über den Stand der Auseinandersetzung mit Pfarrer Rehm.«

[86] Nr. A 10255; zu den Vorgängen Anfang November 1933 siehe S. 691 ff. Das unten erwähnte gleichzeitig abgehende Schreiben meint wohl den folgenden Brief an Murr von Mitte Dezember.

Wie dem Herrn Reichsbischof bekannt ist, habe ich mit dem damaligen Kirchenminister Hossenfelder im Anschluß an die Unterredung bei dem Herrn Reichsbischof am 3. November eine Vereinbarung über das Verhältnis zwischen der württ. Kirchenleitung und der württ. Landesleitung der Glaubensbewegung Deutsche Christen getroffen, die der Befriedung dienen sollte. Der vierte Absatz dieser Vereinbarung, die Herr Hossenfelder mit dem Ausspruch »ein Mann, ein Wort« bekräftigt hatte, bestimmte, daß ein vom Landesbischof bezeichneter Vertrauensmann in die Landesleitung der Glaubensbewegung Deutsche Christen aufgenommen werden und die spätere Neubesetzung der Landesleitung in Fühlungnahme mit dem Landesbischof erfolgen sollte. Über die Auslegung dieses Absatzes entstanden Unstimmigkeiten, die in einer Unterredung zwischen dem Landesbischof und Pfarrer Rehm am 9. November zum Vorschein kamen. Der Landesbischof erklärte, er werde sich deshalb noch einmal an den Reichsleiter wenden, und tat dies in einem Schreiben an demselben Tage. Unter demselben Datum erließ jedoch Pfarrer Rehm ein Schreiben an die Amtswalter der Glaubensbewegung Deutsche Christen, worin er behauptete, sein Friedensangebot sei an dem Starrsinn des Landesbischofs gescheitert, und worin Wendungen vorkamen wie die, daß Leute, die sich einen nationalsozialistischen Anstrich geben, um ihr reaktionäres Leben zu retten, selbstverständlich mit der Glaubensbewegung Deutsche Christen in Konflikt kommen. Ich hätte das volle Recht gehabt, auf solche Beleidigungen hin gegen Pfarrer Rehm vorzugehen; ich ließ ihn aber lediglich zu einer Besprechung auf dem Oberkirchenrat einladen, in der er zur Zurücknahme dieses wahrheitswidrigen Schreibens aufgefordert werden sollte. Diese Besprechung konnte nicht stattfinden, da Pfarrer Rehm stets eine Verhinderung anmeldete. Da er außerdem immer wieder entgegen meinem Erlaß vom 11. Oktober[87] die kirchlichen Auseinandersetzungen in der politischen Presse behandelte, habe ich ihn von dem besonderen Auftrag, den er seit Juli des Jahres bei der SA hatte und der eine besondere Vertrauensstellung bedeutete, entbunden und seine Rückkehr in seine Pfarrei Simmersfeld angeordnet.

Wie ich nun soeben höre, hat hiegegen der württembergische Reichsstatthalter bei dem Herrn Reichsbischof Protest eingelegt. Eine nähere Darlegung darüber erfolgt in einem andern Schreiben, das gleichzeitig abgeht. Ich bemerke nur, daß der Versuch, eine Pastoration bei der SA einzurichten, lediglich von der Landeskirche ausging und finanziert

[87] Siehe S. 635 f.

wurde, daß aber die Tätigkeit von Pfarrer Rehm in dieser Stellung überwiegend die eines Kulturreferenten, nicht eines Geistlichen war und daß nicht einzusehen ist, warum die Landeskirche dauernd eine solche Tätigkeit bezahlen soll. Sie ist gerne bereit, wenn dies ausdrücklich gewünscht wird, einen Geistlichen auch fernerhin zur Verfügung zu stellen, muß aber dann darauf bestehen, daß die Kosten von der SA selbst übernommen werden.

Will Pfarrer Rehm, der bei jeder Gelegenheit das Führerprinzip betont, im Dienst der Landeskirche bleiben, so muß er sich wie jeder andere Pfarrer den Anordnungen des Landesbischofs unterwerfen. Will er das nicht, so muß er ausscheiden. Ich habe schon längst dem Herrn Reichsstatthalter erklärt, daß dem Staat, der NSDAP und dem Herrn Rehm viel besser gedient wäre, wenn Rehm einen politischen Auftrag erhielte, da er in der Kirche lediglich Verwirrung anrichtet. Daß er von einer kirchlichen Stellung aus weiterhin die Autorität der Kirchenführung angreifen darf, lediglich weil der Herr Reichsstatthalter ihn als alten Kämpfer hochschätzt, ist auf die Dauer untragbar. Jedenfalls muß ich den Herrn Reichsbischof dringend bitten, einen Eingriff einer politischen Stelle in die kirchliche Disziplinargewalt mit ebensolcher Deutlichkeit und Entschiedenheit abzulehnen, wie dies der Landesbischof für seine Pflicht hält. Wurm.

Über die gegen Pfarrer Rehm vorgesehenen Maßnahmen entwarf der Landesbischof etwa Mitte Dezember ein Schreiben an Reichsstatthalter Murr[88]*:*

Hochgeehrter Herr Reichsstatthalter!

Unter Bezugnahme auf das fernmündliche Gespräch mit Herrn Staatssekretär Muldmann beehre ich mich, die Gründe für die Zurückziehung des dem Pfarrer Rehm erteilten Auftrags darzulegen.

Als die Versuche, die in der württembergischen Pfarrerschaft eingetretene Spaltung zu beseitigen, fehlgeschlagen waren, wandte sich der Landesbischof an den Herrn Reichsbischof und an den Reichsleiter der Glaubensbewegung Deutsche Christen mit der Bitte, zu einer Bereini-

[88] LKA Stuttgart, D 1, Bd. 45,1; von Wurm eigenhändig mit der Schreibmaschine hergestellter Entwurf, der Schluß fehlt möglicherweise. Die Beilage befindet sich nicht bei den Akten. Zu den Vorgängen Anfang November 1933 siehe S. 691 ff. Pfarrer Rehm wurde am 18. 11. 1933 zum ersten Mal zu einer Besprechung auf den Oberkirchenrat geladen.

gung der zwischen der württ. Kirchenleitung und der Landesleitung der Glaubensbewegung Deutsche Christen in Württemberg bestehenden Differenzen beitragen zu wollen. Der Reichsbischof erkannte an, daß der bisherige Landesleiter Pfarrer Rehm sich durch seine in der politischen Presse erhobenen Angriffe gegen die württembergische Kirchenleitung ein Vertrauensverhältnis zwischen dem Landesbischof und dem Landesleiter sehr erschwert hatte, und stellte in Aussicht, Pfarrer Rehm in Bälde in eine Referentenstelle bei der Reichskirchenregierung zu berufen. Auf Grund einer Aussprache zwischen dem Landesbischof und dem Reichsleiter wurde die beiliegende Vereinbarung geschlossen. Da sich in Bezug auf die Auslegung von Ziffer 4 dieser Vereinbarung Differenzen einstellten und da der Landesbischof einer von Pfarrer Rehm vorgelegten Erklärung, wonach die Glaubensbewegung sich »nach wie vor« hinter den Landesbischof stelle, nicht zustimmen konnte, ergab sich die Notwendigkeit einer weiteren schriftlichen Verhandlung mit der Reichsleitung. Während diese durch ein Schreiben des Landesbischofs eingeleitet wurde, erließ Pfarrer Rehm die beiliegende Kundgebung an die Amtswalter, die in wahrheitswidriger Weise von der Ablehnung eines Friedensangebots spricht und beleidigende Wendungen gegen den Landesbischof verwendet. Ich bin überzeugt, daß jede amtliche Stelle, der ein Untergebener derartiges zu bieten wagt, ihn von heute auf morgen entlassen würde. Ich habe mich darauf beschränkt, Pfarrer Rehm zu einer Besprechung mit zwei Mitgliedern des Oberkirchenrats einladen zu lassen, wobei ihm die Zurückziehung dieses beleidigenden Schreibens zugemutet worden wäre. Diese Besprechung ist aber nicht zustande gekommen, weil Pfarrer Rehm immer wieder seine Verhinderung mitteilte. Nachdem dann noch ein Angriff Rehms im »NS-Kurier« in der beiliegenden Nummer des »NS-Kurier« erfolgt ist, habe ich in Übereinstimmung mit dem Oberkirchenrat ein Einschreiten in der Form für nötig gehalten, daß der dem Pfarrer Rehm erteilte Auftrag betr. SA-Pastoration, der seinerzeit von der Landeskirche aus angeboten und finanziert wurde, zurückgezogen wird und ihm die Einleitung des Disziplinarverfahrens angedroht wird, falls weitere Handlungen des Ungehorsams vorkommen.

Wenn die Kirchenleitung weiterhin solche Disziplinwidrigkeiten dulden würde, so würde sie zum Gespött werden. Mit einer Kirche, in der ein einzelner Pfarrer der Autorität des Landesbischofs entgegentreten kann, ist auch dem Staat nicht gedient. Wie sehr Pfarrer Rehm den Boden in der Pfarrerschaft verloren hat, geht aus zahlreichen Austritten und Amtsniederlegungen innerhalb der Glaubensbewegung Deutsche Christen hervor, auch daraus, daß aus seinem Wahlbezirk Crailsheim die Bitte an den Landesbischof gekommen ist, die Teilnahme des Abgeordneten Rehm am Kirchenbezirkstag zu verhindern[88a].

Wie ich schon in der Unterredung am 18. September ausgeführt habe[88b], hielte ich es für das Beste, wenn dem Pfarrer Rehm irgend eine Verwendung in der Parteiorganisation auf rein politischem Gebiet verschafft werden könnte; in der Kirche richtet er nur Verwirrung und Schaden an.

Das endgültige Schreiben an den Reichsstatthalter vom 14. 12. 1933 hatte dann folgenden Wortlaut[88c]*:*

Hochverehrter Herr Reichsstatthalter!

Wie mir von der SA-Gruppe Südwest fernmündlich mitgeteilt worden ist, hat der Herr Reichsstatthalter wegen der Abberufung des Herrn Pfarrer Rehm von seinem Dienst bei der SA-Gruppe Südwest beim Herrn Reichsbischof vorgesprochen und mich bitten lassen, im Hinblick auf eine in Aussicht stehende mündliche Rücksprache des Herrn Reichsstatthalters mit mir die Abberufung des Herrn Pfarrer Rehm bis Dienstag, den 19. des Monats zu sistieren. Ich bin bereit, diesem Ansuchen zu entsprechen, und stehe auch zu einer Rücksprache mit dem Herrn Reichsstatthalter jederzeit gerne zur Verfügung. Schon jetzt aber darf ich Folgendes ausführen:

Am 10. Juli 1933 habe ich Herrn Pfarrer Rehm zur kirchlich-seelsorgerlichen Betreuung der SA-Formationen unsres Landes bestellt und ihn zu diesem Zweck bis auf weiteres von seinem Hauptamt, unter Belassung seiner Bezüge als Geistlicher und Gewährung einer Trennungszulage, beurlaubt. Als Aufgaben waren für Herrn Pfarrer Rehm in Aussicht genommen: die gottesdienstliche Versorgung der SA-Formationen durch Feldgottesdienste, Lagergottesdienste, besondere Feiern, die weltanschauliche, d.h. evang.-christliche Ausbildung und Vertiefung der SA-Mannschaften (Bildungsarbeit, apologetische Arbeit, Sturmabende,

[88a] Pfarrer Schreiber, Onolzheim, bat am 6. 12. 1933 den Oberkirchenrat, Rehm an der Teilnahme am Kirchenbezirkstag in Crailsheim zu hindern; es würde eine Sprengung der Versammlung befürchtet, wegen Rehms Artikel im »NS-Kurier« sei dessen Ansehen gesunken. Am 9. 12. 1933 bat der Landesbischof Pfarrer Rehm, dem Kirchenbezirkstag fernzubleiben (Nr. A 9224).

[88b] Siehe S. 632.

[88c] Nr. A 10226. Der Bericht Rehms vom 4. 11. 1933 war in den Akten nicht zu finden.

Mitarbeit in dem Blatt »Der SA-Mann«), Mitwirkung beim Unterricht an der SA-Führerschule und bei SA-Schulungskursen, wenn möglich auch an der HJ-Führerschule und Arbeitslagerführerschule. Inwieweit Herr Pfarrer Rehm diesen Aufgaben im einzelnen nachgekommen ist und im kirchlichen Sinn gewirkt hat, ist mir nicht näher bekannt geworden und auch aus einem von Herrn Pfarrer Rehm am 4. November des Jahres erstatteten Bericht nicht zu ersehen gewesen. Dagegen hat Herr Pfarrer Rehm im Lauf der letzten Monate wiederholt sich Handlungen zu schulden kommen lassen, die ich als mit der Stellung eines Geistlichen der Landeskirche unvereinbar bezeichnen muß. Wiederholte Kundgebungen in der Presse und in Ausschreiben waren nicht nur für den Landesbischof zum Teil geradezu beleidigend, sondern waren nur dazu angetan, die Stellung des Landesbischofs bei den Geistlichen und Gemeindegliedern zu untergraben. In einer Zeit, in der auch die Kirche einer autoritären Führung bedarf und in dieser Beziehung mit der Staatsleitung Hand in Hand gehen muß, kann ich solche Disziplinwidrigkeiten eines Geistlichen nicht länger dulden. Auch unter den Geistlichen und Gemeindegenossen besteht weithin diese Auffassung, was auch darin zum Ausdruck gekommen ist, daß eine ganze Reihe von Amtswaltern der Glaubensbewegung Deutsche Christen wegen dieser Angriffe auf den Landesbischof ihre Ämter dem Gauleiter der Glaubensbewegung Deutsche Christen zur Verfügung gestellt hat.

Als Beispiel, welcher Sprache sich Herr Pfarrer Rehm bedient hat, darf ich das anliegende Rundschreiben an die Kreisleiter der Glaubensbewegung Deutsche Christen vom 9. November des Jahres anfügen und dazu nur bemerken, daß dieses Schreiben in einer Zeit geschrieben worden ist, in der noch Verhandlungen mit der Reichs- und der Gauleitung der Glaubensbewegung Deutsche Christen wegen Beseitigung bestehender Differenzen geführt worden sind. Auch meine Weisung an die Geistlichen in einem Rundschreiben vom 11. Oktober des Jahres, Erörterungen über innerkirchliche Fragen und Verhältnisse, insbesondere Auseinandersetzungen persönlicher und polemischer Art nicht in der politischen Presse zu führen und Angriffe auf die politische Zuverlässigkeit des Pfarrerstands und der Kirchenführung in Versammlungen und Presse um der Einheit der Kirche willen zu unterlassen, hat Pfarrer Rehm nicht beachtet, sondern ohne Rücksicht darauf in der Öffentlichkeit Kundgebungen erlassen. Dadurch hat er der Evang. Landeskirche wie auch der Glaubensbewegung Deutsche Christen unermeßlichen Schaden zugefügt. Letzteres bedaure ich um so mehr, als ich von jeher die berechtigten Ziele der Glaubensbewegung Deutsche Christen anerkannt und nach Möglichkeit unterstützt habe.

Nachdem Herr Pfarrer Rehm in dieser Weise die Landeskirche geschädigt hat, war es mir auf die Dauer nicht mehr möglich, ihn in der Vertrauensstellung, die er durch Verfügung vom 10. Juli erhalten hat, zu verwerten. Ich habe ihn daher mit Wirkung vom 15. des Monats abberufen und ihn beauftragt, sein landeskirchliches Amt wieder zu übernehmen. Schon jetzt möchte ich erklären, daß es für den Landesbischof unmöglich ist, Herrn Pfarrer Rehm unter solchen Verhältnissen auf dem von der Landeskirche besoldeten Amt bei der SA-Gruppe Südwest zu belassen. Wenn die Kosten für seine Verwendung bei der SA aus anderen Mitteln bestritten werden könnten oder der Herr Reichsstatthalter in der Lage wäre, ihn auf ein staatlich besoldetes Amt zu übernehmen, so stünde meinerseits nichts im Wege, ihm bis auf weiteres den dafür erforderlichen Urlaub zu gewähren.

Mit ausgezeichneter Hochachtung bin ich Ihr ergebenster Landesbischof Wurm.

Am 16. 12. 1933 setzte sich dann Oberkirchenrat Schaal mit Pfarrer Rehm und mit der SA-Gruppe Südwest in Verbindung; dort hatte man Pfarrer Rehm während des Winters zu verschiedenen Vorträgen vorgesehen, die nicht mehr abzusagen waren. Die SA-Gruppe schlug deshalb vor, die Finanzierung Rehms selber zu übernehmen und bitte, Pfarrer Rehm ab Dienstag, 19. Dezember, zu diesem Zweck zu beurlauben[88d]. *In einer kurzen Besprechung (Dr. Schauffler, Mayer-List, Schaal) wurde festgestellt:* Pfarrer Rehm ist zu veranlassen, bis Dienstag 19. des Monats ein Gesuch um Beurlaubung unter Verzicht auf sein Gehalt beim Oberkirchenrat einzureichen. Die Genehmigung des Gesuchs muß aus dienstlichen Gründen davon abhängig gemacht werden, daß er gleichzeitig ein Entschuldigungsschreiben wegen seiner den Herrn Landesbischof betreffenden Äußerungen beilegt. In der an Pfarrer Rehm zu richtenden Antwort wird seitens des Oberkirchenrats darauf hinzuweisen sein, daß er auch über die Dauer der Beurlaubung der landeskirchlichen Dienstaufsicht untersteht.

An Pfarrer Rehm schrieb Oberkirchenrat Schaal ebenfalls am 16. 12. 1933[88e]*:*

[88d] Nr. A 10362.
[88e] Nr. A 10362.

Sehr geehrter Herr Pfarrer!

Der Herr Landesbischof teilte mir soeben vor seiner Abreise nach Berlin mit, er habe Dr. Schiele, der sich nochmals an ihn wandte, in Ihrer Angelegenheit Folgendes mitgeteilt: Er könne sich mit Ihrer Belassung in der jetzigen Stellung bei der SA-Gruppe Südwest bis 31. Dezember des Jahres einverstanden erklären, wie auch mit einer sich anschließenden Beurlaubung zur Weiterverwendung im SA-Dienst unter der doppelten Bedingung, daß Sie 1. wegen des Rundschreibens an die Kreisleiter der GBDC vom 9. November förmlich um Entschuldigung bitten, 2. die Gauleitung der GBDC alsbald niederlegen. Ich bitte Sie um telefonische oder schriftliche Äußerung hiezu bis Montag, vormittags 9 Uhr auf den Alten Postplatz 4. Was Punkt 1 betrifft, so möchte ich Ihnen raten, diese peinliche Sache möglichst rasch aus der Welt zu schaffen etwa durch folgende Erklärung: Nachdem ich mich überzeugt habe, daß meine Darstellung der Lage im Rundschreiben vom 9. November des Jahres an die Kreisleiter der GBDC unzutreffend ist, nehme ich die dortigen, den Herrn Landesbischof betreffenden Äußerungen mit dem Ausdruck des Bedauerns zurück. Ich habe davon auch die Kreisleiter der GBDC in Kenntnis gesetzt.« Was Punkt 2 betrifft, so möchte ich ebenso um Ihrer Person wie auch um der Sache willen Sie bitten, das persönliche Opfer zu bringen und die Gauleitung etwa an Hilzinger abzugeben, falls Brügel nicht in Betracht kommt. Auf alle Fälle müßte der Landesbischof von der in Aussicht genommenen Person des neuen Gauleiters in Kenntnis gesetzt werden. Behalten Sie die Gauleitung bei, so sehe ich nicht ein, wie es Ihnen möglich sein wird, einem Dienststrafverfahren, das dann fast zwangsläufig ausgelöst wird, zu entgehen, oder wie Sie – falls Sie für eine bestimmte Zeit aus dem Kirchendienst ausscheiden – später wieder hereinkommen können. Dr. Schiele habe ich in Kenntnis gesetzt, daß er voraussichtlich am Montag Vormittag endgültigen Bescheid wegen Ihrer Weiterverwendung erhalten werde. S[chaal].

Als Entschuldigung wegen des Rundschreibens vom 9.11.1933 schrieb Pfarrer Rehm am 18.12.1933 an den Landesbischof[88f]*:*

Sehr verehrter Herr Landesbischof!

Bei Abfassung meines Rundschreibens Nr. 13 vom 9. 11. 1933 an die Kreisleiter der GBDC ging ich von der Voraussetzung aus, daß die Ver-

[88f] Nr. A 10397. Ein entsprechendes Rundschreiben befindet sich nicht bei den Akten.

handlungen betr. eine Vereinbarung zwischen dem Herrn Landesbischof und der GBDC entgültig gescheitert waren. Nachdem ich mich durch die Darlegungen des Herrn Oberkirchenrat Schaal überzeugen konnte, daß obige Voraussetzung nicht zutrifft, bedauere ich die unter Annahme dieser Voraussetzung gemachten Ausführungen über die persönliche Haltung des Herrn Landesbischofs und nehme sie hiemit zurück. Ich werde meinen Kreisleitern im nächsten Rundschreiben von dieser Erklärung Kenntnis geben und dem Herrn Landesbischof ein Exemplar dieses Rundschreibens übersenden. W. Rehm.

Ebenfalls am 18. 12. 1933 bat Pfarrer Rehm den Oberkirchenrat um Beurlaubung zur Dienstleistung beim Stab der SA-Gruppe Südwest unter Verzicht auf Gehalt ab 19. 12. 1933 bis auf weiteres. Diese Beurlaubung wurde dann in einem Erlaß an das Evang. Dekanatamt Nagold am 23. 12. 1933 ausgesprochen[88g].

In der Zwischenzeit hatte sich Pfarrer Rehm am 12. 12. 1933 beim Schlichtungsausschuß der DEK beklagt[88h]*:*

In der Beilage übersende ich Ihnen die Abschriften dreier gegen mich gerichteten Erlasse des Württ. Oberkirchenrats bzw. des Herrn Landesbischofs, in denen wegen meiner Tätigkeit als Landesleiter der Deutschen Christen mir Folgendes eröffnet wird:

1. Durch Erlaß Nr. A 9924 werde ich durch den Herrn Landesbischof in der verfassungsmäßigen Ausübung meiner Rechte als Abgeordneter des Württ. Landeskirchentags behindert.
2. Mein Verhalten als Landesleiter der Glaubensbewegung Deutsche Christen wird als unvereinbar mit den Amtspflichten eines württ. Geistlichen dokumentiert.
3. Zur Strafe wurde meine Beurlaubung zum Dienst als Abteilungsreferent für Weltanschauung beim Stab der SA-Gruppe Südwest mit einer Frist von 5 Tagen aufgehoben und ich unter Brüskierung der SA sowie der Staatsregierung nach Simmersfeld zurückgerufen, wobei mir bei geringsten Verstößen sofortige Suspension vom Amt und außerdem noch die Eröffnung des Dienststrafverfahrens bevorsteht.

[88g] Nr. A 10398; auch dieser Erlaß ging den Dekanatämtern zur Kenntnisnahme zu.
[88h] Nr. A 10486; am 15. 2. 1934 wurde Pfarrer Rehm unter Berufung in das staatliche Beamtenverhältnis zum Religionslehrer in Stuttgart bestellt (Nr. A 1382).

Diese Haltung des Oberkirchenrats geschah, ohne daß mir Gelegenheit gegeben wurde, mich zu verteidigen, und unter Umgehung des von der Reichskirchenregierung eingerichteten Schlichtungshofes.

Ich rufe hiemit in der Angelegenheit den Schlichtungshof an und bitte ergebenst, sofort einzugreifen.

Heil Hitler! Pfarrer Rehm.

Die Beschwerde Rehms wurde dem Oberkirchenrat am 20. 12. 1933 zur Stellungnahme zugeleitet, dann aber nicht mehr behandelt, da der Schlichtungsausschuß durch das Kirchengesetz vom 4. 1. 1933 aufgehoben wurde[88i].

Die Information der Gemeinde und der Pfarrer

Am Abend des 8. 12. 1933 sprach Landesbischof D. Wurm in einer Versammlung der Kirchengemeinderäte in Groß-Stuttgart über die kirchliche Lage[89]*:*

Schon lange liegt es mir am Herzen, wieder einmal mich an die Pfarrerschaft und das Kirchenvolk zu wenden. Nur die furchtbar schwierigen Verhältnisse, das beständige Hin und Her, insbesondere das Hin und Her des Reisens, die Fülle der Aufgaben, die geleistet werden sollen und doch liegen bleiben, auch im täglichen Beruf und Geschäft, hat es verhindert. Ich trete auch heute leider unvorbereitet vor Sie; jedenfalls nicht so vorbereitet, wie es ein solches Wort eigentlich sein sollte, nicht so bis ins einzelne ausgedacht, wo man doch weiß, daß eben auf das einzelne Wort, auf seinen Klang, auf die Gruppierung der Worte unendlich viel ankommt, weil so leicht irgend ein Mißverständnis sich anknüpfen kann an eine kleine Änderung in der Darstellung.

Es ist allerdings recht schwer, heutzutage eine Aufklärung zu geben.

Sie ist erschwert einmal durch die äußeren Verhältnisse. Die aus wichtigen außenpolitischen Gründen bestehende strenge Zensur der Presse hat es lange Zeit verhindert, daß die kirchlichen Fragen und Erörterungen an das Tageslicht kamen. Nur hie und da, aber recht ein-

88i Nr. A 530.

89 Die Ausführungen des Landesbischofs wurden vom Oberkirchenrat am 16. 12. 1933 (Nr. A 10332) den Pfarrämtern »zur Kenntnisnahme und Eröffnung an die Kirchengemeinderäte noch vor Neujahr« mitgeteilt. Ein vom EPD verbreiteter Bericht über die Versammlung erschien im »Evang. Gemeindeblatt für Stuttgart« und im »Schwäbischen Merkur« (22. 12. 1933).

seitig, erschienen Artikel, in denen auf diesen Kampf innerhalb der Evang. Kirche angespielt wurde. Dadurch wurde natürlich das Ausland besonders aufmerksam und neugierig. Es sandte seine Berichterstatter, die herumhorchten. Und nun war es sicherlich ein Unglück, daß, nicht immer und überall, aber doch zuweilen, von Seiten der Vorkämpfer der Deutschen Christen der Schein erweckt wurde, als ob hinter ihrer Bewegung, hinter ihren Forderungen die Partei und die Staatsführung geschlossen und vorbehaltlos stehe. Indem dieser Schein erweckt wurde, mußte natürlich jede Niederlage, welche diese Bewegung im Kirchenkampfe erlebte, jeder Rückzug, den sie antreten mußte, als eine politische Niederlage, als eine Niederlage des Führers, des Staates und der Partei im Ausland betrachtet werden. Das ist das gefährliche dieser Situation, der wir, gerade weil wir treue evangelische Christen und damit treue Bürger unseres Staates sind, Rechnung tragen müssen, um deretwillen wir uns manche Zurückhaltung auferlegen müssen, die in normalen Zeiten nicht nötig wäre. Aber selbstverständlich kann die Rücksicht auf das Ausland nicht so weit gehen, daß man nun überhaupt nicht mehr redet. Es ist als ein großer Fortschritt zu betrachten, daß die Staatsführung sich neuerdings ganz deutlich distanziert hat von den kirchlichen Gruppen, auch von der Gruppe, die ihr, rein politisch betrachtet, am nächsten steht. Sie will nicht mit dieser Gruppe und ihren Kämpfen zusammengeworfen werden, eben damit nicht die Niederlagen, die dort erlitten werden, nun auf die Staatsführung zurückfallen und ihre Autorität schwächen. Es ist uns für kirchliche Versammlungen und für die kirchliche Presse die Freiheit des Wortes in dem Maße, wie heutzutage natürlich es sein muß, gewährleistet. Das ist mit auch ein Ergebnis der vielen Besprechungen und Verhandlungen, die in den letzten Wochen stattgefunden haben.

Aber nicht bloß äußere Schwierigkeiten stehen der Aufklärung unseres evangelischen Kirchenvolkes gegenüber, sondern auch innere. Wir dürfen in der Kirche nicht hemmungslos kämpfen. Wir kämpfen nicht um des Kampfes willen, sondern wir kämpfen, um den Frieden herbeizuführen. Darum müssen wir auch denen, die in einem anderen Lager stehen, Gerechtigkeit widerfahren lassen. Wir müssen ihre Motive würdigen. Wir müssen wirklich unversöhnliche, völlig auf entgegengesetztem Standpunkt stehende, für die Kirche verderbliche Gegner zu unterscheiden wissen von denen, die einst unser hochgeschätzter und geliebter theologischer Lehrer Haering in Tübingen »befreundete Gegner« nannte, solche, die im Grunde dasselbe wollen, nur daß sie die Dinge von einer anderen Seite aus betrachten, mit denen wir aber, wenn wir ernstlich mit ihnen reden und alles Persönliche ausschalten, schließlich doch in ein fruchtbares Gespräch und zuletzt zu einer Einigung kommen.

Ich will mit meinen Darlegungen lediglich Material geben zur Urteilsbildung, will lediglich die Tatsachen, die Vorgänge vor Ihren Augen erstehen lassen, die hinter uns liegen und die der Deutung, der Auslegung bedürfen. Der Kampf innerhalb der Kirche ist ja nicht erst an jenem Montag entbrannt, wo die Sportpalastversammlung stattfand, sondern er geht ja bis ins Frühjahr zurück. Um was hat es sich in diesem Kampfe bis auf den heutigen Tag gehandelt?

Ich möchte zuerst das nennen, worin eigentlich alle Gruppen einig sind; um den Dienst der Kirche in der gegenwärtigen Stunde an unserem Volk. Ich wüßte eigentlich niemanden, der es bestreiten würde, daß die gegenwärtige Stunde auch eine ganz bestimmte Forderung an die Kirche richtet. Jener Satz in der Barthschen Schrift, daß man seine Arbeit tun müsse, als ob nichts geschehen wäre[90], hat, so viel ich weiß, in der ganzen theologischen Literatur dieser Wochen, auch bei solchen, die sich zum Teil scharf gegen die Methoden der Führung der Glaubensbewegung gewendet haben, keine Zustimmung gefunden. So uninteressiert, so in der Zuschauerstellung kann man nicht sein. Nach meiner Auffassung widerspricht es eigentlich gewissen Grundgedanken der Barthschen Theologie, wenn man eine solche, ich möchte jetzt den theologischen Ausdruck gebrauchen, nicht existentielle Stellung zu der Wirklichkeit einnimmt, zu der Wirklichkeit, in der jeder Glaubende neben den Menschenstimmen und neben den Stimmen aus der Unterwelt auch Gottes Stimme vernimmt. Das ist ja der tiefste Gegensatz zwischen dieser dialektischen Theologie und der biblisch-reformatorischen, obgleich sie ja gerade die biblisch-reformatorische erneuern will, daß das Reden Gottes zu den Menschen dort rein beschränkt wird auf das Geschehene, auf das einmal Geschehene in der Wende der Zeiten, während wir überzeugt sind, gewiß jeder aus seinem eigenen Leben, daß Gott heute jede Minute zu uns redet, daß aber jenes geschriebene Wort uns dazu dienen muß und dienen darf, dieses Reden Gottes in der Stunde der Gegenwart in Volk und Staat recht zu hören und recht zu verstehen.

Ich habe bei mehrfachen Gelegenheiten, insbesondere auch im Landeskirchentag, keine Zweifel darüber gelassen, daß ich die Motive und

[90] Karl Barth, »Theologische Existenz heute«, Heft 1.

Ziele der Bewegung, die die Kirche in eine so starke Erregung versetzt hat, anerkenne, daß ich es mit ihr als eine Aufgabe ansehe, Volkstum und Staat auf der einen Seite, Kirche und Verkündigung der Kirche, Arbeit der Kirche auf der anderen Seite in ein wirklich fruchtbares Verhältnis zu bringen. Ich habe auch immer anerkannt, daß es ein Verdienst ist, daß jene Männer in einer Zeit, wo noch viele abseits standen, in diesen gewaltigen Kampf um unseres Volkes Ehre und Zukunft sich hineingestellt haben und daß sie sich sagten: »Diese mächtige völkische Bewegung muß auch der Kirche und dem christlichen Glauben zugewandt werden; und daß sie sich ihr zuwendet, daß sie in ihr heimisch wird, das wollen wir vermitteln, indem wir in ihr als Kameraden stehen. In dem ernsten schweren Kampf und Streit wollen wir unsere Kameraden gewinnen dafür, daß sie auch innerhalb der Kirche unsere Kameraden werden, daß sie Volksverbundenheit suchen und finden nicht bloß in der großen politischen Organisation, sondern auch in der Kirche, in der Gemeinde und in der Landeskirche, und wir wollen innerhalb der Kirche um ein Neues und um Verständnis für das Wollen und Planen unseres Führers Adolf Hitler und für die Anliegen der völkischen Bewegung ringen.« Es geht um den Dienst der Kirche in der gegenwärtigen Stunde. Das ist der Ausgangspunkt und die Grundlage, auf der dann alle weiteren Bemühungen sich aufzubauen haben.

Aber nun fragt es sich: Wie kann die Kirche diesen Dienst am besten ausrichten? Und da stellt sich nun eine alte Frage, eine alte Schwierigkeit heraus, die immer und immer wieder in der Geschichte der Kirche deutlich geworden ist. Das Evangelium ist eine Frohbotschaft. Aber es ist zugleich eine Botschaft, die dem einen ein Ärgernis, dem andern eine Torheit ist. Diese Frohbotschaft ist nicht bloß eine freundliche Einladung an den Menschen: Komm herzu! Laß Dich erquicken, laß Dich stärken! – sondern sie enthält auch in sich eine Forderung: Ändert euren Sinn, denn das Himmelreich ist herbeigekommen[91]. Das ist ja die erste Erweckungspredigt Johannes des Täufers und des Herrn Jesus Christus selber gewesen. Dieses Evangelium verkündet Gottes Herrlichkeit, nicht des Menschen Herrlichkeit. Es stellt Zumutungen an den Menschen, denen er sich nicht gerne beugt. Und darum ist in allen Zeiten die Versuchung groß gewesen, an diesem Evangelium Ecken und Kanten abzuschleifen, an denen der Mensch der jeweiligen Gegenwart sich stößt. Die Versuchung ist allezeit vorhanden gewesen, dieses Evan-

[91] 1 Kor 1,23 – Mt 11,28 – Mt 3,2.

gelium mundgerecht zu machen dem Geschlecht, dem es verkündet wird. Und diese Gefahr sehen wir ja nun auch heute. Wenn von artgemäßem Christentum, von artgemäßer Frömmigkeit die Rede ist, so kann das etwas ganz Richtiges, Gesundes, unbedingt zu Förderndes bedeuten. Luther wahrhaftig hat etwas gewußt von artgemäßer Frömmigkeit und artgemäßer Verkündigung, d. h. er hat sich auf sein Volk eingestellt, hat aus seinem Volk heraus gesprochen, hat insbesondere bei der Übersetzung der Bibel soviel wie möglich dem Denken und Reden seines Volkes entgegenkommen wollen. Aber dieses Artgemäße kann auch etwas ganz anderes bedeuten; es kann bedeuten, daß man vom Evangelium das, was einem bestimmten Geschlecht oder einem bestimmten Volk unsympathisch, zuwider ist, wegläßt und das Evangelium von der Art des Volkes bestimmen läßt, in dem es verkündet wird – ein Problem, vor dem die Heidenmission beständig steht und das dort auch große Schwierigkeiten bereitet. Die große Frage ist die – und diese ist ja durch die Hauersche Bewegung vollends ganz deutlich hervorgetreten: Soll unser Glaube, soll unsere Frömmigkeit im wesentlichen bestimmt sein durch unser deutsches Volksempfinden oder sollen sie bestimmt sein durch die Botschaft, die der Kirche anvertraut ist und die eine Änderung nicht erduldet, ohne daß sie selbst aufgegeben wird? Es ist tragisch, daß die Vorkämpfer der Glaubensbewegung Deutsche Christen zwar diese Gefahr einer aufkommenden rein völkischen Religiosität auch gesehen haben, daß aber der Kampf, der durch sie entbrannt ist in der Kirche, gerade mit dazu beitragen mußte, daß diese Bewegung Boden gewann, daß viele von einer in sich zerspaltenen Kirche sich abwandten und bei Hauer etwas zu finden glauben, was ihren Bedürfnissen entspricht. Selbstverständlich waren es dann auch Strömungen, die früher mehr international, marxistisch, freidenkerisch gefärbt waren, die jetzt im neuen Staat unter dem Gewand der völkischen Religion sich verbergen und nun den Kampf gegen die Kirche, gegen das Evangelium, gegen die Kirche der Reformation mit neuen Waffen und mit neuer Aussicht auf Erfolg aufnehmen.

Dabei droht noch eine besondere Gefahr, der wir auch ins Auge schauen müssen. Das deutsche Volk hat einst im 16. Jahrhundert das neue Verständnis des Evangeliums, das ihm Luther gebracht hat, mit seinem Herzblut bezahlt. Während andere Völker entweder die Reformation völlig abwiesen und unterdrückten oder aber ihr völligen Eingang gewährten, so daß ihnen zu der nationalen auch die religiöse Geschlossenheit erhalten blieb, sind die Dinge in Deutschland so gelaufen, daß zwei Heerlager sich gegenüberstanden, von denen keines das andere weder äußerlich noch innerlich überwinden konnte. Zusammen mit dem ohnehin starken Individualismus der germanischen Seele hat diese konfessionelle Spaltung ungeheuer viel dazu beigetragen, unser Volk zu schwächen, es gegenüber anderen Völkern, die viel früher ihre nationale Geschlossenheit gefunden haben, ins Hintertreffen zu bringen. Ein noch tragischeres Ereignis war es – um nur ein Ereignis aus nicht allzuferner Vergangenheit anzuführen –, daß kaum nach der Gründung des Bismarckschen Reiches im Jahre 1871 der Kulturkampf ausbrach, der Kampf zwischen dem Staat und der Katholischen Kirche. Wie tiefe Wunden dieser Kampf hinterlassen hat, wie er von vornherein die Stoßkraft und Schlagkraft des neuen Deutschen Reiches geschwächt hat, wie dieser Kampf mit auch unsere Niederlage im Weltkrieg herbeigeführt hat, das weiß jeder, der die Dinge einigermaßen verfolgt hat. Darum ist es so gut zu verstehen, wenn die heutige Staatsführung uns dringend warnt vor konfessionellen Kämpfen. Sie will es nicht – mit Recht will sie es nicht –, daß, nachdem eine großartige politische Geschlossenheit insbesondere nach außen erreicht ist, nun wiederum die religiösen Gegensätze, die Gegensätze innerhalb der Christenheit um das rechte Verständnis des Evangeliums, um die rechte Form und Art der Kirche, das Volk wieder auseinanderreißen. Von da aus kann ich es verstehen, wenn ein Mann wie Baldur von Schirach ausruft: Ich bin nicht evangelisch, ich bin nicht katholisch, ich glaube an Deutschland! Aber nicht wahr, damit ist eben die tiefe Wahrheits- und Heilsfrage, die im Hintergrund des Unterschieds zwischen evangelisch und katholisch liegt, nicht aus der Welt geschafft, und es wäre völlig falsch, wenn der heutige Staat, um die Geschlossenheit des Volkes zu erhalten, nun einfach die Konfessionen nivellieren würde. Die Kosten eines solchen Nivellierungsversuches würde ja doch bloß die evangelische Kirche und das evangelische Volk tragen. Das ist immer so gewesen, das hängt mit der ganzen Natur des Kirchengedankens zusammen. Denn das ist doch der große Unterschied in Bezug auf die Kirche: Für den Katholiken ist auch die Kirche als äußere Organisation ein Glaubensgegenstand, eine heilige Sache, eine göttliche Sache. Extremer Protestantismus vergöttlicht den Staat, der Katholizismus vergöttlicht die Kirche, während für uns Evangelische zwar die Kirche als Stiftung, der die Botschaft von Christus anvertraut ist, natürlich auch Glaubensgegenstand ist und heilige Notwendigkeit bleibt, aber ihre äußere Form und ihr äußeres Verhältnis zum Staat ist vom evangelisch-reformatorischen Standpunkt aus nicht eine Glaubensfrage, sondern eine Frage der Zweckmäßigkeit. Eben deswegen, wenn der Staat nivellieren wollte, würde bloß die evangelische Kirche die Leidtragende sein. Und wir sind es doch unserem deutschen Volke schuldig, daß wir das reformatorische Verständnis von Gott und dem uns von ihm geschenkten Heil aufrechterhalten. Wir haben ja doch erst Luthers Geburtstag gefeiert, und es ist weithin, auch über kirchliche Kreise hinaus anerkannt worden, was diese Reformation auch in kultureller und nationaler Hinsicht bedeutet hat. Ich habe bei der Lutherfeier selbst ausgeführt, wie bei Luther in jeder Weise das Wort sich erfüllt hat: »Trachtet am ersten nach dem Reich Gottes und nach seiner Gerechtigkeit, so wird euch das übrige alles zufallen[92].« Das besondere Kulturgut des deutschen Volkes ist ganz unverständlich ohne die Reformation. Wenn man das anerkennt, dann muß man aber auch die Reformation endgültig bestehen lassen. Wenn man den Baum will, muß man auch die Wurzel wollen, oder wenn man Früchte will, muß man auch den Baum wollen. Darum muß ein Weg gefunden werden im neuen Staat, daß die evangelische Verkündigung, der evangelische Glaube und die evangelische Jugendführung[93] erhalten bleiben, ohne daß die Geschlossenheit des Staates gefährdet wird.

Es geht insbesondere auch um die Reinerhaltung der Verkündigung der Kirche, es geht auch um die Reinerhaltung der Arbeit der Kirche. Es geht darum, daß die Methoden, die Mittel, mit denen wir arbeiten, kirchlich bleiben; es geht darum, daß wir die Besetzung der führenden Ämter in der Kirche von den Erfordernissen der Kirche aus vornehmen, selbstverständlich aber dabei im Auge haben das Verhältnis zum Staat und die Fähigkeit, in diesem Staat fruchtbar zu arbeiten, ihm zu dienen, wo es nötig ist, auch von ihm zu lernen, aber doch vom kirchlichen Standpunkt aus. Um diese Dinge geht es. Wir haben in Württemberg keine Anschauung davon, wie in anderen Kirchen abgewichen worden ist von diesem Weg. Dort sind teilweise bewährte Persönlichkeiten mit einem Federstrich von ihren Posten entfernt worden und unbewährte an ihre Stelle berufen worden. Die ungeheure Erregung, die heute weite Gebiete der Kirche Altpreußischer Union und einige andere Kirchen durchzittert, kommt nur daher, daß dort die Pfarrer vor die Gewissensfrage gestellt sind: »Sollen wir Männern, denen wir einfach die Fähigkeit zur Führung nicht zutrauen können, sollen wir solchen Männern Gefolgschaft leisten, weil sie nun einmal unsere kirchliche Obrigkeit ge-

[92] Mt 6,33.

[93] Die Eingliederung der Evang. Jugend in die HJ ist in einem späteren Band darzustellen.

worden sind?« Das sind ganz schwere Fragen. Preise sich jeder glücklich, der so etwas nicht durchmachen muß. Eben weil es Landeskirchen gibt, in denen derartige Zustände bestehen, und weil wir nun doch eine Reichskirche sind, in der die Landeskirchen zusammengefaßt sind, in einer viel strafferen Form, als das früher im Kirchenbund der Fall war, eben deswegen können wir daran nicht vorbeigehen. Es wäre nicht recht von uns, es würde, möchte ich sagen, gegen die ganze Pflicht auch nationaler und kirchlicher Solidarität verstoßen, wenn wir in unserem süddeutschen Winkel sagen würden: »Die Brüder im Norden sollen sehen, wie sie zurecht kommen. Wir freuen uns unseres Daseins und unserer so viel besseren und geordneteren Zustände.« Nein, wenn man uns einmal zusammengerufen hat zur Deutschen Evang. Kirche, dann wollen wir auch dafür sorgen, daß man in allen deutschen evangelischen Kirchen sich wohlfühlt und seines Glaubens leben kann. Und das ist der letzte Hintergrund der Vorgänge, über die Sie in der Presse allerdings oft recht bruchstückartige Mitteilungen erhalten haben. Diese Bruchstücke zusammenzusetzen, den nötigen Vers sich dazu zu machen, das ist eine schwierige Sache. Und darum halte ich es für meine Pflicht, Ihnen die Zusammenhänge darzulegen, damit Sie eher sich ein Urteil bilden können.

Wie ich schon andeutete, will ich nicht zurückgehen auf alle die Ereignisse der vergangenen Zeit, sondern ich setze einmal bei dem letzten Ereignis ein, das recht eigentlich die Aufmerksamkeit der weitesten Kreise auf die Lage in der evangelischen Kirche gelenkt hat, auf die berühmte Versammlung im Sportpalast. Dort hat zunächst der Bischof der Mark Brandenburg, Hossenfelder, eine einleitende Ansprache gehalten, in der er einige sehr bedenkliche Sachen in Bezug auf das Ausland sagte. Dann hat der Gauobmann von Berlin, Dr. Krause, eine Rede gehalten, in der er zum großen Ärgernis vieler evangelischen Christen einige ganz verwegene Sätze brachte in Bezug auf das Alte und Neue Testament. Er sprach von den Viehtreiber- und Zuhältergeschichten im Alten Testament, er sprach von der Minderwertigkeitstheologie des Apostels Paulus und von der Notwendigkeit, an Stelle eines knechtsseelischen Christentums eine heldische Frömmigkeit zu setzen. Ein Sturm der Entrüstung ist da emporgebraust. Es waren 20 000 Menschen beieinander. Die Entrüstung war insbesondere auch deswegen so stark, weil an dieser Versammlung Mitglieder teils des preußischen Kirchenregiments, teils auch des Geistlichen Ministeriums der Deutschen Evang. Kirche teilnahmen, ohne öffentlichen Widerspruch zu erheben gegen diese

Ausführungen und die nachfolgende Resolution. Der Reichsbischof Ludwig Müller hat sofort in einem Erlaß in sehr erfreulicher Weise dazu Stellung genommen. Die Kirchenführer selber haben auch protestiert, aber dieser Protest ist dadurch außerordentlich entwertet und in Frage gestellt worden, daß Dr. Krause, der von dem Reichsleiter Hossenfelder von seiner Stelle aus Gauobmann abgesetzt wurde, in einem Brief an den Reichsbischof die Behauptung aufgestellt hat, daß zwei Mitglieder des Kirchenregiments ihm ausdrücklich ihren Dank und ihre Zustimmung ausgesprochen haben. Es ist außerdem bekannt geworden, daß Herrn Hossenfelder die extreme Stellung des Dr. Krause längst bekannt war, daß er diesen Dr. Krause mit der Ausarbeitung von Richtlinien für den Religionsunterricht beauftragt hat, die sehr weitgehende Forderungen bzw. Abstriche enthalten.

Es haben nun insbesondere auch die Theol. Fakultäten eingegriffen[94]. Ich möchte sagen, wenn ich an meine Jugendzeit zurückdenke, so betrachte ich es als etwas ganz Großes, daß heute die Fakultäten die Hüter der reinen lauteren Lehre des Evangeliums sind. Das war vor 40 Jahren ganz anders. Von den Fakultäten aus ist vielfach die Botschaft der Kirche und der Glaube der Gemeinden scharf angegriffen worden und starken Proben ausgesetzt gewesen. Heute sind es Theologische Fakultäten, die einer unklaren Vermischung des Evangeliums mit sonstigen Weltanschauungen, auch idealistischen Anschauungen, entgegentreten. Aus dieser Einstellung heraus haben die beiden Tübinger Professoren Fezer und Weiser den Versuch gemacht, diese Dinge zu bereinigen. Sie haben an Hossenfelder die Forderung gerichtet, er möchte um der großen Sache willen, nämlich um deswillen, daß die Glaubensbewegung als eine volkskirchliche Bewegung erhalten bleibe zum Segen von Volk, Staat und Kirche, das Opfer seines Verzichts bringen und einen Mann an die Spitze treten lassen, gegen den die Vorwürfe nicht erhoben werden können, die gegen ihn auch in Bezug auf persönliche Zuverlässigkeit erhoben werden müßten. Diesen Versuch der beiden Professoren, in offener, männlicher Aussprache die Dinge zu bereinigen, hat der Reichsleiter der Glaubensbewegung Deutsche Christen in einer eigenartigen Weise beantwortet. Am Abend des Tages – es war Dienstag, der 22. November, wo sie bei ihm waren –, erhielt ich einen telephonischen Anruf vom württembergischen Landesleiter der Glaubensbewegung Deutsche Christen, Pfarrer Rehm, er habe mir im Auf-

[94] Vgl. GB 141, S. 113.

trage des Herrn Reichsleiters mitzuteilen, daß die beiden Professoren Fezer und Weiser heute aus der Glaubensbewegung Deutsche Christen ausgeschlossen worden seien. Ich habe am folgenden Vormittag diesen telephonischen Anruf Herrn Professor Fezer nach Berlin mitgeteilt, der darüber sehr erstaunt war und sich mit seinem Fakultätsgenossen sofort zum Reichsbischof Müller und zu Hossenfelder begab, um diese Sache klar zu stellen. Es wurde ihm dort die Antwort zuteil – und diese Antwort kam dann auch als Telegramm an mich –, Hossenfelder hätte keinen Ausschluß verfügt, sondern er habe an Pfarrer Rehm mitgeteilt, die Aussprache mit den beiden Herren habe das Ergebnis gehabt, daß sie sich selbst ausgeschlossen hätten, während die Mitteilung nach Stuttgart nach dem Zeugnis von Pfarrer Rehm und Stadtpfarrer Dr. Steger dahin gelautet haben soll, er hätte ihren Ausschluß verfügt und beauftrage Pfarrer Rehm, ihnen die Mitgliedskarten abzufordern. Als die beiden Herren nach Hause kamen, fanden sie in der Tat das Schreiben vor, worin ihnen der vollzogene Ausschluß mitgeteilt und die Mitgliedskarte abgefordert wurde. Als sie dann erfuhren, wie das Gespräch gelautet hatte, sind sie, verstärkt durch ein weiteres Mitglied der Fakultät nach Berlin wieder zurückgereist, um die Dinge ins Klare zu bringen. Ich kann über die Einzelheiten dieser Verhandlungen nicht referieren. Sie endeten damit, daß die drei Herren, denen sich unmittelbar danach auch Professor Kittel anschloß, ihre Beziehungen zur Glaubensbewegung lösten.

Am selben Tage hatten wir hier in Stuttgart eine Besprechung von mehreren Kirchenführern aus Nord-, Mittel- und Süddeutschland. Wir kamen zu dem Ergebnis, daß wir dem Herrn Reichsbischof mitteilen ließen durch den lutherischen Kirchenminister Schöffel, wir hielten Hossenfelder infolge seiner unsicheren Haltung in wichtigen Fragen für nicht mehr tragbar als Kirchenminister. Statt daß nun Hossenfelder zurückgetreten oder zum Rücktritt genötigt worden wäre, ist ein anderes Ereignis eingetreten, das wiederum unser evangelisches Volk aufhorchen machte. Der hamburgische Landesbischof Schöffel, der sich schweren Herzens auf unsere Bitte entschlossen hatte, in das Geistliche Ministerium einzutreten, – er hat es schwer genommen eben wegen Hossenfelder – wurde zum Rücktritt genötigt, und zwar dadurch, daß ihm unvorbereitet zugemutet wurde, sein Referat über die lutherische Kirche mit dem sächsischen Landesbischof Coch zu teilen, der nicht das Vertrauen der lutherischen Kirchenführer hat. Dieser Rücktritt unseres lutherischen Kirchenministers hat nun vollends ernste Sorgen ausgelöst.

Wie Reichsbischof Müller mir mitteilen ließ, wollte er uns auf Mittwoch, den 29. November, zu einer Sitzung einberufen, bei der wir einen Ersatzmann für Schöffel vorzuschlagen hätten. Wir beschlossen, den Tag vorher schon nach Berlin zu kommen, um uns zu beraten und Stellung zu nehmen. Ein Ergebnis unserer Beratungen sind die Sätze, die teilweise in der Presse bekannt gemacht wurden:

»Der lutherische Kirchenminister, D. Dr. Schöffel, hat sich genötigt gesehen, aus seinem Amt zu scheiden. Kirchenminister Hossenfelder kann aus Gründen des Bekenntnisses und um seiner persönlichen Haltung willen nicht länger ertragen werden. Die Glaubensbewegung Deutsche Christen hat sich in ihrer bisherigen Reichsleitung nicht als ein Hort, sondern als eine Gefahr für Leben und Lehre der Deutschen Evang. Kirche erwiesen. Der Neubau der Deutschen Evangelischen Kirche kann nur getragen werden von den geschlossenen Kirchenkörpern und den auf Schrift und Bekenntnis sich gründenden Gemeinden und Pfarrern. Deshalb fordern wir:

1. Das Geistliche Ministerium ist neu zu bilden. Es hatte die Aufgabe, in einer Übergangszeit die Befriedung der Deutschen Evang. Kirche herbeizuführen. Es muß daher so gestaltet werden, daß es in seinen Mitgliedern das Vertrauen des Kirchenvolkes verkörpert, welches die Nationalsynode in ihrer gegenwärtigen Zusammensetzung nicht besitzt.

2. Es ist dafür zu sorgen, daß in sämtlichen Kirchengebieten, in denen durch Anwendung von Zwang und Gewalt kirchliche Maßnahmen sachlicher und personeller Art getroffen wurden, unverzüglich geordnete kirchliche Verhältnisse hergestellt werden.

3. Die bisher von der Glaubensbewegung Deutsche Christen geübte kirchliche Nebenregierung muß restlos beseitigt werden. Die Unabhängigkeit des Herrn Reichsbischofs erfordert es daher auch, daß er die Schirmherrschaft über die Glaubensbewegung Deutsche Christen niederlege.

Bei diesen Forderungen geht es uns um eine Volkskirche, die ihren Aufgaben an Volk und Staat wirklich gerecht wird. Wir können es nicht länger dulden, daß die gegenwärtigen Auseinandersetzungen innerhalb der Deutschen Evang. Kirche von den Feinden unseres Volkes zu seinem Schaden ausgenutzt werden. Wir verwahren uns mit allem Ernst dagegen, daß unser pflichtmäßiges Handeln im Dienst an Kirche und Volk als Zeichen reaktionärer Gesinnung oder mangelnder Reichstreue böswillig mißdeutet wird. Mit allen gläubigen Evangelischen Christen bekennen wir uns fest und entschlossen zu unserem Volk und seinem Führer.«

Es ist uns in einem Artikel des »NS-Kurier« diese Verlautbarung sehr übel genommen worden; wir hätten uns gegen das Führerprinzip vergangen[94a]. Mir scheint, wenn ein Pfarrer gegen seinen Landesbischof schreibt, daß er sich dann eher gegen das Führerprinzip vergeht. Aber ich kann mitteilen, daß, als wir dem Reichsbischof dieses Schriftstück überreichten, er durchaus keinen Protest erhob, sondern in sehr freundlicher Weise sagte: »Ihre Sorgen sind auch meine Sorgen.« Er hat sich dann nach schweren inneren Kämpfen, was wir ja angesichts der früheren Verhältnisse sehr gut verstehen konnten, dazu entschlossen, dem Geistlichen Ministerium den Gesamtrücktritt anzuraten, den es dann auch vollzogen hat. Aber die Neubildung dieses Ministeriums ist auf Schwierigkeiten gestoßen. Wir haben nun ein Ministerium vorgeschlagen, von dem wir glaubten, daß es wirklich diese Forderungen durchführen könne. Aber wir sind auf allerlei Widerstände gestoßen. Die Sache steht nun leider so, daß man von einer wirklichen Klärung der Verhältnisse in der Reichskirche noch nicht reden kann. Es wurden verschiedene Vorschläge gemacht. Von den bisher vom Reichsbischof berufenen Männern – Rektor Lauerer, Neuendettelsau, für die lutherische Kirche, Professor Beyer, Greifswald, für die unierten Kirchen und Seminardirektor Weber für die reformierte Kirche – hat bisher nur einer (Beyer) der Berufung Folge geleistet. Rektor Lauerer, ein wirklich bedeutender Mann, der ein hervorragendes Organisationstalent in der Leitung seiner großen Anstalt gezeigt hat und der weit über Deutschland hinaus im Weltluthertum einen sehr guten Namen hat, der der Reichskirchenregierung sehr gut anstehen würde und für den wir innerlich auch eintreten könnten, Rektor Lauerer hat, als man an ihn herankam, ganz bestimmte Bedingungen gestellt, ganz in unserem Sinne. Als man dem auswich, hat er abgesagt, so daß jetzt das Ministerium nur in einem Mitgliede neu berufen ist. Die andern sind noch die alten Kräfte von früher. Das ist natürlich eine höchst unerfreuliche Lage. Ein Fortschritt ist der, daß der Reichsbischof unserem Verlangen nach Niederlegung der Schirmherrschaft über die Glaubensbewegung Deutsche Christen nachgekommen ist, weil damit die Dinge doch klarer gestellt sind. Allerdings ist nun eine außerordentliche Unsicherheit darüber vorhanden, wie gerade die Glaubensbewegung Deutsche Chri-

[94a] Rehms Artikel im »NS-Kurier«, Ausgabe vom 1. 12. 1933; siehe S. 892 ff.

sten sich künftig organisiert, wie sie sich zur Kirche stellt. Wir haben ja die Forderung aufgestellt, es solle jede Nebenregierung beseitigt werden. Ich war in dieser Frage schon vor 5 Wochen in Berlin, um in dieser Beziehung, namentlich was auch Württemberg betrifft, klare Verhältnisse zu schaffen.

Eine andere Sorge ist die: Es sind insbesondere auch die finanziellen und rechtlichen Grundlagen, jedenfalls die finanziellen Grundlagen der Reichskirchenregierung durchaus noch nicht sichergestellt[95]. Wir Landeskirchen haben uns alle dagegen gewehrt, daß hier künstlich ein Verwaltungskörper aufgebläht wird, der dann seine Mittel durch die Erhöhung der Umlagen der Landeskirchen bekommt. So gern wir zusammengeschlossen sind in der Deutschen Evang. Kirche, so ruht die innere feste Kraft der Kirche eben doch auf dem kirchlichen Leben in den einzelnen Ländern. Ich sage immer, die Leute sollen doch die viel gebrauchten Worte »Blut und Boden« nicht vergessen, wenn es um die Kirche geht. »Blut und Boden« muß als reale Wirklichkeit genommen werden auch in Bezug auf die Kirche und das kirchliche Leben. Wir können uns die ganze württembergische Kirchengeschichte doch nicht denken ohne gewisse Arten und auch Unarten des schwäbischen Volkscharakters. Und das trifft bei anderen Kirchen in Deutschland auch zu.

Nun noch ein Wort in Bezug auf die Lage in Württemberg. Sie wissen, daß bei uns schon vor fast 2 Monaten innerhalb der Glaubensbewegung Deutsche Christen eine Spaltung eingetreten ist. Sie wissen wohl auch, daß zahlreiche Einigungsversuche gemacht worden sind. Es gibt hüben und drüben genug Persönlichkeiten, die im Interesse des Ganzen handeln und zusammenarbeiten könnten. Aber es sind eben doch sehr schwerwiegende Gründe gewesen, die eine solche Einigung bisher haben nicht zustande kommen lassen. Ich bin der letzte, der nicht Verständnis dafür hat, daß auch durchaus auf dem Boden des evangelischen Glaubens und der biblischen Verkündigung stehende Männer um der Treue gegen die Bewegung willen, um des Dienstes willen, den sie sowohl dem Volke als der Kirche leisten wollen, um der Verbundenheit willen zwischen Kirche und Volk auch dann bei dieser Bewegung bleiben, wenn ihnen die Führung, auch die Führung in Berlin nicht gefällt. Aber natürlich, es kommt bei allen solchen Entwicklungen dann doch schließlich die Zeit, wo man sich so oder so entscheiden muß. Ich glaube, daß wir in Württemberg doch nicht mehr weit entfernt sind von

[95] Am 12. 12. 1933 erließ der Reichsbischof das »Gesetz über die vorläufige Sicherung des Haushalts der DEK«, siehe Gesetzblatt der DEK 1933, S. 39 ff.

einer wirklichen Zusammenfassung der Kräfte zu dem Ziel, das ja von Anfang an der Glaubensbewegung Deutscher Christen vorgeschwebt hat: zu dem Einsatz aller Kräfte aus der Pfarrerschaft und aus der Gemeinde, um die Teile des Volkes, die dem kirchlichen Leben im Laufe der Zeit ferner gerückt sind, wieder zu erreichen und ihnen wirklich zu dienen. Die Landeskirche hat hierfür ein Programm ausgearbeitet. Es findet auch in diesen Wochen schon ein Führerkursus für Theologen und Nichttheologen in Lorch statt. Wir werden in dieser Richtung weiter machen. Wir werden versuchen, alle wirklich wertvollen und brauchbaren Elemente, insbesondere die zur tätigen Mitarbeit am Neubau einer echt evangelischen Volkskirche willigen Amtswalter der Glaubensbewegung Deutsche Christen mit heranzuziehen in die volksmissionarische Front der evangelischen Kirche[96]. Es soll jedem, der guten Willens ist, die Möglichkeit gegeben werden, seinem Volk und seiner Kirche mit der Freudigkeit, mit der Kraft und mit der Hingabe zu dienen, deren er fähig ist. Ich möchte fast hoffen, daß doch in unserem Schwabenlande, wo man nicht so scharf redet und nicht so scharf schießt wie in Preußen, man diese Einigung in der positiven Arbeit findet und daß kein Störungsfeuer mehr das hindern darf.

Sie werden es verstehen, daß es uns doch recht bange werden will, bis alle diese Auseinandersetzungen geschlossen sind, bis wir wirklich Frieden haben. Aber ich muß doch auch sagen: Solche schwere Zeiten sind auch große Zeiten. Ich habe insbesondere den Eindruck, daß in den Gebieten der norddeutschen Kirchen, wo bisher in manchen Gegenden nur eine Kirchenverwaltung, eine Kirchenregierung stand, aber kein Kirchenvolk war, daß dort eine Kirche kommt. Man hört von manchen Berliner Kirchen, daß der Pfarrer sich den Weg zum Altar förmlich bahnen muß, so voll sind sie, während früher die Berliner dafür berühmt waren, daß sie sehr schwer in die Kirche kommen. Es geht wirklich etwas hindurch durch unser evangelisches Volk. Diese Zeiten des Strebens, des Suchens, des Streitens sind doch dazu da, daß man sich dessen bewußt wird, was man an seinem evangelischen Glauben hat. Und auch bei unserem württembergischen Kirchenvolk habe ich den Eindruck, daß wie-

[96] Zur Volksmission siehe S. 758 ff. Am 29. 11. 1933 protestierten die Pfarrer Metzger, Fausel und Dr. Hutten beim Landesbischof dagegen, daß Pfarrer Hilzinger, der »Mitglied der Minderheitsgruppe Rehm« sei, die Leitung dieses Kurses (3. 12. bis 9. 12. 1933) übertragen wurde (LKA Stuttgart, D 1, Bd. 44). Auf dem Ausschreiben ist aber Pfarrer Stockburger als gleichberechtigter Leiter genannt (OKR Stuttgart, Registratur, Generalia Bd. 147); vgl. auch S. 792 ff.

der einmal das schöne Wort von Uhland sich bewahrheitet: »In Fährden und in Nöten zeigt erst ein Volk sich echt[97].« Wenn wir alle diese Echtheit beweisen, die Echtheit des Glaubens und die Echtheit der Liebe, dann wird der Herr der Kirche uns auch durch diese Zeiten hindurchführen und uns die selige Frucht von Leiden und Kämpfen schenken.

Ebenfalls am 8.12.1933 fand in Stuttgart eine Versammlung der Evang.-kirchlichen Arbeitsgemeinschaft statt. Nach einem Bericht des Landesbischofs über die kirchliche Lage gab vor allem Prof. Fezer, Tübingen, Auskunft über die Hintergründe seiner Trennung von der Glaubensbewegung Deutsche Christen. Über die Versammlung liegt folgendes Protokoll vor[98]:

Nach dem Gesang des Lutherliedes und Gebet von Prälat Vöhringer begrüßte Dr. Widmann, Heilbronn, die überaus stark besuchte Versammlung im Namen der Evang.-kirchlichen Arbeitsgemeinschaft. Sein besonderer Dank galt dem Landesbischof für alle treue aufopfernde Arbeit, die er in den letzten Wochen der Landeskirche und Reichskirche geleistet hat. Er versicherte ihn des vollen Vertrauens seiner Gruppe. Weiter begrüßte er D. Volz und D. Fezer, sowie die Vertreter der Kirchlich-theol. Arbeitsgemeinschaft und der von der Glaubensbewegung Deutsche Christen abgespaltenen Gruppe. Mit tiefer Sorge und wachsender Unruhe haben wir Laien die machtpolitischen Kämpfe in der Kirche verfolgt. Wir fordern mit allem Ernst, daß diese Kämpfe mit ihren oft unevangelischen Mitteln endlich aufhören. Wir begrüßen als Zeichen der Besserung die Umbildung des Kirchenministeriums und die Niederlegung der Schirmherrschaft über die Glaubensbewegung Deutsche Christen durch den Reichsbischof. In der Verkündigung des Evangeliums gibt es für uns keine Kompromisse. Wir freuen uns über den Erlaß des Reichskanzlers, daß der Staat sich nicht in die kirchlichen Kämpfe einmischen wird[98a]. Wir hoffen, daß dadurch endlich den verwerflichen Methoden gewisser Kreise der Boden entzogen wird, die unsern gewissensmäßigen Kampf als politische Reaktion oder Versuch einer Aufrichtung der Mainlinie verdächtigen. Wir lieben unser Volk ebenso heiß und stehen ebenso treu hinter Adolf Hitler wie die Mitglieder dieser Gruppe.

[97] Ludwig Uhland, »Graf Eberhard der Rauschebart«.

[98] LKA Stuttgart, D 1, Bd. 45,1; vgl. auch den in verschiedenen Zeitschriften gedruckten Bericht Fezers, siehe S. 853 ff.

[98a] Gemeint ist der Erlaß des Reichsinnenministers vom 30. 11. 1933, siehe Anmerkung 61, S. 885.

Aber auf dem Gebiet des Glaubens und der Kirche anerkennen wir keinen anderen Führer als Christus und keine andere Norm als das Wort Gottes[99] . . .

Prof. D. Fezer:

Es sind keine persönlichen Angelegenheiten, die mich und andere zur Lösung unserer Beziehungen zur Glaubensbewegung Deutsche Christen gezwungen haben. Die Sache haben wir überhaupt nicht verlassen. Wir haben die Männer verlassen. Es geht schon seit Mai um den klaren evangelischen Kurs. Dieser Kampf verlief in verschiedenen Stadien. Das erste Stadium war in der Woche vom 15. bis 23. Mai, als Wehrkreispfarrer Müller mich um Mithilfe bei der Ausarbeitung neuer Richtlinien der Glaubensbewegung Deutsche Christen mit klarem evangelischen Kurs[100] bat. Am 23. Mai wurde in der Gauleiterversammlung in Berlin festgestellt, daß diese Richtlinien künftig maßgebend seien. Ich habe aber Briefe, in denen von der Reichsleitung viel später auf Fragen die Auskunft gegeben wurde: Es gelten die alten Richtlinien. Ich habe mich eingesetzt, um den Kurs wieder herzustellen. Wir kamen uns manchmal wie Männer vor, die sich einem rollenden Wagen auf abschüssiger Bahn entgegenstemmen. Das zweite Stadium fiel in die Woche der Eisenacher Konferenz und der Einsetzung des Staatskommissars in Preußen[101]. Auch da haben wir uns eingesetzt, daß ein klarer, evangelischer Kurs gesteuert werde. Ein dritter Knotenpunkt war die Woche, in der die Reichskirchenverfassung zu Ende geführt wurde. Am 11. Juli waren Seetzen, Marahrens, Studiendirektor Hesse, Wehrkreispfarrer Müller u. a. zusammen mit dem preußischen Staatskommissar bei Reichsinnenminister Dr. Frick versammelt, um die Kirchenverfassung festzulegen und zu unterzeichnen. Der Staatskommissar ließ nicht gerne an der Verfassung eine Änderung anbringen. Die Verfassung sah zunächst vor, daß die Nationalsynode nicht von sich aus zusammentreten kann. Damit wäre der Gedanke in Matth. 18 als Regel für die Kirche verletzt worden[101a]. Ich erklärte: Mag das, was ich sage, Folgen haben, welche es will, ich kann nicht unterschreiben, wenn nicht die

[99] An dieser Stelle folgt im Protokoll der Bericht Wurms, wie er ihn ähnlich am Abend desselben Tages vor den Stuttgarter Kirchengemeinderäten gab.

[100] Siehe S. 80 ff.

[101] Siehe S. 248.

[101a] Zur Ausübung der Kirchenzucht muß das Leitungsgremium von sich aus zusammentreten können.

Bestimmung in die Verfassung aufgenommen wird, daß die Nationalsynode auch von sich aus zusammentreten kann. Am 14. Juli kam das Wahlgesetz. Am 12. Juli war Müller bei Hitler, zusammen mit Frick und Rust. Hitler äußerte den Gedanken, ob nicht eine Wahl des Kirchenvolks die Schwierigkeiten beenden könnte. Die Glaubensbewegung Deutsche Christen dachte zunächst nicht an eine Wahl. Auch die luth. Bischöfe nicht. Sie haben zunächst Protest gegen das Wahlgesetz erhoben. Dagegen hat die preußische Kirche sofort zugestimmt. Am 20. Juli wurde die Einstweilige Kirchenleitung gewählt. Unmittelbar darauf gelang es in mühsamen Verhandlungen, Müller zum Landesbischof für Preußen zu bestellen, um dadurch die preußische Kirchenleitung auf die Linie des Evangeliums zu bringen. Die Tätigkeit der Einstweiligen Kirchenleitung wurde dadurch ungeheuer erschwert, daß in zahlreichen Landeskirchen der gestörte evangelische Kurs erst wieder hergestellt werden mußte.

Der 27. September in Wittenberg war wiederum ein Tag der Entscheidung. Aus der Ferne sah er friedlich aus. In der Nähe war er nicht friedlich. Dann kam ein Aufenthalt in England, zu dem ich von Frank Buchmann, dem Führer der Oxfordbewegung, eingeladen wurde. Zu einer zweiten Reise nahm ich auch Hossenfelder mit. Er sprach in einer Versammlung und erntete viel Dank und Beifall für seine Ausführungen über die Volksmission[102]. Ich erlebte bei diesem Aufenthalt und dem Zusammensein mit den englischen Pfarrern etwas davon, was es um die »eine Kirche« ist. Die Bischöfe luden uns an ihren Tisch und besprachen ihre Sorgen um die deutsche Kirche, besonders wegen des Arierparagraphen, mit uns. Wir hatten ihnen im Auftrag des Reichsbischofs zu erklären, daß weder der Reichsbischof noch Hossenfelder daran dächten, in der Nationalsynode einen Antrag auf Durchführung des Arierparagraphen zu stellen.

Dann kam die Versammlung im Sportpalast. Sie veranlaßte mich zum Eingreifen. Ich fuhr nach Berlin in der Erkenntnis, daß in der Haltung Hossenfelders in und nach der Versammlung der Grund für die gespannte Lage in der ganzen Kirche liegt. D. Weiser und ich baten Hossenfelder um eine Unterredung. Zunächst wollte er die Verantwortung ganz auf Dr. Krause abschieben. Ich verhinderte dies, indem ich erklärte, auch seine eigene Rede sei in ihrer abträglichen Wirkung auf die deutsche und die ausländische Kirche gar nicht zu übersehen. Be-

[102] Siehe GB 140, S. 106.

sonders übel sei der Ausdruck: »Kein Hund frißt ein Stück Brot mehr von uns.« In England habe Hossenfelder doch ganz andere Erfahrungen gemacht. Ein englischer Bischof hatte sogar wenige Tage nach ihrem Aufenthalt einen Artikel in den »Times« geschrieben, der Gerechtigkeit für Deutschland forderte, und zwar teilweise mit denselben Worten, wie wir sie in einer Unterredung mit ihm geprägt hatten. Ebenso habe Hossenfelder entgegen dem Versprechen in England in seiner Sportpalastrede erklärt, der Arierparagraph werde durchgeführt und er habe nun schon die Anweisungen dafür gegeben. Dazu kam noch der Angriff auf den schwedischen Erzbischof, dem unsere Kirche und unser Volk unendlich viel verdankt. Hossenfelders Antwort war ausweichend. Ich mußte ihm auch vorhalten, daß seine Stellung im Fall Krause die für einen Reichsleiter nötige Verantwortung nicht habe erkennen lassen. Er hätte sich vorher versichern müssen, was dieser Mann redet. Er wußte genau, daß Krause ein Vorkämpfer der Deutschkirche ist. Auch die nachträgliche Behandlung des Falles war trotz der Absetzung Krauses als Gauleiter unzureichend, weil eine öffentliche Annullierung der Versammlung nie erfolgte und weil die Absetzung Krauses von Pfarrer Tausch im »Evangelium im Dritten Reich« als eine rein taktische Maßnahme dargestellt wurde, die durch die Lage in der Kirche nötig geworden sei. Der Versuch, die zweiten Richtlinien als die gültigen zu erklären, wurde von Hossenfelder abgeschnitten: Über die Richtlinien finde keine Diskussion mehr statt. Weiser bat Hossenfelder, um der Sache willen als Reichsleiter zurückzutreten. Darauf griff Hossenfelder mich persönlich an. Wir versicherten, daß wir nur um der Sache willen nach Berlin gekommen seien. Nachher gingen wir zum Reichsbischof und legten ihm alles dar. Wir erkannten, wie ernst er die Gefahr sah.

Das war am 21. November[102a]. Am 22. telefonierte mir Landesbischof D. Wurm: Weiser und ich seien vom Reichsleiter ausgeschlossen worden; Rehm habe ihm diese Mitteilung gestern Abend gemacht. Wir teilten dies dem Kirchenminister Weber mit. Dieser gab es an den Reichsbischof weiter mit der Bitte um Gewährung einer Unterredung. Als wir im Vorzimmer des Reichsbischofs waren, erschien plötzlich Hossenfelder und fragte, ob wir ihm etwas zu sagen hätten. Ich: Wir können es nicht als fair ansehen, daß er uns hinter unserem Rücken ausgeschlossen hat. Er antwortete, er habe keinen Ausschluß gegen uns verfügt, sondern

[102a] Zu den folgenden Darlegungen siehe S. 850 f. Gleichzeitig mit den Besprechungen Fezers in Berlin fand am 23. und 24. 11. 1933 die Führertagung der GBDC in Weimar statt, siehe GB 141, S. 115.

Rehm nur mitgeteilt, wir hätten uns durch unser gestriges Gespräch eigentlich selbst ausgeschlossen und Rehm solle dies in schonender Weise D. Wurm mitteilen; es sei aber nicht gleich nötig. Bei der anschließenden Unterredung mit dem Reichsbischof suchte Hossenfelder das gestrige Gespräch umzufälschen. Es kam zu einer sehr erregten persönlichen Auseinandersetzung, bei der Hossenfelder sogar mit dem Hausrecht drohte. Dann fand eine Unterredung zwischen Frank Buchmann, Fezer, Weiser und Hossenfelder statt. Buchmann suchte die Spannung zu heben. Unter dem starken Eindruck dieser Stunde telegrafierte Hossenfelder an D. Wurm: Fezer, Weiser und Hossenfelder haben Einigung gefunden und Vertrauen wieder hergestellt; ein Ausschluß ist nicht erfolgt. Es blieb aber auch nach dieser Unterredung kein Zweifel, daß die sachlichen Gegensätze weiter bestehen. Wir wollten vertrauensvoll zusammenarbeiten und verließen am Abend des 22. November noch Berlin.

Am Morgen des 23. erhielten wir in Tübingen einen vom 21. November datierten Brief Rehms: »Durch den Reichsleiter sind wir mit Wirkung vom heutigen Tag aus der Glaubensbewegung Deutsche Christen ausgeschlossen.« Wir konnten uns nicht zurechtfinden und nahmen Fühlung mit dem Landesbischof. Die Frage war: Wie hat das Telefongespräch Hossenfelder- Rehm gelautet? Rehm war schon nach Weimar abgereist. Aber Dr. Steger, Friedrichshafen, hatte das Gespräch an einem zweiten Hörer mitgehört. Er teilte auf Befragen mit: Hossenfelder habe Rehm gesagt, Fezer und Weiser wollten ihn zum Rücktritt bewegen: »Ich halte es für notwendig, diese Herren aus Gründen der Disziplin auszuschließen.« Wir standen unter dem starken Eindruck, daß zwischen dem Zeugnis von Dr. Steger und der Behauptung Hossenfelders, er habe den Ausschluß nicht verfügt, ein unvereinbarer Widerspruch war. Wir reisten wieder nach Berlin. In einem Gespräch mit Kirchenminister Weber stellten wir fest, daß auch die Stellung des Reichsbischofs und der Reichskirche damit in Mitleidenschaft gezogen war. Wir forderten den endlichen Beginn positiv kirchlicher Arbeit und besprachen den volksmissionarischen Plan mit Weber bis in die Einzelheiten. Wir waren uns aber klar, daß zuvor der kirchenpolitische Kampf beendet, alle kirchenpolitischen Verbände aufgelöst und Hossenfelder aus seinen kirchlichen Ämtern bis zur Durchführung eines Disziplinarverfahrens entfernt werden müsse. Wir unterbreiteten dann dem Reichsbischof unser Material. Dieser bezeichnete es als eine ungeheuerliche Beschuldigung, wenn man Hossenfelder der Lüge bezichtige,

Dr. Steger könne sich auch getäuscht haben. Darauf wurde Dr. Steger noch einmal um telegrafische Äußerung gebeten. Am Abend kam Hossenfelder von Weimar. Sofort wurde eine Sitzung gehalten, in der Fezer sein Material mitteilte. Von Steger war noch keine Antwort eingelaufen. Aber zufällig war Rehm da. Er sollte über den Inhalt des Telefongesprächs vernommen werden. Dies geschah in unserer Abwesenheit. Ich protestierte dagegen, daß wir ausgeschlossen waren. Der Reichsbischof riet zum Frieden, besonders da Rehm erklärte, Hossenfelder habe am Telefon gesagt, wir hätten uns durch die Art unserer Äußerung eigentlich selbst aus der Glaubensbewegung Deutsche Christen ausgeschlossen. Ich erklärte dem Reichsbischof, es handle sich nicht um Kleinigkeiten, sondern um das Vertrauen zu einem an außerordentlich wichtiger Stelle stehenden Mann. Wir erklärten zum Schluß der Sitzung, wir stünden noch bis nächsten Morgen ½ 9 Uhr zur Verfügung. Da wir bis dahin nicht mehr gebeten wurden, reisten wir ab und vollzogen unseren Austritt aus der Glaubensbewegung Deutsche Christen. Nachträglich erfuhren wir noch, daß Steger das Telegramm an den Reichsbischof 15.30 nachmittags abgeschickt habe und zwar mit demselben Inhalt über den Tatbestand des Telefongesprächs Hossenfelder-Rehm, wie er ihn schon einmal bezeugt hatte. Das Telegramm ist 15.35 in Friedrichshafen abgegangen. Normalerweise braucht ein Telegramm nach Berlin nach Aussage der Post 1½–2 Stunden. Am Abend war es aber angeblich noch nicht in Berlin eingelaufen!

Für die volksmissionarische Arbeit[103] ist Folgendes zu fordern: 1. Die Kirche muß unerschütterlich am Ganzen der Bibel festhalten. Kompromisse helfen hier nicht. Sie machen die Kirche nur verächtlich vor den andern. 2. Die Kirche muß die heute im Volk erwachten Fragen und die vom Staat zur Rettung von Volkstum und Reich geforderte und geleistete Arbeit ernst nehmen und sich an ihrer Durchführung willig beteiligen mit den Erkenntnissen und Kräften, die ihr im Glauben an das Evangelium geschenkt werden. Es sind in Beziehung auf Volk, Rasse, Blut neue Erkenntnisse aufgebrochen. Hier hat die Kirche zu lernen. 3. In den Gemeinden muß ein Christ dem andern wirklich Bruder werden und die Not des Alltags auf die eigenen Schultern nehmen. Das Schicksal Deutschlands, ob es christlich ist oder nicht, wird sich nicht in großen Versammlungen entscheiden, sondern daran, ob dies geschieht: »Lasset euer Licht leuchten unter den Leuten[104].« Wir haben klaren

[103] Zur Volksmission siehe S. 758 ff.

[104] Mt 5,16.

Kurs gehalten. Wir stehen nach wie vor zur Sache einer echt evangelischen Glaubensbewegung Deutsche Christen. Aber wir konnten nicht zulassen, daß die Glaubensbewegung Deutsche Christen unter dieser Führung steht.

Am 9. 12. 1933 wurden die Dekanatämter durch ein Rundschreiben über die kirchlichen Vorgänge im Herbst 1933 informiert[105]*:*

Den Dekanatämtern wird es von Wert sein, im Nachstehenden einen kurzen Bericht über die kirchlichen Vorgänge der letzten Wochen, die meist nicht aus der Presse bekannt geworden sind, zu erhalten.

Landesbischof Wurm.

Bericht

Die Sportpalastkundgebung hatte die schweren Gefahren aufgezeigt, die der Kirche von Seiten der Glaubensbewegung Deutsche Christen Berliner Prägung drohten. Die Weimarer Tagung der Glaubensbewegung Deutsche Christen hatte die tiefgreifenden Gegensätze innerhalb der Bewegung enthüllt und zum Austritt größerer Gruppen, auch der bayerischen, geführt. Der Rücktritt des lutherischen Kirchenministers D. Schöffel endlich und seine wenn auch nur provisorische Ersetzung durch den Landesbischof Coch, Sachsen, hatten offenbart, daß in der Reichskirchenregierung selbst tiefgehende Meinungsverschiedenheiten bestanden, die durch die Erklärungen des Reichsbischofs über den Schutz von Bibel und Bekenntnis allein nicht aus der Welt geschafft werden konnten. Des gesamten evangelischen Kirchenvolkes bemächtigte sich eine steigende Beunruhigung; alles wartete auf Klärung und Entscheidung.

Am 28. November versammelten sich die Führer der Landeskirchen von Bayern, Württemberg, Baden, der Pfalz, Thüringen, Oldenburg, Hannover und Hamburg in Berlin zu einer Aussprache über die Lage. Das Ergebnis der unter der Leitung von Landesbischof D. Meiser stehenden Verhandlungen war folgende Kundgebung an den Reichsbischof[106]...

In der Erkenntnis, daß die drängenden Probleme der Deutschen Evangelischen Kirche nicht ohne gleichzeitige Bereinigung der Verhältnisse in der Kirche der Altpreußischen Union gelöst werden könnten, wurden zu den Beratungen teilweise auch der Vorsitzende der rheinisch-westfälischen Generalsynode Präses D. Koch zugezogen, sowie Vertreter

[105] Nr. A 10077.

[106] Den Wortlaut siehe S. 931 f.

des Notbundes der Pfarrer gehört. In mündlicher Vorstellung wurde dem Reichsbischof das Verlangen nach Rücktritt des gesamten Geistlichen Ministeriums einschließlich des Kirchenkanzlers unterbreitet; die Notwendigkeit eines völligen und entschiedenen Kurswechsels sowie die Rücksicht auf den bereits ausgeschiedenen lutherischen Kirchenminister Schöffel duldete nicht, daß einzelne der bisherigen Kabinettsmitglieder ihr Amt behielten. Am Tage nach Überreichung der Erklärung trat das Geistliche Ministerium zurück; seine Mitglieder wurden vom Reichsbischof mit der vorläufigen Weiterführung der Geschäfte beauftragt. Es handelte sich nunmehr um die Neubildung des Geistlichen Ministeriums. Die oben genannten Kirchenführer, die sämtlich in Berlin anwesend geblieben waren, einigten sich zu folgender Erklärung an den Herrn Reichsbischof:

»Die unterzeichneten Führer der Landeskirchen erklären, daß nur die Berufung der Herren Oberkirchenrat Schaal, Stuttgart, Präses Dr. Koch, Oeynhausen, Pfarrer Udo Smidt, Göhrde, in das Geistliche Ministerium geeignet ist, die Befriedung der Deutschen Evangelischen Kirche herbeizuführen. Ein Abweichen von diesen Vorschlägen würde Folgen haben, für die die Unterzeichneten die Verantwortung ablehnen müßten. In gleicher Weise wäre eine Belassung des derzeitigen Kanzlers Dr. Werner oder eine Berufung des Ministerialdirektors Jäger zum Kirchenkanzler für die Unterzeichneten untragbar. Sie bitten die endgültige Entscheidung über die Neubildung des Geistlichen Ministeriums alsbald zu treffen und sie noch im Laufe des heutigen Tages Landesbischof D. Meiser bekanntzugeben. Nach Maßgabe dieser Erklärung sind die Unterzeichneten gewillt, sich zu freudiger Mitarbeit dem Herrn Reichsbischof zur Verfügung zu halten.«

Die Vorschläge waren nicht unter bestimmten partei- oder gruppenmäßigen Gesichtspunkten aufgestellt, sondern sollten dem Bedürfnis nach Befriedung der Kirche Rechnung tragen. Bei Überreichung der Vorschläge betonte Landesbischof D. Meiser dem Reichsbischof gegenüber ausdrücklich diese Absicht und fügte noch hinzu, daß der Kampf sich nicht gegen die Reichskirche als solche oder gegen die Person des Reichsbischofs richte.

Auf Einladung des Reichsbischofs traten die Führer der lutherischen, der unierten und der reformierten Kirchen am gleichen Tage (1. Dezember) zu gesonderten Besprechungen unter dem Vorsitz des Reichsbischofs zusammen. In der Besprechung der Lutheraner schlug Landesbischof D. Meiser gemäß der getroffenen Vereinbarung Oberkirchenrat

Schaal, Stuttgart, als lutherischen Kirchenminister vor unter Hinweis darauf, daß dieser Vorschlag nur im Rahmen des tags zuvor überreichten Gesamtvorschlages gelten solle; von seiten einer anderen Gruppe lutherischer Kirchenführer wurde Landesbischof Coch, Sachsen, vorgeschlagen. In der Besprechung der Unierten schlug Landesbischof D. Kühlewein, Baden, zugleich für die Pfalz Präses D. Koch vor, von anderer Seite wurde Professor Dr. Beyer, Greifswald, genannt. Für die Reformierten schlug Präsident Koopmann, Aurich, den Pastor Udo Smidt, Göhrde, vor. Der Reichsbischof behielt sich seine Entscheidung vor und lud die sämtlichen Kirchenführer zu einer gemeinsamen Besprechung für den nächsten Vormittag (2. Dezember) ein.

Als sich die Kirchenführer zur festgesetzten Stunde einfanden, wurde ihnen eröffnet, daß der Reichsbischof erkrankt sei und die Besprechung nicht abhalten könne; er werde seine Entscheidung den einzelnen Landeskirchen telegraphisch mitteilen. Die Kirchenführer des Kreises um den Landesbischof D. Meiser ließen jedoch den Reichsbischof wissen, daß sie am Nachmittag noch einmal zusammentreten würden und baten, ihnen bei dieser Gelegenheit seine Entscheidung bekanntzugeben. Der Reichsbischof entsprach ihrem Wunsche und berief die sämtlichen Kirchenführer zur Bekanntgabe seiner Entscheidung auf den späten Nachmittag. In Anwesenheit von Bischof Dr. Oberheid, Köln, und Professor Dr. Heckel, Bonn, verlas er die durch die Presse bekanntgegebene Erklärung[106a] und forderte die Vertreter der einzelnen Bekenntnisse zu neuerlichen Vorschlägen für die Besetzung des Geistlichen Ministeriums auf. Landesbischof D. Meiser, Landesbischof D. Kühlewein und Präsident Koopmann wiederholten ihre tags zuvor gemachten Vorschläge. Landesbischof Beye, Braunschweig, schlug für die von ihm vertretene Gruppe der lutherischen Landeskirchen Rektor D. Lauerer, Neuendettelsau, Landesbischof Paulsen, Kiel, und Landesbischof Coch, Sachsen, vor. Für die Altpreußische Union nannte der Reichsbischof in seiner Eigenschaft als Landesbischof von Preußen Professor Beyer, Greifswald. Weiter erklärte der Reichsbischof, von der Reformierten Kirche in Lippe sei ihm fernmündlich der bisherige Kirchenminister Weber als Vertreter der Reformierten vorgeschlagen worden. Präsident Koopmann legte gegen diesen Vorschlag sofort Rechtsverwahrung ein, da den reformierten Kirchen nur 1 Stimme für Vorschläge zustehe und die Lippische Landeskirche vor der Benennung Webers sich nicht mit ihm

[106a] Der Reichsbischof erklärte, daß er »ultimative Forderungen irgendwelcher Gruppen nicht annehmen« könne und dürfe; siehe GB 141, S. 118.

in Verbindung gesetzt habe. Der Reichsbischof nahm diese Rechtsverwahrung zur Kenntnis. Im Anschluß daran gab der Reichsbischof durch Verlesen bekannt, daß er Rektor D. Lauerer, Neuendettelsau, als Vertreter der Lutheraner, Professor Dr. Beyer als Vertreter der Unierten und Kirchenminister Weber als Vertreter der Reformierten in das Geistliche Ministerium berufe; die Stelle des Kirchenkanzlers bleibe einstweilen offen. Einen Versuch zur Abgabe weiterer Erklärungen unterband der Reichsbischof.

Mit der so getroffenen Entscheidung des Reichsbischofs war dem Vorschlage des Kreises um Landesbischof D. Meiser, eines Kreises, der ausschließlich Landeskirchen mit geordnetem und lebendigem kirchlichen Leben umfaßte, in keiner Weise Rechnung getragen. Die beteiligten Kirchenführer stellten dies in einer abschließenden Erklärung fest, sahen aber augenblicklich keine Möglichkeit, ihre der Befriedung der Kirchen dienenden Absichten durchzusetzen. Das Ausscheiden Hossenfelders allein aus dem Geistlichen Ministerium schien ihnen keine Gewähr für eine wirklich durchgreifende Kursänderung in der Reichskirche und in Preußen zu sein, um so weniger als immer deutlicher erkennbar wurde, daß der Reichsbischof als Kirchenkanzler an Ministerialdirektor Jäger festzuhalten gedachte. Sie sahen der kommenden Entwicklung mit Sorge entgegen.

Inzwischen war bekannt geworden, daß Rektor D. Lauerer die Annahme des an ihn ergangenen Rufes von bestimmten Voraussetzungen abhängig machte und daß gegen die Berufung Webers aus den Kreisen der Reformierten selbst starke Bedenken laut wurden. Der Reichsbischof lud Landesbischof D. Meiser zu neuerlichen Besprechungen ein. D. Meiser blieb auf den von ihm und seinem Kreise gemachten Vorschlägen bestehen und konnte mit Recht darauf hinweisen, daß diese Vorschläge völlig dem vom Reichsbischof selbst nachdrücklich betonten Grundsatz – ein Kabinett von Männern, nicht von Vertretern kirchenpolitischer Richtungen – entsprechen. D. Meiser fügte noch hinzu, daß bei einer nur teilweisen Berücksichtigung seiner Vorschläge dieser Grundsatz abgeschwächt würde und daß im übrigen Änderungsvorschläge der Zustimmung sämtlicher seinem Kreise angehörenden Kirchenführer vorbehalten bleiben müßten. Die Verhandlungen führten zu keinem Ergebnis.

Inzwischen hatte Rektor D. Lauerer endgültig abgesagt. So besteht das Geistliche Ministerium zur Zeit aus dem unierten Professor Beyer, dem reformierten Kirchenminister Weber, gegen dessen rechtsgültige Berufung Einspruch erhoben wurde, und dem Kirchenkanzler Dr. Werner als vorläufig mit der Weiterführung der Geschäfte betraut; daß ein solches Kabinett sich nicht auf die starke Grundlage des Vertrauens der Gesamtkirche stützen kann, liegt auf der Hand. Das Rumpfkabinett, das vorhanden ist, erinnert in fataler Weise an die Koalitionskabinette unseligen Angedenkens. Wir fürchten, daß bei Anwendung der bisherigen Methoden die Zeit noch ferne sein wird, in der man von einer innerlich und äußerlich geeinten Deutschen Evang. Kirche wird sprechen können. Jeder Tag kann neue Überraschungen und Veränderungen der Lage bringen; notwendig in diesem Strom der kirchenpolitischen Ereignisse ist eines: Daß Pfarrer und Gemeinden treu zusammenstehen und mithelfen, daß die Wurzeln des Baumes der Kirche nicht erschüttert werden von dem Sturm, der durch ihre Blätter und um ihre Krone braust.

Nach der Rede Wurms vor dem gesamten Kirchengemeinderat Stuttgart übersandten ihm Im Dezember 1933 *Kreisleiter der Glaubensbewegung Deutsche Christen folgende* Erklärung[107]:

1. Wir unterzeichneten Kreisleiter der Glaubensbewegung Deutsche Christen, beauftragt durch die Laienamtswalter der Organisationsbezirke Stuttgart und Feuerbach, tragen im Folgenden die Anliegen der Laien der Glaubensbewegung Deutsche Christen dem Herrn Landesbischof vor.

2. Wir tun dies aus eigener Initiative, aber wie für Nationalsozialisten selbstverständlich, nach Verständigung mit der Landesleitung.

3. Wir begrüßen es, daß durch den Erlaß des Herrn Reichsbischofs und die entsprechende Verfügung des Herrn Reichsleiters der Glaubensbewegung Deutsche Christen der kirchenpolitische Kampf für die Glaubensbewegung Deutsche Christen beendigt ist, hoffen und wünschen aber dringend, daß auch die andern Kampfbünde innerhalb der Kirche die gleichen Folgerungen für sich ziehen.

4. Wir betrachten den ganzen bisherigen Streit in erster Linie als eine Angelegenheit der Geistlichkeit und bedauern aufs tiefste die von

[107] LKA Stuttgart, D 1, Bd. 45,1 Das Kirchengesetz über die kirchenpolitische Unabhängigkeit der Reichskirchenregierung vom 4. 12. 1933 (Gesetzblatt der DEK 1933, S. 35) verbot den Beamten der Reichskirchenregierung die Zugehörigkeit zu kirchenpolitischen Parteien; in einer Kundgebung vom 6. 12. 1933 legte in Übereinstimmung damit der Reichsbischof die Schirmherrschaft über die Glaubensbewegung nieder (GB 141, S. 118). Ebenfalls am 6. 12. 1933 erließ Hossenfelder eine Verfügung, mit der er »die Bewegung ab heute aus dem kirchenpolitischen Kampf« zurückzog (abgedruckt KAW, Ausgabe vom 21. 12. 1933).

diesem Streit ausgehende Lähmung unserer positiven Arbeit und die Untergrabung der Kirche durch die persönliche Zuspitzung des Kampfes.

5. Wir sind als Amtswalter der Glaubensbewegung Deutsche Christen aus nationalsozialistischen Grundsätzen heraus nicht in der Lage, über Persönlichkeiten der Landes- oder Reichsleitung mit außerhalb der Glaubensbewegung Deutsche Christen Stehenden in eine Diskussion einzutreten.

6. Wir wären auch unter der Annahme, daß die Landesleitung der Glaubensbewegung Deutsche Christen Fehler begangen hat, nicht in der Lage, dieser in den Rücken zu fallen, da wir die Überzeugung gewonnen haben, daß a) die Art des Vorgehens der Gegenseite selbst vielfach unfair und unchristlich war (anonyme Rundschreiben u. dgl.), b) inhaltlich zum Teil mit bewußt unwahren Unterstellungen gearbeitet wurde (Sturz des Landesbischofs, Bekenntnis u. dgl.), c) daß ein Sturz der Landesleitung als Sieg über die Glaubensbewegung Deutsche Christen aufgefaßt werden könnte.

7. Als besonders verwerfliche Unterstellung betrachten wir die von der Landesleitung wiederholt unzweideutig zurückgewiesenen Vorwürfe, a) die württ. Glaubensbewegung Deutsche Christen hätte den Herrn Landesbischof stürzen wollen, b) sie hätte das Bekenntnis preisgegeben (Rede des Pfarrer Weber in Pforzheim[107a]). Wir erklären hiemit, daß in keiner der zahlreichen von uns besuchten Amtswalterversammlungen die Person des Herrn Landesbischof oder das Bekenntnis je in Frage gestellt worden ist. Durch die Art und Weise, wie die Bekenntnisfrage gegen uns benützt wird, fühlen wir uns umsomehr beschwert, als neuerdings, nachdem sich die Glaubensbewegung Deutsche Christen ausdrücklich das Bekenntnis zu eigen gemacht hat, nun ihr vorgeworfen wird, sie wolle einen Bekenntniszwang ausüben. Wir wollen keine Dogmatik, sondern Nachfolge Christi.

8. Wir empfinden als vom nationalen Standpunkt aus verwerflich, daß innerkirchliche Streitigkeiten ins Ausland getragen werden (Rede des Pfarrer Weber in Pforzheim).

9. Dasselbe gilt von jedem Versuch, die Reichskirche als solche anzutasten.

10. Es beschwert uns auch, daß der Herr Landesbischof uns in seiner Rede vor dem Gesamtkirchengemeinderat angegriffen hat, ohne daß

[107a] Siehe Anmerkung 65, S. 888.

wir die Möglichkeit hatten, uns vor der betreffenden Versammlung zu rechtfertigen bzw. Unrichtigkeiten richtigzustellen. Dazu gehört u. a. die Bezeichnung unserer religiösen Einstellung als »Mittellinie zwischen Kirche und Hauer«, die Darstellung der Haltung Krauses als irgendwie bezeichnend für die Einstellung der Glaubensbewegung Deutsche Christen, insbesondere in Württemberg. Wir mußten aus der Rede den Eindruck gewinnen, daß der Herr Landesbischof uns nicht gerecht wird.

11. Wir sind nach wie vor bereit, auf dem Boden der Gemeinde an unserem Frontabschnitt mitzukämpfen für ein christliches Deutschland, und zwar in vertrauensvoller Zusammenarbeit mit der Kirchenleitung, im übrigen aber als geschlossene Truppe mit eigenen Führern. Dies setzt voraus, daß auch den Pfarrern keine Schwierigkeiten bei der Mitarbeit in unserer Bewegung gemacht werden, da sonst der Kurs der Glaubensbewegung Deutsche Christen als reiner Laienbewegung in einer für die Kirche verhängnisvollen Richtung abgleiten könnte. Nur unter diesen Bedingungen (eigene Zielsetzung mit eigenen Führern) können wir uns einen Erfolg versprechen bei den Kreisen, deren Gewinnung die Richtlinien für die volksmissionarische Arbeit als besonders vordringlich betrachten. Die Glaubensbewegung Deutsche Christen ist aus der NS-Bewegung hervorgegangen und hat daher den unmittelbarsten Zugang und das Vertrauen der Pgs, der SA, der SS und der HJ.

Nach den Informationen, die Landesbischof Wurm bei den Versammlungen am 8. Dezember und durch sein Rundschreiben am 9. Dezember gegeben hatte, wandte sich Pfarrer Rehm von der Landesleitung der Glaubensbewegung Deutsche Christen im Rundschreiben Nr. 17 vom 14. 12. 1933 An alle Amtswalter der Glaubensbewegung Deutsche Christen[108]:

Liebe Kampfgenossen!

Der Kampf gegen die Glaubensbewegung nimmt immer härteren Charakter an. Es offenbart sich in diesen Tagen, was wahre Treue ist. Ich danke allen Amtswaltern, welche trotz des im ganzen Lande tobenden Trommelfeuers an unserer Sendung festhalten und sich in unserem klar erkannten Weg nicht beirren lassen. Die Bewegung selbst schlägt sich eisern durch. Der Kampf kettet uns enger zusammen. Wir wissen,

[108] LKA Stuttgart, D 1, Bd. 45,1.

daß es uns nicht erspart bleibt, den gleichen harten Weg zu gehen, den Hitler mit seiner Bewegung ging. Die Landesführerschaft der Glaubensbewegung ist entschlossen, mit festem Willen und unzerbrechlicher Beharrlichkeit die württ. Bewegung durch die Stürme dieser Tage hindurch zu führen.

Die Lage

1. Von einem Zusammenbruch der Glaubensbewegung kann nirgends die Rede sein. Die Reichsleitung kann feststellen, daß die Zahl der Eintritte weit die Zahl der da und dort vorkommenden Austritte überwiegt.

2. In Württemberg steht der Organisationsapparat nach wie vor fest. Wo Pfarrer glauben, ihre Amtswaltergeschäfte niederlegen zu müssen, übernehmen bewährte Parteigenossen die Führung. Die Neuzugänge an Mitgliedern dauern unvermindert an, da gerade die letzten Kampfeswochen vielen die Augen geöffnet haben und die Notwendigkeit unserer Glaubensbewegung Deutsche Christen bewiesen.

3. Durch Verfügung der Reichsleitung vom 6. Dezember[109] wurde die Glaubensbewegung Deutsche Christen aus dem kirchenpolitischen Kampf zurückgezogen. Wir sind deshalb nicht zu den Organisationen zu rechnen, die der Herr Reichsbischof in seiner Verfügung als kirchenpolitische Verbände bezeichnet hat. Wir tun unsere Arbeit auf dem Boden der Gemeinde wie der Gustav-Adolf-Verein oder der Evang. Bund, an dem Frontabschnitt, der uns besonders zugewiesen ist: Unsere erwachten nationalsozialistischen Volksgenossen. Es hat deshalb keine kirchliche Behörde Anlaß, gegen die Glaubensbewegung Deutsche Christen vorzugehen, gerade so wenig, wie sie je gegen den Evang. Bund oder den Gustav-Adolf-Verein etwas unternehmen würde.

4. Demzufolge sind wir auch bereit, als geschlossene Ortsgruppe der Glaubensbewegung Deutsche Christen an dem Evang. Gemeindedienst mitzuarbeiten, wenn er in einer Gemeinde eingerichtet wird[109a]. Jedoch muß unsere besondere Organisation dabei erhalten bleiben, da der Evang. Gemeindedienst seiner Struktur nach mehr die alten bisherigen kirchlichen Kreise erfassen wird, während wir die kämpfenden Kräfte der nationalsozialistischen Bewegung in uns vereinigen. Wo man unsere Mitarbeit beim Evang. Gemeindedienst aber nicht will, gehen wir unseren Weg ganz allein für uns, in engster Verbindung mit den örtlichen

[109] Siehe Anmerkung 107, S. 945.
[109a] Siehe Bd. 1, S. 566 ff.

nationalsozialistischen Organisationen, wie NS-Frauenschaft, NS-Volkswohlfahrt usw.

Zur Abwehr

1. Universitätsprofessor Fezer, der seine Beziehungen zur Glaubensbewegung Deutsche Christen zusammen mit anderen Universitätsprofessoren gelöst hat, richtet gegen unseren Reichsleiter Hossenfelder die heftigsten Angriffe. Dazu ist zu erklären: a) Die Vorgänge anläßlich des Ausschlusses von Prof. Fezer sind vollkommen geklärt; es ist dabei nichts Unrechtes vorgekommen, was der Herr Reichsbischof voll und ganz selbst anerkannt hat. Prof. Fezer hat von unserem Reichsleiter den Rücktritt verlangt, was mit der nationalsozialistischen Führerauffassung unvereinbar ist und darum notwendigerweise zu den Folgen führen mußte, die eingetreten sind. b) In England hat Hossenfelder lediglich zugesagt, daß durch die Nationalsynode der Arierparagraph nicht eingeführt werde. In der Sportpalastkundgebung sprach Hossenfelder von der Durchführung dieses Paragraphen durch die Preußische Landessynode. Das sind also zwei verschiedene Dinge. Es ist unberechtigt, hier Hossenfelder Unwahrhaftigkeit vorzuwerfen. c) Der von Prof. Fezer angegriffene Ausdruck Hossenfelders »Daß im Ausland kein Hund ein Stück Brot von uns nehme« ist nicht im Zusammenhang mit England gefallen, wo Hossenfelder eine gute Aufnahme fand, sondern beleuchtete die allgemeine Stimmung des Auslands gegen uns, worin Hossenfelder ganz recht hatte. Bezeichnend ist, daß trotz dieses Ausdrucks die englischen Freunde Hossenfelders ihm ihre Freundschaft nicht kündigten. d) Nach den deutlichen Erklärungen Hossenfelders, des Herrn Reichsbischofs und des Bischofs Peter wirken die immer wiederholten Angriffe, daß die Glaubensbewegung Deutsche Christen die Bekenntnisgrundlagen unserer Kirche angreife, lächerlich. Solche unwahren Behauptungen werden nicht dadurch wahr, daß man sie immer wiederholt.

2. Der abgefallene Kreisleiter, Herr Pfarrer Schwarz, Kirchentellinsfurt, hat ein Rundschreiben[110] versandt, in dem er behauptet, daß sowohl der Herr Reichsbischof als auch Hossenfelder eine Änderung der Besetzung der Landesleitung als notwendig erachtet hätten. Ebenso hätte ich selbst erklärt, daß ein solcher Wechsel nötig sei. Ich stelle demgegenüber fest, daß diese Behauptung des Herrn Pfarrer Schwarz in keiner Weise den Tatsachen entspricht. Auf die weiteren Unterstellungen dieses Rundschreibens einzugehen, versage ich mir, da Herr Pfarrer Schwarz

[110] Dieses Schreiben befindet sich nicht bei den Akten.

über wesentliche Dinge gar nicht oder falsch orientiert ist und sich deshalb auch kein Bild über die wahre Lage machen kann.

Ich ordne an, daß überall die Glaubensbewegung Deutsche Christen sich nicht mehr mit fruchtlosen Auseinandersetzungen mit unseren Gegnern abgibt, die unser Anliegen nie verstehen werden und deshalb uns auch nicht wollen, sondern daß wir alle Kraft darauf konzentrieren, durch positive Arbeit dem Volk zu zeigen, was wir wollen und immer neue Volksgenossen für unsere großen Ziele zu werben. Die Zeit ist nicht allzuferne, wo unserer Bewegung eine große Aufgabe gestellt sein wird. Wir ringen und kämpfen um die neue christliche Kirche des erwachten braunen Deutschland, die, auf dem ewigen Grund des Glaubens der Väter stehend, das Evangelium den Kämpfern des Dritten Reichs nahe bringen kann und damit Herz und Seele der geeinigten Nation wird, über der einmal stehen soll: Ein Volk, ein Glaube und ein Gott.

Auf 1. 1. 1934 meldet jeder Kreisleiter Name und Zahl seiner Ortsgruppen samt Mitgliederstärke und den Namen der Ortsgruppenleiter. Ich bitte, daß dieser Termin eingehalten wird, damit ich einen klaren Überblick über den Stand der Organisation habe. Erst dann werden auch die Rundschreiben den einzelnen Ortsgruppenleitern direkt zugesandt werden können. Aus etlichen Bezirken fehlen immer noch die Nennungen der Redner für die Zusammenstellung einer Rednerliste. Ich bitte umgehend um Erledigung dieser Angelegenheit, sofern es noch nicht geschehen ist.

Heil Hitler! Euer Rehm.

Zu den Auseinandersetzungen innerhalb der württembergischen Landeskirche schrieb Volksmisionar Lohss am 11. 12. 1933 an den Landesbischof[111]*:*

Hochverehrter Herr Landesbischof!

In Ihr vieles Angelaufen-Werden hinein auch noch zu Ihnen zu kommen, will mir fast wie ein Unrecht erscheinen. Und doch könnte das gänzliche Schweigen auch wieder falsch sein. Denn es geht immer noch um recht ernste Entscheidungen in Deutschland wie in Württemberg. An den Fragen der deutschen Gesamtkirche kann man als Auslanddeutscher, und als das fühle ich mich als Missionar durchaus, nur ein doppelt lebhaftes Interesse haben. Wenn jetzt dieselben Leute, die einst Müller

[111] LKA Stuttgart, D 1, Bd. 45,1.

bekämpften und Bodelschwingh wollten, wieder stark in der Öffentlichkeit hervortreten, so bringt unsereiner nicht restloses Vertrauen auf, auch wenn diese selben Leute mit anderen zusammen gute Anliegen vertreten. Viele, auch in der Glaubensbewegung Deutsche Christen, erwarten vom Reichsbischof und den Bischöfen zusammen das einheitlich starke geistliche Regiment über alle Gruppen hinweg. Das Versagen der Glaubensbewegung Deutsche Christen in ihrer Führung ist etwas Schmerzliches und hat unsagbaren Schaden angerichtet. In der bekannten Versammlung der Glaubensbewegung Deutsche Christen im Hospiz Victoria neulich konnte ich selbstverständlich dem Vertrauenstelegramm an Hossenfelder nicht zustimmen[111a]. Wie Dekan Brügel, Geislingen, teilte ich Pfarrer Rehm mit, daß ich mich hinter die jetzige Form der Glaubensbewegung Deutsche Christen nicht mehr stellen könne. Der falsche Ansatzpunkt liege schon bei der Haltung der Kampfgruppe im Landeskirchentag.

Wir vertrauen Ihrer Führung, daß Sie mit neue Wege weisen im Verein mit Herrn Prof. Fezer. So steht ja auch Stadtpfarrer Hilzinger und manch anderer, der mit uns bei der Glaubensbewegung Deutsche Christen um der Sache willen aushielt. Denn das ist mir aus meinen Erfahrungen gerade in diesem Winter ganz deutlich, daß, wenn wir wieder Männerkirche werden wollen, wir an der großen deutschen Männerbewegung unserer Tage nicht vorbeigehen dürfen. Tun wir es, werden wir trotz aller übrigen Maßnahmen volksmissionarischer Art, was die Männerwelt anbelangt, keinen Schritt vorwärtskommen. An dieser Frage entscheidet sich aber, ob wir noch einmal Volkskirche zu werden vermögen oder nicht. Ich möchte aus heißer Liebe zu Kirche und Volk gerade Ihnen gegenüber das ganz offen aussprechen, weil Sie mich ja auch im Sommer schon mit dem Auftrag betrauten, bei der Volksmissionsarbeit in Württemberg mitanzustehen. Käme man z. B. irgend wohin, um etwa im Namen des »Volksbundes« heute deutsche Männer und Jungmänner aufzurufen, der Erfolg wäre ein sicherer Versager. Auch der »Gemeindedienst« würde als Losungswort zunächst nicht Zugkraft ausüben, d. h. ehe wir nicht eine einheitliche »geschlossene« Kirche haben frei vom inneren Hader. Unter dieser Losung können wir mea quidem sententia die bisherigen Kernkreise wohl sammeln. Ins völkisch bewegte Volk brechen wir nur mit der ja von Ihnen persönlich auch ausgegebenen Losung der »erneuerten Kirche in der neuen Zeit«. Wäre ich jetzt nicht Pg., ich wüßte nicht, wie ich es anfangen sollte, Männer

[111a] Unterlagen über diese Versammlung befinden sich nicht bei den Akten.

für die Kirche und ihr Wort aufzurufen. Nur damit komme ich jetzt durch. Für diese große, allergrößte Aufgabe, die uns die Volksmission der Gegenwart stellt, sollte die Glaubensbewegung Deutsche Christen in irgend einer Form gerettet werden. Hilzinger hat von dem Kurs in Lorch berichtet[111b], daß die Teilnehmer alle darin übereinstimmten, wie schwer es sei, an den braunen Mann mit den bisherigen Formen heranzukommen. Ich bestätige meinerseits durchaus, daß der braune Mann zunächst nur entweder verbandsweise oder überhaupt nicht erfaßt wird. Es hat keinen Wert, darüber zu klagen. Wir können in der Kirche nur entschlossen neue Wege suchen zu den Verbänden. Ich sehe einen Weg neben anderen, wenn unsere Pfarrer da und dort in die SA-Reserve sich einreihen. So traf ich im Heidenheimer Bezirk zwei SA-Reserve-Pfarrer. Die Kirchenleitung wird das gewiß fördern bzw. kein Hindernis sein. Es sollte alles geschehen, daß die große Männerbewegung unseres Volkes nicht an der Kirche vorüber gehe. Wenn man aus überspitzt dogmatischen Gründen da und dort recht gering vom »Massenbetrieb« in den Gottesdiensten des 1. Mai, 1. Oktober, 15. Oktober spricht, so sieht das zwar recht fromm aus, namentlich wenn man das Wort des Herrn von der kleinen Herde dazu in Gegensatz stellt. Wir werden zu Abendveranstaltungen in unseren Kirchen oder in Sälen den braunen Mann noch weniger bekommen als in den Vormittagsgottesdienst aus dem sehr einfachen Grund, weil er gerade abends auch durch allerlei Dienstverpflichtungen gebunden ist (freilich ja auch durch Ausmärsche oft genug des Sonntags). Jedenfalls gibt es sowohl für den Sonntagmorgen wie für den Werktagabend kein besseres Mittel, den braunen Mann zu bekommen, als ihn im Verband zu erreichen zu suchen. Ich werde mich durch keine Vorurteile theologischer Art in meiner volksmissionarischen Aufgabe abhalten lassen, an allen Orten die Verbindung mit dem braunen Mann auf alle Weise zu bekommen. Würde ich darauf verzichten müssen, so würde ich sehr viel lieber den Versuch volksmissionarisch zu arbeiten von vornherein aufgeben.

Und das scheint mir das Verdienst der Glaubensbewegung Deutsche Christen, daß hier ein ganz ernster Versuch vorliegt, zu der Männerbewegung der deutschen Gegenwart vorzustoßen. Es ist mir unbegreiflich, wie man da und dort aus Gründen einer »sauberen Theologie«, der »reinen Lehre« den allerdings katastrophalen Rückgang der Glaubensbewegung Deutsche Christen durch ganz Deutschland hindurch in ge-

[111b] Vgl. Anmerkung 96, S. 934.

wissen theologischen Lagern mit Freude und Dank begrüßt hat, z. B. auch »Licht und Leben«. Gewiß, die Glaubensbewegung Deutsche Christen hat schwer gefehlt, sie hat im Norden der Versuchung nach hohen Kirchenämtern nicht widerstanden, sondern ist ihr unheilvoll erlegen. Wir in Württemberg haben infolge falscher Führung und falscher Kirchenpolitik uns um den Segen gebracht, für die ganze deutsche Bewegung die geistige und geistliche Norm zu schaffen, die nötig und möglich gewesen wäre. Da jedoch Statthalter Murr und Pfarrer Rehm fast wie zwei römische Konsuln verbunden waren, lag der Fall in Württemberg von vornherein sehr viel schwieriger, als viele Außenstehende es auch nur ahnen konnten. Wir konnten oft genug nur leiden, wo wir hundertmal lieber gehandelt hätten. Wenn das »grausame Spiel« – so muß man ja fast sagen – jetzt zu Ende ist und uns in Württemberg wenigstens die kommissarische Behandlung der Kirche erspart blieb, so haben Sie das Hauptverdienst. Sie werden gewiß, obwohl Ihnen die Glaubensbewegung Deutsche Christen Ihr Amt gewiß zu Zeiten schwer und bitter gemacht hat, nachdem Sie selbst ihr doch den Weg geebnet hatten, der erste sein, der den berechtigten Anliegen der Glaubensbewegung Deutsche Christen um der Kirche und des Volkes willen mit ein freundlicher Anwalt sein wird. Hauers sogenannte Glaubensbewegung hat sich in Marsch gesetzt auf den braunen Mann zu. Je früher die Kirche den Kampf wagt, je geschlossener die Kirche zum braunen Mann kommt, desto besser. So zerrissen wie im Herbst 1933 wären wir als evangelische Kirche zu einer großen volksmissionarischen Tat von Nachdruck und Dauer unfähig. Solange die Kirche sich nicht aus ihrer eigenen Kirchennot mit ernstester Entschlossenheit rettet und durch ihre geistige und geistliche Einheit die Kraft der Botschaft von ihrem lebendigen Herrn beweist zuerst an sich selbst, wird der deutsche Mensch der Gegenwart auch von dieser Botschaft nicht ergriffen werden. Der Herr schenke seiner ganzen Kirche Buße und Glauben und dann die Tat in seinem Namen!

In Verehrung und Dankbarkeit Ihr sehr ergebener Otto Lohß.

Da Mitte Dezember die Frage der Neubesetzung des Geistlichen Ministeriums der Deutschen Evang. Kirche noch nicht entschieden war, lud Landesbischof D. Meiser, München, am 14.12.1933 zu einer Besprechung auf 18. Dezember nach Berlin ein[112]*:*

In der Frage der Neubesetzung des Geistlichen Ministeriums der Deutschen Evang. Kirche ist bis jetzt eine endgültige Entscheidung noch nicht gefallen. Die Stelle des lutherischen Kirchenministers ist noch offen; die Geschäfte dieses Ministeriums werden kommissarisch von Pfarrer Klein, Grafengehaig, verwaltet. Die gegen die Ernennung des Kirchenministers Weber eingelegte Rechtsverwahrung ist noch nicht erledigt. Kirchenminister Dr. Werner endlich führt die Geschäfte des Kirchenkanzlers gleichfalls nur auf Grund einstweiliger Beauftragung. Es befremdet, daß ein so zusammengesetztes Geistliches Ministerium Gesetze von weittragender Bedeutung (Gesetz über die kirchlichen Beamten, über die Einrichtung von Schiedsgerichten und dgl.) erlassen hat. Ich halte es für notwendig, daß wir zu der augenblicklich bestehenden Lage noch vor Weihnachten Stellung nehmen und darf die verehrten Herren zu einer Besprechung am Montag, den 18. 12. 1933, 20½ Uhr, in das Hospiz St. Michael in Berlin, Wilhelmstr. Nr. 34 einladen.

Mit amtsbrüderlichen Grüßen ergebenst Meiser.

Ein Entwurf für das Ultimatum an den Reichsbischof scheint von Landesbischof Wurm gefertigt; er lautet[113]*:*

An den Herrn Reichsbischof!

Nach Art. 7 Abs. 3 der Verfassung der Deutschen Evang. Kirche[114] ist es die besondere Aufgabe der theologischen Mitglieder des Geistlichen Ministeriums, das Vertrauensverhältnis der Landeskirchen zur Reichs-

[112] LKA Stuttgart, D 1, Bd. 119; eingeladen waren Landesbischof D. Wurm, Stuttgart; Landesbischof D. Reichardt, Eisenach; Landesbischof D. Marahrens, Hannover; Landesbischof D. Dr. Schöffel, Hamburg; Landesbischof D. Dr. Tilemann, Oldenburg; Oberkirchenrat Reuter, Greiz; Landessuperintendent Henke, Bückeburg; Landesprobst Kieckbusch, Eutin; Landesbischof D. Kühlewein, Karlsruhe; Kirchenpräsident D. Dr. Kessler, Speyer; Kirchenpräsident Koopmann, Aurich; Präses D. Koch, Bad Oeynhausen. Zum Zusammenhang siehe GB 141, S. 122; Hermelink, S. 62 ff.

[113] LKA Stuttgart, D 1, Bd. 118; das Stück ist ohne Unterschrift, am Kopf trägt es den handschriftlichen Vermerk Wurms: »Entwurf. 19. Dez.«, es enthält Korrekturen von der Hand Wurms.

[114] Verfassung der DEK vom 11. 7. 1933, Dokumente, S. 185 ff.

kirche und untereinander zu festigen. Diese Aufgabe kann nicht erfüllt werden, wenn die Stelle eines Geistlichen Ministers seit geraumer Zeit unbesetzt ist und gegen einen anderen Geistlichen Minister gewichtige Bedenken hinsichtlich der Rechtmäßigkeit seiner Ernennung erhoben werden. Wir weisen im Namen der von uns vertretenen Landeskirchen in allem Ernste darauf hin, daß die gegenwärtigen Mängel in der Besetzung des Geistlichen Ministeriums, in dessen Hand verfassungsmäßig die Leitung der Deutschen Evang. Kirche unter Führung des Reichsbischofs ruht, eine schwere Gefahr für die Einheit der Deutschen Evang. Kirche bedeuten; Stimmen aus allen Kreisen des evangelischen Volkes stellen uns diese Gefahr ganz unmittelbar vor Augen. Wir fürchten, daß eine weitere Versäumung entschiedenen Handelns die Führung der Deutschen Evang. Kirche einer Beurteilung aussetzt, die zu einer Erschütterung des ganzen Gefüges der Reichskirche führen muß.

2. Das Geistliche Ministerium hat in jüngster Zeit mehrere Gesetze[115] erlassen – über die Rechtsverhältnisse der Geistlichen und Beamten der Landeskirchen, über die Beilegung kirchenpolitischer Streitfälle und über den Zusammenschluß kleiner Landeskirchen –, die von einschneidender Bedeutung für das kirchliche Rechtsleben und die kirchliche Entwicklung sind. Wir haben oben festgestellt, daß das Geistliche Ministerium in seiner derzeitigen Zusammensetzung nicht dem Willen und der Absicht der Verfassung entspricht; die genannten Gesetze entbehren daher nach unserer Auffassung solange der verpflichtenden Kraft, als nicht das gesetzgebende Organ selbst verfassungsmäßig gebildet ist. Wir wissen uns auch in dieser Haltung einig mit dem Willen und Urteil unseres Kirchenvolkes. Für die Zukunft sprechen wir die dringende Bitte aus, es möchten einheitliche Maßnahmen und Ordnungen der Reichskirche nur in außerordentlichen Fällen und nur in soweit getroffen werden, als dies im Interesse einer einheitlichen Führung der evangelischen Kirchen unbedingt geboten ist, und es möchten vor Erlassung von Gesetzen, die in das Rechtsleben der Landeskirchen tief einschneiden, diese unter allen Umständen gehört werden.

3. Durch unsere Stellungnahme gegenüber der Krisis, in der sich die Reichskirchenregierung seit mehr als Monatsfrist befindet, glauben wir

[115] Vorläufiges Kirchengesetz betr. die Rechtsverhältnisse der Geistlichen und Beamten der Landeskirchen vom 8. 12. 1933 (Gesetzblatt der DEK 1933, S. 35 ff.); Kirchengesetz betr. Beilegung kirchenpolitischer Streitfälle vom 8. 12. 1933 (Gesetzblatt der DEK 1933, S. 38); Kirchengesetz über den Zusammenschluß kleiner Landeskirchen vom 8. 12. 1933 (Gesetzblatt der DEK 1933, S. 37).

bewiesen zu haben, daß es uns um nichts anderes geht als um die Erhaltung der Einheit der Deutschen Evang. Kirche und um die Befriedung unseres Volkes. Zur Vermeidung der unmittelbar drohenden Vertrauenskrisis für die Leitung der Deutschen Evang. Kirche müssen wir dringend verlangen, daß das Geistliche Ministerium noch in diesem Monat im Sinne unserer Erklärung vom 29. November des Jahres neu gebildet wird[116]. Wenn der Herr Reichsbischof sich zu einer Beendigung des gegenwärtigen untragbaren Zustandes durch Berufung eines den Erfordernissen der Lage gewachsenen Geistlichen Ministeriums nicht entschließen kann, so sehen wir uns außerstande, die Reichskirchenregierung mit unserer landeskirchlichen Autorität zu decken und müssen uns alle weiteren Schritte gegenüber der Öffentlichkeit und der Staatsführung vorbehalten.

Der endgültige Text der Eingabe der lutherischen (nicht deutschchristlichen) Bischöfe *vom 19. 12. 1933* An den Herrn Reichsbischof *lautet*[117]*:*

Die äußerst bedrohliche Entwicklung der kirchlichen Lage veranlaßt uns zu folgender Erklärung:

1. Nach Art. 7 Abs. 3 der Verfassung der Deutschen Evangelischen Kirche ist es die besondere Aufgabe der Theologischen Mitglieder des Geistlichen Ministeriums, das Vertrauensverhältnis der Landeskirchen zur Reichskirche und untereinander zu festigen. Diese Aufgabe kann nicht erfüllt werden, wenn die Stelle eines Geistlichen Ministers seit geraumer Zeit unbesetzt ist und gegen andere Mitglieder des Geistlichen Ministeriums ernste Bedenken erhoben werden. Ein Fortbestehen dieses Zustandes müßte das einheitliche Gefüge der Reichskirche erschüttern und die Kirche selbst zur Erfüllung ihrer Aufgabe an Staat und Volk untauglich machen.

2. Das Geistliche Ministerium hat in jüngster Zeit, ohne daß zuvor die Kirchenführer gehört worden waren, mehrere Gesetze erlassen, die von einschneidender Bedeutung für das kirchliche Rechtsleben und die kirchliche Entwicklung sind. Wir haben oben festgestellt, daß das Geist-

[116] Die erste, später gestrichene Fassung lautete hier: »daß die Stelle des lutherischen Mitglieds des Geistlichen Ministeriums noch in diesem Monat im Sinne unserer Erklärung vom 29. November des Jahres besetzt wird. Ein Vorschlag hiefür liegt vor.«

[117] LKA Stuttgart, D 1, Bd. 119; die Erklärung wurde von Meiser und Wurm am 20. 12. 1933 dem Reichsbischof übergeben.

liche Ministerium in seiner derzeitigen Zusammensetzung nicht dem Willen und der Absicht der Verfassung entspricht; die obengenannten Gesetze entbehren daher nach unserer Auffassung so lange der innerlich-verpflichtenden Kraft, als nicht das gesetzgebende Organ selbst verfassungsmäßig gebildet ist.

3. Durch unsere bisherige Stellungnahme haben wir bewiesen, daß es uns um nichts anderes geht als um die Erhaltung der Deutschen Evang. Kirche und um die Befriedung der unhaltbar gewordenen kirchlichen Verhältnisse. Zur Vermeidung der unmittelbar bevorstehenden Vertrauenskrisis für die Leitung der Deutschen Evang. Kirche müssen wir dringend verlangen, daß ein den Erfordernissen der Lage gewachsenes Geistliches Ministerium im Sinne unserer Erklärung vom 29. November des Jahres[118] noch in dieser Woche gebildet wird. Wenn der Herr Reichsbischof sich zu einer Beendigung des gegenwärtigen untragbaren Zustandes nicht entschließen kann, so sehen wir uns außerstande, die Reichskirchenregierung weiterhin mit unserer landeskirchlichen Autorität zu decken, und müssen uns alle weiteren Schritte, die uns zur Erhaltung der Einheit der Deutschen Evang. Kirche notwendig erscheinen, vorbehalten.

I. A. Meiser.

Die ebenfalls am 20. 12. 1933 dem Reichsbischof vorgelegte Eingabe des Pfarrernotbundes lautet[119]*:*

Hochzuverehrender Herr Reichsbischof!

Der Pfarrernotbund hatte erwartet, daß der Herr Reichsbischof einer Erneuerung der Kirche vom Bekenntnis her Raum schaffen und sie so der wahren Befriedung entgegenführen würde. Aus unserer Sorge für unsere Deutsche Evang. Kirche beklagen wir es, daß diese Erwartung unerfüllt geblieben ist. Erneut versucht man, in der Öffentlichkeit den Eindruck eines schon erreichten Friedens zu erwecken. Ein Geistliches Ministerium, dessen Rechtmäßigkeit bestritten ist, dem Gemeinden, Pfarrer und Kirchenregierungen weithin kein Vertrauen entgegenbringen können, erläßt ständig Kirchengesetze, die durchzuführen dieses Ministerium weder die geistliche Vollmacht noch die äußere Macht hat. Es ist nicht nur die äußere Ordnung zerrüttet, das Leben der Gemeinden steht in schwerer Gefahr. Gegen Zwangsmaßnahmen kirchlicher Behör-

[118] Siehe S. 931 f.

[119] LKA Stuttgart, D 1, Bd. 119. Der bei den Akten liegende Entwurf ist ohne Unterschrift.

den und Amtsträger ist erbitterter Widerstand ausgebrochen, der sich ständig verstärkt. Seine tiefste Begründung hat er im Bekenntnis. Darum kann ein Friede nur erreicht werden, wenn die Kirchenleitung allein vom Evangelium her handelt.

Getrieben von der uns übertragenen Verantwortung um die Kirche erklären wir im Namen der im Pfarrernotbund zusammengeschlossenen Pfarrer: Das Vertrauen der Pfarrer und Gemeinden gegenüber dem Herrn Reichsbischof ist einem Mißtrauen gewichen, dem entgegenzuwirken wir weder bereit noch imstande sind, es sei denn, daß eine Lösung der Kabinettskrise, die bis Sonnabend, den 23. 12. 1933 erfolgt sein müßte, wahrhaft kirchlichem Handeln innerhalb der Kirche endlich den Weg frei macht.

Am 21. 12. 1933 trat der Reichsleiter der Glaubensbewegung Deutsche Christen, Kirchenminister Bischof Hossenfelder, von allen seinen Ämtern zurück; zum neuen Reichsleiter wurde Dr. Kinder bestimmt.

Über die Verhandlungen in Berlin und über das Ultimatum, das von den lutherischen Bischöfen und vom Pfarrernotbund der Reichskirchenregierung gestellt wurde, berichtete Pfarrer Weber am 22. 12. 1933 Vertraulich, zur persönlichen Information *den Mitgliedern des Pfarrernotbunds*[120]*:*

Liebe Freunde im Notbund!

In der Beilage schicke ich Euch eine Erklärung, die am Mittwoch, den 20. des Monats, vom Bruderrat des Notbundes ausgefertigt und der Reichskirchenregierung überreicht wurde. Eine Unterredung mit dem Herrn Reichsbischof, die für den Mittwoch Nachmittag vereinbart war, konnte nicht stattfinden, weil der Herr Reichsbischof um 6 Uhr zu einer Predigt mußte! Die Zusammenkunft des Brüderrats bei Niemöller, in der zum ersten Mal sämtliche süddeutsche Kirchen vertreten waren, führte zum Beschluß, durch die obengenannte Erklärung den Versuch des Bischofs, die versteifte Situation wieder in Fluß zu bringen, zu unterstützen.

Bekanntlich tagten seit Montag Abend die luth. Bischöfe (mit Ausnahme von Coch, Reichhardt, Paulsen, Beye) in Berlin. Die Besprechun-

[120] LKA Stuttgart, D 1, Bd. 45,1. Die Erklärung des Pfarrernotbundes siehe GB 141, S. 121.

gen, an denen z. T. auch Präses Koch, Niemöller und Stratenwerth teilnahmen, hatten das Resultat, daß ein Schreiben an den Reichsbischof beschlossen wurde, das ihn auf die bedrohliche Entwicklung der kirchlichen Lage hinwies. Durch die Gesetze des Geistlichen Ministeriums werde an den Schwierigkeiten nichts geändert, weil das Vertrauen fehle. Zu fordern sei vielmehr ein Zurückgreifen auf den Vorschlag der Bischöfe, der die Neubildung eines aktionsfähigen, in sich einheitlichen vom Vertrauen getragenen Geistlichen Ministeriums vorgesehen hatte. Sollte bis Ende der Woche diesem Vorschlag nicht nachgekommen werden, »so sehen wir uns außerstande, die Reichskirchenregierung mit unserer landeskirchlichen Autorität zu decken, und müssen uns alle weiteren Schritte, die uns zur Erhaltung der Einheit der deutschen evang. Kirche notwendig erscheinen, vorbehalten«. Der Versuch der Bischöfe, ihren Forderungen in einer persönlichen Unterhaltung mit dem Reichsbischof Nachdruck zu verleihen, schlug fehl, weil der letztere die schriftliche Erklärung der Bischöfe dadurch kommentierte, daß unter diesen Umständen ein Weiterverhandeln zwecklos sei.

Während dieser Aktion der Bischöfe lief der letzte Akt des Dramas »Evang. Jugendwerk«. Der Ausgang der Tragödie ist bekannt. Man wird nicht fehl gehen, wenn man vermutet, daß der Reichsbischof seinen so sehr gesunkenen Kredit bei den politischen Stellen durch die Preisgabe der Evang. Jugend, deren Notwendigkeit und Unverletzlichkeit er noch vor wenigen Wochen feierlich bestätigt hatte, heben und retten wollte. Übrigens wurde mir gesagt, daß die neuesten Nachrichten aus Berlin die große Unruhe nicht rechtfertigen, die wegen der Zukunft des Jugendwerks in den kirchlichen Kreisen allüberall entstanden ist. Näheres weiß ich z. Z. noch nicht.

Interessant ist, daß Coch, Dresden, dessen Rede anläßlich seiner [. . . ?] vom Reichspropagandaministerium aus z. Z. noch nicht bekannten Gründen beschlagnahmt wurde, in offener Rebellion gegen die Reichskirchenleitung steht. In einer Anweisung an seine Pfarrer hat er erklärt, daß für die sächsischen Pfarrer Gesetze der Reichskirche nur verbindlich seien, wenn er selber sie weitergebe. Daraus ist ersichtlich, wie schmal die Basis des Reichsbischofs ist. Er hat nicht nur die lutherischen Bischöfe und den Notbund, sondern zu einem Teil auch die deutchristlichen Bischöfe gegen sich. Sein Geistliches Ministerium ist nach wie vor unvollständig, vollends jetzt, nachdem Meiser dem kommissarischen luth. Minister, Klein, Grafengehaig, die weitere Beurlaubung aus dem bayerischen Kirchendienst entzogen hat, daß er vor die Alternative gestellt ist, gegen den Befehl seines Bischofs in Berlin zu bleiben, d. h. sein Amt zu verlieren oder aber aus dem Ministerium auszuscheiden. Meiser beabsichtigt übrigens, für die ganze bayerische Pfarrerschaft den korporativen Anschluß an den Notbund zu vollziehen. Gegen die 20 Unterzeichner der Mißtrauenserklärung gegen Paulsen (Schleswig Holstein) ist das Disziplinarverfahren eröffnet worden, ebenso gegen 10 Altonaer Pastoren, die sich gegen ihren Probst gewandt hatten. Unter Führung von Dr. Weichert, Knack, v. Rabenau und einer Frau von Mackensen ist ein »Laiennotbund« gegründet worden, der über das ganze Reich verbreitet werden soll. Es hat sich bereits ein Reichsbrüderrat gebildet, Richtlinien sind erlassen und mit der öffentlichen Werbung ist begonnen worden. Der Pfarrernotbund wird sofort die Fühlung mit diesem Bund aufnehmen. Es muß verhütet werden, daß hier eine neue, getrennt vom Notbund marschierende Organisation entsteht.

Damit habe ich Euch in Eile und Kürze das Wichtigste aus der Zusammenkunft vom 20. dieses Monats berichtet.

Mit herzlichen Grüßen und Wünschen für Amt und Haus

Euer Weber.

Am 28.12.1933 forderte Pfarrer Weber von Seiten des Pfarrernotbundes weitere Schritte gegen den Reichsbischof; er schrieb Pfarrer Niemöller[121]*:*

Verehrter, lieber Herr Amtsbruder!

Die Tatsache, daß der Reichsbischof das Evang. Jugendwerk an die dritte Konfession verraten und damit den Verzicht der Kirche auf kirchliche Jugendarbeit ausgesprochen hat, zwingt den württ. Notbund, Sie als den Führer des Reichsnotbundes dringend um Folgendes zu bitten:

1. Der Notbund spricht in unklausulierter Form dem Reichsbischof das Mißtrauen aus.

2. Der Notbund fordert ultimativ unter Hinweis auf die gegenwärtige, sachlich unmögliche Gestalt des Vertragsentwurfs den Reichsbischof zum Rücktritt auf und zwar bis zum 3. Januar, widrigenfalls die Pfarrer des Notbundes gewissenshalber sich genötigt sehen, dem Reichsbischof den Gehorsam aufzukündigen und an ihre Gemeinden zu gehen, um die Vertrauenskrise innerhalb der treuen evang. Kirchenglieder aufzuhalten und dem Ausbruch einzelner verzweifelter Aktionen entgegenzuwirken.

[121] LKA Stuttgart, D 1, Bd. 45,1; zum Evang. Jugendwerk folgt die Dokumentation in einem späteren Band.

3. Der Notbund setzt sich sofort mit den lutherischen Bischöfen in Verbindung, um auch sie zu einem unmißverständlichen Mißtrauensvotum gegen Müller und zur Forderung seines sofortigen Rücktrittes zu bewegen. Wie ich höre, wollen sich die Bischöfe auf die Taktik des »Aushungerns«, d. h. des Abwartens verlegen. Das ist völlig unmöglich und muß im Interesse von Volk und Kirche mit allen Mitteln verhütet werden.

4. Der Notbund veranlaßt sofort, daß die Notbundführer der einzelnen Landeskirchen ihrerseits sich sofort mit den Bischöfen in Verbindung setzen, ferner zu einem von der Reichsleitung zu bestimmenden Zeitpunkt gleichzeitig Mißtrauenserklärungen an den Reichsbischof abgehen lassen.

Ich möchte Sie bitten, alles zu unternehmen, um die Dinge voranzutreiben. Die Selbstpreisgabe der Kirche, welche die Kirche um jede Achtung bringt und Schrittmacherin der Dritten Konfession ist, muß ein Ende haben. Non plus ultra!

Mit dem Gruß treuer Kampfverbundenheit: Weber.

Am 30. 12. 1933 kamen die nicht deutsch-christlichen Bischöfe in Würzburg zusammen und forderten vom Reichsbischof erneut die Neubildung des Geistlichen Ministeriums.

Bei den Akten liegt weiterhin der Entwurf eines Schreibens an das Reichsinnenministerium[122]*:*

Die unterzeichneten Kirchenführer sehen sich aus tiefer Verantwortung gegen Staat, Volk und Kirche heraus genötigt, in aller Ehrerbietung, aber auch in aller pflichtmäßigen Aufrichtigkeit über die gegenwärtige Lage in der Deutschen Evang. Kirche zu berichten.

Am 27. September hat die durch die Verfassung vom 11. Juli und die Wahlen vom 23. Juli zustande gekommene Nationalsynode den preußischen Landesbischof Ludwig Müller zum Reichsbischof gewählt. Auch wir haben ihm unsre Stimmen gegeben, obgleich wir nicht ganz ohne

[122] LKA Stuttgart, D 1, Bd. 119; das Stück trägt weder Unterschrift noch Datum, es ist nicht zu erkennen, ob es abgesandt wurde. — Zu der Wahl des Reichsbischofs siehe S. 389. Bei den Akten liegt eine Eingabe an den Reichsbischof vom 30. 12. 1933 ohne Unterschrift, siehe LKA Stuttgart, D 1, Bd. 47.

Bedenken gegen seine Person waren. Wir haben diese Bedenken zurückgestellt, weil wir unter die schweren Kämpfe des verflossenen Sommers einen Schlußstrich setzen wollten und weil die Aufstellung jeder anderen Kandidatur als Mangel an Staatstreue gedeutet worden wäre. Wir hofften, daß die von uns für das Geistliche Ministerium vorgeschlagenen Männer in der Lage sein werden, den Reichsbischof so zu beraten, daß das von ihm in Wittenberg geprägte Wort »Der kirchenpolitische Kampf ist zu Ende, der Kampf um die Seele des Volkes beginnt« zur Verwirklichung komme.

Die erste Enttäuschung, die uns der neue Reichsbischof bereitete, bestand darin, daß er den Bischof von Brandenburg und Vizepräsidenten des preußischen Oberkirchenrats Hossenfelder in das Geistliche Ministerium berief. Er mußte aus früheren Verhandlungen wissen, daß wir diesem lediglich agitatorisch begabten, in praktisch-kirchlicher Arbeit aber noch nicht bewährten Manne kein Vertrauen entgegenbringen konnten. Die Reichsleitung der »Deutschen Christen«, an deren Spitze Hossenfelder stand, hat auch trotz jenes Versprechens des Reichsbischofs ihre aggressive Haltung keineswegs aufgegeben, sondern insbesondere in den Landeskirchen, die ihre bisherige Leitung beibehalten hatten, eine immer unerträglicher werdende kirchliche Nebenregierung begünstigt. Ein dringendes mündlich vorgebrachtes Ersuchen der Landesbischöfe von Bayern und Württemberg, solchen die kirchliche Autorität und den kirchlichen Frieden gefährdenden Zuständen ein Ende zu machen, wurde vom Reichsbischof nur mit Worten, nicht mit Taten beantwortet.

Die bekannte Sportpalastversammlung am 13. November, bei der der Gauobmann der »Deutschen Christen« in Berlin Ausführungen machte, die in den weitesten Kreisen des evangelischen Kirchenvolks großes Ärgernis erregten, führte eine schwere Krise sowohl in den Reihen der Deutschen Christen als auch in der Leitung der Deutschen evangelischen Kirche herbei. Zwar nahm der Reichsbischof in einer allseits begrüßten Kundgebung gegen die Angriffe auf Bibel und Bekenntnis Stellung, aber er besaß nicht die Kraft, sich von Hossenfelder zu trennen und einen eindeutigen Kurs einzuschlagen. Erst dem wiederholten Drängen von unserer Seite nachgebend führte er am 29./30. November den Rücktritt des Geistlichen Ministeriums herbei; die Neubildung führte er so unzulänglich durch, daß bis heute eine verfassungsmäßige Kirchenregierung nicht besteht. In den Verhandlungen dieser Wochen zeigte es sich immer deutlicher, daß die sachlichen und persönlichen Voraussetzungen für sein hohes Amt bei ihm nicht vorhanden sind und daß ihm das Vertrauen aller kirchlichen Gruppen, auch solcher, auf die er sich früher stützte, fehlt.

Zum vollen Ausbruch kam die Krise durch die Art und Weise, wie der Reichsbischof die schon lange schwebenden Verhandlungen in der Jugendfrage[123] beendete. Auf Seiten der evangelischen Jugendführer und der hinter ihnen stehenden Landeskirchen hat es an der Bereitschaft, die evangelische Jugend nach der Seite der wehrsportlichen und staatspolitischen Schulung der Leitung der HJ zu unterstellen, nie gefehlt; aber alle in dieser Hinsicht gemachten Vorschläge sind an dem Widerstand des Reichsführers gescheitert, der sich nur mit einer Totallösung zufrieden geben wollte, die vom Standpunkt der evangelischen Jugendleitung aus nicht annehmbar war. Es kann der evangelischen Elternschaft und der Kirchenführung nicht gleichgültig sein, ob eine Organisation, die sich in mehr als einem halben Jahrhundert für die Kirche und alle ihre Tätigkeitsformen in innerer und äußerer Mission als überaus wertvoll erwiesen hat, da ihr die meisten berufstätigen Kräfte entsprangen, aufgelöst wird oder nicht. Der zwischen dem Reichsbischof und dem Reichsjugendführer abgeschlossene Vertrag spricht zwar formell nicht von einer Auflösung; tatsächlich aber wird er, wenn nicht die Ausführungsbestimmungen wesentliche Abänderungen bringen, eine aus evangelisch-kirchlichem Geist fließende Leitung der Jugend unmöglich machen. Daß der Reichsbischof allen in dieser Hinsicht vorgebrachten Bedenken keinerlei Gehör geschenkt hat, daß er das sowohl den Kirchenführern wie den Jugendführern gegebene Versprechen, ihnen den Text des Vertrags vor der Unterzeichnung zur Einsicht und Äußerung zugehen zu lassen, gebrochen hat, mußte seine Stellung aufs schwerste erschüttern. Wäre die Erörterung über kirchliche Fragen freigegeben und bestünde die Möglichkeit, in kirchlichen Versammlungen die Lage der evangelischen Kirche zu besprechen, so wäre der Reichsbischof längst einem Sturm der Entrüstung zum Opfer gefallen. So aber besteht der unhaltbare Zustand, daß im Lande selbst eine Erörterung nicht möglich ist, während die ausländische Presse sich sehr eingehend mit den Vorgängen in der Kirche beschäftigt und sie als politische Krise zu werten sucht. Dieser gefährlichen Ausbeutung wäre sofort ein Riegel vorgeschoben, wenn öffentlich gesagt werden könnte, um was es geht. Die 14 Tage von 13. bis 26. November, während derer die Presse eine größere Freiheit

[123] Ist in einem späteren Band darzustellen.

besaß[123a], genügten, um die Stellung Hossenfelders unhaltbar zu machen und die Schwäche der Position der »Deutschen Christen« zu enthüllen. Die auch vom politischen Standpunkt aus so dringend nötige Beendigung der innerkirchlichen Auseinandersetzungen wird erst eintreten, wenn das wirkliche Kräfteverhältnis klar zu Tage tritt und wenn in den Landeskirchen, wo Persönlichkeiten ohne innere Autorität an die Leitung der Kirche gelangt sind, eine gründliche Änderung des Kurses vollzogen wird.

Gewisse Kreise haben es verstanden, jede Kritik an den »Deutschen Christen« und den von ihnen geführten Kirchenleitungen als eine gegen den heutigen Staat und den Nationalsozialismus gerichtete Bewegung zu verdächtigen. Wir weisen diese Unterstellungen mit Entrüstung zurück, müssen vielmehr hervorheben, daß gerade diese Kampfesweise dazu beigetragen hat, daß im Ausland die Niederlagen der »Deutschen Christen« als politische Niederlagen der NSDAP gedeutet wurden. Dagegen ist es allerdings unsre Pflicht, darauf aufmerksam zu machen, daß die direkte und indirekte Förderung, die bisher von nationalsozialistischen und auch von einzelnen staatlichen Organen einer kirchenpolitischen Gruppe zuteil geworden ist, im evangelischen Volke tiefe Verstimmung hervorgerufen hat. Insbesondere fühlen sich viele evangelische Christen dadurch bedrückt, daß die katholische Kirche, die einst die nationalsozialistische Bewegung so gehässig bekämpft hat, im heutigen Staat eine völlig gesicherte Stellung besitzt, während der evangelische Volksteil, der im wesentlichen die Bewegung zum Siege gebracht hat, zusehen muß, wie seine Kirchenführer schweren Verdächtigungen und Angriffen ausgesetzt sind und wie sein Jugendwerk in die schwerste Krisis hineingetrieben wird.

Unsere Versuche an die für die Staatsführung verantwortlichen Persönlichkeiten heranzukommen und sie persönlich über den Stand der Dinge in der evangelischen Kirche aufzuklären, sind bisher nicht gelungen. Wir bitten es daher verstehen zu wollen, wenn wir in diesem Schriftstück unserer schweren Sorge über die weitere Entwicklung Ausdruck geben und die Reichsregierung bitten, der Behandlung der kirchlichen Fragen in der Öffentlichkeit die mit dem Staatswohl vereinbare Bewegungsfreiheit zu geben. Gleichzeitig geben wir der Reichsregierung von dem anliegenden Schreiben an den Herrn Reichsbischof Kenntnis.

[123a] Die Zeit unmittelbar nach der Sportpalastkundgebung der DC. Am 22. 9. 1933 war das Reichskulturkammergesetz und am 5. 10. 1933 das Schriftleitergesetz erschienen; dadurch konnte die Arbeit der Presse gesteuert werden.

Ein anderer Entwurf wurde für eine Vorstellung beim Reichskanzler angefertigt[123b]*:*

Hochverehrter Herr Reichskanzler!

Aus tiefster Verantwortung gegen Staat und Volk heraus nehmen wir uns die Freiheit, dem Führer die überaus ernste Lage darzulegen, in die die evangelische Kirche durch die Ereignisse dieses Sommers und durch eine ihrer Aufgabe nicht gewachsene Leitung gekommen ist. Noch nie ist die Einheit des deutschen Protestantismus, noch nie das Gefüge der evangelischen Kirche so bedroht gewesen als in einer Zeit, wo auf politischem und wirtschaftlichem Gebiet wie im allgemeinen Geistesleben eine Geschlossenheit sondergleichen erreicht worden ist. Wir können es uns lebhaft vorstellen, daß das Schauspiel, das zur Zeit die evangelische Kirche bietet, befremdend wirkt und mit politischen Ressentiments in Verbindung gebracht wird. Wir dürfen aber gerade diese Vermutung als unbedingt unzutreffend ablehnen. Wir stehen alle mit Freuden auf dem Boden des neuen Deutschland und haben keinen dringenderen Wunsch als den, zur Befestigung des von Ihnen, Herr Reichskanzler, geschaffenen Staates und zum vollen Sieg einer ebenso nationalen wie sozialen Geisteshaltung beitragen zu können. Gerade aus Liebe zu diesem Staat und aus dem Bestreben, schwere Schädigungen von ihm abzuwenden, geht der Schritt hervor, den wir durch diese Kundgebung unternehmen. Dies ist aber nur möglich, wenn wir mit dem Freimut, der dem Deutschen und dem Christen geziemt, vor unsern Führer treten.

Als im Frühjahr bald nach dem politischen Umschwung die »Glaubensbewegung Deutsche Christen« in die Öffentlichkeit trat, haben wir trotz einer teilweise maßlosen Kritik an der bisherigen Kirche und trotz einer starken Neigung, religiöse und politische Werte und Ziele durcheinander zu mengen, ihr auf eine innige Verbindung zwischen deutschem Volkstum und evangelischem Christentum gerichtetes Anliegen gewürdigt und uns gerne für den Neubau der Verfassung der geeinten Deutschen Evang. Kirche zur Verfügung gestellt. Wir haben auch trotz mancher Bedenken, die sich im Lauf der Zeit eingestellt hatten, bei der Wahl des Reichsbischofs dem Mann unsere Stimme gegeben, von dem wir zu wissen glaubten, daß er als Vertrauensmann des Herrn Reichskanzlers die Gewähr für eine Sammlung aller aufbauenden Kräfte des evangelischen Deutschlands bieten werde.

[123b] LKA Stuttgart, D 1, Bd. 119; das Stück trägt weder Unterschrift noch Datum, es ist nicht zu erkennen, ob es abgesandt wurde.

Zu unserem größten Bedauern hat es sich gezeigt, daß der gegenwärtige Reichsbischof die in ihn gesetzten Erwartungen nicht erfüllen kann. Man muß es ihm freilich zugute halten, daß er bei seinem Amtsantritt eine Lage vorgefunden hat, die ohne starke Entschlußkraft nicht zu bereinigen ist. Wir können es nicht verhehlen, daß diese Lage im wesentlichen durch die »Deutschen Christen« und das Eintreten der Staatsgewalt für sie verursacht worden ist. Der Herr Reichskanzler hätte sicherlich nicht durch Reichsgesetz kirchliche Wahlen herbeigeführt; er hätte sicherlich nicht selbst am Vorabend der Wahl das Wort ergriffen[123c] und er hätte einen mit Zwangsmitteln verbundenen Druck der NSDAP auf die evangelische Wählerschaft verhindert, wenn ihm die wirklichen Verhältnisse bekannt gewesen wären. Es verhält sich nicht etwa so, daß die Gegner der »Deutschen Christen« Leute waren, die dem Geist des Nationalsozialismus widerstrebten und deren Zurückdrängung für den Staat ein Gebot der Stunde gewesen wäre. Viele nationalsozialistische evangelische Volksgenossen, die aus rein kirchlichen und religiösen Erwägungen einer anderen Liste als der der »Deutschen Christen« den Vorzug geben wollten, sind durch die mancherorts von den Parteiorganen sehr scharf geltend gemachte Forderung, daß ein Nationalsozialist sich nur für die Liste der Deutschen Christen entscheiden dürfe, in schwere Gewissensnot gekommen.

Die Ergebnisse dieser Wahlen, die nicht als Ausdruck der wirklichen Meinung des überwiegenden Teils der zu ihrer Kirche haltenden evangelischen Volksgenossen angesehen werden dürfen, haben in einer Reihe von Landes- und Provinzialkirchen Veränderungen in den Kirchenleitungen bewirkt, die wieder verhängnisvolle Folgen hervorgerufen haben. Bewährte Männer, die das volle Vertrauen der Pfarrerschaft und des Kirchenvolkes besaßen, sind beseitigt worden zu Gunsten von unbewährten, die sich eine Autoritätsstellung auch seither nicht haben erringen können. Um gegen willkürliche Absetzungen gesichert zu sein, haben sich vielfach die Geistlichen zusammengeschlossen und einen Notbund begründet, der seit der Wahl des Reichsbischofs von 2000 auf 6000 Mitglieder, also ein Drittel sämtlicher evangelischer Pfarrer angewachsen ist. Auch in den Gemeinden hat die Beunruhigung zugenommen, besonders seit bei einer großen Versammlung im Sportpalast am 13. November zutage getreten ist, daß eine starke Strömung unter den »Deutschen Christen« auch die Lehre der evangelischen Kirche und die Grundlage dieser Lehre, die hl. Schrift, anzutasten wagt.

[123c] Rede Hitlers am 22. 7. 1933, Dokumente, S. 119 ff.

Eine schwere Sorge bereitet uns auch die Lage des seit Jahrzehnten emporgeblühten evangelischen Jugendwerks. Wenn in den Zeiten der marxistischen Volksverhetzung weite Kreise der ländlichen und der industriellen Jugend bei der nationalen Fahne und dem christlichen Glauben geblieben sind, so ist das weithin der hingebenden Arbeit an der Jugend zu danken, die vom evangelischen Pfarrhaus und von den lebendigen Kräften in den evangelischen Gemeinden getragen worden ist. Mit Freuden unterstellen wir unsre Jugendgruppen, soweit es sich um wehrsportliche und staatspolitische Schulung handelt, der Führung der Staatsjugend in der Hitlerjugend; aber wir könnten es nur als einen Schaden für das Volksganze und den Staat betrachten, wenn keine auf dem Boden evangelischer Glaubenshaltung und Lebensführung stehende Jugendgemeinschaft innerhalb der Gesamtjugendorganisation mehr möglich wäre[123d]. Deshalb hat der kürzlich zwischen dem Reichsbischof und dem Reichsjugendführer abgeschlossene Vertrag, der uns trotz bestimmter Zusage nicht zur Einsicht und Äußerung vorgelegt worden ist, in den weitesten Kreisen des evangelischen Kirchenvolkes schmerzliches Befremden erregt. Wenn er auch nicht von einer Auflösung der evangelischen Jugendorganisationen redet, so würde die tatsächliche Durchführung seiner Bestimmungen doch diese Auflösung herbeiführen.

So sehr wir immer wieder betonen, daß eine große Bewegung auch große Opfer fordert und Härten mit sich bringt, so können wir doch nicht verhindern, daß gerade in den bewußt kirchlichen Kreisen eine der neugeschaffenen Einheitskirche ungünstige Stimmung um sich greift. Wir können eine weitere Aufspaltung des deutschen Protestantismus und eine der deutschen Überlieferung zuwiderlaufende Mehrung des Freikirchentums nur verhindern, wenn die Deutsche Evang. Kirche eine Führung bekommt, die zunächst einmal rein geschäftlich ihren Aufgaben gewachsen ist, was zur Zeit nicht zutrifft, dann aber vor allem die innere Autorität gewinnt, die auf wirklicher Kenntnis der Gesetze des kirchlichen Lebens und auf einem die Anliegen evangelischen Glaubens wahrnehmenden Handeln beruht.

Wir haben in den letzten Wochen mehrfach den Versuch gemacht, den Herrn Reichsbischof zur Bildung eines Geistlichen Ministeriums zu veranlassen, das hiezu imstand gewesen wäre. Da er sich diesem Verlangen versagt hat, besteht zur Zeit keine verfassungsmäßige Kirchenregierung. Wir können als Führer der Landeskirchen in die Lage kommen, der gegenwärtigen Reichskirchenregierung, wenn sie Gesetze und Ver-

[123d] Ist in einem späteren Band darzustellen.

ordnungen erläßt, die Gefolgschaft zu versagen, was gewiß in jeder Hinsicht ein unerwünschter Zustand ist. Besonders peinlich empfinden wir es, wie ein Teil der ausländischen Presse, insbesondere die »Times«, die Vorgänge auf kirchlichem Gebiet verfolgt und zu politischen Zwekken ausbeutet. Je weniger die inländische Presse den Erörterungen der innerkirchlichen Fragen Raum geben darf, desto größer ist die Gefahr, daß durch unsaubere Kanäle entstellte und tendenziöse Nachrichten und Darstellungen in das Ausland gelangen, die dem Ansehen des Deutschen Reichs und seiner Regierung Schaden zufügen. Wir glauben deshalb, daß es im allgemeinen Interesse wäre, wenn den landeskirchlichen Pressestellen die Möglichkeit gegeben würde, die Leserschaft über die tatsächlichen Vorgänge und die Stimmung in den kirchlichen Kreisen zu unterrichten. Nachdem es sich gezeigt hat, daß in den 14 Tagen vom 13. bis 27. November, wo die Presse die an die Sportpalastversammlung sich anschließenden Kundgebungen veröffentlichen durfte, eine sehr bedeutsame Klärung der Lage eingetreten ist, glauben wir annehmen zu dürfen, daß eine nochmalige Öffnung des Ventils das wirkliche Kräfteverhältnis in der evangelischen Kirche offenbaren und zu einer Beendigung des jetzigen unhaltbaren Zustands führen würde.

Wir bedauern es, daß wir dem Führer des Deutschen Volkes, dem so ungeheure Aufgaben gestellt sind, auch die kirchlichen Sorgen vortragen müssen. Nur die Überzeugung, daß es dabei nicht bloß um kirchliche Dinge, sondern um ernste Fragen des Volks- und Staatswohls geht, hat uns den Mut zu diesem Schritt gegeben.

DIE WÜRTT. LANDESKIRCHE AM ENDE DES JAHRES 1933

Der 65. Geburtstag des Landesbischofs

Am 7. 12. 1933 feierte Landesbischof D. Wurm seinen 65. Geburtstag. Das Evang. Gemeindeblatt für Stuttgart *brachte in seiner Ausgabe vom 10. 12. 1933 folgende Glückwunschadresse:*

Auch unser Gemeindeblatt beglückwünscht unsren hochverehrten Herrn Landesbischof zu seinem 65. Geburtstag am 7. Dezember mit Ehrerbietung und treuer Anhänglichkeit. Er selbst hat das Gemeindeblatt als erster Pfarrer der Evang. Gesellschaft von August 1907 bis Mai 1908 mit kraftvoller Hand und freudigem Bekennermut geleitet. Unsere Leser wissen, was für ein reiches und segensvolles Wirken im

Dienst unserer Landeskirche seitdem hinter ihm liegt. Wir wünschen von Herzen, daß der Herr Landesbischof die Früchte seines von hohem Verantwortungsgefühl getragenen Schaffens in reichem Maße ernten möchte, indem alle wertvollen Kräfte in unserer Landeskirche in rastloser Arbeit an unserem durch Adolf Hitler zu neuer Einigkeit und neuer Zuversicht verbundenen Volke im Dienst am Evangelium zusammenwirken.

Der Schwäbische Merkur *schrieb zum Geburtstag des Landesbischofs*[124]*:*

Landesbischof D. Wurm zum 65. Geburtstag

Am 7. Dezember feiert Landesbischof D. Wurm, dem seit 4½ Jahren die Führung der Evang. Landeskirche Württembergs in die Hand gelegt ist, seinen 65. Geburtstag. Dieser Tag soll nicht vorübergehen, ohne daß die evangelische Bevölkerung unseres Landes mit herzlicher Dankbarkeit seiner gedenkt.

Man darf sagen, daß Landesbischof D. Wurm durch seinen Lebensgang in glücklicher Weise vorbereitet war, die Führung der Kirche in die Hand zu nehmen, die ihm durch die Wahl zum Kirchenpräsidenten am 23. 7. 1929 überwiesen wurde. In den 4 Jahren seines Präsidentenamtes hat er sich in steigendem Maße das Vertrauen des gesamten evangelischen Kirchenvolks von Württemberg erworben. Das ihm entgegengebrachte Vertrauen wurde nur gefestigt, als das gewaltige nationale Erwachen durch unser Volk ging und ein Neues aufbrach. D. Wurm hat vermöge seines Blicks für Realitäten, seines ausgeprägten geschichtlichen Sinnes und des Reichtums seines geschichtlichen Wissens deutlich gesehen, warum das Neue mit Notwendigkeit aus dem Alten sich emporrang, und hat lange, ehe der Sieg entschieden war, als ein im besten Sinne Junggebliebener den Gang der Dinge mit innerster Anteilnahme miterlebt. In den kirchlichen Auseinandersetzungen dieses Jahres, von denen auch Württemberg nicht verschont bleiben konnte,

[124] Ausgabe vom 7. 12. 1933. Zum Geburtstag des Landesbischofs liegt noch ein Telegramm des Reichsaußenministers Frhr. von Neurath bei den Akten; Wurm bedankte sich am 10. 12. 1933 ebenfalls telegrafisch: »Vielen Dank für Glückwunsch! Bitte um Beistand für das Evangelische Jugendwerk in augenblicklicher Gefährdung. Näheres weiß Pastor Riethmüller, Dahlem. Landesbischof Wurm.« Nach einer Aktennotiz hatte Wurm am 28. 11. 1933 eine Audienz beim Reichsaußenminister; ein Protokoll liegt nicht vor.

war er durch seine tapfere, aufrechte Art der ausgesprochene Führer unserer Evang. Landeskirche. Pfarrer und Gemeinden standen in überwältigender Mehrheit hinter ihm mit vollstem Vertrauen. Das Vertrauen, das er sich durch seine sichere Führung in der Heimat erworben hatte, gab ihm weit über die Grenzen unseres Landes hinaus im ganzen der seit Sommer dieses Jahres geeinten Deutschen Evang. Kirche ein gewichtiges Wort. D. Wurm war es, der am 28. Juli anläßlich der ersten Nationalsynode und der Berufung Ludwig Müllers zum Reichsbischof[125] jene mutige Predigt hielt, in der er nachhaltig auf die allein unerschütterliche Grundlage jeder Kirche des Wortes verwies. Die Haltung nahm er auch ein in den Auseinandersetzungen, die in den letzten Wochen die ganze Deutsche Evang. Kirche erschütterten. Verschiedentlich war er mit seinem Wort Wegweiser in eine ruhigere, dem Aufbau dienende Zukunft, und wenn sie in greifbare Nähe gerückt ist, so hat das evangelische Kirchenvolk diesen glücklichen Ausgang des Ringens Landesbischof D. Wurm mit zu danken.

Der NS-Kurier *brachte nur eine kleine Notiz*[126]*:*

Landesbischof D. Wurm 65 Jahre alt. Landesbischof D. Wurm feiert am 7. Dezember seinen 65. Geburtstag. Seit 4 ½ Jahren ist er Führer der evangelischen Landeskirche. Er besitzt das volle Vertrauen der Angehörigen der evang. Kirche, bei deren Leitung er auch in schwierigen Zeiten stets eine glückliche, geschickte und feste Hand gehabt hat.

Diskussionen in der Presse

Über die Arbeit der Kirche schrieb Pfarrer Weber im Evang. Gemeindeblatt für Stuttgart *am 8. 10. 1933 unter der Überschrift* Kirche im Vormarsch[127]:

. . . Es ist nicht von der Hand zu weisen, daß überall da, wo der Staat die Kirche öffentlich schützt und anerkennt, sofort auch die Gefahr eines Anstands- und Paradechristentums auftaucht, das sich in christlichen Formen erschöpft und der inneren Kraft entbehrt. Wenn ein ehemaliger gebildeter Kommunist und Freidenker die Frage, warum er seine Kinder nachträglich taufen lasse, dahin beantwortet: »Sie kommen dann

[125] Die Deutsche Nationalsynode fand am 27. 9. 1933 statt, siehe S. 381 ff.

[126] Ausgabe vom 7. 12. 1933.

[127] Vgl. auch den Artikel von Pfarrer Weber »Eine völkische Kirche« im »Evang. Gemeindeblatt für Stuttgart«, Ausgabe vom 5. 11. 1933 und 12. 11. 1933.

heute besser durchs Leben«, so gibt das allen, die ihre Kirche lieben, schwer zu denken. Der Staat hat nicht den Auftrag und nicht die Macht, ein unchristliches Volk zu Christus zu bringen. Was er für die Kirche tun kann und soll, ist lediglich das, daß er der Verkündigung des Evangeliums freien Raum gibt. Alles übrige ist Aufgabe und Verantwortung der Kirche. Jeder offene oder versteckte Druck des Staates in Sachen des Glaubens läuft fast notwendig auf die Züchtung eines Scheinchristentums hinaus. Auf diese Weise wird zwar das Heer der Namenchristen vermehrt, gewissermaßen eine kirchliche Inflation gemacht ... Die Sicherung des äußeren Bestandes kann der Krisis der Kirche nicht abhelfen, sondern sie nur verdecken.

Wer die Lage nüchtern prüft, der weiß, daß der eigentlich entscheidende Kampf der Kirche um diejenigen, die draußen stehen, jetzt erst einsetzen muß. Die Erklärung des Staats »Ich will, daß das deutsche Volk ein christliches sei[127a]«, macht diejenigen, die seither in der Front des Freidenkertums, der Kirchengleichgültigkeit, der Sekten, des Tannenbergbundes und seiner Geistesverwandten standen, noch lange nicht zu Kirchenfreunden und Christen. Nach wie vor ist für Millionen in unserem Volk die Haltung der Kirche gegenüber diejenige der inneren Ablehnung. Die Stellung, die nach dem Willen des Reichskanzlers das Christentum im deutschen Volksleben einnehmen soll, muß von uns erst besetzt, erobert, ausgebaut, innerlich gegründet werden ... Es wird kein Zeitalter der Massenbekehrungen kommen. Es ist nicht an dem, daß es lediglich gewisser Umstellungen in Verfassung und Form der kirchlichen Verkündigung bedürfte, um eine kirchliche »Konjunktur« heraufzuführen. Gott hat durch Hitler unserem Volk eine große Stunde geschenkt. Aber eben diese Erkenntnis verpflichtet uns, die große Gottesstunde nicht zu versäumen und zu verderben durch ein Schwärmertum, das sich mit falschen, selbstgemachten Hoffnungen den schweren Ernst und die Größe der Aufgabe verhüllt und damit der Entscheidung ausweicht. Es ist schon so: Neue Türen und Möglichkeiten sind aufgetan, aber nur für eine Missionskirche, die sich bei aller Ausrichtung auf das Ganze unseres Volkes, dem das Evangelium gesagt werden soll, nicht schämt, um jeden einzelnen deutschen Volksgenossen zu ringen in einer Liebe und Geduld, die nicht lahm werden ...

[127a] Diese Anspielung konnte nicht geklärt werden.

Im Kirchlichen Anzeiger für Württemberg *erschien am 26. 10. 1933 ein Aufsatz von Pfarrer Schneider, Stuttgart, zum Thema* Artgemäßes Christentum?[128]:

Der Ruf nach artgemäßem Christentum geht heute um. Von den einen wird er ernst genommen, denn sie glauben, daß nur eine zu solchem Christentum erneuerte Kirche ihre große volksmissionarische Aufgabe bewältigen könne. Andere sehen in einer solchen Forderung den Verrat am Evangelium. Ehe wir über die Grundsätze streiten, wollen wir einmal hören.

Was hat zu der Forderung geführt? Die Erkenntnis, daß alles kulturelle, geistige und auch religiöse Schaffen jeweils bedingt ist durch die seelische Bodenständigkeit eines Volkes. Es gibt keine internationale Geistigkeit, keine allgemeine Religion, sondern nur rassisch, volklich bestimmte Ausprägungen . . . Im folgenden sei am Beispiel des uns wesensfremden Hebräerbriefs das neutestamentliche Recht auf artgemäße Ausprägung des Christentums erhoben. Der Nachweis könnte genau so gut am judenchristlichen Matthäusevangelium, am heidenchristlichen Lukasevangelium oder am Johannesevangelium erbracht werden, in welchem Christus so gezeigt wird, daß die Griechen, die Jesus gerne sehen möchten, zum Glauben an ihn kommen. Man könnte auch die Paulusbriefe heranziehen und nachweisen, daß die Wandlungen im Ausdruck, in den verwendeten Bildern usw. nicht Rückwirkung einer theologischen Wandlung des Paulus sind, sondern jeweils den gewaltigen Versuch des Apostels darstellen, sein Christuserlebnis den Menschen der verschiedensten völkischen, kulturellen und religiösen Umgebungen zu verdeutlichen . . . Der Verfasser [des Hebräerbriefs] wurde selbst Christ, ist in seinem Christenstand jedoch nicht erschüttert, während die Empfänger unter dem Eindruck von allerhand Zurücksetzungen und Bedrückungen in Gefahr stehen, die christlichen Versammlungen zu verlassen und ins Judentum zurückzufallen. Die Empfänger haben immer noch ernste Bedenken, ob sie sich vom Tempel und Kult so leicht lösen dürfen . . . Die Kulthandlungen, die bisher ihre Lebensarbeit darstellten, verblassen für sie immer mehr. Sie merken mit Entsetzen, daß sogar Mose an Glanz verliert. Ist es dann nicht in jeder Beziehung unklug gewesen, Christ zu werden? Für die geistige Wirklichkeit des Glaubens haben sie alles drangegeben, woran ihr Herz und ihre Existenz hing.

[128] In einer Anmerkung weist Schneider auf sein »demnächst erscheinendes« Buch hin: »Deutsches Christentum«. Vgl. zum ganzen auch die Besprechung von Rosenbergs »Mythos des 20. Jahrhunderts« im KAW, Ausgabe vom 9. 11. 1933.

Wie kann ein Seelsorger in dieser Lage trösten? Gar nicht anders als in der Art, wie es der gläubige und hochbegabte Verfasser des Hebräerbriefes tut. Er zeigt diesen unsicher gewordenen Menschen, daß sie nichts verloren haben. Ja, den Schatten der Güter wohl, aber dafür haben sie nun das volle Heil. Sie sind die rechten Nachfahren der Glaubenshelden, jener Wolke von Zeugen aus dem Alten Bund. In Christus ist die Offenbarung Gottes, die vorzeiten an die Väter in unvollkommener Weise erfolgte, nun völlig geschehen ... Und was ist mit dem Kult? ... Der fromme Jude weiß, dort im Tempel sind Menschen, Priester, die für mich bitten, die meine Sünden vor Gott decken. Der Verfasser weiß aber noch Größeres zu sagen. Jesus hat ein für alle Male das Opfer gebracht. Das Tamid, dessen Nachbildung noch in der römischen Messe weiterwuchert, ist unnötig, und der große Versöhnungstag ist nicht mehr nötig, da Gott in Christus einen großen Versöhnungstag für die ganze Welt und für alle Zeiten heraufgeführt hat ... So faßt der Verfasser seine Glaubensbrüder aus dem Judentum an ...

Wir merken, wenn man diesen Brief in seiner Zeit, auf dem Hintergrund der gezeichneten Verhältnisse und Menschen ansieht, dann hat er Farbe und Größe ... Wir haben im Hebräerbrief eine »Interpretation« Christi, die echt jüdisch ist. Der Brief ist von einem Juden an Juden. Nun erhebt sich die Frage – und damit kehren wir zum Thema zurück –: dürfen wir dieses einstige jüdische Christentum noch dem deutschen Menschen der Gegenwart bringen?

Die Antwort führt in die tiefsten Gegensätze der Theologie und des Glaubens. Wer aus jedem Bibelwort ein für alle Zeiten, Völker und Stände gültiges »Wort Gottes« macht, kann ja nicht anders, als eben auch die Bejahung des Hebräerbriefes für unsere Zeit zu fordern, wie man auch das Buch Esther obligat macht. Dieser Standpunkt verabsolutiert das persönliche Wort einer seelsorgerlichen Betreuung von damals zu einer allgemeingültigen, ewigen Lehre. Mit Anhängern einer solch starren Wortgottestheologie können und wollen wir nicht streiten. Mit jedem Wort würden wir ja aneinander vorbeireden. Hier kann man nur seinen Standpunkt vertreten und dann jeden seinen eigenen Schlüssen überlassen. Wenn die Aufgabe der historischen Exegese darin besteht, aus jener Zeit heraus das einzelne biblische Zeugnis zu erfassen, so besteht die Aufgabe der »pneumatischen Exegese« darin, nicht ein System zu bauen, sondern die in diesen Schriften wirkende Glaubens- und Gotteskraft so zu erfassen, daß sie für den jetzigen Menschen, seine Anliegen und Fragen von Christus her die Antwort gibt. Der Buchstabe wird immer töten, der Geist immer lebendig machen[128a].

Wir fassen zusammen: 1. Der Hebräerbrief gilt nur für Juden, nur für die Juden jener Zeit und in jener Lage. Abgesehen von den zentralen Christusstellen, die in keiner Beziehung mehr zur Kultfrage stehen, werden wir darum den Brief nur dann verstehen, wenn wir uns ins Judentum hineindenken ...

2. Wir sind aber keine Juden. Wir werden also eine Lehre, wo Jesus als der Hohepriester oder das Opferlamm gefeiert wird, als für uns gültig ablehnen. Wir müssen die Systematik der Altprotestanten aus theologischen und völkischen Gedanken ablehnen. Da wir als Deutsche noch nie so etwas wie einen Hohepriester gehabt haben, ist uns die Vorstellung vom hohepriesterlichen Christus artfremd ...

3. Der jüdischste von allen Briefen gibt uns darum die Berechtigung, auch für uns einen artgemäßen Ausdruck unseres Christentums zu verlangen ...

4. Wo man das einzelne Bibelwort verabsolutiert, macht man Gott zur Mumie und entleert damit die Gegenwart. Was damals galt, gilt nur in ganz übertragener Weise in der Gegenwart. Wörtlich darf nichts übernommen werden, nur die hinter allem stehende Christuswirklichkeit soll lebendig werden.

5. Die Aufgabe des Religionsunterrichts und der Predigt kann nicht darin bestehen, die christliche Jugend und Gemeinde in die Vorstellungskreise und Gedankenwelt der Juden hineinzuführen ... Wir haben alle Achtung vor unsern Stundenbrüdern, aber es ist doch schmerzlich, daß diese Leute aus der Gegenwart flüchten müssen, um mit Bildern aus vergangenen Zeiten und fremden Völkern sich das Christusereignis zu verdeutlichen ...

6. Paulus hat einen schweren Kampf darum geführt, daß die aus dem Heidentum kommenden Christen vorher nicht dem Judentum eingegliedert werden müssen durch die Beschneidung ...

Hier muß in Zukunft theologisch gearbeitet werden. Es darf nicht mehr sein, daß jeder, der Christ werden will, sich vorher die geistigen Voraussetzungen im Judentum anlernen muß, daß er vorher ein geistiges Jüdlein werden muß, ehe er an Christus glauben kann ... Ein positives deutsches Christentum muß angestrebt werden, d. h. eine gegenwartsmäßige und volkheitliche Ausprägung des Christentums für deutsche Menschen muß gesucht werden.

[128a] Vgl. Joh 6,57; Rö 8,2.

Zu dem Artikel von Pfarrer Schneider über ein Artgemäßes Christentum nahm Pfarrer Haas, Neuhengstett, im Kirchlichen Anzeiger für Württemberg *am 7. 12. 1933 Stellung:*

... Ich habe heuer am Karfreitag nachmittag über Joh. 1, 29[128b] gepredigt und führte in einem ersten Teil der Predigt aus, wie bei dieser Bezeichnung Christi sich in uns ein Gefühl des Widerstrebens regt und worauf dies beruht. Darauf aber zeigte ich, was dieser Ausdruck besagt, wie er uns das Leiden Christi in dreifacher Hinsicht deutlich macht, nämlich als Leidensgeduld (die doch höchstes Heldentum ist), als unschuldiges Leiden und als stellvertretendes Leiden. In ähnlicher Weise haben wir wohl alle immer wieder versucht, die biblischen Ausdrücke zu verdeutschen. Ob nicht auch der Hohepriestergedanke unveräußerliche Züge des Christusamtes zum Ausdruck bringt? Die biblischen Bezeichnungen sind uns nun einmal als Ausdrucksformen gegeben, zugleich haben sie für uns die Bedeutung theologischer Wegweiser, die uns zeigen, wie wir über Christus zu denken haben. Wenn wir uns von diesen Begriffen emanzipieren, laufen wir Gefahr, auch das rechte Verständnis dessen, was Christus für uns getan hat und bedeutet, zu verlieren ...

Im Kirchlichen Anzeiger für Württemberg *vom 23. 11. 1933 erschien als weiterer Diskussionsbeitrag zu Schneiders Artikel eine Entgegnung von Pfarrer Weismann, Stuttgart:*

... Wir empfinden den großen Ernst unserer Aufgabe: Elementare Strömungen treiben unser Volk weg vom Alten Testament. Und dieses Volk gilt es für Jesus zu gewinnen. Wenn dies aber in einer Weise versucht wird, welche die Verwurzelung des »Christus« (des Messias) in Gottes Offenbarung an Israel mißachtet, so ist der Preis zu teuer. Der Religionslehrer wird sich der Mühe unterziehen müssen, im Schüler für alttestamentliche Grundvorstellungen Verständnis zu wecken. Die Frage nach der Stellung zum Alten Testament gewinnt eine Zuspitzung durch unsre nationale Ablehnung der Juden. Aber gerade diese Tatsache macht den gewissenhaften Theologen behutsam. Die Wahrheitsfrage und tiefe nationale Empfindungen reinlich zu scheiden, das erfordert ernste Prüfungsgabe. Gott hat mit Mose und den Propheten geredet. Es geht uns um Gottes Wort. Die Kirche hat bewiesen, daß ein Denken, das dem Alten Testament gerecht zu werden suchte, nicht versteinernd, sondern befruchtend wirkte ...

[128b] Siehe, das ist Gottes Lamm, welches der Welt Sünde trägt.

Schließlich brachte die Ausgabe des Kirchlichen Anzeigers für Württemberg *vom 23. 11. 1933 unter der Überschrift* Deutsche Korrektur des Evangeliums? *einen Beitrag von Pfarrer Schulz, Rielingshausen:*

...»Da wir als Deutsche noch nie so etwas wie einen Hohepriester gehabt haben, ist uns die Vorstellung vom hohepriesterlichen Christus artfremd.« Richtig! Dem Chinesen ganz ebenso, dem Griechen nicht weniger! ... Kann deutlicher gesagt werden, daß des Menschen »Art« oder »Natur« bestimmend ist, was als Wahrheit für ihn gilt!? Solchem Anspruch, Vernunft und Art zur entscheidenden Instanz über den Wahrheitsgehalt des biblischen Evangeliums zu machen, hat die Schrift von vornherein einen Riegel vorgeschoben durch Worte wie dies: »Der natürliche Mensch vernimmt nichts vom Geiste Gottes; es ist ihm eine Torheit; und er kann es nicht erkennen« 1. Kor. 2, 14. Solcher Anspruch setzt sich nicht nur in Widerspruch mit der ganzen Tradition (nicht nur der »Systematik der Altprotestanten«) ... wie will man, ganz abgesehen vom apostolischen Gesamtzeugnis, nur mit dem Wort des Herrn Christus selber zurecht kommen, z. B. Joh. 3, 14; 17, 19. Matth. 20, 28 der Einsetzung des Hl. Abendmahls als Erfüllung des Passahmahls, dem Zeugnis des von Jesu so beglaubigten Johannes des Täufers, dessen Kern das vom »Gottes-Lamm« ist, das »der Welt Sünde trägt« Joh. 1, 29!? Das »Wort vom Kreuz« ist wahrlich nicht nur dem Germanen »artfremd«, es ist auch dem »Griechen eine Torheit«, es ist auch dem Juden ein Ärgernis ... Kommt denen, die sich daran stoßen, nicht der Gedanke, daß der Anstoß im eigenen Innern liegen könnte?... Das ist die Erhabenheit des im Christenglauben für die ganze Menschheit eröffneten Heilswegs für alle Menschen, deren Herzen im tiefsten Grund einander gleichen, »wie das Spiegelbild im Wasser gegenüber dem Angesicht«, daß »hier ist nicht Jude noch Grieche« (Kol. 3), daß im Evangelium zwar nicht die völkische Eigenart aufgehoben, aber durch eine Geburt höherer Ordnung, die in Gottes Volk einreiht (Joh. 3; Eph. 2; 1. Petr. 1 und 2), an den ihr gebührenden Platz gestellt wird! Sollte ein im Sinn des besprochenen Artikels korrigiertes »Evangelium« den Massen unsres Volkes gebracht werden – möglich, daß ihm die Massen zufallen würden, aber auf Kosten ihres wahren Seelenheils! ...

In derselben Nummer des Kirchlichen Anzeigers für Württemberg *vom 23. 11. 1933 ging Pfarrer Schneider unter der Überschrift* Mein Anliegen *auf die Ausführungen von Pfarrer Schulz ein:*

1. Wir müssen es lernen, in der Bibel zu unterscheiden zwischen

Jesus Christus selbst und der ihm zuteilgewordenen »Interpretation«. Die Christuswirklichkeit als die Geschichte gewordene Tatsache des neuen, Gott gehorsamen Menschen wird niemand antasten ...

2. Es wird doch jedem Bibelleser auffallen, daß diese »Interpretationen« Bilder und nur Bilder sind ... Aber ist mit solchen Bildern das Wesentliche des Glaubens umschrieben? – Hier wird anstelle der Substanz das Bild, anstelle des »Wahrheitsgehaltes« die Form einer jüdischen, hellenistischen Ausprägung gesetzt. Darauf will ich doch gerade aufmerksam machen. Und das suchen wir doch, daß wir mit Bildern, die unserem heutigen deutschen Menschen zugänglich sind, den Wahrheitsgehalt, die Substanz, die ganze Christuswirklichkeit zur Geltung bringen möchten ... Ein Christentum, das in erster Linie eine intellektualistische Lehre ist, zusammengemengt aus Anschauungen, Bildern und Rechtsvorstellungen der alten Völker des Mittelmeergebiets, ein solches Christentum dürfte in der Gegenwart äußerst gefährdet sein. Eben weil wir Christus und die Kirche lieben, suchen wir nach einem neuen Ausdruck, auch dann noch, wenn dieses Suchen von den »Rechtgläubigen« beantwortet wird mit Ketzerhüten ...

Dringliche theologische Fragen an die Glaubensbewegung Deutsche Christen *stellte Pfarrer Lachenmann, Stuttgart, im* Kirchlichen Anzeiger für Württemberg *am 9. 11. 1933. Zuerst setzte er sich mit der Forderung eines »Artgemäßen Christusglaubens« auseinander:*

... a) Ist es statthaft, die »Art« als Norm dem Christusglauben überzuordnen, wie es hier in aller Form geschieht? Ist hier nicht der Einwand Vogels berechtigt: »Es gibt keinen artgemäßen, sondern nur einen christusgemäßen Christusglauben« (Tägliche Rundschau vom 27. 4. 1933)? Ist Christus unser Erretter aus dieser »gegenwärtigen, argen Welt« (Gal. 1, 4), wie kann dann unsere »Art«, die doch auch dieser Welt Art ist, in irgend eine Konkurrenz treten mit der Offenbarung, in der Er sich als Erretter bezeugt?

b) Wird in dieser Weise unsere »Art« als Norm genommen und der Offenbarung vorgeordnet, so müßte auf alle Fälle ganz klar umschrieben werden, worin denn eigentlich unsere »Art« besteht. Hierüber ist jedoch keinerlei Klarheit vorhanden. So schwer es ist, das Wesen der deutschen Rasse zu bestimmen, so schwer wird es sein, das Wesen dieser »Art« eindeutig zu umreißen.

c) Wie verhält sich der »artgemäße Christusglaube« zum Christusglauben des Neuen Testaments, dessen Autoren, mit Ausnahme des Lucas, jedenfalls nicht Männer unserer »Art«, sondern – horribile dictu – Semiten waren? Wie verhält er sich zum Christusglauben Martin Luthers, dessen »Luthergeist« doch wieder als Norm des »artgemäßen Christusglaubens« anerkannt wird (»entspricht«!)? War Luthers Christusglaube »artgemäß«? Aber war er von anderer »Art« als der Christusglaube des nicht »artgemäßen« Paulus?

d) Wird der Gesichtspunkt des »Artgemäßen« in der Christologie und damit in der Theologie legitim, gibt es dann noch ein Aufhalten? Erscheint da nicht der Standpunkt von Frau Mathilde Ludendorff als der konsequentere, die den Christusglauben überhaupt als nicht-artgemäß verwirft und folgerichtig auch einen artgemäßen Gottesglauben verkündigt?

Kurzum: der Ausdruck »artgemäßer Christusglaube« ist so unklar und unbrauchbar als irgend möglich. Es ist hohe Zeit, daß er verschwindet.

Als nächstes Anliegen behandelte Pfarrer Lachenmann eine entschlossene Rückkehr zur reformatorischen Verkündigung, *die eine* Zurückstellung der konfessionellen Gegensätze, *wie sie von manchen Mitgliedern der Deutschen Christen proklamiert wurde, fraglich mache.*

Zum Thema Totaler Staat und reformatorische Staatsauffassung *schrieb Pfarrer Lachenmann:*

... Der neue deutsche Staat erhebt den Anspruch, »totaler Staat« zu sein, und schickt sich an, diesen Anspruch auf den verschiedensten Gebieten des öffentlichen, insbesondere des sozialen und kulturellen Lebens machtvoll durchzusetzen ... Aber wie verhält sich nun der »totale« Staat bzw. sein Selbstverständnis als »totaler« Staat zur reformatorischen Staatsauffassung? Die Frage muß auf alle Fälle gestellt und beantwortet werden. Bedeutet die rückhaltlose Bejahung des nationalsozialistischen Staats, die von der Glaubensbewegung besonders stark betont wird, auch die Bejahung dieses Selbstverständnisses? Hat nicht gerade die evang. Kirche als Treuhänderin des Evangeliums den Auftrag, auf Grund ihrer Verkündigung dem Staat zu sagen, was seine Aufgabe ist und wo seine Grenzen liegen? Der Fall liegt keineswegs hoffnungslos. Indem der totale Staat die Freiheit der Kirche in Bekenntnis und Verkündigung ausdrücklich anerkennt, setzt er selbst seinem

Totalitätsanspruch eine Grenze. Darin liegt geradezu eine Aufforderung an die Kirche, von ihrer Freiheit Gebrauch zu machen und ihre Verkündigung zu aktualisieren. Erschwert wird diese Auseinandersetzung durch den Umstand, daß es bislang in der Geschichte der christlichen Kirche noch keinen »totalen« Staat gegeben hat ... Erleichtert wird die Auseinandersetzung dadurch, daß wir es nicht mit dem »totalen« Staat »an sich«, sondern mit diesem »totalen« Staat zu tun haben: welch tiefgreifender Unterschied besteht zwischen dem totalen Staat Sowjet-Rußlands, der keinerlei Tiefendimensionen kennt, und dem nationalsozialistischen deutschen Staat, der die christlichen Kirchen ausdrücklich in ihrer Freiheit und in ihren Rechten bestätigt, ja auf ihre Dienste wartet! ...

Nationalsozialistische und evangelische Sozialethik. Kennzeichnend für die Glaubensbewegung ist die enge Verbindung von religiös-kirchlichem und nationalsozialistischem Wollen. Wie soll sich nun diese Verbindung auf dem Gebiet der Ethik, namentlich der Sozialethik, auswirken? Der Nationalsozialismus ist bewußt eine neue Weltanschauung, die die Herrschaft über alle Lebensgebiete beansprucht. Aber auch das Evangelium erhebt seinen Totalitätsanspruch ... Nun drängt auch die Glaubensbewegung darauf, daß die evang. Kirche sich mit ganzem Eifer der konkreten Fragen und Nöte des Volkslebens annimmt. Jedoch hier erhebt sich die Frage: wer bildet die Marschroute? Das Evangelium oder das nationalsozialistische Parteiprogramm? Oder beides zugleich? Aber welche Norm ist für dieses Gebiet der kirchlichen Arbeit theoretisch und praktisch maßgebend?...

Betrachtungen und Aufrufe am Jahreswechsel

Im NS-Kurier *veröffentlichte Pfarrer Rehm am 23. 12. 1933* Christgedanken eines schwäbischen Pfarrers[129]:

... Die Weihnachtsglocken dieses Jahres aber klingen nun wieder viel heller und freudiger denn sonst. »Die Finsternis vergeht, und das wahre Licht scheint jetzt.« Man mußte dieses Jahr nicht durch Notver-

[129] Der Betrachtung liegt der Text 1 Joh 2,8 zugrunde. Vgl. dazu auch die Rezension des Buches von Rehm »Mit Gott wollen wir Taten tun. Predigten und Ansprachen« (Heilbronn, Verlag Salzer, 208 Seiten) im »NS-Kurier«, Ausgabe vom 16. 12. 1933. – Zum Jahreswechsel vgl. noch folgende, hier nicht ausgewertete Artikel: Hutten, »Weihnacht im Umbruch der Geister«; Hutten, »Die Evang. Kirche 1933« (»Schwäbischer Merkur«, Ausgaben vom 24. 12. 1933 und 31. 12.

ordnung einen »Weihnachtsfrieden« dem deutschen Volk befehlen; unser Volk hat in sich selbst zum Frieden gefunden. Das Treiben der Gottlosigkeit wurde ausgerottet und das erwachte Volk gibt seinem Schöpfer und ewigen Herrn die Ehre. Bosheit, Ausbeutung, Haß, Ungerechtigkeit ist im deutschen Volksleben ausgetrieben worden und an ihre Stelle Gerechtigkeit, Liebe, Schutz des Armen und Entrechteten getreten. Die Verheißung der Christnacht hat in unserem Volk wieder eine Stätte gefunden: »Ehre sei Gott in der Höhe und Frieden auf Erden und den Menschen ein Wohlgefallen!« Das ist Grund und Ursache unserer großen Freude, wenn wir zum erstenmal Weihnachten im Dritten Reich begehen. Es ist wieder hell geworden in Volk und Land, die Gespenster der Dunkelheit sind verjagt, die Eiseskälte der Selbstsucht und Rücksichtslosigkeit ist von der Glut der Liebe überwunden worden, welche das nationalsozialistische Erleben in Millionen deutscher Menschenherzen neu entfacht hat. Es ist jetzt wieder wirklich Weihnachten geworden im deutschen Land.

In einem Rückblick, *der im* Evang. Kirchenblatt für Württemberg *am 15. 12. 1933 erschien, nahm dessen Herausgeber, Pfarrer Römer, Stuttgart, Stellung zur Bewegung der Deutschen Christen im ganzen:*

1. In Weimar haben am 23. und 24. November die Gauobmänner der »Glaubensbewegung Deutsche Christen« unter Hossenfelders Vorsitz getagt[130]. Der Verlauf des Beisammenseins wird vom »Evangelium im Dritten Reich« mit Worten beschrieben, denen von den Merkmalen der Schwarmgeisterei nichts abgeht: Neben einem großen Glaubenseifer für die Sache der Deutschen Christen eine Unduldsamkeit, die sich wahllos in Behauptungen gegen andere ergeht. Man vergleiche die zwei Sätze: »Mit tiefstem Ernst darf das Wort gewagt werden, das gerade alte, aus Innerlichkeit lebende Geistliche, die an den Beratungen teilnahmen, impulsiv prägten: Man spürt pfingstliches Rauschen . . .« »Eine satanische Macht treibt die Gegner der Glaubensbewegung, bar jeder letzten Spur christlicher Liebe, alles nicht zum Guten, sondern

1933). Rehm, »Zum Jahreswechsel« (»NS-Kurier« Ausgabe vom 30. 12. 1933; eine Betrachtung über Lk 1, 49—50). — R. Fritz, »Neujahr 1934« (KAW, Ausgabe vom 4. 1. 1934). P. Lutz, »Der Herr ist groß« (EKBl W, Ausgabe vom 15. 1. 1934) — Der Neujahrsaufruf von Reichsstatthalter Murr erschien am 30. 12. 1933 im »NS-Kurier« und am 31. 12. 1933 im »Schwäbischen Merkur«.

130 Siehe GB 141, S. 115. Zum Erlaß Fricks vom 30. 11. 1933 siehe Anmerkung 61, S. 885; zu den kirchlichen Wahlen am 23. 7. 1933 siehe S. 294 ff.

bewußt zum Bösen zu kehren; nicht aus Gründen des Glaubens, sondern aus politischen Gründen der Feindschaft gegen den Nationalsozialismus. Wir kehren nichts zum Bösen . . .« – Also wie immer unter Dahintenlassen der Wahrheit der Ruf nach dem politischen Eingriff gegen national Unzuverlässige. Hossenfelder berief sich ausdrücklich auf die Staatsmacht. Wenige Tage hernach, wie als Antwort, erschien die Erklärung des Reichskanzlers, die gegenwärtigen Kämpfe seien als eine rein innerkirchliche Angelegenheit anzusehen und den staatlichen Organen sei jedes Eingreifen untersagt. Man fragt sich, inwieweit eine Kirche noch Kirche ist, die den Staat dazu nötigt, daß er ihr sage, was einer unter der Zucht des göttlichen Wortes stehenden Kirche längst hätte aufgehen müssen! Die besonderen Gründe des Staates zum Eingreifen lassen wir hier unerörtert.

2. Am Wortlaut so vieler Erklärungen von Bischöfen meldet sich mir immer die Frage der Exousia an: Aus was für Macht tust du das[130a]? Dabei soll nun nicht ausführlich von jenen erzwungenen 75% des 23. Juli die Rede sein, durch welche die Mehrzahl der Bischöfe zu Amt und Macht kamen. Gottes Barmherzigkeit reicht um der Menschenseelen willen soweit, daß er auch Unberufene durch Demütigung und Bekehrung seinem Reich und Kirche brauchbar machen kann. Im übrigen bleibt's bei 1. Tim. 3 und dessen erstaunlich nüchternen, doch unweigerlichen Bedingungen für jeden, der im Bau der Kirche Jesu Christi eingesetzt wird. Freilich es wäre die rückwärtige Verbindung des Bischofs mit dem Herrn und das Gewurzeltsein im Wort, was in den Erlassen und Erklärungen jedes Bischofs zum Ausdruck kommen müßte; dann nur eignet ihm etwas von neutestamentlicher Vollmacht. Unerlaubt aber ist's, diese Vollmacht für den Bischof erschleichen zu wollen, in dem man menschlich psychologische Gabe für göttliche Eingebung erklärt und Worte eines gewandten Kanzelredners divinisiert, oder tut, als sei Kontakt mit den Zuhörern bereits Vollmacht . . .

3. Es war bezeichnend, daß man durch Verharmlosung von obenher und durch Mangel an geschichtlichem Tiefblick in den kirchlichen Unterredungen lang darüber hinwegging, daß im Sportpalast tatsächlich die unheimlich gefährliche Macht der »Dritten Konfession« auftauchte. Auch bei uns geht es z. B. bis in die Arbeitslager und Jugendkreise hinein um Christusglauben oder Rassenreligion, christliche Kirche oder völkische Rassenreligion. Laut und wirkungskräftig wird die letz-

[130a] Mt 21,23.

tere als die dem Nationalsozialismus hundertprozentig entsprechende verkündigt; sie allein entspreche dem elementaren deutschen Seelengebot. Erstaunlicher Optimismus meint zwar: Das Suchen nach den Spuren unserer germanischen Vorväter und der Aufbau einer deutschen Frömmigkeit, die es nie und nirgends gegeben habe, sei nur Konstruktion gelehrter Leute, fremd dem Volksgemüt, schon weil ja ihre Vertreter über die Grundlagen nicht einig seien ... Die Mehrzahl der Deutschen Christen ist nach dieser Seite ahnungslos gewesen. Die Maßgeblichen müssen diese Linie längst gesehen haben: Die »artgemäße Religion« in der Kirche. Wer's noch nicht zugibt, der höre doch, wie die Gegner, von Hauer bis zur Frau Ludendorff, darüber zu uns in die Kirche hereinspötteln. Jene Gedanken sind es, die auch den lutherischen Bischöfen als »Gefahr für Leben und Lehre der Deutschen Evang. Kirche[130b]« vor Augen stehen. Nun ist klare Abgrenzung gegen dieses Krankheitsgebiet gefordert. Die Kirche muß von ihrem Wesen aus neu beginnen. Wenn sie die Losung der Glaubensbewegung Deutsche Christen, Gleichschaltung von der Kirche aus, weiter vornean stellt, so verleugnet sie den Herrn, seine Gabe und seinen Auftrag ...

Wir fragen: Hat also die Gegenwehr der evangelischen Kirche gegen die Kommandogewalt und das knechtische Joch der »Deutschen Christen« etwas mit Politik zu tun? Die Ereignisse haben zu klarer Scheidung verholfen. Und die Kirche tut recht, wenn sie ein solches Wandeln auf dem Meer, zu dem sie weder Gottes Verheißungen noch der Obrigkeit Gebot hat, aufgibt und zurückkehren will zum tragfähigen und lebendigen Fundament, der Hl. Schrift. Sie sieht nun, daß sie dem Volk nicht dienen kann, wenn sie das ewige Christenheil und zeitbedingtes Streben unsres Volks ineinandermengt ...

Im Jahresrückblick *schrieb der Herausgeber des* Evang. Gemeindeblattes für Stuttgart *am 31. 12. 1933:*

Danket dem Herrn; denn er ist freundlich und seine Güte währet ewiglich[131], das ist unser alle anderen Gefühle überragendes Gefühl am Ende des Jahres 1933. Am 30. Januar hat Adolf Hitler, durch den Reichspräsidenten v. Hindenburg berufen, das Steuer des Reichs ergriffen und sich in den 11 Monaten, die hinter uns liegen, als den rechten großen Steuermann erwiesen, den unser deutsches Volk braucht. Er hat mit seinen tapferen Mannen unser Volk vor der Herrschaft des Bol-

[130b] Erklärung vom 29. 11. 1933, siehe S. 931 f.
[131] Ps 106,1.

schewismus bewahrt und in der Mitte Europas einen mächtigen Schutzwall gegen diese von Osten drohende Gefahr aufgerichtet. Er hat die Losung der Volksgemeinschaft ausgegeben, deren Wahrheit und Kraft sich bereits in einem reibungsloseren Zusammenarbeiten der verschiedenen Stände zeigt. Klassendünkel und Klassenhaß sind zurückgedrängt und erleiden, wo sie sich hervorwagen, die verdiente Zurechtweisung. Und Hitler hat das Volk nach außen zu einem unerschütterlich festen Block zusammengeschmiedet und der Welt in achtunggebietender Weise das Selbstbewußtsein und die gerechte Sache der Nation vor Augen geführt. Er hat das Bauerntum wieder zur Grundlage des Volkstums gemacht. Und seine Mitarbeiter haben ein Winterhilfswerk organisiert, das jeden Volksgenossen wenigstens vor der äußersten Not bewahrt. Adolf Hitler hat Millionen von Deutschen mitten in der Zeit wirtschaftlicher Krise neue Zuversicht im Blick auf ihre Zukunft eingeflößt und es zustande gebracht, daß Millionen wieder Arbeit gefunden haben mit der Aussicht, daß allmählich auch die Einkommensverhältnisse befriedigendere werden. Er und seine Mitarbeiter wachen darüber, daß nicht gefühllose Profitsucht den Arbeiter ohne triftigen Grund um Arbeit und Brot bringt. All das muß auch im Jahresrückblick eines kirchlichen Blattes erwähnt werden. Denn es hat seine Bedeutung auch für die Kirche und ihre Arbeit . . .

Am 28. 12. 1933 schrieb Pfarrer Metzger an die Mitglieder der Kirchlich-theol. Arbeitskreise Württembergs im Rundbrief Nr. 6 zum Jahresende[132]*:*

Lieber Herr Amtsbruder!

Noch einmal, ehe das bewegte Jahr zu Ende geht, möchten wir Ihnen Nachricht geben. Nicht über Einzelheiten des niederdrückenden Geschehens, das im Werden der Reichskirche den alten Schaden der Kirche so grell ans Tageslicht treten läßt. Sondern über den ganz konkreten Arbeitskreis unsrer württembergischen Pfarrerschaft. Wir werden ja auch der Entstehung einer wirklichen Reichskirche den besten Dienst tun, wenn wir versuchen, in den lutherischen Landeskirchen Ordnungsstellen zu schaffen. Der Fluch, der über der Reichskirche liegt, wird nicht eher aufgehoben werden, als nicht das Unrecht der Kirchenwahlen, der personalpolitischen Maßnahmen, der Nationalsynode, kurz

[132] LKA Stuttgart, D 1, Bd. 41,2; die früheren Rundschreiben der KTA siehe im Chronologischen Verzeichnis der Dokumente.

der ganzen Usurpation wieder gut gemacht sein wird. Ob das Geschehen des Jahres 1933 bereinigt werden kann, wird vornehmlich von zwei Faktoren, den lutherischen Bischöfen und dem Pfarrernotbund abhängen. Hinter beide haben wir uns schon gestellt (vgl. unsre beiden letzten Rundschreiben), um nichts von dem schuldig zu bleiben, was wir allen unsern Brüdern in der Reichskirche schulden. Was aber heute im Blick auf das kommende Jahr geklärt werden muß, ist das fernere Schicksal der KTA selber.

1. Das Schicksal der kirchlich-theologischen Arbeit der KTA. Nach dem großen volksmissionarischen Programm der Landeskirche ist erfreulicherweise die gemeinsame Arbeit der Pfarrerschaft an allen kirchlichen Aufgaben in den Mittelpunkt gerückt worden, und jeder einzelne Bezirk wird künftig seinen eigenen Arbeitskreis unter einem landeskirchlich bestellten Bezirksleiter haben. Damit ist unser eigenes Anliegen von der Landeskirche aufgenommen worden, und wir können unsre dreijährige Erfahrung nunmehr im Dienste der ganzen Kirche fruchtbar machen. Wir wissen, daß damit nicht schon ein Ziel erreicht, sondern erst ein Weg eingeschlagen ist, bei welchem nun alles darauf ankommt, daß er wirklich gegangen wird. Wenn die KTA somit zwar nicht aufgelöst, aber erfüllt werden, so sei an diesem Punkte allen denen gedankt, die bisher diese Arbeit unentwegt getragen haben, wie auch allen denen, die an den einzelnen Arbeitskreisen sich betend, hörend, sprechend beteiligt haben. Wir begrüßen es dankbar, daß die Leitung des Neuen in die Hände von Dr. Haug, Urach, gelegt ist[132a], und wir wollen das Unsre tun, um die Arbeit nun auch wirklich richtig in Gang zu bringen. Die Geschäftsstelle der alten KTA wird die Abwicklung vollends tätigen; in allen Fragen, die sich auf die neue Bezirksarbeit beziehen, bitten wir Sie, sich künftig an Dr. Haug wenden zu wollen. Wir setzen es als selbstverständlich voraus und bitten mit Dr. Haug darum, daß gerade unsre Freunde sich der erweiterten Arbeit ganz zur Verfügung stellen und mit dafür sorgen, daß sie fruchtbare Arbeit werde, getan vor der Bibel und getan für unsre Zeit. Wir bitten insbesondere mitzuhelfen, daß die Auseinandersetzungen, die uns auch in Zukunft nicht erspart bleiben werden, wirklich sachlich geführt werden und daß die persönlichen Spannungen, die aus dem heißen Kampf der letzten Monate herrühren, so bereinigt werden, wie es sich geziemt für Prediger des Evangeliums von der Vergebung. Unsre Tagungen, die

[132a] Eine offizielle Bestellung von Dr. Haug war weder auf den Personalakten noch bei den Generalakten zu finden; zum Zusammenhang siehe S. 774 f.

uns allen wohl etwas bedeutet haben, werden als Tagungen der KTA auch ein Ende haben. Sie werden in einer neuen Form und unter anderem Namen, sei es im Rahmen der landeskirchlichen Arbeit, sei es etwa auch im Rahmen der Evangelisch-Kirchlichen Vereinigung, weitergehen müssen um unsrer Arbeit willen. Unser Rechner, Pfarrer Mildenberger in Kohlstetten, wird die Rechnungsgeschäfte der KTA vollends abwickeln, bis alle Verpflichtungen erfüllt sind. Wir danken an dieser Stelle allen denen, die uns die finanziellen Lasten tragen halfen. Ein etwaiger Überschuß wird eine dem Sinn der KTA entsprechende Verwendung finden.

2. Das Schicksal des kirchenpolitischen Anliegens der KTA. Die Geschehnisse der letzten Monate haben in Württemberg dazu geführt, daß der Pfarrernotbund auch bei uns schon den größeren Teil der Pfarrerschaft erfaßt hat. Denn deutlicher als je ist das Vorhandensein eines kirchlichen Notstandes in unsrer Reichskirche den Amtsbrüdern zum Bewußtsein gekommen, und wir haben die Verpflichtung gespürt, in dem auszufechtenden Kampfe nicht neutral zu bleiben, sondern mitanzustehen und die Front verlängern zu helfen. Damit sind unsern KTA die kirchenpolitischen Funktionen, welche sie stellvertretend übernommen haben, abgenommen; sie sind auf den Notbund übergegangen. Zu unsrer Freude haben auch die meisten Glieder der KTA den Anschluß dorthin vollzogen. Die Geschäftsführung des Notbundes für Württemberg hat Pfarrer Weber, Stuttgart, Tübinger Str. 16, übernommen. Wir bitten, in allen kirchenpolitischen Anliegen dieser Notzeit sich mit ihm ins Benehmen zu setzen. Ihm steht ein kleiner Kreis von Vertrauensleuten zur Seite; aus unsern Kreisen ist es insbesondere Stadtpfarrer Fausel, Heimsheim. Die Nachrichtenversorgung wird im neuen Jahre so geregelt werden, daß die Berliner Zentrale ihre Nachrichten nach Stuttgart gibt; von dort aus erhalten dann die Mitglieder des Notbundes entweder einzeln oder über die noch aufzustellenden Bezirksvertrauensleute die wichtigen Nachrichten. Die finanzielle Seite des Notbundes wird nunmehr anders geordnet als vorgesehen, und wir bitten Sie, unser letztes Schreiben dahin richtig zu stellen bzw. ihre Maßnahmen entsprechend zu ändern: Der württ. Notbund sendet einen korporativen Beitrag nach Berlin. Da er der Berliner Zentrale die Hauptarbeit in Württemberg abnimmt, ist das gerechtfertigt. Die württ. Geschäftsstelle erhebt keinen fixen Beitrag von den Einzelmitgliedern, sondern läßt je nach Bedarf von Zeit zu Zeit die Bitte um einen freiwilligen Beitrag hinausgehen. Diese freiwilligen Beiträge sind künftig

zu entrichten an Pfarrer Weber, Stuttgart, Städt. Sparkasse, Girokonto Nr. 11152. Diejenigen Beiträge, die nach der ursprünglich geplanten (norddeutschen) Regelung schon unsrem Rechner, Pfarrer Mildenberger, Kohlstetten, auf unser Girokonto Nr. 1197 in Reutlingen eingezahlt worden sind, werden auf obiges Konto überwiesen werden und gelten somit als freiwilliger Beitrag für die nächsten Monate. Der Notbund ist eine Gesinnungsgemeinschaft für die Dauer des kirchlichen Notstandes. Mit dem Aufhören des Notstandes wird er auch überflüssig sein. Solange er besteht, haben wir die Pflicht, darauf hinzuwirken, daß es bei allem wirklich um die Sache Christi gehe, damit nicht menschliche Vordergründigkeiten zu Selbstzwecken werden. Es wird vielleicht gerade unser süddeutscher Beitrag zum Notbund sein müssen, daß wir bei aller Aufmerksamkeit auf das sachlich Trennende gerade auch das uns mit allen Gegnern zusammenschließende Menschlich-Solidarische sehen lehren. Innerhalb der württ. Landeskirche hat der Notbund angemeldet, was nach unsrem Verständnis der kirchlichen Lage das sachlich Erforderliche wäre. Unsre Bitten bezogen sich besonders auf die Bereinigung der Landeskirchentagswahl und -Konstituierung, auf den Ersatz konsistorialer bürokratischer Methoden durch einen Kreis von Führern mit persönlicher Verantwortung nach oben und unten, auf die Korrektur eines in der Kirche untragbaren Verständnisses von autoritärem Führertum durch das unentbehrliche synodale Element von unten her.

3. Das Schicksal des in der KTA zusammengeführten Kreises. Die KTA als Arbeit wird von der Landeskirche übernommen. Ihre kirchenpolitische Funktion vertritt der Notbund. Was wird aus der KTA als der Gruppe, die sich positiv aufbauend um die Neuordnung der Kirche von Bibel und Bekenntnis her mühte? Sie wird u. E. auch in Zukunft nicht unnötig sein; es wird auch fernerhin gelten, in allen kirchlichen Fragen und Arbeiten auf die Substanz zu dringen, und dies nicht bloß als leicht zu überhörende Einzelgänger, sondern auch als Gemeinschaft, die nicht übersehen werden kann. Es sind hier freilich noch viele sachliche Fragen erst einer neuen Bearbeitung bedürftig. Die Parole »Schrift und Bekenntnis« heißt für uns ja viel mehr als die schlichte Wiederaufnahme einer starren Orthodoxie. Was die eindringende geschichtliche Forschung zu Tage gefördert hat, wird von uns nicht abgelehnt zu Gunsten eines ungeschichtlichen Verständnisses von Schrift und Bekenntnis. Wir haben aber das wohl begründete Zutrauen zur Schrift und zu der reformatorischen Wegweisung in die Schrift hinein, daß gerade bei

gründlicher religionsgeschichtlicher Sicht der Bibel es sich um so klarer herausstellt, warum die Kirche dieses Buch zu ihrem Kanon machte und in all seiner Vielgestaltigkeit eine einheitliche, für sie verbindliche, göttliche Norm darin festgelegt sah. Und wir wissen, daß das eigentliche Mühen um die Schrift erst nach Erledigung des historischen Vorverständnisses beginnt, und zwar in der sachlichen Richtung, welche unsre Bekenntnisschriften uns weisen. Darum hat die Formel »Schrift und Bekenntnis« für uns volles Gewicht. Wir spüren freilich alle, daß an dieser Stelle ständig neu um das rechte Verständnis gerungen werden muß. Manche unsrer treuesten Mitarbeiter haben hier Hemmungen empfunden; aber der gemeinsame Willen zur Wahrheit hat uns alle als Suchende, nein, als von Gott Gesuchte zusammengehalten. Und in den künftigen landeskirchlichen Arbeitsgemeinschaften wird gerade um diese Frage mit neuem Ernste gekämpft werden müssen, und darum werden alle begründeten Bedenken in voller Wahrhaftigkeit zur Sprache kommen können. Sonst wird das Wort von der »Substanz« ein leeres Gerede bleiben. In welcher Form aber wird unser Kreis als eine Schar, die um dieses innerste Anliegen sich sammeln wollte, seine Sache künftighin vertreten? Auch heute noch ist darüber das letzte Wort nicht gesprochen. Es ist eine bis jetzt noch nicht zu beantwortende Frage, ob der Notbund selber auch zu diesen positiven Aufgaben die Möglichkeit hat, ob also unser Kreis sein eigenstes Anliegen vom größeren Notbundkreis aufgenommen sehen darf. Die andre Möglichkeit, der wir mit Ernst nachdenken, ob unsre Kreise sich etwa in die alte Bibel- und Bekenntnisgruppe der Evangelisch-Kirchlichen Vereinigung überführen lassen, stößt auf manche nicht bloß technische oder organisatorische Bedenken. Die dritte Möglichkeit eines eigenen Weiterbestehens haben wir bisher nicht erwogen, weil wir keine neue Gruppe gründen wollten, da uns an unsrer Selbstbehauptung nichts, an unsrer Sache freilich alles liegen konnte. Um auch hier vollends zu klarer Sicht zu kommen, wäre es uns wertvoll, wenn Sie, verehrter Herr Amtsbruder, uns Ihre Meinung zu dieser Frage des Weiterbestandes unsres Kreises und der Form dieses Weiterbestandes ganz offen schreiben würden und so Ihre Stimme und Einsicht auch mit ins Gewicht würfen. Dürfen wir Sie um diesen Dienst bis zum Erscheinungsfest bitten? Wirklich ausschlaggebend dürfen uns dabei nur die an der Sache, am Anliegen »Schrift und Bekenntnis« orientierten Erwägungen sein; »es sterbe Martinus, es lebe Christus!« Konkret gesprochen: in welcher Form soll künftig im Rahmen unsrer landeskirchlichen Arbeit und für unsre ganze Landeskirche das Anliegen, welches mit den beiden Begriffen »Schrift und Bekenntnis« angedeutet und aufgegeben ist, zur Geltung gebracht werden? Wie soll der dieser Verpflichtung mit besonderem theologischem und kirchlichem Nachdruck hörige Kreis wirksam werden in Öffentlichkeitsarbeit, Pfarrerarbeitsgemeinschaften, Laienschulungsarbeit, Pressearbeit, Literarischer Arbeit? Für alles Mitbedenken dieser Frage und alles Mitsorgen und Mitraten sind wir Ihnen dankbar.

Mit dem Wunsche, unsre Kirche möchte sich im neuen Jahre aus den Kräften des Menschgewordenen erneuern dürfen, grüßt Sie im Namen des seitherigen Führerkreises der KTA Ihr Wolfgang Metzger.

In seiner Ausgabe vom 30.12.1933 veröffentlichte das Evang. Kirchenblatt für Württemberg *ein Wort* An die Mitglieder der Evang.-Kirchlichen Vereinigung:

... Die EKV glaubt aber trotz ihrem Schweigen in den vergangenen Monaten (es fand übrigens im August eine sehr erfreuliche Freizeit in Boll statt), sich nun nicht selbst vollends ausschalten zu sollen. Wenn sie heute an ihrem Fortbestehen festhält, so tut sie es in der Überzeugung, eine Aufgabe, die ihr von früheren Geschlechtern der Kirche zu treuen Händen übergeben worden ist, um der Gegenwart willen nicht einfach fallen lassen zu dürfen. Sie sieht diese Aufgabe – im Gehorsam gegen den Bekenntsnisstand ihrer Satzungen – darin, in ihrem Teil daran mitzuarbeiten, daß in unsrer Kirche der Wille und die Fähigkeit gestärkt werde, den Ruf des Evangeliums zu hören und sich ihm zu beugen. Sie sieht die Aufgabe, die geoffenbarte Wahrheit für Glauben und Handeln geltend zu machen, durch die Zeitlage als besonders dringlich gestellt. Ist doch durch eine Irrlehre, die anstelle der Schrift Volkstum und Rasse als letzte Normen kirchlicher Arbeit bezeichnet, das Urteil bis hinein in die allerkirchlichsten Kreise gefährdet oder schon getrübt und damit der Aufbau der Gemeinde als Leib Christi in Frage gestellt. Nicht unwesentlich bestimmte uns zum Festhalten an der Arbeit der EKV auch der Umstand, daß sie, im Unterschied von den inzwischen hervorgetretenen Gruppen und Kreisen eine Laienschaft umschließt und daß sie über ein Organ verfügt, das Evang. Kirchenblatt, das sich im kirchlichen Kampf der letzten Monate immer wieder zum Sprachrohr der Kreise gemacht hat, denen eine gehorsame und sichtbar gemachte Wahrung des Bekenntnisstandes der Kirche am Herzen liegt.

Was die EKV heute für ihre Arbeit hält, ist nichts Neues, soweit es die auszurichtende Botschaft betrifft. Neu ist ihre Aufgabe insofern, als das Wort, das wir sagen, im Gehorsam Christi ständig »Fleisch werden«, d. h. in die augenblickliche Lage hinein gesagt werden muß, um seine reinigende, sichtende, sammelnde und stärkende Wirkung in der Gemeinde zu tun, der wir zum Dienst verbunden sind. Wir wissen freilich, daß mit der Herausstellung dieser Erkenntnis noch sehr wenig getan ist, es liegt mit an dem persönlichen gehorsamen Einsatz und der Gebetstreue jedes einzelnen von uns, ob wir als EKV einen klaren Ton zu geben vermögen. Darum ist unser Arbeitsprogramm, das in erster Linie der positiven Aufbauarbeit in der Kirche dienen möchte, als Aufruf und Frage an jeden einzelnen gemeint. Wir möchten neben die Referate und Aussprachen, die uns im engeren Kreis unserer Mitglieder vorfinden, noch darüber hinausgehende Zusammenkünfte in einem weiteren Kreis stellen, die der Aufbau- und Schulungsarbeit unter der Laienschaft der Kirche dienen sollen. Unsre Freizeiten, die eine ganz besondere Gelegenheit zur Aussprache mit lebendigen Gemeindegliedern darstellen, wollen wir dankbar festhalten; der Erhaltung und Stärkung des Evang. Kirchenblatts fühlen wir uns aus den oben schon angedeuteten Gründen innerlichst verpflichtet. Sollten aus unsrer Arbeit irgendwelche Hilfsmittel für den neuen Gemeindedienst[133] herauswachsen, so wäre uns das zu besonderem Dank.

Auf der nächsten Vollversammlung, die auf Anfang des neuen Jahres geplant ist, wollen wir den Mitgliedern der EKV den Vorschlag für den neuen, zahlenmäßig verminderten Ausschuß unterbreiten: Oberlehrer Ackermann, Vaihingen/Filder, Pfarrer Dipper, Würtingen, Stadtpfarrer Gümbel, Schorndorf (Vorsitzender), Pfarrer Gerber, Leidringen (Rechner), Studienrat Dr. Haug, Urach, Inspektor Lutz, Fellbach, Pfarrer Metzger, Bronnweiler, Stadtpfarrer Römer, Stuttgart (stellv. Vorsitzender), Stadtpfarrer Schaal, Tübingen (Schriftführer), Oberrechnungsrat Seiz, Stuttgart. Und nun bitten wir Sie um Ihre fernere Mitarbeit in brüderlichem Mittragen (das auch die aufbauende Kritik einschließt!) und betender Treue.

Ihr W. Gümbel.

Ebensfalls zum Jahresende schrieb Pfarrer Weber am 29. 12. 1933 in einem Rundbrief an die Mitglieder des Pfarrernotbundes[134]*:*

[133] Siehe Bd. 1, S. 572 ff.

[134] LKA Stuttgart, D 1, Bd. 45,1; zu den erwähnten Eingaben siehe S. 957 f.

Liebe Freunde!

Nach längerem Schweigen sind wir Euch ein Wort zur Lage schuldig. Die Eingaben der lutherischen Bischöfe und des Notbundes an den Herrn Reichsbischof, die wir gleichzeitig mit einem Schreiben in Sachen des Jugendwerkes Euch zusenden, mögen Euch darüber informieren, wie anhaltend und schwer die Krisis ist, in welcher sich unsere evang. Kirche immer noch befindet. Damit ist die Notwendigkeit eines weiteren Fortbestehens des Notbundes gegeben, zumal, wie wir wissen, von seiten des Reichsbischofs je nach dem mit zwangsmäßigen Eingriffen in die Landeskirchen zu rechnen sein wird. Wir möchten deshalb alle Freunde bitten, sich um die noch abseitsstehenden Amtsbrüder anzunehmen und sie unter Darlegung der beängstigend-schwierigen Lage der Kirche zum Beitritt in die Notgemeinschaft zu ermuntern. Doch kommt es uns darauf an, daß nur solche Amtsbrüder sich anschließen, die den Willen und die Freudigkeit haben, nötigenfalls alle Folgerungen auf sich zu nehmen.

Was die Reichskirche anlangt, so ist zu sagen, daß nach dem nunmehr erfolgten Rücktritt Webers, des reformierten Kirchenministers, der letzte Schein verschwunden ist, als besäßen wir noch eine Kirchenregierung. Ein legales Geistliches Ministerium besteht überhaupt nicht. Z. Zt. ist nur noch ein rechtmäßig berufener Minister in der Reichskirchenregierung. Der Reichsbischof selber hat nicht nur die lutherischen Bischöfe und den Notbund gegen sich, sondern auch beträchtliche Teile der Deutschen Christen (Thüringen, Sachsen und die nordwestdeutschen Gebiete). Trotzdem erläßt er ein Gesetz nach dem andern, und zwar Gesetze von einschneidender und weittragender Bedeutung, die tief in das Leben der Landeskirchen eingreifen (siehe z. B. die vorgesehene, zwangsweise Zusammenlegung von Landeskirchen)[134a]. Ungeachtet des Protestes der Bischöfe geht die Gesetzesmaschinerie des Reichsbischofs und des tatsächlich gar nicht existierenden Geistlichen Ministeriums weiter und erweckt in der Öffentlichkeit den verhängnisvollen, die tatsächliche Lage völlig vernebelnden Eindruck, als sei nach langen Kämpfen endlich eine legale Führung in der kirchlichen Aufbauarbeit begriffen. Es gibt nicht wenige Amtsbrüder, die sich diese Verharmlosung der bösen Krisis unserer Kirche gefallen lassen und zu eigen gemacht haben. Dem gegenüber besteht die Tatsache, daß die Krisis innerhalb der Glaubensbewegung Deutsche Christen längst zur Krisis der Kirche über-

[134a] Siehe Anmerkung 115, S. 955.

haupt und diese wiederum zu einer akuten Reichsbischofskrisis geworden ist. Der Höhepunkt dieser Krisis ist noch nicht erreicht, sie kann mit kirchenpolitischen und taktischen Winkelzügen und gewissen Personalveränderungen im Kirchenregiment nicht mehr behoben werden. Es genügt nicht, wenn einer, wie zum Beispiel Hossenfelder, als Sündenbock in die Wüste geschickt wird und im übrigen alles beim alten bleibt, sondern die Kirche als Ganze muß zurück hinter den Zeitpunkt der Usurpation der Macht, die durch die Deutschen Christen mit Hilfe ungeistlichen und unkirchlichen Druckes vorgenommen wurde. Die Übertragung des Machtgedankens in den Raum und in die Arbeit der Kirche muß beseitigt, die katholisierenden, auf die Ausscheidung der Gemeinden hinzielenden, den politischen Führergedanken bedenkenlos auf die Kirche übertragenden Tendenzen müssen abgetan werden. Die Träger einer solchen unevang. Haltung können auf keinen Fall länger als geistliche Führer einer evang. Kirche amtieren und anerkannt werden. Wenn wir nicht dahin kommen, unter bewußter Ausscheidung kirchendiplomatischer und taktischer Gesichtspunkte die Kirche aus ihren arteigenen Wesensgesetzen heraus zu bauen, wird die gegenwärtige Krisis kirchlicher Dauerzustand werden.

Innerhalb der Glaubensbewegung Deutsche Christen ist bekanntlich eine Neuregelung im Gange. An die Stelle Hossenfelders ist Dr. jur. Kinder als Reichsleiter getreten. Trotz mancher bemerkenswerter Ansätze zur Um- und Neubesinnung auf die eigentlichen Ziele der Glaubensbewegung, die in einem Rundschreiben vom 21. Dezember[135] an alle Gauobleute entwickelt werden, bekommt man doch den Eindruck, daß diese Bewegung durch ihre Vergangenheit zu sehr belastet ist, um saniert werden zu können. Der Rückzug aus dem kirchenpolitischen Machtstreben, der seitens der Glaubensbewegung Deutsche Christen schon mehrmals ausgesprochen wurde, müßte unseres Erachtens folgerichtig auch zur Auflösung der synodalen Kampftruppen führen. Abgesehen davon bestehen in einer Reihe wesentlicher Punkte die alten Unklarheiten weiter. In dem ausführlichen Rundschreiben der neuen Reichsleitung ist nichts darüber gesagt, ob der Revers, der seither die Mitglieder an die Reichsleitung band, künftig fortbesteht oder ob ernst gemacht wird mit der positiven Eingliederung und Unterstellung unter

[135] Den Rücktritt Hossenfelders von sämtlichen Kirchenämtern am 21. 12. 1933 und die Einsetzung von Dr. Kinder als Reichsleiter der DC siehe GB 141, S. 119 ff.; Meier, S. 51 f. Der scheidende und der neue Reichsleiter wandten sich am 21. 12. 1933 in Rundschreiben an die Bewegung.

die ordnungsmäßig berufene kirchliche Führung. Auch darüber müßte Grund geschaffen werden, ob die »Deutschen Christen«, wie sie sich jetzt unter Verzicht auf den anspruchsvollen Titel »Glaubensbewegung« nennen, von vornherein die kirchliche Linie der Zusammenarbeit mit dem Gemeindepfarramt einhalten, oder ob sie als reine »Laienbewegung« selbständiger Art Umfang und Ziel ihrer Arbeit bestimmen wollen. Unter diesen Gesichtspunkten können wir unsere Freunde nur herzlich und dringend bitten, keinerlei Privataktionen einzuleiten. Keiner darf jetzt aus der Reihe brechen. Wie seither, so wollen wir auch künftig als geschlossene Kampfgemeinschaft geschlossen handeln. Auf keinen Fall wollen wir noch einmal in den schuldhaften Fehler fallen, einer Bewegung uns anzuvertrauen, ehe grundsätzliche Fragen und Anliegen eine eindeutige Antwort gefunden haben.

Der Notbund im Reich umfaßt z. Zt. ca. 5 000 bis 6 000 Pfarrer, in Württemberg sind wir 684 Mitglieder. Bayern überlegt sich, wie wir hören, den korporativen Anschluß, nachdem eine Führertagung der bayerischen Deutschen Christen die völlige Auflösung der Deutschen Christen in Bayern beschlossen hat. In der Frage des Evang. Jugendwerkes[136] haben wir in einem Schreiben an den Herrn Landesbischof diesen darum gebeten, mit den übrigen Bischöfen und dem Reichsnotbund zusammen den sofortigen Rücktritt des Reichsbischofs herbeizuführen. Der Reichsnotbund seinerseits wird einen Vorstoß in dieser Richtung unternehmen. Jedenfalls möchten wir auch hier vor Einzelaktionen warnen. Es ist die Sache der Bischöfe, mit dem Notbund zusammen dafür zu sorgen, daß bei den Durchführungsbestimmungen zu diesem Vertrag die nötigen Sicherungen eingebaut werden, welche Lebensrecht und Lebensraum des Evang. Jugendwerkes absolut garantieren.

Wir teilen noch mit, daß Kollege Rehm zur Übernahme eines Referentenpostens für Kultur und Bildungsfragen bei der SA-Obergruppe Südwest von der Kirchenleitung auf unbestimmte Zeit beurlaubt worden ist[136a], wobei der Gehalt von der SA-Obergruppe getragen wird. Ferner machen wir darauf aufmerksam, daß die »Junge Kirche«, die ausgezeichnet und offen über die kirchliche Lage orientiert, von Januar an wieder wöchentlich erscheinen wird. Ihr Bezug ist sehr zu empfehlen. Ebenso empfehlen wir den Bezug des »Sonntagsbriefes« (Bärenreiter-

[136] Zu Bayern siehe Anmerkung 64, S. 887; die Vorgänge um das Jugendwerk sind in einem späteren Band zu dokumentieren.

[136a] Siehe S. 920.

Verlag, Kassel-Wilhelmshöhe), der zusammen mit der Beilage »Kämpfende Kirche« viel Wertvolles enthält.

Möge 1934 für das Reich, für unsere Kirche und unsere Gemeinden ein Jahr des Heils werden. Mit diesem Wunsche und mit dem Gruß treuer Kampfverbundenheit grüßt Euch Euer Weber.

Dieses Schreiben geht samt den Beilagen an alle Freunde unseres Kreises ab.

Auf diesen Rundbrief hin hatte Pfarrer Lachenmann, Stuttgart, an Pfarrer Weber geschrieben. Am 4. 1. 1934 antwortete Pfarrer Weber[137]*:*

Sehr geehrter Herr Kollege!

Ich bin Ihnen durchaus nicht böse, wenn Sie Bedenken äußern gegen die »neue Art von Kirchenpolitik«, obwohl mir aus Ihrem Brief nicht klar wird, worin diese neue Art bestehen soll. Wenn in dem Brief sehr scharf über Müller geurteilt ist, so deshalb, weil ich auf Grund von Mitteilungen, die aus der genauen Kenntnis seiner Person stammen, absolut nicht ohne weiteres von der guten Meinung überzeugt bin, wel-

[137] LKA Stuttgart, D 1, Bd. 47; der Brief Lachenmanns an Weber befindet sich nicht bei den Akten. — Bei den Akten liegt außerdem ein Brief von Pfarrer Weber an Pfarrer Lachenmann vom 2. 1. 1934 (LKA Stuttgart, D 1, Bd. 47; die erwähnten Beilagen befinden sich nicht bei den Akten. Es fehlt aber wiederum der vorangehende Brief Lachenmanns, so daß das Stück nicht eindeutig eingeordnet werden kann): »Sehr geehrter Herr Kollege! Ihr Brief vom 29. des Monats und besonders die Stimmung, aus der heraus er geschrieben ist, hat mich sehr bewegt, umso mehr, als ich selber — und sicher sind wir nicht die einzigen — auch gegen die immer wieder sich meldende Kirchenmüdigkeit anzukämpfen habe. Die neuesten Vorgänge bei der Würzburger Bischofskonferenz sind leider nicht dazu angetan, die Freudigkeit zur Kirche zu stärken. Aber gerade wenn es so trüb steht, haben wir um unserer Gemeinden willen auf dem Posten auszuhalten, um zu retten, was noch zu retten ist. Ich fürchte sehr, daß wir unmittelbar vor dem Ende der Reichskirche stehen; obwohl ein evangelischer Christ an der Reichskirche in ihrer derzeitigen Gestalt absolut kein Interesse haben kann und wünschen muß, daß, soweit dies möglich, die Kirche wieder an den Ort zurückkehre, an dem sie im Frühjahr stand. Wenn ich mir persönlich eines vorwerfen muß, dann ist es das, daß ich viel zu spät Alarm geschlagen habe. Schon im April, anläßlich der Reichstagung der Glaubensbewegung Deutsche Christen, hätte die Pflicht zu lautem Protest bestanden. Was den neuesten Gang der Dinge anlangt, so tun wir, was wir können. Ich lege Ihnen 2 Schreiben bei, die im Auftrag des Notbundes an Wurm und nach Berlin abgingen. Ihnen persönlich möchte ich wünschen, daß Sie sich auch im neuen Jahr die Freudigkeit zum Dienst durch das Wort stärken lassen. Mit herzlichen Grüßen Ihr G. Weber.«

che Sie ihm zusprechen. Es besteht der begründete Verdacht, daß M[üller], um seinen gesunkenen Kredit bei den politischen Stellen zu mehren, den Vertrag mit der HJ in dieser Form geschlossen hat. Im übrigen glaube ich auch jetzt noch nicht, daß für uns ein Reichsbischof in Frage kommen könnte, der von seiten der staatlichen Stellen mit Mißtrauen empfangen würde. Nicht das war der Fehler, daß wir seinerzeit einen Reichsbischof wollten, der beides besäße, die kirchliche Substanz und zugleich das Vertrauen des Führers, sondern das war der Fehler, daß wir auf Grund falscher Berichterstattung (siehe auch Fezer) im Glauben gehalten wurden, als ob M[üller] beides besäße.

Was Sie zur Frage der Glaubensbewegung Deutsche Christen sagen, kann ich weithin unterschreiben, nur muß ich auch hier sagen: Nicht das war der Fehler, daß die Glaubensbewegung Deutsche Christen in ihren Anfängen ein synkretistisches Gepräge trug. Das trifft vielmehr auf alle geschichtlichen Bewegungen in ihren Anfängen zu. Auch Luthers Bewegung führte viel Treibholz mit sich, welches das eigentliche Bild verfälschte. Aber Luther besaß die Kraft, diese Elemente auszuscheiden. Wir unsererseits – wenigstens kann ich das von Pressel und mir sagen – sind ja u. a. gerade deshalb in die Glaubensbewegung Deutsche Christen gegangen, um zu helfen, daß sie ein sauberes kirchliches Gepräge erhalte. Unsere ganze Arbeit in der Glaubensbewegung Deutsche Christen war nichts anderes als der Dauerprotest gegen synkretistische Verwirrung. Das war der Grund, warum wir als Außenseiter galten und sehr bald ausgeschaltet wurden. Der anfängliche synkretistische Charakter der Bewegung bildete für uns keinen Grund, ihr fernzubleiben. Erst die Einsicht, daß wir uns gegenüber dem radikalen Teil nicht durchzusetzen vermöchten, gab uns nach unserer Überzeugung die Berechtigung zum Weggehen. Was die Führung des Notbundes in Württemberg anlangt, so bin ich Ihnen nur dankbar, wenn Sie mich von der Führung entbinden helfen. Ich lege bei meiner sonstigen Arbeit durchaus keinen Wert, auch noch dies aufgeladen zu bekommen. Das Schreiben an den Bischof und Niemöller[138] ist von mir nicht in einem Anfall von Hurra-Stimmung verfaßt worden, sondern nach gründlicher Aussprache mit Pressel und Dipper. In Verhältnissen, wo rasch gehandelt werden muß, wird es sich sowieso nicht immer durchsetzen lassen, daß irgendein Schreiben von auswärtigen Amtsbrüdern, etwa von Metzger oder Fausel gegengezeichnet wird. Für die von Zeit zu Zeit

[138] Siehe S. 960. Der Brief an den Landesbischof war nicht zu finden.

erfolgende Weitergabe allgemein interessierender kirchlicher Nachrichten an die Mitglieder des Notbundes ist eine Gegenzeichnung sowieso überflüssig. Selbstverständlich kann man Vertrauen nicht kommandieren. Aber ich weiß auch, daß (wenigstens trifft das für den Freundeskreis Pressel zu) ich bei den allermeisten Amtsbrüdern ein großes Vertrauen genießen darf und dies trotz meines »Zick-Zack-Kurses«, wie Sie meine Haltung betiteln. Meine Freunde und ich freilich sehen in unserer kirchenpolitischen Stellungnahme keinen Zick-zack, sondern eine organische Entwicklung. Aber wie gesagt, ich bin nur froh, wenn mir die Arbeit mit dem Notbund abgenommen wird. Vielleicht wissen Sie einen (oder auch keinen), der das Vertrauen aller besitzt.

Mit freundlichen Wünschen für Amt und Haus Ihr G. Weber.

Über die Leitung des Pfarrernotbundes und vor allem über die Gruppe um Pressel, Hutten und Weber schrieb Pfarrer Lachenmann, Stuttgart, außerdem am 31. 12. 1933 an Pfarrer Niemöller[138a]*:*

Lieber Herr Amtsbruder!

Bevor dieses Jahr zu Ende ist, muß ich noch in einer dringenden Angelegenheit zu Ihnen kommen. Ich höre von einigen Amtsbrüdern, die dem Pfarrernotbund beigetreten sind, daß sie Schreiben kirchenpolitischen Inhalts vom württ. Pfarrernotbund, d. h. durch die Herren Dr. Hutten und Weber bekommen haben. Ich selbst habe diese Schreiben nicht erhalten. Das mag damit zusammenhängen, daß ich alsbald bei der Begründung des Notbundes im September beigetreten bin und die Zuschriften von Ihnen bekomme, während die betr. Kollegen entweder mit der Sezession der Glaubensbewegung Deutsche Christen (Pressel) oder mit den Kirchlich-theol. Arbeitsgemeinschaften (Metzger, Bronnweiler) mit dem großen Schub nachgekommen sind. Es erhebt sich hier nur die Frage: Wer hat in Württemberg die Führung der Notbund-Pfarrer? Die Frage scheint nicht geklärt zu sein.

Ich möchte dazu nur Folgendes bemerken. So gern und vertrauensvoll ich mich Ihrer Führung anvertrauen kann, weil Sie nicht nur auf

[138a] LKA Stuttgart, D 1, Bd. 45,1. Nach einem Brief von Pfarrer Metzger vom 27. 12. 1933 an einen »Freund« (LKA Stuttgart, D 1, Bd. 41,4) sandte die Zentrale des Pfarrernotbundes 10—15 Exemplare der Rundschreiben nach Stuttgart, Pfarrer Weber gab sie dann an den Führerkreis weiter. Wichtige Mitteilungen wurden in Stuttgart vervielfältigt und allen Mitgliedern des Pfarrernotbundes zugesandt.

Grund unserer Bekanntschaft von Spandau, sondern vor allem durch Ihren klaren und geraden Kurs mein Vertrauen gewonnen haben, so unmöglich wäre es mir, unter der Führung Hutten-Weber zu marschieren. Ich will gewiß nicht verleumden; ich bin auch überzeugt, daß die Herren die Zickzackpolitik, die sie getrieben haben, meinten, treiben zu müssen. Aber was hilft die bona opinio, wenn die Tatsache vor Augen liegt, daß gerade durch diese Politik viel Vertrauen zerstört worden ist? Und das ist der Fall. Ich kann Ihnen unmöglich die Vorgänge in umfassender Breite schildern. Ich stelle nur fest: die beiden Herren waren an hervorragender Stelle mit dabei, als den Angriffen Rehms (Glaubensbewegung Deutsche Christen) im »NS-Kurier« gegen die Volksbundleitung und insbesondere gegen den in schwersten Tagen bewährten Geschäftsführer August Springer nachgegeben wurde, was schließlich die Pensionierung Springers, den Abschied des charaktervollen 1. Geschäftsführers Pfisterer und den Rücktritt des hochverdienten, ehrwürdigen Landesvorsitzenden Staatsrat D. Mosthaf zur Folge hatte[139]. Da Mosthaf, der nun vor einigen Monaten gestorben ist, zu unserer Johannesgemeinde gehörte, weiß ich von ihm selbst, wie bitter die Herrn Geschäftsführer Hutten und Weber sein Vertrauen enttäuscht haben. Vielleicht meinten die Herrn, durch diese Gleichschaltung den Volksbund retten zu können und darum diese Politik hinter dem Rükken Mosthafs treiben zu müssen, jedenfalls ist es Tatsache, daß gerade in treuen Volksbundkreisen, die nicht vergessen können, was die Ausgeschalteten in schwerster Zeit in der Kirche getan haben, der Schmerz über diese das Wesen der Kirche verleugnenden Vorgänge sehr groß und das Vertrauen zu den dafür Verantwortlichen sehr klein ist. Ich stelle weiterhin fest, daß beide Herrn im letzten Sommer bei der Reichsbischofswahl und der sog. Kirchenwahl, bei der durch Erzwingung einer Einheitsliste auf kaltem Weg wertvolle Persönlichkeiten aus dem Landeskirchentag hinaus-, und Leute wie Rehm, Schairer, Steger hinein-»gewählt« worden sind, fröhlich im Strom der Glaubensbewegung Deutsche Christen schwammen, bis ihnen endlich die Augen aufgingen. Ich rechne es beiden Herrn hoch an, daß sie dann das Steuer in der Glaubensbewegung Deutsche Christen herumzuwerfen versuchten, einen mutigen Kampf gegen die Landesleitung aufnahmen und schließlich ihren Ausschluß riskierten. Sie haben damit ohne Zweifel ein kirchengeschichtliches Verdienst. Ihr Vorgehen hatte die erste aufsehenerregende Se-

[139] Siehe Bd. 1, S. 508 ff.

zession innerhalb der Glaubensbewegung Deutsche Christen zur Folge und damit das Erwachen vieler bisher von der Glaubensbewegung Deutsche Christen vernebelter Amtsbrüder weit über Württemberg hinaus. Aber wiederum ist zu sagen, daß die Art und Weise, wie diese Sezession durch geheime Rundschreiben hinter dem Rücken der Landesleitung vorbereitet wurde (genau so wie wenige Monate zuvor die Palastrevolution im Volksbund), die Unentwegten innerhalb der Glaubensbewegung Deutsche Christen ungeheuer erbittert hat; in ihren Augen sind die Herrn Intriganten und Verräter. Ich eigne mir dieses Urteil nicht an; ich weiß, daß sie versucht hatten, innerhalb der Glaubensbewegung zu Wort zu kommen und daß sie erst dann, als sie sahen, daß sie nur zu parieren, aber nicht zu regieren haben, daß sie also durch ihre Beteiligung nur eine zweifelhafte Sache unterstützen, die Sezession vorbereiteten. Aber sie mußten dabei in Kauf nehmen, daß sie damit abermals Vertrauen zerstörten, da die Unentwegten damit rechneten, daß das Führerprinzip ernstgenommen werde. So wirken natürlich Weber und Hutten an der Spitze des Notbundes auf die Deutschen Christen wie ein rotes Tuch, und der sachlich notwendige Kampf bekommt auf diese Weise eine sachlich nicht notwendige persönliche Verschärfung.

Selbstverständlich bedeuten beide Herrn für den Notbund insofern eine sehr wertvolle Unterstützung, als sie gerade durch die erwähnte Vorgeschichte sich den Verdacht der politischen Reaktion vom Leibe gehalten haben, besonders auch, weil ihnen in der Landesgeschäftsstelle des Volksbunds ein Apparat und eine Fülle von Beziehungen zu Gebote steht wie keinem sonst. Nur meine ich, die Herrn sollten sich nun etwas mehr im Hintergrund halten und die Führung einem Amtsbruder überlassen, der von Anfang an einen geraden Kurs eingehalten und darum weniger Vertrauen zusammengeschlagen hat wie sie. Ich denke an Metzger, Bronnweiler, oder Dr. Martin Haug, Urach, oder Th. Haug, Tübingen. Kurzum: ich freue mich der neuen Erleuchtung der Herrn Weber und Hutten, ich erkenne den großen Wert ihrer Mitarbeit voll an; ich hätte zu ihnen in Sachen der Volksmission volles Vertrauen; ich kann aber nach den bisherigen Erfahrungen in Sachen der Kirchenpolitik kein Vertrauen zu ihnen haben. Und so geht es gewiß nicht nur mir. Ich habe heute früh mit Koll. Dr. Sannwald, Markuskirche, gesprochen, der auch von Ihnen die Notbund-Schreiben bekommt; er ist genau derselben Meinung. Es geht mir gewiß nur darum, daß die gute und notwendige Sache des Notbundes in ganz zuverlässige Hände kommt, deren Führung man sich gerne anvertraut.

Und nun möchte ich Ihnen noch herzlich danken für Ihren tapferen, klaren Kampf um eine wirkliche Kirche und Ihnen für das kommende Jahr weiterhin Gottes reichen Segen wünschen. Ich selbst muß mich mehr als früher im Hintergrund halten; ich war Landesverbandsvorsitzender der Evang. Arbeitervereine bis zu dem Zeitpunkt, da sie zu »Staatsfeinden« erklärt und dann der Glaubensbewegung Deutsche Christen unterstellt worden sind; die Sache hat mich so mitgenommen, daß ich nun meine Kraft ganz meiner großen Gemeinde widmen muß. Aber als einfacher Soldat kämpfe ich gern auf meinem Posten in Ihren Reihen mit. Also Gott befohlen auch weiterhin!

Mit herzlichen Grüßen! Ihr E. L[achenmann], Stadtpfarrer an der Johanneskirche.

Im Januar 1934 gab Pfarrer Weber die Führung des Württ. Pfarrernotbundes ab. Pfarrer Pfeiffer, Stuttgart, teilte dies am 22. 1. 1934 mit[139a]*:*

Liebe Freunde!

Zunächst die Mitteilung, daß an Stelle von Pfarrer Weber, der um seiner Arbeit im Evang. Gemeindedienst willen von der Führung des Württ. Pfarrernotbundes zurückgetreten ist, ich vom Brüderrat beauftragt wurde, die Geschäfte des Notbundes zu besorgen. Ich habe mich um der Sache willen diesem Auftrag unterzogen mit der ernsten Bitte, Gott möge unsere evang. Kirche in Bälde durch Kampf zum Frieden führen und sie als eine im Evangelium wurzelnde und vom Evangelium bestimmte Kirche tüchtig machen, den ihr vom Herrn der Kirche gegebenen Dienst in Volk und Staat zu tun. Zuschriften sind bis auf weiteres an Stadtvikar Keller, Stuttgart-S, Olgastr. 100 zu richten. Telefonnummer: 73 586. Meine eigene Telefonnummer ist: 40 357.

Angesichts der kirchlichen Lage ist es dringend erforderlich, daß noch in dieser Woche wenigstens die Vertrauensleute des Pfarrernotbundes zusammenkommen. Ich bitte Euch daher, am Freitag, den 26. Januar, Nachmittag 2 Uhr im Furtbachhaus, Braunsaal Euch einzustellen. Es sollte von jedem Bezirk mindestens ein Vertreter anwesend sein. Im Verhinderungsfall bitte ich darum, einen Stellvertreter zu schicken. Den weiter entfernten Brüdern wird nach Maßgabe der vorhandenen Mittel ein Reisekostenbeitrag in Aussicht gestellt. Wer zum

[139a] LKA Stuttgart, D 1, Bd. 47.

Übernachten gezwungen ist, möge dies sofort an Stadtvikar Keller mitteilen, damit, wenn möglich, für Freiquartier gesorgt werden kann.
Mit brüderlichem Gruß Heil Hitler! I. A. Pfeiffer.

Zum Beginn des neuen Jahres erließ Landesbischof D. Wurm An die Gemeinden der württ. Landeskirche *am 28. 12. 1933 folgende* Neujahrsansprache[140]:

Zum Beginn des neuen Jahres grüße ich die Gemeinden und ihre Hirten mit der apostolischen Bitte zum Herrn der Kirche: Gib deinen Knechten mit aller Freudigkeit zu reden dein Wort![141] In letzter Zeit großer geistiger und politischer Bewegungen brauchen wir dies wegweisende, richtende und stärkende Wort ganz besonders. Ein doppeltes Anliegen erfüllt gegenwärtig alle ihrer Verantwortung bewußten Glieder unserer Kirche und insbesondere ihre zur Wortverkündigung berufenen Diener: daß es uns gegeben werde, die uns anvertraute Heilsbotschaft so darzubieten, daß sie die weitesten Volkskreise erreicht und daß sie der Zusammenfassung aller wertvollen Kräfte in Staat und Gesellschaft Vorschub leistet. Wir können aber die rettende Kraft des Evangeliums am einzelnen und am Volk nie erfahren, ohne uns unter seine richtende Gewalt zu beugen. Es gibt nichts Hohes und Großes in Staat und Kirche, das nicht unter dem Gericht des lebendigen Gottes stünde und nicht sich messen lassen müßte an seinem Gesetz. Darunter beugen wir uns als Volksgenossen wie als Glieder der evangelischen Kirche und bitten den Herrn, daß er vergebe, was auch im vergangenen Jahr trotz redlichen Eifers verkehrt gemacht wurde, und daß er alles Streben nach einer wahrhaften Erneuerung in Staat und Kirche im neuen Jahr segnen möge.

Wie wir mit ganzem Herzen uns zu unserem Volk und Staat bekennen, so werden wir auch unserer evangelischen Kirche die Treue halten. Kein Angriff auf eine angebliche konfessionelle Abschließung darf uns hindern, das Gut festzuhalten, das den Kirchen der Reformation anvertraut ist. Der Geist des evangelischen Christentums ist weitherzig genug, um den Volksgenossen, die andern Glaubens sind, in allen wichtigen öffentlichen Angelegenheiten, insbesondere in der Bekämpfung wirtschaftlicher und sittlicher Notstände, die Hand zu reichen;

[140] LKA Stuttgart, D 1, Bd. 45,1; mit Nr. A 10702 am 28. 12. 1933 »den Pfarrämtern zur Verlesung im Hauptgottesdienst am Neujahrstag mitgeteilt«.

[141] Apg 4,29.

aber er ist auch stark genug, um Irrtümern aller Art, und wenn sie noch so glänzend vorgetragen werden, entgegenzutreten unter Berufung auf das Evangelium, das nicht ein Mensch erfunden, sondern der Herr Christus selbst seiner Gemeinde anvertraut hat. Daß das nachwachsende Geschlecht in dieses Evangelium eingeführt werde und es lerne, im praktischen Leben aus diesem Geiste heraus zu denken und zu handeln, ist deshalb ein Anliegen, das die evangelische Kirche weder im Blick auf die schulpflichtige noch auf die schulentlassene Jugend[142] aufgeben darf. Trotz des kürzlich ohne unsere Zustimmung abgeschlossenen und weithin mit schmerzlichem Befremden aufgenommenen Abkommens werden wir darauf hinarbeiten, daß der evangelischen Jugend neben der Erfüllung ihrer staatsbürgerlichen Pflichten Raum und Zeit bleibt, um die innere Ausrüstung zu gewinnen für den Kampf, den jeder Christenmensch in diesem Leben zu führen hat. Wenn unsere Gemeinden in den nächsten Tagen durch besondere landeskirchliche Anordnung[143] zum Dienst am Volk auch in neuen Formen und auf neuen Wegen gerufen werden, so gebe ich mich der Hoffnung hin, daß dieser Ruf freudigen Widerhall findet. Gott der Herr segne alles, was in seinem Namen, zu seiner Ehre und zum Heil unsres Volkes geschieht! Wurm.

Auf diese Neujahrsansprache ging dem Landesbischof ein Schreiben von Gliedern der Evang. Landeskirche in Bad Liebenzell vom 1. 1. 1934 zu[144]*:*

Hochverehrter Herr Landesbischof!

Im Gottesdienst heute wurde die Neujahrsansprache des Herrn Landesbischof verlesen. Mit großer Freude haben wir von den richtunggebenden Ausführungen des Herrn Landesbischof Kenntnis genommen. Wir danken dem Herrn Landesbischof für diese Worte zum neuen Jahr. Ein Satz in dieser Neujahrsansprache hat uns jedoch erschreckt. Aus der Verehrung und Dankbarkeit gegen den Herrn Landesbischof heraus fühlen wir uns im Gewissen gedrungen, uns wegen dieses Satzes an den Herrn Landesbischof zu wenden. Es handelt sich um die Worte:

[142] Die Vorgänge um Jugendwerk und Religionsunterricht sind in einem späteren Band zu dokumentieren.

[143] Einrichtung des Evang. Gemeindedienstes, siehe Bd. 1, S. 571 ff.

[144] LKA Stuttgart, D 1, Bd. 47. Auf dem Einlauf ist von Pressel handschriftlich vermerkt: »Dahinter steht wohl Schilling. Eine Antwort wird wohl nötig sein. Pressel«. Eine Antwort befindet sich allerdings nicht bei den Akten.

»Trotz des kürzlich ohne unsere Zustimmung abgeschlossenen und weithin mit schmerzlichem Befremden aufgenommenen Abkommens werden wir darauf hinarbeiten ...« Wir bedauern außerordentlich, daß dieser Satz in der Ansprache stand und öffentlich von der Kanzel verlesen wurde. Ungefähr zur gleichen Zeit, da der Herr Landesbischof dies den Kirchengemeinden des Landes bekannt gab, sprach der Reichsjugendführer Baldur von Schirach in seiner Neujahrsansprache seine Freude und seinen Dank über die Eingliederung der evangelischen Jugend in die Hitlerjugend im Rundfunk aus! So brachte der genannte Satz des Herrn Landesbischof einen doppelten Gegensatz zum Ausdruck, von dem wir nur mit tiefstem Schmerz und großer Sorge Kenntnis erhalten konnten, nämlich einen solchen zwischen unserem Herrn Landesbischof einerseits und dem Herrn Reichsbischof und Reichsjugendführer B. v. Schirach andererseits. Den Herrn Reichsbischof haben bei dem Vertragsabschluß ohne Zweifel dieselben Anliegen bewegt wie unseren Herrn Landesbischof bei Abfassung seiner Neujahrsansprache. Auch dem Herrn Reichsbischof lag ohne Zweifel daran, daß »unserer evang. Jugend neben der Erfüllung ihrer staatsbürgerlichen Pflichten Raum und Zeit bleibt, um die innere Ausrüstung zu gewinnen für den Kampf, den jeder Christenmensch in diesem Leben zu führen hat«. Wenn der Herr Reichsbischof über die Nutzbarmachung des zustandegekommenen Vertrags zur Erreichung des von uns allen erstrebten Ziels anders denkt als der Herr Landesbischof, so achten wir jedermanns Meinung. Es ist dann Sache weiterer Verhandlungen, zu einem Ausgleich der Meinungen zu kommen. Grundsätzlich steht ohne Zweifel dem Herrn Reichsbischof das Recht zu, nach Anhören der Meinung der Kirchenführer auch gegen deren Einspruch eine letzte Entscheidung zu treffen.

Es erscheint uns untragbar, daß ungelöste Fragen, über welche noch Verhandlungen schweben, vor die Öffentlichkeit unserer Kirchengemeinden gebracht werden. Hätte der Herr Reichsbischof schon die letzte Entscheidung getroffen, so erschiene es uns völlig unmöglich, gegen die Entscheidung des Herrn Reichsbischofs etwa eine Entscheidung des württembergischen Kirchenvolks anzurufen. Vor eine solche Entscheidung gestellt, würde uns unsere Christenpflicht und unser Gewissen zwingen, hinter den Herrn Reichsbischof zu treten. Nicht nur wir persönlich würden so empfinden, sondern weiteste Teile unseres Kirchenvolkes. Wir sehen deshalb mit der angeführten Äußerung des Herrn Landesbischof eine äußerst bedrohliche Lage heraufsteigen. Unser Volk ist des kirchlichen Streits müde. Wir erlebten monatelang mit Schmerz und Sorge, wie dieser Streit die 3. Konfession stärkte und ermutigte. Nach der Bereinigung vieler berechtigter Vorwürfe gegen die Glaubensbewegung Deutsche Christen schien der Augenblick zu einer Befriedung der kirchlichen Lage gekommen. Der Herr Landesbischof stand vor der Öffentlichkeit der Gemeinden bisher über den streitenden Parteien. Durch die von uns beanstandete Äußerung könnte der Eindruck entstehen, als würde nun auch unser kirchlicher Führer in diesen Streit eingreifen und offen gegen den Herrn Reichsbischof Stellung nehmen. Die Folge müßte eine unübersehbare Zerreißung unseres Kirchenvolkes sein. Mit Sorge bewegt uns auch die Wirkung des Satzes auf die Beziehungen von Staat und Kirche!

Wir bitten den Herrn Landesbischof, von unseren Eindrücken Kenntnis nehmen zu wollen. Wir bitten dringend, von dem Hineintragen des kirchlichen Streits in die Gemeinden Abstand nehmen zu wollen. Eine autoritäre Führung der Kirche durch den Herrn Reichsbischof ist anzuerkennen und zu stärken.

In aller Hochachtung! Bürgermeister Klepser, Hauptlehrer Lautenschlager, Bäckermeister G. Blessing, Wagnermeister G. Schroth, Bäckermeister Otto Maletsch.

Am 4. 1. 1934 nahm der NS-Kurier *Stellung zur Neujahrsansprache des Landesbischofs:*

Merkwürdige Neujahrsansprache

Der Landesbischof der württembergischen Landeskirche, D. Wurm, hat von den Kanzeln der evangelischen Kirchen eine Neujahrsansprache verlesen lassen, die Befremden und Entrüstung hervorgerufen hat. In der Tat waren wir von dem merkwürdigen Inhalt dieser Neujahrsansprache sofort unterrichtet, glaubten jedoch bisher, auf eine öffentliche Stellungnahme verzichten zu können. Die Flut von empörten Schreiben aber, die inzwischen bei uns eingelaufen sind, zeigen, daß die Beunruhigung im Lande einen Grad erreicht hat, die uns verpflichtet, nicht mehr länger zu schweigen.

Der Landesbischof hat zu dem abgelaufenen Jahr deutscher Geschichte anscheinend nichts zu sagen. Das ist die erste Feststellung, die wir zu treffen haben. Nach zweitausend Jahren Zerrissenheit und Ohnmacht hat der sichtbar unter Gottes Hand stehende Führer Adolf Hitler dem deutschen Volk das heilige Geschenk der nationalen Einheit und des Volksgenossentums gemacht. Er hat den Antichrist zu Boden geschmettert, hat den Wahnsinn des Bolschewismus ausgerottet, und verhütet, daß die Kirchen der gläubigen Christenheit zu Brandfanalen der teuflischen Idee wurden. Der Landesbischof muß dies und alle anderen Großtaten der Regierung übersehen haben, sonst hätte er wohl, wie das gesamte übrige deutsche Volk, an der Wende des Jahres in erster Linie ein Gefühl heißen Dankes aussprechen müssen für die wunderbare Rettung des deutschen Volkes. Aber im Gegenteil! Der Landesbischof sah im abgelaufenen Jahr nur einen Anlaß, den Herrn zu bitten, »daß er vergebe, was auch im vergangenen trotz redlichen Eifers falsch gemacht wurde und daß er alles Streben nach einer wahrhaften Erneuerung in Staat und Kirche im neuen Jahr segnen möge«. Das gesamte deutsche Volk hat am 12. November wohl kaum einen Zweifel darüber gelassen[144a], daß es hinter der Erneuerungspolitik des Führers steht. Sollte der Landesbischof eine andere Meinung haben, so hätte er sie angesichts der Meinung der gesamten Bevölkerung besser unterdrückt oder doch überprüft, ob sie und ihre Träger den Zeitläuften überhaupt noch gerecht werden können. Wie diese Selbstprüfung ausgefallen wäre, darüber haben wir keinen Zweifel. Findet doch der Landesbischof in seiner Neujahrsansprache zu der erfolgten Eingliederung der evangelischen Jugend in die Hitler-Jugend die Worte: »Trotz des kürzlich ohne unsere Zustimmung abgeschlossenen und weithin mit schmerzlichem Befremden aufgenommenen Abkommens . . .« Diese erstaunliche Bekundung des württembergischen Landesbischofs läßt nun keinen Zweifel mehr darüber aufkommen, wie die gesamte Neujahrsansprache aufzufassen ist. Wir sind der Meinung, daß der Landesbischof sich einmal in das rote Bürgerkriegsarsenal bei der Württ. Politischen Polizei begeben sollte. Dieser einfache Anschauungsunterricht würde vielleicht besser als alle Worte genügen, um weitere ähnliche Bekundungen des Landesbischofs auf Grund besserer Überzeugung zu verhindern. Sicherlich aber würde er erkennen, warum seine Neujahrsansprache offene Ablehnung und tiefste Entrüstung hervorrufen mußte.

Am 5. 1. 1934 übersandte Oberkirchenrat Pressel den Artikel des NS-Kurier *vom 4. 1. 1934 dem Landesbischof*[145]*:*

[144a] Zur Volksabstimmung siehe S. 751 ff.

[145] LKA Stuttgart, D 1, Bd. 47; der Brief ist an den in Halle zu Besprechungen weilenden Landesbischof gerichtet (vgl. GB 142, S. 130).

Sehr verehrter Herr Landesbischof!

Wie Sie aus beiliegendem NS-Kurier-Artikel ersehen, hat man Ihnen von dort her leider einen unfreundlichen Empfang nach Ihrer Rückkehr bereitet. Hier wird in unguter Form Ihre Neujahrsansprache heruntergemacht. Ich vermute fast, daß ein Pfarrer dahinter steckt. Wenn es auch vielleicht erwünscht und angezeigt gewesen wäre, wenn in 1 oder 2 einleitenden Sätzen bei der Neujahrsansprache Dank und Anerkennung für das im letzten Jahr uns Geschenkte noch stärker als in der Neujahrsansprache zum Ausdruck gebracht worden wäre, so ist der ganze Artikel doch ganz bösartig. Es ist eine unerträgliche Herausforderung und Anprangerung des obersten Führers der Landeskirche in der Öffentlichkeit. Ich habe mich deswegen heute früh sofort mit Herrn Hauptmann Diebitsch von der Politischen Polizei ins Benehmen gesetzt und mich in aller Form beschwert. Hauptmann D[iebitsch] erklärte mir sein großes Bedauern, daß dieser Artikel erschienen sei. Er habe leider gestern die Pressezensur nicht vorgenommen, sonst hätte er diesen Artikel ganz gewiß nicht passieren lassen. Er habe deswegen heute früh schon seine Mitarbeiter zusammengerufen und sie deswegen zur Rede gestellt und ihnen noch einmal unmißverständlich zu verstehen gegeben, daß gemäß seinen kürzlich vertretenen Grundsätzen Derartiges in der öffentlichen Presse nicht mehr vorkommen dürfe, aus innen- und außenpolitischen Gründen. Er habe weiter Herrn Overdyck vom »NS-Kurier« angerufen und zur Rede gestellt. Dieser habe erklärt, er sei die letzten Tage verreist gewesen und erst seit heute wieder im Dienst, er könne nichts dafür! Dem habe er ebenfalls das Nötige gesagt. Außerdem werde er heute noch einmal der gesamten Presse wegen dieses Vorfalls bindende Auflagen machen. Im übrigen teilt er mit, daß eine amtliche Beschwerde auf dem Dienstweg an den Oberkirchenrat unterwegs sei.

Ich habe Herrn Hauptmann D[iebitsch] gebeten, für den Fall, daß der Herr Landesbischof eine direkte Erwiderung bringe, sich mit dafür einzusetzen, daß sie aufgenommen wird. Er hat mir das zugesichert.

Von wem die amtliche Beschwerde kommt, weiß ich noch nicht, sie ist bis jetzt noch nicht eingetroffen (1 Uhr mittags), vermutlich vom Herrn Statthalter. Eine sachliche Erwiderung des Herrn Landesbischofs in der Presse halte ich mit den Herren Prälat Mayer-List und Oberkirchenrat Dr. Schauffler und mit vielen Pfarrern und Dekanen, die heute schon angeläutet haben, für dringend notwendig. Der Herr Landesbischof hat wahrlich schon oft genug öffentlich seine loyale politische

Stellungnahme zum Ausdruck gebracht und muß doch als Landesbischof in einer Ansprache an die Gemeinden auch aus bischöflicher Verantwortung heraus ein klares und offenes, sachlich gehaltenes, ernstes Wort sprechen können.

Mit freundlichen Grüßen und Wünschen (ich bin heute Abend und morgen in Tübingen bei meinen Schwiegereltern. Ich werde mir erlauben, von dort morgen Vormittag anzuläuten). Ihr sehr ergebener Pressel.

Auch die Württ. Politische Polizei beschäftigte sich mit der Neujahrsansprache des Landesbischofs. Am 4. 1. 1934 erging folgendes Schreiben an den Oberkirchenrat[145a]*:*

Das Württ. Innenministerium, Württ. Politische Polizei, hat Kenntnis erhalten von dem Runderlaß des Evang. Oberkirchenrats an sämtliche Dekanatämter, betreffend Evang. Jugend und Hitlerjugend vom 23. 12. 1933, Nr. A 10579, sowie von der Neujahrsansprache des Landesbischofs an die Gemeinden der Württ. Landeskirche vom 28. 12. 1933. In beiden Schriftsätzen ist die Vereinbarung über die Eingliederung der Evangelischen Jugendorganisationen in die Hitlerjugend mit scharfen Worten angegriffen und beanstandet worden. In dem zuerst genannten Erlaß werden die Dekanatämter u. a. aufgefordert, jeden Versuch, in das Evang. Jugendwerk und seine jetzigen Gliederungen einzugreifen, mit dem Hinweis auf die Bekanntmachung des Reichsinnenministeriums zu erwidern. In der Neujahrsansprache ist u. a. gesagt, der Geist des Evangelischen Christentums sei stark genug, um Irrtümern aller Art, und wenn sie noch so glänzend vorgetragen werden, entgegenzutreten unter Berufung auf das Evangelium. Ferner findet sich in dieser Ansprache folgender Satz: »Trotz des kürzlich ohne unsere Zustimmung abgeschlossenen und weithin mit schmerzlichem Befremden aufgenommenen Abkommens werden wir darauf hinarbeiten, daß der evangelischen Jugend neben der Erfüllung ihrer staatsbürgerlichen Pflichten Raum und Zeit bleibt, um die innere Ausrüstung zu gewinnen für den Kampf, den jeder Christenmensch in diesem Leben zu führen hat.«

Diese Ausführungen scheinen mir das zulässige Maß der Kritik zu überschreiten und sind nach meinem Dafürhalten geeignet, die öffentliche Ruhe und Ordnung zu stören sowie erneute Unruhe in die Bevölkerung zu bringen. Bevor ich Weiteres veranlasse, möchte ich dem Evang. Oberkirchenrat Gelegenheit zur Äußerung geben. Dr. Mattheiss.

[145a] LKA Stuttgart, D 1, Bd. 47.

Am 10. 1. 1934 antwortete der Landesbischof. Er ging zuerst auf die Eingliederung der Evang. Jugend in die HJ ein und erklärte dann zu seiner Neujahrsansprache[145b]*:*

... 4. Warum in dem Schreiben der Satz der Neujahrsansprache »Der Geist des evangelischen Christentums ist stark genug, um Irrtümern aller Art, auch wenn sie noch so glänzend vorgetragen werden, entgegenzutreten« beanstandet wird, ist uns nicht verständlich. Eine Kirche muß doch das Recht haben, Lehren, die sie vom Standpunkt ihres Glaubens aus als Irrtümer ansieht, entgegenzutreten. Wenn bei diesem Satz an etwas Bestimmtes gedacht ist, so sind es die von Bergmann, Wirth, Hauer und anderen vorgetragenen Anschauungen, die sich in der sog. Deutschen Glaubensbewegung polemisch gegen das Christentum zu kristallisieren suchen. Da die NSDAP auf dem Boden des positiven Christentums steht, so kann sie sich diese Auffassungen nicht zu eigen machen und ihre Bekämpfung nicht als staatsgefährlich ansehen.

5. Der besonders beanstandete Satz »Trotz des ohne unsere Zustimmung abgeschlossenen und weithin mit schmerzlichem Befremden aufgenommenen Abkommens werden wir etc.« stellt lediglich den oben näher dargestellten Tatbestand fest und richtet sich in erster Linie gegen den Reichsbischof, gegen dessen Handlungsweise eine Reihe von Kirchen, auch die württembergische, in besonderen Schreiben Verwahrung eingelegt haben.

6. Wenn die Politische Polizei in dieser rein kirchlichen Kundgebung, die in dem ernsten Augenblick des Jahreswechsels an die Hinfälligkeit und Unzulänglichkeit alles Menschenwerks erinnern, zugleich aber zu frischer Tat und treuem Dienst auffordern wollte, eine Überschreitung des zulässigen Maßes von Kritik sieht, so möchten wir fragen, was sie zu den in beiliegendem Heft der »Kommenden Gemeinde« gemachten Ausführungen, S. 112–124, sagt. Hier ist dem Württ. Landesbischof der unverblümte Vorwurf gemacht, daß die Kirche zu vielem geschwiegen habe, worüber sie hätte reden sollen, und wird der von Hauer geführten Deutschen Glaubensbewegung nachgerühmt, daß sie den Mut aufgebracht habe, der der Kirche fehlte. Also die sog. Dritte Konfession darf dem Staat das Konzept korrigieren auf seinem eigensten Gebiet, in das hineinzureden die evangelische Kirche sich peinlich hütet. Die evangelische Kirche aber darf nicht einmal reden, wenn es um ihre eigenen

[145b] Nr. A 155. Der erste Teil des Briefes über die evang. Jugend wird in diesem Zusammenhang wiederzugeben sein. Die Württ. Polizei scheint sich mit dieser Antwort zufrieden gegeben zu haben.

wichtigen Angelegenheiten, um ihr seit Jahrzehnten blühendes Jugendwerk geht, das zur Gewinnung ihres Nachwuchses insbesondere auch in der männlichen und weiblichen Diakonie von einer Bedeutung ist, die nicht leicht überschätzt werden kann. Wir können uns nicht denken, daß eine so verschiedenartige Behandlung der evangelischen Kirche und der sie bekämpfenden Richtung der Deutschen Glaubensbewegung im Sinne der Staatsleitung und der Politischen Polizei liegt.

7. Was ist mehr geeignet, die öffentliche Ruhe und Ordnung zu stören, kirchliche Erlasse und Ansprachen des Landesbischofs oder die Artikel des »NS-Kuriers«, von denen der gestern erschienene[145c] eine unqualifizierbare Verleumdung eines Mannes enthält, der sich in der Vergangenheit oft genug wegen seiner unbedingten nationalen Haltung von der Linkspresse hat anpöbeln lassen? Welchen Gewinn verspricht sich der Staat oder die NSDAP davon, daß die Führung der Württ. Evang. Kirche, hinter der die Pfarrerschaft und das am kirchlichen Leben wirklich teilnehmende Kirchenvolk fast geschlossen steht, beständig vor der Öffentlichkeit herabgesetzt wird?

Nachdem in Württemberg die Spannung zwischen der Kirchenleitung und der Glaubensbewegung verschwunden ist und diese ihre volksmissionarische Arbeit im Rahmen des landeskirchlichen Programms[145d] zu treiben erklärt hat, würde völliger Friede herrschen, wenn nicht diese unerhörten Angriffe zugelassen würden. Zur Sicherung der öffentlichen Ruhe und Ordnung auf kirchlichem Gebiet dürfte deshalb in erster Linie ein Vorgehen gegen derartige unverantwortliche Presseäußerungen in Frage kommen. Wurm.

Am 4.1.1934 erließ der Reichsbischof eine Verordnung über Wiederherstellung geordneter Zustände in der Deutschen Evang. Kirche. *Darauf nahm Wurm Bezug bei einer Ansprache, die er in der ersten Sitzung des Oberkirchenrats im Jahre 1934, am 9. Januar, hielt*[146]*:*

Beim Beginn dieses Jahres grüße ich meine verehrten und bewährten Mitarbeiter aufs herzlichste. Es ist unser aller Wunsch, mit dem Einsatz unserer besten Kraft unserer teuren evangelischen Kirche und

[145c] Siehe S. 1013.
[145d] Vgl. S. 770 ff.
[146] LKA Stuttgart, D 1, Bd. 47. Bei den Akten liegt ein Durchschlag ohne Unterschrift, oben am Stück ist von Wurm das Datum handschriftlich vermerkt. — Zur Verordnung des Reichsbischofs siehe S. 1023.

damit auch unserem geliebten Volk und Vaterland zu dienen. Das vergangene Jahr hat unserem Volk große erhebende Tage gebracht, die wir mit Freuden mitgefeiert haben. Vieles ist in diesem Jahr verwirklicht worden, was vaterländische und soziale Gesinnung, die im evangelischen Württemberg stets ihre Stätte gehabt hat, in glücklicheren Zeiten vergeblich ersehnt hatte. Auch wenn uns die leidigen Auseinandersetzungen auf kirchlichem Gebiet die Freude an dem Errungenen manchmal trüben wollten, habe ich immer wieder darauf hingewiesen, welcher Gefahr die Kirche durch die nationale Erhebung entronnen ist, und gebeten, über Begleiterscheinungen, wie sie jeder weltgeschichtlichen Wende anhaften, die große Linie nicht aus dem Auge zu verlieren.

Das werden wir auch künftighin nicht vergessen. Welcher Wunsch kann uns mehr beseelen, als daß der von Adolf Hitler geschaffene Staat sich nach innen und außen verfestige als ein Staat der Gerechtigkeit, der Ehre und des Friedens? Dazu will auch die Kirche helfen, indem sie die ihr anvertraute Botschaft mit Kraft und Freudigkeit verkündigt und dadurch ihre Glieder willig macht, die Opfer zu bringen, die das große Ganze von jedem Volksgenossen verlangt. Diese Botschaft selbst aber hat einen anderen Inhalt als den eines politischen oder wirtschaftlichen Programms. Sie handelt von dem Gott, von dessen Segen alle, auch die mächtigsten Völker und Menschen abhängig sind, von dem Heiland, ohne dessen Verdienst auch der Begabteste und Tüchtigste nicht selig wird, und von dem heiligen Geist, ohne dessen Gabe und Kraft niemand zum wahren ewigen Leben durchdringt. Daß unsere Kirche in ihrer Verkündigung dieser Botschaft treu bleibe, das ist es, um was es in all den innerkirchlichen Kämpfen bisher gegangen ist; das ist kein Theologengezänk, sondern unsre Gemeinden haben ein dringendes Verlangen darnach, daß ihre Pfarrer von dieser zentralen Einstellung aus ihre Wirksamkeit gestalten. Wenn im weiteren Lauf der Dinge die Entscheidungsfrage gestellt werden sollte: Evangelischer Glaube oder arische Religion – so wissen wir uns auch mit den nationalsozialistischen Kirchengenossen darin einig, daß nur das Festhalten am Erbe der Väter auch der nationalsozialistischen Bewegung Heil und Segen bringen kann.

Eben deswegen kann auch unsere Kirche die Einwirkung auf die Jugend im Geiste des evangelischen Glaubens nicht als bloß nebensächlich betrachten. Ausdrücklich möchte ich feststellen, daß die evangelischen Kirchen- und Jugendführer einer korporativen Eingliederung der evangelischen Jugend in die Hitlerjugend zum Zweck der wehrsportlichen und staatspolitischen Schulung niemals widerstrebt haben[147]. In all den monatelang sich hinziehenden Verhandlungen ist hiezu stets die Bereitschaft bekundet worden. Was uns und viele geschmerzt hat, war nur dies, daß die Form der Eingliederung, die der kürzlich abgeschlossene Vertrag vorsieht, nach dem Urteil der erfahrensten Praktiker eine wirklich evangelische Jugendpflege in den wichtigsten Altersstufen außerordentlich erschwert, wenn nicht unmöglich macht und daß trotz gegebener Zusage von höchster kirchlicher Stelle dieses Abkommen den Kirchenführern und Jugendführern vorher nicht zur Äußerung vorgelegt worden ist. Es wäre doch gerade im Interesse des Staates und der Zusammenfassung der Jugend gelegen gewesen, wenn bei einem so einschneidenden Akt vorher die freiwillige Zustimmung der Hauptbeteiligten erreicht worden wäre. Da diese Kritik eine kirchliche Stelle betrifft, so muß ich es durchaus ablehnen, sie als einen politischen Vorstoß aufgefaßt zu sehen, wie ich überhaupt und immer wieder betonen muß, daß auch der Gegensatz, in dem sich zur Zeit eine Reihe von Landeskirchen gegen die Leitung der Reichskirche befinden, lediglich unter kirchlichen Gesichtspunkten betrachtet werden darf.

Die Freude an unserem Dienst und die Freude an unserem Volk und Staat und seinen Führern lassen wir uns nicht verderben, sondern rufen, wie es durch Volksmission und Gemeindedienst geschieht, alle Glaubensgenossen auf zu selbstlosem und opferfreudigem Dienst. Der Herr unser Gott schaffe in uns das Wollen und Vollbringen nach seinem Wohlgefallen![148]

Zur Ansprache des Landesbischofs am 9. Januar und zur Ablehnung der Verordnung des Reichsbischofs vom 4. Januar schrieb der NS-Kurier *am 12. 1. 1934:*

Noch einmal – die Neujahrsansprache

Württembergische Landeskirche lehnt Verordnung des Reichsbischofs ab

Wir haben in unserer Abendausgabe vom 4. Januar zu der Neujahrsansprache, die der Herr Landesbischof zur Verlesung hat bringen lassen, Stellung genommen und der Unruhe Ausdruck verliehen, die durch diese Ansprache in der Öffentlichkeit ausgelöst worden ist. Der Herr

[147] Die Vorgänge um das Evang. Jugendwerk sind in einem späteren Band zu dokumentieren.

[148] Phil. 2,13.

Landesbischof hat nun anläßlich der ersten Sitzung des Evang. Oberkirchenrates im neuen Jahr eine Ansprache gehalten, die durch den Evang. Presseverband verbreitet wird und um deren Aufnahme wir aus Gründen der Loyalität gebeten werden. Diese Ansprache hat folgenden Wortlaut[149] . . .

Es ist unverständlich, daß sich der Herr Landesbischof so wenig mit dem Primat der Politik abfinden kann und damit, daß dieses Primat der Politik sich bei der Beurteilung aller Vorgänge, auch seiner Reden bei der Öffentlichkeit durchsetzt. Abgesehen davon aber können wir die Ansprache vor dem Oberkirchenrat nur als einen Rechtfertigungsversuch ansehen, der nicht gelungen ist und uns nicht überzeugen kann. Unsere Stellungnahme zu der Neujahrsansprache ist nicht entkräftet, sondern bestätigt. Die beste Loyalitätserklärung wird null und nichtig, wenn immer wieder ein Wenn und Aber geltend gemacht wird. Es nützt nichts, die großen Leistungen der Regierung nachträglich anzuerkennen, nachdem dies versäumt ist und das Versäumnis mit den Anlaß zu unserer Stellungnahme abgegeben hat. Diese nachträgliche Anerkennung nützt vor allem nichts, wenn in ihr der Wunsch geäußert wird, daß »sich der von Hitler geschaffene Staat zu einem Staat der Gerechtigkeit, der Ehre und des Friedens verfestige«. Denn dieser Wunsch bedeutet eine Einschränkung und ablehnende Kritik an dem Staat, die dem Landesbischof nicht zukommt. Wenn der Herr Landesbischof dann trotz aller bekannten gegenteiligen Äußerungen wieder davon spricht, als ob in diesem Zusammenhang eine Entscheidungsfrage »evangelischer Glaube oder arische Religion« bestehe, so kann das nur als der Versuch einer Ablenkung angesehen werden. Wir haben es schon oft betont, daß die entscheidende Frage nur dahin lautet, ob nationalsozialistischer Geist in die Kirche eindringt oder nicht. Das ist das Wesentliche, an dem man aber bewußt oder unbewußt vorbeigeht. Was der Landesbischof von neuem zu der Eingliederung der evangelischen Jugend in die Hitler-Jugend sagt, ist das gleiche, was wir bereits mit Recht zurückgewiesen haben. In einer Zeit wie der unsrigen, die einen völligen Umbruch in allem Denken mit sich bringt, und zumal in einer so eminent politischen Frage wie der Jugendfrage, kann es keine lediglich kirchlichen Gesichtspunkte geben.

Wie müßig es allmählich scheint, mit dem Herrn Landesbischof über all diese Fragen zu rechten, das zeigt deutlich und klar folgende soeben

[149] Hier folgt der gesamte Text der Ansprache.

aus Nürnberg einlaufende Meldung: Zu der Verordnung des Reichsbischofs vom 4. 1. 1934 über Wiederherstellung geordneter Zustände in der deutsch-evangelischen Kirche teilt der Evangelische Presseverband für Bayern mit, daß die Kirchenleitungen der evangelischen Landeskirchen von Bayern und Württemberg den Vollzug dieser Verordnung abgelehnt und Rechtsverwahrung gegen sie eingelegt haben.

Gegen diese Angriffe, die der NS-Kurier *gegen den Landesbischof richtete, wandten sich verschiedene Pfarrer in Schreiben an die Schriftleitung des* NS-Kurier. *Am 12. 1. 1934 schrieb Pfarrer Kadelbach, Königsbronn*[150]*:*

Sehr geehrte Herren!

Ihre Angriffe auf unsern Herrn Landesbischof erfordern eine klare Stellungnahme.

1. Der Herr Landesbischof hat längst vor seiner Neujahrsansprache wahrhaftig klar und deutlich genug und nicht bloß einmal ausgesprochen, daß er mit vollem Herzen hinter dem Staat Adolf Hitlers und hinter dem Führer selbst steht. Es ist nicht fair, ihm einen Vorwurf daraus zu machen, daß er dies anläßlich seiner Neujahrsansprache nicht noch einmal wiederholt hat. Außerdem ist Ihnen genau bekannt, daß der Herr Landesbischof schon gleich nach dem Kriege bereits ein Vorkämpfer der nationalen Bewegung gewesen ist. Durch Angriffe auf den im Kirchenvolk hochgeehrten Herrn Landesbischof tragen Sie zur Einigung des deutschen Volkes nichts bei, im Gegenteil.

2. Wie Ihre Äußerung vom »Primat der Politik« genau gemeint ist, weiß ich nicht. Jedoch möchte ich zur Klärung das sagen: Der Herr Landesbischof hat in der von Ihnen abgedruckten Ansprache im Evang. Oberkirchenrat dem Sinn nach allerdings vom Primat des Evangeliums gesprochen. Das ist eben Glaubenssatz der evang. Kirche. Wenn Sie vom Herrn Landesbischof, wenn Sie von irgendeinem evangelischen Christen, der weiß, was er glaubt und warum er glaubt, Anerkennung des Primats der Politik verlangen, dann beschwören Sie mit Naturnotwendigkeit einen Kulturkampf oder eine Christenverfolgung herauf. Wir (nicht bloß als Pfarrer, sondern alle wirklich evangelischen Christen) lassen unsern Herrn Landesbischof nicht antasten, wenn er einfach und klar evangelische Glaubenssätze vertritt. Der Herr Reichs-

[150] LKA Stuttgart, D 1, Bd. 47. Bei den Akten liegen noch Kopien anderer Leserzuschriften an den »NS-Kurier« in derselben Angelegenheit.

kanzler hat seinen politischen Scharfblick nicht zuletzt dadurch hervorragend gezeigt, daß er längst für die Unantastbarkeit des kirchlichen Glaubens eintrat. Wenn Sie den Kampf auf das Gebiet des Glaubens hinübertragen, so läßt hier die Kirche nicht mit sich spaßen. Es ist dann ganz einerlei, ob die Masse auf Seiten des »NS-Kurier« steht oder auf Seiten des Herrn Landesbischofs: Sie wissen aus der Geschichte des Christentums (wie übrigens auch aus der Geschichte des Nationalsozialismus), daß es manchmal kleine Minderheiten gibt, die eben nicht mit sich spaßen lassen, weil sie von der Heiligkeit ihres Glaubens überzeugt sind.

3. Auf die Eingliederungsfrage der Evang. Jugend in die Hitlerjugend gehe ich jetzt nicht ein. Nur das führe ich an: Es sollte Ihnen immerhin in Ihrer Stellung zum Herrn Reichsbischof zu denken geben: 1) daß die Ablehnung der Verordnung des Reichsbischofs vom 4. Januar durch die bayerische und württembergische Kirche, in der den Pfarrern »der Mund verboten« werden sollte, aus Rechtsgründen, d. h. weil sie mit der Reichskirchenverfassung nicht vereinbar ist, erfolgte; 2) daß der Herr Landesbischof in seiner Ansprache den Herrn Reichsbischof der Unwahrhaftigkeit bezichtigen mußte; 3) daß eine Reihe hinter dem Herrn Reichsbischof stehender Persönlichkeiten (vgl. Hossenfelder!) sich unmöglich gemacht haben; 4) daß Sie selbst eine Seite vorher in Ihrer Nr. 17 den Rücktritt von Kirchenminister Beyer berichten, des letzten Ministers, der noch im Geistlichen Ministerium als Minister zu Dienst drinnen stand(!). Tatsache ist, daß der Herr Reichsbischof in den weitesten Kreisen des Kirchenvolkes (vielleicht sogar beim Führer selbst?) das Vertrauen verloren hat.

Mit deutsch-evangelischem Gruß! Heil Hitler! [Kadelbach.]

Dieses Schreiben übersandte Pfarrer Kadelbach ebenfalls am 12. 1. 1934 mit folgendem Beibrief dem Landesbischof:

Hochverehrter Herr Landesbischof!

Angesichts der neuen Angriffe, die der »NS-Kurier« Nr. 17 gegen Ihre Person richtet und die teilweise anscheinend von der Landpresse übernommen werden, ist es mir ein herzliches Bedürfnis, Ihnen für Ihren mannhaften Kampf, besonders auch für das Telegramm an den Reichsbischof ergebenen Dank auszusprechen[150a]. Meinem Dank gestatte

[150a] Das Telegramm vom 9. 1. 1934 siehe S. 1021.

ich mir die herzliche Bitte beizufügen, diesen Kampf weiterzuführen bis zum – Gott gebe es – baldigen glücklichen Ende. Ich brauche Sie nicht zu versichern, daß gerade die kirchentreuen Kreise hinter Ihnen stehen. Ich erlaube mir, Ihnen in der Anlage den Durchschlag eines Schreibens zur Kenntnisnahme zu übersenden, das ich gleichzeitig an den »NS-Kurier« sende.

Mit deutschem Gruß! Ihr sehr ergebener Pfarrer Kadelbach.

Pfarrer Brecht, Nagold, schrieb am 13. 1. 1934 An die Hauptschriftleitung des NS-Kurier[151]:

Sehr geehrter Herr Overdyck!

Als Leser des »NS-Kurier« und als Pfarrer drängt es mich, der tiefen Empörung Ausdruck zu geben, mit der mich und sicher viele evangelische Volksgenossen die 3 gegen Landesbischof D. Wurm gerichteten Artikel erfüllt haben. Ich sehe in ihnen ein schweres Unrecht, weil die dort erhobenen Vorwürfe sachlich völlig unbegründet und zudem geeignet sind, in unsrem Land die Gemeinschaft zu zersetzen und den Geist des Unfriedens zu verbreiten.

Unser württ. Bischof hat seine Aufgeschlossenheit für den nationalsozialistischen Staat schon zu einer Zeit mit Wort und Tat bekannt, als dies für den Führer einer Landeskirche noch Mut und den Einsatz seiner Vertrauensstellung kostete. Er war einer der wenigen, die damals im Bodelschwinghstreit seine Stimme entscheidend zugunsten einer den Staat befriedigenden Lösung in die Waagschale warf. Hat man das ganz vergessen? D. Wurm hat seither seinen Pfarrern und seinen Gemeinden die Treue zu Volk und Staat immer wieder ans Herz gelegt. Die Dank-

151 LKA Stuttgart, D 1, Bd. 47; Brecht wendet sich gegen die »NS-Kurier«-Artikel vom 4. 1. 1934, 9. 1. 1934 und 12. 1. 1934. Am 9. 1. 1934 hatte der »NS-Kurier« im Zusammenhang mit einem Artikel gegen Kardinal Faulhaber auch Wurm angegriffen: »Es sind augenblicklich noch andere ›Kardinale‹ am Werk gegen ›den Staat‹. Wenn an der Spitze wider den Geist der Nation gefehlt wird, so ist es kein Wunder, daß auch in den unteren Regionen des Pfarrstandes Widerstand und Zersetzung sich hervorwagt, so daß — wie in Bayern, Württemberg und Westfalen — Staatsgewalt eingreifen muß. Ist es in München der Kath. Erzbischof, der unter dem Kirchenrock das Schwert trägt, so ist es in Stuttgart der evang. Landesbischof, der seine kirchliche Berufung mißbraucht und dem Reich verweigert, was des Reiches ist. Auch hier könnte ein böswilliger Berichterstatter eine Allgemeingültigkeit konstruieren und seinen Lagebericht mit dem ad hoc veränderten Wort schließen: ›Das ist die Sprache des evangelischen Deutschlands‹!«

barkeit für die durch Adolf Hitler vollbrachte Rettertat an unsrem Volk und auch an unsrer Kirche ist ihm und uns etwas Selbstverständliches. Wenn in der Neujahrsansprache dieser Dank nicht ausdrücklich zu Wort kommt, so mag das ein formales Versehen sein, jedenfalls ist die Deutung, die im »NS-Kurier« diesem Fehlen gegeben wird, gänzlich ungerechtfertigt, um nicht zu sagen böswillig. Man hat den Eindruck, daß diese Ansprache nur der gern benützte Anlaß war, um einer längst vorhandenen Stimmung gegen D. Wurm Ausdruck zu geben. Bis jetzt hatte ein zureichender Grund zu solchem Vorgehen gefehlt. Der wahre Grund für jene Anwürfe liegt ja darin, daß D. Wurm sich mannhaft und klar allezeit für die Notwendigkeiten und Lebensrechte der evang. Kirche einsetzt. Freilich, was in den 3 Artikeln über kirchliche Dinge gesagt ist, das zeugt von einem so erschütternden Nichtverstehen der Probleme, daß es mir müßig erscheint, hier darüber zu rechten. Wir können nur die Hoffnung hegen, die verantwortlichen Männer unsres Staates möchten erkennen bzw. dahin beraten werden, daß eine Kirche, der das innere Rückgrat gebrochen ist, d. h. die in ihrem Leben und Wirken nicht mehr den eigenen Wesensgesetzen gehorchen darf, für Staat und Volk nichts anderes ist als ein Popanz oder aber eine schwere Gefahr.

Es ist eine ebenso billige als verhängnisvolle Vernebelung der Situation, sofort das Geschrei von der drohenden Reaktion zu erheben, wo aufrechte Männer bemüht sind, einen fruchtbaren Ausgleich zwischen Staat und Kirche und den im Verhältnis beider liegenden Spannungen zu schaffen. Die führende Zeitung eines Landes müßte sich eigentlich von solch billiger Kampfesweise absondern. Sie wissen wohl nicht, welches Maß von Vertrauen unser Bischof in den Kreisen seiner Pfarrer und – was schwerer wiegt – seiner Gemeinden genießt. Dieses Vertrauen einem Mann gegenüber, der von seinem hohen Amt aus auch dem Staat in Treue zu dienen willens ist, wollen die NS-Kurier-Artikel erschüttern und zersetzen. Es wird ihnen nicht gelingen. Ich nehme an, daß Sie, sehr geehrter Herr Overdyck, unsre schwäbischen Verhältnisse nur vom politischen Aspekt her kennen. Wenn es einmal eine Probe gelten sollte, so würden Sie staunend entdecken, wieviel Treue zu einer wahrhaft kirchlichen Führung in unsrem schwäbischen Volk noch vorhanden ist.

Nicht weil ich für unsern Landesbischof fürchte, schrieb ich diese Zeilen, sondern in aufrichtiger Sorge um die Volksgemeinschaft, die ja auch im kirchlichen Leben ihren Ausdruck findet. Sie werden mich als Nationalsozialisten nicht für voll nehmen, weil ich erst im letzten

Frühjahr den äußeren Anschluß vollzogen habe. Aber schließlich hat unsereiner, der schon 1918 und 1920 in Stuttgart, München und im Ruhrgebiet als Soldat gegen den Kommunismus kämpfte, soviel jedenfalls in der Schule des Nationalsozialismus gelernt, daß die Volksgemeinschaft ein Gut ist, das man nicht in so leichtfertiger und ungerechter Weise gefährden darf, wie es in den NS-Kurier-Artikeln gegen D. Wurm tatsächlich geschieht.

Heil Hitler! Mit deutschem Gruß! Brecht, Stadtpfarrer.

Auf 28. 1. 1934 erschien im Stuttgarter Evang. Sonntagsblatt *ein Artikel des Herausgebers* Die Evang. Kirche an der Jahreswende:

Das vergangene Jahr hat unserem deutschen Volk große, erhebende Tage gebracht, die wir mit Freuden mitgefeiert haben. Es ist ja 1933 nicht nur ein grundlegender Wechsel in der politischen Leitung unseres Volkes eingetreten, die Wandlung geht viel tiefer. Die politische Umwälzung, die nationale Revolution, hat übergegriffen auf alle Gebiete des öffentlichen und kulturellen Lebens. Es geht jetzt darum, daß unser Volk in seinem ganzen Wesen, bis in seine Wurzeln hinein, neugestaltet werde, daß Deutschland ein neues Gesicht bekommen soll. Daß die evangelische Kirche und ihre Führer diese weltgeschichtliche Wende, in deren Anfängen wir stehen, dankbaren und freudigen Herzens begrüßt haben, davon zeugen die mannigfachen Kundgebungen, in denen sie zu den Ereignissen Stellung genommen haben. Die evangelische Kirche hat aus vielen Gründen allen Anlaß, sich über den tiefgreifenden Wandel der Dinge zu freuen und es dankbar zu begrüßen, daß der Führer das Werk der nationalen und sittlichen Erneuerung unseres Volks so tatkräftig in Angriff genommen hat. Sie wird es in ihrem Teil nicht daran fehlen lassen, zu einer aufrichtigen Zusammenarbeit zwischen Staat und Kirche mit ihren besten Kräften das Ihre beizutragen . . .

Auf einem Gebiet kirchlichen Lebens ist ja die Umwälzung am deutlichsten sichtbar geworden: auf dem Gebiet der kirchlichen Verfassung. »Ein Volk, ein Reich, – darum auch eine Kirche«, das schien die Forderung des Augenblicks. Von den Bestrebungen, die auf die Schaffung einer großen deutschen Kirche hinzielten, die alle vereinigen sollte, Evangelische und Katholiken, Freikirchen und Sekten, ist es stille geworden, aber wir wollen uns nicht darüber täuschen, daß sie ihre werbende Kraft noch nicht verloren haben, und zwar um so mehr, je weniger ihre Vertreter in die tatsächlichen Gesetze kirchlichen Lebens und Wesens Einblick haben. Dankbar begrüßen wir es, daß – es bleibt dies ein Verdienst der so viel umstrittenen Glaubensbewegung »Deutsche Christen« – das geschaffen wurde, was möglich war: die Deutsche Evang. Kirche, die die bisherigen 28 evangelischen Landeskirchen zu einer Einheit zusammenfaßte.

Die Hoffnung, daß nun die positive Arbeit am Aufbau der Deutschen Evangelischen Kirche beginnen könne, hat leider getrogen. Die Lähmung aller aufbauenden Arbeit, zu der wir gebieterisch aufgerufen sind, darf nicht länger andauern, wenn nicht böser Schade entstehen soll. Die schleichende Krisis, die mit dem Streit um die Person des Reichsbischofs zum erstenmal in Erscheinung getreten war, ist aus Anlaß der berüchtigten Sportpalastkundgebung vom 13. 11. 1933 in voller Schärfe zum Ausbruch gekommen. Wer es nicht schon lange wußte oder wenigstens in banger Sorge ahnte, dem haben die Vorgänge auf jener Versammlung die Augen geöffnet über die furchtbare Not der neu begründeten Deutschen Evang. Kirche. In unerbittlicher Folgerichtigkeit hat sich das Wort erfüllt: »Das ist der Fluch der bösen Tat, daß sie fortzeugend Böses muß gebären[152]« und die alte biblische Wahrheit wird aufs neue bestätigt: »Was vom Fleisch geboren ist, das ist Fleisch[153].« Der Bann unvergebener Schuld lag als verhängnisvolle Lähmung über den Anfängen der Deutschen Evang. Kirche. Man kann nur mit tiefer Beschämung zurückdenken an den unseligen Bischofsstreit und an die Art und Weise, wie der Kampf ausgefochten wurde. Und Wittenberg? »Wenn wir in einer poetisch begabten Stunde von einer deutschen Nationalsynode träumten, so sah sie anders aus als die, die wir mit schwerem Schmerz erlebten. – Kein freies Wort, und die Vertreter der Kirche dabei! Das haben wir uns anders gedacht« (Prof. D. Schlatter). Als wir von den Vorgängen anläßlich der Sportpalastkundgebung berichteten (in Nr. 49 und 50 des Jahrgangs 1933), da sprachen wir die Hoffnung aus, daß es bald zu einer Klärung kommen werde.

Diese Hoffnung hat leider getrogen. Der feierlichen Einsprache, die der Reichsbischof gegen jene Kundgebung erhoben hat, sind die allein entscheidenden Taten nicht gefolgt. Es hat lange genug angestanden, bis der durch jene Vorgänge schwer belastete Pfarrer Hossenfelder aus dem Kirchenregiment ausgeschieden ist. Es fehlte nicht an Bestrebungen, die innerkirchlichen Auseinandersetzungen noch vor Weihnachten

[152] Schiller, Wallenstein I, Die Piccolomini V, 1.

[153] Joh 3,6.

zu bereinigen. Dieser begrüßenswerten Absicht sollten wiederholte Eingaben der lutherischen Bischöfe unter Führung des bayerischen und württembergischen Landesbischofs dienen. Eine Eingabe, die sie am 19. Dezember dem Reichsbischof übergaben, ging aus von der bedrohlichen Entwicklung der kirchlichen Lage[154]. Daß die Stelle des lutherischen Kirchenministers seit geraumer Zeit unbesetzt sei und auch gegen andere Mitglieder des Geistlichen Ministeriums ernste Bedenken erhoben würden, sei ein unhaltbarer Zustand. Zudem habe dieses Geistliche Ministerium, das in seiner Zusammensetzung dem Willen und der Absicht der Kirchenverfassung nicht entspreche, eine Reihe von weittragenden Gesetzen erlassen. Diesen Gesetzen fehle so lange die innerliche verpflichtende Kraft, als das gesetzgebende Organ nicht verfassungsmäßig gebildet sei. Zur Erhaltung der Deutschen Evangelischen Kirche und zu ihrer Befriedung sei es unbedingt notwendig, daß ein verfassungsmäßiges Geistliches Ministerium, das vom Vertrauen der Landeskirchen getragen sei, in Bälde gebildet werde. Andernfalls sähen sich die Landeskirchenführer nicht in der Lage, die Reichskirchenregierung weiterhin zu decken. Diese Forderungen, denen sich auch der auf 6000 Mitglieder angewachsene Pfarrernotbund anschloß, wurden jedoch vom Reichsbischof abgelehnt. Gleichzeitig wurde bekannt, daß der Reichsbischof beabsichtige, das deutsche evangelische Jugendwerk in die Hitlerjugend zu überführen. Daraufhin wurden die evangelischen Jugendführer beim Reichsbischof vorstellig mit Vorschlägen, die eine Zusammenarbeit von Hitlerjugend und evangelischer Jugend bei Wahrung der Selbständigkeit der evangelischen Jugendverbände gewährleisten sollen. Aber der Reichsbischof lehnte diese Vorschläge ab, worauf die Führer des evangelischen Jugendwerks dem Reichsbischof die ihm am 17. November übertragene Befehlsgewalt über das Jugendwerk entzogen, indem sie darauf hinwiesen, daß dem Reichsbischof die Möglichkeit fehle, einen von ihm im Gegensatz zu dem Führer des Jugendwerks geschlossenen Vertrag wirksam und vertragstreu durchzuführen. Trotzdem traf tags darauf der Reichsbischof die Vereinbarung mit dem Reichsjugendführer Baldur von Schirach über die Eingliederung der evangelischen Jugend in die Hitlerjugend. Wir begrüßen es mit aufrichtigem Dank, daß Innenminister Dr. Frick sich neuerdings um eine Klärung der Streitfragen bemüht, und hoffen, daß seine Bemühungen den unheilvollen Zwist beendigen helfen . . .

[154] Siehe S. 956 f.

Am 26. 1. 1934 mußte Verlag und Schriftleitung des Stuttgarter Evang. Sonntagsblatts *dem Evang. Oberkirchenrat die Beschlagnahme dieser Nummer des Sonntagsblatts mitteilen*[155]*:*

Durch Verfügung der Politischen Polizei Stuttgart vom 25. Januar nachmittags wurde die Nr. 4 unseres Sonntagsblattes um des Artikels »Die evangel. Kirche an der Jahreswende« willen beschlagnahmt. Beanstandet wurde besonders S. 34 Sp. 1 der Absatz über die schleichende Krisis und Sp. 2 die Darstellung der Vorgänge im kirchlichen Jugendwerk. Wir erblicken in dieser Maßregelung einen Verstoß gegen die Anordnung des Führers, daß staatliche Stellen in den innerkirchlichen Streit sich nicht einzumischen haben[155a]. Diese Anordnung ist erst in dieser Woche erneut an die staatlichen Stellen hinausgegeben worden. Wir haben Beschwerde beim Innenministerium in Berlin und Stuttgart erhoben. Wir wären dem Evang. Oberkirchenrat zu besonderem Dank verpflichtet, wenn er auch seinerseits im kirchlichen Interesse die Angelegenheit an dieser Stelle zur Sprache bringen würde.

Für Ihre gütigen Bemühungen zum voraus ergebenst dankend, verbleiben wir mit deutschem Gruß Chr. Belser A. G. Verlagsbuchhandlung und Buchdruckerei.

Der Verlag: P. Walker.
Die Schriftleitung: I. Kammerer.

Das Württ. Innenministerium, Württ. Politische Polizei, übersandte dem Landesbischof am 29. 1. 1934 eine Auszügliche Abschrift eines an den Herrn Reichsstatthalter erstatteten Berichts *über die Beschlagnahmung des* Sonntagsblatts[156]:

Der Geschäftsführer des Belser Verlags AG Stuttgart, Paul Walker, ist am 25. des Monats aufgefordert worden, die Nummer 4 des »Evangelischen Sonntagsblatts« vom 28. Januar des Jahres nicht zur Ver-

[155] Nr. A 891. Die Beschwerde beim Reichsinnenministerium erging in einem Schreiben vom 26. 1. 1934; es heißt dort u. a.: »Wir erblicken in dieser Maßnahme einen Verstoß gegen die erst in dieser Woche erneut hinausgegebene Anordnung des Führers, daß staatliche Stellen sich nicht in die innerkirchlichen Auseinandersetzungen einmischen sollen . . . Das evang. Kirchenvolk Württembergs wird eine solche Maßregelung angesichts der Angriffe, die neuerdings gegen die Person des württ. Landesbischofs D. Wurm erhoben werden, nicht verstehen und kann darin nur eine kaum tragbare Einschränkung der vom Führer zugesicherten freien Stellungnahme zu den kirchlichen Fragen erblicken, die es zutiefst bewegen.« (LKA Stuttgart, D 1, Bd. 47.)

[155a] Zum Erlaß des Reichsinnenministers vom 30. 11. 1933 siehe Anmerkung 61, S. 885.

[156] OKR Stuttgart, Registratur, Generalia Bd. 115b.

teilung zu bringen, da die in dem Blatt enthaltenen Ausführungen in den Aufsätzen »Evangelische Kirche an der Jahreswende« und »Kirchliche Umschau« beanstandet werden. Die Gesamtauflage dürfe nicht zum Versand und zur Verbreitung gebracht werden. Es sei zu veranlassen, daß evtl. schon versandte Exemplare unterwegs aufgehalten würden. Der Geschäftsführer teilte mit, daß das Blatt bereits am Montag oder Dienstag gedruckt worden sei und die für die einzelnen Orte bestimmten Zeitungspakete hernach zum Versand gekommen seien. Er werde jedoch alles versuchen, die Agenturen durch sofortiges Rundschreiben zu veranlassen, von der Verteilung abzusehen.

Der verantwortliche Schriftleiter, Pfarrer Immanuel Kammerer, Stuttgart, ist auf Grund sofortiger fernmündlicher Vorladung erschienen. Er wurde von den bereits dem Verlag zugegangenen Weisungen verständigt und gleichzeitig darauf hingewiesen, daß die bezeichneten Aufsätze aus politisch-polizeilichen Gründen beanstandet würden. Von einer Beschlagnahme und einem Verbot des Blattes habe man vorläufig abgesehen und die mildeste Form des Einschreitens gewählt. Es werde ihm anheimgegeben, die beanstandeten Artikel aus der Nummer zu entfernen. Kammerer erklärte u. a., daß die von ihm gemachten Ausführungen den Tatsachen entsprechen würden und daß auch die Form der kritischen Betrachtung seines Erachtens kein Grund zu einer Beanstandung sei. Auf wiederholten Vorhalt äußerte er sich in hitziger und aufgeregter Weise grundsätzlich zu kirchlichen Fragen, so daß er scharf zurückgewiesen werden mußte. Kammerer hat allem Anschein nach das in dem Vorschlag enthaltene Entgegenkommen weder begriffen noch gewürdigt.

Mit Rücksicht auf die Tatsache, daß seitens des Verlags mit der Verbreitung des Blattes bereits begonnen war und in Ansehung des aufsässigen und ausfälligen Verhaltens des Schriftleiters sah ich mich nunmehr aus Gründen der Einhaltung der seither verfolgten einheitlichen Linie der Pressepolitik und zur Wahrung der Staatsautorität veranlaßt, die beim Verlag befindliche Restauflage der Nummer 4 des Blattes polizeilich zu beschlagnahmen.

Ebenfalls am 29. 1. 1934 wandte sich der Schriftleiter des Stuttgarter Evang. Sonntagsblatts, *Pfarrer Kammerer, noch einmal an den Oberkirchenrat*[157]*:*

[157] Nr. A 959. Die zunächst geplante Fortsetzung des Artikels befindet sich nicht bei den Akten.

In Sachen Beschlagnahme des Stuttgarter Evang. Sonntagsblatts Nr. 4 (28. 1. 1934) kann ich zu dem schon Berichteten noch ferner mitteilen, daß uns vom Württ. Innen-Ministerium am 27. Januar vormittags mündlich eröffnet wurde, daß die Fortsetzung des Artikels »Die evang. Kirche an der Jahreswende« in Nr. 5 nur veröffentlicht werden dürfe, wenn der Artikel sich auf eine rein sachliche, keinerlei Werturteile abgebende Darstellung beschränke. Andernfalls werde das Blatt auf längere Zeit verboten werden. Bei dieser Sachlage, zudem da die Drucklegung der Nummer eilt, haben wir von einer Veröffentlichung der beiliegenden Fortsetzung abgesehen. Es erhebt sich freilich die sehr ernsthafte Frage, in welcher Weise überhaupt noch über kirchliche Dinge berichtet werden kann. Ganz abgesehen davon, daß der Begriff »rein sachliche Darstellung« sehr vieldeutig ist, so fragt es sich, ob mit einer solchen den vorwiegend einfachen Lesern, die nach unserer Erfahrung einer das Verständnis erschließenden Lesehilfe zu ihrer Urteilsbildung bedürfen, gedient ist. Und wie richtig wäre eine solche Lesehilfe gerade heute, um Verständnis und innerste Teilnahme für die Haltung und Arbeit unserer württ. Kirchenleitung zu wecken!

Ich wäre dankbar, wenn ich gelegentlich Weisung erhalten könnte, in welcher Weise über kirchliche Dinge in der Sonntagspresse berichtet werden soll oder ob nicht ein beredtes Schweigen eher das Geratene ist, um damit den Dienst der evang. Sonntagspresse wenigstens hindurchzuretten.

Mit deutschem Gruß ergebenst I. Kammerer.

DER »MAULKORBERLASS« DES REICHSBISCHOFS VOM 4. JANUAR 1934

Am 4. 1. 1934 kamen die nicht zu den Deutschen Christen zählenden Führer der deutschen Landeskirchen in Halle/Saale zusammen, um über die immer noch fällige Neubildung des Geistlichen Ministeriums der Deutschen Reichskirche zu beraten. Der Reichsbischof sandte an diese Versammlung am 4. Januar folgendes Telegramm[158]*:*

[158] LKA Stuttgart, D 1, Bd. 120, vgl. GB 142, S. 130. Das Telegramm war an Landesbischof D. Meiser gerichtet und wurde in Berlin um 22.30 Uhr aufgegeben. Die Besprechung am 4. 1. 1933 fand statt, da der Reichsbischof auf den von den Kirchenführern von Würzburg aus vorgeschlagenen Termin (2. Januar) nicht eingegangen war; siehe S. 961.

Mit allem Ernst dieser Stunde bitte und ermahne ich Sie und Ihre Freunde, von den ungesetzlichen und verfassungswidrigen Forderungen abzustehen und keinerlei Schritte zu tun, die für unsere evangelische Kirche und für unser deutsches Vaterland in gleicher Weise verhängnisvoll sein müßten. Ich werde die Kirchenführer anfang nächster Woche zusammenrufen und die verfassungsmäßige Neubildung des Geistlichen Ministeriums vornehmen. Es ist mein heißes Bestreben gewesen, in den schweren vergangenen Wochen alles zu tun, um Frieden und Ordnung in der Kirche herzustellen und die Verkündigung des lauteren Evangeliums zu sichern. Helfen Sie mir um unseres gemeinsamen Glaubens willen. Der Reichsbischof.

Die Kirchenführer antworteten noch am 4. Januar ebenfalls telegrafisch[159]*:*

An den Herrn Reichsbischof!

Im Namen und in Vollmacht der Kirchenführer von Bayern, Württemberg, Baden, der Pfalz, Thüringen (Landesbischof D. Reichardt für seine Person), Reuß, Hannover-lutherisch, Hannover-reformiert, Oldenburg, Hamburg, Schaumburg-Lippe (lutherisch), Lippe (reformiert) und Eutin habe ich zu dem Telegramm des Herrn Reichsbischofs vom 4. des Monats Folgendes zu erklären:

1. Wir verwahren uns nachdrücklichst gegen den Vorwurf, ungesetzliche und verfassungswidrige Forderungen gestellt zu haben. Wir sind uns des Ernstes der Stunde und unserer Verantwortung voll bewußt.

2. An der geplanten Besprechung über die Bildung des Geistlichen Ministeriums teilzunehmen, sind wir mit Rücksicht auf die uns in der Besprechung vom 2. 12. 1933 gewordene Behandlung und im Hinblick auf die mangelnde innere Verbundenheit mit Kirchenführern, die ungehindert durch die Reichskirchenleitung in Wort und Schrift das Bekenntnis mißachten und gefährden, nicht in der Lage.

3. Wir haben unserer Erklärung vom 30. 12. 1933, insbesondere den Vorschlägen lutherischer, unierter und reformierter Bekenntnisgruppen für die Bildung eines Geistlichen Ministeriums, das in seiner bekenntnismäßigen Geschlossenheit und in der Freiheit von kirchenpolitischen Bindungen die Befriedung der Kirche gewährleistet, nichts hinzuzufü-

[159] LKA Stuttgart, D 1, Bd. 120.

gen. Die genannten Vorschläge ersuchen wir bei der etwaigen Besprechung neuerdings als von uns abgegeben zu behandeln.

I. A. D. Meiser.

Obwohl der Reichsbischof wegen einer Erkrankung nicht an der Besprechung der Kirchenführer am 4. Januar teilnehmen konnte, erließ er an diesem Tag eine Verordnung betreffend die Wiederherstellung geordneter Zustände in der Deutschen Evang. Kirche[160]:

Die kirchenpolitischen Kämpfe zerstören Frieden und Ordnung in der Kirche; sie zerrütten die notwendige Verbundenheit der evangelischen Kirche mit dem nationalsozialistischen Staat und gefährden sowohl die Verkündigung des Evangeliums als auch die neu errungene Volkseinheit.

Zur Sicherung der Verfassung der Deutschen Evangelischen Kirche und zur Herstellung geordneter Zustände verordne ich daher unter Vorbehalt weiterer Maßnahmen in verantwortlicher Ausübung des mir verfassungsmäßig zustehenden Führeramtes auf Grund des Artikels 6 Absatz 1 der Verfassung der Deutschen Evangelischen Kirche[161]:

§ 1: Der Gottesdienst dient ausschließlich der Verkündigung des lauteren Evangeliums. Der Mißbrauch des Gottesdienstes zum Zwecke kirchenpolitischer Auseinandersetzungen, gleichviel in welcher Form, hat zu unterbleiben. Freigabe sowie Benutzung der Gotteshäuser und sonstigen kirchlichen Räume zu kirchenpolitischen Kundgebungen jeder Art wird untersagt.

§ 2: Kirchliche Amtsträger, die das Kirchenregiment oder dessen Maßnahmen öffentlich oder durch Verbreitung von Schriften, insbesondere durch Flugblätter oder Rundschreiben, angreifen, machen sich der Verletzung der ihnen obliegenden Amtspflicht schuldig. Die Eingabe von Vorstellungen auf dem hierzu vorgeschriebenen Wege bleibt unberührt.

§ 3: Gegen kirchliche Amtsträger, die den Vorschriften der §§ 1 und 2 zuwiderhandeln, ist unter sofortiger vorläufiger Enthebung vom Amte unverzüglich das förmliche Disziplinarverfahren mit dem Ziele der Entfernung aus dem Amte einzuleiten. Für die Dauer der vorläufigen Amts-

[160] Gesetzblatt der DEK 1934, S. 1.

[161] Nach diesem Artikel trifft der Reichsbischof »die zur Sicherung der Verfassung« der DEK »erforderlichen Maßnahmen«.

enthebung ist vorbehaltlich weitergehender Bestimmungen der Disziplinargesetze das Einkommen um mindestens ein Drittel zu kürzen ...

§ 5: Diese Verordnung tritt mit dem Tage der Verkündung in Kraft.

Gegen diese Verordnung[162] *protestierte die Leitung der Württ. Landeskirche am 9. 1. 1934 in einem dringenden Telegramm an den Reichsbischof*[163]*:*

Gegen die mit der Reichskirchenverfassung nicht vereinbare Verordnung des Herrn Reichsbischofs vom 4. des Monats erheben wir Rechtsverwahrung und müssen uns hinsichtlich der Anwendung der Verordnung alles Weitere vorbehalten.

Landesbischof und Oberkirchenrat.

Durch Erlaß vom 12. 1. 1934 wurde die Verordnung des Reichsbischofs vom 4. Januar in das Amtsblatt der Landeskirche aufgenommen[164]*:*

Der Herr Reichsbischof hat unterm 4. 1. 1934 die anliegende Verordnung erlassen. Die württembergische Kirchenleitung geht mit dem Herrn Reichsbischof darin einig, daß alles getan werden muß, um in allen deutschen Ländern geordnete kirchliche Verhältnisse wieder herzustellen und daß unter diesem Gesichtspunkt die kirchlichen Amtsträger auch in Wort und Schrift sich gewisse Beschränkungen in ihrer Stellungnahme zu kirchenpolitischen Fragen auferlegen müssen. Allein gegen diese Verordnung mußte von der württembergischen und anderen Kirchenleitungen Rechtsverwahrung eingelegt werden, nicht nur weil sie formell mit den Vorschriften der Reichskirchenverfassung nicht vereinbar ist, sondern auch weil sie das Recht des Geistlichen, zu kirchenpolitischen Angelegenheiten das Wort zu nehmen, auch für die Fälle aufhebt, in denen es Gewissenspflicht des Geistlichen sein kann, zu einer solchen Frage sachlich Stellung zu nehmen.

Dies wird den Pfarrämtern bekanntgegeben. I. V. Müller.

[162] Zur Wirkung der staatlichen Kirchenpolitik auf die Theol. Fakultäten und Professoren vgl. den Brief von Prof. Dr. Schumann, Halle, am 18. 1. 1934 an den Landesbischof (LKA Stuttgart, D 1, Bd. 120).

[163] Nr. A 206. Am 9. 1. 1934 wurde der Wortlaut »den Dekanatämtern zur Kenntnisnahme und Bekanntgabe an die Pfarrämter mitgeteilt«; Mitteilung erfolgte auch an den Landeskirchenrat München.

[164] Nr. A 351; im Anschluß an die Bekanntmachung des Oberkirchenrats folgt der Text der Verordnung.

An den Evang. Presseverband in Stuttgart erging ebenfalls am 12. 1. 1934 folgende Notiz des Oberkirchenrats mit dem Ersuchen um alsbaldige Weitergabe an die Tagespresse[165]:

Die Notverordnung des Reichsbischofs

Die aus Nürnberg verbreitete Nachricht, daß die Kirchenleitungen der Evang. Landeskirchen von Bayern und Württemberg den Vollzug der Verordnung des Reichsbischofs vom 4. 1. 1934 über Wiederherstellung geordneter Zustände in der Deutschen Evang. Kirche abgelehnt und Rechtsverwahrung gegen sie eingelegt haben, kann in der mitgeteilten Form zu Mißverständnissen führen[166]. Selbstverständlich ist es das ernsteste Anliegen der evangelischen Kirchenleitungen, für eine möglichst rasche Befriedung der kirchlichen Verhältnisse in allen deutschen Ländern Sorge zu tragen, und gerade in diesem Sinn haben seit Wochen die Kirchenleitungen, besonders auch von Bayern und Württemberg, ununterbrochen gewirkt. Dagegen ist allerdings gegen die am 4. Januar vom Herrn Reichsbischof erlassene Verordnung von den Kirchenleitungen (nicht nur der bayerischen und württembergischen) Rechtsverwahrung eingelegt worden, nicht nur weil sie in der Form mit der Reichskirchenverfassung nicht vereinbar ist, sondern weil sie das Recht des Geistlichen, zu kirchenpolitischen Angelegenheiten das Wort zu nehmen, auch für die Fälle aufhebt[166a], in denen es Gewissenspflicht des Geistlichen sein kann, zu einer solchen Frage sachlich Stellung zu nehmen. Müller.

Zum Erlaß des Reichsbischofs vom 4. Januar teilte Pfarrer Weber am 8. 1. 1934 den Mitgliedern des Pfarrernotbundes mit[167]*:*

[165] Nr. A 352; der »NS-Kurier« veröffentlichte die Notiz des EPD in seiner Ausgabe vom 12. 1. 1934 mit folgendem Zusatz: »Eine derartige Juristerei sollte man angesichts der gegenwärtigen Lage nicht für möglich halten. Von der von dieser Seite so gern beanspruchten Autorität scheint man wenig zu halten, wenn man sich ihr unterordnen soll. Auf diese Weise kann unseres Erachtens eine Einheit und Einigkeit der Kirche nicht erreicht werden. Die Öffentlichkeit erwartet mit Ausnahme der Unentwegten sicherlich endlich einmal in der Kirche gleiche unantastbare Entscheidungen wie in der Politik, damit das Volk vor der Unruhe derer bewahrt werde, die unsere Zeit nicht begreifen.«

[166] Im Entwurf lautete der letzte Halbsatz: »entspricht in dieser Form nicht den Tatsachen.«

[166a] aufhebt: im Entwurf ursprünglich »einschränkt«.

[167] LKA Stuttgart, D 1, Bd. 47; die erwähnten Beilagen befinden sich nicht bei den Akten.

Liebe Freunde!

Die neuen vom Reichsbischof, der noch immer ohne Geistliches Ministerium ist, erlassenen Kirchengesetze habt Ihr gelesen. Der Reichsbischof hat sich, verleitet durch schlechte Ratgeber, auf den Weg brutaler, unevangelischer Gewaltanwendung drängen lassen. Anstatt der Wurzel des kirchlichen Unfriedens auf den Leib zu rücken, nämlich der Usurpation der kirchlichen Macht durch die Glaubensbewegung Deutsche Christen und die dadurch bedingte Vergewaltigung der Gewissen von Pfarrern und Gemeinden, richtet sich das vorliegende Gesetz, das auch den Arierparagraphen wieder einführt, gegen diejenigen Kreise, die um des Evangeliums willen gegen diese Mißart, Kirche zu bauen und zu regieren, Protest eingelegt haben. Aus dem Beiblatt wird Euch ersichtlich, daß der preußische Notbund am Sonntag bereits in einer Kanzelabkündigung vor den Gemeinden gegen dieses Gesetz Beschwerde eingelegt hat. Da das vorliegende Schreiben lediglich an unsere Bezirksvertrauensleute geht, so bitten wir herzlich und dringend, die beigelegten Abzüge der Abkündigung so rasch als möglich an die einzelnen Freunde des Notbundes im Bezirk weiterzugeben. Zu diesem Zweck fügen wir die Liste der Notbundmitglieder bei.

Es ist verschiedentlich angefragt worden, was der württ. Notbund in Sachen des NS-Kurier-Artikels gegen die Neujahrsbotschaft unsers Herrn Bischofs und in Sachen des Reichskirchengesetzes vom 4. Januar zu tun gedenke. Es ist uns allen klar, daß nur gemeinsame Stellungnahme in Frage kommen kann. Einzelaktionen bleiben auf das Ganze gesehen wertlos. Und da wir in Württemberg das Glück haben, einen Bischof zu besitzen, zu dem wir im Vertrauen stehen, kam es uns darauf an, ihn als den Berufenen zu einer öffentlichen Äußerung zu bewegen. Unsere Rücksprache mit ihm hat das Ergebnis gehabt, daß der Herr Landesbischof für nächsten Sonntag eine Kanzelabkündigung in Aussicht stellte, in welcher er das Wort zur kirchlichen Lage nehmen wird. Außerdem beabsichtigt er für die nächste Zeit große Sprengelversammlungen, die zweifellos einem bei Pfarrer- und Kirchengemeinderäten bestehenden Bedürfnis nach Aufklärung und Klärung der verworrenen kirchlichen Situation entsprechen. Auf Grund dieses Sachverhalts ist ein Eingreifen unsererseits in den Gang der Dinge vorerst unnötig. Dagegen haben wir an den Reichsbischof ein Telegramm[167a] gerichtet, in dem wir uns mit den preußischen Amtsbrüdern des Notbunds solidarisch erklären

[167a] Das Telegramm befindet sich nicht bei den Akten.

und gegen die beabsichtigte Vergewaltigung der Gewissen Protest einlegen. In Berlin haben heute 8 öffentliche Bekenntnisversammlungen stattgefunden, die zunächst verboten waren, auf den Hinweis jedoch, daß es dann zur Explosion komme, frei gegeben wurden. Im übrigen bitten wir: Nerven behalten und keiner Panikstimmung das Wort reden. Ruhige Entschlossenheit, die im rechten Augenblick handelt, ist jetzt not. Groß ist die Armut und Schande unserer Kirche, klein unser eigenes Vermögen, aber größer ist der Herr der Kirche. In dieser Zuversicht wollen wir auch im neuen Jahr an unseren Dienst gehen und die Freudigkeit uns nicht rauben lassen.

Mit dem Gruß treuer Kampfverbundenheit Euer Weber.

In einer Kanzelabkündigung, die am 7. oder 14. Januar von den Kanzeln verlesen werden sollte, protestierte der Pfarrernotbund gegen die Verordnung des Reichsbischofs vom 4. Januar[168].

Unter der Überschrift Pfarrernotbund *wandte sich der* NS-Kurier *in seiner Ausgabe vom 12. 1. 1934 gegen diese Gruppe:*

Wir haben bereits mehrmals Gelegenheit gehabt, im Rahmen der anstehenden Angelegenheiten den »Pfarrernotbund« zu erwähnen, der bekanntlich auch in Württemberg besteht und im wesentlichen von den Führern des neuen »Evangelischen Gemeindedienstes« vertreten wird, der u. W. als Nachfolger des in früheren Zeiten von uns oft zitierten »Evang. Volksbundes« gilt . . .

Es ist nicht uninteressant, wie ein Mann wie Dr. W. Stapel, der keineswegs als absoluter Nationalsozialist angesprochen werden kann, über den Pfarrernotbund urteilt. Dr. Stapel äußert sich im Januarheft »Deutsches Volkstum« in einem Artikel »Kampf um die evangelische Kirche« über den Pfarrernotbund folgendermaßen . . .[169]

Am 12. 1. 1934 übersandte Pfarrer Weber den Mitgliedern des Pfarrernotbundes eine Erklärung zu den Angriffen, die in der NS-Presse gegen Landesbischof D. Wurm geführt wurden[170]*:*

[168] Den Text siehe GB 142, S. 133.

[169] Es folgt hier ein Auszug aus dem Aufsatz von Stapel, der u. a. feststellte, im Pfarrernotbund zeige zum ersten Mal eine wirksame Form der Obstruktion, die, falls sie zum Angriff übergehe, »alle Merkmale einer Verschwörung aufweisen« würde.

[170] LKA Stuttgart, D 1, Bd. 47.

Erklärung

Zusammen mit 700 württ. Pfarrern, die dem über 6000 Pfarrer umfassenden deutschen Pfarrernotbund angeschlossen sind, erkläre ich Folgendes: Wir bedauern tief die ungerechtfertigten Vorwürfe, die in der Öffentlichkeit gegen Haltung und Person unseres Herrn Landesbischofs D. Wurm gemacht wurden. Sie richten sich gegen einen Mann, dem es nie um etwas anderes zu tun war, als um den Dienst einer durch das Evangelium erneuerten Kirche im erneuerten Staat. Die Angriffe, die eine große Beunruhigung in die Gemeinden getragen haben, nötigen uns, vor Gott und unseren Gemeinden folgendes festzustellen:

Wir stehen einmütig und entschlossen hinter dem Landesbischof, mit dem uns das Band eines vollen Vertrauens zusammenschließt. Er allein ist unser rechtmäßig berufener Bischof, dem wir als Diener am Wort nach dem Evangelium und durch unser Amtsgelübde zum Gehorsam verpflichtet sind. Wir bezeugen mit ihm: Die Kirche ist von Gottes wegen im Staat Adolf Hitlers zum Dienst gerufen. Zu dieser Aufgabe hat sich unser Herr Landesbischof mit Wort und Tat mehr als einmal eindeutig bekannt. Wir bezeugen mit ihm: Die Kirche kann diesen Auftrag nur dann recht erfüllen, wenn sie sich in ihrem Reden und Handeln einig verbunden weiß an das unverkürzte Evangelium, wie es durch die Reformation uns geschenkt ist. Wir sind gewiß, daß auch unsere Gemeinden in der Kirche keine andere Stimme hören wollen als die ihres Herrn Christus.

Liebe Freunde! Wir bitten, diese vom Bruderrat unseres württ. Notbunds beschlossene Erklärung zur Verlesung zu bringen und, soweit noch erreichbar, auch andere uns nahestehende Amtsbrüder dazu zu veranlassen.

Mit dem Gruß treuer Verbundenheit Euer G. Weber.

Außerdem schrieb der Bruderrat des Württ. Pfarrernotbundes am 15. 1. 1934 an die Württ. Politische Polizei in Stuttgart[171]*:*

In der Freitagabend-Nummer vom 12. Januar setzt der »NS-Kurier« seine Angriffe gegen Kirche und Pfarrerstand durch den Abdruck eines Stapelschen Aufsatzes gegen den Pfarrernotbund fort. Dies nötigt den Pfarrernotbund in Württemberg, hinter dem 60% der württ. Pfarrerschaft stehen, zu schärfstem Protest. Wir protestieren gegen die fortgesetzten Verstöße des »NS-Kurier« gegen die von der Politischen Po-

[171] LKA Stuttgart, D 1, Bd. 47; das bei den Akten liegende Stück ist ohne Unterschrift.

lizei für die württ. Presse getroffenen Bestimmungen über die Behandlung kirchlicher Fragen in den Zeitungen. Wir unsrerseits haben uns streng und loyal an diese Abmachungen gehalten. Wir bitten die Politische Polizei dringend, alles zu unternehmen, um den verheerenden Eindruck zu verhindern, als gäbe es im Dritten Reich zweierlei Recht, so daß die eine Seite sich alles erlauben darf, während die andern wehrlos allen Verdächtigungen ausgesetzt sind. Wie will der Staat von seinen Bürgern den Respekt vor den Gesetzen verlangen, wenn eine nationalsozialistische Tageszeitung sich über obrigkeitliche Anordnungen hinwegsetzen darf, und dies, trotzdem der Führer selbst den ausdrücklichen Befehl gegeben hat, daß sich Partei- und Staatsstellen aller Eingriffe in den Gang der kirchlichen Dinge zu enthalten hätten[172].

Wir sind empört über die politische Ehrabschneiderei, die der »NS-Kurier« auch nach dem 12. 11. 1933 im Gegensatz zu den vom Führer und andern maßgebenden Stellen ergangenen Erklärungen sich gestatten darf. Wir sind empört darüber, daß diese politische Diffamierung selbst vor der Person unsres Herrn Landesbischofs nicht Halt gemacht hat. Wir erklären feierlich, daß die Ehre unsres Herrn Landesbischofs die unsrige ist und daß jeder Angriff gegen ihn von der gesamten Pfarrerschaft (ein winziger Bruchteil ausgenommen) als Angriff gegen die Kirche empfunden wird. Das Verhalten des »NS-Kurier« fordert umsomehr unsre Entrüstung heraus, als es sich gegen einen Mann richtet, der kein anderes Ziel gekannt hat und kennt, als den Dienst der durch das Evangelium erneuerten Kirche in und am erneuerten deutschen Volk. Wir haben auch unsre politische Ehre und verwahren uns dagegen, in einer Weise uns politisch verdächtigen zu lassen, die den Gedanken der Volksgemeinschaft zerstört und zum Unheil von Volk und Kirche einen Keil treibt zwischen Staat und evangelisches Kirchenvolk. Da uns die öffentliche Presse versagt ist und wir nicht die Absicht haben wie der »NS-Kurier«, zur Freude des Auslandes diesen Zank in der Öffentlichkeit auszufechten, so sind wir genötigt, innerhalb der Kirche unsere Stimme zu erheben, um unsere Ehre als Christen und Deutsche zu wahren.

Wir weisen die politischen Stellen mit allem Nachdruck darauf hin, daß mit den Methoden der politischen Diffamierung, wie sie gegen uns angewendet werden, die Staatsfreudigkeit weiter Gemeindekreise in verhängnisvoller Weise geschwächt wird. Das müßten gerade wir, die

[172] Zum Erlaß des Reichsinnenministers vom 30. 11. 1933 siehe Anmerkung 61, S. 885.

wir uns immer für den vollen Einsatz der evang. Kirche im Dritten Reich ausgesprochen haben, aufs höchste bedauern. Und wir sehen mit steigender Sorge dieser Entwicklung entgegen, an der wir nicht schuldig sind. Der »NS-Kurier«, dem wir die gute Meinung durchaus nicht absprechen, muß mit seiner Einstellung zu den kirchlichen Dingen Menschen notwendigerweise in eine Oppositions-Stellung hineintreiben, die mit größter Freudigkeit und Bereitschaft in den neuen Staat sich hineingestellt haben. Es ist u. E. keine Empfehlung für den »NS-Kurier«, daß er immer noch nicht erkannt hat, daß es im kirchlichen Kampf wahrlich um ganz andere als um politische Dinge geht, nämlich um die innerste Frage der Kirche nach dem Grund und Ziel ihres Dienstes, zu dem sie nach unser aller Überzeugung dem Staat Adolf Hitlers von Gottes wegen verpflichtet ist. Wir sehen deshalb mit tiefster Besorgnis für Staat, Volk und Kirche die Zeit kommen, wo, falls der »NS-Kurier« seine unqualifizierte Kampfesweise fortsetzen sollte, der eigentlich staatstreue Teil unseres Volkes, nämlich der protestantische, in eine Oppositionshaltung hineingetrieben wird, die gleich schädlich für Staat und Kirche ist. Es kommt u. E. heute mehr als je darauf an, daß die Staatstreue und die Staatswilligkeit des evang. Bevölkerungsteiles nicht unerträglichen Belastungsproben ausgesetzt wird. Es ist vielmehr entscheidend, daß alle aufbaufähigen und aufbauwilligen Kräfte unseres Volkes – und dazu rechnen wir wahrlich auch uns und die hinter uns stehenden ungezählten Gemeindeglieder – zusammengefaßt werden zu geschlossenem Einsatz im Dienst am inneren Neubau unseres Volkes. Um die ganze Gefährlichkeit der Situation aufzuzeigen, ist darauf hinzuweisen, daß in Teilen der evang. Kirchenbevölkerung das Gerede von einem drohenden Kulturkampf, ja sogar von »Christenverfolgung« umgeht, ein Gerede, das trotz unserer Gegenwirkung nicht verstummen will. Wir sind überzeugt, daß solche Meinungen aus einer Verzweiflungs- und Panikstimmung herausgeboren sind, müssen aber unsererseits betonen, daß sie symptomatisch und darum sehr ernst zu nehmen sind. Von hier aus gesehen, erscheint uns das Verhalten des »NS-Kurier« partei- und staatsschädlich. Vor allem aber machen wir darauf aufmerksam, daß Artikel wie diejenigen des »NS-Kurier« die Geschäfte des feindlichen Auslands besorgen. Ihm gegenüber wird der den Tatsachen ganz und gar widersprechende verhängnisvolle Eindruck erweckt, als bestehe in der evangelischen Kirche eine mächtige Opposition zum nationalsozialistischen Staat. Der »NS-Kurier« beliefert mit solchen Artikeln die Hetze des Auslandes gegen das neue Deutschland.

Das muß einmal mit aller Deutlichkeit festgestellt werden, ebenso das andere, daß aus Kreisen des Notbundes keinerlei Nachrichten in das Ausland gehen.

Im Auftrag des Bruderrates des württ. Notbundes.

Zur Kanzelabkündigung des Notbundes schrieb der Landesbischof am 15. 1. 1934 an Pfarrer Weber[173]*:*

Von ganzem Herzen danke ich für die würdige und eindrucksvolle Erklärung, die der Württ. Pfarrernotbund seinen Mitgliedern zur Vorlesung empfohlen hat. Wenn ich recht sehe, ist die am letzten Sonntag entstandene Spannung zwischen dem Pfarrernotbund und den Kirchenführern eine vorübergehende gewesen. Es hatte leider an der fortdauernden Verbindung gefehlt, sonst hätte die Leitung des Notbundes sicherlich erkannt, daß wir in jenem Augenblick der Lage Rechnung tragen mußten. Der Gegner geht immer nur darauf aus, sowohl die Einheitsfront der bekenntnismäßigen Kirchenregierungen als ihre Koalition mit dem Notbund zu unterminieren. Dies zu vermeiden, muß bei aller grundsätzlicher Stellung ein Hauptanliegen sein.

Mit brüderlichem Gruß Wurm.

Pfarrer Weber teilte dieses Schreiben den Angehörigen des Bruderrats zur Kenntnis und zur Weiterleitung unter den Mitgliedern des Notbundes *mit*[174].

Nach einer Aktennotiz von Oberkirchenrat Pressel vom 17. 1. 1934 erkundigte sich die Kanzlei der Deutschen Evang. Reichskirche nach einer etwaigen Verlesung von Kanzelabkündigungen des Pfarrernotbundes in Württemberg[175]*:*

Die Reichskirchenkanzlei hat am 17. Januar, nachmittags 12.15 Uhr, durch einen Pfarrer (Bickelhaupt?) bei der Zentrale (!!), Frl. X, angefragt, ob sie Auskunft geben könne über Verlesung der Kanzelerklärung des Deutschen Pfarrernotbundes in Württemberg am letzten Sonntag.

[173] LKA Stuttgart, D 1, Bd. 47. Die unten erwähnte Spannung zwischen Landesbischof und Notbund war wegen der Kanzelabkündigung des Notbunds entstanden, die in Württemberg infolge des Stillhalteabkommens mit dem Reichsbischof vom 13. 1. 1933 nicht verlesen wurde; vgl. dazu den Erlaß des Oberkirchenrats vom 19. 1. 1934, S. 1031; Hermelink, S. 65, GB 142, S. 132, ferner S. 1045.

[174] Handschriftliche Notiz Pfarrer Webers auf dem Brief des Landesbischofs.

[175] LKA Stuttgart, D 1, Bd. 47.

Frl. X verwies ihn an mich. Er fragte mich: »Wurde am letzten Sonntag in Württemberg die in Preußen verlesene Erklärung des Pfarrernotbunds auch verlesen?« – Ich erklärte: »Nein.« Darauf weitere Frage: »Dann ist also der Burgfriede in Württemberg gewahrt geblieben?« Darauf meine Antwort: »Ich wiederhole: Die in Preußen verlesene Kanzelerklärung des Deutschen Pfarrernotbundes wurde, soweit wir wissen, auf keiner württ. Kanzel verlesen.« Pressel.

Wegen der verschiedenen Kanzelabkündigungen erging am 19. 1. 1934 ein Erlaß des Evang. Oberkirchenrats An sämtliche Dekanatämter[176]:

Die Entwicklung der Verhältnisse hat es mit sich gebracht, daß in letzter Zeit da und dort kirchliche Angelegenheiten, die früher in der Presse behandelt werden konnten, zum Gegenstand einer Kanzelansprache gemacht worden sind, die in den verschiedenen Gemeinden verlesen wurde. So verständlich der Wunsch sein mag, in dieser Form zu der Gemeinde zu reden, und so berechtigt der Anlaß dazu gewesen ist, so muß doch darauf hingewiesen werden, daß nach der bei uns bestehenden Ordnung zu allgemeinen Ansprachen auf der Kanzel nur die Kirchenleitung und im Rahmen des § 17 Abs. 2 Kirchenbezirksordnung[177] der Kirchenbezirksausschuß ermächtigt ist. Demgemäß wird darauf hingewiesen, daß allgemeine Kundgebungen von der Kanzel nur mit Genehmigung der Kirchenleitung erfolgen dürfen. Das Recht des einzelnen Geistlichen, in Ausübung einer Gewissenspflicht in kirchlichen Angelegenheiten ein besonderes Wort an seine Gemeinde zu richten, wird dadurch nicht berührt. Wurm.

Zur Kanzelabkündigung des Pfarrernotbundes am 14. Januar veröffentlichte der NS-Kurier *am 23. 1. 1934 eine* Erklärung der Deutschen Christen:

Annähernd 80 Kirchengemeinderäte der nationalsozialistischen »Deutschen Christen« Stuttgarts nahmen auf ihrer gestrigen Tagung zu den jüngsten kirchlichen Ereignissen folgende Entschließungen an: »Die Kirchengemeinderäte Stuttgarts der nationalsozialistischen »Deutschen Christen« erklären, daß sie grundsätzlich zur kirchlichen Mit-

176 Nr. A 620.

177 Kirchenbezirksordnung vom 16. 12. 1924, Abl. 21, S. 253 ff.; § 17,2 lautet: »Nach jeder ordentlichen Tagung erläßt (der Kirchenbezirksausschuß) auf Grund der Verhandlungen eine kurze Ansprache an die Kirchengemeinden.«

arbeit in den Gemeinden bereit sind. Sie können sich aber zu ihrem Bedauern an dem neu eingeführten Evang. Gemeindedienst[178] nicht beteiligen, solange die oppositionelle Haltung der württembergischen Kirchenleitung und des württembergischen Pfarrernotbundes gegen den Reichsbischof besteht, die Geschäftsführung des Evang. Gemeindedienstes ohne Mitwirkung der Landesleitung der »Deutschen Christen« erfolgt und in besonderer Weise in der Hand von Mitgliedern und Führern des Pfarrernotbundes und alten Evang. Volksbunds liegt. Die Kirchengemeinderäte der »Deutschen Christen« Stuttgarts legen dagegen Verwahrung ein, daß am Sonntag, den 14. Januar, entgegen der Verordnung des Reichsbischofs zur Wiederherstellung des kirchlichen Friedens die Pfarrer des Pfarrernotbunds die Kanzel zur Verlesung einer kirchenpolitischen Erklärung mißbrauchten, in der zum Ausdruck kam, daß diese Notbundpfarrer sich nur zum Gehorsam gegenüber dem württ. Landesbischof verpflichtet halten. Die »Deutschen Christen« erblicken darin eine eindeutige Stellungnahme gegen den Reichsbischof, welcher der Vertrauensmann unseres Führers Adolf Hitler ist. Wer sich gegen den Reichsbischof wendet, stellt sich darum auch unwiderruflich gegen den Nationalsozialismus und das Dritte Reich.«

Für die Rechtsverwahrung, die die Leitung der Württ. Landeskirche am 9. 1. 1934 gegen die Verordnung des Reichsbischofs vom 4. Januar eingelegt hatte, bedankte sich Dekan Pfisterer, Marbach, am 11. 1. 1934 bei dem Evang. Oberkirchenrat[179]:

Hiedurch gestatte ich mir, dem hohen Oberkirchenrat meinen wärmsten Dank auszusprechen für die Rechtsverwahrung, die er am 9 Januar des Jahres gegen die Verordnung des Reichsbischofs vom 4. Januar eingelegt hat. Ich bin gewiß, daß die überwiegende Mehrheit der württ. Pfarrer diesen Schritt des Oberkirchenrats ebenso dankbar aufnehmen wird. Der Oberkirchenrat hat damit eine unerträgliche Gewissensnot von der Pfarrerschaft bis auf weiteres abgewendet, zugleich aber auch gegen eine der ganzen Deutschen Evang. Kirche drohende Gefahr einen tapferen Kampf aufgenommen. Es handelt sich schließlich um nichts weniger als daß eine völlige Willkürherrschaft in der Reichskirche Platz

178 Zum Evang. Gemeindedienst siehe Bd. 1, S. 571 ff.
179 LKA Stuttgart, D 1, Bd. 47.

zu greifen droht, indem der Herr Reichsbischof sich der nach Art. 6[179a] dem Geistlichen Ministerium zustehenden gesetzgeberischen Befugnisse bemächtigt, statt endlich dieses Ministerium verfassungsmäßig zu besetzen. Außerdem handelt es sich, auf den Inhalt der Verfügung gesehen, darum, die freie Aussprache in der evangelischen Kirche, namentlich auch die Verständigung von Geistlichen und Gemeindegliedern über Lebensfragen der Kirche, gewaltsam zu unterbinden und damit nicht etwa nur einer wilden undisziplinierten Kritik, sondern auch der durch das Neue Testament geforderten Kritik (Act. 17,11 und 1. Kor. 2), wie sie Luther in maßgebenden Reformationsschriften als Recht und Pflicht einer jeden christlichen Gemeine festgestellt hat, das Rückgrat zu brechen. Und dies im Kampf der Gegenwart um die Fortführung des Jugendwerks, um die Geltung des reformatorischen Bekenntnisses – vgl. die Beilage zum Pfarrersblatt über die 28 sächsischen Thesen und die Dinge um die Sportspalastkundgebung[180] – und um die Wiedergutmachung von schwerstem Unrecht, das in norddeutschen Kirchen im Zusammenhang mit kirchlichen Usurpationen geschehen ist!

Ich weiß die Stellungnahme des Oberkirchenrats um so mehr zu schätzen, als es sich ja u. a. auch um das Recht der Kritik an den Kirchenregierungen und ihren Maßnahmen handelt. Es ist ja doch selbstverständlich, daß jede Art von Kritik nach dem Wortlaut dieses Erlasses zu einem abzustrafenden »Angriff« gestempelt werden kann. Daß der württ. Oberkirchenrat durch seine Rechtsverwahrung das Recht einer aufbauenden auf den Grundlagen des Wortes Gottes und des reformatorischen Bekenntnisses fußenden Kritik für die Pfarrerschaft und für die evangelische Öffentlichkeit in entscheidender Stunde verficht, wird ihm nicht nur in der Geschichte der Deutschen Evang. Kirche unvergessen bleiben, sondern auch in den Herzen der württ. Pfarrerschaft und unserer schwer bedrängten norddeutschen Amtsbrüder. Um so loyaler wird die Gesinnung der württ. Pfarrerschaft gegenüber ihrer Behörde sein, um so mehr wird die Gefahr einer zügellosen Kritik und kirchenpolitischer Leidenschaftsausbrüche auf der Kanzel und in den Gotteshäusern, aber auch überhaupt im Verhalten der Geistlichen sich zurückdämmen und überwinden lassen.

[179a] Artikel 7 der Verfassung der DEK vom 11. 7. 1933 bestimmt, daß das Geistliche Ministerium »unter Führung des Reichsbischofs die Deutsche Evang. Kirche leitet und Gesetze erläßt«.

[180] Die 28 Thesen der Deutschen Christen Sachsens vom 21. 12. 1933 siehe GB 141, S. 121 f.

Ich kann nicht umhin, meiner schmerzlichen Erschütterung darüber Ausdruck zu geben, daß der Herr Reichsbischof durch Maßnahmen der letzten Zeit immer mehr Geistliche und Gemeindeglieder in einen Gegensatz zu sich bringt, und zwar durchaus aufbauwillige Kreise und die landeskirchlichen Regierungen nötigt um der Kirche, der Jugend und der reformatorisch verstandenen evangelischen Freiheit willen von den von ihm getanen Schritten öffentlich abzurücken. Über den Eindruck, den diese Zustände machen müssen, wird man in Stuttgart besser Bescheid wissen als hier, aber was ich hier beobachte, ist drückend genug. Welchen weiteren Konflikten wird unsere Kirche noch ausgesetzt werden?

An den hohen Oberkirchenrat kann ich nur die Bitte richten, im Kampf gegen diese verhängnisvolle Verordnung, die nichts anderes als das Einbiegen auf den Weg nach Rom bedeutet und, statt den Kirchenfrieden zu bringen, den Kirchenstreit aufs äußerste verschärfen muß, so lang noch evangelische Kraft und protestantisches Rückgrat in unserer Kirche ist, unerbittlich zu bleiben. Es wird ihr dabei an der nötigen Unterstützung seitens der Pfarrerschaft und der Gemeindeglieder nicht fehlen. Dekan H. Pfisterer.

Am 15. 1. 1934 übergab der Landesbischof das Schreiben des Evang. Dekanatamts Marbach vom 11. Januar an Direktor Dr. Müller mit der Anfrage, ob nicht eine Vervielfältigung (ohne Namen) anderen Dekanatämtern zugesandt werden sollte mit der Anfrage, ob sie sich dieser Äußerung anschließen würden. *Am 23. 1. 1934 ging dann der Bericht des Evang. Dekanatamts Marbach vom 11. 1. 1934 den Dekanatämtern* zur Einsichtnahme und etwaigen Äußerung zu, ob der Bericht auch der dortigen Auffassung entspricht[181].

Auf die Rundfrage des Evang. Oberkirchenrats vom 23. Januar gingen zahlreiche Äußerungen der württ. Dekanatämter ein. Am 25. 1. 1934 schrieb das Evang. Dekanatamt Herrenberg[182]*:*

Der Bericht, der durch Erlaß vom 23. des Monats Nr. A 357 mitgeteilt wurde, entspricht nicht nur meiner Auffassung, sondern der aller Kollegen, wohl mit einer Ausnahme. Wir Pfarrer sind dafür um

[181] Nr. A 357.

[182] OKR Stuttgart, Registratur, Generalia Bd. 115b. Hier ist nur eine Auswahl aus den Berichten wiedergegeben; ausgewählt sind solche, die nicht nur mit wenigen Worten Zustimmung ausdrücken.

so dankbarer, als die Stellung mancher Pfarrer ohnedies ungeheuer schwer ist. In dieser Woche sind an drei Tagen 3 Pfarrer zu mir gekommen, um mitzuteilen, es werde ihnen mit dem Heuberg[183] gedroht. Zunächst kam der Pfarrer von Tailfingen; der Bürgermeister verlange am nämlichen Tage Eingliederung der Evang. Jugend in die Hitlerjugend. Widerstreben sei ein staatsfeindlicher Akt. Mit Hilfe des Oberamts konnte die Sache abgewendet werden. Dann kam der Pfarrer von Kuppingen. In der Silvesterpredigt habe er, durchaus in gutem Sinn, gesagt, über der jetzigen Regierung stehe auch eine höhere Macht. Seitdem sei Ortsgespräch, er komme auf den Heuberg, und der Stützpunktleiter habe erklärt, er könne ihn nicht dagegen schützen. Heute stand in aller Frühe der Pfarrer von Entringen da und teilte mir mit, es sei damit zu rechnen, daß er auf den Heuberg komme. Er predige zwar durchaus unpolitisch, aber Oberlehrer Freitag spüre den anderen Geist heraus und ihm, der das ganze Dorf tyrannisiere, würde es eine Freude machen, gegen ihn vorzugehen. In beiden letzteren Fällen beruhigte ich die Kollegen. Der Kreisleiter würde mir sicher Mitteilung machen, wenn irgend etwas im Werk wäre, wie ich mich ihm gegenüber schon wiederholt für die Pfarrer des Bezirks auszusprechen Gelegenheit hatte. Schmid.

Das Evang. Dekanatamt Leonberg antwortete ebenfalls am 25. 1. 1934[184]*:*

Mit der Danksagung des Dekanatamts N. N. vom 11. Januar betr. Rechtsverwahrung gegen die Verordnung des Reichsbischofs bin ich in ihrem vollen Umfang einverstanden und glaube, daß die Mehrzahl der Pfarrer des Bezirks (mit 2 Ausnahmen) auf demselben Standpunkt steht. Auch unsre Gemeindeglieder würden, wenn ihnen die Lage klar dargelegt würde, was wir bisher nicht getan haben, um den Streit nicht in die Gemeinden hineinzutragen, mit uns derselben Auffassung sein. Ich glaube im Namen fast aller Pfarrer des Bezirks sagen zu können: Wir sind bereit, den Herrn Landesbischof und den Evang. Oberkirchenrat in dem Kampf um die Gewissensfreiheit in der Evang. Kirche zu unterstützen, soweit es irgend in unsren Kräften steht. Wir haben uns mit dem Herrn Landesbischof solidarisch erklärt, und wir weichen von dieser Erklärung nicht, auch wenn es zum offenen Kampf kommen sollte. Wir sind gewiß, daß dann auch unsre Gemeinden sich hinter

[183] Konzentrationslager auf der Schwäbischen Alb.

[184] OKR Stuttgart, Registratur, Generalia Bd. 115b.

uns und unsre Württ. Kirchenleitung stellen werden. Sicher ist auch dem Staat Adolf Hitlers, den wir von Anfang an als Rettung Deutschlands begrüßt haben, nur gedient mit einer innerlich freien Kirche, die nur an die Schrift und das Bekenntnis der Väter gebunden ist und der nicht durch brutale Gewalt das Rückgrat gebrochen ist. Der Weg, den der Herr Reichsbischof nach der durch die Zeitungen veröffentlichten Äußerung in Braunschweig[185] gehen zu wollen scheint, wäre der Untergang der Freiheit der Evang. Kirche. Mildenberger.

Die ausführliche Antwort des Evang. Dekanatamts in Öhringen vom 25. 1. 1934 lautet[186]*:*

Dem Urteil des Dekanatamts N. N. in seinem Bericht vom 11. des Monats über die Verordnung des Herrn Reichsbischofs vom 4. des Monats kann ich mich nicht vorbehaltlos anschließen. Ob der Herr Reichsbischof sich gesetzgeberischer Befugnisse zu unrecht bemächtigt hat, werden allein die Sachverständigen entscheiden können. Der Artikel 6 (oder, wie es wohl richtiger heißen sollte, der Artikel 7) der Verfassung der Deutschen Evang. Kirche vom 11. 7. 1933[187] gibt nicht hinreichend deutlich darüber Auskunft, ob der Herr Reichsbischof, wenn ihm nur ein kommissarisches Ministerium zur Seite steht, eine Verordnung – um eine solche, nicht um ein Gesetz handelt es sich – erlassen darf, wie überhaupt Bestimmungen über eine besondere Notlage (Auflösung des Kirchenministeriums) fehlen. Erst aus der Rechtsverwahrung, die von verschiedenen Seiten gegen die Verordnung erhoben wurde, ist weiteren Kreisen deutlich geworden, daß der Verordnung ein sicherer Rechtsboden fehlt.

Wichtiger, ja in diesem Zusammenhang allein entscheidend ist die Frage, ob die Verordnung durch ihren Inhalt der Pfarrerschaft eine unerträgliche Gewissensnot gebracht hat. Nach nochmaliger genauer Durchsicht der Verordnung muß ich diese Frage für meine Person verneinen. Aus dem Wortlaut der Verordnung, zu welcher übrigens die dringend nötigen Ausführungsbestimmungen noch fehlen, kann m. E. jener sehr schwerwiegende Vorwurf der Gewissensbedrängung nicht abgeleitet werden.

[185] Am 21. 1. 1934 führte der Reichsbischof in Braunschweig Wilhelm Beye als neuen Landesbischof ein; bei einer Versammlung in der Braunschweiger Stadthalle erklärte der Reichsbischof: »Wir reichen jedem die Hand. Wer aber die Hand ausschlägt, dem haue er auf die Pfoten« (GB 142, S. 134).

[186] OKR Stuttgart, Registratur, Generalia Bd. 115b.

[187] Siehe Anmerkung 179a, S. 1033.

1. Der so sehnlich erwünschte Burgfriede wird durch Bestimmungen angestrebt, die, wenn sie überhaupt einen Sinn haben sollen, in gleicher Weise für alle Teile bindend sein müssen. Die Verordnung gibt keinen Anhaltspunkt dafür, daß unter dem in § 2 genannten Kirchenregiment nur die Leitung der Reichskirche zu verstehen sei. Man hat bis zur Feststellung des Gegenteils das volle Recht, hier auch an die Leitung der Landeskirche zu denken. Dann sind aber auch die Kreise von der Verordnung betroffen, die sich Angriffe gegen ihren Landesbischof zu schulden kommen lassen. Ich freue mich geradezu, daß der Herr Reichsbischof, auf den sich die Deutschen Christen mit Vorliebe berufen, hier die Möglichkeit zum Einschreiten gegeben hat.

2. Daß in § 1 ein Mißbrauch der Gottesdienste und des Gotteshauses zum Zweck kirchenpolitischer Erörterungen verboten wird, kann nur begrüßt werden, entspricht auch dem bewährten und wohlbegründeten Herkommen. Die Verlesung von Kanzelansprachen, die von nicht zuständiger Seite entworfen waren, ist mit Fug und Recht durch einen Erlaß des Oberkirchenrats untersagt worden. Es fragt sich übrigens, von welcher Gruppe am meisten die Kirchenpolitik in die Gottesdienste hereingetragen wurde. Auf alle Fälle hat die Gemeinde ein Recht, davor geschützt zu werden.

3. In § 3 ist allerdings der Ausdruck »angreifen« viel zu unbestimmt und müßte durch die Ausführungsbestimmungen erst genauer umrissen werden. Solange nicht durch sie oder durch die Anwendung der Verordnung erwiesen ist, daß auch eine sachliche Besprechung der kirchlichen Lage verboten ist, geht die Behauptung des Dekanatamts N. N. zu weit, daß jede Art von Kritik nach dem Wortlaut des Erlasses zu einem abzustrafenden Angriff umgebogen werden kann. Zwischen Angriff und sachlicher Kritik besteht immerhin ein nicht zu übersehender, auch rechtlich zu erfassender Unterschied. So wird beispielsweise der heutige Staat einen gegen ihn gerichteten Angriff nicht zulassen, während eine so kritische Schrift wie Spenglers Jahre der Entscheidung[187a] geduldet wurde.

Etwas Anderes ist es nun aber, wenn die Verordnung des Herrn Reichsbischofs nicht nach ihrem Wortlaut, sondern im Gesamtzusammenhang der Dinge und vom sonstigen Verhalten des Herrn Reichsbischofs aus beurteilt wird. Wie bedenklich stimmt schon die Tatsache, daß der Herr Reichsbischof am 4. des Monats Gesetze aufhebt, die er

[187a] Spengler, »Jahre der Entscheidung«. Teil 1, München 1933, Neuauflage.

wenige Wochen zuvor erlassen hat! Es ist begreiflich, daß dabei der Eindruck einer Willkürherrschaft aufkommt. Noch ernster ist die Beunruhigung zu nehmen, die durch den Vertrag über die kirchlichen Jugendverbände entstanden ist und die zu einer Erschütterung des Vertrauens zum Herrn Reichsbischof geführt hat. Aus dieser Gesamtstimmung heraus ist der Bericht des Dekanatamts N. N. zu verstehen und zu bewerten, auch wenn man verschiedenen Einzelheiten nicht zustimmen kann. Es scheint mir aber der Sache nicht dienlich zu sein, wenn man gerechtfertigte und gewichtige Bedenken mit Gründen stützt, die sich nicht als stichhaltig erweisen. Gerade für diese Art von Kampf hat unser Kirchenvolk kein Verständnis. Darum ist es mir ein dringendes Anliegen, daß Sätze wie die, »die Verordnung wolle die freie Aussprache in der Kirche, namentlich auch die Verständigung von Geistlichen und Gemeindegliedern über Lebensfragen der Kirche gewaltsam unterbinden, man wolle einer durch das Neue Testament geforderten Kritik das Rückgrat brechen«, als unberechtigte Übertreibungen von vornherein abgelehnt werden. Es ist sehr zu wünschen, daß sie nicht in die Öffentlichkeit kommen und hier erörtert werden.

Wenn ich somit für meine Person von dem Bericht des Dekanatamts N. N. deutlich abrücken muß, so schließt dies nicht aus, daß ich mich in dem wärmsten Dank gegenüber dem Evang. Oberkirchenrat für seine klare und feste Haltung mit jenem Bericht durchaus eins weiß. Dies ausdrücklich zu betonen, ist mir ein ganz besonderes Bedürfnis. Ich verbinde damit die wiederholte Zusicherung, daß fast alle Pfarrer des Kirchenbezirks mit mir sich in vollem und herzlichem Vertrauen hinter den Herrn Landesbischof und den Evang. Oberkirchenrat stellen. Faber.

Am 27. 1. 1934 erfolgte die Antwort des Evang. Dekanatamts Geislingen[188]*:*

Ich bin dem Oberkirchenrat sehr dankbar, daß er Gelegenheit gibt, zu der Rechtsverwahrung gegen die Verordnung des Reichsbischofs vom 4. 1. 1934 Stellung zu nehmen. Ich gehe davon aus, daß eine Äußerung um so wertvoller ist, je offeneren Charakter sie trägt. Es erscheint mir als unerläßlich, in dieser Angelegenheit streng zu scheiden zwischen der Sache selbst und ihrer Wirkung auf das Kirchenvolk.

I. Die Sache selbst. Auch hier ist es notwendig, eine Unterscheidung vorzunehmen, und zwar zwischen der formalrechtlichen und der inhaltlichen Seite der Angelegenheit.

[188] OKR Stuttgart, Registratur, Generalia Bd. 115b.

A. Der Oberkirchenrat wird seine wohlerwogenen Gründe gehabt haben, um vom formalrechtlichen Standpunkt aus gegen die Verordnung des Reichsbischofs Verwahrung einzulegen. Es steht mir nicht zu, die juristische Seite der Sache zu beurteilen.

B. Wenn der Oberkirchenrat die genannte Verordnung auch inhaltlich beanstandet hat, »weil sie das Recht des Geistlichen, zu kirchenpolitischen Angelegenheiten das Wort zu nehmen, auch für die Fälle aufhebt, in denen es Gewissenspflicht des Geistlichen sein kann, vom Standpunkt des evang. Bekenntnisses aus zu einer solchen Frage sachlich Stellung zu nehmen«, so wird er auch dazu seine guten Gründe gehabt haben. Vielleicht darf ich hiezu Folgendes sagen:

1. Es ist mir völlig klar, daß jeder Pfarrer das Recht und die Pflicht hat zu sagen, was er von seinem Verständnis des Evangeliums aus zu sagen hat. Darüber ist kein Wort zu verlieren. 2. Nicht klar ist mir, ob der Herr Reichsbischof bei seiner Verordnung wirklich die Absicht gehabt hat, die Pfarrer mundtot zu machen, auch für die Fälle, wo sie glauben, von gewissenwegen nicht schweigen zu dürfen. Könnte es nicht sein, daß der Reichsbischof den Hauptwert bei seiner Verordnung darauf gelegt hat, daß Kritik und Protest gegen die kirchliche Obrigkeit – wenigstens in der gegenwärtigen Zeit der Gärungen, Spannungen und Streitigkeiten – nicht öffentlich, zumal nicht im kirchlichen Raum und im Gottesdienst der Gemeinde, laut werden, sondern zunächst aus Gründen der Herstellung des Friedens, der Zucht und Ordnung in Kirche und Pfarrerschaft in der vorgeschriebenen Weise und auf dem dienstlichen Wege (§ 2 Abs. 2) vorgebracht werden. Wenn allerdings nach dem Gesagten der § 1 der Verordnung mit seinem Eintreten für die Freihaltung der Kirche und des Gottesdiensts von kirchenpolitischer Betätigung wohl allgemeine Zustimmung findet, so nicht in gleicher Weise § 2 Abs. 1, wo das Verbot sich auch auf andere Mittel und Wege der genannten Betätigung erstreckt. Hier scheint mir zweifellos zuweit gegangen zu sein. Ein anderes aber ist mir auszusprechen ein Bedürfnis: Bei aller Ehrfurcht vor dem, was christliches und evang. Gewissen bedeutet, empfiehlt es sich dennoch, mit dem Gebrauch dieses Wortes und der Berufung auf dasselbe einige Zurückhaltung zu üben. Einer meiner Dekane gab mir einmal den beherzigenswerten Rat, nicht von Gewissen zu reden, wo es sich nur um Meinung und Eigensinn handle. Wir leben eben in Zeiten, in denen auch in Kirche und Pfarrerschaft Disziplin nötiger ist als je und wir Pfarrer, denen man so oft im Volke nachsagt, daß wir die Herrgöttle in unseren Gemeinden seien,

haben allen Grund, bei Disziplin und Gehorsam gegen die kirchliche Obrigkeit zu bleiben, so lange, als uns dies nicht wirklich vom bestverstandenen Evangelium her unmöglich gemacht wird. Klarste Unterscheidung zwischen dem reinen Evangelium und allem, was schließlich doch irgendwie nur Kirchenpolitik ist, muß unser dauerndes Anliegen sein.

II. Wirkung auf das Kirchenvolk. Von der Sache selbst zu scheiden ist ihre Wirkung, wobei ich jetzt nicht an die Wirkung auf Pfarrer und Dekane, sondern auf die Gemeinden denke.

A. Die Verordnung des Reichsbischofs hat insofern zweifellos in den breitesten Volkskreisen gut gewirkt und ist mit einem Gefühl der Erleichterung aufgenommen worden, als das Volk aus dieser Verordnung nicht das rechtlich und inhaltlich Zweifelhafte herauslas, sondern vor allem die Überschrift und die Tendenz: Schluß mit der unglückseligen Kirchenpolitik und Wiederherstellung geordneter und friedlicher Zustände im kirchlichen Leben! Das hat unser Volk gelesen und dabei gedacht: Gottlob, nun hört endlich der unerträgliche Streit auf, nun wird Frieden in der Kirche.

B. Umgekehrt hat die Veröffentlichung der Rechtsverwahrung des Württ. Oberkirchenrats insofern außerordentlich ungünstig gewirkt, als sie erstens einmal ohne genauere Begründung, sodann unter fetten Überschriften durch die Presse ging, etwa: Bayern und Württemberg gegen die Friedensverordnung des Reichsbischofs! So angesehen, hat die Veröffentlichung der Verwahrung – wie ich wirklich auf Grund von Erfahrungen mit besten kirchlichen Kreisen bezeugen kann –, teilweise nicht bloß verwirrend, sondern geradezu niederschmetternd gewirkt, denn nun hörte man sagen: Jetzt, wo der Reichsbischof endlich Frieden machen will, protestieren sie sogar noch dagegen. Da es heute bei Kundgebungen aller Art mehr denn je darauf ankommt, die Wirkung auf das nervös gewordene Kirchenvolk von vornherein in Rechnung zu stellen, nehme ich als selbstverständlich an, daß die Veröffentlichung des Protesttelegramms des Oberkirchenrats an den Reichsbischof ohne Willen des Württ. Oberkirchenrats erfolgte.

So darf ich zusammenfassend über meinen Eindruck sagen: Die Rechtsverwahrung war sicherlich formalrechtlich und inhaltlich gerechtfertigt, ja notwendig, aber die Veröffentlichung in der Presse, zumal in der Art, wie es geschah, wirkte unglücklich, wenigstens bei dem großen Teil des Volkes, der die eigentlichen Fragen und Probleme nicht kennt, sondern sein Urteil aus Presseschlagworten und fetten Überschriften bezieht.

Soeben von der Sprengelversammlung in Ulm[189] zurückgekehrt und ganz erfüllt von der Freude darüber, daß nun wirklich Frieden werden soll in unserer Kirche und ein Schlußstrich gezogen unter das Vergangene, habe ich den Eindruck, als sei obige Äußerung bereits wieder überholt, wie das ja beinahe bei Allem war, was in der letzten Zeit geredet und geschrieben wurde. Wenn ich mein Schreiben dennoch pflichtgemäß vorlege, bitte ich die Versicherung abgeben zu dürfen, daß niemand freudiger bereit ist, an der Befriedung mitzuarbeiten, als ich. Brügel.

Das Evang. Dekanatamt Nürtingen teilte am 27. 1. 1934 mit[190]*:*
Der Erlaß, der die Danksagung eines Dekanatamts für die Rechtsverwahrung gegen die Verordnung des Reichsbischofs vom 4. Januar mitteilt, gibt eine Äußerung anheim, ob der Bericht auch »der dortigen Auffassung« entspreche. Für mich persönlich kann ich aus vollem Herzen ja dazu sagen und auch meinerseits Dank sagen für die Stellungnahme des Oberkirchenrats, die zum erfreulichsten in dieser trüben Zeit gehört. Soll ich zugleich im Namen der Pfarrerschaft des Bezirks ein Urteil geben, so würden sich wohl nur 3 oder 4 unter den 23 Geistlichen des Bezirks von dieser unbedingten Zustimmung ausschließen. Es sind die »Gebundenen«, deren vorgefaßte Ansicht zunächst durch keine Einsicht zu erschüttern ist. Die Gemeindeglieder, soweit ich beobachten kann, kommen vorläufig aus einem dumpfen Staunen über die Vorgänge in der Kirche nicht heraus und wagen selten eine eigene Stellungnahme. Wenn es geschieht, so ist sie mir gegenüber zustimmend; von der Erfahrung anderer Kollegen kann ich nichts sagen. Mack.

Das Evang. Dekanatamt Besigheim antwortete am 29. 1. 1934[191]*:*
Dem Bericht des Dekanatamtes N. N. kann ich mich durchaus anschließen, auch glaube ich sagen zu können, daß die Stimmung der weitaus größten Zahl der Geistlichen des hiesigen Kirchenbezirks der Meinung des genannten Berichts entspricht. Die in den Zeitungen veröffentlichten Berichte über Ansprachen des Herrn Reichsbischofes in Schleswig und Braunschweig[191a] haben die in dem dekanatamtlichen Be-

[189] Nach der Audienz bei Hitler unterrichtete Wurm die Pfarrer auf Sprengel-Versammlungen über die kirchliche Lage.

[190] OKR Stuttgart, Registratur, Generalia Bd. 115b.

[191] OKR Stuttgart, Registratur Generalia Bd. 115b.

[191a] Zu Braunschweig siehe Anmerkung 185, S. 1036. Am 7. 1. 1934 führte der Reichsbischof in Kiel Paulsen als neuen Landesbischof ein, siehe GB 142, S. 132.

richt zum Ausdruck kommende Stimmung nicht zu bessern vermocht. Ich füge diesem Stimmungsbild einen Bericht an über eine eigenartige Aufforderung, die mir der Kreisleiter der NSDAP für den hiesigen Bezirk, Herr Landeskirchentagsabgeordneter Glaser in Bönnigheim, gestern durch einen Mittelsmann mündlich zukommen ließ: ich solle ihm die Liste der Pfarrer zuschicken, die zum Pfarrernotbund gehören. Ich ließ ihm sagen, eine solche Liste besitze das Dekanatamt nicht. Ich bin persönlich auch nicht über jeden Geistlichen in der Beziehung orientiert, ob er zum Notbund gehört oder nicht. Aber auch wenn ich darüber genau im Bilde wäre, hielte ich es nicht eben für die Aufgabe des Dekanatamtes, über solche Dinge einer außerkirchlichen Stelle (auch wenn der Inhaber Mitglied des Landeskirchentages ist) Mitteilung zu geben, zumal wenn nicht gesagt ist, wozu man die Namen wissen will. Doch bitte ich um Weisung in dieser Sache. Gestern hielt ich nach Abl. 26 S. 216[192] eine Versammlung der Kirchengemeinderäte des Bezirks über »Die Aufgaben der Kirchengemeinderäte und der freiwilligen Helfer im Evang. Gemeindedienst«. Die Versammlung ist sehr harmonisch verlaufen. Sting.

Die Antwort des Evang. Dekanatamts Nagold vom 31. 1. 1934 lautete[193]*:*

Zur Äußerung über die Danksagung des Dekanatamts N. N. vom 11. Januar des Jahres aufgefordert, halte ich volle Offenheit für meine Amtspflicht. Der Oberkirchenrat hatte gewiß das Recht und die Pflicht, die Verordnung des Reichsbischofs vom 4. Januar des Jahres auf ihr Verhältnis zur Verfassung zu prüfen und auf einen Widerspruch zu derselben hinzuweisen. Die Feststellung, wie weit ein solcher Widerspruch vorhanden ist, überlasse ich der juristischen Beurteilung durch den Oberkirchenrat und nehme diese Feststellung an. Eine andere Frage darüber hinaus scheint mir aber zu sein 1. der geschichtliche Zusammenhang, in dem die Rechtsverwahrung des Oberkirchenrats steht, 2. die Begründung, die ihr im Erlaß vom 12. Januar des Jahres gegeben wurde, 3. die Wirkung, die sie in der Öffentlichkeit hatte.

1. Der Zusammenhang: Vorangegangen war die Eingabe der Landeskirchenführer durch D. Meiser vom 19. 12. 1933 an den Reichs-

[192] Im »Ausschreiben des Landesbischofs über Volksmission« vom 30. 12. 1933 ist vorgeschrieben, die Kirchengemeinderäte in bestimmten Zeiträumen zur Besprechung kirchlicher Gegenwartsfragen zusammenzurufen, siehe Bd. 1, S. 574.

[193] OKR Stuttgart, Registratur, Generalia Bd. 115b.

bischof, in der die Erschütterung des Vertrauens zur Führung der Deutschen Evang. Kirche ausgesprochen wurde; sodann die Erklärung des Pfarrernotbunds vom 20. 12. 1933 an den Reichsbischof, die ihm das Mißtrauen aussprach und eine Art Ultimatum stellte; ferner in Württemberg die für Christfestvormittag vorgeschriebene Verkündigung über den Jugendvertrag, die in den Gemeinden einen sehr ungünstigen Eindruck machte; endlich die Neujahrsansprache des Herrn Landesbischofs, bei der ein dankender Rückblick vermißt wurde und die Hervorhebung der besorglichen und kritischen Gedanken auffiel[194]. In diesem Zusammenhang erschien die Rechtsverwahrung des Oberkirchenrats gegen die Verordnung des Reichsbischofs, besonders in ihrer Veröffentlichung durch die Presse, als ein Teil der Opposition gegen den Reichsbischof und die Einheit der Deutschen Evang. Kirche.

2. Die Begründung: Die Rechtsverwahrung will das Recht der Geistlichen, zu kirchenpolitischen Angelegenheiten das Wort zu nehmen, in den Fällen schützen, in denen es Gewissenspflicht ist, vom Standpunkt des evangelischen Bekenntnisses aus zu einer solchen Frage Stellung zu nehmen. Es ist dankenswert, daß das Recht des Geistlichen, nach seinem Gewissen für das Bekenntnis einzutreten, gewahrt wird. Aber die Unklarheit der Begründung liegt darin, daß kirchenpolitische Angelegenheiten und Bekenntnis als Grund für eine gewissensmäßige Kundgebung des Geistlichen nebeneinander genannt werden, ohne daß deutlich gesagt wird, in welchem Verhältnis kirchenpolitische Angelegenheiten zum Bekenntnis stehen bzw. in welchen kirchenpolitischen Angelegenheiten wirklich das Bekenntnis selbst betroffen wird. Das eben war ja der Fehler in einer Reihe von Kundgebungen, daß kirchenpolitische Angelegenheiten viel zu schnell mit der Bekenntnisfrage zusammengebracht wurden. Ein Beispiel dafür ist gerade die Danksagung des Dekanatamts N. N., in welcher für die kirchenpolitischen Vorgänge der letzten Zeit ohne jede nähere Bezeichnung und Abgrenzung die Stelle Act. 17, 11 angeführt wurde, bei der es sich doch ausschließlich um die Erkenntnis des Heils handelt. Ebenso wird dort die »reformatorisch verstandene evangelische Freiheit« ohne weiteres auf die kirchenpolitischen Fragen bezogen, ohne daß auch nur der Versuch gemacht wird, genau zu sagen, in welchem Falle die »reformatorisch verstandene evangelische Freiheit« so getroffen wird, daß dagegen pro-

[194] Die Abkündigung zum Jugendvertrag wird in diesem Zusammenhang wiedergegeben; die übrigen Verlautbarungen siehe S. 957 f. und 999 f.

testiert werden muß. Der Protest des evangelischen Pfarrers ist dann Pflicht, wenn ihm die Verkündigung des reinen Evangeliums nach dem Bekenntnis verwehrt werden will, nicht aber schon dann, wenn die Kirchenpolitik andere Wege geht, als er sie für richtig hält, oder wenn es sich um die Art der Organisation der kirchlichen Arbeit handelt. Im Bekenntnis sind, so viel ich sehe, keine kirchenpolitischen Richtlinien gegeben, jedenfalls nicht als heilsnotwendig. Auch der Art. XXVIII der Confessio Augustana spricht vom Lehramt, nicht von Verfassungs- und Organisationsfragen. Soweit die Kirchenpolitik nicht die Lehre der Kirche (Art. VII der Confessio Augustana) verändert, gehört sie, wie die Verfassung und die äußere Form der Kirche, nicht zum Wesen des Evangeliums, sondern zu dessen irdenem Gefäß[194a]. Das Bekenntnis der Kirche auf dem Grund des Evangeliums hat eine andere Würde als die Kirchenpolitik. Dieser Unterschied muß ganz klar herausgestellt werden. Daß Pfarrern in rein kirchenpolitischen Angelegenheiten Zurückhaltung gegenüber der Gemeinde und der Kirchenleitung und Disziplin gegenüber der Öffentlichkeit zur Pflicht gemacht wird in einer Zeit, wo der Führer des Volkes zur Einigkeit und Volksgemeinschaft ruft, ist berechtigt und notwendig und verstößt nicht gegen das Bekenntnis.

3. Die Wirkung: Die Verordnung des Reichsbischofs vom 4. Januar des Jahres wurde von den weitesten Kreisen des Volkes und auch des evangelischen Kirchenvolkes begrüßt als eine Maßnahme, die unter allen Umständen den Schluß des kirchenpolitischen Kampfes und die Herstellung des Friedens herbeiführen will. Demgegenüber erschien die Rechtsverwahrung des Oberkirchenrats, auch wenn sie gar nicht so gemeint war, doch in der Reihe der Kundgebungen und in der Art ihrer Veröffentlichung (s. oben Ziff. 1) denselben Kreisen als eine Verhinderung des Friedens und wurde deshalb bedauert. Die Kundgebungen des Pfarrernotbundes dürfen nicht ohne weiteres als Kundgebungen der Gemeinden gewertet werden. In den Gemeinden und auch in den Gemeinschaften denkt man vielfach ganz anders.

Daß in dem Bericht des Herrn Landesbischofs[195] vom 29. Januar des Jahres den Pfarrern Zurückhaltung in rein kirchenpolitischen Angelegenheiten und Beschränkung auf die Verkündigung des Evangeliums zur Pflicht gemacht wird, ist die Erfüllung eines von vielen ge-

[194a] Die Bekenntnisschriften der evang.-luth. Kirche. 4. Aufl. Göttingen 1959, S. 61 und S. 120 ff. – 2 Kor 4,7.

[195] Siehe S. 1063 ff.

hegten Wunsches. Durch die Andeutungen, als wäre durch die kirchenpolitische Entwicklung bei uns im Ernst das Evangelium und das Wesen der Kirche gefährdet, wurde von Pfarrern eine Beunruhigung in die Gemeinden getragen, die keinen sachlichen Grund hatte.

Dekan Otto.

DIE AUDIENZ DER KIRCHENFÜHRER BEI HITLER AM 25. JANUAR 1934

Am 13. 1. 1934 kamen die Führer der Deutschen Landeskirchen in Berlin mit dem Reichsbischof zusammen, um eine Befriedung der kirchlichen Zustände zu vereinbaren. Seine Entscheidung über die Neubesetzung des Geistlichen Ministeriums verschob der Reichsbischof bis zu einer in Aussicht stehenden Audienz der Kirchenführer bei Hitler. Vor dieser Audienz schrieb Wurm am 15. 1. 1934 an Reichsinnenminister Dr. Frick[196]*:*

Hochverehrter Herr Minister!

Gestatten Sie mir angesichts der wichtigen Entscheidung, die in dieser Woche durch die Unterredung des Führers mit dem Reichsbischof fallen kann, ein kurzes Wort. Niemand desavouiert sich gerne. Ich habe im Sommer für Müller gegen Bodelschwingh gestimmt, weil ich auf Grund der mir zugegangenen Berichte der Meinung war, Müller sei ein Mann von schlichter Frömmigkeit, geradem Wesen und tapferer Haltung und es bestehe zwischen ihm und dem Führer ein seelsorgerliches Verhältnis. Unter diesen Voraussetzungen glaubte ich, daß die Kirche gegenüber dem Staat, der ihr Lebensrecht in so betonter Weise anerkannt hatte, schuldig sei, den Vertrauensmann des Führers dem

[196] Bundesarchiv Koblenz R 43 II/161. Bei der Besprechung der Kirchenführer am 13. 1. 1934 verlangte der Reichsbischof in seiner einleitenden Ansprache eine Distanzierung der Kirchenführer von der auf 14. Januar geplanten Kanzelabkündigung des Pfarrernotbundes (Wortlaut der Ansprache: LKA Stuttgart, D 1, Bd. 47); man einigte sich auf ein Stillhalteabkommen bis zur Audienz bei Hitler. Am 12. 1. 1934 hatte der Reichspräsident den Reichsbischof empfangen und ihm seine Besorgnisse über die kirchliche Lage ausgedrückt (Bundesarchiv Koblenz R 43 II, 161). Im übrigen gab der Reichsinnenminister am 19. 1. 1934 in einem Erlaß bekannt, die im Erlaß vom 30. 11. 1933 vorgeschriebene Nichteinmischung in den Streit innerhalb der Kirche sei auf Weisung des Reichskanzlers unbedingt weiterhin einzuhalten.

anderen Kandidaten voranzustellen. Nun hat es sich aber in steigendem Maße gezeigt, daß die evangelische Kirche eine unfähige und unwürdige Führung in diesem Manne erhalten hat. Das war weder vom Staat noch von der Kirche aus vorauszusehen. Darf sich aber der Staat und sein Führer damit belasten, daß er die Kirche nötigt, ihn weiterzutragen? In weiten nationalsozialistischen Kreisen wird denen, die in Opposition zu Müller stehen, der Vorwurf gemacht, daß sie dem Reiche nicht geben, was des Reiches ist, und mit dem Reichsbischof auch den Reichskanzler bekämpfen. Könnte nicht von hoher Stelle aus dieser infamen Unterstellung ein Ende bereitet werden? Sie vergiftet das Vertrauensverhältnis in der Kirche und sie gibt der Auslandspresse den Vorwand, die inneren Kämpfe in der evangelischen Kirche als den Anfang des Auseinanderbrechens der neu errungenen Volksgemeinschaft hinzustellen. Welcher Wunsch kann uns mehr erfüllen als der, daß der Staat Adolf Hitlers sich als ein Staat der Gerechtigkeit, der Ehre und des Friedens immer mehr verfestigen möchte? Wenn aber unser einer, der ein ganzes Leben lang für sein Vaterland sich eingesetzt hat und der es sich stets als Ehre angerechnet hat, wenn er von der Linkspresse angepöbelt wurde, nun als ein finsterer Reaktionär hingestellt wird, so schadet das am allermeisten der Partei, die ein solches Treiben duldet. Es gehört zu den schwersten Konflikten, wenn Treue zur Kirche und Treue zum Führer nicht in Einklang zu bringen sind. Erlösen Sie uns von diesem Konflikt, indem Sie dem Führer deutlich machen, daß der Nationalsozialismus sich viel zu gut sein muß, um dem gegenwärtigen Regierungssystem in der Kirche eine Hilfestellung zu geben! Man kann, wie der Weltkrieg zeigt, an schlechten Bundesgenossen zu Grunde gehen; davor muß Partei und Staat bewahrt werden!

Indem ich bitte, dies freimütige Wort aus tiefster Sorge um Staat und Kirche kommend verstehen zu wollen, verbleibe ich [Wurm].

Über die kirchliche Lage in Württemberg informierte Reichsstatthalter Murr am 22. 1. 1934 den Reichskanzler[197]*:*

[197] Bundesarchiv Koblenz R 43 II/161. Schon am 17. 1. 1934 hatte der stellvertretende Gauleiter Schmidt an Pressel geschrieben: »Sehr geehrter Herr Pfarrer! Unter Bezugnahme auf das obengenannte Schreiben teile ich Ihnen mit, daß die Gauleitung der NSDAP es den Dienststellen von sich aus noch nie zur Pflicht gemacht hat, die Glaubensbewegung zu unterstützen. Andererseits verwehrt es aber die Gauleitung ihren Dienststellen-Leitern nicht, wenn sich diese zur Glaubensbewegung bekennen und für sie arbeiten. Mit Heil Hitler! Schmidt« (LKA Stuttgart, D 1, Bd. 47).

Mein Führer!

Dem Vernehmen nach soll in den nächsten Tagen zwischen Ihnen und dem Herrn Reichsbischof Dr. Müller eine Aussprache über die derzeitige Lage in der Evangelischen Kirche sowie die zu ergreifenden Maßnahmen stattfinden. Ich halte es für notwendig, Ihnen hiezu auch meinerseits einen kurzen Bericht über die immer unhaltbarer werdende Lage bei der Württ. Evang. Landeskirche zu übermitteln.

Schon seit längerer Zeit war zu bemerken, daß das Verhältnis der Württ. Landeskirchenleitung zu der Reichskirche sich immer ungünstiger gestaltete, bis es nunmehr zur offenen Auflehnung der Evang. Landeskirchenleitung gegen den Herrn Reichsbischof gekommen ist. Der Grund hiezu ist, wie sich in den letzten Wochen deutlich gezeigt hat, neben einer gewissen partikularistischen Eigenbrötelei insbesondere darin zu erblicken, daß die württ. Landeskirchenregierung von Anfang an der nationalsozialistischen Weltanschauung mit einem gewissen Mißtrauen gegenübergestanden ist und sich den neuen Ideen und auch dem neuen Staat gegenüber auf eine gewisse Vorbehaltsstellung zurückgezogen hat. Zwar war man nicht sparsam, Loyalitäts- und Sympathie-Erklärungen für den neuen Staat abzugeben, praktische Folgerungen daraus zu ziehen hat man sich aber nicht entschlossen. Auch wollte wohl die Evang. Landeskirche Württembergs die von ihr im zweiten Reich erworbene selbständige und selbstherrliche Stellung sich unter allen Umständen erhalten und war daher von Anfang an wenig geneigt, sich der Reichskirchenleitung in maßgebenden Fragen unterzuordnen.

Als nun der Herr Reichsbischof den Vertrag wegen der Eingliederung der Evangelischen Jugend in die Hitler-Jugend unterzeichnete, brach der offene Kampf gegen die Reichskirchenleitung aus und wurde nunmehr leider auch in die Öffentlichkeit getragen. Am Neujahrstag ließ der württ. Landesbischof eine Neujahrsansprache von den Kanzeln verlesen, in der die geschichtlichen Ereignisse des vergangenen Jahres auch nicht mit einem Wort erwähnt wurden, dagegen wurde die Eingliederung der Evangelischen Jugend in die HJ offen kritisiert. Diese Neujahrsansprache hat bei der nationalsozialistischen Bevölkerung und Presse Württembergs erhebliches Mißfallen erregt. In einer weiteren Ansprache, die der Landesbischof am 9. Januar vor dem Württ. Oberkirchenrat gehalten hat, wurde nun zwar eine Würdigung der Verdienste der nationalen Regierung nachgeholt, der Landesbischof hat aber auch hier wiederum gegen die Eingliederung der Evangelischen Jugend in die Hitler-Jugend angekämpft. Inzwischen hat auch die württembergische Kirchen-Regierung gegen die vom Herrn Reichsbischof erlassene Verordnung zur Wiederherstellung des kirchlichen Friedens Rechtsverwahrung eingelegt.

Unterstützt wird der württ. Landesbischof in seinem Kampf gegen den Herrn Reichsbischof von dem Pfarrernotbund, der eine Gegenorganisation gegen die »Deutschen Christen« sein soll und dem hauptsächlich die früheren Anhänger des Christlichen Volksdienstes und sonstige reaktionäre oder linksgerichtete Pfarrer angehören. Dieser Pfarrernotbund ließ am 14. Januar des Jahres mit Duldung des württ. Landesbischofs von verschiedenen Kanzeln Württembergs eine Erklärung verlesen, in der sich die Pfarrer des Notbunds einmütig und entschlossen hinter den Landesbischof in seinem Kampf gegen den Herrn Reichsbischof stellen und betonen, daß der Landesbischof der allein rechtmäßig berufene Bischof sei, dem die Pfarrer als Diener im Wort nach dem Evangelium und durch ihr Amtsgelübde zum Gehorsam verpflichtet seien.

Der Kampf, den hier die Evangelische Landeskirche, unterstützt von dem Pfarrernotbund gegen die Reichskirchenleitung führt, wird zwar dem Staat gegenüber unter dem Deckmantel »rein kirchliche Angelegenheit« geführt; in Wirklichkeit und jedenfalls im Enderfolg richtet sich dieser Kampf jedoch zugleich gegen den neuen Staat selbst. Unter dem Glorienschein des Einstehens für die kirchlichen Belange, für den evangelischen Glauben usw. wird hier gleichzeitig auch gegen die nationalsozialistische Weltanschauung und gegen den neuen Staat gekämpft. Dies zeigt deutlich das Auflehnen der Evang. Landeskirchenleitung gegen die Eingliederung der Evangelischen Jugend in die Hitler-Jugend. Durch den in die breiteste Öffentlichkeit getragenen fortgesetzten Kampf der Evang. Landeskirchenleitung gegen die Reichskirchenleitung besteht die Gefahr, daß allmählich in die Bevölkerung eine starke Unruhe hineingetragen wird, die schließlich ein Eingreifen des Staats verlangt.

Obwohl schon mehrere evangelische Pfarrer in ihren Äußerungen teilweise mehr oder weniger versteckt auch die Anschauungen des neuen Staates (Rassenfrage usw.) angegriffen haben, wurde bisher nur in wenigen, besonders schweren Fällen eingeschritten, um eine Verschärfung des Konfliktes zu vermeiden und nicht unnötigerweise Märtyrer zu schaffen. Auf die Dauer dürfte jedoch damit nicht auszukommen sein, weil festzustellen ist, daß die Opposition eines Teils der Pfarrerschaft in gleichem Grade zunimmt, als der Landesbischof sich ungestraft gegen den Reichsbischof wenden kann. Im Interesse der Wahrung der Autorität des neuen Staates halte ich es deshalb für dringend erforderlich, daß der Reichsbischof gegen den widerspenstigen württ. Landesbischof einschreitet. Es handelt sich in Württemberg bei den Kirchenfragen nicht um einen Dogmenstreit, sondern lediglich um die vorbehaltslose Anerkennung des neuen Staates und des Reichsbischofs. Ich sehe in dem Verhalten der renitenten Pfarrerschaft lediglich den Versuch reaktionärer und ehemals demokratischer Kreise, durch immer wiederholte, mehr oder weniger versteckte Angriffe auf die Anschauungen des Staates dessen Autorität zu schwächen. Der Landesbischof tritt diesem Unwesen keineswegs entgegen. Die renitenten Pfarrer fühlen sich deshalb zweifellos durch den Landesbischof gedeckt. Welche Meinung bei den Herren herrscht, die in der nächsten Umgebung des Landesbischofs sind, geht aus den Äußerungen des Oberkirchenrats Pressel, der leider Parteigenosse ist, gegen den aber bereits ein beschleunigtes Ausschlußverfahren schwebt, hervor, der kürzlich vor der Politischen Polizei, die er selbst aufsuchte, erklärte, daß keine politische Macht die Kirche zu einer anderen Haltung zwingen könne und daß gegebenenfalls die Konzentrationslager nicht ausreichen würden. Diese Darstellung ist selbstverständlich übertrieben. Das Volk selbst sieht nur mit Widerwillen den Streit der Geistlichen, soweit es überhaupt an ihm Anteil nimmt.

Ich habe den Herrn Reichsbischof bereits gebeten, den württ. Landesbischof abzusetzen. Wenn dies geschehen ist und eine geeignete Persönlichkeit, die nach beiden Seiten hin Ansehen und Vertrauen genießt, mit dem Amt betraut ist, wird der widerliche Streit rasch zu Ende sein und die Kirche auch ihre Aufgabe im neuen Staate erfüllen.

Mit deutschem Gruß! Ihr ergebener Wilhelm Murr.

Nach der Besprechung mit den Kirchenführern teilte der Staatssekretär in der Reichskanzlei am 2. 2. 1934 Reichsstatthalter Murr persönlich mit[198]*:*

Sehr verehrter Herr Reichsstatthalter!

Im Auftrage des Herrn Reichskanzlers beehre ich mich, den Empfang Ihres gefälligen Schreibens vom 22. Januar des Jahres, betreffend die Lage der Württ. Evang. Landeskirche, ergebenst zu bestätigen. Von

[198] Bundesarchiv Koblenz R 43 II/161.

dem Inhalt hat der Herr Reichskanzler mit Interesse Kenntnis genommen und Ihre Ausführungen bei der kürzlich stattgehabten Besprechung mit Vertretern der Evangelischen Kirche berücksichtigt.

Mit dem Ausdruck ausgezeichneter Hochachtung mit Hitler Heil.

Mit Schreiben vom 19.1.1934 lud der Reichsinnenminister die Kirchenführer, darunter auch Landesbischof D. Wurm, zu einer Besprechung über die Lage der Deutschen Evang. Kirche *auf Mittwoch, 24. 1. 1934, in die Reichskanzlei ein. Vorher sollte dem Reichskanzler eine Erklärung der Kirchenführer, die nicht den Deutschen Christen angehörten, überreicht werden. Bei den Akten findet sich ein auf 21. 1. 1934 datierter Entwurf, in dem der Rücktritt des Reichsbischofs gefordert wird*[199]*:*

Wenn die Deutsche Evang. Kirche ihren Dienst im Sinne der vorstehenden Grundgedanken tun soll, wenn eine Befriedung eintreten und alle aufbauwilligen Kräfte in wahrhaft kirchlicher Weise eingesetzt werden sollen, sind folgende Maßnahmen unerläßlich:

1. Nachdem die bisher amtierenden drei geistlichen Mitglieder der Reichskirchenregierung zurückgetreten sind, hat der Herr Reichsbischof sofort ein neues Geistliches Ministerium zu berufen, das vom Vertrauen aller Kreise des deutschen Protestantismus getragen ist, die sich zur Befriedung der Kirche auf der Grundlage des evangelischen Bekenntnisses zusammengeschlossen haben. Die vorschlagenden Kirchenführer, welche die überwältigende Mehrheit des deutschen evangelischen Kirchenvolkes darstellen, sind der Überzeugung, daß die von ihnen in Aussicht genommenen Männer, verpflichtet dem Evangelium, in unbedingter Treue zum Dritten Reich und seinem Führer, frei von allen kirchenpolitischen Bindungen und allein der Sache dienend, ihre ganze Kraft daran setzen werden, die durch schwere Wirren erschütterte Kirche so neu zu ordnen, daß sie ihren großen Dienst an unserem Volke tun kann.

2. Der Herr Reichsbischof und das Geistliche Ministerium verabschieden ein Gesetz, das die Vertretung des Reichsbischofs regelt.

3. Der Herr Reichsbischof hat, mit bedingt durch seine Kränklichkeit, die notwendigen Führereigenschaften so stark vermissen lassen und dadurch das Vertrauen des Kirchenvolkes und der Kirchenführer so weit verloren, daß unter seiner Führung die im Blick auf Staat, Volk und

[199] LKA Stuttgart, D 1, Bd. 120; bei den Akten liegt ein Stück ohne Unterschrift. — Die Einladung Fricks vom 19. 1. 1934 siehe LKA Stuttgart, D 1, Bd. 47.

Kirche unerläßliche Bereinigung innerhalb der Deutschen Evang. Kirche und der evangelischen Kirche der Altpreußischen Union nicht mehr möglich erscheint und daher sein Rücktritt sowohl vom Amt als Reichsbischof wie auch als Landesbischof von Preußen notwendig ist.

4. Gleichzeitig werden zur wirklichen Beendigung der kirchenpolitischen Kämpfe folgende Maßnahmen getroffen: Die Verordnung des Reichsbischofs vom 4. 1. 1934 wird zurückgezogen. Alle Disziplinarverfahren, die ausschließlich aus dem kirchenpolitischen Kampf entstanden sind, werden niedergeschlagen. Das neue Geistliche Ministerium und die Kirchenführer wenden sich in einem Aufruf an das Kirchenvolk, in welchem sie die vorstehenden Maßnahmen bekanntgeben und begründen und zugleich alle evangelischen Christen zum gemeinsamen Aufbau von der Gemeinde her aufrufen.

5. Das Geistliche Ministerium trifft die notwendigen Maßnahmen zur Herstellung geordneter Verhältnisse in den Landeskirchen, besonders in Altpreußen, Mecklenburg, Waldeck u. a. Die leitenden Stellen müssen ausschließlich unter dem Gesichtspunkt der sachlichen Eignung neu besetzt werden. Die von vornherein nur mit der Aufgabe der Überleitung betrauten Landes- und Provinzial-Synoden werden sistiert, bis sie auf Grund der neuen Verfassungen der Landeskirchen neu gebildet werden können; in gleicher Weise ist mit der National-Synode zu verfahren.

6. Für das neue Geistliche Ministerium wird ein Empfang beim Herrn Reichspräsidenten und beim Herrn Reichskanzler erbeten. Es tritt sofort in enge Fühlung mit Reichs- und Landesregierungen. Damit eine einheitliche Regelung der kirchlichen Verhältnisse in ganz Deutschland erfolgen kann, bitten wir den Herrn Reichskanzler um die Anordnung, daß die Landesregierungen in ihrer Stellung zur evangelischen Kirche in voller Übereinstimmung mit den zu erlassenden Weisungen der Reichsregierung handeln, ebenso um erneuten Hinweis auf die Anordnung, daß untergeordnete Staats- und Parteistellen sich nicht in die Angelegenheiten der Kirche einmischen dürfen. Vorgänge in Preußen, Mecklenburg und Waldeck machen diese Bitte erforderlich.

7. Das neue Geistliche Ministerium tritt sofort in Verhandlungen mit den zuständigen Stellen der Reichsregierung über eine dauernde Regelung des Verhältnisses zwischen Reich und Deutscher Evang. Kirche ein.

Am 24. 1. 1934 scheint dann Hitler folgende Erklärung übergeben worden zu sein[200]*:*

[200] LKA Stuttgart, D 1, Bd. 120; bei den Akten liegt ein Stück ohne Unterschrift.

Hochverehrter Herr Reichskanzler!

Wir danken Ihnen, daß Sie am Donnerstag zu uns sprechen und uns Gelegenheit geben wollen, Ihnen von der Lage der Kirche und dem rechten Weg zur Erfüllung ihrer Aufgabe zu sagen. Wir brauchen Ihnen nicht zu versichern, wie dankbar wir Ihnen sind, daß Sie unser äußerlich und innerlich zersetztes Volk vom Abgrund weggerissen und zu neuer Entfaltung seiner Kräfte frei gemacht haben. Wir tragen Ihr Werk mit dem Besten, das wir geben können, mit dem Gebet der Kirche. Wir wollen aber auch mit der Tat alles einsetzen, damit die Kirche ihren Dienst an unserem Volk in dieser Stunde ganz tue.

Wir wissen, daß Sie von der bisherigen Haltung der Kirche enttäuscht sind. Wir empfinden das selbst mit Schmerz. Daß Verwirrung und Kämpfe herrschen statt tatbereiten Einsatzes, liegt aber nicht etwa daran, daß Kirchenführer und Kirchenvolk nicht genug dem Nationalsozialismus aufgeschlossen gewesen wären, sondern allein daran, daß die Kirche ihre eigentliche Aufgabe, das reine Evangelium zu verkünden und nichts anderes zu tun, nicht entschieden genug gewahrt hat. Gerade das Bestreben, Kirche und Volk in engste Verbindung miteinander zu bringen, hat aufs Ganze gesehen zu einem erschütternden Mißerfolg geführt. Man wollte das Evangelium dem Volke neu sagen und hat dabei weithin etwas verkündigt, wogegen sich bekenntnisgemäßer Glaube notwendigerweise auflehnen mußte. Man wollte in der Kirche Führung aufrichten, und es wurde daraus ein Regiment, das sich schließlich nur mit Gewalt und Notverordnungen halten konnte. Zur Führung berufene Männer haben versagt. Ob wir Unterzeichneten gegen die »Deutschen Christen« gestanden oder ob wir in ihren Reihen gearbeitet haben, wir sind uns darin einig, daß jetzt grundlegend Wandel geschaffen und ein echter Neuansatz gefunden werden muß.

Es wäre ein völlig falscher Weg, wenn jetzt der Herr Reichsbischof und seine nicht verantwortlichen Berater aus ihrer Notlage heraus den Notstand der Kirche erklären und zur staatlichen Macht flüchten wollten, statt daß die Kirche ihrerseits dem Volke dient. Aus der Kenntnis unserer Kirchen und Gemeinden heraus müssen wir dringend und mit allem Ernst davor warnen, in der Schaffung einer Staatskirche eine Lösung der gegenwärtigen Schwierigkeiten zu suchen. Die Schwierigkeiten werden auf diesem Wege nicht beseitigt, sondern notwendigerweise nur verschärft; denn die Ordnung der Kirche ist niemals herstellbar durch Maßnahmen von außen her, weil es sich hier um eine Gemeinschaft des Glaubens handelt. Die einzige Möglichkeit, die Deutsche Evang. Kirche zu ordnen und damit wieder frei zu machen für ihren Dienst an Volk und Staat, beruht auf der Wiederherstellung des Vertrauens. Daß dies gelingt, ist nicht mehr in Menschenhand gestellt. Aber aus der Verantwortung, die wir vor Gott für Kirche und Volk tragen, wollen wir es wagen. Wir sind bereit und entschlossen, unserer Deutschen Evang. Kirche ein Kirchenregiment zu geben, dessen Glieder in persönlichem Vertrauen und im Willen zu echter Kirche verbunden sind. Aufgabe dieser Kirche wird es sein, im Gehorsam gegen ihren Herrn Jesus Christus die ihr aufgetragene Botschaft zu sagen. So allein kann und wird sie auch unserem Dritten Reich das geben, was sie ihm schuldig ist.

Als Männer unserer Kirche und unseres Volkes bitten wir Sie, hochverehrter Herr Reichskanzler: Schenken Sie uns das Vertrauen und machen Sie die Bahn frei, diese letzte Möglichkeit in die Tat umzusetzen.

D. Dr. Beyer, Prof., komm. Kirchenminister; D. Fezer, Prof., Rektor der Universität Tübingen; Koopmann, Präsident der Ref. Landeskirche Hannover; D. Koch, Oeynhausen; D. Lauerer, Direktor der Evang. Anstalt Neuendettelsau; D. Marahrens, Landesbischof der Evang.-luth. Landeskirche Hannover; D. Meiser, Landesbischof der Evang.-luth. Kirche in Bayern; Niemöller, Pfarrer; D. Dr. Schöffel, Landesbischof von Hamburg; Dr. Werner, Präsident des Evang. Oberkirchenrats in Berlin (Kirchenminister); D. Wurm, Landesbischof von Württemberg.

Der Empfang der Kirchenführer bei Hitler fand endgültig am 25. 1. 1934 statt. Über die Besprechung liegt bei den Akten folgendes Protokoll[200a]*:* Der Empfang der Kirchenführer bei dem Reichskanzler in Berlin am 25. 1. 1934

Am Donnerstag, 25. 1. 1934, fand in der Reichskanzlei ein Empfang der Kirchenführer durch den Reichskanzler statt. Eingeladen waren der Reichsbischof, die Landesbischöfe von Sachsen, Hannover, Württemberg, Bayern, Thüringen und Hamburg, der Kirchenführer von Mecklenburg, der Präsident der Reformierten Kirche in Hannover, der Präses der

[200a] LKA Stuttgart, D 1, Bd. 120; vgl. dazu auch den Bericht des deutsch-christlichen Bischofs Coch von Sachsen über die Audienz (LKA Stuttgart, D 1, Bd. 120), wo es am Schluß heißt: »Damit hat der Pfarrernotbund die entscheidende Niederlage erlitten, und damit haben wir Deutschen Christen einen entscheidenden Sieg gewonnen. Es war selbstverständlich, daß der Herr Reichsbischof noch am selben Tage den Pfarrer Niemöller beurlaubt hat; das war er dem Kanzler schuldig. Ich muß das sagen, weil Gerüchte im Umlauf sind, als ob Pfarrer Niemöller zu Unrecht oder auf Grund von Gewalt in der Kirche beurlaubt und ein Märtyrer für seine Überzeugung geworden sei. Es ist nun festgestellt, wie

Westfälischen Provinzialsynode, die bisherigen Kirchenminister D. Beyer, Weber und Dr. Werner, Professor D. Dr. Fezer, der Reichsleiter der »Deutschen Christen« und der Vorsitzende der Pfarrernotbundes. Von seiten der Regierung nahmen teil der Reichsinnenminister Dr. Frick, der preußische Ministerpräsident Göring, der Staatssekretär der Reichskanzlei Lammers und Ministerialdirektor Buttmann.

Eröffnet wurde die Audienz durch Verlesung eines Telegramms, das Göring von der Politischen Polizei erhalten hatte. Danach hatte sich Pfarrer Niemöller über den Empfang, den am selben Vormittag der Reichskanzler beim Reichspräsidenten hatte, dahin geäußert: Der Reichspräsident werde dem Reichskanzler die nötigen Direktiven geben für die Lösung des Kirchenkonflikts, auch das Reichsinnenministerium liege gut. Hindenburg werde Hitler die letzte Ölung geben, schlimmstenfalls bleibe der Absprung in die Freikirche. Niemöller bekannte sich sofort zu dem Inhalt des Gesprächs; die Redewendung von der »letzten Ölung« stammte, wie er später versicherte, nicht von ihm. Er suchte den Inhalt des Gesprächs verständlich zu machen aus dem schweren Kampf, den der Pfarrernotbund seit Monaten um die Aufrechterhaltung des kirchlichen Bekenntnisses zu führen habe, und betonte, daß dieser Kampf nicht gegen das Dritte Reich gehe, sondern auch für dieses Reich geführt werde. Hitler erwiderte sehr scharf, die Sorge um das Dritte Reich solle man ihm überlassen; man habe ihm durch diese Interpretation seines Empfangs bei dem Reichspräsidenten die Entschlußfreiheit genommen. Selbst wenn er gewillt gewesen wäre, sich von der Person des jetzigen Reichsbischofs zu trennen, so werde er durch solche Methoden geradezu auf seine Seite getrieben. Daß von evangelischen Pfarrern vielfach gegen

staatsgefährlich der Pfarrernotbund ist, und seine Methoden, mit denen er gearbeitet hat. — Und wir lassen uns auch den Vorwurf nicht mehr gefallen, als wären wir nicht auch bekenntnistreu. In der Besprechung mit dem Führer hat ein Landesbischof, der schon längere Zeit im Amt ist, noch aus der Zeit vor dem Umschwung, behauptet, daß hinter ihm als seine Freunde die bekenntnistreuen Pfarrer im Reiche stünden. Dagegen habe ich mich ausdrücklich gewehrt. Und schließlich faßte der Führer die Aussprache zusammen in die Worte: »Ich sehe, daß hier verschiedene Richtungen vorhanden sind, und die eine mehr konservativ. Und diese Richtung mag sogar die Mehrheit der Pfarrerschaft auf ihrer Seite haben, aber auf der anderen Seite — und damit meinte er uns — steht das Volk; um das Volk ringen wir.« Zur Audienz vgl. weiter GB 142, S. 136 ff.; KJb, S. 38 f.; Niemöller, Kampf, S. 88 ff.; Hermelink, S. 66 ff.; Wurm, Erinnerungen, S. 91 ff. Die für die weiteren Ereignisse wichtigen Stellungnahmen der einzelnen Gruppen zum Ergebnis der Audienz und zum Dorotheenpakt werden in Bd. 3 dargestellt.

die Regierung und den Nationalsozialismus Stimmung gemacht werde, sei nicht zu leugnen. Zum Beweis ließ er den Ministerpräsidenten Göring eine Reihe von Berichten der Politischen Polizei über Predigten und kirchliche Presseartikel vorlesen, die solche Äußerungen enthielten. In leidenschaftlichem Ton beklagte sich der Kanzler darüber, daß dieser Streit in der evangelischen Kirche durch die Ausnützung der Auslandspresse die Stellung des Dritten Reichs sehr erschwere. Viele evangelische Pfarrer hätten seine Bewegung, als sie noch nicht zum Sieg gelangt war, bekämpft. Er habe den Versuch gemacht, der Kirche, die vielfach die Volksmassen verloren habe, vorwärts zu helfen; wenn sie nicht imstande sei, die Stunde auszunützen, so ziehe er seine Hand zurück, auch in finanzieller Hinsicht. Er habe uns Müller nicht aufgedrängt, aber wir dürften ihn nicht schon nach 4 Monaten fallen lassen, sondern sollten noch einmal den ernstlichen Versuch machen, mit ihm zusammenzuarbeiten. Er sei als Katholik geboren und dem Schicksal dankbar dafür, da er deshalb auch Millionen von Katholiken für den Nationalsozialismus habe gewinnen können. Innerlich stehe er der evangelischen Kirche näher, erwarte aber auch von ihr eine andere Haltung als von der katholischen.

Die Kirchenführer unserer Gruppe machten mit Entschiedenheit geltend, daß man einzelne Äußerungen politischer Mißstimmung nicht als Beweis für eine reaktionäre Gesinnung des Pfarrstandes ansehen dürfe. Unser Kampf gelte lediglich der Reinigung der Kirche von falscher Lehre und unfähiger Führung; der Reichsbischof lasse die notwendigen Führereigenschaften vermissen und habe sich auch in der Geschäftsführung und in öffentlichen Äußerungen Blößen gegeben. Der Reichskanzler erwiderte u. a., daß, wenn die Führung der Kirche an einen Mann unseres Vertrauens überginge, erst recht ein heftiger Kampf entbrennen werde. Wir hätten zwar die konservativen Schichten und die Mehrheit der »Priester« hinter uns, aber es vollziehe sich auch in der Kirche eine Revolution und er sehe prophetisch das Ende voraus, wenn wir nicht mit den neuen Kräften ins Einvernehmen kommen. Die Führung der Kirche könne nur ein Mann haben, der das Vertrauen der Bewegung besitze. Es wurde demgegenüber betont, daß es große ebenso kirchlich wie nationalsozialistisch gesinnte Gebiete gebe, in denen die »Deutschen Christen« keine Anhänger besitzen.

Die Vertreter der anderen Gruppe unter den Kirchenführern bestritten, daß sie häretische Meinungen vertreten, und behaupteten, daß es in dem ganzen Streit lediglich um die Frage der kirchlichen Ordnung gehe, nicht um Fragen des Bekenntnisses und des Wesens der Kirche.

Der Reichskanzler schloß mit der dringenden Aufforderung, sich christlich-brüderlich mit dem Reichsbischof zusammenzusetzen und dadurch dem Kampf, der um der politischen Lage willen nicht länger ertragen werden könne, ein Ende zu machen. Der Reichsbischof gab hierauf die Erklärung ab, daß er die Kirchenführer zu einer gemeinsamen Beratung betreff Bildung eines neuen Geistlichen Ministeriums einladen werde.

Die von Göring verlesene Notiz über das von der Politischen Polizei abgehorchte Telefongespräch Pfarrer Niemöllers lautet[201]*:*

Betr. Kirchenkonflikt

Niemöller spricht mit Unbekannt und sagt ihm unter anderem, daß Hitler um 12 Uhr zu Hindenburg befohlen ist. Der Reichspräsident empfängt Hitler in seinem Ankleidezimmer. Die letzte Ölung vor der Besprechung! Hindenburg empfängt ihn mit unserem Memorandum in der Hand. Auch über das Innenministerium ist der Weg gut gewesen. (Zusatz des Fernamts: Wie? war nicht zu erfassen). »Ich bin froh, daß ich den . . . ? nach hier geholt habe und wir alles so gut über Meissner eingefädelt haben. Wenn es schief geht – was ich nicht glaube –, haben wir eben einen schlichten Absprung mit der Freikirche. Rufen Sie mich spät nachmittags an, dann weiß ich schon mehr.«

(Aufgenommen 10.15 Uhr.)

Pfarrer Niemöller selbst äußerte sich zu den Vorgängen während der Audienz bei Hitler in einem Rundschreiben vom 16. 2. 1934[202]*:*

Liebe Brüder!

In den letzten Tagen werde ich beständig wegen der Vorgänge bei dem Kanzlerempfang am 25. 1. 1934 befragt; aus den Anfragen geht unzweideutig hervor, daß offenbar planmäßig falsche und irreführende Darstellungen verbreitet werden, um dem Pfarrernotbund etwas anzuhängen und Unsicherheit in unsere Reihen zu tragen. Es ist mir nicht möglich, die Anfragen einzeln und individuell zu beantworten. Deshalb

[201] Bundesarchiv Koblenz R 43 II/161; das Stück trägt den Stempel: »Streng vertraulich.«

[202] LKA Stuttgart, D 1, Bd. 120. Die bei den Akten liegende Kopie trägt am Kopf folgende Bemerkung: »Um Mißverständnisse aufzuklären, den Württembergern zur freundlichen Kenntnisnahme. Geschäftsstelle des Pfarrernotbunds.«

gebe ich im Folgenden eine kurze Darstellung unter Bezugnahme auf die verbreitetsten falschen Gerüchte.

Zu Beginn des genannten Empfangs hat der Preußische Ministerpräsident Mitteilung von einem überhörten Telefongespräch gemacht, das ich am selben Morgen mit einem Amtsbruder geführt habe. In diesem Gespräch habe ich auf Befragen Antwort gegeben über die für den Empfang getroffenen Vorbereitungen, wozu außer den internen Besprechungen im Kreis der Kirchenführer auch eine Aussprache zwischen dem Reichspräsidenten und dem Führer sowie die Überreichung eines Memorandums unmittelbar vor dem Empfang gehörten. In diesem Zusammenhang ist das viel kolportierte Wort von der »letzten Ölung« gefallen, m. E. unmißverständlich in dem Sinn einer letzten Vorbereitung oder Information. Natürlich hatte dies Gespräch so gut wie alle diese Vorbereitungen keinen politischen Hintergrund. Es wurde aber so ausgelegt, als wenn sich die kirchliche Opposition hinter dem Reichspräsidenten verschanzen wollte, um einen Keil zwischen diesen und den Kanzler zu treiben. Ich habe mich zu diesem Vorwurf dann ausführlich geäußert.

Es handelt sich nur um dies eine Gespräch, nicht wie hier und da verbreitet ist um mehrere. Auch ist dies Gespräch nicht auf einer Schallplatte vorgeführt worden; ich weiß heute noch nicht, ob eine solche Schallplatte überhaupt besteht! Daß ich auf diese Mitteilung hin bleich in mich zusammengesunken sein soll, ist Legende; ich bin im Gegenteil, als mein Name fiel, sofort einen Schritt vor die Front getreten. Der Führer hat dann seinerseits das Wort genommen, begreiflicherweise zunächst erregt und dann ernst. Darauf habe ich mich in voller Ausführlichkeit äußern dürfen und gesagt, daß wir uns an den Reichspräsidenten als an das erste Glied der Evangelischen Kirche gewandt haben, um eine Katastrophe der Kirche zu verhüten, und daß uns dabei nicht zum wenigsten unsere Sorge um Volk und Vaterland, um das Dritte Reich, getrieben habe, als dessen Glieder wir uns völlig fühlen. Darauf hat der Führer entgegnet: »Die Sorge um das Dritte Reich überlassen Sie mir und sorgen Sie für die Kirche!«

Außer dem genannten Gespräch hat der Ministerpräsident eine Anzahl von Einzelfällen aufgeführt, aus denen hervorgehen sollte, daß sich hinter dem Notbund die Reaktion verstecke. Dabei hat mein Name keine Rolle gespielt. Endlich hat der Ministerpräsident von Auslandsbeziehungen der kirchlichen Opposition gesprochen und gesagt, daß er die Beweise dafür habe. Zu diesen Dingen habe ich mich während des Empfanges nicht mehr äußern können; ich habe aber ihn nach dem Gespräch daraufhin angesprochen und gesagt, daß solche Beziehungen von seiten des Pfarrernotbundes nicht existieren. Er hat mir zugesagt, daß ich das Material zur Kenntnis bekommen solle. Bis jetzt ist das nicht geschehen. Zur Sache muß ich auch hier sagen, daß derartige Beziehungen weder vom Notbund noch von mir persönlich aus bestehen. Dasselbe habe ich auch bei meinen mehrmaligen Vernehmungen vor der Geheimen Staatspolizei, deren letzte am 30. Januar stattfand, ausgesagt. Von meiner Festnahme ist weder vor noch während noch auch nach dem Gespräch die Rede gewesen.

Was das übrige Gespräch angeht, so ist zu sagen, daß es über eine Stunde gedauert hat, daß es nicht mit einer Aufforderung an die Kirchenführer, sich zu unterwerfen, sondern mit der Aufforderung, einen Weg der Einigung zu finden, geendet hat, und daß die Kirchenführer dabei sehr ausgiebig zu Worte gekommen sind. Eine Vertrauenserklärung für den Reichsbischof ist nicht ausgesprochen worden. Die oft zitierte Frage des Führers an Landesbischof Meiser hat nicht gelautet, ob der Kampf eingestellt würde, wenn der Reichsbischof ginge, sondern, ob er glaube, daß Friede würde, wenn dieser Fall einträte. Darauf hat Landesbischof Meiser geantwortet, daß dafür niemand garantieren könne. Und der Führer hat erwidert, es würde dann mit Sicherheit, wenn einer von der Opposition die Leitung übernähme, von der anderen Seite der Kampf beginnen. Darum könne nur jemand aus der Bewegung die Kirche leiten.

Eine Denkschrift über die Person des Reichsbischofs, von der ebenfalls die Rede war und die von Dr. Kinder in einem Rundschreiben vom 30. 1. 1934 an die Gauobleute als ein Versuch, den Reichsbischof zu diffamieren, hingestellt wird, stammt weder vom Pfarrernotbund noch war sie mir dem Inhalt nach bekannt. Sie stammt vielmehr von dem deutschchristlichen Präses der Generalsynode Dr. Werner, der sich wohl darum bemühen wird, daß eine verantwortliche Prüfung der von ihm erhobenen Anklagen erfolgt! Der Pfarrernotbund hat es grundsätzlich abgelehnt, den Kampf um die Reinheit von Lehre und Bekenntnis zu einem Angriff auf die moralischen Qualitäten einzelner Gegner entarten zu lassen.

Bei der Verabschiedung habe ich, wie bekannt, noch einmal einige Worte gesagt, als der Führer mir die Hand gab. Ich habe es getan, um noch einmal zum Ausdruck zu bringen, daß wir auch an unserem Teil die Sorge für das Dritte Reich mittrügen und daß es uns bei dem kirchlichen Kampf um die Reinheit der Lehre und des Bekenntnisses ginge.

Darauf entgegnete der Kanzler ohne jede Schärfe: »Das sagen die anderen auch!« Es ist weder wahr, daß ich die Hand des Führers krampfhaft festgehalten[202a] noch daß mir der Führer seine Hand mit Gewalt entzogen hätte, wie behauptet worden ist. Es ist ebenso wenig wahr, daß mir der Führer seine Hand mit betonter Freundlichkeit hingestreckt hätte; er hat mir die Hand gegeben, wie eben ein deutscher Mann seine Hand gibt. Und es ist völlig überflüssig, daraus etwas Besonderes lesen zu wollen.

Der ganze Empfang war ohne Zweifel für alle Beteiligten unter uns ein starker Eindruck, in seinem Ergebnis aber weder ein Sieg der einen noch eine Katastrophe für die andere Seite, sondern ein Appell zur Einigung. Daß dann doch eine Katastrophe folgte, wurde erst später entschieden. Hier über die Gründe zu reden, kann ich mir nach den bereits gegebenen Informationen ersparen. Der Pfarrernotbund wird seinen Weg um unserer Kirche wie um unseres Volkes willen gerade weiter gehen müssen.

In brüderlicher Verbundenheit Niemöller.

Wegen des abgehörten und bei der Audienz der Kirchenführer von Hitler vorgelesenen Telefongesprächs schrieb Pfarrer Metzger, Bronnweiler, im 7. 4. 1934 an Pfarrer Niemöller, Berlin[202b]*:*

Verehrter, lieber Amtsbruder!

Mit starker Anteilnahme verfolgen wir im Süden Ihren Kampf. Sind wir auch gelähmt nach außen durch die Abmachungen eines von unserem Landesbischof geschlossenen »Friedens«, so hat doch keinen Augenblick unsre Solidarität mit Ihrem Kampf aufgehört. Viel, allzuviel Menschliches mischt sich ja in solches Kämpfen; das sehen wir an unsern eignen Erfahrungen deutlich und beobachten es auch aus der Ferne an dem Ringen unsrer norddeutschen Brüder. Aber das darf nicht irre machen daran, das Ziel fest ins Auge zu fassen, eine Gemeinschaft um den lebendigen Christus herum zu werden.

Was mich zu schreiben drängt, ist ein Wort, das Ihnen mancher von uns im Geiste schon manches Mal gesagt hat, ohne daß es zu einem Schreiben gekommen wäre. Wir haben in Ihren Kundgebungen seit dem 25. Januar ein Wort aus Ihrem Munde gesucht, das irgendwie das Bedauern über die ungeschickte Sache mit dem Telefongespräch, das ja Coch in der

[202a] Dies berichtet auch Wurm, Erinnerungen S. 92.

[202b] LKA Stuttgart, D 1, Bd. 87. Metzger spielt auf den Dorotheenpakt an, siehe S. 1065 ff. Eine Antwort befindet sich nicht bei den Akten.

»Evang.-Luth. Kirchenzeitung« ausführlich berichtet, ausgesprochen hätte. Und wir haben dies Wort nicht gefunden. Das hat uns befremdet; und unser Landesbischof hat sich ganz ähnlich auch einmal ausgesprochen. Es liegt uns ferne, Ihnen einen Vorwurf zu machen, der Sie immer im vorderen Kampfe gestanden sind. Aber da wir uns unter das Mißlingen jener Audienz als unter eine Schuld mithinuntergestellt haben, dürfen wir Ihnen vielleicht auch ganz offen sagen, daß wir erwartet hätten, auch von Ihnen ein Wort der Beugung zu hören. Nehmen Sie das Gesagte als die Äußerung eines Bruders. Gott segne Sie in Ihrem Kampf, daß Ihr Kampf immer ein Kampf mit Ihm bleiben dürfe. Wenn Sie mir und vielen Brüdern in Württemberg ein lösendes Wort hiezu sagen könnten, wäre Ihnen dankbar Ihr Ihnen verbundener Metzger.

Nach dem Empfang beim Reichskanzler verhandelten die Kirchenführer am 26. und 27. Januar noch einmal mit dem Reichsbischof. Über die Bildung des Geistlichen Ministeriums entstand folgende Vereinbarung der Kirchenführer mit dem Reichsbischof[203]:

1. Das Geistliche Ministerium der Deutschen Evang. Kirche wird neu gebildet und besetzt aus folgenden Männern[204]:

2. Die Geistlichen Minister bilden die Reichskirchenregierung und sind die verantwortlichen Berater des Reichsbischofs. Sie dürfen in dieser Eigenschaft nicht durch andere Personen ersetzt werden. Die Stellvertretung für den Reichsbischof wird alsbald durch Gesetz geregelt.

3. Das neu gebildete Geistliche Ministerium hat vor allem die Aufgabe, eine Befriedung der kirchlichen Verhältnisse herbeizuführen. Zu diesem Zweck werden a) die Verordnung des Reichsbischofs vom 4. 1. 1934 (Gesetzblatt S. 1) abgesehen von Nr. 4 zweiter und dritter Teil aufgehoben; b) alle Suspendierungen und Disziplinarverfahren gegen kirchliche Amtsträger wegen kirchenpolitischer Betätigung niedergeschlagen; c) geordnete kirchliche Verhältnisse in Altpreußen, Schleswig-Holstein, Mecklenburg, Waldeck und Bremen wiederhergestellt.

4. Die Reichskirchenregierung trägt dafür Sorge, daß eine geordnete und sparsame Finanzwirtschaft in der Deutschen Evang. Kirche wiederhergestellt und geführt wird.

[203] LKA Stuttgart, D 1, Bd. 118; bei den Akten liegt ein Stück ohne Unterschrift. Über die Besprechungen mit dem Reichsbischof am 26. u. 27. 1. 1934 siehe die Protokolle in LKA Stuttgart, D 1, Bd. 118.

[204] In der Vorlage ist hier Platz frei für die Einfügung von Namen.

5. Gesetze und rechtliche Verordnungen dürfen nur in streng verfassungsmäßigen Formen erlassen werden. Es wird dafür Sorge getragen, daß a) Gesetze und Verordnungen nicht ohne Mitwirkung des Kirchenkanzlers erlassen, b) bei Gesetzen und Verordnungen, welche das landeskirchliche Recht berühren, die beteiligten Landeskirchen zuvor gehört werden.

6. Das Geistliche Ministerium tritt sofort in Verhandlungen mit den zuständigen Stellen der Reichsregierung über eine dauernde Regelung des Verhältnisses zwischen Reich und Deutscher Evang. Kirche ein und setzt sich bei den jetzigen Verhandlungen im Reichsinnenministerium wegen des Evang. Jugendwerks mit Entschiedenheit für die Wahrung der Interessen der evang. Jugend ein.

Nach dieser Besprechung mit dem Reichsbischof wurde noch am 27. 1. 1934 vom Staatssekretär in der Reichskanzlei folgende Notiz zur sofortigen Veröffentlichung durch die Presse weitergegeben[205]*:*

Unter dem Eindruck der großen Stunde, in der die Kirchenführer der Deutschen Evang. Kirche mit dem Herrn Reichskanzler versammelt waren, bekräftigen sie einmütig ihre unbedingte Treue zum Dritten Reich und seinem Führer. Sie verurteilen aufs schärfste alle Machenschaften der Kritik an Staat, Volk und Bewegung, die geeignet sind, das Dritte Reich zu gefährden. Insbesondere verurteilen sie es, wenn die ausländische Presse dazu benutzt wird, die Auseinandersetzungen in der Kirche fälschlich als Kampf gegen den Staat darzustellen. Die versammelten Kirchenführer stellen sich geschlossen hinter den Reichsbischof und sind gewillt, seine Maßnahmen und Verordnungen in dem von ihm gewünschten Sinne durchzuführen, die kirchenpolitische Opposition gegen sie zu verhindern und mit allen ihnen verfassungsmäßig zustehenden Mitteln die Autorität des Reichsbischofs zu festigen.

Nach der Rückkehr Wurms aus Berlin fand am 30. 1. 1934 eine Aussprache zwischen der Leitung der Württ. Landeskirche und dem Ständigen Ausschuß des Landeskirchentags statt[206]*:*

[205] Bundesarchiv Koblenz R 43 II/161; das Aktenstück ist von Meißner abgezeichnet. Der Text erschien am 29. 1. 1934 im »NS-Kurier« und am 1. 2. 1934 im »Schwäbischen Merkur«.

[206] Nr. A 1000 (Pressenotiz); vgl. »Schwäbischer Merkur«, Ausgabe vom 1. 2. 1934.

Zur kirchlichen Lage

Nachdem in letzter Woche ein Empfang der evangelischen Kirchenführer beim Reichskanzler und eine Besprechung des Reichsbischofs mit den kirchlichen Führern stattgefunden hatte, erfolgte am 30. Januar eine Aussprache zwischen der Evang. Kirchenleitung in Württemberg und dem Ständigen Ausschuß des Landeskirchentags über die kirchliche Lage. Dabei ergab sich eine erfreuliche Übereinstimmung zwischen Kirchenleitung und dem Ständigen Ausschuß und ein starker Wille zur Überwindung der in letzter Zeit innerhalb der Evang. Kirche hervorgetretenen Gegensätze. Mit Bezug auf die kirchenpolitischen Verhältnisse in Preußen hat der Herr Landesbischof an den Herrn Reichsbischof ein Telegramm gerichtet, in dem er den Wunsch einer Befriedung auch der dortigen Verhältnisse zum Ausdruck bringt.

Das Telegramm, das der Landesbischof an den Reichsbischof gesandt hatte, hat folgenden Wortlaut[207]*:* Eine allgemeine kirchliche Amnestie wäre die schönste Antwort der Kirche auf die Kanzlerrede[208/210] und die beste Grundlage für eine dauernde Befriedung der kirchlichen Verhältnisse. Landesbischof Wurm.

Die neue Lage nach der Besprechung der Kirchenführer mit dem Reichskanzler wurde vom Württ. Brüderrat des Pfarrernotbundes am 29. 1. 1934 beraten. Dem Landesbischof ging am 31. 1. 1934 folgender Bericht zu[211]*:*

Hochverehrter Herr Landesbischof!

Im Auftrag des Brüderrates des Pfarrernotbundes beehre ich mich, Ihnen folgendes mitzuteilen: Der Brüderrat hat die durch die Vorgänge in Berlin geschaffene Lage in einer Sitzung am vergangenen Montagabend beraten. Er hat sich dabei im wesentlichen auf die von mir mündlich am Montagvormittag Ihnen vorgetragene Auffassung geeinigt: Abbruch des kirchenpolitischen Kampfes um die Person des Reichsbischofs,

[207] Nr. A 1000; der Wortlaut wurde vom Oberkirchenrat dem EPD mitgeteilt.

[208/210] Rede Hitlers vom 30. 1. 1934, in der er von dem Zusammenschluß der evang. Landeskirchen eine »wirkliche Befriedung« erwartete und von der Achtung des nationalsozialistischen Staates vor den christlichen Bekenntnissen sprach; Domarus I, S. 352 f.

[211] LKA Stuttgart, D 1, Bd. 47.

Festhalten am Pfarrernotbund württ. Prägung, aber unter Umgestaltung desselben in eine Gesinnungsgemeinschaft, die die Aufgabe der inneren Klärung und Festigung der Pfarrbrüder und ernsten Gemeindeglieder im evangelischen Verständnis von Kirche und Bekenntnis unverzüglich in Angriff nimmt, um sie innerlich zu rüsten auf den geistigen Kampf um Kirche und Evangelium. Ihnen persönlich, hochverehrter Herr Landesbischof, spricht der Brüderrat seinen herzlichen Dank aus für die mutige und evangelische Haltung, die Sie auch in den letzten schweren Tagen in Berlin an den Tag gelegt, und versichert Sie erneut der treuen Gefolgschaft des weitaus überwiegenden Teiles der württembergischen Pfarrerschaft.

In aufrichtiger Verehrung: Der Brüderrat des Pfarrernotbundes: I. A. Stadtpfarrer Pfeiffer.

Schon am 12. Januar hatte der Oberkirchenrat den Dekanatämtern eine Information der Pfarrerschaft durch den Landesbischof in Aussicht gestellt[212]*. Am 29. u. 30. 1. 1934 ergingen dann die Einladungen an die Pfarrer*[213]*. Meist wurde die Pfarrerschaft von mehreren Dekanatsbezirken zu einer Sprengelversammlung eingeladen, bei der dann der Landesbischof sprach. Diese Versammlungen fanden in der Zeit vom 31. Januar bis 7. Februar statt.*

Am 29. 1. 1934 ging dann an sämtliche Pfarrämter ein Bericht des Landesbischofs über die Entwicklung der kirchlichen Lage[214]*:*

Den Pfarrämtern wird ein Bericht des Landesbischofs über die Entwicklung der kirchlichen Lage in der Deutschen Evang. Kirche in den letzten Monaten mitgeteilt. Wo es angängig erscheint, kann von dem Bericht auch dem Kirchengemeinderat gegenüber Gebrauch gemacht werden

Wurm.

Die Bestrebungen der lutherischen und unierten Kirchenführer, die sich zu einer stetig sich erweiternden Arbeitsgemeinschaft zusammengefunden hatten, gingen seit Anfang Dezember darauf, den Reichsbischof zur Bildung eines Geistlichen Ministeriums zu veranlassen, das die Bereinigung der in einigen Landeskirchen unerträglich gewordenen Zustände in Angriff nehmen sollte. Es waren dabei Persönlichkeiten ins

212 Nr. 350.
213 Nr. A 943, 910 und 976.
214 Nr. A 944.

Auge gefaßt, die an keine kirchenpolitische Gruppe gebunden waren. Während die Verhandlungen noch schwebten, trat eine Verschärfung der Lage ein durch den Erlaß der Notverordnung vom 4. Januar, die jede Kritik an bestehenden Zuständen in der Kirche unmöglich machen sollte. Da in der evangelischen Kirche ein Zeugnis des Glaubens und Gewissens auch gegen eine kirchliche Führung, falls sie dem Evangelium zuwiderhandelt, nicht unmöglich gemacht werden darf (Art. 28 der Augustana[214a]) und da auch die Rechtsgrundlage der Verordnung anfechtbar erschien, legten die bayrische und württembergische Landeskirche Verwahrung gegen diese Verordnung ein; bei einer von dem Reichsbischof auf 13. Januar einberufenen Sitzung der Kirchenführer schlossen sich dieser Verwahrung sämtliche unserer Gruppe angehörige Kirchenführer an. Eine Folge der Notverordnung war der Rücktritt der beiden Kirchenminister D. Beyer und Weber. Es mußte deshalb unverzüglich an die Neubildung des Geistlichen Ministeriums gegangen werden; in der Sitzung am 13. Januar wurden verschiedene Namen genannt. Der Reichsbischof erklärte, er werde sich entscheiden nach einem Empfang bei dem Führer, der auf Mittwoch, 17. Januar, geplant war. Dieser Empfang fand nicht statt. Dagegen wurde auf Anregung des Reichsinnenministers ein Empfang einer größeren Zahl von Kirchenführern auf einen Tag der folgenden Woche in Aussicht genommen.

Dieser Empfang fand am Donnerstag, den 25. Januar, statt. Da ich nicht berechtigt bin, Näheres zu berichten, so kann ich nur als wesentliches Ergebnis mitteilen, daß die Kirchenführer durch die Erklärungen des Kanzlers vor eine ganz ernste Entscheidung gestellt wurden. Es trat klar hervor, daß sich der Führer unter den besonderen Umständen des Augenblicks von der Person des jetzigen Reichsbischofs nicht trennen kann und daß er insbesondere wegen der politischen Ausnützung durch die Auslandspresse eine Beendigung des Kirchenkonflikts fordert. Wir befanden uns in der Lage eines Offiziers, der nicht daran denken darf, inmitten gefährlicher Situationen den Gehorsam zu kündigen. Eine inzwischen veröffentlichte Erklärung, die uns in einer Bischofskonferenz vorgelegt wurde und die eine entsprechende Haltung bekundet, konnten wir im Blick auf Röm. 13 nicht ablehnen; ihre Ablehnung hätte unter den obwaltenden Umständen eine politische Gegenaktion bedeutet. Um aber nicht das Mißverständnis aufkommen zu lassen, als ob ich die kirchlichen Anliegen aufgegeben hätte, die für die bisherige Haltung der be-

[214a] Die Bekenntnisschriften der evang.-luth. Kirche. 4. Aufl. Göttingen 1959, S. 120 ff.

freundeten Kirchenführer maßgebend war, habe ich noch vor meiner Abreise von Berlin am 27. Januar dem Reichsbischof folgende Erklärung zugehen lassen: »Ich habe den Sätzen der Erklärung, die unsere Treue zum Führer und unsere Abwehr der gegen den heutigen Staat gerichteten Bestrebungen bekunden, mit Freuden zugestimmt. Meine Zustimmung zu dem letzten Satz der Erklärung hat zur Voraussetzung, daß die von den befreundeten Kirchenführern mehrfach gerügten Mißstände bei der Reichskirchenregierung beseitigt und die Verordnungen des Reichsbischofs in dem weitherzigen, das Bekenntnis nicht antastenden Sinne angewendet werden, den er in der mündlichen Besprechung zugesichert hat.«

Wenn nun die kirchenpolitischen Aktionen zu unterbleiben haben, so trifft dies selbstverständlich alle Gruppen in unserer Landeskirche. Öffentliche Erklärungen gegen Anordnungen der Kirchenleitung sind völlig unzulässig und können, von welcher Seite sie kommen, nicht geduldet werden. An die Stelle des kirchenpolitischen Kampfes muß überall die aufbauende Arbeit treten. Die Verkündigung des Evangeliums kann gegenwartsgemäß sein, auch wenn Randglossen zur Zeitgeschichte unterbleiben. Wir gehorchen dem Gebot der irdischen Obrigkeit nicht bloß durch Schweigen, sondern noch mehr durch freudiges Zeugen von der erlösenden Kraft des Evangeliums in allen Schichten, bei Mann und Frau, bei Jung und Alt.

In den teilweise schon angekündigten Sprengelversammlungen werde ich über die Vorgänge der letzten Zeit noch eingehender mich aussprechen können. Ich bitte alle Amtsbrüder, sich des Ernstes der Stunde in jeder Hinsicht bewußt zu sein und sie nicht als unbeteiligte Kritiker, sondern als Mittragende und Mitkämpfende zu durchleben.

DER DOROTHEENPAKT

Im Anschluß an die Besprechungen mit dem Reichskanzler und mit dem Reichsbischof Ende Januar ging Landesbischof D. Wurm auf eine Anregung ein, auch in Württemberg den Frieden in der Evangelischen Kirche wiederherzustellen. Dies geschah im sog. »Dorotheenpakt« vom 31. Januar 1934. Dabei wurde vereinbart[215]*:*

[215] LKA Stuttgart, D 1, Bd. 47. In der Stuttgarter Dorotheenstraße war der Sitz der Württ. Politischen Polizei. Wurm erwähnt in seinen »Erinnerungen« den Dorotheenpakt nicht.

Durchdrungen von dem Entschluß, in Befolgung der am 25. 1. 1934 erfolgten Entscheidung des Führers in der Frage des Reichsbischofs den Kirchenfrieden der evangelischen Kirche in Württemberg wieder herzustellen, haben sich auf Anregung der Württ. Politischen Polizei heute zu gemeinsamer Aussprache und Beratung folgende Personen eingefunden:

Landesbischof D. Wurm Oberkirchenrat Schaal Oberkirchenrat Pressel	Evangelischer Oberkirchenrat
Professor Dr. Fezer Professor D. Weiser Professor D. Kittel	Evangelisch-theologische Fakultät der Universität Tübingen
Stadtpfarrer Hilzinger	Gauleiter Stuttgart der Glaubensbewegung Deutsche Christen
Stadtpfarrer Pfeiffer	Pfarrernotbund Stuttgart
Pfarrer Dr. Hutten	EPD Stuttgart
Obersekretär Hoyler	für die Gauleitung der NSDAP
Oberregierungsrat Dr. Horlacher	Pressestelle des Staatsministeriums Stuttgart
Redakteur Hirsch	vom NS-Kurier Stuttgart
Studienrat Sautter	Religionslehrer, Stuttgart
Ministerialsekretär Neundorf	Gaufachberater für Gemeinschafts- und Sektenwesen, Stuttgart

Im Auftrag von Professor Hauer: Tübingen, Paul Zapp

Ministerialdirektor Dr. Dill

Im Auftrag von Herrn Reichsstatthalter: Regierungsrat Dr. Ritter

Im Auftrag von Herrn Kultusminister Mergenthaler:
Oberregierungsrat Dr. Keller

Im Auftrag von Herrn Wirtschaftsminister Lehnich: Regierungsrat Dr. Freiherr v. Watter

	Hauptmann Diebitsch
Präsident Dr. Mattheiß	Staatsanwalt Dr. Sommer
Landrat Dr. Roller	Dr. Bühler

Nach eingehenden Erörterungen aller der Punkte, die hauptsächlichen Anlaß zu Mißverständnissen und Auseinandersetzungen gegeben haben, haben die Beteiligten einstimmig folgenden Beschluß gefaßt:

1. Der Württ. Pfarrernotbund wird seine Auflösung beschließen.

2. Die Glaubensbewegung Deutsche Christen in Württemberg wird im Evang. Gemeindedienst mitarbeiten.

3. Jede kirchliche oder religiöse Gruppe enthält sich der öffentlichen Kritik an der Neugestaltung der Deutschen Evang. Kirche. Als öffentliche Kritik gelten jedoch nicht sachliche Ausführungen in der Fachpresse von berufener Seite.

4. Die bisherigen Auseinandersetzungen in der Tagespresse, in den kirchlichen und Gemeindeblättern sowie alle dabei aufgetretenen Mißverständnisse werden durch ausdrückliche Erklärung der Führer der Kirche und der kirchlichen Gruppen als beendet erklärt.

5. Die genannten Führer der Kirche und der religiösen Gruppen verpflichten sich, alles zu tun, damit kirchliche und religiöse Auseinandersetzungen in der Tagespresse oder durch andere Mittel der Presse vermieden werden. Sämtliche kirchlichen Veröffentlichungen bedürfen des ausdrücklichen Placet des Herrn Landesbischofs. Dieser wird sich in zweifelhaften Fällen vor Veröffentlichung mit der Regierung, u. U. auch mit den beteiligten kirchlichen Gruppen ins Benehmen setzen.

6. Die genannten kirchlichen Stellen und Führer der kirchlichen und religiösen Gruppen sichern zu, auf ihre Unterführer im Sinne der vorstehenden Abmachungen einzuwirken.

7. Der Herr Landesbischof erklärt, daß er eine ausdrückliche Forderung auf personelle Änderung in der Landesleitung der DC nicht stelle. Er gibt aber zu erwägen, ob nicht, falls ein solcher Vorgang im Evang. Gemeindedienst erfolgt, aus Gründen der Parität eine personelle Änderung auch hier eintreten soll.

8. Die anwesenden Vertreter der DC stellen in Aussicht, daß sie bei der Reichsleitung in Berlin ihre Unterstellung unter den Herrn Landesbischof erstreben werden.

In einem weiteren Aktenstück fanden die Vereinbarungen vom 31. 1. 1934 einzelne Erläuterungen[216]*:*

An der unter Mitwirkung der Politischen Polizei abgeschlossenen Ver-

[216] LKA Stuttgart, D 1, Bd. 47; das bei den Akten liegende Stück ist ohne Unterschrift.

einbarung vom 31. 1. 1934 wird allerseits festgehalten. Zu den einzelnen Bestimmungen der Vereinbarung wird folgendes festgestellt:

Zu Ziffer 2: Die Deutschen Christen werden sich an der volksmissionarischen Arbeit der Landeskirche gleichberechtigt mitbeteiligen und dementsprechend im volksmissionarischen Führerrat des Herrn Landesbischofs vertreten sein. Die Landesleitung der DC wird unter Zurücknahme ihrer Erklärung vom 15. Januar[217] über die Beteiligung am Gemeindedienst die DC zur Mitarbeit im Gemeindedienst auffordern.

Zu Ziffer 5, Satz 2: Es wird beiderseits davon ausgegangen, daß sich dieses Placet auch auf das Vereinsorgan der DC erstreckt.

Zu Ziffer 7: Hinsichtlich der personellen Fragen wird über Ziffer 7 des Abkommens nicht hinausgegangen.

Zu Ziffer 8: Die Landesleitung der DC unterstellt sich dem Landesbischof mit der Maßgabe, daß sie zwar ihre Arbeit als selbständige Organisation mit den besonderen, durch die nationalsozialistische Bewegung gegebenen volksmissionarischen Aufgaben weiterführt, jedoch im Interesse einer engen Zusammenarbeit mit dem Landesbischof als für sie maßgebend anerkennt: 1. Die Landesleitung der Deutschen Christen steht bei ihrer Arbeit auf dem Boden des Bekenntnisses der Evang. Landeskirche in Württemberg. 2. Die DC treiben ihre Arbeit im Einklang mit dem Landesbischof und den von der Kirchenleitung erlassenen allgemeinen kirchlichen Ordnungen. 3. Allgemeine Ausschreiben der Landesleitung der DC an ihre Amtswalter und Mitglieder, die kirchlich oder kirchenpolitisch von Bedeutung sind, werden vor ihrer Hinausgabe dem Landesbischof vorgelegt, und falls dieser vom Standpunkt der Kirchenleitung aus dagegen Einspruch erhebt, wird dem Rechnung getragen. Dies gilt auch für Ausschreiben, die durch Kundgebungen der Reichsleitung der DC veranlaßt sind. 4. Für die Veranstaltungen der DC innerhalb Württembergs gilt der Grundsatz (vergleiche vervielfältigte Erlasse vom 11. und 27. 10. 1933 Nr. A 7979 und 8458, letzterer abgedruckt im Abl. 26, S. 221[218]), daß sich württ. Geistliche für öffentliche Vorträge und Aussprachen über kirchliche und religiöse Fragen in andern Gemeinden nur nach rechtzeitig vorausgegangener Verständigung mit dem Ortsgeistlichen zur Verfügung stellen. Doch soll die Abhaltung von Versammlungen der DC in den württ. Gemeinden nicht erschwert und die Zustimmung dazu seitens der Pfarrer und Kirchengemeinderäte nicht versagt werden, es sei denn, daß schwerwiegende Bedenken gegen

[217] Wird in Bd. 3 dokumentiert.

[218] Siehe S. 635 f. und 758.

die Veranstaltung vom Standpunkt der Gemeinde aus vorliegen. Bei ablehnender Stellungnahme des Pfarramts oder Kirchengemeinderats bleibt die Anrufung der Aufsichtsbehörden vorbehalten.

Die am 31. Januar vereinbarte Erklärung wurde vom Württ. Innenminister am 3. 2. 1934 an Oberkirchenrat Pressel übersandt[219]*:*

In der Anlage beehre ich mich, die in der Besprechung vom 31. Januar des Jahres angenommene Erklärung sowie eine an die Presse weitergeleitete Notiz abschriftlich zu übersenden.

Das Zustandekommen der Erklärung ist vor allem durch die von mehreren Seiten gemachten Zugeständnisse und Opfer ermöglicht worden. Die in ihr enthaltenen Richtlinien stellen eine Zwischenlösung dar, aus der Erkenntnis und Einsicht heraus, daß eine Lösung gewisser prinzipieller Fragen im gegenwärtigen Zeitpunkt besonders schwierig erscheint und deshalb besser für einen späteren Zeitpunkt vorbehalten bleibe, in dem die politische und geistige Lage des deutschen Volkes eine ruhige und sichere Aufarbeitung der vorliegenden Probleme ermöglicht. Es sollen in diesem Sinne die materiell als notwendig erachteten Auseinandersetzungen in jedem Fall in einer solchen Form geführt werden, daß eine Beunruhigung des Kirchenvolkes selbst und damit eine bis in den politischen Bereich sich ergebende Rückwirkung vermieden bleibt. Ich darf hiezu nochmals auf Punkt 3 bis 6 der Erklärung hinweisen und darum bitten, daß insbesondere auch auf untere Organe und Unterführer unbedingt im Sinne einer Abschaltung jener scharfen Polemik eingewirkt wird, die durch die Erklärung vom 31. 1. 1934 als beendet und abgetan gilt.

Neben dem Hervortreten in der Presse birgt die Abhaltung von Vorträgen erfahrungsgemäß eine besondere Gefahrenquelle in sich. Sinngemäß darf ich bitten, besondere Zurückhaltung auch auf diesem Gebiet anzuempfehlen. Durch entsprechende Weisungen der vorgesetzten Stellen und der Organisationsleiter dürfte sich eine selbsttätige Regelung ergeben, so daß Zwischenfälle auf ein Mindestmaß herabgesetzt werden und ein Eingreifen der staatlichen Stellen, zu dem diese sich nach wie vor höchst ungern entschließen würden, entfällt. Die Oberämter sind davon verständigt worden, die in Frage kommenden örtlichen Unterorganisationen und Unterführer ihrer Bezirke auf die Einhaltung der bezeichneten Richtlinien hinzuweisen.

Im Auftrag: Landrat Roller.

[219] LKA Stuttgart, D 1, Bd. 47; die Pressenotiz siehe S. 1072.

Entsprechend der Vereinbarung des Dorotheenpaktes löste sich der Württ. Pfarrernotbund auf. Dies wurde am 2. 2. 1934 der Politischen Polizei in Stuttgart mitgeteilt[220]*:*

Der Brüderrat des Württ. Pfarrernotbundes hat am 2. Februar folgenden Beschluß gefaßt:

1. Auf Verlangen der Politischen Polizei löst sich der Württ. Pfarrernotbund auf.

2. Maßgebend für den Entschluß zur Auflösung ist der Wille, der Friedensmahnung des Landesbischofs an die kirchlichen Parteien unsererseits das äußerst mögliche Maß von Entgegenkommen zu zeigen.

3. Wir setzen dabei auch auf der anderen Seite (Glaubensbewegung Deutsche Christen) aufrichtigen Friedenswillen und loyale Durchführung der Abmachungen voraus.

4. Unser Anliegen bleibt nach wie vor die Erneuerung und Befestigung der Deutschen Evang. Kirche auf biblisch-reformatorischer Grundlage. Der Brüderrat des Pfarrernotbundes.

Am 3. 2. 1934 erging die Mitteilung von der Auflösung des Pfarrernotbundes auch an Landesbischof D. Wurm[221]*:*

Ich teile Ihnen hiemit unter Beilegung der Beschlußfassung des Brüderrates die Auflösung des Württ. Pfarrernotbundes offiziell mit. Die Begründung ist aus der Beschlußfassung ersichtlich. Geradliniger und nach außen hin leichter zu vertreten wäre es gewesen, wenn wir die Auflösung durch die Politische Polizei abgewartet hätten. Es ist die Rücksicht auf die Friedensaktion gewesen, welche uns den wohl von mancher Seite angefochtenen Beschluß der Selbstauflösung hat fassen lassen. Ob er der rechte war? Ob er von der Gegenseite richtig verstanden und beantwortet wird? Wir bitten Sie herzlich, das Ihre dazu zu tun, daß es geschehen möge.

Noch ein persönliches Wort darf ich sagen. Ich war gestern nach der Sprengelversammlung innerlich stark erregt. Ich habe die Empfindung, daß ich bei der kurzen Aussprache, die ich noch mit Ihnen hatte, im Tone heftiger war, als es sich geziemte. Ich bitte Sie, mir dies zu entschuldigen. Ich tauge nicht für solche Dinge, da ich alles zu sehr mit dem Gemüte fasse.

Im Namen unserer Freunde versichere ich Sie unserer Verehrung und Treue. Im Auftrage des Brüderrates Ihr ergebener H. Pfeiffer.

[220] LKA Stuttgart, D 1, Bd. 47.
[221] LKA Stuttgart, D 1, Bd. 47.

Schließlich wurde am 5. 2. 1934 den Mitgliedern des Pfarrernotbundes die Auflösung mitgeteilt[222]*:*

Auf Verlangen der Politischen Polizei hat sich der Württ. Pfarrernotbund am 2. 2. 1934 aufgelöst. Durch die Sprengelversammlung des Herrn Landesbischofs sind Sie über die kirchliche Lage orientiert, aus der dieser Beschluß zu erklären ist. Gegen die Forderung, sich durch die Polizei auflösen zu lassen, setzte sich die Auffassung durch, wir sollten durch die Selbstauflösung einen letzten Versuch machen, von unserer Seite alles nur Mögliche zu tun zur Herstellung eines kirchlichen Friedens, wie ihn Kirchen- und Staatsführung fordern. Mit dieser Auflösung soll jeder falsche Anstoß beseitigt werden, als handle es sich in unserem Kampf um irgend eine kirchliche Machtpolitik. Wir geben aber mit diesem Beschluß nicht auf das Anliegen, um das es uns im Grund immer gegangen ist, nämlich die Arbeit an einer Erneuerung unserer Kirche nur aus dem Wesen des Evangeliums heraus. Diese Arbeit, zu der jeder von uns verpflichtet ist, schließt uns auch in Zukunft zu einer Bruderschaft zusammen. Jeder von uns ist weiterhin dafür verantwortlich, daß all unser kirchliches Handeln zum einzigen Maßstab die Schrift hat. Wir halten zusammen, indem wir in gegenseitiger Seelsorge einander helfen und fördern durch Tadel und Mahnung! Wir stehen zusammen als Brüder, die einen gemeinsamen Weg gehen, und als Amtsbrüder, die sich in ihren Gemeinden für evangelische Verkündigung und evangelisches Leben verantwortlich wissen. Wir sind auch in Zukunft verpflichtet und bereit, gegen Verletzungen des Bekenntnisses und Wesens unserer Kirche mit ganzem Einsatz zu protestieren. In diesen Anliegen sind wir aufs engste verbunden, auch wenn keine äußere Organisation uns mehr zusammenschließt. Selbstverständlich ist es uns auch, daß wir die norddeutschen Brüder, die in großer Zahl suspendiert wurden, auch äußerlich unterstützen. Wir bitten deshalb um regelmäßige Gaben auf das Konto 14 166 Städt. Girokasse Stuttgart, Pfarrer a. D. Veesenmayer, Unterstützungskasse. Die Girokasse hat das Postscheckkonto: Stuttgart 84 00 (für Postscheckzahler). Zur Orientierung über die norddeutsche Lage legen wir noch ein Schreiben bei, das von Berlin kam.

Im Auftrag H. Keller.

---

[222] LKA Stuttgart, D 1, Bd. 47; die am Schluß des Schreibens erwähnte Beilage befindet sich nicht bei den Akten.

Die vom Württ. Innenministerium der Presse zugeleitete Notiz über den »Dorotheenpakt« hatte folgenden Wortlaut[223]:

Wiederherstellung des Kirchenfriedens

Im Württ. Innenministerium fand auf Veranlassung von Präsident Dr. Mattheiß eine Aussprache zwischen Vertretern der Kirche, des Staates und den Führern der verschiedenen religiösen Gruppen über die Lage in der Deutschen Evangelischen Kirche Württembergs statt. Die unter dem unmittelbaren Eindruck der Rede des Führers in versöhnlichem Geiste geführten Auseinandersetzungen können als der Abschluß des kirchenpolitischen Streites in Württemberg betrachtet werden. Von allen Anwesenden wurden in einer einstimmig gebilligten Erklärung Richtlinien aufgestellt, nach denen die Beziehungen der verschiedenen Gruppen endgültig geregelt werden sollen. An der mit lebhafter innerer Anteilnahme geführten Aussprache beteiligten sich neben Landesbischof D. Wurm, Ministerialdirektor Dr. Dill, weitere Vertreter der württ. Kirchen und Staatsregierung, die Führer der seitherigen kirchenpolitischen Gruppen und die Professoren der evangelisch-theologischen Fakultät der Universität Tübingen D. Fezer, D. Weiser, D. Kittel. Die Öffentlichkeit wird diesen Schritt zur Beendigung eines von allen am kirchlichen Leben Anteilnehmenden mit Schmerz und wachsender Besorgnis ertragenen Zustandes mit Genugtuung begrüßen und ihn als eine auch sie bindende Verpflichtung empfinden.

[223] »NS-Kurier«, Ausgabe vom 1. 2. 1934, »Schwäbischer Merkur«, Ausgabe vom 2. 2. 1934.

CHRONOLOGISCHES VERZEICHNIS DER DOKUMENTE

Neben den Akten sind vor allem folgende Zeitungen und Zeitschriften ausgewertet:

NS-Kurier, Stadtausgabe Stuttgart, das offizielle Organ der NSDAP in Württemberg, seit Sommer 1933 zweimal an Wochentagen erschienen.

Schwäbischer Merkur, die bürgerliche Zeitung mit national-liberaler Grundhaltung, die in vielen Pfarrhäusern gelesen wurde.

Kirchlicher Anzeiger für Württemberg, die Zeitschrift des Württembergischen Pfarrvereins.

Evang. Kirchenblatt für Württemberg, die Zeitschrift der Evang.-kirchlichen Vereinigung.

Evang. Gemeindeblatt für Stuttgart, erschienen im Quellverlag der Evang. Gesellschaft in Stuttgart.

Deutscher Sonntag, die Zeitschrift der Glaubensbewegung Deutsche Christen, Gau Württemberg seit Sommer 1933 erschienen.

Die Stelle, an der ein Dokument vollständig wiedergegeben ist, ist bei mehreren Stellenangaben kursiv gesetzt.

DATUM	ABSENDER BEARBEITER	EMPFÄNGER ZEITUNG	INHALT DES DOKUMENTS	SEITE
8. April	Haug	Christlicher Volksdienst	Reichstagung der GBDC	25 ff.
10. April	Ettwein, Schairer, Rehm	Hitler	Kirche und Staat	38 f.
12. April	Kapler	Marahrens und Wurm	Einladung zur Sitzung	38
14. April	Schairer	Schwäbischer Merkur	» Revolution in der Kirche? «	19 f.
16. April	Kneile	Evang. Gemeindeblatt für Stuttgart	» Nationalsozialismus und Kirche «	23 ff.
18. April	Martin-Luther-Bund	Aufruf	Bildung einer Reichskirche	42 f.
21. April		Schwäbischer Merkur	»Aufbau der Kirche, Revolution 1918 und Kirchenverfassung «	18
24. April	Haug	Christlicher Volksdienst	Bildung einer Reichskirche	49 ff.
25. April	Hitler	Erlaß	Müller wird Bevollmächtigter in Kirchensachen	43
25. April	Deutscher Evang. Kirchenausschuß	Protokoll	Sitzung vom 25. 4. 1933	39 ff.
25. April	Bälz	Schwäbischer Merkur	Bildung einer Reichskirche	48 f.
27. April	Lempp	KAW	» Gleichschaltung der Kirche? «	27 ff.
30. April / 7. Mai	Lohß	Evang. Gemeindeblatt für Stuttgart	GBDC	404 ff.
30. April	Kneile	Evang. Gemeindeblatt für Stuttgart	Aufsatz von Lohß	409
Ende April	Metzger	Wurm	Gleichschaltung der Kirche	68 f.
Ende April	KTA	Erklärung	» Kirche und Staat «	70 ff.
Ende April	KTA	Rundschreiben	Gleichschaltung der Kirche	75 f.
Mai	Wurm	Das Evang. Deutschland	»Auf dem Weg zur deutsch-evangelischen Kirche «	45 ff. 45 ff.
2. Mai	Heyd	Wurm	Gleichschaltung der Kirche	53 f.
4. Mai	Kapler	Aufruf	Weiterentwicklung der Kirchenverfassung	41 f.

DATUM	ABSENDER BEARBEITER	EMPFÄNGER ZEITUNG	INHALT DES DOKUMENTS	SEITE
6. Mai	Metzger	Pressel	Gleichschaltung der Kirche	76 f.
6. Mai	Metzger	Fezer	Richtlinien der DC zur Reichsbischofs-wahl	81 f.
7. Mai	Schoell	Schwäbischer Merkur	»Das Bekenntnis bleibt unangetastet«	54 f.
8. Mai	Deutscher Evang. Kirchenausschuß	Pressenotiz	Bildung einer Reichskirche	44 f.
10. Mai	JRB	Aufruf	»Aufruf zur Sammlung«	91 f.
12. Mai	GBDC	NS-Kurier	»Auf dem Wege zur Reichskirche«	62 ff.
12. Mai		Schwäbischer Merkur	»Auf dem Wege zur Reichskirche«	61 f.
14. Mai	Kneile	Evang. Gemeindeblatt für Stuttgart	GBDC	409 ff.
14. Mai	Hilzinger	Evang. Gemeindeblatt für Stuttgart	»Um die Reichs-kirche«	55 ff.
14. Mai	Luth. Bischöfe	Erklärung	Bildung einer Reichskirche	43
15. Mai	Römer	EKBlW	»An ein unpolitisches Gemeindeglied«	237 ff.
15. Mai	EKV	Flugblatt	Kirche und Staat	77 f.
Mitte Mai	KTA	Rundschreiben	Sommertagung 1933	205 ff.
16. Mai	Schairer	Schwäbischer Merkur	»Una sancta evange-lica«	64 ff.
18. Mai	Hartenstein	Wurm	Richtlinien der DC	83 f.
18. Mai	Wurm	Röcker	Luth. Kirchen in der Reichskirche	43
21. Mai		Evang. Gemeindeblatt für Stuttgart	»Um Kirche und Volk«	59 ff.
22. Mai	Röcker	Denkschrift	Bildung einer Reichskirche	43
23. Mai	Pfisterer	Fezer	Richtlinien der DC	84 ff.
24. Mai		NS-Kurier	Feierstunde der NSDAP	420 f.
25. Mai	Wurm	Meiser	Luth. Kirchen in der Reichskirche	43
26. Mai	Hossenfelder		Richtlinien der GBDC	15
27. Mai	Müller	Aktennotiz	Verfassung einer Reichskirche	100 ff.

DATUM	ABSENDER BEARBEITER	EMPFÄNGER ZEITUNG	INHALT DES DOKUMENTS	SEITE
28. Mai	Hilzinger	Evang. Gemeindeblatt für Stuttgart	Kirche und Staat	161
30. Mai	Wurm	Deutscher Evang. Kirchenausschuß	Bitte um Klärung der Rechtslage in der Reichskirche	138
30. Mai	Wurm	Runderlaß	Wahl des Reichsbischofs	106 ff.
30. Mai	Schairer	NS-Kurier	»Die Reichsbischofsfrage«	145 ff.
31. Mai	Römer	EKBlW	Kampf gegen Bodelschwingh	146 f.
31. Mai	Hermann	EKBlW	Übersichtsbericht für Kirchenbezirkstag Calw	245 f.
31. Mai		EKBlW	JRB	92 f.
31. Mai	Schairer	Schwäbischer Merkur	»Ohne jeden Kompromiß«	147 ff.
31. Mai		EKBlW	Richtlinien der DC	82 f.
Juni	Deutscher Bund des entschiedenen Protestantismus	Die Volkskirche	Reichskirche	185
1. Juni	OKR	Deutscher Evang. Kirchenausschuß	Vorschlag zur Klärung der Rechtslage in der Reichskirche	138 ff.
1. Juni	NS-Pfarrerbund	Rundschreiben	Kampf gegen Bodelschwingh	152 f.
1. Juni	Wurm	Aktennotiz	Pfingstbotschaft des Reichsbischofs	143 f.
2. Juni	Deutscher Evang. Kirchenausschuß	Rundschreiben	Wahl Bodelschwinghs zum Reichsbischof	94 ff.
3. Juni	Simpfendörfer	Christlicher Volksdienst	»Im Ringen um die neue Kirche«	150 ff.
4. Juni		Evang. Gemeindeblatt für Stuttgart	Wahl des Reichsbischofs	125
5. Juni	Fausel	OKR	Pfingstbotschaft des Reichsbischofs	144
6. Juni	Deutscher Evang. Kirchenausschuß	Rundschreiben	Wahl Bodelschwinghs zum Reichsbischof	99 f.
6. Juni	Württ. Studentenschaft	NS-Kurier	»Proteste gegen Bodelschwingh«	155
7. Juni	Fezer	Referat	Wahl des Reichsbischofs	110 ff.
7. Juni		NS-Kurier	»Die Wahl des Reichsbischofs«	125 ff.

DATUM	ABSENDER BEARBEITER	EMPFÄNGER ZEITUNG	INHALT DES DOKUMENTS	SEITE
7. Juni	Schairer	Schwäbischer Merkur	»Ziele der DC«	239 f.
7. Juni	Deutscher Evang. Kirchenausschuß	Rundschreiben	Wahl Bodelschwinghs zum Reichsbischof	133 ff.
8. Juni	Wurm	KAW	Wahl des Reichsbischofs	109 f.
8. Juni		KAW	»Kundgebung zur Gründung der DEK«	135 f.
8. Juni	Wurm	Dekanatamt Leonberg	Pfingstbotschaft des Reichsbischofs	144 f.
8. Juni	Veigel	NS-Kurier	»Ein Reichsbischof – kein Reichsbischof«	153 ff.
10. Juni	Riethmüller	Wurm	Gleichschaltung der Kirche	79 f.
10. Juni	Rehm	NS-Kurier	Kampf gegen Bodelschwingh	155 ff.
10. Juni	Haug	Christlicher Volksdienst	Kampf gegen Bodelschwingh	160 f.
11. Juni	Traub	Schwäbischer Merkur	Offener Brief	132 f.
11. Juni		Evang. Gemeindeblatt für Stuttgart	»Kirche, Staat und Reichsbischofswahl«	161 ff.
12. Juni	Rehm	NS-Kurier	»Klare Fronten im Protestantismus«	157 ff.
13. Juni	Metzger	Schwäbischer Merkur	»Die Front des Evangeliums«	181 ff.
14. Juni		Kirchlicher Aufklärungsdienst	Streit um den Reichsbischof	128 ff., 163 f.
15. Juni	Metzger	Referat	JRB	190 ff.
15. Juni	Rehm	NS-Kurier	»Reichsregierung und Bodelschwingh«	169 f.
15. Juni	GBDC	Rundschreiben	Kampf gegen Bodelschwingh	164 ff.
15. Juni	Römer	EKBlW	»Seit der Reichsbischofswahl«	202 ff.
15. Juni	Schempp	Ministerialabteilung für Höhere Schulen, Stuttgart	Denunziation	220 ff.
Mitte Juni	Pressel	JRB und GBDC	Aktennotiz	198 f.
16. Juni	EPD	NS-Kurier	»Um den Reichsbischof«	166
17. Juni	Wurm	Runderlaß	Kampf gegen Bodelschwingh	166 f.
17. Juni	Kittel	Bodelschwingh	Bitte um Rücktritt	176 ff.

DATUM	ABSENDER BEARBEITER	EMPFÄNGER ZEITUNG	INHALT DES DOKUMENTS	SEITE
18. Juni	Gaus	Schwäbischer Merkur	» Neutestamentliches und deutsches Christentum «	240 f.
19. Juni		NS - Kurier	» Der Streit um den Reichsbischof «	170 ff.
19. Juni	Dekanatamt Öhringen	OKR	Klärung der Rechtsverhältnisse in der Reichskirche	143
19. Juni	Deutscher Evang. Kirchenausschuß	Rundschreiben	Sitzung des Kirchenausschusses	136 ff.
20. Juni	Wurm	Aktennotiz	JRB und GBDC	199 f.
20. Juni	Rehm	NS - Kurier	» Gegen die Reaktion in den Kirchen «	184 ff.
21. Juni	Metzger	KAW, Sonderdruck	Sommertagung der KTA 1933	207 ff.
21. Juni		NS - Kurier	» Die Kirche im neuen Staat «	172
21. Juni	Rehm	NS - Kurier	» Die Bodelschwingh-Front gegen Hitler «	173 f.
22. Juni		KAW	Pfarrverein	728
23. Juni	GBDC	NS - Kurier	» Und die evangelische Kirche? «	174 ff.
23. Juni	Dekanatamt Weinsberg	OKR	Kampf gegen Bodelschwingh	167 f.
23. Juni	Schairer	Schwäbischer Merkur	» Gegen das theologische Gericht «	241 f.
25. Juni	JRB	Kundgebung	Kampf gegen Bodelschwingh	200 ff.
26. Juni		NS - Kurier	» Bodelschwingh tritt freiwillig ab «	248
27. Juni		NS - Kurier	» Bahn frei in der Kirche «	248 f.
27. Juni	Deutscher Evang. Kirchenausschuß	OKR	Verfassung der DEK	142
28. Juni	Kübel	Wurm	Reichsbischofsfrage	251 ff.
28. Juni	Schairer	Wurm	Reichsbischofsfrage	254
28. Juni	Sautter	Referat	» Das Gedankengut der völkischen Bewegung im evang. Religionsunterricht «	242 f.
29. Juni	Weber	Schwäbischer Merkur	» Front des Evangeliums oder Evangelium in Front? «	188 ff.

DATUM	ABSENDER BEARBEITER	EMPFÄNGER ZEITUNG	INHALT DES DOKUMENTS	SEITE
30. Juni	Rehm	NS-Kurier	»Bodelschwingh rebelliert«	260 ff.
30. Juni	Stählin	NS-Kurier	»Eine heilige allgemeine christliche Kirche«	254 ff.
30. Juni	Römer	EKBlW	JRB	215 ff.
30. Juni	Wurm	Rundschreiben	Reichsbischofsfrage	256 ff.
30. Juni	Schairer	Rundschreiben	Organisation der GBDC	411 ff., 447 ff.
Ende Juni	Pressel	Aktennotiz	Denunziation von Schempp	223 f.
Ende Juni	Schlaich	Aktennotiz	Denunziation von Schempp	226 f.
1. Juli	Pressel	Wurm	Presseartikel von Rehm	263
1. Juli	Rehm	Wurm	Reichsbischofsfrage	263 ff.
2. Juli	Lohß	Deutscher Sonntag	Geleitwort	413 f.
2. Juli	Pressel	Deutscher Sonntag	Geleitwort	414 f.
2. Juli	Schairer	Deutscher Sonntag	Biblische Betrachtung	415 f.
2. Juli	Schairer	Deutscher Sonntag	GBDC	416 ff.
2. Juli		Evang. Gemeindeblatt für Stuttgart	Reichsbischofsfrage	249 ff.
3. Juli	Metzger	Rundschreiben	Arbeit der KTA	217 ff.
4. Juli	Luth. Kirchenführer	Erklärung	Verfassung der DEK	270 f.
5. Juli	Pressel	NS-Kurier	»Eine Reichskirche protestantischer Haltung?«	228 ff.
6. Juli	Schairer	Pressel	Führerrat der GBDC	449 f.
7. Juli		Deutscher Sonntag	Veranstaltung der GBDC	441 f.
7. Juli	GBDC	Rundschreiben	Organisation der GBDC	450 f.
9. Juli	Schairer	Deutscher Sonntag	Kampflied der DC	418 f.
9. Juli	Hirsch	Schwäbischer Merkur	»Freier Dienst am Evangelium«	128
13. Juli	OKR	Aktennotiz	Kirchliche Wahlen	294 ff.
15. Juli	OKR	Runderlaß	Kirchliche Wahlen	296
15. Juli	Wurm	Kirchliches Gesetz	Kirchliche Wahlen	296 ff.
15. Juli	Seiz	LKT, Gruppe I	Kirchliche Wahlen	301 f.
16. Juli	GBDC	Deutscher Sonntag	Landesversammlung der GBDC	427

DATUM	ABSENDER BEARBEITER	EMPFÄNGER ZEITUNG	INHALT DES DOKUMENTS	SEITE
16. Juli	Pressel	Evang. Gemeindeblatt für Stuttgart	»Neues Glaubensbekenntnis?«	243 ff.
16. Juli		Neue Zürcher Zeitung	»Zur Rechtslage des deutschen Protestantismus«	266 f.
16. Juli	Wurm	Kanzelansprache	Verfassung der DEK	274 ff.
17. Juli		Protokoll	Landesversammlung der GBDC	427 ff.
18. Juli		NS-Kurier	Landesversammlung der GBDC	438 f.
18. Juli	OKR	Bekanntmachung	Verfassung der DEK	272
18. Juli	Seiz	LKT, Gruppe I	Kirchliche Wahlen	302 ff.
18. Juli	Schairer, Vöhringer, Rau	Vereinbarung	Kirchliche Wahlen	304 ff.
18. Juli	NSDAP, Gauleitung	Rundschreiben	Kirchliche Wahlen	307 f.
18. Juli	KTA	Rundschreiben	Kirchliche Wahlen	312 ff.
19. Juli	OKR	Pressenotiz	Kirchliche Wahlen	300 f.
19. Juli	Pfarramt Neckarsulm	OKR	Kirchliche Wahlen	308 f.
19. Juli	Röcker	Mitglieder des zweiten LKT	Dank für Arbeit	311 f.
20. Juli	Schairer	KAW	JRB und GBDC	196 ff.
20. Juli	2. Pfarramt Geislingen/Steige	OKR	Kirchliche Wahlen	309
20. Juli	2. Pfarramt Geislingen/Steige	NSDAP, Kreisleitung	Kirchliche Wahlen	310
20. Juli	Dekanatamt Göppingen	OKR	Kirchliche Wahlen	310 f.
20. Juli	GBDC	NS-Kurier	»Aufruf zu den evang. Kirchenwahlen«	314 f.
20. Juli	Mack	Maysenhölder	Kirchengemeinderatswahl in Nürtingen	322 ff.
20. Juli	Schnaufer	KAW	Pfarrverein	728 f.
21. Juli	Dekanatamt Sulz	OKR	Kirchliche Wahlen	311
22. Juli	GBDC Nürtingen	Nürtinger Zeitung	Kirchengemeinderatswahl in Nürtingen	321 f.
22. Juli	Mack	OKR	Kirchengemeinderatswahl in Nürtingen	324 ff.
22. Juli	Rehm	NS-Kurier	»Sonntagsgedanken«	315 ff.
22. Juli	Lohß	Rundschreiben	Christlich-Deutsche Bewegung	457 ff.
23. Juli	Kneile	Evang. Gemeindeblatt für Stuttgart	»Was gibt es Neues?«	317 f.

DATUM	ABSENDER BEARBEITER	EMPFÄNGER ZEITUNG	INHALT DES DOKUMENTS	SEITE
23. Juli	Kneile	Evang. Gemeindeblatt für Stuttgart	Verfassung der DEK	266; 276 f.
24. Juli	Wurm	Rundschreiben	Verfassung der DEK	279 ff.
25. Juli	Zoellner	Wurm	Zusammenarbeit der luth. Kirchen	293
26. Juli	Rehm	Wurm	Kirchengemeinderatswahl in Nürtingen	327 ff.
27. Juli	OKR	Dekanatamt Nürtingen	Kirchengemeinderatswahl in Nürtingen	326 f.
27. Juli	Schulz	OKR	Kirchliche Wahlen	329 ff.
27. Juli	Dekanatamt Marbach	OKR	Kirchliche Wahlen	332 ff.
27. Juli	OKR	Häcker	Kundgebung der DC	421 f.
28. Juli	OKR	Erlaß	Verpflichtung auf die Verfassung der DEK	282
29. Juli	OKR	Ministerialabteilung für Höhere Schulen, Stuttgart	Denunziation von Schempp	224
30. Juli		Deutscher Sonntag	Landesversammlung der GBDC	439 f.
30. Juli		Deutscher Sonntag	Gemeindeabend der GBDC	443 f.
30. Juli	Lohß	Deutscher Sonntag	Veranstaltung der HJ	444 f.
30. Juli		Schwäbischer Merkur	»Volk in der Kirche«	318 f.
30. Juli	Hauer	Hitler	Deutsche Glaubensbewegung	232 f.
31. Juli	Römer	EKBlW	Landesversammlung der GBDC	440 f.
31. Juli	Dekanatamt Marbach	OKR	Kirchliche Wahlen	334 ff.
31. Juli	Römer	EKBlW	Kirchliche Wahlen	319 f.
31. Juli	GBDC	Protokoll	LKT	346 ff.
Anfang August	Schempp	Blätter zur kirchlichen Lage	Volksgemeinschaft als christliche Gemeinschaft	246 ff.
1. August	Rehm	Schulz	Kirchliche Wahlen	336 f.
1. August	Schulz	OKR	Kirchliche Wahlen	337 f.
3. August		KAW	»Die neue Kirchenverfassung«	277 f.
3. August	Dekanatamt Marbach	OKR	Kirchliche Wahlen	338 ff.
3. August	Rehm	Schulz	Kirchliche Wahlen	340 f.
3. August	Häcker	OKR	Kundgebung der DC	422 ff.
4. August	GBDC	Rundschreiben	Organisation der GBDC	320 f., *452 ff.*

DATUM	ABSENDER BEARBEITER	EMPFÄNGER ZEITUNG	INHALT DES DOKUMENTS	SEITE
4. August	Hickmann	Schwäbischer Merkur	»Kirche im nationalen Aufbruch	278
5. August	OKR	Dekanatamt Marbach	Kirchliche Wahlen	340
6. August	Schoell	Evang. Gemeindeblatt für Stuttgart	»Das Reichskonkordat«	287 f.
6. August	Kneile	Evang. Gemeindeblatt für Stuttgart	Kirchliche Wahlen	319
7. August		NS-Kurier	Veranstaltung der GBDC	442 f.
8. August	GBDC	OKR	Pfarrer Häcker	425 f.
8. August	GBDC	Rundschreiben	Kirchliche Wahlen	320 f.
9. August	Schulz	OKR	Kirchliche Wahlen	341
9. August	Dekanatamt Marbach	OKR	Kirchliche Wahlen	341 ff.
12. August	Pressel	Schairer	Arbeitsprogramm der GBDC	459 ff.
13. August	Weber	Evang. Gemeindeblatt für Stuttgart	»Dritte Kirche«	233 f.
15. August	Römer	EKBlW	»Sorgfalt in heutiger kirchlicher Arbeit«	419 f.
16. August	Rehm	Schnaufer	Pfarrverein	729 f.
18. August	Rehm	Schulz	Kirchliche Wahlen	343 f.
21. August	Dekanatamt Marbach	OKR	Kirchliche Wahlen	344
22. August	Schairer	Pressel	Arbeitsprogramm der GBDC	469 ff.
22. August	Schulz	Rehm	Kirchliche Wahlen	345
22. August	Rehm	OKR	Prälat Schoell	797
22. August	Schnaufer	Rehm	Pfarrverein	730
22. August	Schnaufer	Wurm	Pfarrverein	730 f.
23. August	Wurm	DEK	Pfarrverein	731
23. August	Schairer	Pressel	Arbeitsprogramm der GBDC	472 ff.
26. August	Politische Polizei	Wurm	Pfarrverein	731 f.
26. August	Wurm	Neurath	»Anliegen der evang. Kirche im Blick auf die heutige Lage«	288 ff.
27. August		Deutscher Sonntag	Deutsche Glaubensbewegung	231 f.
29. August	KTA	Aktennotiz	Kirchliche Arbeit	480 ff.
29. August	Fausel	Protokoll	Kirchliche Arbeit	483 ff.
30. August	Fausel	Metzger	Kirchliche Arbeit	482 f.
30. August	Wurm	Rundschreiben	Verfassung der DEK	283 ff.
Anfang Sept.	Dilger	Aktennotiz	Ortsgruppen der GBDC	486 ff.

DATUM	ABSENDER BEARBEITER	EMPFÄNGER ZEITUNG	INHALT DES DOKUMENTS	SEITE
Anfang Sept.	Dipper	Aktennotiz	»Unsere Anliegen in der gegenwärtigen kirchlichen Lage«	488 ff.
Anfang Sept.	Fausel	Aktennotiz	Theologische Arbeit der KTA	491 f.
3. Sept.		Deutscher Sonntag	Führerschulungskurs der GBDC	446
4. Sept.	Metzger	Rundschreiben	KTA	710 ff.
4. Sept.	Politische Polizei	Wurm	Pfarrverein	732
5. Sept.	Held	Metzger	Arbeit der GBDC	497 f.
6. Sept.	DEK	Wurm	Pfarrverein	733
7. Sept.	Wurm	Politische Polizei	Pfarrverein	732 f.
7. Sept.	Metzger	Wurm	»Einzelanliegen zur kirchlichen Entwicklung«	492 ff.
7. Sept.	Metzger	Held	Arbeit der GBDC	498 f.
7. Sept.	DEK, Einstweilige Leitung	APU	Hossenfelder als Bischof von Brandenburg	382 f.
8. Sept.	Schairer	Pressel	LKT	352 f.
9. Sept.	Seiz	Vöhringer	LKT	348 ff.
9. Sept.	OKR	DEK, Einstw. Leitung		382 f.
9. Sept.		NS-Kurier	Veranstaltung der GBDC	446
10. Sept.	Schairer	Deutscher Sonntag	Ziele der GBDC	455 ff.
11. Sept.	OKR	Erlaß	Gesetzblatt der DEK	282
11. Sept.	Wurm	Predigt	Eröffnung des LKT	354 ff.
12. Sept.	Wurm	Ansprache	Eröffnung des LKT	356 ff.
12. Sept.	Schairer	Rede im LKT	Nationalsynode	358 ff.
12. Sept.	Volz	Rede im LKT	Lage der Kirche	360
12. Sept.	Rehm	Rede im LKT	Reichskonkordat, Nationalsynode	288; 360 f.
12. Sept.	GBDC	Antrag im LKT	Bildung von Ausschüssen	361 f.
12. Sept.	OKR	DEK, Einstw. Leitung	Nationalsynode	383
13. Sept.	Schmid	Rede im LKT	Ermächtigungsgesetz für den Landesbischof	362 f.
13. Sept.	Rehm	Rede im LKT	Lage der Kirche	363
13. Sept.	Römer	Rede im LKT	Lage der Kirche	363 f.
13. Sept.	GBDC	Antrag im LKT	Pfarrersfragen	364
13. Sept.	Evang.-Kirchl. Arbeitsgemeinschaft	Antrag im LKT	Lage der Kirche	365

DATUM	ABSENDER BEARBEITER	EMPFÄNGER ZEITUNG	INHALT DES DOKUMENTS	SEITE
13. Sept.	Seiz	Ettwein	LKT	365 ff.
14. Sept.	Weber	Rundschreiben	Arbeit der GBDC	503 ff.
15. Sept.	GBDC	Rundschreiben	LKT	367 ff.
15. Sept.	Römer	EKBlW	LKT	378 f.
15. Sept.	Mack	EKBlW	Volksmission	758 ff.
15. Sept.	Fausel	Metzger	Pfarrernotbund	724 f.
16. Sept.	Metzger	Wurm	Nationalsynode	385
16. Sept.	Weber	Rundschreiben	Versammlung der Pfarrer	500 f.
16. Sept.	Pressel	Metzger	Versammlung der Pfarrer	501 f.
16. Sept.	Pressel	Haug	Versammlung der Pfarrer	503
17. Sept.	Haug	Rundschreiben	Versammlung der Pfarrer	502 f.
18. Sept.	Metzger	Haug	KTA	714 ff.
18. Sept.	Politische Polizei	Wurm	Pfarrverein	734
19. Sept.	Rehm	NS-Kurier	»Nationalsozialismus und Evang. Kirche «	383 ff.
20. Sept.	Metzger	Rundschreiben	KTA	716 ff.
20. Sept.	Metzger	Rede	Versammlung der Pfarrer	512 ff.
20. Sept.	Weber	Rede	Versammlung der Pfarrer	516 ff.
21. Sept.	DEK, Einstw. Leitung	Wurm	Nationalsynode	385 f.
21. Sept.	Rehm	NS-Kurier	»Abwehr gegen Kirchenreaktion «	541
22. Sept.	Rehm	Wurm	Pfarrverein	734 f.
22. Sept.	OKR	Erlaß	Erntetag	740 ff.
22. Sept.	Römer	Metzger	Versammlung der Pfarrer	526 ff.
22. Sept.	Auer	Metzger	Versammlung der Pfarrer	533 ff.
22. Sept.	Weber	Fezer	Versammlung der Pfarrer	519 ff.
22. Sept.	Pfeiffer	Fezer	LKT	374 ff.
22. Sept.	Rehm	Otto	Sezession	546 f.
23. Sept.	Hartenstein	Metzger	Versammlung der Pfarrer	531 f.
23. Sept.	Weber	Rundschreiben	Sezession	544 ff.
24. Sept.	Jäckh	Gemeindeblatt Göppingen	»Zur kirchlichen Lage «	509 ff.

DATUM	ABSENDER BEARBEITER	EMPFÄNGER ZEITUNG	INHALT DES DOKUMENTS	SEITE
24. Sept.	Wurm	Ansprache	Versammlung der Pfarrer	509
24. Sept.		Deutscher Sonntag	Sitzung des LKT	376 ff.
24. Sept.	Gauger	Wurm	Nationalsynode	399 f.
25. Sept.		Wurm	Artikel des »NS-Kurier«	542 f.
26. Sept.		NS-Kurier	Ansprache Wurms	509
26. Sept.	Metzger	Rundschreiben	Leitsätze für Herbsttagung der KTA	719 ff.
27. Sept.	NS-Kurier	Wurm	Artikel des »NS-Kurier«	543 f.
27. Sept.	Hutten	Rundschreiben	Sezession	547 f.
27. Sept.	Metzger	Römer	Versammlung der Pfarrer	528 f.
27. Sept.	Wurm	Predigt	Nationalsynode	386 ff.
27. Sept.	Nationalsynode		Gelöbnis der Abgeordneten	389
27. Sept.	Reichsbischof	Proklamation	Aufgaben der Kirche	389 ff.
28. Sept.	Schnaufer	KAW	Versammlung der Pfarrer	508 f.
30. Sept.	Römer	EKBlW	Versammlung der Pfarrer	530 f.
30. Sept.	Weber	Rundschreiben	Sezession	548 ff.
30. Sept.	Schoell	Wurm	Pensionierung	798 f.
2. Okt.	Wurm	Reichsbischof	Lage in Württemberg	636 ff.
2. Okt.	Kammerer		Lage in Württemberg	557 ff.
3. Okt.	Wurm	Schoell	Pensionierung	799 f.
3. Okt.	Schüle	Metzger	Vorgänge im Bezirk Blaubeuren	536 ff.
3. Okt.	[Rehm]	NS-Kurier	»Kirchenreaktion?«	553 ff.
3. Okt.		Deutscher Sonntag	Versammlung der GBDC	566 ff.
4. Okt.	Metzger	Auer	Arbeit der KTA	535 f.
4. Okt.	Weber	Metzger	Sezession	573 f.
4. Okt.	Weber	Rundschreiben	Sezession	575 ff.
5. Okt.		Brief	Sezession	551 f.
5. Okt.	Kittel	Wurm	Sezession	562 ff.
5. Okt.	Wurm	Schmidt	Artikel im »NS-Kurier«	556 f.

DATUM	ABSENDER BEARBEITER	EMPFÄNGER ZEITUNG	INHALT DES DOKUMENTS	SEITE
19. Okt.	Weber	Aktennotiz	Lage in Württemberg	654 f.
19. Okt.	Weber	Rundschreiben	Sezession	603 ff.
20. Okt.	Wurm	Pfarrverein	Neuer Vorstand	735
20. Okt.	Vöhringer	Protokoll	Pfarrernotbund	725 ff.
20. Okt.	Weber	Rundschreiben	Sezession	600 ff.
20. Okt.	Weber	Wurm	Sezession	606 ff.
20. Okt.	GBDC	Rundschreiben	Sezession	608 ff.
20. Okt.	Evang. - Kirchl. Arbeitsgemeinschaft	Rundschreiben	LKT	370 ff.
20. Okt.	Wurm	Fezer	Lage in Württemberg	641 ff.
20. Okt.	Wurm	Runderlaß	Artikel im »NS - Kurier«	647 ff.
20. Okt.	Wurm	Gauleitung der NSDAP	Artikel im »NS - Kurier«	653
21. Okt.	Pressel		Lage in Württemberg	656 f.
21. Okt.	DEK (Schöffel)	Wurm	Bitte um Mitarbeiter	397 ff.
22. Okt.	OKR	Bekanntmachung	Winterhilfswerk	742 f.
22. Okt.	Hilzinger	EPD	Volksabstimmung	751 f.
22. Okt.	Lachenmann	Pressel	Sezession	619 ff.
23. Okt.	Fausel	Metzger	KTA	721 ff.
23. Okt.	Fausel	Aktennotiz	KTA	723 f.
23. Okt.	Häcker	Wurm	Lage in Württemberg	649 ff.
23. Okt.	Wurm	Murr	Artikel im »NS - Kurier«	653 f.
24. Okt.	Schilling	Wurm	Sezession	627 ff.
24. Okt.	Wurm	Aktennotiz	Pfarrer Häcker	426 f.
24. Okt.	Dipper	Metzger und Haug	Sezession	621 ff.
25. Okt.	OKR	Dekanatamt Calw	Prälat Schoell	801 f.
25. Okt.	OKR	Politische Polizei	Prälat Schoell	802
25. Okt.	Schoell	OKR	Disziplinarverfahren	802 f.
25. Okt.	Weber	Rundschreiben	Vertrauenskundgebung für Wurm	657 ff.
25. Okt.	Murr	Wurm	Einladung zur Besprechung	654
26. Okt.	Schneider	KAW	»Artgemäßes Christentum«	972 ff.
26. Okt.	Hilzinger	KAW	Pfarrverein	737 ff.
26. Okt.	Dekanatamt Calw	Schoell	Kirchenbezirkstag	803 ff.
26. Okt.	Weber	Rundschreiben	Vertrauenskundgebung für Wurm	659 f.

DATUM	ABSENDER BEARBEITER	EMPFÄNGER ZEITUNG	INHALT DES DOKUMENTS	SEITE
27. Okt.	Metzger	Rundschreiben	Vertrauenskundgebung für Wurm	660 ff.
27. Okt.	Wurm	Erlaß	Volksmission	758
28. Okt.	Dekanatamt Calw	OKR	Prälat Schoell	805 ff.
28. Okt.	Wurm	Erlaß	Volksabstimmung	752 ff.
30. Okt.	OKR	DEK (Schöffel)	Mitarbeiter	399
30. Okt.	Hartenstein	Wurm	Lage in der Mission	665 ff.
30. Okt.	Hartenstein	Metzger	Vertrauenskundgebung für Wurm	663 f.
31. Okt.	Sezession		GBDC und Sezession	676 ff.
31. Okt.	Römer	EKBlW	Aktionsprogramm der GBDC	599 f.
31. Okt.	Eichele	EKBlW	Volksmission	760 ff.
Ende Okt.	Weber	Rundschreiben	Sezession	611 ff.
1. Nov.	Metzger	Hartenstein	Vertrauenskundgebung für Wurm	664 f.
1. Nov.	Gruppe I und II (LKT)	Reichsbischof	Lage in Württemberg	670 f.
1. Nov.	Metzger	Wurm	Vertrauenskundgebung der KTA	667 f.
1. Nov.	Wurm	Aktennotiz	GBDC	633 ff.
2. Nov.	Metzger	Wurm	Vertrauenskundgebung	668 f.
2. Nov.	Pressel	Wurm	Sezession	671 ff.
3. Nov.	Wurm	Erklärung (Entwurf)	Sezession	691
3. Nov.	Rehm	Erklärung (Entwurf)	Sezession	692
3. Nov.	Gruppe I und II (LKT)	Wurm	Vertrauenskundgebung	669
3. Nov.	Weber	Wurm	Sezession	669
5. Nov.		Deutscher Sonntag	Volksabstimmung	754 f.
6. Nov.	Weber	Wurm	Sezession	692 f.
6. Nov.	GBDC	Rundschreiben	Sezession	693 f.
6. Nov.	Hossenfelder	Wurm	Sezession	696 f.
7. Nov.	OKR	Erlaß	Luthertag	745 f.
7. Nov.	Wurm	GBDC	Sezession	694 f.
7. Nov.	Wurm	Hossenfelder	Sezession	697 f.
8. Nov.	Rehm	Wurm	Sezession	696
8. Nov.	OKR	Erlaß	Gefallenengedenktag	743
8. Nov.	OKR	Erlaß	Glockengeläute	757
8. Nov.	Schoell	Wurm	Pensionierung	817 f.
9. Nov.	Gerber	KAW	»Deutscher Staat und deutsche Kirche«	254

DATUM	ABSENDER BEARBEITER	EMPFÄNGER ZEITUNG	INHALT DES DOKUMENTS	SEITE
9. Nov.	Lachenmann	KAW	Artgemäßes Christentum	977 ff.
12. Nov.	Steger	Wurm	Sezession	708 f.
12. Nov.	Wurm	Evang. Gemeindeblatt für Stuttgart	Volksabstimmung	754
12. Nov.		Evang. Gemeindeblatt für Stuttgart	Luthertag	746 f.
12. Nov.		Evang. Gemeindeblatt für Stuttgart	Volksabstimmung	756 f.
12. Nov.		Deutscher Sonntag	Volksabstimmung	755 f.
14. Nov.	Rehm	Rundschreiben	Sezession	699
15. Nov.	Schimpf	OKR	Prälat Schoell	808 f.
15. Nov.		Gesetzblatt der DEK	Volksmission	789 f.
Herbst	Schoell	Aktennotiz	Volksmission	765 ff.
Herbst		Aktennotiz	Volksmission	786 ff.
16. Nov.	Wurm	Dekansversammlung	Protokoll	700 ff.
16. Nov.	Hossenfelder	Wurm	Sezession	699 f.
16. Nov.	Wurm	Aktennotiz	Volksmission	770 ff.
16. Nov.	Weber	Rundschreiben	Sportpalast-kundgebung	835 ff.
16. Nov.	Zeller	Wurm	Lage in Württemberg	894 f.
16. Nov.	Sezession	Reichsbischof	Sportpalast-kundgebung	828 f.
16. Nov.		Schwäbischer Merkur	»Die Lage der Kirche«	829
17. Nov.	Rehm	NS-Kurier	»Treuebekenntnis zum Reichsbischof«	829 f.
17. Nov.	Schreiber	Rehm	GBDC	903 f.
18. Nov.	Rehm	NS-Kurier	»Sonntagsgedanken«	750 f.
18. Nov.	Rehm	NS-Kurier	»Klarheit tut not«	839 ff.
20. Nov.		NS-Kurier	Lutherfeier	749 f.
20. Nov.		NS-Kurier	Luthertag	746 f.
20. Nov.	Zeller	Geiger	GBDC	904 f.
20. Nov.	Zeller	Rundschreiben	GBDC	905 ff.
20. Nov.	Wurm	Murr	Lage in Württemberg	895
21. Nov.	Lachenmann	Reichsbischof	Sportpalast-kundgebung	834 f.
21. Nov.	Wurm	Aktennotiz	Ausschluß der Tübinger Professoren	850 f.
21. Nov.	Mergenthaler	Hossenfelder	Lage in Württemberg	896

DATUM	ABSENDER BEARBEITER	EMPFÄNGER ZEITUNG	INHALT DES DOKUMENTS	SEITE
21. Nov.	Mergenthaler	Reichsbischof	Lage in Württemberg	896
21. Nov.	Mergenthaler	Wurm	Lage in Württemberg	895 f.
22. Nov.	Hossenfelder	Wurm	Ausschluß der Tübinger Professoren	851
22. Nov.	J. H. L.	Schwäbischer Merkur	» Der Arier-Paragraph der Kirche «	832
23. Nov.	Weismann	KAW	Aufsatz von Pfarrer Schneider	975 f.
23. Nov.	Schulz	KAW	» Deutsche Korrektur des Evangeliums? «	976
23. Nov.	Schneider	KAW	» Mein Anliegen «	976 f.
24. Nov.	OKR	Erlaß	Volksmission	790 f.
25. Nov.	Schilling	OKR	Prälat Schoell	809 ff.
25. Nov.	Weber	Rundschreiben	Pfarrernotbund	861 ff.
25. Nov.	OKR	DEK	Reichskirche	879
25. Nov.	Wurm	Frick	Lage in Württemberg	898 ff.
26. Nov.		Evang. Gemeindeblatt für Stuttgart	Luthertag	747 ff.
26. Nov.	OKR	Dekanatamt Calw	Prälat Schoell	817
26. Nov.		Deutscher Sonntag	Sportpalastkundgebung	830 f.
27. Nov.		NS-Kurier	Ausschluß der Tübinger Professoren	853
27. Nov.	Metzger	Rundschreiben	Pfarrernotbund	863 ff.
28. Nov.	J. H. L.	Schwäbischer Merkur	» Das Wort des Reichsbischofs «	832 f.
29. Nov.	Pressel, Metzger	Wurm	Reichskirche	880
29. Nov.	Rehm	NS-Kurier	» Pfarrernotbund? «	867 ff.
30. Nov.	Römer	EKBlW	Sportpalastkundgebung	833 f.
30. Nov.		EKBlW	Lutherfeier	751
30. Nov.	Metzger	Wurm	Lage in Württemberg	848 ff.
30. Nov.	Politische Polizei	Murr	Lage in Württemberg	896 ff.
30. Nov.	Rehm	NS-Kurier	» Der Endkampf um die Reichskirche «	886 ff.
30. Nov.	Rehm	Rundschreiben	Reichskirche	889 ff.
Ende Nov.	Weber	Rundschreiben	Sportpalastkundgebung	842 ff.

DATUM	ABSENDER BEARBEITER	EMPFÄNGER ZEITUNG	INHALT DES DOKUMENTS	SEITE
Ende Nov.		Rundschreiben	Pfarrernotbund	869 ff.
Ende Nov.	Sezession	Rundschreiben	Lage in Württemberg	876 ff.
Ende Nov.	Pressel, Metzger	Reichsbischof	Reichskirche	880 f.
1. Dez.	Steger	Wurm	Ausschluß der Tübinger Professoren	851 ff.
1. Dez.	Rehm	NS-Kurier	»Die DC wehren ab«	892 ff.
2. Dez.	Schoell	Aktennotiz	Pensionierung	818 f.
2. Dez.	GBDC	NS-Kurier	Sportpalastkundgebung	831
2. Dez.	Weber	Rundschreiben	Pfarrernotbund	872 ff.
3. Dez.	Notgemeinschaft	Wurm	Lage in Württemberg	874 ff.
3. Dez.	Schaal	Das Evang. Deutschland	Volksmission	791 f.
3. Dez.	Hilzinger	Fritz	Pfarrverein	739
3. Dez.	Hilzinger	Rehm	GBDC	902 f.
3. Dez.	Hilzinger	Fezer	GBDC	902
4. Dez.	Rehm	Rundschreiben	GBDC	908 ff.
7. Dez.		KAW	Ausschluß der Tübinger Professoren	853 ff.
7. Dez.		Evang. Gemeindeblatt für Stuttgart	65. Geburtstag Wurms	968 f.
7. Dez.		Schwäbischer Merkur	65. Geburtstag Wurms	969 f.
7. Dez.		NS-Kurier	65. Geburtstag Wurms	970
7. Dez.	Haas	KAW	Aufsatz von Pfarrer Schneider	975
8. Dez.	Hossenfelder	Wurm	Ausschluß der Tübinger Professoren	858 ff.
8. Dez.	Wurm	Referat	Lage in Württemberg	921 ff.
8. Dez.		Protokoll	Lage in Württemberg	935 ff.
8. Dez.	OKR	Dekanatamt Nagold	Pfarrer Rehm	911 f.
8. Dez.	Schuler	Dipper	Reichskirche	881 ff.
8. Dez.	OKR	Dekanatamt Neuenbürg	Reichskirche	880
9. Dez.	Wurm	Runderlaß	Lage in Württemberg	941 ff.
10. Dez.	Wurm	Neurath	DEK	969
11. Dez.	Wurm	Aktennotiz	Prälat Schoell	819 f.

DATUM	ABSENDER BEARBEITER	EMPFÄNGER ZEITUNG	INHALT DES DOKUMENTS	SEITE
11. Dez.	Wurm	Schoell	Pensionierung	820
11. Dez.	Lohß	Wurm	Lage in Württemberg	950 ff.
12. Dez.	Rehm	DEK	Arbeitsauftrag	920 f.
12. Dez.	Stockburger	OKR	Volksmission	792 f.
14. Dez.	Rehm	Rundschreiben	Lage in Württemberg	947 ff.
14. Dez.	Meiser	Wurm	DEK	954
Mitte Dez.	Wurm	Murr	Pfarrer Rehm	914 ff.
14. Dez.	Wurm	Murr	Pfarrer Rehm	916 ff.
14. Dez.	Wurm	Reichsbischof	Lage in Württemberg	912 ff.
[15. Dez.]	Wurm	Aktennotiz	Prälat Schoell	825
15. Dez.	OKR	Politische Polizei	Prälat Schoell	824 f.
15. Dez.	OKR	Dekanatamt Calw	Prälat Schoell	821 ff.
15. Dez.	Römer	EKBlW	GBDC	980 ff.
15. Dez.	Hilzinger	Wurm	GBDC	907 f.
Mitte Dez.	GBDC	Wurm	Lage in Württemberg	945 ff.
16. Dez.	Schaal	Rehm	Arbeitsauftrag	918 f.
Mitte Dez.		Aktennotiz	Pfarrer Rehm	918
18. Dez.	Oehler	Referat	Volksmission	794 ff.
18. Dez.	Rehm	Wurm	Arbeitsauftrag	919 f.
18. Dez.	Wurm	Reichsbischof	DEK	954 f.
19. Dez.	Hilzinger	Wurm	Pfarrverein	739 f.
19. Dez.	Meiser	Reichsbischof	DEK	956 f.
20. Dez.	Loerzer	Fezer	Ausschluß der Tübinger Professoren	850
20. Dez.	Pfarrernotbund	Reichsbischof	DEK	957 f.
21. Dez.	Pfarrverein	KAW	Neuer Vorstand	740
22. Dez.	Hutten	Aktennotiz	Deutsche Glaubensbewegung	234 ff.
22. Dez.	Schoell	Aktennotiz	Pensionierung	821
22. Dez.	Weber	Rundschreiben	DEK	958 ff.
23. Dez.	Rehm	NS-Kurier	»Christgedanken eines schwäbischen Pfarrers«	979 f.
28. Dez.	Weber	Niemöller	DEK	960 f.
28. Dez.	Metzger	Rundschreiben	Jahresrückblick	983 f.
28. Dez.	Wurm	Runderlaß	Neujahrsansprache	999 f.
29. Dez.	Weber	Rundschreiben	Jahresrückblick	989 ff.

DATUM	ABSENDER BEARBEITER	EMPFÄNGER ZEITUNG	INHALT DES DOKUMENTS	SEITE
30. Dez.	Welsch	Schwäbischer Merkur	Prälat Schoell	820
30. Dez.	Gümbel	EKBlW	Jahresrückblick	988 f.
31. Dez.	Kneile	Evang. Gemeindeblatt für Stuttgart	Jahresrückblick	982 f.
31. Dez.	Lachenmann	Niemöller	Pfarrernotbund	995 ff.
Ende Dez.		Frick	DEK	961 ff.
Ende Dez.		Hitler	DEK	965 ff.

1934

1. Jan.	Gemeinde Liebenzell	Wurm	Neujahrsansprache	1000 f.
1. Jan.	Weber	Lachenmann	GBDC	993 ff.
2. Jan.	Weber	Lachenmann	DEK	993
4. Jan.		NS-Kurier	Neujahrsansprache Wurms	1002 f.
4. Jan.	Politische Polizei	OKR	Neujahrsansprache Wurms	1005
4. Jan.	Reichsbischof	Luth. Bischöfe	DEK	1020 f.
4. Jan.	Meiser	Reichsbischof	DEK	1021 f.
4. Jan.	Reichsbischof	Verordnung	DEK	1022 f.
5. Jan.	Pressel	Wurm	Neujahrsansprache	1003 ff.
8. Jan.	Weber	Rundschreiben	DEK	1024 ff.
9. Jan.	Wurm	Ansprache	Lage der Kirche	1007 ff.
9. Jan.		NS-Kurier	Verhalten Wurms	1013
9. Jan.	Wurm	Reichsbischof	Protest gegen Erlaß	1023
10. Jan.	Wurm	Politische Polizei	Neujahrsansprache	1006 f.
11. Jan.	Pfisterer	OKR	DEK	1032 ff.
12. Jan.		NS-Kurier	Pfarrernotbund	1026
12. Jan.	Weber	Rundschreiben	Kanzelabkündigung	1026 f.
12. Jan.	OKR	Pressemitteilung	DEK	1024
12. Jan.	OKR	Erlaß	DEK	1023
12. Jan.		NS-Kurier	»Noch einmal die Neujahrsansprache«	1009 ff.
12. Jan.	Kadelbach	NS-Kurier	Angriffe gegen Wurm	1011 f.
12. Jan.	Kadelbach	Wurm	Angriffe im »NS-Kurier«	1012 f.
13. Jan.	Brecht	NS-Kurier	Angriffe gegen Wurm	1013 ff.
15. Jan.	Pfarrernotbund	Politische Polizei	Angriffe gegen Wurm	1027 ff.
15. Jan.	Wurm	Weber	Kanzelabkündigung des Notbunds	1030

DATUM	ABSENDER BEARBEITER	EMPFÄNGER ZEITUNG	INHALT DES DOKUMENTS	SEITE
15. Jan.	Wurm	Frick	Lage der Kirche	1045 f.
17. Jan.	Schmidt	Pressel	GBDC	1046
17. Jan.	Pressel	Aktennotiz	Kanzelabkündigung des Notbunds	1030 f.
17. Jan.	Fausel	Frohnmeyer	Denunziation von Schempp	225
19. Jan.	OKR	Runderlaß	Kanzelabkündigung des Notbunds	1031
21. Jan.		Entwurf	DEK	1050 f.
22. Jan.	Pfeiffer	Rundschreiben	Pfarrernotbund	998 f.
22. Jan.	Murr	Hitler	Lage in Württemberg	1046 ff.
23. Jan.	Frohnmeyer	Fausel	Denunziation von Schempp	227
23. Jan.		NS-Kurier	»Erklärung der Deutschen Christen«	1031 f.
23. Jan.	OKR	Runderlaß	DEK	1034
24. Jan.	Kirchenführer	Hitler	Lage in der DEK	1051 ff.
25. Jan.	Dekanatamt Herrenberg	OKR	DEK	1034 f.
25. Jan.	Dekanatamt Leonberg	OKR	DEK	1035 f.
25. Jan.	Dekanatamt Öhringen	OKR	DEK	1036 ff.
25. Jan.		Protokoll	Audienz bei Hitler	1053 ff.
25. Jan.	Politische Polizei	Aktennotiz	Niemöller	1056
26. Jan.	Stuttgarter Evang. Sonntagsblatt	OKR	Beschlagnahme des Sonntagsblatts	1018
27. Jan.		Protokoll	DEK	1060 f.
27. Jan.	Reichskanzlei	Pressenotiz	DEK	1061
27. Jan.	Dekanatamt Geislingen	OKR	DEK	1038 ff.
27. Jan.	Dekanatamt Nürtingen	OKR	DEK	1041
28. Jan.	Kammerer	Stuttgarter Evang. Sonntagsblatt	»Die Evang. Kirche an der Jahreswende«	1015 ff.
29. Jan.	Wurm	Runderlaß	Lage der Kirche	1063 ff.
29. Jan.	Dekanatamt Besigheim	OKR	DEK	1041 f.
29. Jan.	Politische Polizei	Wurm	Beschlagnahme des Sonntagsblatts	1018 f.
29. Jan.	Kammerer	OKR	Beschlagnahme des Sonntagsblatts	1019 f.

VERZEICHNIS DER WICHTIGSTEN SACHBETREFFE

VERZEICHNIS DER ORTE UND LÄNDER

Staaten, Länder, Landeskirchen, Kirchenbezirke, Orte, Pfarreien

Wenn eine Ortsbezeichnung im Text nur den Sitz einer Behörde oder den Ort einer Besprechung angibt, jedoch nichts zum Geschehen an dem betreffenden Ort aussagt, ist sie nicht im Verzeichnis aufgenommen. Da sich fast alle Stücke auf Württemberg beziehen, erscheint dieses Stichwort ebenfalls nicht im Verzeichnis.

VERZEICHNIS DER PERSONEN

Da fast alle Dokumente in bezug zu Wurm und viele in bezug zu Hitler stehen, fehlen diese Namen im Verzeichnis.

LITERATURHINWEISE

Diese Literaturhinweise wollen keine Bibliographie zum Kirchenkampf in Württemberg geben, es werden nur solche Titel aufgeführt, die für die Edition der Dokumente benutzt wurden. Soweit die Titel in den Anmerkungen abgekürzt zitiert sind, werden diese Abkürzungen im »Verzeichnis der Abkürzungen« aufgelöst.

Amtsblatt der Evang. Landeskirche in Württemberg. Herausgegeben vom Evang. Oberkirchenrat Stuttgart.

BAIER, HELMUT: Die Deutschen Christen Bayerns im Rahmen des bayrischen Kirchenkampfes. Einzelarbeiten aus der Kirchengeschichte Bayerns, Band 46. Nürnberg 1968

BRACHER, KARL DIETRICH: Die Auflösung der Weimarer Republik. 5. Aufl. Villingen 1971

BUCHHEIM, HANS: Glaubenskrise im Dritten Reich. Stuttgart 1953

DIEHM, OTTO: Bibliographie zur Geschichte des Kirchenkampfes 1933–1945. Arbeiten zur Geschichte des Kirchenkampfes, Band 1. Göttingen 1958

DIPPER, THEODOR: Die Evang. Bekenntnisgemeinschaft in Württemberg 1933 bis 1945. Arbeiten zur Geschichte des Kirchenkampfes, Band 17. Göttingen 1966

Dokumente zur Kirchenpolitik des Dritten Reiches. Band 1: Das Jahr 1933. Bearbeitet von Carsten Nicolaisen. München 1971

DOMARUS, MAX: Hitler. Reden und Proklamationen 1932–1945. 2 Bände. Würzburg 1962–1963

Evang. Kirchenblatt für Württemberg. Herausgegeben von Friedrich Römer

Gotthard-Briefe. Herausgegeben von Joseph Gauger. Als Manuskript gedruckt

HERMELINK, HEINRICH: Kirche im Kampf. Dokumente des Widerstands und des Aufbaus der Evang. Kirche Deutschlands von 1933 bis 1945. Tübingen und Stuttgart 1950

HERMELINK, HEINRICH: Die Evang. Kirche in Württemberg von 1918 bis 1945. Blätter für württ. Kirchengeschichte 1950, S. 121 ff.

HITLER, ADOLF: Mein Kampf. 9. Auflage. München 1932

KANTZENBACH, FRIEDRICH WILHELM: Widerstand und Solidarität der Christen in Deutschland 1933–1945. Ein Dokument zum Kirchenkampf aus den Papieren des D. Wilhelm Frhr. v. Pechmann. Einzelarbeiten aus der Kirchengeschichte Bayerns, Band 51. Neustadt 1971

KATER, HORST: Die Deutsche Evangelische Kirche in den Jahren 1933 und 1934. Arbeiten zur Geschichte des Kirchenkampfes, Band 24. Göttingen 1970

Kirchlicher Anzeiger für Württemberg. Zeitschrift des Evang. Pfarrvereins. Herausgegeben von Richard Fritz

Kirchliches Jahrbuch 1933–1944. Herausgegeben von Joachim Beckmann. Gütersloh 1948

MEIER, KURT: Die Deutschen Christen. Arbeiten zur Geschichte des Kirchenkampfes, Ergänzungsreihe Band 3. Göttingen 1967

NEUMANN, PETER: Die Jungreformatorische Bewegung. Arbeiten zur Geschichte des Kirchenkampfes, Band 25. Göttingen 1971

NIEMÖLLER, WILHELM: Evang. Kirche im Dritten Reich. Handbuch des Kirchenkampfes. Bielefeld 1966

NIEMÖLLER, WILHELM: Kampf und Zeugnis der Bekennenden Kirche. Bielefeld 1948

PERTIET, MARTIN: Das Ringen um Wesen und Auftrag der Kirche in der nationalsozialistischen Zeit. Arbeiten zur Geschichte des Kirchenkampfes, Band 19. Göttingen 1968

PRESSEL, WILHELM: Deutsche Christen. Calwer Kirchen-Lexikon, Band 1. Stuttgart 1937

Reichsgesetzblatt Teil I

RÜPPEL, ERICH GÜNTHER: Die Gemeinschaftsbewegung im Dritten Reich. Arbeiten zur Geschichte des Kirchenkampfes, Band 22. Göttingen 1969

WURM, THEOPHIL: Erinnerungen aus meinem Leben. Stuttgart 1953

ZIPFEL, FRIEDRICH: Der Kirchenkampf in Deutschland 1933–1945. Berlin 1965